Jürgen G. H. Hoppmann (Hrsg.)

RUDOLF BAHRO

Vorlesungen und Diskussionen
1990 – 1993
Humboldt-Universität Berlin

Audio-Transkriptionen des Rudolf-Bahro-Archivs
Prof. Dr. Maik Hosang, Integralis e.V. im LebensGut Pommritz

ArsAstrologica

Vorwort des Herausgebers der Gesamtausgabe

Vorlesungen und Diskussionen 1990 – 1993

Vorwort des Herausgebers der Gesamtausgabe

Die Suche nach Alternativen in Ost und West ist seit mehr als einem halben Jahrhundert jene Gemeinsamkeit, die ich mit Maik Hosang teile, so unterschiedlich unsere Lebenswege waren, sich kreuzten, überschnitten und bündelten. Als ich 2023 im LebensGut Pommritz bruchstückhafte Audioaufzeichnungen von Vorlesungen und Diskussionen Rudolfs Bahros an der Humboldt-Universität einsehen konnte, ergab sich die Notwendigkeit, erstmals gesamte Veranstaltungsserie herauszugeben, komplett und nicht nur auszugsweise – denn nur so lässt sich diese bedeutende Phase in der deutsch-deutschen Geschichte weitgehend unverfälscht, unzensiert und zugleich kritisch hinterfragt erfassen.

Als Maik Hosang Mitte der 60er-Jahre weit im Osten der DDR visionär über die Oberlausitzer Berge schaute, starb in Westberlin meine Mutter, die vor den Kommunisten geflüchtet war, und mein Vater, im Kapitalismus aufgewachsen, wurde Landgerichtsrat im Hamburg. Eine neue Familie mit großem Bruder, der auf der Suche nach Alternativen mit dem VW-Bus nach Indien fuhr, das gerade gegründete Auroville besuchte, ziemlich enttäuscht war. Lange Diaabende, Musik von Pink Floyd, bunte indischen Tücher und so manches qualmende Schillum. Ach ja: Jimmy Hendrix war gerade gestorben. Jahrzehnte später erzählte mir ein Apotheker, welch gewaltigen Medikamentencocktail zum Eindämmern seiner Heroinsucht der Rockstar beim ihm gekauft hatte, bevor es zum letzten Festivalauftritt in Fehmarn ging.

Als Rudolf Bahro 1977 in der DDR für sein Buch »Die Alternative« zu acht Jahren Gefängnis verurteilt wurde, kam bei uns im Westen »The Tao of Physics« heraus, diskutierten wir es bei einem Workcamp in den Französischen Alpen, eine Gruppe von Iren, Dänen, Franzosen und Deutschen. Maik Hosang begann mangels Alternativen sein Philosophie-Studium an der Humboldt-Universität in Ostberlin. Und als Bahro ausgebürgert wurde und zu uns in den »Goldenen Westen« kam, waren wir schon längst zu Punks und Hausbesetzer mutiert, hörten von morgens bis abends »Ist ja so schön bunt hier, ich glotz TV«. Nina Hagen hatte uns die DDR quasi mit Bahro im Doppelpack geschickt. Die hatte es echt drauf! Wir fuhren nach Findhorn in Schottland, wo irgendwas komisch-sektenhaftes abging, lasen John Brunners »Schafe blicken auf«. Dieter Duhms »Der Mensch ist anders« stand auf dem Lehrplan der Hochschule für Sozialwesen in Bremen. Windräder bauen, die Tvind-Schule als großes Vorbild. Rauf nach Dänemark. Das Ding war angeblich kaputt, die Community merkwürdig schweigsam. Kaputte Alternative, der Chef ein Steuerbetrüger, der im Knast landen wird. Mitte der 80er-Jahre zieht Bhagwan auf eine Ranch in den USA, hermetisch abgeschirmt von Security mit

Maschinengewehren. Westdeutsche Sektenanhänger beten vor seinen 100 Rolls Royce und bekamen als Reiseandenken die Ecstasy-Droge. Der Guru flüchte im Firmenjet. Das FBI sperrt ihn ein. Kein Land der Welt gab ihm Asyl. Heimwärts nach Indien. Die mussten ihn nehmen. Hier eigentlich Chandra Mohan Jain. Gab sich diverse Guru-Namen. Schwerkrank wegen Drogenmissbrauch, vorzugsweise Lachgas, taufte er sich »Osho«, was eigentlich nur Japanern zusteht, und dort nur Mönchen, die clean sind, starb 1990.

1990, just in diesem Moment, ging im Osten die Sonne auf: Maik Hosang, einst Philosophie-Student an der Humboldt-Universität, gab Rudolf Bahro einen Freiraum für Vorträge, bringt ihn mit Kurt Biedenkopf zusammen, der im Westen, als Helmut Kohl ihn ins Abseits gedrängt hatte, philosophisch an der Ruhr-Universität Bochum tätig war. Auch ihm bietet die untergegangene DDR eine Alternative. Es sind magische sieben Jahre, in denen Bahro und Biedenkopf, von Hosang moderiert, an alternativen Modellen arbeiten. 2010, Bahro ist verstorben, bringt er den sächsischen Alt-Ministerpräsidenten in Bautzen mit Gerald Hüther auf Podium, einem Brückenbauer zwischen wissenschaftlichen Erkenntnissen und gesellschaftlicher bzw. individueller Lebenspraxis. Ich halte die Kamera drauf. Wenige Jahre später filme ich einen glücklichen Kurt Biedenkopf bei der Neu-Eröffnung des LebensGut Pommritz. Die alternativen Ideen Bahros und Biedenkopf, gebündelt und realisiert durch die Zähigkeit eines Oberlausitzers, der in den 60er-Jahren eine Vision hatte.

All dies trotz der chaotischen Diskussionsteilnehmer bei den Bahro-Vortragen, jenen beim uns im Westen längst abgehalfterten Esoterik-Gurus, die sich in den Seminaren in Ostberlin produzierten, ihre maroden Finanzen an Aufbau-Ost-Fördergeldern gesundstießen. Maik Hosang aus der Oberlausitz gehört Lob und Anerkennung, dass er bei all dem einen kühlen Kopf bewahrte, dass er im sächsischen Pommritz zwar nicht das Paradies auf Erden verwirklichte, zumindest jedoch eine lebens- und liebenswerte Alternative in unser an Merkwürdigkeiten nicht gerade armen Zeit, und als Professor an der Hochschule Zittau/Görlitz einen Freiraum für alternatives Denken bietet.

Eine lückenlose, unzensierte und vollständige, lediglich behutsam editierte Gesamtausgabe der Vorträge und Diskussionen 1990 -1997 herauszubringen, dies sei mein bescheidener Beitrag.

Jürgen G. H. Hoppmann
Wintersonnenwende 2023 Görlitz/Zgorzelec

10. Januar 1990

Bewusstseinspolitik: Logik der Selbstausrottung

… ich habe auf dem – nein, das war dann schon der Außerordentliche Parteitag der SED - die Namen von Freunden und Genossen genannt, die mir damals geholfen haben. Ich habe das dort nicht weiter ausführen können, weil – soviel Platz war natürlich da in der Redezeit nicht.

Einer von denen, die ich dort genannt habe, war der Günter Meyer, der hier gerade neben mir stand. In Zeiten wie den damaligen hat man natürlich Freunde gebraucht, denen man auch einmal zeigen konnte, was man geschrieben hat – und Günter Meyer und seine damalige Frau Ingrid haben dazu gehört.

Hier ist jemand im Saal, der von Anfang an wichtig gewesen ist für meine damalige Arbeit: mein alter Lehrer Walter Besenbruch – einer der großen Antifaschisten, ohne die es die Deutsche Demokratische Republik nicht gäbe, jemand, den die Nazis elf Jahre in Arbeit gehabt haben und der dann eigentlich mehr als ein akademischer Lehrer für mich war: ein Gewissen. Ich habe mich intellektuell mit ihm auseinandergesetzt - und an einer Stelle, die für mich als Student noch ganz entscheidend war, hat er mir einmal gezeigt, dass diese kalte intellektuelle Rechthaberei, einen Satz auseinanderzunehmen, nur, weil man ihn als Student für falsch hält – also, eigentlich dem moralischen Horizont des ganzen Unternehmens, das wir hier betreiben, nicht angemessen ist. Das ist also einer der Schläge des Zen-Meisters, von denen man aufwacht – oder auch nicht. Wahrscheinlich ist das Walters wichtigster Akt gewesen: einen Nachmittag mit mir, irgendwo am Griebnitzsee – also, diese Auseinandersetzung zu führen – wichtiger als die zahllosen Diskussionen im Entstehungsprozess der »Alternative«, die wir bei ihm draußen in Grünau da gehabt haben – wo wir auch zornige Auseinandersetzungen hatten, über meinen Revisionismus, weil mir Berlingut gefiel, damals – das sind so die kleinen Wellen auf dem großen Fluss. Es war ungeheuer bedeutsam – psychologisch, moralisch – zu wissen, dass da jemand von diesem Kaliber, ein alter Kommunist und Widerstandskämpfer, richtig findet, in die Opposition zu gehen, denn – damals, ich war irgendwo zwischen – ich glaube, zwischen – ja, dreißig, glaube ich, als das richtig anfing: Woher nimmt man das Selbstbewusstsein?

Noch jemand, der hier an der Universität eine wichtige Rolle gespielt hat, will ich erwähnen – für mich eine wichtige Rolle gespielt hat, nachdem er über dem Fall Havemann bereits aus seinem Amt gestürzt war: Das war der damalige Parteisekretär Werner Tzschoppe hier, der mir ein brüderlicher älterer Freund gewesen ist und meine Sachen auch immer gekannt und mit mir diskutiert hat.

Vor Kurzem gestorben - ich glaube, vor zwei Jahren - ist mein für den - für die geistige Bewältigung des Problems und der – des ganzen inneren Prozesses auch wichtigster Lehrer, über mehr als 20 Jahre: Wolfgang Heise. Wolfgang Heise ist derjenige, der auf die Qualität meines damaligen Buches, meiner »Alternative«, auf die intellektuelle Qualität den größten Einfluss gehabt hat. Ich war 1973 mit der ersten Fassung fertig, und er hat sie mir Gott sei Dank rücksichtslos auseinandergenommen - besonders, was den Schlussteil betrifft. Der hieß - heißt, jetzt »Zur Strategie einer kommunistischen Alternative« – und der war verdammt schwach und windig in der ersten Fassung. Und ich habe das Buch noch einmal ein paar Jahre ruhen lassen und neu geschrieben. Das ist nicht die Frage der Argumentation im Einzelnen, sondern die – seine skeptische Rationalität ist das gewesen und eine tiefe Verbindung, deren letzten Grund ich eigentlich erst erfahren habe, als Rosemarie Heise, seine Frau, mir dann von »jenseits des Grabes«, wie sie hineingeschrieben hat, den letzten Gruß meines Lehrers Wolfgang Heise schickte: nämlich sein Buch »Hölderlin - Schönheit und Geschichte«. Was Hölderlin betrifft, hatten Heise und ich – also, dieselbe persönliche Geschichte: ihn mit 18, in einem Nazi-Arbeitslager, wo noch die letzten Baumaßnahmen für den Endsieg gemacht werden sollten, und ich war vielleicht – ich glaube, ich war 20, als mich Hyperion getroffen hat. Auf Heises Buch steht auf dem Umschlag: »Des Herzens Woge schäumte nicht so schön empor - und würde Geist, wenn ihr der alte stumme Fels, das Schicksal, nicht entgegenstünde«. Also, das konnte ich auch schon immer auswendig, und - also, so nahe Beziehungen haben ihre Gründe in - also, Bereichen die sich manchmal nicht rational bis ans Ende aufdrehen lassen.

Das wollte ich vorausschicken.

Das Thema des heutigen Abends soll also nicht tagespolitisch sein – ich werde das einleitend vielleicht ein bisschen streifen – aber: soll bewusst nicht tagespolitisch sein. Dazu haben wir jetzt viele Gelegenheiten, und ich fürchte eher, dass uns die vier Monate bis zu diesem 6. Mai, der uns dann vielleicht einen ordinären Liebestag hier beschert – dass wir da viel Zeit verlieren werden mit vordergründigen Fechtereien und Profilierungen.

Ich weiß nicht – also, diese Kleinparteienzersplitterung, die jetzt hier offenbar unvermeidlich ist – ich verstehe das schon, aber – wahrscheinlich werde ich mich da nicht so heftig beteiligen daran. Ich denke, dass es eigentlich um eine Grundlagenarbeit geht, die hier lange unter Wasser halt noch hat schwimmen können und deshalb nicht entwickelt genug ist – aber wo ich denke, dass hier ein riesiges Potenzial da ist. Deswegen – also, ich habe einfach – ich habe drüben einen guten Lebenszusammenhang und eine sinnvolle Arbeit. Ich habe dort ein – bin beteiligt an einem Projekt, wo wir frei – also, als so eine Art freie ökologische Akademie Seminare machen über Grundlagen ökologischer Politik, die kommunitär leben und wo meine Frau ist – die kommt nicht mit - und meine kleine Tochter habe ich jetzt gerade einmal mit – also, ich bin da drüben nicht geflohen oder abgehauen, weil es nicht mehr ging, sondern ich bin nachts immer öfter aufgewacht in den letzten Monaten. Und dieses Wort »Wer zu spät kommt, den bestraft das Leben« hat mich irgendwo im Traum fast schon erreicht – und ich konnte es – also, innerlich eigentlich nicht abwehren: nach Hause zu kommen, hierher.

Und ich will also dasselbe Thema – »Grundlagen ökologischer Politik« – hier an der Universität etablieren. Ich habe also mit Dieter Klein und heute Morgen auch mit dem Rektor, mit Dieter Hass, über diesen Plan gesprochen, so ein interdisziplinäres Institut hier zu schaffen, das in erster Linie seinen Platz in allen Sektionen und Fakultäten hier hat – weil es also eigentlich davon abhängt, dass sich die Leute, die sich für diese Grundfrage der menschlichen Existenz jetzt interessieren, von sich aus engagieren – man muss nur – also, das Forum schaffen ganz in dem Geiste, wie das »Neue Forum« ursprünglich gegründet war und gemeint war: Das Forum schaffen, wo um den Konsens – den neuen Konsens, der nötig ist – gerungen werden kann.

Das ist also mein Plan, diese Arbeit hier zu machen. Ich bin ziemlich gut darauf vorbereitet. Meine »Alternative« damals hat in ihrem Zentrum gehabt, am Anfang des Schlussteiles, ein Kapitel, das hieß: »Probleme und Perspektiven der allgemeinen Emanzipation heute« – und da bin ich davon ausgegangen, dass wir Emanzipation und die Frage, wie viel Kilogramm und Kilowatt das pro Kopf kosten soll: Dass wir das entkoppeln müssen. Und ich bin daran erkannt worden, ehe ich überhaupt dann drüben ankam: Als heimlicher Grüner. Und mein zweites Buch – also, es gibt da viele Büchlein, dann – aber mein zweites Buch heißt »Logik der Rettung« – und hat als Untertitel: »Wer kann die Apokalypse aufhalten?« - gemeint ist natürlich die vom Menschen selbst erzeugte - und »Über die Grundlagen ökologischer Politik« – also, das ist das Thema, um das es mir überhaupt geht.

Ich habe neulich erst am – unterm Fernsehturm, da, einen Fehler einbekennen müssen, den ich vor vielen Jahren im Westen gemacht habe – indem ich nämlich dem Wolfgang Harich sein Buch, »Kommunismus ohne Wachstum«, damals nicht gelesen habe, weil ich dachte: Das habe ich ja schon oft behandelt. Ich war eigentlich unsolidarisch, ich habe mich von Vorurteilen leiten lassen – die immer auch halbe Gründe haben. Aber ich denke, dass das falsch ist, dass alle, die diese Problematik jetzt erkannt haben und in die gleiche Richtung denken, zusammengehen müssen. Harich hat dort unter dem Fernsehturm einen so präzisen und überzeugenden Diskussionsbeitrag geleistet, wo ich immer nur sagen konnte: Ja, ja, ja – das ist völlig richtig, was er sagt.

Also, ich denke, dass vieles, was an geistigen Strömen auf die jetzige Situation zugelaufen ist, zunächst einmal antagonistisch ausgesehen hat, aber das ist jetzt alles neu sortiert. Und das ist wahrscheinlich nur ein Bruchteil unserer Energie überhaupt – also, dass wir uns nur einen Bruchteil unserer Energie dafür genehmigen würden – also, die alte schmutzige Wäsche zu waschen, jetzt – dass es vielmehr darum geht – also, Perspektiven zu finden und die Reformkräfte im Lande, ob sie nun innerhalb oder außerhalb der SED stehen, zusammenzuführen. Leider sind die politischen Formationen dabei natürlich oft im Wege. Die Parteien sind wahrscheinlich doch keine emanzipatorischen Instrumente. Aber es gibt ja viele andere Formen - die älteste vielleicht in unserer Kultur: das Symposion - um über die Grundfragen einer Epoche zu diskutieren. Und das steht neu an hier.

Was jetzt also das Thema betrifft, das ich hier formuliert habe, dann meine ich damit natürlich einen einzigen Zusammenhang: Bewusstseinspolitik - so habe ich – gegen die Logik der Selbstausrottung. Aber ich will erst doch ein paar Worte über »Bewusstsein« machen – ich will also versuchen, in dem ersten Teil meines Vortrages – also, so mit ein paar Missverständnissen, mit ein paar möglichen Missverständnissen umzugehen. Was diesen Faktor in der Geschichte betrifft: Das klingt ja zu unmaterialistisch, wenn man Bewusstsein für wichtig hält – und ich glaube, dass wir es da eher mit den Absurditäten unserer gerade eben aussterbenden Ideologie zu tun hatten, und nicht mit der Wirklichkeit.

Ich habe eigentlich meinen ersten Streit am Philosophischen Institut der Humboldt-Universität, der um Theorie ging, damals, gehabt um die Frage, ob denn Lenin, wenn er sagt: »Bewusstsein ist ideell« – und nun eben nicht materiell - ob er da nicht dieser Engels'schen These, dass die Einheit der Welt in ihrer Materialität besteht, widerspricht. Das war – also, mit eines – eine der ersten im Grunde scholastisch-spitzfindigen Fragen, die damals halt so üblich waren und eigentlich bedeutungslos sind, aber damals ungeheure Bedeutung halt hatten. Nur: Was mir davon geblieben ist, das ist die feste Überzeugung, dass Bewusstsein nicht bloß ebenso real wie Beton ist, sondern realer. Bewusstsein geht nämlich Beton voraus. Felsen: Das ist eine andere Sache. Bloß: Wenn jetzt die Welt kaputt geht, dann geht sie nicht am Fels kaputt, sondern an Computern – wahrscheinlich noch schlimmer als Beton - und Beton, und Chemie, und lauter schönen Sachen, die wir in einer antagonistischen Produktionsweise und in einer antagonistischen Welt schaffen – oder hektisch nachschaffen, um Kämpfe zu gewinnen, die auf die Weise nicht zu gewinnen sind. Darauf habe ich mich da in dem Beitrag vor dem SED-Parteitag konzentriert: zu zeigen - also, dass dieser Kampf »Kilowatt und Kilogramm« gegen »Kilowatt und Kilogramm« – dass der nur verloren sein kann, dass dieser Vulgärmaterialismus eigentlich nur ein Spiegel des Kapitalismus ist.
Ich bin nah an die Stelle meiner Einführung hier gelangt, wo ich nur einmal

kurz kennzeichnen will meinen Eindruck, dass wir uns also gegenwärtig wahrhaft in einer Orgie falschen Bewusstseins hier bewegen. Wir sind zum Beispiel geneigt, die gesamtdeutsche Vollendung der Autogesellschaft für einen Fortschritt zu halten. Wir glauben, dass die Etablierung von Parteiendemokratie etwas mit Demokratie, mit der Selbstbestimmung des Menschen und des Individuums, zu tun hat. Es gibt natürlich viele Gründe, dass jetzt dieser Gedanke in den Vordergrund tritt, weil hier aus Zusammenhängen, die ich in meiner »Alternative« ziemlich intensiv behandelt habe – also, ein bestimmter Versuch, mit der Krise der Moderne fertig zu werden, erst einmal Bankrott gemacht hat. Nur – also, »das Gegenteil eines Fehlers ist wieder ein Fehler«, hat Johannes R. Becher immer gesagt – derselbe, der »Deutschland, einig Vaterland« uns geschrieben hat - ich habe über Johannes R. Becher und das Verhältnis der deutschen Arbeiterklasse zur nationalen Frage mal eine Diplomarbeit geschrieben, daher weiß ich noch, wie der darüber gedacht hat. Also: »Das Gegenteil eines Fehlers ist wieder ein Fehler« – und aus dem Scheitern dessen, was wir hier in den letzten 40 oder 70 oder – Jahren versucht haben, folgt noch lange nicht, dass der Kapitalismus jetzt eine Lösung ist - und die politische Verfassung der Bundesrepublik gewiss auch nicht. Also, wenn ich das für aktuell gehalten hätte, dann hätte ich mich nicht entschlossen zurückzukommen. Ich bin natürlich jetzt nicht zurückgekommen mit irgendwelchen ideologischen Garantiescheinen in der Tasche, dass die DDR nun zu halten ist oder was hier passiert – sondern ich denke nur, dass wir selbst jetzt die Chance haben, von der DDR noch einen Impuls auszugehen, der ganz Deutschland verwandelt. Das, was hier schon gelaufen ist, mit allen Fehlern und Kruditäten, ist ein Impuls. Wir neigen ja gegenwärtig dazu, zu vergessen, dass - ganz anders als Deutschland in den Hitler-Zeiten – die russische Revolution aus sich selbst jedenfalls einen Reinigungsprozess eingeleitet hat. Ob das nun scheitert noch jetzt, in einer späteren Phase, ob Michail Gorbatschow durchkommt oder nicht – und unbeschadet der Sache, was man an ihm kritisieren kann: Das ist ein großartiger Durchbruch. Das ist eine Art Sonnenaufgang im real existierenden Sozialismus, dort. Und: Nicht aus dem Westen sind die Neuerungen gekommen, die jetzt - also - den Abrüstungsprozess betreffen. Und ich glaube, dass einer der wichtigsten bewusstseinsmäßigen Durchbrüche sein könnte, wenn wir kapieren würden: Wenn es denn möglich ist, in der schwächeren Position militärisch abzurüsten – und wenigstens die Tendenz ist in der russischen Politik jetzt da - wenn das riskiert werden kann: Wieso soll es denn dann nicht denkbar sein, in der schwächeren Position auch industriell abzurüsten – in einer Situation, wo eigentlich für alle denkenden Menschen sonnenklar ist, dass die kapitalistische Kaputtindustrialisierung der Welt läuft? Und dass, wenn wir das jetzt effektiver als bisher nachmachen, wenn uns nichts Besseres einfällt, wir nur daran beteiligt sind, dass in zwei Generationen spätestens für die Menschheit – wenn nicht überhaupt der Ofen aus ist, aber doch – also, die zivilisatorischen Fundamente nicht umgebaut, sondern weggeschwemmt sind und eine Zahl von Menschenopfern und von Lebensopfern – auch Pflanzen, Tiere betreffend – zu verzeichnen sein wird, gegen die alle bisherigen Verbrechen, die die Menschheit an sich selbst und an der Welt begangen hat – also, fast nicht zu sehen sein werden. Wir laufen auf eine Situation zu, wo es vielleicht zehn Milliarden Menschen geben wird und wo die Erde ausgekoffert sein wird, was Ressourcen betrifft – und wo vor allem wahrscheinlich noch vorher – also, von dem Giftadem dieses Drachens, mit dem wir da arbeiten – also, die Biosphäre bis auf das Niveau der Ameisen vergiftet sein wird. Und wir sind gerade dabei – also, das nun effektiver fortsetzen zu wollen – und dabei vom Kapitalismus zu lernen.

Wir hatten immer den Witz hier - mit dem wir uns selbst verspottet haben, als wir noch an den ökonomischen Sieg über das Kapital glaubten – der hieß: »Der Kapitalismus eilt mit immer schnelleren Schritten dem Abgrund zu – und wir wollen den einholen und überholen.« - Der ist jetzt noch wahrer als damals. Und es ist die verfluchte Effizienz, die ökonomische Effizienz, diese anderen Systeme – das übrigens mit Europa identisch ist! (Was in Klammern heißt, dass diese Lösung »Gemeinsames europäisches Haus« hauptsächlich kolonialistisch ist und gegen die übrige Menschheit funktioniert.)

    Wir werden es ja vielleicht hier gerade noch schaffen. Es ist tatsächlich – also, jedes Entwicklungsland in der Lage der Deutschen Demokratischen Republik ist verloren. Aber durch diese große Brüder- und Schwesternschaft hier, in Deutschland: Wir können es tatsächlich noch kriegen! Wir können uns das noch einblasen lassen.

Also, das war ein noch etwas vordergründig politischer Hinweis darauf –

also, welche Orgie falschen Bewusstseins jetzt hier gefeiert wird, indem wir - also, sozusagen - alle historischen Proportionen Kopf gestellt sehen. Sicherlich bin – ist das – weiß der SPIEGEL dann natürlich, nach dieser kleinen Rede, warum er mich in der vorletzten Ausgabe wieder Kommunist genannt oder geschimpft hat – ich weiß nicht, was damit gemeint ist: Eine Weile war ich eher »Öko-Chomeini«, oder so etwas, im SPIEGEL – je nachdem, wie sich das gerade widerspiegelt. Die Massenmedien lügen wirklich besser drüben, als das »Neue Deutschland« je gelogen hat, weil – das war ja hier durchschaubar, das wusste ja jeder, wo da die Kontraste sind und was man zwischen den Zeilen als die Wahrheit ermitteln muss. Aber dort wird man zugeschüttet mit Informationen über alles Unwesentliche, und der Grundprozess wird davon zugedeckt.

Jetzt zur Erklärung:

Wenn ich rede von »Bewusstseinspolitik«, dann gehe ich also davon aus – das habe ich schon angedeutet - dass Bewusstsein – ob ich es nun »materiell« nenne: Das kann man vergessen, diese Fragestellung - sondern dass das Bewusstsein nicht bloß genauso real ist wie das, was wir materiell oder an Sozialstrukturen geschaffen haben – Marx sagte: Das ist alles durch den Menschenkopf hindurch gegangen - sondern es ist die grundlegende Realität der Geschichte. Historischer Materialismus kann es grundlegend nur mit Psychodynamik zu tun haben. Natürlich nicht allein des Individuums, sondern mit Psychodynamik der Menschheit – es ist die Frage, was der Mensch aus seiner Fähigkeit, Spiegel des Universums zu sein, machen kann. Und eigentlich: Wozu er bestimmt ist. Ich denke, dass in der Zeit, als die Humboldt-Universität hier geschaffen wurde - in der Zeit von Fichte und dann auch von Hegel - die Wahrheit über den historischen Prozess – also, weniger verhüllt gewesen ist als in irgendwelchen späteren Zeiten. Ich fürchte, selbst Marx hat da noch zu einer Verhüllung beigetragen, indem er – also, der Realität, dass die bürgerliche, die kapitalistische Gesellschaft tatsächlich von der Ökonomie regiert wird - indem er das zu sehr verallgemeinert hat. Also, diese Tatsache der Entfremdung hat er natürlich völlig richtig beschrieben. Aber wenn es denn darum geht – und insofern ist Marx natürlich bis zuletzt – also, bei dem – bei seinem Anfang schon geblieben - die Herrschaft der lebendigen Arbeit über die tote wiederherzustellen - dann kann man im historischen Materialismus natürlich nicht dabei bleiben festzustellen, was der Weltmarkt und dass die Wissenschaft und die Technik – lauter entfremdete Mächte – nämlich, wenn ich »die Technik« und »die Wissenschaft«, und so weiter, sage: Lauter Sachen, die wir nicht haben, sondern die uns haben - dann kann ich denen nicht das letzte Wort lassen in der geistigen Weltwahrnehmung. Also, unter dem Gesichtspunkt muss man sagen, dass die Forderung, die lebendige Arbeit der toten gegenüber wieder in ihre Rechte einzusetzen, völlig äquivalent ist mit dem Satz, dass die Herrschaft des lebendigen Geistes über den toten Geist hergestellt werden muss - über alles das, was wir gemacht haben und das in erster Linie geistiger Natur ist. Die Problematik, die mit unserer Aufklärungsphilosophie, mit unserer Klassik – also, mit Fichte, Hegel – und dann auch mit Marx – verbunden gewesen ist und bis in unsere Auseinandersetzung mit dem Faschismus hin – ich denke etwa an Lukács, »Zerstörung der Vernunft« – nie voll bewältigt worden ist, ist die, dass unser Bewusstseinsbegriff zu sehr auf Verstand reduziert war. Verstand – das ist – sozusagen – ein Name für das Computerchen, das hier oben arbeitet, für das, was Hegel – also - auch »Verstand als aristotelische Logik« genannt hat und was auch einigermaßen eingemauert funktioniert - wo man aus einem Wachturm, eigentlich, auf die Welt guckt, weil – bedroht, und dann – also - auch Bedrohungsanalysen anstellt, Feindbilder macht – nicht nur von dem Nachbarn Napoleon, mit dem man sich auseinandersetzen will, sondern auch vom Wald, vom Urwald, und so weiter. Ursprünglich natürliche Reaktion - aber der menschliche Geist – also, heute befasst man sich unter anderem in dieser – also, therapeutischen Bewegung mit Fußreflexzonenmassage – und stellt also einfach fest, dass der Mensch tatsächlich von Kopf bis Fuß ein geistiges Wesen ist. Und ich denke, uns ist auch empirisch einfach klar, dass unser Verstand – also - eigentlich von der Gesamtverfassung unseres Körpers, unserer Seele mit bestimmt ist. Also, wenn Heise über Hölderlin schreibt, und der Untertitel ist »Schönheit und Geschichte« – also, da ist Ästhetik, Moral, da ist die Frage, wie der Mensch sich in der Welt befindet, natürlich, ausschlaggebend.

Als ich nach Westdeutschland kam, nach den zwei Jahren Haft hier – wo man sich natürlich zusammengezogen hat - und vor einen Saal trat, gefüllt ungefähr wie dieser: Ich habe dort keinen Menschen gesehen, nichts wahrgenommen, sondern ich war völlig in mir eingeschlossen. Das ist – ich meine, es kommt eine andere Wahrheit aufs Papier, natürlich, wen man in dieser Verfassung ist. Und - langer Rede kurzer Sinn: Also, das Bewusstsein, der lebendige Geist, der herrschen muss – der kann natürlich nur einer des befreiten ganzen Menschen sein. Darüber will ich bei anderen Gelegenheiten viel ausführlicher sprechen; ich will das jetzt hier nur vorausschicken. Das heißt, ich will davon ausgehen, dass alle die ökonomischen und gesellschaftlichen Angelegenheiten, von denen wir sprechen müssen, wenn es darum geht: Wie kann man die ökologische Krise aufhalten? – die der Schlüssel ist zu allen Natur- und sozialen Problemen heute - dass man dann vorher wissen muss, von welchem Subjekt – oder: von einem wie verstandenen Subjekt her wir auf diese Sache blicken.

Ich sagte, Geschichte ist Psychodynamik, und das heißt dann – das ist ein Satz, der jeder Analyse über die Produktivkräfte vorausgeht. In Marxens »Deutscher Ideologie« ist das als weitläufiges Selbstverständnis wohl niedergelegt. Dort steht dann beispielsweise einmal der Satz – also, dass selbstverständlich der Mensch mit all dem, was aus der Evolution in ihm da angelaufen ist, die Grundlage aller seiner Kultur und Produktion und so weiter ist. Aber er sagt das in Abwehr – sozusagen – eines Gegenarguments, das ihn bei der Entwicklung seiner Ideologiekritik dort stören will – und in dem Kontext ist es auch richtig. Also, der gute Gedanke, dass der Mensch – also - erst einmal die Grundlage seiner Produktion ist, war von denen, mit denen er sich dort auseinandersetzte, in einer falschen Perspektive eingesetzt – aber der Gedanke bleibt richtig. Und es ist so gekommen, dass aus mancherlei Gründen der ideologischen Entwicklung und der Entwicklung des Klassenkampfes – der dann wichtiger ist als unser Naturverhältnis – also, diese Grundtatsache unter diejenigen Selbstverständlichkeiten gefallen ist, die man halt vergisst und die dann keine große Rolle mehr spielen. Und man kann natürlich sicher sein, dass die Grundorientierung einer kapitalistischen Zivilisation, die im Weltmaßstab – also, durchgezogen hat - bei uns natürlich genauso wie irgendwo anders, was die Produktivkräfte selbst betrifft – also, jedem Recht gibt, der sagt – also, der Mensch: Das ist einfach – sozusagen – der Funktionär der gesammelten Umstände. Und wir richten ja unsere – bis in die Bildungsplanung hinein – unser ganzes soziales System, bis in die Schulen: Wir richten alles darauf aus, dass wir dann auch gut - etwa der schon vorgesehene Arbeitsplatz am Computerchen, oder an dem und dem Fließband, und an der Drehbank, und an dem Institutsplatz: Dass das schon rechtzeitig vorgeplant ist, und das ganze Leben eben. So haben wir die kapitalistische Entfremdung vollständig in die Grundlagen unseres Planungs- und Leitungsprozesses hier aufgenommen. Und wieder – also, um noch einmal an die Orgie falschen Bewusstseins zu erinnern: Wenn man sich nun einbildet, dass das Vermarkten das richtige Instrument wäre, um das zu ändern – also, derselbe Unterwerfungsprozess gegenüber dem Individuum - dass wir also der großen Maschine auch ja gehorsame Sklaven sind: läuft drüben verhüllter – und viel effektiver noch als hier, viel effektiver. Also, die große Maschine ist alles – und das Individuum hat die Wahlfreiheit in allen Unwesentlichkeiten des materiellen und geistigen und therapeutischen und spirituellen und sonst was Supermarktes – da drüben. Meine Erfahrung, was – also - den Grundtext und den Zustand der westlichen Zivilisation jetzt betrifft, den kann ich auf den Nenner bringen: eine goldene Nuss – innen taub.

Eine Situation allerdings – und das ist das Hoffnungsvolle – wie im Römischen Reich, als dann die Christen kamen. Also, dieses Vakuum, das – der Mensch geht natürlich nie in solchen Entfremdungszuständen wirklich und letztlich auf. Das heißt, es ist eine Gegenbewegung im Anlauf, die diese kapitalistische Zivilisation doch noch von innen umgestalten wird. Und wenn wir hier auch nur – ich würde einmal sagen: Zehn Jahre uns Zeit nehmen, noch etwas zu projektieren und den Entwurf neu noch einmal zu versuchen, dann könnte es sein, dass wir Zeit gewonnen haben, bis auch drüben bis in die Institutionen hinein noch etwas passiert, bis sich also über diesem Selbstlauf des ökonomischen Prozesses doch – wenn auch nicht in den Denkmustern proletarischer Revolutionen – wieder eine politische Macht aufbaut, gesamtgesellschaftlich, die stärker sein wird als das, was zwischen den Bankenfirmen in Frankfurt und Zürich und New York und so hin- und hergepumpt wird – um Tokio nicht zu vergessen. Es ist da – es ist im – unterschwellig in Westdeutschland viel mehr im Gange, als wir hier sehen.

Das heißt also, wenn ich von Bewusstseinspolitik rede, dann glaube ich, dass das – also – nicht nur einfach eine theoretische Frage ist, sondern dass gerade von dieser Ebene – also, aus dem Zentrum der menschlichen Existenz heraus, die Geist in diesem umfassenden Sinne in letzter Instanz ist – dass von dort her auch eine Antwort auf die ungeheure und ungeheuerliche Herausforderung kommen wird, die diese schrankenlose, von Geld, das eben unendlich multiplizierbar ist, gesteuerte schrankenlose Akkumulation von Sachen, von Kilogramm und Kilowatt, von Zerstörungskraft und Hunger und all dem: Die das beenden wird. Es ist nicht gleichgültig, was wir inzwischen machen. Wir haben da drüben eine Gesellschaft, die total von ihrer Wirtschaft besessen ist. Und wenn es am Sozialismus – am real existierenden schon – etwas gibt, das – wenn es geht – gehalten werden müsste, dann ist das das Prinzip, erst einmal, dass diese Gesellschaft politisch – »politisch« kommt von »Polis« - als Gemeinwesen über den ökonomischen Prozess verfügt – statt sich von ihm kommandieren zu lassen. Und die Entscheidung darüber fällt natürlich – also - in unseren Köpfen. Und ich sage: zuerst in unseren Köpfen – und nicht bei denen, die in Leipzig »Deutschland, einig Vaterland!« brüllten.

Wenn wir defätistisch sind und die Konstellation nicht in ihrem wirklichen Wesen sehen, dann spielen wir natürlich – also - bei dem Sieg der Normalität – die quantitativ immer die Mehrheit hat – mit. Wenn wir aber sehen, dass die Gesamtsituation des Menschen keineswegs dadurch bestimmt ist, dass DDR ein bisschen ärmer als die Bundesrepublik ist, wenn wir sehen, dass sie eines der reichsten Länder der Welt ist und dass die Erde den Lebensstandard der DDR – so, wie er strukturiert ist – auch keine zwei Generationen mehr aushalten wird: Dann könnten wir vielleicht die Souveränität gewinnen, als ein Bewusstseinsakt – also - uns fröhlich an das mögliche Projekt – ich sage: einer öko-sozialen Wende – hier zu machen.

Ich will heute nicht sprechen über die Logik der Rettung, wie ich mein Buch genannt habe, sondern ich will nur über den ersten Teil, über den eher analytischen Teil, sprechen, damit wir uns – also - erst einmal den Zusammenhang, von dem ich glaube, dass er der wirkliche Zusammenhang der Realität, jetzt, ist – bewusst machen. Diesen Teil habe ich überschrieben: »Logik der Selbstausrottung«. Das heißt, ich will zeigen, wie eigentlich die – ich möchte fast sagen: Formationslogik – dieser Formationsbegriff von Marx, der hat ja eine Erinnerung an Geologie – also, an die

Formationen, die da in der Erde übereinander liegen. Und ich will eigentlich so eine ähnliche Tektonik, so ein Übereinanderliegen von Schichten, von Problemschichten, kurz darstellen, die – also - eigentlich den Untergang uns produzieren.

Ich habe von dem englischen Historiker Edward Thompson – das ist jemand, der – sozusagen – das Vor-Buch zu Friedrich Engels‹ »Lage der arbeitenden Klasse in England« geschrieben hat: Nämlich über die englische Arbeiterklasse um 1800 – hat der gezeigt – also, dass das revolutionäre Potenzial, besonders das kulturrevolutionäre Potenzial – also, vierzig Jahre früher noch viel vollständiger gewesen ist, viel hoffnungsvoller entfaltet gewesen ist. Dieser Edward Thompson hat dann eine große Rolle in der englischen Friedensbewegung der letzten zwölf, fünfzehn Jahre gespielt und für das Militärsystem der Welt – also, Osten eingeschlossen: Also, für dieses bipolare Drohsystem den Ausdruck »Exterminismus« geprägt, hat gefragt, ob wir vielleicht haben »Exterminismus als letztes Stadium der Zivilisation«? - Dieses hässliche Fremdwort ist nur im Deutschen nicht unmittelbar verständlich; die Engländer sagen »exterminate«, wen sie die Giftspritze nehmen und auf Ungeziefer und Unkraut richten – also, auf Pflanzen und Tiere, von denen der Mensch beschlossen hat: Die passen uns jetzt nicht in den Kram und müssen massenhaft ausgerottet werden. Also, ich habe das übersetzt in »Logik der Selbstausrottung« – aber die schließt eigentlich ein, diese Logik der Selbstausrottung, dass wir die Biosphäre – na, jedenfalls in ihren höheren Schichten – wahrscheinlich mitnehmen werden, wenn wir so weitermachen – also, eine Logik der Selbstausrottung: Dafür das Stichwort »Exterminismus«.

Und ich sage nun allerdings: Was wir da so an Symptomen dafür sehen: Ob das die Atombombe ist oder ob das Tschernobyl ist oder ob das das Ozonloch ist oder ob das die vergifteten Böden sind oder irgendwas, in der Landwirtschaft heute, bei den Biologen, ob das die Moore sind, die wir beseitigt haben, um kurzfristig Höchsterträge von jedem Hektar zu holen, ob das der Hunger in der Welt ist, ob das die Ausrottung der Regenwälder, der letzten Regenwälder, ist: Das alles sind Symptome. Und unter dem Gesichtspunkt, dass es um Bewusstseinspolitik geht, sollten wir also den materiellen Charakter dieser Symptome nicht überschätzen, was den Ursachenzusammenhang betrifft. Natürlich sind die Wälder dann weg, und die

Menschen sind weg, wenn wir die Atomkraftwerke nicht in den Griff kriegen, und wenn der große Krieg passieren sollte, ebenso – bloß: Die Bombe ist von weit her unser. Und Einstein, ausgerechnet Einstein, der ja also eigentlich wusste, dass er verantwortlicher dafür ist als Edward Heller – grundlegender dafür verantwortlich – der Unterschied ist, dass er das wusste - hat zuletzt gesagt: Also, nicht die Atombombe ist das Problem, sondern das menschliche Herz.

Das heißt also, es ist schon gut, diese materiellen Symptome der Weltzerstörung zu sehen. Aber wenn wir dann fragen, woran das liegt, dann dürfen wir nicht zu schnell halt machen. Wenn wir zum Beispiel nicht wissen, dass es nicht sehr wahrscheinlich ist, dass der weiße Mann die Panzer abschaffen wird, falls er nicht bereit ist, auch den Mercedes zur Disposition zu stellen – dann ist das alles nicht sonderlich wahr. Ich sage erst einmal: zur Disposition stellen. Das heißt noch nicht – also, einfach wegwerfen alles. Aber: bereit sein zu fragen, ob die ganzen Errungenschaften, die technischen, technologischen Errungenschaften der letzten 150 Jahre – also, notwendig für das Gefühlsleben des Menschen sind: Wir würden nämlich existieren ohne Autos – also, erst einmal wahrnehmen, dass es zwischen diesen Symptomen des Exterminismus und unserer alltäglichen Lebensweise, der Summe unserer kleinen Ansprüche an das Leben: Dass es da einen Zusammenhang gibt.

Ich habe mich, als ich da die »Alternative« schrieb, erinnert an einen Besuch in Weimar, als ich Pennäler war – ich glaube, ich war siebzehn, glaube ich - da habe ich dieses Schillerhäuschen dort besichtigt und mir seine Lebensweise angesehen. Und mir wurde plötzlich bewusst, dass ich ungefähr wie Friedrich Schiller lebe – also, Essen, Anziehen, Raum beanspruchen: Ich habe eigentlich – ich habe es nicht wesentlich anders gemacht, nicht wesentlich anders betrieben – aber ich habe zehnmal so viel Verbrauch wie Friedrich Schiller. Zu dessen Schutz flogen nämlich keine MIGs da oben herum, und es waren die Autobahnen nicht ausgerollt; ich bin inzwischen nach Griechenland geflogen - aber der wusste mehr von Griechenland, als ich jemals wissen werde.

Also, es hat keineswegs – sozusagen – mit den Lebensnotwendigkeiten, mit den Reproduktionsnotwendigkeiten des Menschen zu tun, dass man in einer wahnsinnigen Weltwirtschaft leben muss, wo – also, auch in meiner

Kommune, dort: Wir fahren ein einziges Auto nur, und das ist ein Mitsu-bishi. Wegen Kostenvorteilen, komparativen – so genannten - ... auf dem Weltmarkt ist es – kann es besser sein, in Westdeutschland ein aus Japan übers Meer gefahrenes Auto zu kaufen, als – wenn denn schon es sein soll, einen Mercedes zu fahren, oder einen Volkswagen oder irgendwas. Das ist ein reines Wahnsinnsding, das dort funktioniert, und des- – und die Ver-bräuche sind deshalb so hoch – und nicht darum, weil der Mensch essen, sich anziehen, kleiden muss: Um auf die zweite Schicht zu kommen, unter diesen exterministischen Symptomen, die bis in unsere Lebensweise, natür-lich, mit dem hier – was ich sagen will, ist einfach: Wir sind Komplizen dieser Weltzerstörung.

Die nächste darunter liegende Ebene - die ist das Industriesystem rund um die Welt. Ich sage erst einmal das formationsneutral, aber - dieses System der industriellen Massenproduktion: Ich meine damit nicht Industrie in dem Sinne – also, irgendeines Werkzeuggebrauches. Die Engländer sagen »industry« auch zu ... aus dem Mittelalter – das war »industry«. Also, Ilich spricht von »convivaler« Technik – also, Technik, mit der der Mensch noch leben kann, die er noch kontrollieren kann – und nicht diese Maschinerie, die laut Marxens Kapital – die Menschen da als Ameisen beschäftigt. Da können sogar Megachips eingebaut sein, das ist nicht das Thema. Sondern das Thema ist dieses weltweite System industrieller Massenproduktion – für das allerdings schon im »Kommunistischen Manifest« – da muss sich der Alte halt korrigieren, in der Frage – steht, dass es wunderbar ist, wenn wir den – jeden Rohstoff aus der letzten Zone der Welt hierher holen können, und dann - Nähnadeln, wenn es geht, aus Manchester dahin - und dass es gut ist, wenn Amerika sich dann Kalifornien unter den Nagel reißt, den Mexikanern gegenüber – weil die industriell da nichts daraus machen werden.

Also, diese Denkweise muss weg, natürlich, nicht? Also, wir müssen sehen, dass - dieses System der industriellen Massenproduktion ist die Ursache für die Multiplikation der Verbräuche ins Unendliche. Und wir können da auch nicht aufhören - aus einem Grund, der noch eine Ebene tiefer liegt. Aber ich bleibe erst noch einmal bei dieser Ebene.

Also, es ist – es hat einen wunderbaren Anlass gegeben, um sich in Westdeutschland, jetzt, und in Westeuropa, wo es ja auf die EG zugeht, auf die wirkliche Gemeinschaft, bald, sich noch einmal voll bewusst zu machen, auf welche Weise eigentlich diese Vermehrung der Aufwände läuft.

Da haben sich also die Österreicher schließlich erhoben, um den Lkw-Verkehr über die Alpen so ein bisschen zu dämpfen. Weshalb fahren die Lkw über die Alpen? Es stehen in Norditalien und in der Bundesrepublik exakt dieselben Industrien, man kann jeden Kühlschrank, jedes Auto, jeden Computer – die Firmen heißen natürlich – die Computer – dort »Olivetti«, und dort heißen sie »Siemens«. Aber wir sind dahin gekommen, dass es – also – Spezialfälle gibt, wo es ökonomisch sinnvoll ist, Kartoffeln in Hannover einzuladen und über die Alpen zu fahren und in Neapel zu waschen und wieder zurückzufahren – und es hat noch jemand Geld daran verdient. Also, 90 % des Lkw-Verkehrs dort, und der ganzen materiellen Aufwendungen, natürlich – und der Weltverpestung, die damit zusammenhängt – haben mit Versorgungsbedürfnissen, mit der Notwendigkeit, die menschliche Existenz zu fristen, absolut nichts zu tun – sondern nur mit der Geldvermehrung.

Und wir wollen jetzt da lernen, stelle ich überwältigt fest - in den Diskussionen sowohl der SED als auch der Oppositionsparteien. Und im Jahre 1992 soll sich dieser Wahnsinn verdoppeln.

Ich habe in Saarbrücken gesprochen, in so einer Reihe, wo vor mir Späth dran gewesen ist – einer der Lieblinge der jetzigen Regierung der DDR. Der Lothar Späth hat ein Buch geschrieben, »Wende in die Zukunft«, das sich so liest, als wäre es aus sämtlichen Parteibeschlüssen der SED aus den 60er-Jahren abgeschrieben – bloß: er will gegen Japan gewinnen. Und wenn man in der Mercedes-Hauptstadt Stuttgart sitzt, dann hat das noch gewisse - einen gewissen Sinn: Es könnte ja sein, dass man sich behaupten kann, gerade einmal so, nicht? – also, dieser Späth hat vor mir gesprochen, und in der Einleitung, von wegen: Also, das wird ja wunderbar jetzt - also, wir marschieren sowieso ins Informationszeitalter ein, und wir brauchen ja nur noch die Bit-Pakete da durch die Gegend schicken, das wird ganz bombig; können wir eigentlich auch mit der Post machen – und dann waren zwanzig Minuten in seiner Rede vergangen, und dann hat er wahrscheinlich vergessen, was er am Anfang gesagt hat, und dann meint er, unsere Infra-

strukturen – die materiellen - Autobahnen, Eisenbahnen, Flugzeug – Flug-
plätze ... und dann kann man in den Parteiprogrammen der CDU und der
SPD jetzt natürlich lesen, dass diese ganze Marktwirtschaft – die es dort
schon gar nicht mehr gibt, weil - das entscheiden Konzerne und nicht der
Kleinunternehmer am Markt - dass diese Marktwirtschaft ökologisch sein
wird. Und ökologisch heißt dann, dass auf dieses Industriesystem – das
schon da steht – noch ein Stockwerk »Umweltschutz« aufgebaut wird. Das
heißt, ich habe dort zum Beispiel 100 kg Beton, und 100 kW technische
Energie: Das steht jetzt schon da, und das – wenn ich das anwende, verursacht das einige Schäden. Und ich setze dort noch 20 kg Beton und noch
20 kW darauf: Das ist der Umweltschutz.

Ich war hier, im Hörsaal 2000/2002, und es kam jemand aus Espenhain
zu mir und sagte – also, wir brauchen doch Milliarden Investitionen in den
Umweltschutz. Ich sage: Ja, wenn wir das – also – mit der DDR-Industrie
machen, dann müssen wir auf das abgeschriebene Zeug, das eigentlich
unter null gehört – also, Investitionen darauf setzen, die ungefähr doppelt
so teuer sind, wie das Ganze jemals gekostet hat. Und er sprach von einer
Leiterplatte – irgendeinem Zeug für die Elektronik - wo wir also glorioser-
weise 70 % in den Umweltschutz investiert haben. Der hat sich darüber
gewundert, dass ich sagte: Diese Daten widerlegen Investition als solche.
Also, Umweltschutz ist der größte Schwindel, den das Industriesystem jetzt
liefert, um die Fortsetzung der industriellen Massenproduktion - die durch
– wie eine Grundlast die Welt zerstört - noch einmal tröstlich zu rechtfertigen und zu glauben, dass dadurch die Bäume wieder grün werden.

Wenn wir die Logik des Prozesses jetzt auch nur in Osteuropa einmal kurz
ins Auge fassen – also, wenn wir davon ausgehen, dass die Menschen
natürlich – also, das in Westdeutschland Angebotene alle haben wollen –
wenn dann namens der Gerechtigkeit die Menschheit mit unserer kleinen
Einheit Einfamilienwohnung, hier – oder Einfamilienhaus, oder so – in
Westdeutschland für einen ›Single – samt allem, was dann hier so, wie das
jetzt ist, dazu gehört: Wenn das die Menschheit haben wollte, dann müssten wir die Last, die wir der Natur zumuten, mindestens verzehnfachen.
Und - es wird allein deshalb nicht passieren; weil es überhaupt nicht geht.
Das gibt die Erde nicht her. Wir - wir haben doch also die - die Erfahrung,
dass das Häuschen zu klein ist, für die jetzige industrielle Massenpraxis:

Die hat ja ein Fünftel der Menschheit gemacht – der jetzigen Menschheit: eine Milliarde ungefähr hat die gemacht. Und wir sind – also – wirklich dicht daran.

Ich meine: noch einmal an falsches Bewusstsein zu erinnern: Das »Neue Deutschland« war ja bereit, meinem Beitrag dort vor dem Parteitag noch ein Interview hinterherzuschicken. Eine Stelle ist dann doch der Zensur – ganz neuen Typs, übrigens! – zum Opfer gefallen. Nämlich: Dieser Redakteur wollte selbst nicht hören – und erst recht nicht ins »Neue Deutschland« schreiben, dass die DDR jetzt eines der reichsten Länder der Erde ist. ... So.

Also, das ist diese Ebene »Industriesystem«. Und auf dieser Ebene macht es nicht nur keinen Unterschied, ob wir im Kapitalismus oder im Sozialismus sind – sondern: Weil diese Art Umweltschutz ein Investitionsproblem ist, wird natürlich die Naturzerstörung in jedem akkumulationsschwächeren Land schlimmer sein. Das heißt, in Westdeutschland ist der Umweltschutz ziemlich gut entwickelt, und in der Schweiz und in Holland auch, sodass wir uns noch länger Sand in die Augen streuen können, da – und hier ist es schlimmer. Und die russische Revolution und der dortige Industrialisierungsprozess war eine Orgie der Naturzerstörung, die nur mit der in Brasilien zu vergleichen ist – das nimmt sich nichts. Das ist Entwicklung, aber - unter dem Gesichtspunkt: Einholen und überholen.

Ich will mich jetzt nicht mit Lenin auseinandersetzen, über 70 Jahre, sondern ich will sagen, dass das jetzt Wahnsinn ist, bei dieser Lenin'schen Formel zu bleiben, und dass das ganze Entwicklungskonzept, das darauf aufbaut, das gute Leben in London, Washington, Paris, Zürich - weiß ich, wo – einzuholen – also, es gibt keine Strategie, die selbstmörderischer und antihumaner wäre, nicht bloß gegenüber den Völkern der übrigen Welt und den nächsten Generationen - sondern: Das kann nur umso fürchterlicher auf uns zurückschlagen, zuletzt! Das geht nicht noch zwei Generationen gut! So.

Jetzt ist es natürlich, wenn man einfach die Fakten der Naturzerstörung – das ist jetzt in meiner Analyse die zweite Erscheinungsebene, dieser Industrialismussieg - da ist also der Sozialismus schlimmer, und das, was in der Dritten Welt – unter welchem Zeichen auch immer – läuft, ist noch schlimmer, oder – weiß ich – ebenso schlimm. Bloß: Die Logik, nach der sich die Weltzivilisation heute entwickelt, ist die Logik der Kapitaldynamik. Das ist in Europa erfunden worden, und das wird in Amerika, in Australien und so weiter nachgemacht. Und das hat, nach sehr guten beschreibenden Analysen, denen man nur nicht bis ganz auf den Grund gegangen ist, auch nur geklappt – das ist schon interessant, der Hinweis auf die nächste Schichtung: Wir sind bei der Kapitalschicht, das ist die dritte Erscheinungsebene - das hat eigentlich nur geklappt in Ländern, die diesen anglo-germanischen Zivilisationscharakter haben. Wenn man zum Beispiel vergleicht Uruguay und Dänemark: Die hatten einmal einen ganz ähnlichen Entwicklungsstand – und dieselben strategischen Versuche sind dort, wo die Spanier waren – die sich schon genug korrumpiert hatten … hat dort nicht geklappt, und in Dänemark hat es halt geklappt – das heißt, da spielen tiefenpsychologische Intentionen der Geschichte eine große Rolle dabei. Aber sie bleiben bei – bei dieser Ebene der Kapitaldynamik.

Die Entwicklung in der Zweiten Welt – also, die sozialistische Strategie des Einholens und Überholens – hat natürlich völlig im Zeichen der überlegenen kapitalistischen Industriedynamik gestanden und spiegelt sie, was die Produktivkräfte betrifft, nur – also – in verschlechterter Form wider. Und wenn wir dem gleichen Modell folgen, können wir auch niemals etwas anderes als eine zweitklassige – oder drittklassige – Variante desselben kriegen.

Ich will erst einmal kurz rekapitulieren, wie Russland dazu kommt. Also, das alte Russland stand zwischen der Mongoleninvasion und der Invasion der deutschen Ritter – so, Liegnitz, 1242, oder etwas später, die Schlacht am Peipussee – da waren die Mongolen bis hier – also, da stand das alte Russland, und um die Zeit waren die russischen Ritter noch in der Lage, wenigstens die deutschen zurückzuschlagen. Aber in dem Maße, wie seit der Renaissance in Europa Kapitalismus, Industrialisierung, Rationalisierung, und so weiter, aufkamen, wurden die großen russischen Zaren diejenigen, die – man höre! – zu modernisieren verstanden. Iwan Grosny (d.i. der Schreckliche, Anm. Sb.) war der Erste, der politisch modernisiert hat – das heißt, der die alte feudale Bojarenklasse halb tot geschlagen hat, um eine neue, bürokratische Bojarenklasse zu schaffen. Und dann kam Peter der Große, der dasselbe – also – bis in ökonomische Sachen hinein erneut gemacht hat, dem westlichen Absolutismus gegenüber. Und die erste russische Revolution – 1825 - die kam, als die russischen Offiziere nach der napoleonischen Ära den Westen besichtigt hatten und dann wussten, was man – also – zivilisatorisch braucht. Und die Bauernbefreiung in Russland kam, als der Zar gegen die Kriegsschiffe der Engländer und Franzosen den Krimkrieg verloren hatte – und sah, dass Bauernrussland diese Technik nicht wählte. Da musste man die Bauern befreien und den Kapitalismus ... Und die russische Revolution von 1905 kam, als die großmächtige russische Flotte gegen den Newcomer Japan unterging. Die Japaner sind Ostasien und haben - durch Zen, beiläufig jetzt einmal - offenbar eine psychosoziale Struktur, die gut für die Übernahme der kapitalistischen Errungenschaften ist. Das ist ein Ausnahmefall: Niemand sonst hat so mitgezogen wie die – So. Und 1917, da hatte also Russland, dieses Großreich, an der Seite der Siegermächte des 1. Weltkrieges doch verloren. Und es traten also die Bolschewiki an, in dem Auftrag einfach, der nicht bloß aus der Arbeiterbewegung kam, sondern aus der Weltgeschichte, wie sie bis dahin gelaufen war – also, in Wirklichkeit: Entwicklung nachzuholen.

Und das ganze Ding jetzt auf Stalinismus zurückzuführen: Das ist ein derartig neu verhüllender, ideologisierender Kurzschluss, dass es doch besser wäre, sich rechtzeitig an den Kopf zu fassen ... Also – das für eine Erklärung zu halten. Natürlich hat es das gegeben.

Oder: Die 40 Milliarden in die Mikroelektronik: Die Mittag anzulasten! Wenn es doch klar ist: Solange wir militärisch mithalten wollten mit den anderen – dass dann das fortgeschrittenste Land des Sozialismus - hier, die entwickeltere DDR - versuchen muss, für die russischen Raketenkreuzer und Flugzeugträger die Elektronik zu produzieren – man kann ja nicht nur aus Japan abkupfern. Und so viel Spione gibt es gar nicht, dass wir alles kriegen. Und jetzt: Günter Mittag war subjektivistisch - das ist lächerlich. Die haben den Prager Frühling kaputtgemacht – und die werden jetzt in Haft gesetzt, weil sie irgendeinen Wasserhahn aus dem Westen sich angeschraubt haben – oder weiß ich was noch für kleine ... (Beifall)
Also, das ist die Ebene »Kapitaldynamik - Kapitalismus«. Und - Kapitalismus: Da ist jetzt etwas wichtig. Also, ich meine, es ist unvermeidlich jetzt – ich sage das bloß einmal realpolitisch - dass hier Kapital hereinkommt, jetzt. Das ist psychologisch unvermeidlich; man kann also nicht erneut

wirklich versuchen, jetzt über die Massen hinwegzugehen, wie das alle glauben. Wenn das irgendwo auftaucht: Wer soll es denn nun eigentlich abhalten, nicht? – also, ich sehe das zwar nicht so, dass die DDR jetzt angewiesen wäre auf West-Kapital – aber: An dieser Front will ich nicht kämpfen, weil - das macht keinen Sinn – also, das ist psychologisch unsinnig. Bloß - eines will ich betonen: Es ist möglich, Kapital hereinzunehmen, ohne den Kapitalismus hereinzunehmen. Dazu muss man wissen, was Kapitalismus ist. Im – also, im Kern, im Urkern gesehen, ist das natürlich jedes Drittmittel. Also, wenn ein athenischer Kaufmann hinausfährt und irgendwo ein – also, auf einem Markt, den keiner kennt, Tuch holt – und das dann zehnmal so teuer verscherbelt: Dann hat er Profit gemacht – und das ist Kapitalismus. Und wenn in China vor 2500 Jahren das Land wieder einmal in der Hand von Grundbesitzern zusammengekommen ist und käuflich ist, dann herrscht dort im kleinen Maßstab Kapitalismus, Geldwirtschaft – in dem Sinne: es werden Profite gemacht, und so fort. Kapitalismus ist erst – ich sage es einmal verkürzt: Wenn es keinen Kaiser in China mehr gibt, der periodisch die Kaufleute, falls sie das Geld nicht freiwillig herausrücken und das Land, und der Verteidiger, die Bauern, gerade dabei sind, sich zu erheben – nämlich auch einen Kopf kürzer macht. Das ist – also, solange das möglich ist, ist nicht Kapitalismus. Solange in unserem Mittelalter die Kirche das Zinsnehmen allein den Juden zuschieben kann und allen Übrigen verbieten: Das ist nicht Kapitalismus. Da wird Profit gemacht, da gibt es Kapital, da gibt es Kapitalisten – alles richtig. Aber Kapitalismus ist die Gesellschaftsformation, indem der westliche Mensch im Wesentlichen gesagt hat: Also, wir schaffen die politische Bestimmungsebene und die geistliche Bestimmungsebene – »geistliche« muss ja nicht heißen, dass dort ein Pfaffe steht; das kann ja auch der innere Meister sein, beiläufig jetzt – aber: Wir schaffen diese Ebenen ab, der Staat soll Nachtwächter des Liberalismus sein, damit der, der zu viel verdient hat, nicht den Knüppel auf den Kopf kriegt – und – also, das Beffchen ist für die Sonntagspredigt halt übrig: viele gute Gründe also, das Gewissen zu beschwichtigen und die Erde … Und wir haben also praktisch uns erlaubt in Europa, die Welt so einzurichten, dass allein auf der Logik der Kapitalvermehrung, des Geldmachens, dieser – dieses Lkw-Verkehrs auf den Bundesautobahnen: Nach dieser Logik wird die Welt regiert. Das ist das Gesetz, nach dem sich die Menschheit gegenwärtig – also, mit der

Natur und mit sich selbst … Und ich sage noch einmal: Warum wollen wir gerade jetzt lernen? Das wollen wir jetzt hereinnehmen? Der Markt wird uns das Gemüse bringen?

Und was ich dem Parteitag gezeigt habe, das ist: Dass die Katastrophe, mit der wir hier zu tun haben, zunächst einmal – also, jenseits der ganzen Problematik »Plan und Markt« liegt. Sondern das hängt damit zusammen, dass wir – von 1917 an – gelernt haben: Zuerst einmal muss produziert werden für Maschinengewehre – die Gründe sind euch sicherlich allen so weit bekannt, dass ich das nicht erwähnen muss - und dann für Tanks – weil Adolf aufkam - und dann für Flugzeuge – der Krieg war schon nahe - und 1945 sind sie schnell belehrt worden: Nun müsst ihr Kurbelbäume bauen.

Und man hat praktisch unser gesamtes Industriesystem hier unter dem Gesichtspunkt der Selbstbehauptung gegen den industriellen, zivilisatorisch – also, militärisch – überlegenen Gegner gebaut. Und das heißt, dass das gesamte Mehrprodukt, das das Volk hier erarbeitet hat – also, zum Schornstein hinausgegangen ist, verpulvert worden ist - für so ein Wettrennen, das nur immer verloren gehen kann. Das ist logisch, dass die Mikroelektroniksache vor zehn Jahren verloren ging, dass das auf dem Weltmarkt nicht wieder hereinkommt – denn wir können nicht gegen die Japaner und gegen Siemens und gegen weiß ich wen das gewinnen. Das ist ein Verlustgeschäft, das gerechtfertigt worden ist bisher mit dieser militärischen Selbstbehauptungsnotwendigkeit. Ich sage nicht, dass die ökonomische Selbstbehauptung nicht auch ihren eigenen Stellenwert hat – aber: Ich habe dem Parteitag gesagt: Das Spiel sollten wir nun endgültig als verloren erkennen. Und es könnte sein, habe ich gesagt, nach verlorenem Seekrieg, zum Beispiel, oft, könnte es besser sein, die Schlachtschiffe zu versenken – statt sie in die andere Hand fallen zu lassen, und –

Sodass jetzt die Frage einfach ist: Wenn man fünf Milliarden hat – ja, man kann »Volkswagen« dazu bringen, die hier bei uns in die Erde zu setzen, damit unsere Gesellschaft die nächsten zehn, fünfzehn Jahre auf dieselbe Logik festgeschrieben ist wie da drüben – oder wir können sagen: Also, wenn die Leute ein Auto fahren wollen – und wer hat sie denn dazu erzogen, wenn nicht die SED? Bananen, Auto, anständiges Auto, alles das, nicht? – Gut. Das lasst uns das Einkaufen – das ist nicht ganz so schlimm.

Also, bei der bisherigen Investitionspolitik – angenommen, die Bürger der DDR wollen wirklich fünf Milliarden haben, um nach Rom zu fahren, um das bezahlen zu können, die Reisen, jetzt: Sie sind – ich sage das – besser ausgegeben auf diesen Reisen, als wenn wir weiter investieren, wie das bisher hier lief – und wie das weitergehen soll. Modrows Konzept besteht darin, diesen Wettlauf fortzusetzen – und er versucht, die DDR in Ordnung zu bringen. Und das geht nicht auf. Und deswegen wurden die Delegierten immer zorniger, als ich das 20 Minuten lang entwickelt habe, und waren froh, als sie über »ökologische Wende« lachen konnten, weil – das geht nicht, das Volk macht sowieso nicht mit, die wollen das ja, was wir machen, das – weiter.

Natürlich, oben und unten: Das ist ein verkorkster Zusammenhang, natürlich – nach 40 Jahren dieser Politik – und 70 Jahren. Und ich rede jetzt nicht über, was vor 70 Jahren war, sondern darüber, dass wir – also, insbesondere die letzten 20 Jahre geschlafen haben – und noch mehr die letzten vier Jahre, wo uns der Aufbruch in der Sowjetunion ermöglicht hätte, unseren eigenen Weg zu machen. Ich auch - habe mich zu spät entschlossen, wieder an die Tür zu klopfen - hier. Also, ich hätte das 1987 noch nicht erkannt, dass Gorbatschow – also, praktisch mit diesem Typ Parteienherrschaft zumindest gern Schluss machen möchte. Und es wäre an der Zeit gewesen, dann, zu sagen: Ich will zurück. Das habe ich nicht geschnallt. Ich war wohl zu tief in einem sicher auch wichtigen anderen Prozess - na gut! Also, auch ich: »Wer zu spät kommt, den bestraft das Leben«!

Aber diese Kapitallogik, jedenfalls – also, das ist auf der materiellen – in der materiellen Dimension die Ebene, auf der die Welt kaputtgemacht wird, und zwar kurzfristig. Und das kann nicht anders sein, davon gesteuert. Und was von drüben an Ökologie kommt, ist – also – lauter Augenauswischerei, ist - das ist geradezu das Gegenteil der Wahrheit. Die sogenannte »ökologische Modernisierung« ist nur dazu gut, den Fortgang der Kaputtindustrialisierung zu rechtfertigen und zum Teil – also, auch noch – wie nenne ich das? – das noch selbst verbergen. Weil – also, der Grad an Aufklärung ist drüben auch noch nicht gelaufen.

Also, eine ökologische Wende ohne – ich will einmal vorsichtig sein, ich will nicht gleich von »Abschaffung« reden. Aber wenn es nicht gelingt, dieses unternehmerische Prinzip, diese Ebene des Geldmachens machtvoll unterzuordnen – also, eine politische Sphäre wieder aufzubauen, eine – ich sage einmal in Anführungszeichen: »königliche« – die bürgerliche Gesellschaft wollte ja einmal die Equipe der Könige sein, das heißt, »königlich« heißt, Könige und Königinnen – wir alle! – eine königliche Ebene, die dem Kapital sagt: Bis hierher und nicht weiter! – und die die Macht dazu hat, die politische Macht: Ohne das kann der Mensch ... Und da gibt es in der DDR etwas zu verteidigen, etwas zu halten, eine Möglichkeit. Und wenn das Ding jetzt hier politisch volkseigen geworden sein sollte – oder ein Stück weit ist – also, die Karte muss der Mensch eigentlich spielen. Und dass das nicht so effizient funktioniert hier: Da hat es viele Gründe. Also, ich sage nicht, dass überhaupt keine Rationalisierung hier ansteht – und dass alles, was Lenin jemals darüber gesagt hat, das mit den Kapitalisten, falsch war. Aber wir haben es mit der Logik eingespart. Und müssen die neue Logik erst finden.

Und der Sozialismus in dem Sinne – als ein Moment, das bedeutet, die Gesellschaft – »sozial« kommt von »Gesellschaft«, und nicht von »Sozialstaat« – das ist einer der – auch einer der Hauptpunkte im falschen Bewusstsein! – und ich will nur diese jetzt im Spiegel hinstellen und als – und – ordentlich hinstellen und – dass wir »Soziale« sind – so sozial ist jede Gewerkschaft im Westen natürlich auch – also, diese – die Niederlagestrategie der Arbeiterbewegung gegen das Kapital: Das ist der Sozialstaat – seit Bismarcks Zeiten – also, das ist nicht der Sozialismus. Natürlich soll das nicht verloren gehen, was da an sozialer Sicherheit da ist. Aber »sozial« - das heißt: Das Gemeinwesen ist in der Lage, über den gesellschaftlichen Gesamtprozess zu entscheiden – so oder so. Und dann ist es allerdings besser, wenn sich jetzt die Arbeiter, die Belegschaften – auch, wenn sie zu – noch nicht so eins für Wiedervereinigung sind: Dann sollen sie das Häuschen nämlich selbst verkaufen. Viel besser, als wenn – wenn die Bürokratie das verkauft – die Technokratie das verkauft, im Ausverkauf, nicht? Dann – denn man lernt viel mehr, wenn man selbst verantwortlich ist dafür.

Das ist die Ebene »Kapitaldynamik«.

Und bis hierher ist die marxistische Analyse immer noch die beste, die es gibt – nur, dass dann die Erklärungsmacht aufhört. Marx hat eigentlich nie den Versuch gemacht, ernstlich zu erklären, wieso das in Europa durchgekommen ist. Er ist eigentlich in dieser Dimension des historischen Prozesses bei der Hegel'schen Lehre von den jeweils geschichtsbestimmenden

Völkern geblieben und hat nicht weiter gefragt, warum. Er hat zwar in seinen »Grundrissen zur Kritik der politischen Ökonomie« sich mit der – mit den stammesmäßigen Grundlagen befasst – Engels noch intensiver – und den Begriff der »asiatischen Produktionsweise« gefunden, der dann später viel für Russland und China erklärt – aber: Das ist jedenfalls nicht ausgeführt und weiter verfolgt worden.

Also, ich war jetzt bei der dritten Ebene der Selbstzerstörung: Das ist die Kapitaldynamik. Und die ist also europäisch und wird widergespiegelt – meine ich nur – überall in der Welt, und unsere ganze industrielle Struktur ist auch nichts als ein Nachbau, bisher. Wir haben den Versuch einer anderen Zivilisation nicht wirklich gemacht.

Und da drunter aber liegt – also, ich muss einfach fragen: Welche Disposition – eigentlich – haben die Europäer hier, nicht? - die Nordeuropäer - also, die nicht latinisierten Germanen haben ja ihren eigenen industrialistischen Durchbruch geschafft. Also, was ist da gelaufen? Da habe ich mir bei Johan Galtung, mit dem ich einen intensiven Diskussionsprozess drüben hatte und auch noch habe – vielleicht kommt er auch einmal her - von Johan Galtung den Begriff »Europäische Kosmologie« übernommen. Und das ist ein Begriff, der eigentlich die Tiefenpsychologie der Völker kennzeichnen will. Und Galtung hat das strukturalistisch behandelt – das heißt, er hat gesagt – gefragt – also, wie stehen denn die verschiedenen Stämme zur Erde, der Mensch zum Menschen, zu Gott, zur Zeit, zum Raum, und so – und hat dann gefunden - also, dass die europäische Kosmologie besonders expansionistisch ist, besonders autoritär - und so verschiedene Eigenschaften, die hier zusammenkommen, hat auch noch Spezielles gefunden – für die teutonische Art der europäischen Kosmologie – na schön. Und wir haben uns dann annähernd darauf einigen können, dass dahinter wirklich Stammesgeschichte steckt – und dass, wenn man unter dem Gesichtspunkt beim alten Engels noch einmal nachliest, sich vieles erklärt. Also, der hat dort die Produktionsweise der alten – unserer Vorväter, und auch der Griechen, die dann im Sturm auf Troja waren, als eine des Raubes und des Krieges gekennzeichnet. Also, die Römer haben ja die Teutonen und die Kimbern angetroffen als Kriegerstamm, der die Frauen im Tross und die Kinder da mit hatte und davon lebte, was jeweils erobert wurde. Und so sind wir ja – also – dann auch nach Amerika gekommen. Der Chief Seattle, der hat dann gesagt: »Der weiße Mann kommt halt am Abend - und sieht, was er fassen kann – und geht am nächsten Tag weiter – und die Erde interessiert ihn überhaupt nicht.« Von wegen: Die Pflanzen sind meine Schwestern, die Tiere sind meine Brüder – da kommt der gar nicht darauf, weil - die germanischen Wälder liegen schon zu lange hinter ihm – und auch dort: Der wilde Jäger ist ja hindurch gerauscht. Also, diese Reproduktionsweise des Raubes und des Krieges, von der Goethe im »Faust« dann sagt – also: »Krieg, Handel und Piraterie: Dreieinig sind sie und nicht zu trennen« – die reicht eigentlich hin zur Erklärung, was dann passiert, wenn Industrialismus – also, die noch produktive Verwendung des Kapitals, aber in denselben Grundgeist - dazu kommt.

Und noch spannend ist, dass die politische Verfassung von Engels definiert war als »militärische Demokratie«. Und Krieg, Handel und Piraterie: Wenn man das dazu rechnet - und die industrielle Beuterafferei noch mit: Dann hat man – also - eigentlich die Erklärung dafür, warum – also – dieser Typ von Kapitalismus – also, von Entfesselung der Kapitaldynamik und Abschaffung aller anderen Ordnungsebenen: Warum die – also – hier passiert ist, warum wir das gebracht haben, die Europäer. Angefangen hat ja Byzanz, die Lateiner, die Spanier - die sind dann stecken geblieben - die sind dann stecken geblieben mit ihrem Gold, bei der Eroberung - und wir, gerade die Zuspätgekommenen hier – zuerst England, und dann Deutschland: Die haben ja also das Nonplusultra in diesem Expansionismus geschafft. Das ist die vierte Ebene in dieser Logik der Selbstausrottung, von der ich rede.

Und es ist ja offensichtlich: In der Beschreibung etwa dieses Germanenstammes da an der alten Grenze der Römer - das ist ein extremer Patriarchat. Aber darunter liegt schon als generelle Schicht – also - der Sieg des Mannes in der – also, in der Frühgeschichte, eigentlich, des Menschen. Das heißt, dass Patriarchat nie in dem Sinne, dass nun die Frauen – also, zu wenig Leitungsfunktionen haben, oder so – sondern dass bis in die elementarsten Lebensverhältnisse hinein das Gleichgewicht zwischen der expansionistischen, produktivistischen Selbstverwirklichungsart des Mannes und der Daseinsweise der Frauen, wo das Kind im Mittelpunkt steht und der Nahbereich, der Herd, und das alles – ich meine nicht die spätkapitalistischen Rechtfertigungsideologien für »Frau am Herd«. Nur - ich meine, die ursprünglichen Realitäten des Geschlechterverhältnisses beim Menschen: Dieses Gleichgewicht ist völlig gesprengt worden – und in solchen Kriegerstämmen natürlich erst recht, wo - also - der männliche Typus der Initiative alles übernommen hat und wo also – also, es ist klar, dass Expansionismus als Grundprinzip der Entfaltung auf einer endlichen Erde den Zusammenhang sprengen muss. Und die fünf Schichten - jetzt schon einmal genommen: Es liegt in diesem Schema zwar nicht – sozusagen – man kann auch das übertreiben, es ist auch etwas zu gerade gesteckt, in Kurzdarstellungen, aber – es liegt in diesem Schema natürlich der Gedanke, dass jede tiefere Schicht grundlegender für die Katastrophe des ... dass also etwa dieses Thema »Patriarchat« und die Neubestimmung der Geschlechterverhältnisse – also, wenn dort nichts passiert, dann – was auf den anderen Ebenen passiert, wird nicht nichts sein, aber: halb.

Und das gilt für alle diese Ebenen - ich komme zu der entscheidenden sowieso erst, aber das gilt schon für alle diese Ebenen. Ich kann, wenn also jetzt hier die Braunkohleindustrie – also, wirklich die Schwefeldioxidkatastrophe zum Überkippen bringt, natürlich dort Filter einbauen, oder ich kann den halben Energieverbrauch zurücknehmen – was viel besser wäre – was ich auch vorschlage: Dass wir das erreichen müssten, erst einmal - aber mit dem Antrieb des Ganzen, mit der Industriedynamik, mit der Kapitaldynamik, mit dem, was uns dazu zwingt, Welteroberer zu sein – olympial – Sport in der DDR: Das gehört zu dieser vierten Schicht, »Europäische Kosmologie« – also, wenn das alles bleibt – also, wo sollen denn die Energien hingehen? Das heißt, das muss auf allen Ebenen – sozusagen – umgeformt werden – bloß: solange ich bloß bis zu dieser fünften, der Ursachenebene, gekommen bin, sieht das noch so aus, als wenn wir nur durch die Katastrophe kurierbar wären. Die Bewertungsmethodik schon – also, komischerweise gerade in Westdeutschland, wo es eigentlich ökologisch besser aussieht als hier, vordergründig jedenfalls – weil eben die Invest- die Kapitalinvestitionskraft da ist, um den Umweltschutz einzubauen: Gerade dort ist auch die Öko-Bewegung – also – stärker, eigentlich, als irgendwo sonst - Schweiz, Holland, uns so, dazu genommen. Also, es gibt da tatsächlich eine hilfreiche Logik der Schläge auf den Hinterkopf, natürlich – von der Katastrophenperspektive. Und doch wird das natürlich nur vertan. Und rein negative Perspektiven, dass wir uns – also – bis zum Untergang der Menschheit, eigentlich, dadurch bewerten lassen sollen, was alles schiefgeht – und wir schaffen ja Tatsachen, eigentlich jedes Jahr jetzt, die eine der nächsten Generationen das Leben kosten. Also, das kann es ja nicht sein.

Und dann ist es wichtig – da kommen wir also auf den Punkt: Der Mensch selbst ist die Grundlage seiner Produktion – und auch die Endursache, natürlich, des Patriarchats – also, Männer und Frauen müssen doch das irgendwie zusammen produziert haben, das kann ja nicht so sein - das ist nicht sonderlich wahrscheinlich, dass das einfach der – der spätere Affe mit dem Knüppel war, der das Patriarchat eingerichtet hat, sondern da müssen wohl diffizilere Mechanismen am Werk sein. Und die Frauenbewegung hat da auch schon sehr viel herausgekriegt, das auch wieder noch der weiteren Durchdringung bedarf.

Klar jedenfalls ist, dass es in der Conditio humana, das heißt, in der Anlage, mit der der Mensch aus der Natur gekommen ist – also, ich will einmal nicht sagen: Den absoluten Zwang, noch in diese Selbstausrottungsordnung zu kommen, gegeben haben muss - man muss es ja nicht übertreiben! – aber dass jedenfalls Dispositive dafür da waren, dass wir dazu disponiert sind – also, aus – ich würde einmal – verkürzt erst einmal sagen: Aus kurzfristigem Egoismus, aus dem, was wir gleich morgen früh haben müssen – und ohne die ferneren Folgen zu bedenken, erst einmal ein: »erst einmal ich!«, und: »erst einmal wir!« – gegen die anderen. Dass das allein eigentlich erst einmal genügt, dass es noch klappt – aber nur genügt als Hinweis darauf, dass es in der Art und Weise, wie der Mensch sich gefährdet, in der Welt - … Evangelium – bewegt, wie er – dass das erklärt, wieso wir eigentlich – also, hauptsächlich ein Rüstungssystem, um uns in der Welt zu stabilisieren, überhaupt geschaffen haben. Ein Rüstungssystem – nicht bloß militärisch, sondern: Der Speicher ist auch ein Rüstungssystem - und der Tempel: Dass uns die Götter nichts tun - oder die Geister, oder was auch immer: Das sind lauter Rüstungssysteme, Selbststabilisierungssysteme.

Und was jetzt wichtig ist und mein Einstieg in das eigentlich letzte Thema bei dieser Ursachenebene: Es hat natürlich keinen Zweck, unsere Ur-Ur-Ahnen dafür zu kritisieren, sondern es geht dann darum, zu begreifen, dass das höchstwahrscheinlich von der Evolution her unvermeidlich war. Mit anderen Worten - ich meine damit: Man muss erst einmal zur Kenntnis nehmen, dass bestimmte psychologische Mechanismen – ich rede ja von Geschichte als von Psychodynamik und gehe davon aus, dass das Hirn – koordiniert, natürlich, mit der Hand – das Hauptwerkzeug der menschlichen Praxis ist. Und dass wir als Hirntiere, komplett gesagt, den Weltzusammenhang stören – dass wir also da nachgucken müssen, wenn wir von Grund auf begreifen wollen: Was müsste sich ändern? Wo müsste die Änderung einsetzen? Also, dann gibt es von den Psychologen ja mancherlei Mechanismen; ich will drei hervorheben, die normal sind – also, für die der Mensch nicht von vornherein zu kritisieren ist, sondern die erst einmal – also – wahrgenommen, festgestellt werden müssen.

Der erste ist der Mechanismus der Projektion. Wir nehmen die Außenwelt wahr, unsere Organe sind nach außen gerichtet – nicht, dass ich die Ursache von irgendetwas bin, sondern: Da hängt die Schlange! Und im Urwald ist die Wahrnehmung auch richtig. Zwischen Menschen ist der andere in der Regel schon schuld: Da fängt die Fehlwahrnehmung meistens an. Bloß, wenn wir jetzt uns - wie das üblich ist: Die Megamaschine, die wir gebaut haben, für ebenso ursächlich halten wie die Schlange – im Paradies oder im Urwald – und nicht die Verantwortung übernehmen dafür: Das haben wir gemacht! Auch, wenn das schon Großvater gebaut hat, das Ding, das da steht, meinetwegen – aber: Das haben wir gemacht! Und wir als Teilhaber an diesem Menschengeist haben die Verantwortung, dass der lebendige Geist das auch in die Hand nimmt. Und wenn wir das nicht bringen, jetzt: Das wäre Schuld - wenn schon: Schuld.

Oder Buddha sagt – das ist vielleicht besser als Schuld - der sagt: »Unwissenheit« dazu: Nicht zu begreifen, nicht wissen zu wollen, dass wir das sind – im Evangelium heißt der schönste Satz nicht – also, was das Gericht betrifft – nicht Rachefantasie, sondern der heißt: »Das ist aber das Gericht, dass das Licht in die Welt gekommen ist, und ihr habt es nicht erkannt.« – also, das hat mit diesem Mechanismus der Projektion zu tun: Dass wir die Ursache sind – für die ganze Kulturkatastrophe ist der Mensch die Ursache – und eigentlich nicht bereit sind, die Verantwortung dafür zu übernehmen, sondern das Gefängnis zuständig machen: Wir können nicht raus, schon allein das, was wir in den letzten 150 Jahren bloß an zivilisatorischen Errungenschaften hier haben: Nichts darf verloren gehen. Es könnte ja gescheit sein, dass da auf der Beethoven … mit über Bord geht: Willst du das? Nein? Aber das »Nein«, dieses Veto genügt – es ist ein »Ja« zu der ganzen Logik der Selbstausrottung, bereits.

Das heißt, wir müssen über diesen Normalzustand, dass wir die Schuld und die Ursache hinaus projizieren aus uns – nicht bloß wegen der Ehekatastrophe hinaus, sondern – wenn der Mensch überhaupt eine Zukunft haben will, dann müssen wir darüber hinaus – und das heißt natürlich: Wir müssen sozial, wir müssen … darüber hinaus. Das heißt, wir müssen uns Institutionen schaffen, in denen die Wahrheit steht – und nicht, wie Ulbricht das dann sagte, 1968 da, als das in der Tschechoslowakei lief: »Das wird euch auf den Magen schlagen!« – also, wo praktisch Bewusstseinszerstörung bewusst von der Institution her betrieben wird.

Also, das war eigentlich die Hauptsünde überhaupt, der kommunistischen Parteien, der herrschenden, in den ganzen letzten Jahrzehnten: Bewusstseinszerstörung statt Bewusstseinsaufbau. Also, diese Heimkehrer, die sind schuld! – alles das - also: Nicht gucken: Was machen wir? – also, diese Normalität muss überwunden werden, individuell und kollektiv.

Und dann gibt es einen zweiten Punkt, der ebenso normal ist: Das ist unser Gattungsegoismus, »Anthropozentrik« genannt. Also, jeder Regenwurm, der nur Hell und Dunkel unterscheidet, hat überhaupt nicht die Möglichkeit, an etwas anderes zu denken als an sich, natürlich. Katzen haben Katzenwelten, Adler haben Adlerwelten – es sind die Augen, die bei uns … Der Mensch - nicht durch Auge, sondern durch Gehirn – und durch Hand, durch seine Praxis – hat die Möglichkeit, reiner Spiegel des Ganzen zu sein. Das heißt nicht, bloß anthropomorph die Welt zu sehen – nach meinen Interessen - sondern: er könnte eigentlich sich von allen Besetzungen – wie sollte es denn sein? – frei machen … und dann: rein und bescheiden. Also, jemand, der Macht hat, sollte – wie Salvador Allende – das Notwendige tun und gar nicht fragen: Werde ich morgen dafür erschossen werden, falls ich die Wahrheit erkannt habe? – Das ist, was die in Indien den »Blick aus dem dritten Auge« nennen – das, was beim Pharao die Schlange hier symbolisiert, die hier heraus guckt: Die Fähigkeit zur reinen Schau und zu einem Verhalten, das von diesem – von dieser Wahrnehmung der Wahrheit ausgeht, statt von der Frage, der Machtfrage, die damit zusammenhängt: Wer sägt gerade an meinem Stuhl, wo stürmen die Massen gegen mich an, welches korrupte Aushilfswort muss ich gerade benutzen, damit sie mich nicht von der Tribüne pfeifen? Also, diese - dieses Wagnis, das der Mensch auf sich nehmen muss – aber als ... und auch das institutionalisiert – also, um Erkenntniswerte zu haben.

Und die Katastrophe der Partei, der Kommunistischen Partei – und vorher der Kirchen – ist deshalb so besonders groß, weil – das waren eigentlich die Organe, die das verhüten sollten. Erst Kirche, und dann Partei, Kommunistische Partei: reiner Spiegel zu sein und die Interessen des Ganzen – welthistorische Mission hatte Marx den Proletariern zugedacht – ob es das gibt, ist eine zweite Frage, aber – das war gemeint damit, das rein Notwendige so zu spiegeln – nicht, als wären wir interessiert, sondern als hätten wir den Auftrag – also, hier, mit unseren klassischen Philosophen gesprochen: Die Arbeit Gottes fortzusetzen. Also, diese interessierte, selbstische - kollektiv-selbstische - Weise des Handelns und Politikmachens muss überwunden werden.

Und schließlich – genau, und – die Normalität, sich so zu verhalten: Anthropozentrisch, gattungsegoistisch, »wir zuerst!« – wir haben die ganze Erde kolonisiert, wir – hier kann kein Tier mehr leben ohne unsere Erlaubnis. Wir müssen die Erde zurückgeben – wenigstens teilweise. Wir müssen uns fragen, ob wir sechs Milliarden sein dürfen – oder fünf oder zehn – bei – noch dazu den Ansprüchen, die wir an das Ganze stellen. Und: Ob es nicht Wege gibt, vielleicht, in zwei – drei – vier – fünf – sechs Generationen dann drei Milliarden zu sein – und so fort.

Und schließlich, als dritter Punkt – nebenher, aber als dritten Punkt: Wir sind auch normalerweise egozentrisch. Damit meine ich jetzt nicht den idiotischen Egoismus, der offensichtlich selbstschädigend ist, sondern ich meine einfach, dass der Mensch - zuerst seine Selbstdurchsetzung ihn treibt - ja, dass er »ICH« werden muss, um überhaupt – also, dann auch einmal transzendieren zu können, über sich hinaus zu kommen. Also, diese Egozentrik, die im Grunde, natürlich, darauf hinaus gelaufen ist, bisher, dass weiße Männer – jeder den Anspruch eines Natur ... haben – und dann natürlich bis zur Hälfte der Welt erobern können, im gegebenen Fall, und dass man für die Wahrnehmung irgendeiner anderen Person als des Gegners überhaupt keine Zeit und Kraft hat, dass man sich auch rüsten muss, um Kampf - wahrnehmen zu können für den genauen Schlag in diese Richtung – und für Natur schon überhaupt keine ... Also, selbst Brecht hat ja einmal eingestanden, dass er keine Geduld hat für die Natur, Sokrates hat einmal gelehrt, in einem Dialog Platons, dass – »Bäume können mich nichts lehren«. Weil – also, Staatsgeschäfte und Philosophie: Das muss man in der Polis wissen. Und dass der Peloponnes schon abgeholzt war für die athenische Flotte, dass die Katastrophe schon gelaufen war – das fiel dem weisesten Mann der Alten Welt nicht auf. Also, da fing Blindheit an. Und das hat – also - mit diesem ganzen Mechanismus, natürlich, das kommt ja dann zusammen – von Evolution und Anthropozentrik und Egozentrik zu tun.

Und ich will an dieser Stelle Schluss machen und den Übersprung zu der Frage: »Was wäre denn eine Logik der Rettung?«, jetzt nicht machen, weil – man kann eben nicht alles auf einmal versuchen – und auch das war viel zu verkürzt und dadurch viel zu – das lässt viel zu vieles offen. Ich will nur als Hinweis, jetzt einmal, Folgendes riskieren: Es hat immer wieder in der Geschichte der Menschheit einzelne Individuen gegeben, die diesen Mechanismus der Projektion und der Anthropozentrik und der Egozentrik für sich durchbrochen haben. Der westdeutsche Philosoph Jaspers hat von »Achsenzeit« gesprochen – und hat gemeint: Das war ein Vorläufer – die vor 2500 Jahren begann und vielleicht bis um 1500 ging – und wo es Einzelne waren, die nur etwas vorweggenommen haben, was die Gattung insgesamt bringen wird. Und die Einzelnen, die er dort genannt hat, die hießen: Lao-tzu – und die hießen: Buddha – die hießen: Platon – die hießen: Christus – die hießen: Mohammed. Und wenn man nach Europa guckt - das sind ja alles Leute, die nicht aus unserer Stammesgeschichte kommen - da war vielleicht in Italien Franz von Assisi der erste Christus Europas. Und da hat es in Deutschland einen Mann gegeben, der das wirkliche Geheimnis unserer ganzen klassischen Philosophie ist: Meister Eckhart – der gewusst hat – also, dass es sich eigentlich nur um Folgendes handelt: Wie kann ich diese Fixierung, diese Verhaftung an mich selbst, die mich daran hindert, objektiv auf die Welt zu blicken: Wie kann ich die so weit hinter mir lassen, dass ich dieser reine Spiegel sein kann? Dass ich die Angst verlerne, dass ich den Tod akzeptieren kann – und aus dieser Situation heraus – also, diese Sorge, diese Alltagssorge verliere? Denn ich denke – bei diesen Atomdemonstrationen, die wir in den 50er – nein, in den 80er-Jahren in der Bundesrepublik drüben hatten: Viele Gespräche haben mich darüber belehrt: Die meisten hatten an demselben Tage der großen Demo gar nicht die größte Realangst vor der Atombombe, sondern vor der – 10 Minuten Verspätung, und: Dass sie überhaupt gefahren waren – bei ihrem Chef. Also, wir haben – normalerweise sind wir gar nicht mit dem richtigen Ängsten besetzt – noch viel weniger haben wir also eigentlich drauf, was für ein Wesen der Mensch in seiner Größe ist. »Der Mensch übersteigt und … den Menschen«, hat Pascal gesagt – einer dieser Gläubigen, auch. Und ich glaube, dass wir in diesem Punkt etwas - mit einem materialistischen Kurzschluss, übrigens - zu bereinigen hätten, wenn wir eine Logik der Rettung finden wollen. Und dass die bloße Tatsache, dass ein Verhalten wie das des Lao-tzu, des Buddha, des Christus, des Franz, des Eckhart auch nur welten- und menschenmöglich war – das beweist: Das ist im Menschen drin. Das heißt nicht, dass morgen passiert – aber das heißt, dass sich jetzt jeder auf den Weg machen kann. Und das lässt sich allerdings besser belegen als mit einem kurzen Hinweis.

Damit will ich schließen.

8. Oktober 1990

Einführungsvorlesung

… diese drei Sachen bitte ich …

Rektor Heinrich Fink:

… Gutachten – es kam zu viel an Missachtung … und dass er dieses alles nicht mit Gleichem vergilt – sondern nicht mal, wie es im Alten Testament vorgesehen ist, Auge und Auge, Zahn um Zahn, vergilt, sondern gar nichts - er ist Kollege unter Kollegen und will nun dazu beitragen, dass diese Universität auch ökologisch gesundet.

Zweitens:

Heute, am 8.10.1910, sind die ersten acht Studenten an dieser Universität immatrikuliert worden. Wie könnten wir diesen Anlass festlicher begehen als mit dem, was wir jetzt tun? Es waren zwei Studenten der Medizin, der Philosophie, der Rechtswissenschaften und natürlich auch zwei Theologen. Also, mit acht hat es angefangen; aus dieser sehr kleinen Zahl, die vorne im Prinz-Heinrich-Palais die erste Immatrikulation hatte, ist natürlich eine Universität in ihren Widersprüchen – und auch in ihren Ansprüchen - jetzt 180 Jahre gewachsen. Sicherlich nicht ohne Probleme; Sie kennen alle diese Probleme – aber es gibt einige, die diese Universität zu Ruhm und Ehre gebracht haben.

Das Dritte.

Ich kann natürlich hier vor der Öffentlichkeit nicht reden, ohne des 8. Oktober 1989 zu erinnern. Es ist der Platz der Gethsemane-Kirche - und die, die mit uns dort waren, wenn sie die Augen schließen, haben die Szene in Erinnerung, von der sie meinten, sie kennten sie nur aus faschistischen Filmen. Was an dem Abend in uns allen vorgegangen ist, war, dass wir wussten - und das war ja auch das Thema des Abends des 8. Oktobers: Wie geht es weiter mit der DDR? Es wurde heiß darüber gestritten; wir meinten damals, es müsste mit der DDR weiter gehen. Es war auch der Abend, an dem Gorbatschow vor dieser Universität gesagt hat: »Wer zu spät kommt, den bestraft das Leben.« Darüber können wir natürlich nachdenken; darüber sollten wir auch nachdenken, aber – wir sollten weiter denken. Vielleicht sollten wir das Thema – und darum würde ich natürlich Rudolf Bahro gerne bitten – das wir am 8. Oktober 1989 begonnen haben »Wie geht es weiter mit der DDR?«, nun weiter denken: »Wie geht es weiter mit Deutschland?«. Ihnen ein gutes Semester, uns ein gutes Semester – und herzlichen Dank!

Rudolf Bahro:

Der Grundgedanke, der im Hinblick auf die letzte Frage unseres Rektors mich geleitet hat bei der Konzeption dieser Vorlesungsreihe, der besteht darin, dass es den kurzen Weg, den Weg des schnellen Rezepts, für die Bewältigung dieser geistigen Krise nicht gibt. Dass wir einen großen Anlauf nehmen müssen. Dass es deshalb bestimmt verfrüht wäre, Losungen irgendwelcher Art hier auszugeben, wie wir mit der – mit unserer Lebenskrise, die das natürlich ist, für jemand, der hier derart eingespannt gewesen ist, aktiv eingespannt gewesen ist, bis die mich verhaftet haben, und danach noch so eingespannt, dass ich zurückkommen musste: Das ist natürlich eine Lebenskrise, mit der nicht nur Leute, die noch hier gelebt haben die letzten zehn Jahre, zu tun haben, sondern mit der auch ich zu tun habe. Das zu bewältigen geht nicht, indem man sich also gleich in das nächste – aktivistisch in das nächste – politische Projekt oder so stürzt. Sondern ich halte allerdings für das Politischste, was ich tun kann, diese Vorlesung über die Grundlagen ökologischer Politik. Das ist aber – der Ton liegt auf »Grundlagen«, nicht auf der »Politik« – gleich über Grundlagen ökologischer Politik, die ich aber ganz bewusst so orientiert habe, dass wir uns erst verständigen wollen über Monate hin – also, für dieses Semester – über das Wesen der ökologischen Krise. Und da ich verstanden habe, dass das eine In-Welt-Krise ist und keine Um-Welt-Krise – primär, natürlich, machen wir die Welt kaputt - handelt also ein Versuch, das Wesen der ökologischen Krise zu begreifen, von der Subjektivität - davon also, warum der Mensch Leben und Erde zerstört. Und ich denke, dass wir dann auch dicht dran sind (und zwar nicht am Ende der Vorlesungsreihe) - ich weiß nicht, ob drei Monate oder vier Monate dafür reichen, aber zugleich in jedem Augenblick, an jedem Abend, hoffe ich, dicht dran sind auch an dem, was ich die »Subjektivität der Rettung« nenne. Ich will mal sagen: Nicht als wiederum etwas, das als Stafette ausgegeben werden kann, sondern: Bei der Möglichkeit, die der Mensch vielleicht noch birgt, aus dieser – aus diesem Engpass, in den er sich in den letzten Jahrhunderten immer tiefer hineingearbeitet hat, einen Ausweg zu finden, der wahrscheinlich nur mit einem Sprung auf ein anderes Niveau zu machen ist. Also, das ist der Ausgangsgedanke gewesen, der mich geleitet hat, diese Vorlesung zu konzipieren.

Ich will aber jetzt in der ersten Stunde – und gerade im Hinblick darauf, dass ich mir jedenfalls Zeit nehmen will und dass ich die Hörer bitte und, die Hörerinnen, sich Zeit zu nehmen – erst mal die Zeit nehmen, einiges vorab zu klären - nicht nur, was das Organisatorische betrifft, sondern auch, was das Zustandekommen und die Idee dieser Professur überhaupt betrifft, den Grund meiner Rückkehr; darüber hat der Rektor eben schon gesprochen. Ich will auch einiges sagen zur Person – die Gelegenheit habe ich wahrscheinlich nicht wieder, vor einem so großen Auditorium über einige der Gerüchte zu reden, die unvermeidlich sind, wenn man sich in die Massenmedienlandschaft der westlichen Welt stürzt und dann nicht jeden Abend und jeden Morgen daran denkt: Was muss ich alles vermeiden, damit die mich nicht bei irgendwas erwischen, das in die BILD-Zeitung passt? Ich habe so nicht gelebt drüben. Also, darüber und dann auch den Charakter der Vorlesung und über das viele Papier, das ich hier ausgebreitet habe. Vielleicht wird im Laufe der Vorlesung auch noch klar, dass also das Springen auf die Außenseite der Umweltverschmutzung und des Verbrauchs, des zu vielen Verbrauchs von allem – also, immer noch ein Kurzschluss ist. Das ist ungefähr so viel Papier, wie etwa 40, 50 Exemplare meiner »Logik der Rettung« sind. Also, wer ein Buch schreibt und drucken lässt, der verbraucht einen Haufen Papier. Und das ist also so, was ich hier eingesetzt habe, um erst mal diese Vorlesung publik zu machen: eine Menge Papier. Ich denke, dass das also sich herausstellen wird im Laufe der Vorlesung, wie man mit unserer tatsächlichen Gefangenheit in der großen Maschine, in unserer Abhängigkeit von Ökonomie, von Technik usw. umgehen kann.

Ich möchte also hier in dieser ersten Stunde jetzt meiner Vorlesungsreihe erreichen, dass wir uns ein bisschen über den Kontext und auch über das Subjektive verständigen können.

Die Idee, diese Vorlesungsreihe zu halten, die ist mir – die ist eigentlich gewachsen vom Sommer - vom Spätsommer, eigentlich, bis zum November des Jahres 1989. Ich hatte, als ich die DDR verließ 1977, da ich eine so schnelle Wiedervereinigung – oder Vereinigung – wirklich nicht vorhersah, den Entschluss gefasst, mich hier von drüben aus nicht aktiv einzumischen und drüben etwas anzufangen, was vielleicht insgesamt fruchtbar sein kann: Das heißt, ich hatte mich auf die Grünen eingelassen. Und ich will jetzt nicht erläutern, warum ich aus dieser Partei wieder raus bin – es ist schon bei der Thematik, die ich angekündigt habe, klar, dass es sich da nur um die Frage: Wie ernsthaft und gründlich gehen wir mit der ökologischen Krise – äh, handeln kann – bei Meinungsverschiedenheiten? Also, ich war jedenfalls – ich hatte mich selbst abgemeldet und war überrascht, wie die DDR, als sich die Anzeichen des Untergangs mehrten – des bevorstehenden Untergangs - wie die nach mir griff, wieder. Ich habe manche Nacht schlecht geschlafen. Ich bin an einem schönen Ort da drüben. Ich hab ein paar Sachen da zur Information ausgelegt über die Lernwerkstatt, eine freie ökologische Akademie, an der ich dort lebe, wo wir eine kommunitäre Gruppe sind, die diese alternative Bildungsstätte betreibt und wo ich vor zweieinhalb Jahren mich neu verheiratet hab. Und ich hab ein kleines Mädchen von zwei Jahren, und ich bin sehr glücklich, dass es mir und uns und der Gruppe über den Sommer hin gelungen ist - also, mit diesem Spagat, den ich da jetzt mache; privat bin ich auch dort nach wie vor zu Hause; hier hab ich meine Wohnung und dort mein Zuhause. Also, damit menschlich klarzukommen, das ist uns gut gelungen – bisher jedenfalls - sodass meine kleine Tochter auch hierher kommen kann und eine Woche lang oder zwei Wochen wohl aufgenommen existieren. Das ist wunderbar. Also, ich bin erst im Laufe des vorigen Jahres zu der Entscheidung gekommen zurückzukehren, weil ich die Illusion hatte, die DDR könnte gehalten werden, es wäre gut, sie zu halten - also, es wäre gut, diese andere deutsche Möglichkeit erst mal – also, eigentlich zur Geltung kommen zu lassen.

Ich will jetzt – weil das zu früh wäre und nicht das Thema dieser ganzen Vorlesungsreihe ist – nichts mehr ausführen. Ich bin inzwischen tatsächlich zu einem anderen Schluss gekommen, was das betrifft. Ich will nur so viel sagen: Ich glaube, dass es ein Gewinn nicht ist, aber sein wird, dass diese Grenze des Krieges – des Kalten Krieges, der gegenseitigen Produktion von Feindbildern – gefallen ist, wie auch immer, und dass wahrscheinlich der deutsche Geist – was immer das sei, ich berufe mich jetzt auf Hegel, Fichte, die Humboldts und so - wenn ich diesen Ausdruck doch riskiere, dass der deutsche Geist und das deutsche Herz wohl durch diese auch Entlastung und Erlösung binnen weniger Jahre sich gezwungen fühlen und gezwungen sehen wird, sich den wirklichen Herausforderungen der Epoche wieder zu stellen, die ganz anders gelagert sind, als es im Augenblick hier scheint. Gesamtdeutsche Vollendung der Autogesellschaft ist wirklich nicht das, was weltgeschichtlich eigentlich ansteht, sondern das ist eine temporäre Katastrophe.

Ich bin dann Ende November vorigen Jahres als erstes zu dem damaligen Prorektor Dieter Klein hier gegangen und habe ihm gesagt, dass ich diesen Plan habe: Ich will hier an der Humboldt-Universität lesen. Ich will also hier eine Professur, wofür ich mich drüben nie interessiert habe: An Universitäten zu lehren - weil ich das eigentlich für tote Orte hielt. Ich wollte das hier machen, weil ich glaube, dass das eine glückliche Gelegenheit sein kann, Gedanken, die mit unserer Gesamtorientierung zu tun haben, zur Diskussion zu stellen. Und ich wollte so ein Institut für Sozialökologie - für Grundlagen ökologischer Politik (der Name ist da nicht so wichtig; akademisch: Sozialökologie) – an dieser Universität schaffen.

Was gelungen ist bisher, ist, dass in einem der letzten Souveränitätsakte unserer Republik hier der Minister für Wissenschaft und Bildung diese Berufung zum außerordentlichen Professor für Sozialökologie ausgesprochen hat. Zur Gründung dieses Instituts an der Universität ist es noch nicht gekommen. Ich habe aber die Konzeption, an die ich dabei denke, ausgelegt, sodass Sie sich hier vorn an dem Tisch bedienen können. Es ist an mehr als an Akademisches gedacht. Es ist an eine Art Wissenschaftskommune auch gedacht und an etwas, das weit über den Bereich derer, die da angestellt sein können überhaupt – wie viele das auch immer sein mögen, ich habe erst einmal um zehn gebeten, dass wir zehn sein wollen. Aber als ich versucht habe, ein paar Plakate und ein bisschen Information unter die Leute zu bringen – an dem Abend sind 60 Menschen da gewesen, in der Gethsemane-Kirche haben wir uns zusammengefunden - dafür, nur als Beleg dafür; es hatten sich schon verhältnismäßig viele Menschen für diese Sache interessiert.

Was hier die Universität betrifft, so haben Prof. Dieter Klein und seine Mitarbeiterin Christine Karol großen Anteil daran, dass das etwas geworden ist. Die haben das von Anfang an unterstützt. Es hat großen Anteil daran – auch dadurch, dass er das von vornherein von sich aus auch um dieselbe Zeit vorgeschlagen hat – Prof. Arthur Meier und Dr. Jürgen Richard, die dort am Soziologischen Institut tätig sind. Das will ich erwähnen. Und es hat der Rektor der Universität großen Anteil. Übrigens: Auch der vorige Rektor hat es freundlich aufgenommen – die Idee, eine solche Professur einzurichten und so ein Institut zu schaffen - obgleich das für jemand aus der Chemie, aus der Naturwissenschaft nicht auf Anhieb leicht zu verstehen ist, was so ein Typ von Sozialökologie, wie ich den hier vorhabe - werden soll.

Ich glaube, dass das, was der Rektor über meine Person gesagt hat, in Bezug auf diese Universität – so dramatisch hat die mir nicht mitgespielt; ich meine, es hat natürlich eine große Rolle gespielt bei der Auswahl Berlins, dass ich hier studiert habe, an der Humboldt-Universität. Ich hatte hier ausgezeichnete Lehrer in den 50er-Jahren. Ich erinnere mich an Walter Besenbruch, der hier Ästhetik gelesen hat: ein alter Kommunist, der kurz nach 1945 dann für die Volkspolizei (weiß nicht, wie das damals hieß) im Mansfeldischen zuständig war - und dessen eigentliches Thema die Emanzipation des Menschen war. Ich denke an Georg Klaus. Mit einer Art Hassliebe habe ich diese logistische und kybernetische Konzeption immerhin in mich aufgenommen, die er verbreitet hat. Und sein Oberseminar über Hegels Logik hat mir eigentlich erst die Möglichkeit eröffnet, wirklich in philosophischen Texten zu Hause zu sein. Auch das ein alter Kommunist. Und schließlich Wolfgang Heise, der der wichtigste Lehrer an dieser Universität für mich gewesen ist, all die Jahre. Es war bekannt, dass dies ein Mensch des geistigen Widerstandes gegen die Zustände hier war, aber auch er jedenfalls – ja, bis zuletzt – Mitglied der SED, sodass ich - auch aus diesem Grunde schon allein – die Dinge nicht so verplattet und einfach sehe, dass ich auch nur auf den Gedanken gekommen wäre, ich hätte hier nachträglich Rechte in dem Sinne einzufordern. Ich betrachte das auch nicht als Wiedergutmachung, dass ich jetzt diese Professur hier habe, sondern ich sehe einfach, dass Geschichte und Biografie da auf einen Punkt zulaufen – so, dass das jetzt stimmt.

Und ich will jedenfalls im Hinblick auf diese drei Lehrer und auf manchen anderen, der mir auf meinem Weg hier in der DDR noch begegnet ist, sagen, dass die Zugehörigkeit zur kommunistischen Bewegung und auch zur SED – was zu bestimmten Zeiten wirklich zusammengehörte, darum war ja auch ich Mitglied der SED - wirklich nicht bedeutet, dass sich das Leben und die Leistung und der Einsatz solcher Menschen, was die Wissenschaft betrifft, auf den Dogmatismus und sonst auf Stalinismus und Terror reduziert. Wir sind für all das mitverantwortlich.

Ich habe im neuen Nachwort zu meiner »Alternative« festgestellt, wie sehr ich mitverantwortlich für diese Sache bin - selbst noch, indem ich fortgegangen bin. Auch, indem ich nicht wiedergekommen bin, als ich sah, dass Michail Gorbatschow praktisch realisieren will, was ich damals in meiner »Alternative« geschrieben habe. Ich gehe also davon aus, dass es ein gemeinsamer Prozess der Regeneration sein muss und wird, in dem sich die Menschen wiederfinden, die hier - in welchen verschiedenen Rollen auch immer - zusammengearbeitet haben.

Mein Gefühl war, was die Gespräche betrifft, dass solche Leute, die innerhalb der SED oppositionell gewesen sind (und allerdings nicht aufgetreten sind, nicht wirklich hervorgetreten sind), und Leute, die in Richtung »Neues Forum« und »Demokratie jetzt« usw. gegangen sind, um einen anderen Sozialismus zu machen, gedanklich so weit auseinander nicht liegen – und eigentlich zusammengehören würden mit allen Leuten im Lande, die nach neuen Perspektiven jenseits der gestorbenen Ordnung hier im Osten und jenseits des Kapitalismus suchen, denn der ist mindestens so unhaltbar wie das, was wir hier veranstaltet haben.

Was ich eigentlich meine, ist – und dort habe ich eigentlich auch meine Vorlesungsreihe und den Grundgedanken der Vorlesung angesiedelt -: Dass für das Zusammenfinden nichts hemmender und schädlicher ist als Organisationsformen, die den alten Zuständen verhaftet sind. Ich halte PDS als Organisationsform für eine Katastrophe - und für ein Bein, das sich die Leute selbst stellen, die dort zu schnell einfach weitermachen. Und bestimmte Restbestände, die – auch auf dem idealen Sektor - gut gemeint gewesen sind (wie bei mir auch), jetzt zum Argument dafür machen, dass wir kurzsichtige, eigentlich, und auf fernere Perspektiven aussichtslose Hinhaltepolitik betreiben. Es geht wirklich darum - für mich jedenfalls - die Wirklichkeit so, wie sie weithin auch gegen uns entschieden hat, anzunehmen und sich auf die Herausforderung einzulassen, die das bedeutet.

Solche Sachen, wie hier vor sich gegangen sind (wenn man die Sowjetunion einbezieht) - das lässt sich wirklich nicht auf subjektives Versagen reduzieren, sondern: »Das ist die Weltgeschichte, ist das Weltgericht«, ist der Satz, der dazu gehört. Sachlich in uns selbst damit umzugehen: Dafür ist irgendwie die Bedingung, dass wir alte Identifikationen und Verhaftungen fallen lassen und uns - ungeschützt durch irgendwelche organisatorischen Zusammenhänge, die zumindest sekundär sein müssen – auf die geistige Begegnung einlassen mit neuen Gedanken und vor allem natürlich miteinander. Denn Begegnung passiert immer mit einem anderen Menschen, auch wenn der ein Buch geschrieben hat und wenn er vor 2000 Jahren vielleicht gestorben ist.

Was dieses Institut betrifft, das ich mir in diesem Sinne auf dem Zaun zwischen der Universität und der Öffentlichkeit angesiedelt vorstelle, so denke ich, dass das, was daran nicht im akademischen Rahmen aufgeht – was also die Institution Universität daran nicht tragen kann und was ich ihr auch nicht aufbürden möchte: Dass das vielleicht die Form – die Deutschen haben ja so gerne Vereine. Aber: Drüben hat man eine Rechtsform von Verein, dem Gemeinnützigkeit bescheinigt wird, wenn durch genügend gesellschaftliches Interesse klar ist: Hier gibt es wirklich öffentliche Nachfrage nach einem Konzept, nach einer Thematik. Unsere »Lernwerkstatt« dort in Niederstadtfeld in der Eifel ist auch so ein gemeinnütziger Verein. Das hat bestimmte Vorteile, was die Mitfinanzierung von Veranstaltungen durch die zuständigen Institutionen betrifft, was die Möglichkeit selbst von Arbeitsbeschaffungsmaßnahmen in manchen Fällen betrifft - also, eine ganze Reihe Vorteile, von denen ich denke, dass wir das mit ins Auge fassen sollen.

Es ist noch etwas interessant im Zusammenhang mit der Konstituierung dieser Vorlesung und auch der Idee für dieses Institut: Nämlich, dass ich hoffe – ich setze das jetzt einmal in Anführungszeichen – auch »kapitalistische« Unterstützung habe. Es gibt in der Bundesrepublik eine wachsende Zahl von Leuten - auch in den leitenden Etagen - denen immer mulmiger wird bei dem, was die da täglich praktizieren. Weil sie eigentlich wissen, dass sie das nicht mehr verantworten können. Die meisten davon leben in der Schizophrenie von dem Schreibtisch im Betrieb und dem Küchentisch zu Hause und noch von anderen Plätzen (auch Therapie: Auch diese neue Spiritualität drüben wird privat ja durchaus goutiert von vielen Menschen). Aber es hat dort auch Menschen gegeben, die schon Konsequenzen gezogen haben. Und meine Arbeit hier wird mitgetragen von einer Stiftung, die der vorherige Wurstfabrikant Karl Ludwig Schweisfurth ausgerufen hat. Das ist ein Mann, der einer der ersten war, die sich Kunst in den Betrieb gehängt haben. Und irgendwann in den 70er-Jahren haben seine Kinder gesagt: Du mit diesem Laden – dem Großbetrieb für »Herta«-Würstchen – und mit dem, was dort im Hinblick auf die Behandlung von Tieren, auf die Behandlung von Nahrungsmitteln (die eigentlich Lebens-Mittel - mit Bindestrich! - sein sollten) - was du dort praktizierst: Wir wollen mit dir und deinem Laden nichts mehr zu tun haben, wenn das nicht anders wird. Er selbst hat es mir in diesem Sinne (wenn auch nicht mit denselben Worten) erzählt. Und er hat den Beschluss gefasst, sein Kapital aus diesem Zusammenhang herauszuziehen und hat es in drei Stiftungen übergeleitet. Die eine betrifft nach wie vor die Kunst. Die andere – da hat er einen kleinen Betrieb mit 120, 140 Hektar ungefähr und mittleren Technologien, etwas größer als Handwerk üblicherweise, zur Produktion von Lebens-Mitteln (mit Bindestrich!) geschaffen in Bayern. Vieles, was dort jetzt als »ökologisch« oder »alternativ« läuft, ist die gute alte Landwirtschaft, die die Großeltern betrieben haben. Aber - jedenfalls ist das ein Versuch, ökologische Landwirtschaft zu betreiben: nicht im puristischen Sinne, sondern erst einmal einen Weg zu finden, der sich auch rechnen lässt. Weil - anders dringt man natürlich in die Strukturen dort – so, wie er es zumindest sieht – nicht richtig ein. Also, er versucht, dort die Kirche im Dorf zu lassen mit der Produktion von Lebens-Mitteln. Und vom Anbau und der Versorgung der Tiere bis zur Verarbeitung das alles so anzulegen, dass es ein kleiner Hinweis ist darauf, wie der Mensch vielleicht doch wohnen könnte auf der Erde. Das gehört ja dazu, die Produktion von Lebens-Mitteln.

Und schließlich hat er also eine Stiftung begründet, die er nicht selbst betreibt. Da gibt es dann einen Geschäftsführer, den Dr. Gottwald, der viel Verständnis für meine Gedankengänge von vornherein hatte, weil er einmal über ein Thema, das mit Mystik und Politik, mit dem Zusammenhang von Mystik und Politik - von großer, heller Mystik, nicht von dem, was man immer unter »Mystizismus« versteht, sondern - von den Möglichkeiten des Kontakts mit dem Ganzen: Damit hatte der sich beschäftigt – und so hart es viele Kontakte gegeben, die dahin geführt haben, dass die Schweisfurth-Stiftung dann – diese, die sich um ökologische Thematik bemüht – unsere Lernwerkstatt unterstützen wollte, nachdem sie gesehen hat: Inzwischen hat jeder Professor, der was auf sich hält, irgendein Öko-thema – aber das kann auch im Sande verlaufen …

… und haben praktisch geholfen, durch den Anstoß, die Nachfrage, diese Idee, die ich hier zu realisieren versuche – und inzwischen: Die wir zu realisieren versuchen. Das gehört mit zur Entstehungsgeschichte, dass diese Schweisfurth-Stiftung das unterstützt, und zwar insbesondere die Kommunikationstechnik. Insgesamt 50.000 Mark stellen sie zur Verfügung, um das zum Anlaufen zu bringen.

Ich kann nur sagen, dass eine ganze Menge von der Nachfrage der Menschen, der Mehrheit der Bevölkerung abhängt, wie sich in den Führungs-etagen der Wirtschaft die Menschen entscheiden. Auf die Strukturen, auf deren tödliche Tendenz kann man sich verlassen - aber das kommt ja bei denen, die sie betreiben, mehr oder weniger, früher oder später auch zur Geltung. Manche gehen so weit – das ist sehr weit gegangen für den Zusammenhang, aus dem er kommt - wie Karl Ludwig Schweisfurth. Und andere versuchen wenigstens noch, irgendetwas anderes nebenbei zu betreiben, das eigentlich gegenläufig zu dem ist, was sie tagsüber machen.

Es ist nicht so, dass die Chancen für eine Wende in Richtung Ökologie und in Richtung neuer Lebensform - dass die jetzt schlechter wären, als sie vorher waren.

Wenn, dann hat hier die Herrschaft der SED alles verhindert, was in diese Richtung gegangen wäre. Die Umweltschutzberichte sind zuletzt von zwei Leuten da oben gelesen worden – Stoph und noch einer, ich weiß nicht, wer. Wahrscheinlich musste Mielke da nicht reingucken - wir müssen ja erst den (sichtlich schon lange verlorenen) Klassenkampf gewinnen. Machtbehauptung: Um mehr ging es in Wirklichkeit nicht mehr.

Trotz aller Walzenhaftigkeit des spontanen ökonomischen Prozesses, der mit Kapital nun einmal verbunden ist: Die Diversität der Verhältnisse, die Möglichkeit, Verschiedenstes in diesem Zusammenhang zu probieren, ist da. Und es kommt sehr auf die Initiative an.

Wenn sich viele DDR-Bürger aufraffen, jetzt nicht mehr darauf zu warten, was angewiesen wird: Man kann sein Leben entscheiden. Auch unter diesen neuen Verhältnissen. Nicht alle in gleich glücklicher Ausgangsposition, das ist völlig klar. Eine Frau mit zwei Kindern in der jetzigen Situation hat nicht dieselbe Beweglichkeit. Und doch: Der historische Prozess, in den diese Gesellschaft hier im Laufe der nächsten fünf und zehn Jahre hineingeht, ganz Europa sich jetzt hineinbegibt, nachdem also das Feindbild »Ost-West« jetzt zusammengebrochen ist - das wird natürlich so eine Umarbeitung aller Verhältnisse in Richtung Ökologie sein müssen. Und da geht es nicht nur darum, was wir nächste Woche machen oder nächsten Monat und nächstes Jahr, sondern darum, den Lebensentwurf auf diese neue Situation auszurichten.

Jetzt will ich einige Dinge zur Person sagen – auch auf die Gefahr hin, dass ich beim ersten Mal nicht mehr so sehr viel Platz habe, noch Inhalte zu behandeln.

Klar ist: mit so einer Biografie, wie ich sie bis hierher hinter mir habe – und besonders in den letzten 13 Jahren ungefähr – ist viel Legendenhaftes und viel Gerüchtehaftes natürlich damit verbunden. Ich will einfach diese öffentliche Gelegenheit benutzen, zumal ich immer wieder Nachfragen höre von Freunden (was soll ich denn sagen, wenn ich aber den und den Einwurf höre, dass du dort und dort das und das gesponnen hast, und so fort). Ich will zu diesen Sachen einfach ein paar Erklärungen abgeben, die es vielleicht leichter machen zu sehen, was das eigentlich ist.

Womit ich anfangen will, das ist diese Rehabilitierung, die jetzt hier offiziell stattgefunden hat. Da hat ein Gericht - zusammengesetzt aus lauter Menschen, von denen ich annehme, falls sie damals im Amt, in irgendeinem Amt, gewesen sind, und sie wären in die Rollen geraten, die in dem Prozess gegen mich ausgeschrieben waren, dasselbe Urteil gekommen wäre, das sie jetzt verworfen haben. Das Ganze war eine Farce – schon insofern, als die Substanz, um die es mir mit der »Alternative« ging, ja weg war. Es ging ja damals darum, wie wir in der DDR so etwas wie Prager Frühling zustande bringen könnten. Das war also ausgefallen. Und jetzt ging es nur noch darum, die verrückte Art von Begründung, die man zu jener Zeit nötig hatte, aus der Welt zu schaffen: Warum man mich verurteilen muss. Es stand ja dann, dass ich Informationen an den Klassenfeind verkauft habe. Und ich erfuhr über diese Pointe, dass von meiner »Alternative«, von der ich pro Kopie acht Prozent West gutgeschrieben kriegte, schon 80.000 Exemplare da drüben verkauft waren – und das ergab natürlich die Summe der Silberlinge, um die ich da mit dem Klassenfeind verhandelt hatte. Es gab nur eine ernsthafte Schwierigkeit für das Gericht: Es war nämlich der Paragraf, nach dem ich dann für den Verkauf dieser Informationen an den Klassenfeind verurteilt wurde, noch nicht auf der Höhe meines Falles. Mein Manuskript war nämlich nicht beim Klassenfeind gelandet (und nach der damaligen Formulierung musste es da direkt und nicht bloß indirekt landen), sondern beim DGB-Verlag da drüben. Und der konnte schlechterdings, auch unter den damaligen Umständen nicht, zum Klassenfeind erklärt werden, sodass Gregor Gysi damals nach DDR-Recht Freispruch für mich verlangt hat – und bei der Rehabilitierung darauf bestand: Hier haben Leute auch noch persönlich Recht gebrochen, das schon schlimm genug formuliert gewesen ist. Aber selbst dieses Recht, das in der DDR damals gültig war, haben die Gerichte damals sicher nicht ohne Auftrag gebrochen.

In dem Zusammenhang noch eine Sache: Ich war ungefähr zwei Monate drüben, da hat Gerhard Löwenthal (das ist ein recht extremer Journalist auf der anderen Seite, ich glaube, der tritt jetzt nicht mehr im Fernsehen auf) - der hat damals herausgekriegt, dass ich eigentlich Doppelagent bin. Nämlich: Der hatte einen jungen Mann, der in dem Gefängnis Bautzen I – also, in dem großen »Gelben Elend« – damals saß, gefunden, der dann berichtet hat, ich hätte die Zelle eine Weile mit ihm geteilt und ihm dort davon abgeraten, in den Westen zu gehen. Diese Bemerkung – angenommen, es wäre so gewesen – hätte schon gereicht, dass ich natürlich Stasi-Agent gewesen wäre – denn sonst hätte ich das nicht sagen können. Ich selbst habe während der Haftzeit erst einen Prozess durchgemacht. Ich fand es dann besser, rüberzugehen – tatsächlich rüberzugehen - weil ich nicht so sehr viel Sinn darin sah, die Rolle von Robert Havemann hier zu doublieren. Ich dachte, dass die Aufmerksamkeit sich dann zu sehr darauf konzentriert, wie viele Leute mich gerade bewachen, und so fort - dass praktisch bestimmte Formen von politischem Spiel hier in Deutschland den Kalten Krieg eher anheizen. Und ich war mir allerdings nicht ganz darüber klar, dass ich auch noch subjektive Gründe zum Ausweichen hatte, indem ich rüber ging. Ich habe das kurz im Nachwort zu meiner »Alternative« erwähnt. Das war die Situation – bloß: Es war gar nichts an dieser Sache dran. Ich bin im Gefängnis Bautzen II gewesen (das war ein kleines Untersuchungsgefängnis für die speziellen Fälle) und nie in dem anderen – und was den Abschluss der Sache betrifft: Dieser junge Mann hat jetzt nicht mit mir gesprochen, sondern meine Tochter Sylvia in Bernau angerufen und gesagt, das war damals mit Geld für ihn verbunden und es tut ihm leid.

Ich habe das nur noch einmal erwähnt, weil auch das noch mal gekommen ist. Und es ist nur insofern charakteristisch für die Verhältnisse drüben, dass die Massenmedien in der Lage sind, jedes Spiel dieser Art zu spielen. Und wenn man etwas finden will, findet man auch Passendes. Das ist allerdings damals auch schon dort nicht aufgegangen.

Der zweite Punkt, der mir entschieden wichtiger ist und den ich nur erwähnen und nicht ausführlich behandeln will – weil dieser zweite Punkt wie auch der dritte, auf den ich gleich noch komme, eigentlich mit meiner jetzt ja hier erschienenen »Logik der Rettung« voll belegt ist. Denn alles; was in diesen Punkten über mich da verbreitet wird, geht nur auf indirekte

Information über das zurück, was in dem Buch steht. Das lässt sich verhältnismäßig leicht durch jeden Einzelnen richtigstellen. Man kann hören, dass ich eigentlich faschistoid geworden sei, oder gar faschistisch. Das hat folgenden doppelten Zusammenhang: Einmal habe ich – daran erinnert mich allerdings die jetzige Situation der Grünen stark – 1984 auf einem Parteitag der Grünen darauf hingewiesen, dass es strukturell Mechanismen gibt, wo die Grünen oder das grüne Thema, die ökologische Problematik, analog aufkommt zu der Art und Weise, wie die Nazibewegung aufkam. Und das war ein struktureller Vergleich zunächst, der nichts damit zu tun hat zu sagen: Das ist dasselbe. Es war eine Bewegung jenseits der Parteienstruktur und aus Tiefenkräften der menschlichen Seele gespeist – was gut und was schlecht sein kann: Wertfrei, erst einmal. Und dann habe ich aber wegen der Logik der Machtkämpfe, die sich in dieser alternativen Partei auch aufgetan hat, gesagt: Es kann leicht passieren, dass die Grünen eben für eine andersartige grüne Restauration des Imperiums gut sind, wie es die Braunen damals auch gewesen sind. Das hat ja einen starken Flügel bei den Nazis gegeben, der zumindest gemeint hat, revolutionär zu sein, umstürzen wollte. Und es ist dann so gekommen, dass die Hitlerbewegung der beste Diener für eine Regeneration des deutschen Kapitalismus geworden ist. Und ich sah und ich sehe, dass die Grünen diese Kapazität auch haben, wenn sie also einfach Systembestandteil sind – und dann inzwischen tatsächlich auf den Gedanken kommen, dass wir Sicherheitsinteressen am Persischen Golf hätten. Das ist mit-imperailistisch gedacht. (Zwischenruf: Aber nicht die Grünen!!!) – doch, solche Stimmen gibt es zunehmend auch in den Grünen. Ich sage nicht: Das sind die Grünen. Sondern ich sage, dass es die Tendenz gibt und dass es die Gefahr gibt, dass man sich ausliefert an die Logik der Machtverhältnisse, wie sie hier nun mal sind. Dann ist es gut, wenn es einen UNO-Beschluss gibt, der verdeckt, dass es die Interessen Amerikas und Westeuropas sind, um die es dort am Persischen Golf jetzt geht.

Ich habe - weil das eine überaus wichtige Frage ist und ich mich nicht weiter über diese Sache verbreiten will - drei Texte von Freunden zusammen auf ein DIN-A-3-Blatt dort doppelseitig kopiert: und zwar von Johan Galtung, der auch bei der Vorlesungsreihe, im Kontext der Lehrveranstaltungen, hier mitmachen wird, und von Alfred Mechtersheimer, einem Bundestagsabgeordneten der Grünen, der ursprünglich aus der CSU mal gekommen ist, und von Roger Garaudy, den manche hier noch aus Veröffentlichungen kennen werden. Der war mal lange Mitglied des Politbüros der Kommunistischen Partei Frankreichs – und Chefideologe, wenn man so will. Der ist über manche Wege, die sich hier aus dem Stand nicht nachvollziehen lassen, Muslim geworden inzwischen. Sein Text zu der Situation dort am Persischen Golf und zum Irak steht mit auf dem Blatt. Ich stimme mit der Tendenz, mit der Perspektive überein, aus der die drei Menschen das behandelt haben.

Das war sozusagen der Hintergrund. Und dann habe ich in der »Logik der Rettung« mich ganz ernsthaft mit dem Thema, mit dieser Problematik: Wie steht das zwischen Grün und Braun?, auseinandergesetzt. Und dann ist mein lieber Freund Robert Jungk, mein väterlicher, älterer Freund, nicht dazu gekommen, das ganze Buch zu lesen, sondern hat seine roten Lampen aufleuchten lassen angesichts bestimmter Formulierungen, die man nachlesen kann, die ich jetzt nicht erwähnen will, und einen kurzen Artikel in der »tageszeitung« geschrieben, der die Überschrift »Sein Kampf« hatte. Ich dachte erst einmal, ich rufe die Redaktion an, ob die das gemacht haben (die »taz« ist gut für solche Sachen zuweilen): Nein, Robert war es selbst. Wir telefonierten darüber und haben viel darüber inzwischen gesprochen. Ich will jetzt nur darauf hinweisen, dass in dem Herbstprogramm unserer »Lernwerkstatt« für Ende Oktober der Robert Jungk angesagt ist. Es muss sich also mindestens weitaus differenzierter mit dieser Problematik verhalten, die ist jetzt nicht Thema – ich weise nur darauf hin, dass das als Gerücht im Spiele ist. Und es hat im Wesentlichen damit zu tun, dass ich denke, wir können den Faschismus nicht länger Tabuthema sein lassen. Ich für mich weiß (das ist eigentlich der biografische Hintergrund dafür), dass die Art Engagement, mit der ich Kommunist geworden bin, mit 17 – in gewisser Hinsicht bin ich es immer noch, was die ökonomische Problematik betrifft (obwohl die nicht mehr im Mittelpunkt meines Denkens steht) - aber die Psychologie: Ich kann mir gut vorstellen, dass ich Ende der 20er-Jahre bei den Nazis gelandet wäre. Und es ist ganz wichtig, dass wir bereit sind, uns solche Fragen zu stellen – Was dann passiert wäre? Ich weiß es nicht – Es hat dann Leute gegeben, die haben es noch vor 1933 kapiert. Es hat Leute gegeben, bei denen war Anfang 1934 der Groschen gefallen – die sind in den Widerstand gegangen und unter dem Fallbeil geendet. Aber man soll sich über sich selbst möglichst wenig vormachen. Und ich war bereit und bin bereit, mich auf dieses Thema einzulassen. Ich denke, dass wir, wenn es Ernst wird mit einer Volksbewegung, um die ökologische Krise zu bewältigen und, wenn da wirklich was aus den Tiefen kommt, mit manchem zu tun haben werden, das damals diesen Ausdruck fand - und diesmal einen anderen, besseren sucht, schon. Aber eigentlich kann das nur gut gehen, wenn sehr viel Bewusstheit darüber da ist, was eigentlich alles in uns mit unglücklichen Mechanismen, mit Ressentiment-Reaktionen, mit Bloß-Rebellion statt Revolution (im Bewusstsein, erst einmal) - was da so alles ansteht.

Das zu dem Thema – ganz beiläufig nur: Die Sozialdemokratie bringt meinen Fundamentalismus, was das ökologische Thema betrifft, in ihrem theoretischen Organ mit Chomeini in Berührung. Auch das lässt sich rekonstruieren, wenn man die »Logik der Rettung« selbst liest - einfach, wenn man sich mit der Konzeption vertraut macht. Und ich glaube, dass das Wesen dieser Konzeption natürlich auch durchkommen wird in der Vorlesung hier.

Dann will ich nicht versäumen, einen Punkt zu berühren, der nicht – ich überziehe mal doch, ich wollte eigentlich die Dreiviertelstunde einhalten, aber ich überziehe mal doch, um das jetzt einmal zu Ende zu machen.

Das wird in der »Logik der Rettung« nicht so ausführlich behandelt. Das ist das Thema Bhagwan Shree Rajneesh. Ich bin nicht Sanyasi gewesen, obwohl sich die westdeutsche Presse an verschiedenen Stellen Mühe gegeben hat, entweder das zu schreiben oder den Eindruck zu erwecken. Aber ich dementiere das nicht, um zu sagen, ich hatte damit nichts zu tun, sondern nur: So trifft es nicht zu.

Die Geschichte ist folgende: Ich habe einen ganz lieben alten Freund hier in der DDR, der der Lektor meiner »Alternative« gewesen ist. Illegal. Der sitzt auch hier im Saal: Der Rudi Wetzel. Der hat damals einen Haufen linker, junger Freunde und Genossen da drüben in Westberlin gehabt und konnte sich bewegen, weil er ein alter Antifaschist war. Das heißt, der war so ein Rentner, der hin- und herlaufen konnte. Und eine junge Frau von da drüben, die Indologin Dr. Agnete Kutar – ich will den Namen ruhig mal nennen - hat damals manches hin- und hertransportiert und manches organisiert, was mit der »Alternative« zusammenhing. Als ich rüberkam, war die schon Anhängerin von Bhagwan Shree Rajneesh und gab mir als Erstes ein Buch, »Intelligenz des Herzens«. Das habe ich in die Literatur- liste, die ich ausgegeben habe, mit aufgenommen – unter »Rajneesh« - und wer mal kennenlernen will, was das eigentlich für ein Kerl ist, der Bhag- wan Shree Rajneesh, was daran gut ist und was daran Scharlatanerie ist vielleicht, der kann sich dieses Buch oder irgendein anderes besorgen. Aber was mir jetzt wichtiger ist: Das ist der Eindruck, den mir die Auskunft gemacht hat, den mir die Agnete über ihre Biografie gegeben hat. Sie sagte: »Ich habe mit der Linken eine ganze Weile Politik gemacht, mit den AZen (das war damals eine bestimmte Formation, ein bisschen SEW-nah, in Westberlin). Und dann war ich in der Frauenbewegung ebenso aktiv. Und je länger, je mehr bekam ich den Eindruck: Wir sind eine ganze Menge kaputter Leute, die andauernd die Welt ganz machen wollen. Und da bin ich halt zu dem Schluss gekommen, dass ich erst mal versuchen will, an mir was wieder ganz zu machen.«

Ob nun bei der großen Auswahl des Angebots auf dem neoreligiösen Sektor – und auch dem therapeutischen Sektor – man (oder frau) immer gleich das Gelbe vom Ei findet, ist eine zweite Frage. Wenn die eigene Antenne nicht völlig verschmutzt ist, möchte ich mal sagen, kann man auch Glück haben. Was mich betrifft: Für mich stand das, was bei diesem Bhag- wan Shree Rajneesh Scharlatanerie ist oder sein mag, nicht im Vorder- grund. Ich habe Wichtiges gelernt, indem ich mich auf diese Sache und diese Bewegung, auf die Leute da auch, eingelassen habe obwohl ich nicht ihren Weg gegangen bin. (Ich habe mir schon gedacht, es wird viel- leicht das Beste sein, diese Erfahrung, die ich dort gemacht habe, mal aus- führlich in einer anderen Öffentlichkeit zu behandeln: in der Gethsemane- Kirche. Ich will mir das einmal organisieren, damit man mal komplexer über das ganze Sektenthema und was darum jetzt geredet wird, sprechen kann.) - Jedenfalls ist es so, dass ich gar nicht daran denke, mich von dieser Erfahrung zu distanzieren. Ich habe körperorientierte Workshops mitge- macht, und mein Hauptmotiv – und das hat sich auch gelohnt, irgendwie – ist gewesen: Ich wusste doch, wie sehr »Mensch im Futteral« man sowieso als Parteisoldat und Parteimönch hier ist. Und wenn man dann zwei Jahre im Knast gesessen hat und - damals meine Wahrnehmung - im Kampf mit den eigenen Genossen Recht haben will, auch nichts zugeben kann: In der Situation - also, man verhärtet sich noch viel mehr, man sperrt sich völlig ein, versteckt sich hinter der Brille, und ist also – so lebt man. Und nur, wenn man mal Glück hat, kommt etwas heraus. Das ist für mich bis ins Physische hinein befreiend gewesen, mich auf diese therapeutischen Sachen einzulassen. Man braucht dabei keineswegs alles einzukaufen, was dort an Ideologie, Religion und so weiter dazu geliefert wird. Kritik ist nämlich nicht verboten. Wenn Leute, die sich dort anhängen, sich darauf einlassen, nicht mehr zu fragen - also, das ist die freie Wahl von freien Bürgern. Und da ist es natürlich besonders weit her, im Westen manchmal auch bei eingeschränkter Möglichkeit, wirklich zu entscheiden. Nur: Dort liegt eigentlich nicht das Problem. Es ist wirklich erstaunlich für mich gewesen, wie sehr sich ganze Scharen linker und auch bloß halblinker Leute um die paar Tausend Menschen, die vielleicht beim Bhagwan auf die falsche Schiene kommen, gesorgt haben – und weniger darum, wohin der ganze Drum geht. Wenn dort also, statt dass die Kommune in Amerika auf- flog – sie ist auf gute Weise eigentlich aufgeflogen - noch irgendetwas Schlimmes herausgekommen wäre: Das hätte der Katastrophe, die Ame- rika eigentlich ist, wirklich wenig hinzugefügt. Das sind subjektive Prob- leme, die da zu der Dramatisierung des ganzen Themas führen.

Ich will noch eine zweite Sache erwähnen – auch, um deutlich zu machen: Das tut mir bisher nicht leid:

In der »Logik der Rettung« habe ich mich positiv geäußert zu einem Projekt – das jetzige Stadium kenne ich nicht wirklich so gut wie das dama- lige - das die »taz« auf – wirklich! – BILD-Zeitungs-Manier ungerechter- weise verrissen hat. Die nennen sich jetzt »Maiga«. Das ist eine Gruppe, die um Dieter Duhm sich im Schwarzwald konstituiert hatte und deren Grund- thema gewesen ist, dass man, wenn Sexualität und Liebe wieder zusammenkommen sollen, Liebe – wenn sie als wechselseitiges Verhaf- tungsverhältnis verstanden wird – erst mal lassen muss, da ausbrechen muss, dass man das also neutralisieren eigentlich müsste, um überhaupt zu den wirklichen Motiven für den ganzen Krieg zwischen den Geschlechtern zu kommen. Ich glaube, dass das ein überaus wichtiges Thema ist, das mit zu den Punkten gehört, die zumindest in dem kommunitären Aspekt, den ich im Auge habe – wir müssen wenigstens erst mal drüber reden. Das

Problem bei der Gruppe ist, dass sie alles durch dieses eine Schlüsselloch jagen. Für mich auch ein Problem, deswegen identifiziere ich mich dort nicht in diesem Sinne. Aber der Versuch, den die unternommen haben, ist ganz ernsthaft. Und was die Unterstützung für Perestroika betrifft (was der »taz« besonders missfiel, weil sie meinen, das sei nur vorgeschoben) - also, die Helenka Marha (die Frau, die sich darum besonders bemüht), ist einfach eine junge Frau, die damals – 1968 – aus der Tschechoslowakei herausging und mit dem Dubcek-Projekt gründlich verbunden war und deshalb Michail Gorbatschow liebt – und ihre Truppe dort dazu gebracht hat, diese beiden Projekte irgendwie miteinander zu koppeln.

Und es geht jetzt weder bei der Bhagwan-Geschichte noch bei dieser darum, irgendwo der Weisheit letzten Schluss zu vermuten, sondern es geht einfach um den Mut, sich auf Erfahrungen dieser Art einzulassen und der eigenen geistigen Souveränität so weit zu trauen, dass man schon sehen wird: Was ist richtig, wenn man dicht herangeht. Aus solchen »taz«-Artikeln kann man es nicht erfahren.

Wie die Information über mich zustande kommen ist – und vor allem das Bild, die Art, wie man das gedreht hat - da kann ich nur erzählen, dass mir bei zwei – ja, bei den zwei wichtigsten Organen für solche Sachen in Westdeutschland aber exakt derselbe Fall passiert ist. Und der letzte erst, das ist noch kein Jahr her: beim SPIEGEL und beim STERN. Der SPIEGEL kam - als ich in Rajneeshpuram gewesen war, schickte er einen Journalisten der dafür zuständigen Art. Und der setzte sich mir am Schreibtisch gegenüber und fragte vielerlei, und ich gab ihm in aller Aufrichtigkeit Antwort. Und neben ihm auf dem Bücherbord standen zufällig - zwischen den 2.500 Schwarten, die ich da im Zimmer zu stehen hatte, stand auch Bhagwan. Und während ich draußen war, hat er sich richtig umgesehen, und dann halt - Bhagwan und ein Buch, das Erotik betraf: Das war, was mich jetzt interessiert, und Marx natürlich nicht mehr. Das war noch mit erwähnt – so das Bild – Und jetzt waren sie vom STERN bei mir, erst vor wenigen Monaten – und siehe: Dieser Journalist machte genau dasselbe. Er fand wieder Bhagwan und fand auf dem Tisch liegen – das ist unsere Kommune-Bibliothek jetzt auch, meine Bibliothek – irgendein Quizbuch. Und das zusammen war jetzt die Formation, wo man geistig steht. Also, so funktioniert das einfach. Und es ist auch verständlich, dass, je weiter man sich von der Normalität entfernt – also, von der Normalität, die das Verrückteste ist, was es eigentlich gibt - dass umso mehr natürlich die Abwehrmechanismen aus dem Innersten des Einzelnen auch mitspielen – Das sind nicht nur der SPIEGEL und der STERN als Institution, sondern da fechten natürlich auch Menschen ihren Kampf mit sich selbst in dieser Form aus. Und man tut nicht wohl daran, sich allzu lange über solche Sachen aufzuregen. Zuerst natürlich sehr – und dann gewöhnt man sich daran. Dann gewöhnt man sich daran. Mein Gedanke ist, dass man sich nicht verbieten lassen darf, die Erfahrung selbst zu machen. Und dass alles, was in diesen Richtungen, wo der Geist jetzt neu auf der Suche ist, an Schrott auch angeboten wird, an Kommerz und an Scharlatanerie, kein Grund ist, der Frage nicht näher nachzugehen, warum das überhaupt so massenhaft aufkommt.

Der beste Hinweis aus der eigenen Geschichtskenntnis, um das zu begreifen, ist, wenn man sich umsieht in den ersten 300 Jahren nach Christus in Rom. Es gab wirklich keinen - damals nahöstlichen – Kult, so degeneriert der immer gewesen sein mag zu seiner Zeit schon, der nicht in Rom fröhliche Urständ gefeiert hätte: Der persische Mithras war ein Jahrhundert lang der Gott der römischen Legionen, dann gab es den Kybele-Kult, und ich weiß nicht, was alles. Es gab eigentlich keinen dieser nahöstlichen und griechischen Mysterienkulte – die eigentlich untergegangene Zustände repräsentierten - die in Rom keine Rolle spielten. Und eine …

… war geistig von Jahrzehnt zu Jahrzehnt mehr ausgelaufen – leerer geworden - sodass sich die Leute einfach umsehen mussten nach einer neuen geistigen Grundorientierung. Da die Politik nicht mehr interessant war, da man auf das soziale Funktionieren im Ganzen keinen Einfluss mehr hatte - und unsere jetzige Situation ist ja nicht grundverschieden davon, zumindest hier am Platz – bot es sich umso mehr an, Grundorientierung hinsichtlich der elementaren Fragestellung der menschlichen Existenz neu zu suchen. Und das ist im Westen jetzt im Gange.

Und dass das nicht einfach ist und dass es da unzählige Verirrungen gibt – noch dazu bei dem Neurosepotenzial, das natürlich in jeder modernen Gesellschaft gegeben ist und viel stärker ist als in altrömischen Zuständen, oder noch früher (da sind wir ja auch in der Hinsicht überentwickelt) -

dann ist klar, dass da Zahlloses zu berichten ist, über das man nur in Gelächter ausbrechen kann. Aber nicht versäumen, nach dem Grund zu fragen und zu gucken: Wo fließt da eventuell doch ein Quell? Und dann ist – wenn das so ist, dann geht es nicht darum, zu sagen, was alles falsch ist, sondern den Punkt der Konvergenz zu suchen: Wohin will ich mich eigentlich besser bewegen? Aber in die Richtung dieser elementaren Selbstverständigung des Menschen mit dem Menschen in sich und mit den anderen.

Was meinen heutigen politischen Ort betrifft - zu dem ich natürlich nicht ohne diese Erfahrungen gekommen wäre: Er ist jenseits des parteipolitischen Spiels. Das halte ich nicht für wirklich politisch, was da läuft - das halte ich für Politikasterei und Polikantentum. Ich denke, dass Politik, und zwar - wenn man die Weltsituation als Ganze nimmt, sieht man, dass das nicht nur ein Problem unserer spezifischen Lage jetzt hier in der Ex-DDR ist - dass das also von Grund auf neu gebaut werden muss. Dass sich innerhalb der gegebenen Strukturen nur fortzeugen wird, was uns umbringt. Deswegen – um die Politik neu zu begründen, muss man sich erst einmal auf die Grundlagen ökologischer Politik einlassen. Und das will ich tun.

Was meine Situation nach der Ankunft in der DDR betrifft, so habe ich hier auch aus einem Heft, das der Reclam-Verlag hier in der DDR und der Luchterhand-Verlag drüben herausgebracht hat, so 15 Seiten von mir über die ökologische Alternative, die hier fällig wäre – das habe ich mit ausgelegt. Nur, dass ich jetzt noch mehr als damals auch schon sehe, dass es keine unmittelbare Möglichkeit gibt, das im großen Stil zu verwirklichen, sondern dass das noch viel mehr, als ich eben dachte, von innen her angearbeitet werden muss.

Jetzt will ich für die Pause nur noch sagen, was es mit den vielen Papieren hier auf sich hat. Alle waren das nicht - als ich das vorhin schon angekündigt hatte - die ich ausgelegt habe. Ich habe also gedacht: Diese Gelegenheit muss ich nutzen, um erst einmal möglichst viel Information über die Person und über die Sache und über den Zusammenhang der Vorlesung zu verbreiten. Ich habe deshalb nicht nur mitgebracht, was Sie vielleicht jetzt alle in der Hand haben: Den Lehrplan des Herbstsemesters und die Literaturliste (die noch durchsichtiger werden wird – und auch der Lehrplan wird noch durchsichtiger werden, als er auf dem Papier ist). Ich habe auch etwas dazu geschrieben, wie das gedacht ist - das sieht man (und das sieht frau) sicher zu Hause noch besser, als das jetzt hier möglich ist. Dann engstens in dem Zusammenhang und das Wichtigste für heute in der relativ kurzen Pause und noch danach - das ist: Ich habe dort drüben ausgelegt die Listen, in denen man sich eintragen kann für die verschiedenen Veranstaltungen, die da laufen sollen.

Das Erste, was dort liegt, ist eine Teilnehmerliste, hauptsächlich für die Studentinnen und Studenten der Universität, die testiert haben wollen aus Gründen der akademischen Gepflogenheiten, dass sie an dieser Vorlesung teilnehmen.

Dann kommt das Seminar, das ich geben will. Und zwar will ich ein Seminar machen über Texte von mir und - aus dieser Literaturliste - über kurze Ausschnitte daraus, die wir nur zum Anlass nehmen wollen, um etwas tiefer den Prozess dieser Vorlesung zu diskutieren.

Ich bitte darum, dass Anfragen, Stellungnahmen, Hinweise zur Vorlesung und zum Ganzen im Wesentlichen schriftlich an mich gehen. Die Adresse steht auf den Papieren drauf.

Ich, oder vielmehr: Wir - das heißt, die Gruppe, die das Institut eigentlich schon ist, auch wenn es noch nicht gegründet ist, und die zehn bis 60 Menschen einstweilen umfasst: Wir werden sehen, wie wir mit der Information fertig werden. Ich will immer versuchen, das, was da an Fragen und Stellungnahmen und so weiter kommt, in die Vorlesung einfließen zu lassen. Vielleicht nicht immer in die nächste, aber ich will mir ernsthaft Mühe geben, das zu berücksichtigen, sodass vielleicht das, was so an Diskussion bei kleinerem Auditorium möglich ist, auf recht qualifizierte Weise auch läuft. Das ist mein Gedanke, wie wir mit dieser Form umgehen werden.

Als Nächstes will ich erwähnen die zwei Listen, die mir am entferntesten liegen, dort. Sie betreffen die zweite Vorlesung, die von der Sozialökologie in diesem Semester angeboten wird. Und zwar kommt da ein bisher Privatdozent, ein habilitierter Mann aus Kiel, der Wolfgang Deppert heißt, und behandelt das Thema »Wozu Wissenschaft?« in einer Vorlesung. Der Hintergrund ist ein Buch seines Lehrers mit dem Titel »Kritik der wissenschaftlichen Vernunft«. Das ist ein nach der üblichen Diskussionsweise – die ich allerdings für gar nicht mehr aktuell halte – konservativer Denker, vom Ursprung her, von der Herkunft her, 1921 in Prag geboren. Ich habe gehört, als ich das in Westberlin einmal erwähnte, dass er bei der Studentenrevolution 1968 kein Fettnäpfchen versäumt hat bei den Linken, der Kurz Hübner. Wenn man heute liest, woran der damals gearbeitet hat, diese »Kritik der wissenschaftlichen Vernunft«, die nicht etwa das Kind mit dem Bade auskippt - die nur die Frage stellt: Wo liegen die Grenzen dieses Weltverhältnisses, das die wissenschaftliche Vernunft ist? Und der deswegen ein zweites Buch geschrieben hat: »Die Wahrheit des Mythos« – aber nicht gegen das andere gestellt, das sind zwei Pole für ihn – Das ist der Kontext dieser Vorlesung. Und wenn man diese Bücher nimmt: Die liegen manchem voraus, was uns auf der Linken zur ökologischen Krise eingefallen ist. Ich habe überhaupt die Erfahrung gemacht, im Laufe der letzten Jahre, dass Leute, die, politisch gesehen, in der Zeit auf Hitler zu und in der Hitlerzeit nicht sauber waren, wie man so sagt – Leute wie Carl Schmitt, der politische Theoretiker, wie Carl Gustav Jung, der weit genug in der Schweiz war, aber erst mal sympathisiert hat, wie Ernst Jünger, oder auch wie Martin Heidegger (der in meiner Vorlesungsreihe eine Rolle spielen wird): Dass die trotz und wegen ihrer Verhaftung an diesen Prozess damals in Deutschland manche Dinge als Thema erst mal behandelt haben, die für Linke tabu gewesen sind. Da ist eine objektivierende Neueinstellung nötig, die wirklich den Unterschied macht: Was kommt da an Stoff auf, und wo fängt die Ideologiekritik, die jeder selbst dann leisten kann, an? Die soll ja nicht ausfallen, sondern nur: Es gibt da Zugänge zur Wirklichkeit, die bisher von der Linken verfehlt worden sind. Ernst Bloch war derjenige, der am meisten darauf hingewiesen hat, dass man dort ganze Schichten des menschlichen Bewusstseins einfach dem anderen Lager auch überlassen hat: Weil das verdächtig gewesen ist – um darauf zurückzukommen: Was Kurt Hübner betrifft, so steckt in seinen Werken nichts davon, sondern das ist einfach im Stile des 19. Jahrhunderts – aber: im besten Sinne – geschrieben, und das sind tiefgründige Überlegungen dazu, wie man heute an einer Universität mit Wissenschaft umgehen könnte. Und dieser Wolfgang

Deppert aus Kiel gibt außerdem auch noch ein Seminar – diese Vorlesung ist Invalidenstraße 42, morgen – dieser Dozent aus Kiel ist kein Philosoph, ursprünglich, sondern: Der hat fast eine ABF-Karriere im Westen gemacht - der hat einmal Maschinenschlosser gelernt, und Maschinenbauingenieur ist er geworden. Dann hat er Physik studiert, weil er tiefer wollte in der Naturwissenschaft, hat über Neutrinos – also, über Hochenergiephysik – promoviert und hat sich dann philosophisch habilitiert, weil er auch die Grundlagen der Naturwissenschaften wissen wollte. Außerdem leitet er ein Orchester. Das ist ein Mann, der einen weiten Horizont repräsentiert und der in den letzten Jahren mehr und mehr im Diskurs mit Biologen – mit Kardiologen, was die Medizin betrifft – über die Frage: Wie gehen wir mit diesem Selbstlauf von Wissenschaft und Technik bewusstseinsmäßig richtig um? Wie können wir das verantworten? Woraufhin forschen und lehren? – Das ist die Richtung, die sein Seminar nimmt - und wo er besonders auf Naturwissenschaftler rechnet.

Das ist die zweite Hauptveranstaltung, die neben der von mir ausgeht. Ich habe dort Listen ausgelegt – auch deshalb, weil ich überhaupt nicht einschätzen kann, welcher Ansturm da morgen auf den Hörsaal 3 in der Invalidenstraße 42 zukommt.

Jetzt, um abzuschließen mit diesen Listen:

Bei uns, da bieten weiterhin Christine Eifler – die über radikalen Feminismus sich habilitiert hat – ein Seminar an, in dessen Mittelpunkt der Zusammenhang zwischen dem Geschlechterverhältnis und der ökologischen Krise stehen soll. Das ist ein Seminar nicht nur für Frauen - aber eines, das diese Thematik in den Mittelpunkt stellt, einen der tiefsten Zusammenhänge, in meiner Sicht, wenn wir verstehen wollen, warum das Ganze so katastrophal verläuft - Das soll im Mittelpunkt eines Seminars stehen.

Dann bietet Maik Hosang – der gerade promoviert hat (oder noch gar nicht ganz damit fertig ist), bei den Philosophen - zu diesen neuen aus der Physik und aus der Biologie aufgestiegenen Selbstorganisationstheorien – Autopoesis ist da der Begriff, spielt in dem postmodernen Diskurs jetzt eine Rolle – das Problem ist aber, dass bei diesem naturwissenschaftlichen Herangehen verständlicherweise irgendwie das Subjekt ausfällt, dass also der Mensch bloß als statistischer Faktor gewissermaßen mit in dem großen

Spiel der Evolution verbucht wird. Und Maik Hosang hat noch in der Vor-Wendezeit eine Dissertation geschrieben, die gerade zeigt, wie diese Selbstorganisationstheorie, die von den Naturwissenschaftlern aufgezogen worden ist – Erik Jantsch etwa: »Selbstorganisation des Universums«, Prigogine, und so fort: Wie die doch mit der Verantwortung, mit der aktiven Rolle des Subjekts verbunden werden kann. Der Zugang ist eigentlich einfach: Wenn das Gehirn – da geht ja die Evolution auch weiter, das ist ja ein Faktor der Sache, aber – das natürlich für den ganzen Zusammenhang, von der Biologie und der Bioenergetik des Gehirns über den gesellschaftlichen Kontext, mal zu diskutieren: Das bietet Maik Hosang an. Das ist ein zweiter, überaus wichtiger Zugang zu der Frage: Können wir eigentlich dem Selbstlauf dieser Zivilisation in Richtung Untergang eine Alternative entgegensetzen, kann so viel subjektiver Geist zusammenkommen? - Marx hat von »lebendiger Arbeit« gesprochen. Ich glaube, dass »lebendiger Geist« ein umfassenderer Terminus ist, um die Frage der Subjektivität zu stellen. Und der Alte hatte sich ja immerhin eingebildet, es wäre möglich, der toten Arbeit noch einmal Herr zu werden. Und ich glaube: Des toten Geistes – also, dessen, was da alles investiert ist und in eine Richtung läuft – dass es aussichtslos erscheint, die Megamaschine anzuhalten. Wenn das nicht aussichtslos bleiben soll, muss der Mensch sich aufraffen. Und die Frage: Gibt es dafür eine Chance - oder gibt es die doch nicht? Das soll Gegenstand dieses Seminars sein.

Und Thomas Thiele, der aus der Hochschulpädagogik kommt und gerade – ich glaube, Anfang dieses Jahres – eine Dissertation verteidigt hat über die Frage der Selbstbestimmung der Studenten: Der wird parallel zu der Vorlesung hier für die Studenten der jüngeren Semester – oder für diejenigen, die sich so einstufen, die das also gern möchten – ein Basisseminar zum Thema dieser Vorlesung bzw. zum Thema »Logik der Rettung« versuchen. Ein Seminar des Hineinfindens in diese Denkweise, die ich benutze und die für jemand, der gewöhnt ist, »Erstens, zweitens, drittens – bis zehntens« schwarz auf weiß nach Hause zu tragen, nicht einfach ist – weil mein Gedankengang eher kreisend um die Thematik ist.

Und dann liegen da Listen zu den anderen Veranstaltungen.

Nämlich: zu einem Ganztagsseminar mit Johan Galtung.

Dieses Seminar wird sich darum drehen, was für Kosmologien, was für Tiefenpsychologien – aber: historischer Art – hinter Nationalsozialismus (oder: Hitlerismus), hinter Stalinismus (und er sagt auch: hinter Reaganismus) stehen. Deutsche und russische und amerikanische Psychologie, jeweils im Extrem. Das ist seine These: Dass das Extremvarianten von nationalen Tiefenpsychologien sind – Johan Galtung ist jemand, der in den ganzen Jahrzehnten die Alternativen in Richtung Frieden und Entwicklung gesucht hat - jemand aus Norwegen, der polyhistorisch die Weltsituation überblickt. Das ist eine Auszeichnung auch für uns: Dass er bereit ist, so ein Ganztagsseminar hier zu bieten.

Ein zweites Ganztagsseminar bietet Richard Falk.

Das ist ein Jurist, ein Völkerrechtler von der Princeton University in New Jersey in den Vereinigten Staaten. Jemand, der sich aus linker – und inzwischen auch mehr und mehr ökologischer – Perspektive, aber auf amerikanische Art (das ist noch etwas anderes, als »links« in Europa heißt), Jahrzehnte lang mit dem Problem einer »guten Weltordnung« … Also, eine UNO aus Nationalstaaten ist natürlich noch ein Widerspruch in sich; wie kann die Tendenz, die in der Ökologie- und Alternativbewegung mit Recht als der eine Pol so wichtig ist: Lokal alles zu betreiben und dort auch macht anzusammeln – wie kann das in eine Relation dazu gebracht werden, dass bei einer Praxis des Menschen, die heute – jedes Auto beeinflusst das Weltganze, also muss es doch auch ein gutes Weltregiment, eine Weltregierung, etwas der Art geben – und er fragt nach dieser Polarität: Wie das - wenn wir zugleich an die Selbstbestimmung des Menschen denken – wie das wohl zu machen wäre.

Es sieht so aus, dass ich hier auch noch ausliegen habe – neben Material darüber, wie wir in Niederstadtfeld eigentlich leben – ein Entwurf für ein Seminar, das Galtung und Falk und ich in Niederstadtfeld – allerdings nur für 30, 40 Leute – machen. Man kann sich dort anmelden, aber es ist natürlich begrenzt – dort haben wir dasselbe Thema.

Dann kündige ich dort an eine Sache, die ich gemeinsam mit dem Brecht-Zentrum organisiere. Es geht dort um eine Sache, die mit der fünften Vorlesung gekoppelt ist: über Laotse. Diese Veranstaltung heißt: »Tai-Chi-Chuan und der Geist des Laotse«. Tai-Chi-Chuan ist die aus dem Chinesischen stammende Methode der körperlichen Durchdringung geistiger Prozesse – also, der Aufbau vom Körper her. Dafür liegt auch eine Liste aus.

Und schließlich eine Liste für eine spirituelle Übung, die aus dem Zen-Kontext stammt: »Enlightenment intensive«. In meiner »Logik der Rettung«, am Ende des dritten Teils, ist meine erste Erfahrung mit dieser Übung umschrieben. Wir haben die in Niederstadtfeld schon mit Leuten aus der DDR einmal gemacht. Ich will die jetzt mal hier in der DDR mit derselben Leiterin machen. Ich will selbst ihr assistieren dabei. Das ist eine Übung, die um die Frage sich dreht: »Wer bin ich?« Falls es wahr ist, dass natürlich die Art, wie wir die Welt sehen und erkennen, und aus welchen Gründen wir Wissenschaft betreiben – dass davon abhängt, wer wir selber sind und wie wir uns verstehen und ob wir uns offener oder geschlossener ihr gegenüber – die Grunderfahrung mit sich selbst zu machen: Wie weit geht eigentlich da meine Fremdbestimmung durch die ganze Erfahrung meines Lebens, die ich gemacht habe, wie weit kann »Siehe, ich mache alles neu« aus mir selbst passieren: Das ist die Erfahrung, um die sich diese ganze Woche in erster Linie dreht.

Und dann habe ich hier vorn noch ausgelegt Papiere, die einige weitere Vorlesungen charakterisieren.

Die dritte Vorlesung ist charakterisiert: Die hält statt meiner Hans Christoph Binswanger, ein Nationalökonom aus St. Gallen, der früh auf die Umweltproblematik gekommen ist und dann gesehen hat: In der Ökonomie entscheidet sich die Ökonomie in Wirklichkeit doch nicht – und zu den geistigen Wurzeln vordringen wollte und sich dann an die Ökonomie in Goethes »Faust« gemacht hat - an die ökonomische Theorie in Goethes »Faust« - und dann gesehen hat, wie der Suchtmechanismus, der uns in eine unbegrenzte Expansion im Ökonomischen treibt, bis in den Umschlag von Alchimie, die dazu da war, dass der Mensch sich vergoldet – den er als das Grundthema ansieht: Dass wir, statt Magie zu betreiben, damit der Mensch in seinem Bewusstsein, in seinem Geist, in seinen Gefühlen aufsteigt – dass wir das ersetzen durch das so viel einfachere Verfahren, Geld zu akkumulieren. Erst Gold. Und dann Papiergeld, das noch viel besser ist. Kredit ist das Nonplusultra, zeigt er. Deswegen heißt sein essayartiges Buch auch »Geld und Magie«.

Die sechste (oder siebente) Vorlesung hält Jochen Kirchhoff über einen Gedanken von Schelling – nämlich über die verrückte Idee von Schelling, dass der Mensch etwas zur Erlösung der Natur vielleicht zu tun hätte. »Erlösung der Natur als Programm«: Ob das was Aktuelles sein könnte, oder ob das nur eine verrückte Idee ist? – Kirchhoff hat eine Schelling-Biografie geschrieben, er ist ein Freund von mir.

Das sind also noch Ankündigungen, die den Vorlesungsbetrieb betreffen.

Dann will ich als Letztes jetzt nur noch vorweg nehmen, dass der Kern meiner ganzen Konzeption in der vierten und der fünften Vorlesung behandelt wird – wo es um einen Stoff geht, der, gegenständlich gesehen, zur Theologie eigentlich gehört, aber den ich nicht für etwas – wo ich nicht denke, dass es dieser Gegenstand, gar weißbärtig-väterlich, ist – oder überhaupt eine jenseitige Existenz betrifft, sondern wo ich einfach nach den Realitäten fragen will, die dort auf der Ebene der Bezeichnungen in der bisherigen Geschichte der Menschheit meist theologisch abgehandelt worden sind. Und natürlich auch so abgehandelt werden können. Und zwar, die vierte Vorlesung …

7. Januar 1991

Patriarchat

Die meisten von Ihnen - oder von Euch auch - werden das mitgekriegt haben bei den beiden vorigen Vorlesungen: Dass in einer kleinen Abweichung von dem Programm also heute nicht der Christian Sigrist hier ist aus Münster, sondern - der Christian Sigrist spricht über dieses, sein Thema – also, »Kritik der subjektlosen Soziologie«, und die Frage, damit verbunden: Ob Soziologie noch etwas anderes leisten kann, d. h. Gesellschaftswissenschaft im weitesten Sinne als Feststellung über Unentrinnbares zu treffen – also, über dieses Thema spricht der beim nächsten Mal.

Das ist eine überaus interessante Gestalt in meinen Augen. Wir haben uns eigentlich erst im Laufe der letzten Jahre getroffen, weil eben über eine gewisse Zeit mein Weg etwas verdächtig gewesen ist - in diese spirituellen Bereiche. Das hat sich gerade aus der näheren Begegnung heraus aufgelöst, eigentlich, das Problem. Der war damals also stark engagiert in dem ganzen Prozess, der auf diesen verdammten deutschen Herbst von 1977 zu führte, und er hat es damals gewagt, darauf hinzuweisen, dass eine Gesellschaft nun nicht zufällig Terrorismus produziert – einfach, mit soziologischen Argumenten. Seine Position ging etwas weit für die diesbezügliche Wehleidigkeit der westdeutschen Gesellschaft, und - er hat eigentlich den größten Teil seiner Erfahrung gar nicht mit westlicher Soziologie hier zu Hause gemacht, sondern er ist ebenso sehr in der Ethnologie zu Hause – also, beheimatet. Hat viel in Afrika gearbeitet dort, auch als Entwicklungsberater auf den Kapverdischen Inseln, beispielsweise, bei diesen Versuchen dort. Und seine soziologische Konzeption ist wesentlich bestimmt worden - mit - vom Studium »herrschaftsloser«, so genannter »a-kephaler« Gesellschaften – also, von »kephalos« – Kopf: »a-kephale Gesellschaften« - die keinen Kopf gebildet haben im Sinne eines abgewogenen, von der Gesellschaft nicht mehr kontrollierbaren Machtapparats – also, das ist der Hintergrund, aus dem der Christian Sigrist - und der wird nicht im Vordergrund stehen, ist eben ein Hintergrund bei seiner Vorlesung. Die wird sich, wenn ich mich nicht irre, insbesondere mit dem repräsentativsten Soziologen der Bundesrepublik, mit Niclas Luhmann, auch befassen - damit hat er sich ausführlich auseinandergesetzt - jedenfalls meines Wissens - im letzten Jahr, aber - soviel wollte ich zum Hintergrund hinzufügen.

Ich habe das heutige Thema und auch das Thema der letzten Vorlesung, meiner letzten Vorlesung dann am 21. Januar, angekündigt unter der Überschrift: »Zusammenfassung«. Das heißt nicht, dass ich alles wiederholen will, natürlich - das geht auch gar nicht, sondern - ich werde versuchen, den Grundgedanken, die Betrachtungsweise, das Herangehen, die Konzeption großenteils auch mit Stoff oder an Stoffen deutlich zu machen, die ich hier noch nicht so ausführlich behandelt habe - und die ich auch heute nicht ausführlich genug behandele; es ist ja diese Literaturliste u. a. gegeben - ich werde noch hervorheben, welche Werke jetzt für diese Abrundung des ersten Semesters besonders wichtig sind. Das kann man sich auch für den Fall notieren, dass man jetzt nicht gleich dazu kommt.

Ich möchte vorwegsagen zum Umgang mit dem Stoff, den ich biete - das betrifft auch vieles, was die zurückliegenden Veranstaltungen angeht: Es geht eigentlich nicht so sehr - in dem, was ich hier geliefert habe - um das Festhalten einzelner Sätze, die man schwarz auf weiß nach Hause tragen kann. Das ist so sehr – also, sozusagen - ein Zugang zum Ganzen, dass die Einzelheiten schon allein notwendigerweise deshalb zu kurz kommen und es keine große Schwierigkeit ist, wenn man an einer einzelnen Stelle einmal mit dem Schreiben oder so nicht mitkommt. Ich hoffe, dass es mir gelingt – also, durchsichtig zu machen, was die Idee, was der Sinn des Ganzen - was der Sinn der Behandlung ist.

Ich bringe im Grunde genommen Problemstellungen, d. h. Zugänge zu der Situation, in der wir uns jetzt befinden. Wenn also der konkrete Titel heute ist: »Die Bestimmung des Menschen – Mann und Frau – angesichts der Apokalypse«, dann handelt es sich für mich um die Aufgabe, eine mögliche Betrachtungsweise eigentlich dieses Themas anzuzeichnen.

Die Schwierigkeit - oder eine Schwierigkeit, die mit dem - mit der ganzen Vorlesungsreihe hier verbunden war für das Verständnis insbesondere von Menschen, die jahrzehntelang darüber unterrichtet worden sind, dass es diesen tiefen Gegensatz von Materialismus und Idealismus gibt – also, die darauf zurückgehende Schwierigkeit: Die will ich einleitend noch einmal berühren im Hinblick auf den ganzen Begriffsapparat, der mit dem

Thema: Bewusstsein und Geschichte als Psychodynamik – also, gerade vom Geist her gesehen - natürlich unvermeidlich gegeben ist.

Ich habe z. B. viel Verwirrung dadurch gestiftet - insbesondere allerdings bei Leuten, die nicht lesen, sondern die nur bis zur Kapitelüberschrift kommen (ich meine jetzt: in Westdeutschland), dass ich also von Gott auf neue Weise gesprochen habe - auch nur, dass ich diese spirituelle Thematik in die Politik eingebracht habe.

Ich will, um das Problem zu kennzeichnen - ich meine jetzt: Das praktische Problem, das wir damit haben - noch einmal erinnern an die Podiumsdiskussion, die wir hier mit Johannes Kohl und Michael Succow gehabt haben - zu dritt - wo diese beiden Biologen also dann angesichts des Kollisionskurses zwischen Wissenschaft und Erde – also, der Gefährdung, die von der Wissenschaft ausgeht - bereit waren, sich wieder auf den lieben Gott zu berufen. Und wir haben mehr oder weniger noch in Erinnerung - ich habe das damals auch einfach stehen lassen, weil es mir nicht so wichtig war, am Anfang: Den Verweis auf den lieben Gott - der war einfach im Spiel, in der Art, wie das behandelt wurde, das war halt mit im Raum. Ich glaube, dass den beiden Menschen - ohne dass neue Begriffe zur Verfügung stehen - irgendwie natürlich klar ist, dass die alten Gottesbegriffe da wahrscheinlich nicht besonders hilfreich sind. Naturwissenschaftler: Wenn schon, dann haben sie diesen nicht rechnenden Einstein-Gott unter Umständen, der also mit dem Weltgesetz, mit den universellen Gesetzen oder wie immer man das nennt, mit den ewigen Mächten und so identisch ist, nur - weshalb ich daran erinnere, ist: Dass wir bei solchen Begriffen immer vor der Schwierigkeit stehen und vor der Verführung, sie sofort - also, sozusagen - rückwärts in dem Kontext dessen zu verstehen, was im kleinen Katechismus da immer gelehrt worden ist. Und das liegt hier besonders deshalb nahe einerseits - und andererseits stößt es also auch umso mehr auf Widerstand - weil der Marxismus ja auf dieselbe Weise gelehrt worden ist: Als Ersatz von Wahrheiten, die zwar atheistisch firmierten, aber die in ihrer Begründungsqualität ebenso religiös – im schlechten Sinne übrigens, religiös im schlechten Sinne - begründet waren: Wie das – deswegen. Wenn ich jetzt über die Bestimmung des Menschen als eines Bewusstseinswesens rede und wenn es - falls man das Begriffssystem noch nicht völlig umgearbeitet hat – also, unvermeidlich ist, da mit spirituellen Begriffen zu arbeiten, die in anderen Zusammenhängen anderes bedeuten

– altmodisches, Altes bedeuten – dann will ich nur eines vorwegsagen: Also, wenn ich von der Bestimmung des Menschen spreche - und ich erinnere noch einmal an diese Zeichnung, die ich hier bei der letzten Vorlesung im vorigen Jahr an die Tafel gemalt hatte – also, als ein Symbol, das gemeint - für den psycho-physischen Organismus, mit dem der Mensch erkennt und denkt – also, hier fängt die Wirbelsäule alias das Zentralnervensystem an und hier hört sie auf - oder umgekehrt - darauf komme ich, auf die Frage: Ob das vielleicht nicht sogar umgekehrt ist, aber - das ist sozusagen der empirische – also, biologisch und technokratisch ausgedrückt: empirischeste Apparat unseres Erkenntnis, unseres menschlichen In-der-Welt-Seins. Und wir haben uns hier wirklich von Friedrich Engels einen Tort antun lassen, indem wir die ganze Philosophiegeschichte auf die Frage zurückgeführt haben, ob nun von diesem Apparat aus materialistisch oder idealistisch gedacht worden ist. Also, dieser Apparat: nach den hier bisher gültigen Definitionen – so, nach den eingeübten - der ist materiell, Geist; Bewusstsein ist in dem Sinne materiell – und zugleich ist es bescheuert, darauf den Schwerpunkt zu legen.

Also, es handelt sich hier bei mir um eine Konzeption - ich bin einfach im Laufe der letzten zehn, zwölf Jahre darauf gekommen, dass diese Unterscheidung nicht so hilfreich ist, wie es da aus bestimmten politisch-theoretischen Gründen schien und dass es viel besser ist, davon auszugehen, dass das menschliche Wesen sowohl eine körperlich-materiell-stoffliche als auch eine energetische als auch eine psychologische, eine Steuerungsseite hat. Und wie das jetzt bezeichnet wird - ob das also mehr unter den Begriffen der materialistischen Naturwissenschaft bezeichnet wird oder ob - ich komme darauf - jemand anderes - nachher noch näher - jemand anderes wie die Simone Weill das so formuliert: Es gäbe nur zwei Kräfte in der Welt - Schwerkraft, das ist das, was so die natürlichen Gesetze in uns sind - und Gnade, was den Pol von oben betrifft. Wenn sie das dann übernatürlich nennt, ich glaube – haben wir das Papierchen hier, Doris? – ja - das verteilen wir nachher in der Pause, hast du schon, gut – wenn die das übernatürlich nennt, dann ist das eine Frage des Sprachgebrauchs, nun noch speziell in Frankreich – also, die nennt eigentlich alles das, was über dieser Stelle hier liegt, über dem, was ich da neulich - die »dritte Ebene« sozusagen unserer Bewusstseinsqualitäten angedeutet habe -: Das nennt die »übernatürlich«. Genauer definiert wäre »übertierhaft« - und das hängt nun mit den Jahrtausenden, ja - zwei Jahrtausenden christlicher Definition von Natur, Frau, Fleisch usw. Als den »unteren« Bereichen zusammen: Dass man das dann das »Natürliche« nennt. Und wo dann etwas eine Rolle spielt, was sich nicht mehr auf die Befriedigung elementarer Bedürfnisse zurückführen lässt, da kann man das »übernatürlich« nennen, wenn man sich vorher für »natürlich« auf so etwas festgelegt hat. Also, haltet euch nicht an den Fallen sozusagen der versammelten Begrifflichkeit da auf.

Worum es hier geht bei der ganzen Sache, bei der Frage nach der Bestimmung des Menschen: Das ist, woraufhin sein Potenzial, sein Natürliches – ich sage jetzt einmal - das jetzt jenseits der Debatte »natürlich-übernatürlich« - woraufhin sein natürliches Potenzial kosmisch, d. h. universell – also, aus der Evolution des Universums heraus, angelegt ist – d. h. Gegenstand ist hier etwas – also, der Betrachtung, erst einmal, oder genauer gesagt: Der Raum, in dem wir uns überhaupt bewegen – etwas, was Carl Gustav Jung, der sich halt besonders viel damit befasst hat, »die Wirklichkeit der Seele« genannt hat, die Wirklichkeit der Seele – also, dass es da etwas gibt, das tatsächlich existiert. Und ich bin ja in meiner »Logik der Rettung« - und zwar schon, als ich über die Logik der Selbstausrottung sprach, d. h. Auch über die materiellen Mechanismen, mit denen wir uns kaputtmachen, davon ausgegangen, dass auch das in erster Linie geistig verstanden werden muss, weil nichts - ist ja meine These dort - nichts, was kulturell entsteht, existiert unabhängig vom Bewusstsein, es ist – also, jetzt unabhängig von meinem Privatbewusstsein existiert dieser Raum natürlich, den haben die gebaut, als ich gar nicht hier war, umgebaut. Aber ohne Menschengeist existiert überhaupt keine Kultur - sodass das, wenn man denn will, die grundlegende Ebene wäre, die gewichtigere Wirklichkeit und Seinsebene gegenüber allen Sachen, die wir gemacht haben jedenfalls. Also, insofern ist die Wirklichkeit der Seele - jetzt setze ich das einmal ganz deutlich in Anführungszeichen - »materieller« als diese Scheune hier. Auch, um das noch einmal kenntlich zu machen: Dass es hier – also, bei der Behandlung von Geist - nicht um diese scholastischen Definitionen geht, die wir hier immer gehabt haben.

Eines ist noch wichtig, wenn ich nach der Bestimmung des Menschen frage - im Unterschied jetzt zu der Vorlesung, wo ich gefragt habe, wie das mit unserem Genotyp ist. Wenn ich vom Genotyp her frage: Zumindest anscheinend frage ich dann erst einmal von unten, d. h. sozusagen von den Entstehungsursachen her, von den Triebkräften, die aus der Evolution hier hineingehen. Wenn ich von der Bestimmung des Menschen spreche, dann habe ich natürlich etwas im Sinne, was in der alten Philosophie des Aristoteles etwa »Causa finales« heißt, d. h. eine Endursache, eine Zweckursache, die für einen bestimmten Prozess gegeben ist. Nur - der nächst liegende Gedanke immer aller Theologien – also, aller Kritik an Theologie – also, an Philosophie in der Zweckbestimmung ist: Da müsste dann irgendein außerweltliches Wesen so einen Zweck gesetzt haben! - während man natürlich genauso und sehr viel vernünftiger daran denken kann, dass wahrscheinlich diese ganze Philosophie der Zweckmäßigkeit davon ausgeht, wie gerade dieser anscheinend von unten arbeitende Genotyp doch offenbar ein Programm abarbeitet, das längst mit ihm gegeben ist. Also, die Zielfunktion für meine Existenz - für Ihre Existenz – also, für jede Existenz, wie wir sie heute haben, das hauptsächliche Potenzial, das jetzt in uns verwirklicht ist: Das ist uns doch im Zeugungsakt mitgegeben worden - und das rührt nun wiederum nicht aus diesem individuellen Zeugungsakt in letzter Instanz. Das heißt also, der Mensch existiert seit Jahrmillionen auf die Entfaltung eines solchen Programms hin – also, spätestens seit dann diesen 40.000 bis 100.000 Jahren, die dem Homo sapiens zugeschrieben werden. Also liegt doch ein Ziel der menschlichen Entwicklung fest und das hat der indische Philosoph Tagore - Dichter und Philosoph Rabindranath Tagore – also, diese Frage der Zielbestimmung – also, der Bestimmung des Menschen einmal an der Analogie deutlich gemacht: Dass er vom Baum gesprochen hat, von einem hohen Baum und dann die Frage nach dem Samenkorn gestellt hat. Und er hat dann gemeint, es sei die Bestimmung dieses Samenkorns, dieser hohe, gerade gewachsene Baum zu werden und es sei das Unglück dieses Samenkorns, wenn aufgrund von Umständen des Klimas oder - weiß ich, was dort alles intervenieren kann - oder schlechten Bodens usw. Zwergwuchs dabei herauskommt oder eine Krüppelkiefer: Das sei das Unglück dieses Samenkorns. Aber im Grunde ist das Ziel der vollen Entfaltung dort vorgegeben - und das also ist der Kontext, wenn hier von der Bestimmung des Menschen die Rede ist. Und ich will jetzt einmal einige Formulierungen vorlesen, die dieses Thema: Bestimmung des Menschen – also, recht widersprüchlich angehen und ich behaupte schon vorweg - wir können es nachher noch einmal kurz über-

schlagen, jeder Einzelne für sich - oder jede einzelne -: Dass das Widersprüche auf der Ebene der Worte sind, dass das alles – so, wie der Satz von
Tagore, den ich eben schon ungefähr zitierte - dass das alles also Sätze sind,
die die Wahrheit berühren, nur unter verschiedenen Gesichtspunkten zum
Teil, zum Teil aber auch einfach unter verschiedenen Denktraditionen.

(Zwischenbemerkungen)

R. Bahro:

Der erste Satz, der das berührt, ist von Scheler: »Jeder Mensch trägt
seiner Anlage nach einen höheren idealischen Menschen in sich, dem nachzustreben seine Aufgabe und Bestimmung ist.« – also, die Frage ist, ob das
insofern zu kritisieren ist oder gleich unter kritischem Gesichtspunkt zu
betrachten ist, weil bekanntlich Scheler Idealist war und nun noch gleich
sagt - also: »Jeder Mensch trägt seiner Anlage nach einen höheren idealischen Menschen in sich, dem nachzustreben seine Aufgabe und Bestimmung ist.«

Also, als ich solche Sätze das erste Mal gelesen habe während meiner
Studentenzeit, habe ich immer gewusst – ohne dass es ein großes Problem
für mich war –: Im Seminar hier am Philosophischen Institut ist das falsch,
es lässt sich materialistisch nicht erklären - aber ich weiß schon: Es ist doch
wichtig. Ich wusste, wie es gemeint ist. Und ich denke, dass es mit sehr
vielen Sätzen von Geistern - jedenfalls Scheler'schen Formats - sich jedenfalls verhält und dass der größte Teil des Kritizismus daran einfach Unfug
ist, von vornherein. Es hätte nicht gelehrt werden sollen, so ein buchstaben-
genauer Umgang mit Gemeintem.

Ein nächster Satz: Steffen Guth – das ist ein Naturwissenschaftler -: »Menschen sind wie Tiere - und alles, was wir tun, liegt in unserem biologischen
Potenzial«. »Menschen sind wie Tiere - und alles, was wir tun, liegt in
unserem biologischen Potenzial«. Und jetzt einmal den Kontrast - gleich
noch einmal den Wortlaut, zwei Sätze von der Simone Weill: »Alle natürlichen Bewegungen der Seele sind Gesetzen unterworfen, die denen der
stofflichen Schwerkraft entsprechen« - sie war sehr Physik-studiert, die
Simone Weill, ehe sie dann bei - unter Assisi so ein Bekehrungserlebnis
zum Katholizismus hatte (auch das ist nicht wichtig - dass sie nun katho-

lisch ist, sagt überhaupt nichts über die Substanz hier) – also: »Alle natürlichen Bewegungen der Seele sind Gesetzen unterworfen, die denen der stofflichen Schwerkraft entsprechen, Ausnahmen macht allein die Gnade.

Ich habe das hier angezeigt, das ist – also, von der ersten Definition her: Menschen sind wie Tiere - und alles, was wir tun, liegt in unserem biologischen Potenzial« - ist natürlich der Strich hier unerlaubt. Das ist ja klar: Dass auch die Gnade in uns – egal, wie ich die jetzt theologisch definiere - dass die mit unserer tatsächlichen Biologiearbeit, mit dem, was anthropologisch gegeben ist - dass das daherkommt. Und nun ist die Simone Weill mit Sicherheit nicht bescheuert, das zu leugnen, auch nicht, wenn sie solche Formulierungen macht, sondern - im Grunde ist ihr Satz, dass es bis hier oben – also, die ist auf - die Linie, auch bei ihr - das war vielleicht ein bisschen vorschnell, dass ich die durchgezogen habe - ist durchlässig. Es kann passieren, dass wir selbst auf der Herzebene - das ist diese vierte Ebene ja da gewesen; ich schreibe es noch einmal an, damit wir die Mitte, einen Begriff haben - dass selbst auf der Herzebene uns in Wirklichkeit die Schwerkraft regiert. Das heißt, dass wir die Liebesfähigkeit nur missbrauchen, um noch mehr Leute unter unsere Knute zu kriegen. Das passiert objektiv sehr oft: Dass jemand, der Charisma hat, vom Herzen her, der Menschen anziehen kann, aber - mithilfe der Bataillone, die er dann anzieht und derer, die dann den Unterbau darstellen – also, völlig, etwas völlig anderes veranstaltet als da gemeint ist. Ja, um es auf die Spitze zu treiben: Es gibt – ich habe vor ein paar Jahren einmal ein Buch gelesen über spirituellen Materialismus – und dieser Begriff war so gemeint in diesem Buch, dass man selbst noch nach der höchsten Erleuchtung streben kann, um der Schwerkraft willen, in dem Sinne: »Wer von uns zweien ist der Heilige und verdient die größere Anbetung?« - Also, dann schlagen die Gesetze der Schwerkraft natürlich in dem Sinne durch. Und wenn man dann das so betrachtet, dann kann man natürlich das Schema genauso gut umdrehen und weiß: Die Gnade ist bis hier unten drin. Vielleicht sogar – also, grundlegender und gesicherter von der Möglichkeit her – also, in unserem schlummernden Potenzial, dort, wo - wie die also historische oder prähistorische Psychologie heute sagt, die sagt - wo die Inder sagen: »Hier liegt die Kundalini eingerollt« - da formuliert Ken Wilber: »Hier schläft das Ich noch«. Und natürlich soll das erwachen - aber zugleich:«Wer schläft, sündigt nicht« – also, das Ich hat hier sozusagen noch unentfaltet die volle

Möglichkeit - die auf den späteren Ebenen hier und durch das, was ihm anfangs schon passiert, natürlich blockiert, verdorben, verdreht usw. werden kann. Also, das heißt, diese Gegensätze sind natürlich relativ - mit Schwerkraft und Gnade hier, und man muss genau hingucken, was sie bedeuten. Und es gibt dann schließlich einen Satz, der - mit dem will ich dann einmal dieses Spiel jetzt, so verschiedene Definitionen nebeneinanderzustellen, beenden, einen Satz von Hölderlin - der da heißt: Der Mensch ist aber ein Gott – so, aber - der Mensch - es steht wahrscheinlich irgendein Satz davor und dann kommt: Der Mensch ist aber ein Gott, sobald er Mensch ist - sobald er Mensch ist. Und das ist natürlich - also, wenn man es genau historisch nimmt, im Falle Hölderlins, weil - der Gott bei Hölderlin - wenn es so formuliert ist - ist nicht Gott, sondern der Gott, d. h, es ist ein bestimmter - und der liegt ungefähr auf dieser Ebene. Das heißt - das ist dann eine Definition des Menschen, die sagt - also, natürlich, wenn du bis - und dahin nicht gekommen bist - und Hölderlin sagt, das sind - in den Momenten der Begeisterung: in puncto Liebe, in puncto Erkenntnis, in puncto Schaffen, in den drei Sachen – Liebe, Erkenntnis, Schaffen – also, Arbeit, sagt Freud da - Liebe, Erkenntnis, Schaffen: Die Begeisterung in diesen Punkten - das sind die Momente, wo wir Gott sind und, eigentlich, sagt er, natürlich - nur »in diesen Momenten« sind wir Mensch, sind wir - kann man auch wiederum sagen - eigentlich Menschen. Also, ich denke, dass aus dem Vorlesen, da ich es nicht unparteiisch gemacht habe – das heißt, da ich nicht einfach die Sätze bloß hingestellt, sondern gleich mit kommentiert habe - schon klar ist, dass das verschiedene Aspekte, verschiedene Gesichtspunkte sind, unter denen hier die erkenntnismäßigen Schwierigkeiten - also die, worüber man den seminaristischen Streit führen kann: Wovon die ausgehen. Und der eigentliche Punkt - auf den will ich noch einmal zurückkommen, weil ich bei der letzten Vorlesung dort auch angefangen habe: Der eigentliche Punkt also des Verständnisses dieser Sache, der liegt eigentlich nicht im Theoretischen – also, in der Aneignung der Begriffe. Das kann man sich natürlich einbläuen - und wenn man lange rein theoretisch sich an solche Sachen heranarbeitet, dann geht das auch bis in die Physis ein, das heißt, es kann dann auch der Weg des deutschen Philosophen ein Yoga-Weg sein. Also, dieses Yoga der Erkenntnis, Jnana-Yoga, - ist eine Spezialität in Indien, da gibt es viele Sorten Yoga und eine ist Jnana-Yoga - und zwar - das heißt »Yoga des Erkennens« - wo jemand also durch den Gebrauch sozusagen des höchsten Bewusstseins Gott - des Gottes, des Götterbewusstseins, sagen wir einmal - wo er hauptsächlich dort arbeitet. Dadurch kannst du auch erleuchtet werden – d. h. nicht bloß durch die Asanas, also durch diese Körperstellung, die wirklich in dem unteren Bereich anfangen – hier, diese Reihe – »unter« heißt hier nicht »niedrig«, in diesem christlichen Sinne, sondern nur einfach - das hat etwas mit der Geometrie dieser Skizze hier zu tun – also, jedenfalls ist das durchaus denkbar, dass auch das reine Studium zu solchen Erleuchtungserlebnissen führt – also, man kann begeistert sein beim Lesen von Literatur, nicht bloß von schöner, sondern auch bei - von Erkenntnisprozessen. Aber im Ganzen gesehen, stehen uns hier natürlich vielerlei Erfahrungswege zur Verfügung. Also, mein wirklicher Begeisterungsweg ist Musik gewesen und Dichtung – also, Bildung: Musik und Dichtung - deswegen habe ich ja bei der vorigen Vorlesung hier dann auch Musik dabei gehabt, Schubert-Musik. Es wäre eigentlich das Beste, man täte das immer.

(Beifall)

Jetzt will ich einmal zur Überleitung für den zweiten Teil der Vorlesung dann – also, nach der Pause - noch einmal ausholen in meiner eigenen Theorie da, in puncto »Logik der Selbstausrottung«, eines bestimmten Schemas, um von dem erst einmal jetzt Angerissenen her die Frage zu stellen, weshalb eigentlich mit dieser Sache - die ich ja hier ungeschichtlich dargestellt habe jetzt: Weshalb damit eventuell Hoffnung verbunden ist. Ich will darauf hinaus - und das werde ich in der zweiten Hälfte der Vorlesung dann ausführen - dass etwa die ganze Problematik, die wir hier am Beispiel Heideggers abgehandelt haben: Dass uns – also, wie Heidegger das ausdrückt, »seinsgeschichtlich« zugesprochen ist, jetzt: Dass wir also technikbesessen sind, beispielsweise.

Ich mache einmal nur diese Andeutung und Erinnerung.

Aus der historischen Psychologie in diesem Sinne, die also praktisch eine Geschichte, eine Weltgeschichte sozusagen des Organs unserer Bewusstheit ist - da geht hervor, dass das, was Heidegger da - der Ausschnitt, den Heidegger im Blick hatte – also, mit einer verhältnismäßig späten Phase bereits der geistigen Entwicklung der Menschheit verbunden ist, und zwar mit einer, die - im viel umfassenderen Sinne, als die feministische Kritik das normalerweise behandelt - das Patriarchat ist, das in den Werken Ken Wilbers – ich werde am Anfang der nächsten Stunden die wichtigste Werke noch mal erwähnen, in denen der Kontext aufscheint - bei Wilber also steht als Obername für diese ganze Phase, die Heidegger da im Blick hat – also, von Platon und Aristoteles bis zu Nietzsche: Da steht das solare Ego - und das solare Ego, d. h. das sonnengerichtete - gegen mondgerichtete (was also der Mond, der Herr der Frauen, gewesen ist) – also, das sonnengerichtete solare Ego und das Patriarchat und die Zivilisation - Zivilisation als im Unterschied zur Natur - das sind alles völlig parallele Begriffe – also, das ist dieselbe historische Phase, die da auf verschiedene Weise gekennzeichnet wird, und - da will ich nachher hin. Und damit jetzt aber klar wird – also, damit ich vorher ein bisschen eingestimmt habe darauf, dass das also heute realgeschichtlich – also, aktuelle Bedeutung haben kann, will ich unter diesem Gesichtspunkt noch einmal an mein Schema von der »Logik der Selbstausrottung« erinnern - das ich hier in der Vorlesung vor dem Seminar, in der Vorlesung nicht breit behandelt habe, das aber den 2. Teil meiner »Logik der Rettung« bestimmt, und der ist relativ zugänglich - ich referiere jetzt nicht den Inhalt, sondern ich gebe nur das Schema, damit dieser Zusammenhang noch einmal für die Erinnerung – ich male es einmal hierher; ich weiß nicht, ob ich das noch ausfülle. Ich bin noch davon ausgegangen, dass wir – also, unter »Logik der Selbstausrottung« - dass wir ja im Allgemeinen nur mit Symptomen der Sache zu tun haben, mit Symptomen des Exterminismus – also, Extermination ist dieses massenhafte Ausrotten, die Spritze um Ungeziefer, Unkraut, Tiere und Pflanzen, die uns nicht passen – Symptome des Exterminismus – also, ich sage: Das, was so unter »Umweltkrise« oder neuerdings dann doch manchmal auch »ökologische Krise« gelehrt wird, von Kriegsmaschine bis friedliche Kernenergie, bis Ozonloch und so - das sind alles Symptome. Und darüber sind wir, glaube ich, in der Vorlesung hier auch klar geworden.

Darunter liegt also die industrielle Massenproduktion oder Megamaschine – ich schreibe einmal »MM« für Megamaschine – darunter sah ich, dass die Kapitaldynamik liegt, darunter die europäische Kosmologie. Das ist ein Thema - also, diejenigen, die hier waren, als Johan Galtung da war, haben eine ganz ausführliche Lektion darüber mitbekommen – der Grundgedanke hier ist, dass wir den Kapitalismus erfunden haben in Europa - das ist noch klar, aber - warum ausgerechnet Europa dazu gekommen ist, welche - das ist nämlich hier die Frage nach den Selbstverständlichkeiten der Weltanschauung, wenn man so will, jetzt nicht in einem wissenschaftlichen Sinne »Weltanschauung«, sondern der de-facto-Weltanschauung: Dass es sich zum Beispiel versteht, dass der weiße Mann die Sache natürlich besser kann als alle anderen – also, auch bei Leuten, die das offiziell vielleicht bestreiten, sogar guten Glaubens: Wenn man dann als Entwicklungshelfer hinausgeht - und sei es auch der letzte Monteur seiner Firma - man sieht dann schon: Man ist der Herr in Afrika. Und das ist also so tief drin sitzend – also, das gehört zu dieser europäischen Kosmologie. Und das wiederum ist ein - das sind immer Schichten, die ich da untereinander gesehen habe - und das seinerseits wieder ist ein ganz extremes Patriarchat. Und ich habe gesagt: Das Patriarchat selber ist bestimmt kein Zufall, sondern das muss etwas mit der Conditio humana zu tun haben – also, damit, wie der Mensch von Natur her, aber - eben umfassend ist – also, es kann diese Phase Patriarchat natürlich nicht – also, aus Unglück passiert sein. So einfach kann das nicht sein, sondern - es muss etwas mit – also, mit der Art und Weise, wie der Mensch als Bewusstseinswesen, als Hirntier, wenn man es glatt biologisch formuliert, in der Welt ist und es kann - wenn das die Urausstattung ist, dann kann das Patriarchat nicht sozusagen einfach rückwirkend bloß aus Folgerung – Herrschaftsverhältnisse sind Folgen – wie das Ich mit der Welt umgeht und mit sich selbst, was aus der Angst wird. Also, erst einmal muss diese Substanz - und zwar nicht theologisch gemeint, sondern - diese biologische Realität, Genotyp: Das muss da sein und daraus kommt alles Übrige und so. Also ist das nicht - das einzige, die einzige Beschreibung ist das Patriarchat für das, was hier hervorgeht, aber eine ganz wesentliche. Und ich werde heute, wenn die Zeit reicht, in der zweiten Dreiviertelstunde dann, noch einiges vielleicht über die große Lücke, die hier steht – also, über das ganze Thema der vorpatriarchalen Gesellschaft, wo - die Bezeichnungssache ist schwer, weil – »matriarchal« stimmt irgendwo nicht, weil - das heißt »Mutterherrschaft«, matrilinear – also, dass die Folge sozusagen der Übergabe der Kultur noch über die Mutter ging, sagt einiges, aber nicht alles. Also die Bezeichnung ist schwer, ist nicht so klar wie hier. Aber – jedenfalls, diese Zone habe ich ja in meinem Schema dort nicht behandelt: Die wird da noch eine Rolle spielen.

Was jetzt für mich spannend ist: Wir werden in der zweiten Stunde, in der Frage also: Was können wir angesichts der selbst erzeugten Apokalypse - was können wir da noch machen - also, welcher Zugang für unsere Anfrage in dieser Situation ist gegeben? Da werde ich das Ganze hier als einen Block behandeln oder denken - ich sage das von vornherein, auch wenn ich das nachher – ich weiß nicht, wie sehr ich das nachher ausführen werde – als einen Block behandeln, der von hier aus bestimmt ist. Das ist die grundlegende Sozialstruktur der Katastrophe und Sklaverei und Feudalismus und Kapitalismus und so fort, Staat schon und so - der Staat schon hiermit gegeben – also, der entsteht hiermit – also, Verhältnisse einer vertikalen Arbeitsteilung und des Staates - das habe ich schon in meiner »Alternative« gezeigt - die sind hier gegeben, bloß habe ich damals den Akzent noch anders herum gesetzt. Das fällt dann mit Patriarchat zusammen, während die Sachen, die ich später begriffen habe, bedeuten, dass das Patriarchat eigentlich die geistige Grundstruktur des Ganzen ist, dass das Bewusstsein - heißt das mit anderen Worten - dass das menschliche Bewusstsein - d. h, dass diese Naturkraft in einer bestimmten Phase ihrer Entfaltung – ich sage jetzt einmal bewusst: Entfaltung, nicht einfach Entwicklung – in ihrer Entfaltung mit einiger Notwendigkeit – will ich einmal vorsichtig sein - durch das hindurchgeht, durch das hindurchgeht – also das, was Engels die »weltgeschichtliche Niederlage« der Frau genannt hat - also, nicht irgendwie eine von den Revolutionen war, wo dann hinterher die Historiker herangehen und sagen: Also, wenn die sich in der Situation so und so verhalten hätten, wenn die Rosa damals nicht - und so fort: Also, das ist alles Quatsch, sowieso. Also, so erklärt sich Geschichte in Wirklichkeit nicht - aber hier noch viel weniger, weil - die geschichtlichen Entscheidungen fallen hier nicht nur in Wirklichkeit im »Unbewussten«, wie das heute meistens auch noch der Fall ist, sondern - damals war das tatsächlich noch so - also, dass der »unbewusste« Geist hier entschieden hat. Und das heißt übrigens auch, allerdings in dem Sinne – wo ich vorhin sagte - dass hier die Gnade auch wohnt - das heißt, dass solche Entscheidungen also nicht unserer nachträglichen Kritik einfach unterliegen können: Patriarchat - ach, wir wissen jetzt, wie finster das ist - das sollte nicht sein. So kann man mit - also, mit so großen Strukturen der Entwicklung, des Lebens, des ganzen Prozesses nicht umgehen, sondern man muss einfach bereit sein, alles das, einschließlich der Katastrophe, einmal objektiv anzusehen, objektiv anzusehen - in dem Sinne objektiv: Nicht, dass wir es uns gegenüberstellen und sagen: Ich habe nichts damit zu tun – sondern objektiv in dem Sinne, wie ich hier voriges Mal gesagt habe – also, es ist ein Unterschied, ob ein Politiker in der Macht – also, hier, auf einer unteren Ebene - darüber wacht, ob niemand an deinem Stuhl sägt und sich danach richtet oder ob jemand aus der höchsten geistigen Ebene erst einmal - Bewusstseinsebene – sagt: Das muss ich jetzt tun – egal, ob morgen das Erschießungskommando kommt. Das ist mit »objektiv« gemeint. Das heißt, wir müssen absehen von der Frage – also, ob es uns vielleicht umbringen wird. Und was alles das Patriarchat an Textverbrennungen geliefert hat: Das wird nicht geleugnet, sondern nur - man begreift es gar nicht, wenn Polemik das Erste ist - Polemik das Erste ist.

Mir hat damals, als ich ihm das Manuskript meiner »Alternative« brachte, der Wolfgang Heise - das war 1972/73 - der Wolfgang Heise gesagt: Streich erst einmal aus den ersten beiden Teilen alle Polemik heraus; wer ist denn eigentlich Breschnew?, weil - ich hatte damals mit dem zu diskutieren: Wer ist denn eigentlich Breschnew? – also, das wird besser, wenn du die Sache erst einmal ansiehst, wie sie ist. Und das meine ich hier als Grundeinstellung. Und noch einmal – also, die These, die dann hinter dem zweiten Teil des Vortrags heute steht, ist, dass - also, das hier eigentlich ein Paket ist und dass keinerlei Kämpfe auf diesen Ebenen - heißt das natürlich, ich meine: Auf diesen Ebenen allein mit der Sache fertig werden kann, ist die These jetzt, die These natürlich. Wenn wir hier nicht eine neue Lösung finden – also, wenn diese patriarchale Grundstruktur nicht aufgelöst wird - und damit es noch etwas klar ist: Das sieht hier so aus - das ist jetzt und das war ja vor 5 000 Jahren - das ist nicht so gemeint, sondern - damit ist gemeint, man könnte diese Sache genauso gut – also, so auf die Ebene legen und als von unten gewachsen sehen. Das ist ein Anteil in jeglicher höheren Struktur und zählt gerade - also, das ist eigentlich eine noch tiefere Selbstverständlichkeit als - also, hier versteht sich schon, dass man patriarchal ist - sowieso. Also, so eine - die germanischen Stämme waren das nun einmal, und zwar gründlicher als die Ägypter oder die Chinesen und so – also, da fragte schon überhaupt niemand mehr danach - was übrigens gar nicht heißen muss, dass die Frau fürchterlich unterdrückt ist – also, es geht da um mehr als die Frage mit der Gleichstellung, Gleichberechtigung. Also, in Germanien haben die Frauen verhältnismäßig viel zu sagen gehabt - und je weniger weit die Römer gedrungen waren – wenn man liest, was Sigrid Unsinn schreibt – also, Christin Lawerentz Tochter, oder was Knut Hamsun, »Segen der Erde« - was der da über ein Bauernpaar schreibt: Was für eine Ausgewogenheit! Diese Frage, dass die Frau auch etwas zu sagen hatte, widerlegt nicht den Gedanken, dass die Grundstruktur des Lebens patriarchal bestimmt war dort – also, so ist das gemeint: Dass das hier durch und durch geht und dass es also unter diesem Gesichtspunkt - den ich jetzt hier bloß kennzeichnen wollte - wirklich nichts mit Frauenemanzipation zu tun hat, auch nicht mit dem Gegenteil, wenn man für »Süßmuth Bundestagspräsidentin« oder so etwas ist. Ja. Man könnte sich einen männlicheren Typus – ich meine jetzt einen weiblichen männlicheren Typus, als sie vorstellen – sie macht das ja nicht schlecht so, was man da so – bloß, das sagt nichts zu der Frage: Patriarchat oder nicht - überhaupt nichts, sondern - die Strukturen, denen sie dort zu dienen hat, die sind aus Jahrtausenden durch dieses solare Ego und durch das Patriarchat und durch die Zivilisation - parallele Namen - so bestimmt, wie die jetzt sind - und die sind auf dem Geist männlicher Expansion und Machtkämpfe: Das ist darin geronnen, in dieser Sache. Und das heißt - also, es ist nicht ein Weg in der Geschichte zurück, sondern es ist - wenn schon - ein Weg hier vorgeschlagen, der in unsere heutigen Innereien führt – also, in die Art und Weise, wie – der Jung nennt das »Animus« und »Anima« – also, der »innere« Mann und die »innere« Frau: Wie die heute miteinander umgehen (und der Fachausdruck ist dann: konstelliert sind - wie da die Konstellation ist). Denn dort wird das reproduziert, dass die objektiven, die sogenannten objektiven materiellen Verhältnisse – also, dieser ungeheure Apparat, den wir jetzt geschaffen haben, da heftig mitstrickt und verstärkt und uns fast keinen Freiraum lässt, da auszurücken: Das ist etwas anderes. Aber die Ursachenebene ist da und es gibt überhaupt keinen anderen Ausweg – also, zu reformieren an der Frage »Sollte der Bundestag nicht noch ein bisschen weiblicher geleitet werden?«, das ist - also, man fasst dann auf einer Ebene an, wo es nicht viel bringen wird, letzten Endes – also, das ist nicht tief genug. Es ist nur - wenn es gekoppelt ist mit der anderen Fragestellung: in dem Maße kann das produktiv sein, natürlich, wenn man weiß, was da eigentlich gespielt wird und welche tieferen Dinge damit nur angetippt und auf dieser offiziellen Politik eben nur symbolisch berührt werden können.

Ich will jetzt einmal aus dem umfangreichen Literaturverzeichnis, auf das ich mich da – also, was ich da ausgegeben habe am Anfang: Ich will einmal die fünf Werke hervorheben - oder die fünf Menschen hervorheben - die also diesen kritischen Stoff hier, den hier gelegenen und auch von daher gesehen, das Gesamtproblem, das hier – die das am – also, wo man das in die Einzelheiten verfolgen kann. Was ich hier davon antippen kann, das muss - einzelnen Missverständnissen ausgesetzt sein. Eben hatte ich von der Seite her die Frage: Ob denn das nicht bescheuert ist – also, der Mond soll dann der Herr der Frauen sein? - Nun ist das eine Sache, die eine lange Erklärung benötigen würde, weil - das ist ein ganz bestimmter geschichtlicher Zusammenhang, in dem es zu dieser Bezeichnung kommt - die hat mit der inneren Entwicklung des männlichen Prinzips im Weiblichen zu tun. Und das sind also Dinge - wenn dann die Bezeichnung noch dazu kommen muss und dann die weitere Frage, ob nicht in diese Bezeichnung, wenn ich sie jetzt in Deutsch in Anführungszeichen lese, dann muss ich natürlich annehmen: Das ist von irgendwoher übersetzt, aber ob es so übersetzt werden musste – also, solche Sachen sind dann immer unklar. Während – also, in dem Kontext, in dem so eine Bezeichnung aufkommt, kann man - und kann dann auch frau - verstehen, worum es sich handelt.

Es ist - vielleicht noch eins: Also, dass es hier nicht als - das ist kein patriarchales Ding dann, wenn es dort heißt: »Herr der Frauen« - in diesem konkreten Falle. Aber - nur als Beispiel, jetzt, für die Schwierigkeit im Umgang mit der Sache: Klar, schärfer tritt also das Problem selbst darin zutage, dass die fünf Menschen, die ich jetzt hier – auch die Namen – noch einmal in Erinnerung rufe im Zusammenhang mit dem Literaturverzeichnis, nicht fünf Menschen, sondern fünf Männer sind.

Womit hängt das zusammen? - Also, alle diese Werke behandeln den Gesamtzusammenhang der Bewusstseinsentwicklung und nicht also das spezielle Thema des Patriarchats, obwohl es in dem einen oder anderen Falle deutlicher hervortritt. Und es ist jetzt Folgendes: Wenn jetzt also die feministische Auseinandersetzung, die feministische Wissenschaft antritt, dann ist natürlich in einer ersten Phase logisch, dass man dann also kritisch herangeht – also, die Stellen, an denen diese Gebäude tatsächlich oder aus der feministischen Perspektive heraus falsch sind: Es ist wirklich bisher, es ist mir - muss ich gestehen - nicht begegnet, dass so eine Gesamtschau auf der feministischen Grundlage über diese Zusammenhänge schon zustande gekommen ist. Und ich habe oft allerdings das Gefühl gehabt, dass man dann feministisch mit der Kritik, etwa an Erich Neumann - ich werde ihn gleich erwähnen - anfängt, ehe man also den Durchbruch geradezu in Richtung auf Erkenntnis, was die Rolle des Weiblichen heute betrifft - zumindest also jetzt in dem Text, den man schreibt - gewürdigt hat. Ist eine andere Frage, ob es angeeignet worden ist - aber ich glaube, dass auch diese Sache, dass das erst einmal fünf Männer sind, damit zusammenhängt, was ich hier sagte. Man muss das - erst einmal das Objektive der Sache zur Kenntnis nehmen. Das bedeutet nicht, dass die Frauen also nicht so zusammenhangs- denken können, sondern - das bedeutet nur, dass sie erst einmal durch die Provokation, die das Patriarchat in seiner zerstörerischen Spätfassung jetzt ist – also, sozusagen - auf die Einbruchstellen geworfen sind und den Gesamtzusammenhang unter diesen spezifischen Gesichtspunkt behandeln, kritisch. Und die Frauen selber haben dann leicht – also, diese Frauen haben dann leicht die Schwierigkeit, das zu vermitteln, weil so vieles, was schon gesagt worden ist, und auch wahrscheinlich bedeutsam für die Auseinandersetzung wäre - sie nicht dazu kommen, jetzt dort mit zu behandeln. Also, ich jedenfalls sehe es einfach nicht als Provokation, wenn das fünf Männer sind, jetzt - und ich denke, dass eine Beschäftigung mit diesem Stoff wahrscheinlich zu einer Vergründlichung, will ich einmal sagen, gerade der Auseinandersetzung mit dem Patriarchat führen würde.

Das Erste, was ich erwähnen will - das in meinen Augen also Grundlegendste: Das ist Erich Neumann - und das Hauptwerk ist »Entwicklungsgeschichte des Bewusstseins« - ich habe mich doch geirrt - nicht »Entwicklung« - von Ursprung - die »Ursprungsgeschichte des Bewusstseins«. Das heißt, der behandelt den Anlauf, den der menschliche Geist genommen hat, sich aus dem »Unbewussten« herauszuarbeiten und behandelt damit natürlich die - oder die ersten, die frühesten Formen des menschlichen Geistes. Es gibt dann schon die dritte Phase in seiner Analyse - heißt dann »früher Geist« – dritte Phase – also, da gibt es dann noch ältere Phasen – »Ursprungsgeschichte des Bewusstseins«. Und ein zweites Werk, das eng damit im Zusammenhang steht: Jean Gebser – ohne dass die aufeinander bezogen sind: Das ist noch spannend - dass also diese beiden grundlegenden Werke sich nicht aufeinander bezogen, sondern - Erich Neumann ist ein Schüler Carl Gustav Jungs - und ohne dass ich abraten will, Jung zu lesen - ich will nur soviel sagen: Ich glaube, dass man recht authentisch das Beste von Jung hat, wenn man Neumann liest, in - die »Ursprungsgeschichte des Bewusstseins« – das ist keine Ausführung dessen, was Jung sonst auch noch geschrieben hat, sondern - das Vorwort zur »Ursprungsgeschichte des Bewusstseins« ist von Carl Gustav Jung. Und er sagt, dass Jung dort als jemand, der nach ihm kam und sich sozusagen in vieles nicht mehr verlaufen musste, worein er sich verlaufen hat, dort eine Synthese geliefert hat, die sozusagen vor seinen Augen auch bei dem des älteren Gelehrten dann besteht. Also, hier hat man die Errungenschaften, will ich damit sagen, der Jung'schen Tiefenpsychologie - hat man in Bezug auf dieses Thema, »Entwicklungsgeschichte des Bewusstseins« – Patriarchat: Die hat man da sehr zusammen. Und Jean Gebsers Buch heißt auch »Ursprung und Gegenwart« - der kommt heute weniger vor bei mir, sondern mehr in der letzten Vorlesung dann, das Gebser'sche Werk »Ursprung und Gegenwart«, aber - es befasst sich also eigentlich mit derselben Stufenleiter von Bewusstseinsschichten. Und der dritte, den ich hier nennen will, ist Ken Wilber. Das ist ein Amerikaner, der es also glänzend versteht zusammenzuführen, was in voneinander unabhängigen Strängen- wie bei Gebser und Neumann - in Bezug auf diese Sachen gearbeitet worden ist. Ken Wilber und sein wichtigstes Werk, was ich hier wirklich sehr empfehlen kann, ist »Halbzeit der Evolution«, das gibt es jetzt auch als nicht sehr teures Taschenbuch – die »Ursprungsgeschichte des Bewusstseins« übrigens auch, nur - der Gebser, der ist bloß für irgendwo 50 Mark oder so zu haben, das ist ein mehrbändiges Werk – Ursprung und Gegenwart – also, das sind die drei wichtigsten Dinge, was den Gesamtüberblick betrifft. Und dann gibt es noch zwei Werke, die bestimmte sozialhistorische - die den sozialhistorischen Strang eigentlich dieser ganzen Entwicklung – also, über die - sozusagen - Innenseite des psychischen Prozesses hinaus sehr gut behandeln und von dort her eigentlich die Erklärungskraft der Psychologie für gesellschaftliche Zusammenhänge – also, einfach beweisen durch die Bearbeitung. Und das ist einmal Julian Jaynes – wie heißt denn das Buch, ich habe es dort zitiert, es - die deutsche Übersetzung ist, glaube ich, »Die Entstehung des Bewusstseins im Zusammenbruch des Zweikammer-Geistes.« Das hat etwas damit zu tun - der Nachsatz dort hat etwas damit zu tun, dass die (wie sich übrigens später herausgestellt hat) – die der Jaynes noch gar nicht verarbeitet hat, besonders bei den Männern, im Unterschied zur weiblichen Biologie jetzt - dass die beiden Gehirnhälften ziemlich getrennt arbeiten. Und was er dort zeigt, ist, dass der kulturelle Prozess diese Trennung im männlichen Bewusstsein insbesondere – also, noch sehr verstärkt hat und was das geschichtlich bedeutet. Er fängt an bei »Ilias« und »Odyssee« – also, den Schnitt zwischen »Ilias« und »Odyssee«, zum Beispiel, zeigt er, was die Bewusstseinsgeschichte betrifft. Und wenn dort von Zusammenbruch die Rede ist, dann geht das so weit, dass er zeigt, dass dieses barbarische Königtum der militärischen Überfälle - etwa die Assyrer im Vergleich zu den alten ägyptischen Gottkönigen: Dass der Schnitt zwischen denen, dass der - also, mit einem Bruch hier und mit einem Kommunikationszusammenbruch in der Gesellschaft - der damit parallel ging, der damit verheiratet ist gewissermaßen: Dass das damit zusammenhängt. Also, überaus spannende Sachen, die wahrscheinlich exemplarische Bedeutung haben – das heißt, wo das Prinzip der Analyse auch auf viele andere Stellen angewandt werden könnte. Und Julian Jaynes »Die Entstehung des Bewusstseins«, glaube ich, »im Zusammenbruch des Zweikammer-Geistes«: Das Buch ist wirklich weniger skurril, als der Titel erst einmal vermuten lässt - und Thompson, William Irwin heißt der, weil - Thompson gibt es in England so viele, da muss man den Vornamen sich merken, William Irwin – Irwin schreibt sich das - das Buch heißt: »Der Fall in die Zeit« und behandelt in ganz ausführlichen Kapiteln, wie sich im Mythos – also, der Übergang zum Patriarchat spiegelt und welche – also, man kann da empirisch sehen, dass es einen Unterschied macht, ob der weibliche Geist oder der männliche Geist mit der Geschichte - erst einmal bloß ein Unterschied, wertfrei, aber - dass das eine ganz wesentliche Rolle spielt. Es geht wirklich aus diesen ganzen Sachen nicht hervor, dass man die alten Zustände wiederherstellen muss, weil manche Sachen damals nicht so gefährlich waren - das geht einfach auch nicht - sondern: Es geht nur darum, dass also praktisch ganz deutlich wird, wie wichtig es wäre, sich mit den – also, Wirklichkeit der Seele: dann auch die weibliche Seele und die männliche Seele in ihrem Unterschied ernst zu nehmen unter der Überschrift: Wirklichkeit der Seele. Und das ist eigentlich – also, das Grundthema hier, was das Patriarchat betrifft, das ist also eine Struktur hier – das Patriarchat – in der also die Führung des historischen Prozesses einseitig auf den männlichen Geist übergegangen ist. Also, das Grundproblem, das »Patriarchat« genannt werden kann, was die gesellschaftliche Entwicklung seit Jahrtausenden betrifft - das ist: Dass der männliche und der weibliche Geist nicht gleichgewichtig und verflochten die Ausführung des historischen Prozesses - d.h. die Materialisierung - auch die Realisierung der menschlichen Natur und Existenz betreiben, sondern dass der weibliche Geist dort entweder überhaupt abgedrängt oder untergeordnet oder mitgerissen, aber - jedenfalls immer, dass der - die – ich will einmal die Vergröberung, was die Außenseite der Sache betrifft, charakterisieren: Dass - der expansive Charakter des männlichen Geistes - das ist wie ein Akzent, den der männliche Geist halt mehr trägt. Das ist jetzt keine Frage, ob die Frauen überhaupt niemals expansiv sind – also, das sind keine 100-%-Zahlen, sondern - die Tendenz des männlichen Geistes ist aus vielerlei Gründen, die mit den frühen Stammesverhältnissen sich leicht ergeben - ich habe das schon einmal erwähnt – also, das liegt nahe - also, der Mann ist expansionistisch, tendenziell - und zwar erst einmal wertfrei. Die Frage ist, wenn das Prinzip einseitig durchgeht - was dann passiert: expansionistisch - und außerdem hat der männliche Geist, weil er in dem Sinne nicht naturproduktiv ist wie die Frau - die unmittelbare Reproduktionssphäre halt- die Tendenz, auch schneller sich auf Projekte und Sachen – Außenwelt, Eroberung und Verwandlung – und: Ich muss mir dort ein Denkmal setzen, weil ich ja – also, das wird - sozusagen anorganisch muss das produziert werden. Und dieser Zusammenhang, der dominiert den männlichen Geist als große Verkürzung, nur als Anzeige - während also der weibliche Geist, gesellschaftlich gesehen, kontraktiv funktionieren soll – also, das Prinzip sozusagen des Zentrums, des Zusammenziehens der Kräfte auf einen Punkt und eine viel – sozusagen - natürlichere organische Beziehung - das ist - und es haben übrigens neueste Forschungen, ich habe das gerade so im Vorbeigehen einmal angedeutet, gezeigt: Dass also der Geschlechtsunterschied - und eigentlich, wieso sollte es nicht gerade so sein, dass der Geschlechtsunterschied tatsächlich die Gehirnstruktur gibt - dass es also nicht so ist, dass wir einfach unisex sind. Das Buch ist blöd, übrigens, indem das dargestellt wird, weil es eine Polemik ist und wieder gegen die Feministen - wo der Stoff dargestellt ist, Anne Moir und noch ein Mann, ich weiß nicht - »Brainsex«, heißt das Buch, aber - die Fakten sind klar, die dort zitiert werden, und zwar - die Fakten sind natürlich zusammengetragen, die Frau hat das dort nicht selbst erarbeitet, sondern auf diesen Punkt gebracht. Aber wenn ich nicht völlig vorbeigesehen habe, dann ist das so - und insbesondere, zum Beispiel ist es so, dass die beiden Gehirnhälften bei der Frau nicht so scharf getrennt sind, dass also diese Trennschwelle hier (Corpus callosum ist der Fachausdruck dafür) – also, nicht so - der Graben, über dem das da verbunden ist - was zur Folge hat, dass beispielsweise Ausfälle beim männlichen Gehirn Funktionsausfälle zur Folge haben, während Ausfälle derselben Hirnpartien beim weiblichen Gehirn also nicht unbedingt Ausfälle zur Folge haben - also gibt es diesen Unterschied. Und weshalb man so spät darauf gekommen ist: Das hängt mit den Kriegen zusammen - dass nämlich die Hirnforschung also so viel Material von den Schlachtfeldern gehabt hat – Verdun, von da angefangen - und dass dort praktisch die Struktur des männlichen Gehirns viel stärker im Vordergrund der Forschung gestanden hat - wegen des Materials, wegen des kranken Materials, was da zur Analyse anstand. Also, hier ist mir wichtig – also, bloß - dass wir das Thema aufzunehmen, das diesen Unterschied empirisch bis ins Biologische hinein gibt und dass die Frage wahrscheinlich, die Lösung des Themas, nicht darin besteht, Männer und Frauen in diesem Sinne gleich zu machen - alle solche Gleichmacherei hat sich immer als regressiv erwiesen und als eine Scheinantwort auf Ungerechtigkeit - Gerechtigkeit und Gleichheit ist überhaupt nicht dasselbe – also, den Unterschied zur Kenntnis nehmen, und: Wie gehen wir damit um?, und: Wie wird das verbunden? - Und um jetzt einmal an ein paar Zitaten nur kenntlich zu machen, auf welche Weise diese Forschung hier – ich zitiere jetzt einmal den Erich Neumann, und zwar nicht dieses Grundbuch »Ursprungsgeschichte des Bewusstseins«, sondern »Zur Psychologie des Weiblichen« - das ist sozusagen ein Spezialthema, das er dann auch behandelt: »Zur Psychologie des Weiblichen«, ein ganz kleines Heft ist das, und - es gibt noch ein wunderbares Büchlein vom ihm, das heißt »Amor und Psyche« und behandelt genau denselben Stoff - auf poetische Weise.

Die Zitate, die ich jetzt bringe, kennzeichnen nur also den Geist, in dem der Versuch dort gemacht wird, den Stoff zu betrachten, der – also, hier, zwischen der Conditio humana und Patriarchat -

Ein solcher Satz:

»Die patriarchal verstärkte Gegensatzposition von Männlich und Weiblich« - so ein Satz heißt erst einmal: Die ist da, und dann sie ist patriarchal verstärkt – also, »die patriarchal verstärkte Gegensatzposition von Männlich und Weiblich, Tag und Nacht, Bewusstem und Unbewusstem führt zu einem verborgenen, aber tödlichen Kampf der Geschlechter, der unter der Oberfläche patriarchaler Herrschaft und mann-weiblicher Symbiose in der nächtlichen Tiefe der unbewussten Beziehung tobt.«

Das heißt - er sagt: Der Gegensatz ist eigentlich da und je mehr wir in das Licht des Bewusstseins aufsteigen und je mehr hier auf diesen Ebenen dann - dass Grundverhältnisse selber so selbstverständlich werden, dass man gar nicht mehr hinguckt: umso mehr tobt dieser Kampf dann im Unterbewussten und bestimmt natürlich den ganzen historischen Prozess mit, ohne dass das zutage tritt. Wir kritisieren dann Kapitalismus oder Feudalismus oder Sklaverei oder irgendwas - und das ist auch alles wahr, weil - der Stoff ist in diese Ebenen hinein geschieden, aber - die erste Scheidung, die erste soziale Scheidung ist - auch nach der Analyse, die Engels damals gegeben hat - die zwischen Mann und Frau. Er sagt: »das erste Herrschaftsverhältnis«, in diesem Sinne - und wieso sollte das auf einmal uninteressant geworden sein? Es ist nur abgesunken, weil scheinbar erledigt, dieser Kampf hat stattgefunden. Und jetzt steht aber dieser Stoff eben in allen Schichten drin. Und wenn der Neumann jetzt hier schreibt: »Das tobt in der nächtlichen Tiefe der unbewussten Beziehung zwischen Mann und Frau«, dann kann sich das auf diese bestimmte Liebesbeziehung - jetzt, warum die so kriegerisch angelegt ist – beziehen; das kann sich aber auch auf Mann und Frau im gesellschaftlichen Kontext überhaupt beziehen. Und es ist nur zu wahrscheinlich, da der Mensch ein soziales Wesen ist, dass sich das nicht auf die privaten Beziehungen begrenzt.

Ein anderer Satz:

»Wo die Psychologie des Patriarchats endet, beginnt die Psychologie der Begegnung, der Selbstfindung, der Selbsthingabe.« – Das heißt, wo es dazu kommt, dass man - aus der heutigen Situation heraus - erst einmal gesehen hat: Das macht die Welt kaputt - und andererseits: Wo die Bewusstheit des Menschen – also, das Interesse, erst einmal, unserer Tagsphäre - sich auf die Frage: Wie ist es mit Männlich und Weiblich, und wie ist es mit unseren inneren Gegenpositionen jeweils – beim Manne mit der weiblichen, dieser Anima-Position, bei der Frau umgekehrt mit dem Animus? Also, dass erst einmal - die Aufmerksamkeit darauf konzentriert hat - das hat dann zur Folge, dass eine Psychologie der Begegnung als erstes beginnen kann, d. h. die Menschen können sich jetzt auf bewusster Ebene - was ist eigentlich das Spiel, das wir hier stellen – also, wieso geht zum Beispiel keine Ehe? - ich meine jetzt nicht das, was daran »bürgerliche Verfassung« ist - das kommt hinzu, aber - der Unterschied ist ja nicht Ehe oder freie Gemeinschaft oder so. Warum wiederholen sich immer wieder diese Kämpfe auf allen Ebenen, eigentlich, der Beziehung - das muss doch Gründe haben. Und bis jetzt ist das sozusagen einfach als selbstverständlich naturgegeben angenommen worden. Manchmal tritt etwas von den Ursachen in großer Literatur zutage, aber - eigentlich nur dort - also, dass tiefere Schichten der Sache bekannt werden. Aber wirklich geistig beschäftigt - warum das so ist und was da vielleicht nur bewältigt wird - hat man sich nicht. Und da, ein dritter Satz – nur, um diese Andeutung abzuschließen: »Individuation« – ich erkläre das gleich, das Wort, noch - ist das Letzte dann zu diesem Einschub – »Individuation überwindet die patriarchale Verdrängung von Anima und Animus«, das heißt - er meint da einen Weg, erst einmal, mit dem Wort »Individuation«, wo das erst einmal hervortritt, wo erst einmal klar wird – also, mein weiblicher Anteil – und: Was ist dem passiert in meiner Geschichte - nicht bloß: was ich in den Lebenslauf hineinschreibe, als Mann - sind ja meine Errungenschaften auf diesen expansiven Weg, »Frau« gibt es gar nicht in mir, das gehört nicht in den Lebenslauf des Mannes. Also, diese Verdrängung - wenn die überwunden wird, wenn erst einmal hervortritt – also, die weibliche Seite, und - was heißt, dass ich überhaupt erst begreifen kann, was mir eigentlich passiert ist und was den Frauen mit mir passiert ist in meiner Biografie, die nicht in der Biografie steht - und wahrscheinlich wichtiger ist als das, was ich da aufschreibe.

Also, dieser - er meint – also, »Individuation« ist der Prozess, in dem das erst einmal ins Licht tritt, in dem also beide Geschlechter sich also das Thema – will ich erst einmal auch sagen – aneignen. Und das führt, sagt er, zu einer postpatriarchalen Struktur - und zwar auf der Grundlage, dass diese einseitige Polarisierung wegfällt – also, dass wir aufhören, Mann und Frau – also, so gegenüberzustellen. Und der große Vorteil aber dieser ganzen tiefenpsychologischen Forschung ist, dass also die Antwort auf das Übertreiben jetzt, auf die patriarchale Übertreibung des Geschlechtsunterschiedes nicht ist: Jetzt machen wir Unisex – die Frau muss Traktoristin werden, damit die Gerechtigkeit hergestellt ist, so - oder muss genauso gute Mathematikerin sein – jetzt, statistisch, dass das im Einzelnen einmal so ist, ist eine andere Frage, aber - diese, wo eigentlich nur die patriarchale Leistungsgesellschaft aufs Weibliche dann durchschlägt, sondern - hier ist nur gesagt – also, lasst uns diese Realität voll ins Bewusstsein nehmen, lasst sie uns nicht in den Dienst der alten Vorurteile stellen, damit also die Frau wieder an den Herd geschickt werden kann, sondern - lasst uns sehen: Was sind da die wirklichen Potenzialunterschiede. Und das Ergebnis der ganzen Betrachtung ist, dass - zwar auf eine Weise, die sozusagen dem kämpferischen Feminismus nicht gefällt, weil dort - der kämpferische Feminismus ist eigentlich eine sozusagen Übertragung der Klassenkampf-psychologie, oft, auf dieses Gebiet - und vielleicht ist das nicht adäquat. Aber was hier ganz klar hervorgeht, ist, dass also auf jeden Fall dieses Ungleichgewicht zwischen - also - und das auch ein Machtungleichge-wicht, natürlich ist, das wird nicht geleugnet, sondern nur - das ist nicht die Ursache für diese Analyse, ist sozusagen das Recken des stärkeren Affen - nicht der Anfang des Patriarchats. Der materielle Gewaltakt wird nicht geleugnet, sondern nur - es ist ein Problem der Bewusstseinsentwick-lung, das wird gesehen. Und dann folgt daraus natürlich, dass auch nur auf der Bewusstseinsebene diese – also, das Gleichgewicht wiederherge-stellt werden kann. Und die Folgerung, die also nicht ganz so kurz ableit-bar ist, wie ich sie jetzt erst einmal bloß präsentiere, wäre eigentlich die - und ist auch die - dass also in der Überwindung des Patriarchats tatsäch-lich das Weibliche die Führung übernehmen muss, erst einmal – also, dass diese - die Chaotisierung - ich meine damit: Das Stück Auflösung der herr-schenden Struktur – also, dieser Überwältigung der Gesamtkultur durch Expansion und Denkmälersetzen - dass das also nur unter der Führung des weiblichen Geistes überwunden werden kann. Und damit ist nun nicht gesagt, das Weib soll den überwinden; es ist auch nicht etwa das Gegenteil gesagt - dass man gleich wieder unter beide Geschlechter – der Mann hat auch sein Weibliches - die Rolle der Frau gleich wieder wegbringen will. Das ist nicht der Punkt, sondern - der Punkt ist nur, dass man sehen muss: Wenn jetzt die Männer bereit sind, ihren Anteil an der Kindererziehung vom Säuglingsalter an, zum Beispiel, schon zu übernehmen, manche Männer - und gerade in den intellektuellen Kreisen, so was greift ja um sich - wenn es Hausmänner gibt - und nicht bloß aus sozialen Gründen - dann sind das sozusagen nur Oberflächenphänomene, die den tieferen Prozess beleuchten - dass Männer bereit sind – also, von diesem – also, von diesem expansionistischen Projektemachen, Sachenmachen – also, sich sozusagen in einer großen Pyramide zu realisieren: Ein Schlachtschiff muss ich konstruiert haben, wenn ich schon einmal Schiffbauer geworden bin, weil - das ist das mächtigste Selbstsymbol. Also, diese - wenn bei Männern – also, die Chance mit der Individuation ist für den Jung ein Prozess der zweiten Lebenshälfte, die aber - das ist aber kein Datum, das fängt nicht mit 35 an, sondern - in Wirklichkeit ist das etwas, was auch frühzeitig - wenn die Initiation darauf abzielt, d. h, wenn es vorbereitet wird, können die Weichen dafür gestellt werden, dass es irgendwann passiert. Nicht in dem Sinne, dass es dann - mit 20 der junge Mann schon anfängt aufzuhören, sich darstellen zu wollen: Das wäre absurd. Also, diese Ich-Entwicklung muss erst einmal erfolgen. Wenn eine Kultur im Gleichgewicht ist, muss das nicht zerstören, sondern nur - das große Thema ist: Wie kann also hier eine geistige Umorientierung in der Richtung erfolgen, dass der Mensch – also, Mann und Frau – sich jetzt kontraktiv – also, das ist der weibliche Modus - statt expansiv – also, situieren müssen? Also, die Erde ist ein Ort, der heute für die Menschheit nicht mehr größer ist als der Lager- und Wohnplatz des Staates, wo also die Frau regiert hat - vom Modus her, von der Art und Weise, wie das ausgerichtet war.

Also - - - sagt ja, dass wir - in dem Sinne - die Rohstoffe und die Raketen rund um die Erde transportieren: Das geht einfach nicht. Das ist - also, sozusagen - extremer Ausdruck dieser patriarchalen Kultur des männlichen Selbstverwirklichungsrezepts, das nicht zurückgebunden ist - also, wo das, was in jeder indianischen Stammesgesellschaft, wo noch ein bisschen Stamm ist, als Prinzip durchgesetzt wird – ich meine nie total, aber - was immer da ist, z. B.: Nichts darf herauskommen - wenn die etwas beraten - was die Kinder schädigt. Es spielt überhaupt keine Rolle, wenn darüber geredet wird, ob Hussein bestraft werden soll, am Persischen Golf: Das betrifft Millionen Kinder dort, das betrifft wahrscheinlich Hunderte Millionen von Menschen dort. Und worum geht es dem Bush? Doch nicht: ein Verbrecher ist muss abgestraft werden - und da er so mächtig ist, muss sich also eine Feuerkraft dort konzentrieren, die größer ist als die im ganzen Zweiten Weltkrieg eingesetzten – also, wo der Wahnsinn größer ist. Aber man sieht, wie normal das ist – also, wenn man die akzeptiert – also, der Augstein schreibt dann im »Spiegel« – also, einer der Top-Journalisten des Westens – also, dass den Amerikanern jetzt erst einmal die Gerechtigkeit werden muss – also, der Hussein muss heraus aus Kuwait, das versteht sich ganz von selbst. Das ist also Selbstverständlichkeit des Patriarchats – also, in der Voraussetzung schon: Das muss ausgetragen werden – egal, was da folgt. Da ist die Frage - also, was da gut für die Kinder wäre: Das steht überhaupt nicht zur Debatte, in keiner Betrachtung – also, die über die Sender jetzt läuft – also, das ist der Grundtext, der an dieser Stelle hier gemeint ist. Und jetzt werde ich - muss ich leider kurz werden am Schluss.

Ich hatte schon angedeutet, dass – also, diese Phase, die Martin Heidegger da behandelt hat unter dem Gesichtspunkt: »Herrschaft der Technik«: Dass das ein Name, ein Bezeichnungszusammenhang für das so genannte »solare Ego« ist. Und das solare Ego, in der theoretischen Zusammenfassung dieses ganzen Materials, das der Ken Wilber gegeben hat, ist bereits die vierte Stufe von – also, ich würde einmal sagen: von weltgeschichtlichen Phasen der menschlichen Bewusstseinsentwicklung. Die älteste Phase bei dem Ken Wilber ist genau die, die hier in dem untersten Chakra - ein bisschen symbolisiertes »schlafendes Ich«. Und das ist gekoppelt, auch – ähnlich, wie das hier dargestellt ist - mit dem Symbol »die Schlange, die sich in den Schwanz beißt« – die Schlange, die sich in den Schwanz beißt: Das ist sozusagen das Symbol des totalen Kreislaufs in der Natur. Das, was da der Nietzsche, da – »ewige Wiederkehr« genannt hat, das bezieht sich irgendwie - am anderen Ende des Geschichtsprozesses, jetzt - das ist seine Ahnung: Dass wir dahin vielleicht zurückmüssten, und zwar auf dieser Ebene - heißt »Schlange, die sich in den Schwanz beißt«, noch - das ist nicht Spirale im Bewusstsein. Und da denkt der Mensch noch nicht an Aufstieg - er kommt noch gar nicht dazu, sondern - das ist die archaische Phase des Bewusstseins. Und wichtig ist, dass praktisch von so einer Geistesverfassung - wenn die im gesellschaftlichen Zusammenhang herrscht: Da sind alle Probleme des sozialen Geschehens - die Art und Weise, wie der Mensch seine Lebensmittel produziert, nicht nur, sondern auch - wie er sozial zusammenarbeitet: sind also prinzipiell anders geregelt, als wenn das solare Ego nachher regiert, völlig anders. Und ich will nur auf die Tatsache dieser radikalen Unterschiede hinweisen.

Die 2. Stufe ist dann hier genannt - da herrscht die Magie. Der Wilber sagt: Wenn sich hier also noch die Schlange in den Schwanz beißt und das Ich sich von der Welt gar nicht richtig unterscheidet, und zwar - das ist ungefähr analog mit den ersten Monaten so eines Säuglings, mit dessen In-der-Welt-Sein - so ist der Mensch also gesellschaftlich gesehen dann insgesamt noch in der Welt - was nicht heißt, dass ihm zu dieser Zeit nicht - dass nicht dieser ganze Apparat mit ihm geboren worden ist – das heißt. nur: Es wird nicht alles aktualisiert.

Wir wissen heute – also, unsere Selbstverständlichkeit, die auf der Stufe 4 »solares Ego«: Das ist die, dass jedes normale Kind natürlich rechnen lernt - also, man kann rückschließen: Das ist im Genotyp vorgegeben. Das ist auch - nur haben die nicht gerechnet. Und auch auf der 2. Stufe – das heißt also, dass es also diese Ausdrucksform findet - das begründet aber eine völlig andere Gesellschaft, als die mit dem Rechnen und Schreiben gar angefangen haben im Alten - da fing die moderne städtische Entwicklung eigentlich - das, was wir so geschriebene Geschichte und was Patriarchat, Zivilisation ist: Das fing da an. Als das dominant geworden ist - und das heißt nicht, dass die damals in den ganz ersten Zeiten niemals also zwei Äpfel zusammengezählt haben, sondern nur: Das hat nicht den Zusammenhang bestimmt. Und hier, auf dieser Ebene, wo also dann Magie herrscht - und Magie heißt noch, dass ich mich also mit beliebigen Objekten der Außenwelt auf einmal identifiziere und dorthin Macht projiziere oder welche kriege. Das kann irgendein Stein sein, den ich finde, der auf einmal mich stärkt - der mir sagt – also, wenn du den aufhebst und gehst zurück, dann bist du in der und der Frage dort der Größte in deinem Stamm. Also, so hat Bewusstsein auf dieser magischen Stufe fungiert, und zwar - Ken Wilber nennt das - also, hier herrscht nicht die Schlange, die sich in den Schwanz beißt, sondern hier herrscht der Typhon. Und zwar ist das ein griechischer Titan, und zwar einer, bei dem sozusagen erst wenig Mensch herausgeguckt hat, so eine Götterfigur – also, lange bevor dann auf der 3. Stufe hier, auf der Ebene des Mythos dann und der Gesellschaft, wo man sich schon über Gruppenbewusstsein definiert hat: Wir Athener gegen die Spartaner, so – also, dieser Stamm gegen jene; dort erst ist Zeus, dann, aktuell – also, nicht mehr der Titan; dort kommt erst diese, das ist aber noch nicht Gott, sondern - das fällt unter Götter – also, unter diese Bewusstseinsgestalten, wo jeder noch etwas Einzelnes ist, der eine vertritt die Schmiede, die Feuerkraft, der andere Neptun, die Wasserkraft – also, diese verschiedenen Ebenen. Und erst die 4. Stufe - hier, wo das Herz steht - auf dieser, in dieser Sache: Dort ist also praktisch dieser Rechengeist, dieses mentale Ich, das solare Ego – das sind alles Namen, die müsst ihr - die müssen Sie sich jetzt nicht merken, weil - das führt zu weit – nur, jetzt - also, das ist sozusagen der Geist schon – also, als Geist – ich weiß: Hier beginnt Ratio zu herrschen, und zwar zunächst vornehmlich als Verstand. Und der Punkt ist der - das ist überaus wichtig – also, für das Prinzip Hoffnung, jetzt – also, wirklich geistig - in der gegenwärtigen Situation, insofern diese ganze Entwicklung nur unter dem Gesichtspunkt der Evolution von unten auf gesehen wird, wo das hier - also, wo der Geist sich mühselig hochdrücken muss auf die nächste Stufe, sofern - und das ist jetzt eine Frage der Formulierung, die uns erst einmal komisch vorkommt - sofern uns Gnade nicht hilft (sagt da christliche Theologie dazu), landet man in Wirklichkeit nicht beim offenen Herzen, sondern bei dem Herz, das impotent Angst hat und flattert - erst einmal. Also, die Eingriffe, die dieser rationale Geist in der Welt da veranstaltet und was er sich so vorgenommen hat: Gott ähnlich zu sein – und dann schafft er es nicht – also, dass wir immer unzulänglich sind, voller Minderwertigkeitskomplex – das heißt, dass wir in Wirklichkeit diese Ebene nur von unten berühren, und - da ist der Satz in der Welt – habt ihr Angst, dann. Also, das ist sozusagen gerade die Erfahrung des Herzens, das sich zusammenzieht - sozusagen zusammenzieht, wo - Angina Pectoris und Herzinfarkt: Alles daher kommt, so - wenn das von unten kommt. Und das Spannende in der Konzession von Wilber - und das ist, was ihn gegenüber den anderen auszeichnet - das ist Folgendes:

Er sieht - während also auf diesen Ebenen so der Mainstream des Bewusstseins - das, was man statistisch festhalten kann - immer regiert, haben die auf dieser Ebene hier - da haben die auf dieser zweiten Ebene, da haben die den Schamanen - und der berührt bereits das Überbewusstsein - dessen Zentrum, jetzt - also, wo er integriert, wo er hauptsächlich mit seinen Kräften ist bzw. wo er dann mit seinen Kräften ist, wenn er gerade für den Stamm seine Arbeit macht. Das ist diese Ebene hier, diese Ebene - ich meine jetzt, dass Sie das jetzt nicht nachvollziehen können, wieso diese - ich kann das nur andeuten: Das ist die Ebene, wo der Geist in uns selbst bewusst wird, seiner selbst bewusst wird - die Sprache ist ja das Mittel.

Also, ich habe das ja voriges Mal so gesagt - hier ist die Stelle: »ob wir über uns wahr sind oder ob wir uns in die Tasche lügen«, und - also, wer es wagt, sozusagen die ganze Realität zu sich kommen zu lassen, über diese

Angst hinaus - da wachsen uns höhere Kräfte zu. Und es ist klar: Wenn jemand hier zentriert ist – egal überhaupt, wo diese Kräfte – also, es ist immer das Ganze da, nur - wie viel davon wirkt mit? Und bestimmt es das oder wird es nur mit untergebuttert - also, diese Ebenen sind kombiniert hier, diese Ebenen. Und es ist dennoch nützlich, das ist richtig. Was aber das Spannende für die gegenwärtige Situation ist: Damals, in der frühen Zeit, war natürlich dieses schamanistische Überbewusstsein – der konnte z. B. fliegen - und zwar nicht, dass man seinen Körper fliegen sah, sondern - der konnte aber mit der Seele tatsächlich an anderen Orten sein; es gibt da wirklich mehr Dinge zwischen Himmel und Erde, als sich die Schulweisheit träumen lässt. Das konnte der. Nur – also, wenn der Stamm auf dieser Ebene sich hier bewegte – also, wo Körper und Ich noch gar nicht klar geschieden sind, noch nicht einmal Zentaur eigentlich – also, dass der Kopf schon richtig herausguckt - da gibt es natürlich keine Möglichkeit der Selbstkontrolle über die Ebene – Verstand und Vernunft. Wenn aber Massen von Menschen, jetzt - und das findet in dieser spirituellen und therapeutischen Bewegung statt, diese Ebene, die früher als Schamane sich ausdrückte - wenn die die jetzt realisieren, dann ist das natürlich auf der Grundlage der Überwindung, im günstigsten Falle der Aufhebung dieses Rationalismus hier, Aufhebung jetzt in diesem Sinne: Wo das nicht einfach weggeworfen wird, sondern wo das eben transformiert wird nach oben. Und wenn also der Geist hier dabei ist, dann kommt auch nicht Schamanismus dabei heraus. Natürlich, in dem New-Age-Feld gibt es jetzt viel Schamanismus, nur nicht von der klassischen großen Art, sondern das unterläuft das ist unvermeidlich, dass das unterläuft.

Aber bei denen, die also auf der Höhe des heutigen Durchschnittsbewusstseins der entwickelten Länder hier das Experiment machen, sich dem Überbewussten erst einmal hier zu öffnen – also, da ist natürlich etwas anderes möglich. Also, hier eigentlich sagt der Ken Wilber – also, die Menschheit könnte zentaurisch werden – also, in diesem Sinnbild »Tier und Mensch« – sodass aber sozusagen in dem Bild als integriert erscheint – also, als ein Körper, der gelungen ist, ist das da dargestellt: Chiron im »Faust«: Das ist ein Weiser eben, ein Weiser - ist jemand, der das Körperliche nicht verdrängt hat. Der Zentaur ist also nicht dieser Computer-Kopfmensch, der Mönch, der also alles andere als Negativkörper abgeschafft hat, sondern - gemeint ist damit: integriert hat. Das könnte also das nächste

Stadium sein: Massenhaft - und massenhaft heißt: Kritische Masse, heißt nicht – also, nicht von 6 Milliarden, 4 ½ oder so - sondern das heißt, dass an den Stellen, wo der historische Prozess wirklich bestimmt wird, der Elitebegriff – jetzt, in seinem ganz neutralen Sinn – also, nicht die Frage: Scheckbuch, Diplom oder so etwas – sondern die, die mit - soviel Energie an den abgeben können, dass es als - was macht im historischen Prozess dort eine kritische Masse? Das würde wieder sozusagen die ganze Verfassung auf den Ebenen ändern. Und hinzu kommt, seit – also, diese zweite Phase – also, die mythische war: Da gibt es Heilige. Und diese Ebene des Heiligen korrespondiert mit dem hier - der Schamane reicht gerade einmal bis an das hier heran, der sieht manchmal, so, während er - hauptsächlich weiß er, was ihm sein Körper sagt, was ihm die Weisheit hier, was ihm die Gnade von hier unten her sagt - weiß er. Also, diese Kundalini-Geschichte, wo - her stammt: Die ist eigentlich auf den Aufstieg sozusagen der Kraft von unten her orientiert, so - d. h. das ist auch ein Problem in bestimmter Hinsicht, aber das lasse ich jetzt beiseite. Jedenfalls: Diese Kopplung, das heißt - auch heißt das: Dass - diese zweite Schicht hier hat schon Schamanismus getragen und diese dritte Schicht – also, seit den Griechen und seit den Christen und unser Mittelalter: Das hat schon Heilige getragen – übrigens, wie bei den Schamanen: Da ist auch Neurose oder was wir heute so nennen - Psychose - oft im Spiel. Bloß es ist nicht das Entscheidende - das Entscheidende ist, dass dort also Anteile höheren Bewusstseins auftreten - Überbewusstseins auftreten. Und - sozusagen - das erst ist menschliche Ebene hier, das Herz erwacht und dann – also, das. Und schließlich auf der Ebene, wo dann hier das Ich aufzutreten beginnt - das ist die Zeit, in der Laotse, Buddha, Krishna, Christus kommt. Dort tritt also massenhaft gesehen dieses rationale Ich auf, d. h. das beginnt dort, wo einzelne Menschen jetzt sozial gesehen -

Selbstausrottung und Emanzipation – der Krieg der westlichen Werte

. das Thema, vielleicht sogar der Schlüssel: Dann handelt es sich hier um die Lieblosigkeit – vielleicht sollte man besser »Empfindungslosigkeit« des Mannes – des männlichen Geistes – oder sagen wir: um die Schwierigkeit des männlichen Geistes, zur Ruhe zu kommen – statt bei der Machtfrage. Stecken zu bleiben. Dann handelt es sich – also, das ist das Mittel, eigentlich ... das Problem ...

Auf dieser nächsten Ebene hier – also, Sexus – ausgespielt wird in Richtung Allgemeinheit, sodass hier das Schwert regiert – und dass hier das Denken regiert – und dass hier das Wissen regiert, zumindest die ... und schließlich hier dann ... sodass die spirituellen Reize – also, die geistigen Reize: Dass die ... Mystik ... Also, so weit hat sich der weiße Mann hier von den ... Interessen entfernt. Und wenn sich ein amerikanischer General da äußert ... Höllenmaschine ...

Also, das sind die Mittel, eigentlich, des Machtkampfes, hier - zugleich also- gibt es dann auf den verschiedenen Ebenen jeweils – also – ganz bestimmte Erscheinungen, die charakteristisch dafür sind – also, das ist schon - hier unten, das deckt sich auch mit der Erscheinungsform – also, eine Lieblosigkeit, die dahin führt, ein Expansionismus - ein Expansionismus äußert sich – also – damit – des Mannes ... das expansive Prinzip ist das des Mannes – damit wir also – damit es Kolonialismus überhaupt gibt – also, Männer brauchen ... Autos ...

Und wenn es dann weitergeht zur Kapitaldynamik, dann kommt Rationalismus, nicht sensible Medienmänner – also, endlich siegt die Vernunft – sondern dass die Mächte des Verstandes dazu benutzt werden, um alles gleich und platt zu machen - also, hier herrscht eigentlich das wissenschaftliche Prinzip der Wertfreiheit, bei dem ... Probleme durch den objektiven Blick gleichgesetzt sind, und wenn man es nun beherrschen kann: Das ist egal das. Und das - das ist der Rationalismus.- und nicht, was bei Zerstörung der Vernunft dahinterstand ... die linke Seite davon - hat sie nie – ich habe das beim vorigen Mal erklärt – das ist für die, die jetzt hier neu einsteigen, sage ich das noch einmal – und das ist natürlich unter dem Gesichtspunkt … die Welt kaputtzumachen … Dinge … negativ hervor, weil – das ist also eine Herausforderung, der wir uns stellen können. Ich sage nicht, dass ich Vernunft auf diesem westlichen Rationalismus …

… und es führt weiter – also, hier, was dann im Industriesystem dominiert: Das hat wunder bar einmal der jetzige Umweltstaatssekretär in Brasilien, ein alter Naturschützer, José Lützenberger, ein – deutscher Herkunft … »Abstraktionismus« genannt – also, noch eins drauf auf den Rationalismus – also, wo praktisch dann der Abstraktion der Macht und der Abstraktion des Ichs - dem Computer – also, das … das Einzige, das verantwortlich ist – und daher - also, dieser Industrialismus als Ergebnis der Verwertungsfreiheit von jeglichem Naturkapital und von jeglicher Information. Und schließlich – also – dann die Bewertungsfreiheit auf der nächsten Ebene hier … das alles erlaubt, was wir bei Dostojewski in »Die Brüder Karamasow« so da vorfinden, als - die höchste Leistung, eigentlich … zu sagen – also, wenn es keine Sünde gibt, dann ist alles gleich möglich, dann geht, was der Mensch jeweils kraft seiner eigenen Vernunft und Entscheidungsfreiheit – Prometheus: »Bedecke deinen Himmel, Zeus«, nicht? - was der kraft dieser inneren Verfassung halt aus sich heraus erreicht: Das macht die schlimmste Perversion oder das Schönste sein – alles ist – gilt gleich. Das passt wunderbar zum Marktmechanismus, das ist auch ein Ausfluss, natürlich – also – und der Konsummacht daneben. Das ist egal, womit … die Erde kaputtmachen – also, diese b. gehen hier durch. Und ich glaube, dass man sich über diesen Grundzusammenhang jedenfalls einigermaßen klar sein muss, damit überhaupt ein friedvolles … zum Politischen.

Ich bin die ganze vorige Vorlesungsreihe davon ausgegangen, dass es – also, einfach, wenn man sieht, wo wir Umweltrisiken – die Welt kaputt geht – also, was man da so an – ja, an Umweltschutzpolitik, an Ökologiepolitik da erleben kann: Wenn man dann auf der Ebene anpasst – und die Schubkräfte von unten, die da dann frei werden, aus dem Auge verliert: Das bringt einfach nichts. Also, der Golf – ganz unter »ferner liefen«, dann: man wusste das zwar vorher – aber das hat der weiße Mann bewusst riskiert - das, was da an Umweltkatastrophen geschieht. Und die Summe der Anstrengungen beim Umweltschutz, das …

Ich hatte - was ich jetzt in dieser Vorlesungsreihe nicht in den Mittelpunkt stellen will, sondern voraussetzen will – weil die jetzt hier im Wesentlichen gegeben sind – zu dem Punkt »Conditio humana« hier gesagt, dass das Grundproblem, so weit ich es erkannt habe – das ist jetzt natürlich eine grobe Verkürzung, nur als Andeutung - dass das Grundproblem, weshalb hier der menschliche Geist – also, praktisch den Naturzusammenhang zu sprengen droht: Dass das mit dem ICH - mit großen Buchstaben! – zusammenhängt. Und das – wie soll ich sagen? - das Satanische an der ganzen Sache ist, dass also Emanzipation, wie sie im Westen verstanden worden ist – also, nicht die Emanzipation des menschlichen Wesens ist, dessen, was Marx einmal die »Wesenskräfte des Menschen« genannt hat, sondern das hat sich de facto ereignet als Emanzipation dieses machtkämpferischen Ichs. Wer sich hier emanzipiert, ist der Napoleon in uns – Das war mein Grundgedanke. Und der Napoleon braucht so viele Waffen, damit seine Macht ausreicht … um der Sieger zu bleiben.

Das Problem des weiblichen Ich … will ich jetzt nicht ausführen – ich meine, der – ich sehe, dass die Explosion – also - sich auf dieser patriarchalen Ebene vollzogen hat. Das Thema gibt es auch – ich nehme an, dass Sie den Vorlesungen zu diesem ganzen Patriarchatsthema, das an verschiedenen Stellen – also – auch diskutierbar werden wird: Es gibt nicht nur den weißen Mann – es gibt auch die Dame des weißen Mannes, und die kann auch als Kolonialistin … Manchmal wird sie bloß nicht verstanden in der dunklen Welt. Nur – es wäre falsch, jetzt, bei - an dieser Stelle darauf den Schwerpunkt zu legen, sondern hier muss man erst einmal erkennen: Es handelt sich um eine Ich-Formation – die übrigens auch mit einem Typus von Bewusstsein – Bewusstheit – zusammenhängt - der schon vorausweist auf diesen zerstörerischen Verstand – also, auf – sozusagen – den männlichen Akzent. »Ich« und »Bewusstsein« sind sowieso – also – engstens miteinander gekoppelt, sodass es auch gute Gründe gibt – also, sich erst einmal dabei eine ganze Weile aufzuhalten – und dass dieses Ich verdammt männlich daher kommt. Jedenfalls unter dem Gesichtspunkt wird es hier behandelt - also, nicht etwa der Eifersucht, oder so, sondern da ist dann der Gesichtspunkt der Machtkonkurrenz und der Selbstdurchsetzung, wo der Stärkste unbedingt überleben muss … Das habe ich beim vorigen Mal behandelt, und ich denke, dass schon irgendwie verständlich ist, dass das natürlich hier anschließt.

Und was jetzt das Thema »Patriarchat« betrifft, da werde ich das natürlich in unserer heutigen Vorlesung nicht behandeln – ich werde das nur einmal so weit anreißen, wie das jetzt unbedingt nötig ist – und zwar einfach deshalb, weil das ja ein Hauptgegenstand der Vorlesung sein wird.

Das Patriarchat und eine Alternative dazu: Was für eine Alternative wir uns da vorstellen können – das ist tatsächlich der Schwerpunkt des ganzen Doppelzyklus, Montag also hier, und Dienstag dort um 17 Uhr in dem Hörsaal in der Invalidenstraße 42, wo voriges Jahr – voriges Semester Deppert gesprochen hat - und das wächst sich zu solchen fürchterlichen Disproportionen aus, dass von insgesamt 24 Vorlesungen – hier 13, dort 11 – vierzehn von Frauen gehalten werden. Ich habe auch in unserer Hauptvorlesung drei Frauen eingeplant – hier - die dann auch zu verschiedenen Zeiten in der anderen Vorlesung auftreten werden; dort wird es dann spezieller.

Was steht hier da drin? – Das ist ja noch etwas anderes – ich hoffe ja, da kommt noch nicht bloß einfach über das Patriarchat … das Thema … ich finde, sondern … Frauen … dazu eingeladen.

Da will ich zunächst einmal Folgendes sagen: In der DDR, in der alten DDR, war man mit dem Thema »Geschlechterverhältnis« und »gesellschaftliche Verhältnisse« durch den Frauentag ja im Wesentlichen fertig. … das war Spötterei, natürlich – aber der geistige Prozess, der sich da in der westlichen Gesellschaft inzwischen abgespielt hat: Das hat ja eben - im Zusammenhang mit den Marktverhältnissen, und zumindest in den Metropolen – also, dort, wo der Kapitalismus andererseits blüht, eben den Vorteil: Da kann man sich die Freiheit ja leisten. Das ist dann wirklich die Frage, natürlich: Was machen Menschen … in den reichen Ländern? Sind sie damit zufrieden, dass wir alles andere ausbeuten und Teufel tanzen können, wie uns beliebt - oder ist das ein Aufruf zur Verantwortung? Und mein Eindruck ist, dass die Frauenbewegung drüben zu den verantwortlichsten Faktoren gehört – wenn sie nicht überhaupt der verantwortlichste Faktor ist. Und lasst euch nicht täuschen durch das, was die Medien so hin und wieder als »autonomen Feminismus« titulieren. Also, erstens: Die Medien, sowieso, sind auf den dramatischen Effekt, überhaupt den Krach – je verrückter, desto besser – also, diesen Showeffekt - sodass also schon allein da viel verborgen wird. Alle Frauen, die sich jetzt für so etwas interessieren, sind lesbisch, zum Beispiel: irgendwie Teil der Botschaft, die da herüberkommt. Nun, das ist sowieso die Entscheidung jeder Frau, wie sie sich in dieser Sache verhalten will – aber das, was hier in der Vorlesung behandelt wird, hat damit einerseits überhaupt nichts zu tun – und so weit es etwas damit zu tun hat, hat es damit zu tun, dass Menschen, die an einer bestimmten Stelle – also – besonders herausgefordert sind, bestimmte Sachen auch schärfer ins Auge fassen. Die Frauen, die hier sich bereit erklärt haben, das zu machen – die sind zum Beispiel über eine Schwelle gesprungen, die manchmal in feministischen Kreisen – also – durchaus vorhanden ist: erstens – man macht das sowieso nicht gemischt, man macht das nicht in Männerkreisen – und man lässt sich auch nicht von einem Mann einladen: Das gibt es – nicht nur auf dem Fernsehschirm. Bloß – das ist nicht einmal die Hälfte. Und das ist auch nicht gleich eine Diskriminierung wert – es gibt Leute, die entscheiden sich so. Ich sage nur, um zu charakterisieren: Was hier läuft, das sind lauter Frauen, die bereit sind, mit Männern zu reden. Die sind auch bereit, hier auf dem Podium dann – drei Vorlesungen hintereinander habe ich ja da, die hätte ich sonst gar nicht da, nicht? das ist ja etwas … und so weit ich sehen konnte, im Vorfeld dann – ich habe das vorsichtig angesprochen: Das führt zu einem Gespräch, auch zwischen mir und ihnen - und dann, natürlich, wer dann hier bleibt, im Saal. Und das ist insgesamt – also, die wissen, das ist eine gemischte Veranstaltung. Und wenn man jetzt … die da ausgeschrieben sind, dann wird man sehen, dass das Thema hier nicht die Frauenemanzipation ist. Die kommt dann – die ist natürlich Voraussetzung, als Stoff, dass das mit dazu gehört - sondern: Das Thema, das sie behandeln – und zwar nicht, weil ich das so gewichtet habe, sondern – also, man kann natürlich einen Auszug machen und etwas anderes heraus: Das ist nicht – das ist nicht so, sondern: Das ist der Stoff, was hier jetzt steht, mit dem sich die Frauenbewegung in den letzten Jahrzehnten - und im letzten Jahrzehnt – mehr und mehr befasst. Das ist deren eigener Zugang zu dem Thema, das ich hier behandle. Und manche Sachen sehen die natürlich anders als ich, sicherlich, vom Ausgangspunkt her – ich empfinde es als konvergent. Das wird mancher von Ihnen ... auch bestreiten. Es ist möglich, dass in der einen oder anderen Vorlesung auch etwas zähnefletschend herüberkommt – aus bitterer Erfahrung. Ich bitte euch, das – also, euch so darauf einzustellen: Das gehört mit dazu! Also, wir können nicht – die Kulturkatastrophe, die hier existiert, und die Jahrtausende Patriarchat, und die Hexenverbrennungen als Fakten akzeptieren – und andererseits ... Das ist nicht so. Und wer also diesen Weg gegangen ist, der ist natürlich - hat auch so ähnliche Erfahrungen gemacht, wie hier die Opposition mit der – vorher, mit der Regierung, wo man ja – bei Brecht steht irgendwo, dass auch bei guten Kämpfen – also – das Gesicht ... ich weiß nicht genau, wie es da heißt, aber – ihr werdet euch erinnern, da gibt es so einen Ausspruch. Und natürlich haben diese Auseinandersetzungen da auch ihre Spuren hinterlassen – bei manchen mehr, bei manchen weniger. Übrigens, da wäre es nicht ganz zutreffend, wenn ich die Referentinnen alle als feministisch vorstellen würde – oder es würde zumindest unter den Frauen einige geben, die sagen: Das ist keine! – also, die Gisela Raddatz zum Beispiel, an zweiter Stelle hier, die hat einmal bei den Grünen – aber nur, weil das schon wieder Polemik gewesen war – ein Müttermanifest herausgegeben – weil es da ein anderes gab, in dem Kinder und Mütter überhaupt nicht vorkamen, und deren Probleme, über Frauenpolitik, nicht? – gab es so ein Gegenmanifest – Müttermanifest: Da war sie keine gute Feministin mehr – das sind aber – wirklich, das sind oberflächliche Probleme.

Die werden also den Grundstoff behandeln aus einer Dimension, die logischerweise, noch etwas tiefer geht als das, was dem Mann – als Zugang zu den Sachen – einfach einfällt. Ich denke, dass ein neuer Geschlechtervertrag die grundlegende Bedingung – also, mit Vertrag meine ich jetzt nicht den Verfassungstext, sondern die Wirklichkeit des Verhältnisses. In puncto Lieblosigkeit – ich sage es einmal vorsichtig – ich glaube, was die – was den Frauenanteil an diesem Prozess betrifft: Da hängt es vielleicht mit etwas zusammen, was ich - in Anführungszeichen – vorsichtig eine gewisse Faulheit des weiblichen Geistes nenne. Sie hat – sozusagen – nicht gewacht genug, was für Wege der männliche Geist da einschlug – nur ist das jetzt ein Begriff, der zu individualpsychologisch ist. Wenn natürlich – wenn die Frauen – also. Sich diese – Engels hat das ja gesagt: Diese Niederlage zufügen lassen, dann – natürlich, da hat niemand durchgesehen, in Wirklichkeit. Das heißt nur – also, dass bestimmte Wege der Analyse und der Umsetzung von Kopfgeburten in Praxis, in Waffensysteme, und so weiter – das haben die Frauen – also – einfach gelassen und sich weiter um Kind und Herd, um die Pilze, die Nahrungsbeschaffung gekümmert – um es einmal sehr verkürzt zu sagen. Also, das ist mit Stoff. Aber wenn dieses Thema heute zur Debatte steht, dann beweisen genau die Referentinnen, die ich hier eingeladen habe, dass es um die Faulheit des Denkens – also – dass es - dass das nicht mehr der Engpass ist. Es mag noch welche geben, die sich darum schlecht - nicht kümmern – um Kind, um alles das, nicht? Das ist – natürlich ist das noch da. Aber charakteristisch ist, dass die Frauen einen Durchbruch zum Geist versuchen – und dass das – also – auf der logischen Ebene dann wahrscheinlich – also – tatsächlich so ausgeht wie der eine Vortrag heißt: Frauen denken anders – »Frauen denken anders«, heißt der eine Vortrag.

Bei der Gelegenheit kann ich charakterisieren, was ich in meinem Seminar jetzt vorhabe: Wir haben – die Seminare stehen mit im – in der Liste dort - aber weil für mich das überhaupt der Schwerpunkt dieses Semesters ist: Ich habe im Seminar also vor, auf die Neuanfänge des Zusammenlebens hin, auf den kommunitären Gedanken – der noch etwas anderes ist, als: Wir ziehen morgen früh zusammen! – sondern auch die Zugänge dazu. Also: Wenn wir einen Ausweg aus dem Industriesystem suchen, dann muss es um neue Lebenszusammenhänge gehen – wir haben einen Verein gerade gegründet, »Gemeinschaft für Sozialökologie«. Und auf den ersten Blick scheint das – also - etwas mit unserer - mit der Theorie hier zu tun zu haben – hat es auch - aber es steht dann der Satz drin, dass wir auf »Anders leben« abzielen. Und dann ist natürlich das Thema »Mann und Frau« schon wieder ganz zentral; dann ist das Thema »Glaube« zentral – also, welche Art von Idee ist das, um die man sich da versammelt; dann ist das Thema »Mann und Frau« zentral – und dann ist das Thema »Wie wachsen eigentlich die Kinder auf, wo haben die da Platz dabei?«- so, das sind da die zentralen Themen.

Ich will einmal aus diesen Vorlesungsreihen jetzt die sechs Vorlesungen nennen, die kennzeichnen können, welche Thematik da in meinem Seminar eine Rolle spielen wird. Ich nehme es einfach der Reihenfolge nach: hier, in der Hauptvorlesung: Die sechste Vorlesung, die Elga Sorge hält – »Reich

Gottes oder Himmelreich auf Erden?« – ... geändert werden muss – dass sich also auf höherer Ebene etwas wieder herstellen muss von der Art, dass die Frauen in der Lage sind, die männliche Praxis zu kontrollieren, zu halten – oder: das Männliche an der Praxis. Dass das Sozialstruktur werden muss. Humanität – im Zusammenhang mit dem, was ich vorhin schon sagte: Anders gibt es keine Neu-Institutionalisierung der Gesellschaft, mit der wir uns retten können – also, das steckt in diesem letzten Thema drin. Matriarchale Sozialstruktur – was ist das überhaupt? Und hier geht es darum, das anzu... also, sich die – also, sozusagen – Bestandsstücke, aus denen eine neue politische Konzeption erst einmal hervorgehen könnte, bewusst zu machen.

Ich überziehe ein bisschen die Pause, weil ich noch etwas erzählen will, etwas auf den ersten Blick Verrücktes.

Der Reinhard – einer meiner Freunde – hat hier unbotmäßigerweise – er hat mich nämlich nicht gefragt – die Musik da eingespielt, das war aus Mozarts »Entführung« - das hängt damit zusammen, dass wir haben in er vorigen Woche – in der vorigen Woche, zur - irgendwie mit mir zusammen, mit der Vorbereitung dieses Semesters im Haus von Marina Lewkowicz drüben - die das auch zelebriert hat, im Grunewald da, ein kleines - eine kleine Villa: Da haben wir (generelle Heiterkeit) – da haben wir das Drama der Geschlechter uns vorgeführt am Beispiel von Mozarts letzten sieben Opern. Man könnte auch sagen: Mozart als Lehrer der Liebe. Und man sollte natürlich denken: Das hat gewiss mit Politik nichts zu tun.- allerdings: Diese letzten sieben Opern – der Rahmen ist – zwei von den sieben Opern, die erste ist »Idomeneo«: Das ist ein alter Stammeskonflikt, da kommt ein König zurück und sagt: Dem ersten, den ich treffe, werde ich den Kopf – aber ich – da stellt sich heraus: Das ist sein Sohn – sodass – also – sofort die ganze Staatsproblematik da ist, außer der Liebesproblematik – und das letzte ist die Oper »Titus – die Milde des Titus«: Das endet in Rom – also, wo – weil man in der Aufklärungszeit noch nichts Besseres musste, was als Ersatzmodell, eigentlich, hergenommen wird – Ich erzähle das aber deshalb, weil ich da eine tiefe Erfahrung gemacht habe, die meine »Logik der Rettung« noch einmal revidieren wird. Ich habe nämlich gesehen, dass mein ›Fürst der ökologischen Wende‹ dort noch etwas vom Kaiser Titus hat

– Römisches hat. Ich wusste das auch vorher – aber mir war einfach nichts Besseres eingefallen. Was ich dort – also – gesehen habe, ist, dass in der »Zauberflöte«, in Mozarts »Zauberflöte« - die die meisten von euch kennen werden und die man bei Harry Kupfer ja vollständig besichtigen kann, dank der Komischen Oper - dass dort eine andere Lösung verborgen ist, dieses Themas - des Themas also: Wie verhält sich das mit den Geschlechtern? Was passiert vordergründig in der »Zauberflöte« – also, was sieht man als Haupthandlung? Da sieht man, dass ein liebendes Paar eingeweiht wird in eine patriarchale Priesterloge. Das passiert dort. Und was der Priester schafft, ist, dass Pamina – also, der weibliche Teil – das war allerdings Mozarts Verbrechen gegen die Logenbrüder, dass die Frau überhaupt eingeweiht wurde – also, das war ein Durchbruch, das durfte gar nicht sein! – aber: Was passiert ist: es stellt sich dann heraus: sie ist würdig, die Gefährtin des Mannes auf diesem Wege zu sein - also, ihre Autonomie, was - wohin vielleicht die Frau will, dass das ganz andere Ziele sein können, steht auf der Librettoebene nicht zur Debatte. Und dann gibt es in der »Zauberflöte« diese negative Figur – zumindest am Schluss negativ, im letzten Akt - ganz negative Figur, die auch hingemacht werden muss: Die Königin der Nacht – die ihre Rachearie singt – deswegen. Weil sie dachte, dass die Pamina zur Liebe bestimmt ist – ihre Tochter - statt also da irgendwelchen Logenbrüdern die Geschäfte aufzuhellen – die priesterlichen Geschäfte – also, diese ganze Musik Mozarts ist eigentlich zu gut für den Sarastro, da, nicht? – das ist viel schlimmer, diese patriarchale Religion, die da läuft – Und was ist die Geschichte dieser Königin der Nacht? Das hat viel mit dem Thema der Heide Göttner zu tun, mit Matriarchat und Sozialstrukturen. Also, im ersten Akt ist die Königin der Nacht die, die ihre Damen schickt, als der Held, der Tamino, von der Schlange gefressen werden soll – also, die lebenserhaltenden Kräfte, und dann, gegen Schluss, wird der Papageno durch ihre Knaben gerettet. Und die Zauberflöte, ohne die das Paar da nicht durch die Schrecken der patriarchalen Einweihung durchkommen würde – das ist wohl auch wahr - die Zauberflöte, die hat mit dem, worüber ich im letzten Jahr ein paar Mal gesprochen habe: Das ist – so – hohler Bambus nennen die Indien auch das – unser Organ hier, das möglichst durchlässig sein soll, hier, dieses – also, unser psychophysisches – die Wirbelsäule aufwärts, bis hier oben, darauf – daran erinnert die Zauberflöte – also, die kriegen die als Symbol mit, und diese Zauberflöte ist geschnitzt worden von dem toten Gatten dieser Königin der Nacht – die in dem ganzen ersten Akt noch positiv ist und darüber klagt, dass sie ihn verloren hat – und den Sarastro schon drauf hat, weil er ihr die Tochter auf andere Wege führen will. Und was aus der »Zauberflöte« – also – in diesen Untergrund hervorgeht, das ist erstens die Königin der Nacht, das ist das Prinzip der matriarchalen Sozialstruktur – die ist ihrer Macht beraubt worden – und zwar in der »Zauberflöte« völlig – also – offensichtlich: Was passiert ist – nämlich: in ihrem Auftrag hat der verstorbene König, der der Vorzeiten, der Eros der Göttin – hat der das Zepter entführt: Den siebenstrahligen Sonnenstern. Aber: in ihrem Auftrag! Und jetzt ist das die Priestermonstranz – die gegen das Leben geht, für diese patriarchale Askese – und wo aus der Tochter, aus der – wo die Pamina wirklich verloren ist. Das kommt aus der Oper so nicht heraus – das – die ist wunderbar ... Es handelt sich auch nicht darum, dass Mozart das nun alles ganz genau – die haben das ja jetzt erst studiert, diese - das hat ja ... gerade erarbeitet, was da eigentlich die Hintergründe sind. Aber wenn da irgendetwas daraus hervorgeht, als Thema, aus der Sache – dann ist das, dass das Zepter – dass die Regierung geführt werden muss im Auftrag der Königin der Nacht. Und was diese Rachearie betrifft: Das war eigentlich das Tollste. Da war in unserem Workshop eine Frau – die manche von euch vielleicht vom Namen her kennen, weil sie hier auch Schauspielerin ist: Brigitte Souberrain - und wir waren in einer ganz kleinen Gruppe, da hat sie gesagt: »Erlöst werden kann die Königin der Nacht nur durch Don Giovanni.« - Damit ist nicht gemeint dieser Schurke – das ist er auch, sicher! – sondern: Da ist die Elementarkraft des Mannes – der erst einmal »Ja« dazu sagt, zum Geschlecht der Frau – der nicht gleich – der nicht eine Heilige will, sondern – so, wie sie vom Ursprung her, von Natur her ist: nicht diskriminiert, sondern – gewürdigt, erst einmal, seiner kolossalen Aufmerksamkeit – also, ich will damit sagen: Das sind so elementare politische Entscheidungen, die da in einem langen historischen Prozess in eine unglückliche Richtung gefallen sind - vielleicht notwendig, vielleicht unvermeidlich – aber die müssen jetzt korrigiert werden. Und dann muss man auf diese Ebene zurück: Dann muss das Zepter wieder zurück an die Frauen - wem die das verleihen, ist eine andere Frage; das heißt nicht, dass sie unbedingt Premierminister sein muss, das ist gar nicht der Punkt – sondern es ist die Frage, in welchem Gefälle die tatsächlichen gesellschaftlichen Verhältnisse stehen. Wenn die Frau regiert, wenn das Zepter in der Hand der Frau ist – dann ist es unmöglich, einen massenmörderischen, völkermörderischen Krieg zu führen um irgendwelche Prinzipien, die für gerecht gehalten werden – ohne zu fragen, was mit dem Leben überhaupt wird. Das ist dann völlig unmöglich. Und ohne eine solche Kehre geht das nicht mehr. Und ich finde es – also – hoffnungsvoll und beglückend, dass es auch in unserer Kultur – also, diesen Mozart – zumindest, ich sehe kein anderes Werk, das so – weil die Musik ist bei – in dieser ursprünglichen Sphäre, in der Sphäre der Liebe – wir hatten unser Seminar auch, »Der Odem der Liebe« – also, eine der ...szenen – also, dass es das – dass es das wenigstens gibt in unserer Kultur: Das ist hoffnungsvoll.

Und mein Seminar, um darauf noch einmal zurückzukommen in einem Seminar ist das nicht wirk- es wird auch Frust geben – das ist in Seminarform nicht lebbar, wir haben ja diese Workshops deswegen außerdem, nicht? – aber wenigstens an diesen Zugang uns heranzuführen und zu –denken: Das ist da der Zweck. Ich habe auch viel zu lernen, was dieses Thema betrifft – sonst hätte ich mir auch die Frauen nicht eingeladen, natürlich. Das war jetzt erst eine Erfahrung, da, für mich – ich hatte da schon etwas gesehen, bei der Königin der Nacht – aber wie das wirklich steht, und was daraus vielleicht politisch folgt: Das ist bei mir jetzt drei oder vier Tage alt, diese Erfahrung – das korrespondiert mit einem kleinen ... zehn Minuten Pause.

... von dieser Patriarchatsebene, die ich einfach behandelt habe, um erst einmal die Gesamtkonzeption ... auf diese Ebene »Kolonialismus« kommen ... und will - also, praktisch die Erfahrung, die wir mit dem Golfkrieg gemacht haben, ein bisschen im Hinblick auf diesen Grundgedanken ... zu dem Golfkrieg auch etwas sagen ...

... ich bin mir klar, dass dazu auf der Ebene der Kapitalinteressen des Öls für ... Löhne, und so fort – dass da auch etwas gesagt werden könnte. Dazu ist aber nicht viel gesagt worden, das hat die weißen Männer auch mehr oder weniger - so, dass am Ende keine Information übrig bleibt – beherrscht – also, das ist auch geläufig, als Thema – natürlich steht es mit Ölinteressen in Zusammenhang - aber was mich interessiert, sind die tieferen Schichten, die sich dort realisieren. Und – über das andere kann man sich besser woanders informieren.

Was diese Ebene hier betrifft, da will ich nur eines sagen – also, die obere Ebene: Wenn es denn so ist, dass uns die Nabelschau natürlich nahe liegt, das heißt, dass es ein mächtiges Interesse in uns gibt, die Lebensweise hier möge weiterhin so funktionieren wie bisher – im Großen und Ganzen - dann ist allein – sozusagen – auf diesen Oberflächenebenen schon darüber entschieden, dass zumindest die Waffensysteme für solche Golfkriege bereit gehalten werden müssen. Und hin und wieder müssen die Instrumente auch gezeigt werden, damit die Abschreckung auch richtig funktioniert, damit die wissen: Das hat keinen Zweck, sich dagegen zu erheben. Es ist jedenfalls klar, dass – also, bei – wenn der Westen bei dem ungeheuerlichen Gefälle, was den Lebensstandard betrifft – und während er das Muster Selbstachtung haben muss - wenn der sich da erlauben würde, ohne Rüstung zu leben: … das steht in keinem Szenario – also, insofern wir innerlich – ich meine nicht: Wir entscheiden hier gegen die Abrüstung - aber sofern wir innerlich – also – festhängen in einem – sozusagen – naiven »Ja« zu den ganzen Errungenschaften der technischen Zivilisation, die sich auf diesen Ebenen hier abspielen und die wir ohne die Kapitalanlage, ohne diese wunderbare Geldvermehrung nicht hätten, das jetzt – also – in fast allen Ländern – reichen Ländern, eigentlich, klassisch geworden ist - gegen die Menschheit, nicht? – also, das – das – wir sind gründlich drin gewesen. Das war auch der Grund, weshalb – also – letzten Endes so ein spürbares Beileidentsetzen, das über die ganze …

Und was ich hervorheben will, das ist eine Erfahrung – und zwar unter dem Gesichtspunkt des Kommens von unten – und nicht, um diese Ebenen unwichtig zu erklären, sondern nur, weil ich denke: Da ist etwas Grundlegenderes, was immer verborgen bleibt und aufgehoben bleibt und ein mächtiger Antrieb ist. Wir haben auf dem Fernsehschirm doch die Herren gesehen, die diesen wunderbaren militärischen Einsatz kommandiert haben – viele der amerikanischen Fernsehsender waren also jeden Abend dort präsent – also, wer Augen hatte zu sehen, der hat die herostratische Wichtigtuerei der Leute gesehen – ihre Bedeutungslosigkeit, eigentlich! - bei der großen Bedeutung, die das da natürlich für die Betroffenen hatte. Und diese Leute, Herr Fitzwater, zum Beispiel, der Präsident – dessen

Gesicht ist mir so besonders in Erinnerung geblieben – da – wir haben ja offenbar eine neue Weltordnung, habe ich so erfahren – also, sehr viel an der ganzen Mechanik ... wie man den vorbereitet, dass er unbedingt stattfinden musste – und dass man auch nicht einen Tag zu früh und nicht einen Tag zu spät – nicht für die Kurden, das interessiert überhaupt niemanden!, sondern für das internationale Kräftespiel – anfängt oder aufhört – also, diese ganzen Nichtigkeiten: Das sind – also, das geht – das hat lange Tradition im Menschen. Das sind Zweikampfgeschichten, das sind – also, da muss man sich in seiner Wertigkeit als Krieger zeigen. Also, das – wir spreizen uns da, der Mann spreizt sich da mit Werken – und zwar umso mehr, je weniger – eigentlich – er sicher ist, so, in seiner unmittelbaren Umgebung, und sei es bei der eigenen Frau ... das sind Ersatzstrategien des Mannes. Und das spielt eine große Rolle im politischen Leben, auch heute. Und man – einer der Gedanken, die bei ihnen eine Rolle spielen, ist, dass – also, das sind ja späte, neue Sachen, die Kapitaldynamik gibt es seit 250, 300 Jahren – selbstläufig – vorher hat es nur Geld gegeben, nicht? – aber das viel urtümlichere menschliche Machtkampfmotiv – Machtkampfmotiv – in diese Sachen hineinschreibt. Dass man sich dann – also – als Krieger bewähren muss, in der Geschichte – also, dass Bush als abgestürzter Bomberpilot im 2. Weltkrieg dann - also, weil er überlebte bei dem Absturz und sozusagen einen Auftrag hatte – es ist nun einmal wichtig, sich zu beweisen, als starker Mann, der gerne eigentlich gewesen wäre – also, diese Ebene ist erst einmal schon – also – unmittelbar wahrgenommen worden - also, wahrnehmbar gewesen, auf dem Fernsehschirm - dass das – also – viel damit zu tun hat – Ich meine, für Frauen, die auch nur ein paar Jahre in diesem Lebenszusammenhang ... nur am Rande gelebt haben – irgendetwas ist da offensichtlich gewesen: Wir gucken - wir sind einfach noch nicht so sehr gewohnt, auf diesen Punkt zu gucken – und auch selbstkritisch, weil: Die spielen da eigentlich nichts anderes, als was man im Beruf - wenn es darum geht, ob der Forschungsauftrag nun noch durchgezogen werden soll oder nicht: es ist dasselbe Spiel. Und unter dem Strich funktioniert die Wissenschaft – das war ja kein ... das gehörte mit zu den Mitteln, die da eingegangen sind – das ist ein Ganzes – und ich sage das auch nicht, um zu übersehen, dass ich selber - das ist nicht lange her, da war ich auch sicher, dass, wenn wir denn von - das war ja dann der Klassenfeind - angegriffen werden - 20, 25 Jahre - dass wir die Instrumente benutzen müssen – also, das ist etwas, was sehr mit unserer Identität, mit unserer ganzen Selbstdurchsetzungsproblematik zu tun hat.

Und was nun das allgemeine Thema meiner Vorlesung betrifft – also, wo ich dann erklären will, wie die Logik der Selbstausrottung funktioniert, damit man ... was könnte man dagegen tun? Also, wenn es eine Bestätigung gebraucht hätte für den Exterminismusbegriff, den ich da verwende, wo als letztes Stadium der Zivilisation Exterminismus – als letztes Stadium der Zivilisation – also, Massenausrottung als Prinzip, flächendeckend – also, das ist da vorgeführt worden. Also, man hat dieses Prinzip – das ist eigentlich das Prinzip der patriarchalen Gerechtigkeit – fiat iustitia, et pereat mundus – also, wirklich, als Exzess vorgeführt – also, dieses Römerwort heißt ja: »Gerechtigkeit muss durchgesetzt worden – und möge die Welt darüber zugrunde gehen!« - Also, wir fragen nach den Wegen, nach den Opfern nicht – in Wirklichkeit ist da nichts als ein Machtprinzip. Es geht nicht um Menschenwürde, um Menschenrechte in irgendeinem übergreifenden Zusammenhang, sondern es funktioniert so, dass diese Menschenrechte – und dieses Völkerrecht – und was »Demokratie« heißt, und alle die schönen Prinzipien, die dann in der Propaganda angeführt werden, in der Kriegspropaganda angeführt werden: Dass die nur in der perversen Form – indem sie hier systemgerecht sind – eingesetzt werden. Das sieht so aus: Die Menschenrechte sind etwas Universelles. Aber die Menschenrechte haben das an sich, bis heute: Dass sie zur selben Zeit erklärt worden sind, in Amerika, in dem die Amerikaner natürlich dabei waren, namens der weißen Zivilisation und Humanität die Indianer umzubringen. Und das ist so geblieben. Völkerrechtsprinzipien – das sind Prinzipien, die von ihrer ganzen Herkunft her schon so funktionieren – und geradezu dazu bestimmt sind, im passenden Augenblick von einer amerikanisch dominierten UNO benutzt zu werden. Da ist natürlich etwas über diesen Missbrauch oder Gebrauch hinaus Wichtiges enthalten: Wenn das – wenn die Ungleichgewichte, wenn die fundamentalen Ungerechtigkeiten des Kolonialismus rund um die Welt nicht wären – wunderbar! Aber so funktionieren alle diese schönen Prinzipien als Knüppel des weißen Mannes – abgesehen davon, dass sie bis ins eigene Lager in einem total heuchlerisch sind. Also, wenn ich etwa von Demokratie – an Demokratie denke – ein wichtiges Prinzip, das vielleicht einmal realisiert werden sollte, aber – im

Angesicht des Krieges haben wir gesehen, dass der so genannte mündige Bürger nicht befugt sein sollte – also, sich auch noch im Bild Informationen darüber zu beschaffen, was für eine Massenschlächterei das in Wirklichkeit ist. Soldaten, sowieso, sind keine Menschen – hunderttausend davon … kein Ende – das fällt nicht runter, offenbar – obwohl das natürlich auch etwas mit dieser internationalen Konstellation – also, das zum gerechten Krieg zu erklären – dass überhaupt der Begriff in dem Zusammenhang auftreten kann: Das belehrt uns – sozusagen – rückwirkend darüber, dass alle diese wunderbaren Prinzipien, in deren Namen dieser Krieg dort erklärt worden ist – also, ein ideologisches Waffensystem des weißen Mannes sind und als Knüppel eingesetzt und benutzt werden. Und dass sie – dass das nicht – sozusagen – eine Entscheidung aus dem Augenblick heraus ist, die auch besser fallen könnte – sondern: Das ist so, wenn man für selbstverständlich hält, dass die Prinzipien, die wir uns im Inneren hier – also, in den inneren Klassenkämpfen – bis zu dem Stadium, wo jetzt – also - alle einen – oder fast alle herrschenden Klassen ihr Ding da oben haben: Wenn wir damit – also – über alle Völker herziehen und ihnen sagen, dass sie sich danach richten müssen . es könnte ja sein, dass der Islam – das ist jetzt etwas völlig andere als - ich rede nicht von Saddam Hussein, das ist gar nicht das Thema –

… sondern ein anderes Grundverständnis darüber hat, wie die Autonomie des Menschen zur Geltung kommen könnte. Und dass dieses Prinzip der Demokratie, das engstens mit der Gleichheit von Geldbesitzern zu tun hat und mit dieser Atomstruktur des – Individualismus hier, damit, dass wir abgekapselte Monaden sind, sodass also an Konsens gar nicht zu denken ist. Wo aber ein Konsens noch - also; da ist, da ist das so – und da geht das nicht anders, und in dieser Demokratie – die ist dann das Beste. Wo aber Konsens noch funktioniert und wo eine Gesamtgesellschaft noch eine – sei es auch mittelalterliche – Ahnung hat, dass über dem Ganzen größere Gesetze walten, selbst noch im Missbrauch, vielleicht – also, da denkt man über diese Sachen anders. Und wenn man dann, um die Demokratie beispielsweise durchzusetzen, irgendwo die Kriegsmaschine loslässt, dann – es ist von vornherein ungerecht. Und ganz zu schweigen davon - das ist natürlich das Höchste, wenn man sich dann konkret ansieht, was für Instrumente da eingesetzt werden.

... dann müsste eigentlich klar sein: Das kann nur in der Hölle entschieden worden sein und geplant worden sein - und die Einsatzbefehle, und der Kommandostand war auch nicht der letzte. Im Angesicht dieser Kriegsmaschine ist eigentlich klar: Die westliche Zivilisation – deren Normalität das ist – ist der letzte Abgrund der Barbarei. Und sie ist mit Recht so wahrgenommen worden von den Massen in allen nicht-weißen Ländern, von einer Minderheit in den reichen Ländern wurde sie übrigens auch so wahrgenommen.

Ich will noch etwas sagen, damit uns – sozusagen – kenntlich wird, wie das ... funktioniert. ... die Ohnmacht der Friedensbewegung psychologisch bedingt ist. Da will ich – sozusagen – noch einen Punkt machen, um – also, ein paar Punkte setzen, um deutlich zu machen, wo eigentlich die Grundsuppe des Kolonialismus in uns sitzt – jetzt nicht, um ein Schuldbekenntnis ... (lautes, deutliches Husten) ... sondern einfach, weil – das ist – wir können das nur verbinden, wenn es uns wirklich klar ist, worum es da geht – das heißt, wo da Selbstverständlichkeiten unseres Urteils, und - im entscheidenden Augenblick, wenn wir das einmal ... gesehen haben – das haben sehr viele gesehen! - doch wieder verdrängen, weil – also - offenbar zum Beispiel Saddam Hussein als neuer ... wie der Enzensberger das dort beschrieben hat. Der Enzensberger ist ja so weit gegangen zu schreiben, dass – also – gesehen, dass das also die Demütigung der Massen ... ist, und dass - da die Demütigung dann nun einmal läuft – oder durch den überwältigenden Sieg der westlichen Zivilisation ... er zieht sogar ... dass da ein Überdruck ... wird, wahrscheinlich – also, ein Sieg – oder über Saddam. Und seine Schlussfolgerung unter dem Strich ist, dass also in solchen Situationen von Politik – also, von politischen Lösungen – überhaupt nicht mehr die Rede sein kann, das geht nur militärisch – also, lasst uns zuschlagen! Lasst uns rechtzeitig zuschlagen, lasst uns natürlich gerüstet sein - ...

Ich will einmal sagen: Ich habe ganz bewusst - auch, als ich vor der Pause diese Realitäten besprochen habe, auf Saddam Hussein nicht geschimpft. Ich will das auch jetzt nicht tun – obwohl das, was da in Kurdistan passiert und passiert ist, fürchterlich ist. Ich will den Grund sagen, weshalb ich dazu keine Zeit habe, jetzt hier: Weil nämlich so viel anderes vorher zu sagen ist. Es gibt im tibetischen Buddhismus ein Grundprinzip, eines der höchsten Prinzipien in jeglicher Auseinandersetzung: Ich habe so viel danach zu gucken, was mit mir ist, in einem Konflikt, dass ich davon ausgehen muss: Der andere ist rein. Das ist nicht die These. Das ist überhaupt keine These darüber, was der macht. Sondern das heißt: Kehre vor deiner eigenen Tür. Und was ich konkret damit sagen will: Ich höre auf drei Dinge, komme auf drei – sozusagen – konkrete Haltungen, in denen sich die Friedensbewegung hier angesichts des Krieges selbst korruptionsanfällig erweisen hat. Der erste Punkt war – ich will es positiv sagen, ich will es … These setzen: Wer immer Saddam Hussein ist – es geht um uns. Und wir, insofern wir unsere Friedensbewegung bzw –erklärung begannen mit einem Kotau vor dem offiziellen Feindbild – also, Punkt 1: Der muss natürlich eins aufs Dach kriegen, namens dieses Völkerrechts – dieser Menschenrechte - die wir erfunden haben - also, der hat schon vor der Kriegspartei kapituliert. Und auch, wer sich so zu dem Ereignis gestellt hat, dass er gesagt hat – also, der Hussein hat doch ein Land gerissen, und – was natürlich jetzt geregelt werden muss: Der muss aus diesem Land wieder hinaus: Der hat auch kapituliert – vor der Kriegspartei, vor den Kriegsinteressen, vor den mächtigsten Interessen in der Welt.

Weil - also, ich meine – ich habe da unten noch ein paar Papiere ausgelegt, die so diesen geistigen Untergrund, will ich mal sagen, des Konflikts beleuchten. Das erste der Papiere dort handelt von der Heuchelei des Westens – also, solche Art Völkerrechtsbrüche, wie Hussein die sich dort erlaubt hat, Saddam Hussein: Die leistet Amerika am laufenden Band. .Und in puncto … sind nicht dieselben Prinzipien angewandt worden … bisher. Das heißt nicht, dass – die sollten angewandt werden gewiss – aber wenn man in einer solchen Konstellation der Meinung ist: Gerade jetzt, diese Sache, wird von den mächtigsten Interessen dieser Welt hervorgehoben – und jetzt ist es mein Problem, den Saddam Hussein da wieder aus dem Land hinauszutreiben – noch dazu: Das war nicht Kohl! Ein weiterer Schwindel – es gibt in Kuwait eine Nationalität, die keine ist, weil – die Kolonialherren haben das erst vor ungefähr 80 Jahren geschafft – nach dem 1. Weltkrieg – das ist arabisch, wie der Irak arabisch ist – das ist ungefähr wie Salem – also, wenn man schon vergleichen will, was dort passiert ist – aber der Grundpunkt ist: Warum eigentlich machen wir zu unserem Interesse, dass dieses Völkerrecht des weißen Imperiums nicht gebrochen wird – wo ganz offensichtlich ist, dass es dort darum geht, nachdem der Ost-

West-Konflikt klammheimlich beiseite gegangen ist, klar zu machen, wer die neue Weltordnung bestimmt. Sodass es also höchst gelegen war, natürlich, jetzt dort die ganze Geschichte zu …

Jetzt kommt der schwierigste Punkt bei der ganzen Sache. Ich will sagen: Es hat eine knappe Woche gedauert, dann, der – eine knappe Woche, der - offiziellen Propaganda, bis in den Vorspann der kriegsbewegten Reden hier überhaupt eine Erklärung kam, dass wir eben nicht – oder die war kurz vorher, und dann kam die Erklärung erst, danach – oder dazwischen … Vorwort – dass wir da versichert haben – also, vor dem Hintergrund unseres Schuldgefühls wegen der – wegen des deutschen Verbrechens an den Juden, dass es – die Sicherheit Israels gefährdet sei: Auch das ein Kotau vor der Kriegspartei. Ich sehe die Sache so, was Israel betrifft – ich muss sie so sehen, wenn ich hierbei bleiben will: Diese westliche Zivilisation, die wir – also, in dieser Perspektive, meine ich, diese Perspektive meine ich: Das ist eine jüdisch-christliche Koproduktion - trotz – das ist einfach Fakt! – trotz des spezifischen Köpfeinschlag- und Mordregimes, das diese Weißen unter sich veranstalten, in ihrer eigenen Zivilisation. Was wir überhaupt nach 1945 massenhaft praktiziert haben, war, dass sich innerweiße Konflikte - das haben wir mit dem 2. Weltkrieg geschafft! – was das Massensterben durch den Militarismus betrifft – Vietnam, Korea gab es dann, die Länder … und genauso das Problem der inneren Verelendung. Und die Deutschen haben nicht etwa – also - ihre Vergangenheit den Juden gegenüber bewältigt – die sind gar nicht dazu gezwungen worden, sondern: Der weiße Mann, das weiße Imperium hat kolonialistisch durchgesetzt, dass dieser Staat geschaffen werden kann. Das ist eine Realität, mit der die Juden – also – praktisch in die nächste mörderische und selbstmörderische Situation geschickt worden sind – allerdings noch insofern unwissentlich, als der weiße Mann sich zu der – als er sich damals noch nicht völlig darüber klar war, dass – also – dieser Aufstand gegen das Imperium des weißen Mannes …

Also, es ist doch klar, dass den Arabern dort Unrecht widerfahren ist, mit der Gründung des Staates Israel. Und was ich sage jetzt – was ich meine, um die Sache erst einmal richtig ins Auge zu fassen, dort: es ist doch so, dass angesichts dieser Jahrhunderte, wo diese arabischen Krieger – auch Krieger! – waren unsere Konkurrenten in der Kreuzzugzeit; wir hatten zwar den Angriff, aber – natürlich waren das auch Kriegervölker: Das sind gedemütigte Krieger. Das sitzt tief in der Massenseele. Und ich kann einfach nicht sehen, dass die militärische Bedrohung Israels dort aufhören könnte.

Und wenn mir weiter nicht einfällt – meine These - wenn mir weiter nichts einfällt als das Existenzrecht Israels dort, dann heißt das de facto, dass wir schon allein durch die – mit dieser Krise sagen: Also, es muss der ganze Westen – denn anders ist ein Vorposten nicht zu halten, ein … es muss der ganze Westen immer gerüstet sein, rechtzeitig die … Raketen oder was da gerade … dahin zu schieben. Denn bei dem mörderischen Waffenhandel rund um die Welt – natürlich wird es immer jemand geben, der Bewaffnungsprobleme haben wird. Und solange – also – dieses Grundproblem der Konfrontation des weißen Mannes mit der übrigen Menschheit nicht gelöst ist – die Araber sind ja nur – sozusagen – Vorposten der Dritten Welt in dieser Konstellation - da wird es natürlich dort keinen Frieden geben, falls der weiße Mann nicht wirklich kapituliert – ich meine jetzt: seelisch kapituliert – und sagt: Also, wir revidieren von Grund auf unser ganzes Geldverhältnis, wir löschen die Grundsumme des Kolonialismus mit seiner Seele aus.

Das heißt also, mit dieser Verpflichtung - auf Israel, auf die Sicherheit Israels, auf den Status quo dieser mörderischen Konfrontation dort: Wenn wir also uns darauf verpflichten – in Deutschland hat man – also – erst einmal nahe liegende Gründe – also, da stecken zu bleiben, in der Sache - dann heißt das allein, dass der Rüstungswahnsinn weitergehen muss. Und das heißt, dass es für diese Probleme der ökologischen Krise – also, das ist reiner Selbstmord … bei der Weltsituation - wenn wir – also – in dem ganzen Ding hängen bleiben. Und ich habe also diese drei Punkte – die Figur des Despoten, dort – und die Frage: Haben wir Kuwait zu räumen? - und die Frage Israel: ich habe die – das noch hierzu gebracht, weil – sonst, weil – solange ich bei allgemeinen Erklärungen dabei bleibe, wird nicht richtig klar, was die Konsequenzen sind – und ich möchte, dass die Konsequenzen kenntlich sind – dessen, was ich hier übrigens vertrete, was ich politisch vom Grunde her vertrete.

Und ich würde sagen, als Letztes, worin ich in Deutschland - gerade in Deutschland: Wir haben da eine spezifische Chance, die die Franzosen und – oder Engländer nicht haben – und eine spezifische Verpflichtung: Was wir wirklich tun können, wenn wir positiv unserer Verantwortung den Juden gegenüber gerecht werden wollen: Das wäre – ich nenne die zwei Gebiete, in denen ich so – zwischen denen ich hin und her lebe: Das wäre: Wir hätten ihnen Rheinland-Pfalz oder Brandenburg als Staatsgebiet anzubieten. Das wäre die deutsche Lösung.

(Beifall)

Ich beobachte also auch … also, was ich zu Enzensberger und zu Biermann sagte, das trifft nicht für Konrad Weiß zu, obwohl er da … das war eben auch seine Not, mit dieser – dieser Schuld, und es - man kam auch – und wollte nicht - nicht dazu, bis zu Ende nachzudenken, über diese Konsequenzen, zunächst einmal … zu tun, sowieso … also, das ist nicht der Punkt. Es ist ganz etwas anderes, wenn jemand grundsätzlich auf die Frage der amerikanischen Kriegspropaganda aufspringt, wie Enzensberger und Biermann das gemacht haben. Aber es geht darum – also, dass wirklich – also, von der Spitze her, von den letzten Konsequenzen her zu begreifen, was da – sozusagen – die kolonialistische Grundkonstellation der Sache ist.

Das Letzte, was ich deutlich machen möchte, das ist – also, sozusagen – das Denkprinzip, von dem her antiisraelische … also, hier immer wieder neu hineinzugreifen. Ich meine erst einmal: Mit dem eigenen Bewusstsein – nur darum geht es jetzt hier. Nur darum geht es hier – um die Bewusstmachung des Opiums. Denn es ist Folgendes - also, ich will es einmal so kenntlich machen: Nehmen wir einmal an, der Saddam Hussein wäre nicht in Wirklichkeit zu – sagen wir einmal: 51 % eine Kreatur des Westens, der geradezu - Partner für so ein reales Manöver, weil – das hört sich schön an . Also, auch etwas … er wäre nicht schon wegen des vorigen … da in Teheran – also – in diese Rolle katapultiert worden. Er hätte einfach – sozusagen - so aus der Situation des Despotismus, den man in der Dritten Welt halt häufiger antrifft, zugeschlagen. Selbst dann wäre meine Krise Nr. 1 – ich rede hier nicht über Saddam Hussein und seine Verbrechen, gleich – ich rede erst über Exterminismus, ich muss vor unserer Tür kehren. Selbst dann würde ich dabei bleiben – und das ist, worauf ich hin will, mit dem Unterkehren, nämlich. Wenn das – und so ist es ja - mehr und mehr tatsächlich eingebettet ist – dann steht natürlich hier - wenn man noch einmal mit Hegel spricht - dass die Widersprüche einander an sich haben – Gegensätze einander an sich haben: Dass diese Welt ein System ist. Und da wird es doch wohl kein Zufall sein, dass dort, wo das Geld, wo der Reichtum der Welt, wo die Privilegien zusammenströmen – weil ja die Demokratie herrscht – und dort, wo das Elend umverteilt wird – sei es in Chile Pinochet, oder sei es in Teheran, oder sei es im Irak, oder sei es in China – was noch? … Das heißt also, das scheint ja wohl ein Schatten unserer Übermacht zu sein, was sich da … Das scheint damit zu tun zu haben, dass wir – dass sich die Konfliktpotenziale dort hin getrieben – dort hin verteilt haben. So ein Mann wie Saddam Hussein kommt doch nicht zufällig – als Führer, der auch – der mehr, als man hier sich bewusst ist, anerkannt wird, der – auch, weil er aus kleinen Verhältnissen kommt – insofern gab es da sogar . Papst …

Nur - was wir beweisen müssen, ist schon – also, deutlich war das wirklich dann im Nachbarland, in Teheran, die – also, die … die so genannten, das sind – also, die Hauptträger übrigens gewesen: Das waren die am meisten Entrechteten und Diffamierten durch diese industrielle Revolution, die der Schah dort gemacht hat – die weiße Revolution des Westens. Also, die, denen das Land weggenommen worden ist, denen durch die Moderne dann noch der letzte sittliche Halt des Islam weggenommen wurde – und so fort, nicht?   da haben sie ja festgehangen dran –So. Also, was uns da klar sein muss für unser eigenes Durchhalten – wenn wir damit missionieren wollen: Das ist eine andere Sache, aber – für unser eigenes Durchhalten - das ist: Die mächtigste Ursache, muss gefragt werden, zuerst, als hauptverantwortlich – und die liegt hier … selbst dann, wenn im konkreten Fall – also, das nicht so deutlich wäre, wie es dort war: Dass das also … der für das Exempel … dass dann so ein Sündenbock dann auch noch Sünde sein kann – selbstverständlich – dass man – ich meine, wie sollte - in einer Welt, die so eingerichtet ist, wie sie ist – unter unserer Hauptverantwortung … ich – jede Art von Verbrechen und Grausamkeit … werden? Die Höllenmaschine, die wir in Gang gesetzt haben … das ist ja schon …

Und da will ich jetzt meine allerletzte Bemerkung machen, über den – über das Gespenst des Fundamentalismus – und zwar durchaus in – Reminiszenz an das »Gespenst des Kommunismus«, aus dem Kommunistischen Manifest …

Ich habe ein wunderbares Buch hier, das für die jetzige Situation, wo die positive Antwort auf den Kolonialismus – was die Araber betrifft – über Israel habe ich gesprochen, was da die positive Antwort wäre -; was die Araber betrifft, wäre die positive Antwort eine große Anstrengung, den Islam zu verstehen. Den Islam verstehen - und begreifen, dass es keinen Sinn macht, den Islam gut zu finden – aber diesen Fundamentalismus schlecht, weil – es ist unvermeidlich, dass er sich erst einmal die Flügel ausrenkt – in der Rekonstruktion der eigenen Identität, wenn man sie … Das ist genau dasselbe, wie bei der Königin der Nacht - die durch das Patriarchat böse geworden ist – Franz … hat gezeigt, wie der Kolonialismus die Algerier böse gemacht hat – sodass also natürlich in dem – in der Art und Weise, wie sich das äußert – also, eigentlich … Systems … also, da steckt schon die Ver-Bösung – also – durch die Übermacht des weißen Mannes drin.

Und es gibt also ein Buch, das wunderbar geeignet ist, um - für uns hier, besonders geeignet ist – den Islam zu verstehen. … ich meine ein anderes Buch, das heißt: »Die Versprechen des Islam« – auf Französisch - auf Deutsch übersetzt: »Die Verheißung Islam«. Und der Autor ist – ich sage es einmal – sozusagen – für die Vergangenheit: Genosse Roger Garaudy. Der hat seine erste Begegnung – also, seine richtige gründliche Begegnung - mit diesem Thema – im französischen Algerienkrieg gehabt und war – er war aus diesem Grunde unfähig gewesen, jetzt – über von Herrn Francois Mitterrand zu … der … etwas mehr … weiß und darum …

Roger Garaudy: »Verheißung Islam«: Der hat dort erstens den historischen Zusammenhang erklärt - und zweitens hat er versucht, dort etwas zu leisten, was dem analog ist, was hier jemand leisten würde – oder leistet - wenn er zeigt, was mit dem Evangelium gemeint ist, was der Christus dort macht. Es ist vielleicht bekannt – dem Einen, oder der anderen - dass Franz von Assisi hier – weil er das Evangelium wieder so gelesen hat, dass es richtig einging - die Moderne herbeigeholt hat – dass er gesagt hat: »Ich mache diesen grausamen Kapitalistenmarsch, weg von dem Nazarenischen« – die Armut in der – im Materiellen und im Geistigen – reich sind wir im Geiste – das heißt, gegen diese besitzergreifende Wissenschaft – Franz von Assisi: Das war sein ...

Und – wo Garaudy hinsieht, das ist die Sufi-Ebene im Islam, die Ebene der islamischen Mystik. Das ist wie Franz – wie Christus - das sind diejenigen, die in dem Sinne, wie der Franz das Evangelium wieder gelesen hat, den Koran lesen. Und dann stellt sich heraus, dass bei Mohammed sehr anderes steht, dass das ein völlig anderer Mann war, als – auf den man schießen könnte, wenn man sieht: Die sind wieder dabei, die Hände abzuhacken – in der Scharia. Und damit – wenn wir – also – sehen wollen, wie groß da der Unterschied ist, da habe ich - und jetzt will ich noch einmal abschließend zurückzuschalten auf dieses Patriarchatsthema – hier eine Rezension mit – unter » ... des Golfkriegs« zu liegen, die einmal in der »taz« gestanden hat, über ein Buch von Fatima Vernissi, einer Marokkanerin, die der Frage nachgegangen ist, wie es Mohammed denn wirklich mit den Frauen hatte. Schade, was jetzt ... was der Islam da macht, was der da anrichtet – also, es scheint undenkbar zu sein, angesichts der Frauenfrage, wie ich sie vorhin gestellt habe, jetzt darüber zu reden, man sollte sich darin umsehen - aber diese Rezension enthält genug Informationen, um kenntlich zu machen – also, auch dort, auch in diesem Punkt liegen die Dinge etwas anders, wenn man in das Evangelium zurückguckt. Und falls es wahr ist, dass der Großinquisitor es nicht geschafft hat, den Christus zu widerlegen – dann widerlegt auch kein real existierender Islam das, was Mohammed gewollt hat – und was – also – in dieser Sufi-Linie, in der – also, es sind die Mystiker des Islam – deren es nicht zu viele gibt und die meisten verfolgt sind. Nur: Was in der überlebt. Und warum ich auf diese - also – durch die massenhaft in Wirklichkeit natürlich scheinbar ungültige Linie verweise, das ist: man kann keinen Fundamentalismus – also, jetzt meine ich auch: mit der schlimmen Seite – von dem Schönen her auch nur verstehen. Wenn das Kraft hat – dann hat das Kraft – dann muss etwas Positives darin sein, da muss eine Erinnerung an etwas Positives sein. Man kann auch keine Kreuzzüge führen - wenn Christus noch so pervertiert ist: Ohne die Urenergie vom Evangelium her war natürlich das ganze Ding nicht da. Das muss man wissen – und man versteht nichts, wenn man angesichts der jetzigen Konstellation, wo der Islam – also, jetzt, der real existierende, und nicht der mohammedanische, der ursprüngliche - wo der

– also, sozusagen – der Sparringpartner, natürlich, auch für den Krieg ist – und das ... nicht plötzlich weg – im Gegenteil – also, wenn man es verstehen will, um auf dieser fundamentalsten Ebene – das ist die hier - auf der Ebene der – des Spirituellen, was der Mensch eigentlich ist – also, auf dieser fundamentalsten Ebene sicher zu sein, dass man nicht erreicht wird – auf alles, was es da an kolonialistischem Vorurteil selbstverständlicherweise gibt – also, das Gespenst des Fundamentalismus – die Antwort darauf kann nur sein: Den Islam verstehen. Und das heißt – also, man müsste etwas lesen: Dieses Buch von Roger Garaudy empfehle ich. An der Spitze meiner Literaturliste hat gestanden ein Buch von Abd al-Qadir as-Sufi, einem Engländer – einem Schotten, der Sufi geworden ist, wo er eine wunderbare Beschreibung auch über den Weg Mohammeds gibt. Und dann gibt es ein Buch, das ganz konservativ ist, von der Grundposition her – ich glaube, das steht auch bei mir schon drin – gegenüber Garaudy, der – also – von links, ursprünglich von links ist der – Muslim geworden ist – aber in diesem Sinne – Sufi geworden ist. Da gibt es eine Frau in Deutschland, die Sigrid Hunke heißt – manchmal sogar verteufelt wird – weil sie sicher auch einmal irgendwo ganz rechts verwurzelt war – aber ein wunderbares Buch: »Allahs Sonne über dem Abendland«. Wenn man begreifen will, warum Andalusien immer noch so schön ist, in den Städten, was dort noch an nicht-westlicher, nicht-europäischer Kultur steht – also, dort kann man sehen, was der Islam da kulturell im Mittelalter geleistet hat, die waren uns ja lange Zeit weit voraus. Und, wie gesagt – der Titel »Den Islam verstehen« – das ist ein Buch des deutschen Mystikers Frithjof Schuon. Diese – anschreiben? – also, Frithjof, heißt er, und dann: Schuon; dann: Garaudy, mit »y« geschrieben, dann: Sigrid Hunke – die hat viele Bücher geschrieben - auch eins, übrigens: »Europas eigene Religion«, ein sehr interessantes Buch – also, Sigrid Hunke, und schließlich –also, der Mann, der steht an der Spitze der Literaturliste: Abd al-Qadir as-Sufi – dessen Buch heißt im englischen Untertitel: »The way of Muhammad« – also, wirklich: »Der Weg Mohammeds« ... So.

Ein Hinweis noch zum Schluss, der an die Stelle gerade passt: Wir haben ja in den folgenden Monaten ein paar Seminare ... das erste dort über »Logik der Seele«, und ...

29. April 1991

Umkehr in den Metropolen

... das erste Mal zur Bundestagswahl antraten und unbedingt die 5 % brauchten, über Auszug aus dem Industriesystem geredet. Das war so die am Materiellen noch, an der materiellen Seite der Sache fixierte Formulierung und die wurde von vielen Delegierten damals - das war in Sindelfingen, dort steht eine der Mercedes-Fabriken - das wurde da als nicht besonders opportun, sagen wir einmal gelinde, empfunden – also, das hat mir eigentlich den Sticker »Fundamentalismus« eingebracht, dass ich von dieser Formulierung damals ausgegangen bin »Auszug aus dem Industriesystem«. Dahinter stand ein Anklang an dieses Exodus-Modell aus dem Alten Testament. Und nun ist es natürlich ein riesiger Unterschied, ob es überhaupt denkbar ist, ein Volk, das seine Lebensweise ändern muss, 40 Jahre durch die Wüste zu führen - oder auch zu verführen - oder ob das Problem darin besteht, dort, wo also Expeditionen eigentlich unmöglich geworden sind, d. h. am eigenen Platz und bei gewissermaßen laufender Produktion und Reproduktion, den Lebenszusammenhang zu ändern. Und in meiner späteren – also, in meiner theoretischen Durchdringung dieser Erfahrung mit den Grünen dann in meiner »Logik der Rettung« habe ich das Thema dann eben »Umkehr in den Metropolen« genannt.

Das hat erst einmal vom Namen her, von der Überschrift her, zwei Bedeutungen – also, jedes der beiden Worte »Metropolen« und »Umkehr« - die ich kurz andeuten will, und zwar: Wenn von Umkehr in den Metropolen – ich beginne einmal damit – in den Metropolen die Rede ist, dann steckt darin die Erfahrung, die sich bei vielen ursprünglich Linken erst mit der Zeit festgesetzt hat: Dass es also keinen Sinn macht, auf – sage: Die Sowjetunion, sage: China, sage: Die Dritte Welt - auf irgendwelche Alternativen, die von fern herkommen, von dort, wo Leute vielleicht noch revolutionär sind – also, darauf zu hoffen, sondern dass es sich, wenn schon, darum handelt, dass in den Metropolen, d. h. dort, wo sich die Megamaschine dreht, eine Wende welcher Art auch immer - über Umkehr rede ich noch - passieren müsste, an sich – also, die ganze Dritte-Welt-Bewegung drüben z. B. hatte ja auch ihre Hoffnung immer noch nach außen verlagert. Man brachte es fertig, monatelang nach Nicaragua zu fahren, bloß - es ist gar nicht besonders stark - jetzt, strategisch gedacht - dort, wo die Effekte der Weltsituation eigentlich ankommen, wo also eigentlich die schweren Geschütze der Ökonomie und auch des Militarismus, der Contra usw. Aufgefahren sind - dort etwas aufhalten zu wollen, was seine Ursache hier zu Hause hat. Das heißt, es ist mit vielerlei Solidarität - die also dieses Motiv hatte: Anderswo auf die starken Kräfte zu hoffen - da ist auch Eskapismus damit verbunden. Ich meine damit einfach – also, davonlaufen vor der Notwendigkeit, hier den Motor auszuschalten. Und das ist also der Grundgedanke: Wenn ich von »Umkehr in den Metropolen« rede, ist meine Überzeugung oder Einsicht, man kann auf keinen anderen Ort, keinen anderen Ausgangspunkt hoffen - wenn man die Sache geografisch fixieren will, zumindest. Natürlich – also, der Mensch ist überall herausgefordert durch diese verheerende Gesamtsituation, in die wir uns begeben haben, nur - darauf zu hoffen, dass die Abgeschlagenen, die in den unterentwickelten Ländern einen anderen Weg einschlagen: Das ist illusorisch. Was wir gesehen haben – also, was ja meine Erfahrung hier gewesen ist: Dass Mao Zedong eigentlich Recht hatte, wenn er die Russen dafür kritisierte, sie wählen den kapitalistischen Weg - falls man das kulturell denkt - noch zu Zeiten, als an die wirkliche Rekapitalisierung noch gar nicht zu denken war, sondern einfach – Mao sagte: Ihr baut die kapitalistischen Produktivkräfte nach und der Rest wird sich zeigen. Was sich dann herausstellte, war, dass es in China unmöglich war – also, weil - gestützt auf mehr als eine Milliarde Menschen der westlichen Industriezivilisation - diesem ökonomisch und technisch effektivsten System, das es jemals gab, eine Alternative entgegenzusetzen. Haben dann halt angefangen, erst einmal, Motorradfabriken, abgehalfterte - hier im Westen, etwa - zu kaufen und dort aufzubauen und so weiter, sodass die Perspektive in China eigentlich die wäre, jetzt – also, wenn man sich nach dem Modell richtet, das die Bundesrepublik ist – ich glaube, ich habe das schon einmal gesagt: Man brauchte allein dort 700 Millionen Autos bald, um den Standard einzustellen. Bloß dass die Grundorientierung der Menschen in der Dritten Welt nicht bloß – also, jetzt, in der jetzt untergegangenen Zweiten – also, wenn man Sowjetunion und so nimmt - in der Dritten Welt eigentlich doch darauf hinausläuft, die Errungenschaften, die guten Seiten der hiesigen Zivilisation sich anzueignen. Also, es wird dort keine kulturelle Alternative geben, solange man überhaupt in der Dimension dieser Entwicklung redet.

Ich habe das vorige Mal hier den Islam erwähnt, aber - was Garaudy hier bespricht in dem erwähnten Buch, das ist eine Widerstandslinie dort - das ist nicht etwa der real existierende Islam, der zum größten Teil also auf genau dieselbe Weise korrupt ist - was die westliche Zivilisation betrifft - wie der Stalinismus das auch war. Also, man wollte politisch und psychologisch, spirituell - denn die Partei war ja auch eine Ersatzkirche - etwas anderes. Man gab das lange vor, aber es war immer der geheime Sinn diese Ulbricht-Losung: »Überholen ohne einzuholen«, die wir hier spöttisch alle erlebt haben. Also, deshalb: Umkehr in den Metropolen. Es gibt gar keine andere Möglichkeit, geistig, erst einmal, für Leute, die hier leben, als so zu denken. Das heißt nicht, dass man irgendwo in der Dritten Welt dasselbe erzählen sollte, in dem Sinne - also, bei euch kommt nichts - sondern: Wir hier sollten wirklich alle unsere Hoffnungen zurückziehen auf den eigenen Raum. Was sich hier nicht ereignen wird und bevor wir hier mit verschiedensten Hoffnungen und Aktivitäten davonlaufen, das wird nichts bringen. Und gerade weil das so ist, habe ich an zweiter Stelle also nicht mehr dieses »Auszug aus dem Industriesystem« - in dem ja der Exodusbegriff aus dem Alten Testament auch untergegangen ist, der hatte ja noch etwas, eine tiefere Dimension – ich spreche deshalb von »Umkehr in den Metropolen«, weil das ein Begriff ist, der nicht auf der Straße gemeint ist – Umkehr – sondern das ist ja der Name, der am Bußtag gefeiert wurde, hier immer - »Kehrt um!«, heißt es ja, als Johannes der Täufer da auftritt, weil das Himmelreich nah herbeigekommen ist.

Nun hat dieser Umkehrbegriff in dieser christlichen Tradition diese düstere Seite, dass von Erbsünde ausgegangen wird - von etwas irgendwie Unentrinnbarem, dass wir finster zu büßen hätten einen Tag im Jahre. Ich habe in meiner »Logik der Rettung« das so formuliert, dass ich sagte: Die Bischöfe haben seit vielen Jahrzehnten jetzt eine Gnadenfrist ausgerufen und sie verhalten sich eigentlich nicht so, als meinten sie das ernst. Also, die Kirchen erheben sich keineswegs gegen die Selbstausrottungs-Logik, sondern begleiten eigentlich den Prozess. Aber was das Wort, was den Begriff der Gnade betrifft: Ich habe mir das so formuliert, dass wir uns gar nicht mehr anders retten können, dass wir um des bloßen Überlebens willen nach dem Gnadenstand streben müssen. Also, das, was mit »Taufe« da ursprünglich gemeint war - das ist ja auch etwas Symbolisches: Also, der Hinweis darauf, dass der Mensch sich auf eine neue geistige Ebene erheben muss, wenn er mit der Situation fertig werden will – mit seiner Situation. So war das ja damals gemeint. Dass das heute in einen viel realeren Sinn – also, »real« auch, was die platte Erde betrifft – also, einfach wahr ist, d. h, dass wir ohne eine Wende im Bewusstsein, ohne eine Bewusstseinsrevolution keine Chance gegen die Logik der Selbstausrottung haben: Das also ist der Sinn dieses Titels »Umkehr in den Metropolen«. Hier müsste sich eine Bewusstseinsrevolution ereignen, ich sehe keine andere Möglichkeit. Ich glaube also, dass die verschiedensten Versuche, einzelne Konsequenzen dieser Gesamtzivilisation aufzuhalten, ihrer Normalität, die der Krieg und der Kolonialismus ist, die Ausbeutung der ganzen Erde, des Menschen – also, dass einzelne Konsequenzen nicht aufzuhalten sind, und zwar die letzte konsistente - halbwegs konsistente - Schule des Marxismus, diese sogenannte Frankfurter Schule, die - wo dann also unterm Strich der Schluss gezogen war: »Das Ganze ist das Falsche, und es gibt kein wahres Leben im Falschen« - und es handelt sich wirklich darum, wie wir mit dieser Sache umgehen können.

Ich will jetzt versuchen, Sinn zu machen, worin dieses Problem der Umkehr in den Metropolen erst einmal vordergründig empirisch besteht, und will da anknüpfen an meine erste Begegnung mit Johan Galtung vor - ich glaube, das sind jetzt sieben Jahre her, im Wissenschaftskolleg dort in West-Berlin, wo er das Schema anzeichnete (seine Welt-Schematik, habe ich das dann genannt) - das Schema anzeichnete, in das ich dann damals gleich eine Dynamik hineingemalt habe, die er noch nicht an die Tafel gebracht hatte. Die Schemas gewissermaßen der Weltsituation – ich sage einmal jetzt – wie sie bis vor dem Zusammenbruch des real existierenden Sozialismus galt und wo also die Konsequenz jetzt noch viel zwingender sich abzeichnet.

Galtung hat da mit Farben gearbeitet. Er hatte so ein viereckiges Schema, wo er die eine Ecke »blau« genannt hat - und zwar das ist die Ecke des Kapitalismus, des Marktmechanismus - des Liberalismus auch, als Psychologie - und er hatte gegenüber die Ecke rot. Das war – hier, wenn das sozusagen atlantisch war, auch eben NATO - dann war das hier oben das rote, das war halt das Gegenzentrum, das war gegen-atlantisch. Und das Problem ist - das hat er damals auch schon so angezeichnet: Wenn man in abhängiger Weise gegen irgendetwas ist, dann ist man in der Regel also grundlegend konform mit den Spielregeln, auf deren Boden gekämpft wird. Und es gab dann – ich beschreibe es hier gleich ein bisschen näher – also, diese Diagonale, auf der das hier also deutlich sozusagen der stärkere Teil war, wo es um – ja, um den ökonomischen Wettbewerb der Systeme halt ging. Es gibt dann noch zwei andere Ecken - das ist hier auch die Welt Nr. 1 - und das war die zweite Welt - und hier in der Ecke liegt die Dritte Welt - das ist die Ecke »grün« bei ihm, und zwar auch in dem Sinne: »grün« ist ja zunächst einmal Richtung Steinzeit - nach dem überwältigenden Vorurteil, weil wir ja den Fortschritt daran messen, wie viel Kilogramm und Kilowatt wir durch den Schornstein jagen - also, »grün«. Es ist aber - gemeint ist hier die Ecke der Unterentwicklung - immer vom Standpunkt dessen, was zwischen diesen beiden machtvollen Partnern international natürlich gespielt wird, technologisch. Das ist die Ecke der Unterentwicklung hier, allerdings - auch wenn das hier also jeweils globale Machtstrukturen sind, die eine halt ein bisschen mehr militärisch - weil sie schwächer ist, nämlich - und die andere ein bisschen mehr ökonomisch - weil sie stärker ist: Geld, schon als Waffe - in der Regel ausreichend, wie immer. Aber hier, auch hier gibt es noch Lokalität, sodass – also, »grün« hat noch etwas mit Resten von Stammeskultur und dergleichen zu tun. Und an dem anderen Ende steht »gelb« oder »golden« - wie Japan.

Das ist bei ihm die Vierte Welt – also, Vierte Welt: Manchmal werden da die allerärmsten Länder gerechnet – also, die unter einem bestimmten Pro-Kopf-Einkommen noch liegen – von, weiß ich, 100 Dollar oder so - sondern er hat Japan als die Vierte Welt genommen. Und zwar – Japan, eigentlich Ostasien - er hat damals schon davon gesprochen, dass auf Taiwan und in Südkorea ähnliche Sachen passieren - er hat es Minijapan damals genannt; es kann ja sein, dass Taiwan und Südkorea sogar Japan überholen, Japan hat nun etwas Angst vor den Aufbauenden bereits. Dort hat – also, eine ganz spezielle Melange eigentlich, so - deswegen hat er das dahin gemalt, zwischen diesen beiden Prinzipien: hier, natürlich, das Prinzip des Staates, des Planes - und hier Ökonomie und Markt. Also, in Japan bringen die das ziemlich gut zusammen – also, Kaisertum und Marktwirtschaft, so - einmal sehr grob gedacht. Plan und Markt: Keineswegs Gegensätze – also, klügere Leute, wie etwa Kurt Biedenkopf - mit dem ich mich ja in der »Rettung« sehr intensiv auseinandergesetzt habe - dem ist das auch völlig klar, dass es nicht etwa um die Alternative »Plan oder Markt« geht, sondern dass eigentlich – also, die Generallinie, auf der sich die Menschheit entwickelt, falls Entwicklung – also, die Richtung der Auto-Gesellschaft und der Kosmoseroberung: Das ist dann diese Querlinie hier - ist die Linie der Entwicklung. Und dann geht es von dieser Hauptlinie aus - die also praktisch die beiden hier verbindet, natürlich mächtig in dieser Richtung – also, eigentlich: Nach dem Sieg des westlichen Systems im Weltmaßstab gibt es im Grunde genommen zu diesem Hingerissenwerden der Menschheit in diese Richtung kaum noch eine Alternative. Also, ich habe Mexiko-City gesehen, was – also, das Land als Ganzes - immer noch als unterentwickelt gelten würde, aber - die Stadt selber: es sind 14 Millionen Menschen gewesen vor zehn Jahren ungefähr, als ich dort war, von denen 4 Millionen im sichtbaren - der sogenannte sichtbare Teil der Bevölkerung waren: Dort fuhren also die normalen Autos. Und man kam dann an den Rand, in die erste Zone des Übergangs zu den 10 Millionen, die in irgendwelchen Slums da leben: Dort dominierte dann der etwas geschädigte Gebrauchtwagen - und eins, zwei Ecken weiter fuhren also mit Blech von den Schrottplätzen – aber: Man fuhr. Das heißt also: Die Durchsetzung der Kapitallogik - die mit der Technologie ja verbunden ist im Weltmaßstab - reißt eigentlich die Bewusstseinskräfte der Menschen in die Richtung des stärksten Gottes, jeweils. Das ist ja so, dass – also, die verschiedensten spirituellen Konzepte anderer Zivilisationen immer angesichts eigentlich der technischen Kraft - der Durchsetzungskraft, der Unwiderstehlichkeit der westlichen Waffen und der dazugehörigen Psychologie auch - kapituliert haben, sodass die jungen Generationen stärker auf die Motorräder – so, wie sie vorher die Flinten und den Schnaps genommen haben, bei den Indianern in Amerika vor 200 Jahren – also, diese Linie hier, das ist die überwältigende Gesamtperspektive jetzt in Richtung Japan - und was passiert eigentlich auf dieser Linie selber hier?

Also, das ist die Linie der Megamaschine – also, statt irgendwelcher kleiner lokaler Strukturen - und das ist – hier, auf dieser Seite, noch mehr – die Jugoslawen haben das »Etatismus« genannt, da habe ich den Begriff auch her genommen – das heißt also: Der Staat - um hier diesen Gesamtprozess - der Staat einfach deshalb, weil – das haben wir ja hier jetzt auch gesehen – also, wenn - die schwächere Ökonomie muss unter - des Staates arbeiten, sonst schlägt in - binnen Monaten der Marktmechanismus durch und die geringste Produktivitätsdifferenz reicht aus, um ganze Zweige auszuschalten. Die Logik haben wir also wirklich exemplarisch erlebt - und deswegen ist das etatistisch gewesen, Staat - der Staat. Und auf der Seite hier - da ist es also eher Ökomonismus, d. h. wie ich vorhin schon sagte: Die Ökonomie regiert und - Megamaschine, der Effekt des Ganzen: Das ist das, was ich »Exterminismus« genannt habe. Und die Antriebskräfte, die in dieser – also, man muss sich eigentlich diese mittlere Achse in Bewegung vorstellen, aus der in diese Richtung - irgendwann waren wir natürlich, in Deutschland, hier, gleich noch – ja, 1850: Wenn ich jetzt Mexiko unterentwickelt nenne, aber - immer von diesem verteufelten Entwicklungsbegriff, der mit dieser großen Maschine verbunden ist: Dann war Deutschland damals auch Entwicklungsland. Russland war 1917 mit Sicherheit irgendwo hier. Und die gesamte Logik, die in dieser – man müsste sich - also, meine verschiedenen Strukturen, die ich hier voriges Mal noch mal angemalt habe – also, hier drunter jetzt - Industrie bzw. die Megamaschine, habe ich ja da hingeschrieben und das Kapital und den Kolonialismus, das Patriarchat und wie der Mensch halt ist – also, jetzt im Genotyp oder die Kondition von diesem Phänomen: Das könnte man sich – also, das muss man sich einfach als die Tiefenstruktur vorstellen, die diese Sache angreift, die praktisch in diese Richtung tendiert. Ich lösche es wieder weg, wollte es nur einmal andeuten, wie – also, dieses Thema vom vorigen Mal, das ich die »Logik der Selbstausrottung« nenne: Wie das hier – also, das ist hier auf in dieser Linie geordnet. Und die Zumutung, die ich gemeint habe mit »Auszug aus dem Industriesystem«, ursprünglich - ich meine mit »Umkehr in den Metropolen« – also, die meint natürlich – also, praktisch - die Verabschiedung von dieser Logik - also, von der Gesamtlogik - die in diese Richtung greift. Wo es jetzt ja auch wichtig ist, dass sich völlig - nach Wegfall hier, von Rot, als Alternative - dass sich also völlig das durchgesetzt hat und die unterentwickelten Länder, die also in diese Richtung streben, praktisch keine Alternative mehr haben. Wenn ihr euch entsinnt - oder die, die sich entsinnen: Es hat einmal einen Briefwechsel gegeben zwischen Marx und Vera Sassulitsch – also, dieser russischen Volkstümlerin - und die hatte bei Marx angefragt, ob es denn denkbar wäre, dass die russische Dorfgemeinschaft - die ja so eine solidarische Struktur noch mit stammesmäßigen Rückhalten war, konservativ funktionierte, auch vom Zarismus vereinnahmt war, aber dennoch - vom Menschen her gesehen – also, eine, der Mensch war noch nicht praktisch unter die Anonymität der Marktkräfte gefallen - ob es nicht eine Möglichkeit gäbe, den Kapitalismus zu vermeiden, falls die westlichen Völker schnell genug sind – also, zum Kommunismus vorzustoßen. Das war die Frage, die Vera Sassulitsch dem Marx gestellt hatte. Und Marx hat damals seitenlang mit einer Antwort gerungen, deren Sinn war – also, wenn wir tatsächlich zurechtkommen würden, könnte man sich durchaus vorstellen, dass andere Völker – also, sozusagen - grüne Entwicklungswege nehmen, dass er also mit der Dorf-gemeinschaft in Richtung Volkskommune gehen könnte - ich verkürze das einmal. Das war in China dann auch eine Machtzusammenballung. Die war damals nicht gemeint, sondern - das Dorf hätte leben können, das russische Dorf. Marx hat aber der Vera Sassulitsch dann bei der - weil er zu unsicher war, weil er natürlich völlig in der östlichen Perspektive stand- nur ein ganz kurzes Brieflein geschrieben, aus dem schließlich – sich in ein Kleid gerettet – aus der nicht mehr viel hervorging. Aber das war die Fragestel-lung: Ob es denn möglich wäre – also, nicht sozusagen Entwicklung in diesem Schema zu sehen, das von – also, wo es – also, Entwicklung der Produktivkräfte ist, d. h. wo Entwicklung exakt dasselbe ist – ich schreibe das hin, weil man sich das wirklich merken muss – also, das muss einem völlig klar sein: Entwicklung ist gleich Kapitalakkumulation - weiter nichts - auch wenn das Kapital in Rubel gerechnet wird und gar nicht also direkt steuert. Aber der Weltmarkt war ja – also, des Meiers Schiff, nach dem unsere ganze Wirtschaftspolitik ausgerichtet war – also, einholen - über-holen ohne einzuholen, indem man – also, noch größere Massenkraft eigentlich hier aufs Trapez bringen. Und man hatte dann in der ganzen Geschichte des Sozialismus gesehen, dass man dann dem Geld-Mechanis-mus nicht entgeht, d. h. dass die Grundstruktur in den Produktivkräften festliegt. Man hat gesehen, dass auf der Grundlage dieser technokratischen Produktivkräfte keine andere Formation als die kapitalistische normal ist: Das hat man gesehen, das ist jetzt eindeutig inzwischen, dass – also, Ent-wicklung und Kapitalakkumulation, sage ich jetzt – also, ökonomisch gesprochen, dasselbe ist. Also, das sind die Dinge, die einfach stattfinden. Und Galtung hat damals gesagt, dass - hier ist natürlich – also, wenn die Ecken in seinem Schema - das ist tiefgrün und das ist tiefrot, das soll tief-gelb, wenn nicht golden sein, wie da die Sonne in Japan feuert - und das hier tiefblau. Die Menschen lieben natürlich keine Extreme - Mitte - hatte erst einmal gesehen, auf dieser Achse hier - er ist aus Skandinavien, also hat er gewisse Sympathien für – ja, für das, was Sozialdemokratie im Idealfalle sein möchte: für so einen demokratischen Sozialismus - in diesem Sinne, den hatte er hier auf der Mitte schon einmal rosa angeordnet – also, nicht – ja, für Marktwirtschaft, aber mit sozialer Steuerung – also, für soziale Marktwirtschaft, aber nicht in CDU- sondern in SPD-Lesung - und nach hier gesehen, natürlich – also, der Staat, den braucht man, um Ungerechtigkeiten auszugleichen. Das der Sinn, der schematische Sinn auf dieser Achse – rosa - Er sagte: Was die Leute eigentlich wollen - da gibt es hier so ein Fenster, in dem wir uns eigentlich retten könnten, ein Fenster, in dem – also, halt – ja, die Farben - das ist hellrosa, eben, oder hellrot und das ist hellblau, das heißt: ein bisschen Kapitalismus - das ist das, was jetzt als sozial-ökologische Marktwirtschaft in den Parteiprogrammen steht. Das hat Galtung einmal so hier eingemalt in dieses kleine Dreieck. Und er hat damals noch nicht vorausgesehen – ich auch nicht, deswegen habe ich mich dann so fürchterlich aufgeregt - 1984, dann bei den Grünen – dass es natürlich auch dieses schöne Dreieck, das er – »Regenbogengesellschaft«, übrigens, auch »Rainbow« hat er das genannt – also, diese hellen Farben hat er gebraucht - die Japaner sind ja so effektiv - und ich meine, er hat einfach als Schema einmal angezeigt – also, wohin tendiert denn die Ideologie, was möchten dann nicht alle gern – also, wir möchten dieses Dreieck. Und dann gibt es natürlich auch Leute, die etwas japanischer sind als er. Er wollte das Gelb hier irgendwo unterbringen – also, es gibt dann Leute wie Josef Huber in West-Berlin zum Beispiel, der bald gefunden hat, dass wir uns eigentlich – also, der Technologie anvertrauen müssen. Die Gentechnik und die Biotronik und die Elektronik usw.: Vielleicht bringt es ja das doch - den Ausbruch aus dieser Gesamtlogik. Allerdings, das ist jetzt insofern ungerecht - in der Darstellung jetzt ist es absurd, das zu erwarten, nur dass die sich auf - diese Darstellung natürlich - auf dieses Modell nicht eingelassen haben, sodass Josef Huber - lösche das einmal weg und dann will ich etwas erzählen über - weshalb er - aber Joschka Fischer, zum Beispiel – also, die offizielle Realo-Linie bei den Grünen, die geht genau in diese Richtung. Das hat auch damit zu tun - Parteipolitik, die Grünen als Partei, die liegen natürlich von der Politik her, weil - das ist ja natürlich auch die absolute Politik – Untergeordnetes - hier, die Hauptachse - die liegen dann natürlich gegenüber, das ist also sozusagen grüne - grün als Parteipolitik, d. h. die sind auch am gefährdeten, natürlich, zurückgeholt zu werden, weil die Probleme - was also jeweils an Umwelt zu schützen ist, angeblich Ökologie:

Das wird von den Schäden, die hier immer aufhalten, das - sozusagen die rückwärtige Front des Fortschritts der Entwicklung ist das, was als Umweltthema auf den Tisch kommt. Und es fällt dann sozusagen auf eine grüne Partei.

Der Punkt, wo ich dann damals in der Debatte eingegriffen habe und - wir haben uns dann gut darüber verständigt, dass das Sinn macht - war also: Wenn es zu dieser Sache keine Gegenbewegung gibt, dann ist das wohl ziemlich aussichtslos – also, was bringt es dann, zu sagen: Wir möchten gerne gelb, hellgelb und hellgrün und hellrot und so – also, wir möchten uns dieses Fenster sozusagen der Rainbow Society – Regenbogengesellschaft – offen halten, aber es kommt - wenn weiter nichts passiert, kommt nur das heraus, was wir also laufende Quadratkilometer sehen – also, etwa allein in den - ich glaube, in den rund zehn Jahren, die ich drüben war, hat allein die Betonierung z. B. um mehr als 1 % zugenommen - Flächenbetonierung - in der Bundesrepublik. Das geht einfach weiter - auch mit Hightech und auch damit, dass pro einzelnes Produkt manchmal kleine Gewinne – also, Einsparungen - zu haben sind, aber - das Ganze dehnt sich aus. Wir fahren z. B. viel mehr Auto - ein paar Millionen mehr Autos, es sind fünf Millionen mehr Autos als vor fünf Jahren und so, während – also, die leichte Kavallerie in der Welttechnik marschiert. Also, es ist überhaupt kein Halt - und gar noch, wenn man jetzt sieht - was die übrige Menschheit betrifft, die halt mit Motorrädern anfängt. Und was hier drin steckt in dieser Linie: Das ist einfach eine Vermehrung der jetzigen industriellen Katastrophe für den Planeten um das 10- bis 15- bis 20-fache. Man weiß so etwas nie ganz genau, weil es immer - was gibt man dem Computer ein, aber - jedenfalls eine ungeheure Vermehrung, weil - die Infrastrukturen für das Auto und so fort: Dass muss ja alles nachgezogen werden. Die EG zum Beispiel – jetzt, 1992 - ergibt wieder mindestens Veranderthalbfachung der Transporte und so fort. Also, das ist fest programmiert. Und was da helfen kann, ist einzig - wenn es von hier aus – also, solang - eine machtvolle Gegenbewegung geben könnte, in dieser Richtung, die von dem Entsetzen der Menschen über das Unheil, das wir mit dieser effektiven Produktionsweise anrichten - die davon ausgeht und - ich meine, das erinnert noch einmal an diesen Exodus-Begriff da im alten Ägypten, d. h., ich rechne nicht damit, dass einfach die bessere Einsicht – also, irgendeine Heilversprechung - Moses hat ja damals allerhand versprochen - dass Macht natürlich den Trieb hierher macht, obwohl – also, die Wesenskräfte des Menschen schon die Abstoßung in die Richtung suchen. Aber die – also, das einzig Hoffnungsvolle dafür, dass das einmal genug werden könnte, ist die Katastrophenproduktion, die auf – ich nenne das die »Achse des Verderbens« hier, die Diagonale des Verderbens - und die Katastrophenproduktion auf dieser Achse, sage ich, ist die einzige Hoffnung – also, die Hoffnung, anders ausgedrückt, dass der Planet in seiner Metakritik antwortet. Jetzt nicht im Sinne, dass da jemand sitzt und - plant, sondern dass die Einschläge - solche Sachen wie Tschernobyl, das wir selbst veranstaltet haben, oder auch die Geschichte mit Ozonloch und Klima usw.: Dass diese Sachen so eintreffen, dass die Gesellschaft noch Zcit hat, gründlicher zu reagieren als bisher. Dass also die Einsicht noch um sich greift, dass Umweltschutz nichts als eine Strategie auf dieser Linie ist. Und was da unter »ökologischer Modernisierung« und so verbraten wird – also, alles, was »Ökologie« heißt, in den Institutsprogrammen der TU hier beispielsweise: Das liegt alles auf dieser Ebene. Bis auf einige Gedanken, die die Leute, die dort in den Projekten stehen, im Hinterkopf haben – also, der Mensch geht - in keiner Professur und kein Projekt will auch, dass die Busspuren am Ku‹damm - deren Akzeptanz prüft. Das habe ich hier bei der Ökologie von westlichen Beratern gehört -

Prof. Kohl, dcr mit mir hier gesessen hat, vorige Vorlesung - der hatte da Spezialisten eingeladen: Wie denn das drüben geht, mit Umweltberaterausbildung und so - Akzeptanz von Busspuren am Ku'damm war so ein Ökothema. Und das ist charakteristisch für, das ist – also, Ökologie grundsätzlich Stadt-Ökologie irgendwie – also, von Weltstadt ausgehend – also, von einer Verfassung, in der der Mensch sich schon so weit von der Natur entfernt hat, dass ihn eigentlich nichts mehr interessiert als: Ob in der Allee, der bepflasterten, die Bäume schon – also, diese Blickveränderung – also, das Problem, womit wir es also tatsächlich zu tun haben, das ist: Dass nur eine – ich nenne das einmal eine gewaltfreie, weil - das andere hilft einfach nichts – eine gewaltfreie Volkserhebung gegen die Selbstausrottungslogik. Das ist sozusagen der Anstoß für so eine Bewegung. Ich habe die hier einmal jetzt als Massenbewegung angemalt – also, so dick: Das ist für unsere Vorstellung – also, dafür, dass also wirklich mächtige Bewusstseinspotenziale sich bilden müssten, um da etwas zuwege zu bringen. Und der Punkt natürlich - der ist: Dass sich praktisch das, was bis jetzt noch Unterentwicklung ist - und das natürlich in diese Richtung drängt - und das, was Gegenbewegung in Richtung also einer Regenbogengesellschaft wäre – also, auf dieses Dreieck, das ich hier mal gemalt hatte. Also, dass sich das – ich habe das jetzt mal hier drüber gemalt, aber in Wirklichkeit, das müsste sich in der Mitte treffen hier. D.h. es ist überhaupt nur dann auch denkbar, dass bisher vom Kapitalismus unterentwickelte Völker andere Wege gehen, wenn hier was passiert, wenn wir also die Latte weiter legen dann kann da überhaupt nichts passieren, das ist auch übrigens der Grund weshalb, ich erinnere noch mal an die vorige Vorlesung, also jede Fragestellung: Was machen wir denn aber, wenn die in Brasilien oder irgendwo noch weitermachen wie wir bisher? Die bloße Fragestellung ist unbewusst kolonialistisch - die verkennt, dass wir das Ding hier nicht zum Stillstand gebracht haben bisher und dass die Logik der Entwicklung als Kapitalakkumulation den Menschen gar keine andere Richtung lässt. Ich meine, es ist – wenn ich sage »Kapitalakkumulation« - ich hatte hier die anderen Faktoren mit genannt, nur - das allein reicht schon aus, um den Drang in die bisherige Perspektive - also, unverändert stehen zu lassen. Und da will ich also nach der Pause über den Zugang, über den Charakter der Bewusstseinsrevolution etwas sagen, die hier gemeint ist, und dann – also, in dem Bewusstsein, dass es - in dem Wissen - das ist nicht die Frage, wie viele Massen sich morgen früh erheben, bloß weil man den Gedanken fasst, sondern das sind - es geht um Bewusstseinsbewegung im Individuum und um die Sammlung dieser Kräfte – egal, wie weit das im Augenblick reicht.

Ja, jetzt machen wir Pause.

Solange die Sowjetunion – überhaupt: Die Ostblockstaaten, die Arbeiterstaaten genannt – d. h., man ist davon ausgegangen, dass eigentlich diese Zweite Welt eine Ausstülpung des Klassenkampfes in den Metropolen ist und - zumindest aus der marxistischen Perspektive ist es immer so gesehen worden. D. h. auch die Gewerkschaften sind in gewisser Weise rot und sind in gewisser Weise am – was ich hier »Etatismus« nenne, interessiert – also, sozusagen daran, dass mit einigem Dirigismus beispielsweise verhindert wird, dass irgendwo - in Rheinhausen gerade - die Bude zugemacht wird, 3000 Arbeitsplätze - oder jetzt ist es ja auch der herrlichen Entfaltung etwas im Wege, das - Eisenhüttenstadt, war ich neulich, zum Beispiel - man kann dieses EKO, obwohl es völlig unproduktiv ist nach den heutigen Maßstäben, nicht ohne Weiteres zumachen, wenn die ganze Stadt dranhängt. Also, es geht hier um – also, darum, dass sich eigentlich im Weltmaßstab diese Gesamtstruktur siegreich durchgesetzt hat.

Ich nenne das so - ich knüpfe da an Arnold Toynbees »Gang der Weltgeschichte«: Dass es im Grunde genommen zu einem - wie soll man das ausdrücken? - zu einem weißen Universalstaat gekommen ist, d. h. so, wie - Rom hat er damals etwa als Universalstaat gekennzeichnet – also, wo praktisch der ganze Einzugsbereich des Imperiums wirklich unter Kontrolle der Römer war, jahrhundertelang - und so ist praktisch jetzt die Welt als Ganze, summa summarum, unter Kontrolle – ja, ich würde eben sagen: Dieser Achse hier – also, Japan sozusagen nur als Vorposten, gewissermaßen als eine Mark – Mark jetzt im Sinne – also, Mark Brandenburg – also, Vorposten dieser kapitalistischen Entwicklung. Dieser kleine Hinweis: Dass es sich hier um nicht einfach nur um die Sowjetunion handelt, sondern um dieses Prinzip, auch, der Staatsintervention zur Korrektur des bloßen Durchgehens der Markt-Logik - das macht schon vielleicht darauf aufmerksam, was jetzt erst einmal mein wichtigster Einstieg für den zweiten Teil hier ist:

Wir haben überhaupt nur Aussicht - gedanklich gesehen, jetzt - mit den Tatsachen umzugehen, wenn uns klar ist, dass nicht nur das hier - so eine Umkehrbewegung - etwas mit Bewusstsein zu tun hat; ich nenne das eine Bewusstseinsrevolution - Umkehr ist ja der höchste Begriff, eigentlich, einer Revolution - sondern dass das hier – also, das, was auf der Achse des Verderbens, auf der Diagonale des Verderbens dort läuft: Das ist auch Bewusstsein. Das ist das, was Marx vorzugsweise »tote Arbeit« genannt hätte. Und ich habe schon einmal irgendwo das - sozusagen von mir her - etwas aufgestockt, indem ich sagte: Man kann es genauso den »toten Geist« nennen. Also, diese Hightech-Kriegsmaschine, die wir gesehen haben: Das ist ausgestülpter Menschengeist, Verstand ist das - und die Geldlogik, die das Ganze regiert: Das sind Bewusstseinskräfte. Und worum es sich intern handelt, das ist – ich habe das beim vorigen Mal anzudeuten versucht - das ist natürlich erst einmal eine Individualitätsform, könnte man sagen: sehr männlich bestimmt, aber - das ist überhaupt sozusagen die Geistesverfassung des Menschen in einer bestimmten zivilisatorischen Entwicklung, die sich auf diese Weise realisiert und wo - also, dass es da eine Oberklasse und

Unterklasse gibt: Das ist in der Formation mit vorgegeben - und das ist mit vorgegeben: Dass im entscheidenden Fall - wie 1914 oder Golfkrieg oder irgendwo - die Unterklassen der reichen Länder natürlich mitmarschieren - und zwar nicht bloß, weil sie wieder betrogen worden sind, sondern weil es auch echte Interessen gibt, den Status quo im privilegierten Zentrum der Welt zu erhalten und zu teilen. Also, so wie – ja, August Bebel hat damals – 1913, als er sagte: Wenn es gegen den Zaren ginge, dann würde auch er das Päckel auf den Buckel nehmen. Natürlich - ein Interesse, ausgesprochen, an dem relativen Fortschritt der politischen Verhältnisse im wilhelminischen Deutschland gegenüber den russischen - dass das eine große Demagogie war, auf die er da hereinfiel, steht auf einem anderen Blatt, aber - so funktioniert das Bewusstsein. In den reichen Ländern funktioniert Grund kolonialistisch. Und das steckt hier drin, sodass der Kerngedanke für - also, um überhaupt Zugang zu der Frage: Wie könnte da eine Umkehrbewegung zustande kommen? - der Kerngedanke ist eine Bewusstseinsspaltung, und zwar jetzt eine sozusagen bewusste Schizophrenie.

Ich habe das ja ein paar Jahre ziemlich lange hier in der DDR auch gelebt - das geht übrigens – also, ich habe immer fleißig im VEB Gummikombinat - ich weiß nicht, existiert wahrscheinlich gar nicht mehr – also, wirklich meine acht Stunden abgerissen, jeden Tag - also, ich wollte ja auch nicht der - auf Kosten der Arbeiterklasse und so – ja, auch geglaubt, diesen Zusammenhang - und habe währenddessen – also, in derselben Zeit, abends und im Urlaub und was weiß ich wann, an Wochenenden habe ich dieses Buch »Die Alternative« geschrieben und war also parteitreu und Parteifeind in einem. Es ist ja jetzt insofern viel einfacher, als man sich ja der psychologischen Ablehnung des Status quo gar nicht unbedingt verstecken muss- im Betrieb ist es schlimmer, sozusagen, aber in der allgemeinen Öffentlichkeit – also, es ist denkbar einfach, dass man sich - ein und derselbe Mensch, auf dieser Achse, notgedrungen - weil man ihm die Brötchen - und zugleich die Hauptkraft in etwas anderes investiert. Natürlich: Wer auf der Achse Karriere machen will, wer noch einmal beweisen will: Ich kann das jetzt auch! – also, zumindest solange er das betreibt, wird er nicht hiermit beschäftigt sein - es ist jedem natürlich überlassen, wie er jetzt seine Entscheidung trifft; es kann auch in irgendeiner Biografie nötig sein, das noch einmal zu beweisen - ich weiß es nicht. Ich will nur – das muss man unterscheiden können. Es gibt jedenfalls erst einmal die Möglichkeit der

Bewusstseinsspaltung. Ich kann mich entschließen, das hier also nicht eigentlich mitzuspielen. Ich kann den Fortschritt verletzt haben, ich kann sagen: Ich habe es jetzt kapiert. Also, vielleicht bringe ich das noch einmal auf diesen Nenner. Diese Achse hier - ich weiß nicht, wer von Ihnen oder euch diese Sache mit dem Engel - der Geschichte von Benjamin, von Walter Benjamin - einmal gehört oder gelesen hat. Das ist ein Bild von Paul Klee, auf das sich das bezieht.

Das ist ein Bild von Paul Klee, auf das sich das bezieht. Das nennt Benjamin den »Engel der Geschichte« - und er sagt: Was wir den Fortschritt nennen - das ist dieser Sturm vom Paradiese her - also, wenn, dann ist die grüne Richtung natürlich die ursprüngliche Paradiesrichtung – also, jetzt, diese Sache. Es ist ein Gleichnis, nicht hundertprozentig genommen: dass das Paradies in der Steinzeit lag. Das ist ja ein Topos des Geistes, aber - man muss sich den Engel wirklich auf dieser Achse hier, sozusagen so lang, rückwärts, aber - getrieben nach Japan - muss man ihn sich vorstellen, und - der »Engel der Geschichte«, sagt Benjamin, und - die Trümmer häufen sich vor ihm auf, aber – »vor ihm« heißt eigentlich, natürlich: Von dem Gang der Geschichte her; er sieht nur mit Entsetzen: Es treibt mich also mein ganzes Flattern vom Paradiese weg – und das hat mit der fälligen Bewusstseinsspaltung das Folgende zu tun.

In diesem Buch von Ken Wilber »Halbzeit der Revolution«, das mit in der Literaturliste steht - dem geht ein anderes Buch vorweg, das jetzt auch in Deutsch erschienen ist, das heißt »Das Atman-Projekt« - und das handelt von demselben »Engel der Geschichte«. Es ist nicht so benannt dort und - das Atman-Projekt bezieht sich auf Atman und – »Atman«, das ist der indische Name für – also, das universelle Bewusstsein und das Atman-Projekt ist der jeweilige Ersatz dafür. Ich trau mich nicht, das Universum sein zu lassen, wie es ist, schon - die Welt im Großen und Ganzen in Ordnung sein zu lassen und mich um mein Ich nicht mehr zu bemühen. Ich produziere Fortschritt, ich kämpfe, ich schlage mit den Flügeln, um etwas zu werden, d. h. ich verwirkliche mein Projekt - ich schreibe z. B. »Die Alternative« oder »Logik der Rettung« - auch das fällt noch runter. Wir qualifizieren zunächst einmal sozusagen unsere Projekte und wundern uns immer, dass wir - also, ich meine - ich habe die Druckerpresse in Bewegung gesetzt, natürlich, damit – also, das Thema dieser Bewusstseinsspaltung ist eigentlich: Ob der Mensch in der Lage sein wird – also, von – ja, vom Projektemachen – also, davor, dass er sich eine Bedeutung, einen Sinn gibt durch »Immer-schönere-bessere-Sachen-machen«, ohne glücklicher zu werden im Gang des Ganzen - und die Katastrophe wird eigentlich immer größer. Ob wir also an diese Sprungstelle innerlich herankommen: Das ist das Thema bei dem - um das es hier geht in puncto Bewusstseinsspaltung. Und es sind natürlich also die Trümmer, die dieser Engel sieht, dieser Engel der Geschichte wenn er rückwärts guckt – also, die Trümmer: Was wir jetzt da gerade wieder an Einsatz gesehen haben oder was hier mit Zusammenbruch unseres heftigen Projekts DDR betrifft, das kann uns natürlich belehren - also, da kommt uns in dieser apokalyptischen Zeit mehr - nach der eigentlichen Bestimmung der menschlichen Existenz zu fragen.

Ich habe ja Ende des vorigen Semesters verhältnismäßig viel über diese innere Dimension des Problems gesprochen und will das jetzt im Hintergrund stehen lassen und noch ein paar Bemerkungen darüber machen, wie dieses allgemeine Thema der Bewusstseinsspaltung - und das heißt natürlich dann: mit der Hauptkraft, die ich zumindest meine – also, der positiven Neubestimmung irgendeines Rückwegs in dieser Richtung – also, damit will ich unter dem Gesichtspunkt von »Grundlagen ökologischer Politik« - Grundlagen ökologischer Politik - jetzt noch ein bisschen umgehen.

Zunächst einmal - also, wenn es sich in beiden Fällen um - hier lang wie hier lang - um Bewusstseinsphänomene handelt, dann ist das Erste, was wir verabschieden müssen, dieses Thema »Steinzeit« - was einem automatisch einfällt, erst einmal, wenn man sagt: »Von unserem wunderbaren Hightech rückwärts«. Und zwar geht es darum, die produktivistische Perspektive fallen zu lassen, die vor dem Geist, vor dem Bewusstsein nicht so wichtig ist. Also, klar, dass in dem bisherigen Gang entfremdeter Geschichte - aber dafür steht dieser Engel der Geschichte - Marx das schon richtig beschrieben hat: Dass die Dampfmaschine eine andere Gesellschaftsform ergibt als der Faustkeil - das ist wahr. Nur - wenn wir also bei so verrückten Charakteristiken bleiben, wie: Dass die alten Griechen, die hier ja unsere Klassik sehr gefeiert hat, auf Eisenzeit reduziert sind - und Eisenzeit ist etwas Fürchterliches, das ist nicht die Zeit, in der diese Statuen geschaffen worden sind und Sophokles – nein, das war Eisenzeit und - die waren sehr rückständig. Und die Ägypter waren Bronzezeit - und nicht eine Hochkultur, die bis heute im menschlichen Geist etwas zu sagen hat. Und ich meine den Abschied von dieser – also, vulgärmaterialistischen Perspektive: Welches Lager? - also, verabschieden wir das mit Steinzeit - es handelt sich nicht darum, dass wir in die Steinzeit zurückmüssen. Es ist denkbar, dass sogar – also, Wissen, das jetzt in – weiß ich – B-52-Hightech eingeht – also, hier irgendwie verwendbar ist. Ich sage immer – also, der Illich, Ivan Illich, spricht von convivalen Werkzeugen – »con« – also, wie »mit« und »vival« von »Leben« – also, von Werkzeugen, mit denen der Mensch leben kann, noch - die sich nicht entziehen. So ein Faustkeil hatte sich noch nicht entzogen, er hat noch nicht den Stamm bestimmt, es waren nicht die Faustkeile-Menschen - aber wir sind die Maschinen-Menschen, neuerdings die Informatik-Menschen und weiß ich was, so - und wir definieren unsere Gesellschaft zur Informationsgesellschaft - statt dass wir uns Menschen nennen würden. Und das ist der Punkt. Nicht ein - gegenüber jeglicher Technologie, sondern - das Wissen, dass das nur von einer Bewusstseinswende überhaupt neu eingeordnet werden kann. Und wenn wir nicht darauf fixiert sind, d. h. wenn unser Stolz sich nicht darauf konzentriert, dass wir irgendein Ding erfunden haben - konzentriert, immer noch – also, zur Pubertät gehört es: »Ich habe etwas gemacht, Papi«, aber - dass das sozusagen ein Stück Biografie ist, ist ja richtig, nur dass dieser Aspekt infolge des Materialismus, der ja nicht eine Frage der Philosophie ist - das ist ja bloß eine Ableitung - sondern: Das ist ja ein materialistischer Durchbruch in der Wirklichkeit, den unsere Zivilisation, die westliche, auf die Spitze getrieben hat und es geht um Umkehr und Abkehr, in dem Sinne. Und da glaube ich, dass das also nicht übertrieben ist, sozusagen hier eine Wende von 180 Grad in diesem Punkt anzuzeigen. Wir müssen aufhören, uns dieser Logik der Sachen, die wir gemacht haben und die wir machen können, anzuvertrauen. Und jetzt ist die Frage - also, woher da die Kräfte kommen. Ich stütze mich jetzt einmal auf zwei Zitate, die ich in der »Logik« habe, meinem Buch »Logik der Rettung« - die ich von Lewis Mumford habe. Das ist hier deshalb wichtig, weil - wenn von Spiritualität und so die Rede ist, der Mensch versteht leicht »Spiritismus« und solche Dinge: Das handelt sich nicht darum, sondern es handelt sich um Bewusstsein als eine Kraft, die mindestens so real ist wie Fels - von Beton zu schweigen, der würde - von Bewusstsein, das heißt, es handelt sich um die eigentlichen Wesenskräfte des Menschen, bei dem Thema

Bewusstseinsrevolution. Und der Lewis Mumford, der die Geschichte der Megamaschine in seinem Buch »Mythos der Maschine« aufgezeichnet hat und parallel dazu ein dickes Buch über die Geschichte der Stadt als ein Apparat, der über uns kommt, dann – also, jemand, der sich mit der Empirie, mit den materiellen Realitäten der Geschichte, mit den Trümmern, die der Engel da vor sich sieht, ganz gründlich befasst hat, der kommt irgendwie in seinen letzten Werken, insbesondere »Transformation of man« - so heißt sein letztes Werk – also, die Verwandlung des Menschen – kommt er zu Schlüssen, die in die Richtung so einer Umkehr rückwärts oder zurückführen - aber wozu umkehren? Also, nicht zu einer Technologie von 1800, sondern - der erste Satz dieses Zitats, das ich hier habe:

»Um den blinden Drang zum Automatismus zu überwinden«, schreibt er – also, Automation war ja also das Höchste der Gefühle, in der Richtung, und - den zu überwinden - den blinden Drang, nennt er das – also, was uns eigentlich hat, was wir nicht haben, sondern was uns hat: um den zu überwinden, »muss die Menschheit bewusst, als Ganzes bewusst in die lange Bahn der Entwicklung zurücksteuern, die im Anfang die Hominiden zu Menschen werden ließ.« - Und er geht natürlich davon aus, dass die Menschwerdung in jedem Leben nach wie vor neu passiert und – »in diese Bahn zurücksteuern«: Das unterscheidet sich in der Substanz nicht von dem, was Hegel und Marx »Aufhebung der Entfremdung« genannt haben - also, dass uns die Sachen, die wir nachgemacht haben und machen können, nicht mehr haben sollen. Und die große Schwierigkeit, natürlich, vor der wir real jetzt stehen, ist, dass - die individuelle Biografie steht natürlich ganz im Zeichen des Vorgefundenen – also, diese Megamaschine war ja 1935, als ich geboren wurde, auch schon da und also habe ich gelernt: »Chemie bringt Brot, Wohlstand und Schönheit« - und auch dafür etwas getan. Also, wir stecken da schon drin und - aber andererseits ist – also, die Gesamtakkumulation, die hier liegt: Das ist sozialstrukturell und psychostrukturell gemacht. Da steckt also eine ganz bestimmte Verfassung des Menschen, ein ganz bestimmtes Wertsystem, das System dieser individualistischen westlichen Werte, insbesondere, mitsamt Emanzipation von Kirche, Geister und so fort - das steckt da siegreich drin und es gibt – also, wenn wir da zurückschwenken wollen in - wie sagt er:

»... in die lange Bahn der Entwicklung, die im Anfang die Hominiden zu Menschen werden ließ« – also, die Vorläufer, die Gattungsvorläufer - dann heißt das einfach, dass wir keine Errungenschaft, die in diese Richtung geführt hat, unbefragt gelten lassen dürfen.

Ich werde immer dafür beschimpft, dass ich sage – meine Formulierung ist: »Wir sollen das zur Disposition stellen« - es wäre damit gemeint: Alles wegschmeißen. Das ist nicht der Punkt, ob man alles wegschmeißen muss, sondern - zur Disposition stellen heißt: Ich riskiere erst einmal in meinem Kopf – also, sozusagen - das steht nicht fest, dass – also, die Lesart von technischem Fortschritt, von Menschenrechten, von Völkerrecht, von Demokratie, von Geld als Freiheitsmittel auch: Dass das sozusagen - ich will einmal das so formulieren: Dass das richtig inkamiert ist. Also, zu sagen, jetzt - weil Demokratie diese verderblichen Sachen mit sich bringt, die wir auch sehen: Weg mit der Demokratie! – das ist auch nicht die Antwort, sondern - es ist nur: Da gibt es keine Heiligtümer, die nicht sozusagen neu konstelliert werden. Und wir dürfen – also, nur durch den Hinweis von außen dann: Das ist doch undemokratisch! - das ist kein Argument, weil Demokratie noch kein Argument ist. Erst müssen wir genau gucken: Was ist das eigentlich, de facto - diese Demokratie? Ist sie nicht sozusagen einfach ein Mittel, das hier die Sache mit in dieser falschen Richtung betreibt? Vielleicht unschuldig, für sich allein genommen – also, bei den alten Griechen war es noch nicht so schlimm damit, obwohl es auch Machtkampf und Köpfe einschlagen hieß. Also um Herrschaft und um Freiheit wird gerungen, das war bei Thukydides eins, als er den Peloponnesischen Krieg beschrieb - also, es gibt keinen Freiheitskampf, ohne dass es zugleich um Herrschaft geht, dass das verdammt verwickelt ist. Aber diese – also, erst einmal brauchen wir sozusagen diese Mini-erleuchtung, möchte ich einmal sagen: zu begreifen, dass alle diese Werte natürlich infrage stehen, wenn das Ganze schief ausgeht - wenn das Ganze tödlich ausgeht - und dass praktisch der Geist sich von den Fixierungen, von diesen Begriffen befreien muss.

Ich habe hier eine Politologen-Gesellschaftsneugründung erlebt - da waren die Genossen zusammen, die vorher die Wissenschaft und Kommunismus vertreten haben und noch ein paar mehr, paar andere, die nicht vielleicht direkt Wissenschaft und Kommunismus vertreten haben - und jetzt schworen sie auf Humanismus, Demokratie und Pluralismus, glaube ich – also, sozusagen auf die Ideologiehöhepunkte in der anderen Seite, die so bescheuert sind wie das, was wir da als Ideologie gesagt haben. Das heißt noch nicht einmal, dass hinter dem Wort Pluralismus, Demokratie und Humanismus gar kein Sinn steckt, aber - das wird doch als psychologisches - wird das benutzt und - also, das muss minimal erst einmal weg, damit wir den Kopf frei haben und besser sagen – also, erst einmal: in diesem Genre wissen wir nichts. Denn es handelt sich darum eigentlich, dass - wenn also die Logik der ganzen Geschichte in das hier eingegangen ist, in diese Megamaschine, dann kann eigentlich die Gesellschaft, wenn sie denn neu institutionalisiert werden soll und wenn – also, neue Institution, meine - also, der Staat anders – und wenn anders produziert werden soll als bisher, dann kann das eigentlich nur neu aus den – ich würde einmal sagen: Auf den unbesetzten Gebieten unseres Bewusstseins reifen. Das heißt, wir müssen uns da an einen Konsens heranfühlen und -denken, der sozusagen auf neuen Erfahrungen auch beruht, d. h. darauf, dass wir also uns nicht darauf beschränken, diese Umkehrbewegung so zu verstehen: Wir gehen hier arbeiten, je nachdem, wie viel Stunden, und - weshalb nun also unvermeidlich ist, falls man uns arbeiten lässt, sondern – das heißt, es muss hier lang auch etwas angearbeitet werden - etwas anderes. D. h. es müsste neue Anfänge von Gesellschaft geben - in dieser Richtung. Nur, dass dann der Hauptpunkt - wenn es wirklich um geistige Dinge in erster Linie geht - dass dann der Hauptpunkt der Arbeit nicht ist: Wir sehen zu, ob wir im Kommunegarten den Kohl kollektiver erzeugen können, als die LPG das gemacht hat oder jetzt der EG-Agrarmarkt das jetzt bringt, sondern – also, die Benediktiner, als die damals gegen Rom ähnlich angefangen haben, mit so einer Umkehr und Auszugsbemühungen: es wurde auch fürchterlich in der Kirche, aber – das bezieht erst einmal. Die haben in ihren Gärten natürlich Kohl angebaut. Und weil es reichlich intelligente Leute waren, die sich auf das eingelassen haben, ist der auch gediehen. Und es stellte sich bald heraus, dass die Bauern etwas davon lernen konnten. Nur - der Zweck ist nicht der Kohlanbau und wir werden natürlich, wenn - dann so eine Gruppe, einen Raum erst einmal brauchen - sei es, erst einmal einen, nicht gleich, um alle da zu wohnen - das kann ja auch kommen: Dass man nicht näher zusammenrutscht - dann wird natürlich auch die Wand gestrichen und wird gemauert werden. Das kann sehr schön sein, nur - um alles das geht es zunächst nicht. Also, wenn darin eine

Bewusstseinsverfassung steht, die vor 3000 Jahren - im Alten Testament, eigentlich – also, unsere Zivilisation ist ja jüdisch-christlich - ihren Anlauf genommen hat, da war - alles das, was wir jetzt also fürchterlich - war nicht da, aber der Geist war in dieser Richtung entschieden und so – also, eine neue Entscheidung des Geistes ist, sozusagen - wir sind - mit dem Ökodorf beispielsweise sind wir mit Sicherheit immer zu früh, relativ. Ich sage nichts gegen den Versuch, so etwas anzufangen, wenn sich die Möglichkeit entwickelt. Nur, was uns leicht passieren kann, ist, dass wir denen die Arbeit machen, denn Ökodörfer sind angesagt, in. Die werden hier - die lassen sich auch hier ansiedeln, als Beispiel. Und was ich damit sagen will, ist: In welchem Geist das angefangen wird, wie viel Zeit frei bleibt, sozusagen, für die Neubestimmung unserer ganzen Art und Weise, in der Welt zu sein: Das ist viel wichtiger.

Also, ich habe das vorige Mal ja den Schwerpunkt gelegt auf dieses Patriarchatsproblem. Morgen wird diese Vorlesung eröffnet, da - um 17 Uhr - in der Invalidenstraße 42, von der Christa Mulack.

Dieses Patriarchats-Thema, das heißt u. A, dass der Mann sich völlig neu fragen muss: Wo liegt eigentlich meine Identität - wenn sie nicht mehr darin liegt, dass ich mich im besten Fall ins Lexikon vorarbeiten kann - und die Art und Weise, wie wir uns gegenseitig auszeichnen für die Leistungen, die wir erbracht haben - die immer bedeuten: irgendwas hinstellen, das die nächste Generation festlegt, wenn es ihr nicht im Wege ist und wenn es nicht noch schlimmer ist. Dann heißt es natürlich, dass - das ganze Verhältnis zwischen Mann und Frau, beispielsweise: Das alles muss neu an-gefühlt und an-gedacht werden. Und wahrscheinlich werden wir viel mehr Kraft und Energie in diese subtileren Dinge hineinstecken müssen als sozusagen in den materiellen Neuanfang. Wenn genügend viel bewusstseinsmäßige Umkehr von uns – also, an rationellem Verstand, an der Fähigkeit, das dann notwendige Werkzeug und die dann notwendige Organisationsform zu finden: Das haben wir im Überschuss, das ist nicht der Engpass, sondern - der Engpass ist sozusagen die menschliche Verfassung, von der her das kommt. Also, wenn jemand Kommissar ist, als Typus jetzt - der kann auch eine Kommune auf diese Weise schurigeln, das passiert auch immer wieder in solchen Anfängen. Das heißt also, es geht wirklich um diese geistige Selbstüberprüfung - das ist der Hauptpunkt, wenn man nach dieser Umkehr fragt. Also, der Schlüssel, sage ich, ist, dass wir uns hier, von - was das betrifft, entpolitisieren, d. h. dass wir uns hier nicht mehr zu viel politisch beschäftigen, heißt das und den politischen Schwerpunkt auf dieses Neue legen und identifizieren. Das heißt, von dem - dass das nicht so wichtig ist, was wir dort machen und – also, viel wichtiger das Positive - das sind ja negative Sachen, zwei – also, wir verabschieden uns irgendwo stückweise. Das ist die Frage: In welcher Haltung gehen wir davon? Und dann fragt sich natürlich das wirkliche Medium – ich habe das ja als Frage aufgenommen: Was ist dann das Medium, in dem sich diese Umkehr vollzieht? Das ist dann sozusagen unsere - das sind wir selber, sozusagen, als Bewusstseinsorgane, das ist unsere Psyche im weitesten Sinne. Das ist dieser – also, wunderbare Organismus »menschlicher Körper«, der ja das alles einschließt, der auch die Fähigkeit zur Umkehr einschließt. Und es ist - was die optimistische Möglichkeit betrifft: Der Urquell in uns ist ja da, der wird immer neu in uns geboren und wird nur durch den Sozialisationsprozess, der uns zu Funktionären der Megamaschine macht, durch den Anpassungsprozess sind wir da - teils gezwungen, teils freiwillig - wird das zugeschüttet, wird dieser Quell – also - ja, zum Teil direkt zugeschüttet, zum Teil werden seine Kanäle verbogen – also, es wird Neurose produziert in Unmengen und es werden also diese ganzen kompensatorischen Machtinteressen immer wieder neu erzeugt. Also da entscheidet, dass wir in diesem Prozess der Umkehr - also, wirklich darauf achten: Wie gehen wir mit den menschlichen Wesenskräften innerlich um? Und das ist eigentlich der Grund, weshalb wir nebenbei hier immer die Gruppe, die das mitträgt – hier, diese Tische, zum Beispiel, mitträgt: Dass wir also nach innen hin meistens Seminare machen, die keine sind im Sinne des Seminars, sondern Übungen, Einübungen in eine andere Art des Menschseins, vorsichtig, aber - so eine Übung wie »Enlightenment intensive«: Wo man sich tagelang gegenseitig fragt: Wer bist du? – bis dann herauskommt - also, wie viel – also, ich bin Physiker; am dritten Tage lacht man dann darüber, weil - das ist nicht das Wesentliche, auch wenn ich Physiker bin. Also, Übungen dieser Art – oder diese Mozartsache, von der ich voriges Mal erzählt habe – oder diese Übung, diese Sache »Logik der Seele«, wo wir über das Politische und den Staat von der Innerlichkeit her ein Wochenende machen wollen – also, das hängt damit zusammen, dass ich das für wichtiger halte. Und ich bin mir völlig darüber klar: Das ist im Augenblick völlig – also, Minderheitsstrategie, wenn man so will. Aber jeder kann sich - entscheidet sich an solchen - auf solche Sachen zu konzentrieren. Also, die Dimensionen, um die es geht, sind gar nicht primär technischer Art, sondern: Das ist Meditation, das ist Therapie, das ist der Umgang in einer Gruppe, das ist: Wie gehe ich mit den Liebesbeziehungen, mit der Eifersucht, mit alldem um, weil - aus der Fehlregulation auf diesen Ebenen, auf der angstbestimmten Art und Weise, wie wir das früher und ohne Hilfe geregelt haben: Daraus erwächst eigentlich diese Konkurrenz in dieser Richtung, das ist die tiefste Antriebskraft dahinter. Und wenn ich diese psychologischen Sachen so in den Vordergrund stelle, jetzt, dann nicht, um zu leugnen, dass es außerdem noch Kapitalismus gibt - ich habe ich genug darüber gesprochen heute, zufälligerweise - sondern nur - also, warum sind die Europäer zu dieser kapitalistischen Formation überhaupt gekommen - die anderen ja nicht – also, da - sind hier also noch mächtigere Vorbestimmungen in der Seele gewesen, die das also so leicht möglich gemacht haben, diesen Durchbruch? Und wir müssen also bis auf den Grund, eigentlich, zu einer Neubestimmung unserer inneren Existenz hier kommen, die Weisheit unseres Organismus überhaupt wieder zur Geltung kommen lassen.

Ich will einmal den Schwerpunkt zitieren, der wieder dieser – Lewis Mumford in dieser Richtung setzt.

Also, unser Seminar da, unser Mozartseminar, stand ja unter der Überschrift - bei einer Lesung heißt der - der Liebe. Der Mumford sagt: »Liebe hat wider Verstand - wider Verstand - nur langsam an Wirkung in der organischen Welt gewonnen, da sie erst spät in dem Drama auftrat, das der Mensch selbst geschrieben hatte und inszenierte, erfüllt sie erst einen kleinen Teil seines Denkens, Lernens, Tuns. Doch in der kommenden Verwandlung des Menschen wird die Liebe das zentrale Element der Integration sein« - und jetzt zählt er auf, wie viele Gestalten – also, Liebe als erotisches Begehren und als Zeugungskraft, Liebe als Leidenschaft und ästhetisches Genießen und Betrachten des Schönen - und in seiner Neuschöpfung: Liebe als Kameradschaft und nachbarliche Hilfe, Liebe als elterliche Fürsorge und als Opfermut und schließlich Liebe mit ihrer wunderbaren Gabe, das geliebte Objekt über alles zu stellen, es zu verherrlichen und zu verklären: Ohne Steigerung unserer Liebesfähigkeit in anderen Möglichkeiten könnten wir kaum hoffen, die Erde und alle Geschöpfe, die sie bewohnen, vor den gefühllosen Mächten des Hasses, der Gewalt und der Zerstörung zu bewahren, mit denen wir sie jetzt bedrohen. Und wer wagt, von Liebe zu sprechen - ohne eine Philosophie, die den Menschen in ihren Mittelpunkt stellt? Und das ist ja also wirklich keine Sache der Erklärung - der Menschenmittelpunkt - angesichts dieser Superstrukturen, sondern das fasse ich auf als den Appell an uns, unsere wichtigsten Lebensverhältnisse einschließlich auch der Gemeinschaftsform mit der Zeit so aufzubauen, dass der Mensch da tatsächlich im Mittelpunkt steht.

Und es gibt, was diese Grundsituation hier betrifft, noch einen wirklich wichtigen Hinweis - ich erwähnte das schon - aus Toynbees »Gang der Weltgeschichte«, aus diesem - Toynbee hat da die Übersicht über 16 Zivilisationen, die er bis auf den Grund studiert hat, gegeben. Und er sagt also: »Es bringen die Eliten, die wissenschaftlichen Eliten, die philosophischen Eliten jetzt, im engeren Sinn – also, die, die Aufklärung provoziert haben, die bringen also auf dieser Ebene hier immer noch einmal einen Universalstaat zustande – so, wie jetzt die NATO halt ist – also, als – siegreich, wie der Westen überhaupt die Welt jetzt unter sich gebracht hat.« Und zugleich ermöglicht aber dieser Zustand in der Analyse Toynbees jetzt, wo man eigentlich den inneren Gegensatz zwischen Reich und Arm relativ vergessen kann, weil die - der Armen alle Legionäre geworden sind oder Entwicklungshelfer bei uns heute oder so, da wird der Proletariatsbegriff für Toynbee frei. Und was er sagt, ist - das ist wirklich sehr spannend, wenn man das mit der heutigen Konstellation, mit der jüngsten gerade, vergleicht – also, er sieht zweimal Proletariat, er sieht das äußere Proletariat, die Unterentwickelten - die hauptsächlich alte Religionen mobilisieren zum Aufstand gegen die Moderne - und er sagt - er spricht von einem »inneren Proletariat« und meint: Das ist keine Klassenfrage im Sinne der Soziologie mehr: Wenn der Universalstaat geschaffen ist, wenn wir alle Römer sind, damals, wo – also, heute, hier, mit diesem grünen Pass, die Welt bereisen können, sondern - das »innere Proletariat«, das sind alle die – oder: Das sind die Momente in uns, die durch den Gang, hier, des Universalstaats und der Produktionsmaschine von ihrem Eigentum sich enteignet fühlen - die die Bestimmung über den gesellschaftlichen Prozess verloren haben, eigentlich wieder - noch eine, die Toynbee'sche, Formulierung für das, was in uns entfremdet ist und was nur auf seine Kosten kommen kann - kapitalistisch gesprochen – wenn es sich in so eine Umkehrbewegung stürzt. Und er sagt: Dann entsteht in diesem Universalstaat eine Religion - und zwar hat er das gezeigt nicht nur für Rom, sondern für viele andere Fälle: Dass das also im Prinzip so geht. Und jetzt ist natürlich die Frage: Was für eine Art Religion – also, ich meine: Die er dort analysiert hat, das ist alles – also, Umbrüche, die in der Frühzeit des Patriarchats stattgefunden haben. Wir werden bestimmt keinen patriarchalen Monotheismus jetzt stiften. Und die Tiefenpsychologie hat u. a. gezeigt, dass Götter, die da außen und oben sind usw. und Gott, der da oben ist: Dass das Projektionen sind, dass das – also, Konzentrationen, eigentlich, in gewisser Weise menschlicher Psyche sind – Halluzinationen, die wir ja nicht nur erfinden müssen, sondern - es geht eigentlich darum, wie die menschlichen Wesenskräfte, die menschlichen Seelenkräfte – also, sich für diesen Prozess der Umkehr, des Auszugs so organisieren können, dass diese Angst- und Sicherheitsantriebe, die mit dem schwachen Ich verbunden sind - mit dem schwachen.

Ich verbunden sind: Dass die - ich sage einmal: Entspannt wirken. Nicht, dass wir das jählings loswerden, aber - dass wir die Großzügigkeit erlangen, zum Beispiel, einmal ausgelacht werden zu können, ohne dass wir am Boden zerstört sind, nachdem es passiert ist. Arbeitslos sein zu können und dennoch in unserer menschlichen Bedeutung nicht getroffen. Das ist die Frage, woher wir da die Kräfte nehmen. Und die Erfahrung ist - die hat man in anderen Zivilisationen stärker bei sich – also, lebendig gehalten als bei uns: Dass das, was wir als Liebe zum anderen Geschlecht und zu den Kindern oder überhaupt als Liebesbeziehung kennen, und das, was früher »Gottesliebe« genannt worden ist - dass das in den psychologischen Strukturen, in der Art und Weise, wie das energetisch in uns funktioniert, ziemlich dasselbe ist - ziemlich dasselbe, dass – also, dort, wo unser Herz offen ist, wo wir nicht blockiert sind, wo wir lieben können, auch angstloser sind und praktisch also den Energiebetrag frei kriegen, den man braucht, um hier etwas Neues zu bauen - um überhaupt zusammenzusein. Denn solange wir unsere normale Angst – beispielsweise, vom Partner betrogen zu werden - mitschleppen auf einen kommunitären Weg – also, da gibt es noch viel mehr gute Gründe, sich das Herz zuzumachen, Angst zu haben: Wann läuft sie mir davon - oder umgekehrt. Also, die Befreiung von diesen ganzen Ängsten, von Eifersucht, von alldem, was da – also, sozusagen - das Irrationale da, das wir nicht mehr beherrschen können: Das ist eigentlich die große Arbeit, um die es bei diesem inneren Weg geht.

Das ist also die Substanz für eine ökologische Politik, für eine Umkehr in den Metropolen.

Es laufen viele Leute herum jetzt, die therapeutische Qualitäten beanspruchen - meistens ist da auch irgendwas dran, auch wenn Kommerz und mancherlei - und der Markt halt funktionierender einschlägt: Es laufen auch viele Leute herum, die die hohe Stirn ihrer Qualitäten beanspruchen. Es ist nicht immer einfach – also, zu wissen, wer wer ist - und sich da anzuvertrauen.

Aber ich will zum Abschluss dieser Vorlesung doch über eine Erfahrung sprechen, die ich erst in den letzten Wochen zweimal gemacht habe - die nicht einmal etwas beweist über den Menschen, von dem ich dort rede, sondern die vielmehr den möglichen Umgang mit dieser Sache charakterisieren kann: - Ich weiß nicht, ob Sie einmal den Ausdruck »Avatar« gehört haben. In der Hindu-Religion ist - Krishna – also, der irgendwo entfernt mit Christus vergleichbar ist - gilt dort als Avatar, d. h. Als jemand, den die Götterwelt geschickt hat – so, wie Gott den Jesus geschickt hat – also, in Wirklichkeit wahrscheinlich jemand, der für die Durchschnittspsychologie seiner Zeit überentwickelt, übersensibel, überempfänglich für die Botschaft war, die in jedem Baum steckt, in jedem anderen Menschen - die uns aber, wenn wir so sind, in der Regel nicht erreicht.

Diese Frau, bei der ich da – jetzt, am letzten Wochenende - gewesen bin, in einem größeren Kreis: Das ist eine - die ist jetzt 30 - die ist, als sie vier oder fünf Jahre war, aufgefallen in der Umgebung des damals schon toten Sri Aurobindo – Aurobindo ist wohl derjenige indische Weise dieses Jahrhunderts, der das Östliche und das Westliche am meisten zusammengedacht hatte - und die ist dort als jemand aufgefallen, der schon als Kind eigentlich verhältnismäßig wenig individuell Biografie hatte, sondern übernormale Fähigkeiten einfach entwickelt hatte. Und diese Frau sitzt jetzt in einem Raum – da, bei Limburg, in einem kleinen Dorf - da haben vielleicht 60; 70 Menschen Platz. Und die Fähigkeit, die sie hat, das ist, in ihren, in der Weisheit ihres Organismus - indem sie einfach die Hände an den Kopf legt dessen, der sich vor sie hinkniet - widerzuspiegeln – also, in sich zu erfahren, wie das funktioniert. Also, sie kann eigentlich den Entwicklungsgrad, den Reifegrad unserer, der menschlichen Wesenskräfte – ich sage einmal: Westlich messen (sie würde den Ausdruck niemals gebrauchen). Und sie hat die Fähigkeit, heißt es - will ich einfügen, konnte also so weitgehend das bisher nicht erfahren – dass heißt, sie hat eine Fähigkeit - also, dann also die Zentren, bei denen sie gesehen hat: es hängt - zu öffnen. Und ihr Grundgedanke ist aber: Wenn also die Energie noch sehr beängstigt, Angst - und das spürt sie halt - und tief, sozusagen, auf einer noch nicht sehr hoch entwickelten Ebene andrängt: Dass sie dann also nicht da unten etwas aufmachen, was dann sozusagen mit Macht überwältigt – also, das kann ein - jemand wie Hitler kann 40 Tage in die Wüste gehen und mit großen Kräften wiederkommen - aber ungereinigt. Das weiß die, und sie sieht - also, wo sie - vom Herzen an, oben, sagt sie, steht geschrieben - hat sie anderen auch erzählt, sie spricht jetzt nicht: Dass sie da aufmachen kann.

Ich habe - beim zweiten Mal jetzt, ich war das zweite Mal da - einfach mit mir selbst die folgende Erfahrung gemacht:

Ich kam mit ziemlichen Andrang dort hin, ich hatte ein bestimmtes Problem, ich war geladen, eigentlich, war kraftvoll auch in mir und - dass sie im Raum war, hat mich also anfangs überhaupt nicht erreicht, weil - ich war voll, ich konnte gar nichts fassen, was kommt, ich war voll mit dem, was ich sozusagen - sei es nun positiv, sei es negativ – also, was von mir eigentlich ausging. Ich konnte – also, sozusagen - die Ordnungskraft - von der ich immerhin vermute, dass sie weitaus größer ist als meine innere Ordnung - die - Bewusstsein erreicht mich nicht. Und - nach einer Weile erst hat sich das, ohne dass ich es gesteuert habe, umgedreht. Und der Unterschied war: Ich hatte meine Kräfte so steigend gespürt – also, diese Kräfte, die man bei Musik manchmal - was da so hochgeht, ich habe das einmal erzählt - diese Art Kräfte.

Das muss sich nicht so dramatisch äußern wie in bestimmten Augenblicken, aber - so ein Ansteigen. Und - wo ich das zu mir ließ, wo ich also nicht – so von mir aus – den Drang hatte – also, es kehrte mich tatsächlich relativ um – also, ich hatte eher das Gefühl, dass das so abwärts, dass – also, Licht geradezu, das ist ja auch - bio-elektrisch ist unser Gehirn ja sowieso – also, eine gewisse Art Lichterfahrung in mich rein. Und ich wurde also sehr viel ruhiger und gelassener dem unmittelbaren Problem gegenüber, das ich mithatte, und ging also überhaupt befreit aus der Sache hervor. Und ich glaube, dass – also, das, was da mit mir selbst passiert ist, viel spannender ist als die Frage, wie weit ihre Kräfte wirklich reichen.

Ich meine, dass da welche sein müssen - sonst würden sich, sonst sammeln sich da nicht Menschen herum, bloß - es ist nie sicher, ob das nun wirklich völlig rein ist. Sie macht es also ohne jedes Dogma, sie spricht gar nicht - nur mit dieser Berührung. Und man kann sich etwas wünschen - aber stumm. Also, etwas, was einem geschehen möge. Das habe ich auch gemacht – also, ich habe halt gebeten für mich - für das, was wirklich notwendig ist, dass es – also, nicht bloß mein unmittelbarer Anspruch, mein unmittelbares Bedürfnis ist. Aber es ist die Frage - das ist nur ein Hilfsmittel, mehr nicht - um mit den inneren Kräften umzugehen.

Und ich denke, dass der Hinweis aus den Evangelien und aus der Buddha-Geschichte - dass es da Leute gegeben hat, die in Krisenzeiten also entwickeltere Kräfte hatten als der Durchschnitt von uns - dass der also durchaus bedeuten könnte, dass auch jetzt solche Menschen auf der Erde sind, dass wir überhaupt jeweils Lehrer auch finden können, dass wir uns helfen lassen können und dass das keineswegs verlangt, sozusagen unsere Kritikfähigkeit – ja, den Kritizismus - ja, die Kritikasterei: Das muss man ausscheiden, aber - man kann durchaus noch unterscheiden. Ich kann wissen, dass ich nicht so genau weiß, ob das wirklich sie war - ob das nicht sozusagen meine Bereitschaft, so mit der Sache umzugehen, gewesen ist. Aber ich denke, dass dieses Bemühungen um Selbsttransformation - unter auch Zuhilfenahme von Leuten, die ein Stück des Weges schon gegangen sind - dass das ein wichtiger Zugang ist, um in uns die Energie für so etwas freizusetzen, ein Zugang - und das also in jedes beliebige Verhältnis, das wir dann eingehen:

Dass das dort einströmt. Dass wir unsere persönlichsten Verhältnisse und unsere allgemeinen Verhältnisse anders behandeln, wenn unsere Souveränität im Umgang mit den inneren Kräften größer geworden ist - wenn da ein Stück Befreiung passiert ist: Das ist Emanzipation - und nicht sozusagen das Versprechen über irgendeinen Standard, der uns da zukommen wird und - sodass ich denke, dass diese Umkehrbewegung in Wirklichkeit auch auf längere Sicht der einzig mögliche Glücksweg für uns ist, der sich selbst dann lohnt, wenn es überhaupt gar keine Garantie dafür gibt, dass wir auf die Weise also unseren Zerstörungskräften noch entkommen - das wissen wir ja nicht.

(Beifall)

Ich will noch sagen: Mein Seminar findet diese Woche - weil es ja der 1. Mai, da ist Feiertag - nicht statt, erst nächste Woche wieder. Und dann will ich noch darum bitten, dass diejenigen, die noch zur Diskussion dableiben wollen, so sich auf knapp eine Viertelstunde einrichten.

Basisgemeinden der neuen Ordnung – der kommunitäre Ansatz

… irrewerden – bildungsmäßig, da geht die nächste Vorlesung hier - also, das ist das Thema von Gerda Jun, von ihrem bestimmten Ansatz der Charakterintegration her wird sie über diese Frage – in Bezug auf die Kinder, halt – reden.

Also, da ist der Hintergrund: Wenn man der Megamaschine die Kinder überlässt – was in jedem offiziellen Schultyp rücksichtslos der Fall ist - dort werden sie ausgebildet – also, hier, irgendwie für Arbeit und für Erkennen im Sinne des – also - Funktionierens für die große Maschine. Was – also, erst mal sich das bewusst zu machen – aber jetzt von der Innenseite her - das will sie versuchen - und also die Frage stellen: Wieso eigentlich Initiation in diesem Gesamtbereich, wie das eigentlich durch Sozialisation gesichert werden könnte – und da bin ich ganz sicher, dass also nur dieser Kontext »Stämme 2. Ordnung – Kommunitärer Zugang« – dass wir dafür Gesellschaft neu schaffen müssten.

Wenn man jetzt unter diesem Gesichtspunkt – dass es also um die Entfaltung der menschlichen Wesenskräfte geht, die hier nur im Draufblick angezeigt sind – nur, damit man ein Bild hat, was eigentlich die große Aufmerksamkeit in Anspruch nehmen sollte - wenn man das also in den Mittelpunkt stellen will, dann ist eigentlich klar, dass kommunitäre Zusammenschlüsse, die auf Produktionsgenossenschaft ausgehen, jetzt zumindest nicht der Schlüssel zu der Sache sind.

Es ist gut, wenn Leute, die bisher – also, einfach in den Wagen der Großen Maschine hoffnungslos eingebaut sind, irgendwie auf den Gedanken kommen, sich unternehmerisch selbstständig zu machen und zu gucken, ob man auf dem Markt eine Lücke findet – also, für die individuelle Entwicklung, für die Entfaltung des eigenen Wesens ist das bestimmt eine gute Lösung. Aber das fällt dann nicht unter die Kulturperspektive, direkt, die ich da gemeint habe.

Natürlich – also, es mag sich da vieles entfalten in den Erfahrungen der Individuen, das ist Entscheidende; nur – ich meine, die Form der Produktionsgenossenschaft ist es gewiss nicht. Oder die WG der 60er, vor allem dann Ende der 70er-Jahre, wo also Individualisten suchten, wie jeder zu dem seinen käme – eine andere Möglichkeit, Kommune zu verstehen: Das wäre halt auch nicht der Schlüssel.

Was am nächsten liegt, wo jetzt Kommune lang gedacht wird, oft - es gibt so eine, so einen eingetragenen Verein, auch »Ökodorf, das ist – also, wenn man es von dieser Sichtweise her nehmen wollte, schon komplett gedacht. Aber wenn man natürlich »Ökodorf« schaffen will, dann heißt das, dass man in den nächsten 20, 30 Jahren mit dem Bauen beschäftigt sein wird – hauptsächlich. Das heißt, dass die Sache von der Seite - doch – des Produktionsprozesses, des Reproduktionsprozesses, der Sozialstruktur – was dann dort passiert - also, dass man Selbstausbeutung, mehr als 8-Stunden-Tag - also, dass im Mittelpunkt – wahrscheinlich – wieder nicht die Entfaltung der menschlichen Wesenskräfte um ihrer selbst willen stehen wird.

Und wovon ich überzeugt bin, ist: dass also die Forderung des Tages, geradezu, die Konzentration auf diese Sache ist. Dann kommen also solche Dinge, wie ein Ashram, den da Gandhi geschaffen hatte, oder die Klöster des frühen Mittelalters, wo man also aus Rom sich in demselben Sinne zurückgezogen hat, um gemeinsam den Weg in eine andere Kultur zu finden, der Sache näher - ein Therapiezentrum kommt der Sache näher, so ein Tagungshaus – obwohl wir manchmal sehr kopflastig, verstandesmäßig, wie wir das da in der Eifel betreiben - hat schon mehr damit zu tun, aber in letzter Instanz – also – ginge es eigentlich darum, dass sich möglichst viele Menschen um Leute versammeln, die schon ein Stück weit diese Wege gegangen sind – und also praktisch um ein geistiges Wissen herum - dass sich da herum eine Gemeinschaft anlagert; die müssen gar nicht gleich voll – full-time - miteinander leben - und dass dann erst die Frage auftaucht - also, lohnt es sich nicht, die eine oder andere reproduktive Tätigkeit – oder produktive Tätigkeit – aufzunehmen?

In unserem Tagungshaus dort in der Eifel, da haben wir es – rein formell, meine ich das jetzt – idealtypisch eigentlich ganz gut gelöst - also, ich meine, jetzt nur mal zum Zeigen des Prinzips, ich rede nicht über die Qualität der Kommunikation – die könnte besser sein - sondern ich schildere mal nur, wie der Tag dort anfängt, um – dann hat man in etwa die gemeinte Reihenfolge:

Nämlich, man trifft sich früh erst für eine Viertelstunde, da schweigt man gemeinsam - wir haben nicht festgelegt, was da geschieht - also, es ist keine bestimmte Meditation, weil wir uns gesagt haben: Wir haben uns getroffen noch auf der individualistischen Basis – eingestanden, nicht? – also, jeder wird nach seiner Fasson selig, wie Friedrich der Große einmal den religiösen Leitspruch der westlichen bürgerlichen Gesellschaft ausgedrückt hat – Religion ist Privatsache – (was also einer der Gründe – sicher - der Katastrophe ist) - aber erst mal ist das noch mit eingegangen bei uns, aber dieses Schweigen - auf jeden Fall bedeutet das erst mal, dass man also mit sich allein ist, und – wenn man lustig ist – die Klemme irgendwie fehlt (???). Da gibt es so eine 25-Minuten-Musik von Arvo Pärt einem estnischen Meister, die heißt »Tabula Rasa«, und – also, den Automaten einschalt- ausschalten, der hier also unausgesetzt läuft – »Es klappert die Mühle am rauschenden Bach« – das ist mit dem Schweigen symbolisiert. Da kann natürlich jeder von uns auch sitzen und sein schwerstes Problem wälzen, aber – es ist nicht so gedacht.

Und dann kommt eine Runde von vielleicht wieder einer Viertelstunde, oder 20 Minuten, oder einer halben Stunde, wo wir miteinander die Befindlichkeiten austauschen - das heißt, wo es gewissermaßen ins Soziale geht – also, die Reproduktion des Gemeinwesens als Gemeinschaft oder Gemeinde – also, wirklich: Wie geht es uns? - und, natürlich, wenn es Konfliktstoff gibt: Das wird da behandelt.

Und dann ist Frühstück; das hat sich einfach so ergeben – die Reihenfolge, also, die ist ideal, dass man dann - dann ist man immer noch bei etwas, das kommunikativ ist, wir sitzen meist alle dann noch für eine halbe Stunde zusammen – und dann erst kommt also immer die Arbeit der - also, mit der Erhaltung der Lernwerkstatt da verbunden ist, in den verschiedensten Beziehungen. Das ist also vom – wenn das die ganze Wahrheit über uns wäre, wäre das ganz wunderbar. Also, so – sage ich jetzt mal – soll es eigentlich sein.

Wobei übrigens – wir sitzen dann auch tatsächlich in so einer Runde, und da sitzt in der Mitte kein Priester. Und da ist auch kein Dogma ausgegeben – das sagte ich schon - jetzt – ich sage das noch unter dem Gesichtspunkt, dass auch Unverbindlichkeit im Spiele ist – aber ich bin ganz sicher: es kann da auch verbindlich sein - und dennoch – also, diese leere Mitte, wo niemand beansprucht – also, jetzt unmittelbar das Sprachrohr des lieben Gottes zu sein – am wenigsten in uns selbst (???) - während also von den einzelnen Plätzen durchaus mal eine prophetische Stimme kommen kann: Jetzt fällt einem was ein.

Die Kreter haben so eine Konstellation: Die setzen sich statt in der Runde - die setzen sich so in Reihen gegenüber, und der Gottesdienst besteht eigentlich darin, dass man versucht, ins Innere zu gehen, sich zu vertiefen, und wer eine Eingebung hat, der ruft die halt in den Raum hinaus – in glücklichen Fällen kommt dadurch Gotteserinnerung zustande. Und so was kann da mal passieren – dass auch mal was durch den Raum geht. Abgesehen davon, macht so eine Kommunität – muss natürlich noch was machen, um das auch – also - wenn es geht, am Leben zu halten, diesen Geist, das heißt, wir veranstalten ja die Seminare, die so ins Innere gehen, auch für uns selber.

Was jetzt also für die soziale Regulation wichtig ist, wenn das Gemeinwesen so aufgebaut ist - das heißt, wenn es wirklich in erster Linie um die Entfaltung der menschlichen Wesenskräfte dabei geht, und wenn also die Reproduktionsfunktionen dem untergeordnet sind, was schon heißt – also, wenn man wirklich viel Zeit auf die menschliche Innerlichkeit wendet, dann wird die Gesellschaft nicht so produktiv sein.

Das ist jetzt – ich mach mal eine – ich gehe noch mal raus, weil das wirklich spannend ist, in Bezug auf die heutige Situation - ich komme ja noch auf Kurt Biedenkopf, der hat mir bisher – also, noch haben sie überhaupt nicht seinen Terminkalender in der Hand gehabt, aber – ich nehme an, er wird wohl nicht kommen.

Aber ich habe mich in der »Logik der Rettung« ja mit ihm und vor allem mit seinem Lehrer Eucken auseinandergesetzt. Die waren ja dabei beide, Biedenkopf und Eucken – also, Biedenkopf als Schüler, dann von Eucken –

danach zu fragen, wie man also diese Kapitaldynamik – nachdem sie sich mal entfaltet hat – unter Kontrolle bringen könnte. Dem gegenüber ist es wirklich spannend, was der Eucken damals für die frühe Christenheit im römischen Zusammenhang festgestellt hat: Derselbe Eucken, der jetzt also den Kapitalismus dann für natürlich gehalten hat - der sagt dort: »Die hatten sich für eine Struktur ausgesprochen, die nicht auf höchstmöglichen Reingewinn gerichtet ist« – so sagt er das - »was also das Kapitalistische ist« – die christlichen Gemeinden, damals – »und nicht auf ständige Steigerung des Verbrauchs.« Er sagt: »Die Christen der Spätantike wollten nunmehr nicht unbegrenzt erwerben« – Rom wollte erwerben, das war ganz klar: raffen, raffen, raffen, Zufuhr aus den Provinzen - »wollten nicht unbegrenzt erwerben, sondern nur ein gleichbleibendes bescheidenes Niveau an Bedürfnissen befriedigen« – materiell, ist gemeint - »um für den Gottesdienst Zeit zu gewinnen und sich für die Civitas Dei vorzubereiten« – für das Reich Gottes vorzubereiten, das nach Christus ja in uns liegt, das mit dieser Arbeit zu tun hat – also, sie wollten sich nicht mit Produktion und Konsumtion zuschütten, sondern: um diese Mitte herum – sagte Eucken - war also die Sache aufgebaut, und die wollten dafür – dafür! – die bestmögliche Güterversorgung.

Und wenn man das von so her sieht, nicht wahr, dann hat man also – jetzt, was den realen Lebensprozess so einer Kommune – aber im Hinblick auf: Dass sie die Gesellschaft werden sollte, irgendwann – oder aus vielen Kommunen, natürlich - dann geht es also natürlich darum, dass im Nahbereich statt mit diesen Ferntransporten für Nahrung gesorgt wird und für Kleidung - das ist natürlich mit Produktion verbunden - und für Behausung, natürlich, nach dem Maß des Wachstumsprozesses, den man da im Sinne hat – also, da würde zum Beispiel schon allein deshalb das viele Schweinefleisch mindestens ausfallen, das wir ungefähr zehnmal so viel wie unsere Vorfahren verzehren, und was Kleidung betrifft: Also, wenn es den Zusammenhang zwischen Geist und Kleid gibt – wie ich den Brentano im Sinne hatte – das hat natürlich dann einen anderen Charakter, und in der Behausung – also, man würde sich fragen, wie die Häuser so einem kommunitären Lebensstil entsprechen können, wie das – also, dass die nicht als Einzelzellen der Sache im Wege sind – obwohl der Einzelne auch seinen Platz, vielleicht sogar seine Sphäre, braucht. Und Bildung – also das, was wir heute als Gesamtschule betreiben, wäre in diesem kommunitären Zusammenhang - und Gesundheit.

Und das ist immer noch so gezeichnet – also, sage ich, ist das, von der materiellen Seite her gesehen, der Reproduktionszusammenhang, und ich bin ganz sicher - das sagt mir auch meine Erfahrung mit der Katastrophe, die es dann zuletzt beim Bhagwan da in Rajneeshpuram gegeben hat - dass in diesem Bezuge hier – also, Verhandlung in der Gemeinschaft – also, so was, wie – der Begriff ist dann hier nicht sehr angebracht - aber so was wie Demokratie in der Kommune, dass die Einzelnen zur Geltung kommen, dass da nicht alles vorgegeben wird, wie Bhagwan dachte: Das ist das Beste, damit ihr gar nichts mehr damit zu tun habt - sondern in dieser Richtung, glaube ich, geht das Verhandlungsprinzip - das heißt, hier muss diese Kommune als Gesellschaft ihr Recht haben.

Der alte Augustin hatte unterschieden zwischen Civitas Dei - also, Reich Gottes - was in uns anfängt, und Civitas terrena - und gemeint: Ganz zur Deckung kommen wird das nie. Und wenn man behauptet - da wir ja also auf dem Wege sind, hoffentlich das irgendwo zur Deckung zu bringen: lassen wir uns gleich davon leiten, dass wir alle heilig sind, dann braucht man keine Verhandlungen – aber dann kommt das, was nachher Bhagwan selber »faschistisch« genannt hat, in der Kommune, dabei heraus.

Also, das will sein Recht haben, diese Civitas terrena, dass man da die historische Erfahrung berücksichtigt.

Das heißt, es handelt sich, was die Formalien betrifft, gar nicht darum, dass diese Errungenschaften, die jetzt so viel gepriesen werden – also, diese Dreiteilung der Gewalten, und so fort – dass das herausfallen muss, sondern die Verfassungsformen – nur in diesen neuen Zusammenhang, natürlich, hinein adaptiert und verwandelt - die haben in der Richtung Bedeutung.

Aber wenn man die Sache von innen her betrachtet, dann geht es, und zwar in Bezug auf dieselben Dinge, hier um Heilsein - was noch ein bisschen mehr als physische Gesundheit ist - und hier geht es um Wissen, und hier geht es um Wohnen – also, jeweils von der Lebensmitte her gesehen - von der Herzmitte, die ich hier angezeigt habe - also, von Liebe her gesehen, und hier geht es um Kleidung in diesem Sinne, nicht? Wer sagte: Geist und Kleid, dass das zusammenpasst - und hier geht es um Essen, oder Ernährung – in dem Sinne, dass also es erwiesen ist inzwischen, dass die Art, wie wir uns ernähren, und die Art, wie wir fühlen und denken - dass die geistige Entfaltung beeinflusst wird davon.

Und wenn man, sofern man das so herum sieht – also, da gibt es – und das ist das Übergreifende, sonst macht das Zusammenleben keinen Sinn, und es stellt sich also der gewerkschaftliche Interessenkampf von hier aus wieder her, da dominiert Konsens – und es müsste das übergreifende Prinzip sein.

Also, Menschen, die sich für solche Wege zusammenfinden, können sich über die Priorität – eigentlich – dieser Skala gegenüber der anderen – können die sich auch einig sein. Das heißt nicht, dass das zwischen diesen beiden Richtungen hier völlig konfliktfrei abgehen wird, weil wir nicht perfekt sind, sondern – es muss nur verstanden sein, dass eine gute Gesellschaft – also – nicht durch Verhandlungen von Sonderinteressen gegeneinander – letztlich - regiert werden kann, zustande kommt - was also die bürgerliche Gesellschaft ist - sondern dass das Prinzip der bürgerlichen Gesellschaft – jetzt mal im weitesten Sinne, nicht so sehr auf die Moderne bezogen, der Civitas terrena - also, der Gesellschaft auf ebener Erde, nicht? - dass das die zweite Stelle einnehmen müsste in dem geistigen Zusammenhang, der das leitet – und zwar einfach schon allein deshalb, weil sonst der geöffnete Raum doch wieder überschwemmt werden wird – erst von den Interessen, und dann von den Konkurrenzbedürfnissen, und dann von den materiellen Ersatzbefriedigungen und von der Machtansammlung, die - wenn das für sich regiert – also, geschichtlich erwiesen, der normale Output, wie man sagt, der Geschichte ist.

Also, die Chance besteht darin, dass von der Öffnung her, die ich angedeutet habe, und von der Organisation des Lebens umsolche Öffnungen herum sich das andere Prinzip durchsetzt.

Jetzt will ich schließen, indem ich noch mal auf die Überschrift zurückkomme. Ich hatte ja das genannt »Basisgemeinden der neuen Ordnung«, und da ist der Zusammenhang auch wegen des Ausdrucks stark spannend:

Nämlich, das stammt aus der katholischen Befreiungstheologie - aber insofern die wirklich in Lateinamerika zu Hause ist und wo dort also in einem eigentlich franziskanischen Geiste die Armen organisiert werden und nicht die Reichen – also, da kommt der Gedanke der »Basisgemeinden der neuen Ordnung« her, und sie denken so, dass diese Zusammenschlüsse auf Leben und Überleben und unter sehr schwierigen Umständen - also dort, wo praktisch Thomas Müntzer erst mal angesagt wäre, um erst mal einen Startplatz zu bereinigen, dass die Menschen sich erheben können – also, es ist klar, dass dort nicht dasselbe passieren wird wie hier im Zentrum, wenn sich Leute aus privilegierter Situation – so war das auch im späten Rom – auf solche Wege begeben.

Aber der Zusammenhang muss klar sein – und wenn es dort eine aufgezwungene Armut ist, dann muss hier freiwillige Armut eine große Rolle spielen, und zwar schon allein, weil es auch notwendig ist, wenn der – für uns selber! – wenn der Raum, auf dem Geist, Freude, Liebe usw. passieren können: Wenn das sich öffnen soll – also, diese Basisgemeinden, von denen die dort gesprochen haben, die weisen hin – natürlich – darauf, dass es bei dieser Teilung zwischen den Reichen und den Armen, der Ersten und der Dritten Welt - nun, nachdem die Zweite herausgefallen ist - nicht bleiben kann; sie reden deshalb auch von ›Kirche‹ - aber das ist dann nicht nur nicht mehr die katholische, sondern christlich-ökumenisch. Sondern bei denen, die am weitesten denken, ist das gar keine von diesen konkurrierenden Religionen mehr, sondern sie sagen dann: Kirche, das sei »Volk Gottes unterwegs«.

Also, die Menschheit als Volk Gottes unterwegs, und auch – also das, was ich hier angezeichnet habe als das anthropologisch Gegebene, die Bereiche Körper, Seele, Geist - das liegt allen den verschiedenen Glaubenssystemen zugrunde. Ich will es hier nicht ausführen, weil – dem ist meine übernächste Vorlesung dann gewidmet, dem Thema »Glauben in der ökologischen Krise« – wie das vielleicht zu verstehen wäre. Hier meine ich nur, dass in dem menschlich Gegebenen, dem Naturgegebenen, auch die Möglichkeit für eine Vereinigung der Menschheit liegt, wenn – also, möglichst befreit - wenn wir uns möglichst befreien von all diesen kulturellen

Sonderbestimmungen und -interessen, die die Menschen gegeneinander-
stellen.

Und das geht umso leichter, je mehr wir an der Entfaltung des menschlichen Potenzials arbeiten – und dann erkennt auch der Mensch den Menschen, dann ist also jemand aus dem lateinamerikanischen Bereich, oder
aus Afrika, oder aus Arabien ebenso – er tritt in seiner Eigenschaft als
Mensch mir gegenüber und nicht in dem jeweiligen Wahnsystem, das bis
zu einem gewissen Grade jede spezielle Kultur ist - also, diese kommunitäre Perspektive ist für mich der Weg, einfach, auf dem der Entwurf für so
eine Menschheitskultur ausgearbeitet werden kann, aber nicht jetzt in
diesem einen Projekt für die ganze, sondern – in aller Bescheidenheit – in
der Hoffnung darauf, dass Anläufe dieser Art – da sie vom menschlichen
Fundus geleitet sind – auch konvergent sein werden, wenn wir die gegeneinander gerichteten Interessen sukzessive fallen lassen.

Also, das ist eine Menschheit aus Kommunen, die sich - die um die Entfaltung der menschlichen Wesenskräfte statt ums Produzieren herum
angeordnet ist, dass also das eine – dass das die Hoffnung wäre für das,
was nach dem wohl nicht sonderlich vermeidlichen Zusammenbruch der
jetzigen Superstrukturen da geschehen könnte.

Jetzt 10 Minuten Pause - und dann ...

(Pause)

(Stimme, männlich – Jochen Kirchhoff:)

... aber - es ist gut und richtig; auf der anderen Seite ist es doch aber so
– wie wir alle aus Erfahrung wissen - dass der starke Antrieb, wirklich aus-
zusteigen und sich neu zu kristallisieren, immer von einer Einzelpersönlichkeit ausgeht.

Also, zum Beispiel Rajneeshpuram - das ist einfach das Kraftfeld
gewesen, das Bhagwan selber geschaffen hat – mit allem, was an negativen
Erscheinungen dann aufgetreten ist. Es ist – ich weiß nicht, es ist ein offenes - eine offene Frage, inwieweit spirituelles Führertum – jetzt, ohne die
negativen Konnotationen mit »Führertum« – einfach unumgänglich ist. Ob
nicht Individuen, die da einfach im Kreise nur sitzen – ob das einfach

funktionieren kann, ohne das Kraftfeld einer Einzelpersönlichkeit – die ein Stück weit auch einfach der Guru dann ist. Das ist einfach eine Frage, an der ich auch lange herumlaboriere; ich weiß auch keine Antwort darauf. Aber die Erfahrungen beweisen erst einmal, dass man so eine Persönlichkeit braucht. Was meinst du dazu?

(Stimme, weiblich:)

Die Erfahrungen laufen ja auch alle immer in eine Richtung – die wir bisher haben ...

Bahro:

Also – zunächst mal war das, was ich dazu gesagt habe, gegen die vorzeitige Besetzung der Mitte – aus Anmaßung – gerichtet.

Also, wir sind nur allzu schnell dabei, irgendeinen kleinen Vorsprung, den wir haben, auszubeuten und uns - also - unentrinnbar zu machen dann, jeweils, mit dem, was wir gesehen haben. Und man wird – gerät dann also nur allzu schnell – das ist, glaube ich, der größte Teil des Geheimnisses, warum so was immer schiefgegangen ist, bisher – waren die einen in einen Erfüllungszwang gegenüber Erwartungen, die man geweckt hat, die man aber nicht befriedigen kann – das Weitestgehende zu diesem Thema hat Wilhelm Reich geschrieben in seinem Buch »Christusmord«: Er hat dort gezeigt, dass also diese Struktur, die um den Jesus von Nazareth entstanden ist, einigermaßen notwendig mit der Kreuzigung enden musste - weil also die Kombination zwischen jemand, der geistige Führung anbietet, und den Erwartungshaltungen, die aus Subalternität dann kommen und nicht befriedigt werden können, dann dazu führen, dass viele enttäuschte Anhänger wahrscheinlich die lautesten »Kreuzige, kreuzige!«-Rufer sind. So – das zeigt Wilhelm Reich in diesem Buch »Christusmord«, das vielleicht eine Sicht ist, aber – der Punkt scheint mir spannend zu sein.

Also, ich habe versucht, das mit dem – ich habe es jetzt schon abgelöscht – also, auf diese Sache auch noch zu reagieren mit diesen beiden Linien dort.

Also, in Rajneeshpuram war das eindeutig so organisiert, dass vom Guru her eine Leitung der weltlichen Angelegenheiten in der großen Kommune

– das waren immer ein paar Hundert Menschen, über tausend zuletzt - eingesetzt war, die also schon allein deshalb gar nicht kontrollierbar war, weil – Bhagwan sprach um die Zeit nicht öffentlich, sodass also eigentlich alles, was diese eingesetzte Leitung da praktiziert hat, als aus dem weisesten Ratschluss erflossen dann sich darstellte, und es war eigentlich nicht – einfach nicht möglich, das dann auf der Grundlage irgendwie im Gleichgewicht zu halten. Und wenn jemand – wenn der Energiefluss, der von jemand ausgeht, stärker ist, und die echte Autorität da ist, dann glaube ich – also - genügt es mindestens sehr, sehr lange, dass der mit im Kreise sitzt. Und gar nicht unbedingt häufiger das Wort ergreift als andere.

Ich habe mal in unserer kleineren Gruppe dann, wo ich jetzt das Seminar mache, eine interessante Erfahrung erzählt, die mir ein Aktivist von 1968 in Paris erzählt hat – Jean-Claude, ich traf ihn auf seinem Alleingang dann, viele Jahre später – also, mehrere Jahre später. Der hatte 12 Jahre Kommune gelebt, und die waren also entschlossen gewesen, die egalitären Prinzipien der Straßenkampfzeit auch zu realisieren, und er sagte: »Nach gar nicht so sehr vielen Jahren war ich der Guru, und es gab dann diese Kämpfe: ›Du sollst es nicht sein‹, und das verfestigte sich nur immer mehr, und ich war ihnen im Wege, und sie waren mir im Wege – und wir haben das aufgelöst, weil die Gesamtstruktur, die wir zustandegebracht haben, nicht gültig war – und weil ich selber mich mit meiner Führungsfunktion übernommen hatte.«

Also, mit dem Versprechen: Ich kann sagen, wo es lang geht – selbst, wenn ich mich – also, er hatte sich gar nicht – so, von vornherein – in diese Rolle gestellt, aber – es war halt praktisch die geistliche Autorität, auf die man sich festlegen konnte – war noch gar nicht da.

Ich denke also, Jochen, eigentlich so: Wenn sich ein Meister zeigt, der das wirklich ist - dann ist das, was ich gesagt habe, nicht zum Zwecke des Verbots: »Schließt euch dem ja nicht an!«; also, wenn Christus da an dem See entlanggeht und zu Petrus und Andreas sagt: »Nun lasst mal eure Netze liegen und helft mir, Menschen fischen!«, und die folgen - da habe ich keine Kritik. So. Das ist ein Teil der Wirklichkeit.

Nur – mir scheint es, dass wir auch der vergleichsweise entfalteten Individualität, die wir hier im Abendland angearbeitet haben - vielleicht (also, sozusagen) die starke Seite unseres entgleisenden Kulturentwurfs -

dass man dem auch irgendwie gerecht werden muss. Und dass sich also so was wie kollektive – nicht: kollektivistische – kollektive Richtungssuche – das das was werden kann. Dass es vor allem auch gut ist, wenn jemand wieder mal zurücktritt, und das wechselt - und was ich überhaupt noch nicht – also – in diesem Zusammenhang bis zu Ende durchdacht habe: Das sind die Konsequenzen, die sich aus dieser Betrachtungsweise ergeben, die die Frauen vorgetragen haben. Also, diese Modelle spiritueller Führerschaft – und zwar nahezu alle, die in den Büchern stehen – stammen aus der patriarchalen Zeit. Ich habe jetzt zum Beispiel gelesen dies – ein wunderbares Buch von Fatima Mernissi, »Der politische Harem – Mohammed und die Frauen«. Also, überaus spannend, in jeder Hinsicht, aber völlig klar – sozusagen -: Dass der Grundstock der Verhältnisse patriarchal geformt war und dass Mohammed – der Tendenzen hatte, da auszubrechen – genauso, wie nach Elga Sorge Christus Tendenzen hatte, da aus-

... dass sie zu weit gegangen war – also, da steckt – ich sage das jetzt nur, weil ich es gerade frisch gelesen habe, die Elga Sorge hat das ja erzählt für dies - bei dem Christus-Thema ist das ja dasselbe - oder »Christus, der Gesalbte der Frauen« ist ein Buch von Christa Mulack – also, das ist auch in – also, wenn das dann eine faschistische Struktur wird, in Rajneeshpuram – das ist – also, sozusagen – das letzte Wort des Patriarchats, eigentlich, nicht? – dieser Struktureffekt, der also da drin sitzt. Und ich vermute einfach, dass wir da guttun, uns noch eine Weile der Auflösung zu überlassen … ja?

(Stimme, weiblich – Amelie)
Ich würde das eigentlich auch noch mal unterstützen wollen, aus einem anderen Gesichtspunkt – also, was Jochen gesagt hat: Dass das wichtig ist, gerade, dass die Mitte leer bleibt, weil – also, die Erfahrungen auch, die ich gemacht habe, mit spirituellen Gemeinschaften:
Wenn es einen Guru gibt, der vielleicht - zugegebenermaßen - wirklich mehr weiß und also ein Stück weit mehr erreicht hat in seinem Menschsein, es trotzdem ganz schwierig ist, weil dann der Punkt eintritt, dass Verantwortung abgegeben wird – und in dem Moment findet auch keine wirkliche Entwicklung statt, weder spirituell noch menschlich, und dann geht

es auch immer schief, dann kommen immer die faschistoiden Strukturen – notgedrungen.

Und ich glaube, dass es sowohl für den Guru gut ist, wenn er mit in der Runde sitzt, weil er auch selbst weiter da so mit wächst, und vor allem ganz wichtig: Dass er keine Verantwortung abgibt – und dass andere auch nicht den Guru zum Träger ihrer eigenen Verantwortung machen: Das halte ich für einen ganz, ganz wesentlichen Punkt.

Und dass da Gemeinschaft ganz neu, auch auf Spiritualität und - neu erfahren wird. Und da gibt es - lese ich jetzt auch gerade ein Buch, zum Beispiel, über – ja, Hexen - in Amerika könnte man – sozusagen – als radikale Ökofeministinnen bezeichnen, die also aus ihrem weiblichen Erleben, aus ihren weiblichen Gemeinschaften heraus – also - sowohl zusammenleben als auch konkrete – könnte man jetzt sagen: im Sinne von Sattya-Karma, im Sinne von Gandhi auch - Aktionen machen - also, radikal-ökologische Aktionen, wo das aber alles – sozusagen – ein Yoga ist und wo sehr schön beschrieben wird, wie sich da Autorität immer wieder neu in verschiedenen Situationen spontan etabliert – einfach aus der Situation heraus; eine sagt dann – sozusagen – das Richtige, und es wird dann gemacht, weil - der Gemeinschaftsgeist ist so stark geworden dadurch, dass jeder die volle Verantwortung trägt.

Und ich glaube, das ist das, ein bisschen auch, was wahrscheinlich den – was Rudolf auch noch mit – hier – sagen wollte, mit der leeren Mitte …

Bahro:
Mir fällt da noch was ein – also, vielleicht doch als auch signifikant, zumindest, für die abendländische Perspektive in dem Punkt.

Also, ich habe in einer Vorlesung im vorigen Semester über Joachim di Fiore gesprochen, diesen Kalabreser Mönch – also, Süditalien, dort, der um die Zeit Kaiser Friedrichs II. Also, auf dem Höhepunkt der Staufer-Zeit – und als dann der große Krieg zwischen Kaiser und Papst also auch eskalierte – der um die Zeit gewirkt hat. Und der also hatte ja diese Lehre ausgearbeitet von drei Reichen – sozusagen – der menschlichen Existenz, gerade jetzt in Bezug auf dieses Problem - also, das alte Reich war das des Alten Testaments, mit GottVater, eigentlich, als nach außen gesetzter Kontrollinstanz – wir sind halt subaltern, in einem gewissen Grade - ich meine, ich will es nicht übertreiben, aber – diese Konstellation jedenfalls, GottVater und sein Sklave, in bestimmter Hinsicht – und das zweite Reich, sagte Joachim, sei das Reich Christi als des brüderlichen Meisters halt gewesen – also, das Reich des Gurus, der durch seine Existenz den Weg weist - und was er ankündigte, allerdings in einem Vorgriff, der sich nicht unmittelbar bestätigt hat: Das war das Reich des Heiligen Geistes in dem Sinne, dass dort also dieser Fixgeist gleichermaßen über alle ausgegossen sein sollte.

Und es gab dann also die Restsumme – gewissermaßen – in dem Wort: »Wer es fassen kann, der fasse es!« – also, ob wir nun unsere Empfänglichkeit so entwickelt haben, dass das zu uns kommen kann.

Da fällt mir noch was ein: Ich bin mal auf Lanzarote bei so einem längeren Workshop gewesen, da war, nach dem Zusammenbruch dieses Experiments von Bhagwan, der Theertha - das war so was wie sein Oberpriester gewesen, da in Rajneeshpuram. Und der veranstaltete mit uns in so einer Pyramide folgende Übung: Wir saßen in vier Ecken da - wir saßen da zusammen, und er ließ uns mit dem Atem durch die verschiedenen Chakras gehen – also, durch die psycho-physiologischen Zentren in uns - und sagte irgendwann: lasst uns doch mal das auf diesen - so einen Punkt - hin, da in der Spitze der Pyramide, uns vorstellen, je nachdem, wie - Verschiedene erfahren das verschieden, natürlich, wenn man - bei manchem – erleben das manche nicht so - es war aus Anlass, übrigens, eines Todestages, dass er das machte, die ganze Konstellation – dieses Unglückstages, da, und das war – also, erheben, und dann wieder – er ging davon aus, dass wir alle Einzelne sind, dass sich das vereinigt, irgendwie, und dass das dann auch wieder auf uns zurückkommt.

Und es war also irgendwie ein positives Bild, jedenfalls, was ich da in Erinnerung habe - und was sich irgendwie mit dem Thema berührt - also, dass - wenn unsere besten Energien und Kräfte zusammen kommen, wenn man dafür auch vielleicht Formen findet - dass wir da vielleicht gesicherter in dem ganzen Bereich sind, den Amelie auch eben behandelt hat als – bei diesen Führungsstrukturen, die - vielleicht: Alles hat seine Zeit! Vielleicht auch für den Einzelnen - also, es mag da kein Gesetz geben:

Niemand - sage ich auch – niemand soll sich da anvertrauen jemandem, obwohl man niemals weiß, aber - ich suche jedenfalls nach dieser Joachimschen Perspektive, in aller Gelassenheit, ich weiß nicht, ob das klappt, oder so, aber – ich will mich da jedenfalls nicht auf eine Erfahrung festlegen.

Ich bin ja damals nicht Sanyasin geworden; ich weiß nicht, ob das nur richtig war – weiß ich auch nicht -; dass ich mich da – also – nicht eigentlich anvertraut habe – Na gut – also, das ist ein Stück Wirklichkeit.

(Stimme, männlich, schlecht verständlich:)

War das nicht auch für dich Persönlichkeitserfahrung, wenn du die inneren Aspekte der hierarchischen Struktur der Sanyasin siehst, die du angesprochen hast, diese Führerschaft … die fallen ja auch nicht vom Himmel …

Bahro:

Also, so sicher bin ich nicht. Ich meine, da war natürlich die Hürde für mich hoch, durch das, was ich schon dort am Platze sah, und verschiedene Sachen, die ich wusste - und erst mir einigermaßen einsortieren musste, um es überhaupt – also, mich nicht daran aufzuhängen, etwa dieser Rolls Royce, und so, nicht? Aber es ist – es bleibt dann was übrig.

Wenn man sich – also, ich meine: Heute wissen wir aus offiziellen Texten, wer Jesus war – aber nach manchem, was man auch noch weiß, war der – sozusagen – aus dem Ostfriesland Israels - also, Galiläa da war nicht die ausgezeichnete Provinz, und er war mit den Zöllnern und mit den Huren, oder was die gute Gesellschaft alles da auszusagen hatte - und möglicherweise gab es auch gute Gründe, sich zu bewahren dem gegenüber; ich wäre nicht sicher, dass - sagen wir mal, zum Beispiel, der Jünger Johannes, der dieses vierte Evangelium geschrieben hat - also, es an Respekt gegen sich mangeln ließ, indem er sich dem Christus anschloss – dem Jesus anschloss – da gerade dem Jesus: Also, ich meine, Christus ist, was nachher kommt, und was daraus wird, aber – ich bin mir nicht sicher. Auch für mich nicht – also, weil man – man hütet mit Respekt vor sich selbst natürlich auch die eigene Eitelkeit.

Da ist was daran – und dennoch ist es …

(Stimme, männlich, schwer verständlich:)

... Verarschungsstruktur ... Respekt auch vor einzelnen Sanyasin – aber das ist auch eine organisierte Verarschungsstruktur.

(Stimme, weiblich:)
Diese ganzen Sekten im System ... Persönlichkeit ... also ...
(Stimmengewirr)

Bahro:
Also, so ein Vernichtungsprogramm gegen das Individuum, das habe ich nicht erlebt da. Ich war vier Wochen in dieser Stadt – Rajneeshpuram - da gab es autoritäre Strukturen, was den kommunitären Alltag betrifft wie?

(Zwischenanfragen)

Bahro:
Also, ich meine - das ist allerdings die Versuchung, nicht wahr, um eine Sache auszubreiten, Geld – und viel Geld! - für sich zu sammeln, und so - also, das ist – nein, ich habe es doch von innen ein Stück weit gesehen und habe – für mich habe ich die Erfahrung gemacht, dass da was daran war, positiv was daran war – was nicht ausschließt, dass es dies Problem gab – und das Geldproblem gab; leicht gehen – wenn man die Welt, wie sie ist - also, ein jeder Zweig – sozusagen – des gesellschaftlichen Lebens kann mit sich durchgehen, da, an der Stelle, und die geringste Unreinheit – das ist auch das Problem: Wer sich da zum Meister macht, nicht? – die geringste menschliche, allzu menschliche Unzulänglichkeit, die gut auszuhalten ist, wenn man im Kreise sitzt, nicht? - die wird zum Verhängnis; auch Lücken: Das muss nicht mal – sozusagen – ein direkter Fehler sein: eine Lücke!

Also, diese indische Grundauffassung von Spiritualität hat eigentlich den sozialen Raum immer ausgelassen. Und wenn das also mit eingeht, und es entsteht dann eine Gesellschaft, und die soziale Seite kriegt ihr Recht nicht – allein das genügt schon, damit das mit den Dämonen besetzt wird – die auch im Spiele sind, und die müssen gar nicht von ihm kommen, sondern – oder von ihr, oder so – das ist gar nicht der Punkt, sondern – das sind dann – also, wo das Projekt dann mit der Sache durchgeht.

Und ich finde das - diese Bhagwan-Geschichte - gerade deshalb spannend; wenn sie nur die Karikatur wäre, die man – also – da aus dem SPIEGEL, oder so, vielleicht entnehmen konnte, dann hätte mich das überhaupt nicht interessiert, sondern – das war wirklich – also, da war was – und zugleich war von Anfang an der Keim auf dieses Scheitern, auf dieses Feilschen, da enthalten.

(Stimme, männlich:)

Sie sprachen doch von der Lehre – prinzipiell ist die Frage: Meister – Lehrling – Lehrer – Schüler – Eltern – Kind – das Wie: Das geht ja nicht um diese und jene Ableitung, die seit Tausenden von Jahren passiert, dass sich jeder um die eigene Geschichte – der Lehrer lernt am Schüler, der Schüler lernt am Lehrer – das ist zunächst ein Spiel, aber das Prinzip vom Lernen von jemandem auf dem Wege zu zeigen – Sie sagten: Eine Frage der Zeit – wie sagten Sie vorhin … ?

Bahro:

Also, jetzt: Alles hat seine Zeit – in diesem Sinne, nicht?

(Stimme, männlich:)

Ja. Es gibt Zeiten …

(andere männliche Stimme:)

… können natürliche Autorität akzeptieren … die drückt sich nicht in Hierarchie aus - ich brauche keinen Oberarsch, der …

(Stimme, männlich:)

Es ging um die Besetzung der Mitte …

Bahro:

Also, da muss man aber doch was nicht – doch was, glaube ich, sollte man nicht verwechseln bei – was Hierarchie betrifft: Also, für die Organisation eines Arbeitsprozesses ist Hierarchie - falls Menschen die Arbeiter sind, dann – also, die danach definiert werden, dass sie dort total unterworfen sind – ist an sich was Richtiges und Nützliches. Also, man muss sich auch unterordnen können, was die Durchführung einer bestimmten

Angelegenheit betrifft – das ist was völlig anderes, als Hierarchie in diesen geistlichen Dingen, wo jemand – also – weiß, was für die Seele gut ist.

(Stimme, männlich:)

...

Bahro:

Ja, ja, das sind – aber da sind wir uns – wir jedenfalls, wir beide – uns völlig einig.

(Stimmc, männlich:)

...

Bahro:

Also, ich will nur noch mal sagen: ich habe solche – diese Sachen dort gesehen - und muss gestehen: Also, da war dennoch etwas so Starkes auch im Spiel, dass ich direkt für mich beschlossen habe, die Sachen, die einen ein wenig abstoßen könnten dort – also - nicht als kritischer Beobachter zu benutzen, um mich auf die Erfahrung nicht einzulassen – also, es war – im Ganzen gesehen, empfand ich die Sache dort als fruchtbar, fand auch, dass sie auf glimpfliche Weise gescheitert ist, übrigens - also, natürlich haben auch Leute dort den Rest gekriegt, indem sie in Richtung Regression – aus unentfaltetem Start, schon – in Richtung Regression gegangen sind; ich habe auch Leute sich da entfalten sehen, und – ich kenne auch heute noch eine Menge Sanyasin, die nicht sich eignen, um zu sagen – um zu zeigen, dass alles Mist war – also, ich glaube, dass es sich lohnt, diese Erfahrung, die sich da jetzt in dem ganzen Bereich abspielt – das ...

(Stimme, männlich:)

...

Bahro:

Ja. Jaja. Und die haben – also – da auch ihre Schlüsse gezogen, was das betrifft, manche, in verschiedener Richtung, und – ich glaube nicht, dass das, was jetzt summa summarum da herausgekommen ist – also, auch, wenn ich die Freunde sehe – ob das nun der Weisheit letzter Schluss ist.

Darum – also, ich bin ja nicht zu demselben Schluss gekommen, bloß – sagen wir mal so: Es ist kein Zufall, dass ich das, was ich hier vorgetragen habe, zugleich nicht in Polemik - denen gegenüber – gesagt habe, sondern – ich sehe es halt so.

(Stimme, weiblich:)

Mir fällt auf, dass diese Frage nach mancher Struktur … aber auf der anderen Seite jeder von uns Raum – Raum – und … wo diese … Selbsterfahrung (???) - … dass die möglich ist. Und wenn also in dieser Art und Weise, wie es heute vorgetragen wurde, die Welt oder wir uns verändern wollen, dann muss es diese Räume geben. Und für mich ist also immer die Frage: Verzichte ich überhaupt darauf – wenn es also ein Homo-System (???) gibt, und sage: Damit will ich nichts zu tun haben – und … vor mich selbst hin – oder suche ich mir Menschen, die – also – diese Erfahrung schon gemacht haben, und versuche mit denen, die eben eines Sinnes sind, diesen Rahmen zu schaffen – wo dann also auch eine ganz andere Art von Lebensweise natürlicherweise entstehen müsste – also, das wäre die Logik; oder sage ich: Gut – Meisterstruktur, hierarchische Struktur: nehme ich jetzt mal in Kauf, lerne mich selber kennen und lerne auch dabei sehr deutlich, dass also ein bestimmter Bereich – nämlich der materialistische Bereich – bei uns so eine große Rolle spielt, dass also der geist-seelische Bereich kaum die Möglichkeit hat, sich zu entfalten.

Das ist also meine Sicht heute, wo ich stehe – obwohl ich auch sehr viel Aggression gegen Meisterstruktur verspüre und es auch erlebt habe und trotzdem sehr viel auch darin gelernt habe – und weiß nicht, wie also andere Strukturen entwickelt werden können – dass der Raum dafür nicht da ist – also, der ist ja nicht da … miteinander bereden, sondern – wenn wir etwas miteinander tun – dann ist der Raum da, und … wie es möglich machen – das ist also diese Frage, schon …

Bahro:

Also – ich denke, man kann sich den Raum jetzt nehmen – also, da hat sich durch den Zusammenbruch hier positiv was geöffnet – also …

(Stimme, männlich:)

Und der Westen hängt jetzt hinterher?

Bahro:

Ja – also, ich glaube, dass die Situation hier sich von der in Westdeutschland unterscheidet, auch, was die Startbedingungen betrifft, die psychischen Startbedingungen für solche Wege – also, ich meine jetzt natürlich nicht, wenn man sozialstatistisch herangeht, nicht?

Also, die andere Seite – sozusagen - dieses Vorurteils ist der Überhang an »tendenziell braun«, den es hier gibt, nicht? – und dennoch – na ja, diese, von der ich allerdings denke, dass sie nicht durchkommen wird, aber - ich meine, das ist – sozusagen – die andere Hälfte dieser Subalternitätsseite, die war nämlich hier entfalteter als in Westdeutschland noch – und zugleich habe ich das Empfinden, dass also die Bereitschaft, sagen wir mal, solche spirituellen Wege ernst zu nehmen und nicht bloß als individualistische Mode zu betreiben – dass die größer ist, weil es so eine Orientierung auf das Gesamtgesellschaftliche - und das heißt in mancher Hinsicht schon: Auf das Ganze – hier verbreiteter gewesen ist.

Also, in den Sachen, die – wir haben uns ja – also, von dem, was ich hier mache, her - den Raum für solche Sachen genommen.

Und wenn ich etwa denke an die Struktur »Enlightenment intensive«, die wir durchführen: Da gibt es halt dann für diese acht Tage – eine Woche ist das - für die gibt es eine Leiterin, die die Regeln setzt – die nicht sagt: »Das – und das – und das musst du glauben«, sondern die die Regeln setzt und Hilfe dabei stellt, dass gerade möglichst viel von dem Selbst, das dort in die Regeln hineingezogen ist –

Also, man fragt sich: »Wer bist du?« – das heißt, es kommt viel raus, und fällt auch viel ab, von den Eitelkeiten und Selbstdefinitionen – und es gibt jemand, der das leitet, aber keinen Guru, in dem Sinne – also, der die Richtung weist – und in mancher Hinsicht sogar für die Teilnehmer hilfreicher, als wäre da jemand, der das beansprucht, der nicht bloß helfen will, mit im Spiel – also, eigentlich: Das lässt sich sogar mit Menschen machen, die eigentlich den Anspruch haben, meisterlich zu sein – wenn sie bereit sind – also, wenn sie nicht jeglichen intellektuellen Diskurs schon als Sakrileg betrachten.

Und ich mache da gute Erfahrungen – mache gute Erfahrungen, dass es also die Bereitschaft gibt, auch in ein Gespräch, sagen wir mal, hineinzugehen - also, manche Diskussion ist blöd, aber Gespräche, die den Problemen, die da sind, nachgehen – und wer ernsthaft auf der Suche ist – also, für den ist die Frage, ob jemand nun doch vielleicht meisterlich ist, zumindest für mich ein Stück voraus – oder eigentlich ein Scharlatan - sogar von zweitrangiger Bedeutung.

Und ich weiß nicht genau, wer Bhagwan war – ich habe ihm nie persönlich gegenüber gesessen. Ich habe insgesamt in der Begegnung, Konfrontation – in dem Anvertrauen, auch ein Stück weit - habe ich etwas für mich gewonnen, sodass ich also denke, man soll das Feld nicht mit übermäßigen Befürchtungen besetzen - also, das Blödeste ist, wenn dann Journalisten, hier in unserem Gebiet – die bis gestern fleißig für die Parteipresse geschrieben haben - jetzt also sich sehr um das Seelenheil der Leute, die dem ... hier ... (Beifallsklopfen) ...

(Stimme, männlich:)
... Eifel. Kreis ... Wenn Sie dazu was sagen könnten ...

Bahro:
Ja. Also, wir sind dort jetzt 17 oder 18 - weiß ich gar nicht genau, weil da noch jemand dazugekommen ist, darunter auch vier Kinder jetzt - und diese Runde ist klein genug. Wird sie größer als, sagen wir mal, 25 – 30, dann ist es besser, zwei Runden zu machen – einfach, weil sonst die Kommunikation nicht mehr geht, weil es zu lange dauert.
Das sind rein praktische Dinge, aber – also, ich will über diese Frage ja ausführlich sprechen, zwei Vorlesungen weiter.
Jetzt will ich dazu nur so viel sagen: Also, die Diskussion zwischen Moslem – Hindu – Christ – und so weiter bringt nichts, in der Regel. Die sind also in kürzester Zeit bei den Unterschieden, Gegensätzen, Widersprüchen, und wie genau es nun richtig definiert ist: Gibt es Trinität, oder gibt es keine? - und so.
Also, wenn die aber nebeneinander sitzen, vom Herzen her, und eigentlich überzeugt, dass der Mensch das eine sucht, das alles umschließt – das ist die Hoffnung, glaube ich, für die Menschheit.

Nur, also das »Dies ist die einzige Wahrheit! Dies ist die letzte Prophetie, danach kommt nichts mehr«, und so: Das – übrigens, das schwächt die Positionen, diese Offenbarungslinie – also, das wird – umso weniger geht davon ein in die Regeln – weil es nicht offen genug ist für die Wahrheit, glaube ich. Und es – die Offenbarung ist ein Prozess.

(Stimme, männlich:)

... ich finde diesen Bericht irgendwie verlockend, aber ich sehe die Gefahr, dass das doch elitär ... dass eigentlich an dem einfachen Arbeiter, der ... arbeitet, vorbeigeht ...

Bahro:

... auf Sri Aurobindo zurück, auf denjenigen – glaube ich – indischen Weisen dieses Jahrhunderts, der den größten Syntheseversuch gemacht hat, was Ost und West betrifft – also, das Zusammenkommen der verschiedenen kulturellen Wege. Und ich habe neulich mal im Saal hier die Mutter erwähnt, die bei Limburg an der Lahn sitzt – das ist eine Frau, die aus diesem Umkreis von Aurobindo stammt; allerdings kam die – war die ganz jung; als er schon tot war. Die hat also als eines der ersten noch die Aura – das ist nicht der richtige Ausdruck, aber – das Leben im Toten gesehen – eine sehr – also - überbegabte Frau, offenbar – also, das ist eine sehr wichtige Frage da, mit Aurobindo.

Kulturelle Authentizität hier könnte ein Schlüssel sein - also, dass Aurobindo das in Indien geschaffen hat, wo er Inder war und praktisch die ganze geistige Tradition dieses Landes auch wirklich repräsentiert hat - also, das - wenn in Deutschland Meister Eckhart sich auf solche Spuren begäbe, dann würde sich herausstellen, dass die Freiräume groß sind, dass der Platz sich finden würde, den man dafür brauchte - ich glaube auch, es wird sich finden - wenn nicht durch so eine überragende Persönlichkeit, wie Aurobindo war, dann geht es nur etwas langsamer, mit geringeren Kräften.

Ich bin da eigentlich zuversichtlich, ich sehe das im Grunde unbeschränkt - und was ich vor allem sehe, ist, dass die Erfahrungen mit dem Auslaufmodell, das wir hier praktizieren - also - die Menschen dort umtreiben würden. Und es ist ja so, dass die - die Anfänge sind monetär, aber –

das ist dann eine Frage späterer Phasen, dass das also nicht quer zur Sozialstruktur sich entfaltet.

Also, noch sehe ich auch kein großes Problem darin, dass – wenn es elitär
in diesem bestimmten Sinne, wie das jetzt gemeint war - also, soziologisch
gesehen – ist, weil – es ist dann wirklich die Frage, was bestimmte Leute,
die etwas innerlich erfahren und sehen – was die aus ihren Privilegien
machen, nicht? Ob sie sie ausnutzen, um die höheren Gründe des Konsums
dann zu erforschen, bis zum Geht-nicht-mehr – oder ob sie … bleiben, da.

Ich habe gerade – ein Freund, den ich habe, der ist gerade von wirklichen
Millionenbeträgen bedroht – umso eine Art Zentrum schaffen zu können,
für visionäre Arbeit, ist da dann das Problem, natürlich, dass, wenn eine so
fortgeschrittene – in ihrer Spätzeit, in ihrem Untergang – fortgeschrittene
Zivilisation zerfällt – was auch Leute aus den herrschenden Klassen irgendwie in Energien umleiten, und seien es finanzielle, seien es materielle – und
immer droht natürlich dann Korruption, selbst wenn sie gar nicht gemeint
ist – einfach, weil Leute Geld und Macht lieben und sich dann auch darüber täuschen, unter Umständen, ob sie nicht deswegen – dass sie sich
irgendwo anhängen - aber dieser Gesamtprozess, der geht quer, der hat
was mit dem Zerfall der Legitimation zusammen – hängt das zusammen,
der sich rapide vollzieht – und das sieht man von hier aus nicht so, weil
gerade mal der große Sieg sich ereignet hat, für den Augenblick sieht man
das nicht so, aber – da ist wirklich nichts mehr dahinter –

(Stimme, männlich:)
    … Herr Bahro, ich habe große Schwierigkeiten …

Bahro:
    … ob der Satz, den Sie da vorgetragen haben – richtig oder falsch ist?

(Stimme, männlich:)
    Der ist falsch.

24. Juni 1991

Glauben in der ökologischen Krise

Thema: Glaube in der ökologischen Krise und der Dialog der Zivilisationen, nämlich - sofern die letzten Endes geistlich oder spirituell begründet sind - ist natürlich in Worten besonders schwer zu behandeln.

Man kann in Dingen des Glaubens jedenfalls nichts beweisen. Ich will nur eins vorwegschicken, worum es sich in meinem Vortrag - jedenfalls in diesen zwei Stunden jetzt hier - nicht handeln wird: Das ist Glaube, insofern er dogmatisch irgendwo fixiert ist, insofern er auf Sätzen beruht.

Ich will das nicht negieren, dass das auch ein Zugang ist, dass man das singen kann, wie das in den Messen des Abendlandes gesungen wird, aber das ist nicht mein Zugang. Das heißt, ich behandle es unter diesem Gesichtspunkt nicht, sehe es auch nicht unter diesem Aspekt.

Ich habe jedenfalls das Gefühl, dass von den Fixierungen der - von den - in historischen Festschreiben, die ja auch auf je bestimmte Zeiten zurückgehen, der Zugang besonders schwierig ist und das Problem mit Fundamentalismus, im schlechten Sinne, jetzt – also, Fundamentalismus zu einem historisierenden Sinne, der der I-Punkt auf dem Buchstaben irgendeines bestimmten Glaubens hütet: Das besteht wohl gerade darin, dass auf diese Weise eher der Tod als die lebendige Erfahrung einer Religion gehütet werden kann.

Also, mir geht es bei dem Thema »Glauben in der ökologischen Krise« um diesen Erfahrungsgesichtspunkt, um die lebendige Glaubenserfahrung, ohne dass ich - das will ich vorwegsagen - meine eigene in dieser Hinsicht vorab übertreiben will. Ich werde bestimmte Dinge erwähnen, an die meine eigene Erfahrung bisher gar nicht heranreicht, weil eine Linie des Aufstiegs des Bewusstseins - oder unseres Bewusstseins, des Gebrauchs unserer psycho-physischen Kräfte - da angedeutet ist, die man verlängern kann, wenn man bis zu einem bestimmten Punkt erst einmal mitgehen kann - dann sieht: Aha, darüber könnte etwas hinausliegen.

Aber ich will zunächst jetzt, da es – also, eigentlich der Glaube eine Reaktion unserer gesamten Psyche ist und es mit Worten eben seine Schwierigkeiten hat, den Versuch einer anderen Einleitung machen, nämlich mit Musik - und will in der zweiten Stunde dann nachher noch einmal mit einer anderen Musik, von einem anderen Aspekt, auf das Thema zurückkommen.

Das ist eine sehr meditative Arbeit des estnischen Komponisten Arvo Pärt - Arvo Pärt, der in Westberlin lebt. Das Stück heißt »Fratres« – »Brüder«- heißt das, aber ich kann mir ebenso gut vorstellen, dass die Schwestern in den rheinischen Klöstern, zu denen Meister Eckhart gesprochen – also, in dieser Melodie sich auf das Absolute bezogen haben. Arvo Pärt ist jemand – also, der jenseits der Moderne zurück zum gregorianischen Gesang gegangen ist und fordert - zu einer Minimalmusik, wie man sagt - sich auf ganz wenige Töne und Instrumente beschränkt und umso inniger und intensiver zu sein. Hören wir möglichst versunken dem zu, was da - es sind 12 Minuten, dass Sie sich auch einstellen können - dem zu, was da die Fratres zu dem Absoluten zu sagen haben.

(Musik)

Ich nehme an, dass es in jedem menschlichen Wesen einen Raum gibt, der sich so ausdrückt oder so angesprochen werden kann, noch - diese Beziehung, die da ausgedrückt wird.

Ich erinnere bei der Gelegenheit immer daran, dass Friedrich Engels ja der Meinung war, dass die - und »Eine feste Burg ist unser Gott« und die Internationale – also, Lieder gleicher religiöser Ladung eigentlich seien. Das heißt, es handelt sich hier nicht um die Art, wie das religiöse Problem gefasst wird, wie der Glaube sich ausdrückt, sondern um eine Dimension des Menschseins, eigentlich, die nach vielem, was sich allmählich herumgesprochen hat - und jedenfalls nach meiner Überzeugung - die Leitidee für die Entwicklung von Kulturen ist.

Ich denke, dass die technokratische Machtreligion, die uns jetzt besitzt, eben auch Religion ist - eben nur von der schlechteren Art, von einer begrenzteren Dimension. Religion muss halt nicht bedeuten, dass da Wesenheiten, die außerhalb der realen Existenz liegen, angebetet werden. (…) hat einen schönen Satz geprägt: Es gibt eine andere Welt - aber sie ist in dieser.

Also, meine Überzeugung ist, dass diese – Gott, oder das Tao oder wie immer wir das Angesprochene da nennen - Teil der einen großen Wirklichkeit ist. Dass also diese Weltverdoppelung – also, diese zwei Bereiche ein

Wahrnehmungsproblem des Menschen sind, das der Keim oder - ich würde auch sagen: Die Quelle aller dieser Erfahrungen sogar, des Wahrgenommenen, in uns gegenwärtig ist. Das ist also mein Ausgangspunkt für das Ganze. Und weiter scheint mir klar zu sein: Wenn man sich in die Verfassung versetzt, aus der das eben musiziert war - die zwölf Celli da - und sich dann die menschliche Welt vorstellt, die aus einem Bewusstsein hervorginge, das so in der Welt ist: Dass wir dann einen völlig anderen Zustand hätten als den gehetzten der jetzigen Weltsituation - mit diesem Durchgehen des Pferdes (wenn wir jetzt ein Pferd wären) – also, eigentlich des Tigers, den wir da reiten und der massenhaft umgesetzter menschlicher Verstand ist, der nicht zurückgebunden ist an den Bereich - also, ob es diese Verfassung ist, in die wir - das würde natürlich in bestimmter Hinsicht auch heißen: zurückmüssen. Das will ich offenlassen. Es ist übrigens so - es wäre so nicht meine These, aber - es scheint mir klar zu sein: Wir wären in die zivilisatorische Krise, in diesen explosiven Prozess der Gegenwart nicht hineingeraten, wenn wir bei so einer Verfassung geblieben wären. Arvo Pärt steht in der Ostkirche – also, in der russisch-orthodoxen Kirche, die auf Byzanz zurückgeht – also, auf diese spätrömische und dann mittelalterliche Weise, Gott zu suchen, ist diese Musik gestellt, aber in einer absolut modernen Intention, wie ich aus allem weiß, was ich über sein Werk inzwischen gelesen habe.

Also, ich wollte damit nur die Einstimmung geben zu dem neuen verbalen Bereich, um den sich das hier eigentlich handelt, sodass – also, das, was ich jetzt in Worten ausführen will, nicht so absolut darstellt. Das ist nicht so einfach, in dieser Sache auch nur sich glaubwürdig auszudrücken - und deswegen habe ich diese Einleitung erst einmal gewählt.

Jetzt will ich noch einmal ausholen - auf die Frage hin, welchen Zusammenhang es zwischen dieser spirituellen Dimension und der ökologischen Krise – also, den wirtschaftlichen und sozialen Verhältnisse usw, gibt. Das heißt, ich will es andeuten, indem ich an einen Vortrag erinnere, den vor 14 Tagen in unserem anderen Zyklus dort, in der Ringvorlesung, die Heide Göttner-Abendroth gehalten hat über die matriarchale Ordnung – also, über die mutterrechtlichen Verhältnisse zwischen 10 000 und 2 000 v. Chr. ungefähr. Sie hat dort - also, gewohnt angesetzt, für unsere Wahrnehmung erst einmal, sodass man also Zugang hat: Sie hat nämlich zuerst über die wirtschaftlichen Verhältnisse gesprochen, über das Verhältnis dieser mutterrechtlichen Kultur zur Erde, über den Ackerbau, der erstaunlicherweise von Städten ausgeht und nicht von Dörfern, wenn auch von kleinen Städten, aber – 3 000 Menschen vielleicht, ungefähr. Sie hat dann über die Sozialstruktur gesprochen und zuletzt über die Kultur - und hat aber da mit einer ganz kleinen Nebenbemerkung nur angesprochen, dass die Gesamtverhältnisse eigentlich von dort her verstanden werden müssten, vom kulturellen Zusammenhang her. Und der kulturelle Zusammenhang in solchen frühen menschlichen Gesellschaften - früh jedenfalls von unserer heutigen Perspektive her - da war: Kultur berührte sich immer ängstlich mit Kultus und in dieser Zeit – also, mit der Sphäre, die hier von Elga Sorge und von anderen Frauen als »Göttin« gekennzeichnet worden ist. Also, eine religiöse Auffassung des gesellschaftlichen Gesamtzusammenhangs, die von einer Überhöhung eigentlich des Mutterprinzips im kulturellen Zusammenhang ausgeht und von dort aus das Ganze versteht.

In meinem letzten Seminar hat jemand, der in Auroville lebt - das ist eine Gründung, die auf den indischen Weisen Aurobindo zurückgeht - berichtet, wie diese Kommunität dort funktioniert und - im Mittelpunkt einer Stadt, die erst entstehen soll, steht ein Haus, das heißt (...) – also, ein Mutterhaus ist da gemeint. Das ist aber nicht, wo die wohnen sollen - wie das in der Frühzeit gewesen ist, nach der Erzählung von Heide Göttner-Abendroth - sondern das ist symbolisch gemeint, das ist die Frau, mit der Sri Aurobindo gelebt hat: eine Französin, die in den dortigen Kreisen »die Mutter« hieß - die hat das als Mittelpunkt der Kommunität konzipiert. Und das ist also dieses anfängliche Prinzip, das diese mutterrechtlichen Gesellschaften auch regiert hat - und das war eben auch das Verständnis dieser modernen Frau, dieser Französin von heute, die mit dem Indischen sich sehr in Beziehung gesetzt hatte dort: Dass das der geistige Zusammenhang sein müsste, um den sich Gesellschaft aufbaut. Und das steht also hinter der Idee – also, Glauben in der ökologischen Krise hier zu behandeln. Ich will einfach den Versuch machen, uns den Zugang verständlich zu machen - zu einer Lösung der ökologischen Krise von hier aus.

Also, in der Darstellung: Man sieht die Ökonomie - ich habe das auch so gemacht, erst einmal den Zerstörungszusammenhang in unserem Falle - man sieht die sozialen Verhältnisse, die Konkurrenzverhältnisse, den

Antrieb und man sieht die tieferen Schichten dahinter, die ich auch angedeutet habe: Diese europäische Kosmologie hinter dem Kapitalismus und das Patriarchat. Aber was sind das für Bewusstseinsverfassungen? Das war ja meine Fragestellung und von daher will ich reden über Glauben in der ökologischen Krise - aber ich will diese Bewusstseinsverfassung verstehen als mit dem Menschen gegeben.

Ich bin überzeugt, dass die verschiedenen spirituellen Konzepte - seien es die der mutterrechtlichen Zeit mit der Göttin im Mittelpunkt, seien es die der vaterrechtlichen Zeit mit Gott im Mittelpunkt oder - in Asien hat es mehr Vermittlung gegeben; dort hieß es »das Tao«, zum Beispiel – also, das Weltprinzip, das Schoßhafte ist im Tao-Te-King darüber habe ich ja gesprochen. Aber alle diese grundlegenden Zugänge sehe ich also an die Existenz des Menschen gebunden. Es sind in letzter Instanz Projektionen - was nicht heißt, dass uns in dem evolutionären Zusammenhang objektiv da nichts entgegenkäme, dass sozusagen der Geist der Evolution, die Intelligenz des Universums nur in uns anstünde, bei uns - das ist der subjektive Geist. Und alle moderne Spiritualität und inzwischen auch mehr und mehr Biologen gehen eigentlich davon aus, dass dieser menschliche Organismus - sowohl was Oben und Unten betrifft als auch was die ganze Umgebung, seine Umgebung, unsere Umgebung, unsere Umwelt betrifft – also, wirklich in Ent... zu den Mächtigen, die uns hervorgebracht haben: Dass also der Geist der Evolution – also, die Intelligenz des Universums, das ja gesteuert ist, das ja in so kurzer Zeit, dass die Statistik es nicht erklären kann, zu höheren Entwicklungen geführt hat - dass dieses Universum nicht nur als psycho-physische Realität in uns steht, sodass wir an dem Aufstieg unserer Bewusstseinskräfte arbeiten können, sondern - dass zugleich die universelle Intelligenz jetzt regieren muss. Also, dass beispielsweise Aurobindo, den ich gerade erwähnt habe, davon ausgeht, dass es ein Überbewusstsein gibt, das also die Ursache eigentlich dafür ist, dass die menschliche Evolution zum Bewusstsein geführt - und dass uns also nicht bloß dieser Aufstieg unserer eigenen Energien gegeben ist, sondern auch die Herabkunft der Kräfte. Also, dass diese indische Konzeption durchaus ihren Zugang zu dem Thema hat, das im Katholizismus etwa - oder im Christentum – also, »Veni, creator spiritus« heißt, »Komm, Heiliger Geist« - dass man sich vorstellt: Da kommt uns auch etwas entgegen.

Da ist etwas – Joachim Behrendt von dem ich sprach, sagt: Es wird auf uns ausgeschüttet - dieser Heilige Geist.

Wilhelm Reich hat experimentiert mit (…) - das heißt, er hat angenommen, dass diese kosmische Energie, diese Lebensenergie - ein anderer Name eigentlich nur für dasselbe - also, dass wir das bewusst auf uns beziehen, ja sogar experimentell verstärken könnten. Das ist halt der mehr technische Zugang der Moderne, aber es spricht vieles dafür, dass es nicht nur einfach unser Organismus ist, sondern dass der in diesem großen Evolutionszusammenhang steht und, dass wir, wenn wir nicht so überbeschäftigt wären, mit den Sachen, die wir gemacht haben, wenn wir offener dafür wären – also, viel stärker dafür empfänglich sein könnten, dass also bei dem höheren Grad der durchschnittlichen geistigen Entwicklung heute viel mehr Menschen solche Erfahrungen machen könnten wie die Yogis, wie die Heiligen, wie solche Meister: Christus, Buddha, Laotse. Dass das also nicht so knapp und so einzigartig sein müsste, wie das uns das Evangelium natürlich auch aus damaligen Erfahrungsgründen nahelegt: Dass das immer nur einer ist - oder so wenige sind - und der wird dann gekreuzigt, sondern - es ist da, wenn wir uns dessen mehr bewusst sind, auch mehr Raum dafür. Und genau so: nicht bloß in dieser senkrechten Ebene - also, dass da etwas aufsteigt und eine Herabkunft gedacht werden kann, sondern - in den verschiedenen Ebenen unserer Existenz korrespondiert natürlich jetzt, will ich einmal sagen, horizontal auch die Wirklichkeit. Wenn wir also für die Wurzel unserer Existenz, für die Versorgung mit Nahrung und Liebe, erst einmal die Erfahrung machen, dass die Gesellschaft lebend ist, dass die Zustände, die wir uns geschaffen haben, da positiv damit harmonieren: Dann gibt es natürlich einen anderen Anregungszustand schon auf dieser elementarsten Ebene. Und das geht durch alle unsere Ebenen durch, sodass also nicht bloß oben und unten, hinten und außen, sondern auch – also, in dieser Dimension sich die Welt und der Mensch entsprechen, dass also der ganze universelle Zusammenhang nicht nur materiell und nicht nur energetisch im Sinne jetzt der Antriebskräfte ist, sondern auch psychisch. Das heißt, es ist der Grundgedanke bei dem ganzen spirituellen Zugang zu dem Evolutionsproblem, dass die Psyche nicht weniger real ist als die Massenkräfte und die Antriebsenergien - dass sie wahrscheinlich also überhaupt nicht hervorgekommen wäre im Menschen - und durch eine lange Evolution im Tierreich - wenn das nicht von vornherein angelegt gewesen wäre, wenn es nicht - also, das, was wir das Genom nennen, den Genotyp für unsere individuelle Existenz: Wenn es das nicht auch universell gäbe - wenn nicht also so ein Genotyp für das Universum existierte, sodass also dann die Existenz des Menschen mit diesen - seinen Kräften kein Zufall wäre.

Was jetzt diese Erfahrung betrifft - dieser, unserer inneren Kräfte und auch möglicherweise des Entgegenkommenden- so will ich zunächst einmal nur belegen, und zwar anhand von Erich Fromm, dass man sich diesem Thema aus einer marxistischen Tradition nähern kann, ohne deswegen - also, das, was am Materialismus vernünftig ist, d. h, dass er sich nicht auf Ideologien, auf Illusionen einlassen will: Ohne das also von vornherein verwerfen zu müssen, wenn man da eine Annäherung sucht.

Erich Fromm stammt aus dieser Frankfurter Schule – also, die die letzte produktive Phase, neben Antonio Gramsci, jetzt, des Marxismus im Westen gewesen ist. Er hat sich dann später von den zentralen Figuren wie Adorno und Horckheimer etwas entfernt, ist aber dem ursprünglichen Ansatz immer treu geblieben - und er hat sich auf die Psychoanalyse geworfen, d. h. es war eigentlich sein Bestreben, Marx und Freud in eine Beziehung zueinander zu setzen. Nun war das also vom Herangehen her zunächst deshalb nicht schwierig, weil die Konzeption von Sigmund Freud auch materialistisch war - das heißt, weil er von der Wissenschaft des 19. Jahrhunderts aus an die Psyche herangegangen ist. Das Modell unseres Energieaufbaus und unserer Umsetzung der Energie hat Freud irgendwie hydraulisch gesehen – also, sozusagen - was Druckverhältnisse betrifft: in Röhren gewissermaßen – also, als Analogie. Also, die Libido, die sexuelle Energie war ja der Schlüssel für ihn, um die menschliche Bewusstseins-arbeit weitergehend zu verstehen, aber Erich Fromm ist gerade über diese Dimension - die bei ihm seinen Stellenwert behalten hat, mit der er nicht gebrochen hat, aber - über diese Dimension hinausgegangen, weil er fand, dass sowohl von Marx her als auch von Freud her – also, der Gesamtan-trieb und die Richtung eigentlich der menschlichen Evolution nicht hin-länglich erfasst werden kann. Seine psychoanalytische Praxis hat ihn eigentlich dazu gezwungen, d. h, er hat gesehen, dass der Mensch immer wieder auf Ressourcen zurückkommt - wenn er also in eine intensive Aus-einandersetzung mit dem Therapeuten gerät - die sich nicht aus dem

Bereich des Broterwerbs oder der sexuellen Not allein erklären ließen. Und er hat nun vorsichtig das, was er da untersuchen wollte, »X-Erfahrung« genannt – also, so dargestellt. Und - allerdings ist bezeichnend, dass dieses X-Symbol – also, dabei bin ich jetzt noch nicht - dass dieses Symbol auch dasselbe ist, das etwa Meister Eckhart benutzt, wenn er sagt: Also, hier, von unten, bis zu der Kreuzung - da steigen unsere Kräfte auf und das andere ist die Herabkunft. Und diese Mitte hier, hier oben - oder kurz über uns: Das ist offen, das ist – also, an diesem Kreuzungspunkt gegebene, das - selbst Gott, und - Gott begegnet dem Menschlichen selbst. Aber zunächst einmal ist er - der Grund, aus dem Freud - der Herrn Eckhart kennt, natürlich – kannte, als er das machte: Von Glückserfahrung spricht er erst einmal, dass er nicht durch eine Bezeichnung vor (…) sollte.

Ich will nur mit ein paar Zitaten die Atmosphäre andeuten, jetzt, in der Freud mit diesem Thema umgeht.

Also, seine Voraussetzung ist, dass wir die Kräfte, um die es dort geht, ursprünglich im Unbewussten bei uns haben und das Unbewusste ist bei ihm nicht ein Bereich - dazu gehören jetzt ganz bestimmte Dinge, wie – zum Beispiel, Sexualität wäre grundsätzlich unbewusst und 2×2 ist bewusst, sondern - die Unterscheidung zwischen Bewusstem und Unbewusstem trifft er allein auf der Grundlage, ob wir eines Moments unserer Existenz - bezieht sich nicht auf uns – also, auf intro-bezogen dabei: Ob wir uns dessen gewahr sind oder nicht, d. h. es kann uns - und es war uns auch zu bestimmten Zeiten - $2 \times 2 = 4$ nicht bewusst. Der Mensch hat nicht immer so gerechnet, aber - sobald irgendein – hier, irgendeiner Bewegung, Strebung, auch körperlichen Empfindungen: Sobald wir das Licht des Bewusstseins darauf richten, wird natürlich die Schwelle zum Bewussten überschritten. Und nun – spannend, allerdings: Er geht davon aus, dass diese – einmal sehen, ob ich die Stelle jetzt - an der richtigen Stelle finde: Ja – er geht nun allerdings davon aus, dass gerade dieses Unbewusste, das zunächst auch in dem Sinne Unbestimmtes ist: Dass wir dort noch nicht durch bestimmte – also, konkrete gesellschaftliche Verhältnisse und durch unseren Charakter festgelegt sind. Er sagt nämlich: Das Unbewusste ist der ganze Mensch – also, wie er aus der Evolution erst einmal gekommen ist – abzüglich den Teil, der seiner Gesellschaft entspricht. Das heißt also: Das ganze System unserer selbstverständlichen Annahme, unserer Begriffe, unsere kulturelle Prägung - das ist, vergleichsweise jedenfalls,

erst einmal bewusst. Das haben wir ja irgendwie ins Licht gehoben, auch
wenn nicht jeder einzelne sich dessen ganz bewusst ist, aber - hier geht es
um den Menschen, natürlich, um die Gattung dabei – also, noch einmal:
Das Unbewusste ist der ganze Mensch abzüglich dem Teil, der seiner
Gesellschaft entspricht. Das Bewusstsein repräsentiert den gesellschaftlichen Menschen, dessen zufällige Grenzen durch die historische Situation
gezogen sind, in die ein Individuum geworfen ist – also, gerade das
Bewusstsein ist zugleich der Begriff für die Beschränkung und Beschränktheit, der wir unterliegen, d. h. dort fixieren wir uns mit bestimmten Begriffen. Das schließt jetzt nicht aus, dass es innerhalb des Bewusstseinsbereichs
große Fortschritte geben kann in der Weltwahrnehmung, die Differenzierung der Kultur und so betreffend. Aber - jedenfalls ist das eine Fest-
legung, die er hier in bestimmter Weise gegen das unbewusst genannte
Gesamtpotenzial - also, gegen Entwicklungsmöglichkeiten gerichtet sieht,
die jeder konkreten bewussten Realisierung dann möglicherweise auch
abgeschnitten werden. Er meint also, dass Erkenntnis und Liebe – also, die
beiden Hauptstrebungen, die wir von unserer Existenz auf die Welt richten
können: Liebe oder Hassgefühl (also, die emotionalen Dimensionen
werden auch gemeint): Dass das in Wirklichkeit von unserem Charakter,
d. h. von der auf uns rückbezogenen bewussten Prägung, der wir unterliegen durch die Gesellschaft und von der Gesellschaft selbst, abhängt - den
Charakter nicht auf Gesellschaft reduziert, denn im Charakter steckt auch
diese einmalige Individualität, mit der wir geboren sind. Aber diese beiden
Momente – also, des Charakters einerseits – also, dessen - des Besonderen,
das auch mit uns geboren ist - und die gesellschaftliche Prägung, der das
unterliegt – also, durch Sprache erst einmal, diese bestimmte - Deutsch z. B.
oder Suaheli - durch die Logik, die übergreift - denn größtenteils werden
die Menschen von der gleichen Logik regiert; es gibt Unterschiede, die
auch in den Sprachen drinstecken, natürlich - zwischen Suaheli und hier,
oder zwischen Chinesisch und hier, aber - mit Logik sind hier also wirklich
die allgemeinsten gesetzmäßigen Zusammenhänge, ohne die z. B. weder in
China noch hier ein Haus gebaut werden könnte - und schließlich natürlich
das System der konkreten kulturellen Selbstverständlichkeiten, der Sitten
und Gebräuche und Gewohnheiten, auf die wir festgelegt sind, ohne dass
wir das hinterfragen. Also, diese Festschreibungen haben mit dem Bereich
des Bewusstseins zu tun - und es ist natürlich klar: Wenn eine Änderung

der gesellschaftlichen Gesamtsituation sich vollzieht oder durch eine Krise erzwungen ist - dass es dann gerade dieser Bewusstseinsbereich ist, in dem wir festsitzen. Ich meine, wenn man die Summe, den Summenstrich sich einmal vorstellt, der unter dem Endzustand DDR bewusstseinsmäßig gezogen war, dann hat man eine Vorstellung davon, wie stark eine bestimmte Bewusstseinsverfassung, wenn sie lang und gesellschaftlich verstärkt und festgeschrieben wird, uns an einen Weltzustand binden kann, der erstens als solcher nicht mehr fruchtbar ist und zweitens – also, rückwirkend dann die Individuen auf eine Beschränkung festschreibt. Und das Interesse von Fromm, wenn er auf diese X-Erfahrung zugeht, das ist gerade darauf gerichtet: Wie könnte man diese Bewusstseinsfixierungen durchbrechen – oder, wenn man es weniger aggressiv formulieren will: Wie könnte man das öffnen? Wie könnten da Energien aus der Tiefe, aus dem unbewussten Bereich - wie könnten wir die aufsteigen lassen, um den gesellschaftlichen und den individuellen Entwicklungsprozess von Grund auf zu erneuern? Und die Fragestellung ist wirklich dieselbe, die im Evangelium dann so genannt wird: »Siehe, ich mache alles neu«, heißt es. Also, von der Frage einer Neugeburt aus - und Neugeburt darf man hier durchaus relativ sehen: Dass nicht, natürlich, der Durchgang durch den Mutterleib erneut da passieren muss, sondern dass wir praktisch aus - Eckhart nennt das »von unbesetzten Gebieten unserer Psyche aus, wo noch kein Strahl«, sagt er, »der Außenwelt und kein Strahl unseres Ichs« – also, korrumpierend, fix, wie ein Kind geboren ist, von dort aus könnte diese – er sagt: »kann Christus geboren werden«, aber – gemeint: in ihr; damit ist aber gemeint: kann diese Fähigkeit der Neubestimmung der gesellschaftlichen Verhältnisse kommen.

Also, das ist das Interesse, der Gesichtspunkt, unter dem Fromm an das Thema herangeht. Er macht also diesen Unterschied zwischen Gewahrsein – also, wie Bewusstsein und Nichtgewahrsein - wie Unbewusstsein - und möchte gerade, dass bisher Ungewahres, nicht Wahrgenommenes, Unbewusstes also: Dass dieses Reservoir zur Sprache kommt – nicht, damit nun kein Bewusstsein sei, sondern damit dort neu Bewusstsein und damit auch gesellschaftliche und individuelle Struktur entstehen kann - in der Fortsetzung, eigentlich, der menschlichen Evolution.

Es steht dann hier in dem - das Buch, das ich hier habe, heißt: »Erkenntnis und Liebe«, hat mir neulich eine Hörerin unserer Vorlesungen in die

Hand gedrückt; das versucht, diesen Fromm'schen Zugang zu dem Thema aufzuarbeiten.

Er schreibt dann also hier, dass es dabei - bei dieser Konzeption des Unbewussten - eben nicht um bestimmte Inhalte oder Teile der Persönlichkeit geht, sondern um diejenigen möglichen Erfahrungswelten einer ganzheitlich aufgefassten menschlichen Psyche, die vom betreffenden Einzelnen nicht wahrgenommen werden. Und jetzt: Das Unbewusste ist dynamisch und hinsichtlich seiner Inhalte offen und unbegrenzt, d. h. es umfasst vor allem – ich sage das einmal: Alle Kräfte, alle psycho-physischen Kräfte, die der Mensch mobilisieren könnte. Für die X-Erfahrung, sagt er - das ist jetzt Fromm, aber zitiert – also, für diese nicht näher definierte, erst einmal spirituelle Erfahrung gibt es eine klar umrissene Hierarchie der Werte. Der höchste Wert ist die optimale Entwicklung der eigenen Kräfte: Der Vernunft, der Liebe, des Mitgefühls und des Mutes. Und er geht davon aus: Wenn diese Kräfte, unsere höchsten Kräfte - Vernunft, Liebe, Mitgefühl, Mut: Wenn die uns nicht verfügbar sind, wenn der Zugang dazu durch inzwischen fehl funktionierende Bewusstheit abgesperrt ist, dann kann natürlich der lebendige Geist nicht stärker als der tote, kann die lebendige Arbeit nicht stärker als die tote Arbeit sein. Also, hier ist die Rückkopplung zu dem marxschen Emanzipationskonzept bei Fromm ganz klar. Also, seine Schlussfolgerung aus dem Ganzen ist eigentlich: Dass sich aus unserem eigenen Unbewussten das Neue - sagen wir einmal, wenn nicht gleich die neue Welt, aber – das, was in der Welt neu werden soll, erst offenbaren muss. Also, ob man die Offenbarung jetzt – also, in der Herabkunft - zuschreibt dem Heiligen Geist oder dem kosmischen Aspekt der universellen Intelligenz oder ob man das für einen Prozess, der innerhalb der menschlichen Psyche stattfindet, ansehen – also, halten will, das bleibt eine Entscheidung. Ich glaube, dass beides zusammenkommt, aber - jedenfalls ist von der – ich würde einmal sagen: Von der methodischen Seite her, von der Struktur des Begriffes - es ist dieselbe Art von Offenbarung, die da gemeint ist. Also, man kann die kosmische Struktur natürlich mit viel größerem Recht noch unbewusst nennen. Intelligenz wird im Menschen bewusst, dort wird sie reflexiv. Und klar ist, dass dieses Thema »Offenbarung« überhaupt nicht gestellt werden könnte, wenn wir uns im Philosophischen – psychologisch: Wenn man nicht diese innere Erfahrung hätte, die sich in den spirituellen Prozess – Unbewusstes – aufdrängt. Und der Punkt, auf den Freud schließlich aufmerksam macht bei dem Ganzen, ist, dass dieses In-Erscheinung-Treten neuer Möglichkeiten zunächst kein rationaler Prozess ist, sondern - da werden Energien und Kräfte und Aspekte, die in uns schon gegeben sind, dem rationalen Begriff neu zugänglich gemacht. Wir sind natürlich aufgerufen, nachher, unsere Vernunft, unseren Geist auch darauf zu richten - aber zunächst sind das, wie man sagt (…) - eine der Bezeichnungen - viszerale Prozesse – also, damit ist gemeint: Es ist ein natürlicher Prozess in uns - sodass also die Hauptsache bei so einem Aha-Erlebnis, etwa in der Therapie: Das ist eine physische Erfahrung. Und das steigt also dann bis ins Großhirn, auch, und wir sind dann eine Woche dabei, das zu verarbeiten: Dann kommt uns das Bewusstsein zu Hilfe. Aber um diese Art Prozesse geht es, um diesen inneren Erneuerungsprozess als den entscheidenden Zugang dazu, mit einer – also, verfahrenen äußeren Situation, mit einer verfahrenen materiellen Situation neu umgehen zu können.

Die Regel ist: Wenn man sich also nur an der – so, an dem Symptom der Katastrophe - außen, in der üblichen also Denkweise, ohne dass solche Reserven neu angezapft werden, dann fallen im Grunde genommen - dann kann einem nichts anderes einfallen, als: Mehr von der alten Medizin! Also, man kann z. B. darauf kommen: Es war hier wirklich noch nicht genug Kommunismus und Sozialismus. Daran ist ja auch etwas Wahres – also, mehr davon verwirklichen - das ist wichtig: mit denselben, in der Regel schwachen, ja manchmal sogar abgeschwächten Kräften - weil der Impuls sich an der Realität möglicherweise erschöpft hat. Und es geht - also, eigentlich um ein Heraufrufen der Tiefenkräfte. Und ich will jetzt in die Pause gehen, indem ich einen japanischen Zen-Mönch zitiere, der das auf den Punkt bringt, dieses Thema - ich will dann in der nächsten Stunde einen neuen Anlauf dazu machen - indem er sagt:

»Die Weisheit liegt im Urzustand unserer Natur.«

Und – natürlich, von der menschlichen Gattungsnatur: iIm Urzustand - das ist dasselbe Thema, das bei Jean Gebser - den ich hier schon viel erwähnt habe, »Ursprung und Gegenwart« – ja, Ursprungsgegenwart - heißt, das heißt, dass - der Ausgangspunkt ist eigentlich - also, mit jedem neuen Menschenwesen, mit jedem Baby wird der ganze Gattungsweg (…) natürlich wieder neu geboren. Und was danach passiert, ist erst einmal eine Sozialisation und - in so einem fixierten begrifflichen usw. System - und wenn dann von Neugeburt - von spiritueller, therapeutischer - die Rede ist, dann geht es halt darum, ob wir nicht aus dem, was uns ursprünglich mitgegeben wurde: Wenn wir – also, da die Überschüttungen, die begrifflichen Fixierungen lockern wenigstens, ob wir dann – also, dort nicht eben an diese ursprüngliche Weitheit unseres Organismus völlig neu anknüpfen können - und zwar nicht bloß, was jetzt sozusagen den Lichtblick des Gedankens daran betrifft - sondern auch, was die Kräfte betrifft, die normalerweise durch den zivilisatorischen Zustand entmutigt werden, die sich aber bei solchen Erfahrungen in der Regel ermutigt, ermächtigt, erkräftigt erleben, auch. Und das beides zusammen - die Mobilisierung, in dem Sinne, und die dann geistige vernünftige Neubestimmung – also, das ist es eigentlich, wenn an die Stelle einer scheiternden Zivilisation ein neuer Anfang gesetzt werden soll. Und wir irren uns in diesen tieferen Dimensionen, wenn wir an die herankommen, weniger jedenfalls, als wenn wir überall dort nach Alternativen suchen, wo wir also durch die ungeheuren Trägheitskräfte des materiellen Prozesses auch in sozialen Institutionen viel mehr festgelegt sind.

... zur Reflexion unserer Interessen - aber mit Technik, mit Mathematik multipliziert und das in die Welt hineingebaut. Dass also der Verstand zum Weltdenken geworden ist, das schließt - unter diesem Erkenntnisgesichtspunkt hier schließt das so was wie »Welt«, zum Beispiel, ein – also, sowohl die Bits, diese Informationseinheiten, als auch die Welteinheiten, als auch Begriffe – also, solche Funktionaleinheiten des Verstandes, gewissermaßen, sind der Kern dieser materiellen Kultur, der mit uns durchgeht. Und die Frage, die ich gerade angedeutet habe - die besteht natürlich darin, ob das unterschrieben werden kann. Also, hier wird gezeigt, in diesem Buch von Ken Wilber - den wir hier schon mehrfach erwähnt haben; ich schreibe einmal den Namen an: Wilber – England, Brown - das Buch heißt: »Psychologie der Befreiung«; in dem Buch werden die Wege verdeutlicht, die über diese Befangenheit in dem Verstandbegriff hinaus liegen. Es wird davon geredet, dass wir dabei sind, uns zu öffnen - dass das vielleicht der Schritt ist, der jetzt aus der Krisensituation sich vielen aufdrängt, zu einer visionären Logik überzugehen, die also überschaut, was wir eigentlich in den Einzelwissenschaften alles anrichten - und dann erst kommen die Stufen, die für - wo de Yogi steht, wo der Heilige steht, wo der Meister steht. Aber das wird – also, in Parallele zu naturwissenschaftlichen Definitionen - hier in der »Psychologie der Befreiung«, in diesem Buch dargestellt: Das ist ein erster – so versteht sich das Buch – ein erster Überblick darüber, was die moderne Wissenschaft aus Psychologie, Biologie, Anthropologie betrifft, sich doch in ihren – also, wie soll ich sagen? In ihren bewusstesten Zweigen auf eine Fragestellung dieser Art zu bewegt. Ich habe das näher entwickeln wollen: Es geht nicht. Der Hauptpunkt ist, dass – also, die Entgegensetzung, auf die das hinausläuft, ist: Wenn man vom Verstand her denkt - die Wissenschaft - dann ist das nicht Weisheit - und Weisheit ist jetzt nicht etwas gedachtes, das den Verstand außer Kraft setzen soll – das, was wir in Begriffen fixieren können, sondern - der Gedanke ist, dass - von einer weisen Weltsicht im Ganzen her gesehen, von einem - wenn uns da also etwas aufgeht, mit dem wir weniger sicherheits- und angstbestimmt in der Welt sind und weniger herrschaftlich den Verstand einsetzen: Dass es dann also anders mit diesen intellektuellen Werkzeugen und dann auch mit unseren materiellen Werkzeugen hergehen könnte. Dass es also wirklich um eine Verfassung dieser Art geht. Und jetzt knüpfe ich für das, was ich jetzt noch andeuten will, an diese Musik vom Anfang an, die so eine bestimmte Bewusstseinsverfassung anderer Art angedeutet hat. Und ich will kurz darauf eingehen - im Hinblick auf diesen Aspekt »Dialog der Zivilisationen«, den ich ja mit im Thema stehen habe und wo es natürlich darum geht, wie die verschiedenen Zugänge zu dem Einen, eigentlich – also, man kann es sich ja durchaus so vorstellen, dass das konvergent ist auf das, was - Teilhard de Chardin nennt den Punkt »Omega«: Wo sich alles trifft - aber, wie gesagt - das, was wir da als Musik vorhin hatten, die ostkirchliche Musik: Die steht natürlich im Zusammenhang mit der christlichen Tradition, sodass uns da zunächst die anderen prophetischen Traditionen einfallen - im Hinblick, immer, auf die Frage: Wie könnte da etwas zusammenkommen, natürlich – also, als - da sind dann das Judentum und der Islam, und wie man weiß, gehen diese drei prophetischen Religionen auf Zarathustra - das war der erstere eigentlich, der sozusagen einen »guten Gott« konzipiert hat - aber schon angesichts des Schreckens der Geschichte. Das sind also vier Religionen - kriegerischer Völker, übrigens: Judentum, Christentum – jedenfalls, wie es dann später geworden ist - nicht von Christus selbst her, sondern wer das dann hier in Besitz genommen hat - und der Islam auch und - die Perser waren auch schon so ein patriarchales Volk, d. h. da waren – also, die indogermanischen Wanderungen waren da schon vorausgegangen. Das ist ein Hauptzweig, praktisch, der Weltreligionen - die, die auf Zarathustra - und wenn man die anderen drei nimmt: Die auf Abraham zurückgehen. Und es ist jetzt natürlich die Frage: Wenn man unter »Dialog der Zivilisationen« versteht, dass die sich hier an irgend so einer Stelle, wo sie sich von ihren jeweiligen Ursprüngen her - wo immer der Mensch eine Antwort auf eine ganz konkrete Situation sucht und mit seinem ganzen Potenzial da ist und wo irgendwie - also, ich will nicht sagen: Alles in Ordnung ist - weil das ein falscher Ausdruck ist, um es zu bezeichnen, aber - wo es unsinnig ist, zu kritisieren, wo also einfach mit Akzeptanz festgestellt werden muss: Wie hat das nun mit dem Judentum während des Zarathustra und so angefangen? Wenn man aber jetzt den Dialog der Zivilisationen sucht - auf der Stelle hier - d. h. An dem Punkt, der ist sozusagen auf der Mitte, aber ganz fern von dem Treffpunkt und von dem Ursprungspunkt: Da hat man es hier natürlich mit den wie auch immer genannten – also, Schriftgelehrten der verschiedenen Zivilisationen zu tun. Und Sie werden alsbald entdecken, dass zwar irgendwo dasselbe gemeint ist, dass aber die Gegensätze ungeheuer sind - und dass es also zu schlimmsten Folgen führen muss, wenn dieses oder jenes i-Tüpfelchen, das in der eigenen Tradition hochgehalten wird, nicht berücksichtigt wird im Ganzen, sodass ich ganz sicher bin, dass - also, das Thema »Dialog der Zivilisationen« nicht ernstlich gestellt werden kann, wenn man das Wort »Dialog« da allzu wörtlich nimmt. Da steckt der Logos-Begriff mit drin - das ist das Fach oder die Disziplin, in der die Griechen unter sich ganz gut gewesen sind, aber - in einem kulturellen Zusammenhang, wo man zumindest über die Grundbegriffe nicht so sehr streiten müsste, dass überhaupt nichts wechselseitig verständlich war. Aber hier sind natürlich die Schwierigkeiten viel größer. Wenn man also auf diese Weise im Dialog etwas zusammenbringt – so, dass dort wahrscheinlich der Gottesdienst, den der Papst da vor der Kirche in Assisi mit Vertretern vieler Weltreligionen zelebriert hat - zwar sicher – also, eine - von der Intention her – also, den Ursprung und das Ziel zusammendenkt, aber - danach laufen die Theologen auseinander und setzen den Streit fort. Es werden bestimmt dann Kirchen zusammenkommen auf Verhandlungsbasis in dieser Dimension – also - sodass ich denke, dass der

Dialog der Zivilisationen nur Aussicht hat, wenn man wirklich an diese Ursprünge zurückgeht. Aber jetzt nicht historisch – 2000 : 3000; 4000 Jahre - sondern in dem Sinne, wie ich eben darüber gesprochen habe, dass der Ursprung in uns selber gegenwärtig ist und dass wir die Erfahrung, wenn wir uns das sozial ermöglichen könnten – ich habe voriges Mal hier über das kommunitäre Thema deshalb gesprochen – dass uns – also, Erfahrungen, unser Verhältnis zur Welt im Ganzen neu zu definieren: Dass wir uns das jetzt schaffen könnten - und dass wir dafür nicht darauf angewiesen sind – also, die jetzt in ihren Büchern, in ihren großen Büchern festgefahrenen spirituellen Traditionen durchaus zu studieren, mit heißem Bemühn, dass es – also, auf der theoretischen Ebene Sinn macht, sich damit zu befassen, ist eine andere Frage, aber - als den Weg, auf dem eine neue Zivilisation zustande kommen könnte, wird es bestimmt nicht sein – also, das wird bestimmt nicht sein (…) - und im Koran und die (…) - da aus Persien miteinander zu vergleichen - es sei denn, sozusagen, auf die ewige Philosophie, die dem allen zugrunde liegt hin und die – also, an diesen Punkten - aber jeder von uns antritt. Man spricht davon - es gibt so eine Philosophie (…) – also, eine ewige Philosophie, wo sich die Aufgaben aller religiösen Traditionen decken - nur reicht das nicht weit in diese Spezialisierungen, Differenzierungen hinein. Erst am Endpunkt wieder würde – also, wo die (…) vollendet ist, aber da ist dann kein Priester mehr - würde das zusammenkommen. Vielleicht ist diese Problematik der prophetischen Religionen, die fest auf Texten sitzen, die Ursache dafür, dass uns jetzt Asien so viel zu sagen hat. Dort gibt es auf der einen Seite - in China, vom Taoismus her - und auf der anderen Seite her - in Indien, vom Hinduismus her - einen – in unserer christlichen Tradition würde man sagen: gnostischen Zugang, aber das ist natürlich hier jüdisch-christlich formuliert dann, das ist nicht die Bezeichnung, die die selber wählen würden. Jedenfalls ist das ein Zugang, der nicht davon ausgeht, dass einem Propheten alles offenbart worden ist, dass Gott zu ihm gesprochen hat - und jetzt muss das also heruntertröpfeln: Wer es fassen kann, der fasse es, sondern - in diesem hinduistischen Zugang - und in den taoistischen auch, und dann genauso im Zen, im japanischen Zen - geht es eigentlich darum, dass sich das einzelne Individuum mit seinem eigenen innersten Grund direkt in Beziehung setzt und dass man horizontal vergleichen kann und dass der Meister nicht jemand ist, der also Sätze weitergibt, die Gott gesprochen hat oder haben soll, sondern - der Meister gibt methodische Ratschläge. Der sagt also: Übe in der und der und der Weise, ich habe damit die und die Erfahrung gemacht. Und die Aussagen des Tao-Te-King über das Universum sind wirklich sehr knapp gehalten - also, da geht es darum, die Bezeichnung wird vermieden – ich nenne es einmal »groß« - das habe ich hier auch zitiert -: Das Universum. Es wird so gesprochen, dass man also den Eindruck hat, das ist weiblich gedacht – also, mütterlich gedacht, schoßhaft gedacht - aber da sind keine Festschreibungen gemeint, sondern es ist Erfahrung gemeint. Und wenn man es zugespitzt haben will, was der Geist in diesem Zusammenhang - dass der sich sehr unterscheidet – also, von der Bibelstunde: Als der Patriarch des Zen – also, später so genannt, wo Dharma nach China kam - und zwar: Was sich abzeichnete, damals, war dann eine Kopplung zwischen dem Tao und dem Buddhismus - und Zen nachher erst ein Treffen zwischen Buddhismus und manchem, was aus China kommt - Taoismus - und auch noch Traditionen, die in Japan spezifisch gewesen sind. Also, man ist mit diesem Boddhidharma eigentlich auf dem Weg von Indien nach China zu sehr in einer neuen Synthese dieser beiden Zweige dort - dem Zen - und als Boddhidharma erst einmal nach China kam (der Patriarch des Zen), da war also sein erstes Wort: Lasst uns die Texte, die vom Buddha berichtet werden – das sind auch sehr viele Bände gewesen: Lasst uns die beiseite legen – manche haben auch gesagt: Lasst sie uns verbrennen – lasst uns einander gegenseitig offenbaren und lasst uns den Buddha in uns selber aufsuchen. Und es kommt dann dieser Satz, den ich vorhin zitierte: Die Weisheit liegt im Urzustand unserer Natur. Und wenn das so ist, dann liegt durch diesen Satz Indirektes, was die Praxis sein muss - die Praxis muss gerichtet sein auf Leere (Doppel-E) des Gefäßes, das unser Verstand ist, nämlich auf das Verlernen der vielen Festlegungen auf bestimmte kulturelle Zusammenhänge und Wahrnehmungsweisen und so fort, die wir geschaffen haben. Das heißt, es ist eine Technik des Sich-Abgewöhnens von Festlegungen, von Festgelegtsein, damit also die ursprüngliche Natur widersprechen kann. Und wenn man die Sache so betrachtet, dann fällt in gewisser Weise dieses für die prophetischen Traditionen charakteristische Problem - also, was kommt aus uns und was kommt uns entgegen? - fällt empirisch insofern nahezu weg, als sich herausstellt: Je mehr verlernt ist – also, je leerer das Gefäß ist, umso mehr kann einströmen. Und falls die universelle Intelligenz oder überhaupt der Kosmos in dem Individuum seinen jüngsten Spiegel hat, weil das in der Evolution also eine höchste Ausgestaltung der universellen Prinzipien ist, dann ist es gar nicht wichtig, diesen Unterschied hervorzuheben, sondern dann geht es einfach darum zu begreifen, dass unsere ursprüngliche Natur, der Urzustand, aus dem heraus auch Neubestimmungen möglich sind, sich äußern kann, sobald wir loslassen können, Definitionen, Bestimmungen, Festschreibungen vorliegen usf, sobald wir – also, man könnte auch sagen: Ich - aber jetzt nicht in dem Sinne, dass der Mensch überhaupt eine Struktur braucht, um sich in der Welt zu bewegen: Dass also Ich (...) - as ist schon richtig, aber - Ich, im Sinne dieser machtinteressierten und sicherheitinteressierten Festschreibung – also, auf die Gründe hin, aus denen man einer bestimmten gesellschaftlichen Situation konform gehorcht - und nebeneinander die Menschen gefangen sitzen. Also, der Weg der Befreiung im Zen, der besteht eigentlich darin, dass er sich von Worten und Konzepten - deswegen auch das Verbrennen und das Beiseitelegen der Texten - von Worten und Konzepten freizumachen, damit die Existenz sprechen kann, und das heißt nicht, dass es verboten ist, wieder auf Worte zu kommen, weil - das gehört zum Menschen, sondern es geht um – also, um das Ausschalten des Automatismus geht es bei jeglicher spirituellen Praxis.

Ja, ich will an dieser Stelle mit den Worten konsequenterweise auch Schluss machen, obwohl ich also noch eine ganze Entwicklung machen wollte, die ich jetzt doch ausgelassen habe. Irgendwie - wahrscheinlich im Seminar - können wir darauf kommen.

Ich will jetzt, dass wir so eine Zen-Musik uns zum Schluss anhören.

Wir werden den Unterschied, glaube ich, spüren zwischen der Art der Anbetung, die auf die göttliche Mitte gerichtet ist – also, die, die außer uns liegt und den - in diesem Kontaktproblem: »Komm, Heiliger Geist«, in der ersten Musik, und diesem Versuch jetzt des deutschen Zen-Meisters Michael Vetter, der lange in Japan gewesen ist – also, in Worten, die keiner Sprache angehören, es ist ein Gesang. Es ist nichts als Gesang und begleitet von einem Sitar, glaube ich – also, von einem asiatischen Instrument - und die Sprache, die dort gesprochen wird, ist überhaupt keine bestimmte, das sind nur - was sich aus den Stimmbändern heraus ausdrückt, um die eigene Existenz auszusagen – so, wie sie im jeweiligen Augenblick zu Wort kommen will. Und damit ist nicht gesagt, dass diese Art von Spiritualität

schon ein neues Konzept wäre, wie jetzt die Gesellschaft aussehen soll, sondern nur erst einmal: Dass der Mensch voll bei seinen eigenen Kräften ist
und sich ausdrücken – also, sich diese Kräfte, eigentlich, ausdrücken lässt,
ohne vorher zu zensieren. Und vielleicht lässt es sich an der Musik jetzt, an
dem Gesang erlauschen, auch auf den Unterschied hin – also, darauf, dass
das ein anderer Zugang ist zu der Frage: Wie können auch verschiedene
Kulturen miteinander umgehen? Das ist wirklich ein deutscher Zen-Meister. Also, da ist auch schon so ein Stück Synthese in seiner Biografie passiert.

8. Juli 1991

Der Fürst der ökologischen Wende

- ich begrüße und … dafür, dass … Oben hat es auch schon nicht mehr gestanden, dass die Vorlesung so lange dauert. Das ist also heute die vor-vorletzte. Nächste Woche noch, und dann, am 22 – da kommt Kurt Biedenkopf.

Zwei Sachen will ich noch ansagen, und zwar: Ich will noch einmal erinnern an die Vorlesung von Claudia v. Werlhof, morgen um 17 Uhr, in der Invalidenstraße 42 – und Jochen Kirchhoff hat mich gebeten mitzuteilen, dass sein Seminar, die – also, dass das jetzt zu Ende ist für dieses Semester, dass die nächsten zwei Male nicht mehr sind. Also, da hat dann die Sommerpause angefangen. Er hat mir gerade gesagt, dass er tatsächlich vorhat, im nächsten Semester eine Vorlesung zu halten. Das ist schön.

(Beifall)

Ja – ich habe das heutige Thema genannt: »Bürgerbewegung und Staat in der ökologischen Krise – der Fürst einer ökologischen Wende«. Das Material, das meiste jedenfalls dazu, steht in meiner »Logik der Rettung«: Der ganze Schlussteil ist ja überschrieben »Der Fürst der ökologischen Wende« - und es gibt viele Argumente in diesem Zusammenhang. Ich will versuchen, heute also den Grundriss des Gedankens anzudeuten, damit hervortritt, wie es von innen her eigentlich gedacht und gebaut ist.

Ich will anfangen, indem ich ein Stückchen vorlese aus einem Aufsatz Friedrich v. Hardenbergs – des Novalis - der da überschrieben ist: »Die Christenheit und Europa«. Also, das ist um die Jahrhundertwende vom 18. zum 19. Jahrhundert:

»Ruhig und unbefangen betrachtet der echte Beobachter die neuen staatsumwälzenden Zeiten. Kommt ihm der Staatsumwälzer nicht wie Sisyphos vor? Jetzt hat er die Spitze des Gleichgewichts erreicht – und schon rollt die mächtige Last auf der anderen Seite wieder herunter. Sie wird nie oben bleiben, wenn nicht eine Anziehung gegen den Himmel sie auf der Höhe schwebend erhält. Alle eure Stützen sind zu schwach, wenn euer Staat die Tendenz nach der Erde behält. Aber knüpft ihn durch eine höhere Sehnsucht an die Höhen des Himmels, gebt ihm eine Beziehung aufs Weltall: Dann habt ihr eine nie ermüdende Feder in ihm und werdet eure Bemühungen reichlich belohnt sehen.« - Also, es muss sich hier um eine Art von Staat handeln, die wir nicht kennen – ich lese weiter:

»Es ist unmöglich, dass weltliche Kräfte sich selbst ins Gleichgewicht setzen. Ein drittes Element, das weltlich und überirdisch zugleich ist, kann allein diese Aufgabe lösen. Unter den streitenden Mächten kann kein Friede geschlossen werden. Aller Friede ist nur Illusion, nur Waffenstillstand. Auf dem Standpunkt der Kabinette, des gemeinen Bewusstseins ist keine Vereinigung denkbar. Wer weiß, ob des Krieges genug ist – aber er wird nie aufhören, wenn man nicht den Palmzweig ergreift, den allein eine geistliche Macht darreichen kann. Haben die Nationen alles vom Menschen: nur nicht sein Herz, sein heiliges Organ.«

Das steht Novalis zu, sagt man, weil er Romantiker war. Übrigens ist er natürlich für diese Rückwendung nach dem heiligen Europa, das wahrscheinlich so, wie er es gesehen hat, nicht unbedingt existiert hat - das Heilige Römische Reich deutscher Nation und das Römische Reich vorher im hohen Mittelalter waren natürlich nicht so ideal verfasst, wie man hier vermuten könnte. Ich nehme an, dass es sich hier um eine – um etwas psychologisch Ähnliches handelt wie in Laotses Tao-Te-King: Da hat ja der Ernst Schwarz – ich habe das ja hier ausführlich behandelt, im vorigen Semester – gezeigt, dass angesichts der - damals, für den Laotse - modernen Katastrophe in China – also, des Auseinanderfallens des vorigen größeren Reiches in streitende Reiche, die miteinander Krieg führten - hat er also den Punkt gesucht, zu dem man zurückkehren könnte. Das war bei ihm – weil es noch nahe war, verhältnismäßig – die mutterrechtliche Zeit.

Novalis taucht also hier in das christliche Mittelalter zurück. Ich denke, dass es sich nicht darauf reduziert, sondern dass hier etwas ausgesprochen ist, in der Frage – also, den Staat am Himmel aufhängen, und dann könnten wir nach – Hölderlin hat gesagt, das sei unser - unsere Untat: nämlich, dass wir im Staat selig werden sollten – wollen. Aber hier ist ein Gedanke enthalten, der den Staat natürlich völlig anders auffasst, denn als repressive Veranstaltung, um Leute niederzuhalten.

Zum Hintergrund des heutigen Themas will ich noch an etwas erinnern, das ich vor über einem Jahr in den Stalinismus-Vorlesungen, glaube ich, schon einmal angedeutet habe, das mir jetzt wichtig ist nur als ein Orientierungspunkt in dem Zusammenhang, den ich mit Novalis gerade zu setzen versuchte. Ich will anknüpfen an diese mittelalterliche – an diesen mittelalterlichen Gesellschaftsaufbau, der davon ausgeht, dass man die Geistlichkeit hat, dass man den Adel hat, dass man die Bürger hat – ich schreibe einmal in Klammern: »K« – für »Kaufleute« - und dann hat man die – ich schreibe einmal, in Erinnerung an die untergegangene DDR: Die Arbeiter und Bauern – also, die Arbeitenden. Das ist in Reinform – ich meine jetzt, was die Herrschaftsverhältnisse betrifft, die hier natürlich erst einmal ins Auge fallen – in Indien – also, noch schärfer akzentuiert gewesen als hier, mit den Ständen. Dort war das idealtypisch das Kastensystem, da saßen hier oben – also, statt der Geistlichkeit, oder - wie wir das nannten - oder der Klerus - saßen Brahmanen; hier saßen die Kschatrija, das waren die Krieger – also, die waren – das war die Klasse, die für die Politik zuständig war - und hier saßen die Kaufleute – also, das war die Zone der ökonomischen Vermittlung – das hier die politische - das die geistliche, oder auch: die zum universellen Zusammenhang, die zur Natur. Und hier - also – ging es um die Arbeit – also, um die ökonomische Reproduktion, hier um die Vermittlungsformen. Das fällt natürlich – also – unter Vermittlungsformen, so, vom Ökonomischen her gesehen, über – also, über Arbeit, Ökonomie, über Politik und Kirche – sieht das so aus, in – wenn es also in herrschaftliche Zusammenhänge eingeht. Aber was hier dahinter steht, als Gedanke – und was von Leuten, die sich tiefer mit dem Sinn der Sache befasst haben, auch immer wieder herausgearbeitet wurde - war natürlich – also, dass schon eigentlich fast alles verloren ist, wenn sich diese Instanzen der menschlichen Existenz als Stände – Klassen – gar als Kasten darstellen. Also – weil dann mit dem Brahmanentum natürlich verbunden ist, dass der Kontakt mit den höheren Bewusstseinsschichten zugleich ausbeuterisch gegen die anderen gewandt wird, dass das ein Herrschaftsmittel wird. Aber eigentlich ist natürlich die Integration aller dieser Momente gemeint. Und es steht für mich bei der ganzen Frage nach der Politik, nach dem Staat jetzt – also – der Gedanke im Hinterkopf, dass es sich um - darum handelt, dass wir uns alle in diese verschiedenen Unterfunktionen der einen menschlichen Existenz teilen müssen. Das war ja der

Gedanke, den ich in meiner »Alternative« gegen diese hierarchische sozialistische Arbeitsteilung gewandt hatte – also, dass die Menschen da subsumiert werden in irgendwelchen subalternen Tätigkeiten. Und in bestimmter Hinsicht ist selbst die politische Tätigkeit subaltern: wenn sie nicht mit der höchsten Ebene vermittelt ist. Und wenn aber es um den ganzen Menschen dabei gehen soll, dann soll der ganze Mensch nun allerdings nicht beschränkt Arbeiter und Bauer – oder Bauer - sein, und nicht Kaufmann, und nicht Krieger, und nicht Brahmane, oder: Pfaffe, oder Priester, sondern dann geht es immer um die – also, um die reine Gestalt der Sache. Also, natürlich, Arbeiten: Das ist am unproblematischsten, zunächst, weil wir – natürlich müssen wir unser Leben reproduzieren. Und hier geht es um ökonomische Vermittlung in einem Sinne, wirklich, der gerechten Austauschbeziehung, worüber in verschiedenen spirituellen Traditionen viel geredet worden ist (auch Steiner zum Beispiel hat das für uns hier, für Europa, ziemlich eindrücklich gemacht) – und hier geht es um die gute Regelung der gesellschaftlichen Angelegenheiten – also, um die Polis als Gemeinschaftszusammenhang, und – beim Staat – und nicht um - beim Staat um uns, bei unserem Anteil daran. Und hier geht es eigentlich darum, den inneren Meister zu rufen. Ich erinnere nur an diesen Zusammenhang, der vielleicht auch vorher schon gegenwärtig war, aber: Das als Hintergedanke.

Wenn ich jetzt auf das Thema »Bürgerbewegung und Staat« in diesem Zusammenhang komme – und wir haben es nicht mit dem Staat zu tun, von dem eben Novalis gesprochen hat – und der natürlich völlig davon abhängig ist, dass die Menschen das einigermaßen integriert haben – mindestens genügend viele: dass genügend viele – also, sozusagen – auf allen diesen Ebenen präsent sind. Wenn wir es also mit Staat zu tun haben, wie ich es hier mehrfach angedeutet habe, in dieser großen Ellipse, wo wir die Megamaschine haben und der Staat eigentlich eine Ableitung davon ist, das heißt, wo der Staat in der Moderne mehr und mehr Bürokratie wird – also, bürokratische Verwaltung dieser entfremdeten Sachenwelt – und wir haben es dann mit Bürgerbewegungen zu tun, die natürlich auf dieser Ebene dann mit dem Staat kommunizieren, wo also Bürger – also, inzwischen – also, de facto zumindest – Staatsbürger heißt, wo es also nicht mehr diese Emanzipationsbewegung am – von der Renaissance bis zur Französischen Revolution und noch ein bisschen darüber hinaus ist, wo also mit dem Bürger hauptsächlich denn doch ein nächster Schritt der menschlichen Emanzipation gemeint war - sondern: bei diesen Bürgerinitiativen handelt es sich immer darum: hier wird anerkannt, dann – auch von der Staatsseite, nachdem das – also – am Anfang immer einige Schwierigkeiten macht, überhaupt das Recht zu so viel Selbstorganisation zuzugestehen, aber – da war der Raum drüben größer – aber immer war vorausgesetzt – also, solche Bürgerinitiativen, das sind – also – Interessen, die in diesem gesellschaftlichen Zusammenhang, der durch die Gesellschaft als Megamaschine bestimmt ist – und wo der Staat – also, eigentlich die Ableitung davon ist – der in diesem Zusammenhang legitim ist – legitimiert ist, und dann auch – wo man dann auch Prozesse gegeneinander führen kann – je nachdem, wie friedlich oder gewaltsam die Demonstrationen verlaufen sind.

Also, hier handelt es sich genau um diese Interessenkämpfe im säkularen Staat, die generell charakteristisch sind für bürgerliche Gesellschaft, oder für die moderne westliche Gesellschaft überhaupt, wo also – die auf dieser Ebene – also, eigentlich der – wo wir Kaufleute sind, wo es um die ökonomischen Austauschbeziehungen und die zu große Ungerechtigkeit, die wir da wahrnehmen, geht, nicht? – auf dieser Ebene also finden da die Interessenkämpfe statt. Und das ist, wo Novalis gesagt hatte, hier – also, es ist unmöglich, dass weltliche Kräfte sich selbst ins Gleichgewicht setzen – also, hier ist ein Gegeneinander unvermeidlich, es geht also darum, praktisch die Gerechtigkeit immer herzustellen durch Zuwachs nach oben – und das ganze Geschäft findet natürlich in den reichen Ländern auf Kosten der übrigen Menschheit statt, auf Kosten der Natur, auf Kosten der Frau, auf Kosten – also, auch unserer inneren Kräfte. Also, diese Kolonien, von denen Maria Mies hier im Audimax vorige – am 1. Juli hier gesprochen hat, die sind – die fallen aus der Betrachtung bei dieser ganzen Sache dann heraus.

Der Hintergrund für diese Verfassung – also, für den Interessenkampf auf dieser Ebene, die eigentlich – also – aussichtslos ist, was ein Anhalten, natürlich, betrifft - jetzt, angesichts der ökologischen Krise – der ist im - als der Geist der bürgerlichen Gesellschaft noch unbefangen genug war – also, unverhüllt die Wahrheit zu sagen – also, auch rücksichtslos ausgesprochen worden. Also, von Machiavelli bis Hobbes hat man – also – eindeutig davon gesprochen – also, dass der Mensch deshalb Bürger werden muss, weil er seiner Natur nach des Menschen Wolf ist, weil die stärkste Leidenschaft, die den Menschen – alias Mann, in diesem Zusammenhang – sicherlich beherrscht, der – die – der Wille zur Macht ist. Und wenn das – also – einigermaßen dann funktionieren soll, dann muss der Staat – also – die überschießenden Triebe dort unterdrücken, aber die Dynamik – also – des Machtkampfes selber ist nicht der Gegenstand.

Und das ist auch das Problem bei den heutigen Überlegungen zur Wirtschaftsordnung, natürlich – dass also alle Vorstellungen über das – den Aufbau einer politischen Ordnung, die den ökonomischen Prozess kanalisieren könnten – also, nicht die Frage aufwerfen, wie die Kapitaldynamik selbst eigentlich gebremst werden könnte, weil – die ist mit diesem Menschenbild – das natürlich nicht die Erfindung von Machiavelli, oder von Hobbes, oder so, ist, sondern das nur eine Beschreibung darüber ist, wie die Gesellschaft funktioniert, wenn sie aus dem – aus den größeren Zusammenhängen herausgefallen ist.

Ich meine jetzt beiläufig: Dass das so passiert ist, dass wir also von einer geistlich geleiteten Gesellschaft zu einer kriegerisch geleiteten abgefallen sind, und dann zu einer kaufmannsgeleiteten – und dann, im Grunde genommen – also, heute sind eigentlich alle Arbeiter und Bauern – also, so haben wir das ja hier auch formuliert, die Mitglieder des Politbüros gehörten per Dekret alle der Arbeiterklasse an – und da war auch etwas Wahres daran – also, weil die ganze Gesellschaft als Arbeitsgesellschaft, als Wirtschaftsgesellschaft im Sinne der Produktion und Reproduktion aufgebaut war, in Konkurrenz mit der anderen Megamaschine, sodass – also, selbst das Problem der wirtschaftlichen Vermittlung – also, der ökonomischen Gerechtigkeit - wurde ja grundsätzlich von hier aus gelöst – deshalb. Also, man ging davon aus – das war übrigens der Anstoß, der Biedenkopf in ökologischer Richtung bewegt hat, Ende der 60er-Jahre, glaube ich, eine Wirtschaftskonferenz - wo man davon ausging: Die sozialen Probleme - also, der Gerechtigkeit auf ökonomischer Ebene – sind nur mit Zuwachs lösbar. Also, das hatte ihn doch zum Nachdenken gebracht – also, das kann wohl nicht wahr sein – also, dann – weil er schon gesehen hatte – Club of Rome, hatte er gerade gelesen, dass – dafür ist das Häuschen zu klein.

Wenn das so ist, wenn das – also - nur mit Zuwachs lösbar ist, dann heißt das schon: Der Schwerpunkt liegt hier. Also, die Arbeiter, die Ingenieure, die Bauern, die Wissenschaftler sind hauptsächlich - also – mit der Vermehrung von Produkten – also, mit der Vermehrung der materiellen Trägheitskräfte hier befasst. Und das ist – also – die – der historische Prozess, der natürlich auch zeigt, dass schon von Anfang an – also, bei dem heiligen Königtum, auf das Platon sich noch bezogen hat, wohl der menschliche Geist nicht ganz auf der Höhe – irgendwie - seiner letzten Bestimmung gewesen sein muss – das heißt, dass hier schon, mit den Gottkönigen, doch die machtvolle spirituelle Ausbeutung der Leute, erst einmal, angefangen hat – und bald ist das verfallen, und das Heilige an dem Königtum war nur noch dieses »von Gottes Gnaden«, das wir so gut kennen – hier, auch noch, in Europa, dann. Und genauso die Funktion des Adels, die Funktion der Kaufleute – also, ein Absinken, das natürlich mit dem Gesamtzustand des Menschen auf seinem Weg durch die Evolution, bisher, sicher zu tun hat – das der Hintergrund.

Und wenn man sich jetzt ansieht, wie in der bürgerlichen Gesellschaft, die wir haben – ich meine jetzt: Die bürgerliche Gesellschaft als diese Metropolenwelt, in der wir leben – also, diese Erste Welt: Wenn man sich ansieht, wie dort der politische – also, der politische Aufbau, eigentlich, die Struktur des Interessenfeldes ist, dann stellt man fest, dass das – also – völlig dem Kampf um die Zuwachsverteilung – also, um Gerechtigkeit in diesem Sinne, erst einmal, der Zuwachsverteilung, um einigermaßen – also - … (Mikrofonstörung) - … Angleichung, Einholen der Mittelklasse und der bürgerlichen Klasse letzthin, Aufstieg von unten nach oben, aber – als römische Bürger - so, wie das in der römischen Zeit übrigens auch schon war: Dass die Plebejer und die Patrizier – das hob sich allmählich auf, es gab dann eine – ein Römertum, und Cäsar war Kaiser, eigentlich, der Popularen - also, von unten gekommen, so, wie Mitterrand jetzt Kaiser aller Franzosen ist.

Also, diese erste Ebene hier in diesem – ich mache einmal drei – in dem heutigen Interessen- in den heutigen Interessenkämpfen in der Metropolis, die ist – also, das ist der Verteilungskampf – also, um – ich male einmal hier so einen Kreis hinein – darum, wie groß das Stück – das Stück Kuchen sein soll, das Stück – also, wo es dann darum geht – also, wie können die verschiedenen Sektoren der Gesellschaft hier relativ zueinander das verschieben? Und dann gibt es natürlich, also dann hier, wenn man will, Linke und Rechte, im weitesten Sinne – wobei »links« jetzt nicht heißt – also, irgendeine so genannte linksextreme Partei, sondern das heißt in der Regel »Sozialdemokratie« - also, die – was der Peter Glotz immer »Big Labour« genannt hat – also, die SPD, und die Gewerkschaften dazu gerechnet – also, als Machtkampffaktor für die Unterklasse, für die Plebejer – aber: Der reichen Ersten Welt! Und auf der anderen Seite – also, dann bei der Rechten: »Big Industry«. Und – die Kategorien »links« und »rechts« sind da nicht viel wert, das ist nur – also, das ist eigentlich die - der konventionellste Aspekt des ganzen Schemas.

Und wovon wir regiert werden - das war also einer der ersten Einsichten, die die Grünen dann in ihrem Anlauf auf die 80er-Jahre hin hatten, Mitte der 70er – zu den 80er-Jahren hin: Das war also eine – ich schreie es einmal so hin – eine Große Koalition – hier - eigentlich, der Trägheitskräfte der Großen Maschine - hier verändert sich nicht viel. Also, wenn sich von rechts nach links im Wahlvolk ein paar Prozente verschieben: Das ist – also, das ist fast nicht spürbar – also, jedenfalls nicht in Bezug auf die globalen Probleme. Es ist spürbar bei – also, für die Nabelschau dieser reichen westlichen Gesellschaft in sich selbst – wo also dann die kleinen Differenzen zählen. Also, es macht schon etwas aus, ob gerade die – also, was Sozialstaat und den Umgang damit betrifft – zum Teil, jedenfalls, oder momentan – ob die Sozialdemokraten gerade dran sind, mit ihrem Gewerkschaftskontakt, oder die Christdemokraten – die da auch zwar ihr Bein drin haben, aber wo es dann – es läuft halt ein bisschen anders. Aber um - für alle wesentlichen Dinge – also, etwa Rüstung betreffend – also, das Gerüstetsein, überhaupt – da geht es dann nur um – ob gerade einmal die Bremse ein bisschen angezogen wird, oder ein bisschen gelockert wird, um Mäßigung, um - mehr den Allianzcharakter des Fortschritts, oder mehr den Konfliktcharakter des Fortschritts: um mehr geht es eigentlich nicht - Das ist also der Verteilungskampf innerhalb der Metropole, zwischen – also, zwischen der Ober- und der Unterklasse – wie immer die genannt wird – Das ist übrigens in Rom gar nicht so verschieden gewesen.

Und hier, in der zweiten Ebene, geht es um die Verteilung im internationalen Maßstab. Und das wäre eigentlich der größte Teil – der größte Sektor, der größte de-facto-Sektor – nur nicht in den Interessenkämpfen in der Metropole: Da ist er noch viel zu breit gemalt, weil – dass wir uns imperial, kolonialistisch und nationalistisch zur – zur ganzen Außenwelt verhalten: Das gehört also derart zu den Selbstverständlichkeiten, dass wir – mit den

Japanern - wo wir überall konkurrieren müssen, wo wir uns behaupten müssen – dass es also gar nicht so direkt in den Vordergrund tritt, dass es hier – also – darum geht, wie groß der Kuchen ist. Der soll – also – möglichst – also – also, der soll einfach so groß wie möglich sein. Und es ist für die – für diejenigen, die da an dem Verteilungskampf beteiligt sind, unter dem Strich wahrscheinlich lukrativer, wenn der Kuchen größer wird, als wenn hier – das sind sowieso immer nur Millimeter, hier, indem das innere Kräfteverhältnis sich verschiebt. Sodass es – also – ein mächtiges Interesse daran gibt, dass dieser Kuchen hier, der da zu verteilen ist, möglichst groß und dick sei.

Und das ist – das ist schon – ich meine, das ist auch innenpolitisch spürbar – dann, wenn es also darum geht, wie überhaupt dafür gesorgt wird, dass keine sozialen Konflikte zu hoch anschwellen – also, die ganze Politik, die DDR-Bevölkerung trotz dieser Arbeitslosigkeit jetzt so halbwegs zu befrieden: Die hat natürlich nur damit zu tun, dass man vorsorglich vermeiden möchte, dass es zu Explosionen kommt. Ich meine, abgesehen davon, dass der eine oder andere, der solche Entscheidungen trifft, auch ein soziales Gewissen hat, weil – mit schlechtem Gewissen ist die ganze Konstruktion jetzt verbunden. Aber – dass es also machtpolitisch durchschlägt, dass also diese Beschäftigungsgesellschaften überhaupt geschaffen werden, dass man, so sehr die Arbeitslosigkeit – also – anwächst und anwachsen wird – also, doch etwas tut, um das zu begrenzen: Das hängt damit zusammen, dass sich die – dass sich Deutschland international – also, das nicht leisten will. Das wäre für die – für die imperialen Interessen nicht gut. Das muss funktionieren, hier, wenn der – wenn schon die Deutsche Demokratische Republik-Ex nicht zu verkraften ist: Wie dann mit Polen, und mit der Sowjetunion, bis Wladiwostok? Es muss ja hier zu Hause bewiesen werden. Und deshalb – also, gibt es diese – diese Sorge darum – ich nenne das einmal so: Dass der koloniale Konsens – dass der koloniale Konsens erhalten bleibt.

Das ist also die zweite – vom – also, de facto ist das der dickste Teil – also, deswegen, weil es so ein überwältigendes Interesse gibt – also, diesen grünen Pass zu haben – Bürger der Bundesrepublik Deutschland zu sein – findet eigentlich hier, auf der Ebene der Verteilungskämpfe, im Grunde genommen nichts statt. Das wird alles im Vorfeld ausgehandelt und abgefangen. Das heißt, es regiert von hier aus eben diese Große Koalition, auch im Betrieb – also, da hat man die große Komplizenschaft zwischen Kapital und Arbeit – und das war in analogen Beziehungen in Kolonialimperien immer so – also, dort wo – wo das Zentrum der Welt war, wo der Reichtum zusammenströmte, gab es – also – eine Dämpfung – mindestens! – der Kämpfe der Unterklassen, sodass – also – Klassenanalyse – also, das ganze marxistische Konzept, was – links, gewerkschaftlich, und so – jetzt noch vertreten wird – nicht, dass es überhaupt keinen Gegenstand mehr hätte, das gibt es natürlich, diesen Bereich, noch immer. Aber es hat ein sehr viel geringeres objektives Gewicht, als dem – also – in den Zeitungen dann zugewiesen wird – also, das ist die Nabelschau der Metropolen, dass in dem öffentlichen Bewusstsein diese Kämpfe so eine große Rolle spielen – Das hier, wie gesagt: meistens verdrängt – also, großenteils verdrängt - und was nun inzwischen die Verdrängung durchbrochen hat, den - in Westdeutschland schon vor ungefähr – jetzt – ja, vielleicht vor – vor gut 20 Jahren – also, kurz nach 1968 – und hier mit 10-Jähriger – vielleicht – Verzögerung, aber auch schon seit einer Weile: Das ist – also – die so genannte Umweltproblematik – das sind, was ich die »exterministischen Symptome« nenne.

Was ich hier angemalt habe, diese Einteilung: Das soll – also, das ist sehr mechanisch, natürlich, gesehen – die gesellschaftlichen Interessen – also, die organisierten Interessen – überhaupt betreffen. Das heißt - also, egal, auf welchem Punkt der politischen Skala zwischen Links und Rechts sich jemand jetzt einordnet – und ob ihm mehr oder weniger hiervon bewusst ist: Wir haben Anteil an allen diesen Sachen. Also, wenn wir daran interessiert sind, dass die jetzt etwas anheben – hier - damit wir gleichziehen, im Laufe der nächsten Jahre, mit denen in Westdeutschland – dann sind wir natürlich auch an dem kolonialen Geschäft beteiligt. Denn – also, dass das geht, dass in Deutschland so ein spezieller Kolonialismus funktioniert, bei dem wir noch eine Aussicht haben – das ist ganz außerordentlich, das hat nur mit den Interessen dieses – des – der Metropole insgesamt zu tun. Also, ein ähnlicher Zusammenbruch in jedem anderen Land der Welt wird – das geht finsterer aus, natürlich – was diese Verteilungsregelungen betrifft. Und – ich meine, auch bei denen, die wenig Umweltbewusstsein zeigen: es ist natürlich etwas angekommen von der ökologischen Krise. Also, das sind Momente, die in jedem Bewusstsein stehen. Und es ist die Frage, wie wir – sozusagen – unseren eigenen Schwerpunkt setzen – also, natürlich, politisch gesehen: Wie die Mehrheit der Bevölkerung in diesem Zusammenhang entscheidet. Also, wenn ich zum Beispiel jetzt – also, meine Abende nach der Betriebsarbeit in die Gewerkschaft stecke: Das ist in der Regel und hauptsächlich die Entscheidung – also, mich hier an den Verteilungskämpfen, die die Metropole am Kreiseln halten – also, jetzt, das Karussell sich so dreht, dass es möglichst weitergehen kann – also, dort gehen die Energien ein. Und natürlich gibt es dann Gewerkschaftsfunktionäre, die sich inzwischen hauptsächlich damit befassen – wenn sie Glück haben, auch von ihrer – ihren Möglichkeiten her - ökologisches Bewusstsein zu verbreiten – also, das ist hier nicht über – hier handelt es sich nicht um - um Individuen in diesem schematischen Sinne, sondern nur um ein Verstehen, wo sich das – wo sich das zuordnet. Und – allerdings ist es nicht sonderlich wahrscheinlich, dass sich – also – bei einer institutionellen Verortung hier – also, besonders viel ökologisches Bewusstsein umsetzen lässt. Weil da natürlich immer wieder andere Interessen – die wir auch haben, das ist nicht der Punkt! - andere Interessen, die wir auch haben, nehmen aber den Vordergrund des Bewusstseins ein und lassen uns nicht dazu kommen – also, über den eigentlichen Bau des Problems hier – heute – nachzudenken. Was nämlich eigentlich nötig wäre – und zwar schon ganz vordergründig, jetzt – also, ohne noch darüber nachzudenken, wie so etwas möglich wäre: Das wäre eine andere Große Koalition, die ihren Platz hier einnimmt statt da – und den Versuch machen würde – wieder rein schematisch – also, den Stoff, um den es da politisch geht, anders herum zu integrieren – Ich habe das einmal so angezeichnet, dass ich sage – also, diese bisherige Große Koalition geht so vor – politisch, in dem Charakter des Projekts: Also, ich meine, das – es kommt natürlich das Umweltproblem vor – aber behandelt wird das unter anderem so, dass man – also, sagt – also, erstens, das Kapital muss da sein, damit wir überhaupt investieren können in den Umweltschutz – noch etwas drauf - und zweitens: Die Leute müssen auch ruhig sein – also, wenn wir gerade dabei sind, Rheinhausen zuzumachen - und ihr habt es gesehen – als Argument dazu, nicht? – und ihr habt es gesehen - dann spitzen sich ja Kämpfe an den alten Fronten zu, das wollt ihr nicht – also, es muss erst einmal die Versorgung aus diesem kolonialistischen Kontext hier gesichert sein – also, der – die Metrop- - das ist nicht immer – nicht unbedingt nur der Punkt der direkten Ausbeutung, es fließt nicht alles zu aus der Dritten Welt. Die Rohstoffe sind die Hauptsache, die dort herausgeholt werden, und dass die – dass Leute niedergemacht werden, damit. Aber die Funktionsfähigkeit des Ganzen hängt natürlich mit der Zentrumsrolle im Weltzusammenhang zusammen – Das also muss gesichert werden, und dann kümmern wir uns um die Ökologie. Also, in jedem kritischen Falle ist das so – und jetzt – also, steht das ganz im Vordergrund hier, in puncto DDR – also, die DDR zu integrieren, zu sanieren – also, hier die metropolitanen Zustände herzustellen ist das Wichtigste – und das Zweitwichtigste ist – damit das auch gut geht - diese Verteilungsprobleme zu lösen, und ungeheurer wichtig – deswegen steht es in jedem Programm, angehängt: »ökologisch«. Also, hier geht es um die Marktwirtschaft – alias Kapitalismus - und hier geht es dann um »sozial« – und hier geht es dann um »ökologisch« – aber: völlig abgeleitet. Und der Grundzugang ist natürlich der – Und eine andere Große Koalition würde halt einfach umgekehrt projektieren – das heißt, die würde den – das – also, das politische Problem sich so umfunktionieren – äh, sich so umformulieren, dass es – also – in erster Linie Erhaltungsimperative gibt – und dass wir von den Erhaltungsimperativen nicht nur mit den Verteilungskämpfen halblang machen müssten – dass wir diese Formel – also, nur durch Zuwachs ist etwas zu machen! - abschaffen müssten – sondern es geht natürlich darum, wie auf dieser Ebene - also, auf der Hauptebene des inneren Reproduktionsprozesses hier – wie dort – also, in den Produktivkräften und in der Kultur umgebaut werden müsste. Da – also, von – das wäre eigentlich der Gedanke, der für diesen Bereich dann herauskäme – und der Ausgangspunkt müsste hier sein. Und die zweite Frage müsste sein – also, dass wir begreifen: Wenn wir die ganze übrige Menschheit gegen uns aufbringen – und die ganze übrige Menschheit, übrigens, in einen Vernichtungskampf gegen die Natur treiben – es ist ja kein Wunder: Die Zweite, sozialistische Welt – und die Dritte Welt haben natürlich – also, pro Produkteinheit mehr Schaden angerichtet. Einfach, weil die Milliardeninvestitionen nicht da sind, für Umweltschutz – also, für die Berücksichtigung dieses Themas, sodass – also – von den Erhaltungsimperativen auch klar ist, dass die inneren Verteilungsprobleme das Dritte an Gewichtigkeit sind. Das heißt jetzt – also, ein Projekt muss unbedingt das integrieren. Das tut das andere übrigens auch – auf seine unzuträgliche Weise, das ist völlig klar. Und wenn ich sage: erstens - zweitens – drittens: Dann sind das gedachte Prioritäten – nicht, dass man erst das Eine behandelt, und dann das andere, und so – sondern nur, dass man sich über den Bau, über die Hierarchie im Problem klar sein muss. Und es ist wohl offensichtlich, dass – also, indem – im politischen Zusammenhang – also, dieses Problem des Kolonialismus hier – weil es das Unauffälligste ist – also, weil wir es hier genau mit dem zu tun haben, was Galtung uns als Bild an einem Sonntag einmal erzählt hat, mit den Selbstverständlichkeiten der europäischen Kosmologie. Also, dass wir wissen, wer die Kanaken sind – und das ablesen an hunderterlei Kleinigkeiten – und damit – also – »Ja« sagen zu unserer metropolitanen Lebensweise hier. Das ist – also, die größte Schwierigkeit – also, hier auszubrechen; die ist eigentlich – und das ist jetzt der Schlusspunkt vor der Pause – nicht erlaubt. Also, auf dieser politischen Ebene, die – sozusagen - noch oberflächlich ist in Bezug auf eine mögliche ökologische Politik – oder auf das, was ich den »Fürsten der ökologischen Wende« nenne – also, zu kommen. Man bleibt auf dieser Ebene stecken – also, diese andere Große Koalition – also, noch als politische gedacht, als – dass Leute, von – aus – die auf – bisher hier drin sind – dass die also umziehen und hier unten Platz nehmen. Hier – es gibt auch von der Rechten her – also, die – in der rechten Bewegung gibt es auch Leute, die von Ökologie etwas verstehen – die aber nur über - den kolonialen Interessen, natürlich, geht es dann rückwärts, und hier geht es mehr über das soziale Interesse rückwärts an die alten Fronten, und der Rest – ja! Es gibt ein Bewusstsein! Aber das bleibt in der – also, indem - im politischen Kräftespiel befangen. Es handelt sich eigentlich darum, dass diese ganze Matrix hier - alles, was hier drin steht, selbst die Symptome der ökologischen Krise – müssen transzendiert werden, wenn man mit den Sachen umgehen will. Wenn es nämlich – wenn – sonst, wenn wir hierbei bleiben, wenn es um Überleben um jeden Preis geht – das wäre ja – also, sozusagen – die radikalste Position, die hier drin ist – also, in Amerika etwa, eine Bewegung, nennt sich »Earth first« – »Die Erde zuerst« - und sagt – also, wenn das wahr ist, die Erde muss erhalten bleiben, dann ist egal – also, wir müssen eigentlich Leute ummachen – die zu viel sind – die zu viel fressen – und so fort. Also, dies - es liegt – also, bei dem – wenn man die Zähne zusammenbeißt, fürs Überleben, dann haben natürlich die Überlebenskämpfer in den Rocky Mountains auch mit Konservenbüchsen und Maschinengewehren - so etwas gibt es da schon - die haben dann eigentlich Recht. Und eine Tendenz in der Richtung ist natürlich in den Metropolenländern dann drin - das heißt, von hier her kommt dann die Idee: Wir müssen am Amazonas die Wälder retten – und nicht unbedingt hingucken, was dann dann neuerdings mit den … (Huster) wieder passiert – denn es wird immer auf dem Rücken anderer Leute ausgetragen. Also, deswegen – also, es reicht überhaupt nicht aus, auf dieser Ebene zu bleiben – wir müssen noch eins weiter – also, wir müssen überhaupt die ganz- - den ganzen Zusammenhang hier sprengen. Bis hier nämlich – was hier de facto herauskommen wird: Das wird Notstandsregiment sein – das ist auch schon beschlossen – also, die Dinge, die damals, aus – unter - zu Zeiten von Schmidt, noch – und kurz vorher - die da festgeklopft worden sind, wegen politischer Probleme in der westdeutschen Gesellschaft, wo die – also - sehr präventiv geguckt haben: Könnte uns hier wer erstürmen? – und es war eigentlich nichts im Busche, nicht viel – aber vieles, was damals – also – diskutiert worden ist, hatte dann Bedeutung für solche Probleme. Also, der Richter Benda hat einmal in einem Film direkt erzählt – also, dass für sie damals die Hafenkatastrophe in Hamburg - die man dann mit hineingenommen hat zur Begründung der Notstandsgesetze – bloß ein Alibiargument war, und dass es sich heute – das hat er zugegeben, öffentlich, da – dass es sich heute herausstellt – also, das war substanzieller als manches andere.

Also, dieses Notstandsregiment ist angesagt, das – also, einfach bedeutet, wenn irgendetwas in die – also, zu viel passiert, dann gibt es sogar einen Konsens zwischen den Bürgern, und der – dem Staat – also, hier muss jetzt etwas passieren, hier muss durchgegriffen werden, etwa als die Algenkatastrophe in der – in der Ostsee – Nordsee war – also, da sah man plötzlich Fabriken zugemacht werden, an der Ostsee – nach Bürgermeinung - nur, um nicht hingucken zu müssen, dass natürlich – also, eigentlich die Gesamtlast der Industriegesellschaft unter anderem da abgeladen wird. Und der Punkt ist einfach: Wenn man das – also, die Bürgerbewegung – also, eigentlich, indem sie den Ansatzpunkt hier drinnen wählen – also, eigentlich den Gesamtzusammenhang – also, aus dem geistig erst einmal nicht ausbrechen können. Das heißt nicht, dass nicht die Eine oder andere Bewusstsein ansammelt, die den Rahmen doch sprengt. Also, weil der Geist weht, wo er will. Sondern nur - der institutionelle Ansatz, Bürgerbewegung Wackersdorf zu verhindern: Der ist zwar – sozusagen – in diesem Zusammenhang hier vernünftig, setzt den Akzent hier statt hier – ist das jetzt wichtiger - aber es bleibt ja noch auf die Funktions-fähigkeit des Ganzen hier bezogen. Und so ist es kein Zufall, dass die Anti-Atom-Bewegung unter anderem der deutschen Atomindustrie - überhaupt der deutschen Industrie und dem deutschen Kapital – auch einen Gefallen getan hat. Das heißt, die sind nicht so tief hineingerannt in eine letztlich zu teure Technologie - was sie damals im Jugendwahn noch nicht gesehen haben. Die Franzosen sitzen viel tiefer drin. Und es ist unvermeidlich – sozusagen - dass man stecken bleibt, wenn man sich darauf beschränkt, über die Stöcke zu springen, die – also, die Katastrophe, die das Ganze ist, uns jeden Tag hin hält, sodass – also, dieses ganze Thema »Bürgerbe-wegung und Staat in der ökologischen Krise« transponiert werden muss auf eine andere Ebene, damit man Aussicht hat, an so etwas, wie Rettungs- - ich schreibe das einmal, ganz vorsichtig, erst einmal – Rettungsregierung zu denken, auch nur – so etwas … Zehn Minuten! –

Also, man hat es hier – wenn man das – den Gedanken summiert, mit der herrschenden Ökonomie und ihren Schatten zu tun. Auch, was die Öko-logie betrifft: Das ist – sozusagen – neben dem Kolonialproblem sind diese Symptome der Naturzerstörung der zweite, so sichtliche, das – die öffent-lichen Interessen mit bestimmenden Schatten. Und es ist eigentlich so, dass die Warnung auf dieser Ebene das bestimmt, was normalerweise in der Zeitung unter »ökologischer Politik« verstanden wird - und wo dann eigentlich die Perspektive, auf die das ganze Denken hinausläuft, wenn man von dieser Sache ausgeht und diesen ökonomischen Zusammenhang mit den ökologischen Schatten, und so – und dann alles andere unter-ordnet, natürlich – die Bereiche Kultur, Bildung, und so fort: Dann kommen diese technokratischen Weltrettungsprojekte heraus, verschie-denster Art, die von den - von den - also, von den mächtigen Instanzen inzwischen auch aufgelegt werden und wo sich die Konzerne und die Gewerkschaften – also, und - manche Individuen dann wohlmeinend beteiligen – also, sagen: Wir Techniker, wir sind auch nicht von gestern, wir haben das und das und das gefunden. Und der Gesamteffekt, eigentlich, dieser Tendenz: Der läuft darauf hinaus, dass das, was ich hier schon ein-mal etwas dicker umrahmt habe, noch einmal dick umrahmt wird – also, dass praktisch auf kolonialistische Weise mit - unter ganz – unter sehr ver-schiedenen Zugängen - also - eine Art Weltregierungsidee dann herauskommt, die von den vernünftig gewordenen Machtinteressen ausgeht – das heißt, von denen, die das Geld dafür auch haben.- Herr Herrhausen zum Beispiel hatte dann begriffen, dass es gut wäre, wenn – also - Kapital die Urwälder kaputtmacht, da, die Regenwälder, dann kann man auch Kapital einsetzen, das braucht – sowieso, man hat Anlageschwierigkeiten – um das etwas sicherzustellen, um da etwas zu kaufen – und auf den – auf den geistigen Ebenen spielt – also, läuft das darauf hinaus, dass man – also – diesen ganzen – dieses ganze Rechteck hier – also, eigentlich als die Interessen der Metropolis überhaupt setzt. Also, diese sieben Staaten, die sich da immer auf dem Gipfel treffen, man lädt – man kann dann Gorbatschow noch einladen, und man kann dann auch Brasilien noch einladen, das heißt, man kann sozusagen alle Großkopfeten der Welt zusammenrufen, um – also – dann nachzudenken über so etwas, wie »Global Brain«, beispielsweise – also, das ist so ein New-Age-Konzept, das ziemlich korrespondiert mit der Vorstellung – also, dass das dann auch irgendwo zentral umgesetzt und geleitet werden müsste. Oder »Planet Management« – das ist dann schon die Umsetzung in – also, Strategien, den Planeten nun – also – richtig zu analysieren – also, das System Gaia - und dann auch mit machtvollen Maßnahmen irgendwie zu retten – und möglichst sogar auf allen Ebenen – also, nicht bloß ökonomisch, sondern auch sozial. Nicht ausgeschlossen, dass es auch – dass man sogar – also, um spirituelle Dinge sich zu kümmern beginnt – von der Systemebene aus. Und die Erfahrung – das ist interessant - die einer der bekanntesten Begründer der Systemtheorie, die ihm – also, das ist diese – diese Gesamtsicht, die mit den Machtinteressen verhältnismäßig gut korrespondiert, auch wenn das nicht immer gemeint ist - einer der Begründer, Ludwig von –Arthur Landjäger, hatte das so ausgedrückt: »Diese Systemwissenschaft, deren Zentrum in Computertechnologie, Kybernetik, Automation und Systemingenieurwesen besteht, scheint aus der Systemidee eine andere und tatsächlich hoch entwickelte Technik zu machen, um Menschheit – Mensch und Gesellschaft noch mehr zu einer Megamaschine zu formen. Bürokratie und Zentralisierung wären dann an der Tagesordnung.« - also, das reicht von Blauhelmen für Krisengebiete – die hiervon verursacht sind, rund um die Welt - bis zu – also – blauen Umweltengeln, rund um die Welt, die mit - also, aus dem Machtsystem heraus zu projektieren und dann zu verteilen sind. Also, es geht dann um eine globale Strategie, eigentlich, auf der geistigen wie auf der materiellen

Ebene, um die – diese Probleme unter Kontrolle zu bringen, aber - auf der Ebene der Problemstellungen, die hier gegeben sind. Und – also, das heißt, ohne aus der Matrix herauszuspringen. Und es kann dann eigentlich nichts anderes dabei herauskommen als die erweiterte Reproduktion dieser Probleme. Das hat der Arthur Landjäger wunderbar gesehen – Sodass also die - beiläufig noch gesagt – also, das heißt natürlich auch, dass man dann versucht – und das sieht erst einmal progressiv aus - den Nationalstaat – sozusagen – in Richtung UNO, und so weiter, etwas zu begrenzen, die Souveränität aufzuheben, und so – was gute Seiten haben kann – aber alles – also, in der Perspektive: Noch eines drauf zu setzen – also, dass die wirkliche – also, der – also, wirklich Sinn würde es eigentlich machen, also, von dem »Breakdown Of Nations«, wie … dort vorher schon in den 50er-Jahren genannt hat – also, den Zusammenbruch dieser Nationalstaatsidee – also, so zu verstehen, dass man hauptsächlich in Richtung Dezentralisierung geht. Dieser – ich komme gleich darauf, ich deute jetzt bloß diesen Übergang an – wenn man den Nationalstaat in beiden Richtungen aufmünzt, und der Schwerpunkt geht in Richtung Dezentralisierung, und es bleiben dann noch einige Regulierungsfunktionen, im Weltmaßstab, übrig: Das müsste nicht falsch sein – also, ich meine, da der Planet auch eine Einheit ist – es gibt das Thema »Planet Management«, das gibt es schon – also, dass da etwas geschehen müsste. Nur - da die Grundlage, von der aus man jetzt mit der Sache umgeht, immer diese – also - extrem entfremdete Struktur hier ist, kann das nichts werden.

Und wenn man jetzt nach einer Alternative fragt, dann muss man wahrscheinlich genauso grundsätzlich ansetzen – also, mit dem Gedankengang - wie hier Gagalachin, indem er es richtig gesehen hat, wohin die Systemtheorie führt. Und da gibt es das - ein – das Gegenkonzept, gewissermaßen – also, das erst einmal die Orientierung, eigentlich, enthält – und zwar auch gar – zunächst einmal ganz unausgesprochen: sich doch nicht mit dieser Fixierung auf Ökonomie und ihre Schatten zufrieden zu geben: Da kann ich zurückgehen auf das Tao-Te-King, wo in dem – auf das I Ging – also, was mit dem Tao-Te-King sehr korrespondiert, auf diese ältesten chinesischen Weisheiten - wo es darum geht, dass eine befriedigende politische oder soziale Organisation der Menschheit – also - nur möglich ist, wenn man zu den Grundlagen des Lebens vordringt – also, wirklich, zu den Ursachen der Probleme, denn jede nur oberflächliche Ordnung des Lebens, die die tiefsten Bedürfnisse unbefriedigt lässt, ist so wenig effektiv, als wäre nie ein Versuch der Ordnung unternommen worden. Das heißt, ein Ordnen, ein Versuch, etwas zu retten, der hier startet, der entfernt sich ja von vornherein noch weiter von der Verursachung des Problems – und hier, »Brunnen« – so heißt dieses Symbol im – diese Sechserkombination da im I Ging -: Das orientiert halt darauf: Also, guck an der Quelle nach, von wo aus sich bestimmte Dinge falsch entscheiden – und er stellt dann – also, die Frage, dann, praktisch, hier so - der Markus Bernhard, den habe ich hier gerade in der Hand, »Wiederverzauberung der Welt« - dass es also darum ginge – also, Körper – Seele – Geist – also, die menschlichen Fakultäten – Sexualität, Gemeinschaft also, die Urthemen der menschlichen Existenz – also, in ein – also, neu zu reflektieren, erst einmal, neu zu durchdenken – und von da aus – also - eine andere politische Orientierung – also – auch hineinzubringen – also, dann etwas, was gewissermaßen hierauf nicht mehr bezogen ist, nicht auf diese Matrix, nicht auf diesen Schwerpunkt des Ökonomismus – und in der dazu gehörigen Ökofrage – die dann gar keine ist. Also, Ökologie wäre dann etwas völlig anderes. Und das hieße zunächst, dass - also - gegenüber diesem Thema »Ökonomie und ihre Schatten« – also, für eine Politik, die wirklich in rettender Richtung geht und nicht nur - die auch - das, was ich da noch als Rettungsregierung beschrieben habe, man kann das ja nachlesen, ich will das nicht weiter ausführen – nur sich damit befasst, Zeit zu gewinnen. Das ist gut, natürlich, wenn man - also - unmittelbare Katastrophen hinausschieben will, Zeitgewinn – und Raumgewinn – für Alternativen, auch - und Widerstand, um Räume zu schützen, in denen etwas passieren kann. Aber wenn man etwas – also, wenn man etwas – wenn man ein politisches Feld aufbauen will, das wirklich – also, vom Grund auf anders funktioniert, dann treten – also – völlig andere Schwerpunkte – sozusagen – erst einmal des Interesses, auf das sich die neue Ordnung richtet, in den Vordergrund, um – nur indirekt dann, natürlich – auch bei den ökonomischen Problemen, die natürlich nicht verschwinden, anzukommen. Und da gibt es so – also, dieses – einer der wichtigsten Akzente eben, den wir – also, in dieser – mit diesen beiden Vorlesungen zu setzen versuchen, war das Problem, das der Feminismus – also – zur Debatte gestellt hat – wo es aber nicht um Feminismus, sondern um das Geschlechterverhältnis geht – also, um den Zusammenhang zwischen Patriarchat und ökologischer Krise – also, was der Murray Bookchin hier in seinem Vortrag voriges Jahr so auf den Begriff gebracht hat: Wenn man auf Regierung kommt, angesichts der ökologischen Krise – während klar ist, dass Herrschaftsverhältnisse, die Begründung von Herrschaftsverhältnissen, sozusagen, vom Grund auf eingebaut ist in die Entgleisung des ganzen Prozesses – also, dann muss ja schon etwas falsch sein. Dass also Kritik des Patriarchats – des frühesten – also – übergreifenden Herrschaftsverhältnisses und damit also das ganze Thema Mann und Frau, Geschlechterverhältnis – dessen Korrektur: Das hat etwas mit »Brunnen« zu tun – also, mit Ansatz am tiefsten Punkt. Und genauso Ökologie – das heißt, das Mensch-Natur-Verhältnis – also, ein Thema »Mensch-Natur«, oder »Mensch und Universum«, das – also - wirklich nie auf dieser Ebene hier – wenn ich das jetzt einmal - hinübergehe in dieses Schema, hier – wirklich nicht auf der Ebene der Ökonomie gestellt wird – also, wenn man dann Ökonomie und Ökologie versöhnen will: Das ist ein – also – völliges Missverständnis über die Ebene, auf der sich das bewegt. Das kann nur hier – und nicht, wo die Geistigkeit steht, sondern wo – wo es also um den – um den – um eine Art von innerer Meisterschaft – und von Resensibilisierung, natürlich, für – also, für die natürlichen Gleichgewichte geht.

Also, das – das ist das Thema »Ökologie«: Wie kann der Mensch sich im Naturzusammenhang, im universellen Zusammenhang wieder richtig einordnen? Das wäre ein zweiter Schwerpunkt, der – mit dem anderen – also, ich - egal, in welcher Reihenfolge wir die nehmen, weil – das sind – das ist die … (Heiterkeit).

Ein nächster Punkt - ganz bedeutungsvoll gegenüber der zentralistischen Tendenz, die ich hier erwähnt habe – ist das, was mit Ethnien, mit Ethnos, mit Regionalismus, zu tun hat. Dass sich also jetzt auch in den reichen Ländern die Randgebiete loszusagen beginnen – also, so ideologisch das mit »Freistaat Sachsen« ist: für irgendwas könnte das doch noch einmal gut sein – also, wenn wir wirklich dazu kämen – also, diese – auch mit riesigen Transportaufwendungen – also, mit der – mit der Massierung von Material- und Energieverbrauch verbundenen Superkonzentrationen wieder aufzulösen – also, das ist nicht bloß psychologisch gut – also, die Völker, die Ethnien – das, was noch nicht platt gewalzt ist, an kulturellen Unterschieden, zu bewahren – sondern auch ökonomisch und ökologisch. Wir müssen ja mit den riesigen Aufwänden, die mit der Konzentration in

Riesenstädten zu tun haben – hier, Reichshauptstadt, und so - wir müssen – also, die Gegenrichtung ist angesagt – also, Auflösung dieser Riesenzusammenhänge - Regionalismus: in dem Sinne.

Und das ganze Thema – also, hier, wenn man da weitergeht – da hängt natürlich – also, an dem – an der Frage – also, Ökologie: Diese ganze therapeutische Praxis, die Wiederbelebung des Körpers, die Wahrnehmungsfähigkeit des Körpers – also, auch nach innen hin – also, alles, das, was in diesem Zusammenhang jetzt in den letzten zwei Jahrzehnten mehr aufgekommen ist – das spielt natürlich hier genauso eine Rolle. Körper ist schon – also, wäre schon ein Stück Wildniskontakt, wieder – aber jetzt im Hinblick darauf, dass wir überhaupt wieder mehr Wildnis herstellen müssen – einfach, ich meine, dass wir Räume frei geben müssen, für Pflanzen und Tiere, denen wir – also – nicht die Erlaubnis zu erteilen haben – aber: Wo sie da existieren können – also, das ganze Thema »Gesundheit« unter diesem tieferen Gesichtspunkt – also, von Heilen – also, von innen her, von einem Wissen darum, wie der Körper funktioniert: Das gehört hier dazu. Und damit natürlich auch diese ganze – das, was da an archaischem Wissen und an – an Traditionen, mit dem Unbewussten umzugehen, da ist, die Beziehungen zur Erde, die mit Körper – also – engstens zusammenhängen – und dann zu den anderen vier Elementen: Da steckt ja etwas drin, psychologisch – also, dieser ganze Zusammenhang, der – also – mit dem Thema »Therapie« und »Transzendenz« - also, mit der Frage – also, ob es da noch etwas gibt, was über den Menschen hinausgeht - und was nicht unbedingt väterlich »Gott« genannt werden muss, ich habe das ja behandelt: Das – also, das – nicht da mit hinein muss – also, das sind eigentlich die Felder, von denen aus die Politik neu aufgebaut werden muss. Das ist also, was mit dem Thema »Brunnen« hier angesprochen ist.

Und wenn man also diesen – diese ganzen Zusammenhänge bedenkt, also, als – bloß als Ansatzpunkte, die konvergent auf so etwas hin sind: Dann stellt sich heraus, dass – also, dieser – das, was ich den »Fürsten der ökologischen Wende« genannt habe – dass das – also – dann verstanden werden kann als eine Bewegung, die den Staat – aber jetzt im Sinne von Polis – also, so, wie die Intention, die Intention von Novalis da ist: Die den Staat in dem Sinne neu schaffen kann: Wo nämlich dann – also, Ökonomie untergeordnet wird.

Ich habe ja hier – also – diese grundlegenderen, eigentlich, Ansätze – politisch ist das nicht der grundlegende Zugang – weil es da um die Machtkampfebene geht, auf der alles verloren ist – also, der – der – aus – alles, was ich da an Punkten erwähnt habe, hat natürlich auf dem Boden der Megamaschine nur die Chance – sozusagen – der Privatkultur am Wochenende – während, wenn es gelänge, neue Lebenszusammenhänge aufzubauen, die vom – von – also, ich nenn das – ich habe das »Basisgemeinden der neuen Ordnung« genannt - dann wären – also, alle die Themen, die ich eben erwähnt habe – haben eine völlig andere Chance, erst einmal, behandelt zu werden, in den Mittelpunkt zu treten. Das ist nicht so, dass es dort dann gleich – also, die Lösung da wäre, sondern man befasst sich mit den erstwichtigsten Dingen, zuerst – würde sich mit den erstwichtigsten Dingen befassen, in diesen neuen Zusammenhängen. Das heißt, man hätte dort eine Möglichkeit, diejenigen, die sich im – aus der Erfahrung der Krise hier ein wenig herauslösen wollen – also, da eigentlich neue Zentren zu schaffen, wo man – also – nicht mehr hauptsächlich darauf hin lebt – also, wie können wir hier noch etwas aufhalten, direkt – wo meistens die Energie verloren wird – sondern: Wie können wir – also, ein – ein – also, das schaffen? Wohin – also – sich Energie weg konzentrieren kann, von dieser Sache? Also, wenn es gelänge, dem Konzept der Beschäftigungsgesellschaften, jetzt – das ja bedeutet – also, wir wollen die DDR-Bürger hier so lange über die Runden bringen, bis wir wieder die Vollbeschäftigung erreicht haben – bis auf endlich viele, die dann in den Vorruhestand und in die Rente gehen: Wenn man also dieses Konzept der – also, Beschäftigung auf das Industriesystem hin, auf die tödlichen – also, zurück in die tödliche Produktion: Wenn man das auf die – wie wir das vorhin da am Rande gerade einmal genannt haben - auf Lebensarbeitsplätze – da ist der Arbeitsplatz immer noch drin, weil – das muss ja einen Namen haben – aber: Auf Lebensplätze, auf Lebensplätze hin: Wenn man also bereit wäre, statt zu alimentieren, Subsistenzwirtschaft zu finanzieren – also, möglich zu machen den Zugang zu Boden und zu den Werkzeugen – sodass das dann also gar nicht mehr Sozialstaat ist, sondern eine Wirtschaftsform, die für den ganzen Planeten verträglich wäre, sodass das dann also – dann kommt die Ökonomie auch zu ihrem Recht, das lässt sich – also – sogar vertreten, so ist das - jedenfalls - also, den Ökonomisten gegenüber - das ist produktiver als die Austeilung von Alimenten, damit im Supermarkt gekauft werden kann – und zugleich entstünden diese sozialen Zusammenhänge, um - in denen – also, geübt werden kann.

An dem, was ich da den »Fürsten der ökologischen Wende« genannt habe, ist natürlich etwas daran, was auf Institutionen, was auf Institutionalisierung dennoch zielt. Also, ich sage, das sind – also, sozusagen – jetzt, die Grund- - die Zugänge, eigentlich, zu einer neuen Politik – eigentlich, dass Gesellschaft in einem relativ ursprünglichen Sinne wiederhergestellt wird – inklusive des Stammes- und Großfamilienaspekts, sozusagen, von dem aus – also – gesunde Entwicklungsbedingungen für den Menschen gegeben werden können. Aber es ist klar: Wenn wir eine – ein planetares Netz von Kommunen haben, dass das zugleich – also – Orientierungen bedarf, die über diesen unmittelbaren Rahmen hinausgehen. Es ist nur vorsichtig dabei umzugehen mit Vorgriffen auf politische Strukturen, weil – also, tatsächlich in puncto – also, Weltnetzwerk und Weltregiment, auch, eines Guten – um Gaia zu retten – nichts näher liegt, natürlich, als dass die Bürokratie ein übriges Mal zuschlägt. Weil das – also – sich wunderbar als Thema verwalten lässt – und das läuft natürlich. Sodass – also – eigentlich diese politische Perspektive davon abhängig ist, dass lange genug Humus angesammelt wird – und dass man sich – also – nicht zu früh auf Projekte festlegt, die immer bedeuten, dass man die eigene Energie auf etwas, was großmächtig veranstaltet werden müsste, projiziert – anstatt sie erst einmal für – also – den inneren Umbau zu verwenden. Das heißt, es geht da wirklich um – um die Wahrnehmung – also, auch eines - einer Verantwortung für das eigene und für das – für die Gruppengleichgewichte, zunächst, auf solchen Wegen. Das ist auch – das betrifft selbst – also, die materielle Seite der Projekte, die wir da machen können – dass uns also das Öko-Dorf nicht die ganze Kraft für – also, die Bearbeitung unserer subjektiven Probleme wegnimmt, dass – man muss sehen, wie man dort ein – einigermaßen Gleichgewicht hinbekommt.

Ich will noch etwas dazu sagen, weil das sonst zu leicht missverstanden werden kann – also, was die Geschichte betrifft, dieses Themas, das ich den »Fürsten« genannt habe – also, diesen Begriff genommen habe.

Das hat mit zweierlei zu tun: einmal mit dieser deutschen Tradition – also, über das Fürstenthema das Problem »Gute Gesellschaft« überhaupt zu diskutieren. Das ist aber nicht das Wichtigste in dem Zusammenhang – obwohl: Damit knüpfe ich an eine Überlegung an, die Gramsci gemacht hat – über die Kommunistische Partei, übrigens. Er hat da – er ist ja auf Machiavelli zurückgegangen, der ja nach dem Fürsten gerufen hat, der dieses zersplitterte Italien einigen könnte, weil – das war angesagt – und so sagte Gramsci: Was jetzt angesagt ist, als Fürst, das ist - um dieses Kapitalismusproblem zu lösen: Die Kommunistische Partei. Sodass also eines schon klar ist – ich meine jetzt nur das Methodische daran: Hier ist nicht ein Mensch gemeint, auch nicht unbedingt ein Mann, sondern es ist die – sozusagen, die Konzentration der politischen Kräfte auf ein Problem hin – ist gemeint. Und ich habe ja – also – wiederholt postuliert, in dem ganzen Zusammenhang, dass das Ding sicherlich weiblicher formuliert werden müsste oder da – aussehen müsste, gerade wenn es also kontraktiv sein soll, ist sowieso schon klar – also, kleinere Zusammenhänge - dass dieses ungeheure Ungleichgewicht in den – in der Anlage der Zivilisation und zwischen dem männlichen und weiblichen Prinzip: Dass das – also, dass das – relativ, jedenfalls - erst einmal zurückgeht, wenn es sich auch ideologisch noch eine Weile halten wird.

Also, dieser Zugang von Gramsci hat mich dabei geleitet, das – also – »Fürst« zu nennen – und jetzt zu fragen – also, wie müsste heute die Bewegung aussehen? Mit Bewegung – heißt das erst einmal – also, ich gucke wirklich auf die Bewusstseinsbereiche - darum habe ich das auch alles so genannt, von Feminismus bis – und so fort - und die Bewusstseinsbereiche: Das ist die Bewegung – dass sich die darin äußert - dass vielleicht einmal demonstriert wird, mag ja sein, das ist aber sowieso nie die – die – also – kreativste Form. Das ist ja – meistens in Protest- in Widerstandsform - sondern: Bewegung, die dann sich umsetzen soll, die Lebensform, wäre gemeint.

Und dann kommt, als nächster, wichtiger Gesichtspunkt, bei dieser Fürstenfrage hinzu – und das ist eben bei Gramsci – ich erwähne ihn, weil das auch ein Übergang für – für Leute ist, die in der kommunistischen Tradition oder in der Parteitradition hier groß geworden sind: Das war ja der Führer, der geistige Führer, der italienischen Kommunisten, im Knast, unter Mussolini. Für den war dann klar – also, das koppelt jetzt zurück zu diesen verschiedenen Gebieten - dass sich das Machtproblem auf der Ebene der Kultur entscheidet – und nicht … Das – also, wo ich aus der schwachen

Position wie im Schachspiel einen kleinen Angriff starte: Das verfängt sich sowieso in den – Gramsci sagte: Die bürgerliche Gesellschaft hat viele Schützengräben – und meinte damit auch die, die uns da fesseln – also, das – die Frage der Hegemonie – also, der Vormacht, die politisch etwas entscheiden könnte, hat er im kulturellen Bereich gesehen. Und da er in den 30er-Jahren dieses Jahrhunderts gearbeitet hat, hat er das Problem, wie man mit diesem Ding hier umgehen soll, natürlich noch proletarisch gesehen – aber mit einer ungeheuren Öffnung, wie sie – also – kaum ein anderer Marxist in diesem Jahrhundert – also - produktiv gebracht hat, weil – die Frankfurter Schule, zur gleichen Zeit, war schon pessimistischer, sodass also hier eine – für mich war das jedenfalls bedeutungsvoll, ich habe das während der »Alternative« kennengelernt, diesen Zugang Gramscis über die Kultur. Und Kultur heißt natürlich – also, genau - dass man nicht stecken bleibt, auf diesen Feldern: Hier ist das, was man »Kultur« nennen kann, ja völlig untergeordnet. Und – Kultur – allerdings, ist gemeint: ein - der weite Begriff – hier, von Kultur. Also, so wie übrigens Biedenkopf, der ja in 14 Tagen kommt, in dem Gespräch mit Christa Wolf das offenbar auch versteht – denn er hat dort die politischen Prozesse unter »Kultur« eingeordnet – und nicht gemeint damit – also, ob man sich mehr oder weniger beschimpft – was auch unter Kultur fällt, natürlich - also, das ist nicht diese berühmte »politische Kultur« – sondern er hat wirklich gemeint – also, dass – die Kultur als – also, der Gesamtzusammenhang der Zivilisation, und welche Funktion dann Politik in diesem Feld hat. Und für ihn auch klar, in diesem Interview jedenfalls – ich glaube, es liegt noch etwas hier davon - dass die tiefere Dimension von - des Themas »Kultur« – also, dieser Ebene, die ich da genannt habe – also, er redet dann vom – also, vom Religiösen – ich rede lieber von Transzendenz – und bin nicht so sicher, dass sich das um äußere Instanzen handelt – oder wenn, dann ein Kontakt zwischen der – den Evolutionsmächten und uns, nicht? – aber es ist – wieder geht es um das Feld – und nicht um die Bezeichnung: Die ist nicht so wichtig. Obwohl die manchmal hinderlich sein kann für die Verständigung – aber das ist also für ihn auch klar – das ist wirklich spannend, das hat er natürlich gemacht, ehe er jetzt dieses Amt übernehmen musste, wo ihm ein Spagat, natürlich, aufgezwungen ist. Aber es war ihm klar - wenn man wissen will: Woher können die Kräfte kommen? – dann aus diesem kulturellen Bereich, der in letzter Instanz - also, das wäre sonst ein Missverständnis, das – das

Ökologische hier, das von der Ökonomie abhängt und die Ökonomie selbst dann auch einschließt – also, wenn Politik zur Kultur gehört, dann Ökonomie auch, aber in diesem Bild dann eigentlich als Letztes – das heißt also, wenn ein neuer sozialer Zusammenhang zustande kommen soll, dann zuerst: Wie transformiert sich der Mensch? – also, wie hört er auf, dem Hobbes Recht zu geben in seiner Existenz: Ich bin erstens ein leidenschaftlicher Machtkämpfer – oder jemand, der leidet unter seiner Ohnmacht – das ist dann die Kehrseite davon –: Also, davon weg. Das ist die Kehre, eigentlich, die – das zentrale – der Ausgangspunkt für diese neue Kultur ist – und dann: Die soziale Einrichtung – also, was ich in irgendeiner Form »Neue Lebenszusammenhänge« – die auch darin bestehen können, dass man sich erst einmal – also, zu etwas anderem, als zu politischen Versammlungen, vielleicht, trifft – zu – also, wir haben gerade so einen Workshop gemacht, wo der Gegenstand – also, Psychosynthese war, jetzt, übers Wochenende – also, die Kräfte des Unbewussten, die – also, die die Natur in uns sind - die reine Natur in uns sein könnten, wenn wir viel Schutt wegräumen würden: Das war ja Wilhelm Reichs Idee, nicht – an den biologischen Kern im Menschen wieder heranzukommen. Wie – mit der Konzeption, da könnte man jetzt diskutieren, ob der … ist – aber dieses Prinzip – also, das hat – das ist – das sind also Praktiken, die wahrscheinlich effektiver sind, wenn es wirklich umso eine Neubegründung von Politik geht – also, da, diese Ebene - und von dort aus dann – also – gewinnt man wahrscheinlich überhaupt erst die – so – innere Souveränität und Selbstverständlichkeit – also, mit den zwischenmenschlichen Querelen umzugehen, die einen neuen Zusammenhang aufbauen. Und dann kommt man zu Ökonomie – und fragt nicht zuerst – also, wie viel müssen wir denn verbrauchen? – also, wenn das Konzept schon wieder damit beginnt – also, was können wir einsparen, und was leisten wir uns? – dann ist man gleich schon wieder auf die Außenseite gesprungen. Irgendwann, und – irgendwann: Ich meine, das Thema gehört dazu, auch nicht als Drittes in der Reihenfolge, sondern schon – immer im Ganzen, aber – das ist also der Kernpunkt bei dieser Frage – also – der – einer politischen Neuinstitutionalisierung. Sodass – also, wenn ich dann weitergehe und auf diese – in diese globale Perspektive denke und an – daran, dass es eine Rettungs- - ein rettendes Regiment, sage ich einmal besser – im Weltmaßstab auch geben müsste, eine wirklich alternative UNO – dann ist doch wieder noch zuerst die Frage – also, wie kann der - also, wie kann in den verschiedensten Basisgruppen, rund um den Planeten – also, der Geist dafür angearbeitet werden - dass da überhaupt Menschen da sind, die diese Funktionen nicht mehr im Machtwahn und im Regulierungswahn: Jetzt retten wir! – und jetzt: Wie setzen wir die Ressourcen ein? – dies - was also dasselbe wie militärisch, ist – Medizin ist auch militärisch, oft – Kampf gegen den Tod – also, dass also erst eigentlich ansteht, diese – diesen – man kann auch sagen: psychologisch statt spirituell - diesen psychischen Umbau vorzunehmen. Und ich habe halt riskiert – das korrespondiert mit dem Novalis - da von »Unsichtbarer Kirche« zu reden – das heißt, so einen Begriff zu nehmen, den Hölderlin, Hegel und Schelling - ich glaube, 1795, in Tübingen, da einmal benutzt haben, um - um die Art ihres Bundes da kenntlich zu machen und um auszuschließen – also, sichtbar sind Stein gebaute Kathedralen, und sichtbar sind auch Kardinäle mit dem Krummstab – also, etwas, wie »Gemeinschaft im Unsichtbaren«. Was – anders ist es ja menschheitlich nicht möglich. Und dass dort also die – und die Wege – also, mit - den, den wir da – das ist einer von zahllosen - die wir jetzt am Wochenende beschritten haben: Die führen natürlich in Zonen der menschlichen Existenz, wo wir – also, wo die Gattung aufsteigen muss, und so – Dass das, was alle Menschen – was alle Menschen gemeinsam haben, vielleicht gewichtiger ist als das, was uns unterscheidet – die Bilder sind ganz unterschiedlich - aber die Ebene, die Dimension ist erst einmal, ist die, aus der – also – der Geist für eine andere Organisation der Menschheit – also, für Menschheit als Großer Stamm - hervorgehen könnte. Und so lange – also, dort nicht – also, einfach viel Bewusstheit eines anderen Typs angearbeitet ist – der nicht bloß im Kopf sitzt, sondern durch seine Verfassung, durch seine gelassenere Verfassung, auch, zum Leben insgesamt, denn - so lange ist eigentlich der Vorgriff auf Rettungsregierung immer noch problematisch. Das heißt, so lange ist es eigentlich viel besser – sozusagen das, was an – was sich hier – was sich aufzwingt, geschehen zu lassen: sowohl den Zusammenbruch dieser Superstruktur, glaube ich, als auch, was sich an Notmaßnahmen aufzwingt, geschehen zu lassen, und allerdings – also, erst einmal da den – das neue Bewusstsein – also - mithelfen zu lassen.

Also, ich glaube nicht, dass das – also, was da jetzt auf die politisch Verantwortlichen – also, gerade, wenn ich mir einen Menschen wie Biedenkopf vorstelle – zukommt: Also, dem wird man nicht gerecht, indem man – also – hauptsächlich die Waffen der Kritik schwingt. Das – sicher – also, der Hinweis, die Verwunderung, wie manches sehr anders läuft, als es – als es anscheinend gemeint ist, in Worten: Das ist – mag am Platz sein. Aber eigentlich geht es darum – also, Kräfte zuzuführen, die – also, das, was hier ablaufen – abläuft, noch in den schlechten alten Zusammenhängen: Dass das nicht zu zerstörerisch funktioniert, dass das so kulturvoll wie irgend möglich abläuft, und - es sind nicht alle verantwortungslos. Also – hatte ich vorige Woche Donnerstag, glaube ich – oder – ja? – oder vor zehn Tagen – ein Gespräch, wo der Rektor hier eingeladen war – Herr Fink - und Herr Schöde als Vertreter der Treuhand. Und da war kein Vertreter der Treuhand gekommen, sondern dieser Mensch - also, ein souveräner Manager, der aber bereit war - also, sich einzulassen. Und – natürlich, man kann sagen: umso schlimmer – und das ist wohl nur 49 % der Wahrheit. Sondern – also, was da unterschwellig an – an Veränderung vorgeht, ist vielleicht richtiger – also, so kommt man – also – heran an die Frage: Wie können rettende Institutionen entstehen? Nicht, dass etwa die Treuhand rettend wäre – der hat auch gleich gesagt: länger als drei Jahre darf die nicht währen. Oder dass die sächsische Regierung schon rettend wird. Sondern nur – wichtig ist ja, was – durch welche Erfahrungen die Menschen – und zwar die, die – sozusagen – am weitesten – also, in der – in der Verzweiflung stecken, mit den Erfahrungen: Dass es nichts bringt. Es bringt auch – also, rational kann ich mir keinen Erfolg ausrechnen beim Begrenzen der Ordnung, der Verhältnisse hier. Ich muss auf etwas anderes bauen – also, das – und zehn von solchen sind für die Zukunft irgendwie wichtiger, als tausend, die noch nichts geschnallt haben – oder es nicht zugeben. Also, die Orientierung – also, praktisch darauf, scheint mir das Wichtigste zu sein – also, auf Rettungspolitik im Sinne einer Politik der Bewusstseinstransformation – und auf der Grundlage dann – also, wegen unserer – also, kraft auch unserer größeren Gelassenheit, des liebevollen Umgangs mit denen, die manches noch nicht sehen – oder aus Fesselungen, Bindungen und so weiter manchmal nicht anders können – oder nicht anders zu können meinen. Also, es ist eine völlig andere Art von – von Politik da angesagt, als wir so gewöhnt sind. Und man hat also – es ist auf diese Weise übrigens auch Rom unterhöhlt worden, nicht? – das, was … da gezeigt hat, und was – im Vordergrund stehen dann für uns so die Bilder von Märtyrertum, oder so: Die zeigen nur an, dass der – dass die ganze Grundeinstellung zu dem historischen Prozess anders gewesen ist und dass – also – eigentlich, so weit das auch ein Kampf ist – also, viel radikaler war. Das heißt, auf die innersten Gründe für die - für das – also, für das Herumschleudern von Material, sozusagen, und für die Zerstörungskräfte viel mehr zielt.

Also, der Fürst einer ökologischen Wende ist eigentlich – also – die Gesamtheit der subjektiven Kräfte – also, der inneren Wesenskräfte, erst einmal, die zur Umkehr in den Metropolen bereit sind. Und die – das lässt sich nicht nach Köpfen abzählen, sondern nach Bewusstseinsanteilen. Und der kritische Punkt ist dann – sind also dann also die Wege der Assoziation. Und da sind dann allerdings parteiförmige Sachen – also, sind nicht angesagt. Weil die – also, nur auf einer ganz bestimmten schmalen Ebene – also – das Spektrum ansprechen – und gleich wieder unmittelbar Machtprojekte anheizen. Und der – die Sache ist nicht, dass Leute, die etwas anderes machen, nicht machtorientiert auch wären - denn das gehört bei der Normalverfassung zu uns allen. Sondern es ist die Frage: Was für Organisationsformen diese Machtorientierung – bei uns, und dann beim Gegner, und dann geht das ganze Spiel weiter – sozusagen – anheizen, und bei welchen sich – also – das ganze Syndrom, das hier drin steckt, auflöst?

Und da will ich zum Schluss noch einmal - nur, um – also, sozusagen – den – dieses Thema »Psychosynthese« auf andere Weise, als wir das jetzt geübt haben, anzudeuten - an mein Modell erinnern, das ich hier – von Johannes Heinrichs – einmal mitgebracht hatte: Diese drei Ringe, die hier verkoppelt sind, wo das – hier, das eine: Körper, das andere: Seele, das dritte: Geist – ist. Also, das sind die Momente der menschlichen Existenz. Und Körper heißt natürlich: Wir haben auch etwas mit Produktion zu tun. Und jetzt geht es in Wirklichkeit darum: Wenn wir nur innerlich bleiben, dann wird das natürlich privatistisch; das ist - sozusagen - der Weg der deutschen Innerlichkeit gewesen, der einfach unvollständig ist, weil die menschliche Praxis – kann man durchaus auf den Marx'schen Begriff denken, der ja an Hegel auch hängt, dann – weil: Die menschliche Praxis ist ein Reflexionsprozess, ein Prozess ständiger Reflexion. Und das sieht so aus, dass – also, die – wenn man jetzt die – die Seelenfakultät hier nimmt – also, das Ich als – sozusagen – das, wo der Mensch am ehesten dann bei sich ist, wo er – also – diese integrale Position - dann hat die halt in dem –

dann steht die in einem Kreis – ist nicht sehr gut geworden – die steht in einem Kreis, und es gibt dieses – das, was man so »Objekt« – ich will jetzt über den Begriff nicht groß diskutieren – also, den Gegenstand – also, dann machen wir »Gegenstand« – also, die äußere Wirklichkeit: Da gibt es diese Verbindung. Und es gibt zugleich die Verbindung zu – ja, zur - zu dem Sinn der Sache – so, zu dem Sinnzusammenhang – also, zu dem Zweck, für den natürlich hier etwas studiert wird und produziert wird, und so fort – also, welche Ideale auch immer wir haben. Und es stellt sich dann heraus, dass das natürlich – also, jeweils in beiden Richtungen – durchdacht wird – also, die Wahrnehmung des Menschen geht eigentlich so, das heißt, wir – es kommt ja auch zu uns, wir nehmen es wahr, und der Verstand geht in diese Richtung – also, dieser Austausch - und wir haben dann ein Konzept. Aber das Wichtigste, eigentlich, ist natürlich – da wir ja gesellschaftliche Wesen sind - dass es hier ein »Du« gibt – und zwar jetzt nur symbolisch dafür, dass – also – der Mensch ein gesellschaftliches Wesen ist. Und dass – also – praktisch dieser – dieser Prozess der Transformation – also, ohne Gemeindebildung – wenn man jetzt die Römer einmal, die römischen Christen, da, nimmt – wie immer wir das heute nennen – geht das natürlich nicht. Und es gibt – also, die Kopplung geht in alle Richtungen, und das hier ist eine, die – also, zwischen dem Einzelnen und dem Allgemeinen: Das ist die große Wirklichkeit, zu der wir selbst in der Mitte ja auch gehören – also, in so einem Modellchen – Und was hier gemeint ist, ist vor allem – also, das - der – diese Selbstfindung und Selbsterfahrung, und so – das muss nicht h innen stecken bleiben; es ist die Frage: Wenn im Mittelpunkt neu – also, der Gedanke steht – also, neu zu reflektieren, was hier eigentlich vor sich geht, zwischen uns und der äußeren Welt, zwischen uns und – was – wohin wollen wir eigentlich? – und den anderen. Also, das – das alles ist ja – sozusagen – falsch: hier, dieser – die Sache, die ich hier vorher angemalt habe, da - da ist das Ganze das Falsche. Wenn das neu gemacht werden muss – also, dann haben wir es – also – mit einer Neubestimmung des – dessen hier letzten Endes zu tun – also, mit einer großen Arbeit - die aber eben nicht geistig allein, im verstandesmäßigen Sinne ist, sondern im Zentrum – eigentlich – seelische Verarbeitung der Umstellung, und – durch den Körper hindurch - und der Körper: Auch auf der Ebene hier, mit der äußeren Praxis – und der Geist auf der Ebene mit der Sinnstiftung, natürlich – also, dass das auch – auch so zusammenhängt – Das ist –

also, das soll nichts weiter sein als ein Hinweis darauf, diese letzte kleine
Skizze, dass es, wenn man sich zurückzieht aus diesem großen Zusammenhang, keineswegs ungesellschaftlich wird – sondern: es gibt nichts Gesell-
schaftlicheres – in Zeiten, wo – also – eine ganze Formation, eine ganze
Zivilisation am Ende ist - als das – die Erneuerung vom Subjekt her, von
der lebendigen Arbeit, wie Marx das nannte, vom lebendigen Geist her.

Zehn Minuten – und dann …

(Beifall)

15. Juli 1991

Axiome eines Rettungsweges

Ich habe in der »Logik der Rettung« – also, in meinem zweiten Buch - da, an der Stelle, wo der dritte Teil über die »Subjektivität der Rettung« endet, diese Axiome eines Rettungsweges – (unverständlich) – auf den Punkt bringen, auch auf Entscheidungen hin, die damit verbunden sind, falls man die für gültig, für zutreffend hält. Jedenfalls ist der Aufbau so, dass ich die politische Partie des Buches – in der »Logik der Rettung« hatte ich die nachgeschaltet und hier erschien es mir nun richtig zu sein – also, für die Zusammenfassung am Schluss auf diese Ebene »Subjektivität der Rettung« zurückzukehren, weil nichts falscher wäre, eigentlich, als wenn wir uns zu schnell auf Praktiken, mit der ökologischen Krise umzugehen, zurückziehen.

Es ist klar: Die letzte Vorlesung wird jetzt die Wirtschaftsordnung für Gaia, die Belastungsgrenze des Planeten betreffen, aber das ist eigentlich - also, hätte das in der Reihe der jetzt abgelaufenen Vorlesungen, die bestimmte Probleme ökologischer Politik und die Zugänge dazu getragen – also, da hätte das eigentlich hineingehört. Das nur zur Orientierung.

Das Ereignis: Wenn Kurt Biedenkopf hierher kommt, ist es wert, außer der Reihe wirklich sich vollzustellen. Ich bin selbst überaus gespannt darauf, weil - ich habe seit vielen Jahren Kontakt mit ihm und ich wusste, dass er meine »Alternative« damals, sehr aufmerksam wahrgenommen hat - natürlich aus einer ganz anderen Position. Und wir waren dann direkt und indirekt eigentlich die ganze Zeit im Gespräch. Sogar aus Anlass einer Begegnung mit ihm habe ich angefangen, die »Logik der Rettung« zu schreiben. Das heißt, ich habe nämlich eigentlich angefangen, erst einmal so was wie einen »Anti-Biedenkopf« zu versuchen, nachdem ich sein Buch über die neue Art, eigentlich, mit der Wirtschaft umzugehen - angesichts der ökologischen Krise - gelesen hatte und habe dann gesehen, dass der Stil und Typus »Anti-Dührung« – also, der natürlich irgendwie dabei leitend war - der Sache überhaupt nicht gerecht wird. Dass es gar nicht geht, sich sinnvoll mit jemand anderem auseinanderzusetzen, wenn man nicht die eigene Grundposition voll entfaltet hat. Sonst wird das eigentlich nicht überzeugend oder es setzt sehr besondere Zusammenhänge voraus und wegen so was wie - dem Anti-Dühring, ich meine jetzt: Als Methode dient. Und vor diesem Hintergrund besteht dann allerdings - sagen wir einmal: ein Viertel des Textes, und »Logik der Rettung« ja aus einer Auseinandersetzung mit ihm - es muss ihm gefallen haben - also, die Art und Weise des Umgangs, sonst hätte er ja nicht zugesagt zu kommen. Jetzt kann ich nur hoffen, dass er es auch schafft, d. h. dass ihn nicht in letzter Woche noch irgendwas dazwischenplatzt - so was ist möglich. Jedenfalls bin ich sehr gespannt darauf, wie das verlaufen wird.

Jetzt will ich also alle diese zwölf Axiome eines Rettungsweges, die ich in der »Logik der Rettung« dann dort angegeben habe, noch einmal in Erinnerung rufen in der ersten Stunde, damit wir sie gegenwärtig haben und dann in der zweiten Stunde den Versuch machen, das noch einmal neu zu durchdringen - doch tiefer zu verstehen. Aber ich werde es nicht in der Ordnung tun, wie gesagt, die in der »Logik der Rettung« steht - um das zu überbrücken für diejenigen, die das haben, ich glaube, die »Axiome« liegen unten noch einmal aus und sie waren auch - in der Zusammenfassung, die Jochen Uebel geschrieben hat, die auch lange hier war, waren sie enthalten, sodass die meisten das also kennen werden. Und es ist jetzt also für die Vororientierung: Ich will den Titel des Axioms immer angeben, dann findet man das auch wieder, aber - ich will den Zusammenhang halt neu schildern.

Ich will davon ausgehen, dass Axiome - auch in der Mathematik, übrigens – also, vorausgehende Sätze sind, die nicht bewiesen werden können, wollen, sollen, sondern - wo der Hintergrund eigentlich eine Evidenzerfahrung ist. Das heißt nicht, dass dort keine Wahrheit ist, sondern - das heißt nur, dass die Wahrheitskriterien, die aus der Logik des Aristoteles – Übereinstimmung des Urteils mit der Wirklichkeit und dann beweisbar – gar nicht anwendbar sind. Und in bestimmter Hinsicht ist es Wahrheit höherer Ordnung, sonst könnte die Mathematik nicht darauf begründet werden. Im Falle der Mathematik ist es noch so, dass also streng darauf geachtet wird, dass also kein Axiom zu viel dasteht - das gehört zur Schönheit, zur Eleganz. Ich habe das nicht für nötig gefunden, in meinem Zusammenhang.

Also, es ist denkbar, dass ein dreizehntes gefunden wird - oder umgekehrt: Dass man findet, das eine oder andere ist eine Ableitung. Ich meine, die Gesamtaussage, die in diesen zwölf Axiomen enthalten sein wird, ist –

also, das sagt der Name: Axiomatisch, d. h. hat diesen Charakter: Dass ich es für evident halte - so verhalten sich die Dinge. Und das sind eigentlich diejenigen Ausgangsvoraussetzungen, die auch hinter der »Logik der Rettung« stehen. Wenn man die Wahrheit darüber sagt, wie man zu Schlüssen kommt, dann ist es meistens so, dass man bestimmte Dinge gesehen hat und dann die Logik zu Hilfe nimmt, um das auch einigermaßen überzeugend darzustellen. Das ist übrigens ganz allgemein so, Marx hat das vorher gewusst und mancher Physiker gibt zu, dass er auch vorher wusste, was er finden will. Und - natürlich, wenn man sagt: Das sind Axiome, dass das so sei, ist eine Hypothese und man kann sich mit dem ganzen Herangehen auseinandersetzen.

Jetzt will ich beginnen mit dem Axiom, das ich genannt habe: Was ist wirklich?

Das ist auf die Entscheidung gerichtet - darum geht es mir dann in diesem Zusammenhang - auf die Entscheidung gerichtet: diese Erkenntnis, was wirklich ist - und zwar, was in erster Linie wirklich ist, was die wichtigste Wirklichkeit angesichts der ökologischen Krise - auch anzunehmen. Also, auch den Mut zu der Erkenntnis - genauer gesagt: Dass die menschliche Existenz selbst wirklicher ist als alle technischen und ökonomischen Veranstaltungen, die wir unter gesellschaftlichen Verhältnissen im Großen und Ganzen verbuchen können und selbst - also, als die Dinge, die wir der Natur antun - sofern wir sie ihr nämlich antun. Der Ausgangspunkt – also, die mächtigste, die stärkste Ursache ist die menschliche Wirklichkeit - und hinter der ökologischen Krise steckt also das anthropologische Dilemma.

Wir waren oft an dieser Stelle, nur - jetzt möchte ich festhalten, dass das eigentlich der erste Gedanke ist, was die Grundeinstellung zu dem Umgang mit der ökologischen Krise betrifft - und man weicht nur allzu gern davon ab. Dann kommt wieder Umweltkrise, dann kommt dieses und jenes ökologische Problem - und die existieren auch alle wirklich, nur - dass ihr Gewicht im Gesamtzusammenhang einer menschengeschaffenen Wirklichkeit - und die ökologische Krise ist menschengeschaffen - sekundär ist und dass – also, unsere üblichen Materialismus-Begriffe, die wir hier geprobt haben, das immer beiseite gedrückt haben. Die Wirklichkeit des Menschen hat im historischen Materialismus keine hinlängliche Rolle gespielt. Wenn irgendjemand über den subjektiven Faktor zu philosophieren wagte, dann hat er immer des Langen und des Breiten vorab begründet und mit vielen Zitaten, dass er das überhaupt darf. Dabei ist der subjektive Faktor, wenn man das hier in der noch gewohnten Terminologie formuliert - das ist die grundlegende Wirklichkeit. Und ich habe mehrfach – also, erwähnt, ich will in der zweiten Stunde auch darauf noch einmal zurückkommen: Dass diese Wirklichkeit des subjektiven Faktors – also, der menschlichen Psyche, des menschlichen Geistes unerklärlich ist, wenn es nicht einen weithin darauf angelegten Evolutionszusammenhang gibt. Deshalb also die Frage: Was ist wirklich? - und als Aufforderung zur Annahme der Erkenntnis, zur Entscheidung für sie: Dass wirklich der Mensch die ausschlaggebende Wirklichkeit in dem historischen Prozess ist, seiner Psyche. Man kann dann darüber diskutieren, ob das Großhirn wir haben oder ob es uns hat - das ist die Frage, die der Heidegger also immer wieder zur Debatte gestellt hat, in einer bestimmten Weise jedenfalls. Also, ob uns nicht mit der Tatsache der Subjektivität ein Schicksal mit auf dem Weg gegeben ist, das auf Tragödie hinausläuft, aber - wir müssen wissen: Der Mensch ist der Ausgangspunkt, Grundlage seines ganzen historischen Prozesses und das wird niemals wichtiger als in dieser - wie man fürchten kann - endgültigen Krise seiner Zivilisation.

Wenn man das anerkennt, wenn man diese Erkenntnis hinnimmt, dann stellt sich eine andere These, über die ich »Chance« geschrieben habe und die auf die Alternative Wert legt: Vernichtet zu sein oder zu sein - das sei es, wovor wir eigentlich stehen - die steht dann erst in ihrem richtigen Licht da. Es ist dann erst möglich, in dieser Krise, die uns also zwischen Vernichtung alias Selbstvernichtung und Sein stellt - darüber spreche ich gleich, inwiefern Sein – noch einmal: Dass das also überhaupt nur als Chance erkenntlich ist, wenn wir uns darüber klar sind, dass es am Menschen hängt. Und ich will noch dazu sagen: Es begründet sich aus demselben Zusammenhang auch erst, dass man es überhaupt erst wagen kann, von Chance hier zu reden, wenn der Gesichtspunkt, dass wir etwas - daran etwas zu entscheiden haben, mit hineingenommen wird. Wenn wir nichts zu entscheiden haben, wenn all unser Entscheiden letztlich nur eine – ich würde sagen: Oberflächliche Modulation eines Müssens, das wir nicht in der Hand haben, wäre - wenn also mit dem Großhirn unser Schicksal festgelegt sei, sei es auch auf Katastrophe: Dann gäbe es da nichts, worauf man da letztlich bauen könnte. Manche Philosophen gehen davon aus - Hubert

Horstmann zum Beispiel, in Münster, hat ein Buch geschrieben, das heißt: »Das Untier – das ist der Mensch«, und er stellt die Frage angesichts mancher Sachen, die man da empirisch feststellen kann: Wann bringt er sich denn endlich um? Und zwar das ist ironisch gefragt - aber auch ernst gemeint. Ernst gemeint, die Frage, weil vieles dafür spricht, aus seiner Sicht, dass da nichts mehr zu machen ist, dass wir halt so verkorkst sind.

Ich sehe die ökologische Krise als Chance.

Da gibt es ein altes Symbol in China, in (...), das Krise und Chance geradezu gleichsetzt, von den Zeichen her. Und so empfinde ich die Sache selbst - so habe ich das meinerseits erfahren und - vernichtet zu sein oder zu sein. Dieser Seins-Begriff hier ist der, den wir in den Vorlesungen über Martin Heidegger - wo der im Spiel war - mehrmals berührt haben. Das ist: Vernichtet werden wir sein, wenn wir uns weiterhin darauf konzentrieren, dass wir Sachen, die wir machen können, haben und dass wir sie überhaupt machen können. Wenn wir uns praktisch von den einzelnen Dingen, die wir ins Sein bringen und die dann in dem Sinne »seiend« sind, von der Substanz unserer Existenz abbringen lassen – also, davon, dass der Mensch nämlich ohne irgendwelche Werkzeuge - zumindest spricht alles, was wir anthropologisch und archäologisch usw. wissen, dafür - dass er ohne alle Werkzeuge aus dem Naturzusammenhang gekommen ist, dass also praktisch diese Sachen, diese ganze Zivilisation, das Ganze, was wir da ausgebaut haben, uns voraussetzt - aber umgekehrt: Wir hängen letzten Endes in unserer Existenz - genetisch gesehen - nicht davon ab. Und insofern muss es doch möglich sein, auf das Sein zurückzukommen. Und dieses Sein ist - also, die menschliche Existenz in meinen Augen, jetzt: Da lege ich jetzt nicht Heidegger aus, sondern die menschliche Existenz, aber als Bewusstseinswesen - und »Bewusstsein« meine ich nicht »Verstand«, sondern meine ich, wie vielfach ausgeführt, die Psyche als Ganzes, sodass also von hier aus durch eine Entscheidung dafür, das als Chance zu nehmen, also bejaht ist: es müsste eigentlich Selbstheilung des Menschen möglich sein - oder, wenn man vorsichtiger sein will, kann man zumindest sagen – auch, wenn uns vielleicht etwas entgegenkommen muss dazu: Ohne unsere Anstrengung, ohne unsere eigene Bemühung um Selbstheilung wird es nichts werden. Und in der Konzeption, die ich vertrete, steckt drin, dass Selbstheilung also wirklich dann mit dem Selbst beginnt, aber keineswegs dort aufhört, sondern - eben der Gedanke, dass alle Zivilisation aus dem

Menschen herausgekommen ist, aus seinem Geist, mithilfe der Hände usw. geschaffen ist: Das schließt natürlich den Gedanken ein, dass Heilung und Korrektur dann über – also, bis in die Begriffe gehen muss - bis in den Verstand, heißt das - der hinter der Maschine steht und bis in die Maschine selbst.

Also, das war die zweite These: Vernichtet zu sein oder zu sein - im Hinblick auf Chance: dass die ökologische Krise auch eine Chance ist. Und es kommt auf die Entscheidung an, das so zu nehmen - zwar in dem Sinne eines Wortes, das bei Hölderlin heißt: Wo aber Gefahr ist, ist das Rettende auch. Das genau verbindet Krise und Chance, dass uns die Gefahr, wenn wir die als zumindest unter unserem Anteil entstanden ansehen - dass wir dann also wohl auch an den Punkt des Erwachens in uns, des Halts, der Selbstprüfung gelangen – also, insofern bei der Gefahr das Rettende zumindest wohnen kann.

Deswegen also meine dritte These: Rettung ist möglich, weil wir selbst eben die Ursache sind – ich schließe dann diesen zweiten Gedanken, den ich eben hatte, an: Rettung ist möglich. Und es handelt sich dann in erster Linie um eine innere Auseinandersetzung, d. h. um die Entscheidung für verschiedene Tendenzen in uns selber auf eine Verantwortung hin, die wir uns präzisieren müssen - und können, natürlich. Auf eine Verantwortung für unsere eigene weitere höhere Entwicklung, für das Herausarbeiten aller Möglichkeiten in uns - aber auch eine Verantwortung für das, was wir gemacht haben. Für das Leid, das die Folge ist, die Selbstmordtendenz unserer Zivilisation und für den Untergang der Biosphäre, die wir möglicherweise zu verantworten haben werden. Also, hier geht es um eine innere Auseinandersetzung. Und wenn es um eine innere Auseinandersetzung geht, dann wird man wohl politisch auch davon ausgehen können, dass es - der wichtigste Zugang jener berühmte Kampf zwischen den zwei Seelen in meiner Brust, wie es im »Faust« heißt, ist: Die eine will sich von der anderen trennen – also, diese Auseinandersetzung, d. h. dass sich die entscheidende Dimension des politischen Kampfes auf die psychologische Ebene verschiebt. Und das ist überaus hoffnungsvoll.

Übrigens ist ja aus solchen seelischen Kämpfen, aus den Neuentscheidungen in kritischen Situationen jeder nächste und neue Schritt in der Zivilisation auch bisher hervorgegangen. Nur, dass wir nie so radikal wie jetzt auf die Motive hin und auf den - ich würde einmal sagen: brummenden Untergrund unserer Entscheidung, der meistens nicht in den Begriffen stand, hin angesprochen werden sind. Die Kehrseite - wenn man erkennt, dass Rettung möglich ist und dass das von unserer inneren Entscheidung abhängt: Die Kehrseite ist, dass wir es wagen - das ist eigentlich die Entscheidung, die nächste Entscheidung - dass wir das Wagnis auf uns nehmen zu wissen, was nicht mehr genügt. »Wissen, was nicht mehr genügt«, war eine meiner Thesen überschrieben - ich habe sie jetzt an der vierten Stelle - d. h. in erster Linie, dass wir uns sozusagen den Schmerz zumuten, erkennen zu müssen, dass gegen die Symptome der ökologischen Krise auf der Symptomebene letztlich kein Kraut gewachsen ist – das heißt, dass wir, so dringend wir das Übel an der sichtlichsten Stelle aufhalten wollen, die Geduld auch auf uns nehmen müssen, weiter auszuholen. Ich habe gezeigt, hier - also, dass nicht bloß auf der Symptomebene wir nicht durchkommen werden - was nicht heißt: sie vernachlässigen - auch auf der Ebene dieser industriellen Dynamik ist es nicht aufzuhalten – also, für sich allein. Es ist nicht aufzuhalten auf der Ebene der Kapitaldynamik, die da drunter liegt. Es ist nicht aufzuhalten, wenn wir nur diese europäische Welteroberungspsychologie ins Auge fassen. Es ist nicht aufzuhalten, selbst auf der Ebene, die wir hier am intensivsten in den Mittelpunkt dieses Semesters des Patriarchatsproblems gestellt haben. Auch die Analysen der Frauen führen zu dem Punkt, dass hinter der Patriarchatsproblematik noch so etwas wie die Ich-Problematik – die Conditio humana – steht.

Als ich mit der Christina Thürmer-Rohr über ihre abschließende Vorlesung sprach, die Morgen in der Invalidenstraße sein wird, sagte sie – also, nach dem Buch, das hier ausgelegen hat: Sie hat sich neu in die Nesseln gesetzt bei vielen ihrer Freundinnen mit einer Kritik an dem Egozentrismus, an der Egozentrik im Feminismus. Das entlastet nun nicht alle anderen Egozentriker, sondern - selbst in diesem Bereich, hat sie gefunden, dass – also, wenn man zur Sache kommen will - diesen Egoproblemen wir uns stellen müssen. Und das ist hier eigentlich die Perspektive der These: Wir müssen wissen, was nicht mehr genügt. Wir müssen uns für das Wagnis entscheiden, an allen diesen Punkten zu sehen: Gut, aber - wir müssen auch anfassen, aber - das wird nicht genügen - und sind damit auf eine innere Dimension schon vorverwiesen.

Zunächst korrespondiert mit dem Wagnis »Zu wissen, was nicht mehr genügt«, auch wirklich eine Einsicht: Dass Gegengewalt - sagen wir erst einmal ruhig: Gewalt - dass das eine Sackgasse ist, dass das – also, praktisch umgekehrt: Die Entscheidung für Gewaltverzicht, die da verlangt ist, wenn man sagt, Gegengewalt ist eine Sackgasse - dass die Entscheidung für Gewaltverzicht also eigentlich eine Sache der Einsicht ist, die uns auf der verstandesmäßigen Ebene nicht schwerfallen sollte. Nur sind wir natürlich - und das ist gut und wichtig auch, deswegen braucht das doch einen Durchgang, um sich zum Gewaltverzicht zu entscheiden - nicht bloß durch den Verstand - dass wir auf der emotionalen Ebene natürlich noch viel tiefer herausgefordert sind, durch die Ungeheuerlichkeit eigentlich dessen, was wir gemacht haben. Nur führt diese ganze Fragestellung, die ich hier zu entfalten suche, eben doch an den Punkt heran - dass man sich fragt, wie weit noch wir alle mit dem Grundbestand unserer Psychologie an dieser Sache beteiligt sind, dass also der Kapitalismus eine Eigenschaft nicht nur vom Kapitalisten ist, zum Beispiel, sondern - die ganzen weißen Völker irgendwie mitgenommen hat, dergleichen. Also, es geht darum, Gewalt schon deswegen, weil es sich offenbar um Bewusstseinsprobleme handelt, als kontraproduktiv zu begreifen, und die Pointe ist, wenn man wissen will, warum Gewalt nichts bringt, dass sie im Grunde genommen, die Angst vermehrt, und zwar erst mal schon, also wenn man nach außen sieht, auf dem politischen Feld, die Mehrheit der Bevölkerung ruft natürlich angesichts beliebiger Zusammenstöße mit der Polizei, wer auch immer daran schuld sein möge, nach mehr Ordnung, einfach Angst verursacht, weil es den meisten nicht möglich ist, die Sache also auf einer anderen Ebene zu verarbeiten als auf der der unmittelbaren Erfahrung noch. Und die meisten sehen tatsächlich nicht durch, was da auf den politischen Ebenen zusammenstößt. Und alsbald ist natürlich der Seismograf - meistens ist das bloß Seismograf – also, der Gewaltausbruch bei den Schwächeren zeigt nur an – also, welche Erdbeben eigentlich im Gange sind. Aber es wird halt der Seismograf verantwortlich gemacht. Also, der Mechanismus jedenfalls ist massenhaft so offenbar auch gemessen, hinlänglich, dass das klar ist: Das erzeugt Angst. Wichtiger ist, dass Leute, die sich auf Gewaltbereitschaft einlassen, meistens die Erfahrung machen, dass das ihr eigenes Angstpotenzial vermehrt. Also, als ich zur - erst einmal nur geistigen, zur ideologischen Gewalt, zum Verbrechen gegenüber der SED hier bereit war: Es haben sich natürlich die Spitzel vermehrt in meinem Umkreis – also, einfach - ich habe gar keinen Menschen dingfest gemacht, aber - das Spitzelwesen als solches: Man fängt an, Gespenster zu sehen, wenn man also zu Aktionen, die man nicht für völlig legitim hält, übergeht. Und selbst bei dieser – also, eigentlich Gewaltfrei-Schreiberei, die – also, geistig ja doch nicht ganz gewaltlos war - habe ich das erlebt, ich habe Tierschützerinnen gesehen, die – also, voller Bereitschaft waren, eigentlich, so jemand einmal umzubringen, die ihr Haus bewacht haben - dann. Also, das sind psychologische Mechanismen, die auch rational dafür sprechen, dass Gewalt nicht erkenntnis- und nicht entwicklungsfördernd ist, weder nach innen noch nach außen, sodass – also, abgesehen von den Erwägungen, dass man der großen Maschine mit solchen schwachen Kräften nicht Herr wird - also, es ist in jeder Hinsicht klar: Dass das eine Sackgasse ist – also, die Entscheidung für Gewaltverzicht, nur - sie will seelisch, d. h. in erster Linie emotional bewältigt werden, und zwar für den großen Plan - heißt das. Man würde den größten Fehler machen - also, niemals auszubrechen. Das ist nicht gemeint: emotional; den emotionalen Ausbruch zu unterdrücken, sondern Gewalt als politische Konzeption - an der Spitze dann also von Sabotage oder abschießen, wie die RAF das versuchte - als politische Konzeption durchzuführen.

Wie ich jetzt über Gewalt gesprochen habe - das war der fünfte Gesichtspunkt - daraus geht als positive Kehrseite schon hervor, dass - das Hauptthema (das ist also das sechste Axiom) ist die Stärkung des menschlichen Selbst. Das ist der Schlüssel: Die Stärkung des menschlichen Selbst. Und die Stärkung des menschlichen Selbst - ich habe das hier mehrfach in einem Zusammenhang gebraucht, wo zwischen Ich und Selbst unterschieden wird, wo also das Selbst sozusagen die höhere Integrationsstufe ist und auch voraussetzt, dass das Ich bereit ist zurückzutreten, sich in einem bestimmten Sinne aufzulösen, aber - diese These in ihrer Allgemeinheit: Stärkung des menschlichen Selbst - die setzt natürlich voraus, dass der Mensch erst einmal zu einem einigermaßen stabilen Ich gelangen muss. Das ist ihm von der Evolution für die Ontogenese aufgegeben: Das Selbst, das Ich erst einmal zu entfalten - das ist eine Vorstufe des Selbst, dem es dann möglich ist – also, das Ich ist ein Schutzmechanismus, ist ein Abwehrmechanismus, auch - und unter diesem Gesichtspunkt gerade muss es riskiert werden. Aber zunächst mal ist es auch erst die Konstituierung der

Person, d. h., das ist die erste integrale Instanz, die ihren Schwerpunkt, das ist jetzt das Bedenkliche, auf dieser mentalen Ebene hat – wir haben genug darüber gesprochen – deswegen darüber hinaus, nur das heißt nicht, dass nicht erst einmal Verstand und Vernunft auch zu ihrem Recht kommen müssen. Erst einmal heißt allerdings - in so einer Situation wie heute, wo es im Grunde genommen darum geht, das auch schon zu übersteigen: dass es eigentlich von vornherein integral angegangen werden sollte. Das heißt, dass die Verstandesqualitäten, die also zur Panzerung und zum Selbstschutz - wo das Ich als Waffensystem auch in der Wissenschaft da funktioniert: Dass das also nur noch das erste in einer kindlichen Entwicklung ist, das auszubauen, und zwar - getragen gerade noch von den stärkeren Kräften, die in der Frühphase ja noch nicht niedergemacht sind - durch dasselbe Ich. Dass aber die Gesellschaft im Ganzen eigentlich sichern müsste, dass das Kind niemals aus diesem größeren Zusammenhang, aus diesem Urvertrauen herausfällt. Und jetzt ist das noch der Sozialisationsweg, dem Menschen das Urvertrauen abzugewöhnen. Das sind alles Naivitäten, die wir vergessen müssen und - das dürfte in der heutigen Konstellation einfach nicht mehr passieren. Wir sind zu weit in dieser Richtung gegangen, sodass also Stärkung des menschlichen Selbst - das bedeutet, dass die pädagogische Provinz wirklich ganz neu ins Auge gefasst werden muss. Und diese Gesichtspunkte, die in ihrer Vorlesung Gerda Jun hier entfaltet hat – darüber, wie Integration des Charakters möglich wäre: Das ist also ganz auf dem Wege, glaube ich, gewesen in diese Richtung, das Selbst dann auch in seinen höchsten Funktionen überhaupt entfaltungsfähig zu machen, wenn es darum geht, das menschliche Selbst als Schlüssel anzusehen. Der Zugang sind wir natürlich – also, zu unserem eigenen Selbst - sind wir selbst. Und das heißt, es geht dann eigentlich um die Entscheidung zur Selbstannahme und um Selbstvertrauen - d. h. es geht darum, zunächst einmal beispielsweise mit Wilhelm Reich - der diese Frage in der deutschen Arbeiterbewegung der 20er-Jahre vergebens zur Sprache zu bringen suchte, er kam nicht durch - davon auszugehen, dass der Kern in uns, dass das, was wir von Natur aus sind: Dass der tragfähiger ist, als es im Zusammenhang mit den gesellschaftlichen Verzerrungen und Verbösungen, die da durch das Unbehagen in der Kultur und durch die Repression passieren, aussieht. Also, bei aller Wahrnehmung, dass das Problem im menschlichen Ich selbst liegt - also, in dieser Untersuchung, die etwa

Heide Göttner-Abendroth hier vorgetragen hat über die mutterrechtliche Zeit, über die Art von Sozialstruktur, die damals herrschte: Die haben ziemlich eindeutig - sagen wir einmal: Mindestens nahegelegt, weil - sie war auch nicht dabei, das ist schon klar, aber - nahegelegt, dass das eine viel glücklichere Gesellschaft gewesen ist, d. h. dass dieselbe Grundverfassung des Menschen als Ich, das Ich erst einmal auch von anderen unterscheiden will, nicht zu einer Gesellschaft »Der Mensch ist des Menschen Wolf« führen muss - dass also da der Spielraum ungeheuer ist und dass wir insofern Zutrauen zu dem guten Grund in uns haben sollen. Goethes Rat aus dem - was Gottvater dort am Anfang sagt, bei der Wette mit Mephisto: »Ein guter Mensch in seinem dunklen Drange ist sich des rechten Weges wohl bewusst« - und erfährt – also, auch vielerlei - in vielerlei Weise, wo etwas abweicht, aber - man kann es wagen, zu sich zurückzukehren.

Es wird gleich noch deutlicher, weshalb also diese Entscheidung zur Selbstannahme und zu Selbstvertrauen in diesem Sinne auch empfohlen werden muss, weil - sonst wird man den Schritt nicht wagen, der der nächste ist.

Da war eine Überschrift: »Reise nach innen« – und »Reise nach innen« heißt natürlich, dass wir die Begegnung auch mit den dunklen Seiten unserer Existenz nicht verweigern können, dass wir also so viel Selbstannahme und Selbstvertrauen erst einmal schon - also, indem wir - dass wir auch nur hingehen, wo solche Wege nach innen angeboten werden - aufbringen müssen, wenn wir denn wollen, dass wir uns auf diese Reise - es wird auch oft so genannt, direkt - einlassen.

Die Indianer haben das übrigens auch »Reise« genannt ihre Initiationen - das sind initiatorische Prozesse, die ich das letzte Mal erwähnt habe: Dieses hylotrope Atmen, wo man durch Hyperventilation – also, durch sehr hohe Atemfrequenz, die dann also bestimmte Sauerstoffproduktionen bringt - wo man dann in tiefere Zustände gelangt. Das ist bis zum gewissen Grade ein Wagnis. Und auch das letzte Wochenende, »Weg der Stimme« genannt - wo man also über das Singen seine eigenen Tiefenkräfte an die Oberfläche holt, über verschiedene andere Hilfsmittel, die unsere Stimme erst einmal von der Feigheit befreien – also, bloß sich gedrückt zu äußern zu wagen, vor allem in der Öffentlichkeit. Da sehen wir natürlich, dass es tatsächlich ein Wagnis ist - dass dieses Selbstvertrauen gewagt werden muss. Und dann – also, in dieser Reise nach innen - wächst sowohl Erschrecken, zunächst manchmal, als auch Bestätigung dafür, wie gut das ist. Und es ist übrigens eine wichtige Kriterium - vielleicht das wichtigste Kriterium für die Qualität von Menschen, die solche Reisen betreuen, auch: Ob sie in der Lage sind, die Geister, die sie rufen, auch zu bannen - also, ob es möglich ist, das, was dann an - die Erfahrung auch ausreicht, die eigene Intuition - um das, was da an die Oberfläche kommt – also, mit demjenigen, der sich einlässt, zusammen zu verarbeiten. Jedenfalls bedeutet diese Reise nach innen zugleich die Abkehr unserer Energien von der Außenwelt zunächst – nicht, um nicht zurückzukehren, sondern der Punkt - also, wenn die Indianer in so eine Initiation gehen, etwa in die Pubertätsinitiation, die sehr tief geht - und auch ein physisches Risiko übrigens enthält, bei denen - dann ist das, was bei uns auf den Rationalismus verkürzt ist: Nicht für die Schule, sondern für das Leben lernen wir – also, Einmaleins, sondern - dort wird beispielsweise der eine Name fürs Leben gelernt, aber als eine ganz bestimmte Weise und - die diesem so geborenen Wesen angemessenste Weise – also, erfolgreich in der Welt zu sein, natürlich – also, das ist - in dieser Richtung ist hier Initiation gemeint, bei der Frage der Abkehr der Energien für eine Reise nach innen, um besser mit der Welt umgehen zu können.

Es gibt so ein Buch, aus indianischer Tradition geschrieben – ein bisschen zu machtwillig, scheint mir, das sage ich aber jetzt aber nur beiläufig, diese Bücher von Castaneda - ich will nur erwähnen, es gibt ein Buch: »Don Juan in den Städten« - wo also zu zeigen versucht wird, dass solche Initiationen auch dazu gut sein können, sich in Städten anders zu bewegen – also, nicht bloß den Naturmächten gegenüber. Und wichtig daran ist jetzt nicht, wie weit das so stimmt, was da bei Castaneda ist, sondern - wichtig ist mir jetzt der Gedanke, dass wir es natürlich mit einer Initiation jetzt zu tun haben müssten, die uns erlauben würde, die Steppe zu bewältigen. Aber dafür: »Reise innen« - sonst bleiben wir völlig an der Oberfläche des Prozesses hängen.

Die Reise nach innen ist positiv: Das ist der 8. Punkt.

Ich fange erst einmal mit der Entscheidung an - eine Entscheidung zur Einkehr bei sich selbst; ich habe die auch genannt »empfänglich werden« - und »empfänglich werden« heißt hier, wirklich für das, was uns im Genotyp von Natur zugekommen ist - also, empfänglich werden für unsere eigenen tiefsten Wesenskräfte, und zwar sowohl für die Gattungskräfte, für das, worin wir Menschen sind, als auch für – ich kann jetzt sagen, nach dem vorigen: für den Namen – also, für das Besondere in uns: Dafür empfänglich werden - und uns also für diesen positiven Zweck zur Einkehr bei uns selbst entscheiden. Wenn das gut geht, mit dieser Initiation, mit der Hilfe - auch mit der Begleitung, man braucht da Lehrer (Lehrer ist nicht dasselbe wie Guru) – man braucht da Lehrer, Leute, die also wirklich damit Erfahrung haben - wenn das also gut geht, auch mit der Einkehr bei sich selbst, mit dem Wiederfinden und mit der Stärkung des eigenen Selbst - nicht bloß mit der Bejahung, sondern mit der Stärkung, dann ist die Erfahrung, die – ich wage zu behaupten – jeder macht: Dass das erst einmal eine Wiederbelebung ist, die da passiert - dass also die Kräfte, die wir in uns niedergehalten haben wegen des Platzes, mit dem wir uns in der Welt behaupten, wegen des Schutzmechanismus, wegen der öffentlichen Lüge, die hier z. B. fordert, dass wir Sachen sagen, die wir nicht glauben: Das sind ja lauter - das frisst ja Energie weg und drückt hinunter, was wir eigentlich wollen. Und in der übrigen weißen Welt sind es nur andere Mechanismen, die vielleicht noch gründlicher Angst machen können und uns gedrückt halten – also, dieses Wagnis, von dem ich da gesprochen habe - sich da überhaupt einzulassen steht eigentlich unter einem Imperativ der Wiederbelebung - und Wiederbelebung der eigenen Kräfte, das heißt – also, wir werden freudiger, diese Öffnung des Herzens, die sich da ereignet: Das wird eine Erfahrung, dass wir freudiger und vielleicht entscheidend liebesfähiger in der Welt sind. Das auch will neu integriert werden. Aber erst einmal ist das Wichtigste: dass da überhaupt etwas passiert. Das ist die These, die ich »Imperativ des Glücks« genannt habe. Ich glaube, dass die Summe an Unglücklichsein und wissenschaftlicher Melancholie, die für eine rationalistische Kultur charakteristisch ist, die uns hier beherrscht - dass das also von vornherein keine Möglichkeit, die ökologische Krise zu lösen, seelisch gesehen, bringt, weil – also, die Grundverfassung ist dann Pessimismus.

Pessimismus und Optimismus sind nämlich keine Frage der Analysen. Das ist einfach nicht wahr – also, jetzt als Haltung gesehen - sondern es ist umgekehrt. Es ist eine Verfassung - Skeptizismus, Pessimismus - dass in Endzeiten also allgemein die Düne überschwemmt - so war das im späten Rom auch und so ist das normalerweise jetzt hier im Gesamtwesten. Und es war auch hier nicht anders, nicht wesentlich anders, und das heißt also, dass diese Wege der Wiederbelebung die Bedingung dafür sind, dass wir in eine - ich sage nicht: glückliche, sondern in eine glücklichere Verfassung kommen. Und damit rückgekoppelt wächst auch wieder die Chance, von der ich vorhin gesprochen habe – also, wir sollen uns für eine solche glücklichere Verfassung auch entscheiden, indem wir uns da einlassen.

Das ist gekoppelt mit einer anderen These, mit einem anderen Axiom, wovon ich gesprochen habe: »Aufklärung nach innen«. Das heißt nämlich, dass natürlich nicht bloß die Kräfte, von denen ich gerade gesprochen habe, wiederbelebt, wiedererweckt gestärkt werden - das ist vielleicht der wichtigste Aspekt: Die motivationale Energie aus uns in eine positive Tönung zu bringen. Aber genauso wichtig ist, dass der Weg in diese Tiefenschichten - und ich habe da mehrmals also Erfahrungen darüber hier angeführt, ich will das jetzt lassen - dass der Weg in diese Tiefenschichten auch Erkenntnis, den Erkenntnisaspekt beinhaltet, d. h. die Entscheidung zur Kontaktnahme mit den Tiefenstrukturen bringt uns zu einer anderen Art von Wissen. Es bringt uns wenigstens in die Nähe von Weisheit, von einer Weisheit, von der her wir überhaupt in der Lage sein können - das instrumentelle Wissen, das wir dem Verstand hoffentlich weiterhin zu verdanken haben - es geht nämlich gar nicht darum, das abzudrängen, sondern nur: es geht darum, das zu integrieren - und das ist nur auf einer Position der Weisheit möglich. Das heißt, wir können da sowohl unsere biografischen als auch unsere stammesmäßigen – also, ich würde sagen: unsere Bestimmungen - erst einmal positiv: unsere Bestimmungen - erkennen und dann auch die Störungen in diesen Bestimmungen und die Verbindung zwischen dem Erkenntnisprozess - also, dieser Aufklärung nach innen, die vielleicht die wirkliche Pointe der bisherigen Aufklärung ist, mit dem Aufwecken der menschlichen Wesenskräfte – also, mit der Energieseite des Prozesses: Das zusammen ist eigentlich das, was uns da stärken könnte. Und wenn man die Summe ziehen will, wofür das eigentlich die Zugänge sind, von denen ich da eben gesprochen habe, was den inneren Weg betrifft -

... das die Achse des Weges und der weiteste Name für alle diese Praktiken - dass das Meditation ist, und zwar - jetzt aber unter dem Gesichtspunkt, dass wir nach der Aufregung, die der Weg in die Tiefenschichten mit sich bringt, auch die Erkenntnisse - das kann ungeheuer aufregend sein, erschreckend sein; für mich ist es bisher bei fast jeder - bei jedem Einlassen immer noch neu erschreckend, was ich über mich als Schranke eigentlich auch, als »Leiden« und »Leid verursachen« erkennen muss. Das ist also das Aufregende an dem Prozess. So waren unsere letzten beiden Wochenenden auch. Aber wenn man es wirklich integrieren will, dann braucht man Stille, dann ist es nötig - solange man kein Heiliger ist und bei jeder Gelegenheit völlig bei sich gerade, dann kann man also Arbeiten als Meditation sehen, aber - sonst ist es dann nötig, dass man sich Momente der Stille schafft, dass man also z. B. morgens und abends wenigstens zehn Minuten hat, in denen man versucht, den Verstand zum Schweigen zu bringen, weil nicht der Verstand - der ist eben nicht die höchste Instanz - ordnet, sondern die Weisheit, wenn sie nicht sozusagen durch (...) angerufen wird, wenn einfach das, was uns schon zugewachsen ist – also, das sitzt ja mit uns, wenn wir da still sind. Der Verfahren sind dann viele, man kann sich irgendeinem Weg anvertrauen, aber - Meditation ist in meinen Augen die Achse des Weges, d. h. die Stelle, auf der man zu Integration immer wieder zurückkommt, das ist, was über Wissenschaft hinaus die grundlegende Praxis ist: unsere mentale Kultur, deren entscheidende Praxis alles bestimmt, ist die Wissenschaft, aber nicht die Weisheit - und die Meditation ist der Weg - also, Anschluss an die Weisheit zu finden - nicht, damit man - weil man jetzt sitzt - sich gleich überschätzt und sagt: ich bin weise. Das ist es nicht, sondern - da versucht man also, über diese mentale Ebene hinausgehen - und eigentlich sich ordnen zu lassen. Also, nicht die Gewaltbeschlüsse: Was man sich Silvesterabend vornimmt, ist die Lösung, sondern - die Gelegenheit zum Zu-sich-Kommen. Und der Punkt ist hier, dass es so schwer ist - auch ich ringe mitunter. Im Augenblick bin ich gerade einmal wieder dabei, dass ich diese zehn Minuten morgens und abends wirklich nehme. Ich habe mich einmal so überrollen lassen von der Anforderung hier jetzt, dass ich das nicht immer gemacht habe, und schon – also, man fällt irgendwie in sich zurück, der Stress nimmt zu.

Über die Grundeinstellungen - meine letzte These dann - und Grundeinstellungen zur Rettungspolitik will ich jetzt nichts sagen, weil ich das eigentlich beim vorigen Mal behandelt habe. Dort habe ich darüber gesprochen, wie und von welchen Hauptfragen aus wir überhaupt an Politisches herangehen sollten. Ich will nur einen Punkt erwähnen, das Übrige kann man dann auch aus diesen Axiomen dann noch lesen, weil - das ist dann einfach, dort zu folgen. Ich will nur einen Gesichtspunkt hervorheben, den ich beim vorigen Mal nicht so akzentuiert habe. Ich will sagen, dass aus dieser Grundverfassung der Meditation heraus, d.h. Aus diesem Moment unserer Existenz heraus - aus dem müsste, wenn nicht gleich eine Rettungsregierung - weil das wahrscheinlich ein Vorgriff ist, wo gleich also wieder Bürokratie einströmt, sondern - wahrscheinlich müsste daraus - also, ich würde einmal sagen: So ein Ökologischer Rat (habe ich es dort genannt), ich habe gesagt: »Kulturrat« – also, der Ausdruck gefällt mir überhaupt nicht - ich habe bisher keinen besseren gefunden. Was ich damit sagen wollte, ist: Es müsste die Gesellschaft in die Gesellschaft sich eine Institution schaffen. Und wenn das nicht gleich über die Verfassungsdiskussion geht, dann kann sich das auch aus einer Praxis der Meditation heraus entfalten: Dass da so etwas wie ein »Rat der Weisen« entsteht - und zwar nicht vielleicht in dem Sinne, dass es dann gleich ein für alle Mal ernannte Weise gibt, sondern - der Ausgangspunkt ist ja nur: Wir alle können weise sein. Und es geht eigentlich darum: Dieses Moment der Meditation, wo wir also den Gesamtprozess innen wie außen vor unseren ruhigen Geist, aus der Stille heraus einmal sich ordnen lassen können - dass es eigentlich darum ginge, aus dieser Verfassung heraus Rat zu geben. Und wie man an so eine Institution, an so eine Assoziation schrittweise herankäme – also, darüber müsste nachgedacht werden. Auch da sind Vorgriffe fehl am Platze, sondern - ich möchte nur anzeigen, dass genau von diesem Punkt der Meditation, der also der Versuch ist, in Stille das Ganze sich ordnen zu lassen: Dass von daher auch – also, Rettungspolitik wenigstens erst einmal vernünftig gedacht, weise gedacht werden könnte. Das ist eigentlich genau der Vorschlag des Tao-Te-King gewesen und - ich komme darauf noch einmal zurück.

- Jetzt machen wir 10 Minuten Pause.

So, ich fange wieder an.

Ich habe das vorige Semester abgeschlossen gehabt mit einem Hinweis auf »Logik der Seele«, weil wir damals ein Seminar in dieser Richtung vorhatten. Wir haben in diesem Semester ein anderes Seminar gemacht, das noch einmal auf denselben Zusammenhang zurückging, auf »Logik der Seele« - aber im Hinblick auf das Politische – also, auf ein Denken ins

Gesellschaftliche hinein. Und ich glaube, dass es möglich ist, aus diesem Kontext heraus heute noch einmal stärker zu verdeutlichen, wie der Zusammenhang zwischen dem, was ich eben als »Axiome eines Rettungsweges« dargelegt habe und der politischen Vermittlung, der Vermittlung ins Politische hinein: Wie das aussehen kann, d. h. wie unter diesem Gesichtspunkt das Politische oder ein politisches Konzept richtig gebaut werden könnte – also, was das Methodische betrifft. Und zwar hatte der Stefan Makowski, der dieses Seminar dort leitete bei uns, ein »Rad der Perfektion« mitgebracht - so nannte er das - und da in dem, was ich vortragen will, - also, eigentlich der Zugang des Tao-Te-King - das hat mich halt am meisten beeindruckt, ich habe deshalb auch voriges Mal so ausführlich darüber gesprochen, nämlich: Dasselbe Rad - das wird sich dann auch als zwei mögliche verschiedene Betrachtungsweisen zeigen - nenne ich - dasselbe Rad: eins der ungestörten Verhältnisse (das V steht für Verhältnisse): Rad der ungestörten Verhältnisse. Nimmt mir zu viel Platz weg - verkürze ich es noch einmal – also, das eine war »Perfektion« und das andere war »Ungestörte Verhältnisse«. Und der zweite Gesichtspunkt ist auch deshalb gut, weil er natürlich auf die Störung aufmerksam macht, die - eigentlich der Anlass, weshalb wir uns so dringend mit der ganzen Sache befassen. Das Rad, um das es hier geht – also, in dem wir uns da bewegen: es ist das Rad der Fakultäten der menschlichen Existenz – also, eigentlich der Fakultäten, mit denen der Mensch psychisch in der Welt ist. Also, ein Begriff, der ganz dem akademischen Milieu vertraut sein dürfte.

Dann haben wir also die Fakultät »Körper«, das ist zugleich die Ebene der Wahrnehmung. Es ist so angeordnet, das Rad, dass es also auch für die Himmelsrichtung in Beziehung steht – so, wie bei den Indianern. Darüber habe ich einmal gesprochen – also, das steht sozusagen auf Süden, aber das ist jetzt nicht wichtig. Ich will nur das Nötigste für das Verständnis eines Problems jetzt andeuten - nur, dass Sie so notdürftig dafür mitkommen.

Das ist die Ebene hier auch, auf der wir sozusagen tierhaft sind. Nicht im pejorativen Sinne, sondern einfach: Das ist dieses Moment, was wir mit den Tieren auch teilen. Alle Wahrnehmungskräfte natürlich - die haben die unter Umständen sogar stärker als wir - und oben, hier, haben wir die Fakultät Verstand und das sind Vorstellungen und wenn der Verstand nicht zurückgewiesen ist an das Leben, wenn er nicht von der Liebe geleitet ist, wenn - die Indianer sagen: Wenn er nicht herzgeleitet ist, dann – also, im unperfekten Zustand - dann wären wir dort. Da es hier um Perfektion des Verstandes geht, sind wir es nicht - aber sonst wären wir dort, sagt dieses Rad »Satan«. Das ist satanisch: Ein Verstand, der nicht ans Leben, an die Liebe zurückgebunden ist.

Das ist die zweite Position, ganz oben im Raum sozusagen. Und hier im Westen: Das ist die Position »Seele« und hier geht es also um die Beziehungen, hier ist das Soziale eigentlich zu Hause. Und wenn es also nicht unter dem Gesichtspunkt der Perfektion, sondern der Störung läuft, wenn es gestörte Verhältnisse sind, dann haben uns hier Dämonen – solche, wie Eifersucht, zum Beispiel.

Und hier, auf der Ebene »Geist« - oder der Fakultät, besser gesagt, »Geist« - da geht es um die wesentlichsten Eigenschaften des Menschen – also, um die Namen, auch - in diesem Sinne, wie ich das vorhin für die Indianer gesagt habe. Im Islam hier – also, bei diesem Sufi, der uns das gelehrt hat, geht es dann um Gottes Namen. Aber das ist hier nicht der entscheidende Punkt, sondern - es geht hier um Eigenschaften. Es geht insgesamt um den Menschen, der in dieser bestimmten mystischen Tradition, eigentlich, im Ebenbildnis alles widerspiegelt, was auch göttlich ist. Und hier, im Sinne der Perfektion gedacht, könnten wir dann Engel sein - aber hier sind auch dunkle Engel gemeint - also, das ist übrigens auf allen diesen Ebenen ist eigentlich nicht so viel bewertet, sondern - es ist erst einmal so angenommen. Und hier in der Mitte, hier erst ist der Mensch in seinem Wesen - hier ist er eigentlich Mensch, d. h. im Sinne: voll zu sich gekommen, voll integriert in einem Rad der Perfektion und der ungestörten Verhältnisse, sozusagen, besonders erlaubt natürlich einmal davon auszugehen. Aber sozusagen die volle Präsenz dessen, was menschlich ist. Und hier sind wir erst bei der Wirklichkeit.

Wahrnehmungen sagen uns - natürlich, wir können uns irren, heftig sogar bei Wahrnehmungen, selbst heiß und kalt - wenn das zu kurz aufeinander folgt: eiskalt- heiß: ist es dasselbe – also, da sind wir dem Irrtum ausgesetzt. Bei unseren Vorstellungen hat uns schon oft tatsächlich der Satan - d.h. wir wollen etwas Bestimmtes durchsetzen, danach hat sich die Welt zu richten in unseren Beziehungen – also, was an Drang und Triebkraft dort - Gut oder Böse - eingreift, das ist auch nicht die Wirklichkeit, sondern das hat mit unserer augenblicklichen Verfassung, mit unseren Prägungen usw. zu tun. Und selbst hier noch können wir uns täuschen -

können wir uns täuschen, erst das eigentlich, die Wesensebene des Menschen, die auch unserem Geist nicht verfügbar ist, ist also das Tragende. Und das, was ich hier angemalt habe, ist jetzt das Skelett, eigentlich, des Gedankens, um den es geht. Also, man kommt erst einmal hier außen herum zu dieser Fakultät - und so geht dieses Rad und kommt zu dieser und kommt zu dieser und dann in die Mitte. Erst hier sind wir beim Menschen. Und der Gedanke, der jetzt bei diesem - zur Einleitung dieses politischen Seminars, mit dem so viel verbunden war, war der, dass zu dieser Grundzuordnung hier - diese Grundzuordnung: Dass die sich, wenn es denn um Perfektion geht oder um ungestörte Verhältnisse, dann haben wir hier beim Körper reine Natur, hier oben beim Verstand - ich erkläre das gleich ein bisschen näher - reine Kultur – also, »ungestört« heißt das, reine natürlich auch immer - ungestörte Kultur – also, gemeint ist erst einmal, dass natürlich hier der Verstand, die Vorstellungsebene ganz entscheidend dafür ist, wie wir uns die Kultur einrichten. Und Kultur - das habe ich voriges Mal ziemlich ausgebreitet, dass das der Oberbegriff fürs Gesellschaftliche ist, dass also Politik und selbst Ökonomie, Unterteilung einer Kultur – ich könnte jetzt erst einmal sagen: im völkerkundlichen Sinne, die sind nämlich in ihrer Ganzheitlichkeit vernünftiger als wir, wenn wir mit Theaterbesuchen - unter Kultur allein den Theaterbesuch und so verbunden – sondern: Kultur im entfernten Sinne, als der Überbegriff für alles, auch für das Politische. Und hier haben wir es dann zu tun mit reiner Gesellschaft, d. h. im Grunde mit Gemeinschaft, denn Gesellschaft ist dieser – also, ist einfach von Entfremdung überbestimmt – also, mit den Gemeinschaften - das ist reine Gesellschaft und hier, mit reiner Religio - ich schreibe es nicht aus, ich schreib das »n« nicht, ich schreibe »Religio« im Sinne also der Rückbindung ans Wesen, weil - da steht man dem am nächsten, der menschlichen Existenz. Also, man kann seine Eigenschaften auf den Kern der menschlichen Existenz, auf die eigentliche Wirklichkeit beziehen, ist da gemeint. Und jetzt kommt der letzte Durchgang.

Wir haben es dann also hier sozusagen mit dem Thema Ökologie zu tun, mit dem Naturverhältnis des Menschen insgesamt auch, auch nach außen gesehen, natürlich. Wir haben es hier zu tun mit dem ganzen Bereich Sitte, Lebensart, mit dem – das ist interessant, was bei Platon Gegenstand des Buchs des Staates – die »Politeia« von Platon handelt praktisch von der gesamten Einrichtung der athenischen Polis, gerade in Bezug auf: Wie sollte denn reine Kultur - über das Thema wird gehandelt: Wie sind wir abgewichen, wie stünde es mit reiner Kultur? Also, eine Politikwissenschaft, um es gleich zu sagen: Die würde hier auf dieser Ebene verortet sein. Und wenn sie dann herzgeleitet ist, wäre sie nicht satanisch. D. h., herzgeleitet ist, wenn sie von der Wesensmitte her – also, wenn das Rad andersherum sich drehte - das ist immer die Vorstellung bei der Sache: Dass man es auch andersherum angehen kann - dann würde man auf dieser Ebene eine Politeia verwirklichen können, wo also vom Wirtschaftlichen wie im Politischen und dem, was im engeren Sinne Kultur ist - wo da alles in Ordnung wäre. Und an der dritten Ebene - und nur – also, was schon sichtbar ist: Ökologie, hier, ist eigentlich die letzte – also, die sozusagen abhängigste Ebene, wenn man in diesem Rad denkt, jetzt. Also, weil - hier ist es noch sozusagen von dem Unbewältigten her gesehen - es hier nur - die Forderung wäre – also, nur Perfektion auf der körperlichen Ebene, reine Natur, Ökologie gesichert. Aber die hängt natürlich davon ab, wie die Kultur organisiert ist, weil damit - da wird ja die Abweichung von dem richtigen Naturverhältnis gesetzt. Und hier, auf dieser Ebene, ist also Ethik der Gesichtspunkt - und hier eigentlich wird darüber vorentschieden, was auf dieser Ebene wirklich passieren wird. Also, Ethik jetzt nicht im Sinne, dass der Ethiker, der ein Buch schreibt, darüber vorentscheidet, sondern - hier ist die Frage bei der Ethik, ob die Austauschverhältnisse gerecht sind. Also, wer das - es ist also alle Ethik im Tao-Te-King schon verloren, wenn feststeht: Die Welt ist unterteilt in Reiche und in Arme. Das ist unerlaubt aus dem Gesichtspunkt also der menschlichen Mitte oder beim - wenn man dann so glaubt - Gottes oder des Tao. Das ist nicht vorgesehen, sozusagen: Dass also Ungerechtigkeit in Bezug aufs Ökonomische herrscht. Das wäre eine Ungerechtigkeit. Und eine andere Ungerechtigkeit wäre – also, was die ganze emotionale Sphäre betrifft: Dass dem einen viel gegeben ist – erotisch, was Macht usw. betrifft, die ganzen Dinge, die Freud um die Psychoanalyse untersucht hat - und dem anderen zu wenig. Also, gerechte Verhältnisse, Austauschverhältnisse auf dieser Ebene - auf der Ebene, wo es um Gefühl geht. Gerechte Austauschverhältnisse auf der Ebene der Kommunikation, jetzt - Kommunität heißt eigentlich – also, Unität, Einheit der Kommunion, der Kommunikation – Kommunion ist noch ein besserer Begriff – also, wo das Einheitsmoment und das Komm- - also, das Miteinander betont ist. Also, wenn das Freud war, was ich eben sagte - das ist, wofür Sokrates als Typus gestanden hat – da, im alten Athen – also, das Prinzip »Und bringe durch das Gespräch also mehr Wahrheit und Gerechtigkeit in den zwischenmenschlichen Beziehungen zustande und schließlich die Gerechtigkeit in den Austauschbeziehungen zwischen den Individuen« – also, wenn – also, jetzt als Ich und Selbst – also, das praktisch das Problem, ob wirklich die Würde jedes einzelnen Menschen akzeptiert ist. Und in Wirklichkeit ist natürlich dieses ethische Problem so herum gebaut: Dass man von der Würde über die Kommunikation, über die Emotion, über das Machtproblem, das Erosproblem und so bis zu der Versorgung gehen müsste. Also, dass diese Knappheit an der Versorgungsebene eingreift, das hat mit dem Platz der Dämonen natürlich zu tun. Also nur - Ethik kommt nur heraus, wenn es wirklich hier also im Rad der Perfektion, der ungestörten Verhältnisse wäre. Und - um es zu sagen: Ich meine, das wird natürlich angemalt unter diesem Gesichtspunkt der Perfektion oder der ungestörten Verhältnisse - weil man eine Zielfunktion braucht, weil man sich darüber klar sein muss: Wo müsste das eigentlich aufgehängt und festgebunden werden oder wo ist der Konvergenzpunkt, auf den also diese Axiome eines Rettungsweges hin zielen, von denen ich gesprochen habe?

Also, auf dieser Ebene: Ethik, auf dieser Ebene ist es am schwersten mit dem Wort - ein Wort zu finden. Hier in der Mitte stünde natürlich noch Gott, stünde – ich will es so machen: Das Tao – also, weil es von den ungestörten Verhältnissen her - weil ich das noch vorziehe, diese Sicht des Laotse - stünde das Tao; dann stünde hier das »De«: Das wäre - man könnte auch sagen: Der Weg - ich würde einmal sagen: Der Weg der Reinigung des Menschen auf dieser geistigen Ebene, damit er als - dem Tao entspricht. Das »De« heißt im Tao-Te-King, dass es einfach - wenn ein Mensch also hier auf dieser Wesensebene bei sich ist, so in dem Augenblick der Meditation etwa, dann ist auch das, was von ihm ausgeht – also, wenn er aktiv wird, richtig. Und um diese - sozusagen - Richtigkeit des eigenen Energieflusses und um dessen Reinigung auch geht es hier - um Reinigung, um Rückbindung des eigenen Energieflusses an das allgemeine Gesetz, an das Große Gesetz, dem wir uns – also, zurück anmessen müssen: Darum geht es hier. Dass das - also, wenn ich so still bin und es sich ordnen lasse, dass das dann wahrscheinlich auch – also, die Wirkung, die dann von mir ausgeht, wenn ich dann aufstehe und etwas tue: es wird wohl in der Ordnung sein - wird wohl in der Ordnung sein.

Also, hier - das geht einer Ethik voraus, sonst kommt man nur zu Ethik, die in Büchern konstruiert ist. Also, die vier Sachen, die ich gesagt habe, sind leicht zu finden – also, dieses Gerechtigkeitsthema - das Thema des Reziprozität, sagt die Theorie dazu – also, dass es also wirklich auf beiden Seiten entsprechen muss – also, dass Geben und Nehmen im Ausgleich ist. Das wird in jeder Ethik behandelt, nur – also, um damit ins Leben zu kommen, ist eigentlich vorausgesetzt, dass jemand hier auf der Grundlage der Rückbindung an die Großen Gesetze - im Dienstverhältnis, eigentlich, dazu, steht - und dann kann davon eine Ethik ausgehen. Und hier ist – also, die entscheidende Dimension in der Mitte ist dann »Reine Mystik«, in dem Rad - wobei unter Mystik einfach verstanden wird: Das Einssein des Menschen mit Gott oder mit dem Tao oder, dass das sozusagen der R-Punkt, in dem sich - wo also die Kräfte, die in uns anstehen und das, was aus der Evolution, aus dem Ganzen uns entgegenkommt - wo das sich trifft, diese Mitte: Dort wird von »Reiner Mystik« gesprochen. Das ist nichts Dunkles, keine Dunkelmännerei gemeint, wie wir das hier meist gebraucht haben, sondern das ist der Moment, wo wir wohl in die Dunkelheit auch gehen, aber wo sich dann – also, das eine oder andere Helle noch zeigt.

Vorsicht, natürlich - oft verkleidet sich der Satan da. Also, ich weiß es - das ist das, was »Luzifer« genannt wird – also, wo die eigene Lichtqualität überschätzt wird und aus dem kleinen Effekt schnell das ganz Große gemacht wird und einfach ein Phänomen zunächst ist. Also, das Licht, um das es hier geht bei Tao-Te-King - im Tao-Te-King heißt das: »Wer sein Licht nimmt und es zurückträgt zur Helle«, aber - das ist der Keim, aus dem alles hervorgeht: Wo es eigentlich dunkel wäre – also, wo es in gewisser Weise mit dem Naturprinzip, mit dem Prinzip reiner Natur sich sogar trifft wieder – also, das ist hier der Ausgangspunkt, mit »Reiner Mystik« benannt. Und hier haben wir dann also an der höchsten Stelle »Spiritualität« – also, alle Leute suchen nach einem besseren Wort dafür, ich auch. Ich habe es nicht gefunden bisher, es ist ziemlich gebraucht - zumal hier steht: »Geist«, d. h. »spirit« – also, besser ist, hier konzipiert man sich nicht auf diese Disziplin, sondern eher auf diese Erfahrung - an die der Mensch jedenfalls heranreichen kann. Und jetzt kommt dabei - wenn man jetzt diese von der Mitte aus denkt, dann sieht man erst - also, von hier nach dem Ausdruck, der – die Christen würden jetzt sagen: »der Schöpfung adäquat« – oder: Der Existenz, kann man auch sagen, vielleicht ist es ja - und nicht Geschöpf, nicht »geschaffen«, in dem Sinne. Aber: Der Existenz adäquat, die Wirkungsweise - darauf eine Ethik, daraus Kultur bzw. Politeia im weitesten Sinne, die Einrichtung der Gesellschaft - und wenn das stimmt, wird es wohl mit der Natur – also, könnte es da nicht schiefgehen. Deshalb – also, das Rad der Perfektion baut sich in Wirklichkeit auf von reiner Mystik aus, d. h. also von dem Versuch, in einen Bewusstseinszustand zu kommen, in dem wir uns vom Großen Ganzen nicht unterscheiden – nicht, um dort zu bleiben, sondern: Das ist dieses Moment der Meditation, von dem aus – also, dieses ganze Rad in seine Ordnung kommt. Und man hätte dann im Idealfalle - hier, am untersten Ende, hätte man Gesundheit. Und auf der nächsten Position - das ist ja erst die zweite dort - da hätte man – also, dass es im Gesellschaftlichen alles stimmig ist: Stimmigkeit. Also, »Stimmigkeit« ist ein anderes Wort, ein deutsches Wort für die soziale Harmonie, die in den Gesellschaftsutopien immer erstrebt worden ist. Und hier hätte man eine Ordnung, die der Natur und der menschlichen Natur gemäß ist – also, statt - die immer den Protest gegen sich aufruft, weil sie – Law and Order – also, weil sie Polizeistaat eigentlich ist. Hier hätte man Ordnung in dem Sinne - hier hätte man Ganzheit, d. h. man wäre sozusagen auf allen - auf der Ebene aller menschlichen Eigenschaften zurückgebunden an den großen Zusammenhang – also, die Radien in unserer Eigenschaft zum Zentrum: Das wäre potenziell die Ganzheit - natürlich immer unterm Zeichen der Perfektion. Und hier in der Mitte wäre - das wäre das Höchste und eigentlich zugleich auch der Ausgangspunkt: Das wäre das Einssein. Und man hätte jetzt, wenn man es andersherum liest - ich schreibe es nun nicht mehr hinein, sondern ich bitte zuzusehen, weil dann - sonst ist es zu verschmiert. Man hätte dann - also, um es von da aus noch einmal zu wiederholen: Wenn man jetzt den Pfeilen andersherum folgt - wie die eigentliche Richtung ist, wie die eigentliche Richtung ist - dann hätte man hier also eine Praxis der Stille. Die wäre das Leitende hier auf dieser Strecke, das wäre, womit wir zu diesem – also, was Tao und das »De« verbindet – also, die Übereinstimmung mit dem Weltgesetz und dass die eigenen Kräfte auch so funktionieren. Das wäre die Stille.

Auf der nächsten Strecke, hier, wäre das die Reinigung – also, dass wir unsere eigenen Kräfte von hier aus gesehen dann – also, auf den Weg nämlich, den wir da einschlagen und das kann dann zum Beispiel – also, so ein »Enlightenment intensive« sein. Das habe ich mehrmals geschildert, das steht auch in meinem Buch beschrieben - oder »Der Weg des Atems«, »Der Weg der Stimme« – also, die verschiedensten Praktiken, denen wir uns da anvertrauen – also, das wäre die Reinigung. Und wir kommen dann auch auf diese Position, wo Ethik – also, wirklich auf richtige Weise möglich ist. Und hier hätten wir dann die Praxis der Kommunikation, hier wäre eigentlich der Platz der Sprache. Hier ist die Sprache nur Hilfsmittel, hier geht es um - eigentlich um Praktiken, die ihrem Wesen nach sozusagen die Art von Technik sind, die nicht mit uns durchgehen würde, sind einfach Verfahren – also, den Atem wieder in Schwung bringen: Das ist auch eine Technik, aber die - hat hier den Vorteil, dass sie also nicht ein ganzes Dogmensystem hinterher schleppt, sondern dass es also im Grunde wortlos arbeitet und die eigene - aus der eigenen Tiefe die Auskunft kommt und dann Worte benutzt, Worte sucht. Und erst dann, wenn man dann hierhin will - da ist dann hier – also, Praxis als Sprache entscheidend – also, hier muss dann wirklich mit dem Wort, mit Verstand, mit Vernunft - das ist ja die Fakultät, bei der es ankommen soll – also, vernünftig eingerichtet, hier muss auch geplant werden, selbstverständlich. Also, man kann eine stimmige Kultur, die Harmonie sämtlicher menschlicher Verhältnisse nicht einem ökonomischen Mechanismus überlassen. Man kann dafür sorgen, dass der seinen eingegrenzten Platz - das ist übrigens ein - Biedenkopf - wichtiger Gedanke, positiv jetzt - dass er das meint: Das müsste richtig eingeordnet sein. Und man wirft ihm vor, dass er nicht genug die Dynamik des Kapitals dabei berücksichtigt – also, dass es vielleicht etwas illusionär ist, das einzuordnen. Aber erst einmal: Hier jedenfalls geht es ja auch um ein ideales Prinzip. Und schließlich: Das hier erst ist die materielle Praxis in einigen Formen, einschließlich der politischen - und da materialisiert sich dann Gesellschaft auf Natur und auf sich selber hin, in der Durchführung.

Jetzt ist ein letzter Gesichtspunkt - auch, damit etwas offenbleibt auch - ist mir jetzt sehr wichtig:

Das ganze Prinzip, das ich hier angemalt habe, das steht in einer der beiden großen Abteilungen - möchte ich einmal sagen - des Umgangs zwischen Mensch und Gott oder dieses Transzendenzproblems oder - ja, also ich muss hier vielleicht eher sagen: Mensch und Gott, weil – also, das Rad stammt aus der prophetischen Tradition. Und es ist dann eigentlich - auf dieser Linie hier etwa war – also, rückbindend - war die Musik von Arvo Pärt angeordnet, die also schlecht sich mit Technik realisiert, hier bei uns; es ist einfach - nicht so einfach, das da herüberzubringen, aber - wo diese Fratres gesungen haben. Das ist - also, der Ausgangspunkt ist, dass es über das, was der Mensch sein sollte, von Allah her - oder von Gott her - oder über Christus, oder - Zarathustra hat auch mit Gott gesprochen und Jahwe hat zu den Juden gesprochen – also, diese prophetischen Traditionen, die hatten immer eine Botschaft, die von hierher kam. Ein Prophet, von dem man annimmt, dass er reiner Spiri war (…) in dieser Dimension wahrnehmen konnte, was Gott gesagt hat. Und es war von daher eigentlich klar, dass sich die übrigen irgendwie – also, auf diesem Weg an die Sache heranarbeiten müssen, das ist – also, ein Qualifizierungsweg dieser Art ist und man hier dann also den Versuch macht, in die Mitte zu gehen, sich Kraft holt und dann rückwärts und es ist - also, ja - relativ schwer gewesen, immer – also, das, was da Botschaft war, hier hinunterzubringen - schon allein deshalb, weil die Erfahrung sich auch verdünnt hat, von Station zu Station. Wenn dann jemand noch, von hier angestoßen, die Ethik kapiert hat - da ist er schnell bei dieser Daumenbewegung nach unten. Das geht ganz schnell. Da stellt er fest: Jemand weicht ab - vergisst dabei, um wie viel Stellen er abweicht, weil - das ist erst einmal menschlich - und so setzt sich das durch. Es ist also so, dass die Wege, die wir hier großenteils probiert haben - der Zen-Weg etwa oder Weg der Stimme, Weg des Atems - und übrigens auch ein großer Teil der Praktiken, die wir in dem Sufi-Seminar geübt haben: Dass die eigentlich einen anderen Weg gehen, und zwar einen Weg, der damit zusammenhängt, dass das, was hier im Zentrum steht, aufgefasst werden könnte als reine Natur – aber: reine menschliche Natur, das aber, sozusagen - wenn die menschliche Natur ungestört ist oder wenn jeder Schritt des Aufstiegs individuell und kulturell gut bewältigt wäre. Also, es gibt ja solche glücklichen Stellen – nicht, dass die nun die Majorität hätten, wenn man völkerkundlich Statistik macht, aber - es gibt diese Möglichkeit. Und das Tao-Te-King zeigt einen Weg, wie man – also, sozusagen - besser zu Verstand kommen könnte, wie man – also, irgendwie nicht an der Weisheit vorbei und in weiter Umfassung, sondern - ob es da nicht auch direkte Zugänge gäbe und - bei den Sufis auch gibt es also Praktiken, um mit allen Sinnen – also, um alle Sinne eigentlich durchsichtig zu machen. Nur dass – also, etwa der Weg, jetzt, der Mystik im eigentlichen Sinne oder der Gnosis - die immer davon ausgeht, dass der Mensch auch ohne Prophezeiung, ohne Guru, ohne Führer eigentlich Avatar ist – das heißt, als Ebenbild in die Welt geschickt. Das sagt übrigens der Sufi auch, nur - es gibt auch den Propheten, es gibt also einen Überlehrer, gewissermaßen. Und ich sage jetzt nicht: Das ist falsch!, sondern ich sage nur: Es gibt die Alternative dazu, die etwa Tao und Zen ist, Tao und Zen sind sehr verwandt. Und der Zen-Weg ist etwa, dass jemand sich in seinen Körper setzt, da - wenn unter dem Gesichtspunkt der Perfektion des Körpers gedacht wird, wenn also die Antennen, die Wahrnehmung – aber: Des Menschen! der ist kein Tier - wenn der Mensch voll wahrnehmungsfähig ist mit allen Sinnen, nach außen und nach innen: Dann könnte es sein – also, es könnte einen Kurzschluss geradezu geben, ein Überspringen des Bogens sozusagen - des Lichtbogens - direkt in die Mitte. Und für nächstes Jahr hat sich Michael Vetter bereit erklärt - das ist ein deutscher Zen-Meister, den ich schon erwähnt habe - hier einen Kurs zu geben. Und der Kurs, den er da geben will, der geht über Zen-Künste und diese Zen-Künste haben nichts anderes zum Gegenstand, als die fünf Sinne: Hören, Sehen, Riechen, Schmecken, Tasten – also, in ihrer Reinheit zu üben, erfahrbar zu machen. Und das ist bereits - auch vom Charakter her – also, Sitzen im (…) Zen auch - hier kommt nur dann ein bestimmter Sinn als Interesse dazu. Das ist ja – also, das ist hier eigentlich Stille, d. h. das bewegt sich – also, da gibt es hier diesen Zusammenhang. Und wenn man jetzt in der Richtung denkt, ist sowieso – also, in der Anmerkung in der, die der Sufi vertritt, da ist auch gedacht, dass man sich hier wieder neu schließt, dass der Kreis neu durchlaufen wird, dass man – also, aus – dorther - sonst kommt man ja nicht zur Perfektion, übrigens, des Körpers - oder zur Ungestörtheit des Körperlichen. Das ist ja gerade der Weg, nur - es gibt nicht nur diesen Ableitungsweg, der mir fürs Politische – also, fürs Gesellschaftliche, für das Ich jetzt als Soziales - da scheint es mir erst einmal praktikabler, übrigens – also, das so zu sehen, wie ich das ausführlich geschildert habe. Aber wenn wir fragen, wie also ausgesät werden soll, welche Wege die einzelnen haben - die haben könnten – also, die meisten Sachen jedenfalls, die in diesen Workshops, die bei uns hier so mitschwimmen, gemacht werden, die versuchen es auf diesem Wege. Und die versuchen unsere eigene reine

Natur – also, die menschliche Natur, die da einem ja bestimmt ist: Die versuchen sie – also, unser Lehrer sein zu lassen. Und »techne« – also, das, was bei den Griechen das Wort war für: Was wir hervorbringen können - das muss halt darauf gerichtet sein: Warum denn zuerst Sachen hervorbringen, zuerst - wie ein Meister, der den Bogen führt und in Japan dann auch das Schwert führt und so, aber - zuerst also das Organ selbst! Und das ist – also, dass - ich, also ich sehe es eigentlich so, dass diese prophetische Konzeption, an eine – so, an einen Rettungsweg heranzudenken, und diese - eigentlich mystische, im engeren Sinne, die unsere Gnosis auch verfolgt hat - also, die haben sich ja gestritten damals - die Kirche, die dann also über die Konzilien ging, hat die Gnosis ja ausgetrieben. Das hatte mit diesem anderen Weg zu tun: Dass das in Wirklichkeit – also, in unserer Zeit, wo es sehr viele Menschen gibt, die also eigentlich fähig wären, sich auf das ganze Abenteuer einzulassen – also, es muss doch möglich sein, das zusammenzubringen. Das sind bestimmt nur verschiedene Aspekte ein und desselben Themas. Es ist natürlich in der Existenz des Michael Vetter - wenn man dann also diese anderen sieht, die also sich so annähert: Wenn man die nimmt – also, wenn man das hört: in dem ist natürlich auch Prophetisches enthalten. Es ist eigentlich nur, dass die Akzente da verschieden sind.

Für das - damit will ich schließen - für die Vereinbarkeit spricht, dass Augustinus – also, dieser Kirchenlehrer, der im Grunde natürlich in einer prophetischen Tradition gestanden hat, der das also so gesehen hat, dass der Folgendes – also, für – also, für den Weg erklärt hat, den wir einschlagen müssten. Er sagt: Es sei die einzige Aufgabe des Menschen in diesem Leben, im Auge des Herzens die Gesundheit wiederherzustellen, durch die es Gott wieder schauen kann.

Also, das Herz gehört natürlich zur Natur und zur menschlichen - das ist ja sozusagen unser höchstes Organ. Und die Mystiker sagen alle: Dort muss die Erkenntnis integriert werden - also, und Gesundheit wiederherstellen heißt einfach: Die Störungen abzubauen, die Störungen abtun. Und das geht natürlich in letzter Instanz – also, wenn das also gesellschaftliche Ausmaße annehmen soll, schließt das natürlich - geht das nicht nur zwischen dieser Ökologie der Seele und der reinen Mystik ab – also, im Individuum, sondern dann ist natürlich also der Durchgang durch das alles verlangt. Dann ist die Frage: Wie kann also auf dieser Grundlage – also, Energie in die Welt kommen, die die richtige Ethik setzt - die sich umsetzt in harmonische Politik und in einem guten Umgang mit der Natur? Das ist der Kreis.

Und ich bin jetzt noch nicht sicher, wie das nächste – also, wie ich das nächste Semester gestalten kann, was - das Thema, auf das ich eigentlich hin will, ist das Thema: »Ökologie in der Seele«.

Es handelt sich nur darum - das ist dann in vielen Punkten -

14. Oktober 1991

Logik der Seele als Landkarte eines möglichen Rettungsweges

… worauf das Ganze hinausgehen – hinauslaufen soll beim ersten Mal.

Ich will anknüpfen noch an die letzte Vorlesung hier, vor der Semesterpause, die Kurt Biedenkopf gehalten hat, und daran erinnern, dass wir ja am Ende dieser Vorlesung eine Diskussion hatten über so etwas wie kommunitäre Subsistenzwirtschaft - das heißt, über die soziale Perspektive, die sich angesichts der wirklich überwältigenden Schwierigkeiten, eigentlich, hier ökonomisch und damit sozial noch etwas zu integrieren - in der ehemaligen DDR - aufgetan haben. Kurt Biedenkopf war ja bereit, sich auf die Frage einzulassen, ob es da nicht für so etwas wie Subsistenzwirtschaft – also, für etwas anderes als bloß Alimente vom Arbeitsamt: ob es da nicht ein Entgegenkommen der staatlichen Strukturen geben könnte. Und ich habe daraufhin dann ein Papier geschrieben – das hier auch mit ausliegt, ich weiß nicht, ob es noch da ist – über kommunitäre Subsistenzwirtschaft in den neuen Bundesländern hier. Und ich fange deshalb mit diesem Hinweis, mit dieser Bemerkung auch an, weil das Thema »Ratio – Mystik – Politik«: Das könnte sonst abgehoben klingen. Es könnte so scheinen, als wollten wir uns damit – oder wollte ich mich damit auch rein auf die subjektive Seite begeben, Reise nach innen – und um das Äußere nicht mehr kümmern: Ich will nur feststellen, dass es für mich so aussieht – und ich hoffe, das kommt dann aus der Vorlesungsreihe auch heraus: Das sind zwei Pole, dieses Papier über kommunitäre Subsistenzwirtschaft und dieses Vorlesungsprogramm für dieses Herbst/Winter-Semester – und dann auch für die – für das zweite Semester, für das nächste Frühjahrssemester, wo es um Wege auf – nach innen gehen soll. Das sind zwei Pole – also, ein und derselben Idee. Und aus dem Papier über kommunitäre Subsistenzwirtschaft wird davon auch etwas hervorgehen, da wird etwas deutlich werden, wie ich das auch sozial gekoppelt sehe. Ich sage das deshalb, weil ich das heute nicht breit entfalten will.

Ich will noch eine Bemerkung anknüpfen: Also, es geht bei dieser kommunitären Subsistenzwirtschaft eigentlich um die Frage danach, ob nicht es möglich ist, Gemeinschaft wieder zu gewinnen. Ob wir wirklich uns dieser Atomisierung der Gesellschaft durch die reinen Kräfte der Marktwirtschaft – falls es denn solche sind – ob es alles ist: sich dem zu überlassen? Ich denke, die erste Quelle hier in meinem Literaturverzeichnis, die Hannah Arendt, »Elemente und Ursprünge totaler Herrschaft«: Wenn die mit diesem Buch irgendetwas gezeigt hat, dann hat die gezeigt, dass die faschistischen und faschistoiden Tendenzen aus Vermassung in dem Sinne stammen, dass wir alle – nicht irgendwelche Massen, die die anderen sind, sondern: Wir alle in unserer – also, sozialen Identität und Integrität sozusagen auf »Atom« zurückgeworfen werden, dass es keinen gesellschaftlichen Kontext mehr gibt, in der – in dem das zusammenkommen kann. Sodass ich also denke, dass, wenn es wirklich eine Alternative gäbe, die Gesellschaft sozial zu rekonstruieren, dann würde eine Antwort zumindest aufscheinen darauf, wie man längerfristig mit solchen Katastrophen wie in Hoyerswerda usf. umgehen könnte – also, das ist für mich auch deshalb wichtig, dieses Thema, weil in der Vorlesungsreihe – das hat man wahrscheinlich schon gesehen – also, unter der Überschrift »Denkarbeit am Schatten«, ich komme noch darauf – also, diese Gefahr, diese braune Gefahr, das – als Thema, wie man damit umgehen soll: Weil das eine Rolle spielen wird. Und ich halte das für konstruktiv – das konstruktivst Mögliche - wenn man wirklich nach gesellschaftlichen Zuständen fragt, die nicht so anfällig dafür sind, jetzt schon einzusteigen.

Ich will in der zweiten Hälfte der Vorlesung dann den Rahmen näher charakterisieren – also, ein bisschen etwas zur Organisation des Semesters sagen. Ich will erst einmal das Inhaltliche ein bisschen entfalten.

Ich will zunächst erinnern an meine Abschlussvorlesung im vorigen Semester, wo ich hier dieses »Rad der menschlichen Wesenskräfte« angemalt hatte. Ich bitte Sie, einmal in dem Vorlesungsmaterial hier, das ich ausgegeben habe - nur für eine erste Vororientierung und fürs Anknüpfen an das vorige Jahr - diese Skizze aufzuschlagen, die da in der – etwas nach der Mitte liegt: »Rad der reinen bzw. ungestörten Verhältnisse« – Diejenigen, die bei der Vorlesung nicht da waren, werden jetzt nicht ganz auf ihre Kosten kommen. Es ist aber in dem – in dem, was in der Mitte – die ich - in der Vorankündigung, die ich noch einmal aufgenommen habe, und in dem Blatt hier eine ganze Reihe Informationen enthalten, wenn man sich noch mehr vertiefen möchte – Ich will also nur daran erinnern, wie sich in diesem »Rad der reinen bzw. ungestörten Verhältnisse« – also, dem – das ist so – damit war gemeint: Die Zielorientierung – also, die idealtypische Zielorientierung: Wie müsste denn menschlicher Geist, gesellschaftlicher menschlicher Geist funktionieren? - das war der Hintergrund dieses Rades - wie sind denn dort Politik und Ökologie eingeordnet? Das ist der einzige Punkt, der mich jetzt hier in der Vorbemerkung interessiert. Ich habe auf der Skizze ganz rechts oben – diese beiden Pfeile, die da drin stehen: für Politik und für Ökologie – Ökologie steht in der Mitte unten, über dem Thema »Reine Natur«, und Politik steht in dem Pfeil, der von »Reiner Kultur« ausgeht – also, da oben und da unten: Dort habe ich also darauf hingewiesen, dass es bei dem Rad eigentlich darum ging zu begreifen, von den Grundlagen her: Wo hat denn eigentlich Ökologie, und wo hat Politik - und damit ökologische Politik - ihren Platz, wenn wir den Ursachenzusammenhang begreifen wollen? Und ich komme auf diesen Punkt jetzt in der Einleitung der heutigen Vorlesung deshalb zurück, weil sonst nicht klar ist, wieso – also, das Thema »Ratio – Mystik – Politik« unter »Ökologie der menschlichen Existenz« verbucht ist und nach wie vor – also, den Zielpunkt haben soll: Grundlagen ökologischer Politik, natürlich. Also, »Sozialökologie« als Überschrift.

Wenn ich mich in diesem Semester darauf konzentrieren will – also, nach innen das Thema zu vertiefen – also, die geistige Struktur deutlicher zu machen, die einer rettenden Politik auch zugrunde liegen könnte: Dann hängt das damit zusammen, dass ich hier zeige, dass Politik – jedenfalls so, wie sie – wie man sie positiv verstehen müsste: Wenn sie also nicht eine bloße Karikatur – also, das, was immer in der Zeitung steht, über Interessenkämpfe - dass die dann, wenn man das ganze Bild von innen her liest – also, von der vierten Stufe, sozusagen, einer vernünftigen Bewältigung ausgeht: Dass das also voraussetzt, dass der Mensch innerlich bei sich ist – wenn ich ganz in die Mitte des Bildes jetzt blicke - dass er sich eins fühlt mit allem, was lebt, und dass er sein Leben irgendwie auf diese Mitte auch ausrichtet. Das ist dann die – die vierte Position, die – also, eins - von der Mitte schon sozusagen rückwärts läuft. Und dass wir in einer Gesellschaft leben, die einigermaßen gerecht eingerichtet ist - als dritte Position jetzt, von innen her gelesen - und dann also eine gute, schöne, wahre Lebensart brauchen: Dann erst wird Politik nicht ein reines Ränke- und Machtspiel sein. Dann wird sie also gut begründet sein – und Ökologie gar – also, reines – das Naturverhältnis: Das geht eigentlich davon aus, dass wir also über Politik dann auch dazu zurückgekehrt sind, die volle Entfaltung der menschlichen Natur – also, so gesellschaftlich sicherzustellen, dass die Verwirklichung des ganzen gesellschaftlichen Lebens von sich selbst her ökologisch ist, das heißt, dieses – diese großen Naturgleichgewichte berücksichtigt – und ich will, wie gesagt, damit nur noch einmal andeuten – weil ich das – diese Vorlesung von damals jetzt nicht wiederholen will: Dass also wir uns heute – also, heute beginnend, in diesem Semester – also, mit den – ich möchte einmal sagen: mit den Energien befassen wollen - und mit ihrem einigermaßen rationalen Verständnis, auch – die bei – die überhaupt zu einer vernünftigen Politik und zu einem ökologischen Gleichgewicht führen können. Weil - schon bei der Energieverfassung und bei der Art und Weise, wie unser ganzes Bewusstsein jetzt im Seelischen bestimmt ist, ist es nur zu wahrscheinlich, dass dieser Zerstörungsprozess sich fortsetzt. Also, diese Vorbemerkung anknüpfend an die vorige Vorlesung.

Jetzt habe ich, weil ich mich für den – sozusagen – Grund, auf den wir – für den – ich will nur sagen: für den Informationsgrund, auf den wir uns stellen wollen, mich sehr auf den amerikanischen Theoretiker Ken Wilber stützen will - hier vorne einen Auszug aus seinem Buch ausgelegt, »Die drei Augen der Erkenntnis«. »Eine mandalische Landkarte des Bewusstseins«: Diesen Abschnitt habe ich ausgelegt, und der ist ein – der ist der kurz gefasste Hintergrund für das, was ich jetzt – immer noch auch kurz – entwickeln will. Und ein Mandala ist etwa dieses Blatt, das am Anfang der Reihe dort gelegen hat, das etwas überfüllt ist, in meiner Skizze hier, und das auf dieser Tafel auch nicht so ganz richtig Platz hat. Ich stimme Sie jetzt nur darauf ein mit dem Hinweis auf dieses – auf diese zwei Kapitel da – auf dieses eine Kapitel aus Wilber, und auf – mit dieser Skizze: Dass ich den Inhalt dieser Skizze jetzt einmal – also, hier an der Tafel vielleicht etwas vereinfacht andeuten will. Sie finden sich dann auch zurecht. Sonst fände man sich jetzt in der Vorlesung natürlich nicht zurecht. Ich bitte Sie, sich auch nicht jetzt – also, primär auf das Studium dieses - dieser schwarzen Kreise hier zu konzentrieren, sondern nur - Sie brauchen keine Sorgen zu haben, was ich hier entwickle, Sie brauchen es auch nicht mitzuschreiben: Das ist in Kurzfassung auf diesem Stück Papier enthalten.

Wenn das genannt ist: »Landkarte« des Bewusstseins – man könnte auch sagen, ich habe es auch so in die Ecke dann geschrieben: »Bauzeichnung« – dann heißt das natürlich: Wir haben hier wirklich nicht das Bewusstsein selber – das uns eigentlich nur gegenwärtig ist, wenn wir gerade nicht denken, weil – wenn wir denken – also, haben wir irgendein Objekt im Blick. Wenn ich »Säule« denke, habe ich »Säule« und nicht mein Bewusstsein im Blickfeld – und eine Landkarte ist also nicht das Bewusstsein selber, sondern – das heißt nur, dass wir über das Bewusstsein nachdenken wollen, um uns in dem Bereich, der da der Hauptstudiengegenstand ist, zu orientieren. Und der Hauptstudiengegenstand – das sage ich noch einmal – ist das Bewusstsein deshalb, weil – also, wie Marx es einmal ausgedrückt hat - alles, was in der Kultur überhaupt existiert, natürlich durch den Menschenkopf hindurch gegangen ist. Bewusstsein ist natürlich mehr als Verstand - das ist Seele, das ist – das beginnt im Körperlichen; wir haben oft darüber gesprochen – also: »Landkarte des Bewusstseins«: Das heißt, wir wollen uns darüber verständigen, was ist in Bezug auf unser Problem - ob es noch eine Rettungsmöglichkeit gibt, was – wie können wir uns da zurechtfinden in dem inneren Reich – das natürlich im Austausch mit der Außenwelt die Grundlage ist.

Der Grundgestus dieser ganzen Zeichnung hier ist folgende einfache Bewegung - ich habe sie jetzt vielleicht ein bisschen zu groß für meine Darstellungszwecke gemacht; wir werden schon klarkommen - weil Sie das Blatt ja dort haben.

Diese Bewegung - diese Kreisbewegung, die ich hier noch nicht ganz geschlossen habe - handelt ja vielleicht von einer Reise. Und um den - das Einfachste, was man darüber sagen kann, zu erzählen, will ich an den großen Schriftsteller Franz Werfel erinnern, der einen Roman geschrieben hat, der heißt »Stern der Ungeborenen«. Dieser Roman setzt ein Erlebnis außerkörperlicher Existenz bei dem Schriftsteller voraus, zwei Jahre etwa vor seinem Tode – also, ein Erlebnis der Art, wie man es - wie es manche Menschen beim Verkehrsunfall schon erlebt haben - also, dass sie sich da unten dann liegen gesehen haben. So eine Erfahrung hatte er. Und die hat er in eine Romanidee verwandelt, die darauf hinauslief: er sei abgerufen worden, nach einem nicht benannten - nach einer nicht näher benannten Erde (die aber ziemlich spät-amerikanisch war), 100 000 Jahre später. Dort war er also angekommen und studierte die dortigen Verhältnisse. Ich will über seine sonstigen Erfahrungen da nichts sagen; ich will nur sagen, dass er auf der Hälfte der Reise vom immer noch katholischen Großbischof jenes Zeitalters die Auskunft bekam: »Wir sind 100 000 Jahre weiter von Gott entfernt, als ihr das wart.« – Und als dann die Reise zu Ende war – weil dort auch Bürgerkrieg ausgebrochen war, in den sehr fortgeschrittenen Zuständen, und sie sich entschlossen, ihn doch noch einmal zurückzuschicken – empfing ihn der Großbischof des Zeitalters noch einmal und sagte ihm: »Wir sind aber auch 100 000 Jahre näher an Gott als ihr.« – Wenn das also logisch Sinn machen soll, dann kann die menschliche Reise – also, nur in so einer Bewegung statt- - also, gedacht sein, da - vom Schriftsteller: Also, man entfernt sich um – sage: 100 000 Jahre – das mag hier liegen - und falls wir uns jetzt aber hier befinden: Dann ist man 100 000 Jahre weiter entfernt von Gott – falls das ein Ursprung ist - und allerdings auch wieder 100 000 Jahre näher. Und wir wissen natürlich – also; wer will sagen, wo wir sind?

Das Buch von Ken Wilber, das mit angegeben ist, heißt: »Halbzeit der Evolution« – und vermutet, dass wir hier wären, hier oben etwa: »Halbzeit der Evolution«. Also, der – die Vernunft, die allerdings mit uns durchgeht: Das ist der Punkt. »Halbzeit der Evolution«, großer Fortschritt, sagt Wilber – und zugleich verhängnisvoll, wenn wir nicht noch weiter kommen. Und – also, von daher gesehen könnten ja 100 000 Jahre jetzt – könnte ja sein, dass wir wieder dicht hier sind. Das ist also der Kern dieses ganzen Bildes - bloß, dass in der Verwendung, die ich des Weiteren von dem Kreis jetzt hier machen will – also, dieses Zeitproblem nicht so im Vordergrund steht, und ich eher auf diesem Zirkel hier – also, die verschiedenen Grundstrukturen des menschlichen Bewusstseins anordnen will jetzt, skizzenhaft, die der Ken Wilber aus – also, einer Unmasse Literatur zusammengestellt hat. Das ist jemand, der – also, polyhistorisch über diesen Bereich Bewusstseinsforschung, und so weiter gearbeitet hat, der die ganze westliche und östliche Psychologie – die ja sehr verschieden ist, unsere – von Jung einerseits, Freud andererseits – also, so – so naturwissenschaftlich kommende, die, wie er sagt, etwa bis zum – also, bis zum – bis zur Vernunft und Vernunftkritik führt - und die mit den Transzendenten, dem Über-Vernünftigen, Über-Bewussten sich befassende östliche: Das zusammen hat er studiert. Und er sagt - also, bis hier: Halbzeit der Evolution. Und ich will aber davon ausgehen, dass alle diese Grundstrukturen des Bewusstseins in erster Linie natürlich jetzt in uns gegeben werden – und hoffentlich, das ist ja der entscheidende Punkt: mit jedem Kinde wieder neu geboren werden. Und dass der – es nicht so sehr darum geht, wer wie weit auf diesem Durchlauf dann – in seinem eigenen Leben – also, es kann ja auch der Lebenskreis sein, die Entfernung vom Ursprung und zum Ursprung zurück: Wie weit da jemand gekommen ist, wie hoch und tief: Das ist gar nicht der Hauptgedanke hier, sondern - der Hauptgedanke ist: dass wir diese Strukturen selber als gegeben zur Kenntnis nehmen. Das heißt, wenn zum Beispiel angenommen ist, dass hier ganz am – schon über den obersten Punkt hinaus das »reife Ich« angeordnet ist – aber das »reife Ich« durchaus noch im Sinne, des – sagen wir einmal: ein Wissenschaftler, der auch noch wirklich sich verantwortlich fühlt, der im Ethos steht und ein bisschen seine eigenen Spiele inzwischen durchschaut hat: Was ihn dahin getrieben hat, ein großer Mann zu werden – also, in der diese Reflexion nach innen da ist. Dieses »reife Ich«, das – wenn das an diesem hohen Punkt steht, dann ist das zugleich damit verbunden, dass natürlich hier die Verantwortung besonders groß ist. Und wenn sie hier mit uns durchgehen, dann ist das sehr viel gefährlicher, als wenn sich bei – an der ersten Stelle, gewissermaßen, an der der Säugling sich dann hier frisch in der Welt befindet: Als wenn dort durch die Art, wie die Mutterbeziehung sich regelt, irgendein Suchtverhalten nach der Milchflasche sich einstellt. Die Sucht nach Macht, die Sucht nach Prestige, nach Einfluss, nach: Ich muss der Größte sein, Nobelpreis, und so fort – die ist natürlich in ihrer Wirkung weit gefährlicher. Und es handelt sich nicht darum, Hoch und Tief zu werten, sondern das Ganze erst einmal zu sehen. Und - der Grundgedanke aber ist folgender - der ist der wichtigste, eigentlich, dabei: Das sind nicht Dinge, die zufällig passieren oder nicht passieren, sondern zum Beispiel diese beiden Grundstrukturen – und alle die elf, die ich hier also auf dem Kreis da angeordnet habe – innen auf dem Kreis steht das – also, von eins bis elf hier aufgeführt: Alle diese Grundstrukturen, die – ja, die werden eigentlich nicht entwickelt; Entwicklung ist - schon – also, wir tun ja etwas dafür – also, schon wird – es ist auch dieses Moment dabei. Aber in erster Linie werden die entfaltet. Das heißt, das sind Grundstrukturen, die uns vom Genotyp her, vom Anfang, vom – vom Anfang an - und wenn man will, auch vom Weltanfang an – mitgegeben sind, denn – dass der Mensch auftritt, überhaupt, ist ja – also, wahrscheinlich kein Zufall. Der katholische Ketzer und Mystiker Teilhard de Chardin sagt halt - also, das beginnt mit Kosmogenese. Kosmos entsteht - und dann geht es weiter mit Anthropogenese - das ist dann: Der Mensch kommt – und es - das Ziel ist – er sagt: Christogenese – also, dass wir – dass diese – dass diese höchste menschliche Möglichkeit auch aus uns herauskommt. Aber was hier entscheidend ist: - wenn auf dieser Position hier etwa der – ja, so habe ich sie wohl angezeichnet – untergebracht habe – wenn hier also dann dieses Bewusstsein – so, der Christus, oder der Buddha – sich eins fühlt mit der Weltursache – deshalb steht dort nämlich: »ursächlich«, kausal – also, von - mit dem Bewusstsein, das den ganzen Weltzusammenhang darstellt – also, wo Faust sagt dann – Goethe sagt im »Faust«: » ... dass ich verstehe, was die Welt im Innersten zusammenhält«: Dass das – also, praktisch ist - diese Position des Christus oder des Buddha ist die, die Faust da ersehnt, wenn er fragt – also: »Wie könnte ich denn dieses Bewusstsein auch haben?« Und dann kommt der Erdgeist - und der Weltgeist - und die sagen: »Nee – du gleichst dem Geist, den du begreifst.« Aber es wird halt angenommen: Einige haben das begriffen – und die These, die hier drin steht - und die ich mir einfach angeeignet habe, weil ich die auch für richtig halte - ist: Das ist im – mit dem Menschen anthropologisch gegeben – und das steckt darin, dass hier die Behauptung für diesen ganzen Kreis in erster Linie die ist, dass also alle diese Strukturen, die ich hier – insgesamt elf – also, hier, das sind dann – also, eins – und das ist elf (das ist die, die eigentlich keine mehr ist – also, wo nur noch das Eine ist und kein Zweites mehr) – dass diese elf Strukturen – also, jetzt und immer – also, menschheitsewig – da sind. Und dass die Geschichte bestenfalls ein Prozess ist – also, diese - jetzt, diese Geschichte mit den 100 000 Jahren – also, diese von Werfel dort vorgestellte Geschichte – bestenfalls der Prozess ist, in dem vielleicht die Chancen steigen, dass Höheres herausgeholt wird.

Ich habe an diesem Bereich hier etwa – also, wo wir aus dem – aus unserem eigenen Grunde auch kommen, dieses Wort »archaisch« angeschrieben, für - eben, für die – für eine kollektive Bewusstseinsstufe, noch - auf diesem Kreis – also, habe ich dann unten auch hingeschrieben: »gesellschaftliche Bewusstseinsverfassung«. Ich habe da hingeschrieben: »archaisch« – also, das ist ein - wie die Horde, die Menschenhorde, sich noch - sozusagen –

im Naturzustand befindet und noch nicht so genau weiß - also, bin ich belebt, sind die Bäume belebt – also, dieser Zusammenhang - und wo noch wenig Herrschaft ist. Und es ist wohl klar, dass das eine andere Bewusstseinsverfassung ist als die dann anschließende - die ich dann hier auf der Skizze als »magisch« bezeichnet habe - die »mythische«. Und dann hier, diesen ganzen Bereich, von hier, von wo - der um das reife Ich herum angesiedelt ist, wo also »mental« - oder »rational« – also, die hauptsächliche Art und Weise ist, die Welt zu verstehen, zumindest offiziell – offiziell. Wir täuschen uns ja oft darüber, wie weit wir im Mythischen – hier - und im Magischen doch noch befangen sind. Aber klar ist, dass sozusagen die berühmte wissenschaftlich-technische Revolution hier gemacht wird und dass damit natürlich viel allgemeine gesellschaftliche Realität auch gesetzt wird. Und dass der Tanzplatz, auf dem die unerlösten Geister aus den früheren Entwicklungsstufen – auch unserer eigenen früheren – sich entfalten können – also, durch diese Megamaschine gesetzt ist.

Also, das ist hier der Gedanke: Dass es – also, so eine Stufenfolge gibt, die sich entfalten wollen – Stufen, die sich entfalten wollen - und wo natürlich sehr viel davon abhängt, wie der gesellschaftliche Prozess funktioniert. Wenn ich – man kann das Ganze natürlich – man könnte es auch, natürlich, als so eine horizontale Stufenfolge anzeichnen. Aber dann sieht es viel hierarchischer aus. Wenn ich jetzt diese horizontal – also, diesen Strich hier dennoch als horizontal einmal nehme – weil es der ist, auf dem sich die Megamaschine jetzt einfach entfaltet - dann bitte ich zu berücksichtigen, dass – also, ich diese Linie gekrümmt habe – weil dann viel stärker herauskommt, dass das nicht hierarchisch hauptsächlich gedacht ist, dass es nicht um »Höher« und »Tiefer« geht, sondern um diese - um die Entfaltung so verschiedener Bewusstseinsstrukturen. Diese Horizontale hier, bei »Heute«, die würde natürlich bedeuten, dass wir – oder die bedeutet de facto - dass wir einen ungeheuren Anteil unserer Energie darauf verwenden – also, die Kultur auseinanderzulegen – also, in Beton- und Stahlund Kommunikations- und selbst Informationstechnik – also, extensiv in die Breite. Dass so eine Breitenentfaltung stattfinden muss, auf jeder dieser Stufen, ist klar, das ist auch ein Stück Emanzipation, nur – also, wenn man dort keine Grenze findet, dann bedeutet das natürlich, dass wir mit der Anhäufung von Masse auf dieser Ebene möglicherweise den nächsten

Schritt - der angesagt sein könnte, um das Ganze wieder zusammenzubringen – also, den Schritt, nach dem dort Faust zum Beispiel dann auch gesucht hat, als er nämlich – er war ja zu dem Schluss gekommen, die - das mittelalterliche Weltbild als Ganzes, das irgendwo, hier und hier, auf den Stufen dahinter angesiedelt ist – jetzt, als Ganzes gesehen – nicht, dass alle – dass jetzt keine Leute da – es war - es gab ja – die viel weiter waren, aber – so, summa summarum, waren die Leute natürlich hier in – noch in – zum Beispiel in diesem Gruppen-Ich befangen, das heißt, die Gesellschaft war total konform: Ist der Fürst evangelisch, habe ich es auch zu sein – wurde noch akzeptiert, auch – was heute nicht mehr erträglich wäre – also, das – da, Faust, an der Stelle, der Ausspruch. Und jetzt geht es natürlich darum, ob es eine Möglichkeit gibt, an – auf dieser horizontalen Stufe: Dort auch – also, zu springen. Und das ist natürlich die Frage, was wir wiederum – das hängt aber ganz davon ab, wie wir auf der Horizontalen mit unserer Praxis umgehen. Weil – also, solange wir dabei bleiben, das Wichtigste zu finden, dass die Große Maschine reproduziert wird - wenn klar sein muss, vor allem: Die großem Städte, das Verkehrswesen - das alles muss morgen wieder funktionieren, da, wo wir es ausbauen müssen - dann bleibt natürlich für – also, die Vorbereitung des nächsten Schrittes erst einmal nichts übrig. Und offiziell, offiziell - und der nächste Schritt bereitet sich dann natürlich notwendigerweise über Leiden und Verzweiflung vor, über das seelische Leiden an den Zuständen, die da entstehen – auch der Täter! – also, ich meine jetzt: Der Haupttäter - derer, die die Aktivsten sind beim Ausbau der Megamaschine - während es bei den Beispielen solcher Meister hier nicht immer der Antrieb war. Also, Buddha beruft sich auch darauf, dass er völlig aufgewacht ist, als er das Leid der Welt gesehen hat, die Krankheit, den Tod, und das – also, das - das Elend, und das alles - dass dort sein Weg zur Erleuchtung angesetzt hat. Aber es hat auch Menschen gegeben, die eine wohl freudigere Grundverfassung hatten. Zumindest das, was – also, in den Evangelien über Jesus berichtet ist, deutet - so etwas hin; wie- - wieder andere sagen: nach den Berichten hat er nie gelacht, aber – ich meine: es ist nicht zwingend. Es ist nicht zwingend, dass das – dass das nur über – über – also, die Erfahrung – nur darüber geht. Obwohl natürlich immer die Widersprüche so einer Struktur erst erfahren werden müssen.

Also, das ist der Grundgedanke, der hier zugrunde liegt. Und ich habe die Bewusstseinsverfassungen außen herum noch einmal in so einem kleinen Kreis angezeigt, die damit dann gesellschaftlich verbunden sind. Also, im Mittelalter war die mythisch – auch wenn wir keine Griechen waren. Das heißt – also, die – das – egal, was im Evangelium – jetzt, von Christus her gesehen - wahr war: gelehrt und verstanden worden ist das als eine Mythologie, die samt – also, das ganze Heiligenwesen, und so: Das ist damit gemeint, mit »mythisch«. Und die Menschen - es steht dann auch hier: »Gruppen« - und dann kommt also die Rationalität, wo dann also schon das Rollenspiel sich anfängt zu verselbstständigen und wo also die eine Rolle gegen die andere durchaus schon einmal sagt: »Halten zu Gnaden!« – etwa in »Kabale und Liebe«, da, wo bei Schiller dann gezeigt wird, wie die feudale Gesellschaft des Mittelalters sich aufzulösen beginnt: Wenn der Musikus Miller dem Aristokraten das entgegen hält: »Halten zu Gnaden!« – dann besteht er darauf: Du hast hier – also, deine Rolle, ich habe meine Rolle. Aber wenn das nicht mehr stimmt: ist nicht. Natürlich – also, das – ein Bewusstsein davon war im Mittelalter auch da, nur dass – also, es jetzt evolutionär gefordert wird – also, das ist dann schon eine Sprungstelle, und - so gedacht.

Und für mich ist jetzt erst einmal noch wichtig hinzuzufügen, bei dieser Reihe – wenn es – also, hier dann außen diese mentale Ebene ist, ich habe sie innen hingeschrieben, weil ich schlecht gemalt hatte - dann kommt schließlich hier das, was ich »integral« genannt habe, auf dieser – in dieser Skizze: Das bezieht sich auf – ich habe es schon erwähnt – Jean – Ken Wilber – ich komme auf die Literaturliste nachher in der zweiten Stunde noch, auf die Schwerpunkte darin. Jetzt nenne ich den zweiten insofern wichtigen Autor - jetzt, für unseren Kontext hier - weil ich Wilber und diesen Jean Gebser – von dem das Wort hier stammt, der Vorschlag stammt, das so zu benennen - die will ich in den Mittelpunkt meines Seminars stellen, in diesem Semester, jetzt: Jean Gebser und Ken Wilber. Und von dem Jean Gebser ist diese ganze Einteilung: »archaisch« – »magisch« - auf dem Blatt, hier – »mythisch« – »mental« (oder »rational«) – und »integral«. Und mit dem »integral« ist gemeint, dass wir vielleicht doch dahin kommen könnten – das zielt dann natürlich bis zurück in den Kreis – also, das, was wir hier alles unterdrückt und verloren haben – um überhaupt erst einmal zur Vernunft zu kommen - dass das integriert wird. Dass wir also das Körperliche nicht mehr bloß dadurch beherrschen, dass wir es unterdrücken und im Privatleben verbergen: Hoffentlich merkt keiner, was ich sonst noch für Bedürfnisse habe! – Und so wird – also, alles, was ein bisschen unterentwickelt in uns ist, verdient ja sozusagen das meiste Mitleid, die meiste Gnade, im Grunde genommen – also: »Ihr lasst den Armen schuldig werden, dann übergebt ihr ihn der Pein!« – Und es kann keine – also, der Teufel muss natürlich dieses rationale Projekt beherrschen - wie wir weltweit sehen - wenn – also, alles, was da möglich war, damit wir es auf diese Weise rational so weit bringen, unterdrückt werden muss – also, das »Unbehagen in der Kultur«, wie Freud einmal die Summe gezogen hat - über das – Und »integral« meint, dass wir noch einmal neu daran denken: Das muss ja alles aufgehoben werden. Nicht die Verzerrungen - die sollten geheilt werden, dann - auf der Stufe. Aber – nach vorwärts aufgehoben, und – so, dass wir bei unserer Vollkraft sind. Es hat insbesondere Wilhelm Reich als Schüler von Freud ja gezeigt, dass an jeder Stelle, wo wir hier früher etwas nicht bewältigt haben und etwas verdrängt haben: Dass das Verdrängte nicht einfach ein Gedanke ist, der uns fehlt, sondern dass bis in die Muskeln hinein die Energie gebunden ist. Wenn wir so kraftlos sind, in einer bestimmten Situation - dann, weil sich also die Blockaden - die Energieblockaden aus dem ganzen Leben - in einer bestimmten Situation jetzt ansammeln, und - ich kann nicht weiter. Und wenn es also möglich ist, sowohl mit Psychoanalyse – im Sinne, jetzt, der gedanklichen Selbstaufklärung - als auch mit Psychotherapien verschiedenster Art dort wieder hineinzugehen und die - also, jetzt, um nichts als die Energie wieder freizusetzen - dann nur kann das natürlich integriert werden. Und das ist ein Prozess, der alles umfasst – also, den physiologischen Bereich - weil es so gebunden ist - und den emotionalen Bereich, und den geistigen Bereich - also, Körper, Seele, Geist in Einheit – ist mit dieser integralen Stufe gemeint. Wie spät ist es? – Kurz vor sieben. Fünf vor sieben. Ja.

Also, das ist hier der Rahmen, der da – den ich angedeutet habe. Und ich will die einzelnen Stufen, die ich jetzt hier auf der Skizze aufgeführt habe, nicht alle jetzt ausführen, weil das – weil ich dann nicht durchkommen würde – und berufe mich dann noch einmal auf diese kurze Fassung hier des – also, aus Ken Wilbers Buch »Die drei Augen der Erkenntnis« – das liegt aus. Das – dort kann man also nachlesen, was mit den kurzen Ausdrücken, die ich hier auf dieser Skizze angeordnet habe, im

Einzelnen gemeint ist, und kann dann zu den – also, seinen Strich darunter ziehen: Ob das wohl stimmen mag oder ob das nicht stimmt.

Eine Bemerkung noch dazu: Es wird von feministischer Seite kritisiert und - sicherlich mit Recht - darauf hingewiesen, dass die meisten Forschungsergebnisse, die in dieser Stufenfolge hier niedergelegt worden sind, etwa von Piaget - oder für die moralische Entwicklung - die ganz parallel ist - von Kohlberg: Dass man komischerweise meistens Jungen studiert hat - und dass, wenn man Mädchen studiert, bei der Sache oft etwas anderes herauskommt. Ich glaube nicht – die Christina Thürmer-Rohr bei unserem Seminar am letzten Wochenende hat da protestiert, dass ich das überhaupt benutze, und wie konnten uns schwer – also, eigentlich nicht verständigen darüber - ich glaube, dass es dennoch möglich ist, das zu benutzen und dass das Problem, wie es mit diesem Unterschied von Jungen und Mädchen ist, viel besser herausgekommen ist in der Vorlesung, die Gerda Jun gehalten hat - wo sie die Fakultäten um Herz und Verstand unterschieden hat. Ich kann es auch an meiner Skizze, die ich am Anfang noch einmal erwähnt habe, noch einmal andeuten – also, dort, auf diesem »Rad der Perfektion«, ist eigentlich die Beziehungsfakultät, die soziale Fakultät, wo es um Liebe im genaueren Sinne geht - das ist dieses – diese Position, wo »reine Gesellschaft« steht, »Beziehungen« - und die – die ist in den – in anderen Zusammenhängen als dem dort angedeuteten eher mit dem weiblichen Element verbunden - während einerseits Verstand und andererseits auch Geist mehr dem männlichen zugeordnet werden. Aber nicht in dem Sinne, dass Männer kein Herz und Frauen keinen Verstand und Geist hätten, sondern - das ist nur: Wie das Ganze zusammenkommt, von – mit welchem Schwerpunkt. Und das ist – also, wenn aber bei diesem Rad hier, das Wilber zitiert und das ich entfalte, der Erkenntnisprozess, das Thema »Rational«, und »Post-Rational«, und »Prä« - also, wenn das da im Vordergrund steht, dann gibt es allerdings die Tendenz, sozusagen: Wir haben es dann mehr mit der männlichen Seite des Ganzen zu tun. Das andere ist nicht so aufgearbeitet, und da fehlt etwas; das – das will ich nur dazu sagen. Und will jetzt, vor der Pause, auf den wichtigsten Punkt kommen, der das Vorlesungsthema »Ratio – Mystik – Politik« – also, begründet - das heißt: um das Feld zu kennzeichnen, auf dem unser Spiel da stattfindet. Und zwar: ich zeichne hier eine Dreiteilung, die auf dem – mal sehen, ob ich das treffe, jetzt, richtig: etwa so - das heißt, ich teile diesen Kreis, diesen Gesamtkreis, in drei Teile, gehe aber davon aus, dass hier unten – also, zwischen der – zwischen dem Keim, weil – in der – in diesem Laotse-Thema kam vor: ›im Keime erkennen‹: Das nenne ich ›erhellt sein‹« – dass zwischen Keim und höchstem Geist: Dass das in Wirklichkeit natürlich ein Sprung ist, der – also, dass das zusammenhängt, dass - also, im Genotyp natürlich der höchste Geist - das sagte ich ja gerade – gegeben ist, das heißt, dass es sich hier um Geschichte und Biografie handelt, um immer noch kurze Zeitabschnitte in einem kosmischen Ganzen, für das viel charakteristischer ist, dass es – also, diesen Strich hier, nach unten, natürlich nicht gibt, dass das eine künstliche Trennung ist: nur, um etwas zu verstehen – um etwas zu verstehen. Und womit dann klar ist, dass das Unter-Bewusste, das in diesem Bereich – also, jetzt, der unter-bewusste Geist – also, das Bewusstsein, das noch nicht zu sich gekommen ist – oder, bei Hegel, »an sich«: Dass das also nicht schwierig oder finster ist, sondern - das enthält alles. Und vor allem - also, je dichter wir an dem Punkt sind, natürlich, umso weniger ist schon gestört. Das war ja – beim Tao-Te-King war ja der Hauptpunkt, dass das menschliche Ego, das großmächtige - das alles weiß – die Harmonie der Welt stört. Und – also, je dichter am Ursprung – also, jetzt, auch am Säugling – umso wahrscheinlicher ist es, dass noch nichts gestört ist. Und dieser Punkt hier, der ist ja – der reicht ja zurück - in der Skizze hier - bis in den vorgeburtlichen Bereich. Dort kann schon Störung sein: Hentlich ist noch nichts – nicht die – wir erhöhen ja den Störpegel selbst dort. Aber – dass also der unter-bewusste Bereich, der – also, hier heranreicht, bis ans – hier ist dann eben das Körper-Ich eingetragen – also, das ist die Stelle, wo das Kind schon Bilder hat, so – schon so etwas, wie Vor-Begriffe hat und schon irgendwie – also, dicht an der Stelle ist – also, zwischen eineinhalb und zwei Jahren dann – also, kurz danach fängt das ja dann an, dass so eine Ich-Bildung – dass das »Ich« auch einmal gesagt wird. Aber ehe das Wort auftaucht, ist natürlich dort schon etwas, das haben die Psychologen dann im Einzelnen festgestellt – muss schon – also, eine Identifikation mit dem Körper – auch wenn das Kind das noch nicht sagt. Und dieser Bereich, der ist »unter-bewusst«, zum Beispiel - und für das Hauptthema jetzt – ich habe noch andere Begriffe dahin geschrieben – unserer Vorlesung: Der ist: »prä-rational« – prä-rational. Das heißt, hier ist die menschliche Kapazität, die ur-angelegte Kapazität, von Begriffen zu

Bildern fortzuschreiten und sich – also, damit mehr und mehr aus dem Gesamtzusammenhang geistig ein Stück erst einmal zu distanzieren, zu erheben, ist im – das ist noch nicht passiert. Und es sind hier – also, die Begriffe, die hier stehen: Das wird alles in der kurzen Literatur – und wer weiter gehen will: in der langen – etwas mehr erklärt – also, was dort steht, hier oben: Das heißt halt – das ist noch – das Bewusstsein fühlt sich noch völlig eingeordnet, der Säugling unterscheidet noch nicht – noch nicht einmal zunächst seine Mutter. Vielleicht »Brust«, als erstes Objekt, oder so – das ist halt auch von den … Psychologen festgestellt worden. Und dann hier – also, die nächste Ebene, wo dann sich das – die Emotion herauszubilden beginnt – also, das alles ist »prä-rational«, hier gibt es keine Begriffe. Und ein ganz wichtiger Punkt, den ich hier schon einmal erwähnen will – also, das ist auch die Position, wo wir ganz naturgemäß narzisstisch sind – und das ist weit mehr, als dann hier auf dieser Ebene, wo das Ego ganz entfaltet ist. Also, die – wenn wir, normalerweise - wenn wir »Egozentrik« sagen, jemand ist ganz egozentrisch - dann meinen wir eigentlich: rückfällig auf – auf irgendwelche narzisstischen Zustände, wo sich – wo das Subjekt, das erst wird, noch gar nichts anderes hat als sich selbst und alles auf sich bezieht. Die Tiere bleiben narzisstisch – das heißt, ein Spatz hat eine Spatzenwelt – also, alle Unterscheidungen, die er trifft, beziehen sich natürlich auf seine Existenz. Der Mensch – also, wird - in dem Sinne wird er nicht egozentrischer, sondern – es ist nur so, dass auf der selbst-bewussten Ebene hier – Selbst-Bewusstsein - und wo es dann rational zugeht – und vor allem eben: es ist fast mit Selbst-Bewusstsein identisch: personal, und hier: prä-personal. Es ist natürlich ein Persönchen, von uns aus gesehen, aber – weiß es nicht: prä-personal, in dem Sinne auch. Hier – also, ich habe hingeschrieben: »Vernünftiger Egoismus«, aber – indem ich daran erinnern will: Das war das Höchste, was uns der große russische Philosoph Tschernyschewski zugetraut hat. Der war zu dem Schluss gekommen: Also, wir sind jetzt hier – er hat Hegel gut gelesen, auch – und sagte: Also, wir sind so weit aufgeklärt - wenn wir doch vernünftig – das war natürlich der Ton! - egoistisch wären, wenn wir also auf unsere langfristigen Interessen, auf die – wenn wir darauf blicken würden doch wenigstens! – Und es steckt jetzt allerdings in dieser Linie hier – die hier noch als Trenn- - also, dieser Unterschied ist – dürfte irgendwie klar sein. Und dann gibt es natürlich Schritte in –

Das Kind sagt dann zur Farbe Rot, Grün usw – hier werden dann schon Begriffe kombiniert, und man – auf Rollen bezogen, auch – also, wer hat das – wo gehört was - welche Begriffe – dazu. Und hier findet dann statt, dass man frei im Begrifflichen operiert. Das heißt, dass ich auf dem Papier die Zeichnung mache, ehe das Gebäude entsteht – also, das ist die Wissenschaftskulturstufe. So. Und das ist also der rationale Bereich. Aber spannend ist – und von der ganzen westlichen Psychologie bisher nicht entwickelt, obwohl unsere großen Mystiker das immer wussten: Dass es einen über-bewussten Bereich gibt, einen über-bewussten Bereich – einen transpersonalen, und einen - auch vor allem, ich schreibe einmal das hin, weil das das Wichtige dann hier ist - trans-rationalen. Und wir bewegen uns dann in dem Reiche der Mystik.

Und wir haben es dann zu tun, im besten Falle – also, auf diesem Gebiet – gerade nicht mit unserem höchstwerten Selbst, sondern: Die höchste Karte im Tarot ist dann Frau Welt – Nummer 21 oder 22, das weiß ich jetzt nicht genau: Frau Welt – und damit ist gemeint das, was ich zitiert habe voriges Jahr, am Anfang, mit – von Laotse, diese Formel: »Wer die Welt macht zum Selbst, der sollte – könnte der Herr der Welt - oder auch die Frau der Welt, Königin der Welt, oder so etwas – sein«. Und damit ist gemeint: Wer all-identifiziert ist – wer also wirklich an den Punkt käme, der da in der anderen Skizze in der Mitte lautet: Eins zu sein mit allem, was lebt - und wo diese Mystiker sich unter sich darüber einig sind, dass auch die Steine nicht tot sind. Dass das eine – also, dass das so ein Strich ist, der mindestens – also, der, wenn schon, dann so gezogen werden müsste. Ich meine jetzt nur einmal – also, für dieses – die Sache mit den Steinen, hier, hat der jetzt eine andere Funktion – also, »Eins zu sein mit allem, was lebt« – als Grundverfassung der Mystik.

Und wenn ich jetzt das Thema genannt habe: »Ratio – Mystik – Politik« und in – das ist die letzte Bemerkung jetzt vor der Pause – und in die Vorlesungsreihe einen langen Abschnitt »Denkarbeit am Schatten« gesetzt habe und - wo das Faschismus-Thema, natürlich, auftritt – dann hat das mit einer Sache zu tun, wo dem Ken Wilber wirklich das größte Verdienst zukommt - indem er aufgewiesen hat, dass das und das - weil: beides nicht-rational – immer verwechselt wird und vermengt wird im Verständnis. Und - sodass der Begriff der »Mystik« – ich habe ihn hier einmal vorsichtshalber in Anführungszeichen gesetzt – ja, in unseren Längen- und Breitengraden hier – also, immer zutiefst verpönt war. Ich erinnere an Lukács' Buch über den – also, den Irrationalismus, »Die Zerstörung der Vernunft«, weil Lukács die Sache eigentlich – in dem Buch zumindest – immer nur so gedacht hat – also, da kommt diese faschistische Bewegung auf, die hinter das zurück will – die hinter das zurück will und praktisch – also, die Atavismen tanzen lassen will. Und nun steckt hier in dem, was ich erzählen will, nicht einfach die Behauptung: Da gibt es gar kein Problem und keine Gefahr - also, das ist ganz offensichtlich, dass es die Gefahr gibt. Nur - wovon ich überzeugt bin, ist: Dass es von einem Sprung an dieser Stelle hier abhängt, an - etwas, was über Vernunft noch hinausgeht, um mit dem Thema – also, dass – dass die Finsternisse aufsteigen, überhaupt an – also, mit einer gewissen Erfolgsaussicht umgehen zu können. Und die Erfahrung, die ich gegenwärtig auch gerade wieder einmal mache – also, von ganz rechts und von ganz links gibt es da je einen Artikel, der mich wegen dieser esoterischen Orientierung unter das Faschistoide – mindestens! – einreiht. Das hängt mit diesem Missverständnis zusammen: Wenn ich – also, überhaupt an dieses Thema herangehe, wenn ich – sozusagen – das Tabu breche in puncto »irrational«: Dann läuft das auf Faschismus hinaus. Während – ich meine, die historische Erfahrung sagt doch eigentlich, dass diese in ihren Konzepten rationalistische Arbeiterbewegung, die - alles mit Arbeit, Kapital und so – die hatte ja rational bewiesen, dass das nicht wahr ist - alles. Und ist fürchterlich abgerutscht, weil – weil dieser Vernunftbereich allein, der ist objektiv – also, wenn das stimmt, zumindest, hier - wenn das das Ganze ist: Dann ist der objektiv nicht stark genug, um mit dieser – an dieser Front hier allein fertig zu werden. Dann braucht man – ich sage erst einmal: höhere Mächte, weil – ohne das zu spezifizieren – denn: Das ist alles ein Modell des Menschen. Das ist – ich sage: Das ist Anthropologie, das ist im Genotyp angelegt, das kann herausgearbeitet werden. Und ich denke, dass die Bewältigung der ökologischen Krise – ohne dass das unvermeidlich - denn die Gefahr ist groß – auf Öko-Diktatur hinausläuft, und auf Überlebenspolitik im Sinne – also, lasst uns schon Konserven sammeln. So. Das hängt genau davon ab, ob wir – nicht hier: von der Perfektion - sondern: Ob es einen Fortschritt an dieser Strecke gibt. Und deswegen also ist es natürlich ganz wichtig – also, dass wir Ratio und Mystik - oder Ratio und und A-Rationalität nicht gleichsetzen, sondern unterscheiden. Vor allem: Da gibt es das Prä-Rationale und das Trans-Rationale, das Trans-Logische, wo höher als alle Vernunft – die Intuition, nach der Faust gesucht hat: Die gibt es – und es gibt auch Zeichen genug dafür, dass es die gibt, und - auf diese Sache setzen.

Und die nächste, die nächsten beiden Vorlesungen - ich fange dann nach der Pause damit an; der Johannes Heinrichs, der hat genau an dieser Stelle hier sozusagen den Schwerpunkt seines Umgangs mit der Sache, mit der Diskussion.

Ich fange nach der Pause noch einmal so an.

- hier auf der (...) steht »Resümee«, noch einmal, über das Vorige ist: vielleicht, dass es sich setzen kann. Und zwar, indem ich diesmal die Aufmerksamkeit auf diese Altersangaben lenke, die dort in dem Kreis angezeichnet sind. Dort ist jeweils der früheste Moment angegeben, in dem diese Struktur hervortritt. Der früheste Moment heißt hier allerdings sozusagen »wissenschaftlich-statistisch ermittelt«, nach – in manchen – in den oberen Fällen hier: nach dem, was man so weiß – also, wenn hier »28« steht – man weiß: Das Christus-Alter: so, 30 - oder so. Aber viel interessanter ist – also, der Weg bis dahin – also, wie zeitig eigentlich – wenn Sie das Station für Station einmal ansehen: Die verschiedenen Momente auftreten. Und die spannendste Stelle, jetzt – weil es eigentlich darum geht, darüber hinauszukommen - ist diese Struktur, die hier »Reifes Ich« heißt und »11-15« benannt ist. Was damit gemeint ist, ist: Dass die volle – also, rationale Genialität, zu der der Mensch fähig ist, dort schon entfaltet sein kann, von 11 bis 15 – also, dass man dort schon – also, eben die abstraktesten Computerprogramme machen kann. Das ist nicht die reifste mögliche menschliche Struktur, sondern – weil das Ganze hier vom Erkenntnisprozess her aufgebaut ist – das sagte ich vorhin, ein Wort dazu – darum steht vielleicht »Reifes Ich« auch ein bisschen früh, für 11 bis 15. Der Punkt ist ja: Damit - dort setzt das an, das kann noch weiter gehen. Und hier ist jetzt wirklich spannend – ich habe das einmal angedeutet, aber – ich weise noch einmal darauf hin, auf dieses kleine Kreuz, links unten, in der Ecke der Skizze, hier, wo also die beiden Prinzipien der Emanzipation einmal ganz kurz angedeutet sind - also, hier geht es darum, auf der horizontalen Ebene zwischen Festhalten und Loslassen - also, jetzt, was das Bewusstsein betrifft – also, wollen wir bis in alle Ewigkeit - also, uns jetzt darüber freuen, dass wir dieser Computerspiele Herr sind – und damit die Welt gestalten? Wie lange wollen wir das treiben? Das ist doch schön: von 11 bis 15 – also, wenn ich es um diese Zeit kapiert habe? Aber: Wie lange kann das der Mittelpunkt meiner Existenz sein? – Ich stelle jetzt nicht die Frage mit der Berufsarbeit und dass jeder seine Brötchen braucht: Das ist nicht das Thema – also, das wäre sehr verkürzt, dann, das – das meine ich nicht. Sondern ich meine nur den Punkt – also, dass wir – dass unsere ganze Kultur – also, eigentlich die Tendenz hat – weil wir festhalten, hier, und nicht loslassen – und natürlich mit vielerlei Sicherungen, jetzt – was also das Soziale betrifft, was – alle Ängste: Was uns passieren könnte, wenn wir loslassen - dann geht es ja wirklich nicht bloß darum: Wir könnten den Computerverstand verlieren, sondern - wir sind ja völlig eingebunden. Aber dieser – dieses Festhalten an – und die Emanzipation bloß horizontal verstehen: Wenn es uns schlecht geht – wo ist die Gewerkschaft? Schon – es ist nicht falsch, danach zu rufen, wenn da Ungerechtigkeit herrscht, weil – das ist auf jeder Ebene wichtig. Nur – es genügt nicht. Also, es geht darum, ob wir darüber hinauskommen. Und an der Stelle – Sache - entscheidet sich, ob wir, wenn wir also festhalten und gar nicht daran denken, los- - und bei jeder beliebigen der Strukturen kommt dann diese Tangente zustande, die »Atman-Projekt« heißt. Es ist kein purer Zufall, dass da unten so eine Propaganda ist für ein Stück, das morgen und übermorgen Abend um 20 Uhr im »Theater unterm Dach« gegeben wird – denn die Freunde, die das gemacht haben, haben sich vorher mit mir unterhalten, über die – die waren darauf gekommen, dass sich das auch szenisch darstellen ließe, das Thema »Atman-Projekt«. Und da drin steckt natürlich der Atman-Begriff, die andere Entscheidung – ich habe ihn hier unten schon einmal hingeschrieben – die andere – wenn man – das ist – sozusagen – an der – an der Mitte der Zeichnung, jetzt, sage ich jetzt einmal so – also, an dem Kreisprinzip festhalten – auf der Bahn weiter gehen in Richtung »Atman« – was also nur der Name für – also, für den Urkeim und für den endlichen Zusammenhang des Ganzen ist – also, für diese – was ich hier gezeichnet habe, als – wo es nicht – wenn es also in Wirklichkeit nicht getrennt ist, sondern wo – das ist auch Gott, das ist auch das – bei Buddha heißt es – also, weder »Atman« noch heißt es »Nirwana« oder so: es ist der Augenblick im Zent- - also, das sind die – das sind diese – man kann weiter gehen. Und es gibt dann eben die Stufen: hier schon – also, könnte man beginnen, mit 21, weil da - also, sozusagen – die geistige Volljährigkeit eigentlich erreicht sein kann. Also, weil man schon über das bloße Computerbeherrschen, diese Computerlogik hinaus – man könnte schon – also, Körper-Seele-Geist-Einheit praktiziert haben. Der Wilber sagt da »Zentaur« zu dem, meint damit – also, diesen Weisen aus – aus dem »Faust«, dem »Faust II«, wo der Zentaur Chiron – ich weiß jetzt nicht, wie es sich richtig spricht – dann kommt und den Faust zur Gewinne führt, zur – zur nächsten Stufe der Weisheit. Und das ist also ein – da steigt ein Mensch aus einem Tierleib auf. Also, das ist – also, Körper – diese – diese Einheit von Körper-Seele-Geist ist damit gemeint. Das wäre mit 21 – also, öffnet sich das. Und – auch das ist noch Statistik, es hat immer das - das Naturvollendete gegeben; die Gisela Kraft wird über Novalis sprechen in einer der Vorlesungen hier, ich komme noch darauf. Und bei 28 – also, dann fängt das an, dass dieses, was man »Heilige« nennt, auftritt. Das sind – also, wie Moses etwa, zu dem – also, aus einer großen Krise heraus, aus dem – von dem über etwas spricht - und hier dann die Weisen, so, wie im Tao-Te-King – die wissen dann: Das bin ich auch, was da mich anspricht – in letzter Instanz. Das ist – das ist alles Eins – aber nicht Sinn der Überhebung! Sondern – das – das ist – das ganze Ereignis kann sich nur aus dem – ja! auch biologisch, auch aus den Zellen – ergeben haben. Also, das ist Wirklichkeit, die Wirklichkeit des Menschen, anthropologische Wirklichkeit, und – also, an jeder Stelle hier ist die Tangente möglich. Und der – der Hinweis, den ich schon einmal angedeutet hatte: je später die Tangente radikal verfolgt wird - umso schlimmer. Also, der Yogi kann mit den Menschen, die sich ihm anvertrauen, noch verbrecherischer umgehen als der Technokrat da irgendwo. Also, das ist hier – das sind hier keine Freibriefe für – man braucht bloß ein bisschen weitergehen, dann – das sind Grundstrukturen, die in uns gegeben sind, und wo Gott und – also, Faust und Mephisto sind immer da, bis zuletzt. Und es ist – also, es besteht – also, das ungeheure Problem, das – also, so zu bewältigen, dass auch die Menschen gegenseitig – also, das ist nur sozial bewältigbar – also, es muss da Gemeinschaft geben, damit sie nicht mit uns durchgehen, die Geister.

Also, wir bewegen uns – ich habe diese – den Punkt, den ich - an dem ich hier gerade herausgekommen bin, der - das kommt - das Thema, glaube ich, kommt völlig zusammen in dem Hölderlin-Spruch, den ich hier vor das Ganze gesetzt habe:

»Nah ist und schwer zu fassen der Gott« – das versteht man gut, wenn man auf diese Stelle guckt – also, es ist immer bei uns, worum es da geht, und es ist sehr schwer zu fassen, weil – in unserer ontogenetischen Entwicklung entfernen wir uns natürlich erst einmal davon – sind entfernt, am Anfang. Es ist ja nicht herausgearbeitet in uns, und wir sind all den Dämonen - und Satanen, und so - des Weges ausgesetzt und können an jeder Stelle – also, im – wir können immer weniger. Und jede Verzerrung, die in uns da ist, ist ein Stück so. Also, das heißt keineswegs, dass jemand, der – also, mit seinem Verstand jetzt hier angekommen ist: Dass der hier keine Tangenten hätte, sondern im – die sind – je mächtiger der Verstand eben, umso gefährlicher alles Unerlöste dort, im Vorstadium.

»Nah ist und schwer zu fassen der Gott« –

also, eigentlich braucht es den ganzen Kreis. Und zugleich:

»Wo aber Gefahr ist, wächst das Rettende auch« –

also, wir stoßen ja auf den Widerspruch, auf jeder dieser Horizontalen und können uns entscheiden: Weiter zu gehen – und möglicherweise aber auch: Wo das Rettende aufscheint, ist die Gefahr – denn auch das lässt sich umdrehen, weil – also, der Ken Wilber macht im – ich glaube, in dem – auch in den »Drei Augen der Erkenntnis« irgendwo auf die Kriterien aufmerksam, an denen man erkennen kann, wo diese ganze esoterische, spirituelle - oder wie man das immer nennen will – Bewegung schief geht. Und in dem letzten von den fünf Punkten – ihr könnt ihn auffinden oder nicht – fühlte ich mich auch getroffen, weil er sagt – also, Rettungsfantasien – also, »Logik der Rettung«: Das ist sehr auf der Kippe. Also, mit ihm – wenn einem etwas – also, zumindest, wenn man dann einfach das – und da gibt es nicht nur eine Möglichkeit der Rettung, sondern: ich bin derjenige, ich weiß es jetzt! Also, da entgleist das – also, und auch – das ist ein Stück, das wäre ein Stück solcher – solcher Tangente. Das heißt, da muss – also, da müssen wir uns wirklich im – also, kontrolliert halten, und ich habe deshalb auf – unter anderem dann – dieses Thema, »Der Tod des Empedokles«, und »Tod fürs Vaterland«, und »Mein Hölderlin« – ich war sehr identifiziert da, und ich rede da nicht (das geht nämlich nicht in zwei Stunden) über Hölderlin, objektiv, sondern - was das bei mir ist: Der war ja im Nazitornister anzutreffen – und Becher hat ihn so sehr geliebt – also, das –

und er wird viel geliebt: Heidegger hat ihn ver – also, es ist - das – dieses – diese ganze Thematik ist – also, hängt sehr damit zusammen, wie wir in diesen Bereichen hier miteinander umgehen.

Und jetzt behandelt der Johannes Heinrichs, der nächste Woche hier sprechen wird, der – und der für mich, sozusagen – der für den Gesamtrahmen hier eine Schlüsselfigur ist, weil - dieses Thema »Ratio – Mystik – Politik« ist von einer etwas anderen Ausgangsposition als meiner – seines - deswegen hat – haben wir hier diese zwei Vorlesungen, die er jetzt hält, als nächste, und wir machen die letzte – wir machen abschließend die Diskussion, er und ich: Der befasst sich – also, wenn der jetzt über den Punkt »Mystik« – »Ratio« ist irgendwie klar - das werden wir dann sehen, wie er das entwickelt, für eine rationale Handlungstheorie – also, von hier kommend, europäisch, nicht von hinten denkend – rationale Handlungstheorie – und welchen Platz hat da dieser Bereich hier? Und seine Formel, seine Anschlussformel, ist erst einmal – die steht irgendwie hier. Wenn ich ihn recht verstand - vielleicht korrigiert er das auch – wenn ich ihn recht verstand: er redet hier von »Sinnmedium«. Das steht ungefähr an dieser Stelle, wo bei Wilber sogenannte »bio-soziale Bänder« angeordnet sind – ich habe das also auch in die Skizze eingemalt - ich überrasche ihn damit jetzt nicht. Das heißt, das sind – also, sozusagen – über-persönliche Bewusstseinsstrukturen – also, Moralsystem, ethische Vorstellungen: Sollte man kommunistisch sein? Sollte es liberal zugehen? Also, da ist ja – der Himmel hängt ja voll – sozusagen – jetzt, der gesellschaftliche – mit lauter guten Mären – also, das, was sozusagen unter dem Strich als »Ethik« verbucht wird. Und wenn – die Annäherung an diese Dimension hier, die theoretische, von Heinrichs, kommt von hier. Und er ist sich halt darüber klar – also, wenn man rational mit der Sache umgehen will, dann kann man nur von hier kommen, wenn man es erklären will. Und da der Zweck dieser Vorlesung hier – also, so einer akademischen Veranstaltung – natürlich ist, die Sache zu erklären, ist nichts logischer, als dass man das so macht. Und jetzt kommt also das gewissermaßen Wichtigste, was ich Ihnen, Herrn Heinrichs betreffend, ans Herz legen möchte:

Ich habe hier Philosophie studiert, sehr zentriert – alle wissen das, die hier sind – und ich kann es an erkenntnistheoretischer Bildung, an methodischer Bildung, an wirklicher – sozusagen – Ausdifferenzierung in puncto Rationalismus nicht mit jemand aufnehmen, der das drüben gemacht hat. Wenn Sie – ich greife das erste Mal auf die Literaturliste – wenn Sie gucken, was dort bei Heinrichs so steht: Erstes in der Reihe hier »Die Logik der Phänomenologie des Geistes«: Das ist Hegel, Hegels großes Werk, das genau auf diese Grundstrukturen des Bewusstseins sich bezieht, Hegels absoluter Geist. Das ist hier Atman - das ist ein etwas anderer Begriff von »Geist« als in der Skizze - die erste Skizze dort. Dort ist das, was Hegel »Geist« nennt - und was hier »Atman« ist - das heißt dort »Wesen«, »eigentliche Wirklichkeit« – also, ein Benennungsding, ein Benennungsding – das ist nicht – es ist nicht – man muss den – die Linie des Ganzen, dann stößt man sich nicht daran, dass – das ist eben schwierig, die Begriffe – manche Leute benutzen die verschieden, die Menschen benutzen die verschieden – also, das ist »Logik der Phänomenologie des Geistes«. Und sein zweites Buch – ich greife einmal eins über -: »Die Logik der Vernunft - der Vernunftkritik« (meint er hier nicht die »Kritik der reinen Vernunft«? – Anm. Sb.): Kants Kategorienlehre. Und es spielt natürlich die Wissenschaftslehre von Fichte eine große Rolle in all seinen Sachen – das heißt, er kommt – also, von der höchsten Entfaltungsstufe des abendländischen Geistes an die Sache – geht er an die Sache heran und kommt von dort zu – ich zitiere dann einmal hier – »Reflexion als soziales System«. Ich hoffe, das wir dies – also, zu einer Reflexionssystemtheorie der Gesellschaft – also, Reflexion: Das ist – also, die Hauptleistung dieser Stufe hier. Und von dort aus nähert er sich dieser Frage – also, es reicht ja nicht, wenn wir bloß bis zum Austausch Mensch-Mensch reflektieren – also, dialektisch hin und her diskutieren, sondern - es muss doch einen übergeordneten Zusammenhang geben. Sinnmedium – zugleich irgendwie offen; das werden wir sehen, wie weit – wir werden es herausdiskutieren – für Aufnahme dessen, was in diesem Bereich ist. Es ist völlig klar, dass – also, der – die Mystik drin steht, bei ihm – ein Buch eines Schülers von ihm steht hier oben auf derselben Seite, wo Heinrichs‹ Arbeiten alle aufgeführt sind – nämlich Franz-Theo Gottwald (das ist der Geschäftsführer, übrigens, der Schweisfurth-Stiftung); den kennen manche, da habe ich schon von erzählt: »Gegenwart des Unbedingten – Philosophie der Mystik im Handeln«. Das hat – also, ein Schüler von ihm – eine Dissertation geschrieben – also, nur, um – ich – die Literaturliste will auch ein bisschen den sozialen Zusammenhang kenntlich machen, in dem das steht – also, »Sinnmedium«

– »bio-soziale Bänder«: Das ist die These, eben, dass nicht bloß für das Individuelle hier solche Grundstrukturen eingeschrieben sind – sondern: Da der Mensch, wie wir wissen, »Ensemble der gesellschaftlichen Verhältnisse« auch ist, wie Marx das genannt hat, gibt es natürlich auch »bio-sozial« – also, anthropologisch-sozial hier – also, bestimmte Grund- - also, bestimmte Konstanten. Es gibt einfach Dinge, die im menschlichen Zusammenleben in der – von der Horde bis zur Großgesellschaft nicht übergangen werden können. Und es gibt diese Ethik der Gegenseitigkeit, des Austausches, und so weiter – und das also ist diese Ebene, die ich hier in diesem runden, diesem Mandala – so nennen die das in Indien, so eine runde Struktur – angedeutet habe. Und von dort aus geht es dann eben – entweder: Wir können uns wieder verirren und können – also, praktisch - zugleich ist das, was da »Sinnmedium« ist - das kann sein: Die Summe aller Ideologien - jetzt, in dem kritischen Sinne - die eine Gesellschaft beherrschen, das heißt, es wird auch in der Regel eine Mischung sein aus dem, was sozusagen anthropologisch und sozial notwendig ist; thematisch wird da nichts behandelt, in einer – in diesem Bereich – also, nichts – kommt nichts vor, was nicht als Thema behandelt werden muss. Aber wie es behandelt wird – da steckt natürlich die ganze – stecken die Unreinheiten drin. Das sind dann keine reinen Verhältnisse, in der Regel. Und darum ist das so wichtig – also, dieses – deswegen steht die ganze Vorlesung zwischen diesen beiden Skizzen: Denen von den reinen Verhältnissen, mit denen ich das - die vorige Reihe beendete, und diese, auf dem Blatt hier, wo – also, so eine – eine – Stufenweg, irgendwie – angedeutet ist.

Der Gedanke, noch einmal – also, jetzt methodisch gesehen – von Heinrichs, an diese Sache heranzugehen – das ist dann so der Schluss, ehe ich noch so ein bisschen auf die Vorlesungsstruktur dort eingehe – das - es ist - also die, das – wir haben einen Körper, der wahrnehmen kann sinnliche Gegenstände, der nimmt einfach – also, der nimmt Informationen auf, und wir haben Geist, der kann mit den – ich nenne es einmal: »Transzendentalia«, der Wilber benutzt den Begriff - der ist ganz schwierig, weil – »transzendental« heißt bei Kant nicht transzendent – der Wilber benutzt den Begriff so - will ich jetzt nicht erklären, wird Heinrichs machen, wahrscheinlich, aber – jedenfalls: Das sind einfach – das sind – das eine sind die Gegenstände des sinnlichen Bereichs und das andere die des Über-Bewussten – so, des Geistbereichs. Und dazwischen steht nun hier der Verstand. Und der hat natürlich keine Schwierigkeit, wenn er mit Verstandesdingen zu tun hat – das heißt, mit – ich nenne es einmal: Intelligenia – Intelligenia, mit intelligenzproduziertem Zeug, Kultur und all dem. Aber wichtig ist: Der Geist – der Verstand hat keine Schwierigkeit, natürlich, empirisch zu sein – also, analysieren, was da ist. Und hermeneutisch geht er halt hier mit um. Und hier gibt es einfach – es gibt nur diese Annäherungsmöglichkeit an den Bereich, weil – wenn er nicht rational ist, wenn er über-rational ist, dann heißt das natürlich nicht, dass etwa, wer hier fortgeschritten wäre darin, dass der den Verstand vergessen würde oder die Vernunft, überhaupt nicht, sondern - es heißt nur, dass die Vernunftbegriffe nur Annäherungen sein können. Und mit dem Wort »mandalisch« - oder »mandalische Landkarte«: Da meint der Wilber genau – also, das verstandesmäßige Umgehen mit dieser Sphäre.

Und bei dem Johannes Heinrichs – wenn ich das richtig gesehen habe – spielt in erster Linie immer noch diese Struktur hier eine Rolle; das heißt, er begreift dieses – diesen ganzen Bewusstseinsprozess erst einmal als ein – als die Sphäre der menschlichen Intelligenz, des Bewussten und berührt erst einmal diese Ebene. Einfach, weil es schwerer ist, darüber zu sprechen – und weil er als abendländischer Theologe und Philosoph zugleich sich rationalistisch verpflichtet fühlt - mehr als ich. Und ich – das war gerade – also, ich hielt es auch für notwendig, das in der Vorlesungsreihe jetzt zu kombinieren. Also, er wird – man wird es also mit dem und dem zu tun haben. Und er wird sehr grund- - also, er wird versuchen, das sehr grundsätzlich zu machen – weil es wirklich ungeheuer wichtig ist, dass wir in diesem Punkt - Rationalismus, Irrationalismus, Ratio, Mystik, und so - nicht in die Fallen tappen – das war ja nicht von – nichts, wovon Lukács gehandelt hat – wovon die Vernunft gegen Irrationalismus hand-; es war – ich glaube: falsch behandelt - ich glaube: falsch behandelt – aber: nicht von nichts. Und der Gegenstand muss zu seinem Recht kommen - das, was dort – was dort schief gehen kann.

Jetzt also zuletzt noch etwas zur Struktur der Vorlesungen - und damit auch im Zusammenhang mit der Literatur: Ich fange bei mir an, weil das persönlich – man – so etwas ist nicht rein objektiv; man baut es von sich aus auf – also, dort steht eben der Hölderlin, als Vorspruch – und ich will selbst über Hölderlin sprechen. Und der zweite persönliche Zugang, der ist sozusagen ziemlich versteckt hier drin, in der Literaturliste – eben, weil – ich werde ihn auch nicht groß behandeln, aber – ich will es sagen: Für mich war Romain Rolland immer überaus wichtig. Sein »Johann Christof« – dieser Quasi-Beethoven-Roman - sein Buch »Reise nach innen« - das ist direkt ein Terminus für mich geworden - und die Bücher über Michelangelo, über Tolstoi, über Beethoven habe ich gelesen. Und es gibt ein Buch, das heißt »Verzauberte Seele« über Annette - ist die Heldin. Dort ist seine Indien-Erfahrung drin – und ich habe jetzt hier Romain Rollands große Biografie hineingeschrieben ins Literaturverzeichnis, über Ramakrishna und über Vivekananda. Und ich kann an der Stelle schon andeuten: Die Vorlesung, auf die hin das von Bedeutung ist – und ich sage jetzt nicht – also, diese ungeheure Liste hier: Dass ihr die alle lesen sollt, sondern – es ist auch - es sind auch nur Hinweise für – vielleicht, wer weiß, wann: Das ist die Vorlesung über Gandhi, auf die das in letzter Instanz Bezug hat – also, von Ramakrishna über Vivekananda – zwei Heroen, sozusagen, indischen Geistes – sind auch Männer – ist auch heroisch, irgendwo – zu – zu Aurobindo einerseits, den wir schon erwähnt haben, und Gandhi – also, da gehen die geistigen Wege. Und - in diesem Vivekananda - da steckt schon in dem Namen des Vivekananda – und in dem »Vivekananda«-Buch von Rolland ist nicht nur die Biografie, sondern auch die Theorie, dann, im zweiten Teil, beschrieben - in dem Vivekananda-Namen steckt also das ganze Thema: »Hochzeit von Ost und West« - das in zahllosen Literaturangaben hier wiederkommt: Östliches, Westliches - wie könnte das zusammenkommen? – Das steckt dort im Namen drin. »Viveka« ist der Name für die große Kraft der Unterscheidung, der Differenzierung – also, der – das heißt auch: der rationalen Analyse. Und »Ananda« ist: Seligkeit. Das heißt – also, die mystische Gottesliebe – das, was bei Spinoza heißt: »Amor dei intellectualis« – also, die geistige Liebe, »intellektuell« ist da nicht mit »Verstand«, einfach, irgendwie - geistige Liebe zu Gott: Das steckt in dem Namen »Vivekananda« drin. Und ganz spannend wird das dadurch: Dieser Mann, der also in seinem Namen – vom Meister – er selbst, er hieß bürgerlich Nathan mit Vornamen, irgendwie (lt. Lexikon: »Narendranath« – Anm. Sb) – vom Meister, von Ramakrishna, seinem Meister, diesen Namen bekam, »Vivekananda«. Seine Lehre ist - heißt: »Advaita

Vedanta«. Vedanta ist der Wissensbegriff – also, das geht auf ganz das Alte zurück. Und der Advaita-Begriff sagt: »Eins ohne Zweites« – das heißt: Den Gedanken der Einheit der Welt mit dem gleich noch angehängten Hinweis, dem Verbotshinweis: »Weiche nicht davon ab: Alles ist Eins!« – also, der heißt - aber: Unterscheidung: Vivek-Ananda – sodass man hier – also, sieht: Das – also, das ist mehr als paradox. Das ist – also, so ist Hegel dialektisch gewesen, so: Dass die Dinge so zusammenhängen. Und es ist nur so, dass – also, bei dem Vivekananda gibt es vier verschiedene Arten Yoga, und - Jnana-Yoga, das Yoga des Wissens - das, glaube ich, unsere praktiziert haben, hier, die Fichte, Hegel, Schelling, Kant, Hölderlin. Daneben gibt es dann – also, das – das bekannte Hatha-Yoga. Und dann gibt es Bhakti-Yoga - das will ich einmal nur noch charakterisieren: Das ist das Yoga, das mit dem Beziehungsfeld zu tun hat, das Yoga, wo Liebe der Schlüssel zu allem ist – aber das sind die – das sind aber nicht – die gehen nicht so auseinander, sondern: Ramakrishna, der große Lehrer dieses – also; Über-Denkers Vivekananda, der auch zuerst westlich – englisch – in Indien erzogen worden war: Der war – der hat dieses andere Yoga – der war Diener der Göttin Kali - da, in Indien – also, da sieht man, was da zusammenkommt. Und in dem – in Rollands Buch über Vivekananda – also, das ist von der anderen Seite her zu Heinrichs – sozusagen – der Schlüssel. Und da ich – der Heinrichs hat über dieses Thema sein Leben lang, eigentlich, gearbeitet; der war Jesuit, Philosoph und Theologe – also, er war Jesuit, auch das – mir fiel gerade ein Wort ein »Privatinstitütchen« - jetzt, auch – und nicht mit großer Hilfe, sondern – so. Das – wo der – der kommt von hier - und der Vivekananda kommt von hier, und ich habe nicht 20 Jahre hier dran gearbeitet, sondern - ich bin zu dem Punkt gekommen - und das ist – also, ganz wichtig, dass der – dass das – also, jetzt, das auch ohne mich zusammenkommt, deshalb habe ich also diese beiden Hervorhebungen erst einmal gemacht – und jetzt - die weiteren Schwerpunkte in meiner – oder: Der Ablauf der Vorlesung ist halt so, dass wir zuerst Grundlegendes behandeln wollen – also, da sind die beiden Vorlesungen von Heinrichs - und ich will mich dann befassen mit der »Reise nach innen« – also, was das eigentlich auf sich hat, ob das – also, die Frage (…) sind immer Leute geflogen, auf solche (…) – haben sich davongemacht – ob es das ist – also – also, das ist die Konkretisierung des Themas »Politik« – im – bei der – bei dem gesam- - im Rahmen des Gesamtthemas. Und dann kommen drei Beispiele, und zwar als erstes – kann ich gleich noch ergänzen, in den Papieren steht es oft schon ergänzt, aber an den Plakaten war es nicht – also, Heinrich Fink, den ich gebeten habe, über Prophetie und Politik im Alten Testament zu reden, wird über Amos sprechen, über den Propheten Amos - und es ist gut, dieses kurze Kapitel der Bibel dann zu lesen – das Nächste ist eine – hat eine kleine Geschichte. Da war in Wirklichkeit ursprünglich Adolf Holl angefragt – ich hatte meine erste Begegnung mit Franz, kurz bevor ich verhaftet wurde, damals, aber – der Adolf Holl hat ganz gründlich sich damit befasst; man erkennt das auch daran, dass hier seine Bücher im Literaturverzeichnis stehen: »Franz von Assisi. Der letzte Christ« – und noch ein anderes Franz-Buch des Befreiungstheologen Leonardo Boff – der Name ist bekannt aus dem »Krieg mit dem Papst« – aus dem »Kampf mit dem Papst« - und es ist auch interessant für – also, für Leute, die mit den Füßen auf der Erde stehen wollen - ganz wunderbar: Das Büchlein »Mystik für Anfänger« von – von dem Adolf Holl. »Mystik für Anfänger« – ist – der ist (…). Aber ich habe mich jetzt hier einmal hineingesetzt. Als ich aber den Heinrich Fink anrief, für die Vorlesung, die er halten soll, sagte er: »Also, es ist wirklich schade, dass du die Dorothee Sölle hier nicht dabei hast.« Weil – Mystik und Politik: Das ist eigentlich ihr Thema, im Ganzen gesehen. Und da habe ich ihm gesagt: »Du, wenn das« – oder: »Sie, wenn das nichts wird mit Adolf Holl, dann – dann bitten wir die Dorothee Sölle.« - Und jetzt sieht das so aus, dass sie möglicherweise – also, eher – also, mehr als 50 % wahrscheinlich kommt. Sie ist zu der Zeit zufällig in Berlin und wäre auch bereit, das zu machen – und wen sie kommt, dann - möglicherweise spricht sie nicht über Franz. Das heißt, dann wird das konkrete Beispiel, das christliche – für den christlichen Bereich hier – also, das andere war ja biblischer, Alttestament - dann – also, sozusagen – Neues Testament: Franz. Es könnte sein – das heißt, es war dann mein – das zog ich vor, unter den Ideen auch, die wir weiter vorgefühlt haben – über Meister Eckhart und die Beginen zu reden. Das waren geistliche Frauen im Mittelalter – also, aber nicht einfach Klosterfrauen, das war – also, das ist eine soziale Sphäre, die ganz wenig bekannt ist – und mit dieser sozialen Bewegung hat sich die Dorothee Sölle viel befasst. Und sie sagte einfach – also, die haben viel von Meister Eckhart gelernt – und vielleicht hat Meister Eckhart noch mehr gelernt – also, in den – in diesen also, der hat viel in den – vor Frauen gesprochen, hat seine – diese deutschen Predigten, der größte Teil – ein großer Teil, so – weiß ich nicht genau – ein großer Teil jedenfalls, das weiß ich sicher – ist vor Frauen gehalten worden – also, das ist der zweite Abschnitt, der so zeigt, wie also Mystik und Politik, wie das – wie das konkret – also, in einer historischen Situation: Was davon vielleicht die Wirklichkeit ist.

Und dann kommen wir auf diese Reihe »Denkarbeit am Schatten«:

Als Erstes kommt die Christina Thürmer-Rohr, die uns also aus diesem Bereich hier, aus diesem Ego-Bereich des reifen Ich, ein bisschen hinausführen will - und aus dem Ganzen, was dem - auch davor - an Egozentrik so liegt. Ich brauche zu Christina Thürmer-Rohr nicht so viel zu sagen, weil – ihr habt – die meisten von Ihnen werden sie erlebt haben, einmal oder zweimal – also, da haben wir etwas zu erwarten und wissen auch ungefähr – also, welches – welche Qualität das haben wird – also, sie ist - wunderbar, dass sie das wieder macht, obwohl sie frei gesetzt – also, sie ist einfach – es hat ihr auch gefallen bei uns.

Dann kommt also ein ganz heißes Thema: »Wie halten wir es mit der Atombombe?« - ist eigentlich da der Hintergrund - das heißt, in der Literaturliste steht das Buch von Giegerich über die Atombombe, und zwar – gemeint ist, in dem – die Atombombe steht da nur für alle die Dinge an unserer Kultur, die wir ja nicht mögen – und weil wir dagegen sind: Wir sind das nicht. Also: Die Atombombe – ausverlagert – die hat ja mit uns nichts zu tun! - obwohl die abendländische Kultur, aus der wir gewachsen sind, die so – also, so in die Breite sozialisiert – die so selbstverständlich hervorgebracht hat. Also, diese ganze Frage unserer Waffensysteme: Die Atombombe hat ja als – als – kaputtes Reich – (…) - wenn wir das nicht – und wenn wir sie nicht wollen, nicht haben wollen: Ob wir nicht viel zu schnell sie abschaffen wollen – außen. Und wenn dann sie wiederkommt, wenn weiter nichts passiert: Das ist so der – der Gedanke, der da drin steckt: Dann haben die Recht, die sagen: Das Wissen ist da – das wird uns immer wieder überkommen – also, da steigen wir dann – also, deswegen das Thema »Schatten« – also, Annehmen oder Verdrängen? – also, wir gehen hier in die Tiefe der Frage: Was wäre wirklicher Antifaschismus? Also – und dann heißt das mehr als »Anti«, weil – »Anti« reicht da nicht, sondern: Wie wäre das zu bewältigen? Und für mich steht – also, was ich persönlich da an – wo ich am meisten Zugang habe, ist ja dieses »Empedokles«-Thema, »Tod fürs Vaterland« - das ist ein Gedicht, das Becher immer – also, gerne zitierte; wo es also sehr süß und ehrenvoll ist, fürs Vaterland zu sterben, wenn es nur (...) – bei Hölderlin: »Die Gerechten schlagen die Zauderer und ihre Vaterlandsgesänge lähmen die Knie der Ehrelosen« – also, das ist – ich sehe spät: eigentlich das Problematische. Also, ich habe so ein Kampfgruppenlied einmal geschrieben - das ist in diesem überaus problematischen Geist! Und hatte so gute Motive – so – und dann – also, weil man das – man kann daran gar nicht vorbei – hier liegt das Buch von Jochen Kirchhoff: »Hitler, Nietzsche und die Deutschen« ja wieder aus – Jochen Kirchhoff ist ja auch bekannt – ich habe damals ein Vorwort dazu geschrieben – finde ich heute gar nicht mehr ganz ausreichend, was ich dort - von mir aus gerade ausgedrückt habe – einfach, weil ich das Thema – also, die Tiefenkräfte - sie müssen zur Geltung kommen! - soweit richtig - dableibt. Da ist auch nichts dagegen zu sagen, nach wie vor nicht – also, dass auf die – die biologische Naturkraft Mensch kann – sonst geht es nicht hinaus aus der Katastrophe. Aber wie viel kritischer Umgang mit dem, was da aufsteigen kann, nötig ist: Das habe ich dort – also, weniger behandelt. Also, das ist - also, ich glaube, Jochen wird sich auch dieser Sache noch intensiver stellen.

Und dann – da wir ja gerade den Untergang unseres Systems nun zu Ende erlebt haben – dessen, mit dem wir natürlich antifaschistisch identifiziert waren -: Der Klaus Staedtke, der die nächste Vorlesung hält, ist bis vor – bis zwei Jahre vor der Wende oder so – hier Slawist gewesen, an der Akademie der Wissenschaften, und hat sich – also, mit – also, während seines – seiner ganzen Entwicklung mit russischer Philosophie und Literatur befasst. Und er wird also von der – sozusagen – besten Seite versuchen, das russische Projekt, das geistige russische Projekt zu behandeln. Das sind also diese Figuren Solowjow und Berdjajew - zwei russische politische Mystiker. Berdjajew, der als Marxist begann - und dann, nach der Revolution von 1905, war er eine ganz zentrale Figur dieser bei Lenin so vermaledeiten »Gottsucher«, die das bolschewistische Projekt störten. Also, Solowjow und Berdjajew – also, das – als – um von der – aus der Tiefe des Geistes so eine Folie zu haben für die russischen Ereignisse – Nicht, dass wir mit irgendeinem Thema alles bewältigen wollen, sondern dass das – dass der – der Stoff da ist. Und dann sind wir natürlich hier schon bei der russischen – beim Besten, sozusagen, der russischen Psychologie: So herum ist das dann aufgenommen. Das heißt, wir fühlen: es geht aus dem Schatten, so – so, etwas heraus, schon.

Und wir enden – also, diesen Zyklus mit Gisela Krafts Vorlesung über Novalis. Gisela Kraft ist eine Dichterin, die 1984 aus Westberlin nach Ostberlin gekommen ist, weil sie es dort nicht mehr ausgehalten hat. Wir haben gerade ein Wochenende mit ihr gemacht über »Orient als innere Zeit«, weil sie – weil – die Türkei ist ihre Konstellation. Ich denke, dass – also, so Tiefenarbeit an dieser Sache ganz wichtig ist - jetzt, angesichts dieser – dieser atavistischen Dinge, die in puncto Ausland, andere Kulturen in uns drin stecken – also, sie hat aber jetzt ein Novalis-Buch geschrieben, das heißt – also, die – ihre deutsche Grundposition nicht in dieser – in diesem – in dem besten Teil der deutschen Romantik, und der Aufsatz »Die Christenheit oder Europa« von Novalis - den ich auch in der »Logik der Rettung« drin habe - der wird hier kopiert ausliegen, und auch anderes - und von ihr auch der erste Band Novalis. Das – sie ist haupt- - ist Orientalistin, vom Fach, und Dichterin - und Dichterin: Gisela Kraft.

Und schließlich will ich dann die Summe - versuchen, die politische Summe zu machen – vor dem Hintergrund dessen, was ich auch heute schon angedeutet habe – also: Wie demokratisch ist ökologischer Geist? Nicht – also, weil – also, dieses ganze Thema – also, Mystik: Aus einem Grund, aus der – aus einem einheitlichen Prinzip vielleicht.

4. November 1991

Die Reise nach innen

… Beethoven bis 1814 eine Sinfonie nach der anderen geschrieben hat und nach 1814-1815, nach dem Zusammenbruch, nach den Befreiungskriegen – also, als ein Student dann 1817 feststellte, dass auf der Wartburg alles anders gekommen war, als wir uns gedacht haben - da hat er noch die Neunte geschrieben, 1823/24/25, und die große »Missa solemnis« - aber das ist schon ein Werk ganz deutlicher Innerlichkeit. Und er hat intime Klaviersonaten und Streichquartette geschrieben.

Nur - wenn man da wirklich hineinhört, wenn man etwa die große Fuge, mit der das Streichquartett op. 130 endet, hört, dann ist das also die Vorbereitung einer neuen Subjektivität - und er sagt seinem Arzt beispielsweise, er soll ihm, noch wenn es irgend geht, noch ein paar Jahre über die Runden helfen (er ist ziemlich krank), dass es ihm möglich sei, einiges zu vollenden, was ihm der Geist eingegeben hat oder eingibt. Also, er meint, er habe noch kaum eine Note geschrieben, d.h. das war Produktivität nach vorwärts. Und das ist – also, solcherart Rückzüge, wie der Beethoven in die Kammermusik oder der (…) ins Britische Museum, haben also überhaupt nichts mit dem Unpolitischwerden zu tun - das natürlich eine verantwortungslose Entscheidung dann wäre, wenn es sich um Leute handelt, die an dem geschichtlichen, an dem historischen Prozess wirklich dran sind.

Es ist völlig etwas anderes. Das ist oft - Menschen keine Möglichkeit der Artikulation finden aus der Gesamtsituation ihres Lebens im geschichtlichen Zusammenhang - aber das nur zuvor. Mir scheint es einfach klar zu sein, dass dieser Aspekt, den ich hier formuliert hatte: Rückzug aus der Polis – das war also der mentorische Anteil meiner Fragestellung. Also, ich habe persönlich eigentlich keinerlei Erfahrung, die darauf hindeuten würde, dass der Weg – die Reise nach innen – etwas zu tun hätte mit Flucht vor der Wirklichkeit.

Klar ist, dass man auf diesen inneren Wegen also abkommen kann, dass man sich - also, wenn man nur auf die subjektive Botschaft hört, Wirklichkeit übersehen kann. Nur - das ist eine Frage dann der Praxis auf den inneren Weg, aber es ist nicht eine prinzipielle Frage.

Mein Thema – also, die Überschrift »Reise nach innen«, stammt übrigens von jemand, der in diesem Jahrhundert gegen den Krieg und gegen die Katastrophe der europäischen Wirklichkeit überaus aktiv und engagiert gewesen ist, der z. B. ebenso wie Liebknecht auf seine Weise im Ersten Weltkrieg nicht mitgespielt hat, im Patriotismus: Das war Romain Rolland, »Reise nach innen« - einer der großen Essays, die in diesem Buch »Reise nach Innen« stehen, ist dem Rationalisten und Aufklärer Voltaire gewidmet; das spielt auf der Terrasse von Vern- - also, diesem Schweizer Exilplatz, von dem aus er die Szene auf die Französische Revolution her sieht, Voltaire - und ich erinnere auch deshalb – jetzt, noch einmal, vom Thema her - noch einmal daran, weil ich mich nachher an ein paar Stellen - ich weiß noch nicht, wie weit ich ins Detail komme, weil es auch eine Zeitfrage ist - auf Romain Rolland, sein bereits erwähntes Buch über Vivekananda beziehen will. Er hat zwei – also, Biografien über zwei große Gestalten der – also, der – ich würde sagen: Vorbereitung auf den indischen Befreiungskampf geschrieben, auf Ramakrishna und seinen Schüler Vivekananda. »Leben des Ramakrishna«, hieß das erste dieser beiden Bücher und das zweite ist Vivekananda gewidmet und enthält eine Zusammenfassung der - ich würde einmal sagen: Theorie der beiden Leute. Und es ist geschichtsnotorisch, dass - die drei Persönlichkeiten, die vielleicht am charakteristischsten für den Versuch da des Befreiungskampfes von den Engländern zu nennen sind: Das ist Sri Aurobindo – also, der das integrale Yoga ausgearbeitet hat, das ist der große Dichter Tagore, den man genannt hat »den Goethe Indiens« - was irgendwo natürlich doch nicht stimmt, im Vergleich - und Gandhi: Das waren lauter Schüler dieser Meister. Das heißt, die haben sich auch direkt dazu bekannt - zu Ramakrishna und Vivekananda und da ist auch – also, der Zusammenhang auf unsere praktischen Themen hin.

Jetzt das zur Einleitung, heute - also, sich auf das Thema ein bisschen einzustimmen - und jetzt will ich noch einmal zurückkommen, aber nur auf den allgemeinsten Grundriss dieses Schemas, mit dem ich in der ersten Vorlesung dieses Jahres angefangen habe: Dieses Kreises, auf dem sich die menschliche Existenz vielleicht sowohl – also, weltgeschichtlich als auch individuell, als auch - ich würde sagen: übergeschichtlich, d. h. jenseits von Zeit und Raum – also, weil es so immer da war, dieser Ursprung - und immer da ist, diese Tendenz – also, zurückzukehren dorthin – also, das war ja dieser Kreisbogen, mit dem ich voriges Mal also mein Mandala da - meine Landkarte des Bewusstseins nach Ken Wilber - angedeutet habe. Es handelt sich bei der Reise nach innen als ein - als ein Mittel in der Wirklichkeit um eine Reise in die Mitte, und zwar in die Mitte der menschlichen Existenz - und insbesondere immer wieder zurück auf die Mitte des menschlichen Weges - so will ich das einmal nennen: Auf die Mitte des menschlichen Weges. Und an dem Schema, das ich da ausgegeben habe - die meisten von ihnen werden sich erinnern – also, ich habe das hier, diese Achse als die Mitte des menschlichen Weges, schon angedeutet gehabt. Hier geht es - also, da ich nun einmal mit - um Vivekananda – also, um den indischen Weg - das heute ein bisschen aufbauen will - aber nur, weil man einen Zugang braucht, ich komme auch noch auf unseren Deutschen unterwegs zu sprechen, auf das, was bei Hölderlin etwa da war und bei Schelling. Aber im Mittelpunkt steht das. Deswegen also stand hier dann auch - also, das ist die Tendenz – also, Atman wieder zu erreichen. Und »Atman« ist nur der Name für das allein – also, für das universelle Ganze, an dem halt das Wichtigste ist, was man hervorheben kann: Dass es geistiger Art ist, dass der Kosmos eine Struktur hat, dass – also, alles, was wir an (...) in den Sternen über die Gesetze, die die Wissenschaft feststellt, über das, was menschliche Psychologie, was Seele und dazwischen Pflanzen und Tiere usw.: Alles das also ist nur erklärlich, wenn der Intelligenzaspekt der entscheidende ist - und dafür also der Name »Atman«. Und die Frage, wie weit das individuelle Bewusstsein in der Lage ist – also, den Kreis zu schließen – also, auch nach unserer großen klassischen Philosophie: Es war der Zweck des Bewusstseins, im Menschen wieder zu sich zu kommen – also, den absoluten Geist möglichst einzuholen - jedenfalls als Zielfunktion. Das ist hier gemalt. Und der Gedanke der ganzen Skizze war, dass wir immer wieder die Tendenz haben, an verschiedensten Stellen, den Trägheitskräften folgend, davon abzuweichen, indem wir einfach die - auf einer bestimmten Stufe des Weges - ich sage einmal: Ausgebreitete Praxis mechanisch wiederholen, geistlos wiederholen, eigentlich – also, das schon Gedachte – also, nur das Gedächtnis reproduzieren und die außenweltgerichtete Praxis, natürlich.

Ich habe nicht zufällig erst einmal diese horizontale Ebene hier an der Stelle, die dem Ursprung am fernsten ist – »Halbzeit der Evolution«, habe ich das genannt – also, dort, wo wir heute sind, am breitesten gezeichnet.

Es ist wohl so, dass der Mensch sich auf seinem Wege von hier her irgendwie - ich deute das nur einmal an, damit man ein kleines Aushilfsmodell hat - dass er sich erst einmal mehr und mehr zerstreut, dass das also mehr und mehr in die Breite geht, die Praxis - und je mehr es in die Breite geht, desto mehr ist natürlich unser Geist nicht auf dieser mittleren Achse beschäftigt, desto mehr werden die Trägheitskräfte des Geschaffenen, worin wir es so herrlich weit gebracht haben, wie Goethe im »Faust« sagt, umso - werden die natürlich die Tendenz haben, uns hier herauszureißen. Das heißt, dass also der meiste Geist – mit Marx könnte man auch sagen: Die meiste Arbeit - die nicht als lebendige funktioniert, wo es ja bei Marx um die menschliche Emanzipation geht und das Sachenmachen nur das Hilfsmittel sein sollte, sondern - wo halt die Entfremdung, wie Marx und Hegel das nannten, triumphiert - und die tote Arbeit ist natürlich das, was diese Massenkraft darstellt, die aus der Mitte herausführt. Und das heißt dann, dass also die zahllosen einzelnen Praxen gewissermaßen von dieser horizontalen Ebene - das steht jetzt hier senkrecht, ich habe das ja letztes Mal angedeutet – das könnte man natürlich auch übereinander stellen. Also, horizontal ist das Verhältnis zur - wenn das also die Achse ist, hier - es steht senkrecht jetzt, hier wäre es senkrecht auch eingeordnet – also, immer heißt das: Wir verteilen unsere Energie - das ist ja das Problem der Energieverteilung in die Außenwerke unserer Existenz - und schaffen dort diese Realitäten, die eigentlich das Gegenteil der großen Wirklichkeit sind, die ich da am Ende des vorigen Semesters, da an der Skizze, die auch in dem Vorlesungsmaterial hier noch drin - die Wirklichkeit, die dort die Mitte ist. Das wäre – also, an dieser Stelle sind wir also jeweils unterwegs zu dieser letzten Wirklichkeit - und anwesend ist das immer, anwesend ist das immer, weil es mit uns geboren ist und weil der Rest eigentlich eine Frage der Entfaltung ist. Abgesehen jetzt von Fällen der Störung im genetischen Material oder dessen, was die Soziologie da an individueller oder sozialer Katastrophe anrichtet, die das bremst. Aber an sich: Es ist gegeben und es entfaltet sich und wir können subjektiv zu der Erfahrung dieses Objektiven – also, dieses Gegebenen kommen. Und es stellt sich dann natürlich heraus, wie relativ diese Unterscheidung, diese Gegenübersetzung von Subjekt und Objekt ist. Jedenfalls ist das hier, dieses Stück hier – das mache ich erst einmal dick – also, was hier die Mitte dieses Atman-Projekts ist – also, wo wir, statt es wirklich zu machen - aus dem Antrieb, der eigentlich hierher will, ein riesiges Projekt machen. Das habe ich einmal in einer anderen Zeichnung, wo ich also über die Frage der Umkehrbewegung in den Metropolen sprach - das ist die Diagonale des Verderbens dort gewesen - also, wo ich sagte, dass auch die Diagonale, die Entwicklung heißt - aber in Anführungsstrichen - womit also praktisch das Ideal der Produktion des Glücks durch Vollindustrialisierung der Erde gemeint ist: mit Entwicklung – also, die Verwandlung des Menschen in Arbeiter, in diesem verkürzten Sinne: Des Produzenten von Sachen, statt - also, der Mensch ist nicht Arbeiter - das ist er auch, aber - das ist eine Funktion, die halt verhängnisvoll wird, genau wie – also die - das ist das Geschäft, dass Arbeit und Kapital miteinander betreiben - und das ist also massiert tote Arbeit, toter Geist, der sich hier bewegt. Und wenn man also in diesem Ausgangsschema noch einmal bleibt: Da geht es natürlich darum, wie es möglich sei – also, diese, an diese Stellen hier – also, uns selber zurückzuholen aus dem – ja, im Alten Testament hätte es geheißen: Aus dem Mammon. Mammon ist der Obername für – nicht bloß Geld, sondern - auch für Prestige, für Ruf, für: Wie viel Frauen und für alles das, was diese patriarchale Struktur damals bezeichnet hat, war. Also, dieses Thema hier, das ist die Frage - also, wie können wir uns zurückbringen, was für eine Praxis kann uns eigentlich zurückbringen auf den eigentlichen Weg? Und dann wird es sicherlich nicht darum gehen, dass – also, jenseits oder rechts und links von dieser Bahn, die uns zurückführt – also, kein gesellschaftliches Leben mehr stattfinden soll, keine solche Verbreiterung, sondern - es geht natürlich darum: Wenn diese Mitte stark ist, wenn die Seele den gesamtgeschichtlichen Prozess - oder die Psyche - unentfremdet über stünde, dann wäre Kultur nur eine großartige Angelegenheit und wir hätten das, was in diesem Vorlesungsmaterial, das ich ausgegeben habe, dann »reine Kultur« heißt, auf dieser Ebene - und hätten auch politische Verhältnisse, die im Großen und Ganzen in Ordnung sind. Ich meine, man muss sich das ja nicht gleich perfektionistisch vorstellen, aber - das ist sozusagen das Ideal der Aufhebung, das ist die Frage gewesen: Wie können wir das hier zurückführen? Und es handelt sich nur darum, dass die Europäer eigentlich nur eine ganz bestimmte Praxis, wirklich – also, entfaltet haben für diesen Rückkehrversuch - und das ist also diese praktische Linie gewesen, die im Mittelpunkt der beiden vorigen Vorlesungen gestanden hat.

Ich stimme dem Johannes Heinrichs völlig zu, was die Leistung der klassischen deutschen Philosophie betrifft, nur – also, dieses Yoga des Wissens, würde man in Indien sagen – also, wo die Gotterkenntnis - aber jetzt mit der Unterstreichung Erkenntnis - in den Mittelpunkt gestellt war: Der hat sich halt gegenüber dieser gewaltigen kapitalistischen Praxis, die sich also von hier aus schon immer in dieser Trägheitsrichtung entwickelt hat - das ist hoffnungslos beiseite gelegt worden. Das haben wir ja - also aus - Johannes Heinrichs war ja persönlich bis heute traurig darüber, dass das möglich war: Dass also die Leistung Europas und der Klassik da weggefegt worden ist. Wir sind zu der Diskussion, warum das möglich war und ob vielleicht eine Ursache doch auch immanent in dieser Philosophie steckt - das wäre ein riesiges Thema, das nicht in einer kleinen Diskussion zu bewältigen ist - wäre jeder einer (…) Untersuchung wert - und man ist ja auch dabei, das zu untersuchen, aber - jedenfalls es gab diese Bemühung natürlich hier auch, aber sie war offenbar zu schwach. Und Ernst Bloch hat darauf in den 30er und 40er-Jahren – also, darauf aufmerksam gemacht, dass auch diese marxistische Rationalität in den 20er-Jahren etwa zu schwach war, die Erklärung – also, welche Interessen rationaler Art Arbeiter gegen Kapital haben, um also der Tiefenmobilisierung angesichts der Kulturkrise so zu begegnen, dass nicht die Nazis das Rennen gemacht hätten, psychologisch. Also, Bloch hat da gezeigt, was da versäumt wird, wenn man sich nur auf dieser sozusagen rationalen Schiene bewegt. Das ist ein Grund, weshalb ich dann auch zu Vivekanandas anderen Taten - Yoga - etwas sagen will – nur, um anzudeuten, was da fehlt, wenn man nur dieses - ich sage einmal jetzt, indisch verfremdet: Yoga des Wissens – des philosophischen Wissens – betreibt. Also, für mich ist klar - als Strich unter diese Erinnerung, hier unter diese Skizze, wo das – also, ich verstärke es noch einmal, damit das klar ist – dass das hier die Mitte ist, um die es eigentlich einfach geht, dass – also, das Festhalten an der eigenen Mitte und Wegesmitte und die Frage, woraus sich die Mitte einer Polis speisen soll - das ist eigentlich ein und dieselbe Frage, das sind verschiedene Aspekte, aber - es ist klar: Wenn es nur wenige Individuen gibt, die dann vielleicht als auch noch passive - was eben auch vorgekommen ist - Stille im Lande hier bei sich bleiben und den Gang der Welt also eigentlich nur resignativ betrachten: Wo dann auch das Beisichsein eigentlich nicht vollständig ist, dann hat natürlich die Polis nicht den Anteil menschlicher Energie, aus dem sie innerlich zusammengehalten werden könnte. Und es ist klar - in der Diskussion, schon in unserer westlichen Klassik hier gewesen, etwa in der klassischen deutschen Philosophie: Dass das Problem gerade darin besteht, dass die moderne Gesellschaft keine spirituelle und vor allem – also, dass es - in der Klassik ist es - weil das schon geschehen war, eigentlich, die Entspiritualisierung, hat die Klassik also Wert darauf gelegt, in der Kunst eigentlich das letzte Refugium dafür zu suchen, dass sich also über Poesie, Ästhetik – also, das Göttliche noch zeigen kann. Hegel hatte ja diese Trias: Religion, Philosophie, Kunst - und die Diskussion, als sie jung waren, Hölderlin, Schelling, Fichte und so: Da hat also immer die Ästhetik - schon von Kant her, schon auch - eine ganz große Rolle gespielt. Und die Erfahrung, die sie damit gemacht haben allerdings, war - die Hegel dann zusammenfasste: Ende der Kunstperiode - es müsste doch die Philosophie bringen. Und er ist damit – also, an dieser Stelle auch ist da etwas gescheitert – also, es war nicht mehr zu machen, offenbar. Die Prosa, sagt er, die kapitalistische Prosa übernimmt das Regiment. Heise hat das wunderbar herausgearbeitet in seinem Buch: »Hölderlin – Schönheit und Geschichte«. Das beginnt damit, dass er diese Hegel-Konzeption und die Hoffnung des jungen Hölderlin und Schelling da einander gegenüberstellt - und was herausgekommen ist, ist jedenfalls, dass also es nicht möglich war - von diesem philosophischen wie von diesem ästhetischen Entwurf her – also, eine spirituelle Mitte gegen diese horizontale Ausweitung der materiellen Praxis zu halten. Also dieser Industrialismus, Mechanisierung, Rationalismus, Abstraktionismus – also, ein Rationalismus - Rationalismus ist nicht dasselbe wie Rationalität, sondern - das ist das Durchgehen des rationalen Verstandes, indem es also praktisch über den Werkzeugcharakter der Intelligenz gegangen ist – also, womit können wir erfolgreich Natur uns zunutze machen, werkzeughaft: Dort dran den Verstand gehängt - statt sozusagen ihn rückzubinden an diese menschlich-göttliche Mitte. Also, das ist eigentlich die Tragödie des modernen Europa, sodass – also, die Frage, mit der sie geschieden sind, dann - einerseits Hegel, andererseits Schelling, Hölderlin und so fort – also, wie ist es denn vielleicht dennoch möglich, wieder zur Rückführung zur Mitte zu kommen, dem Gemeinwesen eine Mitte zu geben, dass die also unverändert dasteht.

Ich zitiere noch einmal zum Abschluss dieses ersten Gedankengangs einen Zen-Meister aus China, der einfach festgestellt hatte: Die gewöhnlichen menschlichen Fähigkeiten sind nicht so umfassend, dass man sich allein auf sie verlassen könnte - die gewöhnlichen. Die Künste des Weges müssen deshalb in der Öffentlichkeit verwirklicht werden. Ich weiß nicht - das ist immer eine Übersetzungsfrage: »in der Öffentlichkeit«, es kann auch genauso gut geheißen haben: »in der Gesellschaft« – also, der Öffentlichkeitsbegriff meint einfach dass - die Künste des Weges müssen deshalb in der Öffentlichkeit verwirklicht werden. Und es war halt so gewesen, dass Hegel gehofft hatte, von der Philosophie her das sichern zu können – also, das war ja noch einmal die Idee: Der preußische Staat – also, in Politik dann umgesetzt - sollte – also, der ausgebreitete Bürogeist, wenn man so will, des Hegel'schen Weltgeistes sein, der Hegel'schen Philosophie sein. Hegel hat sich das nicht so kurzschlüssig vorgestellt, wie ich das jetzt nur der Zuspitzung wegen gesagt habe. Und unsere Hölderlin und Schelling haben nach einer neuen Mythologie gefragt, nach einer Mythologie der Vernunft. Ausgedrückt hat sich das darin - da sie ja nun also das Problem der modernen Individualität und des christlichen Zeitalters verarbeitet hatten und die Mythologie ja etwas Griechisches war - ausgedrückt hat sich das darin, dass - sowohl die Werke Hölderlins als auch das Werk Beethovens gipfeln in der Aufgabenstellung, Bacchus - das ist ein anderer Name für Dionysos - und Christus zusammenzubringen, das heißt - also, die natürlichen Wesenskräfte des Menschen, auch die weibliche Seite der menschlichen Existenz, wieder voll zur Geltung kommen zu lassen, ohne also dem »Syrer« - wie sie das genannt haben, da - Christus, da gab es natürlich auch die Vermittlung über Paulus, den sie sehr freundlich gelesen haben damals – also, das wollten sie zusammenbringen, Dionysos und Christus. Und die Frage war - also, wie so eine Mythologie der Vernunft zustande kommen könnte, weil ihm ja klar war – also, Philosophie ist zu abstrakt fürs Volk, Mythen könnten etwas mit Märchen zu tun haben, könnten also da für allgemeine Feste – Hölderlin hat beschrieben, so eine Feier - Brot und Wein - als Fest beschrieben, nächtlich und täglich und eine Friedensfeier, wo dann auf den Fürsten des Fests gewartet wird, der so halb Bacchus, halb Christus ist, er sagt es ist nicht ganz genau, weil es halt nicht möglich ist, die Figuren einfach zur Deckung zu bringen, aber - das Thema taucht auf. Und es hat sich aber eben noch Schlimmeres als das Scheitern dieser Sache damals gezeigt - es hat sich gezeigt, dass die spätere deutsche Geistesgeschichte - wenn man den Namen einmal dahingehen lassen will - dazu geführt hat, dass Christus ausgetrieben worden ist aus diesem Gesamtkonzept der jungen Klassik; Romantik damals und dass Dionysos in der Lesung Nietzsches allein übrig geblieben ist, schließlich - was natürlich bedeutet hat – also, sozusagen - die unteren Elemente der menschlichen Existenz, die halt durch die christliche Zivilisation in der Tat fürchterlich unterdrückt waren, sodass es dort ein Problem gegeben hätte - das wollten die gerade lösen. Die wollten das auch erlösen, was dort also mit den Hexen verbrannt worden ist, beispielsweise. Das steckte in diesem »Christus und Dionysos« drin. Ddie 10. Sinfonie von Beethoven sollte das auch bringen, aber es ist nicht gelungen. Und übriggeblieben ist, dass man sich auf diese - auf rohe Natur eigentlich zurückgezogen hat und Rettung davon erwartet hat, dass gegen diese – also, vom rationalistischen Verstand, wie man dann einseitig sagte, übermannte westliche Zivilisation, der mit ihr durchgeht – also, sozusagen - die Urkräfte in ihrer menschlichen Existenz, aber nicht in ihrer Feinstreife – also, ich behaupte: Hier steckt alles drin, auch der höchste Geist. Aber dort hatte jedenfalls – also, die fatalistischen Momente der Existenz hatten den Schwerpunkt. Gerade steht im »Spiegel« ein Bericht darüber, dass Ingmar Bergmann die »Waffen des Euripides« in Stockholm eigentlich in diesen problematischen Geiste inszeniert hat – also, einfach: Er lässt diese dionysische Komponente – Euripides hat das damals mit Erschrecken gemacht, das Drama, aber - dort ist erst einmal für wunderbare Show gezeigt – also, weil - wir wissen auch, dass dieses Naturproblem existiert – also, dieses Problem der unterdrückten Natur, der Erlösung der Natur, wie Jochen Kirchhoff das hier in seinem Vortrag genannt hat, aber - vielleicht das entscheidende Thema bei der Geschichte, die entscheidende Konstellation, die bis heute – also, nicht in diesem, im wirklichen Sinne aufgelöst worden ist, hat sich auch in dieser klassischen Zeit in folgender Konstellation einmal wirklich festgemacht. Da waren Bilder von Runge ausgestellt - ich weiß nicht, ob sie im Hause oder mitgebracht – ich glaube, es war im Hause Goethes sogar, jedenfalls in Anwesenheit Goethes und Mendelssohn, der junge Mendelssohn spielte Beethoven - ich weiß nicht, was - und diese Beethoven-Musik im Hintergrund und die Bilder des Romantikers Runge im Vordergrund kommentierte Goethe etwa so: Also, das will alles umfassen, da - Runges Bilder und vielleicht auch die Musik von Beethoven, aber - es verliert sich so sehr ins Elementarische. Und das hielt er für gefährlich, davon liebte Goethe sich fernzuhalten. Und es gibt dann zu dieser Sache einen Kommentar von Romain Rolland, indem er sagt – also, Goethe war aber, was zumindest Beethoven betrifft, nicht in der Lage zu sehen, dass Beethoven auch die Kraft hat – also, dem zu befehlen. Dass – also, in Beethovens Musik – also, nicht im Elementarischen bleibt: Die Kräfte werden gerufen, aber - es gibt die Fähigkeit der Bewältigung. Er sei eher fähig, das Quos ego! - d.h. ihr sollt mich kennenlernen! - so ungefähr, aus dem Lateinischen jetzt direkt ins Deutsche gebracht, in verständliches Deutsch gebracht, dass - diese Kraft in Beethoven, die hat Goethe nicht gesehen, weil er halt schon zuvor erschrocken war über diesen Ausbruch - der damals natürlich also viel gewaltsamer erfahren wurde als heute, wo Beethoven ja schon zahm ist im Vergleich zu manchem, was nachher kam. Man muss sich nur vorstellen, den Unterschied: Mozart - oder auch Mendelssohn - und Beethoven, um zu wissen, was das damals bedeutete. Also, dieses Thema ist ja uneingelöst bisher geblieben – also, wie wir das dahin bringen, dass die Naturkräfte der menschlichen Existenz wirklich zur Geltung kommen, wieder, aber - das ist, dass die entwickelteren Momente unserer eigenen Existenz darüber also nicht die Kontrolle einfach verlieren, dass das also im Gleichgewicht, im inneren Gleichgewicht - und das hängt wirklich davon ab, ob der Mensch auf dieser Bahn bleibt oder ob sich die – also, Praxis, ob sich der größte Teil der Energie dann auf - nur die Wiederbelebung der Elementarkräfte richtet. Das ist auch in diesem – also, in dieser breiten New-Age-Praxis ein völlig ungelöstes Problem, natürlich – also, dort ist viel primär. Also, dieser eine Gesichtspunkt der Diskussion, die wir hier vor drei Wochen etwa gehabt haben, ist schon richtig – also, das ist nicht einfach mit Bioenergetik getan, sondern es geht wirklich darum, das aus einen Gesamtzusammenhang heraus zu bewältigen.

Im Anschluss an die Orientierung, die Johannes Heinrichs halt hier auch gegeben hat – also, dass wir – also, die Ratio, die Vernunft – die ungefähr in diesem Bereich hier, ungefähr - sozusagen auf ihrer höchsten Entwicklungshöhe ist: Dass wir die wohl übersteigen müssen, dass also der Raum in Richtung Mystik offen sein muss - dass es aber eben nicht darum geht, hier zurückzufallen, dann spielt bei der Wiederbelebung – also, indem wir uns einlassen, nicht zurückfallen: Deswegen ist es so wichtig, sich darüber klar zu sein, dass es vom Standpunkt des Weges – hier, in dieser Richtung einer denkerischen Bewältigung - einer wissenden und - in einem nicht-positivistischen Sinne aber - wissenschaftlichen Bewältigung bedarf.

Es ist das Großartige, etwa an Vivekananda hier, an diesem Gewährsmann Romain Rollands, dass er zwischen Wissenschaft und Spiritualität überhaupt keinen Gegensatz sieht - den haben die eigentlichen Meister in Wirklichkeit auch nie gesehen; sie haben immer nur nach dem Ort der Vernunfterkenntnisse, der Verstandeserkenntnisse in dem Zusammenhang gefragt. Und wenn es jetzt darum geht, die Durchdringung sozusagen unserer eigenen Biografie und des geschichtlichen Prozesses in beiden Richtungen – also, sowohl rückwärts, indem wir also von dem Stand, den wir jetzt erreicht haben, etwas realisieren, als auch - wenn wir an pädagogische Provinz denken – also, in beiderlei Hinsicht ist es doch ganz klar, dass wir überhaupt nur eine Landkarte - wie ich das ja genannt habe in der Vorlesung vor drei Wochen - zur Verfügung haben können, wenn das auch analytisch gemacht wird, d. h. wenn man nicht fürchtet, dass mit Analyse von vornherein die Erfahrung des Einsseins ausverkauft ist, sondern - wie das in dem Alten - Prediger, in dem Alten Testament – Salomons, in »Sprüchen« heißt: »Alles hat seine Stunde«. Der Mensch ist Verstand und ist Seele und Geist - und diese verschiedenen Momente müssen zur Geltung kommen.

Ich erinnere noch einmal daran, dass für diese historische Konstellation, die ich hier angedeutet habe – also, für den Ausbruch auf der Diagonalen des Verderbens: Dass gerade dafür Galtung auf diese Tiefstruktur wie das Steuern hingewiesen hat und dass er gesagt hat: Das sind Selbstverständlichkeiten - in dem Sinne - die uns da beherrschen - dass das Bewusstlosigkeiten sind. Das sind unbewusste Selbstverständlichkeiten, die gerade deshalb mit uns durchgehen können, weil es keine wirkliche Tiefenkritik dahin gibt - also, wenn das Bewusstlosigkeit ist - verdrängt bleiben bzw. verdrängt gehalten werden. Dann geht es natürlich darum, dass wir nur eine Chance haben - wenn das wahr ist, wie Vivekananda jetzt sagt: jede unserer unbewussten Handlungen, jede unserer unbewussten Handlungen - die in alledem ja drinstecken - auf die Ebene des Bewusstseins hinaufgehoben werden kann. Jede unserer unbewussten Handlungen kann auf die Ebene des Bewusstseins hinaufgehoben werden. Und die Orientierung, die er in diesem Zusammenhang sagt, ist natürlich: Wenn wir die innere Ursache dieser Expansivität, dieser äußeren Praxis, dieser politischen und industriellen Praxis wissen wollen, dann muss uns klar sein, dass Introversion – also, Innenwendung, in dem Sinne: Reise nach innen – da hat es Rolland eben auch her, dass Introversion eine unumgängliche Bedingung von Entwicklung ist, die über irgendeinen Status quo hinausführt. Also, dort werden die Reiche neu bestellt, indem wir uns Bewusstloses oder Unbewusstes, das in diese Trägheit hineingeht - indem wir uns das ins Bewusstsein holen. Die nötigste Operation, sagt er, des handelnden Geistes – also, des handelnden Geistes in dem Sinne - Heinrichs hat ja gezeigt, dass das also Stufen sind: Direktes Handeln und dann die verschiedenen Reflexionsstufen - ist alles Handeln, aber - die nötigste Operation des handelnden Geistes, nämlich - das In-sich-Zurückziehen, um zu träumen, zu imaginieren, zu überleben, zu urteilen und zu denken: Das heißt, das volle Spektrum der menschlichen, der psychischen Möglichkeiten des Menschen soll da aktualisiert werden. Und die große Hoffnung, die mit dieser indischen Philosophie und eigentlich mit den Lehren aller Meister verbunden sind, kommt zum Ausdruck in in dem Zusammenhang da stehenden Formeln – also, dann: es gibt nicht zweierlei reale Welten – also, die außen realisierte und die innen - wenn man jetzt nach dem Subjekt fragt, sondern - was in der einen zu lesen ist, muss in der anderen geschrieben stehen. Das heißt also: Wir können aus der Katastrophe, die wir anrichten, zurückschließen auf den Geist, der das anrichtet. Und wenn das so ist, wenn das die Ursache ist, dann kann man an diesen inneren Punkt auch ansetzen, um zu ändern. Es versteht sich, dass das von jedem, der den Zusammenhang überblickt, dann auch als Zusammenhang gesehen wird - und dass nicht gesagt wird – also, hier mechanisch getrennt: Wir beschäftigen uns jahrelang nur mit dem Geist und nicht mit der Praxis, sondern - es geht gerade darum, dass sich das richtig dreht - durch innere Wahrnehmung. Wenn das so ist, dass außen und innen übereinstimmen - und natürlich nicht bloß auf der Ebene hier, wo innen und außen in einer entartenden Zivilisation übereinstimmen, sondern - auch im Urgrund, in der Natur -also die Übereinstimmung ist dann immer - wenn das so ist, dann kann man natürlich durch innere Wahrnehmung unmittelbar die große kosmische Ordnung, die kosmischen Gesetze erfahren und die Kräfte, welche das von unseren Sinnen kontrollierte Universum regieren. Das heißt, dieses – kann man – das ist hier sozusagen eine Prinzipbehauptung, die auf dieser prinzipiellen Ebene sozusagen zunächst nicht bestritten werden wird, allerdings - was

Europa bisher bewiesen hat in diesem Fach ist nur, dass die Philosophen sich jedenfalls ernsthaft bemüht haben, mit einer bestimmten Art und Weise – also, mit diesem – »Erkenntnis-Yoga« nenne ich das einmal - diesen Kräften des Universums auf die Spur zu kommen, aber - es ist nicht bis ans Ende gegangen. Wer in Kontemplation das Göttliche verwirklicht, aber – also, wer sozusagen das Innere voll realisiert, was also vom Ursprung her in der Existenz gegeben ist: Wer das in Kontemplation regiert, wer sich nach innen so durchlässig macht, so gespannt wissen will, was ist - will normalerweise nach außen gucken. Von dem wird gesagt: Der wird es auch als Handelnder tun, d. h. es wird dann aus dieser – ich würde einmal sagen: gegen die massenhafte Praxis durchgesetzte innere Praxis - die kann man dann verschieden nennen, ich habe hier mein Kapitel eben ausgelegt, aus der »Logik der Rettung«, wo es um Meditation geht als Weg, als - Meditation und Politik, um den Zusammenhang geht, Meditation oder - das ist an sich ein spezifischer Zweig: Wenn man also die Gesamtheit des menschlichen Handelns nimmt – ich komme darauf, nach der Pause gleich, aber erst einmal – also, wer in Kontemplation im krassesten Sinne jetzt, mit allen diesen menschlich-psychischen Möglichkeiten das Göttliche verwirklicht, wird es auch als Handelnder tun. Das heißt, dann wird - über kurz oder lang – also, diese Trägheitskraft korrigiert - und im Wesentlichen nicht, indem man dem Fall hier bis in die letzte Verästelung nachläuft und jetzt etwa die Chemieindustrie in der DDR saniert oder so, sondern - indem man praktisch die Gesamtaktivität also zu Gunsten dieser inneren Praxis wieder verändert: Dass die Mitte also auch der wichtigste Teil der menschlichen Praxis ist. Also, durch diese Verbreiterung des historischen Prozesses hier: Dass wir immer mehr gemacht haben und dass sich der Geist immer mehr nach außen differenziert hat, hat er sich immer weniger mit seiner - sozusagen mit dem Zurückbiegen seiner Effekte auch sich selbst befasst, ist dabei geblieben zu sehen – also, diese expansive Richtung nach allen Seiten. Und das andere ist in seinem Zeitplan viel zu kurz gekommen. Also, für - die Juden hatten ja noch einen ganzen Tag für Gottesdienst, für Sabbat – bei uns gibt es das im Grunde genommen nicht mehr und - das muss nicht die heutige Form sein, aber - dieser Zweck ist in der Praxis nicht mehr gegeben. Und wenn es darum geht, dann heißt es - also, dass man nicht sich verlieren darf, jetzt, in der Verbesserung dessen, was schon geschehen ist, sondern - es muss zurückgebogen werden auf diese Hauptachse des menschlichen Aufstiegs. Und das ist es eben auch gewesen, was die Theorie und Praxis solcher Leute, wie die, über die Heinrich Fink und Dorothee Sölle und dann Wolfgang Sternstein hier sprechen werden - die Praxis Ghandis etwa, die war davon geleitet, die ist davon bestimmt gewesen – also, diese Mitte zu halten. Nicht, dass das je total gelänge, aber - eben sich nicht zu verlieren an die Sachen, die wir gemacht haben, sondern dem, der das tut - und den lebendigen Geist, die lebendige Arbeit für sehr viel wichtiger zu halten.

(Pause)

Ich will jetzt wenigstens andeutungsweise etwas über den Geist dieser Arbeit noch sagen, dann - anhand von Vivekananda.

Wenn jetzt hier von Yoga die Rede ist, so ist – also, ich bitte das einfach so zu verstehen: Das ist die Disziplin, die Praxis dieses inneren Weges, die sich halt in verschiedener Weise äußert – also, ich habe, als ich meine »Logik der Rettung« schrieb - ich glaube, da habe ich auch drin stehen, dass ich unsere Fichte, Hegel, Schelling und so: Dass ich auch nicht in diesem Sinne sehe. Das ist einfach ein Name, in - der den indischen Zugang zum Wissen im wahrsten Sinne, zu diesem inneren Wege betrifft. Und ich hoffe, dass ich erst einmal noch zeigen kann – also, wie sehr über-einstimmend mit der westlichen Art und Weise, an das Individuum heran-zugehen – also, diesen Wert festzuhalten: Das ist, was Vivekananda da in diesem Zusammenhang lehrt; ich will einmal davon ausgehen - ich hoffe einfach zeigen zu können, wie das übereinstimmt, wie Hölderlin das Prob-lem also in dieser Diskussion der Klassik damals gefasst hat. In seiner Ode: »Brod und Wein« kommen die Zeilen vor – also, er spricht:

> »Göttliches Feuer auch treibet, bei Tag und bei Nacht /
> Aufzubrechen – also, in uns natürlich -.
> So komm! dass wir das Offene schauen /
> - und jetzt: Dass ein Eigenes wir suchen, so weit es auch ist /
> Fest bleibt Eins; es sei um Mittag oder es gehe /
> Bis in die Mitternacht, immer bestehet ein Maas /
> allen gemein, doch jeglichem ist auch eigenes beschieden /
> Dahin gehet und kommt jeder, wohin er es kann«

-Also, der Ton von Hölderlin ist, dass gerade – also, das moderne Individuum, das menschliche Individuum, wenn es dann zu sich kommt, in dem Allgemeinen keineswegs verloren geht, sondern es gibt etwas, ein Maß - allen gemein und jeglichem ist auch eigenes beschieden. Und es ist offenbar das Ganze darauf angewiesen, dass sich das so komplex realisiert.

Bei Vivekananda ist sozusagen der erste Hinweis schon, der damit korrespondiert - er sagt:

»Es ist die erste Pflicht, wenn jetzt – also, irgendwie auf diesem Wege fortschreitet, diejenigen zu verstehen und zu lieben, die anders denken als ihr«, das sagt er seinen Anhängern. Diejenigen zu verstehen und zu lieben, die anders denken als ihr – und es stimmt auch ganz überein, die Haltung, in puncto dieses vertrackten Worts »Esoterik« – also, bei Esoterik im Wortsinne – also, wie das Wort auch ursprünglich verstanden und gemeint ist, da handelt es sich darum, dass da die Weitergabe von bestimmtem, mit gewissen Methoden erworbenem Wissen - das deshalb auch dann Geheimwissen heißt - mit Sanktionen belegt ist – also, verboten ist. Da soll Wissen nicht weitergegeben werden; das ist - also, was mit Esoterik gemeint ist. Und was sagt Vivekananda dazu – er sagt:

»Alles, was im System dieses Yoga geheim und rätselhaft ist, muss verworfen werden.« - Er verwirft, dass man - sei es auch nur vorübergehend und teilweise - die Herrschaft über das eigene Ich in fremde Hände gibt. »Weicht jedem aus«, sagt er, »sei es«.

- weil es da nichts gibt, was sich dem Diskurs der Vernunft entzieht. Auch wenn nicht jede einzelne Erfahrung in den damaligen in begrifflichen Worten zu fassen ist. Und wie das übereinstimmt, hier - da gibt es ein Schelling-Wort. Schelling sagt - angesichts der Frage, dass das große Problem die Vermittlung ist ans Volk, wieso also wir Intellektuellen, wir Dichter – einstmals haben die Philosophen und Dichter in der Mitte ihres – sagen wir einmal: Stammes gestanden - die athenische Polis war natürlich schon so eine Sache, da gab es Sklaven und so, da ist manchmal auch falsch idealisiert worden von der Klassik, aber - diese Erinnerung war da: Dass das einmal so war - und wenn es um diese Vermittlung geht, dann - Marx hat übrigens diesen Satz später zitiert, von Schelling: Es ist ein Verbrechen, sagt Schelling, an der Menschheit Grundsätze zu verbergen, die allgemein mitteilbar sind. Nur das Esoterische, das nicht allgemein Mitteilbare, ist suspekt - und dieses blüht nicht auf dem Grunde der Romantik, sagt der Autor, der Manfred Franke, von dem ich das Buch gerade jetzt in der Hand habe, »nur das Esoterische, das nicht allgemein Mitteilbare ist suspekt - und dieses blüht nicht auf dem Grunde der Romantik«, sondern - er sagt sogar: »in gewisser Hinsicht der Aufklärung, deren rein analytisch konzipiertes Universalitätskonzept die Menschheit zersplittert.« - Worum es hier geht, in diesem Zusammenhang, ist, dass der Esoterik-Vorwurf natürlich genauso gut an die Wissenschaften geht – also, dass sich der wissenschaftliche Diskurs mit dieser Spezialisierung völlig in so viele Spezialdisziplinen verloren hat, dass niemand folgen kann.

Ich erinnere mich noch, wie Uli Brück, der hier Hochenergiephysik, in Zeuthen, gemacht hat - wie der mir vor 20 Jahren – also, auf der Jagd nach den kleinsten der kleinen Teilchen - erklärt hat, was für eine Tragödie (…) - das ist nicht mehr vermittelbar. Das versteht kein Mensch mehr - und eigentlich versteht er es selber auch nicht so recht – also, existieren die Dinger überhaupt oder haben wir die eigentlich mit unseren Methoden nur erfunden? - Und so fort – also, dies auch ist esoterisch. Aber die Grundposition ist: Es gibt höchsten Grund zum Verdacht, wenn es da geheim zu haltende Sachen gibt und was ist jetzt dieses Nichtesoterische? Was ist dieser Yoga eigentlich? Und ich deute das jetzt, weil sonst kommen wir nicht durch, ich deute das nur an jetzt mal mithilfe Vivekanandas, der das vollständig auseinandergelegt hat.

Wir haben hier schon berührt gehabt, auch im Seminar einmal, diesen sogenannten integralen Yoga von Aurobindo. Aber weil dort schon alles dann zusammengefasst ist, sieht man nicht mehr so gut – also, aus welchen Traditionen, die auch einmal Teile waren, die gesondert behandelt worden sind – also, das herstammt. Das erste Yoga gewissermaßen – das, das hier ganz von der Außenseite bekannt ist - das heißt in Indien Raja-Yoga und wenn hier (…) -Yoga, das mit diesen (…) - das sind die Körperstellungen - das mit diesen Körperstellungen beginnt – also, bekannt sind. Das ist – also, nach vielerlei Vorbereitung geht man in Indien dann auch in solche Körperübungen. Ist ja sozusagen eine Außenseite des Problems - und genauso des Themas - dieses Raja-Yoga. Und der Grund, natürlich, dass man das überhaupt macht, ist die Reinigung des Instruments. Und dann wird der zweite, schon subtile Lebensprozess gereinigt: Das ist der Atem. Also, alle spirituellen Praktiken, die also aufs Ganze gehen, machen das –

also, da gibt es Atemübungen. Da wird also mit verschiedenen Geboten – also, dafür – also, dieser Atemprozess ins Gleichgewicht gebracht. Da wird erst einmal geguckt, wie flach wir in der Regel atmen, ob wir das Ganze durchatmen, ob der Atem fließt. Wenn er nicht fließt, wenn er blockiert ist – also, dann sehen wir ja aus dieser Blockadeposition die Welt und analysieren sie vielleicht auch von dorther. Aber das sind die Voraussetzungen. Und worum es jetzt bei Raja-Yoga geht - ich zitiere jetzt Rolland, der das also einfach aus Vivekananda geschrieben hat; ich hebe vor allem die drei ersten psychologischen Stufen - das waren ja eigentlich physiologische, die ich eben erwähnte - die ersten drei psychologischen Stufen der allgemeinen Konzentration hervor - und immer im Auge behalten: Es geht darum, wie können wir auf dieser Ringbahn bleiben?

Das erste ist Rajagrha - das ist einfach ein indischer Ausdruck, und zwar meint das Wort »sich in einer bestimmten Richtung sammeln«. Das ist also eine Art von Kontemplation, die also auf eine bestimmte Richtung sammelt - die hat auch Rudolf Steiner übrigens hier gelehrt, anthroposophisch.

Aber ich bin jetzt hier beim Yoga, bei Vivekananda – also, Rajagrha, welches die Sinnesorgane von den Außendingen abgewendet und gänzlich auf geistige Eindrücke hingelenkt werden.

Also, da geht es darum, wenigstens für – also, die Zeit des Übens die Energien einmal hier herauszuziehen - wo wir ja wissen, was alles nicht geht und wo wir überall bestimmt sind und wo wir morgen wieder hin müssen - wegen vielerlei Zwängen, in denen wir stehen – also, Rajagrha - das ist eine Konzentration durch (…) von außen abgewendet und gänzlich auf geistige Eindrücke hingelenkt werden. In eine bestimmte Richtung sammeln, heißt es halt.

Dann kommt die zweite Stufe, die heißt Dharana, welche den Geist zwingt, seine Pranken an einen bestimmten, genau bezeichneten Punkt in der Außen- oder Innenwelt einzuschlagen - also, wenn man zu sich gekommen ist, dann kann man irgendein Faktum als repräsentativ für diese ganze Problematik, für das Dilemma – also, zwischen diesen Trägheitskräften und der eigentlichen Bestimmung des Menschen - irgendeinen Punkt - das kann außen oder innen sein, dann ist es egal - lenken, um sich also voll auf die Bewältigung dieser Sache seelisch einzustellen. Und dann kommt als drittes Dhyana oder die eigentliche Meditation, bei welcher der durch jene vorangehenden Übungen gekräftigte Geist die Fähigkeit erlangt, im ununterbrochenen Flusse dem gewöhnten Punkt zuzuströmen.

Was heißt das dann praktisch, oder was kann das praktisch heißen? - Also, wenn ich mich auf etwa auf die Tatsache - nehmen wir einmal an - die Tatsache, sozusagen, der Konzentration des größten Teils der menschlichen Energie geht in die Außenwelt. Wenn ich mich da also wirklich zugewandt habe der Sache - dann fließen ja meine Energien, die dahin gehen, mit der Energieverausgabung der anderen Menschen mit - da ist erst einmal Mitgefühl, das ist eine der wesentlichsten Komponenten - ich komme noch gleich darauf - in einem bestimmten Yoga dann, in einem anderen Yoga; da fließt dann – also, da kann überhaupt erst, wenn das sozusagen wirklich in seiner Gesamtheit klar ins Auge gefasst wird – kann man erst verbunden sein mit denen, die in diesem Gefängnis – also, dieser Verhaftung an die große Maschine sich bewegen. Und es ist wahrscheinlich möglich – also, in der Kommunikation mit - die Energien sind ja sehr stark dann, die sind spürbar, geradezu, auch in ihrer Kraft durch andere, die zurückgezogener in ihren Kräften sind – also, es kann da sozusagen ein Prozess angestoßen werden, der diese Verhaftungen, die jetzt zu diesen verfluchten Selbstverständlichkeiten gehören, zu den Bewusstlosigkeiten: um das aufzubrechen. Und zwar eben nicht einfach nur - bei dieser Art Yoga geht es wirklich um - bei diesem Raja-Yoga - um die physiologische - um die psycho-physische, auch – Vorbereitung, gewissermaßen, des ganzen Weges. Und dann gibt es drei - noch drei weitere verschiedene Disziplinen. Das war also Raja-Yoga. Und das ist eigentlich – also, das ist bis in die Verästelung, die ich angedeutet habe - das, was wir hier eigentlich normalerweise unter Yoga verstehen. Das ist hier angekommen durch den Zugang über diese Körperübungen - die auch in sich ihren Sinn haben, aber nicht sozusagen das letzte sind, sondern - hier geht es eigentlich um die Reinigung des Instruments, der unser Körper ist - aber der Körper ist Körper, Seele, Geist - und dessen Freisetzung und um die Fähigkeit der Konzentration auch schlechthin. Welches Problem mir auffällt - und es ist schon wahrscheinlich, dass jemand, der in dieser Praxis häufiger lebt, eine Fähigkeit hat, nicht bloß das Wesentliche überhaupt zu sehen, sondern dem auf den Grund zu sehen und nicht hängen zu bleiben in der Erscheinung - und jetzt: Also, das erste Yoga, das baut - die können nur aufeinander aufbauen - müssen nicht, weil - jeder Yoga auch ein Zugang zum Ganzen ist.

Das hier ist in der Formulierung »Karma-Yoga« - in der Formulierung des Konservativen allerdings, es ist mit Vivekananda nicht so - die hat der Vivekananda gar nicht gehabt, aber - des konservativen Zen-Meisters Dürckheim, da im Schwarzwald - der hat dazu ein Buch geschrieben: »Alltag als Übung«. Und das ist eigentlich das Yoga – arbeit – als großes Thema. Das Thema Arbeit – Karma-Yoga – und die Grundeinstellung, die Vivekananda, ein Yogi des Wissens – also, einer der bis ins Letzte theoretisch mit den Dingen auch umgegangen ist, zu diesem Arbeitsyoga hat: Es kommt sehr gut zum Ausdruck, in dem Folgenden, was er sagt:

Ein Mensch mag niemals auch nur ein einziges philosophisches System studiert haben; mag an keinen Gott glauben oder je geglaubt haben; mag kein einziges Mal in seinem Leben gebetet haben: Wenn die schlichte Kraft der guten Taten ihn bis zu dem Zustand erhoben hat, dass er bereit ist, für die anderen sein Leben und alles, was er hat und ist, hinzugeben, dann steht er auf der höchsten Stufe, zu der nur jeder Fromme durch seine Gebete und der Philosoph durch sein Erkennen gelangen kann.

Diese höchste Stufe heißt »Nivrity«, Verleugnung seines Selbst, d. h. es handelt sich hier um die Fähigkeit, selbstlos zu arbeiten. Damit ist nun nicht nur körperliche Arbeit gemeint, sondern: Das, was man tut, so zu tun, dass man also weder mit der Gefahr des Misserfolgs noch von der Hoffnung auf Erfolg sich leiten lässt. Und am Ende – bei den Buddhisten ist das so gesagt, da findet am Ende irgendeines guten Werkes immer die Abgabe der Verdienste statt – also, man versucht, sich von der Egozentrik der Aktion zu befreien. Also, selbstlose Tätigkeit - in diesem Sinne ist da – also, das Charakteristische dieses Yogas. Und es geht natürlich darum, in unserer täglichen Praxis uns selber - und der Gemeinschaft - immer wieder darauf zu stoßen, dass es eigentlich darum geht – also, hier geht es natürlich um eine Vergewaltigung, dass also kein persönliches Interesse mehr im Spiel ist, sondern - erst einmal ist die Forderung - die ist hier in diesem ersten Yoga auch geübt: erst einmal hinzugucken – sieh dich selber an; sieh deine wirklichen Motive. Und es ist nur die Vermutung nahegelegt, im Karma-Yoga – also, überall, wo das Motiv ein Gewinn für dich ist oder die Vermeidung eines Verlustes für dich: Da wird es nicht ganz in die große Ordnung passen, was du machst. Und wenn man also sieht, mit welcher Art von Motiven unsere Arbeit in diesem Wahnsinn hier eingebunden ist, in die Praxis der großen Maschine - dann ist also klar, was mit diesem

Dharma-Yoga gemeint ist: Selbstloses Arbeiten - am Wohl, natürlich, des Gemeinwesens, der ganzen Gattung, der ganzen Schöpfung orientiert - also alle - diese indische Philosophie geht davon aus, dass Tiere beseelt sind, das Lebensprinzip den Kosmos durchdringt - also, dass der Gedanke der Liebe und der Solidarität bei der Art also grundsätzlich dazugehört. Und die Frage ist einfach – also, was kann man tun, damit sich die Verfassung - in diesem Sinne: so zu arbeiten - dass sich die vermehrt in so einer Arbeitsgesellschaft? Das würde grundsätzlicher da hinausführen, da oben - auf mittlere Sicht schon, als wenn wir reparieren. Und die zweite Art Yoga ist das sogenannte Bhakti-Yoga - das ist das Thema »Liebe« im engeren Sinne. Und es handelt sich hier um – ja, ich schreibe hier einmal (…) hin, noch - zur Erklärung; es handelt sich um diese allgemeine mitfühlende Menschenliebe - nur dass die in der indischen Tradition nun nicht so von der erotischen abgespalten ist – also, von diesem ganzen Thema, wie das bei uns der Fall ist – also, vor allem in der christlichen Tradition dann, sodass - also, das doch nicht ganz genau ist, nur - es ist hier nicht primär die erotische Liebe damit gemeint, obwohl – also, stets die erotischen Kräfte eine große Rollen dabei spielen, auch ihre Disziplinierung natürlich, ihre Kultivierung spielt dabei eine Rolle. Aber im Kern geht es bei diesem Bhakti-Yoga – das ist also das Organ: Wenn das hier, bei Arbeit, die Hände sind - und natürlich der Verstand, der dies steuert – also, wo so der Schwerpunkt liegt, natürlich geht alles durch den ganzen Menschen hindurch, hier - das ist sozusagen der Yoga des Herzens. Das hat auch etwas damit zu tun – also, dass das Herz ja die Mitte dieser Chakra-Pyramide ist - die in dem Raja-Yoga auch eine Rolle spielt, ich habe darüber genug angedeutet. Der Rest ist nämlich nicht mehr (…) zu machen, aber - das ist um das Herz herum konzentriert, dieses Bhakti-Yoga. Und das ist - also, wenn man genauer wissen will, die Atmosphäre dieses Weges aber zum Ganzen jeweils, jeder Weg führt da zu dieser Ganzheit - dann kann man Rollands Ramakrishna-Biografie lesen. Denn im Unterschied von seinem Schüler Vivekananda - der auf die vierte Art, auf das sogenannte Jnana-Yoga, das Yoga der Erkenntnis – also, hauptsächlich letzten Endes (…) war Jnana-Krishna – also, das war ein Anhänger – also, seine Identifikationsfigur im indischen Pantheon war die Göttin (…), das ist überhaupt die Muttergöttin in all ihren Gestalten, auch in der Zerstörung - das Leben muss erst einmal genommen werden, wie es wirklich ist. Das ist dieser Yoga, der -

also, der hat auch etwas zu tun mit dieser jeweils dritten Fakultät in dem Modell, das die Gerda Jun hier vorgetragen hat – also, mit diesem Schwerpunkt Herz - und auch in dem kleinen Modell, das ich mit in der letzten oder vorletzten Vorlesung voriges Semester hatte, mit dieser dritten Position, wo um die Seele herum die Beziehung – also, eigentlich das große Thema sind. Dort zu (...) dass es bei diesen Beziehungen nicht um Verhaftung geht, dass das Herz nicht korrumpiert, was es auch tut - damit setzt sich Vivekananda ganz ausführlich auseinander. Dass auch hier - es gibt auch den Abweg des Herzens: Das ist jetzt der nächste Punkt - es gibt auch diesen Abweg des Wissens, der also gerade im Durchgehen des Verstandes sich halt realisiert. Wenn – also, hier, in diesem Jnana-Yoga - wenn dort nicht Selbstlosigkeit herrscht, wenn es also darum geht, mich mit meinem Wissen durchzusetzen, Macht auszuüben damit, dann ist - noch etwas schlimmer als Karma-Yoga, wahrscheinlich - das sagt er auch – also, gäbe es bei diesem Jnana-Yoga - das ist das, was – also, unmittelbar gesehen – also, für – ich würde einmal sagen: für den Mann des Abendlandes die nächstliegende Praxis wäre - aber, worauf – also, den Erkenntnisprozess zu reinigen vom Egoismus, von der Egozentrik. Und dann ist es – also, in der Zeit - der Vivekananda gerade für uns im Westen ungeheuer wichtig – also, nicht in der puren Philosophie damit zu bleiben, sondern auf das zu stützen – also, gerade für dieses Jnana-Yoga, sagt er, da ist es eigentlich unerlässlich, dass wir – also, das durch die Mitte vom Körper her arbeiten. Sonst sind wir schnell bei Sachen, die sich wieder schwarz auf weiß gut nach Hause tragen lassen - die sich aber nicht genügend ins Leben umsetzen und die dann eigentlich uns selber auch auf dieser Bahn nicht halten, weil es so viele Antriebe aus dem Arbeitsbereich, aus dem Geistbereich, aus dem Erosbereich usw. gibt, die schon – also, auf kurzfristige Befriedigung immer wieder aus sind und die vor die Integration stellt: Das ist das Thema. Hier geht es nicht um Unterdrückung irgendeines Moments der Existenz, sondern um Kultivierung. Und diese - alle diese Wege hier – wenn ich noch einmal erinnern darf an meine ursprüngliche Skizze dort, die - diese Mandala–Landkarte des Bewusstseins: Das sind also Praktiken, die irgendwie hier, diesen Teil betreffend - die da hineinführt. Und es ist nur nicht so, dass etwa diese Momente bei Menschen, die irgendwie vielleicht in ihrer Arbeit hier sitzen - dass das alles nicht vorhanden oder gegeben wäre, dass das nicht angerufen werden könnte. Das ist also nicht etwas, was irgendwelche Leute, mit denen wir uns nicht vergleichen können, haben - nachdem, sondern - das ist ein Übungsweg für alle Menschen, weil - Vivekananda geht davon aus: Das ist in uns allen gegeben – so, wie – also, wenn man vergleicht den Vivekananda und das, was Heinrichs hier sagte, dieses – Heinrichs‹ Hinweis: Wir sind alle Logos-Wesen. Das ist sozusagen die Wahrheit des Jnana-Yoga. Und genauso sagt er: Wir sind alle Eros- und Liebeswesen, wir sind - also, Arbeit, Liebe, Erkenntnis - hat ja auch Freud gesagt: Die drei Dinge - das ist es eigentlich. Und dann geht es hier um das Organ, um die physiologische Voraussetzung. Und das alles kann man eigentlich - also, nach dem, was ich da auch angemalt habe – so, dieses hier, dieses einfachste Yoga: Ab 21 sind wir erst einmal da. Und was bis dahin läuft - und hier steht – also, für die höheren Arten, da geht - irgendetwas von 28 oder 35 Jahren, dort in der Skizze, aber - das sind immer nur statistische Hausnummern, die man hier im Westen ermittelt hat - indem man gefragt hat und geguckt: Was für Biografien - was da innerlich vorgegangen ist, ist da immer noch nicht enthalten. Also, ich glaube, es ist eine ungeheure Chance, wenn in den Mittelpunkt dessen, was hier »pädagogische Provinz« genannt worden ist, in der Vorlesung von Gerda Jun - wenn da also die Initiation auf solche Wege hingestellt würde, wenn wir - also, statt uns zu Funktionären der Megamaschine hauptsächlich zu qualifizieren, in den Mittelpunkt stellen würden – also, Dinge, die etwa in der Waldorfschule jedenfalls eine größere Rolle spielen - wie immer manchmal dann dogmatisiert, aber - das ist ja nur ein Hinweis darauf, dass in Zeiten, wo die Megamaschine total herrscht – also, erst einmal das Neue - manchmal sektiererisch, vielleicht auch – aufkommt; man muss auf das Verdienst gucken und sehen, was man davon lernen kann. Und ich denke, dass – also, unser ganzer Sozialisationsprozess und unsere ganze Wissenschaft umgebaut werden müsste. Also, die These von Vivekananda im Bezug auf westlichen Wissenschaften würde nämlich lauten: Sehr gut mit dem Yoga der Erkenntnis einschließlich der Physik, mit dem Erwerb des Wissens in jeder Hinsicht, aber geht vorher – also, eignet euch die göttliche Gesamtnatur erst einmal in der Gestalt an, in der sie euch unmittelbar gegeben ist: Euer eigener Körper – und seht auf die Verzerrungen, die in eurer Biografie auf diesem Wege zustande gekommen ist, reinigt euch davon: Ein Name für Meditation – also, für diese Praktiken, davon uns frei zu machen. Also, diese Praxis hier - das ist das wichtigste Thema, glaube ich: Der Gegenwart das einzige Mittel Hoffnung verbunden ist. Und jetzt zum Schluss will ich auf den soziologischen Punkt, auf den das zielt, noch kommen. Ich hätte mich noch gern etwas ausführlicher verbreitet - ich komme nicht zu, aber ich - wenigstens das Wesen noch andeuten:

Also, wenn wir tatsächlich unsere Energieverwendung bis in unseren Zeitplan hinein – das heißt: Was machen wir mit den Stunden unseres Tages? - so umwidmen würden, dann würde einerseits also weniger Zeit für selbstzerstörerische Arbeit bleiben - wir machen zehnmal zu viel, habe ich schon einmal angedeutet - und andererseits, natürlich - hier droht keine Beschäftigungslosigkeit. Ich will nur einflechten - also, das hat hier die allerverschiedensten Ausprägungen, diese Dinge hier – also, auch Musik hören – was der Jochen Kirchhoff und ich da machen wollen – Übrigens - Dieter Brauer, der hier einmal die Schubert-Sonate gespielt hat, will mitmachen bei dem Mozart-Beethoven-Seminar, sodass wir auch Musik nicht von Konserve haben werden. Musikhören fällt entweder - das fällt eigentlich, kann unter die verschiedensten Disziplinen hier - man kann yogisch Musik hören - und wir würden viel mehr hören, und wer - so wirklich Ton um Ton da einmal folgen - ich habe das schon einmal behandelt - und Dichtung – also, ist aus Wissen, aus Weisheit gesprochen und aus Liebe gesprochen – also, die großen Dichter des Okzidents wie des Orients - wie des fernen Ostens auch, wie China - haben aus diesen Dimensionen gedichtet. Tanz ist aus diesen Dimensionen – also, das ist nicht – also, irgendwelche asketische Praxis, zu der man - bei der man unbedingt stillsitzt oder so: Das ist ein volles Leben. Und es geht also darum, von dieser Praxis her der Polis - so habe ich das formuliert - eine neue Mitte zu geben. Das heißt - also, nicht bloß, wie diese Mitte aussieht, sondern - ob sie eine Mitte hat, die Polis, hängt natürlich davon ab, ob wir uns - in dieser Zersplitterung und Zerstreuung der Energien - überhaupt noch etwas übrig behalten haben, um da etwas zu bestimmen. Und die schlimme Praxis, auf die schon unsere Klassik hingewiesen hat - die lautet eigentlich: Die moderne Situation lässt sich auf den Nenner bringen: Da ist gar keine Polis, da ist kein Gemeinwesen. Als die Hölderlin und Schelling nach einer neuen Mythologie gefragt haben - und das hat hier damit zu tun - jenseits der Frage der Benamung - das würde jetzt irritieren, etwas: Wenn man das Mythologie nennt, sondern - es ist etwas Realeres als Mythologie ja sogar noch, aber die Frage war ja darauf gerichtet - und was sie als den kritischen Punkt gesehen haben – also, diese Klassik, wo sie der Romantik nahe liegt, das war der moderne Staat - aber »Staat« jetzt im platonischen Sinne: Polis, das Gemeinwesen, das moderne Gemeinwesen. Das ist kein Organismus, das ist ein Mechanismus.

Und was heißt Mechanismus statt Organismus für die menschliche Existenz? Im Mechanismus repräsentiert das einzelne Teil, z. B. dieser Greifarm, nicht bloß - nicht die ganze Maschine, sondern - schon gar nicht – also, die ganze Welt - und in einem Staat als Mechanismus sind die Individuen unter dieser Funktion in einer schlechten Arbeitsteilung aufgeteilt und sind mechanische Partikeln – also - und sind nicht - wie es im Organismusfalle der Fall wäre: jedes Individuum ist Glied des Ganzen und zugleich das Ganze. Alle Funktionen, um die es geht, sind in ihm repräsentiert und brauchten nur aus ihm entlassen zu werden.

Also, Politik ist Karma-Yoga - natürlich, jetzt, wenn man an die Praktizierung denkt - und ist Jnana-Yoga und Bhakti-Yoga: Das ist alles, die Ausführung dann wäre hier Praxis – also, im Sinne der Arbeit in diesem Bereich und was dort eingeht. Und jeder Mensch, der sich auf diesen Stufen also gebildet hätte, würde natürlich etwas eingeben. Und jetzt - also, die große Frage, die ungelöst ist, seit – also, in Europa seit der Klassik und natürlich den anderen Gesellschaften auch - bis jetzt, weil – also, diese Megamaschine samt Weltmarkt alles niederwalzt: Das ist, ob es denn möglich wäre, dass solche großen, solche komplexen Gesellschaften wie die der Moderne, dass die – also, soviel – ich will einmal sagen: lebendige Psychologie - lebendige Psyche zusammenbringt, dass die Mitte wieder besetzt werden kann, dass die Gesellschaft als ein sich selbst regulierender Organismus funktionieren kann - und wie das dann eventuell aussehen müsste. Und ich habe ja darauf hingewiesen, dass diese klassische Idee mit einer Mythologie der Vernunft bisher nicht aufgegangen ist und - also, das war ja so eine - ich weiß nicht, das war ja eine Vermengung, natürlich – Mythologie; Vernunft – von zwei Phasen, die in der Geschichte eigentlich total unterschieden sind. Wie kann man also den Mythos, das Märchen, direkt vernünftig machen oder Vernunft mythologisch – also, der - vielleicht ist die Schranke in diesem klassischen Konzept auch noch die Schranke – wir haben nicht drüber diskutiert mit Johannes hier, beim letzten Mal - in seinem Konzept – also, die Mythologie vernünftig machen dann, heißt – also, diese - dass diese ganze Praxis hier dann nur durch den Logos, durch den logischen Aspekt, durch den Wissens-Erkenntnis-Aspekt der Sache repräsentiert ist, während – also, ein Gemeinwesen beruht natürlich auf der liebevollen Behandlung der Beziehung und darauf, dass alle diese – also, diese subtileren Errungenschaften der Subjektivität: Dass die sich in einem Arbeitsprozess auch umsetzen, d. h. dass man also bis in die Hände hinein weiß, was verboten ist, was wir nicht machen sollen - wo es uns warnt.

Der Sokrates hatte ja immer noch seinen Dämon, der ihm sagte: Tue das und das bitte nicht; es ging da aber immer um irgendwelche Verhaltensdinge, noch nicht so um die Arbeit. Und ich denke, wenn – also, diese Praxis Platz greift - und sie ist immerhin dabei - (...) - mit im Spiel ist: Wenn die Platz greift so umfassend, dann könnte es sein, dass – also, die magischen und mythischen Dinge in der Vergangenheit – also, wegen ihrer Schönheit schon allein und weil die in unserer individuellen Biografie immer noch bedeutungsvoll sind: Dass die auch ihren Platz als Momente in dem ganzen großen Spiel - das das ja auch ist - behalten, dass aber diese Art von Praxis, die das Subjekt in den Mittelpunkt der Weltveränderung stellt, weil es ja auch das Wesen der Sache ist – also, wir sind doch - wenn schon - irgendwie Schöpfung – also, es ist ja ein und dasselbe hier, denke ich. Die menschliche Energie als ein Ausdruck der kosmischen Energie, der kosmischen Intelligenz - oder Gottes: Wie man das nennen will; dieses Jnana-Yoga hier kennt ja nicht Gott als Figur - kennt nicht Allah oder Gott - sondern es kennt die kosmische Wirklichkeit, die ganze große Wirklichkeit - und es macht keinen tiefen Unterschied in Wirklichkeit, ob das individualisiert noch wird oder nicht. Aber wenn das – also, bestimmend in der Praxis wird, im Zeitplan auch - und es ist noch nicht die Frage, dass es mehr als die Hälfte der Arbeitszeit oder der Beschäftigungszeit in Anspruch nehmen muss: Wenn es nur erst einmal eine gewichtige Zeit wäre, dann würde das, was hier passiert, größere Bedeutung haben als die geistlose Wiederholung von irgendwelchen Tätigkeiten und würde also dazu führen, dass das auch institutionellen Ausdruck findet. Das heißt, dieser Umbau - wo wir also Schwierigkeiten hatten, jetzt, in der Diskussion, als Johannes Heinrichs hier war, uns vorzustellen: Wie kann denn das kommen - ich glaube, dass diese Zwischenüberlegungen fehlen. Und ich will noch sagen – also, das ist halt Vedanta hier, das ist eine bestimmte indische Tradition - Zen ist eine andere, in der sich dasselbe beschreiben ließe. Dass Meister Eckhart – also, die christliche Mystik ist wieder eine, die das auch ermöglicht, das Sufitum ist eine, die das ermöglicht; das sind verschiedene Zugänge zu demselben - ich habe es hier in einer Weise beschrieben, Romain Rolland zu Ehren eigentlich, der für mich sehr wichtig gewesen ist.

Wir haben hier, glaube ich, die große Möglichkeit – also, konkreter heranzukommen, erst einmal, an die Vorstellung: Wie könnte sich so etwas institutionell umsetzen, weil - wenn genügend viele Leute hier - intuitiv dann und denkerisch zugleich – erkennen, wie das richtig gebaut werden müsste, dass es uns also hier an einem Oberhaus fürs Politische und an einem Hohen Rat für die geistlichen Angelegenheiten einfach fehlt: Das war nur ein Hinweis und aus dem Hinweis folgt noch nichts, erst einmal. Aber hier - es kann ja nur in einer Praxis entstehen und diese Praxis kann natürlich nicht einfach sein: Man schreibt ins Buch »Was fehlt uns?« – steht auch in meiner »Logik der Rettung«: »Was fehlt uns«, sondern - der Weg ist – also, wäre - also, dass wir viel mehr Raum in unserer gesamtgesellschaftlichen Praxis und unserem - ich sage einmal: Arbeits- und Beschäftigungsprozess, in unserer Tätigkeit in diese Richtungen lenken.

Danke und - in 10 Minuten also –

(Beifall)

(Stimme, weiblich:)
- ja, überwiegend größer und von ihren Muskeln her stärker sind als Frauen, kann als solche noch nicht als Überlegenheit gewertet werden, wenn sie nicht zum Nutzen der Gruppe eingesetzt wird. Der Missbrauch dieser scheinbaren körperlichen Überlegenheit, der nur allzu oft stattgefunden hat, bringt dem Einzelnen und der Gruppe langfristige Überlebensnachteile, die uns mit den Atomraketen als erweiterter Muskelkraft des Mannes nur allzu deutlich bewusst werden.

Kriege, die von Männern ersonnen und durchgeführt werden, tragen weder zum Überleben des Einzelnen noch zu dem der Gruppe bei. In der Gesellschaft, in der die Stärke sich selbst und die anderen vernichtet, ist es offensichtlich ein Vorteil, nicht stark zu sein - und zuvor beschriebenen Sinn hat. Allein aufgrund dieser größeren Fähigkeit, andere vernichten zu können, war das männliche Geschlecht in der Lage, das Schicksal und die

Entwicklung der Frauen zu bestimmen, was von Mann und Frau als natürliches Vorrecht des Mannes angesehen wurde.

Patriarchatsideologie wurde verwechselt mit den Gesetzen der Natur. Durch den kulturellen Missbrauch einer biologischen Gegebenheit wurden kulturelle Faktoren als biologisch ausgegeben. Heute wissen wir, dass die Unterdrückung des weiblichen Geschlechts eine kulturell und nicht biologisch bedingte Tatsache ist. Sie resultiert aus dem Missbrauch männlicher Stärke.

Auch wissen wir inzwischen, dass sich die biologische Stärke eines Geschlechts nicht nur in seinen Muskeln offenbart. Daher ist es unerlässlich, dass wir unsere Vorstellungen von Stärke ganz wesentlich erweitern. Die Stärke des weiblichen Geschlechts besteht nicht nur darin, dass es insgesamt besser für das Leben ausgestattet ist - und das bezieht sich auch noch auf die Hirnentwicklung, da kann ich nicht auch noch drauf eingehen - sondern dass mit dieser besseren biologischen Ausstattung eine andere Lebensorientierung verbunden ist. Darauf weisen zwischenzeitlich auch andere Forscher hin und sprechen nunmehr vom Mann als dem schwächeren Geschlecht. Sie alle sind sich darin einig, dass, je männlicher ein Mann sich gebärdet, desto stärker sein Überlebensrisiko wird. Er neigt zu Gewaltanwendung und Selbstmord, zu Drogenmissbrauch und Alkoholismus, verursacht Unfälle aufgrund unnötiger Risikobereitschaft und begrenzter Selbstwahrnehmung.

Im etablierten Stadium spricht man von der sogenannten Herzinfarkt-Persönlichkeit aufgrund exzessiven Arbeitsengagements (...) sagen wir und der damit verbundenen mangelhaften Wahrnehmung seiner emotionalen Bedürfnisse. Diese Faktoren wirken sich bis in das Sperma des Risikomannes aus, von dem amerikanische Autoren berichten, dass es Krebsauslöser enthält und folglich bei der Frau verstärkt Gebärmutterhalskrebs verursacht.

Mit seinem Verhalten wirkt also der Mann der Lebensorientierung der Frau genau entgegen, denn seine Interessen haben weltweit Vorrang und bewirken ein immer größeres Maß an Zerstörung und Gewalt.

Die Entwertung des Mannes ist demnach ein Faktum, das offen zutage liegt, von männlicher Seite bestätigt, aber dennoch insbesondere von Frauen vielfach nicht wahrgenommen wird.

Christina Thürmer-Rohr, die ja auch in dieser Reihe sprechen wird, spricht daher von der »Entwertung des Mannes« als einem notwendigen Bewusstseins- und Erkenntnisakt aufseiten der Frauen, der sich anscheinend nicht von selbst vollzieht. Frauen müssen hinsehen lernen und erkennen, welche moralischen Slums der Mann in Politik, Wirtschaft und Institutionen geschaffen, mit welchem Zerstörungspotenzial er die Erde bestückt hat.

Nicht das Entlarvungsbedürfnis der Frauen ist die Grundlage der Entwertung des Mannes, sondern dessen eigenes moralisches Versagen. Es geht dabei nicht um ein weibliches Aufwertungsbedürfnis oder gar darum, sich selbst männliche Kräfte anzueignen, da diese Kräfte nicht die Qualität des Aneignungs- und Erstrebenswerten besitzen. Das stellt natürlich eine ganze Richtung der feministischen Theoriebildung und Emanzipation infrage, wo es ja nur darum geht, sich so zu verhalten wie der Mann und den Nachweis zu erbringen, dass wir es genauso gut können. Inzwischen wissen wir: Wir können es leicht doppelt so gut - ohne Problem.

Die Entwertung des Mannes entspringt keinem aktiven Erkenntnisbedürfnis der Frau, sie wird nicht ausgelöst durch einen expansiv werdenden Erkenntnishunger, der endlich entfesselt werden muss, sondern es ist vielmehr die erzwungene Einsicht, und zwar aus der Wahrnehmung der Wirklichkeit die erzwungene Einsicht, die Zwangserkennung oder die Zwangserkenntnis vom moralischen Tod des Mannes und diese Erkenntnis erschreckt Frau und er- oder schreckt sie ab, als dass es sie beflügelt. Frauen haben weiterhin den Wunsch, Männer durch die rosarote Brille zu sehen - weil sie gelernt haben, den Mann als Gegenstand ihres primären Begehrens zu machen und sich selber über den Applaus oder die Anerkennung dieses männlichen Wesens zu definieren, d. h. wenn sie vom Mann keine Anerkennung kriegen, verfallen sie in Depressionen, denn aus sich heraus sind sie nicht so. Das, wie gesagt, ist männliche Ideologie, das ist Sozialisation und Erziehung - das hat nichts mit weiblicher Biologie zu tun.

Ich möchte zum Abschluss noch einige Punkte nennen:

So ist das - warum nämlich das vielleicht nicht als Rezept gedacht war, aber vielleicht als kleiner Tropfen auf den heißen Stein, der da brennt - so ist das Weltbild weiblicher Priorität, das im Einklang steht mit den frühsten Erkenntnissen der Menschheit, wohl kaum geeignet, diesen Planeten noch vor seinem Ableben zu revolutionieren. Ich glaube nicht, dass wir es schaffen werden, das Patriarchat abzuschaffen. Ich glaube nicht, dass wir nun Matriarchat vor der Tür stehen haben - ich glaube es nicht, weil wir damit nämlich die destruktive Potenz dieses Systems weit unterschätzen. Sie werden eher sich selbst zerstören als von der Bühne der Macht abzudanken. Und doch meine ich, dass Frauen das Weltbild weiblicher Priorität auf folgende Weise weiterhelfen kann - und darum geht es mir: Ich will nicht die Welt retten, sondern ich will in erster Linie Frauen vielleicht ein Stück weiter des Weges führen.

Erstens: Es macht die männlichen Verkehrungen durchschaubar und setzt jene Frauen ins Recht, die längst spüren, dass männliche Wirklichkeitsbeschreibungen mit ihrer eigenen Wahrnehmung nicht übereinstimmen. Ich weiß, dass Frauen immer wieder verunsichert werden in ihrer Wahrnehmung, aber - dass sie immer schon gleich glauben, sie haben bestimmt Unrecht. Die Männer gelten von vornherein als sachlicher, als kompetenter - und folglich sind Frauen sehr schnell bereit, das, was sie wahrnehmen, dem anzustellen und der männlichen Wahrnehmung Glauben zu schenken und sie als die objektive Wirklichkeit hinzunehmen. Und dabei erleiden sie natürlich immer wieder Rückschläge - weil sie sich minderwertig fühlen, dass sie hier nicht richtig wahrnehmen können.

Zweitens: Auf diese Weise kann es dazu beitragen – es, das ist: »Weltbild weiblicher Priorität« – sozial vermittelte weibliche Minderwertigkeitsgefühle aufzulösen und zu einer realistischeren Selbsteinschätzung zu gelangen - was wiederum positive Folgen hat für die Wahrnehmung anderer Frauen. Wir können nämlich auch feststellen, dass Frauen sehr, sehr viel selbstkritischer sind als Männer. Frauen sind sehr schnell bereit, Unrecht anzuerkennen oder Fehler einzugestehen, die sie möglicherweise gar nicht haben. Und wenn ich nun sehe, dass Männer keine Fehler eingestehen - ich pauschaliere natürlich - dadurch werden sie natürlich noch bestärkt darin, die Fehler bei sich selbst zu suchen. Frauen rennen jahrelang von einer Therapie in die andere, weil sie immer glauben, sie müssen doch nun endlich die richtige Frau für den Mann werden - bis sie dann nach der sechsten Therapie merken: Es liegt an ihm und nicht an ihnen.

Drittens: Gleichzeitig können die vielfachen Demonstrationen männlicher Überlegenheit leichter als Kompensation von Defiziten und Defekten durchschaubar werden.

Das Weltbild weiblicher Priorität gestattet der Frau eine ganzheitliche Selbstwahrnehmung, in der Leib, Seele und Geist eine Einheit bilden und kein Bereich abgespalten zu werden braucht. Denn bis jetzt ist es ja so: Wenn wir aufgewertet werden wollen, dann geht es ja nur über den männlich gedachten Geist, d. h. wir müssen jetzt intellektuell zeigen, dass wir etwas drauf haben und müssen das nachplappern, was Männer vorgeplappert haben, um bei Examen dann das Richtige ausspucken zu können - und dann gelten wir als gleichwertig. Das hat aber nichts mit unserem Sosein zu tun, mit unserer Wahrnehmung, d. h. wir werden mehr in das Patriarchat hineinsozialisiert und von uns weiter entfremdet - und das heißt dann die »Emanzipation der Frau«.

Erst auf dieser Grundlage kann das wahre Ausmaß weiblicher Unterdrückung und Ausbeutung auch im Namen der Gleichberechtigung bewusst werden - die wichtigste Vorbedingung, um sich dagegen zur Wehr setzen zu können.

Ich denke, solange wir nur einfach dem männlichen Bild hinterherrennen, merken wir überhaupt gar nicht, wie stark wir unterdrückt werden - und das, meine ich, das Ausmaß müssen wir überhaupt erst einmal zur Kenntnis nehmen, um sehen zu können, auf wie viel Ebenen es sich wirklich zu emanzipieren gilt - nur gar nicht individuell vom Mann, sondern von der ganzen Patriarchatsideologie und von einem ganzen Weltbild Abschied zu nehmen, das ja bis in unsere Gefühlsbereiche hineingeht. Und das ist eine jahrzehntelange, auch gefühlsmäßige Umerziehung, die da stattfinden muss. Wir werden ja in diese Gesellschaft geboren, brauchen 30 Jahre, um hier unsere Position zu finden, d. h. uns manipulieren zu lassen, uns das Gehirn waschen zu lassen, dann brauchen wir noch weitere 10 Jahre, um zu kapieren, dass wir belogen wurden von hinten bis vorne - und dann brauchen wir noch weitere 20 oder 30 Jahre, um überhaupt etwas Neues aufbauen zu können - dann sind wir tot.

Also, wenn wir diese Dimension nicht sehen – also, ich warne vor einer zu übereilten Veränderung, und - Hurra, wir haben es, jetzt sind wir gleichberechtigt - usw.

Das patriarchale Weltbild erscheint als das, was es wirklich ist: Ein von männlichen Wunschvorstellungen geleiteter Größenwahn.

16. Dezember 1991

Hölderlin

Unsere Vorlesungsreihe heißt: »Ökologie der menschlichen Existenz: Ratio, Mystik, Politik« und der Abschnitt, in dem wir uns bewegen, heißt: »Denkarbeit am Schatten«. Wir sind mit dem Schattenthema zweimal in Europa gewesen: Christina Thürmer-Rohr über Kritik der westlichen Ich-Bezogenheit – Egozentrik – und Wolfgang Giegerich überhaupt über das Thema »Schatten« mit einem Durchgang durch die Psychogeschichte Europas. Und wir sind heute und beim nächsten Mal – also, am 6. Januar - in Deutschland mit dem Schattenthema. Ich habe das Plakat hier mit - für nächstes Mal.

Jochen Kirchhoff wird am 6. Januar sprechen zu dem Thema: »Das Weltrettungsprojekt des Adolf Hitler – Mystik und Politik in faschistischer Perversion«.

Auf das Plakat ist in letzter Minute sozusagen widerwillig das Wort »Weltrettungsprojekt« in Anführungszeichen geraten - aber die vereinfachen das Problem. Also, Mystik und Politik in faschistischer Perversion: Das ist gerade an einem Weltrettungsprojekt ohne Anführungszeichen passiert.

Da will ich heute das Thema: »Hölderlin« an der dicksten Stelle beginnen – also, dort, wo das Brett am dicksten ist, wie mir scheint, dennoch – oder: Wie ich denke, dennoch scheinbar - an der Stelle, mit der ich beginne - aber die, die sich als erster provokatorischer Eingang eignet: Die zu dem großen Missverständnis Anlass gibt. Ich lese Hölderlins Gedicht, ungefähr 1798, Französische Revolutionszeit – »Der Tod fürs Vaterland«:

Du kömmst, o Schlacht! schon woogen die Jünglinge /
Hinab von ihren Hügeln, hinab in's Thal, /
Wo kek herauf die Würger dringen, /
Sicher der Kunst und des Arms, doch sicher /
Kömmt über sie die Seele der Jünglinge, /
Denn die Gerechten schlagen, wie Zauberer, /
Und ihre Vaterlandsgesänge Lähmen die Kniee den Ehrelosen. /

O nimmt mich, nimmt mich mit in die Reihen auf, /
Damit ich einst nicht sterbe gemeinen Tods! /
Umsonst zu sterben, lieb‹ ich nicht, doch /
Lieb‹ ich, zu fallen am Opferhügel /
Für's Vaterland, zu bluten des Herzens Blut /
Für's Vaterland - und bald ist's gescheh'n! /
Zu euch Ihr Theuern! komm‹ ich, die mich leben /
Lehrten und sterben, zu euch hinunter! /
Wie oft im Lichte dürstet‹ ich euch zu seh'n, /
Ihr Helden und ihr Dichter aus alter Zeit! /
Nun grüßt ihr freundlich den geringen /
Fremdling und brüderlich ist's hier unten; /
Und Siegesboten kommen herab: /
Die Schlacht Ist unser! Lebe droben, o Vaterland, /
Und zähle nicht die Todten! /
Dir ist, Liebes! nicht Einer zu viel gefallen.

Es ist nicht lange her, da haben wir hier in diesem Saale anlässlich Heinrich Finks unsere Erfahrung damit uns vor Augen geführt, dass uns die Stasi noch hat. Dass sie, wenn sie nicht stärker ist als vorher, jedenfalls stärker gemacht wird als vorher - also, dass sie einen späten Sieg hat. Und ich denke, dass diese Erfahrung in noch viel gewaltigerem Ausmaß, das wir ungeheuer unterschätzen, ganz analog zu dem Sieg Hitlers ist über Jahrhunderte deutschen Geistes.

Für solche Texte fällt man in anderen Ländern - die sind dadurch weder besser noch schlechter, übrigens, diese Texte als solche - fällt man in anderen Ländern nicht auf, weil sie nicht mit dem Hitlerverbrechen in Zusammenhang gebracht werden können. Die Hitlerei war in Deutschland so mächtig, dass es ihr gelungen ist – also, praktisch alles, was auch nur irgend im Dunstkreis deutscher Seele, deutschen Geistes sein Wesen trieb, Gutes und Böses, zusammenzuraffen – und man kann eigentlich über nichts mehr reden, außer im Spiegel-Deutsch: Wegwerfen und uneigentlich. Das muss durchbrochen werden - wenigstens jetzt, wo Deutschland äußerlich weitgehend wiederhergestellt ist, ökonomisch ziemlich mächtig - nicht ganz so, wie es sich selbst glaubt, aber - das ist auch alles, was da ist und das wird für Deutschland nicht gut sein, für Europa und für die Welt nicht genug: Wenn da weiter nichts kommt.

Wirklich problematisch - aber das will ich bei dem heutigen Thema nicht behandeln, wir sind oft dabei gewesen, bei dem Thema, was ich jetzt meine - ist diese Opferpsychologie.

Die hat viel zu tun mit dem, was Klaus Theweleit etwa in »Männerphantasien« abgehandelt hat. Das hat etwas zu tun mit Natur und Weibflüchtigkeit des Mannes, sicherlich. Das ist aber nicht national - das ist nur in Deutschland besonders herausgekommen und das spannt sich auch über die ganze Vorlesung. Wir kommen darauf zurück, wenigstens indirekt - beim »Tod des Empedokles«, im Dramenversuch Hölderlins.

Worum es mir jetzt hier am Eingang erst einmal geht, das ist wirklich: Bleiben an diesem Thema »Tod fürs Vaterland« – also, an diesem vaterländischen Thema, in diesem Zusammenhang. Für mich ist dieses Gedicht nie ein Problem gewesen, bis 1989 nicht, wo also die Vereinigung mich das noch einmal hat neu lesen lassen und ich es in seiner ganzen natürlich gefährlichen Gewalt erlebt habe. Es ist nicht alles - nicht jeder Gebrauch schlicht auf Missbrauch zurückziehen - das ist vereinfacht. Und das also hatte ich da erfahren.

Meine eigenen ursprünglichen Hölderlin-Daten sind weder 1789, denn auf diese Erfahrung ich komme darauf - ist dieses Gedicht bezogen und auf Griechisches. Noch ist meine eigentliche Erfahrung 1933, obwohl - wenn ich 1935 geboren bin - natürlich viel deutsche Geschichte in mir weiter (...) - in den zehn Jahren: Weiß ich, was mich da alles erreicht hat. Ich meine jetzt: meine bewusste Erfahrung, meine bewusste Begegnung mit Hölderlin stammt aus 1954. Die geht auf sozusagen eine aktuellere, realere Begegnung zurück, die mit dem Werk des Dichters der Nationalhymne, mit Johannes R. Becher - über dessen Verhältnis zur Arbeiterklasse und ihrer Partei zur nationalen Frage, so formulierte man das damals, ich meine Diplomarbeit an dieser Universität geschrieben habe. Johannes R. Becher hat irgendwann nach der Heimkehr aus der Sowjetunion hier Hölderlin-Gedichte veröffentlicht und die sind mir gleich in die Hände gefallen - mit einem Essay von Georg Lukács, in dem Hölderlin - und das kommt der Sache ebenfalls näher als der Platz, den er auch im Nazi-Tornister einnehmen konnte, weil die Nazis das halt veranstaltet haben - Lukács sah ihn als einen Jakobiner – einen deutschen Jakobiner – auf einen verlorenen

Posten des deutschen Befreiungsgedankens fallen, denn es lief dann 1813 nicht auf deutsche Befreiung zu. Das ist genauso eine Verkürzung. Hölderlin selber hat am Ende seines ganz wachen Lebens noch verleugnet, Jakobiner sein zu wollen. Aus gutem Grunde. Was ich damals von Hölderlin zuerst kennen gelernt habe, das waren die drei, vier, fünf Sätze - Zitate, mit denen Johannes R. Becher seine Identifikation als sozialistischer Nationaldichter (so verstand er sich ja) mit Hölderlin - zum Ausdruck zu bringen seine Erfahrung, in diesem Zusammenhang.

Da war aus dem »Hyperion« der Satz - und der hat mit diesem Opferthema zu tun - und der kommt im Hyperion, nachdem ein Befreiungskampf, von Hölderlin beschrieben, dort schrecklich – also, mit schrecklicher Selbsterfahrung, weil die Leute marodiert haben statt zu befreien: nachdem das dann gescheitert war. Da gibt es dann den Ruf: O, gäb es eine Fahne, ein Thermopylä - wieder griechisch: Dort hat Leonidas die Griechen mit seiner Schar von 300 Leuten gegen Persien, gegen den Persereinfall, verteidigt. Also: O, gäb es eine Fahne, ein Thermopylä, wo ich mit Ehre sie verbluten könnte, all die einsame Liebe, die mir jetzt nimmer nütze ist. Das hatte mit deutscher antifaschistischer Erfahrung zu tun, damit, was manche dann dahin getrieben hat, in der Sowjetunion auf der Seite der Roten Armee zu kämpfen.

Es gab ein anderes Wort, das noch viel tiefer reicht in das, was hier bei uns Hölderlin bedeutet hat, in der DDR. Ein ganz spätes Fragment von Hölderlin heißt:

»Meinst du es sollte gehen wie damals /
Nämlich sie wollten stiften ein Reich der Kunst /
Dabei ward aber das vaterländisch von ihnen versäumet /
Und erbärmlich ging das Griechenland, das schönste, zu Grunde.«

Das ist der Bezug auf die Erfahrung der deutschen Linken und Kommunisten: sich auf das nationale Thema nicht nur zu spät damit - entsprechend dem Parteiprogramm 1929 oder so, sondern - überhaupt nicht wesenhaft eingelassen zu haben. Das heißt, diese nationale Realität im seelischen Bereich, im psychischen Bereich eigentlich wenig berührt zu haben, den Abstraktionen des Klassenkampfes geopfert zu haben. Diese Erfahrung, die – also, Ernst Blochdann auch drüben noch so thematisierte –

also, dass wir da ungleichzeitige Geschichten der geistigen Entwicklung infolge – also, einfach in Scharen dem Gebrauch und Missbrauch der Nazi-propaganda überlassen haben - also, das war der Hinweis, dass - wenn man das Vaterländische vergisst, kann es natürlich sein, in Griechenland sein Deutschland verloren geht. Und die Reaktion Bechers, die Antwort Bechers - positiv - auf diese Erfahrung war gewesen ein Gedicht, das hieß »Im Gespräch mit Andreas Gryphius«, einem Dichter des ersten Dreißig-jährigen Krieges, wie er sich ausdrückt – einem schlesischen Dichter, »Wellen des Vaterlandes«, das schrieb der Gryphius 1736 – 1636, so - und 300 Jahre später: »Tränen des Vaterlandes« – 1937, da gibt es dann bei Becher die Zeilen:

»*Du mächtig deutscher Klang: Bachs Fugen und Kantaten /*
Du zartes Himmelsblau, von Grünewald gemalt:
Du Hymne Hölderlins, die feierlich uns strahlt:
O Farbe, Klang und Wort: geschändet und verraten.«

Eingeschlossen hier etwas, das Thomas Mann so bezeichnet hat: Es sei den Deutschen im Faschismus viel von ihrem Besten zum Bösesten ausgeschla-gen. Und Bechers Konsequenz war:

»Nicht einen Klang gebe ich euch ab, nicht eine Zeile wird freiwillig über-lassen.«

Und in diesem Sinne hat es dann hier natürlich auch geheißen, nach 1945 - bis wir - schon vorab eingesehen hatten, dass wir das verlieren – also, Deut-sche an einen Tisch, Deutschland einig Vaterland, so - was uns dann zurückschlug, was in der Hymne da gestanden hat – also, dieses nationale Thema.

Ich habe, weil - ich glaube, ganz wichtig ist, das zu vergegenwärtigen, diesen Zusammenhang - eine Rede, die Alexander Abusch – ich glaube, irgendwann - in den 70er-Jahren gehalten, als er schon wissen musste, was alles wieder verraten worden ist von uns - von ihm; Abusch war sehr ver-traut mit Becher, eine Rede, die er anlässlich einer Hölderlin-Aufführung am Volkstheater Rostock – muss 1972/‹73 gewesen sein - gehalten hat. Hölderlins poetischer Traum von einem wirklichen Vaterland des Volkes -

das hatte die Deutsche Demokratische Republik werden und sein sollen. Und es steht hier sozusagen noch einmal alles drin - obwohl ich es damals schon mit sehr gemischten Gefühlen gelesen habe, was also die Substanz betrifft, die noch dahinter steht. Aber er hatte das innerlich nicht aufgegeben, hatte nicht realisiert, was inzwischen damit war.

Ich habe noch ein zweites Heft ausgelegt, das ein Freund von mir – Jürgen Link – Linsky sein Name - drüben veröffentlicht hat: »Hyperion« als Nationalepos und Prosa. Das ist - sozusagen - die westliche Linke in ihrem Verhältnis zu diesem nationalen Thema und - überaus genau und vorsichtig, der Jürgen Link. Auch das lohnt sich zu sehen.

Also, ich meine, dass wir uns an Hölderlin bewusst machen können, was – ich würde fast sagen: Der geheimste Text gewesen ist hinter dem Versuch eines sozialistischen deutschen Vaterlandes, den wir hier gemacht haben - und weiter als an dieser Spanne können wir auch kaum wahrnehmen, wie wir versagt haben und was uns versagt geblieben ist.

Hölderlin ist so ein Topos hier gewesen - bis an die Spitze, als Stephan Hermlin sein »Scardanelli«-Hörspiel geschrieben hatte – Scardanelli, so hat sich Hölderlin spät, in den letzten Jahren, manchmal unterzeichnet, das hängt – ich will das einmal einblenden – mit seiner Rheinhymne zusammen. Dort - von einem Platz, den er da gesehen hatte und von dem aus er wohl auch gedichtet hat, die Rheinhymne gedichtet hat: Dort gibt es ein Dorf Scardanal. Und wenn er sich dann »Scardanelli« nennt, zuletzt, dann hat es mit dem Rhein zu tun. Und für mich - besonders mit dieser Stelle in der Rheinhymne, die irgendwie - berührt das Reinste, was hiermit gedacht gewesen ist:

»Ein Rätsel ist Reinentsprungenes. Auch
Der Gesang kaum darf es enthüllen. Denn
Wie du anfingst, wirst du bleiben,
So viel auch wirket die Not,
Und die Zucht, das meiste nämlich
Vermag die Geburt,
Und der Lichtstrahl, der
Dem Neugebornen begegnet.
Wo aber ist einer,
Um frei zu bleiben

Sein Leben lang, und des Herzens Wunsch
Allein zu erfüllen, so
Aus günstigen Höhn, wie der Rhein,
Und so aus heiligem Schoße
Glücklich geboren, wie jener?«

Scardanal, das ist so ein Dorf irgendwo gegenüber. Hölderlin zuletzt nennt sich Scardanelli. Und dieses Scardanelli-Stück hat - weil sie ja befreundet waren - der Hermlin auch dem Honecker geschickt und Honecker hat ihm - unsicher, weil er wahrscheinlich - woher auch?, nicht Bescheid wusste, geantwortet: Wie gut, dass es Scardanelli gibt - darauf. Die waren sich jedenfalls einig, die beiden, über diesen innersten Grund, aus dem das hier unternommen werden sollte. Und ich glaube, dass diejenigen, die jetzt den letzten Chef dieses Staates hier vor Gericht stellen wollen, überaus unbefugt dazu sind. Die haben ja diesen Versuch überhaupt nicht unternommen.

Es hat sich getroffen, dass, als ich zurückkam, das erste Buch, das mir hier geschenkt wurde - das hat die Rosemarie Heise mir geschenkt: Das war das letzte, nicht mehr ganz vollendete Buch meines Lehrers Wolfgang Heise, das hieß: »Hölderlin - Schönheit und Geschichte«. Und das Generalthema Hölderlins sei – so Wolfgang Heise, der die ganze DDR-Zeit irgendwie dissident verbracht hat und als Parteimitglied – wer Hölderlin gewesen sei: Der Dichter des Untergangs und Übergangs des Vaterlandes - das ist diese ganze Geschichte, nicht erst seit 1917, sondern seit Hölderlin. Und weiter: Des Untergangs und Übergangs des Vaterlandes. Diese Formel steht in einem Aufsatz Hölderlins - der gar nicht zur Veröffentlichung bestimmt war - über das Werden im Vergehen – also, darüber, dass der Untergang auch etwas wert sein kann: Über den Untergang und Übergang des Vaterlandes. Und sein Thema sei gewesen, sagt Heise - er zeigt es - wenn jemand ihn kannte, hier, in der DDR, den Hölderlin, durch und durch, dann war das Heise: Vaterländische Umkehr – Umkehr des Vaterlandes. Und da ja nach 1945 aus eigenem - in dem Land, in dem wir jetzt leben, nichts passiert ist außer dem gescheiterten Versuch hier, steht das mehr denn je auf der Tagesordnung: Umkehr des Vaterlandes. Und ich bin sehr sicher, wenn ich auch denke - welche Rolle dieses vereinte Deutschland jetzt im europäischen und Weltzusammenhang einnimmt - dass ökologische Umkehr, über die ich ja hier so intensiv gesprochen habe, ohne vaterländische Umkehr in Deutschland nicht zu haben ist, eine D-Mark-Begründung reicht einfach nicht aus. Nicht einmal für das, was immer die »nationale Frage« genannt worden ist hier - die unverändert steht - das Thema: »Wie kann der deutsche Imperialismus und Militarismus zum Stehen gebracht werden«: Das haben wir hier mit Recht die »nationale Frage« genannt und nicht dieses Vereinigungsthema, sondern - erst recht natürlich, wenn wir da nichts zum Stehen bringen können - das nicht zum Stehen bringen können, was durch den D-Mark-Antrieb also expansionistisch fortgetrieben wird - und das verlangt dann natürlich neue nationale Institutionen -: Dann ist sicherlich nichts zu retten – also, die Erfahrung, dass bisherige Versuche und Projekte es nicht gebracht haben, bedeutet nicht, dass man sich nicht mehr damit befassen soll, denke ich.

Hölderlin selber – nämlich, um dieses Gedicht: »Der Tod fürs Vaterland« anzufangen, gewissermaßen - also, indem es in seinem eigentlichen geistigen Kontext dann steht: Wer war das - 1770 geboren, im selben Jahr wie Beethoven und Hegel, und 1843 gestorben - aber sein Werk endet 1804,1805; 1806; 1807; 1811; es endet auch nicht vor 1843 - aber da ist diese Katastrophe – also, was man seinen Wahnsinn nennt - das setzt ein 1802, 1803,1804 ist wohl der Umschlag. Charlotte von Kalb am 28.1.1806 an Jean Paul: »Ich las vor einigen Tagen die Briefe von Hölderlin wieder - die drei, die ich von ihm bewahre. Einst gab ich sie Ihnen zu lesen - Sie haben sie nicht geachtet, wie ich meine. Dieser Mann ist jetzt so wütend wahnsinnig, dennoch hat sein Geist eine Höhe erstiegen, die nur ein Seher, ein von Gott Belebter haben kann. Ich könnte vieles von ihm sagen.« - Um die Zeit war er fast schon nicht mehr rasend wütend, sondern still geworden, schrieb paar Jahre später, wohl 1811, der gereimten Sprache immer noch - oder wieder – mächtig:

Das Angenehme dieser Welt hab ich genossen.
Die Jugendstunden sind, wie lang, wie lang verflossen;
April und Mai und Julius sind ferne.
Ich bin nichts mehr; ich lebe nicht mehr gerne! –

Es hatte sich erfüllt, was in dem jetzt bekanntesten seiner Gedichte steht - in »Hälfte des Lebens« (...):

Im Winde klirren die Fahnen /
Trostlos und kalt klirren die Fahnen.

Charlotte von Kalb hatte Hölderlin 1794 kennengelernt - da war er also 24. Und wenig später hat er dann die Parzen gebeten – also, die, die im griechischen Raum - die den Lebensfaden abschneiden: »Nur einen Sommer gönnt, ihr Gewaltigen, nur einen Herbst zu reifen« (...). Viel mehr hat er im Grunde nicht gehabt, etwas länger war der Sommer - es waren ungefähr zehn Jahre, von 1792 – 1793 - 1794 bis 1802 – 1803 - 1804. Sein Eigentum – sagt er selbst – ist nichts gewesen als - über Franz Schubert, »Du holde Kunst«, dieses Lied: Sei du, Gesang, mein freundlich Asyl.

Aber auf eine Weise hat dieser Dichter gesungen, die außerordentlicher ist, als wir das bisher wahrgenommen haben - auch in diesen Texten, die hier in der DDR immer so gerne zitiert worden sind.

Ich denke, dass er sich immer mehr erweist als Deutschlands weitest reichender Dichter. Und wie er das versteht, sein Dichten, das klingt spät – ich meine: spät, bei ihm, nämlich irgendwann - ich glaube, 1801 oder 1802 - so:

»Doch uns gebührt es, unter Gottes Gewittern,
Ihr Dichter! mit entblößtem Haupte zu stehen,
Des Vaters Strahl, ihn selbst, mit eigner Hand
Zu fassen und dem Volk ins Lied
Gehüllt die himmlische Gabe zu reichen.
Denn sind nur reinen Herzens,
Wie Kinder, wir, sind schuldlos unsere Hände,

Des Vaters Strahl, der reine, versengt es nicht
Und tieferschüttert, die Leiden des Stärkeren
Mitleidend, bleibt in den hochherstürzenden Stürmen
Des Gottes, wenn er nahet, das Herz doch fest.«

- »Uns gebührt, unter Gottes Gewittern,
Ihr Dichter! mit entblößtem Haupte zu stehen
Des Vater Strahl, ihn selbst, mit eigener Hand
Zu fassen und dem Volk ins Lied
Gehüllt die himmlische Gabe zu reichen«

Hölderlin ist weitestreichend, weil er am zeitlosesten in seiner Zeit steht, weil er auf das Ewigdauernde hört in seiner Zeit - umso nötiger, wenn sich der Zeitgeist, der Kleingeist der Zeit, immer mehr vom Ewigdauernden entfernt und sich den Maschinen anvertraut.

»Dem Volk ins Lied gehüllt die himmlische Gabe zu reichen«

Sonderbarerweise hat er seinen höchsten Punkt bei dieser allgemeinsten Aufgabe, bei dieser Zeitlosigkeit, in dieser angeblichen Abstraktion, gerade in Gedichten erreicht, die sich unter der Überschrift »Vaterländische Gesänge« zusammenfassen ließen - so stehen sie denn in der Werkausgabe. Man hat ihn übrigens schnell in der Hand, das Werk – ja, man macht jetzt mehrbändige Ausgaben, mit Varianten und Varianten, aber - es sind 1300; 1400; 1500 Seiten – alles. Das ist auch in einem Band zu haben. »Vaterländische Gesänge«, heißen die.

Diese (...) »ein Rätsel ist rein Entsprungenes« – »rein« jetzt hier ohne »h« – »ist rein Entsprungenes - die Städte in vaterländischen Gesängen - jetzt ist die Frage: Was heißt Vaterland - was ist das?

Das ist für Hölderlin bestimmt kein guter Nationalstaat. Es ist in erster Linie Natur – große Natur, wenn der Meister euch ängstlich sagte: Fragt die große Natur um Rat: Das ist großer Frieden, der damit zusammenhängt, das ist vor allem der Ort, an dem die Götter einkehren.«

Ich habe dort - etwas vergrößert, aus »Hyperions Jugend« - die Stelle ausgelegt, in der Diotima ihren und seinen komplementären Traum ausspricht. Dort ist auf zwei Seiten des Hyperion – »Hyperions Jugend«, das ist ein Fragment - der vaterländische Traum in (...) zu lesen. Er geht zurück, der vaterländische Traum, auf eine Jugenderfahrung, die wohl später als normal in die Schule - oder in die Übermacht der Schule - und übers Erwachsenwerden hineingeführt hat, wo sich länger - das heißt, in die Zone und in die Phase, wo sich das Denken schon entwickelt, hinein - der Naturkontakt erhalten hat.

Da ich ein Knabe war,

Rettet‹ ein Gott mich oft

Vom Geschrei und der Ruthe der Menschen,

Da spielt‹ ich sicher und gut

Mit den Blumen des Hains,

Und die Lüftchen des Himmels

Spielten mit mir.

Und wie du das Herz

Der Pflanzen erfreust,

Wenn sie entgegen dir

Die zarten Arme streken,

So hast du mein Herz erfreut.

Vater Helios! und, wie Endymion,

War ich dein Liebling, Heilige Luna!

Oh all ihr treuen Freundlichen Götter!

Daß ihr wüßtet,

Wie euch meine Seele geliebt!

Zwar damals rieff ich noch nicht

Euch mit Nahmen, auch ihr

Nanntet mich nie, wie die

Menschen sich nennen

Als kennten sie sich.

Doch kannt‹ ich euch besser,

Als ich je die Menschen gekannt,

Ich verstand die Stille des Aethers

Der Menschen Worte verstand ich nie.

Mich erzog der Wohllaut

Des säuselnden Hains

Und lieben lernt‹ ich

Unter den Blumen.

Im Arme der Götter wuchs ich groß

Das ist der vaterländische Urgrund bei Friedrich Hölderlin. Das zweite ist dann die Heimat. Die Heimat ist auch kein Nationalstaat. Das ist eine

Landschaft, dessen Städte - das ist der Neckar, der Main, das sind Rhein und die Donau und über den Bodensee hängen die Alpen dann da hinein.

Aus »Die Wanderung« – »Suevien« ist Schwabenland:
»Glückselig Suevien, meine Mutter,
Auch du, der glänzenderen, der Schwester
Lombarda drüben gleich,
Von hundert Bächen durchflossen!
Und Bäume genug, weißblühend und rötlich,
Und dunklere, wild, tiefgrünenden Laubs voll
Und Alpengebirg der Schweiz auch überschattet
Benachbartes dich; denn nah dem Herde des Hauses
Wohnst du, und hörst, wie drinnen
Aus silbernen Opferschalen
Der Quell rauscht, ausgeschüttet
Von reinen Händen, wenn berührt
Von warmen Strahlen
Kristallenes Eis und umgestürzt
Vom leichtanregenden Lichte
Der schneeige Gipfel übergießt die Erde
Mit reinestem Wasser. Darum ist
Dir angeboren die Treue. Schwer verläßt,
Was nahe dem Ursprung wohnet, den Ort.
Und deine Kinder, die Städte,
Am weithindämmernden See,
An Neckars Weiden, am Rheine
Sie alle meinen, es wäre
Sonst nirgend besser zu wohnen.«

Das ist Hölderlins Heimat.

Es gibt ein frühes Gedicht » ... der Themse Stolz« – das viel über die einstige historische Konstellation sagt. Es ist Kepler gewidmet – Kepler, dem Astronomen – und was er dort gelobt - oder worin er Schwaben lobt: Das ist das Newton, nämlich - »der erhabenen Themse Stolz«, ist der Beiname, den er Newton gibt – also, des reichen, fortgeschrittenen Albions Stolz - ist auch von Albion die Rede – dass dieses fortgeschrittene England in Kepler Suevien anerkannt hat. Da beginnt das Vaterland – Schwaben - sozusagen. In Deutschland war ja damals nichts als Staat – also, darauf kann sich - schon von daher - der Tod fürs Vaterland natürlich nicht beziehen.

Seit die Fürsten sich im Großen Bauernkrieg - und seit dem 30-jährigen Krieg war Deutschland der Ort, auf dem die fremden Heere sich trafen und wo sie ja gerade zu Hölderlins Zeit auch wieder ostwärts, westwärts durchgingen. Und die Schlachten waren hier – Völkerschlacht bei Leipzig – also, nicht auf Bismarck-Deutschland kann sich das beziehen, es kann sich nicht einmal beziehen auf das Deutschland der Befreiungskriege gegen Napoleon, denn Hölderlin hat bis 1804, jedenfalls, und später - hat er dann darauf nicht mehr Bezug genommen - seine Ode an »Buonaparte« zurückgenommen. Den mag er verkannt haben, aber - das passt natürlich nicht in die Befreiungskriege. Ich weiß nicht, wie er sich später dort gehalten hätte.

Ich erinnere an eine Stelle aus dem »Hyperion«, die vielleicht die meisten von ihnen doch kennen: Wo er sich auslässt über die Deutschen. Was für Barbaren wir hier sind: Handwerker, Siedler, Philosophen, Dichter und so fort - aber keine Menschen hier und dass wir also in der Werkstatt so dumm vor uns hin arbeiten und der Macht unserer Dinge uns ausliefern, zu unseren eigenen Sachen nicht kommen - also, diese berühmte Schelte aus dem »Hyperion« an Deutschland. Es ist also wirklich nicht wahrscheinlich, dass er mit (...) dann gesehen hätte in Befreiungskriegen – also, Vaterland – das war um die Zeit ein bisschen Frankreich, das war ein bisschen Rheinbund, das war – und das ist das Jakobinische daran: Dass sein Alabandra - das ist eine andere Figur im »Hyperion«, nämlich sein Freund; der homburgische Staat - Homburg war ein Zwergstaat - der homburgische Staatsrat Isaak von Sinclair: Dass der in einer Verschwörung beteiligt war, um Schwaben zur Republik zu machen, unter Ausnutzung des internationalen Kräfteverhältnisses - etwas vor der Zeit. Das brach dann zusammen, es schlug geographisch engstens mit Hölderlins Katastrophe in eins, der Untergang dieser Verschwörung. Sinclair ist dann auch eine Weile auf einer Festung gewesen. Und es war - vor allem Griechenland - also, das war - wenn »Tod fürs Vaterland«, dann ging es um solche Schlachten wie Marathon, wie Salamis, wie die Thermopylen – also, um die Abwehr dieses Einbruchs der Perser, der orientalischen Despotie, des Kaiserreichs – des asiatischen Kaiserreichs – über diese athenische Demokratie, die er natürlich über - dermaßen idealisiert hat, wo er gesehen hat, was er sehen wollte: fast Republik der Könige und Königinnen. Daran hat er gar nicht gedacht, aber - Diotima war in der Nähe und war der Stern über dieser Existenz. Griechenland – wenn man wissen will – also, was das Vaterland war, dann gibt es ein – also, wo das – also, außer »Hyperion« gibt es ein wunderbares langes Gedicht, »Der Archipelagus« - das ist der Gott, eigentlich, das Mittelmeer als Gott der Griechen – und da will ich jetzt die erste Stunde schließen, nämlich vor diesem Hintergrund: Hölderlins Gesang des Deutschen – also, er selbst - Gesang des Deutschen, der (…) ist, ganz vortragen: - Das Griechische wird man wiederfinden.

Gesang des Deutschen

Vis consilî expers mole ruit sua;
Vim temparatam Di quoque provehunt
In majus.

              Horat

O heilig Herz der Völker, o Vaterland!
Allduldend, gleich der schweigenden Mutter Erd‹,
Und allverkannt, wenn schon aus deiner
Tiefe die Fremden ihr Bestes haben!
Sie ernten den Gedanken, den Geist von dir,
Sie pflücken gern die Traube, doch höhnen sie,
Dich, ungestalte Rebe! daß du
Schwankend den Boden und wild umirrest.
Du Land des hohen ernsteren Genius!
Du Land der Liebe! bin ich der deine schon,
Oft zürnt‹ ich weinend, daß du immer
Blöde die eigene Seele leugnest.
Doch magst du manches Schöne nicht bergen mir;
Oft stand ich überschauend das holde Grün,
Den weiten Garten hoch in deinen
Lüften auf hellem Gebirg‹ und sah dich.
An deinen Strömen ging ich und dachte dich,
Indes die Töne schüchtern die Nachtigall

Auf schwanker Weide sang, und still auf
Dämmerndem Grunde die Welle wellte.
Und an den Ufern sah ich die Städte blühn,
Die Edlen, wo der Fleiß in der Werkstatt schweigt,
Die Wissenschaft, wo deine Sonne
Milde dem Künstler zum Ernste leuchtet.
Kennst du Minervas Kinder? sie wählten sich
Den Ölbaum früh zum Lieblinge; kennst du sie?
Noch lebt, noch waltet der Athener
Seele, die sinnende, still bei Menschen,
Wenn Platons frommer Garten auch schon nicht mehr
Am alten Strome grünt und der dürftge Mann
Die Heldenasche pflügt, und scheu der
Vogel der Nacht auf der Säule trauert.
O heilger Wald! o Attika! traf Er doch
Mit seinem furchtbarn Strahle dich auch, so bald,
Und eilten sie, die dich belebt, die
Flammen entbunden zum Äther über?
Doch, wie der Frühling, wandelt der Genius
Von Land zu Land. Und wir? ist denn Einer auch
Von unsern Jünglingen, der nicht ein
Ahnden, ein Rätsel der Brust, verschwiege?
Den deutschen Frauen danket! sie haben uns
Der Götterbilder freundlichen Geist bewahrt,
Und täglich sühnt der holde klare
Friede das böse Gewirre wieder.
Wo sind jetzt Dichter, denen der Gott es gab,
Wie unsern Alten, freudig und fromm zu sein,
Wo Weise, wie die unsre sind? die
Kalten und Kühnen, die Unbestechbarn!
Nun! sei gegrüßt in deinem Adel, mein Vaterland,
Mit neuem Namen, reifeste Frucht der Zeit!
Du letzte und du erste aller
Musen, Urania, sei gegrüßt mir!
Noch säumst und schweigst du, sinnest ein freudig Werk,
Das von dir zeuge, sinnest ein neu Gebild,

Das einzig, wie du selber, das aus
Liebe geboren und gut, wie du, sei –
Wo ist dein Delos, wo dein Olympia,
Daß wir uns alle finden am höchsten Fest? –
Doch wie errät der Sohn, was du den Deinen,
Unsterbliche, längst bereitest?

Ende des 18. Jahrhunderts also, die Musik, die Philosophie, die Dichtung:

Nun sei gegrüßt in deinem Adel, mein Vaterland,
mit neuem Namen, reifeste Frucht der Zeit
du letzte und du erste aller Musen,
Urania sei gegrüßt mir
das ist ein Name der Aphrodite: Urania –
sei gegrüßt mir.
Noch säumst und schweigst du, sinnest ein freudig Werk,
das von ihr zeuge,
sinnest ein Neugebild, das einzig wie du selber,
das aus Liebe geboren und gut wie du sei
Wo ist dein Delos, wo dein Olympia,
dass wir uns alle finden am höchsten Fest,
doch wie errät der Sohn, was du den Deinen,
Unsterbliche, längst bereitest.«

Da ist da die Hoffnungsfrage und - was das Verhalten Deutschlands in der Welt betrifft, was er da gehofft hat. In der späteren Hymne an die Germania, an die Göttin der Deutschen - das war, er nahm sie wahr als »wehrlos und Rat gebend rings den Königen und den Völkern«.

(Pause)

- bei vaterländischer Umkehr, im »Hyperion« erst einmal sozusagen naiv auf folgende Weise aufgeworfen: Da ist also dieser Befreiungskrieg der Griechen – Hyperion ist ja Grieche in dem Briefroman – die sich von der türkischen Knechtschaft losmachen wollen. Und da gibt es eine Operation, die auf das Städtchen Visistra gerichtet ist - das ist halt nahe Sparta; das hat alles symbolische Bedeutung – also, im alten Sparta. Und dieser Zusammenhang im Hyperion, dieser politische Zusammenhang zeigt sich so: Hyperion spricht also aus, programmatisch: Der neue Geisterbund kann in der Luft nicht leben, die heilige Theokratie des Schönen muss in einem Freistaat wohnen; das ist diese schwäbische Republik auch, natürlich - und der will Platz auf Erden haben und diesen Platz erobern wir gewiss. Und Diotima antwortet ihm: Du wirst erobern und vergessen, wofür.

Er schreibt ihr dann – aus dem Felde, sozusagen: Voll rächerischer Kräfte ist das Bergvolk hier herum – also, unter den Belagerern, sozusagen – liegt da wie eine schweigende Wetterwolke, die nur des Sturmwinds wartet, der sie treibt. Diotima, lass mich den Boten Gottes unter sie hauchen. Lass mich ein Wort von Herzen an sie reden, Diotima. Fürchte nichts. Sie werden so wild nicht sein. Ich kenne die rohe Natur, sie höhnt der Vernunft, sie steht auf einem Bunde mit der Begeisterung. Wer nur mit ganzer Seele wird, irrt nie. Es bedarf des Klugseins nicht, denn keine Macht ist -

Und es dauert nicht lange, da muss er einen anderen Brief schreiben, in dem steht:

Es ist aus, Diotima. Unsere Leute haben geplündert, gemordet ohne Unterschied, auch unsere Brüder erschlagen - die Griechen in Isidra, die Unschuldigen - oder irren sie hilflos herum und ihre tote Jammermiene ruft Himmel und Erde zur Rache gegen die Barbaren, an deren Spitze ich war. Nun kann ich hingehen und von einer guten Sache predigen. O, nun fliegen alle Herzen mir zu. Aber ich habs auch klug gemacht: Ich hab meine Leute gekannt. In der Tat, es war ein außerordentliches Projekt, durch eine Räuberbande meine (...) zu pflanzen.

Das ist natürlich Reflexion über die Revolutionserfahrung, über die Jakobinerdiktatur in Frankreich, die hier steht. Und es ist nun verhältnismäßig wohlfeil, Vorsichtsschilder aufzustellen und - hier geht es um ein politisches Problem: genau auf der politischen Ebene auch irgendwelche Vorkehrungen treffen zu wollen, die dann doch beim nächsten Mal versagen – also, eine Verfassung zu machen etwa, die dann kein Reichs-(...) mehr vorsieht, damit nicht wieder so was passieren kann – so, diese Lösung.

Hölderlins Versuch, fast gleichzeitig mit dem »Hyperion« begonnen und nicht vollendet - wahrscheinlich aus Kunstgründen nicht vollendet, weil es also als Drama schwer zu machen war, mit dieser Sache tiefer umzugehen, mit der Frage, wie kann man denn – also, bei diesem Thema: Ich kenne die rohe Natur, sie höhnt der Vernunft, sie steht aber im Bunde mit der Begeisterung – wenn es nur darum geht, in einer wirklichen Bedrohung, in einer tiefen Krise - das war übrigens in den 20er-Jahren auch eine tiefe Krise, und die ökologische Krise ist eher noch tiefer - wenn es dann darum geht – also, sozusagen - das Volk zu rufen und es stellt sich dann heraus, dass man vielleicht eine Räuberbande ruft und wer weiß – also, ich meine, er fragt sich natürlich am Ende, ob er nicht selber einer dieser Räuber war, ob das die anderen sind - was das ist, wie damit umgehen. Und die Antwort darauf ist – also, das, was Wolfgang Heise dann auch eine »nationale Tragödie« nennt, eine philosophische Tragödie, die - eine Art Mysterienspiel, »Der Tod des Empedokles«. Und wir haben es hier wieder mit diesem Opfermotiv zu tun – also, mit dieser wahrscheinlich wahren Begebenheit – halb Legende, halb Sage – dass sich Empedokles auf der Hälfte seiner Bahn schon – also, auf Hälfte des Lebens, irgendwie, in den Ätna gestürzt hat, um sich mit dem Feuer wieder zu vereinigen – also, mit der Großen Natur, mit dem Feuer wieder zu vereinigen. Und man hat dann ästhetische Kritik gegen ihn geübt - die vielleicht auch erklärt, warum das Ding nicht fertig wurde - in dem Punkt - also, ob denn nun – also, vom Dramatiker - das Opfer auch gut begründet sei.

Ich will kurz vorher sagen, wo ich dieses Thema sehe - und dann mit dem Text etwas verdeutlichen:

Es gibt drei Gründe - das will ich nur einmal sagen, das ist jetzt vielleicht auch nen bisschen Vorlesung oder Lehre im schlechten Sinne - die mir das Opfer wohl zu begründen scheinen, da - und zwar jenseits der Frage, die ich am Anfang da kurz berührt habe - was da nun an patriarchaler Psychologie im Besonderen noch drin stecken mag, sondern - Gründe, die mit diesem politischen Problem zusammenhängen, das ich eben berührt habe:

Das eine ist die eigene Überhebung des Empedokles, der gemeint hat - da er so guten Kontakt mit den Göttern hat - er könne jetzt mit den Kräften auch wirtschaften, er könne da regieren und kommandieren. Und das sieht so privat aus, in der Tragödie, für Menschen, die nicht gewohnt sind - also, sozusagen - aus dieser mystischen und psychologischen Dimension das Ganze zu sehen. In Wirklichkeit ist das menschheitsexemplarisch, was dort also ein Held – Empedokles – also, einer, der den anderen vorhergegangen, aber auch mehr Verantwortung trägt: Was der da praktiziert hat - also, sozusagen - die Hybris, dem Göttlichen - und hier: Den Mächten der Natur gegenüber - wohlgemerkt. Empedokles ist vorsokratisch in seiner Philosophie – also, das hat nichts mit – ihr habt das ja auch gehört – die Götter sind nicht Gott und das ist – also, Helios – also, die Sonne, der Mond, die Pflanzen, die Tiere: Dieser Zusammenhang ist der göttliche Zusammenhang. Und dagegen – also, die Überhebung ist zu sühnen, um wieder angenommen zu werden.

Auch in der ersten Fassung des »Empedokles«, in einer Brunnenszene – oben, als er Wasser trinkt, auf dem Berg, aber schon mit dem Entschluss, sich da in den Ätna zu stürzen - kommen ihm die Kräfte noch einmal wieder, er hatte nämlich den Naturkontakt verloren wegen dieser Überhebung.

Der zweite Punkt ist, dass er sich opfern, dass er mindestens verschwinden muss aus (…) - um der Entfaltung der allgemeinen Freiheit und Selbstbestimmungsfähigkeit der Bürger willen, dass sie stellvertretend nicht in die Freiheit und auch gar in die Wiedervereinigung mit der Natur, den Naturkontakt zurückgeführt werden könnten. Er – also, sie projizieren es auf ihn: Er wird es ja für sie machen - das ist der zweite Grund, dafür nicht zur Verfügung zu stehen.

Es ist sehr zugespitzt von Wilhelm Reich – ich glaube, Jochen Kirchhoff will ihn in seiner Vorlesung noch behandeln – in seinem Buch »Christusmord« gezeigt worden, dass   also, unter denen, die geschrien haben: Kreuzigen! - sehr viele waren enttäuschte Anhänger – also, die sich darauf geworfen hatten - und dann hat er es nicht gebracht und erwies sich als schwach: Die konnten ihn kreuzigen. Und das ist von Wilhelm Reich zuletzt so verstanden worden, dass Christus selber schuld war -

das ist jetzt eine zweite Frage – sondern, nur – also, ich will jetzt nicht über das Evangelium anfangen, nur - diese Zuspitzung in der Parallele zeigen: Das Thema ist das zweite in Hölderlins »Empedokles«-Fragment.

Und das dritte ist, dass eine Rat gebende Autorität, wie sie ja wünschenswert wäre – also, auch Germania – wehrlos Rat gibt rings den Königen und den Völkern: Dass die überaus schwer zu realisieren ist, wenn einer schon einmal Präzeptor war, wenn man ihm die Königswürde schon angetragen hat – also, dann ist auch in der politischen Struktur eigentlich die Unmöglichkeit des Fortgangs angelegt – also, das, was in der Internationale dann heißt »Es rettet uns kein höheres Wesen, kein Gott, kein Kaiser noch Tribun, uns aus dem Elend zu erlösen können wir nur selber tun« - in seiner höchsten spirituellen Bedeutung: Das ist sozusagen der dritte Grund.

Es muss sich das Werden und Vergehen, es muss sich der Untergang und Übergang des Vaterlandes vollziehen dadurch, dass das Spirituelle, das charismatische Potenzial sich in tendenziell allen entfaltet.

Shelley zur gleichen Zeit hat es so in seiner Promethie, in seinem Prometheus-Drama geschildert; er sagt also:

Und königlose Throne und dass die Menschen nun friedlich einer mit dem anderen gingen – so, wie es die Geister tun: Und keiner kroch und keiner trat den anderen, weder Hass noch Furcht, noch Stolz, noch eitel Eigensucht, noch Selbstverachtung standen mehr geschrieben auf Menschenstirn. Keiner in banger Furcht erhob (…) Befreit nun bleibt der Mensch und zepterlos, beengt durch keine Schranke, jeder gleicht dem anderen, ohne Rang und Stamm, gebunden an keine Scholle. Bürger nur der Welt, sein eigener König: mild, gerecht und weise.

Das ist die Dimension - die politische Dimension, in der Hölderlins »Empedokles«- Drama spielt. Das grundlegende Thema ist das erste Thema. Das Thema der Hybris und das Thema des positiven Umgangs mit den Naturkräften, der Bewältigung dessen, was in unserer Ideologiegeschichte »dionysisch« genannt worden ist. Das steht hier deutlich dahinter, obwohl es - in diesem Drama dieses Moment nicht so im Vordergrund steht, aber - das ist dieses Thema von der rohen Kraft der Natur, aber mit Begeisterung gekoppelt. Und es ist jetzt einfach die Frage, ob das geistig beherrscht werden kann. Das ist vielleicht die allermeiste Dimension, was diese Wiederkehr des Naturthemas jetzt betrifft – also, was eigentlich passiert, wenn man die Tiefenkräfte, die so gedemütigt und damit auch verböst worden sind in diesem kulturellen Prozess – Unbehagen in der Kultur, wie Freud das genannt hat: Wenn man die nun ruft - was passiert da? Und die Antwort, die Hölderlin im Kontext des »Empedokles« - aber etwas später noch - diesbezüglich gegeben hat, die hat besonders eindringlich - das kann ich nur empfehlen, es steht noch nicht in meiner Literatur – der westdeutsche Germanist und Philosoph Manfred Frank entfaltet in Büchern: »Der kommende Gott« und »Gott im Exil«, wo unter dem Dionysos-Gesichtspunkt die ganze nationale Geistesgeschichte von der Frühromantik bis zur Hitlerzeit behandelt worden ist. Nicht nur rechts, sondern auch links, bei Gustav Landauer oder bei Robert Musil – also, dieses Thema zieht sich dort durch: Wie kann - wenn denn Dionysos gerufen werden soll - wie kann das bewältigt werden? Und dass - die große Tragödie, kenntlich unter anderem an dem Punkte, dass die Leute um die Zeit Hölderlins – Beethoven, zum Beispiel, und Hölderlin - den Versuch gemacht haben, Christus und Dionysos zusammenzudenken, während für die spätere Phase dann, bei Nietzsche, schon ganz charakteristisch war: Dionysos oder der Gekreuzigte - wo schon der Gekreuzigte gar nicht Christus ist, irgendwo erkennt Nietzsche den eigentlichen Christus beiläufig einmal an. Aber das Prinzip, das höhere Prinzip, das Geistprinzip, das das regieren kann, fällt aus. Und das ist natürlich nun nicht einfach ideologisch passiert, sondern das ist im Zusammenhang mit der deutschen Rückständigkeit, die schnell materiell aufholen wollte, passiert. Die sehr schnell materiell aufholen wollte, sodass – also, praktisch diese Höhe der Klassik - der Frühromantik, der Klassik, die Höhe Hölderlins und Goethes, Beethovens und unserer Philosophie: Dass das nicht gehalten werden konnte. Das steht also hier dahinter. Und Hölderlin, ganz vorsichtig und vorausschauend, hat in einem seiner letzten späten Gedichte das Thema folgendermaßen noch berührt, auf Deutschland hin - da ist schon Fragmentarisches - ich lese also auch über Lücken, jetzt, hier, irgendwie - der wohl den Text nicht mehr ausgefüllt hat, dieses Dionysos-Thema. Hier kommt es im Namen der Diana – also, es geht um die Einbindung dieser dionysischen Kräfte. Hier heißt es:

Darum geht schrecklich über die Erde Diana,
Die Jägerin, und zornig erhebt unendlich bedeutungsvoll
sein Antlitz über uns der Herr
Indes das Meer seufzt, wenn er kommt.
O wäre es möglich zu schonen mein Vaterland!
Doch allzu scheu nicht, es würde
Lieber sei unschicklich und gebe mit der Erinnye
– also, das ist die Rachegöttin - fort, mein Leben

– also, wenn er zu scheu ist - (…) - sagt er
Doch allzu scheu nicht, lieber sei unschicklich
und gebe mit der Erinnye fort mein Leben,
Denn über der Erde wandeln gewaltige Mächte
und es ergreifet ihr Schicksal den, Der es leidet
und zusieht und ergreift den Völkern das Herz,
Denn alles fassen muss ein Halbgott oder ein Mensch,
dem Leiden nach, indem er Höret allein oder selber verwandelt wird,
Fern ahnen die Rosse des Herrn.

Das heißt - also, auch diese Erfahrung, die er reflektiert in dem »Hyperion« da, kann kein Grund sein – also, das Thema fallenzulassen. Diese verfluchte Tabuisierung des Themas »Dionysos« – also, des Wagnisses, die Kräfte aus den Tiefen zu rufen - und vor diesem Hintergrund gesehen – also, da das Empedokles-Thema - und das Empedokles-Thema – also, der Anfang des Empedokles-Themas, die Frage – also, Hybris den Naturmächten gegenüber: Das ist schon in der Versfassung des »Hyperion« aufgeschrieben - so:

… so konnte keine Lieb in mir gedeihen,
Ich freute mich des harten Kampfs, in dem das Licht die alte Finsternis bekämpft, Doch kämpft ich mehr, damit ich das Gefühl der Überlegenheit erbeutete, als um die Einigkeit und (…) Stille den Kräften mitzuteilen, die gesetzlos des Menschen Herz bewegen.
Achtet auch die Hilfe nicht, womit uns die Natur entgegenkömmt
In jeglichen Geschäfte des Bildens, nahm die Willigkeit nicht an, womit der Stoff dem Geiste sich erbietet
Ich wollte zähmen, herrschen wollte ich.

Wir können es nicht verleugnen: Wir rächen uns selbst im Kampfe mit der Natur auf ihre Willigkeit. Und irren wir, begegnet nicht in allem, was da ist, unserem Geist ein freundlicher verwandter Geist und birgt sich lächelnd nicht in - dass er gegen uns die Waffen kehrt: ein guter Meister hinter seinem Schemel -

Das war nicht mehr naiv - schon in der Versfassung des Hyperion, die sehr früh, sehr früh in den ganzen Ablauf der zehn Jahre Hölderlins, dieses Thema - und jetzt: Der Empedokles selber klagt sich an, am Anfang:

Ich war geliebt, geliebt von euch ihr Götter
Nein, es war kein Traum
An diesem Herzen fühlt ich dich, du stiller großer Äther
Es ist vorbei und du verbirg dirs nicht,
du hast es selbst verschuldet, armer Tantalus
Das Heiligtum hast du geschändet,
hast mit frechen Stolz den schönen Bund entzweit, Elender,
als die Genien der Welt voll Liebe sich in dir vergaßen,
dachtst du an dich und wähntest, karger Tor,
an dich die Gütigen verkauft,
dass sie dir, die Himmlischen, wie blöde Knechte (...)
Ich sollt es nicht aussprechen, heilige Natur, jungfräuliche
Die dem rohen Sinn entflieht,
Verachtet hab ich dich und mich allein zum Herrn gesetzt,
ein übermütiger Barbar.
An eurer Einfalt hielt ich euch hier rein in
immer jugendlichen Mächte, die mich mit Freud erzogen,
mich mit Wonne genährt und weil ihr immer gleich
mir wiederkehrtet, ihr Guten, ehrt ich eure Seele nicht.
Ich kannt es ja, ich hatte es ausgelernt, das Leben der Natur.
Wie sollt es mir noch heilig sein, wie einst.
Die Götter waren mir dienstbar geworden,
ich allein war Gott und sprachs mit frechem Stolz heraus.
O glaub es mir – es spricht sein Freund – ich wäre lieber nicht geboren.

Also, so ist sein ursprünglichstes Motiv – also, die Sühne zu suchen in diesem Opfertod, in diesem – also, dem Ätna sich anzuvertrauen, auch wenn das in der späteren Entwicklung der Entwürfe - er ist ja nicht ganz zusammengekommen - dann so nicht mehr im Vordergrund steht, aber - dieses Thema der menschlichen Hybris: Den Naturkräften zusammen - die sich technisch dienstbar zu machen.

Heidegger hat gezeigt, wie früh das beginnt - wie früh das beginnt, dass die Griechen da schon dabei gewesen sind. Dass uns - Empedokles selber, in seiner Geschichte, ist ein Mann, der da wirklich ganz an der frühesten Schwelle stand, das ist noch gar nicht Platon und Aristoteles, aber - hier ist eigentlich der – also, die Weggabelung und er zeigt durch seinen Abgang an, dass er erkannt hat, was da verfehlt ist.

Und jetzt, wie der zweite Punkt real dann in der Tragödie erscheint – also, die Frage, ob der Präzeptor - wie der Präzeptor, wie der fortgeschrittene Geist der wirklichen Entfaltung des Vaterlandes – also, der Vaterstadt in diesem Falle – Agrigentum, in Sizilien spielt das - im Wege sein kann. Die große Szene, wo es darum geht, ob er denn – auch die Schilderhebung ist das, der wird nicht eingesetzt - die Schilderhebung akzeptieren will, wie es Könige ja immer akzeptiert haben.

Lange dachten wir, sagt einer der Bürger nun, du solltest König sein. Es hat schon einen Anlauf natürlich darauf genommen - als sie ihn nämlich wiederhaben wollen, nachdem er abgehauen ist, auf den Ätna, schon – lange dachten wir, du solltest König sein - o sei es, ich grüße dich zuerst und alle wollen es. Empedokles, ganz in der Hölderlin-Zeit auch, natürlich: Dies ist die Zeit der Könige nicht mehr. Die Bürger: Wer bist du, Mann - unbegreiflich ist das Wort, so du gesprochen.

- Empedokles: Hegt im Neste denn die Jungen immerdar der Adler? Für die Blinden sorgt er wohl und unter seinen Flügeln schlümmern süß die Ungefiederten ihr dämmernd Leben. Doch haben sie das Sonnenlicht erblickt und sind die Schwingen ihnen reif geworden, so wirft er aus der Wiege sie, damit sie eigenen Flug begehen. Schämt euch, dass ihr nur meinen König wollt – ihr seid zu alt.

Zu eurer Väter Zeit wäre es ein anderes gewesen - euch ist nicht zu helfen, wenn ihr selber euch nicht helft, die Freuden sendet, die ihr mir versprochen. O lasst uns scheiden, ehe Torheit uns und Alter scheidet - sind wir doch gewarnt. Und eines bleiben: Die zu rechter Zeit aus eigener Kraft die Trennungsstunde wählten. So lässest du uns ratlos stehen?, fragen die. Empedokles: Ihr botet mir eine Kron, ihr Männer? Nehmt dafür von mir mein Heiligtum – eine Botschaft nämlich, die jetzt kommt – ich spart es lang, in heitern Nächten oft, wenn über mir die schöne Welt sich öffnet, die heilige Luft mit ihren Sternen allen, als ein Geist voll freudiger Gedanken mich umfing: Da wurde es oft lebendiger in mir. Mit Tagesanbruch dacht ich, euch das Wort, das ernste, lang verhaltene, zu sagen. Und freudig ungeduldig rief ich schon vom Orient die goldene Morgenwolke zum neuen Fest, an dem mein einsam Lied mit euch zum Freudenchore wird, herauf. Doch immer schloss mein Herz sich wieder, hofft auf seine Zeit. Und reifen solltet ihr es - heut ist mein Herbsttag und es fällt die Frucht von selbst. O hätt er früher nur gesprochen, vielleicht ist alles (...) nicht geschehen, sagt sein Freund. Empedokles: Nicht ratlos stehen lasse ich euch, ihr Lieben - aber fürchtet nichts. Es scheuen die Erdenkinder meist das Neue, Fremde. Daheim in sich zu bleiben stellet nur der Pflanze Leben und das frohe Tier. Beschränkt im Eigentume sorgen sie, wie sie bestehen und weiter reicht ihr Sinn im Leben nicht. Doch müssen sie zuletzt, die Ängstigen, heraus und sterbend kehrt ins Element ein jedes, dass es da zu neuer Jugend und im Bade sich erfrische. Menschen ist die große Lust gegeben, dass sie selber sich verjüngen und aus dem reinigenden Tode, den sie selber sich zur rechten Zeit gewählt, erstehen wie aus dem Styx - das heißt, wie aus der Unterwelt - die Völker.

O gebt euch der Natur, eh sie euch nimmt. Ihr dürstet längst nach Ungewöhnlichem. Und wie aus krankem Körper sehnt der Geist von Adrigent aus dem alten Gleise. So wagt es, was ihr geerbt, was ihr erworben, was euch der Vätermund erzählt, gelehrt, Gesetz und Brauch der alten Götter Namen: Vergesst es kühn und hebt wie neugeboren die Augen auf zur göttlichen Natur, wenn dann der Geist sich an des Himmels Licht entzündet. Süßer Leben und Lebensart um euch den Busen wie zum ersten Male tränkt und goldener Früchte (...) und quellen aus dem Fels. Wenn euch das Leben der Welt ergreift, ihr Friedensgeist, und euch es wie heiliger Wiegengesang die Seele stählt, dann aus der Wonne schöner Dämmerung der Erde Grün von Neuem euch erglänzt und Berg und Meer und Wolken und Gestirn, die edlen Kräfte, vor euer Auge kommen, dass die Brust nach neuen Taten klopft und eigener schöner Welt: Dann reicht die Hände euch wieder, gebt das Wort und teilt das Gut - o dann, ihr Lieben, teilt auch Tat und Ruhm wie treue (...) jeder sei wie alle, wie auf schlanken Säulen – wo auf richtige Ordnung in das neue Leben und euren Bund befestige das Gesetz.

Also, das hinterlässt er ihnen als Botschaft, aber - sie müssen es schon selber machen.

Es sprechen, wenn ich ferne bin, statt meiner des Himmels Blumen.
Blühendes Gestirn und die der Erde tausendfach entkeimt
die göttliche gegenwärtige Natur bedarf der Rede nicht
und nimmer läßt sie einsam euch, wo einmal sie genaht,
denn unauslöschlich ist der Augenblick von ihr
und siegend wirkt durch alle Zeiten, beseligend hinab,
sein himmlisch Volk.

Also, das ist die Verkündigung gewissermaßen, mit der er geht. Und er wird dann in der letzten Fassung von einem Seher, der aus Ägypten kommt, der – also, sozusagen - höchste Autorität hat ihm gegenüber, aus der ältesten Zeit, ihn noch einmal prüfen will auf diese Frage des Fortgangs hin, gefragt: Ob er denn das geleistet hat, um das es geht. Ob er denn die Versöhnung, die große Versöhnung Mensch–Natur; Mensch–Mensch schon zustande gebracht hat. Und er verteidigt sich gewissermaßen gegen diese Frage. Die Frage lautet hier, an ihn gerichtet noch: Der eine doch, der neue Retter fasst des Himmels Strahlen ruhig auf – das erinnert an dieses Dich-ter-Thema: so, das war das Strahlen - der eine dort, der neue Retter fasst des Himmels Strahlen ruhig auf und liebend nimmt er, was sterblich ist, an seinen Busen. Und milde wird in ihm der Streit der Welt. Die Menschen und die Götter segnet er aus und nahe wiederleben sie wie vormals.

Das sagt dieser alte Ägypter und meint damit – also, hast du das gebracht, dann könntest du ja gehen. Aber er meint: Du hast es nicht gebracht – also, dann mach doch hier. Und die Antwort - gar nicht in diesem Schlussteil, sondern an einer anderen Stelle - es geht halt, weil es Fragmente sind, alles noch etwas durcheinander - die sehe ich in den Zeilen, mit denen ich das hier dann schließen will:

Er sagt zu ihm: Ihr dürft leben, solange ihr Atem habt, ich nicht – also, jemand, der so weit gekommen und gegangen ist wie er: Es muss beizeiten weg, durch wen der Geist geredet. Es offenbart die göttliche Natur sich göttlich oft durch Menschen. So erkennt das viel versuchende Geschlecht sich wieder, doch hat der Sterbliche, dem sie das Herz mit ihrer Wonne füllte, sie verkündet - o lasst sie dann zerbrechen das Gefäß, damit es nicht zu anderem Brauche dient und Göttliches zum Menschenwerk nicht werde. Lasst diese Glücklichen doch sterben, lasst, eh sie in Eigenmacht und (...)

und Schmach vergehen, die Freien sich bei guter Zeit den Göttern liebend opfern. Das heißt, der Empedokles hält es für nur zu wahrscheinlich, dass er sich verführen lässt.

Ich will zum Schluss dann nur noch sagen, dass ich also den Empedokles so auch erst die letzten Monate gelesen habe und dass der Schlussteil meiner »Logik der Rettung« - der politische Schluss, wo ich die Frage nach dem »Fürsten der ökologischen Wende« stelle – also, ihn weniger vielleicht in Worten als im ganzen Gestus – also, nicht besteht davor. Das muss ich neu fassen.

Jetzt wirklich schöne Weihnachten.

(Beifall)

(Zuhörer)
    - dass Sie den Schluss ihres Buches »Logik der Rettung« in Anbetracht ihrer Studie von Hölderlin - können Sie es einmal ein bisschen präzisieren?

Bahro:
    Also, ich habe nicht vor, mich jetzt über die Weihnachtsferien hinzusetzen, weil das so weit noch nicht gediehen ist in mir. Ich sehe nur, dass der Gestus, in dem es geschrieben ist, zu viel Präzeptorisches hat – also, Präzeptor heißt ja – also, Vorkämpfer, Vordenker – also, Bescheid sagen, wie es zu gehen hat. Und der Punkt ist eigentlich nicht, dass man nicht sagen soll, was man für richtig hält und wo es der eigenen Meinung nach lang gehen sollte - das ist nicht der Punkt, sondern - ob es nicht zu stellvertretend vorgetragen wird für andere und mit einer Resonanz, die eigentlich eigensinnig im schlechten Geiste ist. Das ist – also, was Empedokles an sich selbst beklagt und was auch in diesem Vers - Hyperion-Fragment - ist, wenn man es dann für sich nimmt. Wenn man sich zu sehr mit drin hat und da ist - also, immer erst hinterher habe ich gemerkt, wie viel Machtwille in meinen Sachen steckt, persönlicher Machtwille - und das ist, was da etwas verderben kann daran. Ich bin jetzt nicht der Meinung, dass ich nun den Schluss der »Logik der Rettung« vergessen sollte, dass da alles falsch ist: überhaupt nicht, sondern nur - ich glaube - also, so geht es noch

nicht. So ist es nicht hinlänglich - und vor allem nicht hinlänglich richtig - im Sinne von »Richtung«, eigentlich, wie wir geistig und seelisch mit der Sache umgehen sollten.

Es ist erstaunlich – also, in dem Fragment – hier, von dem »Empedokles« - sind die Bürger von (...) »rechte Waschlappen« – also, heute laufen sie ihm nach und morgen laufen sie dem Priester nach. Aber ich denke, dass das auch darstellerisch – also, das ist noch nicht bewältigt. Es hängt auch damit zusammen, dass das ganze Drama so auf die eine Figur zugespitzt ist. Wir haben jetzt ein solches Kontinuum von Bewusstsein in der Bevölkerung – mit Kontinuum meine ich Leute, die vielleicht auch ein bisschen wenig Licht noch haben, aber - die ganze Skala bis zu verhältnismäßig viel Licht. Es ist wahrscheinlich überhaupt nicht nötig, dass das so - irgendwie so - so konzentriert wird und dass also die Hierarchie gleich wieder riskiert wird in diesem Feld. Ich meine, die würde das wahrscheinlich wieder eher bremsen und verderben, worum es geht – also, was nicht wirklich akzeptiert ist an ökologischer Wendepolitik - einmal so politisch verkürzt gesagt - das zieht sowieso einen Rückschlag nach sich, der den Gesamtprozess bloß verzögern wird, wenn er denn zustande kommt. Und da ist einfach zu viel - also, zu den Äpfeln greift man - schneller gesagt - irgendwie, in der Art, wie ich das geschrieben habe - den Schluss.

- doch immer noch ein bisschen zu viel – also, wie in dem Hyperion-Text, den ich da vorlas, Blauäugigkeit über - was die Dämonen betrifft, die natürlich auch im Volke wohnen, via - zugehörig zum Volk. Es hängt vielleicht auch damit zusammen, dass die - dass meine »Logik der Rettung« im dritten Teil noch zu asiatisch ist – also, dort, wo ich über die Subjektivität der Rettung, über die spirituelle Perspektive rede. Diese Sachen halte ich eigentlich alle für richtig, bloß - ich denke, dass ich mit der Geistigkeit Hölderlins irgendwie dichter dran bin, an der Sache - der Frage, wie das in Deutschland passieren könnte – also, sozusagen - es hat doch noch ein Zentrum, in dem Sinne, jetzt - geistig gesehen. Ich war sozusagen in dem Teil zuwenig dabei aufzuheben, was unsere Klassik und unsere Frühromantik – da, Musik und so was - das da geleistet war – wiederum: Was dort steht und dass wir die Asiaten brauchen: Alles klar. Ich habe das noch nie in der Vorlesung gezeigt, diese asiatischen Traditionen, sondern nur – also, es ist ja ein Suchprozess, so was – also, nach einer Politik in Deutschland suchen, die über die gegebene Verfassung hinausgeht und man kann sich nicht genug sozusagen korrekturbereit da zeigen.

- kennen ihn. Das spielt da sicher mit hinein. Also, Hölderlin ist u. a. deutlich Muttersohn gewesen, in vielerlei Sinne, hat sich auch in seinen späten Sachen dann - also, als er nicht mehr bei all seinen Kräften war, werden die Briefe wieder devot an die Mutter und so – also, das spielt da sicher mit hinein - nur habe ich immer den Eindruck gehabt, dass er es immer jeweils durch das eine Schlüsselloch jagt, -alles, das er da gerade behandelt. Und von dem Ereignis, das Friedrich Hölderlin war, ist sozusagen nichts Wesentliches berührt, wenn man das feststellt, mit dem Muttersohn, obwohl es wahr ist – also, solange man es einfach sozusagen aufklärerisch kritisch so behandelt wie der Pilgrim. Für mich - also, das Wichtige wäre eigentlich immer vor der Kritik: Auch, wo der Punkt schon real ist, den der da behandelt, müsste zuerst nach der Stärke gefragt werden - und was bedeutet Muttersohn zu sein dann an der Stelle? Und dann hat man es problematischer behandelt - und dann: Absehen von dem ganzen Thema, um zu sehen – also, was ist das für ein Horizont, der dort gefasst wird? Und die Götter – also, dass die einmal, geschichtlich gesehen, diese Götter Griechenlands, im Gegenzug zur Großen Mutter zustande gekommen sind: Das wird weltgeschichtlich wahr sein. Das ist sicher nicht bis zu Ende bewältigt, inzwischen – nicht, weil da ein notwendiger Fortschritt war, einerseits - und zugleich hat er sich auf barbarische Weise vollzogen, wie die großen Dramen der Tragiker zeigen, Antigone und Elektra und so fort. Und da muss also erst etwas versöhnt werden - aber das geht nur vorwärts, das geht, glaube ich, mit Hölderlin nur vorwärts - und indem man, auch, was diese Götter betrifft, fragt – also, was das Positive, das Notwendige daran ist.

Die tiefste Erklärung über - was die Götter sind, habe ich bei dem amerikanischen Forscher Julian Jaynes gelesen, das Buch heißt: »Über die Entstehung des Bewusstseins im Zusammenbruch des Zweikammergeistes«, ein ganz komischer Titel erst einmal, aber - der handelt davon, dass bei den Griechen da die Götter Realhalluzinationen waren – also, etwas weit Überbiografisches, dass das eine – also, wenn man es biologisch jetzt sagt: Eine Realhalluzination, das heißt – also, in dem Augenblick - das zeigt er, wo der Achilles dem Agamemnon gegenübersteht – das ist der Kriegskönig und er ist der stärkste Held: er steht ihm gegenüber und will ihn eigentlich erschlagen, den Agamemnon, weil er ihm eine Beutefrau weggenommen hat - und Athene fällt ihm in den Arm, beschützend ihn und den König, den Kriegskönig beschützend - und der Julian Jaynes macht mindestens sehr wahrscheinlich, dass das – also, gesellschaftliche menschliche Wirklichkeit war. Weder der Achilles hat das entschieden noch der Agamemnon, sondern Athene griff ein. Das heißt: Diese überpersönlichen Seelen- und Geistesmächte des Menschen - das sind die Götter gewesen, später dann Gott - und deswegen nimmt Hölderlin das Christusthema so ernst, er will sie zusammenbringen, er will zum Feste laden den Christus und den Dionysos und der Christus ist aber – also, schon allein, dass er sich vertragen soll mit dem Gott, der (…) - das hat natürlich nichts mit dem Stift zu tun, dem protestantischen, aus dem er da kommt. Also, das – also, mir ist völlig klar, dass große Passagen heute erst einmal als Geschwafel tönen, aber das - weil wir keinen Zugang mehr dazu haben - und das gehört - wenn es schon nötig ist, dass wir diese mutterrechtliche Zeit neu zur Geltung kommen lassen, diese älteste Schicht, dann müssen wir die nächste Schicht, die Götter, auch zu ihrem Recht kommen lassen, wir müssen Gott zu seinem Recht kommen lassen. Und der wichtigste Gedanke allerdings zu diesem Punkt, der steht - bei Hölderlin selber ist der so genannt: Es kehrt jetzt – jetzt oder 200 Jahre: ist kein großer Unterschied, da – es kehrt ein Gott um den anderen heim, mit dem Schwert – her, ins Herz. Das heißt: Was da an Projektion ist, das verliert sich, bloß - es ist von wirklichen Mächten der menschlichen Existenz die Rede bei den Göttern. Und das Gute im - also - und nicht gelöst ist die Sache – es kehrt ein Gott mit dem anderen heim – in der individualistischen Form der Psychotherapie, die jetzt bei uns üblich ist, weil da sozusagen der – also, die Götter sind eine Angelegenheit der Polis, d. h. des ganzen Gemeinwesens - und dieser soziale Charakter des menschlichen Geistes kommt dann in der Individualpsychotherapie meistens zu kurz, obwohl - das Bewusstsein, das dort behandelt wird, ist gesellschaftlich, seinem Wesen nach, nur - das wird nicht mit ins Bewusstsein gehoben. Also, ich glaube, dass da einfach - dass möglichst viele Menschen …

… nicht zerfallen ist mit der großen Natur.

Der Arm der Götter, in dem er da groß gewachsen ist, das wird wohl sehr großen Teils der Arm der Göttin sein. Und dieses Gefühl, im Weltall, im Universum aufgehoben zu sein, wie man vielleicht im Mutterschoß einmal aufgehoben war, das könnte ja vielleicht die grundlegende Schicht für eine Wiederversöhnung sein mit dem kosmischen Zusammenhang.

Zuhörer:

Dann muss ich mich fragen: Wo sollen wir uns denn überhaupt wiederfinden, wenn nicht im All?

Bahro:

Du, wir haben uns ja da getroffen unter deinen Bäumen, vorgestern. Da muss ich noch eins vorlesen:

Aus den Gärten komme ich zu euch ihr Söhne des Berges!
Aus den Gärten, da lebt die Natur geduldig und häuslich,
pflegend und wieder gepflegt mit den fleißigen Menschen zusammen.
Aber ihr, ihr Herrlichen, steht wie ein Volk von Titanen
in der zahmeren Welt und gehört nur euch und dem Himmel,
der euch nährt und erzog und der Erde, die euch geboren.
Keiner von euch ist noch in die Schule der Menschen gegangen
und ihr drängt euch fröhlich und frei aus der kräftigen Wurzel
Untereinander herauf und ergreift wie der Adler die Beute
Mit gewaltigen Arme den Raum, und gegen die Wolken
Ist euch heiter und groß die sonnige Krone gerichtet.
Eine Welt ist jeder von euch, wie die Sterne des Himmels
Lebt ihr, jeder ein Gott, in freiem Bunde zusammen
Könnt ich die Knechtschaft nur erdulden, ich neidete nimmer
Diesen Wald und schmiegte mich gern ans gesellige Leben.
Fesselte nur nicht mehr ans gesellige Leben das Herz mich,
Das von Liebe nicht läßt, wie gern würde ich unter euch wohnen.

Also, wie ein Volk unter Titanen in der zahmeren Welt und gehört nur euch und dem Himmel, der euch nährt und erzog und der Erde, die euch geboren. Also, der Baum, der Mensch – ich meine, die Krone ist wie unser Gehirn, eigentlich - ist ja der Spiegel des ganzen Zusammenhangs. Und mir ging es eigentlich gar nicht sonderlich gut mit mir selber, die letzten Tage da draußen - und diese Bäume, die ja sogar im Winter ihr Laub nicht verlieren, waren das eigentlich Tröstliche. Und weißt du, die sind ja direkt so gebaut, dass sie das Gegenstück des Himmels sind - des ganzen Himmels, der immer da ist – also, Kosmos: Wir neigen dazu – so, hier, der gestirnte Himmel - als das Allerfernste darunter zu verstehen und deswegen sage ich das. In Wirklichkeit ist es uns ja nah und das, was im Baume treibt und in uns treibt, ist ja ebenso kosmisch - wie irgendwas Entferntes.

Zuhörer:

Goethe sagt ja, dass das Leben gegeben ist vom ersten Tag bis zum Begräbnis und das Fühlen und das, was wir wahrnehmen - ja, als Lebewesen - ansonsten sind wir nichts, denn erst mit der Befruchtung oder erst - sagen wir: Erst mit dem Urknall fängt ja die Entwicklung an, denn von da ab werden erst Atome erzeugt - vorher nicht.

Bahro:

Du, es ist doch alles schon da. Ich meine jetzt - das ist die kleine individuelle Biografie, aber - das alles ist doch da, das alles ist da. Und es ist eigentlich nur die Frage, ob wir uns in einen gleichklingenden Zustand versetzen, der mit dem »wie Eichen sind« stimmt.

Ja, suchst du das Höchste, das Größte: Die Pflanze kann es dich lehren,

was sie willenlos ist, sei du des wollend – weiß nicht, welcher - Schiller oder Goethe.

Sei du es wollend – also, hier sind - in unserem Willen sind wir leider nicht - wir bringen das bisher leider nicht, so zu sein, wie sie es willenlos richtig sind, stimmig sind. Wir haben den Willen, d.h. muss nicht abgeschafft werden, sondern muss so gereinigt und qualifiziert, auch - könnte man sagen - werden, dass er wieder stimmt.

Also, was ich zeigte, war, dass der (…) des Begriffs, irgendwie - er ruht auf Natur, auf - auf dem, wie er in der Natur ist, der Mensch in der Natur ist und auf Heimat und dann erst kommt überhaupt das Thema. Und das Thema kommt natürlich auch vom Zusammenstoß der Völker her – also, vom Vergleich her. Und es ist dann die Frage, wie man sich stellen - und da hat Hölderlin sich entschieden – also, dafür, dass man bestenfalls wehrlos Rat gibt rings den Königen und den Völkern. Und was aber mit der Vaterlandsfrage vielleicht gestellt ist: Das ist das Problem der sozialen Ordnung, der richtigen Institution. Er spricht irgendwo im »Empedokles« auch von den Ordnungen, die auf dieser Freiheit der Eichbäume, eigentlich - die richtigen Ordnungen - beruhen sollen »und euren Bund befestige das Gesetz«, d.h. das, was da sich da in diesem Konsens, in der Vereinbarung sich als notwendig herausgestellt hat, das muss im Gesetz befestigt werden. Und dann steht natürlich noch die Frage – also, in welcher Verfassungsform jetzt dieser Gesetzgebungsprozess, dieser Ordnungsprozess - in welcher Form das gemacht wird und in welcher Art von Rahmen etwa, weil - wenn wir zu viele sind, braucht man - z. B. braucht man - Repräsentation ist nicht vermeidbar dann – also, wie müsste dieses institutionelle System auch beschaffen sein? Nur, der Fehler ist immer - darauf bin ich auch ein bisschen hereingefallen, noch – also, wenn man sich zu früh mit diesen weiteren Fragen - die dann Fragen des Verstandes sind, wo die Lösung sich in Wirklichkeit auch findet: Wenn man sich zu früh damit befasst, dann lenkt man eigentlich von der eigentlichen Aufgabe, diese Ordnung erst einmal geistig richtig zu denken und sich über das Wesen und den Inhalt des jetzt notwendigen Gesetzes klar zu werden - von der Frage lenkt man ab und gleich – also, könnte uns nicht wer Falsches regieren, beispielsweise: Das als die wichtigste Frage dann - ist Ablenkungsmanöver. Deswegen ist es das Beste, dass man sich wirklich – also, der Übergang zum Thema Vaterland, der liegt wirklich in der Frage der Ordnung in dem jeweiligen Volks- oder Staats- oder Vielvölkergebilde, in dem man jeweils lebt. Dort muss die richtige Ordnung gedacht werden. Und wenn große Unordnung herrscht da – also, ich glaube, es gibt keinen deutlicheren Hinweis als diesen: Auf die Schwäche – ja, Abwesenheit des Geistes in solchen Verhältnissen. D.h. dass die Menschen völlig – also, unter sozusagen relativ niedrigere Instanzen ihres eigenen Seins – also, verteilt sind, dass also die Teile, die darüber hinausragen in jedem Menschen: Dass die nicht geformt, nicht selbst erzogen und auch nicht assoziiert sind, dass da – also, keine - dass eine Verfassung, wenn denn einmal eine da war, innerlich zerfallen ist. Und dann – also, der Wiederaufbau kann dann eigentlich nur über Selbstfindungsprozesse - aber verstanden als sozial – also, gesellschaftliche, als politische im Sinne der Polis, des Gemeinwesens - gehen und über - wenn es keine Stämme, selbst Stämme nicht mehr geben soll – also, die Menschen als - die Menschheit überhaupt als ein großer Stamm: Dann heißt das eigentlich, dass sich die Menschen aus ihrer Einzelheit zu Kreisen zusammenfinden müssen, die - bis in die Ordnungsfrage hinein - ihre eigene Existenz prüfen.

Hölderlin selber hofft, dass sein Dichten eine Art Kristall sei, an dem Deutschland wie das Licht sich prüfe, das heißt – also, eigentlich - ich meine, jeder müsste versuchen, so ein Kristall zu sein.

Ach – also, ich glaube, dass in einem bestimmten Sinne Europa vereint ist. Also, der Tagore, aus Indien blickend, der große Dichter, hat gesagt: Europa ist eine Nation - und Indien ist viele. Aber dann – also, im Augenblick könnte es leicht passieren – also, jedenfalls Johan Galtung hatte den Verdacht - hier in dem Saal, an einem Sonntagvormittag - dass Europa viel pangermanischer ausfällt, als (…) – gerade, wenn wir das nicht bedenken, wenn wir das Vaterländische, d.h. ich meine einfach diesen nationalen Zusammenhang, in dem wir leben: Wenn wir den nicht beachten - Brüssel - oder weiß ich wer - oder Europa oder so. Also, ich denke, dass die Bundesrepublik, zum Beispiel – also, das Wesen ihrer Geschichte, was die nationale Frage betrifft – jetzt, innen – also, war sozusagen als erklärtes Selbstverständnis des Staates – blöde die eigene Seele leugnen können – gesagt hat. Aus gutem Grund allerdings, weil nämlich – also, mit ihrer Naziverhaftung überhaupt nicht ins Gericht gegangen ist - jedenfalls nicht ernstlich.

Da waren eben vielleicht nicht - aber es ist ja - die heutige Verfassung - Demokratie ist ja, ich glaube, fast geschenkter gewesen als die hier gescheiterte Ordnung - also, von außen dann freudig aufgenommen und als Ersatzlösung, da - und mit dieser Verfassung oder auch nicht Verfassung, die das also vom Volke her gesehen ist, kann man natürlich eigentlich den Dämonen des Mammons nur hinterherstürzen. Es ist überhaupt nicht anders möglich, weil das - hat doch auch die Bundesrepublik nicht mehr als D-Mark hier zu bieten - jetzt, als Staat gesehen. Das war ihre wirkliche Substanz und das ist auch ihre Stärke jetzt. Ja, ich meine, das war diese Wiederaufbauleistung - ich will es gar nicht madig machen, dies nach 1945. Das ist da so gelaufen, so erfolgreich, aber: vor dem Hintergrund Amerikas - den wir hier nicht hatten, wir waren mit der schwachen Supermacht so verbunden. Und wenn das jetzt – also, so, ohne dass wir neu durchdenken: Was ist das eigentlich für ein Staatszustand in uns - jetzt einfach so weitergeht, dann also kann dieser Nachkriegsmaterialismus jetzt nur gesamtdeutsch werden - weiter kann da nichts passieren. Und das wird ganz verhängnisvoll. Der Galtung hat ja schon gesehen – also, da werden sich dann - weiß ich - in gar nicht allzu langer Zeit der Herr Mitsubishi und der Herr Daimler am Ural treffen, unser Herr Daimler wird sich - also, ich glaube zwar, pro Tag 100 km und die Japaner pro Tag 200 km darauf zu investieren. Dann werden sie sagen: Zweiter Weltkrieg, Stalingrad: gelöst, so - und er hat auch gesagt, übrigens, dass auf diese Weise natürlich das Vierte Reich - das wir ja jetzt nun einmal haben – also, für sich selbst wieder am verhängnisvollsten sein würde.

Deswegen also, meine ich einfach, muss dieser nationale Zusammenhang durchdacht werden. Und ich denke, das geht nicht politisch, rein politisch, oberflächlich. Ich habe ein Buch von dem Bading durchgeblättert - Arnulf Bading, so ein approbierter Politologe - über Deutschland, nun. Da werden – also, sozusagen - unter dem Gesichtspunkt sämtlicher politischen Befürchtungen, die man von außen auf Deutschland projizieren könnte, alle diese Sachen untersucht - dieselben Themen wie bei Galtung. Und unterm Strich kommt heraus – also, für mich jedenfalls: Man hätte es auch lassen können – also, es ist alles noch einmal geschwatzt, was da so die letzten Jahre seit 1945 – immer, wenn sich einmal etwas muckste in der Bundesrepublik, gesagt wurde und wo sich die Politiker immer in den Wind geschlagen haben und wo Genscher dann halt da nach Israel und zugleich nach Syrien und nach Jordanien flog und mit dem Scheckbuch wedelt. Das ist die Politik, die dann dabei übrig bleibt, schlechten Gewissens immer noch - weil man sich auch nicht auseinandergesetzt hat mit dem, was da wirklich geschehen ist und das – also, das, das ist der gefährlichste Zustand, den man sich in einer Zeit vorstellen kann, in der wir eine - wirklich, eine neue Ordnung brauchten, um uns dieses Problem der Hybris gegenüber der Natur definitiv zu lösen.

Ich habe hier voriges Mal zufällig gesagt, dass die ganze wunderbare Verfassung der Bundesrepublik – jetzt, der Text: Dass das ihrer Funktion nach eigentlich für Zauberlehrlinge ist, die dabei sind, den Besen immer weiter zu zerbrechen - immer noch einmal fürs Wasserschleppen. Die Überschwemmung ist schon groß genug, aber - die ist geeignet, die ist einfach der Rahmen dafür, die ist so gesetzt für Wiederaufbau und so fort, dass diese Geschäfte weitergehen können. Und das steht in der Verfassung selbst gar nicht drin, sondern das ist - aus diesem ganzen Zustand ist das ihr geschichtliches Wesen und die wird uns aus der ökologischen Krise mit Sicherheit nicht retten. Die ist dafür auch nicht gemacht. Also brauchen wir eine neue Verfassung. Bloß es bringt nichts, dass sich jetzt die Juristen hinsetzen, als Erstes. Das mögen die machen. Und auch dieser Alternativentwurf – ich habe mich ja zumindest das erste Mal da mit - so dazugesetzt, bei Ullmann, als wir diesen - aber auch das bringt nichts, in letzter Instanz jetzt, weil - die geistige Vorarbeit ist nicht geliefert. Aber ich halte es für möglich, dass diese Wunde hier der - die mit der Vereinnahmung und Kolonisierung Ostdeutschlands zu tun hat, jetzt: Dass die – also, sich da als fruchtbar erweist – übrigens, für ganz Deutschland. Und die - auch die besseren Geister, auch drüben, ahnen davon etwas - also, ich meine jetzt: Auch in Westdeutschland, im westlichen Teil - das es – also, mit dem, was hier bisher gelaufen ist, nichts ist. Die wundern sich jetzt erst einmal über den Aufschrei, jetzt, gegen die Demütigung, über die nachträgliche Solidarisierung mit DDR und fast SED. Und ich hatte wohl - stand im »Spiegel« vorige Woche - die ganze Übersicht verloren, dass ich mich mit Heinrich Schütz, der doch kollaboriert hat - nein, Heinrich Fink, der doch kollaboriert hat hier – also, zeige: Die haben gar nichts verstanden einstweilen - nur, dass da etwas anders läuft, als sie bisher gedacht haben.

Zuhörer:

Wie das Denken und Handeln der Menschen heutzutage reglementiert wird - ich finde, das geht an die Grenze des Erlaubten, unterstreiche das schon.

Bahro:

Na gut, da gehört dann die überkommene Sklavenmoral hier mit dazu, zu dem Ding.

(Zwischenrufe, unverständlich)

Bahro:

- aber ich meine, das ist - aber etwas an der Sache stimmt nicht, jetzt - nämlich die Vermutung, dass wir hier speziell belogen würden, sondern - das ist, wie sich die bundesdeutsche Gesellschaft über dieselbe Sache auch in die Tasche lügt. Die hält sich einen Umweltminister, der so heftig mit den Frackschößen und Anzug wedelt und immer hinterherläuft, hinter dem Problem - selber längst weiß, dass es das nicht ist – weiß der, der ist nicht blöd, die sind alle nicht blöd, so, in dem Sinne – das heißt nur - wirklich, das heißt, dass dieses jetzige Deutschland keine Verfassung hat. Bloß es lohnt sich wirklich nicht, in dem Punkt auf die zu schimpfen, denn die DDR hatte nun gewiss keine, was den Umweltschutz betrifft - aber ganz gewiss nicht. Kann man vergessen.

Bahro:

Dir und mir nämlich hier. Der Carsten – Meteorologe – der sagt, dass die Meteorologen - das hat er mir neulich erzählt - sich darüber klar sind: sie können es nicht berechnen. Also, wenn der Wald von hier bis zur Ostsee etwas besser aussieht, dann heißt das noch lange nicht - nichts zu Gunsten von Bitterfeld und so fort oder zu Ungunsten der IG Farben oder so etwas. Also, ich weiß bloß, dass die Industrialisierung der Sowjetunion - nächst dem, was am Amazonas passiert oder gleich damit - die größte Naturkatastrophe ist, die der Mensch je auf der Erde angerichtet hat. Also, die Vernichtung der (...) in der Sowjetunion ist von ungeheuerlichsten Dimensionen. Das ist nur – also, sozusagen – aufgeschrieben, in den Werken von Valentin Rasputin etwa – in »Matjora« und so, was die gemacht haben, da - im Kampf mit denen, die besser sind - also, dass der Aitmatow halt geschrieben hat: Moskau ist – also, gezeigt hat, dass Moskau eigentlich eine Agentur des Geheges ist, wenn wir alles da reinschmeißen – also, unbedingt gegen die zu gewinnen und die gleich große Militärmaschine herauszuholen aus der Erde.

Bahro:

Sicher mit der Geografie ein Stück zusammen, aber was den Reproduktionsprozess und die Ökonomie betrifft, ist das eine Frage von extensiv und intensiv. Also, Brasilien und Russland haben also bei weitem nicht dieselbe industrielle Intensität pro Kopf – Brasilien schon gar nicht, auch weniger als die Sowjetunion, was jetzt die Fläche und die Pro-Kopf-Intensität betrifft, sondern - es ist einfach so: Wenn die Natur ja da ist - Amerika übrigens, Nordamerika, ist auch viel verschwenderischer und vernichterischer als die Bundesrepublik, weil - die glauben noch, die haben es. Der Amazonas ist ja fast noch Feind, die Wälder in Sibirien: Auch fast noch

Feind, vom Menschen her gesehen. Da sind also noch ursprüngliche Dinge mit im Spiel. Und wenn dann, wo die Kultur an die Industrialisierungsprozess noch gar nicht herangekommen war – also, die innere menschliche Verfassung: Wenn dann also die vom Westen geborgten, nicht selbst entwickelten technischen Mächte dann noch über das Bewusstsein übermannen, wenn man sich in Russland - also, statt die Erde zu pflegen, natürlich in den ganzen 70 Jahren völlig auf das Projekt festlegt hat, den, der schon als Sieger designiert war, einzuholen und dann also einen Übermaterialismus natürlich praktizieren muss, wenn man ebensoviel Masse auf die Beine bringen will mit der schwächeren Ökonomie: Dann geht dort die Erde kaputt - aber das ist nicht die Größenordnung. Also, was wir - weshalb das bei uns in den reichen Ländern mit der Umweltkatastrophe so etwas tröstlicher aussieht, vordergründig - obwohl die Verursachung in dieser Dynamik hier liegt - das sind zwei Gründ: Das eine ist, dass wir die Spinne im Netz sind – also, dass wir die Kontrolle über den ökonomischen Gesamtprozess haben und deshalb die Investitionen - nämlich, die Milliardensummen für den Umweltschutz - die die anderen, die (…) nicht haben - und der zweite Punkt ist der relativ organische Industrialisierungsprozess, bei denen die die Entwicklung bestimmen, dass da nicht Generationen völlig vergewaltigt worden sind von der industriellen Maschine, weil sie – also, gerade so - in Deutschland ja auch schon nachholen gegenüber England - oder so hineinwachsen konnten.

Zuhörer:

Also, Rudolf - wir machen uns überall etwas vor.

Bahro:

Nein, nein - was wir uns vormachen - was wir uns vormachen, ist - das machen wir mit dem Unterton in deiner Frage: es müsste sich nur jemand finden, irgendjemand, der das jetzt sozusagen durchführt, während wir – also, was wir da - was uns da bekannt ist, in seinem eigentlichen Wesen noch nicht erkannt haben - wir haben das noch nicht erkannt. Wir sehen das - aber wir haben das nicht erkannt. Also, sozusagen – der empörende Aufschrei - also, warum geschieht denn nichts - der, ja der sollte nach innen gewendet werden.

Zuhörer:

Weil ein voller Bauch nicht gern studiert.

Bahro:

Da denkt man jetzt, es fehlt uns mehr Wissenschaft: Auch das ist nicht wahr - auch das. Sicher es ist nicht falsch, da fehlt auch ein bisschen Wissen - aber der Punkt ist, dass wir diese Selbstbeschränkung bisher auch nicht im Ansatz wirklich zu lernen dabei ist. Uns fällt überhaupt nicht ein, dass wir uns da in den Ätna stürzen können.

Ich meine, ich weiß nicht, ob das genau die Lösung ist, jetzt - ich meine ja nur: Als Gleichnis – also, dass wir - ich meine einfach, dass wir von unserer unverschämten Übermacht – Erste Welt gegen Dritte, hier: Westdeutschland gegen Ostdeutschland, oder so - und Mensch gegen Natur - irgendwas einmal opfern könnten, dass wir einmal losgehen könnten: Darauf kommen wir einstweilen überhaupt nicht. Und das ist - also, was ich meine, ist – also, bis zum gewissen Grade bin ich selbst versucht, sozusagen, dem DDR-Ressentiment jetzt anheimzufallen - mit dem, was uns hier so passiert, mit der Enteignung, Kolonisierung - obwohl die, sozusagen, gar nicht bösartig geplant wird, sondern - die ereignet sich aus regulärer Dummheit und Unwissenheit: so ereignet sich das. Bloß es ist ein Fehler, wenn wir uns da – also, sozusagen - hauptsächlich in unserem Ärger verschanzen, zumal es uns bei der ganzen Sache materiell – also, wir hätten den Raum hier, wir hätten den Raum hier, aus der Enteignung etwas zu machen. Wir haben hier eine Chance, die die Westdeutschen gar nicht haben - die weckt nichts auf wie uns jetzt hier – also, sozusagen - das Wegbrechen sozusagen aller der Sachen, die wir gehabt und geglaubt haben.

R. Bahro:

- Empedokles überhaupt zu sprechen. Das macht nur dann Sinn, wenn wir davon ausgehen: Diese Existenzform, diese Höhe, sozusagen, erst einmal des Tuns und Reflektierens und Seins ist allen Menschen zugänglich. Wir sind irgendwie damit geboren. Und was sich da zeigt, ist der - hat verstoßen – er kann den Verstoß sehen und kann damit umgehen - wie er darauf reagieren soll. Da gibt es das, was »Umkehr« genannt wird, bloß - was in der Bibel anders und vielleicht für unsere Verhältnisse gar nicht so günstig wie bei Hölderlin beschrieben ist: Dieses Thema – also, der Selbstpreisgabe, weil wir zu weit gegangen sind. Ich glaube nicht, dass es heute nur einzelne sind - ich glaube, es sind Millionen Menschen, die sozusagen das, was im »Empedokles«, in dem Stück hier, reflektiert ist, erfahren und erdenken und auch einüben können - dieses Thema einüben können. Und wenn wir das - ich sage einmal bewusst: Auch organisierten – also, auf der vaterländischen Ebene, auf der Ordnungsebene - wenn wir das organisierten, dann könnte da wahrscheinlich etwas passieren, dann könnte (…) aus seinem alten Gleise springen. Im Genotyp liegt fest, dass wir alle diese Themen, diese Probleme haben, dass uns das begegnet. Also, Thema für Thema – »Archetypen«, sagt der Jung dazu - ist egal, wie man das nennt – also, diese Geister, Dämonen, Götter und was auch immer: jeder ist eine innere Instanz, sagt uns etwas über die menschliche Existenz.

Aber die Kultur des Umgangs damit ist das Thema. Und womit wir es jetzt jedenfalls verhindern: Das ist dieser Prozess der materialistischen Selbstverstopfung des Ausgangs - dass wir also 99 % unserer Energie dazu verwenden - selbst wenn wir das Problem schon bearbeiten - es noch zu vergrößern. Ökologisch genannt dann: Die Modernisierung, die industrielle, damit das ganze Ding weitergeht. Also wir stecken es in diese Schein- und Ersatzlösung, in die Weitermachmöglichkeiten hinein. Und dann bleibt natürlich die Kraft nicht für - nach innen Und das ist eigentlich das ist das wirkliche Organisationsproblem, das vaterländische -

So hat es also Hölderlin im »Empedokles« schon für Deutschland bestellt.

(Zuhörer – unverständlich)

Bahro:

Weit, wie, ja – also, das war beiläufig, weil - kann ich einerseits nicht richtig behandeln heute, weil ich nicht genug darauf vorbereitet bin, obwohl ich viel darüber gedacht schon habe - und andererseits wollte ich es heute auch nicht behandeln, obwohl es eigentlich fehlt in dem Zusammenhang. Wir haben es jetzt berührt mit – also, als wir über Mutterrecht und Vaterrecht sprachen. Also, ich meine, eine Zivilisation, die wesenhaft expansiv ist wie unsere – das heißt schon, sie beruht auf einseitigem männlichem Weltverhaltensmodus, heißt das schon: einseitig – nicht, dass es diese expansive Tendenz nicht geben soll, sondern - die ist dann nicht rückgebunden, die geht mit allen durch.

Und es spricht auf der tiefenpsychologischen Ebene vieles dafür, dass das auch mit - bis in die spirituellsten Dinge hinein, mit der Flucht vor Weib und Natur des Mannes - aus Insuffizienz, übrigens, aus einem Empfinden, darin nicht so stark zu sein – also, geistig etwas kompensieren zu müssen, mit dann - in der Regel - in Wirklichkeit sogenannten höheren Kräften, wo es – also, im (…) - eigentlich die Grundkraft, die Urkraft auf der anderen Seite wäre. Das Thema meine ich damit. Also, wir sind ja viel damit umgegangen, hier, in der ganzen feministischen Vorlesungsreihe im vorigen Semester und auch bei einigen Vorlesungen hier kommt immer wieder auf – also, ich habe es ja als das tiefste Thema auf der sozialen Ebene der Selbstausrottungslogik behandelt - das Thema Patriarchat, nämlich – also, der Dominanz des männlichen Prinzips, aber - das Patriarchat herrschend, sozusagen, wie in dem »Empedokles« so deutlich ist. Das heißt schon – also, Hybris, Überhebung, Kompensation – also, da ist schon etwas nicht in seinem - da ist die männliche Energie nicht in ihrer -unbedroht vom eigenen Gefühl her - natürlichen Entfaltung, da wird schon etwas darüber hinaus gemacht, das steckt als Urmodus im Patriarchat drin. Und das ist - daraus, dieses Opferthema – also, es korreliert, sage ich jetzt einmal – also, psychokratisch ausgedrückt, auch nach dem, was man da so statistisch dann einmal erforscht hat, jedenfalls - mit männlichen Schuldgefühlen, Schuldgefühlen männlicher Provenienz, nur unterscheidend von den für Frauen typischen Schuldgefühlen. Und hier, in dem »Empedokles«, ist diese Struktur völlig klar – also, mit dieser Hybris – also, Natur und Frau und so - ohne dass man daraus - ich meine, es gibt auch viel verquaste Psychologie dazu, aber - irgendwie gibt es natürlich doch diese Analogisierung, auch geschichtlich, wirklich und - also, Verstoß – Hybris - der Natur gegenüber ist - dem Weiblichen gegenüber, auch - und in Fällen, wo jemand nicht so - der Mann nicht so aufgehoben sich fühlt, wie dieser Sonderfall Empedokles – also, dann ist ja - dass also noch viel mehr angstbedingt ist - nicht vor seiner Hybris erst einmal erschreckt, sondern schon aus Angst überhaupt in die Kon(…) geht - da ist das Brett ja noch viel dicker, was das betrifft.

(Zuhörer - unverständlich)

Bahro:

- Expedition mitgenommen wird in den Kolonialismus – also, dieses Grundmuster. Und es stellt sich mir wirklich so – also, dass es darum geht, eigentlich, diesen Pfeil wieder zurückzubiegen - das muss ja nicht direkt Kreis werden, so - denn ich glaube, das geht nicht. Der Mensch ist ja sozusagen - nicht zufällig gibt es beides: Kreis und Pfeil, dann - und es ist auch gar nicht falsch, dass die Frau – ich sage einmal jetzt: Den Pfeilgeist (...), sondern nur: Dass es unmöglich war, dass es - seit dem Untergang des Mutterrechts war es unmöglich, dass sie das autonom tut - gesellschaftlich gesehen unmöglich, weil das - verhindert durch die Anlage des Gesamtprozesses. Und das muss wohl korrigiert werden, unbedingt. Vielleicht die Endlichkeit der Erde: Dass wir die jetzt real erfahren, könnte uns ja auch dazu zwingen.

27. Januar 1992

Wie demokratisch ist ökologischer Geist?

Ich deutete das beim vorigen Mal schon an – gedacht als sozusagen die negative Hälfte eines Ganzen, zu dem auch die nächste Vorlesung dann, die dieses Semester ausleiten soll – bis auf das Podiumsgespräch, das dann noch folgt – nämlich das über das Tao und die Macht – beides soll zusammenhängen, deshalb will ich mich in der nächsten Vorlesung darauf konzentrieren, was denn positiv eigentlich der Geist ökologischer Politik wäre - und wie dann mit dem ganzen institutionellen Zusammenhang, mit dem Problem der Demokratie umzugehen wäre.

Heute geht es mir erst einmal hauptsächlich darum – ich nehme an, dass es sich nicht vermeiden lässt, auch auszublicken, aber - hauptsächlich darum, so etwas wie ein bisschen ideologische Flurbereinigung zu betreiben, weil - schon die Fragestellung: Wie demokratisch ist ökologischer Geist? – dahinter steht in der Regel ein ideologischer Verdacht. Ich habe es auch genommen, weil ich mich darauf einlassen will - nicht, weil das eigentlich meine Frage wäre. Und der Totalitarismusbegriff - so sehr er sich vordergründig – also, jetzt auch im allgemeinen Bewusstsein gerade noch einmal stark bestätigt zu haben scheint – also, ist, glaube ich, eine der irrtümlichsten Kategorien, mit denen sich die abendländische Zivilisation so - eigentlich von sich selber, von ihrer inneren Problematik abgelenkt hat, massenhaft gesehen jedenfalls - in den Jahren seit 1945.

Ich will mit diesem Thema anfangen, das heißt, mit dem Thema, was denn eigentlich Totalitarismus sein soll und was es bedeutet, weil - dort – anders noch als bei der Demokratie- und bei der Ökologiefrage – obwohl das alles zwei zusammenhängt – ist eigentlich die Vernebelung am dicksten. Das ist schon daran kenntlich, dass die Totalitarismustheorie im Laufe der letzten 45 Jahre – und eigentlich auch schon von Anfang an, insbesondere jedenfalls in dem großen Werk von Hannah Arendt, »Elemente und Ursprünge totalitärer Herrschaft« - differenziert vorgeht. Zum Beispiel kommt die Hannah Arendt schon 1956 – also, anlässlich – kurz danach – also, anlässlich Chruschtschow – zu dem Schluss, dass das Sowjetsystem nach ihren

Kategorien nicht mehr totalitär genannt werden kann - und die meisten Theoretiker gehen auch davon aus, dass man Kommunismus und Nationalsozialismus nicht gleichsetzen kann. Das heißt, dass diese Identifizierung der beiden Systeme unter der Überschrift »Totalitarismus« mehr verhüllt als aufdeckt - aber in ihrer öffentlichen Wirksamkeit haben auch diese differenzierteren Theorien anders funktioniert. Das kann man ihnen nicht zum Vorwurf machen – oder nur zum Teil, weil da bestimmte Dinge auch in der Theorie nicht ganz klar gegen diesen – vom Standpunkt der Hannah Arendt sicherlich – Missbrauch geschützt worden sind.

Aber – der Punkt, auf den ich es zunächst natürlich abgesehen habe, ist dieser massenhaft vollzogene Verdrängungsprozess, der mit der in der Theorie gar nicht so belegten Identifizierung von Kommunismus und Nationalsozialismus zusammenhängt. Und das Entscheidende scheint mir zu sein, dass diese Gleichsetzung im Grunde genommen – und zwar schon sehr bald – gar nicht mehr darauf konzentriert war, die Gefahr aus dem Osten abzuwehren, sondern dass das praktisch eine begriffliche Konstruktion war, die sich als geeignet erwies, sozusagen die politischen Herausforderungen der ganzen von der westlichen Gesellschaft, von ihren industriellen Erfolgen – natürlich dann auch von ihrer militärischen Macht - herausgeforderten übrigen Menschheit abzuwehren. Wenn wir uns entsinnen an die Vorlesung, die Wolfgang Giegierich hier gehalten hat darüber, wie also durch die abendländische Geschichte hindurch die Abwehr des Schattens immer funktioniert hat – und wenn wir uns auch erinnern, dass Wolfgang Giegerich nun wirklich nicht gerade davon ausging, dass die Abwehr des Schattens günstig für den, der ihn abwehrt, ist: Dann handelt es sich eigentlich um einen Selbstschädigungsmechanismus bei diesem Abwehrmechanismus, bei diesem Wegblicken, sozusagen - heißt das ja immer – einerseits von den da außen bekämpften Tendenzen hier zu Hause – und wahrscheinlich noch mehr von dem internen Entstehungszusammenhang des ganzen Problems.

Also, ehe ich auf das Theoretische überhaupt eingehe, will ich die Frage stellen, wie es eigentlich kommt – und sie so erst einmal im Raum stehen lassen – dass sich also manifest dann nicht-totalitäre Verhältnisse – also, Verhältnisse der bürgerlichen Demokratie, wie wir das bisher genannt haben in der westlichen Demokratie, des Rechtsstaats: Dass sich die eigentlich bisher überhaupt immer nur da gehalten haben, wo auch die wirtschaftliche Macht eigentlich konzentriert war, wo also Gesellschaften in - allerdings dieser abendländischen Zivilisation, die nicht zufällig diesen ökonomischen Durchbruch erzielt hat – und nicht also einfach aufgrund nur negativer Effekte, sondern der produktive Charakter dieser Zivilisation sticht natürlich in die Augen, und es ist gerade also die Effizienz dieser Verhältnisse, die sich jetzt als so gefährlich erweist, nur – das Charakteristische ist, dass diese Demokratien – also, eigentlich rund um die Welt und in erster Linie bei den Völkern, die sich einmal dagegen erhoben haben, dann umgeben sind von mehr oder weniger diktatorischen, despotischen, tyrannischen – wie immer man das nennen will – Verhältnissen. Und der Name, den man also von der fortgeschrittenen weißen Welt – also; von den Traditionen der Französischen Revolution her dann darauf ausgedehnt hat, das ist – man gewann wieder und wieder – also, sozusagen - vor der totalitären Tendenz, die dort herrscht. Und die Befürchtung ist natürlich, dass – also, je mehr wir uns das Meer da zum Feinde machen, umso mehr droht das Meer, von solchen Verhältnissen von außen eingeholt zu werden. Ich meine, solange es eine einzige Sowjetunion gab – oder ins Auge zu fassen gab – etwa, sagen wir einmal, seit 1917 – da konnte man ja noch denken, das hat spezifisch etwas mit diesem Versuch, westliche sozialistische Theorie in unterentwickelten Ländern anzuwenden, zu tun - China konnte es noch einmal bestätigen. Bloß – wir haben ja diese despotischen Herrschaftsformen, diese tyrannischen – und nach manchen Definitionen dann auch zutreffend: totalitären - Regimes nicht bloß in der Sowjetunion gehabt oder in China, sondern - wir hatten sie in Persien, ehe Chomeini kam - und wir haben sie jetzt in Persien - wir hatten die in Chile; es gibt mehr als ein afrikanisches Land, das in dieser ganzen Periode der Entwicklung festgesessen hat, über Jahrzehnte, in solchen Herrschaftsformen - und zwar unter verschiedenster politischer Designierung: Das konnte sich sozialistisch nennen, das konnte sich kapitalistisch nennen – das war eigentlich nicht das Kriterium, sondern - das Kriterium war, dass unter dem Druck eigentlich des Versprechens an die ganze Menschheit, das diese effiziente kapitalistische Welt – was die Bedürfnisbefriedigung betrifft – darstellt (von der Verzerrung will ich jetzt einmal absehen, die da schon drinsteckt, in der Art, wie die Bedürfnisse hier befriedigt werden), aber - dass dieses

Versprechen natürlich einen ungeheuren Druck auf die politischen Verhältnisse in jedem von diesem Standpunkt unterentwickelten Land ausübt. Und ich denke, es wäre zumindest jetzt an der Zeit zu begreifen, dass das also zwei Seiten ein und desselben weltgeschichtlichen Prozesses sind, die demokratischen Verhältnisse in den Ländern – ich sage das einmal verkürzt: Die sich das leisten können, jetzt - ohne nach der Geschichte erst einmal zu fragen, die dann natürlich erklärend auch für die Leistungsfähigkeit – die technische und die ökonomische – ist, aber - das Faktum erst einmal ist, dass sich - dass diesem ökonomisch so leistungsfähigen und als – die Menschen stellen sich, sagte – bedauerte Fidel 1968 einmal so, das gute Leben halt vor wie in Washington, London und Paris. Und wenn sie sich das so vorstellen in einem Land, das die Bedingungen dafür nicht hat, dann führt es zu diesen verschiedensten Erscheinungsformen erst einmal jetzt als totalitär bezeichenbarer Regimes – so will ich das einmal sagen - und was – also, die Ebene dann, die wir uns hier besonders zu Gemüte führen, betrifft, so kann man einfach feststellen, dass ein armes und unterentwickeltes Land, wenn dort die Machthaber stabile Verhältnisse suchen, in der Regel mehr Geheim- und Staatssicherheits- mehr Repressionskräfte beschäftigen wird als ein Land, wo die Bevölkerung im Konsens mit den grundlegenden zivilisatorischen Errungenschaften ist – die dort aber auch vorgeschrieben werden. Also glaube ich, dass es wichtig ist, wenn man das ganze Thema betrachtet, sich erst einmal darüber klar zu sein, dass es sich hier um einen weltgeschichtlichen Zusammenhang handelt und dass es überhaupt keinen Grund gibt zu sagen: Also, hier in der weißen Welt ist auch die Weste weiß, weil wir diese demokratischen Verhältnisse haben - und das sind die Bösen: Die Schwarzen, die Roten, die Gelben oder weiß ich wer – indem man sie für Erscheinungsformen verantwortlich macht, die so – das heißt, in ihrer modernen Form – und diese moderne Form gerade soll mit dem Totalitarismus-Begriff getroffen werden – in ihrer modernen Form nicht existieren würden und sich nicht erklären ohne die Herausforderung, die von der – von den über- oder wie immer man das nennen will – von den überentwickelten Ländern ausgeht.

Das soll man also zur Kenntnis nehmen und begreifen, dass in so einem Gesamtzusammenhang, wenn man denn nach Verantwortung fragt, zuerst nach der stärksten Ursache gefragt werden muss, die auf dem ganzen Karussell - in dem ganzen Parallelogramm der Kräfte gegenwärtig ist.

Wenn man es wagt, danach zu fragen, dann wird sich herausstellen, dass – also, jetzt, unbeschadet davon, wie es mit der Demokratie hier bei uns wirklich steht, darauf will ich noch kommen - aber dass erst einmal – also, so, wie die Verhältnisse nun einmal sind – und sicherlich also vom individuellen Standpunkt erst einmal vorzuziehen: Wenn auch hier die Hauptverantwortung gesucht werden muss für auch die despotischen Verhältnisse, für den Terror, der sich – der über der übrigen Menschheit liegt. Das heißt nicht, dass es dort keine autogenen Ursachen - keine autochthonen Ursachen dafür gibt, keine Dispositionen, die es nur zu wahrscheinlich machen, dass - das Sosa-Regime in Lateinamerika ist - die Militärdiktatur, das Caudillotum und so - nicht erst nach dem 2. Weltkrieg aufgekommen und auch nicht erst nach dem 1. Weltkrieg ist diese – die Verhältnisse in Russland, ehe sie neozaristisch wurden wie unter der Sowjetmacht dann, waren halt zuvor auch zaristisch, nur ist – also, der ganze Weg der Völker in den letzten 200 oder 300 Jahren und insbesondere in den letzten 100 Jahren – und noch mehr nach 1945 – völlig überbestimmt gewesen durch die materielle Botschaft - möchte ich einmal sagen – der entwickelten Länder.

Wenn man jetzt fragt, was denn nun Totalitarismus von der Definition her sein soll, da fällt erst einmal auf, dass Hannah Arendt ihre Zusammenfassung - in ihrem letzten Kapitel ihres ganzen dreibändigen Buches davon ausgeht – folgenden Satz schreibt - »Ideologie und Terror« ist das Kapitel überschrieben – Ideologie und Terror, eine neue Staatsform -; sie sagt: Wir haben in den vergangenen Kapiteln immer wieder darauf hingewiesen, dass die Institutionen der totalen Herrschaft nicht nur radikaler, sondern prinzipiell verschieden von den Formen politischer Unterdrückung sind, die uns als Despotie, Tyrannis und Diktatur aus Vergangenheit und Gegenwart bekannt sind. Das heißt also, dass es da irgendwo Diktatur gibt, dass es Tyrannis gibt, dass es Despotie gibt, dass es Organe des Geheimdienstes und der Staatssicherheit gibt – die sind nämlich festgestellt worden für die alten orientalischen Despotien, für das Inkareich, für China – also, immer gab es das. Das sind Erscheinungen, die - vom Standpunkt einer entwickelten Theorie, wie sie Hannah Arendt nach dem 2. Weltkrieg geschaffen hat - noch lange nicht also genehmigen, das totalitär zu nennen, sondern da sind – da ist etwas prinzipiell anderes gemeint. Ich will es nur andeuten – also, was den Despotismus betrifft, so war der die naturwüchsige Staatsform in den meisten Völkern, die zu einer gesamtgesellschaftlichen Produktion übergegangen sind im Altertum – die Flusstalkulturen in Ägypten, im Inkareich ging es um die Berge, in China – diese chinesischen – ägyptischen – auch die persischen – türkischen – die alten türkischen Verhältnisse unter den Sultanen dort: Die waren gar nicht feudal – nach der Analyse von Marx übrigens, in den »Grundrissen zur Kritik der politischen Ökonomie«, sondern - er nannte sie asiatisch, meinte damit aber nicht den Erdteil, sondern meinte den Despotismus, der mit der gesamtgesellschaftlichen Organisation der jeweils wichtigsten Politikkräfte zusammenhängt. Also, wer den ganzen Nil organisieren will, hat einerseits einen guten Anlass und andererseits eine günstige Möglichkeit, Herrschaft über dieses ganze Gebiet in despotischer Form aufzubauen. Das ist eigentlich, woher der Begriff Despotismus weltgeschichtlich – also, wo er als gesamtgesellschaftliche Organisationsform hinpasst. Und andererseits – dieselbe Hannah Arendt zeigt ganz eindeutig, dass - während auf der einen Seite Athen in der Demokratie der - übrigens verhältnismäßig wenigen - freien Männer glänzte – also, Despotismus die Normalverfassung des Hauses war. Und das Haus - im Haus lebte die Mehrheit dieser Stadtbevölkerung – also, unter der absoluten Herrschaft des Mannes - des längst schon nicht mehr Sippenältesten, sondern dessen, der dort auf den gesamtgesellschaftlichen Verhältnissen das Kommando hatte, wo also der Unterschied zwischen Sklaven und Frauen und Kindern nur relativ war. Also, der Ausdruck »Despotis« kommt aus diesen griechischen Verhältnissen, nur dass das dort nicht die gesamtgesellschaftliche Verfassung war, sondern ein Ergebnis des Zusammenbruchs der mutterrechtlichen freien Stammesverhältnisse. Und dort, wo noch mehr Mutterrecht herrschte, wie in Sparta beispielsweise, war das nicht so fürchterlich gediehen – obwohl das ganz kriegerisch war – wie in dem viel mehr gepriesenen Athen, das halt fortgeschrittener für diese Verhältnisse – denn dort her kommt Despotismus. Und Tyrannis war in diesem Zusammenhang eigentlich eine ganz untergeordnete politische Form, die auf der Ebene der freien Männer mit Demokratie abwechselte. Wenn nämlich – also, irgendein schwerwiegendes soziales Problem nicht mehr sozusagen im Interessenausgleich der verschiedenen Interessenten dort – und natürlich spielte dabei das, was offiziell nicht im politischen Leben stand - also, dieser ganze unterdrückte Bereich spielte natürlich eine Rolle – dann griff man aushilfsweise zur

Tyrannis, oder, wie die Römer dann im – besonders im Falle militärischer Bedrohung – zur Diktatur (das ging auch manchmal ineinander über). Das war – also, gerade im besonderen Fall der Diktatur war das in der römischen Verfassung sogar begrenzt – also, auf ganz bestimmte Zeiträume, und zumindest hatte der – bis heute haben die Diktatoren immer zu erklären, wann sie wieder Wahlen veranstalten werden - nachdem sie nämlich ihre Aufgabe irgendeiner nationalen Errettung gerade einmal erfüllt haben. Interessanter als dieses Diktaturphänomen, das uns geläufiger ist aus der Gegenwart, ist dieses Thema Tyrannis, das also eigentlich immer dann eingesetzt wurde, wenn es nötig war – also, aus gesamtgesellschaftlichen Gründen, aber unter Herrschaftsgesichtspunkten etwas wieder in Ordnung zu bringen, und zwar meistens – also, von der Ideologie her – wenigstens in die gute alte Ordnung. Zum Beispiel einer der berühmtesten Tyrannen – und in gewisser Hinsicht mit Recht gelobt – der athenischen Geschichte, Solon: Der kam – in einem historischen Augenblick wurde der berufen als jemand, von dem die öffentliche Meinung in Athen annahm, dass das ein selbstloser Mensch ist, dass der weise geworden ist und nicht so sehr an sich denkt. Dieser Solon wurde berufen, als die außenpolitische Macht Athens schon dadurch gefährdet war gegenüber den anderen Städten, dass über Schuldsklaverei zu viele freie Athener auf den Stand des Sklaven hinuntergedrückt wurden – und in dem Zusammenhang waren andere ökonomische Dinge zu lösen. Jedenfalls musste das aufgehoben werden, auch auf die Gefahr hin, dass einige Macht- Geld- und Schuldscheinbesitzer nicht zu ihren Rechten kamen. Und weil die Gesamtgesellschaft damals noch fühlen konnte, dass das für Athen und für das Ganze nicht gut ist, hat auch der Teil, der da betroffen war aus der herrschenden Klasse, gekuscht. Das war also ein Idealmodell von Tyrannis; es hat weniger ideale gegeben, aber – der Höhepunkt der athenischen Kultur wird ja nicht zufällig auch mit Perikles in Zusammenhang gebracht. Das war auch Tyrannis, eine verhältnismäßig beliebte - immer die ganzen Schichten von überhaupt nicht zur Politik wirklich zugelassenen Menschen in diesen Stadtstaaten mit eingerechnet. Und Momente dieser verschiedenen Formen – also, des Despotismus, der Tyrannis und der Diktatur – haben natürlich zu allen Zeiten sich mit weniger ungeliebten Herrschaftsformen abgewechselt. Übrigens, Monarchie ist wieder noch etwas anderes. Weil sie ja - ursprünglich jedenfalls, oder von der Entstehung her – meistens also eine charismatische Autorität, die in einem Stamm gewachsen ist, darstellt. Handelt es sich um Erobererreiche, dann ist der Begriff der Monarchie eigentlich schon nicht mehr richtig angebracht - dann ist das wieder eine andere Staatsform, die zwischen Cäsarismus und Despotismus eigentlich in der Regel steht. Das alles sind Formen und Momente – einschließlich des Moments von Willkür, beispielsweise, der Tyrannis - die wir massenhaft natürlich in den heute als totalitär bezeichneten Staaten auch finden. Selbstverständlich haben die aber auch im Hitlerfaschismus rein phänomenologisch – also, von der Erscheinung her – eine Rolle gespielt, sodass man immer mit jedem Konzept – Was ist Tyrannis? Was ist Despotismus? - Argumente gefunden hätte, um da etwas zu begründen. Aber worauf die Hannah Arendt sehr überzeugend hinweist ist, dass der Totalitarismus, den das Abendland sich in seinem Zentrum – insbesondere hier in Deutschland - selbst veranstaltet hat – also, eine Sache nicht von diesen verschiedenen Qualitäten ist, sondern – sie sagt: von einer ganz anderen Qualität. Und wovon sie ausgeht: Das ist – also, die charakteristische Überschrift, mit der das Einleitungskapitel hier ihrer Zusammenfassung, ihres letzten Bandes beginnt. Dies Kapitel ist überschrieben »Der Untergang der Klassengesellschaft«, und sie beklagt gerade, dass also mit der – mit dem Triumphzug des Industrialismus der organische Lebenszusammenhang der Gesellschaft – nicht nur das, was Ständestaat gewesen ist und ständische Gesellschaft am Anfang der Moderne, sondern auch das, was dann Arbeit, Kapital und Kleinbürger und was man alles sagen konnte und was dann Klassengesellschaft war: Dass das also durch die immer anonymeren Machtverhältnisse, die sich dort zwischen den verschiedenen gesellschaftlichen Mächten herstellen – und insbesondere durch die Dominanz des technischen und Arbeitsprinzips – also, des Selbstlaufs der Produktivitätsbestimmung - als entscheidend dafür, wie stark man international – in erster Linie natürlich militärisch – ist. Dass in diesem Zusammenhang also praktisch die alten klassenmäßigen Zuordnungen, die ja immer noch gestützt waren durch – auf der moralischen Ebene war das ja immer noch ständisch organisiert – Arbeitsmoral, und dass man nicht - also, die Zehn Gebote und so: Das stammte ja aus sehr viel älteren Zeiten. Also, dieser ganze Zusammenhang, der auch sittlich funktioniert hat und die Gesellschaft irgendwie daran hinderte, über alles hinwegzugehen – sodass also jeder gute Gutsbesitzer – es gab diese schlimmen Fälle - aber normalerweise jeder gut-patriarchale Gutsbesitzer, meine ich jetzt, sich doch noch also für sein Dorf irgendwie zuständig gefühlt hat. Und dass das alles in der Moderne sukzessiv zerschlagen wird: Das ist für Hannah Arendt der Ausgangspunkt für den Totalitarismus - das heißt, de facto geht sie von der analytischen Kategorie aus, die zuerst Emile Durkheim in der Mitte des vorigen Jahrhunderts in seiner »Soziologie in Frankreich« entworfen hat, und zwar: Der Begriff des »Anomie«, den Durkheim dort in den Mittelpunkt stellt. Und das heißt – »nomos« ist also Name, Gesetz, Bestimmung, und »a-nomos« – also, »A-Nomie« heißt, dass es da zunehmend – von Durkheim erst einmal – dass es zunehmend Menschen gibt, die keiner klassenmäßigen Bestimmung im alten Sinne mehr unterliegen. Bei ihm ging das noch durcheinander, etwas – mit Ständen und Klassen - obwohl er auf dem Boden der modernen Gesellschaft schon war, aber – es lief darauf hinaus, dass - insbesondere auf der psychologischen Ebene die Moderne, und zwar gerade im Zusammenhang damit - dass sie auf der politischen Ebene, auf der Demokratie-Ebene auf einmal alle nominell gleich sind: Diese nominelle Gleichheit vertrug sich ausgezeichnet damit, dass es – also, sozusagen - nicht mehr wirklich feststellbar blieb, auf Dauer hin, wie es mit der Klassenzugehörigkeit ist. Und dann hat natürlich – also, das ist nicht gleich in seiner ganzen Bedeutung erkannt worden, aber – Hannah Arendt hat natürlich dann die Erfahrung, was nach dem 1. Weltkrieg in Deutschland passiert, wo also praktisch alle Klassen bis in die Bourgeoisie hinein durch die – bis in große Teile der Bourgeoisie hinein – also, des traditionellen Bürgertums, meine ich jetzt – durch den Krieg und die Inflation und durch die politischen Klassenkämpfe – also, entwurzelt und jedenfalls bis auf den Grund verunsichert worden sind. Und diese – also, Heimatlosigkeit des Individuums in der modernen Welt: Das ist eigentlich die Grundbedingung dafür, dass Totalitarismus funktionieren kann. Und wenn man jetzt fragt, welchen Begriff sie da nimmt, dann sagt sie: Weil – also, um Totalitarismus zu kennzeichnen – weil die Bevölkerung also nicht mehr in Klassen gegliedert ist, sondern dahin tendiert, eine einzige Masse zu sein – Masse ist jetzt nicht die – also, jedes Individuum ist in bestimmter Hinsicht – das übersieht sie nicht ganz – ich kann auch Lohnarbeiter sein, ich kann auch Bourgeois sein: ich kann trotzdem von den Gesamtverhältnissen her, vom Funktionieren der Gesamtformation her bereits vermasst sein in dem Sinne, dass also mein Verhalten letzten Endes nicht mehr – also, hauptsächlich bestimmt ist durch die Klassenzugehörigkeit. Dass also die Frage, ob ich als Arbeiter beispielsweise zur SA gehe oder zum Roten-Front-Kämpfer-Bund, nicht mehr durch das Verhältnis, durch dieses von Marx ja analysierte Verhältnis in der Fabrik entschieden wird, sondern durch einen übergreifenden Zusammenhang, der bereits die Krise eigentlich des ganzen modernen gesellschaftlichen Systems ist und schon jenseits der Klassengesellschaft steht – Muss einmal sehen, ob ich die Stelle finde, wo sie das auf den Punkt bringt hier - ich finde es jetzt nicht; ich hatte es mir notiert, aber – da ich nicht lese hier, da ich frei spreche – jedenfalls – also, der Schluss, den sie erst einmal als – oder was sie als Schlüssel sieht, um den Totalitarismus zu verstehen, ist: Dieser Übergang zu einer Massengesellschaft in dem Sinne, dass mehr und mehr Individuen, die theoretisch auch noch den Klassen zugerechnet werden können, diesen Zusammenhang verloren haben und dass – also, das, was im 19. Jahrhundert noch als Mob isoliert werden konnte – also, was Marx und Engels auch als Lumpenproletariat definiert hatten und was dann also eine immer größere Rolle spielte, wenn man erklären wollte, wieso dem Faschismus so viele zulaufen: Dass das also eine viel allgemeinere Tendenz gewesen ist und dass sehr viele Leute bereit waren - also, sich nicht mehr – oder es auch nicht mehr brachten - sich auf dieses ganze alte Klassensystem und die dazugehörigen Werte zu verlassen – und auch auf die moralischen Werte zu verlassen - sondern sich völlig freigesetzt fühlten und praktisch darauf warteten, in ihrer Verlassenheit – das ist ein ganz zentraler Begriff – also, in ihrer Verlassenheit jetzt im sozialen Sinne und Schutzlosigkeit gegenüber den anonymen Mächten, die da insbesondere nach dem 1. Weltkrieg in Deutschland mit den Massen spielten in dieser Schutzlosigkeit waren sie dann bereit, auf eine machtvoll vorgetragene Heilslehre zu reagieren. Und das lief so, dass also zunächst eigentlich jeder Prophet, der eine Lösung – oder: eine Ursache erst einmal - einen Hauptfeind, jemanden, der an allem Schuld war - gefunden hatte, einen gewissen Zulauf hatte. Es dauerte eine Weile, bis eine Bewegung sich formieren konnte, wo jemand wie dieser Hitler an der Spitze stand – ich erinnere an die Vorlesung von Jochen Kirchhoff, der einmal zeigte, auf welche Weise der leer genug war – »leer« jetzt mit zwei e – der leer genug war, umsozusagen auf die verschiedensten Erwartungen, die da projiziert wurden und anstanden, so zu reagieren, dass es den Anschein bekam in der Ideologie: Hier werden meine Probleme jetzt gelöst. Und zwar nie konkret, sondern immer vermittelt darüber, dass man Deutschland wieder Weltgeltung verschaffen wird, dass man äußere Ressourcen heranziehen wird – also, der Hintergrund ist natürlich, dass man sich in einer imperialen Gesamtverfassung befindet und dass es noch eine Chance gibt, sozusagen auf Kosten anderer das Problem des nationalen, des internen – des gesellschaftsinternen - Unbehagens zu lösen. Und dann wird also diese Massenmobilisierung gekoppelt mit der Einrichtung eines Terrorsystems, das pseudorational ist – nämlich die Ideologie, die den Terror begründet, und - der Zusammenhang von Ideologie und Terror ist das Spezifische, sagt sie, an diesem totalitären System – die Ideologie, die das begründet, ist also eine all-erklärende Weltanschauung, die überhaupt nicht darauf angewiesen ist, ob da in den Begründungszusammenhängen rational etwas stimmt – es ist pseudorational - aber diese all-erklärende Weltanschauung macht es also an meinem Feindbild fest, das an allem Schuld sein soll, an Fremden. Und in diesem Fall bot sich natürlich das besonders an - also, diese zionistische Weltverschwörung da zu erfinden. Hannah Arendts erster Band in den »Elementen und Ursprüngen totaler Herrschaft« analysiert deshalb den Antisemitismus als europäisches Phänomen, und zwar erst einmal noch in seiner relativ gutartigen christlichen Form – die schon schlimm genug ist – als tragende Grundlage funktioniert, und dann – was das im Zusammenhang – ihr zweiter Band ist überschrieben: »Imperialismus« – was das im Zusammenhang mit Imperialismus bedeutet. Und die Enttäuschung am Imperialismus – das ist nicht der Lenin'sche Imperialismusbegriff, sondern einer, der – ich glaube sogar, richtiger – davon ausgeht, dass die entwickelten weißen Völker als Kolonialinstitutionen insgesamt imperialistisch sind, dass also nicht bloß – wie Engels und Lenin auch gesehen hatten – also, Teile der Arbeiterklasse imperialistisch votieren sollen und dass eigentlich das ganze Volk in diesen imperialistischen Kontext hineingerissen ist. Und gerade die Enttäuschung an den Effekten des Imperialismus, an den Versprechungen, besonders also nach dieser Weltkriegsniederlage: Das hat natürlich dazu geführt, dass dann also diese Heilslehren Platz gegriffen haben. Und der Zusammenhang zwischen dieser Ideologie und der Möglichkeit, das zu einem totalitären Apparat auszubauen - das heißt, zu Instrumenten, jetzt, totaler Herrschaft – bis hin zum Konzentrationslager und zur Gestapo - den sieht die Hannah Arendt darin, dass, wenn erst einmal ein vernünftiger gesellschaftlicher Zusammenhang – vernünftig jetzt von der Einsehbarkeit des Individuums her – verschwunden ist, wenn nichts mehr übrig ist als – sozusagen – die absolute Unsicherheit, was morgen sein wird: Dann gibt es geradezu einen Wunsch nach einer einlinigen und unilinearen Welterklärung. Und dann wird den Ratschlägen, wie das jetzt zu realisieren wäre – dann gibt es da eine Bereitschaft, da bedingungslos zu folgen. Und: Wollen doch einmal sehen, wollen ihm die Chance geben, was er da macht – Und das Verhängnisvolle ist, dass diese Kopplung von Ideologie und Terror - nicht für lange Zeiten, aber für kurze Zeiten – völlig ausreicht, um die Bestätigung dafür, dass die Ideologie richtig ist, praktisch zu organisieren. Sie zeigt - also, dass, wenn ich die Macht habe und dann voraussage, dass der Zionismus eins aufs Dach kriegen wird – das war ja, was Hitlers »Mein Kampf« schon beschrieben hat: ich kann das dann machtpolitisch realisieren und die Massen können dann die Erfahrung haben, dass man auch an der Enteignung der Juden profitieren kann. Also, das ist so die Spitze dieser Demagogie, die sich auf das Schaffen von Tatsachen stützt. Und das – diesen Zusammenhang nennt sie totalitär: Dass also praktisch auf der Grundlage des Zerfalls der Klassengesellschaft – dass das nicht mehr richtig funktioniert, dass das – dass die Krise eigentlich offensichtlich ist – dieser alten Verhältnisse - dass dort also eine Re-Formation der gesellschaftlichen Verhältnisse erfolgt, eine Formierung der Gesellschaft unter Bedingungen, wo eigentlich der Endkampf um die Verteilung der Ressourcen in der Welt angefangen hat. Und jetzt ist die Frage, wer den Platz an der Sonne wirklich halten kann. Wenn also zu viele Imperialismen miteinander kämpfen und die Ressourcen knapp werden: Dann also hat dieser Totalitarismus eine Chance. Und das war sozusagen auf der Grundlage, natürlich, der sozialen Krise, die dem 1. Weltkrieg folgte - in Deutschland waren die Bedingungen einfach besonders günstig dafür; es gibt da noch spezifische Umstände, die ich jetzt hier nicht in den Vordergrund stellen will, ich will bloß sagen: Die Hannah Arendt hat völlig eindeutig gemacht, dass es – von ihr her gesehen jedenfalls – eine Veranstaltung ist, diese totalitäre Herrschaft, die über das hinaus geht – grundsätzlich über das hinaus geht, was man so bis hin zu Bonapartismus an Diktaturen gekannt hat. Und der entscheidende Hauptpunkt, der in dieser Kopplung von Ideologie und Terror den Ausschlag gibt, ist – und das ist jetzt also für die Frage, wie totalitär das hier im Ostblock war, noch ausschlaggebend: Dass solche totalitären Bewegungen –

die deutsche insbesondere – gestützt auf eine positive Mobilisierung der Massen aufgestiegen sind. Dass also Totalitarismus nach der ursprünglichen Ableitung, die Hannah Arendt hier in ihren Büchern gibt: Ohne Zustimmung der Massen kommt kein totalitäres System zustande, sondern - gerade die Erwartungen der Massen, die mit einer totalitären Führung korrespondieren, erklären, dass das vorkommt. Und das Problem, das wir nach 1945 dann hatten – und wo meiner Meinung nach Hannah Arendt nicht völlig korrekt in ihrer Theorie dann damit umgegangen ist – das ist: Hitler war tot – der war also durch die Sowjetarmee und durch die alliierten Armeen besiegt worden, und die Gefahr, dass »die Russen kommen« – also, das war ja die Grundwahrnehmung der westeuropäischen und insbesondere der westdeutschen Gesellschaft: Die war nicht gebannt. Und es gab also gute Gründe, die Analogien – die natürlich in vielen Erscheinungsformen zwischen dem Hitlerfaschismus und dem Stalinismus da sind – diese Analogien dazu zu benutzen, um jetzt – also, sozusagen: Wir sind ja amerikanisch gesalbt nun, mit unserem demokratischen System – und das ist jetzt der Feind. Die Hannah Arendt selber hat eigentlich, so zeitig sie konnte – also, alles, was in dieser Richtung anheizen konnte, in ihrer Theorie zurückgenommen - und doch hat das in dieser Richtung funktioniert. Und ich muss sagen - also, einer dieser großen deutschen Philosophen – Karl Jaspers, mit dem sie befreundet war – ist weniger vorsichtig in dieser Sache gewesen. Also, da gibt es ein Buch, das also charakteristisch die Falle eigentlich zeigt, in der er stecken geblieben ist, das heißt »Die Atombombe und die Zukunft des Menschen«. Und man muss sagen, dass die Bedeutung der Atombombe eigentlich von Karl Jaspers dort in ihrem vollen Umfang erkannt worden ist, nicht schlechter eigentlich als etwa bei Günther Anders – der das also von links ganz radikal gesehen hat. Aber unter Hinweis auf die Sowjetunion, die dort die Atombewaffnung erst angefangen hat, nachdem die Amerikaner das schon hatten; unter Hinweis auf die Sowjetunion also bleibt er – also, auf den Totalitarismus des Ostens – bleibt er dabei, »ja« zu sagen zu dieser Atombewaffnung des Westens und zur Wiederbewaffnung natürlich der Bundesrepublik. Und ich glaube, dass das eigentlich eine – für einen so - in seinem Denken so radikalen Philosophen unerlaubt ist – also, dass da das Selbstinteresse eine ganz wesentliche Rolle gespielt hat. Er war mit Hannah Arendt befreundet - und spannend ist, dass Hannah Arendt ihre ganze

Totalitarismus-Theorie, vom Band »Antisemitismus« über den Band »Imperialismus« bis zu dem Band »Elemente und Ursprünge totaler Herrschaft« an den westlichen Verhältnissen festmacht – und zeigt übrigens – das habe ich jetzt nicht hervorgehoben - dass also nach dem 1. Weltkrieg schon klar war, dass dieser gewisse Totalitarismus, die – sozusagen – die technischen Notwendigkeiten der Fabrik - das, was Marx »Fabrikdespotismus« nannte: Dass das einfach korrespondiert und dass das noch überaus günstig ist und dass das alles im Westen natürlich erfunden worden ist. Und jetzt überträgt sie das auf die Sowjetunion – nicht nur, ohne ernstlich zu diskutieren, welche historischen Hintergründe dort da eingegangen sind – da denke ich schon, in meiner »Alternative« habe ich das besser analysiert – nun, wiederum auch keine Kunst, denn das ist viel später als sie – aber wirklich interessant wird, was sie dabei übergeht und überspringt: Nämlich, sie vergleicht 1929 – also die Stalin'sche 2. Revolution - und 1933 - und stellt dann fest, dass die Stalin'sche Revolution aber dazu da war, die Massenbasis für die Kollektivierung und das Spätere überhaupt erst zu schaffen. Das heißt, dass also der Totalitarismus dort in der Sowjetunion überhaupt nicht die Eigenschaft hatte – also, schon mit der Volksbewegung aufzukommen. Wohlgemerkt: Ich spreche nicht von 1917, sondern von 1929, wo alle Theoretiker – und Historiker auch – der russischen Revolution zeigen, dass das Massenengagement hinuntergegangen war, dass eigentlich nichts mehr da war, dass man in den Städten nur deshalb noch bereit war – also, den NKWD marschieren zu lassen für die Kollektivierung, weil die Versorgung nicht mehr gesichert war. Also, eine SA-gestützte Massenbewegung): Das ist sozusagen der Ausdruck dafür, dass zahllose Menschen bereit sind, das System an die Macht zu tragen. So was – das ist die Konstellation 1929 überhaupt nicht gewesen, sondern man hat es dort damit zu tun gehabt, dass eine Revolution auf dem Rückzug sich jetzt zur Entwicklungsdiktatur auf den 2. Weltkrieg hin gemausert hat. Also, wie kriegen wir aus den Bauern - aus den Massen, eigentlich – der russischen Bevölkerung die Akkumulation herausgepresst, um die Panzer bauen zu können? Und überhaupt: zu industrialisieren. Und dass das natürlich ein Machtprojekt erster Güte gewesen ist, ist klar, nur – dieser Typ von totalitärer Herrschaft, den sie für das Hitlersystem und aus der europäischen Geschichte abgeleitet hat, ist das dort nicht gewesen, sondern - es war eine Diktatur eigenen Typs, wie ich sie in meiner »Alternative«

analysiert habe. Es ist jedenfalls interessant, dass Hannah Arendt schon auf die ersten Lockerungserscheinungen reagiert und dementiert, dass das totalitär war. Dann geht sie noch nach China, weil dort mit dem Begriff – weil dort also die Massenzustimmung zu der – bis in die Volkskommune-Zeit hinein gegeben gewesen ist. Ich halte das also auch nur am Phänomen für sinnvoll; ich glaube nicht, dass der Begriff überhaupt etwas hergibt in dieser Übertragung, sondern dass er halt damit zu tun hat, dass da über diese Vergleiche Tendenzen abzuwehren sind, die aus unseren eigenen Verhältnissen hervorgegangen sind – und nach wie vor aus den eigenen Verhältnissen hier drohen.

(Pause)

Ich glaube, wenn man sich darüber klar ist, dass die Gesamtanlage des historischen Prozesses in der europäischen Moderne - sagen wir einmal: mit der Gefahr zumindest solcher totalitären Ausbrüche schwanger geht, dann lässt sich viel sinnvoller mit dem Thema »Demokratie« auch umgehen, das zum großen Teil – nämlich, sofern es sozusagen nur die Sonnenseite dieser anderen, dunklen Tendenz ist oder als solche gesehen wird – irgendwie der ungeeignete Zugang ist, um sich dem Thema »Ökologische Krise« zu stellen. Denn ich denke, dass die ökologische Krise sozusagen nur der äußerste Ausdruck dieser Selbstzerstörungstendenz im individuellen und politischen Bereich ist, die sich in den historischen Entwicklungen des 20. Jahrhunderts schon gezeigt haben. Vor allem ist es ja so, dass in der praktischen Politik, in der praktischen internationalen Politik - und nicht bloß ökonomisch gesehen, sondern auch unmittelbar, weil es militärische und politische betrifft – also, wir immer noch so damit umgehen, dass wir die Probleme, die wir mit unseren Verhältnissen hier zu Hause haben und den Konflikt, den diese reiche Welt mit der übrigen Menschheit hat: Dass wir uns das unter dieser Überschrift »Positiv - dann Demokratie« verbergen.

Ich habe einen eigentlich gut geschriebenen Artikel in der »taz« hier in der Hand – vor irgend- - einer Woche ungefähr – über diese Konstellation jetzt dort in Algerien. Und mit großer Selbstverständlichkeit steht dann hier, dass der Rücktritt dieses Staatspräsidenten – damit die Armee freie Hand hat, dort - »Chadli Benjeddiods letzter Dienst an der Demokratie«, ist dann hier die Überschrift. Das ist ganz – ohne Reflexion steht das da, und es ist klar, dass diese 200 oder 300 000 Demonstranten, die es dann gegeben hat nach dem Sieg der islamischen Heilsfront – also, wie steht es hier? - Der Sprecher der sozialdemokratischen FFS – also, das ist so eine Partei, die ungefähr westliche Richtung vertritt – der sah wenigstens, dass das Land in einen Teufelskreis stürzen würde, wenn man also diesen militärischen Weg geht, statt also mit dem übrigen Volk - das offenbar tendenziell die Mehrheit ist - vernünftig zu reden - aber eine Ärztin, Anhängerin derselben Partei, freute sich – und mit ihr viele gut gesinnte Bürgerinnen: »Um die Islamisten ist es geschehen – ich atme auf.« In demselben Artikel weiß man, dass das also die unterprivilegierte Mehrheit ist, die im Zusammenhang mit dem Scheitern des Fortschrittsprojekts dort der FLN – also, der algerischen Politik immer mehr auf diese islamischen Positionen übergegangen ist. Und wenn sich das dann so herausstellt, dass der Armeechef dort – und die Armee hat sowieso - war immer die eigentliche Macht in Algerien – dass das nun eine Säule der Demokratie sein soll, dann stellt sich hier also in der Reduktion – eine unsinnige Verkürzung – stellt sich heraus, dass – Demokratie, das ist einfach der westliche Weg dort in Algerien. Und das andere ist, was – also, dieser Fundamentalismus, Totalitarismus usw.: Das ist alles ein Gemisch in unseren Köpfen. Und wir glauben - also, da irgendwie eine Wirklichkeit zu treffen, wenn wir in dieser Konstellation über Demokratie reden. Dabei ist das also eine Mafia, die sich gewaschen hat, die dort jetzt in Algerien gegen die Unterprivilegierten ihre Macht verteidigt. Es sind also wirklich zwei Übel, wenn man so will – dieser Fundamentalismus und die moderne Entwicklung, die gescheitert ist, nur – ich sage es noch einmal: man muss sich darüber klar sein, wo in diesem Zusammenhang die stärkste Ursache liegt. Wenn also diese fundamentalistische Tendenz überall auftritt, sodass sich zuletzt dann auch Saddam Hussein dahinter verstecken kann als eine Kreatur, die erst so hochgezogen worden ist - vom Westen, eigentlich - also, da werden dann alle Bilder falsch, die man sich da machen kann. Und wir begreifen das wirkliche Problem gar nicht, wenn wir also diese internationale Konstellation dann auch noch unter dem Thema »Fundamentalismus versus Demokratie«, »Totalitarismus versus Demokratie« oder so sehen. Und somit müssen wir uns eigentlich vielmehr fragen, was noch geschehen kann, damit die Verhältnisse, die die ganze Menschheit in solche Engpässe treiben – ökologisch und sozial, hier – welche Selbstveränderungskonsequenzen das hier bei uns bringen müsste. Das ist - also, wie im Krieg eigentlich von dem Begriff Demokratie Gebrauch gemacht würde. Zugleich habe ich hier – daneben habe ich hier ein Buch in der Hand, das heißt »Eine Verfassung für Deutschland – Manifest, Text, Plädoyers«. Da gibt es ein Kuratorium für einen demokratisch verfassten Bund deutscher Länder. Das sind also die öko-linken Kräfte, würde ich einmal sagen, die aus den Erfahrungen des Runden Tisches heraus eine Verfassungsdiskussion – also, eine Grundgesetzdiskussion in Deutschland befördern wollen, die etwas hinausgeht über das, was man sich offiziell im Bundestag da leisten wollte, weil wir es ja mit der bestehenden Verfassung so herrlich weit gebracht haben. Ich gehöre diesem Kuratorium mehr passiv an, das heißt, ich freue mich, dass es diesen Text und diese Richtung gibt. Und dort steht nun zu Demokratie Folgendes – und auf den ersten Blick sozusagen völlig überzeugend – als Grundlage für diesen Entwurf, der stark auch in die ökologische Richtung geht, das heißt, in die Verankerung des ökologischen Problems in der demokratischen Verfassung: Dort steht Demokratie – als Stichwort erst einmal, von Gerald Gilbner, einem Bundestagsabgeordneten der Grünen – Ex - jetzt, der ist nicht mehr drin, der war dort drin, ein Anthroposoph von Herkunft - Folgendes: »Ausgangspunkt der Autorinnen und Autoren dieses Entwurfs war das Bild einer Zivilgesellschaft mündiger Bürger, die in gemeinsamer Verantwortung ihre Gegenwart und Zukunft gestalten. Alle Bürgerinnen und Bürger sollen dabei die Möglichkeit haben, gleichberechtigt und gleichermaßen an den Entscheidungen, die sie gemeinsam betreffen, mitzuwirken. Dies setzt eine wesentliche Stärkung der demokratischen Informations-, Mitwirkungs- und Teilnahmerechte voraus. Die Stärkung solcher Rechte, die Festigung der Gewaltenteilung, die Dezentralisierung und Kontrolle der Macht und das Zurückdrängen demokratiegefährdender Tendenzen infolge Übermacht der Exekutive, wirtschaftlicher oder Verbandsmacht ist der erste und vielleicht wichtigste Grundgedanke des Entwurfes.« – Ja, das ist sehr schön, nur denke ich, dass das von der anderen Seite – sozusagen von der positiven Seite - auch noch insofern ideologisch ist, als sozusagen der Zugang, den die realen Verhältnisse da bieten, überschätzt wird. Und zwar: Was hier entgegensteht, das sind nicht in erster Linie – also, irgendwelche polizeistaatlichen Widerstände oder so, sondern - es handelt sich einfach darum, dass der Selbstlauf dieser riesigen zivilisatorischen Maschine, die wir uns hier geschaffen haben - mit den Konsequenzen, die das auch für unsere eigenen Interessen bis ins Militärsystem hinein hat, die wir uns manchmal gar nicht klar machen, denn – also, dieser komfortable Lebensstandard hier ist natürlich unhaltbar, wenn nicht die Waffensysteme mindestens bereitstehen – wir würden erstürmt werden, wir wissen das, in Wirklichkeit – unterschwellig – wissen wir das. So. Und unter diesen Umständen also ist natürlich die Frage, ob – also, sozusagen - die – eigentlich ist es ein Appell an die Bürger, diese Mitbestimmungsmöglichkeiten, die ja verfassungsmäßig da sind (der Verfassungstext ist ja wunderbar) - die eigentlich auch zu nutzen und – denn die Verfassung, die wir bisher haben – also, das Grundgesetz der Bundesrepublik, das in dieser Hinsicht vom Text her also wirklich nicht schlecht ist: Wenn das jetzt aufgebessert wird durch ein paar mehr Möglichkeiten, die Mitbestimmung und Partizipation betreffen - u. a. insbesondere z. B. diese Abstimmungsprinzipien, die es auch in der Schweiz gibt – also, die Volksabstimmungsprinzipien - nicht nur repräsentative Demokratie, wo es natürlich sehr schwer ist, an diesen Mechanismus noch heranzukommen - also, da gibt es eine ganze Reihe guter Gegenentwürfe, auf die ich beim nächsten Mal auch noch positiv eingehen will. Ich will nur sagen: Es bleibt natürlich noch dabei, dass diese eigentliche – also, dass die totalitäre Tendenz, möchte ich einmal sagen, die in der Entwicklung dieser wissenschaftlich-technischen Produktivkräfte selbst liegt, die also das Individuum einfach hoffnungslos in Besitz nehmen und seine Selbstbestimmung, seine Mitbestimmung aufs Unwesentliche ablenken, auf die Wahl zwischen den verschiedenen – summa summarum – tödlichen Ingredienzien des Warenkorbes, und so fort - also, dass die grundlegenden Themen eigentlich innerhalb dieser gesellschaftlichen Gesamtverfassung - die nicht im Buche steht – also, für das Individuum schwer greifbar sind. Und aus dieser – aus diesem Umstand, dass die Menschen das Gefühl haben – also, es ist eigentlich - über diesen Mechanismus - zu spät, es ist da nichts zu machen - folgt natürlich die Tendenz, nach irgendwelchen starken Lösungen – erst einmal ruft man nicht so sehr nach dem starken Mann, aber - nach starken Lösungen zu suchen, um diese Probleme zu lösen. Und es fragt sich, was natürlich – wenn man da die Ressentiments mobilisiert, ohne sich bewusst zu sein, wie sehr man an der Sonnenseite der ganzen Verhältnisse positiv interessiert ist - was dann passiert. Also, solange das so ist, ist es immer noch Subversion, dass also praktisch der eigene Schatten, die eigene Mitverursachung an dieser ganzen ökologischen Katastrophe nicht wirklich wahrgenommen wird und man dann sagt – also, die sollen das und das an den Verhältnissen ändern. Sodass ich glaube, dass – also, auf der unmittelbar politischen Ebene, bei der Verbesserung des Verfassungstextes – dass das ein Seitenpfad ist - der nicht negiert werden soll! - der aber eigentlich nicht den rechten Zugang bietet. Wenn man das Drama sich ganz vor Augen führen will - da habe ich hier einen anderen Zeitungsartikel, der das wunderbar auf den Punkt bringt, vor welcher Frage wir eigentlich stehen. Es gibt in Amerika das sog. Worldwatch Institute. Das haben also ökologistische Kreise dort ins Leben gerufen, und - ökologistisch heißt in diesem amerikanischen Falle gar nicht unbedingt »links«, wenn sie auch den Demokraten – also, dieser demokratischen Partei, einer dieser beiden Machtparteien dort – etwas näher standen, als sie das gründeten. Die geben seit 1984 jährliche Berichte heraus, die dann auch bei der UNO sehr geschätzt werden. Und es wird von freien Stiftungen finanziert – also, das ist ein unabhängiges Institut. Und die Überschrift des Artikels hier ist mit Recht – also, mit Recht in Bezug auf den Text, der dann folgt: Umweltpolitische Revolution sofort - sonst kommt das Ende der Zivilisation! Ökologische Revolution - nicht ohne Entwicklung, das ginge nicht – also, was die Dritte Welt betrifft; Lebensstil ändern und Politiker anschieben. 200 000 Krebstote durch Ozonloch. Und dann – also, wie der Text vor sich geht – vorgeht – also, der Bericht selbst: Globale Revolution oder Untergang! Auf diese drastische Formel hat das Worldwatch Institute die umweltpolitische Weichenstellung der nächsten Jahre gebracht. Die Zerstörung der Lebensbedingungen der Erde habe ein solches Ausmaß angenommen, dass nur eine Revolution in der Umweltpolitik eine Katastrophe verhindern kann. Es fordert drastische Schritte, die ähnlich einschneidend sein müssen wie die Einführung der Landwirtschaft vor 10 000 Jahren oder die industrielle Revolution im 18. Jahrhundert. Also, das waren Umbrüche – also, die waren erstens von ungeheuer viel Gewalt begleitet und waren die Verabschiedung – also, sozusagen - ganzer Lebenskonzepte - und das in kürzester Zeit. Es ist nicht wahrscheinlich, dass das - also, wenn man es so unmittelbar jetzt wörtlich nehmen würde - ohne totalitäre Tendenzen abgeht. Darüber muss man sich klar sein. Die ökologische Revolution sei ohne Entwicklung nicht zu haben - das heißt zugleich: Während man hier dann halblang macht, einschneidend den Lebensstil zurücknimmt - dort also müsste Entwicklung weitergehen. Das ist schon nicht besonders durchgedacht an der Stelle, weil Entwicklung nach dem bisher rund um die Welt verbreiteten Begriff ja heißt: in dieselbe Richtung gehen, in der wir hier gehen - statt also diesen zivilisatorischen Kurs umzukehren – also, das ist nicht richtig deutlich. Aber – jedenfalls endet der Artikel dann - nachdem viele einzelne Fakten genannt werden, die also radikale Eingriffe an sich fordern, ein gestiegenes Umweltbewusstsein der Bevölkerung allein reiche nicht aus: Veränderungen des Lebensstils seien nötig, weltweit müssten die Menschen ihre Regierungen zu einem Verbot von Einwegpackungen und einer ökologischen Verkehrspolitik, vor allem aber zu einer aktiven Bevölkerungspolitik drängen. Gesetze und Umweltbehörden in 115 Ländern hätten bislang keine Besserung erreicht. So. Wenn diese Sache unterbliebe - also, dann würde uns passieren, was also an Erfahrungen über Verwüstungsprozesse schon im Altertum da war. Also, wenn man sich auf den lustigsten Punkt in der Sache hier noch einmal wirft: Verbot von Einwegverpackungen und einer ökologischen Verkehrspolitik und Bevölkerungspolitik - was das also für Dinge unterschiedlichen Gewichts und unterschiedlicher Provokationskraft unter einem Dach sind! Und dann erwartet man, die Bevölkerung möge das von den Regierungen verlangen. Also, erstens einmal ist bis jetzt - also, gerade in diesen Punkten - also, der Bevölkerungsstandpunkt ja meistens noch, dass das Hemd uns näher als der Rock ist. Das heißt, diese Mobilisierung ist noch nicht erfolgt. Das Wahrscheinliche ist doch, dass - also, wenn die Einschläge wirklich ins allgemeine Bewusstsein dringen – und die Institutionen sind verdammt langsam, die sind verdammt langsam in ihrer Anpassungsfähigkeit an diese Erfordernisse – dass dann tatsächlich Bevölkerungsbewegung in Gang kommt. Aber nicht auf die erhoffte sanfte und wünschenswerte Weise, sondern - dass dann also Demagogen aller Art eigentlich Oberwasser gewinnen. Und in einem Buch - das wir gerade ausführlich studiert haben, in dem mitlaufenden Seminar - hat Jean Gebser schon vor Jahrzehnten darauf hingewiesen, dass also beliebige Angebote im Rahmen, sozusagen, der jetzt – der uns sozusagen erst einmal noch allgemein üblichen Denkweise – also, Vorschläge, wie man da etwas retten könnte, Heilslehren aller Art, bis hin also selbst zu - wenn es denn anders ausgehen sollte – Konsens der Bevölkerung über bestimmte Maßnahmen: Dass das also wahrscheinlich

gar nicht bis an den Punkt – geistig und bewusstseinsmäßig, verhaltens-
mäßig - heranführen würde, wo man also wirklich dort schon etwas
umbauen könnte. Und da ist der Punkt, auf den es mir eigentlich ankommt
- als Fragestellung im Hinblick auf das, was ich dann beim nächsten Mal
bearbeiten werde: Die Frage – formuliert war sie ja so: Wie demokratisch ist
ökologischer Geist?

Da scheint mir, dass diese Frage zuungunsten eigentlich der Sache, die
da teils bedrohlich auf uns zukommt und die wir andererseits positiv lösen
müssten – dass diese Frage: Wie demokratisch ist ökologischer Geist? – aus
dem schlichten Grunde falsch gestellt ist, weil ökologischer Geist nicht
demokratisch ist – und er ist nicht antidemokratisch. Das heißt, er hat mit
diesem Demokratieproblem unmittelbar nichts zu tun. Man darf die Frage,
ob – in welcher Form, ob demokratisch oder totalitär oder wie man es auch
immer wünscht – ökologische Politik umgesetzt wird, nachher, wie wir
reagieren, wenn wir die Notstände erst fürchterlich anwachsen lassen – die
darf man gar nicht mit der Frage verwechseln, welche politischen Konstellationen eigentlich wesenhaft aus ökologischem Geist folgen würden. Und
da scheint mir, dass die Art und Weise, wie wir an das Thema herangehen
müssen, zunächst wäre: Dass man sich überlegt, mit welchem Thema
eigentlich Demokratie umgeht - und mit welchem Thema Ökologie
umgeht. Also, seit alters her – und gerade in dieser politisch meist falsch
idealisierten Begründungsphase der Demokratie in Europa: Dieses ganze
Karussell der Staatsformen, das dann mit Demokratie im günstigen Falle
sich gerade einmal stabilisiert – das hat es zu tun nicht mit dem Verhältnis
Gesellschaft–Natur – obwohl einmal Einschläge aus der Naturumwelt Ein-
flüsse auf gesellschaftliche Prozesse haben - sondern das hat es zu tun mit
dem Kampf des Menschen mit dem Menschen, mit Ausbeutungsverhält-
nissen, mit ungelösten Kommunikationsproblemen, mit der Frage, wie
soziale Widersprüche in der geeignetsten Weise gelöst werden. Und –
natürlich, wenn die ökologische Krise sich dann umsetzt in soziale Widersprüche, wenn es darum geht, wie gerecht zum Beispiel die Lasten ökologischer Bedrohungen und Maßnahmen verteilt werden sollen – dann ist es
nicht uninteressant, welche Form die politischen Institutionen haben. Und
dann ist es völlig klar, dass demokratische Verhältnisse – wenn man mittel-
fristig denkt, schon, und wenn man langfristig denkt, erst recht – also, Verhältnisse, genauer gesagt, in denen die Autonomie des Individuums, seine

Entscheidungsmöglichkeit, den Ausschlag gibt – dass das die einzige Chance ist, um ohne Gewalt, mit Einsicht, große Veränderungen akzeptabel zu machen und durchzuführen. Was mit Gewalt passiert, wird unvermeidlich Rückschläge nach sich ziehen, die das Gesamtproblem nur verschärfen. Wenn die Gesellschaft wieder zum Köpfeeinschlagen und zu Verteilungsproblemen kommt, dann wird für die Lösung ökologischer Fragen wenig Platz bleiben. Und mit Ökologie überhaupt nichts mehr zu tun haben wird, wenn zusammengebrochen sein sollte das Ökosystem – und es dann um Verteilungskämpfe geht - also, um die Frage: Wer darüber verhungern soll - um Rationierung und dergleichen. Aber wenn wir uns fragen, was es mit Ökologie auf sich hat, dann ist die Frage, ob nicht der Blick, was die Veränderung der politischen Verhältnisse betrifft – und was vor allem ihr qualitatives Funktionieren betrifft und dann natürlich auch die Gestaltung der Verfassung - überhaupt einmal eine Weile in seinem Schwerpunkt weg verschoben werden müsste, und zwar insbesondere in den Ländern, die darauf stolz sind, demokratisch zu sein, wo also diese Verfassungsfrage aufgrund dessen, dass wir reich sind, dass wir die Spinne im Netz sind – also, verhältnismäßig günstig zu lösen – ob dort nicht der Schwerpunkt auf die Frage verschoben werden müsste, was für verfassungsmäßige, was für politische Konsequenzen eigentlich das Naturverhältnis des Menschen haben müsste. Ob wir nicht sozusagen aus der Stadt, die, was jenseits ihrer Mauern ist, vergisst und intern dieses Verfassungsproblem möglichst demokratisch zu behandeln sucht, zurückkehren müssten in den Gesamtzusammenhang.

Der Jean Gebser, den ich schon einmal erwähnt habe: Der würde also das Thema, um das es in dieser Hinsicht geht, erst einmal – also, um der Schwerpunktverschiebung willen, um des Blick-weg-Lenkens – »a-demokratisch« nennen. Das ist nicht anti-demokratisch, sondern das heißt – mit »a« meint er einfach: Das ist überhaupt nicht das Thema Demokratie unmittelbar, um das es dort geht, sondern - das ist das Thema der Selbstbeschränkung in puncto – ja, unseres kämpferischen Umganges mit der Natur - das aber voraussetzen würde, dass wir aufhören, kämpferisch mit uns selbst umzugehen. Das heißt, es ist eigentlich - das Demokratieproblem müsste dann schon allein aus diesem ökologischen Grunde – selbst, was die soziale Frage betrifft – weggebracht werden von dem Kampf der Interessenhaufen. Kurt Biedenkopf in seiner »Neuen Sicht der Dinge«

charakterisiert das ganz zutreffend; er sagt: Der Kampf der Interessenhaufen ist sozusagen das, was sich unter der Verfassungsform da abspielt –
und die Verfassung ist gerade dann gut, wenn sie diesen Kampf einigermaßen zivilisiert, aber – wenn das unberührt bleibt, dass es Kampf der
Interessenhaufen ist, dann – Kampf der Interessenhaufen, das setzt immer
voraus, dass es auf Kosten irgendwelcher Ressourcen - seien es Leute, die
man ausbeuten kann, im eigenen Lande, außerhalb des eigenen Landes,
oder sei es die Natur: Dass das gelöst werden kann. Und aus der Ökologiefrage heraus steht eigentlich schon die Notwendigkeit an, dass wir uns
sozusagen mit Gesamt-Natur – und von dort her Gesellschaft eingeschlossen in die gesellschaftlichen Verhältnisse – wieder versöhnen müssten.
Also, worum es dann bei einer ökologisch-demokratischen Verfassung
ginge, das wäre: An die Spitze die Frage zu setzen, wie man eigentlich zu
einer Vermittlungsinstanz kommen könnte, die nicht hauptsächlich die
Aufgabe hat, den Kampf der Sonderinteressen zu regulieren - denn das
macht der Bundestag, das macht das normale Parlament, und der Bundesrat ist nur die andere Hälfte desselben Problems: Die stellt Gerechtigkeit
zwischen miteinander kämpfenden regionalen Interessenhaufen dar. Das
ist sozusagen die – wenn es dann darum geht – also, den Lastenausgleich
zwischen den Ländern und so: Das sind diese Art Kämpfe – und die finden
hier unter Bedingungen statt, wo also schon eigentlich feststeht – das hat
Biedenkopf ja her in seiner Vorlesung beklagt – dass das nur nach vorwärts
lösbar ist, indem man noch mehr Mittel zur Verfügung hat – also, tiefer in
die Ausbeutungsverhältnisse gegenüber Mitmensch, übriger Welt und
Natur einsteigt. Und diesen Teufelskreis zu durchbrechen: Das ist eigentlich die ökologische Verfassungsfrage, sodass – also, selbst das – ich komm
noch darauf, beim nächsten Mal dann deutlicher: Wenn hier ein Ökologischer Rat immerhin schon vorgeschlagen wird in diesem neuen Verfassungstext, dann genügt es nicht, wenn der sozusagen als dritte Macht dort
eingesetzt wird – das ist erst einmal ein Fortschritt; es mag ja gut sein, das
auf diese Weise ins Gespräch zu bringen, nur - wenn man also es vom Ende
her bedenkt, muss natürlich - wenn wir dabei sind, dieses Gesamtgleichge-
wicht der Natur umzustürzen - muss dass die erste Verfassungsfrage sein.
Und es muss eigentlich die Richtlinienkompetenz nicht in das ausführende
Regierungsorgan, zum Kanzler, sondern - was die Grundrichtung des
gesellschaftlichen Prozesses betrifft, müsste da in so einem Ökologischen

Rat – wie immer man das nennen will – eigentlich der Rahmen dafür geschaffen werden. Und dann ist natürlich die entscheidende Frage: Wo soll dann das Bewusstsein dafür herkommen? Das heißt, ob überhaupt etwas vorbereitet ist – geistig gesehen – das uns erlauben würde, in diese neue Entwicklungsrichtung einzusteigen.

Ich will aus - für den Abschluss heute - oder auf den Abschluss heute hin, mit ganz kleinen Kommentaren: Ich will diese Sache pointiert noch einmal festmachen an einem volkstümlichen Beispiel, das eine Zen-Frau aus Japan einmal folgendermaßen formuliert hat – und ich habe das in meine »Logik der Rettung« aufgenommen: um welche Umstellung also der Prioritäten eigentlich es sich da handelt. Folgendes Beispiel: Stellen Sie sich vor, dass Milliarden von Ameisen in einem Schiffchen aus einem Bambusblatt auf einen Wasserfall zu treiben, ohne es auch nur zu bemerken. Es scheint, sie wissen sogar nicht einmal, dass sie in einem Schiffchen fahren. Diese - die zusammenwirken müssten, hätten sie ihre Lage erkannt - stellen sich im Gegenteil in Hass, Tücke und Habgier gegenüber, sind besessen von Intrigen und Streitigkeiten – obwohl es doch für alle, ob Freund oder Feind, den Untergang bedeutet, sobald das Schiffchen den Wasserfall erreicht und hinunterstürzt. Und dann befasst sie sich – das hebt sie hervor: Wir befassen uns mit Krieg, mit Nuklearenergie - mit all den Stoffen, die in der Zeitung stehen, über die gewerkschaftlichen Interessenkämpfe, und sie sagt: Wir vergessen dabei, dass doch die gesamte Menschheit Tag um Tag mit Gewissheit auf den Untergang zusteuert, weswegen wichtig sei – die wichtige Frage sei, den Kahn am Ufer zu vertäuen. Und mit dem Ufer ist die ewig unveränderliche kosmische Ordnung gemeint. Diese kosmische Ordnung – also, diese Gleichgewichtsverhältnisse genau erkennen und das Leben danach ausrichten: Das würde bedeuten, den Kahn am Ufer zu vertäuen. Und sie unterscheidet dann oberflächliche und wahre Politik. Die Begriffe sind – das erklärt sich dort aus den japanischen Verhältnissen, und zwar: »oberflächliche« Politik, sagt sie, bedeutet das Streben nach Wohlergehen für die Menschheit allein - so, als könnte sie das erst einmal als Priorität behandeln, die Menschheit, ohne das Ganze zu sehen; »wahr« bedeutet, die gemeinsame Existenz und das Gedeihen der Schöpfung insgesamt zur Grundlage zu machen. Selbstverständlich ist die bisherige oberflächliche Politik auch erforderlich - das heißt, es gibt nun einmal diese Kämpfe; es handelt sich nicht darum, die zu ignorieren und aus vordergründig machtpolitischem Interesse Volksgemeinschaft zu predigen, wo keine ist. Das ist nicht gemeint. Sie muss aber unbedingt ausgerichtet sein nach der wahren Politik und von da her gehandhabt werden, schreibt sie. Gerade die Realisierung der wahren Politik, die der oberflächlichen Politik den Weg weist, stellt für die heute an der Schwelle zum Abgrund stehende Menschheit das Grundprinzip zur Wiedergeburt dar.

Also, ökologische Politik - oder Ökologie überhaupt - die hat es mit der Frage zu tun, wie sozusagen die Praxis der Menschheit, ihre naturbelastende – jedenfalls verändernde Aktivität: Wie die von der Menschenzahl bis zum Pro-Kopf-Verbrauch und den Methoden – wie das bemessen sein muss. Und falls es sich um dieses Thema handelt, da sage ich – also, jetzt noch einmal zugespitzt zum Abschluss und in Bezug auf das, was wir das nächste Mal behandeln wollen: Die Antwort, wie wir uns dann einzurichten hätten, kann nicht Gegenstand von demokratischen Entscheidungen in dem Sinne sein, wie wir Demokratie im Zusammenhang mit diesem Interessenzirkus verstehen. Wo wir also jeweils willkürlich sagen: Also, ich habe zu wenig – oder auch nicht: Das mag sogar stimmen, relativ, im Vergleich – also, wo praktisch sozusagen dann auch – also, mit 49:51 % oder umgekehrt kann nicht über Wahrheit entschieden werden - also, über wahre Politik entschieden werden, sondern - wo es um wahre Politik geht – also, jetzt in dem Sinne, was – Hegel sagte sogar, Freiheit sei das Müssen des Wahren, im höchsten Zusammenhang gesehen - da würde offenbar das Thema Demokratie – also, einen Akzent bekommen, der nicht nur anders, sondern meiner Meinung nach also viel grundlegender und überzeugender ist als das, was wir so normalerweise unter diesem Gesichtspunkt abhandeln. Nämlich, dann würde es darum gehen, dass die Bedingungen für die Kommunikation darüber, was denn nun wahr sei, wo das in den Mittelpunkt – also, eigentlich der Verfassung gestellt wird – also, Einrichtung des gesellschaftlichen Kommunikationsprozesses nicht auf Massenmanipulation hin – was wir gerade einmal für wichtig und wahr halten sollen (wo meist die wichtigsten Fragen herausfallen) – und wenn dann goldrichtig ist, wir prinzipiell und noch erklärtermaßen über das Wesentliche nicht informiert werden, sondern - dann wird es darum gehen: Wie könnte denn dieses ganze System der Massenkommunikation – wir sind ja nicht in der Urgesellschaft - also, wir können nicht einfach bloß das stammesmäßig denken – wie könnte denn das im allgemeinen Konsens so eingerichtet werden, dass dort erst einmal über die wesentlichen Dinge grundsätzlich mehr gesprochen werden kann als über die unwesentlichen? - Und zweitens: Dass dort – also, sozusagen - ungehindert von eingreifenden Sonderinteressen um die Einsicht gerungen wird; denn – wenn Hegel sagt: »Die Zahl der Irrtümer ist grenzenlos, die Wahrheit ist nur eine«: Das ist keine Aufforderung zum Totalitarismus. Nur dann wird das totalitär, wenn zugleich gebongt ist, dass jemand sich hinstellen kann und sagen: »Ich weiß, was wahr ist.« Sonst handelt es sich nur darum, dass es wirklich unwahrscheinlich ist, dass wir sozusagen willkürlich-kreativ jetzt die Wege zu wählen hätten - während offensichtlich ist, dass es darum geht, ziemlich gründlich den Druck zu reduzieren, der da auf die Biosphäre ausgeübt wird. Und die Wege dahin - die Erkenntnis erst einmal, und die Wege dahin: Da geht es um Wahrheit - darum, das zu ermitteln. Und so, wie unsere Verfassung jetzt angelegt ist – also, die ist nicht – schon der Verfassungstext würde das nicht zu sagen wagen – aus Gründen wiederum, die mit dem Missbrauch dieses Wahrheitsanspruches in der Geschichte zu tun haben – und die Realverfassung der Massenkommunikation funktioniert wirklich gegenteilig. Und ich denke, dass wir – also, wenn wir die Frage stellen nach dem Tao und der Macht – also, nach Ökologie und Machtverhältnis - dass wir das dabei nicht belassen können.

Mit diesem Thema: Wie? Welche Bewusstseinsverfassung? - und dann: Welche institutionelle Verfassung? - also, dann geeignet wäre, will ich mich das nächste Mal befassen. Bewusstseinsverfassung: Das ist dann auch wieder das Thema »Ratio – Mystik – Politik«. Weil ich denke, Wahrheitsfindung – das ist eine Sache der Ratio, der Vernunft. Und das ist von den Motiven, von den Triebkräften her und von der - sozusagen - Gesamtwahrnehmung des Menschen her zugleich mehr als Ratio, das geht nicht ohne Über-Vernunft und - mehr als Vernunft – also, das ist der Denkrahmen für die beiden Vorlesungen, die – ich ende jetzt sozusagen an der Schnittstelle zwischen dem, was ich wegkritisieren wollte, als ich – ausweichend zumindest und – also, auch vorurteilsvoll – und dem, was positiv anstehen könnte.

3. Februar 1992

Laotse: Das Tao und die Macht

Im Buch »Rückkehr« ist bereits eine Vorlesung über Laotse aus dem Jahr 1991 dokumentiert. Damals konzentrierte ich mich darauf, was »Tao«, dieser chinesische Begriff für den Weltzusammenhang, objektiv wie subjektiv ist. Außerdem darauf, wie »De«, die Wirkkraft oder Wirkungsmacht eines in Übereinstimmung mit dem »Tao« lebenden Menschen, funktioniert.

Bis hin zur Frage, in welcher Praxis – ich würde auch sagen: mit welchen Praktiken – man sich in diese Verfassung versetzen kann. Das ist diesmal im Großen und Ganzen vorausgesetzt, und ich will allenfalls ein bisschen daran anknüpfen.

Es soll diesmal um die politischen Konsequenzen gehen, die mit dieser Haltung verbunden sind und die das in dem damaligen Kontext hatte. Es wäre falsch, einfach über eine solche Zeit- und Kulturspanne von 2500 Jahre in eine Nutzanwendung für hier und heute zu springen. Je mehr wir uns wenigstens ahnungsweise diesem chinesischen Kulturzusammenhang annähern, desto eher scheint etwas auf, was wir vielleicht heute damit anfangen könnten.

Die hohe Zahl der Übersetzungen des Tao-Te-King seit Mitte des vorigen Jahrhunderts und die hohe Zahl der Auflagen, die Ernst Schwarzens Tao-Te-King-Übersetzung hatte, sind ein Hinweis auf eine erstaunliche Aktualität. Und ich will zunächst unter der Überschrift »Ein historischer Hintergrund« andeuten, warum das so sein mag.

Eine der Voraussetzungen, die Marx und Engels von Hegel übernommen hatten, war der Gedanke, dass Geschichte in Spiralen vor sich geht, dass man auf höherer Stufenleiter immer wieder zu ursprünglicheren Zuständen zurückkehrt. Moderner Kommunismus müsste daher mit dem ursprünglichen etwas zu tun haben, als eine Rückkehr auf höherer Stufenleiter. In einem Gedicht von Kuba mit dem Titel »Gedicht vom Menschen« heißt es:

»Geschmückt, um reich und weise heimzukehren
zum Kommunismus und zu seinen guten Lehren«
von denen man einst um Glück und Reichtum ausgegangen war.

An einer Stelle von Friedrich Engels‹ Buch »Vom Ursprung der Familie, des Privateigentums und des Staates« ist auch eine starke Idee davon enthalten. Sie betrifft die tonangebende Rolle von Frauen in frühen Gesellschaften und wie sich dies auf höherer Stufenleiter wieder herstellen müsste.

Aus der Vorbemerkung von Ernst Schwarz zu seiner Übersetzung des Tao-Te-King geht klar hervor, dass dieser alte Meister Laotse, von dem man annimmt, dass er vor ungefähr 2500 Jahren gelebt hat, eine starke Rückwendung zu Ideen der mutterrechtlichen Zeit verkörperte.

Vielleicht ist es nützlich, sich klarzumachen, in welchem geschichtlichen Kontext das geschah. Die tatsächlich mutterrechtliche Zeit in China lag vor 2500 Jahren schon verhältnismäßig weit zurück. Die Ideologie, mit der Lao-tzu und die Taoisten kämpften, die konfuzianische Ideologie, breitete sich zur gleichen Zeit aus und stand damals schon in einer 500-600 Jahre alten patriarchalischen Tradition. Wenn es überhaupt möglich ist, nach 500 oder 600 Jahren noch an mutterrechtliche Elemente anzuknüpfen, dann müssen diese in der chinesischen Gesellschaft noch gegenwärtig gewesen sein. Das heißt, dass in der chinesischen Gesellschaft in einem unvergleichlich größeren Maße als in der westlichen eine ungeheure Kontinuität waltet. Das gilt selbst noch mit dem Einbruch der Moderne, es gilt, glaube ich, selbst heute noch. Zwar gab es Einbrüche - das ist genauer als »Bruch« - Einbrüche des Patriarchats, aber eigentlich keinen Bruch mit der mutterrechtlichen Zeit.

Wir hörten im vorigen Semester eine Vorlesung von Heide Göttner-Abendroth über die 8.000 Jahre mutterrechtlicher Agrarkultur, die in Europa herrschte. Es spricht alles dafür, dass sich das grundsätzliche Schicksal der chinesischen Gesellschaft gar nicht so sehr von dem, was sie hier für den Westen vermutet, unterscheidet. Ausgelöst durch Verwüstungsprozesse in Mittelasien und sich daraus ergebende Wanderungen und Vertreibungen verbreitete sich das Patriarchat bis in den Mittelmeerraum hinein. Es gibt Forschungen, z.B. von James De Meo, welche parallel zu den Ergebnissen von Heide Göttner-Abendroth zeigen, dass sich im Raum Arabien-Sahara einerseits und im Raum Zentralasien andererseits die Klimaverhältnisse so veränderten, dass Völker gezwungen wurden, sich auf Wanderschaft zu begeben. Praktisch hieß das: sie wurden zu Kriegszügen gezwungen, in verschiedensten Formen, zu verschiedenen Zeiten, auch auf verschiedene Weise. Dadurch wurden die sozialen Verhältnisse, die ursprünglich vom unmittelbaren Lebensprozess, d.h. von Kindern, Herden und Pflanzen geprägt waren, weitgehend umgestürzt.

Gehen wir jetzt in die Zeit, in der Laotse und Konfuzius lebten. Konfuzius ist wirklich bezeugt, bei Laotse weiß man nicht, ob es diesen Mann gegeben hat. Um 500 vor der von uns sogenannten Zeitenwende findet man, dass sie alle sich auf eine Ur-Zeit beziehen und mit ganz unterschiedlichen Positionen darauf berufen. Man versteht diese nur dann richtig, wenn klar ist, dass da im Hintergrund mutterrechtliche Verhältnisse waren - aber diese möglicherweise schon durch mehrere Stufen solcher tendenziell patriarchaler Nomadeneinfälle beeinflusst sind.

Die Geschichte Chinas nach 500, wo dann auch die Aufzeichnungen immer klarer werden, zeigt aller 300-400 Jahre einen neuen Nomadeneinbruch. China als Reich der Mitte versteht es, diese kulturell zu integrieren, sodass es dabei keinen Abbruch der chinesischen Kultur gibt. Aber mit jeder dieser Wellen kam eine weitere Ver-Patriarchalisierung der Gesellschaft.
    Die chinesische Frau mit den eingebundenen Füßchen, wie sie von den Kolonialherren angetroffen wird – das hat es um diese patriarchale Zeit, von der wir jetzt reden, d.h. um 500 vor Christus, natürlich noch nicht gegeben.

Es gab damals nicht weniger als vier Kulturschichten. Einmal lebte man in der letzten Phase eines schon ganz patriarchalen Feudalstaates, des sogenannten Chou-Reiches, das ungefähr von 1100 bis 770 v.u.Z. intakt war. Das war jetzt schon 250 Jahre später, aber dieses Chou-Reich wurde immer angebetet als ein Reich von Kultur und Ordnung, oder, wie Konfuzius sagt: Da waren die Herrscher noch vernünftig. Aber er wie auch andere verwechselte diesen Chou-Zeit mit der Zeit ganz alter Kaiser, sogenannter Kaiser und Könige. Fünf alte Kaiser - oder auch neun an der

Zahl, wenn man noch ein paar Könige dazu zählt - die nach allem, was in den Texten zu lesen ist, ungefähr 3000 bis 2000 v.u.Z. lebten. D.h. Sie waren in einer Zeit wie die ältesten ägyptischen Pyramiden und standen noch völlig in der mutterrechtlichen Zeit.

Danach, um 2200, kam eine alte Dynastie, Hsia genannt, von der man nicht weiß, ob das eine Machtkombination war, die noch aus der mutterrechtlichen Struktur selbst hervorging. Danach gab es von etwa 1700 bis 1100 v.u.Z. die Shang. Wenn man liest, was die letzte Dynastie - die, auf die Konfuzius sich schon bezieht, die Chou - über die Shang sagt, dann sieht es aus, als ob noch immer mit aus der Vater-Perspektive ganz unerlaubten Frühlingsorgien die Erneuerung der Gesellschaft gefeiert wurde. Einschließlich der heiligen Hochzeit von Jungen und Mädchen und die Erneuerung der Natur in den Feldern - was dann als äußerstes Dekadenzphänomen der vorausgegangenen Herrschaft angelastet wird. Dekadent war sie jedoch nur insofern, als in den Palästen auch schon anderes stattgefunden haben mag als diese bäuerlichen Feste. Doch hat die bäuerliche Kultur mit den Frühlingsfesten zu der Zeit, wo diese Meister lebten und miteinander fochten, noch voll funktioniert.

Hier einige Berichte darüber, was das für Verhältnisse waren, die diesen sagenhaften ältesten Kaisern zugeschrieben werden:

Da heißt es etwa: »Im Altertum« – und diese Zeit liegt damals schon ungefähr 2000 Jahre zurück – »als Shen-nung, das Genie des Ackerbaus« – es handelt sich hier um eine amerikanische Übersetzung - »das Land regierte, war sein Geist in seinem Brustkorb nicht in Aufruhr« – er war offenbar ruhig bei seiner Arbeit - »und seine Weisheit war nicht auf Eroberung gerichtet. Sein Herz war gütig und aufrichtig. Zur rechten Zeit setzten Schauer süßen Regens ein, und die fünf Getreidearten gediehen. Im Frühling wuchs alles heran, um im Sommer zu reifen, im Herbst wurde geerntet und im Winter eingelagert. Unter der unvoreingenommenen Fürsorge des weisen Führers, des genialen Shen-nung, der die Menschen in der Kunst des Ackerbaus unterwies, waren die Menschen einfach, offen und ehrlich. Sie erhielten ausreichend Güter, ohne darum kämpfen zu müssen, sie verrichteten ihre Arbeit, ohne ihren Körper zu schinden.« - Das sind lauter

Charakteristika, die für eine bäuerliche Kultur, wenn sie schon patriarchalisch ist, nicht mehr gelten.

Schaut man jetzt, da durch die Ausgrabungen inzwischen einiges ermittelt worden ist, näher hin, so stellt sich heraus: Hinter diesen Kulturheroen, hinter den männlichen (in Anführungszeichen) Kaiserfiguren, die da genannt wurden, standen in dieser Zeit immer Frauen. So sehr noch, dass auch in dieser Zeit der Chou – also, der nächstgelegenen Erinnerung – die weibliche Linie ausschlaggebend dafür war, wer Kaiser werden konnte. Zwar hatte die Macht schon gewechselt - aber da das nicht so ein harter Bruch war, war es möglich.

Der deutlichste Hinweis darauf, dass es die weibliche Linie war, sind die langen Zeiten, die diesen Dynastien zugeschrieben werden. Wenn man sich anguckt, wie lange hier bei uns im Mittelalter Salier oder Staufer jeweils in der männlichen Erbfolge regieren konnten, so dauerte das bestenfalls 100 Jahre. Hier dagegen sind jeweils Jahrhunderte chinesischer Dynastien. Das hängt damit zusammen, dass die weibliche Abfolge – d.h. die Frage: Aus welchem Geschlecht, wie reproduziert sich das - viel sicherer ist. Das ist der Hintergrund.

Es gibt um diese Zeit zwischen dem Dorf und der Stadt schon einen gründlichen Gegensatz. Das Dorf ist in der Regel erobert. Die Chou waren von China her gesehen aus dem Westen, aber wahrscheinlich letztlich aus dem Norden, gekommene Barbaren. Wahrscheinlich waren es auch wirklich welche, das heißt, die Macht war die des Kriegswagens und des Schwertes. Diese haben die vergangene, noch viel stärker mutterrechtliche Shang-Ära abgelöst. Da sich die Eroberer aber mit der Mehrheit der bäuerlichen Bevölkerung irgendwie einigen mussten und wahrscheinlich auch nicht so zahlreich waren, wurden sie aufgesaugt. Doch Welle auf Welle mit den Nomadeneinfällen aus dem Norden setzte sich diese patriarchale Struktur durch.

Vor diesem Hintergrund dreht sich die große Debatte zwischen Konfuzius und Laotse um Folgendes: Konfuzius bedauert, dass mit dem Untergang der Chou-Dynastie die hohen Werte dieser alten kaiserlichen Vorbilder immer mehr verloren gingen. Ob es in der Chou-Zeit wirklich noch funktioniert hat, weiß natürlich niemand. Aber in einer der Legenden, die von ihm berichtet werden, steht zum Beispiel:

»Konfuzius sprach: Am alten Kaiser Yü« – das ist so einer aus der Zeit vor 2000 Jahren – »am alten Kaiser Yü kann ich keinen Makel finden. Er war maßvoll in Speise und Trank. Hingegen brachte er den Geistern reichlich Opfer.« - das heißt: er hat die schamanischen Naturzeremonien gut vollzogen. »Seine Kleidung war einfach, die Opfergewänder hingegen kostbar. Er selbst wohnte in einem schlichten Haus, denn er bot alle Kräfte für das Gemeinwohl auf. Ja, an Yü kann ich wirklich keinen Makel finden.«

Konfuzius hielt diese und weitere Beispiele von guten patriarchalen Herrschern den Fürsten der – zu seiner Zeit – streitenden Reiche vor. Die Chou-Macht war nur noch eine auf den Riten beruhende Oberherrschaft, die aber nicht mehr wirklich funktionierte. China war von Warlords zerrissen, diesen Kriegsherren und Einzelfürsten, die darum kämpften, wer der nächste Machthaber wird.

Wenn man nun in die Texte des Tao-Te-King, auf die ich hinauswill, einsteigt, dann gibt es einen Grundunterschied. Den Taoisten waren selbst die alten Kaiser verdächtig. Sie sagten, es sollte überhaupt keine Kaiser und Könige geben. Die wirklichen Weisen strebten überhaupt nicht nach Macht - das war bei ihnen der grundlegende Ausgangspunkt. Dieser Hintergrund ist wichtig, da man sich sonst nicht in den Texten zurechtfindet.

Konfuzius erwähnt viele gute Sachen – nur dass die an eine Machtstruktur adressiert sind, die dies nur noch machte, um nicht aufzugeben. Denn sie wussten: Wenn wir die Bauern zu sehr auspressen, ist es gefährlich. Daher erinnern wir hin und wieder an die alten guten Zeiten und tun so, als wären wir noch in diesem Sinne an der Macht. Und das durchschauen die Taoisten und sagen: Wir identifizieren uns überhaupt nicht mit diesen Machtstrukturen – wir wollen dahinter zurück.

Die heutige Aktualität – ich schlage den Rahmen mal so im Ganzen, ehe ich dann im Einzelnen in die Texte gehe – dieser Dinge sehe ich so, dass man wahrscheinlich bis in diese ältesten Kulturschichten, bis in diese mutterrechtliche Zeit, zurückgehen muss, um zu einem Wiederhervorrufen der Kräfte zu kommen. Es ist nicht möglich, das Patriarchat dadurch zu korrigieren, dass man Quoten ausschreibt und irgendwelche patriarchalen Leitungsfunktionen weiblich zu besetzen. Das mag symbolisch von Bedeutung sein und auch – wenn das Patriarchat jetzt kracht - mehr bedeuten als bloße konfuzianische Beschönigung. Wenn das Ganze bröckelt, dann hat manches eine auflösende Funktion, das an sich noch heuchlerisch ist. Aber es geht um viel tiefer liegende Dinge, und dabei könnten Grundverhältnisse der ältesten Zeit neu interessant werden. Nicht, weil man einfach oder äußerlich dorthin zurückkönnte, sondern im Sinne einer Bewusstseinsverfassung.

Ich beginne mit den Texten aus dem Tao-Te-King, welche zeigen, wie dieser alte Meister – und es war natürlich einer, auch wenn es nicht eine Person gewesen sein sollte – um dieselbe Zeit wie Konfuzius das Problem der politischen Ethik gesehen hat.

Konfuzius predigte politische Ethik: »Seid gut, ihr Herrschenden!« war die große Losung. Und er predigte: »Bleibt bei den Riten!«, das heißt: Haltet die Regeln öffentlich ein, damit das Volk überzeugt ist: Ihr seid eben die.

Diese Lehre des Konfuzius war nicht persönlich falsch gemeint. Er glaubte durchaus an diese Sache, er war in seiner Weise bestimmt ein aufrichtiger Mann. Güte, Menschenliebe, wie sie in der Sippe in der alten Zeit gepflegt wurde, das war die Hauptpredigt des Konfuzius. Ethisch gut sein, es ordentlich machen und sich nicht persönlich an Macht und Geld zu bereichern. Ähnlich wie Max Weber dann Anfang des 20. Jahrhunderts so eine Verantwortungsethik verlangte.

Laotse aber sagt: »Verloren ging das große Tao« – d.h. die Wirklichkeit dieser gerechten Zustände und der naturgemäßen Formen - »verloren ging das große Tao, Güte und Rechtschaffenheit entstand. Hervortrat die Klugheit - die große Heuchelei entstand. Zerrissen war die Sippe - der Familiensinn entstand. In Wirrnissen zerfiel der Staat - der treue Minister entstand.«

D.h. es wurde das gepriesen, was bereits kaputt war. Dann kommt eben das Ideal des treuen Ministers auf. Das hat Laotse durchschaut und richtete daher den Blick weiter rückwärts.

Er sagt: Das Tao ging verloren, und damit auch die richtige Wirkungsweise, das heißt das ›De‹. Wenn erst einmal der Kontakt zum Ganzen nicht mehr stimmt, dann wirkt der Mensch auch nicht mehr so. Dann folgt die Güte, und wenn die dann verloren geht, dann redet man von Rechtschaffenheit, und wenn die Rechtschaffenheit weg ist, dann folgen die Riten. Dann werden Verhaltensweisen ausgegeben: So soll es sein. Und die Riten verderben dann den Rest von Treue und Vertrauen – weil die Heuchelei offensichtlich ist, weil die Leute sehen: Da wird was gespielt, was in Wirklichkeit nicht mehr ist.

Das ist der Ausgangspunkt in den Texten des Laotse. Ich will jetzt zeigen, wie dort im Rückgriff auf die ältesten Zeiten über das Politische und über das Regieren gedacht wird.

Es kommt in diesen Texten - in der Übersetzung und wahrscheinlich auch in dem chinesischen Urtext - immer wieder das Königliche vor. Das hat damit zu tun, dass zwischen dem Weisen und dem Königlichen – dem guten Weisen und dem Königlichen – in den Schriftzeichen kein Unterschied ist. Das heißt, dass die Schriftzeichen auch diese riesige Spanne von 3000 Jahren im Zeichen überbrücken und dass hier jeweils – sozusagen – ein Königsbegriff benutzt ist, der das Königliche in uns allen anspricht. Das ist eigentlich nur ein anderer Name dafür, wie der Mensch auf der Erde sein sollte.

Es ist übrigens ein geschlechtsloses Zeichen. Es ist nicht eigentlich »der König« gemeint, auch wenn die Übersetzung das sagt, sondern »das Königliche«, also die Verfassung des richtigen Regierens.

Dieses Regieren - also das Ordnen der menschlichen Verhältnisse – soll in Übereinstimmung mit der großen Ordnung der Natur sein. Was die Ordnung der Natur betrifft, so ist da in erster Linie an die Polaritäten gedacht, an die man sich halten möge. Der Obername für alles ist das Große Gleichgewicht des großen Zusammenhangs; das ist die Grundidee des Ganzen. Tag-und-Nacht, Oben-und-Unten, Rechts-und-Links, alle diese Verhältnisse sollen in einem guten Gleichgewicht sein. Man soll sich nicht so schnell bewegen, damit dieses nicht andauernd gestört wird. Das ist die Richtung, in die die Große Ordnung geht.

Zum Tao als Name für alles, Himmel und Erde, für das Allumfassende, den man eigentlich gar nicht nennen soll, sagt er: »Und da ich es bezeichnen muss, nenn ich es groß. ... So ist das Dau groß – groß der Himmel – groß die Erde – und groß auch das Königliche.«

Vier große Dinge gibt es in der Welt: Das eine ist der Himmel - und Himmel ist nicht der Ort, wo die Engelein fliegen, sondern das ist auch etwas Physikalisches - das ist das reale Universum. Dann ist die Erde groß. Und das Tao, als das Gesetz, das alles umspannt. Und der Mensch, das »Königliche« steht hier für den Menschen, ist groß. Die Große Ordnung besteht darin, dass, wie hier im 25. Abschnitt steht: »Es folgt der Mensch der Erde, die Erde folgt dem Himmel, der Himmel folgt dem Tao, und das folgt sich selbst«. Also nicht das große ICH steht im Mittelpunkt, sondern der Mensch richtet sich nach Erde, Himmel, Tao.

Von dieser Grundverfassung her soll das Politische, soll das Regieren eingerichtet werden. Es heißt im 37. Spruch vor diesem Hintergrund: »Das Tao tut nichts, und nichts bleibt ungetan.« Es wird nicht subjektiv eingegriffen, sondern: Das Tao tut nichts, und doch bleibt nichts ungetan.

»Wenn die Fürsten und Könige es zu wahren verstünden – die Dinge wandelten sich von selbst« – hier sind natürlich die gesellschaftlichen Dinge gemeint, im Naturzusammenhang. »Sie wandelten sich und gediehen. Ich hielte sie nieder mit Unverdorbenheit, die keine Namen braucht. Wären sie ohne Begierde, die Welt ordnete sich von selbst.«

Wenn man nicht so viel stören würde! So wendet sich Laotse an die Fürsten und Könige. Der alte Meister soll auch an einem Hof gelebt haben. Das ist schon Intellektuellenkritik, und insofern steht das auch mitten in unserer Realität: Wenn die sich doch nur danach richteten, nach dem Tao! Dann würden sich die Dinge von selbst wandeln. Das ist offensichtlich nicht so.

Was ist nun »königlich«? Die Voraussetzung dafür ist: Wer Ewigdauerndes kennt. Wer das, was sich nicht durch menschlichen Eingriff alle Tage ändern kann, sondern die Großen Gleichgewichte kennt, das Weltgesetz, das älter ist als die Menschen. »Wer Ewigdauerndes kennt, umfasst alles. Wer alles umfasst, gehört allen.« Er kann dann von allen auch als jemand, auf den man schauen kann, betrachtet werden, kann wohl Rat geben an alle. »Wer allen gehört, ist königlich.« Das heißt, er ist aller Diener im Ratgeben. »Wer allen gehört, ist königlich. Königliches gleicht dem Himmel, der Himmel gleicht dem Tao«. Da zeigt sich wieder der Zusammenklang dieser vier großen Dinge Himmel, Erde, Dau und das Königliche. Die Übereinstimmung der Subjektverfassung mit diesem Ewigdauernden. Der Mensch, der, wie Ernst Schwarz hier sagt, noch im Großen Stamm steht, zu dem die Sterne dazugehören und die Tiere und die Flüsse – alles, was man sehen kann. Der Mensch stellt sich nicht gegen diesen Zusammenhang, sondern er stellt sich in dieses Ewigdauernde.

»Ewigdauerndes kennen bedeutet Klarheit.« Und: »Wer Ewigdauerndes nicht kennt, wirkt blindlings zum Unheil.« Wer sich nicht eingestimmt hat auf diese Naturgleichgewichte, auf diese Große Ordnung, der wirkt blindlings zum Unheil. Das ist aus dem 16. Spruch. Im 13. Spruch ist die Ursache dafür benannt, weshalb es nicht so leicht ist, in diesem Ewigdauernden zu stehen. Nämlich: »Befallen werde ich von großen Übeln, weil ich ein Selbst besitze.« Weil ich an mich denke – und dann natürlich nicht denken kann: Wie passt das in die großen Zusammenhänge? »Wäre ich frei vom Selbst – welches Übel gäbe es für mich? Dem aber, der die Welt macht zum Selbst« – der also dieses Ewigdauernde verinnerlicht - »mag man die Welt überlassen. Dem, der liebend der Welt gleichsetzt sein Selbst, mag man die Welt anvertrauen.« Der kann dieser Rat-Gebende, diese ratgebende Autorität sein, wie das in mutterrechtlichen Zeiten war. Wer besonders intensiv im Kontakt mit den allgemeinen Rechten stand, war natürlich eher qualifiziert, die Richtung aufzuzeigen, einen Rat zu geben. Und so steht im 77. Spruch: »So ist der Weise: tut und verlangt nichts für sich, nimmt nicht für sich, was er vollbracht, und will nicht gepriesen sein.«

Auch was das Verhalten betrifft: »Wer sich nicht vordrängt, kann aller Wesen erstes sein.« - und - »Zurückziehn nach getanem Werk: so ist das Dau des Himmels.«

Wenn etwas geschehen ist, wenn eins von den Zehntausend Wesen – die vielen Dinge, die in der Welt sind, die heißen die Zehntausend Wesen – erst einmal aus dem großen Zusammenhang entlassen ist, kümmert sich das Tao auch nicht mehr darum. Nicht wie der patriarchale Gott, der guckt, ob es sich auch anständig verhält, sondern: Das ist sich selbst überlassen.

Der Schluss, der dann folgt, wenn ein solches Maß an Selbstlosigkeit da ist, heißt: »Wer eines Landes Übel auf sich nimmt, ist wert, Herr der Altäre zu sein.« Herr der Altäre sein heißt, dass er für alle die Riten vollzieht. Und die Königsfunktion, die Fürstenfunktion, ist immer beides - Gottesdienst und Regierungsgeschäfte.

»Wer eines Landes Unglück auf sich nimmt, ist wert, Herr der Welt zu sein« - wer also nicht sagt: irgendjemand anderes ist Schuld, sondern: es muss offenbar an mir liegen, wenn irgendetwas schief geht.

Es gibt eine schöne Legende, die kennzeichnet, was gemeint ist mit: »Wer eines Landes Übel auf sich nimmt und Unglück auf sich nimmt«: Eine Legende, die schon in herrschender Zeit passiert, wo Edelmut beherrschend im Land gepriesen wird - das ist konfuzianisch, aber es beleuchtet diesen Punkt:

Als der Staat Yin auf den Staat Chou zu marschierte, baten die Fürsten von Chou den König, doch endlich zum Angriff überzugehen. Aber der König erwiderte: »Yin griff uns während der Regierungszeit unserer früheren Könige nicht an. Nun, da Yin uns während meiner Amtszeit angreifen will, muss dies wohl mein Fehler sein. Was kann angesichts dieser Schande getan werden?« Die Fürsten sagten: »Yin griff uns während der Zeit der früheren Minister nicht an (das sind nämlich sie selber - sie wetteifern jetzt mit dem König). Nun, da Yin uns während unserer Amtszeit angreift, muss es wohl unser Fehler sein.« Der König von Chou senkte sein Haupt und weinte. Dann erhob er sich und verbeugte sich vor seinen Ministern. Als das Volk von Yin davon hörte, sagte es: »Der König und seine Minister wetteifern darin, die Schuld auf sich zu nehmen. Und mit welcher Selbstverständlichkeit der König seinen Untergebenen gegenüber Demut bezeugt. Sie dürfen nicht angegriffen werden.« In dieser Nacht machte die Armee von Yin kehrt und zog sich nach Hause zurück.

Das ist natürlich ein schönes Märchen. Und das wissen die Konfuzianer auch, wenn sie es verbreiten. Doch es beleuchtet die gedankliche Absicht, die hinter diesem Wort steht: »Wer eines Landes Übel auf sich nimmt, ist wert, Herr der Altäre zu sein, wer eines Landes Unglück auf sich nimmt, ist wert, Herr der Welt zu sein.«

In äußerster Schärfe findet man im Tao-Te-King, im 53. Spruch, auch das, was das Gegenteil dieses eben charakterisierten Königlichen - des guten Führens - wäre: »Besäße einer überragendes Wissen, er würde wandern die breite Straße des Tao – d.h. er wäre vertraut mit dem, was das Ewigdauernde will - und ängstlich krumme Wege meiden. Eben und gerade ist die große Straße des Tao, doch die Menschen lieben die Nebenpfade. Prachtvoll sind die Paläste der Fürsten, verwildert aber sind rings Äcker und leer die Getreidespeicher. Die bunten Gewänder der Edlen glänzen, sie tragen scharf geschliffene Schwerter, übersättigt mit Speise und Trank sind sie, das Beste ist ihnen zuwider. Vor Überfluss wissen sie nicht, wohin mit den Schätzen und Kostbarkeiten. Das aber nenne ich ›erbärmliches Großtun von Räubern‹: Nichts hat ihr Tun gemein mit dem Tao!«

Dies ist, beiläufig gesagt, die Lebensweise der ganzen Ersten Welt heute. Zwar sicher mit Abstufungen, doch im Grunde das Gegenteil des Im-Tao-Seins.

Ich will jetzt den theoretischen Zusammenhang, den Denkzusammenhang dieses frühen Taoismus zusammenfassen. Die beiden Passagen, auf die ich mich jetzt beziehe, sind aus den Kommentaren von Ernst Schwarz zum Tao-Te-King:
  Es gibt das Prinzip des Wu-We oder Wu-Wei, das heißt so viel wie: »Nicht handelnd handeln«. Dass man mit dem Handeln – und zwar von Grund auf, nicht, wenn schon alles zerstört ist, wenn schon sehr abgewichen ist – den Dingen nicht zuvorkommen soll. Das Ewigdauernde wird schon alles im Lot halten, darum nicht zuvorkommen dem, was das Tao selbst macht. Auch dem De der Dinge - der Wirkkraft der Dinge - dem nicht zuwiderhandeln, nicht dagegen verstoßen.
  Im Tao-Te-King sind immer die gemeint, die Verantwortung tragen; doch das wieder ist die Frage, wie jeder über sich denkt, ob und wie viel Verantwortung er trägt.

»Gut geht« – so fängt der 27. Spruch an – »wer ohne Spuren geht.« Also nicht: »Es soll die Spur von meinen Erdentagen / Nicht in Äonen untergehen«, sondern: »gut geht, wer ohne Spuren geht«. Ernst Schwarz dokumentiert dies hier mit einem Zitat von Dschuangdse: »Der Mensch der das De« – also die Wirkungsweise – »eines zum König Bestimmten besitzt, wandelt dahin, sich an das Echte haltend, und empfindet es als beschämend, sich mit Regierungsgeschäften abzugeben. Er wurzelt im Urgrund und weiß das Geisterhafte zu durchdringen« - das heißt, er ist so im Kontakt mit dem Weltgesetz, dass er sich als Teil davon bewegen kann. »Darum ist auch sein De« – seine Wirkkraft – »von gewaltiger Weite« - im Idealfall so weit wie die Wirkkraft des Tao überhaupt, er ist einfach Teil dieser Kraft. »Sein Herz reagiert auf die Dinge nur, wenn sie es von ihm verlangen.« – d.h. nicht, wenn er gerade mal etwas möchte. »Denn das Gestaltete entsteht nur durch das Tao.« – d.h. das, was zustande kommen soll, was sich gestalten will, entsteht durch das Tao und nicht durch willkürliche Aktionen. »Das Entstandene kann nur durch das De erhellt werden.« - was ich vorfinde, kann ich überhaupt nicht begreifen, wenn ich nicht in meiner Wirkungsweise, die Handeln und Denken und Fühlen in einem ist, in Korrespondenz bin. »Wer das Gestaltete« – also das schon Entstandene – »seinen Weg gehen und seine Lebenskraft zu Ende … wirken lässt, ist das nicht einer, der das De eines zum König Bestimmten besitzt?« Wer das also gehen lassen kann, wie es will und soll, der ist geeignet, diese Königsfunktion zu übernehmen; weil es jemand ist, der nicht von vornherein im Verdacht steht, alles subjektivistisch bessern zu wollen, alles ändern zu wollen, alles regulieren zu wollen. Der vielmehr fragt, wenn was schief läuft: Wo ist das vom Grund her vielleicht nicht in Ordnung? »Von großer Weite ist er wahrhaftig! Selbstlos, den Dingen folgend, wirkt er, und so folgen ihm alle Dinge!«

Wenn ich jetzt noch etwas darüber sage, wie zu kämpfen wäre, wenn denn zu kämpfen ist, wie mit den Widerständen der Wirklichkeit umzugehen wäre aus dieser Verhaltensdisposition, die das Tao-Te-King empfiehlt, dann insofern, als hier Hinweise gegeben werden, die auf einen Zustand jenseits der gegebenen Verfassung hinzielen. D.h. nicht nur auf Verbesserung des Status quo, sondern auf eine Umkehr in ganz andere Zustände. Also angenommen, wir fänden zurück zu dieser urtiefen Gemeinsamkeit – wie wäre dann zu kämpfen?

Manches erinnert an das, was wir über die chinesischen Kampfkünste wissen: Wenn man etwas bewirken will, dann durch: »Vorankommen ohne Vordringen, Schlagen ohne Armbewegen, den Feind vertreiben ohne Feindseligkeit, Gewappnetsein – doch ohne Waffentragen. … Wo sich im Kampfe gleiche Gegner messen, siegt der Mitleidigere.«

Die Voraussetzung ist, dass auch der Gegner (das war der 69. Spruch) als Mitglied des Großen Stammes betrachtet wird. Das heißt, der Antagonismus, die Feindseligkeit zwischen den Menschen wird nicht als so grundsätzlich gesetzt gesehen wie in einer Gesellschaft, wo der Mensch als des Menschen Wolf gilt. Die urtiefe Gemeinsamkeit ist zwar verloren gegangen, aber das ist eine Abweichung; und wir sollten davon ausgehen, dass der Gegner dazu gehört.

Es heißt dann: »Da er mit keinem streitet, bleibt er unbestritten Sieger«. Und es wird empfohlen, wenn denn schon gesiegt worden ist: »Gut ist Siegen, und damit genug. Man wage nicht, Zwingherr zu sein. Siegen - und sich nicht brüsten, siegen - und sich nicht rühmen, siegen – und nicht stolz auf den Sieg sein. Gezwungen nur sei man ein Sieger – nicht, um zu zwingen.«

Es wird festgestellt: »Trachtet einer an sich zu reißen das Reich, so sag ich: Vergebliche Mühe! Ein Opfergefäß ist das Reich – unberührbar; wer es berührt, zerstört es, wer es ergreift, verliert es.«

»Ein wahrer Feldherr ist nicht kriegswütig, ein wahrer Kämpfer ist nicht zornmütig, ein wahrer Bezwinger des Feinds nicht streitsüchtig, ein wahrer Lenker der Menschen aber ist demütig.«

»Wer des Sieges sich freut, ist der Mordlust verfallen - wer aber der Mordlust verfallen: nie zwingt er der Welt seinen Willen auf. Glück verheißend allein ist friedvolles Tun, Unglück verheißend das Handwerk des Krieges. Und steht der Flügelführer zur Linken, zur Rechten der mächtige Feldherr: Zu Trauerfeiern rüstet euch, mit Trauer und Tränen gedenkt der hingemetzelten Scharen – mit Trauerfeiern feiert den Sieg!«

Der Grundgedanke ist also, dass Vergewaltigung, Gewaltanwendung überhaupt, nicht zum Frieden führen kann und dass der Vergewaltiger selbst sich auf die Dauer zugrunde richtet.

Das geht bis in einen Ratschlag zur Staatspolitik im 61. Spruch: »Ist ein großer Staat wie eines Flusses Unterlauf, so strömt ihm alles zu«. Im Weg des Wassers, der da gemeint ist, »in ihm verkörpert sich das Weibliche der Welt. Ewig besiegt das Weibliche durch Stille das Männliche. Durch Stille setzt es sich herab. Wenn sich ein großer Staat herabsetzt vor dem kleinen, so nimmt er auf den kleinen Staat. Wenn sich ein kleiner Staat herabsetzt vor dem großen, wird er vom großen aufgenommen. ... Der große Staat wünscht nur, mit zu ernähren des anderen Volk, der kleine Staat wünscht nur, mit zu dienen dem anderen – so erhält jeder, was er wünscht. Geziemend wäre es den großen Staaten, sich so herabzusetzen.«

Eine weitere Frage ist das Problem des Verhaltens zu den größten Räubern? Selbst in diesem Zusammenhang spricht das Tao-Te-King dafür, sich nicht auf Machtverhältnisse in dem Sinne einzulassen, dass man Gewalt mit Gewalt beantwortet. Denn schon zu diesem Zeitpunkt ist aus mehreren Jahrhunderten chinesischer Geschichte klar, dass sich das Übel auf diese Weise nur fortwährend reproduziert und dass die Verhaltensweisen, die man einübt, wenn man das Übel mit Übel bekämpft, zu denselben Strukturen führen. Das ist nicht Tolstois christliche Moralistik - das Tao-Te-King beansprucht in diesem Punkt einfach, Aussagen entlang der eigentlichen Wirklichkeit zu machen, und es geht davon aus, dass dieses erbärmliche Großtun von Räubern früher oder später von den geschichtlichen Prozessen als monströs ausgeschieden wird - auch wenn das eine Weile dauern mag. Denn was nicht in Übereinstimmung mit den Großen Gesetzen ist, das kann nicht lange währen. Dies ist eine von den Taoisten ausgedrückte Selbstverständlichkeit, auf die sie sich in der Regel eher passiv verlassen: Das Tao wird das schon regeln, - die werden schon über ihre Füße stürzen, die sich so wenig an die wesentliche Wirklichkeit halten.

Ich versuche jetzt, zwischen dieser damaligen Konzeption und der heutigen Wirklichkeit wenigstens einen Vergleich zu ziehen. Dabei will anknüpfen an das Werk von Jean Gebser, welches eine Verständnisbrücke dafür bietet, wieso hier eine Übertragung möglich ist. Nicht in dem Sinne, dass man diese Prinzipien unmittelbar auf eine gegebene Situation anwendet, wo bereits politische Kräfte in der alten Weise miteinander ringen. Es geht mehr um eine Strukturähnlichkeit, eine Strukturverwandtschaft und eine Strukturbeziehung.

Das Buch von Gebser heißt deshalb »Ursprung und Gegenwart«, weil er davon ausgeht, dass der Ursprung der menschlichen Existenz, unsere Verfassung, mit der wir in die Welt gekommen sind, mit der wir geboren werden - diese Conditio humana, diese menschliche Naturverfassung - auch jetzt, über die Zeiten, eigentlich die gleiche ist. Und dass wahrscheinlich die Prozesse am Anfang, beim Hineingehen in der Geschichte noch etwas näher an der eigentlichen Bestimmung des Menschen gewesen sind.

Gebsers Gedanke ist folgender: Vergegenwärtigt man sich den Ursprung, und geht man vor allem nicht davon aus, dass das Alte sämtlich hinter uns liegt, so erfahren wir eine ursprüngliche Wirklichkeit. Insbesondere in unserer ersten Lebensphase erleben wir diese archaischen und magischen Bewusstseinsverfassungen, die früher einmal Gesellschaftsverfassungen gewesen sind, die in den alten chinesischen Verhältnissen eine große Rolle spielen. Um unsere Abgespaltenheit vom Ursprung wieder aufzuheben, müssen wir versuchen, die Rationalität mit diesen älteren Bewusstseinsverfassungen bzw. Daseinsweisen zu integrieren.

Das Wiederauftauchen solcher älterer realer wie bewusstseinsmäßiger Zustände in uns ist die Bedingung, um aus unserer rationalistischen Fixierung herauskommen zu können. Dies betrifft jegliche Taktik oder Strategie, auch die der Ökologie, wo wir bisher bloß immer mehr von der falschen Medizin gebrauchen; wo uns dafür – was die rationalistische Wissenschaft offenbar mitverursacht hat - nur noch mehr Wissenschaft einfällt. Das heißt nicht, dass wir sie nicht mehr brauchen, sondern nur, dass es ein zu schmaler Ausschnitt menschlicher Möglichkeiten ist, von dem wir da ausgehen.

Ich habe voriges Mal eine Japanerin zitiert, die, in einer Zen-Tradition stehend, »oberflächliche« und »wahre« Politik unterschieden hat. Oberflächliche Politik ist die, die mit dem jeweils in der Gesellschaft vordergründig Umkämpften umgeht, die sich mit den Geschäften begnügt, die in der Zeitung stehen: Wer hat noch nicht genug?, und: Wer noch nicht genug hat, muss offenbar mehr kriegen! Und: Wo holen wir das her? Auf dieser Ebene, sagt sie, kann es sich nur um oberflächliche Politik handeln. Wahre Politik würde nicht vernachlässigen, dass es soziale Gerechtigkeit und Kämpfe darum gibt. Aber sie würde außerdem fragen: Wie ordnen wir uns richtig in den Naturzusammenhang ein?

Wenn von wahrer Politik die Rede ist, haben wir die Schwierigkeit, dass das Wort »Wahrheit« ganz an unsere Verstandeslogik gebunden ist. Es ist da immer die Übereinstimmung unseres Urteils mit der Wirklichkeit gemeint. Es ist zweifelhaft, ob wir bei diesen logischen Überlegungen wirklich an der Wahrheit sind. Jeder, der behauptet, die Wahrheit zu kennen – insbesondere über solche gesellschaftlichen Zusammenhänge, die umkämpft sind – ist ja verdächtig. Aber die Konzeption von Gebser läuft auf eine Begrifflichkeit und auf Verhaltensvorschläge für unser Bewusstsein hinaus, die ganz analog zu dem Tao-Te-King funktionieren.

Ich habe seinen Ausdruck »wahren« – der mit »be-wahren« zusammenhängt – schon einmal zitiert. Er bezieht sich darauf, wie die Übereinstimmung zwischen der menschlichen Verfassung und dem Sein der Welt durchgetragen werden könnte. In diesem Sinne geht es um »Wahren« – und damit auch um Be-Wahrung – des natürlichen Zusammenhanges.

Jean Gebser ging davon aus, dass sich eine integrale Bewusstseinsverfassung auf dieses Wahren und Be-Wahren der Wirklichkeit, wie sie uns gegeben ist, bezieht. Dies jedoch mit dem Schwerpunkt, wie die Naturzusammenhänge sind; nicht unbedingt das zu wahren oder zu be-wahren, was wir zerstörerisch hinzugefügt haben - obwohl das rein mechanisch nicht auseinanderzuhalten ist.

Das ist eben die Grundfrage, die hinter der ganzen ökologischen Diskussion steht: Ob nicht die menschliche Natur - oder das, was wir der Natur da noch hinzufügen, obwohl es auch selbst natürlich ist – die ursprünglichen Gleichgewichte zu sehr gesprengt hat. Und die Lösung, die Gebser vorschlägt, nachdem er die verschiedensten Bewusstseinsverfassungen des Menschen - die älteste archaische, die magische, die mythische und die jetzige mentale - analysiert hat, lautet: Wir sollten zum Wahren kommen.

Betrachten wir genauer, was denn »Wahren« für ihn ist, so benutzt er zwei Begriffe: Wahrnehmen und Wahrgeben.

Mit dem »Wahr-Nehmen« meint er folgendes: Wir sollten einfach die gesamte Menschheitsgeschichte, d.h. die verschiedenen Weisen, die der Mensch schon probiert hat, in der Welt zu sein und einigermaßen Stabilität zu wahren, unvoreingenommen auf uns wirken lassen. Das heißt in erster Linie, diesen modernen Kritizismus abschaffen, der auch im Marxismus, aber auch in den Hexenverbrennungen in der Inquisition, allgegenwärtig war; diese Art und Weise, irgendetwas Früheres als immer schon falsch, als Aberglaube zu behandeln. All das sei jetzt nur als Beispiel dafür erwähnt, dass wir uns durch diese platte Aufklärung, in der wir uns selbst preisen, eigentlich außerstand gesetzt haben, die Werte früherer Bewusstseinsverfassungen tatsächlich zur Geltung kommen zu lassen.

Allein die chinesische Kultur, die gegenüber der Moderne der Kanonenboote so fürchterlich verloren hat, hat doch über insgesamt 5000 Jahre Stabilität repräsentiert; und bis vor 100 Jahren haben diese zahlreichen Menschen – China war immer mehr bevölkert als andere Regionen der Welt – dort die Erde nicht kaputtgemacht. Verhältnismäßig schonend sind sie mit der Erde umgegangen. Dass diese konservative Lebensform, die dort im Vergleich zum Expansionismus und Fortschrittswahn der abendländischen Zivilisation vorherrschend war, eines Studiums wert ist, das muss ja nicht heißen, dass dieser Konservatismus, dieses Beharren bis zur Erstarrung nun das statt unserer Neuerungssucht Empfehlenswerte ist. Aber es lohnt, sich das anzusehen.

Denn in China ist es viel mehr als bei uns gelungen, diese verschiedenen Bewusstseinsformen zu integrieren; z.B. wenn Laotse bei höchster Intelligenz und Dialektik, die schon manchmal ganz modern anmutet, zugleich in der Lage ist, diese mutterrechtliche archaische Bewusstseinsverfassung nicht nur übungsmäßig, sondern auch denkerisch gegenwärtig zu halten. Auf diese Weise ist das bei uns nicht gelungen - wir haben uns immer abgestoßen von dem, was nicht mehr gilt.

Also: Wahr-Nehmen lernen, sagt Jean Gebser, um auf diese Weise unbewertet nebeneinander treten zu lassen, was an menschlichen Verhaltensmöglichkeiten vom Bewusstsein her gegeben ist. Aus einem solchen Wahr-Nehmen würde folgen, dass wir in unserem Verhalten auch öfter »Wahr-Geben« könnten. »Wahr-geben«, dies ist der zweite Begriff, den Gebser für das Wahren verwendet.

Wenn man sich ein bisschen hinein vertieft in diese Wortschöpfung des Wahr-Gebens, so erkennt man, dass es sich bei Gebser um etwas handelt, das der Verhaltensweise, die das Tao-Te-King für den königlichen Menschen empfiehlt, doch sehr ähnlich ist. Wahr-Geben hieße, dass das, was

wahr-genommen ist, möglichst wenig Ich-interessiert – also wenig selbstlos, das war ja die Empfehlung – wahr-genommen worden ist. Das hätte
zur Folge, dass sich in unserem Handeln, in unserem Verhalten, in unserem
Gesamt-Handeln die Großen Gesetze, die Großen Gleichgewichte ausdrücken statt kurzsichtiger und kurzfristiger Eingriffe; die großmächtig und
unmittelbar erfolgreich sein mögen, uns dann aber den Rückschlag ins
Haus holen.

Diese zuvorkommende Zurückhaltung im Umgang mit der Welt, die das
Tao-Te-King empfiehlt, das ist das, was hier eigentlich gemeint ist.

Die Frage ist, wie man die Bedingungen so eines be-wahrenden oder
wahrenden Handelns und so eines Wahr-Nehmens und Wahr-Gebens
gesellschaftlich herstellen könnte - denn die Art und Weise, wie unser
ganzes Produktions- und Bildungssystem jetzt eingerichtet ist, entspricht
eher diesem erbärmlichen Großtun von Räubern.

Doch wenn man nach Möglichkeiten suchen will, eine solche Haltung in
der Gesellschaft zur Geltung zu bringen, muss man erst einmal wissen,
dass dieses räuberische Gesamtverhalten der Welt gegenüber durch solche
kleinen konfuzianischen Verbesserungsvorschläge nicht wirklich beein-
flussbar ist. All die Ratschläge, die bisher de facto politische Ökologie
bedeuten – z.B. Senkung der Emissionen hier und dort oder Vorschläge,
wie man mit neuen Steuergesetzen regulieren könnte – all das geht kaum
an den Grund der Sache und deshalb bleiben bisher fast alle Versuche einer
ökologischen Praxis im Getriebe stecken.

Lässt man diese alte chinesische Konstellation auf sich wirken, dann sind
es zwei Dinge, die als Orientierung, als Richtung – wenn man nach so
etwas wie einem rettenden Verhalten sucht – angesagt wären: Das eine ist –
und da nehme ich Bezug auf meine erste Vorlesung – dass der Taoismus
mit Praktiken verbunden ist, die uns Gelassenheit lehren. Die uns nicht nur
empfehlen, sondern auch nahebringen, wie man wahr-nehmend und wahr-
gebend in der Welt sein könnte. Wir haben in unserem Gebser-Seminar
erfahren, dass es auch dort Ansätze dafür gibt, wie man sich auf eine
andere Art des In-der-Welt-Seins einstellen könnte.

Die Frucht der Selbst-Einsicht wäre also die Erkenntnis, dass wir in unserem durchschnittlichen Verhalten in dieser Todesmühle mitmahlen, dass wir uns trotz bester Gedanken in unserer täglichen Praxis konform verhalten.

Gebser ist sich im Klaren, dass wir auf eine Gesamtkulturkatastrophe zugehen. Wenn man das erst einmal sieht und außerdem in sich selbst die Erfahrung macht, dass es sich so nicht gut lebt, dass der Stress zunimmt in Richtung psychischen Druckes, bis hin zur Psychiatrie - dann wird es wahrscheinlich zu der Bereitschaft kommen, die innere Verfassung zu überprüfen.

In alten Schriften, etwa im I-Ging, das ganz parallel zum Tao-Te-King die chinesischen Verhaltensweisen empfiehlt, ist der Hinweis auf das Zeichen »Brunnen«, das auf die tiefste Schicht jeweiliger Probleme hindeutet, zu finden. Wenn im I-Ging das Zeichen »Brunnen« auftaucht, kommt der Ratschlag: es bringt nichts, an der Oberfläche zu bleiben, wenn man reformieren muss - man muss die Grundursache, die tiefste Ursache der Abweichung finden und von dort aus ändern.

Diese tiefste Ursache der Abweichung sucht das Tao-Te-King in der Selbst-Besessenheit und Selbst-Versessenheit. Daher wird empfohlen zu fragen: Muss und will ich das durchsetzen, oder suche ich mich dem Auftrag anzumess, der aus dem Ewigdauernden, aus dem Tao also, hervorgeht? Das Tao-Te-King geht davon aus, dass der Mensch am Ursprung viel mehr damit in Kontakt war. Das heißt, dass es nicht menschenunmöglich ist und dass es heut und hier um eine Art innere Konversion, um ein Umkehren des Individuums geht.

Auf der anderen Seite erhebt sich natürlich die Frage, ob das zu wirklich gesellschaftlich wirksamen Ergebnissen führt, wenn es sich nicht auch in Gesellschaftsverfassung umsetzt, und zwar zunächst in Veränderung der politischen Verfassung. Die Frage lautet also: Könnte nicht eine gesellschaftliche Macht angesammelt werden, die in der Lage ist, dem Durchgehen der ökonomischen Kräfte zu gegenzusteuern?

In der »Logik der Rettung« habe ich mich ausführlich mit Kurt Biedenkopf auseinandergesetzt. Er hatte in seinem Buch »Die neue Sicht der Dinge« die Frage aufgeworfen, ob die gegebene staatliche Ordnung dazu benutzt werden könnte, dem Marktmechanismus Ordnungsgrenzen zu setzen, um eine Begrenzungsordnung zu stiften. Meine Kritik an ihm in der »Logik der Rettung« war, dass dies konfuzianisch ist; weil er dem bestehenden institutionellen System eine solche Verwandlung zutraut, dass also Bundestag und Bundesrat und was wir so an Verfassungsinstitutionen haben, machtvoller funktionieren könnten als Banken, als die Informationen, die zwischen Banken hin und her gespeist werden.

Wir sehen, dass das nicht besonders wahrscheinlich ist. Doch die Frage bleibt, gleich, welche Institutionen auch immer wir hätten: Wie wären genügend politische Kräfte aufzubringen, um die Institutionen machtvoll zur Steuerung, zur Begrenzung einsetzen zu können. Bislang läuft der Konsens der Massen darauf hinaus, dass wir weitermachen mit dieser westlichen Wohlstandsgesellschaft, die die Biosphäre niederwalzt; und ich glaube, dass es - entgegen den Umfrageaussagen – bisher ein mehrheitliches Einverständnis damit gibt.

Ich denke, dass es sich ohne eine Neu-Institutionalisierung – auch im gesellschaftlichen Zusammenhang – deren Wesen die Unterordnung der Wirtschaft unter die Gesellschaft und die Kultur ist, nicht machen lässt. Und das heißt natürlich, dass auf der politischen Ebene stärkere Bewusstseinsmächte als die, die die Wirtschaft steuern, wirken müssen. Dass das politische Interesse - Interessen, Machtinteressen, das ist ja alles über den menschlichen Kopf vermittelt - an einer überlebensfähigen, dauerhaften Gesellschaftsverfassung stärker sein muss als das, was da ökonomisch durchgeht.

Ich habe hier den Verfassungsentwurf, den dieses Kuratorium für einen demokratisch verfassten Bund deutscher Länder herausgegeben hat, in der Hand, und ich will einmal die Veränderungen, die vorgeschlagen werden, was eine Diskussion der politischen Verfassung betrifft, kurz erwähnen, damit wir uns ein Bild davon machen können, wie weit das reicht oder wo es einstweilen aufhört.

In § 20a dieses neuen Verfassungsentwurfes ist als Verfassungsgrundsatz vorgeschlagen: Schutz der natürlichen Lebensgrundlagen. Das hat bisher in der Verfassung der Bundesrepublik, im Grundgesetz, noch nicht gestanden. Also: Schutz der natürlichen Lebensgrundlagen. Damit gekoppelt ist dann der Gedanke, dass die Sozialpflichtigkeit des Eigentums - die steht jetzt schon in der Verfassung und sie wissen, wie wenig das bisher greift - ergänzt werden müsste durch eine Naturgleichgewichtspflichtigkeit des Eigentums. Wenn das tatsächlich drinstände: Ich will nicht sagen, dass das Nichts wäre. Nein, das gäbe natürlich einen starken Anstoß, im Steuerrecht und anderswo manches zu ändern.

In Art. 5 dieses neuen Verfassungsvorschlages geht es um die Wissenschaft. Das ist jetzt spannend, denn der nächste Faktor für den unendlichen Fortschritt neben dem ökonomischen ist natürlich die Wissenschaft, die sich in keiner Weise begrenzen lassen will. Nach wie vor heißt es natürlich: Die Wissenschaft ist frei, der Staat sichert freies Forschen, Lehren und Lernen. Aber dann kommt: Forschungen, die mit besonderen Risiken verbunden sind, sind öffentlich anzuzeigen. Sie unterliegen gesetzlichen Beschränkungen, wenn sie geeignet sind, die Menschenwürde zu verletzen oder die natürlichen Lebensgrundlagen zu zerstören.

Da ist also eine Einschränkung dieser Freiheit der Wissenschaft bedacht, ebenso, wie eine Einschränkung für das Eigentum, aus ökologischen Gründen. Beide Punkte sind wenigstens erst einmal markiert; für die beiden Hauptmechanismen der Entgleisung unserer Zivilisation - die Geldmacht und die Wissensmacht - ist wenigstens nach Begrenzung gefragt.

Die andere Frage natürlich ist, wie weit sich das umsetzen lässt.

In Art. 45 - und da wird die ganze Problematik sichtbar - wird dann ein Technikfolgenausschuss verlangt, also, ein Ausschuss, der abschätzt, welche Folgen die Einrichtung bestimmter Technologien, die Durchführung bestimmter Produktionsprozesse haben wird. Technikfolgenabschätzung, das wäre sozusagen der Schlüsselpunkt, wo die Geldinteressen und die Wissenschaftsinteressen kritisch zur Debatte stehen könnten.

Für eine Vorab-Abschätzung der Sache, die beim Einsatz von sieben Forschern herauskommen könnte, wären wohl jeweils zehnmal so viele

Menschen erforderlich - um diese realen Versuche in Technik und Wissenschaft umzusetzen und dann unter geistiger Kontrolle zu halten.

Soweit ich sehen kann, ist von der Gesamtkonzeption der neuen Verfassung vorausgesetzt, dass der Fluss der Eigentumsverhältnisse, der Fluss der wissenschaftlichen Neugier, die wir uns selbst immer ungeheuer gepriesen haben, weitergehen soll. Wir wollen nur nachträgliche Begrenzungen einschalten.

Der Gedanke des Taoismus, dieses Prinzip, von Grund auf - vom Brunnen her, von der Brunnentiefe her - zu korrigieren, ist hier nicht verankert. Es geht um nachträgliches Einholen von jeweils schon in Gang gesetzten Prozessen.

Für meine Begriffe ist es nicht wahrscheinlich, dass ein Einholen auf diese Weise möglich ist - und ich glaube, dass auch die Denkweise des Tao-Te-King genau das nahelegt.

Des Weiteren ist vorgesehen, dass der Umweltminister – wie etwa der Finanzminister - in der Bundesregierung ein Vetorecht haben soll, wenn bestimmte Dinge beschlossen werden. Wir sehen aber natürlich, dass dieses Umweltministerium, das wir haben, schon von vornherein ganz in diesem Nach-Gang der katastrophalen Ereignisse drin ist.

Und nun der höchste Punkt, der auch volkserzieherische Bedeutung haben soll:

In diesem alternativen Verfassungstext ist vorgesehen, dass endlich direkt-demokratische Elemente in den Abstimmungsprozess hineinkommen sollen – so, wie in der Schweiz die Bürger über das Auto, über verschiedenste Eingriffe befragt werden. Wenn also ein genügend großes Quorum zustande kommt, dann kann abgestimmt werden. Zum Beispiel ist bei einer Abstimmung, ob die Schweiz nicht die Armee abschaffen sollte, immerhin eine Zustimmung von 30 % herausgekommen. Es ist ideologisch viel bedeutungsvoller, wenn das erst mal offiziell geworden ist, als der unmittelbare Effekt.

Aber wenn man sieht, wie weit die Mehrheit der Bevölkerung in allen diesen entwickelten Ländern in den Gang der Dinge eingebunden ist, so ist sichtbar, dass es auch von daher noch nicht zum Durchbruch kommen konnte.

Für mich kulminiert die Idee, durch diesen neuen Verfassungsvorschlag eine Ordnung zu schaffen, mit der wir vielleicht doch eine Aussicht hätten, wieder in das Große Gleichgewicht zurückzufinden, in dem Gedanken, einen Ökologischen Rat einzusetzen. Darum will ich den Artikel, der hier vorgeschlagen ist, vorlesen:

»Ökologischer Rat. Er wirkt bei der Gesetzgebung und Verwaltung des Bundes mit. Er erstattet von sich aus oder auf Ersuchen eines Fünftels der Mitglieder des Bundestages oder Bundesrates zu ökologischen Fragen Gutachten. Er besteht aus Mitgliedern, die je zur Hälfte von den Volksvertretern der Länder und vom Bundestag gewählt werden, aber die keinem solchen gesetzgebenden Gremium angehören.«

Es ist offensichtlich vorausgesetzt, dass diese dem Gremium, das sie entsenden soll - auf Landes- bzw. Bundesebene – als Leute bekannt sind, von denen vermutet werden kann, dass sie von solchen übergreifenden Interessen ausgehen und nicht Interessenvertreter für irgendwelche industriellen und soziologischen Belange sind. Sie sollen auf die Dauer von neun Jahren gewählt werden. Ein Gutachter- und Beratungsausschuss für die höchste Ebene - wenn man will: eine dritte Kammer.

Wie soll die wirken? Gesetzesvorlagen, die im Bundestag eingebracht werden, sind dem Ökologischen Rat unverzüglich zuzuleiten. Dieser nimmt dann innerhalb von vier Wochen Stellung. Er kann insbesondere empfehlen, dass die Geltung des Bundesgesetzes, um das es jeweils geht, zeitlich befristet wird, vorgesehene Regelungen nach einem Stufenplan eingeführt werden, Testverfahren dazu durchgeführt werden, und so fort. Hat der Bundestag das beschlossen, so wird es dem Rat zugeleitet, und der kann dann Einwendungen erheben. Aber der Bundestag entscheidet darüber, ob und wie er den Einwendungen Rechnung tragen will, und nimmt den Gesetzesbeschluss an.

Die weitestgehende Idee – im Kontext mit den anderen Artikeln, die ich erwähnt habe - ist also, die Verfassungsorgane um einen Ökologischen Rat zu erweitern. Gesetzesvorschläge sollen nicht nur dem Veto des Umweltministers unterliegen, sondern auch einem zeitweiligem Vetorecht des

Ökologischen Rates. Aber der Bundestag und der Bundesrat – die Verfassungsorgane, die wir haben – können ohne Weiteres über diese dritte Kammer hinweggehen.

Der grundlegenden Bedeutung des Problems und Themas, um das es hier geht - das Naturverhältnis der Gesellschaft und wie können wir unseren zerstörerischen Einfluss auf die Welt zurücknehmen - werden wir damit noch keineswegs gerecht.

Ich sehe das so: Der Gedanke Ökologischer Räte oder so einer dritten Kammer ist jetzt in den entwickelten Ländern allgemein im Schwange - auch Leister Brown vom Worldwatch Institute schlägt dergleichen Gremien vor. Es ist also gar nicht aussichtslos, so etwas zu installieren, und es könnte durchaus eine gewisse geistige bzw. ideologische Autorität haben. Das heißt, es wäre von Nutzen, wenn auf diese Weise eine große Öffentlichkeit – denn die Medien müssten natürlich so einem Verfassungsorgan dann auch Raum geben, mehr, als das bis jetzt für solche Fragen der Fall ist – erreicht würde. Das kann schon ein Fortschritt sein.

Genau so ist das in Bezug auf viele andere Dinge, die hier im Verfassungsentwurf stehen. Es kann eine Tür öffnen - aber konsequent gedacht ist das bisher keineswegs, sondern es ist – sozusagen – die Idee des Einschleichens.

In meiner »Logik der Rettung« habe ich einen radikaleren Vorschlag gemacht. Es müsste ein Oberhaus eingesetzt werden, in Sinne eines Ökologischer Rates, das tatsächlich Richtlinienkompetenz hat. Damit könnten wir unseren Zubiss und Zugriff auf die Natur ernsthaft normieren. Umgekehrt müsste die Rechenschaftspflicht der Wirtschaft, der Wissenschaft, der Politik dorthin gerichtet sein. Es müsste sozusagen ein kollektives Präsidialorgan der Gesellschaft darstellen, vor dem Hintergrund der Frage: Wie könnten wir uns in das, was bei den alten Chinesen das Tao war, wieder hinein begeben?

Für aussichtslos halte ich das nicht, weil – ähnlich, wie in der Zeit der Streitenden Reiche im alten China, wo die gesellschaftlichen Erfahrungen die Leute dafür geöffnet haben, das Staatsproblem neu zu betrachten – das

Level, auf dem wir uns inzwischen die von uns verursachten Katastrophen selbst erfahrbar machen, solche Vorschläge nicht mehr völlig illusorisch erscheinen lässt. Man wagt jetzt nicht mehr, einfach zu sagen: Das ist abwegig, das kommt sowieso nie. Aber es gibt die Verzögerungstaktik der Interessen solchen Sachen gegenüber.

Aber wenn es überhaupt dazu käme, dieses verhältnismäßig zahnlose Organ eines »ökologischen Rates« einzurichten, so wäre es ein wichtiger Schritt; und möglicherweise würden ihm später auch wirkliche politische Kompetenzen zukommen.

Wie machtvoll Politik gegenüber Wirtschaft tatsächlich sein kann, hängt vom Bevölkerungskonsens ab. Wenn es einmal so weit ist, dass nicht bloß am Sonntag bei Umfragen geantwortet wird: Umwelt ist Punkt Nr. 1, aber im Alltag weitergemacht wird wie bisher, wenn die Katastropheneinschläge, dann ist denkbar, dass wirklich eine Umkehr erfolgen kann.

Das Tao-Te-King orientiert auf die mit dem Naturgleichgewicht stimmige, auf die richtige Einrichtung der gesellschaftlichen Verhältnisse von Grund auf. Und die Kritik am Konfuzianismus ist, dass er seine guten Ratschläge an die Herrschenden richtet, wie die nun einmal sind. Ich schließe die Menschen, die in den jetzigen politischen Verantwortungen sind, keineswegs aus. Die schließt auch das Tao-Te-King nicht aus. Doch von der bestehenden Verfassung und den bestehenden Gremien ist der Durchbruch nicht zu erwarten.

27. April 1992

Erich Fromm: Vom Haben zum Sein

Ich möchte in den kommenden zwei Stunden zwei Dinge so gut wie möglich miteinander verbinden, weil sie auch tatsächlich zusammenhängen, nämlich - eine Einführung, eine Übersicht geben, was den Sinn dieser Vorlesungsreihe jetzt hier betrifft - und dabei auch noch ein paar Informationen einflechten, die gerade aktuell sind. Und andererseits möchte ich das angegebene Thema behandeln; es steht ja im engsten Zusammenhang, denn es geht um Wege zur reinen menschlichen Natur, Wege der Selbsterfahrung – wenn auch im Vordergrund bei den Vorlesungen bzw. Vorträgen, die wir hier hören werden, eher die spirituelle als die therapeutische Bedeutung dieses Wortes »Selbsterfahrung« eine Rolle spielen wird. Aber – das lässt sich jedenfalls verbinden.

Ich will zunächst sagen: Ich habe zwei Gründe, in diesem Semester jetzt so wenig selbst zu lesen. Ich mache ja praktisch nur diese verspätete Einführungsvorlesung; das hat sich technisch so ergeben, dass wir Heide Göttner-Abendroth nicht auslassen wollten für den Anfang. Und dann halte ich die allerletzte Vorlesung. Und mit der kann ich jetzt praktisch schon anfangen – mit der hängt nämlich der erste Grund zusammen:

Ich konzentriere mich – oder ich versuche, mich auf etwas anderes noch zu konzentrieren in diesem Semester. Und zwar haben wir auf der dritten Seite hier dieses Vorlesungsprogramms ja angezeigt, dass - im Anschluss an jene Vorlesung, mit der das vorige Sommersemester schloss – das war Kurt Biedenkopf - als der hier war, wir so etwas wie den Versuch gemacht haben, zwischen der Basisebene - was kommunitäre Subsistenzwirtschaft, was alternative Lebensformen, was selbst tragende Lebensformen betrifft - und der damals ja hier von Kurt Biedenkopf ausgedrückten Bereitschaft, wenn da etwas Seriöses wächst, auch Unterstützung zu geben: Dieser Anlauf, der hat sich eben dahin verdichtet, dass wir vom 12. bis 14. Juni in Krögis - nun, inzwischen steht der Ort fest, der steht hier noch nicht dabei; der Ort wird die Gemeinde Krögis bei Meißen sein, und - ein Ortsteil, der Schönnewitz heißt: Man kann dann das Geviert eines alten Bauerngutes, das in den 60er-Jahren des vorigen Jahrhunderts entstanden ist, nicht übersehen. Dort wird also diese Konferenz stattfinden. Ich weiß nicht, ob wir 100 oder 200 oder 300 sein werden, das entscheidet sich jetzt erst, indem das auch richtig erst gebucht wird, aber – die ganze Gruppe, die hier an dem Institut für Sozialökologie in Gründung da auf mich vereinigt ist: Wir bemühen uns sehr, das zur Geltung zu bringen.

Und ich will praktisch in der letzten Vorlesung in diesem Semester dann vor dem Hintergrund jenes Treffens einmal darüber sprechen, wie denn neue Lebensformen - die nicht bloß im Zeichen der Not geboren werden sollten, glaube ich – die jetzt natürlich ein zusätzlicher Anstoß sein mag - wie das denn aussehen könnte. Damit bin ich also dann schon an der Stelle einmal eingestiegen in dieses Thema.

Ich will bei der Gelegenheit gleich noch sagen: Es ist ja so, dass in diesem Semester – und auch eigentlich in diesem ganzen Studienjahr – die praktischen Dinge sonst in der Vorlesung hier nicht so im Vordergrund stehen. Und da freut mich eine kleine Ansage, die ich jetzt machen kann, nämlich - um die Frage der Umsetzung solcher Bewusstseinsstrategien, erst einmal, wie wir sie hier irgendwie diskutieren, will sich einer aus unserer Gruppe in sogenannten Zukunftswerkstätten bemühen – das ist eine Form, die der Robert Jungk entwickelt hat, der jetzt ja in Österreich für die »Grünen for President« kandidiert - und der will das also am 23.5. und am 6.6 – je einen Tag will er das versuchen im Institut für Sozialökologie, in der Clara-Zetkin-Straße 112, dort, im Zimmer 102 – Informationsmaterial liegt da auf dem Tisch – ihm geht es dabei allerdings auch noch um – also, um weitere Fragen; er ist da seinerseits nicht ganz sicher, ob dieser kommunitäre Zugang, den ich so in den Mittelpunkt stelle - ob das das Einzige ist, was man da jetzt machen müsste. Also, das ist sein Angebot.

So viel zu dem ersten Grund, weshalb ich auf etwas anderes einen großen Teil meiner Kräfte konzentrieren will in diesem Semester - natürlich, das Seminar – darauf komme ich auch noch, wenn ich über die Vorlesungen spreche - das läuft nebenher.

Und der zweite, für die Vorlesung selber hier entscheidende Grund ist der, dass es eigentlich unerlaubt wäre, über verschiedene Wege zum Selbst, über Wege zur reinen menschlichen Natur andere Leute reden zu lassen als die, die das auf – die gerade diesen Weg authentisch gehen oder eine besonders enge Beziehung dazu haben. Und deshalb habe ich den Versuch gemacht, hier eine Liste zusammenzubringen von Leuten, die wirklich für das stehen – die das leben, was dort beredet werden soll. Bei Heide Göttner-Abendroth wird man das ja schon gemerkt haben - das zieht sich so durch.

Für das, was jetzt auf dem – heute direkt auf der Tagesordnung steht – also, die Frage: Haben oder Sein?, oder: Vom Haben zum Sein - und die Frage: Wege und Irrwege der Selbsterfahrung: Da will ich zunächst einmal ein zweifaches Motto ansagen. Eines nämlich für die Frage »Haben oder Sein«, und eines für das Thema »Irrwege«, damit wir irgendwie eine kleine Vor-Orientierung haben; ich will mich dann tiefer hineinbohren in diese Frage-stellung.

Und das eine Motto, das das Thema »Haben« betrifft - und ich stelle natürlich die Frage im Hinblick darauf, wie Psychologie, überhaupt: Psyche, mit dieser ökologischen Krise zusammenhängt – das ist ein Satz von Franz Kafka, den Hannah Arendt in ihrem Buch »Vita activa« als Motto für das Thema Neuzeit gewählt hat. Und der Satz von Kafka heißt:

Über den Menschen: Er hat den archimedischen Punkt gefunden, hat ihn aber gegen sich ausgenutzt. Offenbar hat er ihn nur unter dieser Bedingung finden dürfen.

Also, »Erfolg als Falle« ist das Thema, das Kafka hier in puncto »Haben oder Sein« akzentuiert hat, und - »Falle« betreffend, das Wort »Falle« betreffend – und den anderen Schwerpunkt, Wege und Irrwege - also, da war ja noch das Thema »Irrwege zur Selbsterfahrung«: Da habe ich hier einen Satz des islamischen Mystikers Rumi – Dschalaloddin Rumi - aus dem Mittelalter, der Folgendes gesagt hat:

Alles und jedes in der Welt ist eine Falle für den Narren und ein Mittel zur Befreiung des Weisen.

Das heißt also schon, dass man es an dem Phänomen - mit Wegen und Irrwegen - nicht so ohne Weiteres von vornherein festmachen kann, son-dern – es ist immer ausschlaggebend, wer wer ist. Und bei so einem wie diesem Rumi hier ist völlig klar, dass er nicht dort den Narren sieht und da den Weisen, sondern dass er hier den Narren sieht und hier den Weisen - dass wir beides sind und dass es also auf unsere Entscheidung in solchen Konstellationen ankommt.

Jetzt stütze ich mich bei der Fragestellung »Haben oder Sein« - und für den ganzen Rahmen dieser Vorlesungsreihe hier habe ich mich darauf gestützt - auf meine alte Liebe für Erich Fromm. Die hängt einfach damit zusammen, dass Fromm im Zusammenhang mit dieser Frankfurter Schule frühzeitig versucht hat, einerseits Marx und andererseits Psychoanalyse zusammenzubringen, dass er weder in dem einen noch in dem anderen dogmatisch marxistisch oder freudianisch geblieben ist, sondern einfach den Versuch gemacht hat, zwischen dem Weg der Weltveränderung außen und dem Weg der Weltveränderung innen – oder der Innenwelt-Veränderung – also, den Zusammenhang herzustellen.

Aber ich will von meinen Voraussetzungen aus doch erinnern an den allgemeineren Rahmen, mit dem ich im vorigen Semester schon dieses ganze Studienjahr eröffnet habe – weil sich dann besser einordnet, was es eigentlich mit »Haben oder Sein« letzten Endes auf sich hat. Sonst müsste man da mit endlosen Definitionen arbeiten, und es würde weniger klar werden, glaube ich, als bei dem kleinen Schema, an das ich noch einmal erinnern will - sehr verkürzt; manche von euch oder Ihnen werden sich erinnern, ich hatte damals so ein ziemlich kompliziertes Mandala – kompliziert insofern, als da sehr viel hineingeschrieben war.

Das ist das Grundmodell, das ich noch einmal wiederholen will jetzt: Man kann sich – war damals gesagt – den Weg des Menschen so vorstellen, vom Ursprung bis zum Ziel, wenn man so will, von der Geburt bis zum Tod, dass man einen Kreis zieht. Hier ist ein Anfang - und hier ist ein Ende. Und was da gemeint ist, mit diesem Kreis: Da hatte ich damals an ein Bonmot erinnert, das es in dem letzten Roman von Franz Werfel gibt.

Franz Werfel, einer der großen Schriftsteller des 20. Jahrhunderts, hatte, als er - ich glaube, zwei Jahre vor seinem Tode war das, muss während der Weltkriegszeit, 1942 oder 1943 in den Vereinigten Staaten gewesen sein – so eine Erfahrung außerkörperlicher Existenz. Das ist so was, wie es ja Fälle gibt: beim Verkehrsunfall - dass die Seele zusehen kann, wie der Körper da unten liegt. Das kommt vor. Und das war dem Franz Werfel passiert, etwas dergleichen – nicht beim Autounfall, ich weiß nicht, bei welcher Gelegenheit, und - er reiste in diesem Roman, den er da geschrieben hat – »Stern der Ungeborenen«, heißt er – 100 000 Jahre weiter in einer irgendwie amerikanischen oder amerikanisierten Zivilisation. Und schildert also, was dann da später los ist. Und siehe: Die katholische Kirche gibt es immer noch in seinem Roman. Und er kommt zum Großbischof jenes Zeitalters, und der erzählt ihm - während er doch denkt: Also, die sind so fortgeschritten –: »Du, wir sind 100 000 Jahre weiter von Gott entfernt, als ihr das wart.« - Und dann ist am Ende da auch Krieg und Klamauk auf dem fortgeschrittenen Planeten. Und er wird noch einmal vom Großbischof des Zeitalters da empfangen, und der sagt ihm: »Wir sind aber auch 100 000 Jahre näher dran, als ihr wart.« Und das ist natürlich – also, geometrisch zumindest - nur vorstellbar, wenn es sich um eine Kreislinie handelt. Nicht bloß beim Individuum, sondern auch bei der Menschheit.

Und der Punkt ist einfach, dass wir hier - die Jung'sche Psychoanalyse etwa würde sagen: Hier ist das Selbst – ich sage einmal: im Weg, unbewusst; mit dem Säugling ist alles gegeben - und wenn die Reise ganz und gar gelingt – jetzt, die innere, die eigene Reise – dann ist das Selbst hier bewusst geworden. Aber dann nicht einfach – ich würde sagen: eng geführt, wie so die subjektivistische Psychologie - das ist manchmal schön, man ist dann zu sich - einfach, privat - so zu seinem höchst werten Individuum gekommen - sondern: Dieses bewusste Selbst könnte ja begreifen, was die Hildegard von Bingen einmal so bezeichnet hat, noch nahe den natürlichen Verhältnissen auch: Dass nämlich die Gesetze Gottes – in uns und außer uns: Die können nur dieselben sein. Seltsames Problem, hätte die gesagt, bei Kant: Wie weiß jemand von Dingen, wie man zum Ding an sich kommt (weil Kant nicht weiß, wie man vom Ding – zum Ding an sich kommt), weil – es versteht sich eigentlich, dass der Strom da durch geht.

Das heißt also, dass - die Ankunft hier würde bedeuten, dass irgendwie subjektiv bewusst geworden ist, intuitiv zumindest – also, alles ist in uns - und es ist eigentlich ein Ganzes, das im Menschen wieder zu seinem höchsten Ausdruck kommt. Und jetzt ist diese Reise nicht völlig – ist nicht strukturlos. Es gibt eigentlich – man könnte so sagen: es gibt hier – damit sich das überhaupt rundet, ist irgendwie notwendig, dass die Einheit des Ganzen in der Kultur, in der sich das ereignet, bewusst gehalten ist. Es macht einen großen Unterschied, ob man davon ausgeht, dass die Große Natur, wie man dazu steht – oder Gott oder das Tao, oder welcher Name auch immer - dass das Privatsache ist, wie sich in der bürgerlichen Gesellschaft von selbst versteht - oder ob man mit Fichte islamisch sagt – ich hab darüber einmal gelesen: »Gott allein ist, und außer ihm ist nichts.« Und jeder besondere Aspekt, der erhellt nur den Bezug auf dieses Zentrum - und man hätte dann also die Quelle dieser Einheit. Und man hätte hier draußen - außerhalb dieser Runde, die da geschlagen wird - die Vielfalt der Welt. Aber das wäre irgendwie zusammengehalten dadurch, dass man es erlebt als wieder und wieder Zurückgerufener (???).

Und jetzt kann man das hier – das ist jetzt für das Folgende dann auch, für die Wege und Irrwege, wichtig: man kann das Ding hier – diese Bahn, die hier gezogen wird – gröblichst, allergröblichst dreiteilen. Dann hat man hier alles, was irgendwie »prä« – ich schreibe es einmal hin: »prä-Ich« ist – das heißt, das Ich ist noch nicht herausgekommen, in der ersten Phase - das kommt erst allmählich heraus. Allerdings, beim Kinde - ja, wir wissen das - sehr früh, mit zwei, drei Jahren kommt das heraus. Es ist also hier – ich sagte schon – das Unbewusste, ich sage einmal - in Anführungsstrichen - »weise« Selbst, weil - der Begriff der Weisheit natürlich letzten Endes ohne Anführungsstriche nur gerechtfertigt ist, wenn also das auch subjektiv erfahren ist.

Aber die Weisheit des Körpers, die Weisheit des ungestörten Universums ist wahrscheinlich die größte Kraft, die es überhaupt gibt. Und hier geht es nur darum – es ist eigentlich nur deshalb in Anführungszeichen, weil wir es ja hier mit dem bewussten Geist zu tun haben. »Prä-Ich« ist diese – dieses eine Drittel hier, wenn man so will. Und hier oben, das ist halt die Position des Ich – bis an diese Stelle hier, irgendwie. Und das ist – also, man kann sagen: hier herrscht die selbstbewusste Ratio dann, und - allerdings spielen wir hier auch das Spiel – ich schreibe einmal: »R versus P«, ich meine das Spiel »Reiter gegen Pferd«- mit uns. Also, dass wir die Seele kommandieren wollen, dass wir uns zwingen wollen, Instinkte klein zu halten, dass wir unter dem Druck der gesellschaftlichen Verhältnisse diese und jene Anpassungsübung machen, die zuletzt auf so was hinauslaufen: Dafür steht das »Reiter-gegen-Pferd« - was Freud »das Unbehagen in der Kultur« genannt hat.

Und es spricht eigentlich alles dafür – übrigens - dass also die ungeheure Störung, die von der Existenz des Menschen in der Welt ausgeht: Dass die damit zusammenhängt, dass wir über die Konstitution auf dieser Stufe hier noch nicht so richtig hinausgekommen sind.

Und das hier ist die Stufe, die man so nennen könnte: »Trans-Ich«, beispielsweise. Und das ist etwas völlig anderes als »Prä-Ich«. Also, wenn das Ich irgendwann auf den Gedanken kommt: ich könnte ja den Tod akzeptieren – und das ist zuerst ein0mal – also, die Auflösung der Besessenheit davon, mich durchsetzen zu müssen, immer beleidigt zu sein, wenn jemand etwas nicht gut findet, was ich mache, und so und sich verteidigen zu müssen, dann - also, das ist etwas, was nicht notwendigerweise zumindest rückwärtig sein muss - das wird oft verwechselt. Das ist ganz wichtig - also, sich den Unterschied zwischen Prä- hier und Trans- irgendwie bewusst zu halten.

Ich weise darauf hin: in der Literaturliste muss es irgendwo das Buch von Ken Wilber hier geben: »Drei Arten der Erkenntnis«, heißt es. Und dort hat er sich ausführlichst damit auseinander gesetzt, was die Verwechslung von Prä- und Trans- oder das Zusammenbringen von Prä- und Trans- da für eine Rolle spielt. Also, hier - von der Psychologie von Jung her, zum Beispiel, der das Unbewusste für so weise hält - da droht dann natürlich auch, dass ziemlich atavistische Impulse, Ausbrüche - weil sie halt kommen – also, eigentlich verwechselt werden mit der Sprache des Heiligen - oder wie immer man das nennen will. Und hier wiederum droht, dass man – also, Effekte, die eher mit Psychose und Hysterie manchmal zu tun haben, mit Unentwickeltheit - oder mit Trance-Zuständen bloß – dass die - also, Trance mit »c« ist etwas anderes als »Trans-Ich« – also, da ist man – man ist da – es kann in Trance-Zuständen - also, jetzt mit »c« – kann das natürlich zu einem sprechen. Aber es kommt dann wesentlich darauf an, ob aus diesem Bereich sozusagen Übersetzungskapazität, möchte ich einmal sagen, vorhanden ist - also, ob man das, was dort gesprochen wird, einfach für unmittelbar bare Münze nimmt. Denn das Unbewusste – zumal wir es heftig ja auch gestört haben in der Geschichte - spricht nicht unbedingt wahr.

Also, das ist der Rahmen, den ich hier einmal zugrunde gelegt habe, um anzudeuten, wo der - wo das Bezugssystem für Wege und Irrwege zur Selbsterfahrung - zu tun hat.

Im Ganzen gesehen ist das Thema das: Ob es gelingt, eigentlich, diese Reise fortzusetzen - oder ob man irgendwo blockiert und vielleicht mit 25 oder mit 35 Jahren oder irgendwann schon gestorben ist – und weiß es noch gar nicht. Also, ob das innere Leben in dieser Richtung weitergeht: Das ist das Thema. Und wenn man so will, lauern da halt Fallen – jetzt, in dem Sinne, wie der Rumi das gesagt hat: für den Narren zumindest Fallen – oder für das Närrische in uns - einfach, weil es wirklich nicht fern liegt, dass insbesondere diese Bereiche verrückt spielen und dass das hier despotisch darauf reagiert und eigentlich noch mehr verdirbt und noch mehr verböst - in diesem Bereich, der sowieso schon verdorben ist in der Frühzeit – also, dass es darum geht, möglichst bewusst, mit zunehmendem Bewusstsein, mit alledem umzugehen.

Und das hier, dieser letzte Bereich, der Trans-Ich ist und wo – ich weise nur einmal darauf hin: Wenn der Michael Vetter seinen Vortrag hier am Ende – der übrigens heißt »Meditationen und Konzepte« - also, vor meinem letzten -: Wenn der dort vom Aufbruch in ein transverbales Zeitalter spricht, dann meint er damit auch nicht, dass wir wieder auf die Affenlaute kommen wollen – also, »Prä« erklären wie »prä-verbal,« sondern - dann fragt er einfach, ob unsere Textbesessenheit – dass wir also so verhaftet – vom Buch, vom Sprechen – sind: Dass das infrage – dass das vielleicht infrage gestellt gehört.

Übrigens: Die Barbara Duden - die hier eine der Vorlesungen auch halten wird, am 15.6, hat mich darauf hingewiesen, dass Ivan Illich ein Buch geschrieben hat, eben über Text: Was der sozusagen in der Geschichte mit unseren Körpern, mit unserer Behaglichkeit, mit unserem Im-Leben-Sein anfängt, wenn also die Schule, das gedruckte Wort die Welt regiert – in uns auch. Also, das ist das Problem, das hier gemeint ist: Wenn jemand von »transverbal« spricht, wie Vetter – wie Michael Vetter - und Künste vorführt, die uns also in diesen Bereich führen, dann ist das nicht gerichtet gegen die Fähigkeit zum Sprechen, sondern gegen den Überdruck und gegen die Fluchtbewegungen, die wir – also, man kann ja das Denken zu vielerlei benutzen – und insbesondere das Gedächtnis kann man also missbrauchen, um konservativ zu sein und ewig zu repetieren, was man immer schon wusste.

Und jetzt, für den – was nun ein etwas genaueres Schema dafür betrifft, was eigentlich das Problem des ständigen Fortschritts ist – also, wo sich – ich möchte einmal sagen: Wege und Irrwege der Selbsterfahrung hauptsächlich unterscheiden: Da nehme ich einmal einfach – nur zufällig, weil ich bei mir eine Senkrechte habe – diese Stelle und mache einen Querstrich und mache noch einen Pfeil: um daran zu erinnern, was uns eigentlich in jeder einzelnen Situation auf diesem Wege aufgegeben ist, was für Rahmen von Entscheidungen.

Hier stehen - an den fünf Richtungen, die jetzt hier dran sind: 1 – 2 – 3 – 4 – 5 - da stehen fünf Verben, offensichtlich. Also, wenn man hier lang denkt, dann handelt es sich um »absteigend« – das ist das, was die Psychologen »Regression« nennen: etwas - vom Prinzip her - was also immer passiert, wenn uns ein ungelöstes Problem der Vergangenheit über-bestimmt und wir nicht mehr damit fertig werden. Das ist nicht – das muss nicht eine Psychose sein, sondern - das können auch kleine Dinge sein, die nicht so schwer ins Gewicht fallen. Hier geht es ums Prinzip dabei. Absteigend.

Und hier lang – also, nicht in der Senkrechten, sondern hier lang, nach hierhin aufsteigend – also, das heißt: bei der Sache bleiben. Und das ist eigentlich die Bewegung des – ja, des menschlichen Wachstums, könnte man sagen. Während das – ich sage es bloß einmal schon vorher an: Das ist jetzt die – der Pfeil, der das Wachstum der Sachen anzeigt, die wir gemacht haben - ich komme gleich darauf.

Das ist – also, hier findet, sagen wir einmal – ich sage lieber: Entfaltung, weitere Entfaltung als Entwicklung: Das findet hier statt. Das ist also mit diesem Bogen gemeint. Und - solange wir aber nicht unter Druck stehen, auch – ich würde einmal sagen: Auch nicht unter Entwicklungsdruck stehen in dem Sinne, dass wir das, was die Phase verlangt, geleistet haben – wenn also jemand noch gar nicht richtig »ICH« sagen gelernt hat auf seinem Wege – als Kind, zum Beispiel, mit drei, vier-Jahren - wenn ihm das noch nicht völlig gelungen ist: Dann steht natürlich nicht an, hier gleich weiterzuschreiten auf schwachen Beinen, eigentlich, sondern - dann steht natürlich an, dass erst einmal auf dieser Ebene etwas auszuarbeiten ist.

Und deswegen unterscheidet übrigens der Ken Wilber auch zwei Arten von Emanzipation – also, diese horizontale, die also vorwärts geht, und die – nein: Die vertikale, die vorwärts geht - und diese horizontale, die eigentlich erst einmal sicher macht, dass wir auf der Stufe, die wir schon erreicht haben, sind.

Und hier geht es jetzt um zwei Dinge: einerseits um Festhalten – das ist zunächst überhaupt nicht zu bewerten; wenn also etwas, was noch unsicher, erfunden, ist: Das muss ja erst einmal festgehalten, muss erst einmal verteidigt werden, ein Stück weit - das ist ganz richtig.

Und dann geht es um Loslassen auf der anderen Seite, weil sonst – wenn man also beim Festhalten bleibt, das ist sozusagen das Prinzip des Konservatismus und des Todes - also, wenn ich das übertreibe. Denn wenn man nicht in der Lage ist, über die Stufe dann auch hinauszugehen, wenn nachher, nach - ich würde sagen: 30, 35 Jahren Ich-Festigung hier also man über die Egozentrik noch nicht hinausgekommen ist, dann wird es Zeit zu fragen, welche Strukturen eigentlich inzwischen schon schädlich sind.

Und es ist wahrscheinlich so – der Witz sitzt ja irgendwie hier - dass im Wesentlichen von dieser Entscheidung hier - die hier fällt - abhängt, was auf der – ich würde einmal sagen: materiell gesehen dann gefährlichsten Strecke hier passiert. Denn - das ist: Ich habe mit irgendeiner bestimmten Praxis Erfolg gehabt und mache damit weiter - weiter. Das sieht dann nicht nach Stillstand aus, weil – es wächst ja noch etwas, aber – quantitativ. Das fängt bei einfachsten Sachen an, zum Beispiel: Ich brauche Süßes - und ich habe es geschafft: mit Greinen - dass ich es kriege. Das wiederhole ich, der Mutter gegenüber. Und das geht natürlich auch mit den Lebenserfolgen, die dann mehr mit dem Sachen-Machen zusammenhängen. Und die Grundfrage: Haben oder Sein?, die hängt eigentlich damit zusammen, wie an dieser Stelle hier die Entscheidung fällt: Ob ich weitermache, ob ich festhalte, ob ich haben will, was ich errungen habe – oder ob ich zugunsten meines eigentlichen Seins und Wesens - dessen, was ja schließlich heraus will aus mir – also, auf diesen Bahnen weitergehe.

Und ich habe jetzt deshalb das Loslassen innen in dem Kreis angeordnet, zum Zentrum hin, weil - das ist eigentlich die Kraft, die Fähigkeit, die dafür sorgt, dass diese Linie - also, weishaft bleiben kann, während - wenn das Festhalten überwiegt, wenn ich Angst habe, irgendwas zu verlieren – weil ich nichts mehr bin oder nichts mehr kriege oder weil ich diese Befürchtungen habe: Dann sind die Außenkräfte stärker, dann kommt das möglicherweise nicht zu mir zurück. Und das ist, vom Geistigen her gesehen – das ist das Prinzip, das Marx »Entfremdung« genannt hat – im Anschluss auch an Hegel. Und die haben da beide dasselbe gemeint. Es ist nur eine etwas andere Beschreibung des Themas Entfremdung, dass wir uns – also, sozusagen - die von uns gemachten Sachen anhänglich machen und uns von da bestimmen lassen.

Das ist – das bewirkt natürlich in Wirklichkeit die ganze von uns gemachte Struktur, und wenn jetzt die Gesellschaft Megamaschine ist – das ist so ein Ding, nur – ich habe hier diese Zeichnung angebracht an einer Stelle, wo der Mensch sie noch nicht schafft, jetzt, aus technischen Gründen – also, das Thema Megamaschine fängt eigentlich hier an - das heißt, hier – geht also mit einer ungeheuren Gewalt – oder eins weiter, hier – in diesen Dimensionen geht das los, dass wir hier also ein stärkeres Zentrum schaffen, ein stärkeres Energiezentrum. »Tote Arbeit«, hat Marx das genannt - und einen »toten Geist«, würde ich das nennen: ein stärkeres Zentrum als die lebendige Einheit.

Ken Wilber – ich habe das damals schon erwähnt – der sagt eben zu diesem Weg hier: Das ist der Weg des Atman – und Atman ist eigentlich sozusagen die Seele, die zu sich kommt, die mit der Weltseele irgendwo – nicht identisch ist, nein, das ist ja keine Frage der Perfektion, sondern - die da auf dem Wege bleibt, wo das dominiert. Und das hier nennen wir »Atman-Projekt« - das heißt, das sind die Ersatzbefriedigungen für eigentliche menschliche Entwicklungen und Entfaltungen. Nicht, dass wir produzieren, ist der Punkt, dass wir – also, es ist unwahrscheinlich, dass nicht irgendwelche – dass es – also, nicht – es ist ja gar nicht - das Leben, dass hier immer eine Dynamik sein wird, zwischen Mensch und außen und innen, da ist ja – das ist klar. Nur dass wir so erfolgreich im Sachen-Machen gewesen sind und in der Gestaltung der Gesellschaft, des Staates, des Glaubens und aller dieser Dinge in Abhängigkeit von der Geldvermehrung und von der Technik - also, das ist natürlich ein tödliches Projekt geworden - das ist das Atman-Projekt in seiner heutigen Gestalt.

Und von diesem Grundgedanken her handelt es sich also darum, dass - die Frage: Haben oder Sein, die hat einfach damit zu tun, welche Verhaltensmodi – sage ich einmal - welche seelischen Verhaltensweisen sozusagen unterm Strich unsere Biografie bestimmen. Und wenn in den verschiedensten Menschenbildern, die es gegeben hat, immer wieder die Frage so gestellt worden ist: Wie kann – ich sage es jetzt in der Marx'schen Form – die lebendige Arbeit der Toten Herr werden, der lebendige Geist also wieder das Prä- erlangen? Dann heißt das grundsätzlich, dass in letzter Instanz solche Lehren nicht davon ausgehen, dass die von uns geschaffenen Umstände stärker sind, sondern - die Hoffnung ist gesetzt darauf, dass der Mensch sich lebendigen Geist mobilisieren kann. Und es steht dann natürlich auch die Frage, wie die gesellschaftlichen Verhältnisse organisiert werden sollten, damit das geschehen kann.

Und ich sage – ich deute das nur an jetzt hier, ich sage nur meine Meinung dazu, dass – also, diese industrielle Megamaschine, die wir hier zustande gebracht haben, eine solche Großstruktur ist, dass es in diesem Zusammenhang wahrscheinlich nichts wird. Also, dass – der Kurs der Titanic ist auf diesem Schiff wahrscheinlich nicht mehr zu ändern - was man machen kann, ist: man kann Rettungsboote bauen. Aus den oberen Decks, unter Umständen. Das heißt, man kann die Materialien – und die menschlichen Energien, die da mitfahren: Man kann die umwidmen. Das ist – also, das ist, was da auf der Seite 3 in dem Programm steht – das ist, was Biedenkopf hier irgendwie, weil - er hat wahrscheinlich auch eine Ahnung gehabt, dass es hier umso ein Ding geht.

Und dieses - die Haben-Orientierung: Da würde ich jetzt sagen – ich hoffe, das ist noch kenntlich zu machen; ich ziehe einmal hier so einen Strich durch - die Haben-Orientierung, die hat ihren Schwerpunkt im Festhalten und im Weitermachen, was wir schon immer betrieben haben: ja keine Kursänderung - woran die DDR schließlich zugrunde gegangen ist, beispielsweise. Weitermachen, Festhalten: Das ist die Haben-Orientierung. Und die anderen Dinge sowieso: Das Aussteigen und das Loslassen, aber – in vielen Fällen sogar dann Absteigen, die haben mit der Seins-Orientierung zu tun.

Wer das Absteigen – das heißt, wenn jemand – das ist immer schon eine Entscheidung, das Absteigen, die mit – also, die Nein sagt zum Aufsteigen, zum Loslassen – ich kann nicht, ich kann gar nicht: Die ist also fester –

wahrscheinlich – an diese eigentliche Existenzlogik des – von innen her – des Menschen gebunden als diese anderen beiden Abzweige (???) auf dieser Seite - das bezieht sich mit auf den Kreis rückwärts; dann suchen die Leute Hilfe auf in den Bereichen ihrer lebendigen Seele, aber - wo es wahrscheinlich noch besser gewesen ist, oder wo es verbogen worden ist: um dort etwas zu ändern.

Also, die Orientierung am Sein - die heißt, dass man sich also darauf konzentriert - in irgendeiner geeigneten oder ungeeigneten Weise, das ist eine andere Frage - an seinem Aufstieg weiter zu arbeiten. Und wenn es jetzt um Krankheitsfälle geht, um Störungen, kleinere oder größere, in der Psyche - dann weiß man, dass ein partieller Abstieg oft notwendig ist: man muss an die Stelle zurück, wo es schief gegangen ist. Freud hat das genannt: »Regression im Dienste des Ich«.

Das ist ganz etwas anderes, als wenn man sich also über Drogen und alle möglichen unverantwortlicheren Spiele in diese Prä-Ich-Bereiche fallen lässt und geistig - das ist nicht dasselbe.

Ich meine, wenn die Gesellschaft einigermaßen vernünftig funktioniert, dann ist es in der Regel sogar möglich gewesen, psychotische und neurotische Energien positiv zu wenden. Narren zum Beispiel haben in der mittelalterlichen Gesellschaft eine wichtige Rolle gespielt. Wer mit Behinderten arbeitet, weiß, dass die in vielen Fällen dichter an der Weisheit des unbewussten Selbst sind - dass da also mehr Wahrheit manchmal durchkommt als bei Erwachsenen, die die Normen halt gelernt haben.

Also, das ist eigentlich die Scheidung hier - zwischen Festhalten und Weitermachen als der Haben-Orientierung, die auf - angstregiert ist, hauptsächlich aber - Angst im Sinne: Angst vor Sicherheitsverlust und in erster Linie den errungenen materiellen Halterungen: man macht so weiter, und - hier geht es um den existenziellen Bereich, und wenn hier Angst ist, dann ist es die Angst, das Leben zu verlieren – jetzt, in dem höheren Sinn, wie das in dem Evangelium so genannt worden ist - also, eigentlich – vor der Zeit abzudanken und nicht den Versuch zu machen – also, die in uns angelegten Wesenskräfte auch herauszubringen.

Und ich denke, dass die Frage, um die es insbesondere an dieser Stelle hier geht, weil - das ist also das Problem der Gefahren, der Irrwege, der Selbstverwirklichung: Das hat natürlich vor allem mit dem hier zu tun – vor allem. Das hat damit zu tun, dass – und mit dem Verharren an der Stelle, an der – dass man also sich nicht mehr bewegen kann, wie Buridans Esel – der de Bruyn hat da einmal einen wunderbaren Roman geschrieben, der diesen Punkt charakterisiert, eben »Buridans Esel« – also, es ist die Frage, wie mit der Konstellation – an dem Punkt, wo wir irgendwann – eigentlich dauernd – stehen bleiben, an diesem Punkt hier: Wie damit umgegangen wird.

Und der Fromm hat jetzt sowohl positive als auch negative Punkte angegeben – also, Punkte, die Irrwege charakterisieren, und Punkte, die Aufstiegsmöglichkeiten charakterisieren, wo man schon an den Namen – ich kann das jetzt nicht ausführen, weil sonst zu viel Zeit vergeht; ich empfehle das Buch sehr, »Vom Haben zum Sein« – also, die Unterzeile ist »Wege und Irrwege zur Selbstverwirklichung«, zur Selbsterfahrung – wo man schon am Namen erkennen kann, an den Überschriften, worum es geht.

Die eine Überschrift ist: »Der große Schwindel«, und die betrifft - also, wenn Zauberlehrlinge des Weges den Leuten schnelle Versprechungen machen, wenn also die Therapie oder die spirituelle Übung namens des eigenen Portemonnaies - dann auch, der, der das veranstaltet - an die Narren in uns appelliert und nicht an den weisen Mann (es liegt natürlich auch an uns, ob wir den zu Hause gelassen haben - oder die weise Frau, bei der Beurteilung). Man kann sich manchmal so was ansehen, das ist - ein - so ein Workshop verdirbt in der Regel nichts (obwohl er häufig zu teuer ist), aber man kann – man durchschaut das. Und Frau durchschaut das auch (allgemeine Heiterkeit im Saal). Ich glaube, das ist keine – na, das ist so die Sprache Mann/Frau - und es hat die – die eigene Narretei, die uns hier das Bein stellt: Das sind in der Regel - das, was ich unsere Selbst-Süchte nennen würde. Da meine ich jetzt nicht – also, diese Selbstsucht, die nach mehr und mehr Geld aus ist, sondern - ich meine das, was in unserer Seele süchtig ist nach den Befriedigungen, die Vater und Mutter uns irgendwie in der Kindheit – und die nicht richtig eingetroffen sind. Und das ist, sozusagen – deshalb sind wir da so verführbar - also, uns auf das, was da an Schwindel ist, hereinzufallen.

Nur – es ist überaus wichtig, dass man sich darüber klar ist, gerade an dieser Stelle – das ist, dass: Vorsicht! - und deswegen die Finger davon lassen, gar nicht erst hineingehen! - die falsche Antwort wäre. Es geht darum, sagt der Fromm, wenn er denn die positive Antwort sozusagen zu dem Punkt aufsucht, dass man eigentlich eines, nämlich sein eines Sein wählt, und - wir sind gesellschaftliche Wesen: Dass man wählen wollen muss.

Und wenn das klar ist, dann ist für den Umgang mit den Gefahren nicht Wachsamkeit angesagt, sondern Wachheit. Großer Unterschied: nicht Wachsamkeit, sondern Wachheit. Die ist – selbst in puncto Wachsamkeit – dann viel stärker als das Misstrauen – das ist die Empfehlung hier.

Und was jetzt gerade die spirituellen Angebote, die meditativen Angebote, betrifft - positiv gesehen - dann macht Fromm an dem, wogegen sich das richtet - diese Meditation - glaube ich, wunderbar deutlich, weshalb das eigentlich wichtig wäre, uns da im Gewahr-Sein – das ist nämlich da sein positiver Vorschlag: im Gewahr-Sein zu üben. Nämlich – er sagt, dass wir ein ungeheures Überangebot an idealem Gerede und schlechter Gesellschaft uns leisten - und leisten lassen.

Es ist hier eine – er zitiert hier eine Lehrrede des Buddha, wo er eigentlich so ungefähr – der Buddha – ungefähr jeden Gesprächsstoff, mit dem wir zugange sind, darauf hin betrachtet, ob das nicht Unfug ist, sich so viel damit aufzuhalten. Also, alle diese Gespräche über Wetter, über die Krankheiten, alles das: Ob das nicht – also, ob wir uns damit nicht oft selbst zuschütten und selbst ablenken und organisieren. Darüber jedenfalls, sagt der Buddha, würde er mit seinen Leuten niemals reden - Krankheit, Kinder, Reisen, Erfolg und so – also, wo das nicht existenziell bedingt ist, sondern nur einfach, was man sagen soll, ehe man schweigt, und so – das.

Und die verschiedenen Formen der Meditation – Fromm sagt dann hier: Gewahr-Sein–Üben - die haben einfach damit zu tun, dass man sich – also, dass man sich das bewusst hält und das dadurch ein Stück abbaut - und Zeit frei wird mehr für das Wesentliche.

Und ein nächster Punkt, den er andeutet und der wohl genau so wichtig ist wie die Frage »Eigenes Wollen« – und vor allem auch damit zu tun hat: hier - dieses Festhalten und Loslassen: Das ist das Wagnis des Schmerzes, des Leidens. Also, wenn man denkt, dass menschliche Entwicklung ohne Konflikt, ohne Schmerzen und ohne Leiden zu haben ist, dass das Loslassen - vor allem, dass das nicht weh täte – das Festhalten ist oft: Damit nichts weh tut, damit man niemanden verliert und so, damit es keinen Bruch gibt. Dass man nicht Nein sagen muss zu jemanden oder zu irgendwelchen Dingen. Also, das ist einer der Irrwege oder einer der Abwege, der uns in der Entwicklung zurückhält, sagt er. Und gerade dort ist also das Gewahr-Sein – und ist auch die Konzentration auf den Schmerzpunkt, sagt er dann - der positiven Gegenseite, nämlich – also, die Psychotherapeuten sagen da »das Durch-Gehen durch diese schlimmen Stellen«: Das ist dort gerade das Lösende – kann gerade das Lösende sein. Also, das ist dann – also, dass es weh tut, das ist nicht unbedingt der Hinweis: Das hat mit Scharlatanen zu tun - und dass sich das nicht gleich löst, sondern - das kann bedeuten, dort – also, wir sind an der Arbeit – so, wie ja auch in der physischen Krankheit das Fieber ein wichtiger Anzeiger ist, das nicht gleich weggedrückt werden soll, und so – hier genauso.

Und schließlich – das ist vielleicht das schwerste politische Problem in unserer jetzigen Situation, sagt er: Der vierte Irrweg der Selbsterfahrung, den er hier dann aufführt, das ist die Angst, als autoritär zu gelten, einerseits - also, wenn man meint, den Weg zu wissen – seinen eigenen Weg wenigstens zu wissen – und das auch noch verbreitet, und - wir wollen ja nicht autoritär sein.

Er macht darauf aufmerksam, dass es einen ungeheuren Unterschied zwischen autoritär und Autorität gibt. Autorität kommt daher, wenn jemand – also, authentisch das lebt, dann kann er das, was er dabei gelernt hat – das darf man weitergeben. Diese Angst: ja nicht für – man könnte das missverstehen: Das ist falsch – und genauso falsch ist das, was am Gegenzug steht: Die Angst, als autoritär zu gelten, und das Ideal, spontanen Impulsen zu folgen – also, nur, wie mir jetzt gerade ist, ob ich Bock habe oder nicht: Das für das letzte Kriterium zu halten (was sozusagen die Kehrseite des Autoritätsthemas eigentlich ist: ich lasse mir nichts sagen, mir ist jetzt gerade anders) – also, hier geht es – man könnte das für allgemein auffassen, weil es ja auch qualifiziertere Formen gibt, als ich das eben noch dargestellt habe: Als Hingabe bloß an die eigene Subjektivität. Und beides, beide Punkte hier, in gewisser Hinsicht alle Punkte, aber -

- das kann ich nicht aushalten, da reicht mein Selbstbewusstsein nicht aus. Und durch diese Erfahrung hindurchzugehen und zu sehen, dass - sozusagen die Erfahrung: ich kann eine Verletzung meiner Eitelkeit vorwärts überleben – das wäre der größte Gewinn. Das wäre, dass man – das ist fast ein – das kann ein Sprung auf diesem Wege sein.

Also, wenn wir nicht von diesem Narzissmus loskommen – der ist sozusagen das Grundgeheimnis der Regression, und zwar besonders in reflektierteren Gesellschaften: Je mehr gedacht wird, umso mehr Ausreden nämlich, umso mehr Versteckspiel ist da möglich. Und das also ist vielleicht die Summe der Irrwege in der Selbsterfahrung: Dass wir eigentlich vor allem nicht bereit sind, uns selber wirklich ins Auge zu sehen und zu überprüfen. Spiegel - könnte man zusammenfassen - Spiegel des Universums (so sind wir ja gemeint) könnten wir nur sein - das kann nur gelingen in dem Maße, wie wir es wagen, selbst in den Spiegel zu sehen, uns erst einmal – also, um zu sehen – also, wer ist das, der uns da mitgegeben worden ist aus dem Gesamtprozess der Evolution - dass er das Ganze begreifen kann? Und deshalb also die ungeheure Eingriffskraft hat, und alle – also, Verfehlungen, die hier mit der Tangente immer zu tun haben, mit dem Nach-Außen-Gehen, mit den Strukturen da drin: Die haben damit zu tun, dass wir dieses Spiegelproblem – in beiden Richtungen – dass wir das nicht zu lösen vermögen.

Und der Punkt ist, dass eine Kultur, die sich völlig darauf konzentriert, Praxis der Außen-Weltveränderung – und gar keinen Raum lässt für Innen-Weltveränderungen - dass die also an die Stelle gar nicht herankommt - und deswegen hoffnungslos verloren ist.

Also, das muss gebracht werden, kulturell: Dass wir uns den Freiraum schaffen, in dem Selbstentwicklung stattfinden kann. Ich erinnere daran: Die Juden haben ihre Identität durch die Jahrhunderte – Jahrtausende! – bewahrt, weil es den Sabbat gab. Was ich meine: Das ist alt, was die dort damals an dem Sabbat gefeiert haben, die Form würde heute anders sein, aber - es war das ganze Gemeinwesen um Gott als die Mitte organisiert. Das heißt, um die - das ist ein anderer Name, ein nach außen gewandter Name für die Lebenskräfte im Universum und in uns. Und das muss Platz haben in der Mitte.

Und wenn ich also kommunitäre Projekte für gut finde, dann - wenn das Gemeinwesen kleiner ist, dann ist Raum für die Bewegung des Menschen in der Natur, mit den anderen und mit sich selbst - dann ist Raum für diesen inneren Stoff. Und es wird Gemeinschaft wieder stattfinden. Und es muss das Produzieren der Lebensmittel nicht die Herrschaft über das Ganze haben. Während das in der – in den großen Zusammenhängen da, in der Megamaschine, völlig unvermeidlich ist. So, jetzt machen wir 10 Minuten Pause.

(Pause)

- der sonst vielleicht noch nicht genug herausgekommen ist:

Der Erich Fromm – das geht aus dem Buch auch hier, das ich empfohlen habe, »Vom Haben zum Sein«, hervor (zumindest berichtet das der Herausgeber) - der hat also die näheren Ausführungen, die jetzt hier drin stehen über die Selbsterfahrungswege, vorher einmal aus seinem Buch »Haben oder Sein« herausgenommen gehabt – das ist nämlich jetzt aus dem Nachlass herausgegeben. Und er hatte es herausgenommen aus dem Buch, weil er dann befürchtet hatte, diese ganze Konzentration aufs liebe Ich - in seiner Art, wie die westliche Kultur nun einmal damit umgeht: Das führt nur zu Nabelschau, zu Selbstbespiegelung - also, nicht in Richtung – wie ich hier gesagt hatte: Das bewusste Selbst als Spiegel des Universums.

Und da will ich noch eine Bemerkung machen über den geistigen Zusammenhang - der dafür dann vielleicht sehr hilfreich ist. Wir haben ja, indem wir diese Entfremdungsfrage – das war ja mit der Hintergrund – diskutiert haben, immer als letzten Punkt auch Selbstentfremdung als die Quintessenz gehabt dieses ganzen Entfremdungsprozesses - und das ist, wo das Individuum dann in sich selbst zurücksteigen kann, um diese Selbstentfremdung aufzuheben.

Aber ich habe hier ein wunderbares Buch in der Hand, das die abendländische Geschichte behandelt unter der Überschrift »Vom tätigen Leben«, nämlich - von dieser nach außen gerichteten Praxis. Das hat die Hannah Arendt geschrieben, und - das heißt »Vita activa«- also, »Vom tätigen Leben«. Und was sie hier zeigt - das ist, dass der Kern dieses abendländischen Technoprojekts – also, das, was auf Megamaschinen hier hinausgelaufen ist, in der Neuzeit insbesondere – also, nach dem Ausbruch aus dem Mittelalter - überhaupt nicht Selbstentfremdung ist, sondern Weltentfremdung größten Stils - also, das Gegenteil vom »Spiegel des Universums«. Was meint sie da? Sie macht es fest an der Stelle, an der Descartes zu dem Schluss gekommen ist: »An allem ist zu zweifeln.« Das bezieht sich - also, Descartes war überhaupt nicht mehr sicher dessen, was die Hildegard von Bingen da vorher – diese christlich-heilige Kräuterfrau: Was die wusste - dass die Gesetze außen und innen dieselben sind.– Nein: »An allem ist zu zweifeln«, sagte Descartes. Und wir wissen dann: sein Satz »Ich denke, also bin ich«, aber - genauer hat er bedeutet: »ich zweifle, also bin ich« – ich zweifle an allem, wahrscheinlich täuscht mich selbst noch Gott; der lässt immer die Sonne so aufgehen und abends untergehen, als wenn die um die Erde kreise - und das ist ja eine Sinnestäuschung, das haben wir ja inzwischen herausgekriegt – da, zu den Zeiten des Descartes.

Also, »Dieu trompeur« – also, ›der Gott als Täuscher‹, war sein Gedanke. Und die Folge war – wo Descartes aber nur typisch ist für das, was wir hier gemacht haben: er zieht sich nach innen zurück und das Einzige, was wirklich sicher ist für die ganze spätere Naturwissenschaft, das ist das Einmaleins und Integralrechnung – die Mathematik. Dieser abstrakte Punkt, der gar nicht - sozusagen - sinnlich auf die Außenwelt zurückbezogen ist, sondern – wir haben da eine Sache, wo das Ich eigentlich mit seiner eigenen Konstruktion der Welt allein ist.

Wenn man heute später dann Heisenberg liest: für den ist völlig klar, dass die Physik – dass das Modelle sind, die wir der Welt in unserem Eingriffsinteresse (aber: unserem begrenzten Eingriffsinteresse) übergestülpt haben. Und es ist diese ganze große Maschine nicht - sozusagen - im Akkord mit der Welt gemacht: Natur und übrige Wesen, Mensch und so - sondern im Akkord mit diesem herrschenden subjektiven Geist, der seine Netze über das Ganze stülpt - das, was Martin Heidegger – ich habe das hier einmal ausgeführt - das ›Gestell‹ genannt hat, mit dem immer schon vorverfügt über alles, und die sagt – also, die Selbstentfremdung ist wahrscheinlich – sozusagen – ein letztes Produkt dieser ungeheuerlichen Weltentfremdung.

Wenn wir natürlich uns derart von der Außenwelt entfremden, dann entfremden wir uns zugleich von alledem auch, was in unserer Innen-Welt dieser Außen-Welt entspricht: Da ist nicht mehr Resonanz – da spürt man höchstens noch die Erschütterung, die die große Presse da macht halt – in der Fabrik, oder was - also, diese: Damit bin ich noch im Kontakt, aber nicht mehr mit dem Weltzusammenhang.

Dieses Weltentfremdungsthema: Wenn man das wirklich ins Auge fasst, dann ist natürlich klar, was hier schief gegangen ist: Das ist dieser bestimmte Weg abendländischen autozentrischen Denkens. Und wir kommen darauf, dass der Laotse gute Gründe hatte zu fordern, es solle sich doch – wir sollten die Welt zum Selbst machen – also, uns praktisch mit allem Äußeren identifizieren und so in Übereinstimmung sein, dass wir nicht stören – während Weltentfremdung heißt, dass wir das Selbst zur Welt gemacht haben.

Also, dass praktisch – Gott ist tot – dass - die Megamaschine, das ist ja unser hinausgestülptes Selbst, das wir zur Welt gemacht haben, und das jetzt mächtiger erscheint als die Große Natur. Wir werden uns allerdings wundern, wie lange das geht, wie lange sie sich das gefallen lässt.

Und das heißt – also, es handelt sich darum, dass wir begreifen, das Denken – unsere Fähigkeit, Begriffe zu bilden: Das ist die äußerste Kraft, die den Menschen in seiner Besonderheit kennzeichnet – und wir haben das zu dieser größten Störkraft gemacht.

Das ist, was ich hier – der Kafka-Satz vor dem Neuzeit-Kapitel, den ich da zitierte – also, wir haben den archimedischen Punkt gefunden, aber - wir haben es geschafft, ihn gegen uns zu kehren.

Und vor diesem Hintergrund ist es also die Frage nicht nach einer Kritik und Abschaffung jetzt des Denkens etwa – das ist gar nicht die Frage (das ist außerdem unmöglich, das kann nicht passieren), sondern - es ist die Frage nach dem Ort, dem Platz des Denkens. Und dass die Verheerungen berichtigt werden müssen, die sozusagen aus dieser rationalistischen Herrschaft – das ist etwas anderes als rational!, »–ismus« ist immer eine Sucht! - dass diese rationalistische, abstraktionistische Herrschaft so viel rückwärts gestört hat.

Und es ist jetzt natürlich – also, sozusagen – eine ganz doppelte Geschichte: je mehr Störungen hier, umso mehr Verrücktheit, umso mehr Gefahr der Regression, und dass – also, die Tiefenkräfte in uns, die eigentlich das ursprüngliche ›weise‹ – in Anführungszeichen, sage ich – »Selbst«

sind: Dass die sich jetzt also auf verquere Weise äußern können. Und wir brauchen natürlich dasselbe Denken auch wieder zum Sortieren – auch wieder zum Sortieren.

Und nun: Der Grundgedanke, der der Vorlesung in dieser Hinsicht zugrunde liegt, der ihrem Gang – am Ende steht nämlich dann Zen - der ihrem Gang zugrunde liegt: Das ist die Idee, dass das Denken zu seiner vernünftigen Aufgabe – also, dass wir uns auch in uns zurechtfinden, sehen, was die Tiefenkräfte da – und die gestörten – in uns spielen, dass wir da so eine Instanz haben – dass das also nun nicht wieder aus diesem kartesianischen »Ich denke, also bin ich« allein zu holen ist, sondern dass wir uns da für diese transpersonalen Bereiche öffnen können müssen. Das heißt also, dass Wissenschaft – auch diese naturwissenschaftliche psychologische Wissenschaft – nicht ausreicht: Wir müssen zu Weisheit vorstoßen.
Das ist eigentlich der Bereich, der hier mit Weisheit zu tun hat.

Ich kennzeichne noch einmal mit Gebser – mit Jean Gebser, den ich damals auch schon einmal erwähnt habe, hier - die verschiedenen Phasen: Hier ist der Geist noch archaisch – das heißt, hier – analog zu dem Säugling des ersten Jahres: Der Geist macht diesen großen Unterschied noch nicht zwischen sich und der Welt, die Unterscheidung reicht noch nicht. Dann wird er magisch - das heißt, er nimmt den einzelnen Zusammenhang aus der Welt schon einmal heraus und hat das Gefühl: Den kann ich beherrschen. Dann wird er mythisch – das ist, was wir bei den Griechen hatten. Uund dann wird er mental – also, mental: Das ist »mens«, das ist der Geist des Messens schon bei den Griechen, (eher Laterinern – Anm. Sb.) »mental« heißt hier also nicht so »Psychologie-Mentalität«, sondern das ist eigentlich für »Vernunft« gesetzt, für »ratio« gesetzt: mental. Und es kommt dann hier – das ist jetzt die Formel für den Weisheitsbereich bei dem Jean Gebser: es wird integral.
Und was mit diesem Punkt »integral« gemeint ist – und so verstehe ich die Mischung hier in meiner Vorlesungsreihe, die ich da angeleiert habe, jetzt, für dieses Semester - das ist so gemeint: Der integrale Geist, der setzt sich nicht hin und urteilt über das, was hier im Archaischen ist, und sagt: »Von meinem Standpunkt aus: Das ist gut - das ist schlecht - und das wollen wir einmal lassen, und - archaisch, sowieso – haben wir lange hinter

uns«: Der sitzt nicht hier, sondern – eben, der versucht - also, alle Kräfte in uns - und alle Kräfte im Universum – erst einmal unbeurteilt zur Geltung kommen zu lassen - und verlässt sich darauf: es geht ja dabei die Ratio nicht verloren. Nur dass sie nicht diese zentrale Vermittlungsposition in der Sache behält, als Vor-Urteilsmacht, die von vornherein weiß: O, das ist gefährlich, das muss man verhindern, das hatten wir schon einmal hinter uns - während wir uns in Wirklichkeit – also, verheerend von dem Vergangenen abgestoßen haben: kulturell - und in uns auch. Sodass also schon allein von hier aus klar ist - die Erlaubnis, uns auch auf solche Regressionen einzulassen. Und dass wir dann dennoch dem nicht ausgeliefert sein müssen, weil – auf der integralen Position sind alle unsere Kräfte da. Wenn jetzt etwas Mythisches aufkommt - und das Ich hat überhaupt keine Ahnung, wie die Götter einmal funktioniert haben in der Seele des Menschen: Das ist dann nicht beherrschbar, das geht mit uns durch.

Also, dieses Lebenswerk von Gebser, das liefert eine Menge Kriterien dafür – also, wie man sich dann in dem Urwald des eigenen Inneren vernünftig zurechtfinden kann. Ich meine, das ist immer noch Theorie und nicht gleich Handwerkszeug, das alle, wenn sie es einmal gelesen haben, brauchen können, nur - wenn so etwas nun einmal in der Welt ist: Das breitet sich dann aus und wird eines Tages selbstverständlich.

Hier ist ein Buch, das ich auch empfehlen kann – ich glaube, eins liegt noch gerade da. Der wird es wieder mitbringen, der - Peter Gottwald, der hier auch eine Vorlesung hält, der hat ein Buch geschrieben: »In der Vorschule einer freien Psychologie«, und - er geht auch von Zen und von Gebser aus, und - es zeigt sich, wie reich an Kriterien einfach diese – hier ist das ja bloß das gröbste Schema - diese Einteilung ist, umsozusagen ein Urteil zu haben – nicht im Sinne des Ver-Urteilens!, sondern - zu wissen: Aha! Hier ist etwas magisch.

Und ich komme jetzt einmal – ich steige jetzt einmal von da aus ein in mein Vorlesungsprogramm hier. Es ist natürlich nicht gelungen - wenn man so viele Menschen zusammenspannt - das jetzt mit so viel Systematik, wie ich hier beabsichtigt habe, durchzubringen, aber - es ist doch so, dass es seine Gründe hatte, dass die Heide Göttner-Abendroth am Anfang war, weil –

natürlich, diese mutterrechtliche Gesellschaft, die steht in ihrem sozusagen gesellschaftlichen Geist irgendwo in diesem magisch-mythischen Bereich.

Das heißt etwa nicht, dass dort keiner gedacht hätte – rational - sondern nur: Dort war also noch ein Naturverhältnis dominierend, wo einfach die Naturgeister – die Natur belebt war und die Götter gesprochen haben – in verschiedenen Phasen. Das ist dieser Bereich.

Und wenn die nächste Vorlesung – jetzt, nach mir – der Ernst-Joachim Behrendt hält, der statt »Ich denke, also bin ich« sagt: »Ich höre, also bin ich« - das ist der magische Sinn: Das Hören, das heißt - der große Vorteil ist: mit viel weniger Zensur aus dieser Region spricht hier sozusagen die Struktur der Welt zu uns: Die Welt ist Klang. Das weiß man nun physikalisch auch inzwischen, welche große Rolle bei den Weltstrukturen der Klang spielt und dass also unsere innersten Ordnungen etwas mit Musik zu tun haben, in diesem weiten Sinne, das weiß man, aber - das steht in der Vorlesung von Ernst-Joachim Behrendt im Mittelpunkt. Und das ist vielleicht bei Behrendt ein bisschen polemisch gerichtet, aus gutem Grund - gegen »Ich denke, also bin ich«: Deshalb, weil er erst einmal völlig überwältigt ist von dem Eindruck, was diese Sache, die ich hier mit - von Descartes, was ich da angedeutet habe: Was die anrichtet.

Das ist aber - von hierher gesehen - und Behrendt neigt auch dazu, das aus der Perspektive zu sehen – ist das etwas wirklich anderes. Also, es geht nicht darum, das Denken zu diskriminieren, sondern sich voll einmal für zwei Stunden einzulassen auf »Ich höre, also bin ich«.

Und dann ist ja ein Workshop, wo man sich – also, diese Erfahrung einholen kann –also, noch viel sinnlicher. Ich will bei der Gelegenheit noch einen kleinen Hinweis geben für die, die da teilnehmen wollen: Da gibt es Phasen, wo man auf dem Fußboden sitzt - und Phasen auch, wo man auf dem Fußboden liegt, sodass es sehr gut ist, wenn man – das ist Parkettfußboden da in der Akademie der Künste: Wenn man eine Decke mitbringt (kann auch ein bisschen dicker sein, die Unterlage), wo man sowohl liegen kann als auch - falten kann, zum Draufsitzen; das wäre sehr zu empfehlen, es ist auch gut, wenn man Socken mitnimmt, dass man die Schuhe da – für den Saal dann – ausziehen kann. Das ist – also, er ist natürlich bestrebt, für die Erfahrung auch so einen ruhigen, etwas außergewöhnlichen Rahmen zu haben. Also, das hat damit zu tun, dass die Magie in der Musik – das ist eine magische Kunst! – Regeny (???) – also, Richard Wagner – also, die Komponisten rechnen heute! - das tritt nicht gegen die magischen Grundsätze an – also, das ist dieser Bereich, und das geht auch weiter.

Ich überspringe jetzt erst einmal Adolf Holl - das ist noch ein anderes Thema, da komme ich noch darauf. Es ist von der Anordnung her ein bisschen schwierig gewesen; ich springe - ich gehe einmal weiter zu Bernd Senf (am 18.5, über Wilhelm Reich), wenn der fragt: Was verspricht der biologische Kern?, dann ist das eine Vorlesung, die ihren Schwerpunkt hier hat, bei dem mit uns geborenen – in Anführungszeichen – ›weisen‹ Selbst – also, mit der ungestörten, reinen Natur, wo sozusagen hier - rückwirkend – das Ich noch nicht entschieden hat: Was ist gut – was ist schlecht? - da gibt es noch kein Gut und Böse. Und es geht – also, um diesen ganzen Bereich der leib-seelischen Einheit hier. Und wiederum: Wenn das geschehen sollte, dass – wegen des Schwerpunktes, den diese Vorlesung dann natürlich hat - die Gesichtspunkte hier - des rationalen Ichs, oder gar der Integration – nicht so zur Geltung kommen: Das ist wirklich kein Problem, sich einmal für eine Weile erst einmal wirklich darauf einzulassen, was das hier ist.

Ich habe das so kurz angedeutet, und - vor allem: Der Schwerpunkt von Bernd Senfs Vorlesung über Wilhelm Reich wird sein, was diese Störung vom rationalen Ich und von der großen Maschine her - was die eigentlich in unserer Physiologie anrichtet - also, dass dieses Unbehagen in der Kultur nicht einfach so ein bisschen melancholisches Gefühl ist, dass wir nicht auf unsere Kosten kommen, sondern - dass das also Störung bis in die tiefsten Gründe unserer Gesundheit hinein unseres In-der-Welt-Seins ist, diese ganze Muskel-Verpanzerungs-Geschichte. Und die Krankheiten, bis hin zu Krebs - hat Wilhelm Reich gezeigt - dass die mit Störungen eigentlich aus dem gesellschaftlichen – und individuellen – Großhirn zu tun haben – also, mit der Verkrampfung, in die wir uns kulturell hineingearbeitet haben und die aufgelöst werden muss. Und das ist das Thema bei Bernd Senf.

Und es kommt dann eine Vorlesung – wieder lasse ich eine aus, die nämlich schon diesen Ich-Bereich hier betrifft: Gerd Irrlitz dann - es kommt dann die Vorlesung – also, das schließt jetzt gedanklich – in diesem

Zusammenhang – die Vorlesung von Advaita Maria Bach an: »Von Yoga und Tantra. Vom Tantra der Liebe«.

Das ist – also, es spielt bei der Aufnahme dieser indischen Tantra-Tradition – ich sag das gleich, was das ungefähr ist – spielt Wilhelm Reich in Deutschland hier – oder im Westen – eine große Rolle, weil er die Aufmerksamkeit besonders in seiner frühen Phase sehr darauf konzentriert hatte: Wie können die erotischen Energien wieder zum Fließen gebracht werden? Weil also zum Beispiel er zeigen konnte, dass die Störung dieser erotischen Energien, dieser Lebensenergien, eine der Ursachen für die Massenpsychologie des Faschismus gewesen ist, beispielsweise - also, dass da Ausbrüche dieser gestauten Energie passiert sind.

Und nun hat diese Tantra-Sache – die ist keine Reaktion auf diese spät-imperialistischen – imperialen - Zustände hier gewesen, sondern - das ist eine Praxis in Indien, die davon ausgeht - und das ist also anders als in unserer christlichen Tradition - die davon ausgeht, dass unsere erotischen Kräfte an und für sich alles andere als böse sind, sondern - dass gerade dieses Eros-Zentrum in uns, das die indische Chakra-Lehre hier unten verwurzelt - also, die meint damit: Das ist ein Platz in unserer - in dem zentralen Nervensystem, das vom Ende der Wirbelsäule bis hier ganz oben reicht - das ist das zweite von sieben Chakras, wie die das nennen – Rädern, heißt das - in denen die Energie sich dreht - und diese Tantra-Sache geht davon aus, dass genau dann, wenn dieses Zentrum nicht zu seiner vollen Entfaltung kommt, eines der untersten Zentren, sozusagen - in dem Bau jetzt hier, nicht in der Bewertung - dass das natürlich alles andere stören muss. Wenn man jetzt liest, etwa bei Thomas Mann: Dem ist irgendwo - in einem seiner Romane steht, dass bis in seine höchsten Regungen der Mensch natürlich viel mehr, als wir wissen, als wir uns zugeben, davon abhängig ist. Also, die Frage ist, ob nicht sozusagen von einer Berichtigung oder Reinigung, von einer Bearbeitung in diesem Bereich – also, unser ganzes Weltverhältnis in eine andere Konstellation kommen könnte, dass – also, Tantra der Name dafür ist, dass man unsere erotischen Energien mit dem höchsten Geist in Beziehung setzt. Ich hoffe, dass ich sie dazu gewinnen kann, die Maria Bach, irgendwann dann im nächsten Semester oder im nächsten Jahr auch einmal einen Workshop zu machen, in dem man das dann näher erfahren kann, was das so ist, welche Übungen dahinter stehen – aber sie wird erst einmal darüber sprechen.

Und ich habe nun gerade wiederum sie gebeten, weil ich einen Aufsatz von ihr gelesen habe, in dem sie heftig protestiert hat gegen den Missbrauch, der andererseits hier bei uns damit getrieben wird. Also, dass manche denken: Ohne dass der kulturelle Hintergrund überhaupt berührt ist und ohne dass über die eigentliche Sache gesprochen ist - dass man da auf kurzem Wege, über ein Wochenende, irgendwie, grundsätzlich Sexprobleme lösen könnte. Also, sie hat darauf hingewiesen, dass gerade hier nicht ohne Arbeit – jetzt, im Sinne geistiger Arbeit – und ohne die Bereitschaft zur Erkenntnis, zur Selbsterkenntnis, zum Leiden auch an dem eigenen Versagen und was man mit seiner – mit der unbewältigten erotischen Frage schon alles angerichtet hat: dass das also eine ganz ernste Sache ist.

Und jetzt will ich an der Stelle – ein bisschen unsystematisch, aber - doch, um es nicht auszulassen - noch einen kleinen Exkurs machen, wozu mir also hier eine Sache, die sich auf das Tantra indirekt bezieht, auch Gelegenheit gibt. Nämlich: Ich habe leider in dem ganzen Zyklus dieses Jahres eine wichtige Tradition, die irgendwie unverwechselbar und unersetzbar ist – kann ich nicht zur Darstellung bringen: Das ist die Sufi-Tradition. Die Sufi-Tradition: Die Schwierigkeit ist, dass die also aus historischen Gründen immer sehr von dem rechtgläubigen Islam umarmt ist, der - mit dem real existierenden Islam ist das genau so wie mit dem real existierenden Christentum – einfach, nur – dort sind also die Sufi-Mystik und Islam so dicht beisammen, dass das nicht einfach ist, das herüberzubringen. Und ich habe – ich komme gleich auf den Punkt, auf das Tantra noch einmal zurück – ich habe es nicht geschafft bisher, auch nur Kontakt herzustellen zu dem Mann, den ich dafür eigentlich haben wollte, weil der das wirklich hier vermitteln kann: Das ist Roger Garaudy. Der war einmal Mitglied des Politbüros der Kommunistischen Partei Frankreichs und ist über Wege, die man in Frankreich besser versteht, weil man das Moslem-Problem dort sieht – der kennt die negative Seite -; der ist über seine Kontakte nach Algerien Muslim geworden, aber - in einem Sinne, der erst verdeutlichen würde, was es damit eigentlich auf sich hat. Ich hatte im vorigen Jahr hier hundert Exemplare – glaube ich - seines Buches »Verheißung Islam« - wo die Gründe darin stehen. Ich will noch eines sagen, was also hiermit jetzt auch engere Berührung hat: Das Sufitum ist ursprünglich gar nicht islamisch, sondern - das ist etwas, was sozusagen den Islam dann mit getragen hat. Das ist irgendwie der Schamane - das hat mit dem schamanistischen Untergrund zu tun, der dieses ganze nahöstliche und nord-afrikanische Kulturgebiet, das das erste – also, Konzentrationsgebiet menschlicher Geschichte überhaupt war: Dort ist natürlich ungeheuer viel passiert – also, etwa das, was in der Moses-Geschichte da zwischen Ägypten und Israel war. Dort sind ja – das ist ja offensichtlich: Wenn da ein Gott als Feuersäule vorhergeht, dann ist natürlich – das hat noch etwas mit Wettergöttern zu tun. Also, da – und dies – aus dieser Schicht und Art stammt das Sufitum – also, ich kann es eigentlich in seiner Kapazität, nach meiner Erfahrung heute, nur mit Zen vergleichen. Das heißt, die sind – Gott. Und ich bringe jetzt aber einmal aus dieser Sufi-Richtung ein paar Zitate, die völlig mit dem Geist übereinstimmend sind, in dem das erotische Problem behandelt wird, wenn wir hier diese Tantra-Geschichte hören. Das sind jetzt Zitate, die nur einen Geist andeuten sollen, es ist keine Argumentation hier.

Das beginnt mit Ibn Al Arabi - das ist ein spanischer Mystiker und Philosoph. Wenn Ihr nach Andalusien kommt: Dort seht Ihr die Moscheen – die hatten eine wunderbare Kultur da in Andalusien. Der hieß auch Scheikh Al-Aqbar, das war der »größte Scheikh«, eigentlich - das war aber jemand, der so viel mit der Moschee zu tun hatte – wenn man darunter »Kirche« versteht – wie unser Meister Eckhart (den sie nachher verbrennen wollten).

Und dieser Scheikh Al-Aqbar, der da als der größte aller spirituellen Meister genannt ist – wenn man ihn so nennt - der sagt: »Die intensivste und vollkommenste Kontemplation Gottes wird uns durch die Frauen zuteil. Und die leidenschaftlichste Vereinigung ist der eheliche Akt.« Dass es hier »ehelich« heißt, das ist nicht so wichtig in dem Zusammenhang, das ist ... (unverständlich – wegen allgemeiner Heiterkeit) – Ja, ich meine deshalb schon alleine, weil – dahinter steht hier die Form des Harems. Das ist etwas anderes, das heißt — um das genauer zu verstehen, muss man hineingucken, sonst - wenn hier von Ehe die Rede ist, geht es erst einmal um das Verhältnis, einfach, von Mann und Frau, die zusammengehören. Also, das ist die intensivste und vollkommenste Kontemplation Gottes, sagt dieser Mann. Hier steht dann – wenn wir zur heutigen Zeit kommen, so hat Papst Johannes Paul II. von den »Übeln der Lust« selbst innerhalb der Ehe geredet, während ein zeitgenössischer muslimischer Autor ganz nebenbei bemerkt: »Wenn zwei Menschen in der Hochzeitsnacht zusammenkommen, vergibt ihnen Allah alle ihre vorhergegangenen Sünden.«

»Der Prophet hat gesagt« – das ist Ibn Al Arabi selbst, dann – »die Ehe sei die halbe Religion, und er setzte seinen Gefährten in Erstaunen, als er ihm sagte, es gäbe im Himmel eine Belohnung für jeden Akt der Vereinigung zwischen einem Mann und einer Frau.« - Und bei einer anderen Gelegenheit hat er gesagt: Wenn Gatte und Gattin einander die Hände halten, entweichen alle ihre Sünden durch die Fingerspitzen.

Das ist der Bereich, der Seinsbereich, der mit dieser Tantra-Vorlesung berührt sein wird.

Jetzt will ich erst einmal ein Wort sagen zu Adolf Holl; das ist auch die Brücke dann zu dem europäischen Vernunftproblem, das mit dem Ich verbunden ist. Das macht sich an dieser Stelle deshalb besonders gut, weil - die mittelalterliche christliche Mystik, das Beste, was also hier an der Glaubenstradition gewesen ist, ist eigentlich – also, schwer erklärlich ohne den Anstoß, der aus der Blüte der arabischen Kultur in dem, was bei uns »Frühes Mittelalter« ist, hervorgegangen ist. Also, die haben ja nach ihrem Aufspringen, eigentlich, um 600 oder 622 - ich weiß nur: Da, dieser Zug zwischen den beiden Städten – in kürzester Zeit eine Hochkultur gehabt, die um 1000-1100 ungefähr ihren höchsten Höhepunkt hatte. Und jemand wie Franz von Assisi gerade, der eigentlich aus dem üblichen Rahmen selbst der christlichen Mystik noch hinausfällt, weil er etwas von Schamanismus hatte – also, mit Tieren reden, wie der das konnte: Das reicht noch – sozusagen – in naturreligiöse Bereiche zurück. Und der hat sich wunderbar – als er dann mal doch mit den Kreuzfahrern im Osten war – wunderbar mit den Sufis verstanden dort.

Und der Adolf Holl, über den ich jetzt kurz etwas sagen will: Das ist das Enfant terrible des österreichischen Katholizismus – so ist er tituliert. Der ist jetzt 80. Ein ganz alter Mann, der Franziskaner war und - dessen Hauptbuch, mit dem er sich bei der Kirche denn auch tüchtig unbeliebt gemacht hat, galt dem heiligen Franz und hatte den Titel »Der letzte Christ«. Und es gibt von ihm ein anderes Buch – ich hoffe, dass ich das – ja, wir haben das inzwischen, das werden wir auf die Rückseite des Flugzettels dann draufdrucken: Das heißt »Mystik für Anfänger«. Und was er hier vortragen wird, liegt dieser Sache näher. Dort geht er davon aus, dass – also, seine einfache Mutter mehr von diesem Geiste hat, als die Kardinäle zu haben pflegen Und er macht in sieben Kapiteln und Gegenkapiteln deutlich, wo die Spiritualität eigentlich im Alltag anfängt. Von ihm – also, bei ihm ist das aus der christlichen Perspektive. Und wenn man jetzt also auf das Thema hier - »Abendländische Vernunft« - zugeht, dann ist es nicht bedeutungslos, dass Franz von Assisi etwa derjenige gewesen ist, der in seinem Orden einen – wenn auch dann erfolglosen – Kampf gegen die Einrichtung von Studienhäusern geführt hat, weil er sagte: »Ihr werdet euch das nur anlesen, um über die Laien mehr Macht auszuüben – ihr, meine lieben Brüder Franziskaner.« - Also, das war die Stelle, an der der heilige Franz da den Verdacht hatte, dass sich diese Vernunft herrschaftlich loslösen wird von dem, was eigentlich gemeint ist.

Worüber er jetzt hier reden wird, ist – also, sozusagen - diese – der hieß ja der »poverenio« (???) dann – »der kleine Arme« - der Franz von Assisi, und - er wird also über die Tradition der spirituellen Selbstverringerung, dass sich – also, derjenige in Demut klein macht vor dem Herrn und auch vor den Mitmenschen: Darüber wird er reden. Allerdings nicht am heiligen Franz (irgendwann hat jeder natürlich sein Hauptthema satt), sondern – soweit er mir angedeutet hat – an jemand aus dem griechisch-orthodoxen Bereich, an einem Heiligen dort.

Jetzt komme ich also in den Bereich hier hinein, wo es um das Thema Vernunft geht. Ich habe schon angedeutet, dass es darum geht, wie um ihrer selbst willen diese auf das Ich gegründete – also, diese Selbst- - was Kant »Aufklärung« nennt – also, der Ausbruch aus der selbst verschuldeten Unmündigkeit: Das ist natürlich eine Tat des rationalen, des bewussten Ich – und das hat mit dem Descartes zu tun. Das reduziert sich nicht darauf – das hat damit zu tun, dass – also, jetzt der Mensch sich nicht mehr auf Gott stellt, dass er diese Einheit (die in ihm natürlich dennoch da ist), aber - erst einmal vergisst; es ist ja Priestertum (?) damit getrieben worden – das waren die Begründer natürlich auch –, und stellt sich rein auf sich, aber - dass das jetzt sozusagen von seiner Befangenheit in sich selbst befreit werden muss: Das ist ja das Thema. Das ist eine - auf jeder dieser Stufen: Der nächste Schritt müsste immer eine Befreiung sein und nicht etwa eine Zurücknahme, eine Liquidierung.
Also, das sind – ich meine, einfach, wenn in einer solchen marktwirtschaft-

lichen Spätzeit wie jetzt New Age herauskommt und diese verschiedenen spirituellen Techniken werden Mode und bringen Geld - dass dann eine Menge Schaum auf der Woge ist, ist völlig klar.

Man darf das Wesen der Sache nicht verkennen, dass da Kräfte wiederkommen, die hier also durch diese einseitige Machtposition des Ich abgedrängt worden sind. Und ich deute nur noch mal an – also, diese Machtposition erklärt sich an sich nicht unbedingt daraus, dass das Denken sich auf sich selbst zurückwendet. Dann ist es nicht stärker als andere Kräfte, im Gegenteil: Oft schwächer. Aber es hat diese relative vitale Schwäche eben dadurch kompensiert, dass man aus einem Begriff ein Maschinchen machen kann oder ein paar Zwischenstufen und - über zwei mal zwei plus vier - und dass dann also riesige Kräfte uns nachher Recht geben. Und dass heute also eine wissenschaftliche Prognose eigentlich nur bedeutet, dass ich sozusagen aus dem, was ich – also, mit Wissenschaft und Technik schon in die Welt gesetzt habe, dann Schlüsse ziehe: Was passiert, wenn das alles so weiter geht? Also, das ist sozusagen das Maximum der Entfremdung: Wenn uns dann – also, diese von uns geschaffenen Sachzwänge die jetzige Vernunft – die Vernunft bestimmen.

Und nun – mein Gedanke ist, dass - wenn Gerd Irrlitz dann, der sehr über die – dessen Hort, auch: Dessen Schutz in der vergangenen Zeit hier war die klassische deutsche Philosophie - also, ein Höhepunkt des westlichen Denkens – wobei aber unsere Fichte, Schelling, Hegel – also, alle die hatten zu dem Zentralbereich Kontakt. Das waren nicht irgendwelche Ingenieure und Techniker der Philosophie, wie das heute leider alles so üblich geworden ist: bloß noch Logistik und Methodologie und so. Sondern – es standen im Mittelpunkt aller klassischen Philosophie unter dem und jenem Namen Gottesfragen: Bei Fichte, bei Schelling, bei Hegel, bei Kant schon - der damit die größten Schwierigkeiten hatte, theoretisch - aber es war klar, dass es da etwas gibt. Und es ist jetzt die Frage, wie mit diesem Erbe nach rückwärts und nach vorwärts umzugehen ist.

Deswegen habe ich den Gerd Irrlitz darum gebeten, »Weg der Vernunft – Vernunft als Weg?« zu behandeln.

Ich will an der Stelle noch eine Bemerkung machen.

Ich habe ja noch eine zweite Vorlesung eingerichtet - in der Psychologie, morgen um 17 Uhr ist die wieder - die Johannes Heinrichs hält. Der ist aus ganz anderen Sozialisationszusammenhängen. Erst einmal Besuch gewesen – manche von euch haben ihn hier auch schon einmal erlebt - er denkt auch von der Frage her und um die Frage herum: Ob hier, von der Aufklärung her, nicht auch noch etwas zu vollenden wäre, ob wir das sozusagen deshalb, weil auch der Teufel drinsteckt,nun – also, fahren lassen, preisgeben sollten. Und, wie gesagt – also, es kann sich nicht darum handeln, Errungenes wegzuwerfen, sondern es fragt sich - also, wie man was auf solche Weise unter Umständen wieder loslassen kann, dass das, was daran wahr ist, natürlich umso heller glänzt.

Und von dieser Grundverfassung her hält also der Johannes Heinrichs eine Lehrveranstaltung das ganze Semester durch über die Frage einer ökologischen Sozialphilosophie: Wie - wenn man also das sich selbst reflektierende Ich nun einmal als das Subjekt – heute, natürlich - immer noch das herrschende Subjekt des ganzen Kulturprozesses sieht - was dann auf dieser Ebene passieren müsste, um wieder herauszufinden.

Der hat jetzt ein paar Schwierigkeiten mit einem Haus, das da noch zu verkaufen ist, wo er am Rhein zu Hause ist, und - seine Mutter ist ziemlich krank, sodass er wahrscheinlich – das ist zwar ungünstig, weil wir das nun ausgedruckt haben als Vorlesungsprogramm, jede Woche: er will auf Blockveranstaltungen übergehen; wir werden morgen in der Psychologie dann besprechen, wie das organisiert werden kann: das volle Programm, aber in Form von Blockveranstaltungen. Wer also besonders daran interessiert ist, wie so eine ökologische Sozialphilosophie – von dieser Problematik her, von der Stelle her, haben wir so gedacht: Vorwärts und rückwärts – wie das entwickelt werden kann, dem empfehle ich besonders, deshalb auch morgen dabei zu sein; da wird noch mal die Grundeinstellung von ihm deutlich werden – und auch, wie man das organisatorisch weiter macht.

Jetzt komme ich – sozusagen – auf die Kehrseite dieses Themas: Das ist die Barbara Duden. Dazwischen liegt ja dann diese Tantra-Vorlesung.

Jetzt: Die Barbara Duden, die erzählt nicht mehr so viel Sachen - das ist ja dann nicht so schlimm, weil – ja, die Barbara Duden: Auf die bin ich gekommen, nachdem ich den Peter Gottwald - der dann hier diese Vorlesung über Gebser und Zen, im Zusammenhang mit Universität, mit Hochschule, mit der Frage: Wie kann man hier noch lernen und lehren? Hält - den bat ich eigentlich, noch eine Vorlesung zu halten, weil - in diesem braunen Büchlein hier hätte er auch über Psychoanalyse und Psychosynthese, über diesen Zusammenhang – also, Soll man analysieren - der Westen analysiert ja – oder: Wie steht es also mit - von Integralwert und Synthese: Ob er das nicht auch noch übernehmen könnte. Und da hat er gesagt: Nein, er kann er nicht und weiß auch nicht, wer das machen könnte, aber – er hätte jemand, der anders glänzend hier hineinpasst. Und zwar interessiere sich die Barbara Duden für folgende Frage: Dass wir in dem Kulturprozess, von hier herkommend, auf die ursprüngliche, reine Natur eine Kulturschicht – entstellend und verderbend – nach der anderen aufgepackt haben. Und dass es eigentlich für die Geschichtswissenschaft – jetzt, analog zur Philosophie – darum geht, einmal alle Brillen in Augenschein zu nehmen, die man absetzen müsste – die man absetzen müsste, wenn man – also, den Blick für das, was im Menschen Natur ist und was bloß Geschichte ist: wenn man den kriegen will. Bei uns hier stand ja als Vorurteil fest: Es gibt den Menschen nur geschichtlich – und es war gar nicht erlaubt, Psyche oder Ich oder so als historisch – äh, als nicht historisch - anzusehen, als – dass damit etwas Natürliches, die Substanz - die erst überlagert ist. Aber für sie ist das erstens völlig klar, dass es da Überlagerungen gibt und dass etwas freizusetzen wäre. Und sie sagt - als Historikerin des Körpers zeigt sie, welche Schritte, eigentlich, der Befreiung nötig sind von den – also, Störungen und Verhinderungen her.

Wenn sie jetzt zu – sie hat natürlich vor allem das weibliche Problem - und insbesondere das, was wir mit der Geburt hier veranstalten - studiert und gesehen, wie dort die Technokratie, die wir uns produziert haben, der technische Geist, dafür sorgt, dass schon der Säugling in seiner – also, ab hier schon – kurz jetzt nach der – nehmen wir einmal an, das sei jetzt noch im Mutterleib, aber - schon da wird gestört, und dann, nach der Geburt, hier – also, hier schon – die erste Blockade, die stört, dass sich das auf die ursprüngliche Weise selbst dort äußern kann – das Mitgeborene – also, das ist das Thema bei der Barbara Duden - das heißt, sie guckt von dieser Position, vor allem, kritisch zurück in den Bereich.

Und jetzt, das Letzte will ich dann – weil wir uns ja nie überziehen sollen – nur andeuten: Das ist das Thema, das dann den Rest hier betrifft. Ich habe den Eindruck – will ich einmal so ausdrücken: Dass – also, diese Zen-Tradition, die jetzt aus Japan kommt - dass das also die in unserer jetzigen Situation, sagen wir einmal – ich möchte zunächst einmal bloß vorsichtig sagen: für unsere Verhältnisse hier kulturell Passfähigste, am leichtesten Annehmbare - weil nämlich mit keinen Dogmen – und nicht mit japanischen Papiertapeten oder so - bei den Sufis ist man – hat man manchmal d... (???) des Propheten da im Raum oder so - was manche Leute hindert, Leute, die wenig – mehr Angst um ihre Identität haben, und so – aber: das Zen bringt hier her nichts mit als einen Menschen, und – höchstens noch, sozusagen, die schmale – die einfachste schöne Einrichtung des Raumes. Und ich will sagen, was das Zen eigentlich – jetzt, historisch gesehen – ist: Das ist in gewisser Hinsicht eine – aber: eine! – Quintessenz alles dessen, was im Ferneren Osten – ich sage einmal jetzt: gottlose - was nicht einen persönlichen Gott betrifft - gottlose Spiritualität gewesen ist. Und zwar – das ist praktisch eine Synthese – Synthese, ist etwas – eine Integration – integral, eigentlich – Indiens und Chinas - also, das heißt – aber: Dieses Ganzen hier - mit der indischen Kultur - die reicht nach – nach Indonesien weiter, hat mit diesen Staaten zu tun, mit Südindien. Also, zum Beispiel die Ayya Khema, die hier noch den traditionellen Buddhismus vertreten wird – also, noch nicht Zen, etwas, was – also, dem ursprünglichen Buddha noch näher ist. Das ist eine Theravada-Frau – das ist also ein bestimmter Zweig des Buddhismus, der besonders im Süden Hinterindiens – ich weiß jetzt nicht genau, ob Burma oder Laos, in dieser Gegend jedenfalls, in dieser Gegend ist das – ist diese Tradition zu Hause. Und sie wird in den Mittelpunkt eine Sache stellen, die – also, überhaupt nicht an einen bestimmten Kulturzusammenhang gebunden ist - wenn es auch daher kommt, nämlich eine – die Meditation nennt sich indisch »Satipatana« – die ihr Hauptsächlichstes ist - und das ist eine Meditation der Achtsamkeit auf die elementaren Vorgänge des Lebens. Das kann eine Übung sein: Du achtest auf deinen Atem, wie er aus- und eingeht an den Nasenlöchern - oder wie er durch deinen Körper geht. Das kann eine Meditation sein, wo du geführt wirst durch ganz sparsame Worte –

Neue Polis?

Ich begrüße herzlich alle, die gekommen sind - insbesondere die Presse, die ich mir eingeladen habe.

Zunächst sehe ich das auch als Pressekonferenz, denn bei alledem geht es mir um den Inhalt dessen, was ich an der Humboldt-Universität gerne weiter vertreten möchte. Es geht mir schon um die Komplexität dieser Information, und ich werde damit beginnen, den Grund zu entfalten, weshalb ich es für nötig hielt, auf diese Weise an die Öffentlichkeit zu gehen.

Ich werde sowohl das, was die weitere Existenz dieses Institutes für Sozialökologie betrifft, als auch das, was ich inhaltlich behandeln wollte, versuchen zu verflechten. Ich bin auch sicher, dass es zusammenhängt - wenn ich nur daran denke, dass ich heute vorhabe, über diese Erfahrung auf dem Hof bei Meißen zu sprechen, über das Thema »Kommunitäre Subsistenzwirtschaft – neue Lebensformen« - angesichts dieser sozialen Krise hier. Das begann in der letzten Sommervorlesung des Jahres 1991, als Kurt Biedenkopf sich vor einem Jahr hier in diesem Raum meiner Herausforderung gestellt hat.

Kurz etwas über die Konstellation, die um das Institut für Sozialökologie entstanden ist: Es gab zwei Warnzeichen im Laufe dieses Sommers, die mich dazu veranlasst haben, mit dieser Presseerklärung - die dort vorn ausliegt – an die Öffentlichkeit zu gehen. Einerseits hatte ich einen Hinweis von Prorektor Reinsch, dass es aus strukturellen Gründen überaus schwierig wäre, auch nur die Frage nach der Fortexistenz dieses Institutes zu stellen: weil im Grunde kein Ansprechpartner dafür zuständig ist. Vor jetzt schon langer Zeit war ich mir mit Herrn Neidhardt, der die Strukturierung im Soziologiebereich macht, darüber klar, dass dieses Thema, das ich hier entfalte, eigentlich zu keiner bestimmten Fakultät gehört. Sondern dass es etwas ist, das einerseits, wenn man die mittelalterliche Tradition zu Hilfe nimmt, viel mit Fakultät der freien Künste im besten Sinne zu tun hat - und andererseits mit dem, was heute vielleicht an der Stelle der Theologie stünde. Wenn also die Gottesfrage irgendetwas bedeutet, dann nicht bloß dies: Wie steht der Mensch in seinen gesellschaftlichen Verhältnissen mit dem anderen Menschen, wie funktioniert Gesellschaft – sondern: Da geht es um das Verhältnis Mensch-Natur. Ich glaube, dass das Thema »Ökologische Krise« ganz entscheidend damit zu tun hat, dass hier die spirituelle Instanz in Europa gründlicher als alle anderen Instanzen gescheitert ist. Wenn wir fragen müssen nach der Erhaltung der Schöpfung – weil der Mensch sie zerstört - dann dürfte klar sein, dass hier der Geist des Evangeliums nicht durchgekommen ist. Insofern waren wir uns darüber einig, dass das ein Thema ist, das die Grundlagen des Umgangs mit jeglicher Wissenschaft betrifft.

Die Universität gehört zu den fundamentalsten Institutionen dieser westlichen Zivilisation - und das Problem, dass wir uns durch materielle Effizienz um die Ecke bringen, hat mit dem Erfolg der Wissenschaft zu tun. Deswegen habe ich von Anfang an – schon im Gespräch mit der Zeitung »Humboldt-Universität« - gesagt: Die Universität müsste »in sich gehen«, weil sie eine der fundamentalen Instanzen unserer Kultur ist, die ihren Platz in der Welt gründlich überprüfen müsste.

An Wissenschaft, Technik, Kapital und Staat, diesen vier Mächten - so, wie das jetzt miteinander zusammenhängt - geht die Welt zugrunde. Die verschiedenen Umweltschutz- und Ökologie-Themen in den einzelnen Instituten werden nichts aufhalten. Insofern war ich der Überzeugung: schon das Thema Sozialökologie ist eine Botschaft an die ganze Universität.

Und nun war also das Problem: Wie bringt man das unter?

Natürlich sind alle wachsam, dass ihnen nichts weggenommen werde - es geht um Mittel, um Stellen usf. Und dann schien es das Beste zu sein, einen Brief zu schreiben: Entweder es wird aus dem noch nicht besetzten Fonds von Professorenstellen etwas für dieses Institut zur Verfügung gestellt - oder man müsste Bahro entlassen. Das war nicht als Provokation gemeint, sondern sollte auf die Schwierigkeiten der strukturellen Umgestaltung hinweisen. Dann stellte sich als der beste Weg dar, eine Kommission zusammenzusetzen. Man kann mich nicht ausnehmen von dieser Evaluierung. Man kann das Verfahren akzeptieren, das ist nicht das

Entscheidende. Drei Professoren – Professor Neidhardt, Professor Rönne-
feld von der praktischen Philosophie – also, Ethik - und Professor Det-
mund für die Philosophie – sowie zwei Beauftragte der Landeshochschul-
struturkommission, die den Senator berät und das Konzept evaluiert,
werden sich zusammensetzen.

Das heißt dann noch nicht, dass das Konzept auch einen Platz an der Universität findet. Ich hatte einmal ein Gespräch mit Wissenschaftssenator
Erhardt: Ob das, was ich hier betreibe, an der Universität richtig ist. Er fand
die Konzeption überaus interessant, und Ihm war auch klar, dass es eines
öffentlichen Platzes bedarf, um das auszubreiten - aber ob das an einer Universität sein muss? Es sei politisch nicht wertfrei - und es gibt verschiedene
Kriterien für Wissenschaftlichkeit.

- Ich meine, man muss auch die Tradition der Humboldt-Universität
sehen: Dass Wilhelm und Alexander von Humboldt bei ihrer Gründung
Pate gestanden haben und dass Fichte, als er hier lehrte, die »Reden an die
deutsche Nation« hielt (die ja sicherlich politisch gewesen sind). Also, ich
bin wirklich gespannt darauf, was eine öffentliche Diskussion darüber
ergeben würde - ob das, was ich hier die letzten zwei Jahre gemacht habe,
an diese Universität passt.

Als zweites Signal bekamen wir die Auskunft, dass wir das nächste Mal
nicht in das Vorlesungsverzeichnis aufgenommen werden sollen. Da habe
ich mir gesagt: Jetzt gehst du mit diesem Thema an die Öffentlichkeit.

Zwei Jahre volles Auditorium maximum, intensive Workshop-Arbeit
nebenbei, Seminare und Vorlesungen - und dieser Versuch, die Idee kommunitärer Subsistenzwirtschaft auch als Antwort auf die soziale Krise in
der Ex-DDR hineinzutragen in die Gesellschaft: Das zusammen genügt
eigentlich, um zu fragen, ob das Provisorium, das das Institut für Sozialökologie bisher darstellt, nicht endlich überwunden werden sollte. Mich
hat noch die letzte DDR-Regierung im September 1990 berufen, und dann
ist ein »Sozialökologisches Institut in Gründung« zustande gekommen -
und zwei Stellen noch. Auf diese Weise kann das nicht leben und nicht sterben – Ich habe dem Senator den Vorschlag gemacht, meine Initiative aus-
zunutzen, um etwas Komplexes aufzubauen.

Es geht mir nicht darum, hier allein meinen Diskurs zu vertreten. Im Lauf der letzten 20 Jahre sind viele Leute auf ganz anderen Wegen als ich zu demselben Stoff gekommen, und sie behandeln ihn anders als ich.

Um diesen Embryo, der das Institut für Sozialökologie jetzt ist, müsste etwas aufgebaut werden, man müsste andere Leute neben mich berufen. Mir ist es auch nicht wichtig, eine administrativ-leitende Funktion innezuhaben. Woran mir gelegen ist: Das, was da im Laufe der letzten zwei Jahre hier geistig angedeutet worden ist - das wirklich zu entfalten.

So viel zum jetzigen Stand ungefähr.

Heute habe ich noch von der Landeshochschulstrukturkommission gehört, an habe das Thema gewissermaßen an die Universität zurückgegeben: Über die Institutionalisierung könne man nichts sagen, aber der Vorschlag, eine Kommission zusammenzusetzen, die das Konzept evaluiert, wird begrüßt.

Wenn denn das Institut wirklich an der Humboldt-Universität eingerichtet werden soll, dann ist es - jenseits der Frage, was hier in puncto Evaluierung gelaufen ist - durchaus richtig, dass sich mit der Konzeption mehr als die allgemeine Öffentlichkeit der Universität befasst. Insofern wäre ich mit einer solchen Vorgehensweise völlig einverstanden.

Zu meinem heutigen Thema, zu der Frage, die ich mir vorgenommen hatte: »Neue Polis«. Das hängt grundlegend zusammen mit dem Schwerpunkt »Kommunitäre Subsistenzwirtschaft – eine Entscheidung für neue Lebensformen jenseits der Megamaschine«.

Alte Polis: Das war ein sozialer Organismus, in dem kommuniziert werden konnte. Wir wissen heute, dass die griechische Polis eine elitäre Angelegenheit war, dass da sehr viele Menschen nichts zu sagen hatten - fast alle Frauen, zum Beispiel: Das war eine Männerveranstaltung. Aber nicht anonyme Mächte, die sich der Kontrolle des Gemeinwesens völlig entzogen, bestimmten diesen gesellschaftlichen Prozess.

Für mich ist eine der entscheidenden Fragen, wie man von dem anorganischen, von dem schlechten Massencharakter moderner Gesellschaft wegkommen kann - von einem Typus Gesellschaft, der es schon von der

Größenordnung her unmöglich macht, dass es anders als mechanistisch zugeht: Abstimmungen, wo mit 51 % über eine Richtung entschieden wird - wir wissen, dass das im Grunde genommen kulturlos ist. Und diese Kulturlosigkeit hängt mit dem megamaschinellen Charakter, mit diesen Riesenstrukturen, zusammen.

Ich weise in dem Konzept für die nächste Vorlesungsreihe auf das vielleicht wichtigste Lebenswerk aus unserem Jahrhundert, das mit der Katastrophe umgeht, dass Polis in diesem Sinne - als organische Gesellschaft - nicht mehr möglich ist: Das ist das Lebenswerk von Hannah Arendt. Sie hat immer wieder verzweifelt versucht, die Prinzipien der antiken Polis (wenngleich idealisiert), von der die gesamte politische Theorie des Westens ausgegangen ist, daraufhin zu prüfen: Was könnte wieder möglich sein?

Und sie hat gefunden: Diese moderne Massengesellschaft, die die Individuen atomisiert - und insofern nämlich vermasst, sodass Masse wir alle sind – ist keine Frage der subjektiven Qualität, sondern: Wir sind verteilt. Wir sind – Stalins Ausdruck ist da durchaus zutreffend für moderne Gesellschaft - »Rädchen und Schräubchen der großen Maschine« (bloß dass er das positiv sah). Aber um diesen Punkt geht es:

Wenn ich von dem Zusammenhang mit dieser kommunitären Perspektive, von »Neuer Polis« rede, dann frage ich, ob es nicht - notwendig sowieso! – aber: Ob es nicht möglich ist, von kleineren Strukturen her Gesellschaft neu zu begründen. Häufig wird das vordergründig missverstanden - in dem Sinne: Landkommune, Rückzug aus den Städten. Das ist Vordergrund; das gehört zum Erscheinungsbild des Prozesses möglicherweise dazu.

Ich bin ganz sicher, dass Bertolt Brecht - der das damals aus dem Bauch gedichtet hat – empirisch Recht bekommen wird:

> *»Von ihren Städten wird bleiben /*
> *Der durch sie hindurchgeht: /*
> *Der Wind.«*

Wenn damit auch Millionen- und Mehr-Millionenstädte wie etwa Mexiko City gemeint sind: Ich bin ziemlich sicher, dass wir mit Städten wie Berlin und Frankfurt/Main nicht überleben werden und dass sich das Problem - von selbst allerdings - erledigen wird. Doris Lessing (Lessing, Doris: »Memoiren einer Überlebenden«) hat in ihrem Buch »Memoiren einer Überlebenden« vorweggenommen, was passiert, wenn die Infrastrukturen, die so etwas versorgen, zusammenbrechen. Und wir tun ja alles dafür, dass das früher oder später passiert.

Ich sehe das als etwas, was sich ohne unseren Willen vollzieht, woran man vielleicht nicht einmal mehr etwas machen kann - es sei denn, man entscheidet sich, die lebendigen Kräfte aus diesem Zusammenhang herauszudenken und herauszufühlen: Das Imperium, die Megamaschine - in diesem Sinne - subjektiv zu verlassen.

Wenn ich jetzt schon die Frage einer kommunitären Praxis, einer Praxis des Auszugs aus dem Industriesystem unter den ostdeutschen Verhältnissen aufgeworfen habe, dann hängt das damit zusammen, dass die soziale Krise, die mit der Vereinigung gekommen ist, eine außerordentliche Chance darstellt, einen Augenblick, den man nicht verpassen darf - während ich überzeugt bin: Dem Thema, das sich dort als diesmal vielleicht möglich darstellt, ginge von seiner Notwendigkeit nichts ab, wenn wir uns nicht in dieser jetzigen sozialen Krisensituation befinden würden.

Ich lebe in Westdeutschland auch in einer Kommunität. Dort haben sich für diesen Weg Leute entschlossen, die aufgrund ihrer geistigen Erfahrung mit der Moderne den Eindruck gewonnen haben: Das bringt nichts mehr, das macht keinen Sinn, in diesen Riesenstrukturen weiter mitzuschwimmen – wir gehen einen anderen Weg. Dagegen kommt hier noch etwas dazu, was man früher mit »Not lehrt beten« beschrieb. Aber das können bigotte Gebete sein (müssen es jedoch nicht). Ich sehe in dem Druck der sozialen Krise hier auch einen Vorteil; für meine Begriffe hängt alles davon ab, wie wir die Not definieren und was wir dann beten: es muss ja kein kleiner Katechismus sein.

Vor ein paar Wochen hat hier Adolf Holl über die spirituelle Tradition der Selbstverkleinerung gesprochen - man könnte es wirklich wählen, »Minderbruder« – so haben sich ja die Franziskaner, die Minoriten, damals genannt – und »Minderschwester« zu sein. Aus dem Saal kam dann der Gedanke: Man kann dazu verdonnert sein, unfreiwillig - Minderbruder und Minderschwester zu sein - man kann es aber auch als Chance nehmen, dass einem ein Geschick zufällt, das anderen vielleicht nicht zugedacht ist: Die Westdeutschen haben keinen Anstoß, so aufzuwachen, wie wir jetzt. Das ist die psychologische Konstellation, auf die ich mit der Vorlesungsreihe, die abgelaufen ist, und mit der kommenden Vorlesungsreihe reagieren will.

Was habe ich hier im Laufe des letzten Jahres gemacht?

Ich habe versucht, möglichst konkret nach der Subjektivität der Rettung – wenn sie denn möglich sein sollte - zu fragen. Ich habe darauf orientiert, bei uns selber nachzusehen: Wo könnten wir in uns den Umschlagpunkt finden? Marx hat von toter und lebendiger Arbeit gesprochen: Dass die tote Arbeit alles kommandiert und die lebendige beherrscht, dass der Mensch nicht freikommt. Wie könnten wir freikommen vom Diktat der toten Arbeit - dessen, was als Struktur, Materie, materielle Kultur festgeschrieben ist?

Ich habe das zugespitzt auf das Thema: »Toter Geist und lebendiger Geist«. Alles, was in Technologie, Technik, Kapital, Staat in Strukturen geronnen ist, ist eigentlich toter Geist, der uns besetzt hält - besetzt hält in einem ganz empirischen Sinne. Volker Hauff – der nachmalige Oberbürgermeister von Frankfurt - hat mir einmal in einer Diskussion bestätigt, dass der Haushalt von Frankfurt zu 102 % festliegt, wenn die Stadt im nächsten Jahr so aussehen soll wie in diesem Jahr: Das ist die Herrschaft der toten Arbeit und des toten Geistes.

Und wenn ich mit der ganzen letzten Vorlesungsreihe nach Wegen zur reinen menschlichen Natur gefragt und mir dazu Menschen eingeladen habe – Männer und Frauen - die zu den jeweiligen Dingen etwas zu sagen haben, dann ging es mir darum: Der lebendige Geist kann nur im Individuum erwachen.

Für die nächste Vorlesungsreihe geht es mir um Folgendes: Ich will die Frage nach reiner menschlicher Natur, die Frage nach dem von den materiellen Strukturen – also, Überbaustrukturen befreiten menschlichen Geist stellen: Was der neu anfangen könnte - dass man sich auch für die Gesellschaft vornimmt, neu damit umzugehen. Es geht um den Umgang mit der unmittelbaren Erfahrung, dass wir nichts machen können. In den letzten zwei Jahrzehnten war in Westdeutschland die Ökologiekrise so angekommen, dass man von jedem Taxifahrer bestätigt bekommen konnte: Es geht eh alles den Bach runter – wir können nichts machen.

In der nächsten Vorlesungsreihe – die die Überschrift haben wird »Neue Politeia (das hängt mit Polis zusammen) - Zugänge zu einer naturverträglichen Kulturpolitik – Ökonomie – über Koordinaten eines Rettungsweges in der ökologischen Krise« - will ich also fragen, wie sich das im sozialen, im politischen Bereich umsetzen könnte - obwohl ich fest überzeugt bin, dass die Entscheidungen im Individuum fallen.

Es hatte seinen Grund, dass ich mich zuerst mit dieser subjektiven Seite befasst habe.

Jetzt geht es um »Neue Politeia«.

»Politeia« ist ein Begriff, der mit »Polis« engstens zusammenhängt, sich aber nicht auf Politik im modernen Sinne – also, auf diese besondere Sphäre von Staat, Politik u.dgl. konzentriert, sondern: Die Polis ist das Gemeinwesen. Und »Politeia« ist das Thema oder der Stoff, der sich mit Verfassung dieses Gemeinwesens, mit der Realverfassung im weitesten Sinne, befasst. Von der Lebensart, vom Lebensstil, vom Wachsen des Bewusstseins und der aus dem Bewusstsein abgeleiteten Strukturen in den Institutionen und in der Produktion her - aus dieser Perspektive die Verfassungsfrage für die Gesellschaft. Das ist das Thema, die Schaltstelle.

Wie hängen beiden Vorlesungsreihen zusammen, vom individuellen Gesichtspunkt? Wir entscheiden ja selbst, ob wir weiter mitspielen wollen oder ob wir in dieser Totalkrise der Zivilisation etwas anderes anfangen wollen. Dann aber geht es darum: Wie werden wir mit der gesellschaftlichen Situation fertig?

Da will ich zurückkommen auf »Polis« im Sinne von neuen Lebensformen, von Neugründung der Gesellschaft. Denn wir verlieren unsere Kraft, wenn wir unmittelbar von der Analyse der Katastrophe mit der Megamaschine zu der Frage übergehen, was man denn nun machen könnte. Wir sehen zum Beispiel alle die Symptome der Selbstausrottungslogik - und suchen jetzt im Rahmen der Gegebenheiten Antworten. Worauf es dann hinausläuft, ist im Grunde genommen nur: Begrünung, Ökologisierung – und das kann nur Pseudo-Bewältigung der Megamaschine sein. Es kann dabei nichts anderes herauskommen als diese Politik und Praxis, namens der Ökologie noch ein Stockwerk Industriesystem mehr auf die Megamaschine drauf zu setzen, damit die Massenproduktion gerechtfertigt wird.

Es fahren mindestens zehnmal zu viel Autos (allein schon Lkws) über den Brenner–Pass: Die sollen aber bitte Katalysatoren haben. Das ist Ökologisierung der Megamaschine, ist nur Verbesserung des Weges in die Katastrophe hinein.

Und nichts von dieser Art Pseudo-Ökologie, nichts von diesem Umweltschutz – was in Wirklichkeit Arbeitsschutz der großen Maschine ist: Dass sie nämlich weiter machen kann – hat in meinen Augen irgendetwas mit einer Rettungsmöglichkeit zu tun.

Was ich seit zehn Jahren vertrete, habe ich, als ich auf drüben dem Parteitag der Grünen sprach - der sicherstellen wollte, dass die Grünen auch in den Bundestag gelangen; Ende 1982 war das - »Auszug aus dem Industriesystem« genannt. Mir hat sich damals gezeigt, dass es eigentlich nicht geht, so eine Forderung im Rahmen einer politischen Partei, die um Wählerstimmen konkurriert, aufzumachen. Viele aus diesem grünen Umfeld sind ans Mikrofon gegangen und haben gesagt: »So haben wir das aber nicht gemeint.« - Der Hintergedanke war: Wir kriegen dann die 5 % nicht zusammen. Und ich war und bin der Meinung: Die 5 % für eine politische, grüne, ökologische (wovon ich glaube, dass es ist alles Pseudo- ist) Programmatik - die verschweigt, worum es wirklich geht -: Das wird den Aufbruch nicht bringen. Wenn man das so angeht, dann gibt das Trost - falschen Trost.

Das verhängnisvolle Funktionieren des Industriesystems - dieses über die ganze Welt sich ausbreitenden Krebsgeschwürs, das das westliche Industriesystem ist - meine ich damit. In Westdeutschland ist das so funktionsfähig, dass sich einstweilen wirklich nur Einzelne herausfallen lassen - oder hinauszugehen beschließen.

In Ostdeutschland haben wir jetzt eine Situation, wo die Hälfte der Bevölkerung herausgefallen ist - ohne dass das jemand unmittelbar so gewollt hätte. An dem normalen Kolonialismus, der hier passiert, ist, glaube ich, wenig beschlossen, da steckt wenig Verschwörung drin, die Leute, die die entsprechenden Entscheidungen getroffen haben – Währungsunion, beispielsweise – waren sich gar nicht darüber klar, was jetzt hier (im Grunde immer noch milde, weil es im eigenen Lande ist) passiert. Es würde den Interessen der Bundesrepublik nur schaden, wenn sich das hier voll auswirken würde, so wie sich diese Zitadellen der westlichen Zivilisation ringsum auswirken: Wo eine – in Anführungszeichen - »unterentwickelte« Zivilisation die politische Grenze gegenüber dem Westen fallen lässt, ist nicht bloß die Produktionsstruktur (die erweist sich natürlich als unproduktiv), sondern die ganze Kultur hoffnungslos der Zerstörung durch den Weltmarkt ausgeliefert. Und für die Völker jeglicher Zweiten und Dritten Welt ist der Marktmechanismus verheerender noch als der Plan. Das haben wir hier jetzt sehen können. Und das ist ein Faktum, über das sich die politische Klasse der Bundesrepublik nicht wirklich klar ist. Insofern ist es eigentlich für uns alle günstig, dass wir hier eine Erfahrung mit Kolonialismus im eigenen reichen Lande machen.

Und das ist der Hintergrund, vor dem sich hier eine andere Möglichkeit auftut.

Es gibt zu der Situation in der Dritten Welt nur einen einzigen, allerdings bedeutungsvollen Unterschied.

Ich will es über eine Erfahrung schildern, die mir Manfred A. Max-Neef, ein Norweger, der in Chile lebt, übermittelt hat. Der hat einmal den alternativen Nobelpreis für seinen Versuch bekommen, in Ländern der Dritten Welt - in Lateinamerika - lokale Strukturen wiederzubeleben, die von der Zentrale vergessen sind. Dieses Konzept hatte er schon vor dem Einbruch der Pinochet-Diktatur in Chile entwickelt. Wir trafen uns dann vielleicht sieben Jahre später, und er schilderte folgendes Paradox:

Jetzt marschiere, sagte er, auf bestimmten Schneisen die Modernisierung - das amerikanische Kapital kommt herein, an bestimmten Stellen entstehen neue Arbeitsplätze, neue Strukturen. Es baut sich etwas auf - aber nicht wie in den USA, in der Tendenz: 2/3-Gesellschaft - sondern 1/3- oder ¼-- oder 1/5-Gesellschaft: Diese Schneise Fortschritt im Sinne der westlichen Entwicklung ist also verhältnismäßig schmal. Und jetzt kommt der Unterschied zu den hiesigen Verhältnissen: Sozialstaat - in Chile nahe Null (nicht Null, aber: nahe Null). Die Bevölkerung ist somit großenteils gezwungen sich umzusehen: Was könnte man denn machen? - Max-Neef hat mir dann geschildert, wie viele lokale Initiativen es jetzt gibt. Wenn die Menschen sich nicht mehr abhängig machen davon: Die werden das schon für uns regeln! (Schon allein, weil die Botschaft eintrifft: Da regelt sich nichts mehr!) – dann rafft sich das an Energie, was im Menschen schläft, auf - und es kann etwas anderes anfangen.

Das ist dort – also, sozusagen – unter Bedingungen vor sich gegangen, da die Verführung, sich ins soziale Netz fallen zu lassen, nicht gegeben war.

Bei uns ist die Konstellation anders, was das betrifft – hier wird nur unabsichtlich jemand verhungern, solange nicht die Gesamtstruktur zusammenbricht (das ist eine andere Frage). Ansonsten gibt es natürlich ein Interesse, dass Deutschland keinen Elend-Hinterhof hat.

Umso spannender ist die Frage, wie sich in dieser Situation die Menschen entscheiden werden. Das ist bei all dem der entscheidende Punkt: Wie werden sich die Menschen entscheiden (nicht wie in einem normalen reichen Land, und nicht bei solchen Verwerfungen, wie sie in Deutschland jetzt herrschen).

In der Regel fallen Menschen, die sozial und psychologisch von Kindheit an benachteiligt waren, zuerst heraus. Aber hier fällt ja praktisch die Hälfte der Gesellschaft aus dem sozialen Reproduktionsprozess heraus. Und da das vorige Regiment hier einen sehr großen Teil der energischen Elemente dieser Gesellschaft in die Partei hineingezogen hatte (von denen jetzt viele unter die Abgewickelten fallen), hat ein tendenziell besonders energiereicher Teil der Gesellschaft keine Beschäftigung. Da ist in meinen Augen das Thema »Arbeitsplatz im Industriesystem« wirklich nicht das zentrale. Die PDS beklagt in ihrem neuen Programm – oder jetzt dieser Aufruf »Für Gerechtigkeit« – dass die Betriebe nicht produzieren und die Genossenschaften kein Gift mehr streuen (so sage ich es): ich finde, man sollte auf fruchtbarere Weise mit dieser Konstellation umgehen.

Hier hat ein sehr großes geistiges - seelisches - Energiepotenzial keine rechte Beschäftigung und fragt sich, womit man sich ferner beschäftigen soll.

Wir haben eine Situation, da nicht nur die soziale Krise dazu aufruft, sich nach anderen Wegen umzuschauen, nach irgendeiner Art von Notstandspolitik: Letzten Endes bringt Notstandspolitik nichts.

Wo die ökologische Krise die Frage aufwirft, ob man nicht einen ganz anderen Weg gehen sollte, stellt sich für mich das Thema so: Da sind also die Menschen frei, brauchten sich nur zu entscheiden. Da ist Land ungenutzt, mit Bodenwertzahlen in Brandenburg von 20, 25, 30 (wenn es hochkommt, 40) - in der Streusandbüchse des Heiligen Römischen Reiches wird es wohl nicht so viel werden mit dem Zugang zum Weltmarkt für diese Böden. Die Subventionen fallen aus - und ich habe selbst erstklassigen Boden einstweilen brachliegen sehen. (Wenn die Extensivierung ausgesetzt wird: Das hat für eine gewisse Zeit seinen Vorteil - weil die Erde sich erholen kann.) – Es ist jedenfalls Boden da, und an Arbeitsmitteln und an Gebäuden ist auch manches liegen geblieben – bloß wegen dieses relativen Kostennachteils, der mit der geringeren Produktivität zusammenhängt.

Der Hof bei Meißen, auf dem wir das Treffen über neue Lebensformen hatten: Die Wessis, die den jetzt haben, sind erst seit September vorigen Jahres da. Aber die haben aus dem Schrott der DDR für 'nen Appel und 'n Ei schon eine Tischlerwerkstatt und eine Schlosserwerkstatt zusammengeholt. Vielleicht hat die Bandsäge, die da steht und arbeiten kann, vielleicht zehn Prozent zu wenig Produktivität: Das ist nur dann interessant, wenn man auf den Weltmarkt dringt, mit der kapitalgetriebenen Hightech-Logik konkurrieren will - nicht, wenn es darum geht, das eigene Häuschen zu reparieren.

Und da kommen wir nun an die spannende Frage.

Christian Schneider, ein sorbisch-deutscher Schriftsteller, war mit seiner Frau auf den Hof gekommen. In einer Zuschrift an das »Neue Deutschland« stellte der dann folgende irgendwie paradoxe Konstellation auf: »Wieso willst du denn« – sagte er zu mir – »das Gemeinschaftliche neu erfinden?« (›das Fahrrad neu erfinden‹, nannte er das). »Wir hatten es doch in der LPG (Landwirtschaftliche Produktionsgenossenschaft).« - Daran ist manche Beschönigung, fürchte ich – und da ist auch etwas Wahres. Ich denke nur: Was dort ›gemeinschaftlich‹ noch war, das sind vergangene Formationen in vielerlei Sinne. Das Paradoxe in der Zuschrift von Christian Schneider war (er belehrte mich zugleich darüber): Bei dem Hof, auf dem wir uns dort trafen, sollen nur noch 12 Hektar Land sein (es waren einmal 40). Von 12 ha Land könnte keine Bauernfamilie leben, man brauchte 50 –100 ha. Ja, unter welcher Bedingung denn? Unter den Bedingungen des EG-Agrarmarktes! Unter der Bedingung also, dass man von der Bank in Zinsknechtschaft genommen wird (wie das früher geheißen hat) – also, rennen muss, um das Geld reinzuholen. Und möglicherweise reicht es dann noch nicht einmal für den Lebensstandard, den man zuvor hatte.

Claudia von Werlhof - die hier einmal gesprochen hat – konnte in Venezuela dieses Thema in der folgenden klassischen Reinform besichtigen: Dort hat eine Bäuerin ihr erklärt: »Von 1 ha, den wir in Subsistenz – für uns selbst, unsere kleine Familie – bestellten, konnten wir notdürftig leben. Notdürftig deshalb, weil aus der herrschenden Gesamtstruktur schon die Verelendung, die Pauperisierung der Bevölkerungsmassen im Gange war. Aber man konnte notdürftig leben. Wenn wir aber auf 10 ha Cash-crops für den Markt anbauen, haben wir keine Zeit und keine Kraft mehr, um Lebensmittel anzubauen.« - Man braucht also jede Fläche, um das Kapital zu bedienen - und es reicht nicht mehr, um die Kinder mit dem Nötigsten zu versorgen. Der Mann braucht dann noch ein Motorrad, aus verschiedenerlei objektiven und subjektiven Gründen – also, die Subsistenz, das, was eigentlich Selbstversorgung hieß, wird aufgezehrt.

Politökonomisch ginge es hier darum, mit dem Lob der freien Lohnarbeit zu brechen. Was diese Bauern da in Venezuela als Bankangestellte sind: Das sind noch keine freien Lohnarbeiter. Die werden anders vom Kapital ausgebeutet. Aber die Grundvoraussetzung, die hier in den reichen Ländern im 17./18./19. Jahrhundert entstanden ist: Das war die freie Lohnarbeit. Da ist, wer vorher Bauer war, vom Boden getrennt worden und von den Arbeitsmitteln - und diese Trennung ist die Voraussetzung, dass er dem Kapital zur Verfügung steht. Wenn dann eine Reservearmee da ist, wenn Leute nicht beschäftigt werden: umso besser für das Kapital.

Die Frage, um die es jetzt geht und die aufgrund des Kräfteverhältnisses, das jetzt hier in Ostdeutschland entstanden ist, gestellt werden kann, lautet: Ob man nicht diese Enteignung der Menschen von der Erde und von den Werkzeugen - den Arbeitsmitteln für die Reproduktion des täglichen Lebens - auf eine neue Weise und mit einer neuen Perspektive rückgängig machen kann? Und zwar im größeren Stil rückgängig machen kann – das ist das Thema.

Historisch kann ich anknüpfen an eine Aktion, die Ferdinand Lassalle unter dem Feuer von Marx unternommen hat. Marx orientierte auf Arbeiterbewegung, die durch den Kapitalismus hindurchgehen wird, vorwärts – daher: Metallarbeiterverband und IG Metall, nicht Handwerk und Bauern: Und er meinte, Lassalle verrät, indem er zu Bismarck geht und Staatshilfe für Arbeiterkooperativen fordert, diesen Befreiungsprozess der Arbeiterklasse.

Wir können das heute, glaube ich, ohne große theoretische Diskussion bewältigen. Es ist ja zu diesem Ausbruch aus dem Kapitalismus via Lohnarbeit – also, über die Organisation der Arbeiter, über die Unterklasse der kapitalistischen Formation – nicht gekommen, sodass wir uns die Sorge, wieder kritisiert zu werden, nicht machen müssen.

Was Lassalle damals gesehen hat: Das Kapital fragt nicht nach den Arbeitskräften. Warum sollen die Menschen nicht neu – oder auch: Wieder – die Gelegenheit bekommen, das, was sie zur Selbstversorgung brauchen, auch in der Hand zu haben? Und dafür forderte er Staatshilfe.

Wenn der Staat verfassungsgemäß dazu da ist (das ist der Schwur, den der Kanzler immer leistet), »Schaden vom Volke abzuwenden«, dann gibt es einfach die Verpflichtung, dort, wo diese riesige Lücke klafft zwischen den Menschen und dem, womit sie sich das erarbeiten können, was sie zum Leben brauchen, einzuspringen. Bis jetzt tut das der Staat (in den reichen Ländern, wohlgemerkt) via Sozialstaat, wie Bismarck, der die Sozialversicherung eingeführt hat, auf absolut unproduktive Weise - indem er die Arbeitslosigkeit bezahlt, Umschulungs- und AB-Maßnahmen, die es zum großen Teil nicht bringen werden - schon, weil die Perspektive irreal ist, auf die hin das unternommen wird.

Das sind vielleicht 12 000 Mark im Jahr, was ausgezahlt wird. Für den Staat werden es sehr viel größere Summen sein - das ist ja nicht nur das Ausgezahlte. Pro Kopf wird das näher an 50 000 DM liegen als an 10 000 DM:

Hier gibt es eine ungeheure Ausgabe, die nicht bloß unproduktiv ist (auch aus der Sicht des Staates oder der Interessen, die da regulär sind), sondern die außerdem die D-Mark an den Rand des Scheiterns bringt - also, die genau das Instrument des Sieges, den Westdeutschland - Adenauer-Deutschland - hier errungen hat.

Die DDR ist bis jetzt nicht verdaut - und es sieht auch nicht so aus, als ob das in den nächsten zehn bis fünfzehn Jahren gut geht, wenn man auf nichts weiter kommt.

In meinen Augen beinhaltet die politische Konstellation die Aufforderung, aus diesen Alimenten, die da ausgezahlt werden müssen – das ist auch ein Kräfteverhältnis! – etwas gesellschaftlich Produktives zu machen (und sei es etwas, das nicht in den Gewinnrechnungen und damit auf der Steuerseite ausschlagen wird).

Die Arbeitsplätze in der großen Industrie, die via High-tech neu geschaffen werden sollen (und die mit Sicherheit nicht für alle geschaffen werden), kosten 300 000, 400 000, 500 000 Mark, je nachdem - bürokratische und Handelsplätze mögen etwas billiger sein. Aber das bringt ja den Prozess nicht ins Rollen.

Lebensarbeitsplätze, Plätze, wo Leute sich das, was sie für ihre Grundversorgung brauchen, selbst erarbeiten können, besonders dann, wenn das viele anfangen und sich dabei gegenseitig helfen, eine andere Art von Austausch in Gang bringen: Das ist zu haben. Mit einem Freund, der drüben mit mir in der Kommune lebt, haben wir das einmal durchgerechnet. Das ist ab 60 000 Mark zu haben: etwas aufbauen (in einem größeren Kontext allerdings), was zur Selbstversorgung führt, wo es auch Wege in ökologische Landwirtschaft hinein geben, sich mit Naturschutz verflechten könnte. Das könnte ein Weg werden aus der herrschenden Megastruktur heraus und in eine neue Struktur hinein - gar nicht aus der Gesellschaft heraus, sondern in die Gesellschaft hinein. Früher hätte man gesagt: Da könnte ein dialektischer Prozess zustande kommen.

Das ist die Perspektive, die ich im Zusammenhang mit kommunitärer Subsistenzwirtschaft sehe. Wenn sich genügend Menschen zusammentun, kommt folgende Logik heraus: Vier Leute – um auf dieses Venezuela-Beispiel zurückzukommen – können von 1 ha Land schlecht leben. 40 Leute und 10 ha Land: Die Relation ist dieselbe, das geht recht und schlecht. Aber 400 Menschen könnten sich von 100 ha Land ernähren – und hätten nicht nur mit der Erde zu tun.

Die Perspektive muss auch keineswegs »zurück zu den mittelalterlichen Werkzeugen« sein. Ivan Ilich, einer, der für mich schon immer Orientierung gewesen ist, hat in dem Zusammenhang den Ausdruck »conviviale Technik« gebraucht. Bis jetzt ist im Zusammenhang mit der Hochzeit von Kapital, Wissenschaft und Technik nie die Frage gestellt worden, wie sich Handwerk und Hightech, bäuerliches Arbeiten und Hightech zusammenbringen ließen, auf kleinem Maßstab (»Small is Beautiful«, die Formel Schumachers) - weil das Subjekt dafür nicht konstituiert war. Die Forschungsmilliarden und die Energie der Leute - das Ingenium - gehen in mörderische Großtechnologien: vom Atom zum Weltraumflug, zu dem, was die Physiker kilometerweit unter der Erde an Elementarteilchen herumjagen – in diese Wissenschaft, die über das Äußere alles erfahren will, während wir über die eigentliche Funktionsweise der Seele und der Gesellschaft immer noch verhältnismäßig wenig wissen.

Ich frage mich, ob sich genügend Leute zusammenfinden, um sich den Zugang zu Land zu suchen und, wenn sie Lobby genug sind, auch Mittel für den Start zu bekommen.

Günstig an der sächsischen Situation ist, dass Ministerpräsident Biedenkopf (Biedenkopf, Kurt: »Die neue Sicht der Dinge«) – und auch sein Staatssekretär für Landwirtschaft, den er für die Zusammenarbeit benannt hat – den Stoff auch sieht. Er würde ihn nicht in den Worten beschreiben, in denen ich ihn hier beschrieben habe, aber er sieht dasselbe Thema. In seinem Buch »Die neue Sicht der Dinge« hat er seine Option für kleine Lebenskreise ausgebreitet – wenn auch nicht so ins Ökonomische hinein gedacht, wie ich das jetzt hier entrollt habe. Aber er sieht ebenso, dass diese Großstrukturen in Produktion und Handel (wenn da so ein ALDI-Markt hingestellt wird, und 17 kleine machen zu) einen Kulturverlust erster Güte bedeuten, angefangen in der Seele der Betroffenen. Das kann die Landeskultur nur zerstören. Es gibt also auch ein - im besten Sinne – konservatives Interesse daran.

Meiner Meinung nach kann ein Interesse die politische Frage: Wem nützt es nun?, an einer bestimmten Stelle unsinnig werden lassen. Wenn es darum geht, aus dieser megamaschinellen Selbstmordstruktur, in der wir uns bewegen, heraus- und in eine andere Struktur hineinzufinden, und es gibt da die Bereitschaft zu helfen: Dann ist es wenig interessant, wem das konventionell auch noch nützt. Daran, wie die Machtverhältnisse liegen, ändert sich gewiss noch weniger, wenn man auf solche Initiativen, die für den Einzelnen und für die Gesellschaft konstruktiv und produktiv sein können, verzichtet. Das könnte ein Versuch werden, auf neue Verhältnisse im Ganzen vorzugreifen.

Das Problem, das sich stellt, wenn man dann praktisch auf dieses Thema zugehen will, weist auf unsere Subjektivität, auf unsere Entscheidung zurück.

Ehe ich dieses Treffen in Sachsen konkret ins Auge fasste, hatte ich mir die Frage: »Neue Polis – wie wir uns auf den Weg in eine lebensfrohe Gesellschaft machen können« als Thema gestellt. Ich bin davon ausgegangen, dass es schon wahr sein mag (und vielleicht auch ein Anstoß), was ich da genannt hatte: »Not lehrt beten«, dass es aber in Wirklichkeit positive Gründe - solche der Lust und der Freude - geben könnte, sich auf diesen Weg zu machen.

In der letzten halben Stunde will ich mich jetzt der Frage zu nähern versuchen, wie damit umzugehen ist, ausgehend von folgendem Dilemma, auf das wir unvermeidlich zulaufen - gerade dann, wenn wir uns auf den Weg machen, kommunitäre Subsistenzwirtschaft aufzubauen: Das erste, was uns dann klar sein müsste, sind zwei Dinge, mit denen alternative Leute ungern rechnen: Das eine ist –

12. Oktober 1992

Einführungsvorlesung

Irgendwie ist es unentrinnbar, angesichts der Situation, in die sich der Mensch hinein gearbeitet hat, das Thema so zu stellen, das heißt, direkt die Tatsache anzugehen zu versuchen, dass also das ganze Muster sozialen und politischen Verhaltens, das für mindestens die europäische Zivilisation in den letzten 2500 Jahren – seit den Griechen spätestens - vielleicht auch 3000 Jahren, also seit dem, was vor Troja da war – dass das zu Ende ist.

Und ich riskiere es halt, mich auf diese Herausforderung einzulassen, obwohl ich mir darüber klar bin, dass das unvollständig wird und unzulänglich wird.

Es gelingt mir eigentlich auch nicht, weil der Stoff so schwierig und so brennend ist, anders, als immer von Woche zu Woche mit dem Stoff fertig zu werden, den ich mir – also, so weit schon – vorgenommen habe, aber – der Rest ist dann – irgendwie das Konkrete.

Ich habe auch wieder ein paar Gäste, das ist zu sehen – aber wie schwer mir das fällt, ist vielleicht auch daran kenntlich, dass ich das Programm, das ich am Ende des vorigen Semesters ausgegeben habe, wenigstens formal einigermaßen umgeworfen habe - noch mal.

Es war mir zu abstrakt noch, also – dieses - diejenigen, die da waren, werden sich entsinnen, an diesen Kreis, der da auf dem Papier gewesen ist, wo also alle die Ent-Ledigung, von der jetzt in dem Semester die Rede wird – also, sein wird - die Befreiung von – so, als Pfeile in die Mitte gingen - auf das, was ich da »Reine menschliche Natur« eben genannt habe.

Ich habe das versucht, ein bisschen zu konkretisieren – und habe dabei auch gesehen, dass das, was ich da für das 2. Semester geschrieben habe - dass das vielleicht noch gar nicht richtig trifft – ich komme noch darauf zurück. Was ich sah, war erst mal: Ich hatte die Themen für das 2. Semester – für die Frage »Befreiung – wozu?« – also, für – wenn man so will – Utopie - die hatte ich, was die Struktur betrifft – ein bisschen konservativ halt – abgeleitet von dem, wessen wir uns entledigen sollen, also – wenn es darum geht, dass wir das Überleben-Müssen verlernen, dann müssen wir offenbar Gelassenheit dem Tode gegenüber lernen, und das war dann das andere Thema.

Aber das – im Grunde genommen geht es, glaube ich, darum, wirklich, wie soziale Verhältnisse aufgebaut werden können, unter denen der innere Umbau jetzt auch – der äußere ist vielleicht gar nicht das größte Problem - unter denen der innere Umbau vor sich gehen kann. Und ich werde das 2. Semester – also – neu bedenken – und wahrscheinlich erst am Ende dieses Semesters in der letzten Vorlesung dann – also – über die Frage, wie denn reine menschliche Natur Leitfaden sein könnte für friedliches Leben – das versuchen zu entfalten, was dann das 2. Semester bringt. Ich hab mir also innerlich erst mal das, was ich da schon vorkonzipiert hatte, noch mal gestrichen.

Wir haben jetzt hier vor uns – also, als gültig - dieses Programm, das vorn ausgelegen hat: »Neue Politeia I« – Koordinaten eines Rettungsweges in der ökologischen Krise – Befreiungen wovon?

Ich will aber heute in der ersten Vorlesung natürlich nicht nur darüber reden - oder, besser gesagt, ich will aus dem Anlass dieses Kernthemas für das Semester natürlich auch vorstellen, was wir sonst machen – damit man es nicht nur erlesen hat, sondern auch ein bisschen den Zusammenhang mitkriegt, um den es dabei gehen soll.

Also, ich sehe es zunächst mal so – damit habe ich auch ungefähr angefangen - dass »Neue Politeia« – also, der Gedanke geht davon aus, dass es sich um ein weltgeschichtliches Thema handelt – also, so global, wenn man so will, wie es nur irgend möglich ist – global jetzt nicht nur im Sinne des Erdkreises, sondern auch, was die Zeit betrifft. Dass mit der Logik der Selbstausrottung – genauer gesagt: mit dem Hervortreten dieser Logik – denn im Gange ist sie seit den Griechen, fürchte ich – oder, ich weiß nicht, vielleicht länger, seit dem Patriarchat überhaupt – wie wir auch uns verständigt hatten - aber dass mit dem Hervortreten dieser Logik der Selbstausrottung, die in der abendländischen Zivilisation – also – durchdringt, weil - sich das einfach aufzwingt, die Frage – wirklich – nach einer neuen Politeia zu stellen. Und Politeia – bei Platon - das ist sein Buch »Über den Staat«.

Politeia heißt also – das ist von Polis abgeleitet - und Polis ist im Grunde genommen nicht der Staat für sich, also diese abstrakte Maschine, mit Erzwingungsstaat, und so fort, sondern - das ist zwar eingeschlossen, aber – das ist das Gemeinwesen im Ganzen. Und wenn ich von »Neuer Politeia« rede, dann meine ich zunächst, also, das Thema »Neubegründung der Gesellschaft«, und nur abgeleitet davon auch »Neubegründung von Politiktheorie«.

Und ich werde nicht bei Politiktheorie anfangen, sondern ich werde mich konzentrieren in der ganzen Vorlesung auf den Stoff, um den es dabei geht, auf die Thematik, die der Mensch eigentlich neu bewältigen muss.

Ich habe davon geredet, dass es angesichts des Umschlags von Produktivkräften in Destruktivkräfte - das heißt, dass der Moment der Destruktivität hervortritt – das hat übrigens auch Marx gesehen, dass das sehr nahe liegt, dass das zu Destruktivkräften wird – dass das also irgendwie die Forderung aufwirft – ich würde mal sagen: Den Gedanken - wie man mit Gesellschaft umgeht, und wie der Mensch in Gesellschaft mit sich selbst umgeht, auf eine Grundlage zu stellen, die bisher – also, zumindest auf der soziologischen Ebene - nie versucht worden ist, wirklich zu vertreten.

Das hat man bis jetzt – also – Spinnern überlassen, wie, sagen wir beispielsweise, dem Buddha – also, Spinnern, zumindest – aus Soziologensicht.

Ich habe in meiner »Logik der Rettung« mal festgehalten, dass sich die Griechen zu der Zeit, als Platon dann mit seinem Gegenentwurf, mit seinem Rettungsentwurf damals kam – denn die Griechen waren sich mit Thukydides zusammen, mit ihrem großen Geschichtsschreiber – nach dem Peloponnesischen Krieg – darüber einig – also, so lange das so weiter geht, dass wir um Herrschaft und um Freiheit ringen – dass es also praktisch um Macht und um die Selbstdurchsetzung des Individuums in der Polis geht - wird es immer wieder Peloponnesischen Krieg geben.

Und alles, was in diesem Zusammenhang steht – die Griechen waren damals mit dem Peloponnes schon ziemlich fertig, was das Ökologische betrifft, die wollten ... als Flotte und so – also, das war schon eine ziemlich verheerende Situation.

Aber Thukydides legte Wert auf die Feststellung, wenn sich da vom Grund her nichts ändert, dann wiederholt sich das.

Und – natürlich - in Platons »Politeia« steckte die Frage drin, wie man auf neue Art mit der Sache umgehen kann.

Und wir haben hier – das gehört mit zu den Voraussetzungen jetzt, die ich erst mal mache, man könnte das vielleicht auch nachlesen – ja schon darüber geredet, dass Platons eigene Konzeption, indem er also statt auf die Wirklichkeit auf die Idee sich konzentrierte – und damit gerade also diese Orientierung auf beherrschende Begriffe der Welt gegenüber so befördert hat - dass das wahrscheinlich also eine Grundlegung der Politik war, die doch die Katastrophe an sich hatte.

Das ist ja, was Heidegger an Platon gezeigt hat – dass also diese Katastrophe der Abtrennung von den Naturverhältnissen und der – also, des Vorranges gesellschaftlicher Kämpfe gegenüber dem Grundverhältnis des Menschen in der Welt - dass das also indirekt in diese Philosophie eingegangen war.

Und das ist also der Grund, aus dem ich denke, dass das Thema wirklich neu gestellt werden muss.

Zugleich bin ich mir darüber klar, dass ich diese Frage einer neuen Politeia in einer konkreten Situation aufwerfe.

Und zwar in einer – das will ich noch mal betonen; ich hab das mehrmals im Raum hier schon ausgedrückt - in einer, die ich – wo ich sozusagen das katastrophenhafte im sozialen und ökologischen Bereich in diesen östlichen Bundesländern hier gerade als Chance sehe – nämlich, indem es eine Herausforderung ist sowohl für die Bevölkerung als auch für die Regierenden, die überhaupt die Chance bietet – also, die Möglichkeit bietet – den Zwang eigentlich – in dem der Zwang präsentiert ist, sich gründlicher – also – mit allem auseinanderzusetzen, worum es dabei geht.

Wenn also in der »Wochenpost« jetzt – und auch in der »ZEIT« neulich – Kurt Biedenkopf in dieser Situation, wo eigentlich – also - das Rennen um das Einholen des westdeutschen Lebensstandards nicht ganz funktioniert – es war doch nach einer Ordnung für Selbstbegrenzung zu fragen – also, das geht verhältnismäßig weit.

Es ist also – sehe ich auch – aussichtsreich im Zusammenhang - also, mit einem Projekt, auf das ich ja praktisch – sozusagen - meine Aufmerksamkeit konzentriere, auf dieses Subsistenzthema; jedenfalls - also, es ist jetzt eigentlich einhellig festgestellt, dass der Vereinigungsprozess als solcher nicht funktioniert, dass es also kein Prozess des Zusammenwachsens ist, und es ist noch schwer – schwerlich – schwer mehr zu leugnen, jetzt, also, was Biedenkopf ja auch behauptet, dass also die westdeutsche politische Klasse – und wohl auch die westdeutsche Bevölkerung – sich nicht entschieden hat bisher, das als ihre Sache anzusehen, sondern fragt: »Wie viel wird uns weggenommen damit?« –

Das ist keine Ausrede dafür, nicht zu sehen, was hier los ist. Das heißt, dass also die Position des Abwartens – das Kaninchen vor der Schlange – ist – sozusagen – die andere Hälfte desselben nationalen Problems – also, ich würde sagen, die: es gibt kein Subjekt nationaler Verantwortung.

Gut oder schlecht – ich stelle das erst mal – ich stelle das einfach fest: es gibt kein Subjekt nationaler Verantwortung.

Und ich will also, was diese – was die Kopplung – eigentlich – zu diesen praktischen Fragen betrifft, das Subsistenzthema – da komme ich nachher noch mal in dem Vorlesungszusammenhang drauf zurück – erst mal die drei Veranstaltungen erwähnen, die also einen direkten Bezug zwischen – also, herstellen zwischen der globalen Problematik und dieser – ostdeutschen Situation (gestörte Aufnahme) ... und zwar über – man sieht das im Programm auf der vorletzten Seite, wenn man es aufschlägt – über das »Geschlechterverhältnis im deutsch-deutschen Einigungsprozess - Unterschiede und Gemeinsamkeiten, Kontinuitäten und Brüche für Ost- und Westfrauen nach der deutschen Vereinigung«.

Das ist dann also eine Sache, die mit der Grundfragestellung, die uns hier bewegt, umso mehr zu tun hat, als die Christine Eifler ja zugleich ein anderes Seminar anbietet – das erwähne ich nachher im kleinen Zusammenhang noch mal - das also die ganze Fragestellung, was der Maaz von – sozusagen – Urtexten der feministischen Bewegung her noch mal aufrollen will – also, hier ist der Klang.

Die zweite Sache - über die ich sehr glücklich bin – das ist für den 19.11 – das bitte ich schon mal zu notieren, das erscheint nirgends bisher – für den 19.11. von 11 bis 13 Uhr – entweder hier oder im Senatssaal, das weiß ich in diesem Augenblick noch nicht genau – hat sich Johan Galtung angesagt.

Viele von uns haben ihn hier an einem Sonntagvormittag im Audimax schon mal erlebt.

Johan Galtung ist also – ich wüsste keinen kompetenteren Menschen, der diese Mischung von – also - Vertrautheit mit der deutschen Situation und zugleich von Ein- – also in dem Sinne auch von Einfühlung – nicht bloß von Kenntnis – und andererseits von Distanz hat.

Und der wird also reden über die Frage: Wohin geht Deutschland? – Diagnose – Prognose – Therapie? Also – zweimal Fragezeichen: Wohin geht Deutschland? Diagnose – Prognose - Therapie? –

Er hat ja da – sozusagen – was zu verifizieren; er hat hier viel über Deutschland gesagt, im Audimax, vor zwei Jahren ungefähr – und - im November, glaube ich, vor - ja, vor zwei Jahren, wenn ich mich recht erinnere - und zugleich hat er natürlich vor, über eine Lösung für diese ostdeutsche Problematik zu reden.

Am Telefon hat er mir gesagt, dass also dieses vergessene Thema Konföderation eigentlich auf der Tagesordnung stünde, das heißt, dass man ein – wenn man von Sonderentwicklung redet – jetzt - wenn man also sieht, dass das nicht ohne Weiteres gleichzuschalten ist, dass das zu teuer ist auch – vom Westen her gesehen, dann wird es wohl nicht – steckt für mich dahinter, wie ich ihn gehört habe – dann wird es wohl nicht - also, sozusagen - ohne institutionelle Überlegungen abgehen.

Also, wenn das – wenn die Reihenfolge so wie bisher ohne irgendwelchen Puffer offen sind, dann wird das wahrscheinlich weiter in Richtung Indianerreservat gehen, und es sprechen also auch herrschende Interessen dagegen, dass das diesen – dass das auf diese Weise weiter geht –

Also, das - da hoffe ich auf vielerlei Interesse dafür.

Und drittens – das will ich auch ansagen – wird es am 24.11. um 20 Uhr – das ist ein Dienstag – nein, das hier war ein Donnerstag eben, der 19.11 – nach dem Dienstag – 11 bis 13 Uhr – der genaue Ort – also, das kommt noch raus – und am 24.11. um 20 Uhr in der »Möwe« – also, da in der Luisenstraße jetzt - da wird es eine Disputation geben über Lebensformen jenseits des Industrialismus – also, natürlich, angesichts der Situation hier in Ostdeutschland – über Lebensformen jenseits des Industrialismus zwischen mir und Jürgen Kuczynski.

Also, das ist – ja, der Nestor marxistischer Sozialwissenschaft in der DDR, jemand, der zugleich kritisch und treu gewesen ist und sicher – also - anders zum Industrialismus steht als ich, aber der in seinen – in den letzten zwei Jahrzehnten viel getan hat, um Lebenswelten der Arbeiter, des Volkes usw. in dem Industrialisierungsprozess zu erforschen.

Und ich bin ganz gespannt, was bei ihm da aus der Sache herauskommt, weil – mir ist ja auch sehr daran gelegen, dass die Gedankengänge über Subsistenzwirtschaft mit den bisherigen – sagen wir mal – sozialistischen Idealvorstellungen – an denen ja nicht alles falsch war – irgendwie neu vermittelt werden können.

Das ist also auch für mich der Sinn dieser Sache dort in der »Möwe«.

Also, ich sag es mal so, zum Abschluss dieser Einleitung der Einleitung jetzt: Wir haben zwei Jahre Theorie gemacht, und diese Sachen, von denen ich jetzt eben gesprochen habe – dieses Seminar und die zwei Veranstaltungen – die mögen signalisieren, dass es, glaube ich, nötig ist: eine starke, eine wirklich wohlbegründete und verortete Praxis setzt nach wie vor Theorie voraus.

Das war richtig, was da die Klassiker mal gesagt haben, dass es ohne revolutionäre Theorie keine revolutionäre Praxis geben kann.

Es mag darüber, was revolutionär ist, in welchen Formen das vor sich geht – das mag anders sein, aber: es braucht Theorie, und zugleich, also es muss der Versuch gemacht werden, dabei dichter an den Boden heranzukommen.

Und ich denke allerdings, dass also, was die Praxis betrifft, dieser empirische Zugang über den Gedanken von Subsistenzwirtschaft in dieser Krise – dass das besser ist als weitgespannte Überlegungen, was wir mit der Industrie anfangen, während gar nicht klar ist, welche Entwicklungsperspektiven die in Ostdeutschland haben wird; ich hoffe, dass es nicht nur kommunitär, sondern auch genossenschaftlich und unternehmerisch kleinflächig – also, dass es kleinteilig – kleine Strukturen sind – das ist natürlich in jeder Hinsicht, was das Ökologische betrifft, günstiger.

Ich sage jedenfalls, dass ohne so eine langen Anlauf nehmende Theorie keine Praxis zustande kommen wird, die irgendwas treibt.

Ich will daran erinnern – ich bin auf dem Umwelttag da in Frankfurt gewesen, weil wir dringend eingeladen waren, dort auch was Alternatives noch vorzutragen.

Irgendwie glücklicherweise war der Umwelttag als Ganzer ein Flop. Also, bei der Eröffnungsveranstaltung, wo mit 10.000 Leuten gerechnet war – wo Präsident Weizsäcker eine seiner klugen, aber inkonsequenten Reden gehalten hat – waren 400 Leute da. Und das heißt, also – hauptsächlich Offizielle und Journalisten. So. Also – Muss-Leute – ich glaube, dass höchstens ein Drittel der erwarteten Gäste da waren.

Die Sache war darauf abgestellt, dass man mit der Industrie zusammen die Erde rettet – irgendwie. Also, das war – das war die Konzeption der Messe – und das Spannendste ist, also, der ungeheure Widerspruch - wo man also sieht, dass theoretisch also überhaupt nichts klar ist:

Da gibt es ein Interview mit Umweltminister Klaus Töpfer, das beginnt so – also, die Frage ist: Die ökologische Entlastung in den neuen Bundesländern beruht bisher in erster Linie auf der Stilllegung ökonomisch unrentabler Giftschleudern.

Haben Sie für die Zukunft vorbeugende Umweltschutzmaßnahmen ins Auge gefasst? – Das ist so die Frage, jetzt – ich lese nicht die ganze Antwort, sondern nur, was dann als erste Äußerung kommt – also, was dieser Himmel da gesehen hat. »Neben der Stilllegung von Umwelt belastenden Industrieanlagen hat natürlich insgesamt der Zusammenbruch der Wirtschaft in den neuen Ländern in erheblichem Umfang zur Entlastung der Umwelt beigetragen« – stellt er fest.

(Allgemeine Heiterkeit.)

Also – ich nehme das – ich verbuche das nicht unter Zynismus, das ist nicht so – da bin ich auch sicher, dass das nicht so gemeint ist, sondern – die Feststellung trifft völlig zu – und die könnte ja darauf hinweisen, dass die Umwelt in Deutschland entlastet würde, wenn man in Westdeutschland eben so wenig Industrie hätte.

(Beifall).

Das hat er sich aber bestimmt nicht gedacht –

Das heißt, es ist also – das ist also Prof. Dr. Klaus Töpfer – ein Mensch, der mit Sicherheit denken kann, aber bei der Nachrennarbeit hinter den - in der ökologischen Problematik, die so nicht einholbar ist, kommt er nicht dazu, auch nur die eigenen Widersprüche zu bemerken.

In Richard Weizsäckers Rede war das übrigens ähnlich – nicht?

Also, dass er – er hat es auch fertig gekriegt, darüber zu reden, dass wir für – ja, er hat es gewagt zu sagen, dass wir für zehn Milliarden Menschen – und vielleicht sogar mehr – einen irgendwie vernünftigen Wohlstand zustande bringen – und dabei auch daran gedacht, dass wir dann vielleicht – ein bisschen, und so – hier zurückdrehen müssten.

Aber seine Abschlussforderung ist: Dass doch die Industrie nicht abstehen möge, die Milliardeninvestitionen dazu zur Verfügung zu stellen, dass das mit der Umwelt weiter geht. Das heißt, er hat auch nicht gesehen – bei seinem ganzen Gedankengang - dass es bei – letzten Endes – im Kampf gegen die ökologische Krise – wenn man es denn will – um die Einstellung von Milliardeninvestitionen sich handelt. Natürlich braucht man dann auch noch Geld für die Reparaturen.

Ich war auf der Kippe in Senftenberg jetzt, da im Senftenberger Land, am Wochenende – die haben dann ausgerechnet, wenn man es nun wirklich richtig zumachen sollte, wie es gedacht war – ursprünglich - damit dieser nicht regenerierungsfähige Boden, den man von ganz unten geholt hat, zugedeckt ist: 20 Milliarden – die werden nirgendwo herkommen – vermutlich – nicht? Also – gut, ich meine – es ist nicht klar, dass es sich um eine Inversion des Industrialisierungsprozesses handelt. Und – es müsste eigentlich offensichtlich sein, dass die ökologische Krise eine Folge des industriellen Expansionsprozesses ist.

Es scheint, dass immer noch Biedenkopf der Einzige ist, der das wenigstens wirklich gebongt hat – und deswegen davon ausgeht - Begrenzungsthese – wir erinnern uns, was er hier vorgetragen hat. Also, es ist schon kein Zufall, dass man mit ihm über diese Sachen handeln kann. So.

Jetzt – weil ich so viel an Informationen einfach rüberzubringen habe, jetzt geht es einfach darum, wie wir - dass wir uns in dem Semester ein bisschen zurechtfinden – setz ich mich mal hin, damit ich besser mit dem Papier - (Heiterkeitsausbruch) – wie ich das sortiert hab – Ich will jetzt also wahr machen (Zwischenruf: Mikrofon!) - ach so – (Ausgelassene Heiterkeit) – Ich will jetzt also wahr machen, was ich hier angekündigt habe – dass ich über die Grundidee – angedeutet habe ich das schon, indem ich über die beiden Semester gesprochen habe – und über das Herangehen und über die Voraussetzungen und Hypothesen rede.

Ich sag es schon an – deswegen auch diese meine Not, dass wir auch durchkommen – die entscheidenden Informationen über die anderen Seminare dann, die kommen erst am Ende, nur über die beiden anderen Vorlesungen werde ich jetzt bald was sagen, und ich muss also durchkommen, und ich werde zugleich, indem ich über die Hypothesen rede, die ich da in dem Semester ein bisschen ausbreiten will, werde ich zugleich – also – auf die Vorlesungsthematik noch mal kommen.

Das heißt, man möge dann – für den Schluss insbesondere – dieses Blatt bereit halten –

Ich will zunächst sagen – also, was die Grundidee betrifft, von der ich – die ich schon kurz erwähnt habe, noch mal - ich gehe also davon aus: Die europäische Zivilisation hat ihren Kreis ausgeschritten. Ich meine das so: Es ist schon zu Ende. Es ist schon zu Ende – mit – also, das Muster ist erschöpft. Das ist also der – die Selbstmordlogik, die zutage tritt, zeigt, dass der Kreis sich da geschlossen hat.

Wenn ich sage: Es ist schon zu Ende, dann meine ich das in dem Sinne – ich meine einfach eine Analogie, möglicherweise habe ich sie hier schon mal erwähnt, ich scheue mich zu wiederholen – ich meine das in dem Sinne:

Ich glaube, es war eigentlich 1929 – für Deutschland – politisch jetzt – entschieden, was da 1933 – und was 1939 – und 1941 – und 1945 sein würde – sehr viel Weltgeschichte, irgendwie, war entschieden, obwohl man das 1929 noch nicht sah - und ich meine das in dem Sinne: Es ist schon entschieden - also, man kann es auch daran klar machen, das – dieses ganze Thema »Ozonloch«, das Thema »CO2-Emissionen« – wir wissen, das kommt erst noch an. Das kommt erst noch an, das ist also ein unaufhalt-

samer Prozess, einstweilen erst mal, was da schon hinaus geworfen ist –
und wir sehen bis jetzt auch nicht, dass sozusagen das ständige Problem
der industriellen Emissionen auch nur gebremst ist – also können wir uns
darauf verlassen, dass das hier auf einen großen Krach zu marschiert. Es
gibt also keine – wenn ich von Koordinaten eines Rettungsweges spreche,
dann rede ich darüber nicht im Sinne irgendeiner Garantie, sondern ich
rede nur darüber im Sinne von Möglichkeiten – das will ich gleich vorausschicken – Es ist jedenfalls – wenn man das so sieht – höchste Zeit – obwohl
der Zeitplan nicht in unserer Hand liegt – gerade aus dieser Perspektive
heraus an eine neue Politeia zu denken.

Und was damit gemeint ist: Es muss ja erst mal geistig – und möglichst
auch im Kleinformat praktisch – ein Entwurf her, im Sinne – also, Entwurf
im Sinne: Projekt, aber – nicht Projektion, sondern – es muss also irgend -
die Vorstellung, die Vision da sein, wie denn Gesellschaft jenseits dieses
Zerstörungsprozesses funktionieren könnte.

Und natürlich geht es dann um die inneren Voraussetzungen; ich zitiere
hier mal einen modernen Denker, der sich via Drogen sehr in die innere
Welt begeben hatte – aldous Huxley - der sich darüber klar war: Alles, was
wir sind, ist das Ergebnis dessen, was wir gedacht haben. Das hat ziemliche
Ähnlichkeit mit der Äußerung von Marx – dass es also durch den Menschenkopf hindurch gegangen sein muss, irgendwie, und mit seinem Beispiel von Biene und Baumeister – also, manches im Marxismus tendiert
dazu, das wieder zuzudecken, diesen Umstand, aber – das ist meine These:
Geschichte ist Psychodynamik, die hier erscheint, also, das - und zwar
Psychodynamik jetzt nicht in irgendeinem – im speziellen psychologischen
Sinn – oder psychoanalytischen Sinne, sondern: Erst war der Mensch mit
dieser Ausstattung – und der Kopf – und die menschliche Psyche ist sozusagen das hervorragende Instrument, mit dem wir angefangen haben – mit
dem wir unsere zwiespältige Überlegenheit auch erlangt haben – die Atombombe wäre sonst nicht.

»Gedacht« ist natürlich hier nur der Repräsentant für dieses ganze
Funktionieren – da geht es dem Huxley auch nicht im nur um die Begriffs-
ebene, sondern – das ist halt dieses Thema: Dass eine Neubegründung der
Gesellschaft – oder besser: Des Gemeinwesens selbst - das ist eine Sache,

die bedarf des Entwurfs. Das muss vor-gedacht – und natürlich auch vor-gefühlt – werden, und in diesem Sinne sehe ich das als eine überaus praktische Angelegenheit an, wenn wir uns mit »Neuer Politeia« befassen.

Ich möchte sagen: Es geht darum, in diesem Punkt eben allmählich positiv zu werden.

Also, das erste Semester ist vornehmlich noch der Kritik gewidmet, aber immer schon mit dem Zielpunkt, an die Stelle zu kommen, wo uns – wo der Hinweis erwächst: Wie könnte sich das klären?

Die praktische Konsequenz, auf die die »Neue Politeia« dann sekundär – politische Theorie, nicht?, also, das ist das Sekundäre – dann hinausläuft, das ist erst mal –dass wir dann Auswege – Koordinaten eines Rettungsweges andeuten, also: Wo lang könnte es gehen – müsste es gehen, wenn noch was drin sein soll?

Die Frage also werden wir sicher mit berühren: Ob es überhaupt noch irgendeine Chance gibt – Ich denke dennoch: Ja.

Aber aus dem Desaster der Industriezivilisation folgt für mich – eigentlich nicht als »Möchte-gern«, als Wunschvorstellung - sondern folgt als unvermeidliche Konsequenz das, was ich da vielleicht nicht besonders attraktiv erst mal »Kommunitäre Subsistenzwirtschaft« nenne.

Galtung nennt es »Self-reliance«; er hat damit einen international verständlichen Ausdruck, und der geht einfach davon aus – wenn man diesen unverschämten Riesenverbrauch durch die Städte – also, die Großstädte – die Millionenstädte - samt Slums – und den Welttransport - wenn das aufhören soll – und wenn die Erde dann auch nicht ausheilt – also, wenn schon Weizsäckers Frage nach: Wie können 10 Milliarden Menschen leben? – dann nur, wenn also der Reproduktionsprozess auf enge Bereiche zusammen gezogen wird – wenn man also nicht so weite Wege hat, wenn man dort, wo man lebt, aus der Erde das Nötigste herausholt – nicht puristisch, dass nichts mehr ausgetauscht werden muss – man muss ja nicht die Textilien alle an einem Ort produzieren - aber diese unverschämt, unsinnig weiten Wege, mit denen das jetzt – wegen des Geldverdienens – abläuft, das ist unsinnig – also, self-reliance im Sinne von »Gehen auf den eigenen Beinen«.

Und »Self-reliance« – im Kern also: Selbstbestimmung. Und – die Idee: Selbstversorgung durch Selbstbestimmung. Und – Selbstbestimmung durch Selbstversorgung.

Dieser Zusammenhang – also, das ist, was für mich der praktische Horizont bei der Sache ist – der erst am Ende der Vorlesungsreihe herauskommt – aber so ist erst mal in der Grundidee der Zusammenhang.

Dass also es klar ist: Es bedarf einer Neubegründung der Gesellschaft – weil die Industriezivilisation am Ende ist, und diese Neubegründung kann nur heißen, dass wir den materiellen Reproduktionszusammenhang auch völlig neu gestalten.

Ich bin allerdings der Meinung, dass der Zugang dazu über – ja, wenn es – über den Entwurf geht. Und der Entwurf, das ist nicht – sozusagen - die Theorie, die in meinem Kopf – oder an der Tafel – geschrieben ist, sondern der Entwurf ist in uns. Das ist unsere Bewusstseinsverfassung – Denken – Fühlen – Bilden - also, alles, was uns als Menschen in der Hinsicht ausmacht.

Was nun diese praktischen Perspektiven betrifft, da ist also mein Schwerpunkt, auf den dieses ganze Semester jetzt – und diese beiden Semester – hinauslaufen – also, immer die Zielfunktion   ist dieses Thema »Subsistenzperspektive«.

Wobei – das wäre natürlich eine ganze Gesellschaft – und das hieße, dass also solche Dinge, wie Wissenschaft – wie Naturwissenschaft etwa – oder wie die Rechtsverhältnisse - dass das alles unter diesem Gesichtspunkt – von daher neu bedacht werden müsste – von daher neu bedacht werden müsste.

Nicht, indem man ausschließt, dass es außer solchen self-reliance-Kommunitäten dann auch noch eine Eisenbahn vielleicht gibt, und manche Produktion, die doch stärker zentralisiert wird – das – es ist nämlich sinnlos, das vorher so einzeln auszurechnen, das muss man einfach dem Prozess überlassen, zumal sowieso alles weiter industrialisiert werden wird – das ist nicht der Punkt. Aber man muss natürlich für sämtliche gesellschaftlichen Verhältnisse dann fragen: Wie könnte denn das anders weiter gehen?

Und da trifft es sich hervorragend – ich bitte mal, dieses Programm hier wieder aufzuschlagen - dass Jochen Kichhoff in diesem Semester – nachdem er also kritisch das Ganze schon mal durchgegangen ist – also, das, was ich jetzt im ersten Teil noch mal kritisch durch – das ist er ja eigentlich durchgegangen - dass er jetzt – während das kritische Moment wieder drin sein wird, also die Auseinandersetzung mit dem Status quo der Naturwissenschaften - dass er sich jetzt darauf konzentriert, - also, die letzte Vorlesung heißt dann »Denkansätze zu einer Tiefenökologie der Naturwissenschaft / andere Naturwissenschaft = anderes Menschentum?« –.

Also, Fragezeichen spielen eine riesengroße Rolle in allen unseren Vorlesungen jetzt hier natürlich, weil – das ist ja ein Suchprozess – das ist klar. Aber er will sich auf die Frage konzentrieren, wie denn - wenn es sich bei der Natur um ein lebendes Buch handelt – wie denn dann Naturwissenschaft aussehen müsste. Statt also dieser Sezier- Zerschneide- und Folterwissenschaft, die für das abendländische Herangehen bisher charakteristisch wirkt und deren – sozusagen – Errungenschaften, die ja nicht total verloren gehen werden, aber die sicherlich einen untergeordneten Platz einnehmen werden, wenn es dazu kommen soll, dass das gelingt.

Also – ich will aufmerksam machen auf die Vorlesung von Jochen Kirchhoff, die – warte mal, wann ist die Erste? – am 20.10 – also, das ist nächste Woche – Dienstag – 17 bis 20 Uhr im Hauptgebäude der Uni, Raum 2097 – beginnt.

Und ein zweites Thema, das genau so in diesen Zusammenhang gehört, das ist – also – die Staats- und Rechtsfrage im weitesten Sinne. Das ist Klaus Bosselmann, mit dem ich lange in einem Diskussionskontakt bin. Der hat ein Buch geschrieben, »Im Namen der Natur – Der Weg zum ökologischen Rechtsstaat«.

Also, ich will – das ist vielleicht gar nicht besonders wichtig - also, wenn ich so was gemacht hätte - ich hätte wahrscheinlich nicht riskiert, mich darauf festzulegen »Ökologischer Rechtsstaat« in dem Sinne, weil – mit diesem Rechtsstaatsbegriff – also, wie soll ich mich da ausdrücken? – dieses apologetische Festhalten am Status quo – von Verhältnissen, irgendwie –

gedanklich verbunden ist, die es bestimmt nicht bringen werden, aber wenn man die innere Intention von dem Buch, das Klaus Bosselmann da geschrieben hat, sieht, dann wird man feststellen, das es genau – sozusagen – um die Überwindung der Schranken dabei geht, und dann finde ich es wiederum eine gute Methode – zu sagen: Na, dann nehmen wir sie doch mal ernst, diese Rechtsstaatsidee – wir müssen uns ja nur wünschen, dass das möglichst ohne Diktatur abgeht, dass wir die Kurve kriegen – ob das realistisch ist, ist die zweite Frage, aber – und fragen wir dann: Was müsste sich ändern, gerade, wenn der Rechtsstaat gerettet werden soll? Wenn man nämlich das Risiko nicht auf sich nimmt – also, dann einzugreifen – und – sozusagen – die Kritik des Liberalismus – also, dass jegliche Ordnungsvorstellung – also, das könnte gleich wieder faschistisch sein – wenn man davor gleich kapituliert, dann wird es auf jeden Fall nichts werden –

Also, das ist überaus spannend, was der Klaus Bosselmann da anbietet, und wir haben außerdem das Glück – der hat sich stark um diese Rio-Geschichte da, um diesen Rio-Gipfel da herum, engagiert; es ist geradezu sein Buch auch so angepriesen worden, als die geistige Vorbereitung dafür - also, weil es nicht bloß um den Nationalstaat dabei geht, sondern auch um – sozusagen – eine Weltordnung, die mit der ökologischen Krise umgehen könnte, und er wird seine ganz gewiss nicht nur positiven Erfahrungen in dieser Sache da mit einbringen –

Er hat übrigens die Grünen mal mit gegründet und hat in Portland eine Professur für – ich glaube, die nennt sich sogar auch – für Sozialökologie - das ist in Neuseeland irgendwo – und ist in diesem Semester – aber der wechselt, die sind – von Semester zu Semester – in diesem Semester also in Berlin.

Die Kernthese – also, der Kerngedanke, von dem er also Umweltjuristerei betreiben will – das ist der Gedanke, dass in einem bestimmten Punkt das Recht umgedreht werden muss.

Bisher steht im Recht anthropozentrisch – allein der Mensch kann Rechtssubjekt sein – kein Tier, kein Huhn, kein Wald, nichts - er geht davon aus: Eigenwert und Eigenrechte der Natur müssen konstituiert werden, und es müssen – ich vereinfache da die Sprache – es müssen Anwälte dafür eingesetzt werden – institutionell und auch personell - das deckt sich ziemlich – eigentlich - mit meinem Gedanken am Ende der »Logik der Rettung«

da, dass also dann Vertreter der Tiere ins Parlament gehören – verkürzt gesagt, nicht?

Also, die Frage, wie die Rechtsverhältnisse – wie Staat und Recht im weitesten Sinne – wie das umgekehrt – umgedreht werden könnte – Gemeinwesen – er ist auch bei »Volks«, also nicht bei »Staats« - Gemeinwesen, Recht und Staat in der ökologischen Krise –

Also, das ist – das wird sicher ziemlich – also, politisch auch konkret, zuletzt »Ökologische Politik – Manifest der neuen Ordnung« – also, der riskiert was –

Das sind also – das haben wir auf – volles Programm – das haben wir also donnerstags 18 bis 20 Uhr in der Kommode – hier gegenüber – Unter den Linden 9 -11, Raum 336.

Und das fängt am 22.10 an, also – Jochen Kirchhoff fängt an nächsten Dienstag – um 17 Uhr war das – ja? – und Klaus Bosselmann fängt an nächsten Donnerstag um 18 Uhr.

Ja, dann machen wir mal jetzt die Pause, wir sind ja an der richtigen Stelle .

(Pause)

… aufgezeichnet, dass es mir eigentlich um folgendes ging; wenn man hier außen ansetzt - das sind wir – mit dem ganzen Paket unserer Sozialisation - also das, was wir so gelernt haben, was wir – was uns anerzogen ist – das steckt natürlich in unserer Existenz – das ist der Gedanke, den Galtung ja hier auch mal so eindeutig vertreten hat – steckt natürlich – sozusagen – vom tiefsten Grunde her – stecken da Festlegungen drin, über die wie uns im Allgemeinen ziemlich ungenügend klar sind, also - wie sehr wir weiße Westmenschen sind, das ist nicht so ohne Weiteres zu überwinden.

Es ist ja – das Problem, um das es hier geht, geht ja so weit, dass also Leute, für die festgestellt wird, dass sie nun wirklich alles losgelassen hatten – »Buddha ist doch Inder« – geblieben - also, ist nicht einfach Mensch – so, sondern – es sind also so – so viele Unwägbarkeiten des kulturellen Prozesses.

Man weiß inzwischen mehr darüber, wieso man nicht so leicht aufhört, Inder zu sein, also – was das mit den allerersten Lebensmonaten, sogar mit der Zeit der Schwangerschaft – was da für Entscheidungen fallen – nicht? –

Und - worum es jetzt erst mal in dieser Vorlesungsreihe geht, das ist, über die verschiedenen Entledigungsthemen her erst mal – sozusagen – eine rationale Kritik aller dieser Fixierungen – oder auch Gegenfixierungen – zu erlangen. Gegenfixierungen – ich habe geschrieben in dem vorigen Entwurf – irgendwo steht es in dem dies jetzt doch auch noch drin – also, wenn man erst mal alles aufsteigen lassen muss, um es überhaupt loslassen zu können - also, ich habe erst, indem ich dann - nachdem ich aus der DDR rauskam, herumgereist bin – nach Dänemark, nach Frankreich, nach Mexiko – überhaupt gemerkt, wie deutsch ich bin. Man weiß das einfach nicht, man sagt gleich - vielleicht sogar: »Ich will damit nichts zu tun haben«.

Und wenn es darum geht, etwa mit dem Nationalismus fertig zu werden – und Nationalismus unter großen Nationen – wissen Sie – ist etwas anderes noch als der in Jugoslawien, der ist – der lässt sich auch leichter verbergen, weil man es vordergründig nicht so nötig zu haben scheint, wenn man nicht gerade eines aufs Dach gekriegt hat wie wir am Ende des Krieges.

Aber – jedenfalls ist es so, dass es irgendwie darum geht, aufsteigen zu lassen – kenntlich werden zu lassen – wenn man etwa das Thema – also, Horde, Stamm, Staat, Nation – eines der Themen, die ich hier genannt habe, nimmt -: Wo sitzen wir da eigentlich fest? Und dann also auf diese Weise erst dahin kommt, dass man sich ernstlich die Frage stellt: Wie viel davon kann man eigentlich loslassen?

Ist es also – ohne es zur Perfektion zu treiben, aber die Richtung – und zwar zunächst gedanklich – denn: So sehr viel bewegen Vorlesungen in dem Punkt natürlich nicht – aber: Gedanklich die Richtung – ich hatte in die Mitte geschrieben: »Reine menschliche Natur« – das will ich jetzt – heute nicht weiter ausführen, weil ja – der Umgang mit der Sache ist das Thema der nächsten Vorlesung dann – konkret, also - eigentlich als philosophischer Stoff. Aber – was das Methodische betrifft, geht es also umso was wie – bloß erst mal experimentell, und nicht, dass es wirklich gelänge – das ist eine Richtung, die heißt eigentlich – es geht um Tabula rasa.

Es geht um den Versuch, für verschiedenste – für so verschiedenste Identifikationen von uns – etwa um das Thema »Stamm – Volk - Nation«. Also eine dieser Radialen hier. Und für so ein Thema sich klar zu machen: Wo sind da eigentlich die Fixierungen? Und – also – sich klar zu werden, dass es, wenn man – »Reine menschliche Natur« - würde ich sagen: man hat sich davon frei gemacht – nicht in dem Sinne, dass man nun nicht mehr Inder wäre – aber dass man davon nicht mehr so beherrscht wird. Das ist der Punkt.

Das heißt, es geht um die Relativierung – eigentlich. Wenn ich sage: »Befreiung von … » – so ist es dann auch im Text – glaube ich – charakterisiert: Entledigung, Befreiung von – es geht um – ja, darum, dass der Raum, in dem wir was neu entscheiden könnten – wo wir unsere Kräfte frei haben – wo nicht schon vorentschieden ist durch alles, was wir so gelernt haben, wie wir uns verhalten werden – dass der größer wird.

Und der Gedanke war, dass also nur durch diesen – nur über diesen Durchgang – wenn man dann an Utopien denkt – was Neues passieren könnte – für uns.

Und das eigentlich, habe ich gedacht, für – also, das soll so – irgendwie – ohne dass das so schematisch sich realisieren wird - aber das soll sich praktisch durch alle diese verschiedenen Vorlesungen – auf die ich dann gleich noch komme – durchziehen, abgesehen von der ersten haben dann alle irgendwie mit diesem Gedankengang zu tun. Das ist also das Herangehen.

Und ich will noch eine Bemerkung dazu machen, die irgendwie die Begründung dafür durchscheinen lässt, weshalb es nötig ist, wenn man Gesellschaft neu begründen will, wenn es zu einer neuen Kultur kommen soll – denn das sind ja - letzten Endes natürlich entstehen dann wieder Gesamtverhältnisse, einschließlich der materiellen, natürlich, nicht? – wenn der Durchgang vollzogen ist.

Weshalb das Entscheidende eigentlich diese geistige Arbeit ist. Hier in dieser Vorlesungsreihe dann – in diesem Semester – vorwiegend geistige Arbeit in dem Sinne, es geht um die Vernunft- um die Verstandesseite, um

Kritik hauptsächlich – weniger um die Gefühlsseite, die – das ist ein anderer Stoff, der sich natürlich für Vorlesungen nur bedingt eignet – natürlich, das wird schlimm.

Aber worum geht es hier?

Marx hatte – und zwar anlässlich übrigens indischer Verhältnisse – und mesopotamischer Verhältnisse – in seinen – ich glaube, es war in den Grundrissen »Zur Kritik der politischen Ökonomie« – war er zu der ziemlich allgemeinen Feststellung gekommen, Kultur lässt Wüsten hinter sich zurück.

Und wenn wir das heute – das ist - eigentlich ist das das Thema »Ökologie« – das hat er nicht weiter ausgeführt, so sehr – aber: wenn wir eine Weltkultur haben – oder eine Weltzivilisation jetzt – und diesen Einheitsbrei von Hightech und internationaler Kommunikation, der jetzt da läuft – es ist also von – wenn der Satz auch nur irgendeine Gültigkeit hat – empirisch jetzt gesehen - nur zu wahrscheinlich, dass da Weltverwüstung herauskommt. Und nur – hat sich eigentlich gezeigt - dass also die Feststellungen über den - auf der materiellen Ebene – über diesen Prozess – haben gerade bisher nicht dazu geführt, dass sich Lösungen abzeichnen, diese Sache zum Stillstand zu bringen. Und da finde ich, dass der Umgang, den in einem einzigen Aphorismus Nietzsche mit der Sache hier – mit demselben Thema – der Weltverwüstung – gepflegt hat – ich will mal sagen - also, operativ stärker ist – würde ich geradezu mal sagen - operativ stärker ist, um mit der Sache vielleicht einfach umzugehen.

Der hat nämlich festgestellt – und hatte wahrscheinlich mehr als Geologie und Geographie allerdings im Sinne -:

Die Wüste wächst. Punkt. Weh dem, der Wüsten wirkt!

Das heißt, für Nietzsche war klar, dass also die Verwüstungsprozesse, die er da im Auge hatte – und es ging ihm da eben nicht darum, was da in der Sahara mal passiert war und in der Gobi, irgend- vor - in den Zeiten, als – von denen Heide Göttner-Abendroth gehandelt hat, sondern von dem, was der Industrialismus macht.

Nietzsche war eigentlich der Erste, der fundamental – also aus den tiefsten Schichten seiner Existenz heraus – auf dieses Thema der Moderne in dem Sinne eingegangen ist.

Also, auf die – seine Kulturkritik berührt diesen Punkt, also: Die Wüste wächst. Weh dem, der Wüsten wirkt!

Und wenn man das dann noch koppelt, diese Fragestellung von Nietzsche, mit dem Gedanken Freuds vom – der in die gleiche Zeit, ein kleines bisschen später –

... dann ist es ein – dann sieht man, dass man es wahrscheinlich mit Folgendem zu tun hat: Dass in den Maße, wie der Mensch in die Zivilisation und in die Zwänge der Zivilisation weiter hinein gerückt ist, seine Resonanzfähigkeit nachgelassen hat, also – das Mitleidsphänomen:

Also, in Afrika, in Asien, wo die Verhältnisse elender sind als hier, kann man viel mehr Solidarität antreffen als in der westdeutschen Gesellschaft – und neuerdings auch in der DDR-Gesellschaft – nicht aus – das hat nicht hauptsächlich hochmoralische Gründe oder so, sondern das hat damit zu tun, dass sozusagen die Fühlung viel offener ist – viel offener ist, und – ich weise auf diesen Zusammenhang deshalb hin, weil ich zeigen will – also, dass es sich bei – dass wir es irgendwie nötig haben, uns erst mal, sozusagen, die verschiedensten Verhaftungen geistig klar zu machen – intellektuell klar zu machen - damit uns dann auch klar wird, was wir an unseren Lebensverhältnissen tatsächlich ändern müssen.

Deswegen – also, einer der Gründe dafür, dass ich das Programm hier, das ich ursprünglich für das 2. Semester ausgearbeitet hatte, noch mal geändert habe, war, dass ich glaube, der Kern dieser Veränderung der Lebensverhältnisse wird wahrscheinlich sein müssen, dass überhaupt Raum entsteht für den Umgang mit uns selbst, also, für therapeutische und meditative Prozesse, die nicht bloß im Intellektuellen bleiben.

Das ist auch Meditation – das Durcharbeiten unserer Verhaftungen im Nationalen, beispielsweise, in den Geschlechterrollen, und so weiter – auch eines der Themen.

Aber es geht darum, wirklich gesellschaftliche Verhältnisse so neu zu gestalten, dass dieser Durchgang überhaupt denkbar wird. Und das ist also hier gemeint.

Der Hintergrund für so eine Gesellschaft wie unsere, für den Verlust der Resonanzfähigkeit – das ist einfach der – also, was da passiert ist und was sozusagen erklärt, warum wir so wenig bewältigen. Warum also der moderne Mensch – der fortgeschrittene Mensch – schlimmer ist – in puncto Naturanalogie und Verhaltensweisen - als der noch archaischere. Das hängt höchstwahrscheinlich damit zusammen, dass die menschliche Naturausstattung für diese technologische Großgesellschaft wirklich nicht gemacht ist.

Dass also hier – in unseren modernen Sozialisationsprozess Abgewöhnungsprozesse eingebaut werden – Panzerungsprozesse eingebaut werden – die Angstmechanismen – das ist nicht alles, sondern – die Ausbildung zu Funktionären der Megamaschine schneidet uns einfach massenhaft was ab – den Frauen nicht ganz so sehr wie den Männern, aber – es ist völlig klar, dass diese technokratische Megamaschine der Großgesellschaft – das ist keine menschliche Umwelt.

Wir haben uns da eine Umwelt geschaffen, die – sozusagen – gegen das natürliche Potenzial, gegen die Entfaltung des natürlichen Potenzials gerichtet ist, und wir sind deshalb zu solchen – also, zu so einer eigentlich etwas künstlichen Operation gezwungen, wie wir sie in der Vorlesung hier vorhaben, also – uns intellektuell erst mal diese Verhaftungen klar zu machen, um uns bewusster darüber zu werden – konkreter bewusst zu werden, dass über der Megamaschine wirklich steht:

»Die ihr hier eingeht, lasst alle Hoffnung fahren.« –

Das ist nicht zu machen: Wenn man also im Büro - und im Betrieb - und so weiter - funktionieren will, dann die Fähigkeit, zum Neubau einer zwischenmenschlich und zur Großen Natur hin resonanzfähigen Gesellschaft zu kommen. Das ist nicht drin, sondern - wir haben da einen Weg der inneren Umgestaltung vor uns. Das ist – sozusagen – der Hintergedanke, dass wir erst mal intellektuell diese Erfahrung machen.

Das heißt also – wenn ich da noch mal zur Grundidee von diesem utopischen Gesichtspunkt zurückkehre - dass wir uns im 1. Semester – ich will das nur so zusammenfassen – eher mit Kritik – also, mit Reflexion – befassen, dieser Verhaftungen – und in dem Sinne möglichst viel Tabula rasa - erst mal im Kopf - dass also da was frei wird – schaffen - und im 2. Semester geht es dann mehr um die Umgestaltung einer Gesellschaft so, dass erst mal Freiräume – mehr kriegt man einfach am Anfang nicht hin - aber dass Freiräume für therapeutische Prozesse – für Heilungsprozesse, die nicht am Markt sich vollziehen, sondern innen – also für Selbstheilungsprozesse - dort, wo sie wirklich möglich sind.

Denn – die Kräfte sind ja da.

Die Resonanzfähigkeit ist nur – die ist einfach beschädigt – das ist betoniert worden – in uns. Aber – das ist die Frage: Ob wir uns vielleicht auch intellektuell zu Öffnungen entschließen können – zu Wagnissen entschließen können, weil – es ist natürlich auch viel unterdrückt worden, und – es ist manchmal bedrohlich, was da – natürlich – raus will.

Und ich will in diesem Zusammenhang sagen, dass die Veranstaltungen, die wir also nebenher gemacht haben – Workshops und so – zum Beispiel, holitropes Atmen betreffend - dass die also eigentlich immer Einladungen sind, an diese tieferen Dinge heran zu gehen.

Die Schwierigkeit, die ich da sehe – also, so aus unseren Erfahrungen auch in den ersten zwei Jahren - ist, dass der wirkliche Befreiungsprozess dann viel individueller vor sich gehen muss - also, so ein Workshop ist eigentlich ein Reinriechen – ein Angebot, um erst mal die Erfahrung zu machen: Da ist was. Und dann stellt sich heraus: Da kommt ein anderer Workshop, der nicht genau an der Stelle ansetzt – der wieder nur eine Einstiegserfahrung ermöglicht, man kann sich das ansehen, und wenn die Qualität gut ist, ist das auch eine gute Sache, aber da weiß ich auch selbst noch nicht genau – wie wir da in dem Felde weiter machen, wir haben ja da Verschiedenes drin; ich komme noch darauf, nachher – das ist also für mich auch ein echtes Problem – wie das da weiter gehen soll.

Das war also jetzt, was das Methodische betrifft; –

Jetzt noch ein ganz kurzer Hinweis, weil vielleicht doch einige da sind, die meine allgemeine Konzeption nicht so kennen, die ich beispielsweise in der »Logik der Rettung« da entwickelt habe, über die Voraussetzungen – also, einfach noch mal Erinnerung an Voraussetzungen, die mit im Spiel sind, die ich aber nicht groß ausführen werde, und zwar – das ist vor allem der

Gedanke, dass diese Verborgenheit der Tiefstrukturen, von der ich da gerade geredet habe, dass das also hier oben nicht zutage liegt, dass wir das erst mal so in selber erfahren – ich sag da als Beispiel nur: Wie deutsch wir sind.

Ich habe ja – das ist aber nur einer dieser Pfeile - aber hinter dem Ganzen hier liegt ja das, was ich in meiner »Logik der Selbstausrottung« so gezeigt habe, dass ich sagte: Es gibt Schichten dieser Ausrottungslogik, und ich sagte, die industrialistische – jetzt, als Ursache für die Symptome, wie Ozonloch oder Industrialismus - das ist nur eine erste Schicht, die kapitalistische – cinc andere, die eurozentrische – also, auf welche Weise wir Welteroberer sind - die patriarchale: Das sind alles einzelne Schichten, das sind dann schon immer tiefere Strukturen, und am Grunde – und deswegen sage ich das jetzt noch mal – lag für mich auch in diesem Schema – »Logik der Selbstausrottung« diese – also, ich nannte das »Conditio humana« – und meine damit: Dasselbe – jetzt als Gegenstand – die Definition ist da ein bisschen verschieden, aber dasselbe, was ich hier in die Mitte geschrieben hatte – reine menschliche Natur.

Ja, wie gesagt, über den Terminus, der irgendwie wohl problematisch ist, ich habe es so aufgcfasst – also, nächsles Mal – aber – es geht einfach darum, dass ich überhaupt erst mal herausfinden möchte: Was sind denn da – sozusagen – die Elementarprobleme und Elementarprozesse der menschlichen Existenz, weil – sonst, in dem bisherigen marxistischen Diskurs, gab es nichts, was nicht sozialisiert war. Also – alles war historisch. Natürlich, diese ältesten Schichten sind auch historisch, aber wahrscheinlich ist unser Bewegungsraum, unser Freiraum, was neu zu machen, größer in diesen elementarischen Bereichen.

Und deswegen hat mich auch in der »Logik der Rettung« schon – also, mit dem Thema dann: Selbstausrottung, welche Ursachen – diese anthropologische Ebene, die Conditio humana – am meisten interessiert, und ich war zu dem Schluss gekommen, dass man diese Anthropozentrik – also, dass der Mensch sich so wichtig nimmt – also, wichtiger als alle übrigen Lebewesen – und die Egozentrik, die das auf das Individuum macht - dass man irgendwie dazu kommen muss, sich davon ein Stück zu befreien. Also, sagen wir mal: von der Obsession in dem Feld zu befreien. Nie gelingt so was vollständig, aber dass wir die Besessenheit überwinden.

Es geht – will ich damit sagen – das ist eine Voraussetzung, die hier eingeht - um die Neueinstellung in den Elementarproblemen der menschlichen Existenz, und es geht – wir haben in einem Seminar uns ausführlicher mit Gebser beschäftigt – darum, also diese »Ursprungskräfte« erst mal als zu vergegenwärtigend zu erkennen, also – es ist in Wirklichkeit nicht Vor- und Frühgeschichte, sondern die Antriebe, die unsere frühesten Verhaltensweisen – etwa im erotischen Bereich, im sexuellen Bereich - bestimmt haben – die sind immer noch da. Und manches, was dann in der Form des Hassausbruches herauskommt, hat gerade damit zu tun, dass diese Antriebe nicht zu ihrem Recht kommen. Dass die Zivilisation also deswegen so unbehaglich ist, weil sie also noch irgendwie manche Dinge schlimmer gemacht hat, als – die menschliche Existenz ist vielleicht sowieso schon problematisch, nicht?

Also, um - diese Voraussetzungen will ich noch mal in Erinnerung rufen – dass also meine Grundorientierung auch in der »Logik der Rettung« schon – also, darauf ging, auf diesen inneren Kern, auf die Conditio humana zurückzukommen – nicht, um dabei zu verharren und im Allgemein-Menschlichen alles stehenzulassen, sondern um von dort aus dann zurückzukehren.

Und jetzt will ich also die Hypothesen zum Schluss noch kenntlich machen, die mich geleitet haben bei der Benennung der Themenliste hier eigentlich.

Da wird es dann vielleicht - ich mache das sehr kurz, erst mal – sozusagen nur, um mit einem Vorgeschmack durchzukommen - und ich – die Themen kommen alle wieder - also, es ist jetzt nicht die Frage des ausführlichen Notats, sondern eher der Wahrnehmung, wie das gebaut ist. Weil - das ist schon – auch jetzt – ein gewisses Schema, und das will ich damit auch kenntlich machen.

Also, erst mal das zweite Thema. Da geht es zunächst einfach nur um – es geht überhaupt um Hypothesen im Sinne von Vermutungen.

Und bei den ganzen – also, bei fast allen Themen steht überall ein Fragezeichen – und das kennzeichnet natürlich den hypothetischen, den Vermutungscharakter, erst mal - und in den Vermutungen geht es eigentlich um die Frage, welche Richtung wir einschlagen müssen, also: Koordinaten eines Rettungsweges – danach wollte ich ja fragen.

Und da ist der Punkt, mit dem das beginnt – das habe ich auch beim nächsten Thema eben hineingeschrieben – beim zweiten jetzt, »Elementarprobleme der menschlichen Existenz – vorwärts oder rückwärts zu ›reiner menschlicher Natur‹?« - und meine Vermutung ist einfach, dass es da eher rückwärts als vorwärtsgeht. Nicht im Sinne einer Verabsolutierung, das wäre – sozusagen – das sind ja auch Probleme, wo wir nach vorne was lösen müssen, aber – dass also die Vergegenwärtigung des Ursprungs, die hat auch was – natürlich – damit zu tun, dass wird uns unser Werden stärker vergegenwärtigen und die Ursprungskräfte – in uns gerade – die der Sozialisation vorhergehen – dass wir wenigstens ahnen können, was das war, was also unser eigentliches Potenzial da ist.

Und nun – wenn man jetzt in die – das ist eigentlich noch das - zweite Einteilung – das nächste Mal - und wenn man jetzt zu den einzelnen Themen kommt: Die folgenden Themen – bis zum allerletzten – »Reine menschliche Natur«, das ist dann diese Mittelbahn. Aber die folgenden Themen jetzt – die sind ja alle – diesen Charakter des Radius da – ich hab den – ins Zentrum hin – so sind die gedacht - und die betreffen jeweils also ein Grundverhältnis.

Und am 26.10 dann – »Müssen wir überleben?« – ist das Thema also die Frage des Todes – unser Verhältnis zum Tode - und der Anstoß, die Provokation ist – also, einfach aus der Wirklichkeit jeweils gemeint - dass die Flucht vor dem Tode uns zur Todesfuge geradezu gerät – also, der Celan hat es in einem Gedicht so beschrieben - also, dass wir auf der Flucht vor dem Tode uns geradezu hinein stürzen in den Untergang.

Und die Vermutung, wenn man also eine Antwort sucht in diesem Punkt, das ist natürlich: Wir müssen sterben lernen, wir müssen – sozusagen – die Perspektive der Intensivstation für unser Lebensende oder für den Unfall, und so - das müssen wir zur Disposition stellen - das ist die Vermutung. Dass das also geradezu eine Basisfrage ist, ob wir – also, wenn wir überleben müssen, in dem Sinne – auch des individuellen Kampfes -

und Herz-Lungen-Maschine und alles das – ich vermute, dann muss alles weiter gehen wie bisher – So.

Und die zweite Ebene – das betrifft unser Verhältnis dann – also, der Krieg gegen die Fremden, die anderen, diese ganzen Fragen Horde – Volk – Nation – und so, bis hin zu Religion, diese Hassstrukturen, wo Gesellschaft nach außen sich kehrt – das betrifft also das Thema »Die Fremden, die anderen« – auch als ein Grundverhältnis der menschlichen Existenz - wo wir also – ich behaupte jetzt, als – was die Provokation betrifft - voller Angst und Abwehr uns in einen Belagerungszustand hinein arbeiten, der in der Festung Europa – der uns noch entsetzen wird – also, der – ich sage immer, das ist kontraproduktiv, was wir da machen, das kann nur zum Schlimmsten führen - die Tendenz jedenfalls - und ich denke – die Vermutung, wie wir mit dieser ganzen Fremdenproblematik umgehen müssten, wäre: Herz und Grenzen öffnen statt zu schließen. Sollen sie uns doch überrennen. (Zustimmendes Klopfen)

Das fünfte – das nächste Thema, für die fünfte Vorlesung dann, »Das Gold von Caxamalca« – das ist das Grundverhältnis zur Frage »Lebensraum«.

Galtung hat hier gesagt – hat hier gezeigt, dass - das europäische Grundverhältnis zum Raum ist expansionistisch. Wir müssen also die letzte Galaxie erobern, nicht? Und so erst mal natürlich Südamerika – und Afrika – und Asien – und so weiter; wir sind im Jahre 500 nach der Rückeroberung Granadas – also, nach der Vertreibung der Mauren aus Spanien – und im Jahre 500 nach der Ausfahrt des Kolumbus - also, die Reconquista in Spanien, dort – und die Eroberung Amerikas – die Zerstörung beider Kulturen: Das ist, was in diesem Jahr gefeiert wird. Und der spanische König wird wahrscheinlich im Fernsehen nicht vortragen, was ich hier unter der Überschrift »Das Gold von Caxamalca« vortragen will. Diese Vorlesung wird nicht theoretisch, sondern ich glaube, dass der Stoff, um den es da geht, dass der klar genug sein wird.

Die Folge war übrigens die Verarmung Spaniens, der Tod der Schöpferkraft dort – dass Spanien so lange, durch die Jahrhunderte, hat, hängt mit dem geraubten Gold gerade zusammen.

Heine hat die Frage so gestellt, ob das eigentlich damals die Geldwerdung Gottes war – oder die Gottwerdung des Geldes – des Goldes natürlich, das die dort geraubt haben.

Und ich denke, dass die Antwort wäre – ich würde vermuten – als Hypothese, wie man damit umgehen müsste - dass Europa die Mauren neu einladen müsste - nach Spanien, nach Frankreich, nach Deutschland - auch, wohin sie bisher noch nicht gekommen sind - und was Südamerika betrifft: Dass man versuchen sollte, den Leuchtenden Pfad zu verstehen, ehe man sich über Guzmán empört. Der Kolonialismus hat dort Millionen und Millionen Tote gefordert, und jetzt werden dem Guzmán alle 25.000 Opfer angerechnet, die in dem Bürgerkrieg dort – der ein Teil des Weltbürgerkrieges ist – umgekommen sind.

Das heißt nicht, dass die Barbarei der einen, der revolutionären Welt, verschwiegen werden muss und dass das sehr gute Lösungen verspricht, aber man muss das verstehen - erst mal.

Das sechste Thema – die Reihenfolge übrigens hat sich zum Teil auch ergeben durch Gastfragen, also, es ist nicht ganz zwingend, wie die Reihenfolge nun ist.

Die Tierfrage will ich eigentlich sehr früh in dem Thema – da kommt also Dr. Hartinger, ein Chirurg, der sich lange gegen Tierversuche engagiert hat, und das geht also – das Grundthema sind unsere Mitgeschöpfe – und also das, was sozusagen aus der übrigen Schöpfung uns am allernächsten steht und wo wir also Verhältnisse der Barbarei und Sklaverei eingeführt haben, die das, was der Mensch mit sich selbst veranstaltet, noch übertreffen.

Also, die Indianer haben uns gelehrt: Mit den Tieren sterben bald auch die Menschen.

Also, das ist wieder der Punkt der Provokation – der Kontraproduktivität - und übrigens, der Dr. Hartinger hat ziemlich ausführlich bewiesen, wie viel Schaden am Menschen Tierversuche auch anrichten – weil man es nicht übertragen kann, in Wirklichkeit. Aber das ist einer der Punkte dabei.

Aber – das ist hier das Thema, und wenn man sich fragt, in welche Richtung da eine Lösung gehen würde, dann glaube ich, dass wir unsere gesamte Ernährungspraxis und den größten Teil unserer Medizin aufgeben müssen. Zumindest also die Fragen dort völlig neu stellen müssen. Dass also die Art und Weise, wie das hier sicherheitspolitisch gelöst ist – beides eigentlich - dass wir das der Repräsentanz eigentlich der übrigen Schöpfung – den Tieren – dass wir dem das ferner einfach nicht zumuten dürfen, dass da schon ein Riss ist, der eine Wiederherstellung der Resonanzfähigkeit ganz ausschließt – wenn wir diese Schlachthaus- und Tierversuchspraxis fortsetzen wollen.

Die nächste Vorlesung dann – »Jenseits der sozialen Beziehungskorruption – jenseits von Gut und Böse« - das betrifft – das macht übrigens Jochen Kirchhoff, der die andere Vorlesung auch hält; sicherlich wird seine Vertrautheit mit Friedrich Nietzsche dabei eine Rolle spielen, weil – der war wirklich, glaube ich, der Erste, der das so radikal gezeigt hat, wie verlogen die Konventionen sind – die gesellschaftlichen und moralischen, nicht? – das ist ja schon von Interesse.

Aber worum es hier geht: Das ist also diesmal das Verhältnis der Gruppe nach innen – also, dieses Konformismus-Problem, diese Bereitschaft, um des lieben Friedens – des sozialen Friedens – willen, und aus Angst - jeweils eine Losung zu schreiben, die da gerade gültig ist, und – ich glaube, man kann feststellen: Konformismus führt zu Erstarrung und Selbstzerstörung der Kultur, die davon beherrscht wird.

Also – wenn wir hier irgendwas gesehen haben in den letzten zwei Jahrzehnten DDR, dann war es gerade das, wie also auch so ein kontraproduktiver Mechanismus der Treue zu Gesellschaft und Moral – beides verlogen, nicht? - und das heißt also, hier wäre der Vorschlag, die Hypothese, die Vermutung: Dass man tatsächlich Illoyalität lernen muss – die Gesellschaft, wie sie ist, betreffend, und die offiziell verkündeten Werte.

Das heißt, dass es – hier zitiere ich mal Begriffe, die noch in dem leeren Kreis hier gestanden haben – dass es weitgehend um unsere Entsozialisierung und Entmoralisierung geht, dass wir uns in einen Freiraum begeben müssen – ist nicht frei von – Richtung reiner menschlicher Natur, oder: von dort aus neu – und nicht: gehorchen – fern –

Die achte Vorlesung – da geht es um unsere Mitschöpferkraft - unsere Macht- und Gewaltunabhängigkeit – unsere Produktivität – unsere Kreativität – also das, was uns auszeichnet – was uns in die Lage versetzt, wunderbare Kunstwerke zu schaffen – Grünwald, der Isenheimer Altar oder so – was wir aber hauptsächlich ja doch zerstörerisch einsetzen.

Und es ist die Frage, ob diese Anbetung der Kreativität jetzt – dieser Eskapismus, der eigentlich damit verbunden ist – der Markt will ja Neuerung um der Neuerung willen – der will nicht irgendwas, was gut funktioniert, sondern – das muss ersetzt werden nächstes Jahr. Und in der Kunst - und in der Philosophie – und überall - also, wenn es verkäuflich sein soll, muss es irgend ein originaler Gedanke sein, und originelle Gedanken in den wichtigsten Grundfragen der menschlichen Existenz werden in der Regel falsch sein, weil – das ewig Dauernde ist nicht originell.

Und es geht dann also darum, dass dieser Eskapismus, der da namens der Kreativität betrieben wird, eigentlich die Richtung, um die es ginge, verhüllt - die Richtung des Auswegs verhüllt – also, dieses pluralistische Angebot, was alles möglich wäre – postmodern - das gehört zu dem Verblendungszusammenhang, natürlich, in dem wir da leben – also, diese Beliebigkeit und Orientierungslosigkeit, die da das mediale Geschehen beherrscht: Alles ist zusammen wahr und falsch – das kann es nicht sein, und ich glaube, dass die Richtung, um die es da geht, eigentlich wäre:

Kunst und Religion – erst mal – das sind die beiden Punkte, um die es mir hier geht – ich meine, die Bereiche – nicht die Form – Kirche, oder so - sondern diese Bereiche - dass es darum eigentlich ginge, dass die beiden Bereiche wieder gemeinschaftsfähig werden, und dann ist die Kernfrage – das ist meine Vermutung – das ist also meine Hypothese:

Kunst und Religion müssen hier ihren Offenbarungscharakter wieder gewinnen.

Das spricht sich – da entbirgt sich was – Heidegger hat gesagt: Da entbirgt sich was - da müsste sich was aussprechen, was dauernd wahr ist – statt also der Spielereien, in denen das Subjekt auftaucht und sich selbst verrückt spielt.

Die neunte Ebene – wo ich hier schreibe: »Enttheorisierung der Weltwahrnehmung« – Entkünstlichung des Daseins – das hätte auch noch dicker gedruckt sein können, das ist zusammen gemeint, Entkünstlichung des Daseins - da geht es um den Gebrauch, den wir von unserer Denkkraft machen.

Also, das ist das Thema, das wir irgendwann – im ersten Durchgang mal – am Thema Heidegger behandelt haben, das ist die Frage, wie wir in den Konstruktionen unseres Verstandes und unserer Vernunft gefangen sitzen, statt uns damit zu befreien.

Dass ist also – sozusagen - das Mittel, das Gefängnis bei uns wird; wir sind – Goethe schreibt dann irgendwo – in dem Alankegedicht, wo es um den Gang des Notwendigen geht, des Unentrinnbaren:

Wir sind am Ende nur enger dran, als wir am Anfang waren.

Also, dass wir uns in diesen Entfremdungszusammenhang immer weiter hinein arbeiten, und es könnte sein, dass die Lösung in der Richtung liegt – also, die Vermutung geht dahin - dass es darum wirklich geht, das Gestell – das ist ja Heideggers Name für dieses System der fertigen Vorurteile, wie die Welt eingerichtet ist – und wie wissenschaftlich festgestellt, nicht? – das Gestell verlassen, und noch – also - soziologisch schärfer hat ja Weber das auf den Begriff »Gehäuse der Hörigkeit« gebracht – worum es da geht – weil es um mehr natürlich geht als um die Fixierung in bestimmtem – also, jetzt – naturwissenschaftlichem - Wissen, sondern es geht ja da um die Gesamtverfassung, die - also, vordergründig ist ja alles rational konstruiert, die ganze Institution, die ganze Verwaltung, und so – während das Ganze überaus irrational funktioniert, und insofern also stelle ich die Frage, wie die Vernunft aus dem Häuschen geraten könnte - eben, nicht? – Das ist meine Vermutung an der Stelle.

11 – 12 - die nächsten beiden Vorlesungen - also, ich hatte da ursprünglich stehen: »Entpatriarchalisierung«, aber das ist mir irgendwie abgenutzt, inzwischen, das Stichwort, und ich habe vorgezogen, die Frage so zu stellen – also, weshalb eigentlich in der Begegnung der Geschlechter die Negativität – der Hass, und so - immer wieder so ungeheuer in den Vordergrund tritt. Und ich habe gedacht, das kann kein Mann für beide Geschlechter machen, und ich bin froh, dass die Dorothee Sölle mir zugesagt hat, den - aus der weiblichen Annäherung an dieselbe Frage - »Tränen des Eros« - zu machen. »Tränen des Eros« – der Name - darum steht der auch in Anführungszeichen – das ist ein Buch von Bataille, der also die Untergründe – die Momente der Grausamkeit in dem Verhältnis sieht – also, eigentlich das Machtthema, das damit verbunden ist - wo das behandelt wird. Und wo die Zivilisation eigentlich auch - sozusagen –

immer tiefer in dieses Problem uns – wir haben uns immer tiefer in diese Problematik hineingebohrt.

Das handelt sich ja – sozusagen – um unser Grundverhältnis zur Sexualität, zum Eros – und, wie gesagt, das habe ich ja schon erwähnt, die Provokation ist also: Wieso eigentlich mehr Hass als Liebe bei der Sache heraus kommt – wieso die Abgrenzung da so regiert – und erst mal – nicht, um es zu beklagen; ich glaube, man - bestimmte Dinge müssen erst mal versuchsweise verstanden werden – einen Vorschlag zumindest, wie man es verstehen könnte, wird halt die Dorothee machen – werde ich vielleicht machen.

Was ich denke, ist – was die Richtung – also, die Vermutung – einer Lösung betrifft, dass es eigentlich die Frage: Hingabe statt Machtkampf wäre. Und was ich weiß, ist, dass der Weg des Mannes da ungeheuer viel weiter ist – noch – als der der Frau, die - was nicht heißt, dass die keine Hingabeschwierigkeiten hätte – das nur mal zur Verständigung, in dem Zusammenhang - das scheint mir da das Thema zu sein.

Ich glaube zum Beispiel nicht, dass wir irgendwie mit der ökologische Krise klarkommen werden, wenn dieses Urphänomen, das also mächtig hinein prallt auch - und das übrigens in allen Grauslichkeiten des gesellschaftlichen Prozesses immer eine ganz fundamentale Rolle gespielt hat – wenn das nicht mit im Blick ist.

Wie gesagt – also, es handelt sich bei all den Sachen hier nicht um die Lösungen, sondern es handelt sich um Gedanken – erst mal - um Ins-Auge-Fassen:

Was ist eigentlich der ungeheure Stoff, der da in Bearbeitung gehen muss? Und der Gewinn wäre, wenn man damit anfinge.

13.: Das ist dann die Vorlesung »Subsistenz – oder Richtung auf erfülltes Leben und Tätigsein«. Hier geht es also um unser Verhältnis zu unserer Arbeitskraft. Spät kommt das Thema bei mir – ich glaube – ich will nicht sagen, dass es nun an diese Stelle gehört, statt an die erste, wie wir es im Marxismus immer behandelt haben.

Aber dass es nicht an erster Stelle steht, ist wirklich kein Zufall. Ich halte es nicht für so grundlegend, wie z.B. das eben besprochene Thema. Wie wir mit Arbeit umgehen, hängt sehr mit all den Sachen zusammen, die ich hier bisher schon erwähnt habe – zumindest also jedenfalls gibt es da Korrespondenz - und muss auf gleicher Ebene stehen. Jedenfalls – also, die Provokation ist hier ja überdeutlich - dass wir auf der Jagd nach der Befriedigung unserer Bedürfnisse – also, nach dem Machtmittel Geld, eigentlich - als dem Zugang dazu – dabei sind, unser Leben zu verlieren. Und ich sage – also, rein theoretisch gesprochen -: Was hier ansteht, ist: Ent-Ökonomisierung. Also, ich meine damit: Die Herrschaft der Ökonomie über den gesellschaftlichen Prozess abschaffen – nicht, dass wir nie mehr rechnen sollen: Wie viel Zeit kostet irgendwas?

Aber – wenn Marx Ökonomie der Zeit als den eigentlichen Kern – schließlich – aufgefasst hat des ganzen ökonomischen Problems, dann muss man nach der Lebenszeit des Menschen, nach deren Ökonomie fragen – also, nach Entfaltungszeit für freie Individualität – so habe ich das in meiner »Alternative« genannt – und nicht nach der Frage: Wie schnell werden irgendwelche Sachen hergestellt?

Das muss eine abhängige Frage sein, aber die ist völlig in den Vordergrund gerückt, und – noch konkreter – und das hängt natürlich mit meiner Subsistenzperspektive zusammen, die ja hier das Thema ist: Ich glaube – ich vermute - dass die Abschaffung des Jobs ansteht – des Jobs, der voraussetzt, dass der Mensch von der Erde und von den Arbeitsmitteln getrennt ist – und dass erst das Kapital – oder der Staat – egal, wer - das wieder zusammen bringt.

Das ist sozusagen - der Kreislauf des Umgangs mit der Welt, mit der Reproduktion ist durchbrochen: Das ist der Job. Der muss weg. Nicht geschaffen werden. Also – meine Vermutung – als Richtung.

Und schließlich – die 14. Frage – schließlich - also – vorletztlich – aber das andere habe ich schon besprochen – also, die letzte Vermutung ist, dass reine menschliche Natur da der Weg sein könnte, aber das Thema hier von – wie könnte man die Generalmobilmachung beenden? Das ist sozusagen die Zusammenfassung aller dieser Ent-Ledigungen.

Also, ich glaube, dass in der Generalmobilmachung – das heißt, in der Mobilisierung sämtlicher Ressourcen, damit wir besser als der andere sind – und länger leben als der andere – und anders da stehen – und unsere

Weltreise machen können – und das Studium – und was alles da erobert werden muss. Also, dass es sich da um den Suchtcharakter unserer Antriebe letzten Endes handelt – das ist der Stoff, sozusagen, das Urphänomen, das sich darin ausdrückt.

In all den anderen Dingen spielt das eine Rolle, aber das mündet - wenn das wirklich frei gelassen wird, wenn sich das durchsetzen kann – und wenn das Suchtmittel Geld zur Steuerung des Gesamtprozesses geworden ist – dann ist das kein Wunder, dass das schließlich auf Generalmobilmachung hinausläuft. Und – natürlich auch im militärischen Sinn. Also – dass wir auch sicher sind, jeden Saddam Hussein niederschlagen zu können – wo auch immer er sich erheben würde und weshalb auch immer.

Und es gibt da Philosophen, wie Enzensberger – oder wie den Popper – Sir Popper – diesen Positivisten, der direkt für Krieg – präventiv – spricht.

Also, da – ich glaube, dass wir bei diesem Thema, über das Padrutt hier reden will – Hanspeter Padrutt - dass wir dort eine Zusammenfassung – eigentlich – der Sachen haben werden, die wir uns abgewöhnen müssen, weil es ja nun wirklich klar ist, dass diese Generalmobilmachung fürs Überleben wirklich die Organisation des Weltunterganges ist.

Also, hier gibt es kein Fragezeichen an dieser einzigen von diesen Vorlesungen, weil - die Provokation ist ja groß genug, wenn da steht: Und sie bewegt sich doch nicht – weil wir ja so stolz darauf sind, dass Galilei mal diese päpstliche Anmaßung – natürlich, es war eine andere Situation, ein anderes Recht – überwunden – also, das »Und sie bewegt sich doch« - dass das festgehalten war.

»Und sie bewegt sich doch nicht« – das ist mehr als ein Fragezeichen, natürlich.

Das ist also die These, dass wir – eine Vermutung ist, dass wir für die menschliche Energie eine andere, eine weniger motorische Verwendung finden müssen.

Zumindest also diese Motorik nach außen – sozusagen mit einem Werkzeug verlängert – dass wir also viel mehr Gebrauch nach innen und für Liebe, für die menschlichen Verhältnisse, davon machen müssen – also, dass wir eine andere Bewusstseinsverfassung durch andere Beschäftigungen – denn wir sind auf Generalmobilmachung programmiert – also, das ist nicht irgendwie das, was dann Hitler 1944/45 veranstaltet hat, sondern das ist der Geist, der in dem Ganzen steckt – meint der Padrutt auch.

Und das ist sozusagen das Abschlussthema.

Und jetzt will ich zu allerletzt nur noch im Zusammenhang mit Subsistenz und mit der Frage reine menschliche Natur - weil das ja engstens zusammenhängt – die Sachen ansagen - oder kenntlich machen - die dort im Zusammenhang stehen – für die Seminare und Veranstaltungen, die wir da vorhaben.

Ich muss mal sehen, dass ich den Zettel da greife, den richtigen.

So – also, zu dem Subsistenzthema – zur Subsistenzperspektive: Da gibt es nicht weniger als drei Seminare und zwei Kolloquien. Das letzte Kolloquium dann übergreifend zu diesem Thema hier von Padrutt.

Und zwar – ich nenne es mal einfach jetzt unsystematisch – zunächst gibt es da ein Seminar, das diese Sache sehr berührt – wieder von Christine Eifler: »Geschlechterverhältnis und Lebenswelt – über die Notwendigkeit und Möglichkeit der Überwindung der geschlechtsspezifischen Arbeitsteilung und ihre Folgen für unsere Lebensformen«.

Das wird sich natürlich nicht nur um das Thema – jetzt – Kommunitäre Subsistenzwirtschaft handeln, also um die Neubestimmung, sondern natürlich auch um die Wahrnehmung dessen, was passiert auf diesem Gebiet in der unverwandelten Gesellschaft, in der konventionellen Gesellschaft, aber – es ist völlig klar, dass Christine Eifler diesen Bezug auf den Umbau hin in diesem Seminar haben wird, und dass, wenn es um Lebenswelt geht – also, dass das überhaupt nur eine Chance kriegt, wenn mehr menschliche Verhältnisse zumindest – wenn nicht gleich alle wieder – sozusagen – mit Kontrolle und unter der Verfügung der Gemeinschaft – der Gemeinschaftlichkeit statt im staatlichen Großbetrieb geraten.

Das zweite Seminar in diesem Zusammenhang, das veranstaltet Maik Hosang, und zwar geht es da um Dimensionen freier Gemeinschaft, und zwar – sozusagen – um die innerlicheren und Beziehungsaspekte, wenn es um diese kommunitären Wege geht, also Liebe und Gemeinschaft - Liebe, Macht, Gerechtigkeit, Arbeit, Sehnsucht, Stimme und Gewissen, Kritik und Konsens, Erotik, Lust und Liebe – also, ein riesiges Ich-und-Du – also, das

Thema der menschlichen Beziehungen, das in Wirklichkeit natürlich den Ausschlag gibt, ob Leute zusammen leben und dann auch noch sich ihren Lebensunterhalt beschaffen können – wenn das also beschränkt wird über diese Wege, dann geht das natürlich nicht.

Das ist das Seminar, das Maik Hosang anbietet – die Termine, und so, die Daten, das ist ja da - dann schließlich mein – also, ein drittes – mein Seminar – über die Subsistenzperspektive - das wird sich also – in Arbeitsteilung natürlich dann, mit dem, was Maik Hosang macht – sicher, mit mancher Überschneidung – um das Thema Ökonomie und Ökologie – in dem Zusammenhang – stärker drehen.

Also: Subsistenz – wie ist das in den bestehenden ökonomischen Zusammenhängen?

Wie kann man den Weg dazu bahnen? Wie kriegt man – das hängt also – das ist diese ganze Sache mit dem Projekt, mit Sachsen, und mit vielem, was in Brandenburg – und in Mecklenburg – eigentlich passieren sollte – wie das also gesellschaftlich in die Gänge zu bringen ist.

Und es hat also diese beiden Seiten, von denen eben die Rede war, und wir wollen dieses Thema Subsistenz dann zusammenfließen lassen in einem Kolloquium – das steht hier in der Mitte drin – über die Subsistenzperspektive, wo also – ich will das jetzt nicht im Einzelnen referieren – verschiedene Ansätze, unter anderem eben der erwähnte von Galtungs Self-reliance - wo wir gucken wollen, wie das zusammen gehört – wo das erst mal auf den Tisch kommen soll, damit nicht Leute, die an ein und dem selben Pullover stricken, sich dann aus irgendwelchen Eifersüchteleien - wer was zuerst erfunden hat - gegenseitig beharken – sondern, dass das wirklich zusammen kommt und der Raum frei ist dafür – also, der geistige Raum frei ist - um wirklich eine Theorie für so eine andere Gesellschaftsformation zu schaffen.

Darum geht es eigentlich – also, eine Ökonomik gerade zu bauen – ohne diesen Schluss wird es nichts werden.

Ich habe in dem Ding hier irgendwo mitgeteilt, dass die Deutsche Forschungsgemeinschaft das Thema erst mal abgelehnt hat.

Wir werden sehen, ob sich da andere Wege finden lassen – das ist nicht überraschend, dass die das erst mal nicht so interessant finden.

Selbst die sächsische Connection hat da nicht gereicht als Hinweis, dass das vielleicht wichtig sein könnte, aber – das Thema steht.

Und unabhängig davon, wie systematisch das nun bearbeitet werden kann – vielleicht lässt man Historisches ja dann doch etwas weg, um sich direkt auf die Sache zu stürzen, die jetzt – … ist.

Und im Zusammenhang mit diesem Thema Subsistenzperspektive sehe ich auch das andere Seminar mit Padrutt, das also die Haltung charakterisiert, die eigentlich neu herauskommen müsste, wenn wir uns ent-motorisieren.

Er nennt das »Zuvorkommende Zurückhaltung«. Und das Thema ist mir deshalb so wichtig im Zusammenhang mit der Subsistenzperspektive, weil wir natürlich Gefahr laufen, im Aufbau von Alternativprojekten – die Wohnungen müssen hergerichtet werden, der Boden muss erst mal – überhaupt erst wieder mit Beschlag belegt werden – uns totzuarbeiten und uns die Zeit nicht zu lassen, dass da das Soziale und das Innerliche mit wächst.

Und ich glaube, dass – sozusagen – eine Einstimmung auf die Haltung, in der das Ganze angegangen wird, sehr dazu gehört.

Und in diesem Sinne also diese beiden Seminare – »Subsistenzperspektive« und »Zuvorkommende Zurückhaltung« – in demselben Kontext, und das Seminar von Padrutt, das leitet natürlich jetzt schon über zu den Seminaren, die mit dem – irgendwie mit dem letzten Thema korrespondieren, mit der Zielperspektive überhaupt – mit der Frage nach reiner menschlicher Natur.

Ich will nicht sagen, dass diese Frage nun endgültig in dem, was wir hier anbieten, behandelt wird, aber – wo sie irgendwie am direktesten Gegenstand ist.

Da ist einmal ein Seminar, das auch Maik Hosang anbietet und das er genannt hat: »Philosophische Meditationen – Besinnungen anhand grundlegender Gedanken«, also – »Dasselbe aber ist Denken und Sein«, »Der Kampf ist der Vater aller Dinge«. »Erkenne dich selbst«, »Gott ist die Liebe« – also, sehr verschiedene Sprüche, in die man sich mal wirklich in ihrer – was ihre tiefste seelische Struktur betrifft – wirklich ein Kenntnisgehalt – also, da hineindenken – ja, sicher – und auch hineinmeditieren kann – das ist also eines der Seminare in diesem Zusammenhang.

Dann gibt es zwei Seminare mit dem Titel »Wahr-Nehmen und Wahr-Geben«. Das haben wir im vorigen Jahr auch schon mal gemacht, da macht die Frau Kremer weiter – Das sind also Übungen, in denen der Versuch im Vordergrund steht, mal das, was wir schon wissen – die Vorurteile - wenn was neu auf uns zutritt - das Urteil, das gleich da ist: Ist es gut? Ist es schlecht? Ist es spannend? Ist es weniger spannend? - dass das wegfällt und wir – sozusagen – bei der Wirklichkeit selbst »wahr-nehmen« und »wahr-geben« –

Hat auch Beziehung zu dem, was Vetter übrigens gemacht hat – in der Vorlesung und in dem Seminar hier, Michael Vetter - das sind zwei Seminare, die hier zusammen aufgeführt sind.

Dann unser bewährtes »Enlightenment intensive« – im Dezember wieder, mit Karin Reese – also, wo es um die Frage geht »Wer bin ich?«.

Wenn ich die Selbst-Definitionen alle auf diese Radius-Strecken da lege, wenn ich die mal weglasse, also – »Ich bin Diplom-Philosoph«, zum Beispiel, darf ich schreiben, wenn ich lustig bin, aber – das ist in dieser Übung halt lächerlich, sozusagen - was so im Lebenslauf berichtet wird; diese Übung »Wer bin ich?«, dieses Enlightenment intensive führt also sehr zu dem, was das Ich dann auch mit dem Begriff »Reine menschliche Natur« verbinde – es führt in diese Richtung, nicht in diesem absoluten Sinne.

Und schließlich – verwandt mit all den Themen, die ich da eben schon benannt habe, noch ein Seminar, das hier nicht drin steht und wo ich noch nicht genau den Ort weiß; es kann sein, im Grunewald, es kann auch sein, in meiner Wohnung – 20 Menschen, ungefähr, könnten da zusammenkommen - und zwar – das bitte ich jetzt mal noch zu notieren – das wird ausgegeben – auch - aber, dass man den Überblick schon mal hat – das kommt also hinzu:

Dann macht Amina Feder – eine Atemtherapeutin, und eine Frau, die sich im Sufitum eingewohnt hat - das heißt, in der Mystik, die unter dem Islam dient – älter ist als der Islam selber – manchmal mehr, manchmal weniger islamisiert, aber das spielt hier in dem Zusammenhang überhaupt keine Rolle - das ist eine Frau, die da mit den Übungen auch sich – und mit dieser Erfahrung – und mit diesem Zugang – vertraut gemacht hat, und das Thema ihres Seminars, das lautet - das läuft auf eine Unterscheidung hinaus in unserem Bewusstsein, was ist eigentlich, und was erscheint - in Klammern: (vielleicht bloß).

Also – wie weit hindern uns die Besetzungen unseres Bewusstseins, überhaupt mit der Wirklichkeit zu sein?

Und sie verbindet das aber, da sie ja Atemtherapeutin auch ist – das wird keine bloß theoretische Veranstaltung, sondern das mündet auch in eine Übung, die Körper – Seele – Geist zusammen bringt – die Sufis haben da eine Übung, die heißt »Zikr«.

Und das ist also eine, wo du - wie heißt es im »Faust«? – also, er sehnt sich jedenfalls, »eratmend nun zu schauen« – die Erdgeister, glaube ich, in dieser Konstellation – also, »Atmen«, und »Gottesschau« – oder »Schauen« - des Allgemeinen – des Universums – des Wesens – Wesensschau – das hat einen Zusammenhang, und diese Zikr-Übung führt an diese Sache heran.-

Also, das ist diese Sache – die Unterzeile, damit man sich es vielleicht leichter merken kann: Das sind »Übungen zur Befreiung unseres Bewusstseins« – also, zur Ent-Fesselung unseres Bewusstseins, aber – des Geistes, in erster Linie - bloß, dass das also …

26. Oktober 1992

Müssen wir überleben?

Zu dem heutigen Thema - also: Müssen wir überleben? Und: Ob nicht vielleicht sogar der Verzicht auf das Überleben-Müssen die Bedingung für einen Ausgang ist: An das möchte ich mich zunächst herantasten, weil es begrifflich ziemlich vermint ist – ich will zunächst nur einleitend noch einmal anknüpfen an etwas, was irgendwie Resultat der vorigen Vorlesung gewesen ist - und will übrigens auf dieses Rad, das ich noch einmal mit hatte, jetzt diesmal am Ende noch einmal kommen, weil ich inzwischen nach der vorigen Diskussion festgestellt habe: Da fehlt noch etwas – Ich will also das, was ich heute sagen will, noch einmal ein bisschen einrahmen in den Umkreis der vorigen Vorlesung, die sich ja darum dreht, wie wir mit den Elementarproblemen der menschlichen Existenz umgehen - also, mit dem – aber auch mit dem methodischen Rahmen. Ich hatte noch gefragt: Vorwärts oder zurück zu »Reiner menschlicher Natur«? Und diesen Rahmen will ich bei der – eigentlich jetzt der ersten Vorlesung, die sich mit einem konkreten Thema, mit einem Gegenstand, der dabei interessant ist, befasst, noch einmal direkt mit in den Blick nehmen.

Aber was wir voriges Mal sozusagen als Quintessenz hatten, das war irgendwie eine Feststellung, dass das Leben selber mit diesem Ich-zentrierten menschlichen Bewusstsein – genauer gesagt: mit dem begrifflichen Denken, das aber fast damit identisch ist – also, eine ganze Reihe Leute, die sich sozusagen geist-psychologisch mit der Frage »Ich« und mit der Frage »begriffliches Denken« auseinandergesetzt haben, haben gezeigt, dass sich das – im Gegenstande jedenfalls – deckt, dass - also, wo noch kein wirkliches Ich hervortritt in der menschlichen Geschichte – also, keines, das sich heraushebt, das sich postiert - das Ich gegeben ist - das ist eine andere Sache – also, das ist aber – es ist hier nicht von dem vierjährigen Kind die Rede, das »Ich« sagt, aber – dass, wo »Ich« also eine geschichtliche Rolle spielt – dass das immer mit dem begrifflichen Denken gekoppelt ist, begrifflich gestützt ist. Sei es, dass es zunächst noch – ja, wie soll ich sagen? – egozentrisch im engeren Sinne ist, die Begriffsbildung – also, »Ich bin mir selbst das nächste Wesen«, oder so, »Jeder ist sich selbst der Nächste«, und diese Dinge – und was dann heute manchmal noch psychotherapeutisch untermauert ist - man kann da recht fortgeschritten sein und doch in einer sehr subjektiven Perspektive noch befangen - oder ob der Richtbegriff bis zu dem weiten Punkt ausgefahren ist - wie bei Fichte etwa, der also versucht, »Ich« und »Nicht-Ich« gegenüberzustellen und für den »Ich« also ein anderer Name für den Menschen überhaupt ist. Bei dem ist es dann allerdings klar, dass die Wissenschaftslehre – also, das begriffliche Denken: dass das die Ausstülpung – die Ausarbeitung – dieses Ich-Begriffes ist. Also, dort ist es dann klar, dass Ich-Orientierung – was natürlich Nutzensorientierung einschließt – erst einmal, zunächst - und begriffliches Denken sehr zusammenhängen, und es scheint so, dass das die Kraft ist, die – obwohl aus den Gesetzen des Lebens hervorgegangen – also, die Kraft hat, da auszubrechen. Also, ausbrechen kann – ausbrechen wollen kann – ist auch noch – ist etwas Zweites; »wollen kann« – und ausbrechen will – auch. Es gibt – es hat – also, in der Hoch-Zeit der modernen Entwicklung – wenn ich da meine: seit der Renaissance – also, doch eine Menge Konzepte gegeben, die also fast hysterisch sich dafür priesen – also, eine bestimmte Variante im Deutschen – Anarchismus, Idealismus, Max Stürmer – also, der Einzige in seinem Eigentum – und zwar nicht materiell, sondern an seinem höchstwerten Ich: Das war also eine Sache von Tiefe und Karikatur zu diesem Thema, verhältnismäßig dicht beieinandergelegen; immer noch interessant übrigens – nicht bloß, weil sich Marx dagegen abgesetzt hat.

- Also, es ist irgendwie folgende Konstellation: Erdgeschichtlich und biologisch gesehen (darauf kamen wir dann beim vorigen Mal) verlangt Leben Sterben – also, das ist ein Zusammenhang – also, Leben setzt voraus, dass gestorben wird, sonst ist man wieder in der Sphäre des Finavals (???) – also, bevor die Pflanzen kommen – also, dieser Kreislauf Tod und Leben ist sozusagen – das ist eigentlich das Leben: dass das zusammenhängt. Und das ist nun diese Realität, die von unten her in die menschliche Natur natürlich eingewachsen ist – die sie ja mit hervorgebracht hat: Die stößt nun auf dieses sich mit Gott vergleichende Ich - ganz andere Frage jetzt, wer Gott ist – also, sagen wir erst einmal: mit dieser Projektion, die vielleicht vom Ich selbst gemacht ist und auf - wenn nicht Unsterblichkeit, dann mindestens auf Überleben – so lange, wie irgend möglich – abzielt. Also, es ist ja das Faktische einfach, dass unser Bewusstsein – und zwar dieses rationale, das, was uns von den Tieren unterscheidet, das auf den Begriff und auf die Konstruktionszeichnung gebracht wird: Dass dieser unser Geist dafür sorgt, dass möglichst viele von uns möglichst lange möglichst komfortabel – das heißt möglichst ausbeuterisch, eigentlich – auf der Erde leben wollen. Und das ist eigentlich der tiefe Widerspruch, der in dieser ökologischen Krise steckt. Dass also die Natur im Menschen sich einen Ausdruck verschafft hat - in gewisser Hinsicht, was also ihre eigene Fühl- und Intelligenzfähigkeit betrifft, den höchsten Ausdruck - und paradoxerweise den, mit dem sich das höchste Wesen, wenn es denn nicht begreift, dass es sich eben deshalb zurücknehmen muss – mit dem sich das dann umbringt (und allerdings große Teile der übrigen Biosphäre mitnimmt), sodass – also, die Logik der Selbstausrottung, wie ich ja zum großen Teil in meiner »Logik der Rettung« da behandelt habe, eigentlich noch nicht genug ist, weil – es ist direkt eine Logik der Massenausrottung überhaupt, die in dieser Sache steckt. Und um noch einmal anzuknüpfen an die marxistische Lesart des Themas: Also, es hat in der Durchführung überaus viel mit dem zu tun, was Marx »tote Arbeit« genannt hat – der Rest ist lebendige Arbeit, irgendwie -; wenn er die Herrschaft (sagen wir erst einmal - es war sein Ausdruck) der lebendigen Arbeit über die tote wiederherstellen wollte: man könnte denken, dass da so was damit gemeint war: eine Lösung dieses Problems, obwohl es ihm direkt noch nicht aufgekommen war, weil - er hat noch nicht gesehen, dass – also, dieses Bedürfniswachstum, so, dieses Lob der Differenzierung – und dass wir uns also für alle eigentlich komfortabel wohlständig einrichten können: Dass das auf einer begrenzten Erde vielleicht nicht geht. Aber – jedenfalls hatte er in seinen frühen Schriften – und das war in den »Grundrissen« und »Zur Kritik der politischen Ökonomie« noch nicht vergessen – in seinen frühen Schriften also hatte er so eine Vision von Humanisierung der Natur und Naturalisierung des Menschen – also, er meinte damit gewiss nicht »Wieder-Naturalisierung« des Menschen. Und seine Idee von Kommunismus als Rückkehr – auch – zu irgendwelchen Urzuständen hat auch damit zusammengehangen - ich meine, hier war die Sache berührt. Und hinter »toter« und »lebendiger Arbeit« steckte ja dieser von Hegel übernommene Entfremdungsbegriff – also, der darauf hinausläuft, dass wir Geist objektivieren und dass also in diesem - in der ökologischen Krise jetzt natürlich erscheint, dass dieser Prozess der Objektivierung in Massenproduktion hineingeht – also, in eine Bedürfnisbefriedigung von schlichter Unendlichkeit: Dass das eigentlich das Mittel ist - auch das Mittel, letzten Endes, das in der erweiterten Reproduktion der Menschheit steckt. Also, ohne diese Explosion der Massenproduktion in Europa und die Ausbreitung des Weltmarktes in diesem Zusammenhang über die übrige Menschheit wären natürlich – also, die Bevölkerungsentwicklungsgesetze, die naturwüchsigen, der übrigen Welt nicht derart durcheinander gekommen, wie das jetzt der Fall ist, sodass sich oft Segnungen der westlichen Zivilisation – vordergründig: Segnungen – als ebenso zerstörerisch oder ebenso problematisch erwiesen haben und dass – also, von hier aus das Thema »Tod – Leben« eigentlich erst seine sozusagen empirische Unentrinnbarkeit gefunden hat – ich meine: Als soziales Thema, als individuelles, das dann von den Religionen ausgebeutet werden kann: lange da – in mancher Kultur verarbeitet, aber im Westen eigentlich verdrängt - und kommt umso entschiedener jetzt zurück. Also, das Mittel, eigentlich, der - dieser Ausrottungslogik ist Arbeit - und zwar Arbeit, die als Massenproduktion – also, so, wie sie de facto funktioniert, ist sie immer toter Geist. Also, es ist ja nicht der Augenblick der Kreativität, des Erfindens irgendeines – also, des Findens von Wissen oder des Erfindens eines Produktes, sondern es ist die zwecks Geldvermehrung in Massenproduktion umgesetzte Erfindung, die diese Explosion verursacht hat. Die also praktisch der ganzen Menschheit von fünf Milliarden Menschen jetzt – und sie wächst ja sehr schnell – also, ein Bedürfnismuster - psychisch und dann auch materiell – aufzwingt, weil es ja Verkaufsinteressen gibt, die Nachfrage ist ja gemacht, auch - aufzwingt - die bedeutet, dass alle ihren Anspruch an die Biosphäre vervielfachen müssen, um menschenwürdig zu leben. Und in dem Begriff »Menschenwürde« steckt nicht nur – also, wie der Mensch würdig der Natur gegenübersteht, sondern es steckt dieser ganze soziale Vergleich, das riesige Thema sozialer Ungerechtigkeit, natürlich darin. Wer nie ein Motorrad gesehen hat, ist nicht in seiner Würde gekränkt, wenn er kein – irgend so ein Verkehrsmittel nicht hat. Aber jetzt, wo so was Standard geworden ist: Was für eine arme Seele, die an diesen Wohlstandsgütern keinen Anteil hat! – Und ich glaube halt, dass die bessere Fassung des Themas - die Marx aus historischen Gründen nicht gemocht hat, weil er sich gerade – also, mit der deutschen Ideologie auseinandergesetzt hat, das heißt, mit den Rosinen, die das Bewusstsein über sich selbst hat – der hat also nicht geliebt, diese Sache »tote Arbeit – lebendige Arbeit«, »toten« und »lebendigen« Geist zu nennen.

Und ich will nur so viel sagen: Dass ich denke, dass unsere Chance nicht darin liegt – also, wenn man das Thema formulieren will: Wie kann die lebendige Arbeit wieder Herr der toten werden? – und das alles, was bei Marx – Klassenkampf usw – damit verbunden war: Nicht, dass ich ausblenden will die Zone oder die Sphäre, sozusagen, in der – das findet ja noch statt. Und der eigentliche Klassenkampf – also, ich meine - wenn man die soziale Katastrophe, die das Wort immer noch betreffen kann, meint: Der ist heute Nord–Süd - und nicht das bisschen Differenz Lohnarbeit und Kapital in den reichen Ländern. Aber ich denke, dass - wenn man an dieses Thema herangehen will, wie wir – also, sozusagen - auf der Flucht, könnte man ja sagen, vor dem Tode - also, wenigstens ins »So-lang-wie-irgend-mögliche-Überleben«- und die Vermeidung jedes Lebensrisikos - wie man in den Tod flüchten kann: Das ist nicht sozusagen mit Arbeitskämpfen – Kämpfen, in deren Mittelpunkt das Thema »Arbeit« steht – zu erledigen - und auch nicht mit damit irgendwie konkurrierenden Kämpfen jetzt um ökologische Berichtigung am Detail.

Obwohl diese beiden Probleme neu gefasst werden müssen – aber von der Ebene, glaube ich, »toter« und »lebendiger Geist« - das heißt, von der Ebene »lebendiger Geist«, in erster Linie. Das heißt, die Herrschaft des »toten Geistes« macht uns darauf aufmerksam, dass – einmal mehr, da schließt sich dann der Kreis - dass der »lebendige Geist« – also, diese Kapazität des Menschengeistes, den Weltzusammenhang - eigentlich den Naturzusammenhang - zu sprengen: Dass die das Thema ist. Und dass man also auf den Grund gehen muss, irgendwie – oder wenigstens in der Richtung, erst einmal, so vortasten muss: Was ist da eigentlich der tiefste Antrieb?

Das ist im Zusammenhang mit dem ökologischen Thema besonders wichtig, weil – sozusagen die erste Schwelle – und die habe ich dann auch in das Thema geschrieben für den heutigen Abend - über die wir kommen müssen, wenn wir nicht vor der Tür bleiben wollen: Das ist also eine gewisse Klärung dessen, was man in diesem Zusammenhang unter »Überleben« verstehen kann und was nicht. Also, der Überlebensbegriff ist überaus vielfältig. Und insbesondere, wenn man ihn mit dieser Ich-Problematik in Berührung bringt, mit diesem Thema »Ich«, und sich darüber klar ist, dass es in sehr vielen Fällen – und in dem unmittelbaren Ausdruck des Themas – gar nicht um physisches Überleben geht: Krankheit und Tod gibt es – also, jetzt die wirkliche Krankheit, den wirklichen Tod - aber erst einmal geht es eigentlich um Gefährdungen des Ich. Und was sich sozusagen dem ökologischen Thema entgegenstellt, sind erst einmal diese Identitätsprobleme, meist. Und ich will erst einmal von zwei eigenen Erfahrungen her, von zwei eigenen Beispielen her kenntlich machen, womit wir bei dem Thema, das ich heute meine, noch nicht sind: Also, ich glaube, dass es nämlich um etwas noch Fundamentaleres geht als diese Überlebensprobleme, die jetzt irgendwo her in dem Felde der Psychoanalyse, in der Therapie der Neurose usw. Spielen.

Ich lese einmal ein Gedicht vor, das ich kurz vor meiner Verhaftung gemacht habe, damals, 1977 – nur, um damit auch kenntlich zu machen: Das ist nicht das Thema - obwohl das Schlagwort vorkommt. Das heißt »Die alte Garde spricht«: Es handelt – also, von den alten Bolschewiki, die Stalin umgebracht hat, und von – Dostojewski kommt – also, von dieser russischen Tradition - und Solschenizyn – im Hinblick auf – was ich so – wovor ich Angst hatte, vielleicht.

»Die Alte Garde spricht
Lernt, vorbereitet, übt Euch!
Lernt: Man muss nicht überleben.
Vorbereitet: Den Abschied ohne Zeugen.
Übt: Die Angst euch ein und aus.

Ihr kennt die Lehrer.
Ihre alten Briefe
Aus einem Totenhaus.

Und ihre neuen Briefe: Auch
Iwan Denisowitsch
Nackt unter Wölfen.«

Also: Man muss nicht überleben. Hier ging es darum, dass man physisch nicht überleben muss, wenn dabei sozusagen das Selbstverständnis als Kommunist und Revolutionär über den Jordan geht. Das war eigentlich, was hier gemeint war –

Und dieses Thema ist eines, das, glaube ich, völlig innerhalb der Macht-
probleme – ich habe das später noch klarer erfahren – innerhalb der Macht-
probleme – also, dieser Todesspirale, mit der wir uns umbringen - also,
diese Art Kämpfe, glaube ich, die nicht ausgefallen sind, inzwischen - also,
halten zu Gnaden, das – die alten – was Miller da dem Aristokraten zuruft,
in »Kabale und Liebe«: Das Thema gibt es, ich will es auch nicht negieren.
Ich sage nur: Das ist nicht das Thema hier. Und ein zweites ist – eine zweite
Erfahrung, die ich eigentlich nicht – nicht in dem Maße gemacht habe, aber
die zumindest mir zugeschrieben worden ist - indem englische Verleger
eine Aufsatzsammlung von mir unter einem Titel, den sie in letzter Minute
für den Verkauf gemacht haben, herausgebracht haben: Da ist – in Amerika
und in England, da ist so ein Buch erschienen - so, nach den ersten fünf
Jahren, die ich in der Bundesrepublik war - und wo ja mein Versuch hauptsächlich war, Rot und Grün zusammenzubringen, und - dort war das
Thema: »Socialism and survival«, war drübergeschrieben - »Sozialismus
und Überleben«. Und es war also die ökologische Krise unter das Thema
»Überleben« dann gefasst in dieser Fragestellung. Damit also sind wir an
dem Gebrauch – an dem Normalgebrauch – dran, der in der Ökologiebewegung – also, eigentlich vordergründig immer die große Rolle spielt.
Also, im Grunde ist die Ökologiebewegung aus folgender Erfahrung
hervorgegangen: Wir sind angetreten, um sozusagen das natürliche Risiko
aus der Welt zu schaffen - der Mensch überhaupt - also, jedenfalls von sich
abzuschieben. Das beginnt mit Stadt, mit Arzt und mit alledem, was da im
Spiele ist. Und dann - in puncto soziale Frage - und erst recht - also, nachdem die Kolonialsituation der reichen Länder dann die Wohlstandsent-
wicklung für alle irgendwie ins Blickfeld geraten ließ: Das auch sozial
sichern – also, ich würde einmal sagen: sicher machen, dass jemand, der in
reichem Milieu geboren ist, nicht eine durchschnittliche Lebenserwartung
hat, die 20 Jahre höher ist als die in dem unterprivilegierten Milieu. Das ist
auch weitgehend gelungen - und jetzt stellt sich heraus - Mitte der 60er-
Jahre fängt man es an zu begreifen, »Club of Rome«-Bericht und so: Dass –
also, dieser Kampf gegen das Risiko offenbar das absolute Risiko ist.

Und es ist also die Frage, sozusagen, ob nicht – wenn jetzt das Über-
lebensproblem in der Ökologiebewegung gestellt wird - ob das nicht erst
einmal sozusagen das Schimpfen darüber ist - also: So haben wir nicht
gewettet. Also, dass es, wie eben – es gab ja dann diesen Spruch, der viele

frühe ökologische Aktivitäten begleitet: »Heiliger Sankt Florian, verschon mein Haus – zünd's andere an« – also, das Abschieben des Themas auf die Nächsten - also, bei uns bitte kein Flugzeug – wir wollen natürlich weiter fliegen – keinen Flugplatz – wir wollen nur weiter fliegen – München-Riem, Frankfurt-Startbahn West – also, dieses ganze Ding.

Also, ich denke, dass diese erste Lösung im Hinblick auf – also, das soll ja erfüllt bleiben, weshalb wir das Ganze unternommen haben hier, das bleibt – also, ebenso wie diese moralische Problematik erst einmal noch völlig in dem westlichen Menschenbild hier drin - also, in einem gesellschaftlichen Zustand, den keine andere Zivilisation erreicht hat – und unsere nur, weil sie die Spinne im Netz war. Weil also praktisch das Gefälle zwischen Arm und Reich – das notwendig ist, wenn ich reich bleiben will: Wenn das also ein Ideal ist, dann ist der Gegenpol schon definiert. Das lässt sich also nur kolonialistisch lösen – für kurze Zeit. Und was die ökologische Krise wirklich zeigt: Das ist, dass es dieses Thema eben nicht bloß innerhalb der Gesellschaft gilt, sondern innerhalb der Natur – deren Teil wir sind. Und wenn das so ist – und da ist die Ökologiebewegung jetzt allmählich erst dran zu begreifen, das zu begreifen - dann genügt sozusagen die Adressierung des Themas an die Herrschenden - die Sache also als ein – irgendwie weiter als ein Thema des sozialen Konflikts (man muss ja nicht sagen: Klassenkampf), aber - es bleibt in der Zone - das ist immer noch ein Abschieben, sozusagen, der Problematik, die mit dieser Art von produktiver menschlicher Existenz überhaupt verbunden ist. Also, es mag ja nach wie vor notwendig sein, darauf hinzuweisen, dass da bestimmte Leute sich noch mehr Verantwortung – manchmal ja nicht einfach zugemutet, sondern auch errafft haben: Das darf weiter kritisiert werden, bloß: »notwendig« ist in der Mathematik ja auch nicht unbedingt »hinreichend«. Und die Sache entscheidet sich auf dieser Ebene - in Wirklichkeit also treibt sozusagen der Kampf um diese Lastenverteilung der ökologischen Krise – wenn das die Hauptebene ist, auf der das spielt – das ganze Ding sogar nur noch weiter voran.

Es ist nicht im Interesse auch der Armen – wenn man so will – oder: Der Ärmeren, des ärmeren Teils - also, in diesem Spiel zu bleiben, so nahe es liegt – also, erst einmal das zu führen - und so kritisierenswerter Verhältnisse sind, die darauf hinauslaufen, dass zu viele Leute in den Zwang versetzt werden, das wieder an die Spitze zu stellen.

Ich habe heute im »SPIEGEL« gesehen, was jetzt die Prioritäten sind, und – ich hatte zu lange das nicht verfolgt; ich wusste noch, dass Umwelt bei Umfragen in ruhigen Zeiten irgendwo weit an der Spitze steht - aber jetzt: in Ost und West an hinteren Positionen. Weil es so viele andere Dinge gibt, die zuerst genannt werden müssen, in Ost- und Westdeutschland – also, sozusagen – vor dem Hintergrund einer sozialen Präferenz in einem insgesamt reichen Land, wo niemand – also, es gibt Fälle, die mit sozialen Konfliktsituationen zusammen - aber wo das große Sterben ja im Tier- - also, physisch gesehen - überhaupt nicht droht.

Also, das ist die Konstellation, wo – also, »Socialism and survival« als Thema – also, ja: Zusammen ist es genau die falsche These – glaube ich – des Problems. Ich hatte es nicht ganz so gemeint, aber trotzdem war es möglich - von dem Stoff her, den ich behandelt habe – und von meinem eigenen Übergang zur ökologischen Frage her - den Titel für mich zu erfinden; die wollten mir da keinen Tort antun, sondern - das war zu der Zeit mir auch nicht so klar, wie ich das jetzt ausgedrückt habe.

Dann gibt es den Gegenpol, sozusagen, oder die umgekehrte – die Umkehrung, erst einmal, desselben Themas – also, hier: »Überleben« natürlich als sozialer Kampf gedacht – und zwar derer, die aus ihrer Zentralposition im Weltzusammenhang eine Chance haben, im Grunde genommen, die riesigen Investitionen zusammenzukratzen, die das – also, nach allgemeiner Ansicht kostet. Das heißt natürlich, dass man fortsetzen muss – Und am anderen Pol hat die Doris Lessing, die erstens Afrika gut kennt und zweitens selbst eine spirituelle Grundeinstellung hat, aus dieser Sicht dann eine Figur entworfen - eine Frau, die in einer Stadt, die jetzt abgeschnitten von den Zulieferungen ist, zu überleben versuchen muss: »Memoiren einer Überlebenden« - also, da ist das Thema dann von dem Ende her genommen: Wenn das einmal zusammenbricht, wenn der Ressourcenzufluss nicht mehr da ist - und das wäre gar nicht das erste Mal in der Welt – also, Rom war ja in dieser Situation, als dann die Armee – also, die Legionen – da nicht mehr funktionierten: Dass die dann bald bei Hungeraufständen waren – also, das Thema behandelt Doris Lessing, nun allerdings – also, im Grunde, natürlich – also, warnend. Sie – ihre Frage in dem Buch ist natürlich: Was ist das für ein Wesen, das sich in Städte hineingebaut hat, die - erst einmal schon vordergründig gefragt – derart anfällig für den geringsten Kollaps sind - also, Leute ohne Hightech-Zivilisationen, wenn sie nicht von außen gestört sind, würden im Allgemeinen über die Runden kommen. Also, 1945 ist selbst in dem hoch entwickelten Deutschland noch manches gegangen – wenn auch der Bauer manchmal gesagt hat: »Wir haben selber nichts«, aber -.das ging irgendwie noch. Aber wir wären schon jetzt nicht in derselben Lage wie 1945 – in der Bundesrepublik - wenn das einmal kracht.

Das ist – diese drei Varianten von Überleben sind sozusagen zumindest vordergründig noch – die Unschuldigen, die es nicht treffen (...) – die relativ Unschuldigen, die Naiven – bei Doris Lessing nicht naiv gefasst, sondern – sie behandelt den Stoff. Und dann gibt es noch ganz andere Sachen, die da – also, bei der menschlichen Natur – ich sage einmal: so, wie sie nun einmal ist, so - dieses konservative Menschenbild – sehr zu erwarten sind: Wenn man »Überleben« als das Thema hinstellt, dann gibt es natürlich diejenigen, die sich das gewiss zutrauen – und die dann rechtzeitig den Überlebenskampf probieren.

Also, es ist - in Amerika – ich glaube, ich habe das schon einmal erwähnt, aber es steht – jetzt, in diesem Zusammenhang, gibt es da Leute, die sich in den Rocky Mountains rechtzeitig ansehen, wo da die – mit ein paar Maschinengewehren, oder, wenn es sein muss, mit einer PAK – ganz gut zu verteidigenden Räume sind; man rechnet natürlich nicht mit einer Armee, das ist klar, sondern - nur mit anderen, die auch so – also, wenn man da eine Bergfestung hat und genügend Konservendosen hinkarrt, dann könnte das ja vielleicht gehen. Die Fehlerrechnung ist nur: Wenn dieser Zustand eingetreten ist – also, dann müssen es aber wirklich diese Konserven sein, wenn das – zur Verteidigung wird nicht mehr viel nachwachsen – in der Situation. Nur – also, diese Kriminellenmentalität – also, das Wesen an – also, das Problem an diesen Sachen, wo man – also, sozusagen - noch leicht angreifen kann, ist - das ist die vorausschauende Aufrüstung für diesen Fall. Aber – wir kennen uns alle nicht, wie wir uns wirklich verhalten würden, wenn das eintritt!

Es haben sich ja im Kriegsgefangenenlager nachher manche Leute über sich selbst gewundert – also, was das Brot des anderen und so weiter betrifft. Und diese – dieses Thema. Also, es ist jedenfalls klar, dass das keine – also, dass das sozusagen die destruktivste Antwort auf das Thema ist, die überhaupt denkbar ist – das Geheimnis aber dieser Fragestellung –

und dass die natürlich bis dahin reicht, wo sich also der ehrenwerte Carl Friedrich von Weizsäcker diesen Bunker gebaut hat, das ist ja – das ist irgendwie schon etwas Ähnliches.

- Da gibt es ein Buch, das überaus spannend ist - wenn man sich über die Elementarprobleme der menschlichen Existenz einmal informieren will – also, über den Stoff; es dominiert die negative Seite: Das ist Elias Canetti, »Masse und Macht«, aber – ja, aus gegebenem Anlass, natürlich - also, ein Mann des 20. Jahrhunderts, in Rumänien geboren, spanischer Herkunft, und - insbesondere die Zeit des 2. Weltkrieges und des Faschismus und so, das erlebt – »Masse und Macht«. Und sein Thema hier ist, wie die Massenphänomene der menschlichen Existenz, wie Verfassungsprobleme – eigentlich – der menschlichen Natur, die Gelegenheit bieten – jetzt, für eine spezifische Figur, die – also, für eine Abstraktion, aber doch für eine spezifische Figur in uns allen, die zu dem heutigen Thema gehört, nämlich – also, die Zentralfigur dieses Buches hier - die, auf die das ganze Buch zuläuft von Canetti (das ist ein Romancier) - das ist ein Essay, ein philosophischer Essay: Das ist der Überlebende – der Überlebende. Erst einmal schon allgemein - als eine Instanz in uns, in jedem von uns, ausagiert aber viel stärker in der männlichen Existenz, nachdem - jedenfalls, wenn man die Beispiele quer liest, die er hier drin hat, und - er kommt natürlich darauf, dass diese Praxis des Überlebenskampfes, wenn dann also Raum knapp geworden ist – unter wachsenden Bevölkerungen wachsen ja auch – differenzierte Besiedelung in den frühen Zeiten der Geschichte, und dass die Menschen dann – erst beim Großwild, bei der Großwildjagd, und dann noch mehr bei der Menschenjagd – die Erfahrung machen, dass Totschlag die eigenen Kräfte stärken kann, dass das etwas Magisches ist – und dass insbesondere der, der es dann nicht mehr selber machen muss, sondern Überleben ansammeln kann – Übrigbleiben, »Ich habe es überlebt«: Dass das also eine – selbst, wenn es zufällig geschehen ist - zeigt er - wenn man es nicht einmal selbst getan hat: Es wird als - von der Psyche als – die gerne grandios ist - als Auszeichnung erwähnt. Sodass also, denke ich, in diesem Thema »Überleben« – das macht er ja überaus deutlich eine – das ist verdeckter, übrigens, als diese vordergründigen Dinge - also, hier – des Rüstens für die Rocky Mountains, das hat – in der Bundesrepublik kommt man nicht auf so was, weil die Bergpässe knapp sind - aber dort im Gebirge;

aber - hier liegen – er macht auf diese Elementarproblematik – also, viel zwingender aufmerksam.

Es erinnert mich daran, dass mir einer aus unserem – aus meinem engeren Kreis hier: Der Ingo Kummerfeld vor ein paar Tagen erst einen Entwurf noch eines Aufsatzes von Wolfgang Giegerich gezeigt hat - der hier ja gesprochen hat, ich glaube, im vorigen Semester – über eigentlich die zwei Weisen von Töten, die in der Zivilisation – und die zweite besonders in der abendländischen Zivilisation – geradezu beim – ich würde einmal sagen: Bewusstsein schaffend - gewesen sind. Dass also sowohl die Jagd – dass es da schon um mehr ging als um die Fleischbeschaffung, sondern auch um einen Sieg, um Erwerb von mehr Bewusstheit durch Töten - und noch mehr bei der Opferpraxis, die ja in der eigenen Gesellschaft angefangen hat und dann, wenn man es konnte – wie bei den Azteken - dann hinausverlagert war: man hat dann Gefangene dafür geraubt und ist schließlich – das ist diese Sache aus dem Alten Testament, mit Abraham und Isaak - dann zum Ersatz übergegangen für – also, Tiere hat man heran gezogen, aber – das ist ja nur sozusagen ein Schritt zurück in den vorigen Umgang mit den Tieren, den die Großwildjäger schon gehabt haben, und war – also, klar – jedenfalls, dass in diesem frühen Zusammenhang – also, der Mensch war das Wesen, das tötet, bewusst tötet - und erst später – zeigt dann Giegerich - dass also dieses Töten dann spiritualisiert worden ist und es sozusagen das betrifft: Dass wir uns von irgendeiner je vorigen Phase immer mit nachträglicher Tötung verabschieden müssen.

Also, jüngstes Beispiel: Wenn der real existierende Sozialismus nicht war – lasst uns schnell das Ideal auch noch totschlagen – enttäuscht, und - gründliche Abkopplung – also, dass – sozusagen – nicht mitläuft – und das ist nur – das ist ja jetzt ganz neu, und - nicht die schlimmste Tötung, sondern – die schlimmeren Tötungen sind – also, wo wir uns aus diesen Naturzusammenhängen Schritt um Schritt – also, mit Druck jeweils losgemacht haben.

Dass – also, diese Eiche, diese Donareiche umgehauen werden musste, damit das Christentum durchkommt. Zum Beispiel. Dass Hexen verbrannt werden mussten. Dass – also, dafür war die westliche Zivilisation besonders prädestiniert. Und das alles hängt - mit Überlebenskämpfen zu tun, die also wirklich nicht im Physiologischen allein erklärt werden können, sondern - die psycho-physiologisch sind. Wo – also, sozusagen – das

Elementare in uns, die elementarische Angst vor dem Tode – und der elementarische Genuss auch des Raubtiers am Siege: Wo beides also durchgefädelt ist durch einen komplizierten psychologischen Prozess und wo also die menschliche Konkurrenz gründlich eingegangen ist. Woran man also sieht, wie – also, ja - ich würde sagen: Wie viele Festungswerke da übereinander sind – wie schwer das gebaut ist.

Jedenfalls glaube ich, dass an dieser Stelle klarer ist, dass – also, Überleben eine Formel ist, die noch gar nicht den Versuch macht zunächst, aus dem mörderisch-selbstmörderischen Zusammenhang auszubrechen, weil sie diese Konnotationen mit sich schleppt - auch wenn sie nicht unbedingt gemeint sind.

Es gibt noch eine Kehrseite dieser Fragestellungen – also, dieses völlig anthropozentrischen und egozentrischen Gehalts eigentlich, der in diesem Begriff »Überleben« steckt, der scheinbar ausbricht – aber nur scheinbar: Das manifestiert sich etwa in dieser – ich weiß nicht, wer davon gehört hat: »Earth-first«-Bewegung – auch in den Vereinigten Staaten - aber das ist auch – in Amerika ist weniger Firnis, da kommt es stärker heraus – deshalb: Was der weiße Mann so im Laufe der 2000 Jahre so sich eingelernt – oder 2500 - seine Wandlungen muss man ja einschließen: Dahinter steckt irgendwie die Frage: Wäre das dann nicht besser, wir träten ab – also, damit die Große Natur überleben kann? - Das heißt: Die Erde zuerst - man macht sich für die Erde stark, aber - man wird das exekutieren, das heißt, es werden dann Truppen sein, die den Terrorismus, den Ökoterrorismus für diese Sache irgendwie organisieren. Das wird zunächst mehr oder weniger symbolisch betrieben, die Aktionen, die das kennzeichnen, und natürlich, die haben einen rationalen Punkt, in dem - es gibt das Problem, dass der Mensch da schädigend eingreift und dass es also Gründe gäbe, auch, sozusagen, der übrigen Natur, sich zu rächen, aber - man macht sich zum Rächer.

Und in Wirklichkeit ist es ein therapeutisches Problem, würde ich sagen - also, dieser Umgang mit der Sache ist – also, ich würde sagen: es ist eine Kehrseite dieses Überlebensthemas. Das ist keine - es ist so - das ist, was einem als Nächstes einfällt, wenn man also nicht mit Konservendosen in die Berge ziehen möchte – und auch kämpfen möchte.

Also, das sind diese - also, im Grunde diese beiden Dinge hier: Die Sache mit den Rocky Mountains und die mit »Earth first«: Das spielt in der sozusagen massenhaft wirksamsten Verführung – immer, wenn es um Rettungs- wenn es um das Rettungsthema geht – nämlich, diese Schwarz-Weiß-Fantasy-Filme – mit dem Lord der Ringe, und was es da so alles gibt – also, diese – wo dann immer – also, die gute Partei gegen das Böse - und die Waffen sind genau die gleichen – also, das alles zeigt eigentlich, wie sehr wir befangen sind.

Und ich glaube, dass wir uns das am besten auf einen Nenner bringen können. Ich habe gesagt: Das ist anthropozentrisch und egozentrisch – ja, aber: Der schärfste Nenner, auf den wir uns dann bringen können, aus ideologiekritischen Gründen – der wäre der, dass uns klar ist: Alles das, was ich hier jetzt behandelt habe, sind Varianten von Humanismus. »Human« ist der Mensch, und »–ismus«: Das ist – ein -smus – von »Humanismus« - das heißt, von Befangenheit des Menschen in sich selbst - also, davon, dass Verfassungsprobleme – ich meine jetzt: im Allgemeinen, nicht juristisch – dass Verfassungsprobleme nur der Mensch, nur immer im Hinblick auf sich selbst und sein Thema beredet, und dass - das Überlebensthema setzt von vornherein, eigentlich, die übrige Natur nicht in ihre Rechte, sondern – es bleibt noch so, dass – also, wie gehen wir denn mit der Henne um, bestenfalls, die uns die goldenen Eier legt – es ist nicht geschickt, sie zu schlachten – also – und so.

Das sind aber – das bleiben humanistische Erwägungen. Und bisher hat sich - also, das war meine Erfahrung mit dem Thema »Tierversuche« bei den Grünen (deswegen habe ich auch den Hartinger eingeladen für die übernächste Vorlesung, dass es dann einmal konkret werden kann – ich glaube, das ist die übernächste - ja, das – nein, die über-übernächste, die sechste in der Reihe), dass – wir sind damals aus diesem – aus dieser Humanismus-Problematik überhaupt nicht herausgekommen. Also, bestenfalls – die höchste Lösung war dann, die höchste humanistische Variante – aber immer noch in diesem Sinne der Beschränktheit von Humanismus – dass wir sagten: Also, was tut der Mensch, der doch ein denkendes und fühlendes Wesen ist und groß von sich denkt: Was tut er sich selber an, wenn er so mitleidsunfähig ist?

Und der Indianerspruch, der dann hier zitiert wird – bei den Indianern steht er dann in einem anderen Kontext wieder – also: »Wenn die Tiere sterben, sterben dann auch die Menschen«. Richtig! - Aber das bleibt noch – also, anthropozentrisch gedacht. Und was mir natürlich klar ist: Dass wir aus dieser Sache nicht wirklich durch Ideologiekritik herauskommen, sondern nur – also, da haben wir einen Hinweis - also, wie radikal eigentlich das Welt– und Menschenbild, das uns selbstverständlich ist und das alle Weißen und alle Europäer – rechts, links, oben, unten - reaktionär alle miteinander geprägt haben: Wie sehr also das sozusagen nur der Ausdruck – der Ausdruck »Humanismus als Ideologie« dieser Praxis ist.

Es nützt auch nichts – Anthropozentrismus ist auch so ein Begriff - eine Ideologie zu kritisieren, die weniger bewusst ist als Humanismus; Humanismus ist bewusst - das haben wir ja gesagt, extra: Wir sehen Humanismus immer als das höchste Selbstlob, das wir uns erteilen konnten. Und ist auch – ich meine: Was dabei alles ausgeblendet ist – und vielleicht das Tragende und Grundlegende ist dabei ausgeblendet, und die Kämpfe um die Durchsetzung des Humanismus wurden ohne Rücksicht geführt auf das alles.

Also, insofern sind wir hier an einer Schlüsselstelle unseres Themas: Dieser ganze Komplex »Anthropozentrismus - Egozentrismus - Humanismus«: Das ist ein Ding. Und wenn ich sage: Humanismus in den Mittelpunkt der Kritik stellen – der Selbstkritik, auch, stellen - dann deshalb, weil – also, das Brett muss an der dicksten Stelle gebohrt werden.

Es ist leicht, von - wegen des Beiklangs im Wort - ich meine »Egozentrik« zunächst auch einmal wertfrei, als Bezeichnung von etwas, was ich einfach auch bin: egozentrisch. Aber wenn wir uns klar darüber sind, dass der Humanismus da nicht ausbricht als Ideologie, aus diesem – weder aus der Anthropozentrik noch aus der Egozentrik - dass das also ein Kampf auf einem Boden ist, auf dem wir kein – auf dem also keine Hoffnung ist: Wenn wir da uns beschränken, dann ist das wahrscheinlich – trägt das möglicherweise weiter, und wir kommen uns leichter auf die Schliche, wo überall wir erst einmal schon ideologisch festsitzen – also, insofern halte ich das auch für eine – diese ganze politische Ökologie – für eine eigentlich umfassendere Ideologiekritik als die mit der Ökonomie bei Marx verbundene, jetzt.

(Pause)

Noch eine weitere Schwierigkeit: Den Punkt; wo ökologische Krise und menschlicher Geist oder Bewusstsein zusammenhängen, klar genug zu fassen. Ich will es einmal ganz platt sagen: zunächst einmal – also, normalerweise, so, im Durchschnittsbewusstsein – wird die Katastrophe, in die wir da hineinmarschieren, besonders in Deutschland, natürlich – und das nun erst einmal mit gutem Grund – eher mit Auschwitz in Beziehung gebracht, das heißt, mit der – also, offenbaren Schattenseite der menschlichen Existenz - und speziell des nationalen Charakters hier, und – ich sage einmal: nicht mit dem Mercedes-Stern als Ursache.

Und das hat den – aus diesem Grunde auch wird – und ich glaube, auch das greift zu kurz – diese Ökoproblematik so viel behandelt, wird mit - »Ethik der Gewalt«. Und ich wende mich jetzt – ich behandele jetzt nicht das Thema – oder gar negativ – von Ethik der Gewaltfreiheit, sondern: Worum es mir geht, ist - für unseren Zweck hier – die Erkenntnis, dass das Thema »Gewaltfreiheit« – und die Ethik der Gewaltfreiheit sozusagen den Stoff nicht wirklich trifft, um den es hier geht.

- Ich hatte ursprünglich vor, um diese Vorlesung Carl Amery in München zu bitten, mit dem ich befreundet bin und der – also, terminlich einfach nicht konnte, auch einen Ausweichtermin nicht geschafft hatte. Der hat Folgendes gemacht: Der hat sich in einem Aufsatz, der sozusagen seine ganzen 20-jährigen Erfahrungen mit der Ökologiebewegung berührt, auf drei Dinge bezogen – auf zwei Dinge bezogen, eigentlich: Auf diesen Schweitzer-Satz – also, den Kernsatz von Schweitzers Ethik – die aber sozusagen angesichts der menschlichen Grausamkeit des 20. Jahrhunderts natürlich formuliert war: »Ich bin Leben, das leben will – inmitten von Leben, das leben will«, sagt Schweitzer – also, als den Hinweis, wie wir uns verhalten sollten, um gewaltfrei zu sein. Und gekoppelt ist dieser Schweitzer'sche Satz natürlich – bei ihm dann selbstverständlich – an diese Goldene Regel aus dem Neuen Testament, die da lautet – ich weiß nicht - den Wortlaut jetzt doch nicht, aber – dass man niemandem zufügen soll, wovon man möchte, dass es einem selbst nicht zugefügt werden wird, in dem Sinne: »Ich bin Leben, das leben will – inmitten von Leben, das leben will.« - Und Amery fügt nun hinzu, erst einmal – in seinem Essay: »Ja, ich bin Leben, das leben will – inmitten von Leben, das leben will. Und deshalb tötet und stirbt dieses Leben« – also, dass das hinein muss, sagt er erst einmal - und weist damit auf diesen Kontext hin, von dem ich beim vorigen Mal sagte, dass da, wenn man von reiner menschlicher Natur sprechen will – also, wenn das etwas bringen soll, diese Sprechweise - dass das dann nicht ausfällt - also, dass reine menschliche Natur nicht ethisch bereinigte menschliche Natur ist. Das kommt also da bei Amery auch heraus. Er sagt: »Und deshalb tötet und stirbt ... » – erst einmal: Das Leben allgemein. Und es bleibt dann natürlich: Wie geht der Mensch dann damit um – also, inwiefern schließt reine menschliche Natur – in meiner Formulierung, jetzt – die Möglichkeit ein, nicht bloß Naturgeschichte fortzusetzen – also, das ist insbesondere die Frage des Tötens, sei es direkt oder indirekt. Und Amery zeigt, dass wir – also, dem so ohne Weiteres nicht entkommen können.

Ich will es jetzt hier nicht ausführen, weil es zu weit führt, aber - er zeigt: Auch Vegetarier kommen nicht umhin zu töten – und zwar nicht bloß direkt, weil man nicht auf alles achten kann, sondern auch wegen der vielfältigen Zusammenhänge, in die das Vegetarischsein in so einer Gesellschaft wie unserer hier eingebettet ist - und, kurz gesagt. Dass man damit noch nicht heraus ist – das sagt - man sagt deshalb nichts gegen Vegetarier, wiederum, sondern nur gegen die – sozusagen – Überschätzung, eigentlich, jeglicher – man kann das verallgemeinern: jeglicher Punktlösung – also, dass man durch ein einziges Verhaltensschlüsselloch dieser Art der Sache schon entkommen kann. Aber was er zeigt, ist, dass wir dem Thema auch des Tötens – zumindest im indirekten Sinne – schwerlich entkommen im Zusammenhang mit diesem Thema, das oft zwar – also, chauvinistisch abgehandelt wird, das aber dennoch existiert: Das Thema Bevölkerungsentwicklung.

Er geht davon aus, dass wir uns – also, mit unserer Gesamtplanung des Lebensprozesses: Ob die nun sozialistisch war oder ob sie Profitraten betrifft, das macht hier nicht den großen Unterschied, sondern - mit unserer Gesamtplanung des Lebens und mit dem Bevölkerungswachstum, mit dem immer noch naturwüchsigen Bevölkerungswachstum - das mit diesem produktivistischen Prozess verbunden ist - in die Lage gezwungen haben – also, wenn nicht gleich Tod, aber so doch jedenfalls Einschränkung von Leben – oder Einschränkung von menschlichem Leben, genauer gesagt, von Zahl menschlicher Leben – ja, planen zu müssen.

Er sagt, das ist nicht die letzte Ideallösung – also, ideal wäre, wenn der Mensch sich so in der Welt befinden könnte, dass er das nicht planen muss, sondern dass das sich in den Gleichgewichten bewegt, dass der menschliche Geist in den großen Zusammenhang ganz zurückgefunden hätte. Aber in der gegebenen Situation – er sagt eigentlich zweierlei, der Amery;

er sagt: De facto haben wir geplant - sozialistisch - und plant man - kapitalistisch - ohnehin den Tod von zahllosen Leuten – und zwar direkt den Tod; es sterben täglich über 50 000 Menschen, darunter 40 000 Kinder – an den ökonomischen Verhältnissen - also, das wird nur nicht gerechnet, weil die Taten anonym sind, vielmehr - der individuelle Mörder aber fehlt, aber - das eigentliche Problem ist, dass wir – also, gegenüber diesem Selbstmordprozess, gegen die Entfaltung der Zivilisation in dieser Größenordnung es – also, diese Multiplikation von Kopfzahlen und wachsendem Verbrauch – und wachsender Lebensdauer, die wir alle möchten - dass das ein Zusammenhang ist, der uns zur Begrenzung und damit zur Planung, natürlich, zwingt.

Und hier ist natürlich nun das Aufgebot an probaten Vorschlägen ungeheuer, und ich will mich auf – und manchmal auch ungeheuerlich – nur: viele – auch ungeheuerliche – Vorschläge lassen irgendwie zwischen den Zeilen noch erkennen – besonders, wenn man – alles klar ist, dass dieser - der Mensch, der die Macht - nicht unbedingt sadistisch ist und vielleicht auch nicht unbedingt selbst überleben muss, er kann schon alt sein, 75 - und ihn betrifft es nicht mehr - wie wohl in dem Fall, den ich hier jetzt zitieren will – ich weiß jetzt nicht genau, ich glaube, 71, sondern - es macht darauf aufmerksam – also, wie schwierig es ist, sich dieser Leben-Tod-Würde-Problematik angesichts der Sackgasse, in die wir uns schon hineinproduziert haben, auch nur wirklich zu stellen. Jedenfalls: Der Punkt, auf den diese ganze Sache aufmerksam macht und der vielleicht – also, bisher ganz allgemein nicht wirklich genug im Mittelpunkt der Überlegungen steht: Der ist, dass eigentlich sozusagen die Normalität ausreichend ist, um uns umzubringen. Das heißt, dass – also, alle – die dunkle psychologische Problematik, die in den Anfängen natürlich auch für die Normalität mit drinsteckt: Das ist schon klar, aber - dass das sozusagen nicht unmittelbar das Problem löst. Dass – also, sozusagen – die Bewältigung oder die Zähmung des Un-Wesens Mensch, auch – also, dessen, was mit Auschwitz, mit Hiroshima, mit Psychodramen aller Art, mit Mord und Totschlag in der – über den Menschen - was da der Stoff ist: Dass das also nicht identisch ist auch mit dem Thema der ökologischen Krise, die einfach mit unseren Erfolgen, mit unseren Errungenschaften zu tun hat, mit der – sicherlich aus solchen Antrieben, aus Machtantrieben, aus - macht einsam - aus Antrieben –

also, ist das Ganze bis in diese Dimensionen gekommen - und insofern geht es zurück auf diesen Punkt.

Aber vordergründig ist es zunächst einmal wirklich so, dass wir es mit einem geschaffenen – allerdings von uns geschaffenen – materiellen Problem zu tun haben, und zwar in einem Ausmaß, dass – also, die ganze Geschichte – »AIDS als Sprache«, beispielsweise, oder Krankheiten oder so, oder was uns da sonst noch helfen könnte, oder Krieg: Das – da fehlt schon allein die Berechnung. Also, die schlimmste Hochrechnung, die es nun gegenwärtig gibt – also, die so allgemeiner akzeptiert wird - ist, dass AIDS auf - bis Ende des nächsten Jahrhunderts dann auf - zwischen 400 und 500 Millionen Opfer hinauslaufen würde, aber – 400 Millionen Menschen kommen in fünf Jahren dazu. Jetzt. Und – ich denke, dass – also, der Versuch, über solche Steuerungen, über solche Selbststeuerungen, noch nachzudenken – also, an der Konstellation, um die es sich da eigentlich handelt, völlig vorbeigeht: Dass also erstens auf die Natur nicht mehr zu rechnen ist, sozusagen - die holt uns in dem Sinne nur noch – also, katastrophisch ein, aber nicht mehr – also, das ist genau dasselbe wie auf der anderen Ebene: Dass hier vielleicht - also, eine Erwärmung der nächsten Eiszeit entgegenarbeiten könnte (was auch diskutiert wird): Wir wissen das nicht! Nur: Wir genehmigen uns damit sozusagen den Fortgang der Ereignisse und hoffen darauf, dass – vielleicht schlägt sie ja dann an irgendwelchen Stellen so zurück, dass es Korrekturen für uns sind.

Aber es handelt sich tatsächlich darum, dass die Regulationskraft der Biosphäre – also, durch einen von unserem Geist gesteuerten Ausbruch her – also, wir haben die Marken da überschritten. Unser Input – sagt einer der Physiker, die sich damit befassen - hat bereits die Dimension von Eiszeiten. Und in dem Zusammenhang – also, genau so werden uns weder Kriege noch Krankheiten – etwas anderes ist das Massensterben, wenn es – also, wenn die Biosphäre ausfällt und der Hunger das verursacht - aber so, als Korrektive gerechnet – das ist völliger Blödsinn, das hilft nicht mehr. Wir sind darauf zurückverwiesen, unsere eigene Natur – ja, und zunächst einmal – und das ist das, worauf ich mich jetzt beziehen will: Zunächst einmal – und zwar: Rational gedacht, muss ich das erst einmal so zur Kenntnis nehmen – in den Griff zu kriegen.

Da gibt es, ebenfalls im neuesten »SPIEGEL« – das kam also wie passend zu dem, was Amery da als Thema aufgeworfen hat – von einem sehr bekannten Manne, der im SPIEGEL aufgenommen worden ist mit diesem Thema – wahrscheinlich, weil er kein Deutscher ist; ein Deutscher hätte sich nicht getraut, wegen der ganzen Euthanasie-Problematik – also, wegen bloß dem Horizont dieses Themas, der – das ist überschrieben hier »Operation Sex Wars« – also, Kriege, die das Geschlecht betreffen, und - er meint aber innerzivilisatorischen gewaltsamen Umgang mit dem Problem dieser Bevölkerungsentwicklung – also, ich meine: Der Hintergrund, das Faktische, ist völlig klar: - Also, wenn alles so weitergeht mit der – in fünf Jahren 400 Millionen Menschen mehr: Das ist – und dann noch gekoppelt mit den Ansprüchen, die die westliche Zivilisation der Welt vormacht: Dass das zu einer ungeheuren Katastrophe führen muss, ist klar. Und wenn man auf der Ebene sonst einfach des kleineren Übels denkt, erst einmal, und – also, Lösungen sucht, die innerhalb des abendländischen Rationalismus gedacht werden können, dann ist es berechtigt, Fragen zu stellen wie die folgende, auch wenn – »berechtigt« meine ich: in diesem relativen Kontext, ich zitiere einmal etwas, ich sage nachher noch, wer das ist – nicht irgend jemand, nun wirklich - eine hohe Intelligenz:

»Ich sehe eine wachsende Not« – also, er sagt – er hat erst einmal einiges aufgeführt an Fakten, die den Schluss rechtfertigen (das will ich nicht zitieren), die Fortpflanzungsenergie unserer Gattung ist mächtiger als die Hekatomben, die diese Gattung sich selber bereitet – also, mit Kriegen – und auch Seuchen sind ja wahrscheinlich gesellschaftlich produziert, auch AIDS, höchstwahrscheinlich – und auf vielfältige Weise - nicht bloß Seuchen – also, nicht bloß virusdynamisch, sondern auch psychodynamisch. Also, das einmal jetzt vorgestellt - und dann: »Daher sehe ich eine wachsende Notwendigkeit für ein Hemmen der Fruchtbarkeit oder eine biotechnische Beeinflussung, die ich ebenfalls »Sex Wars« nennen möchte – also, »Sex-Krieg« nennen möchte. Geschehen könnte dies etwa so, dass die Fruchtbarkeit durch die Wirkung synthetisch-hormoneller Stoffe gehemmt wird.« - Ich würde das eine demopressive Aktion nennen – also, von »Demografie« und »Repression« zusammengesetzt – eine demopressive Aktion nennen – »zum Beispiel durch Beigabe ins Trinkwasser, in Nahrungsmittel, in die Atmosphäre – möglich sind verschiedene Wege. Ich will nur ein Beispiel nennen für solche Wege: Einem Getreide- oder Reiskorn werden Gene eingesetzt, die es in der Natur nicht gibt. Diese Gene oder ihre biochemischen Derivate wandern dann ins Mehl, ins Brot usw, wodurch eine Verkürzung des weiblichen Fruchtbarkeitszyklus beispielsweise auf die Zeit vom 19. bis zum 25./26. Lebensjahr erreicht wird oder die Fortpflanzungszyklen bei Frauen wieder auf jene Perioden reduziert werden, wie wir sie für Säugetiere kennen, zum Beispiel zweimal jährlich je drei Wochen.« (Relative Heiterkeit) – Ich meine – um das Lachen doch im Hals stecken zu lassen, auch – erst einmal: In dem Buch, was ich empfohlen hatte hier - von William Irwin Thompson, »The Fall Into The Time« - »Der Fall in die Zeit«: Der behandelt dort wirklich ganz ausführlich, welche geistige Bedeutung – also, es ist sicher seine Überlegung, also – es ist nicht erwiesen, so, in dem streng naturwissenschaftlichen Sinne, aber - es lohnt sich nachzulesen: Welche geistige Bedeutung die – ich sage einmal jetzt: natürliche – Emanzipation der Menschen – also, der Menschenfrau in erster Linie – vom Brunstzyklus gehabt hat, welche geistige Bedeutung. Also, wenn das hier vordergründig völlig sexistisch ist - dass das Problem natürlich über die Frau angegangen wird, weil die Demografen auch wissen – in der Urzeit insbesondere, also – Männer konnten erschlagen werden, Frauen mussten gezählt werden, weil – daran hing es nicht, also – es ist da auch eine Realität drin. Aber sein Schluss jedenfalls: Es müssen demopressive Mittel gefunden werden. Und er meint – also, was dahinter steht, ist die allgemeine Überlegung, die – auf seine Weise hat er die auch erwiesen – also, einfach, an dem tierischen Material, erst einmal: Irgendwie müssen wir das Bevölkerungswachstum begrenzen. Und wenn man jetzt das Menschenbild der westlichen Welt voraussetzt, das normale – also, das, wo aufgezeichnet ist, wie der Mensch nun einmal ist: Wie soll das gehen? Er hat auch eine politische Variante parat: Er sagt - also, er stellt dann   natürlich, er hat vorher die Machbarkeitsfrage behandelt von dieser demopressiven Politik – er sagt: »Selbst wenn ein Staat biotechnisch imstande wäre, eine demopressive Operation zu starten« – also, auf eine Gesellschaft kommt er nicht, er kommt auf den Staat, erst einmal, er kommt auf das Machtmittel - wenn man an Repression denkt, muss man auch an Staat denken - das erst einmal infrage kommt – also. » - wenn ein Staat biotechnisch imstande wäre, eine demopressive Operation zu starten, könnte er sie heute nicht durchführen, weil das im radikalen Widerspruch zum moralisch-politischen Kanon unserer Welt stünde.«

Und ich will sagen: Dieser moralisch-politische Kanon der Welt, einschließlich – ich behaupte jetzt einmal, ich kann es im Augenblick nicht ausführen, weil ich noch etwas anderes machen will, um es irgendwie abzurunden – ich glaube, dass auch das »grün« - und auch das »feministisch« Gedachte – noch weitgehend in diesem Kanon ist - in dem Sinne, wie auch der Feminismus noch westlich ist - also, Emanzipation der westlichen Frau erst einmal zum Thema gemacht hat: Dass wir also uns weitgehend in dem Kanon von moralisch-politischen Werten erst einmal bewegen – mit der Abwehr, auch, solcher Vorschläge - die – also, vom selben Stamme sind. Dass das – sozusagen – eine Reaktion auf – eine Reaktion auf eine unlösbare Situation erst einmal ist. Und erst – was er dann für möglich hält, welche – im Grunde genommen – aber er meint – da gibt es dann auch einen Rückschlag, so etwas wie eine Mafia-Operation. Also, so, wie man ja denken kann – zumindest ist es damals gedacht worden – es hätte dann Leute gegeben, im Establishment irgendwo, die gedacht haben: Also, wir handeln jetzt einmal für den Staat – aus dem Staat heraus – und bringen ihn da einmal, um – um die Gesellschaft davon zu entlasten: Der Rechtsstaat macht das ja nicht – machen wir - so, – indem – also, das war eine der Thesen damals – oder Hypothesen - jedenfalls, er sagt: »Eine versteckte Operation wäre hingegen möglich« – also, das wäre eine Mafia-Operation, aus diesem Bereich, irgendwie – » - jedoch nach ihrer Aufdeckung würde sie unabsehbare Folgen haben, die zu einem gewöhnlichen Krieg oder dem schon genannten Ökozid führen könnten« – also, es bringt nichts, sagt er - also, eigentlich: Die beiden Sachen gehen nicht. Und dann kommt er – also, die beiden Wege, die er sich überhaupt denken kann, gehen nicht, und - dann kommt er aber: »Es müssen demopressive Mittel gefunden werden.« Also, so. Er hat so eine Zeichnung – hat der SPIEGEL dazu erfunden, die zeigt also eine Schere – und dann ist – so. Das sind demopressive Mittel irgendwelcher Art – so. Was ich will – ich will Folgendes sagen: Es ist immer noch – es ist immer verhältnismäßig einfach, das zu krit- – das ist übrigens Stanislaw Lem – also, seine ganze Science-Fiction-Sache ist natürlich – also, intellektuell auf diesem rationalistischen Boden gewachsen, das ist ein Fortdenken der technischen Möglichkeiten und des Menschenbildes der weißen Welt. Also, ich muss sagen: Ich bin nicht empört – das ist nicht meine Reaktion darauf, sondern - ich sehe – also, er lässt den Stoff hervortreten - einen Stoff hervortreten, der wirklich ist, glaube ich - und natürlich stecken dann – also, in der Behandlung Vorurteile drin, von denen wir in Wirklichkeit – also, nicht einfach frei sind – also, der Gedanke, da müsse einmal eingegriffen werden – also, diese ganze Adressierung der Grünen an den Staat: Wenn das das Letztliche – also, sozusagen, das massivste Problem ist, dass so viele Leute die Segnungen der westlichen Zivilisation haben wollen - also Tausende – also, ich meine: Hinter der ganzen Ausländerfeindschaft, und so, stecken auch solche Motive – mit.

Jetzt will ich – auch, weil ich inzwischen erfahren habe, dass das das vorige Mal doch fehlte – also, jetzt will ich vorwegsagen: Ich glaube nicht, dass das, was ich jetzt noch andeuten will – woran ich noch mal einerinnern will und ich am Anfang sagte, wo ich vorige Vorlesung eigentlich dann nicht mehr dazu gekommen bin, was aber jetzt sehr passt: Das ist nicht die Lösung dieses Problems. Das ist auch nicht so, dass das – also, es wird nicht einfach intellektuell erdacht, sondern - es hat damit zu tun: Wie könnten wir denn damit umgehen?

Und ich berufe mich hier – ich schaue auf den Zettel, wo es steht, wenn man das noch einmal genauer nachsehen will – auf eine Idee, die ist aus islamischer Tradition erwachsen; dahinter steht eine – die einzige Sure, in der der Koran mystisch ist, könnte man sagen: Da gibt es einen Hinweis, der heißt: »Gott ist das Licht des Himmels und der Erden«. Und dann gibt es einen Vergleich im Koran, wie dieses Licht funktioniert: Da gibt es eine Nische, die sich vergleichen lässt – also, irgendwie mit – die Nische in der Wand – die sich vergleichen lässt mit den menschlichen Sinnesorganen - und dann gibt es ein Glas in dieser Nische, das sich vergleichen ließe mit dem menschlichen Verstand – jedenfalls nehmen wir es einmal so: Das ist die Lampe, irgendwie. Dann gibt es das Öl in dieser Lampe – das fast selber schon brennt - und das Öl stammt natürlich von dem Olivenbaum das steht dann nicht mehr im Koran, das ist dann von späteren arabischen Denkern hinzugefügt worden; das setzt dann einen Olivenbaum voraus – also, der nicht direkt in der Nische wächst – leider! – was dieses schöne Bild betrifft, das da gefunden worden ist – einen Olivenbaum – und dann natürlich das Licht selber - der Lampe. Also: Die Nische – die Lampe – das Öl – der Baum – und das Licht selber – also, die Flamme - die da brennt. Und daraus haben die großen Denker des arabischen Mittelalters ein Modell des menschlichen Geistes gemacht an der Stelle, wo er sozusagen ein anderer Durchlauf des Gottesgeistes ist, wo man etwas begreifen kann - ich meine, ist praktisch: Die Nische ist dann in diesem Bild Körper – heißt auch »Sinne« – jetzt, im Sinne von Wahrnehmung – und die Lampe dort, das ist der Verstand. Das sind auch die Vorstellungen. Und das Öl: Das ist die Seele - das ist die Stelle, wo Beziehungen – die soziale Stelle, gewissermaßen, in der Sache. Und dann gibt es also diesen Olivenbaum, der das Öl liefert – also, der ja da vorhergeht, eigentlich - also, an Bedeutung vorhergeht – so ist das auch in der Reihenfolge hier damit gedacht: Das ist die Ebene Geist – das ist der Punkt, wo es um – ja, um Eigenschaften in dem Sinne geht, dass sie eigentlich – die nicht nur menschlich sind, sondern - um göttliche Eigenschaften, umso was wie Barmherzigkeit – also, um Majestät – (…), zum Beispiel – also, um diejenigen Eigenschaften, wo man an dem wunderschönen Namen Allahs Anteil hat halt.

Und in der Mitte – also, als das Licht dort - hat man das Wesen; man könnte auch sagen – also, die Wirklichkeit im eigentlichen Sinne – von dem Denken her, jedenfalls – und zwar immer: Des Menschen. Das ist ein Modell, in dem sozusagen der Mensch in wahre Beziehung gesetzt werden soll, damit – und ich habe das jetzt gemacht, damit – im Hinblick - also – und Wirklichkeit ist – weil, »Wesen« so ein – der Begriff, bei uns zumindest ein Abstraktionsbegriff ist – also, bei Hegel: »Wesen« ist eine hohe Abstraktionsstufe dann, in seiner Logik, die – dasselbe eigentlich, grob – zum Gegenstand hat. Und – ich schreibe hier »Wirklichkeit« – also, die Wirklichkeit des Menschen, aber – insofern, ist gemeint, sie an dem Licht Gottes Anteil hat.

Also, wenn man das ein bisschen übersetzen will, dass es nicht so theologisch klingt: »Gott ist das Licht des Himmels und der Erden« – das ist, meine ich – das denkt ja die ganze Abteilung – Universum, der – also, hier hervorgehoben wird als – am Menschen. Und worum es mir jetzt geht, wenn ich an dieses Modell einmal erinnere: Das ist, dass es einen Hinweis darauf enthält, wie sich das Thema »Reine menschliche Natur« konkretisiert ins Gesellschaftliche hinein, weil – neulich in der Diskussion war die Lücke dann auch spürbar, dass das so aussah – also: Wie setze ich denn das um?

Das ist – das scheint zunächst etwas ganz Privates zu sein. Und hier geht es um den Menschen – wenn schon, dann durchaus in dem Sinne dieses Fichte'schen Ich - mit großem Buchstaben, das heißt, ein Name für »der Mensch« als Gattung, auch. Und was jetzt hier interessant ist, ist, dass - auf dieser Ebene hier geht es eigentlich um – wenn man jetzt nach – nein, ich will erst noch eine andere Spezifizierung machen, die hiermit zusammenhängt.

Wenn man jetzt in den – ich will auf diese reine menschliche Natur hinaus, aber ich will erst einmal zeigen, dass mit diesem Fünferding hier dann auch eine Verbindung möglich ist – also, das ist die Naturebene, in dem ganzen Zusammenhang – also, das schließt menschliche Natur ein: Körper, Seele, menschliche Natur schließt das ein. Und es heißt, dass wir uns eigentlich – sozusagen – von den Bedürfnissen her – ist das mit hier gekoppelt – also, das war ja die zweite Stelle – über Bedürfnisse gekoppelt: Da, von den Bedürfnissen her, baut sich auf auf dieser Ebene Kultur.

Und ich will erst einmal, ich will sagen - das ist eigentlich der Punkt, auf den sich das jetzt – der Hinweis – konzentrieren soll, den ich machen will: Das sind notwendige Verbindungen - also, in der menschlichen Natur, in der Körperlichkeit des Menschen - die ja – also, Körper-Seele-Geist–Einheit: Das gehört ja zum Körper dazu, der Geist ist ja nicht etwas Abgehobenes davon, sondern unser Denkvermögen ist mit geboren – also, der Mensch ist so verfasst – beinhaltet das – dass Kultur daraus hervorgeht.

Das heißt, dass er irgendeine Weise finden wird – sei es in magischen, sei es in mythischen, sei es in Verstandeskategorien - sich eine Kultur aufzubauen. Das heißt, wenn sich etwas ändert in puncto Umgang des Menschen mit seiner Natur, dann - zum einen wird das natürlich auch so herum gekoppelt sein, das ist ganz klar - also, hier entlang wird es dann von der Kultur aus Gestaltungseinflüsse auf den Menschen geben, das ist schon klar, aber - der Ausgangspunkt, der erst einmal gegeben ist, ist einfach die menschliche Natur als solche. Und wenn wir hier eine Änderung vollziehen und uns Hilfe holen, natürlich, auch aus - wenn wir hier beeinflussen, können wir ja auch etwas hier dran ändern, was wieder gut zurückwirkt: Das drückt sich aus. Und wenn die Frage gestellt wird, wie sich das Thema »Reine menschliche Natur« – also, sozusagen ein neuer Durchgang, das meine ich ja damit – durch diese Elementarprobleme – einschließlich des Themas (Husten): Das würde natürlich die Institutionen ändern und – also, erst einmal auf kulturellem Gebiet - und dann auch wieder ein Gewinn hierfür sein. Das heißt, es handelt sich da nur darum – das ist der Punkt - dass es wahrscheinlich nicht sonderlich aussichtsreich ist, irgendwie die Aufmerksamkeit auf Einzelheiten, die man hier ändern muss, zu konzentrieren – vielmehr gleich – sondern: es geht eigentlich um eine Strukturveränderung hier, die nur davon ausgehen kann, dass es eine Strukturveränderung hier gibt – und wieder umgekehrt, nachher. Aber ein gründliches Herangehen setzt es zum Beispiel damit voraus, dass wir eine Weise finden – also, nicht unbedingt überleben zu müssen.

Ich habe das in der vorigen Vorlesung angedeutet: Dass es also bestimmt die ökologische Krise verschärft, wenn wir eine Intensivstation fordern, für alle - oder dass man in der Kommune auch dafür sorgen muss: man hat Zugang dazu, oder so - also, diese ganze Technik, die uns den natürlichen Tod dann hinauszögert.

Abgesehen davon, dass wir keine Politik haben, uns gesund zu erhalten, dass vieles erst einmal – also, dass wir uns viel Lebenszeit nehmen durch verschiedenste materielle und psychische Prozesse, aber – ich will sagen: Hier in diesem Modell, das ich hier weiter ausgeführt habe, hier steht dann »Gesellschaft« – und zwar insofern: Wenn das hier – ich schreibe es noch einmal an – wenn das Bedürfnisse waren, die hier entgleisen – da sind es dann schon Interessen in der Richtung.

Ich meine übrigens - die Aufteilung hier ist nicht gemeint als der Weisheit letzter Schluss, sondern nur – es ist heuristisch gut, das Modell, habe ich in vielerlei Hinsicht erfahren, dass es heuristisch gut ist – es muss nicht alles erklären, aber – in dem Zusammenhang jedenfalls steht Gesellschaft als Thema – steht hier unter »Seele« – und das heißt natürlich, dass – also, sozusagen – diese ganzen Kämpfe eines Ichs mit dem anderen: Dass die also hauptsächlich hier ausgefochten werden - und dass von hier aus dann auch in die Kultur zurückgespiegelt werden die Sachen, die uns vielleicht nachher weniger gefallen.

Also, die Verstärkungen im Kulturzusammenhang kommen nicht aus der Urenergie, sozusagen, der menschlichen, die da eingegangen ist, in dem Bild zu finden ist, sondern - in dem Bild sind die dann schon das Ergebnis – sozusagen – von Seelenkämpfen.

Man sagt auch: Hier sind es noch Satane; das ist in dem - bei Allah nicht ganz so schlimm, Satane sind sozusagen – das ist der Luzifer des Verstandes. Hier sind es Dämonen, die uns gründlicher haben – so, als Dschinne, die dort in der Mythologie herumsurfen und – 3 000 ungefähr warten auf jeden von uns, wo sie einspringen können – also, das ist (Heinrichs: »Spitze!«) Gesellschaft. Und hier – auf der Geist-Ebene – da ist es dann nicht mehr der gesellschaftliche Bereich, sondern da geht es dann natürlich

– da geht es um das Thema »Religio« im Sinne von – nicht »Religion«, das meine ich jetzt jedenfalls nicht, sondern »Religio« - meine ich einfach »Rückbindung« dieses individuellen Bewusstseins an das »Licht des Himmels und der Erden« – also, an die allgemeine Intelligenz. Und hier in der Mitte handelt es sich auf dieser Ebene dann – also, »Sein« – aber »Sein« in dem Sinne, wo es eigentlich – ich hätte es anders schreiben sollen, »SEIN« – wo es eigentlich Bewusstsein ist – also, der Bewusst-Seins-Aspekt des Seins – also, die Intelligenz, die darin steckt. Und zwar - wenn es jetzt um das Thema »Rein« geht – also, wenn man sich das immer vorstellt, das Wort »Rein« in diesem Zusammenhang – bei »Religio«, bei »Kultur«, und auch bei »Gesellschaft«: Da ist hier immer gemeint, dass – also, aus der neuen Herausforderung – also, Geschichte nach dem Grundgedanken, den Toynbee da entwickelt hat – Arnold Toynbee - ist eigentlich der: Die konkreten Differenzierungsprozesse in der Geschichte - also, in der einzelnen Stammesentwicklung und nicht die dann noch unterscheiden: Das hat bei ihm damit zu tun, wie Herausforderungen beantwortet werden – also, Herausforderungen und Antworten. Und was diese – die Antwort, die fällt im Allgemeinen im Zusammenhang mit Krise. Und Krise ist eine Möglichkeit, dass reine menschliche Natur - das heißt, menschliche Natur, wie sie also vom Ursprung her ist, einschließen kann - dass die einen neuen Raum findet, weil die in der Krise – also, infrage steht, was bisher als Kultur – als Gesellschaft – als Religio – festgeschrieben war.

Also, die Erstarrung, die also ein bestimmter Zustand jeweils gefunden hat – auch von den Rückwirkungen her, von Satanen, Dämonen – oder wie immer man das nennen will, was in uns also die Beschränktheit eigentlich ausdrückt: Das ist ja alles eingebaut. Und wenn es dann einen neuen Schub gibt, in dem Zusammenhang von reiner menschlicher – also, von menschlicher Natur, wie sie wirklich ist, dann entsteht natürlich die Möglichkeit neuer Bearbeitung aller dieser Elementarprobleme. Und die findet nicht - also, der Mensch ist ein praktisches Wesen und ein dialogisches Wesen – Dialog mit anderen und mit der Natur - und das heißt, es wird dann sozusagen der ausgeblendete Natur- und Sozialbezug – der wird neu aktualisiert und es kommt dazu, dass es auch hier Veränderungen gibt.

Also, es ist nicht so, dass das hier ein rein immanenter Prozess ist, sondern - ich denke, dass jetzt schon natürlich dieses Krisenbewusstsein - und dass man solche Vorschläge jetzt gedruckt kriegt: Das ist auch ein Wagnis, selbstverständlich - das ist auch ein Indiz dafür, dass etwas gebrochen ist, dass Firnis weggebrochen ist, dass man nicht mehr – also, das kann ich nicht sagen, ich will nicht der Mensch sein, der so böse ist, so was herauszulassen – also, da zeigt sich - auch im Negativen, glaube ich, zeigt sich da manchmal – oder in dem, was man negativ finden kann – zeigt sich die Chance. Und das geht durch diesen ganzen Kreis - also, der Kreis geht dann hier weiter – und hier – also, von außen herum, in so einer Spirale – das zeigt sich hier weiter. Und der Punkt, der spannendste, ist wahrscheinlich der, dass es – also, in der chinesischen und indischen Spiritualität, über die Übungen, die da kreiert sind in Jahrtausenden: Dass es dort über diesen Weg, der so hinein gedacht werden kann – und im Gegenzug natürlich auch so – immer, überall – also, das ist schon klar, aber - dass es da eigentlich eine Direktkopplung in jeder Mystik zwischen der reinen menschlichen Natur und dem Kern der Sache gibt. Dass es – also, hier, das ist zum Beispiel – der Geist hat hier noch diese anbetende Mönchsbeziehung zu der Mitte – und das ist vielleicht sozusagen nicht die geschickteste in diesem Fortgang - also, weil – oft passieren da dann diese Erstarrungsprozesse, die aus Religio Religion wieder machen – und das sieht überaus nach einer (...) – zumal, wenn es dann eine Schar von Mönchen ist - während diese indischen und chinesischen Sachen, zumindest vom Prinzip her - auch dort gibt es dann Konformismus, das vermeidet der Mensch schwer - und dennoch geht es erst einmal um den Einzelnen, sodass dort – also, sozusagen – die individuelle Neufindung – dass es also eine Chance gibt, dass mehr Individuen von sich aus – und ohne sich unter Vorschriften zu beugen – eine Lösung finden.

Das ist – der Gedanke ist da einfach so: Die reine menschliche Natur meint da einfach, wenn die Sinne voll wach sind – einschließlich des Bewusstseinssinnes, des Geistsinnes - dann hat die Wirklichkeit, wie sie ist, viel mehr Möglichkeit – also, direkt, als Erfahrung, in dem individuellen Bewusstsein aufzusteigen.

Und wenn ich das zurückrechne auf unser Thema heute: Dann würde ich sagen, dass in diesem Modell – das ich viel zu verkürzt dargestellt habe, aber ich habe das ja ausgegeben als Blatt, dass man sich es noch mal ansehen könnte - dass da zwei Momente noch deutlich werden, die also relativ hoffnungsvoll sind, obgleich sie nicht sagen, dass wir die Lösung in der Tasche haben - wir müssen hier nur anfangen. Zumal – zumindest das

Zeitproblem – wissen wir nicht – Zwei Dinge: Das eine ist – besonders dann, wenn man sich auf dem Weg über Seele und über Geist nicht mönchisch in Askese verliert - dass eine andere Antwort möglich ist als bisher auf diese große Frage, warum eigentlich das Individuum, der Mensch - auch, wenn er alt geworden ist - so schwer sterben kann.

Ich denke nämlich – es gibt sehr viele Indizien dafür - dass das mit dem ungelebten Leben zusammenhängt und nicht mit dem gelebten. Dass – also, ich habe einen Stein gesehen, bei Spremberg, auf dem Berge - da hat sich irgendein alter Offizier, der kurz über 70 geworden war, auf den Grabstein schreiben lassen: »Starb alt und lebenssatt.« Der hat es offenbar – er hatte nicht das Gefühl, alles verpasst zu haben - offenbar: »Starb alt und lebenssatt.« Und – ich meine, wenn es gelingt, diesem – und ich bringe das – also, eigentlich: Wenn man es denn üben will – denn das waren Glücksfälle bisher, Glücksfälle der Sozialisation - wenn man es denn üben will, dass dann also die Kopplung der beiden Wege – also, dessen, der den Weg macht über Kultur und Gesellschaft und auch über die Gestaltung dessen, wie der Mensch sein Verhältnis zur Natur – denn das ist eigentlich dieses Thema hier – regelt, und dann also in die Mitte – aber diese Kopplung hier, die also direkt über die Sinne läuft, die – also, ich habe jedenfalls auch die Erfahrung gemacht, dass alle diese Praktiken öffnen. Und das heißt also erst einmal, dass der individuelle Tod annehmbarer wird, und zweitens – also, die Formel, die uns Ayya Khema hier vorgetragen hat im vorigen Jahr als die Antwort des Buddha, war ja: Mitleid. Und ich will darauf zurückkommen, dass - der Mitleidsbegriff, wie wir den abendländisch verstehen: Da ist das Caritas – irgendwie. Und selbst Mitgefühl ist noch eine Sache, die kann gefordert werden – moralisch, irgendwie: Du bist zu fühllos - oder umgekehrt: Du überschwemmst mich mit Gefühl, oder so – also, das ist diese Ebene.

Und hier geht es noch um etwas anderes: Hier geht es eigentlich darum, dass – also, beides eigentlich: Wenn man es wirklich bewusst betreibt, das – und bewusst diese Übungen macht, und zwar - die können auch im Alltag stattfinden, das ist nicht etwas, was nur – das brauchen wir - als Workshop brauchen wir das deshalb, weil die Kultur nicht darauf eingerichtet ist. Also, so – die Kulturen, die Heide Göttner-Abendroth hier geschildert hat, mit ihren Festen neunmal im Jahr: Die macht das, das ist eingebaut in den Alltag, die brauchen keine extra Workshops dazu – für ihre Zeit. Für unsere ist das – also, wir brauchen den Zugang. Und was hier passiert, ist – ich sage einmal: Statt Mitleid – ich sage: Die Grundlage davon ist die Wiederherstellung dieser Resonanzfähigkeit. Und wenn wir dann wieder erfahren würden, dass wir sozusagen in die Unermesslichkeit des Universums auch positiv eingebettet sind und dass es sozusagen im Großen und Ganzen in Ordnung ist, dass wir sterben müssen und dass es – also, sozusagen – nicht so wichtig ist, diese oder jene Konkurrenz zu gewinnen - weil die Menschen eigentlich in ihren Unterschieden nebeneinander – also, eher ein Gewinn als ein Schaden füreinander sind: Das ist erfahrbar zu machen. Und es ist so, dass das bisher nur von abseitigen Eliten überhaupt geübt worden ist.

Und mein Schlussgedanke – da komme ich zurück auf das Thema »Herausforderungen und Antworten«: Noch hat der Mensch immer nur vor lokalen Herausforderungen gestanden und vor keiner Herausforderung, die mit der heutigen in ihrer Struktur – und in ihrer verdammten Normalität, auch – vergleichbar gewesen ist. Und ich denke, dass wir uns auf den Weg in Trailer dieser Art machen müssen. Das ist hier – sozusagen – mein biografischer Zufall, dass ich dieses islamische Ding besonders geeignet finde als Zugang. Und man hat dann wieder eine Menge damit zu tun, den real existierenden Islam wieder auszutreiben - also, ich empfehle nicht den real existierenden Islam, sondern - das ist nur eine Möglichkeit, sich dem Thema der Arbeit zu nähern, wo das zusammenkommt – also, die direkte Übung, die rein persönliche, individuelle – und dass sich Leute individuell – und dann natürlich, wenn - sobald sie sich auf den Weg durch dieses Rad machen, da sind wir in Gesellschaft. Und dann – also, da geht es dann um Neugestaltung von Kultur, von Gesellschaft, auch von der Religio hier – und auch von – also, dann von dem Bewusstsein überhaupt – vom Bewusstsein überhaupt. Und das koppelt sich zu -

2. November 1992

Krieg gegen die Fremden, die anderen?

… also – eine persönliche Schwierigkeit will ich vorwegschicken – ich bin sehr darauf vorbereitet, auf dieses Thema, und es gibt eigentlich kaum eines neben dieser Thematik – also, der Beziehungsthematik – »Tränen des Eros« ist es dann im Vorlesung-Zusammenhang - der mich also mehr beschäftigt hat in Bezug auf diesen Zyklus; ich bin aus zwei Gründen heute Vormittag nicht mehr dazu gekommen, das noch – sagen wir mal – didaktisch zu ordnen; das ist sowieso immer so eine Frage, wie ich mich in meinen Papieren hier so zurechtfinde – das hat zwei Gründe, die irgendwie auch interessant sind für uns:

Ganz plötzlich bin ich noch eingeladen worden zu einer Pressekonferenz morgen in Bonn, wo es darum geht, dass nicht bloß allgemein Natur – also, Umwelt – in die Verfassung kommt, sondern insbesondere auch die Rechte der Tiere. Das ist ja das Thema der übernächsten Vorlesung; das nächste Mal werden wir ein paar Plakate mitbringen für die Vorlesung von Hartinger über einen Aspekt dieser Tierrechtsproblematik – also, über die Tierversuche: Ob die sich bieten lassen müssen, dass wir … zu unserem Besten die aufzuschneiden und einzustreichen mit irgendwelchen Giften, und so fort, nicht?

Da gibt es also eine Pressekonferenz, wo Politiker befragt werden und wo ein bisschen Staffage von Leuten gefragt ist, die sich da mal engagiert haben – und in dieser ganz unbedeutenden Funktion – aber damit es eine gewisse Resonanz findet, fahre ich da morgen – also, heute Nacht dann – mal schnell hin und komme morgen Abend dann – kommende Nacht – dann zurück.

Aber dann musste ich dann heute noch ein bisschen was erledigen.

Und das zweite in dieser Angelegenheit – ich wusste heute Vormittag irgendwie innerlich – also, ich hätte es auch verschieben können, aber es zwang mich - einen Brief beantworten, der irgendwie – also – doch ein Einstieg auch in das heutige Thema ist – irgendwie ausführlich musste ich ihn beantworten.

Manche von Ihnen, die in der letzten Vorlesung vor der Sommerpause da gewesen sind – ich hatte damals beiläufig einen Text mit ausgelegt, einen Essay für den SPIEGEL – den der SPIEGEL dann nicht für passfähig befand – der überschrieben war: »Wenn Erich heimkommt« – über die Legitimität der DDR. Der war verfasst vor der Ausuferung, und der Hintergrund war, dass ich schon Vogel – der zuerst Verteidiger war – und dann auch Friedrich Wolff, der jetzt hier also zu dem Verteidigerteam gehört – frühzeitig gesagt hatte, ich wäre bereit, zur politischen Verteidigung Erich Honeckers was zu sagen – in dem Prozess auch.

Weil ich denke, dass in diesem Mann mehr verstanden werden muss als nur die Problematik - also, was - sozusagen - schiefgegangen ist – und was da alles für Kruditäten, natürlich, mit dem System auch verbunden waren. Und ich habe diesen Essay und ein Briefchen - also, dass ich das angeboten habe - an ihn geschickt, und er hat geantwortet – also, ich hatte bisher kein Signal, dass man überhaupt reden könnte – also, dass dieses Urteil weg wäre - seelisch, denn das ist das Wichtige an solchen Sachen -; er hat mir jedenfalls darauf geschrieben:

»Lieber Rudolf Bahro, seit Langem besteht bei mir der Wunsch, mich bei Ihnen für die Geste zu bedanken, mich in meinem Prozess, der nunmehr für den 12. November angesetzt ist, mit zu verteidigen. Und die verschiedensten Motive, die Sie zu diesem Schritt veranlassten, haben meine Wertschätzung« – er hat das ja in dem Essay gesehen – »da sie von dem humanistischen Gehalt Ihres Denkens und Handelns sprechen.« So werden Bündnispartner angesprochen, als Humanisten, nicht? (Allgemeiner Heiterkeitsausbruch) – »Im Grund geht es bei allen Bestrebungen darum, die Erde lebenswert zu gestalten – dies ist bis jetzt nicht gelungen. Die DDR war aus objektiven Gründen nur ein Entwurf dazu – wie es mir auch im Rückblick scheint, kein schlechter. Die Umstände, in denen sich gegenwärtig die Welt befindet, bezeugen dies. Für Ihren guten Willen und Ihren mutigen Gedanken, dass es jetzt darauf ankommt, zu den Idealen der Menschheit sich zu bekennen, danke ich Ihnen herzlich. Mit den besten

Grüßen – Erich Honecker.« – Der Schriftzug ist kraftvoll (Ausgelassene Heiterkeit).

Ich sage das, weil zugleich es so aussieht, dass es wahrscheinlich doch nicht zu dem Prozess kommen wird: selbst wenn er noch eröffnet werden sollte, weil – es geht ihm sehr schlecht.

Worauf ich eigentlich eingegangen bin hier – also, weshalb ich das doch dachte, gleich zu schreiben – das waren zwei Dinge: Das eine war – jedenfalls in unserer damaligen Konstellation – ob es nicht doch noch möglich ist, dass er versteht: Das war innen – selbst in ihm, innen, diese Konfrontation; dass das ein Streit in einer Sache war. Wie das heute aussieht – ich meine, da hat sich manches verschoben, weltanschaulich, ohne dass ich das damalige Engagement vergessen will, aber – ich glaube, dass es nicht bloß für ihn und mich – also, nicht privat – wichtig wäre, wenn das noch herauskommen könnte.

Und der zweite Punkt ist – und das ist für mich damals keine Frage des Mutes gewesen und auch heute nicht, sondern das ist einfach eine Frage der Selbstachtung, wenn man was erkannt hat, als lebendig erfahren hat, wo man in einem Bezug zu einer Wirklichkeit steht, dann muss man damit umgehen.

Der Text hatte ja die Unterzeile »Über die Legitimität der DDR«, das heißt, des anderen deutschen Staates.

Und ich will für den Einstieg einfach die Sache von der Seite aufnehmen, dass ich uns erst mal – in der ersten halben Stunde jetzt – einige Gesichtspunkte in Erinnerung rufe, die – das Alleraktuellste, das Thema Rostock oder so, brauche ich nicht in Erinnerung zu rufen, das steht im Raum, das ist sowieso klar, dass ich irgendwie vor dem Hintergrund rede – aber doch etwas weitläufiger. Und zwar geht es natürlich – also, in den Kreisen, die sich dem entgegenstellen - eher um die innere Debatte: Wie man mit der Sache umgeht.

Und da will ich zunächst mal feststellen, dass zu der – ich will mal sagen: zu der nationalen Problematik die westliche Elite – und das, was hier dann in der DDR als Elite allerdings etwas erstarrt war – wirklich unterschiedliche Herangehensweisen hatten, also, nach 1945 jedenfalls.

Also, im Westen ein – für meine Begriffe – überaus problematischer und gefährlicher Nationalnihilismus:

Ich habe auf einer sozialistischen Konferenz – der II. Sozialistischen Konferenz da drüben, als es schon ging, ob sich die Linke zu den Grünen wenden kann – mal irgendwie das Wort »deutsch« fallenlassen, und es gab dann einen Aufschrei, insbesondere deshalb, weil so eine bestimmte marxistische Sekte - sogenannte Marxistische Gruppen, aus München, da – den Saal etwas übersetzt hatte, mit Absicht – und ich fragte hinein, ob das irgendwie nicht klar ist, dass wir ja nun trotz allem Deutsche sind – die Sprache ist so, und so – also, das war – es gab einen noch schlimmeren Aufschrei, und das war zwar Karikatur – schon - also, so ist das nicht im Durchschnitt, dass die Leute also bissig sind direkt, wenn es darum geht, aber – man möchte es eigentlich nicht sein.

Die meisten Leute aus der Linken – also, eigentlich ist es umgekehrt: Am ehesten die Leute aus der Linken, die wirklich mal eine Weile im Ausland waren - haben aus dem SPIEGEL dann erfahren: es lässt sich doch nicht verleugnen - also, man ist auch – man ist dann doch auf deutsche Weise links, und wenn man das überhaupt nicht sein will, auf deutsche Weise – dann guckt man da weg.

Und bei dem ganzen Thema – also, das Thema, das ich überhaupt für die Vorlesung – als Reihe – jetzt gewählt habe - wenn da drin steht »Alles aufsteigen lassen – um alles loslassen zu können« – überhaupt - dann ist das also besonders deutlich - besonders sinnfällig - an diesem Thema, das ich heute genannt habe – Horde, Stamm, Volk, Nation und Religion – also, besonders deutlich, dass die Verdrängung da wirklich nichts bringt, nicht?

Dass man die Sache erst mal irgendwie auch wertfrei zur Kenntnis nehmen darf, nicht bloß unter dem Gesichtspunkt der Gefahr.

Das ist ja irgendwie doch komisch: Der letzte Parteitag – wieder noch - der Kommunistischen Partei Frankreichs, der Marchais am Ende am Mikrofon – was ist sein letzter Ruf da, also, die »Vive!«-Rufe da? »Vive la France!« Also – die Identifikation mit der Nation. Und nun, was da - vor allem in Frankreich, natürlich - völlig anders funktioniert hat - das ist nicht so, dass das einfach mit den Zurufen, wie – ich weiß nicht – »Germania«, oder so was, nur – da wird deutlich, dass das irgendwie sehr spezielle

Unterschiede sind – und dass es also bestimmt falsch - schieflaufen muss, wenn – sozusagen - aus den tiefsten emotionalen Gründen dann in Deutschland, in der Linken, und so, überhaupt, um diese Sache so gestritten wird – ohne dass klar ist, worum es eigentlich geht. Also, diesen Punkt meine ich.

Und da will ich jetzt mal erinnern daran, was der Arbeiterbewegung passiert ist – bis in die DDR hinein, jetzt – also, bis in die Schlüssel, die die DDR konstituiert haben, hinein: Also, am Anfang steht natürlich dem Marx – und Engels – sein Spruch, dass die Arbeiter kein Vaterland haben. Und die Antwort war das ungeheure Missverständnis - denn so war es von Marx und Engels nicht gemeint – von den vaterlandslosen Gesellen – natürlich, nicht?

Na klar: Die internationale Solidarität war wichtig genommen - das war hervorgehoben, dass die französischen und die deutschen Arbeiter, und so – dasselbe Problem mit dem Kapital haben, und es gab – vielleicht bei Marx und Engels auch selbst da - eine Unterschätzung der nationalen Problematik, aber – es ist ja immer die Frage: Was passiert damit in der Wirklichkeit?

Und dann haben dieselben - Marx und Engels – schon in den 80-er-Jahren des vorigen Jahrhunderts festgestellt, dass die englische Arbeiterklasse nicht etwa bloß national reagiert, etwa gegen die deutsche, oder die französische, je nach Weltbild – sondern kolonialistisch – nämlich, dass der Imperialismus noch mit drinnen sitzt – mit zu Tische sitzt – bei Labour.

Und die Rosa Luxemburg hat das viel allgemeiner – und betonter – noch gesehen. Und dann muss man sich nicht wundern, also – die nationale Wirklichkeit – also, das scheint so irgendeine oberflächliche, unwichtige Sache zu sein, während das Thema, wie ich es formuliert habe – von der Horde bis zur Religion – also, das hat tiefste Wurzeln.

Das ist vom Lebensgrund her stärker als dieses moderne Problem »Arbeit und Kapital«

Also daher: Der Lieblingsarbeiter von Marx und Engels, August Bebel – im Jahre 1913: »Also, wenn der Zar kommt - wenn es gegen die Russen geht – dann schultere ich das Gewehr.« Das war genug für die Mobilisierung der deutschen Arbeiterklasse in den 1. Weltkrieg – im Grunde genommen. Man weiß nicht, wie Bebel 1914 nun wirklich sich gestellt hätte, weil – es kam nicht nur der Zar. Aber jedenfalls zeigte sich, dass das relativ einfach war, in dieser Situation nur noch Deutsche zu kennen seitens Kaiser Wilhelm II. Und dass der eine Liebknecht fähig war - oder Barbusse in Frankreich - über dieser Sache zu stehen.

Und nun hat die Deutsche Kommunistische Partei – früh, eigentlich – natürlich unter dem Einfluss des wirklichen Prozesses – also, die wiedergegründete, meine ich jetzt, nach dem Krieg – die wiedergegründete Deutsche Kommunistische Partei – also, die war ja früh beeinflusst von dem wirklichen Prozess in Russland, dann, sodass also Stalinisierung zeitig einsetzte.

Also, sicher hat schon die Einsetzung Thälmanns irgendwie mit solchen Prozessen dort in Moskau zu tun gehabt – aber klar ist, dass Thälmann selber – also, sozusagen – seine Einfachheit als deutscher Hafenarbeiter eigentlich nicht dabei vergessen hat.

Es stand ja – also, für das revolutionäre Thema nach 1917 war ja mit ausschlaggebend die Frage – von Lenin her erst mal - kommt nun die deutsche Revolution, oder kommt sie nicht?

1923, dieser getriggerte Revolutionsversuch, der deshalb natürlich übel ausging – und zumal sich also dann die Fraktionen stritten - nicht von Deutschland aus, sondern von Moskau aus schon - so geht das natürlich nicht – und das war schon Zweckpolitik – und nicht die Frage: Was ist im Volke? Was ist in der Arbeiterklasse? Das Thema war schon drin - aber es war nicht ausgesprochen.

Und dann wuchs da in der Mitte der 20-er-Jahre diese nationalistische Stimmung an. Das heißt, die Reaktion auf Versailles, auf die Inflation, darauf, dass es den Young-Plan gab, dass die Franzosen im Rheinland und – also, diese ganze Konstellation, die natürlich das Unterste aufgewühlt hat im Nationalcharakter – den es halt gibt, das ist das große Problem, dass es den halt gibt - und 1929 – endlich, spät – haben sie sich dann entschlossen, die deutschen Kommunisten - ich weiß nicht mehr, wie es genannt war – jedenfalls, ein Programm zu schreiben, das schon in der Überschrift national war und diese Unverträglichkeit enthielt: »Sowjetdeutschland« als Orientierung.

Also, praktisch die Folgen russischen Nationalcharakters und des sehr anderen russischen Weges – also, des russischen Kulturzusammenhanges – hier zu verbinden, und man wusste schon viel darüber, wie das in Russland läuft – aus welchen Gründen auch immer. Nur – klar ist, dass die deutschen Kommunisten sich dieses Themas wenigstens bewusst geworden waren – zu spät – und wenig gründlich, weil – das war ja nicht verarbeitet, aber – so weit.

Und wenn ich dann – das habe ich besonders in der Biografie Bechers verfolgen können - wenn man dann an die faschistische Herrschaftszeit denkt und an die Emigration: Also, Becher hat in den Jahren nach 1933 dann seine Deutschland-Dichtung geschaffen, die also den Anspruch erhebt: WIR müssten doch Deutschland sein! – immer noch zu einfach, nicht? – also: Arbeiter-Deutschland gegen das kleinbürgerliche, oder so – zumal die Arbeiter selber weitgehend kleinbürgerlich sind – jedenfalls, das gute und das böse Deutschland dann schön sauber unterscheiden – und – ja, mit der Sowjetarmee zusammen, im Bunde, hier ankommen.

Wobei also jetzt wirklich nicht entscheidend daran ist, wie die deutschen Kommunisten sich bewegt haben – jedenfalls ist in diesen Jahren der Hitlerherrschaft der Text der Nationalhymne - nicht geschrieben, aber vor-
– also, der Bechersche – aber vorgeschrieben worden, natürlich.

Und nach 1945 hat es dann sowohl in den sowjetischen Kreisen, unter den sowjetischen Offizieren hier, als auch unter den deutschen Kommunisten und Sozialdemokraten - natürlich, die hiesigen, nicht? – die Diskussion gegeben, also - wie steht es denn nun mit einem deutschen Sonderweg? Also, dass wir von dieser Durchführung - einfach - des Sowjetsystems hier vielleicht ein Stück abrücken.

Und ich meine, da – wie in der Entwicklungspolitik, wenn nie etwas anderes exportiert werden kann, als man ist – ist diese stalinistische Struktur hier dran gekommen – und verkoppelt mit dem Deutschland-Thema.

Sodass also diese nationale Identifikation, die in der SED-Politik bis zuletzt gewesen ist – bis zuletzt – auch wenn sie es inzwischen aufgegeben hatten, Deutsche an einen Tisch – und diese ganze Politik - die ist ja irgendwann fallen gelassen worden, am Anfang der 60-er-Jahre, glaube ich, also, vor der Mauer noch – sicher – jedenfalls in dem Zusammenhang – einfach, weil man sah: Das geht nicht – das klappt nicht.

Aber noch ganz zuletzt hat Erich Honecker irgendwann gesagt - ich weiß nicht, 1988, 1989, habe ich gelesen - dass man natürlich an ganz Deutschland denkt – nur dass es also nicht realpolitisch wäre, das jetzt zur Debatte zu stellen.

Also, es gab hier - natürlich – eine Pseudolösung, sozusagen, der Versöhnung mit dem nationalen Thema, insofern das also nicht wirklich durchging – nicht von antifaschistischer Erfahrung, denn wir waren ja auf der Seite – wir waren ja dann bei den Siegern der Geschichte – und überhaupt nicht durch die nationale Geschichte – die wir also völlig fehlgelesen haben – weil – die wurde eigentlich gelesen, also, negativ, am Beispiel der französischen Geschichte, weil – das Weiteste, wo man zurückgehen konnte – also, jetzt, im Kampfgeist zurückgehen konnte – war dieses Blut-und-Boden-Deutschland, das Bismarck geschaffen hat – zu spät:

Hätten doch unsere Kaiser rechtzeitig hier zu Hause gesammelt, statt in Italien sich herumzutreiben, dann wäre der deutsche Nationalstaat eher da gewesen, und es wäre diese fürchterliche Spätkommer-Entwicklung nicht gewesen, und so viele dumpfe Explosionen wären nicht passiert:

Sehr kurzschlüssig rückwärts gelesen, die Geschichte – also, nicht wirklich verarbeitet – und dazu dann die Uniformen von 1813 – also, eine seltsame Mischung, nicht?

Weil – dort war sehr viel zusammen, was im 1. Weltkrieg da bloß so ein bisschen anders funktioniert hat – da war es nicht mit den Russen nach Paris – sozusagen, im Widerstand gegen die Moderne, eigentlich, nicht?, auch der patriarchale Bauer hat Angst vor Paris gehabt – in Frankreich ja selber - Aufstand in der Vendee, nicht? – also, die Bauernprovinzen dann, da - die Nordwestprovinzen – die ältesten, die am wenigsten modernisierten, wo noch viel Volkstum war, nicht? - die waren im Aufstand gegen Paris gewesen; also, mit dieser Krisenkonstellation - 1813, wo dann der deutsche Nationalismus anfing – da mussten wir erben – eine seltsame Mischung.

Nur eines ist aber irgendwie übrig geblieben: Das waren ja doch mehr theoretische Dinge, die im Volk nicht angekommen sind – so sehr. Zwei

Dinge haben hier funktioniert: Das eine Ding war – also, wie soll ich sagen? – dass wir diesen Versuch gemacht haben, über die Schule – und besonders in den ersten – sozusagen – 10 Jahren DDR – aber das ist doch nicht wenig, irgendwie, für die Generationen gesehen. Wir haben ja da ein nationales Kulturerbe – auch als Floskel und Phrase, natürlich – und als Machtpolitik – mitgedacht – aber wir haben da einen Anschluss behalten in der Hinsicht hier zu dem, was gut – was wir für gut in Deutschland befunden haben – wo zum Beispiel von der deutschen Romantik dann viel rausfiel – also, es war nicht vollständig; es war immer – denkt ja aber unsereiner – der halbe Goethe, zuletzt war es ja sogar der halbe Bismarck – also, keine wirkliche – immer kein Versuch, auch nur der selbstverordneten Dialektik gerecht zu werden, sondern: Wem nützt es?

Das und das – das eine fällt weg, aber dennoch: Das ist bearbeitet – da ist was gemacht worden. Und das andere ist, dass also – wenn auch ebenso problematisch und unbewältigt – also, wenigstens vom Prinzip her dieser nationale Nihilismus gebrochen worden ist.

Wenn man nicht Subkultur sein will – linke Subkultur – oder welche auch immer - dann muss man sich natürlich dem ganzen Thema stellen. Dann muss man – also, ich glaube, man ist dann erst mal subjektiv – und egal, wie weit die Kräfte reichen – man ist dann dafür verantwortlich, wenn es kein Konzept gegeben hat – vorher – für das, was dann sich als Ressentiment äußert, wenn es nicht mehr funktioniert.

Also, wenn das ausbricht, das rechte Potenzial zum Beispiel, oder - als rechtes Potenzial – und in Wirklichkeit ist das aus der Tiefenpsychologie her meistens – das ist einfach Ressentiment – das äußert sich rückständig und rechts, erst mal – das sind Hilflosigkeiten, und das ist geschlagene alte Kultur – noch nicht genug neue Zivilisation – und so was alles, nicht?

Und wenn man es verweigert hat, darauf Antworten zu geben – wenn jemand, der auf diese Weise ausbricht, sofort deklariert wird – Nazi! Haut die Glatzen, bis sie platzen! – so, als Extrem – ich meine, das ist nicht die Grundhaltung der Linken – aber es gibt solche, nicht? Dann kann es ja wohl schiefgehen.

Also dann, heißt es, wird der Platz angewiesen – dort sammelt euch, und wir bieten da nichts an – zu diesem ganzen Thema -wollen wir doch mal sehen, wer was anbietet, und dann werden wir wieder kritisieren, offenbar – also, ich denke da einfach, dass diese ganze Konstellation, die wir da jetzt noch immer sehen, wohl damit zu tun hat, dass irgendwie die Tiefenstruktur des Themas überhaupt nicht – also, nicht nur nicht begriffen ist, sondern dass man nicht aufmerksam ist, dass gewissermaßen niemand weiß, dass es also, wenn das theoretisch behandelt worden ist - in den letzten Jahrzehnten schon - hat es immer wieder jemanden gegeben – dann so auf der Ebene, also, hier die Arbeiterproblematik – und die nationale Problematik – und beide – sozusagen – horizontal, und jetzt knallt das aufeinander.

Aber wenn man die Klassenkampfproblematik nur aus der Moderne begreifen kann – also, wenn es da noch reicht bis zu Adam Smith – sozusagen - die 250 Jahre, die in der Politökologie ja auch gerade noch thematisiert werden – für die nationale Problematik reicht das nicht.

Sonst sieht das so aus, also – es sieht dann immer so aus, hier kann überhaupt nur regressiver Nationalismus ausbrechen.

Und – ich weiß nicht, Beethoven war vielleicht am liebsten Österreicher, sagen wir mal - das wird nicht mit benannt, nicht?, während - die ganze große letzte Dichtung Hölderlins, der letzte Abschnitt, ist mit Recht überschrieben in der Sammlung – und nicht bloß, weil es die Leute auch ideologisch fanden, die das zuerst mal gemacht haben in den 20-er – nach dem Krieg, nach dem 1. Weltkrieg – das ist die Überschrift »Vaterländische Gesinnung«.

Da ging es um – da war die Frage nur noch nicht entschieden, wie sich die Nation konstituiert – und dass sich Völker in der Moderne als Nationen konstituieren, das kann man keinem Volk zum Vorwurf machen; offenbar passiert das – und da muss man fragen, woher – nicht?

Und. Welche Schicht – sozusagen – des ganzen historischen Prozesses, welche moderne Schicht das eigentlich ist, was da Nation ist – und wo Nationalismus in der Regel eigentlich irgendwie schon die Gegenreaktion der - jeweils gegenüber den fortgeschrittensten - kürzer gekommenen Völker ist.

Also, nur mal als Seitenbemerkung: Die Sache in Jugoslawien – nur, um den Punkt zu kennzeichnen – also, erst mal beide, Kroatien und Serbien –

was die Moslems betrifft, ist es ja noch viel schwerer, weil es noch eine ältere Schicht – katastrophal, wie das bearbeitet wird – ist, aber – da geht es natürlich um die Chancen für weitere Modernisierung.

Wenn das ausgeschrieben ist, das Wohlstandsmodell der westlichen Welt, und wenn Jugoslawien auseinanderfällt, ist Serbien – also – ärmer. Von den Ressourcen her. Und von dem Industrialisierungsgrad, und von anderem – sie haben ja – sie sagen dann:

Wir haben das da investiert, und jetzt soll uns alles genommen sein? Das heißt, es steckt also – wenn das Volk reagiert, das denkt vielleicht nicht gerade daran, aber dieser Schurke, dieser Šelest, der völlig auf diese Sache gereist ist - der denkt natürlich machtpolitisch, und Machtpolitik in der Moderne hat es mit Ökonomie zu tun, mit der Selbstbehauptung. Morgen – welche Ressourcen habe ich, um reiten zu dürfen, weiterhin?

Und das wird – also, bei der hiesigen Konstellation wird – wie viel das mit uns zu tun hat, mit der Situation im Zentrum – das wird verkannt, und auf der anderen Seite ist man nur in der Lage, den nationalistischen Ausbruch dann - den hält man für atavistisch, weil man nicht genug reinguckt.

Wieso sollen denn die – also, bloß 50 Jahre später, und mit einer anderen Geschichte – mehr über die Sache wissen und besser damit umgehen können, als die Deutschen vor 60 Jahren?

Also, das zur – so, als – dass wir irgendwie das Feld – und da will ich in dem Zusammenhang noch darauf aufmerksam machen, was ich hier für ein Buch mitgebracht habe.

Ich hatte in der ersten Vorlesung, mit dem ersten - was auch in der Literaturliste steht - ein Buch: »Das Nationale«. Also, sozusagen – für bestimmte linke Mentalitäten Provokation – umso größer, als – ich habe hier ja den Kurt Hübner eingeführt; der hat auch eine Vorlesung gehalten.

Das ist ein konservativer Philosoph aus Kiel, der im Sudetenland geboren ist – also, hoch verdächtig, erst mal – des Nationalismus, sozusagen, nicht? – und der also bei 1968 dann hier in Westberlin auch war, also in – ich glaube, kurz in der Nach-68-er-Zeit – und vor den - etwas doch – ersatzweisen Klassenkämpfen dann in den verschiedensten – in den verschiedenen linken Gruppen – er musste fliehen, er war so unmöglich, er versäumte kein Fettnäpfchen, nicht? – in der Wahrnehmung.

Ich lese einfach mal: Also, erstens, da steht drin: »Herrn Rudolf Bahro mit freundlichen Grüßen« – er hat es mir also geschickt, dann, weil wir guten Kontakt hatten – und ich lese mal, was er hier schreibt – und was ich eben erzählt habe, habe ich wirklich nicht aus dem Text hier – hat man gemerkt, sicher, dass da – hier, diese DDR-Erfahrung halt, vom Umgang mit der Sache, irgendwo im Hintergrund steht. Hier, auf dem Klappentext steht – nicht mal von ihm wahrscheinlich formuliert – »Die Ablehnung des Nationalen wie diejenige der europäischen Einheitsbestrebungen« – das heißt, sein Thema ist auch EG – natürlich, jetzt, das ist ja klar, nicht? – dass da – also: Wollen wir nun zusammen, also mit D-Mark – oder gar – oder – selbst mit Euro – also, ist es nicht doch die deutsche – ach, das alles – diese ganze Thematik – er sagt: »Die Ablehnung hat – haben beide dieselben Wurzeln. Sie begreifen das Nationale nur womöglich für seine im Laufe des 19. Jahrhunderts einsetzenden und rasch fortschreitenden Pervertierungen« – also, sozusagen – staatsnational in Goethes Weimar zu sein – das war noch kein Problem, in Wirklichkeit, nicht? – für dieses Ländle – jetzt, in Patriotismus zu machen – oder im Bayerischen – ich meine, gut, die Feudalen schlugen sich genug, aber das hatte nicht - das lag nicht an nationalistischer Mobilisierung, sondern – ja, also: in der Pervertierung des Themas, des Themas des Nationalen, also, des wirklichen Stoffes – zum Nationalismus und Chauvinismus. Er sagt: »Davon befreit und recht verstanden, erweist es sich jedoch als ein anthropologisches Phänomen.« Also – das hoffe ich, in der zweiten Stunde andeuten zu können – dass damals doch alles anders – »als ein anthropologisches Phänomen« – also eines, das bis in die tiefsten Wurzeln zurückreicht, »und als eine unvermeidbare Grundlage des Staates.«

Ich sage jetzt mal in Klammern: Solange es halt nicht wirklich Eine Welt gibt – also, mit einer Psychologie oberhalb dieser Wurzeln – aber nicht in ihrer Verleugnung. »Auch schließt es die fruchtbare Wechselwirkung der Nationen und damit ihre gegenseitige Toleranz notwendig ein.«

So – ich belasse es mal dabei; ich sage nur: er hat – also, durch das ganze Buch zieht sich einmal, eigentlich, dass er die romantische Fassung des nationalen Themas in der deutschen Geistesgeschichte – dass er die noch mal aufsteigen lässt – also, dieses Thema »Organisches, Gewachsenes« gegen »Mechanizistisches, Modernes« – also, im Grunde – diese romantische Thematik steht extrem im Gegensatz – wie die das aufgefasst haben – zu dem, was hier Gerd Irrlitz zu diesem Kleisthenes – zu dem Zitat, wo er Kleisthenes vorgetragen hat - wo Kleisthenes schon die athenische Gesellschaft in Zehnergruppen eingeteilt hat - also, rationalistisch, vom Staat her, um eine Krise zu bewältigen, damals, sicher, aber – diese organische – also, praktisch dem Gewachseinsein gerecht werden, das heißt, wenn man eine Verfassung finden will, die – sozusagen – das soziale und das nationale Problem und die eine friedliche Konstellation zu anderen Völkern – wenn man das bewältigen will, dann muss an also dem gerecht werden - also, es ist wirklich völlig klar – mit Sowjetdeutschland konnte das hier nicht gehen. Und nicht wegen »Sowjet« – man hätte auch sagen können »Räte-Deutschland« – sondern wegen der Nabelschnur an die russische Revolution, wegen dieser aus Ohnmacht geborenen Überfremdung willen, der dann natürlich – nach 1945, wo das - aus der deutschen Geschichte heraus, natürlich, hergeholt war, beides – da war das unvermeidlich – das ist nicht zu kritisieren, glaube ich, die DDR, in dem Sinne, sondern einfach – das ist zur Kenntnis zu nehmen.

Aber – ich glaube, dass der Gedanke ganz richtig ist, und er zieht sich durch das ganze Buch durch, denn das ist – dass also – sozusagen – auch wie er sich selbst - also, Seite für Seite – immer wieder davor warnt: ja nicht nationalistisch mobilisieren – das will er absolut nicht, sondern nur – also, ein Konservativer – in gewisser Hinsicht – ist prädestinierter, diese Thematik aufzuarbeiten.

Und ich empfehle das Buch einfach – wer wirklich an der Sache arbeiten will, für den Stoff – und zwar, weil es geeignet ist, Selbstversöhnung – also, Versöhnung, was den nationalen Selbsthass betrifft – zu bringen. Und es zeigt also, wie kultiviert das in unserer geistig größten Zeit – also, in der klassisch-romantischen Phase – wie das da diskutiert worden ist von den verschiedensten Seiten.

Er hat seine spezielle Sicht; es geht nicht darum, das unkritisch zu übernehmen, nur – es ist sehr wertvoll.

Und um nicht – über das, was den Kurt Hübner darin irgendwie charakterisiert – jedenfalls - es ist sehr schätzenswert für mich - und um es von der anderen Seite zu zeigen, um noch mal kenntlich zu machen – erst mal, jetzt, abschließend für den ersten Teil – dass es Nationalcharakter gibt – und zwar daran kenntlich zu machen, dass da was vorhersagbar war – bestürzend vorhersagbar war – in den letzten 30-er oder Anfang 40-er-Jahren des vorigen Jahrhunderts, durch Heine in Paris.

Also, Heine steht natürlich – wenn man jetzt so in dem Spektrum guckt, nicht? – das wäre links, nicht? – also, der hat – damals, in »Zur Geschichte der Religion und Philosophie in Deutschland« – und zwar hat er das geschrieben für die Franzosen, um es denen zu erklären, wo er – er hatte dann dort gelebt und liebte die Franzosen – und war nicht – also, nationali- - also, deutschenhasserisch – überhaupt nicht!« – man wird es aus dem Text sehen.

Weshalb ich das vorlese, ist jetzt nicht die Frage: Trifft das ganz genau – es ist seltsam, man weiß, von welchem Volk da nur die Rede sein kann – auch wenn das nicht fiele - und zugleich – also – eigentlich ist es noch fürchterlicher gekommen, als er vorausgesagt hat.

Aber er hat – es war was ablesbar, woran man sieht, also - ob nun Deutscher Bauernkrieg - oder die Geißlerbewegung im Mittelalter – oder 1813 – oder 1933: es muss dasselbe Volk sein, und da muss unten was sein: Dort müsste gearbeitet werden.

Von dort her müsste gearbeitet werden, wenn es gehen soll – und dass da so was Durchgängiges sein muss, das beweisen, scheint mir, die Voraussichten Heines. Er sagt: »Die deutsche Philosophie ist eine wichtige, das ganze Menschengeschlecht betreffende Angelegenheit« – das ist der Schluss seines ganzen Büchleins an die Franzosen – »ist eine wichtige, das ganze Menschengeschlecht betreffende Angelegenheit, und erst die spätesten Enkel werden darüber entscheiden können, ob wir dafür zu tadeln oder zu loben sind, dass wir erst unsere Philosophie und danach unsere Revolution ausarbeiteten.« Das war ja vor 1848, und in der Konstellation darauf hin, natürlich. Wenn hier von Freiheit die Rede ist, dann ist natürlich die Kombination gemeint – Freiheit auf 1848 hin, und ob man damit die nationale Einheit zustande bringt – noch relativ demokratisch, und wenn nicht – Bismarck lässt schon grüßen – er lebt schon.

»Also, mich dünkt, ein methodisches Volk wie wir« – das sagt also Heine auch: »wir« – für die Deutschen – der Jude Heinrich Heine – »mich dünkt, ein methodisches Volk wie wir musste mit der Reformation beginnen, konnte erst hierauf sich mit der Philosophie beschäftigen und durfte nur nach deren Vollendung zur politischen Revolution übergehen. Diese Ordnung finde ich ganz vernünftig – die Köpfe, deren die Philosophie zum Nachdenken benutzt, kann die Revolution nachher zu beliebigen Zwecken abschlagen« – das ist französisch, natürlich, nicht? – »Die Philosophen hätte aber nimmermehr – die Philosophie hätte aber nimmermehr die Köpfe gebrauchen können, die von der Revolution – wenn diese ihr vorherging – abgeschlagen worden wären.« Also – es wäre schade um die deutsche Philosophie gewesen, wenn das – sozusagen – nicht geklappt hätte, sagt er.

Aber er meint, durch diese Doktrinen – meint Kant, Hegel, Fichte, Schelling - durch diese Doktrinen haben sich revolutionäre Kräfte entwickelt – Tiefstrukturen, würde Galtung sagen, Tiefideologien, die ja da auch nur Ausdruck finden – Fichte, Reden an die deutsche Nation – aber das ging auch ins Volk – »die nur des Tages harren, wo sie hervorbrechen und die Welt mit Entsetzen und Bewunderung erfüllen können.

Es werden Kantinaer zum Vorschein kommen, die auch in der Erscheinungswelt von keiner Pietät etwas wissen wollen und erbarmungslos mit Schwert und Pfeil den Boden unseres europäischen Lebens durchwühlen, um auch die letzten Wurzeln der Vergangenheit auszurotten.« Das war jetzt die – feudale – gemeint.

»Es werden bewaffnete Fichteaner auf den Schauplatz treten, die in ihrem Willensfanatismus weder durch Furcht noch durch Eigennutz zu bändigen sind, denn sie leben im Geist, sie trotzen der Materie – gleich den ersten Christen, die man ebenfalls weder durch leibliche Qualen, noch durch leibliche Genüsse bezwingen konnte. Ja, solche transzendentalen Idealisten« – Fichte ist gemeint – »wären bei einer gesellschaftlichen Umwälzung sogar noch unbeugsamer als die ersten Christen, da diese die irdische Marter ertrugen, um dadurch zur himmlischen Seligkeit zu gelangen - der transzendentale Idealist aber die Marter selbst für eitel Schande hält und unerreichbar ist in der Verschanzung des eigenen Gedankens. Doch noch schrecklicher als alles wären Naturphilosophen« – Schelling ist gemeint – »die handelnd eingriffen in eine deutsche Revolution und sich mit dem Zerstörungswerk selbst identifizieren würden.

Denn wenn die Hand des Kantianers stark und sicher zuschlägt, weil sein Herz von keiner traditionellen Ehrfurcht bewegt wird, wenn der Fichteaner nicht vor jeder Gefahr trotzt, weil sie für ihn in der Realität nicht existiert, so wird der Naturphilosoph« – also Schelling – »dadurch furchtbar sein, dass er mit den ursprünglichen Gewalten der Natur in Verbindung tritt, dass er die dämonischen Kräfte des altgermanischen Pantheismus beschwören kann und dass in ihm jene Kampflust erwacht, die wir bei den alten Deutschen finden und die nicht kämpft, um zu zerstören, noch um zu siegen – sondern bloß, um zu kämpfen« – also, diese frühe Berserkerei.

Und – ich meine – er nimmt ja diese drei Philosophen als Ausdrücke des deutschen Volkscharakters, sonst hätte es ja diese Färbung nicht gehabt.

Und er sagt: »Die alten steinernen Götter erheben sich dann aus dem verschollenen Schutt und reiben sich den tausendjährigen Staub aus den Augen, und Thor mit dem Riesenhammer springt endlich empor und zerschlägt die gotischen Dome« – also, Rache für diese Eiche da – für die Donareiche – sieht Heine.

Und er sagt dann: »Der Gedanke geht der Tat voraus« – jetzt die andere Richtung, also, was da folgen kann – »wie der Blitz dem Donner. Der deutsche Donner ist freilich auch ein deutscher und ist nicht sehr gelenkig und kommt etwas langsam herangerollt. Aber kommen wird er, und wenn ihr einst – wenn ihr es einst krachen hört, wie es noch niemals in der Weltgeschichte gekracht hat, so wisst: Der deutsche Donner hat nämlich sein Ziel erreicht.

Jetzt ist es freilich ziemlich spät, und gebärdet sich auch dort der eine oder andere etwas lebhaft, so glaubt nur nicht, diese würden einst als wirkliche Akteure auftreten« – also, so vor 1848.

Und er sagt dann aber noch den Franzosen – also, im Blick auf ihre Revolution: »Ihr wisst ja selber, was man in einem solchen Zustande vermag – und ihr seid nicht mehr in einem solchen Zustande – nehmt euch in Acht. Ich meine es gut mit euch, und deshalb sage ich euch die bittere Wahrheit: Ihr habt von dem befreiten Deutschland mehr zu befürchten« –

also, von dem revolutionierten, damals – »mehr zu befürchten als von der ganzen Heiligen Allianz mitsamt allen Kroaten und Kosaken.«

Also, was die da in Paris schon erlebt hatten, nicht? – nach 1813.

Also – da hat ja Heine durchaus nichts geweissagt, da ist was – und es ist irgendwie – natürlich, also – ein Aspekt des Versagens der DDR, dass wir mit dem Thema - also: Auf der Seite der Sieger der Geschichte, und: im erklärten Antifaschismus – also, Christa Wolf hat das Thema aufgeworfen, nicht? Also, das heißt, das ist nicht bearbeitet – und das erste ist eben einfach – ich glaube, dass wir die Geschichte – und zwar als Ausdruck unserer Psychologie, dessen, was mit uns zu rechnen ist – dass wir die kennen müssen.

Und das zweite ist, dass – und darüber will ich in der nächsten Stunde noch Anlauf nehmen – das zweite ist, dass wir – dass nicht alle um – also - zu bewältigen – er hat hier geschrieben: »Verdrängtes – Unvermeidliches – Erstrebenswertes«, der Kurt Hübner – dass es also auf der Ebene – sozusagen – der bloßen intellektuellen Wahrnehmung, des Bücherlesens, so – des Geschichtsbücherlesens – und der Diskussion: Was sitzt da in uns? – dass es damit nicht zu machen ist, wenn es nicht - dass das nicht hinreicht – dass das nur ein Zugang ist – nämlich:

Wenn es stimmt, dass das – wie er selber sagt – ein anthropologisches Thema ist, dann hat das seine Wurzeln auf Ebenen, wo es noch gar nicht national ist – und auch noch nicht religiös in diesem spezifischen Sinne: eine Religion gegen die andere, sondern da muss man fragen: Welche Kräfte sind da wie und unter welchen Friktionen, welchen Zusammenstößen – mit Natur – und anderen Völkern – sind da – sozusagen – in diese verdammte Verfassung geraten?

Und dann kann es nicht reichen – also, ehrtreue deutsche Meister: Das kann gar nicht reichen, weil – mit dem Thema »deutsch«, »national«, und so – kann man immer nur – sozusagen - schon einen bestimmten – ja, ich sage mal scharf: Auch Verderbniszustand – einen bestimmten Abweichungsgrad – von dem, was ich »Reine menschliche Natur« nenne, treffen – das ist schon eine bestimmte Formation, da muss man schon gucken: Wo steckt der Teufel drin – vielleicht? Aus der Konstellation heraus, und – den Zusammenhang will ich also jetzt – wird man sehen, wie dieses – so aktuelle Stoff, wie der – also – in dem – von – mit den Elementarproblemen der

menschlichen Existenz – von daher vielleicht doch – noch effektiver anzugehen, so, auch im Kopf, erst mal, und dann noch irgendwie so anders
noch – Pause -

(Bahros Rede zu Ende –
   Schnellsprecherin mit Nachhall am Mikrofon)

… möchte eine Vorbemerkung machen, die ich eigentlich schon in der
ersten Stunde untergebracht haben wollte:
   Wir haben oft in dem Saal hier die Frage diskutiert, ob denn nun – also,
sozusagen – Versuche von Minderheiten, neue Konzepte, neue Welthal-
tungen zu entwickeln, also eine – sozusagen – höhere Qualifikation der
seelischen Verfassung irgendwie zu erlangen, dafür – darum auch was zu
realisieren, auch einen Positiv-Sinn haben – das heißt: Die Frage nach den
Erfolgsgarantien.

Bei dem heutigen Thema geht es vielleicht um etwas – sagen wir mal,
zumindest etwas ebenso Gravierendes. Also, ich meine, wenn es – wie in
dem Zusammenhang mit der ökologischen Krise ziemlich wahrscheinlich
wäre – das haben wir hier in Diskussionen manchmal noch mehr herausgearbeitet als in der Vorlesung – wenn es zu dem großen Krach kommt –
also, es ist wirklich nicht wahrscheinlich, dass der kulturelle Firnis fällt -
dass das nicht reißt – und es ist dann, unter diesem Gesichtspunkt, sozusagen eher in dieser Hinsicht, also, in der Hinsicht der Versicherung – die
Leute, die das so auf der politischen Ebene gern abfangen möchten, die
Gefahr, nicht? – die Ausbruchsgefahr – so gern – also, da geht es ja immer
darum, nicht? – also, können wir nicht in der Verfassung und in allen möglichen Weisen vorher sichern, dass ja nicht wieder was hochkommen kann,
nicht?
   Und ich denke, dass das Thema, um das es sich jetzt dreht - also, in der
Hinsicht damit zu tun hat, ob man nicht, also von woher man wirkliche
Sicherungen – relative, natürlich nur, nicht absolut versprechende – aber –
aufbauen könnte für den Fall - den ziemlich wahrscheinlichen Fall – das
sind jetzt also – da passiert mehr, als wir jetzt da schon sehen, das ist ja
noch – also, das ist eine kleine Verunsicherung, eigentlich, die wir – und
schon kommen diese Dinge mentalitätsmäßig hoch.

Also, ich glaube, dass wir es hier eher mit – es ist das Minimum – eigentlich, irgendwie, das verlangt ist – nicht, ob es reicht, sondern – da ist ein Minimum verlangt in der Richtung – also, da einen tieferen Durchgang zu machen - also, um in Bereitschaft zu sein – nicht einfach fürs Abklären, sondern für den Versuch, jedenfalls, so weit die einzelne Kraft reicht und so weit Assoziation reicht, um einfach da zu sein, es zu beeinflussen, also, in den Gesprächen und in der Begegnung - denn ich glaube, dass der wirkliche Weg, um mit der Sache jetzt fertig zu werden, sehr gut ausgedrückt war in einem Artikel, den Matthias Bröckers mal in der »taz« geschrieben hat und der – wo die Überschrift lautete: »Liebe deinen liebsten Nazi wie dich selbst«.

Das heißt also – das ist die Frage nach der Begegnung. Also, wenn sie schon gerüstet stehen, es zu spät wäre, irgendwie, nicht? – zumindest für die konkrete Situation jetzt, an dem Abend dann jeweils, nicht?

Und dies – also, es geht eigentlich um diese Bereitschaft, um dieses In-Bereitschaft-Sein, und darum – Wilhelm Reich hatte ja wunderbar gezeigt in seiner »Massenpsychologie des Faschismus«, dass es also Mächte der – zum Beispiel diese ungeheure Sexualunterdrückung, die in die Tiefen der Zivilisation zurückreicht – dass das im Nationalismus explodiert, beispielsweise, nicht? Und – also, das ist nur einer der Hinweise eben auf die Tiefstrukturen, die – man muss das alles immer mitdenken – wenn ich jetzt anschreibe – also, noch mal anschreibe, damit wir das als Linie vor uns haben, was auch in der Vorlesung da steht:

Da unten haben wir den Menschen – und ich setze mal schon ein Fragezeichen – weil es halt nicht so klar ist, ob der Mensch nicht von vornherein schon bestimmt in die Welt gekommen ist.

Was Mann und Frau betrifft, ist es ja schon völlig klar – dass es also wiederum den Menschen nicht gibt, zwar die Gattung Mensch, aber es gibt dann Mann und Frau, und wahrscheinlich wird dieses Thema, das dann schließlich als »Nation« erscheint - also, wir, und: Das Eigene, das Fremde, diese Unterscheidung - und dass die meisten – also, dass der nachher – die Bezeichnung für »Mensch« – in den meisten Namen dasselbe ist wie der Eigenname des Stammes, nicht?

Also, das steckt hier drin, und dann - also – gehe ich mal weiter, obwohl das gar nicht so klar ist, wie gesagt – ob das überhaupt trennbar ist hier, nicht? Horde – war immer geschrieben – Stamm – Volk - Nation - und ich schreibe mal »Religion« so irgendwie daneben. Ich meine hier: Die empirische Religion, meine also nicht »Religio« im Sinne, wie man es jetzt theoretisch definiert, wie es uns lieb wäre, sondern meine einfach die Wirklichkeit des religiösen Geschehens, also, des politisch-religiösen Geschehens auch, nicht?

Ich habe mal einen Hinweis: Irgendwie - über das Ganze begleitet – der Mensch ist Homo religiosis – das allerdings meine ich damit. Also, im Sinne: Das gehört zum – wenn ich damit meine, also, es muss ein Bezug zum Ganzen da sein.

Ob das hier auf der Ebene – Laudse – unser Name dann – dass eigentlich die sich selbst verstehen als großer Stamm, das heißt, der, wo die Sterne und die Bäume und die Tiere und – also, das, was man sehen kann – womit man korrespondiert – dass das dazu gehört, das ist der Bezug zum Universum; das fällt mit unter »Homo religiosis« – das heißt, sie meinen damit den Stoff – und andererseits, natürlich, das, was dann real in der Geschichte daraus wird.

Aber – zum Beispiel: Im Christentum wie im Islam gibt es jetzt bloß ersatzweise die Formel, also, die Christen sagen dann »Anima« – also, die menschliche Seele – »naturaliter christiana« – das heißt, die haben den Anspruch - die denken nicht ans Tao-Te-King, sondern die sagen, also, die – natürlich, wenn sie es mir dann – natürlich, Gott, ist sie christlich.

Und die Moslems sagen dasselbe: Dass sie vom Wesen her, also – der Mensch ist gottergeben, das ist sein Wesen, also, als Moslem – so. Und – also - die Religion, die wird ja auf allen diesen Ebenen immer wieder zur Geltung gebracht, und wenn man nun – vielleicht noch wichtig, auch im Zusammenhang mit der – weil ich mit dem Religionsthema erst man angefangen habe, was den anthropologischen Grund betrifft:

Was mit der deutschen Nationalgeschichte noch sehr viel zu tun hat – und was auch – sozusagen – das Problematische an der – sagen wir mal - anti-christlichen und anti-jüdischen Komponente in der Ökophilosophie ist:

Wenn man auf die Deutschen in diesem Zusammenhang kommt – oder, besser gesagt – genauer gesagt, vielleicht – auf das, was Galtung hier in seiner Vorlesung vor zwei Jahren als Nordwestecke Europas gekennzeichnet hat, als die Ecke Europas, in der von dieser Perspektive - von Galtungs Tiefstrukturen her - am wenigsten christianisiert war – nicht zufälligerweise – also, das ist die Ecke, wo Rom damals nicht hingedrungen war, wo erst die römische Kirche später hinkam und man – Weber hat dann über den Geist des Protestantismus geredet, nicht?

Und da komme ich mal auf eine Stelle - noch mal bei Heine, die war mir vorhin entgangen – die da wirklich orientierend ist; was Heine hier sagt, also ganz im Gegenzug zu den Leuten, die sagen: »Das muss nun anti-jüdisch-christlich entwickelt werden«, weil – die wollten da, also – macht euch die Erde untertan.

Der Heine – an der Stelle, wo er dann geschildert hat, dass da die Leute kämpfen – weder, um zu zerstören, noch, um zu siegen - sondern bloß, um zu kämpfen – danach steht eine Stelle, die heißt:

»Das Christentum – und das ist sein schönstes Verdienst« – so Heine – »hat jene brutale germanische Kampflust einigermaßen besänftigt, konnte sie jedoch nicht zerstören. Und wenn einst der zehnte Talisman das Kreuz zerbricht, dann rasselt wieder empor die Wildheit der alten Kämpfer, die unsinnige Berserkerwut.«

Also, das ist eine ganz entgegengesetzte Perspektive zu der anderen, und wenn ich etwa denke an den ersten, eigentlich, der radikal die ökologi-sche Frage aufgeworfen hat in Deutschland – Ludwig Klages - das war doch kombiniert mit Antisemitismus, Antichristianismus: Der Papst war deswegen kritisiert, weil er zu sehr Jude ist - das heißt, zu sehr im Alten Testament - Weltbeherrschung – und dieser abstrakte Geist, der die Natur zerschneidet, und so – und aufgerufen »Germanien«.

Und nun – da ist der Punkt, der wahre Punkt daran - also, dass natürlich das Christentum da ein Einschnitt war, was das Naturverhältnis betrifft, so, im engeren Sinne – Fällung der Donareiche, das war schon symbolisch, und die Hexenverbrennungen das Ende dieser Katastrophe.

Also, nicht, um das jetzt schön zu reden – nur: Also, an diesem Thema hier hat er völlig vorbeigeguckt. Und ich weiß nicht genau, wann er gestor-ben ist, ob er ›33 noch erlebt hat – weißt du es? (Stimme: Ja – er ist Anfang der 50-er-Jahre gestorben.) Bis in die 50-er-Jahre hat er gelebt – ich weiß nicht – (Stimme: In der Schweiz – in der Schweiz hat er gelebt.) – Ja.

Ich weiß nicht, ob er sich überprüft hat in dem Punkt, aber – es ist völli-ger Unfug, diese Sache einfach auf die Juden und auf das Christentum abzuschieben – auf Christus nun schon ganz und gar, nicht? – da hat er schon wenigstens gesehen gehabt, dass die Papstkirche nicht das Evangelium ist, aber – gewiss, ich meine, wir sind auch jüdisch-christlich, aber – es ist im Grunde genommen nicht gelungen, Wotan zu taufen – nie richtig – das steht hier bei Heine, und das trifft einfach zu.

Und dieser Ausbruch, diese Expansion ins Universum hinein und gegen die Natur setzt wiederum auch voraus – sozusagen - dass die letzte Zurückhaltung gegenüber dem Heiligen und so fallen gelassen worden ist, das heißt, dass wir uns von der Ebene einer politischen Kontrolle – und gar einer geistlichen – nun noch ganz emanzipiert haben, das heißt, auch in dieser Hinsicht ist der historische Prozess viel komplizierter, und wir müssen also jede Dummheit vermeiden, die jetzt irgendwo anders den Schuldigen sucht als in der konkreten eigenen Geschichte.

Wie sich das - wenn Weber vom Protestantismus spricht: Das ist schon was ganz anderes als der römische Katholizismus.
   Es gibt also Hinweise darauf, dass die protestantische Reformation auch vielleicht sogar das Christentum gehindert hat, sich positiv weiter zu entfalten - so zumindest war die Meinung dort in Basel, bei Erasmus, nicht? Der hat aus dieser Position den Protestantismus gefährlich gefunden - was richtig ist, wiederum - gesehen gehabt – so.

Also – das heißt, dieses ganze Thema, was hier tief in unserer Nationalgeschichte drinsteckt, auf der Ebene, also, hier – irgendwie auf der Ebene heißt es dann »Heiliges« – das kommt von hier, aus diesem Bereich – »Römisches Reich« – das ist übernational – das hat mit der Vorstellung zu tun, dass die Seele aller Menschen von Natur aus christlich ist, nicht? – so - und dass man die Moslems natürlich besiegen muss – Kreuzzug, und so, ist drin, nicht? – »Heiliges Römisches Reich« – und dann: »Deutscher Nation«.

Und, wie gesagt, die ganze DDR-Geschichtsschreibung: Immer auf dem Trip, also – mit dem französischen Königtum vergleichen, und auch irgendwie mit der Zentralisation in Russland da – also, wenn Staat ist – das ist diese Fixierung.- Staatsfixierung – in dem sozialistischen Konzept - auch aus Gründen, wiederum, aber – es könnte ja sein, dass – wenn irgend was gut ist an dem, was jetzt passiert ist, dass das – dass die Länder wieder hergestellt sind, das föderalistische Prinzip, dass also das Regionale, das Stammesmäßige, das unterhalb der Volksebene liegt hier – Volk ist schon – sozusagen – das fängt an mit Stammesgrundlagen, nicht?

Volk Israel – das waren die zwölf Stämme, nicht?

Das ist schon eine viel machtmäßigere Zusammenfassung, nicht, also – ehe das so gestellt werden kann hier, lässt sich Karl taufen und zieht gegen die Sachsen, die noch hier sind – so. Und schon ein imperialer Akt, der dadurch in die Nationalgeschichte eingeht, also - das sind Freiheitskämpfer gegen Karl den Großen, ehe sie christliche Kreuzritter sind. Auch diese Aufbaufolge ist interessant, nicht? Und christliche Kreuzritter wiederum – also, immerhin: sie sind getauft – und die Sachsen sind vielleicht wiederum der Berserkerwut noch näher.

Also, es geht hier nicht um Urteile, überhaupt nicht, sondern es geht – in der ganzen Situation jetzt geht es erst mal um Wahrnehmung, und nicht gleich um Urteilen – auch nicht über die heutigen Braunen, sondern um die Wahrnehmung: Was ist - was steigt da auf?

Und wenn man jetzt also hier von der anthropologischen Tiefe her das Ganze betrachtet, dann ist natürlich die eigentliche Frage die, wie das eigentlich mit der – ich würde mal sagen: mit der Programmierung der menschlichen Energie vom Ursprung her läuft.

Wenn man so die grundlegenden Kulturphänomene, die also mit dem Menschen zusammen gegeben sind, ansieht - Sprache etwa – also, es ist höchst fraglich, ob das, was die Sprachwissenschaftler so als die Urworte herauskristallisieren – ob das jemals extra für sich passiert ist – gewesen ist, ob das nicht – sozusagen – platonische Ideen waren, die jetzt – also, sind – nämlich, das ist schon – da gibt es Wortstämme, die darauf schließen lassen, aber – möglicherweise ist das ja doch an sehr verschiedenen Stellen aufgekommen – wir wiesen es nicht genau.

Was aber vielleicht günstig ist, um sich überhaupt in diese Formierungsreihe hinein zu denken: Das ist, dass wir sie mal von - statt von so erst mal so lang – durchdenken, von uns aus – oder dass wir uns einen Augenblick mal vergegenwärtigen: Von jedem von uns – sonst gäbe es uns nicht – die Ahnenreihe reicht bis hier herunter. Wir wissen nicht, wohin.

Und wenn wir jetzt eine Nation sind - das heißt bei Weitem nicht, dass wir alle ursprünglich – sozusagen – desselben Stammes oder derselben Horde sind.

Wir sind in dem Sinne - von hier her - vielleicht gar nicht alle Deutsche. Also, mir zum Beispiel hat man damals im Haus der Tschechischen Kultur, hier in der Friedrichstraße noch, hat mir der Kulturattaché – der war Slowake - der hat mir gesagt: »Bahro, das heißt bei uns Felge. Das ist – so, aus den Tischlerberufen!

Und wahrscheinlich – also, ich stamme ja da aus der Odergegend; möglicherweise sind wir Slawen und gar keine germanischen Ritter gewesen. Und in Bayern – weiß man, wie viele da – oder Bauern, nicht? – wie viele da – also; was da alles für – auch in den Kreuzzügen – was sich da alles vermischt hat – wir wissen es nicht.

Nur dass natürlich – also, der Prozess vom Kern her, natürlich, so einer stammesmäßigen – und dann völkischen – ich sage das jetzt mal wertfrei: völkischen – und dann nationalen Entwicklung: dass da natürlich diese Ahnenreihen mehr und mehr dort hinein geworfen werden.

Dass heute – also, sozusagen - wenn man nun in Deutschland, in einer deutschen Familie geboren wird, für die Prägung es nur noch einen geringen Unterschied macht, wo man wirklich her ist – es sei denn, jetzt die Kinder, die von den schwarzen amerikanischen Soldaten hiergeblieben sind, weil – dort sieht man es so deutlich, nicht? Und da wird es also in sie hinein gespiegelt: Ihr seid anders, aber sonst wird das reingenommen.

Und das war ja so weit fortgeschritten, deswegen – also, irgendwo auch eine besondere Absurdität dieses Rückschlages – dass man doch auch die Hymne nicht mehr erkannte. Manchmal ja – manchmal nicht.

Dass also dieser Prozess der Verdichtung, irgendwie, auf Nationalcharaktere hin - dass der sich also durch die gemeinsame Geschichte und die gemeinsame Sprache, durch diese beiden Faktoren, die beide - hier, bis – also, wirklich die ganze Ahnenreihe betreffen, und wo dann aber – besonders, was die Geschichte betrifft, nicht? - die geschichtliche Erfahrung – welche Aufzuchtpraktiken für Säuglinge – das macht was aus. Also, die Russen zum Beispiel schnüren ihre Kinder ganz eng – also, ich habe es nicht studiert, ich weiß nur, dass es Studien und Hinweise darüber gibt, wie das mit der Spezifik der russischen Seele liegt – darin haben wir eine gewisse Erfahrung - dass das doch anders gesagt worden ist, nicht? – wie viel das damit zu tun hat.

Diese ganze Sache hier, mit der haben wir das zu tun, wenn jetzt die Frage auftritt, wie ein bestimmtes Volk – eine bestimmte Nation auf – also, sozusagen – eine geschichtliche Situation reagiert.

Und mindestens bis hier her ist diese Sache völlig naturwüchsig vor sich gegangen – völlig naturwüchsig - und es bringt irgendwie – also, zumindest – nichts, von außen irgend welche Kritik zu haben. Kritik – jetzt, im Sinne, also – Waren wir schon (???) – also, etwa, wie die Christen dann - die spanischen Christen - Mexiko angetroffen haben.

Das war eine blutrünstige Opferkultur, die war bestimmt irgendwas entgleist, nicht? Die raubten also Kriegsgefangene, um die in Massen da auf den Pyramiden zu schlachten.

Und das ist alles auf diesem Wege passiert, hier, bis – das war dann schon dicht an der Volkwerdung in dem Sinne, dass die schon eine ganze Menge Hilfsstämme – Nachbarstämme – unterworfen hatten, und – es geht da immer um die Frage: Wer sich unterwirft, wird vielleicht nicht mit geschlachtet dann – aus diesen Stämmen.

Also, eine fürchterliche Stammesgeschichte – gegenüber anderen - also, Malinowski hat diese glücklichen Stämme in der Südsee beschrieben, aber – das müssen Dinge sein – die wirkliche Formierungsphase ist schwer zu ermitteln – das müssen Sachen sein, die mit diesem Weg bis hier her zu tun haben.

Und wenn man da nicht drin steckt, und wenn man sieht, was wir geliefert haben – also, es bringt überhaupt nichts, an irgendeiner anderen Stelle – sozusagen – mit dieser äußeren Kritik heranzugehen.

Und wenn man jetzt vergleicht: Ich habe in der Zeit, als ich die letzten Kapitel der »Alternative« schrieb, heimlich – da, im Harz, 1977 Anfang – zufällig eine Sendung gehört, wo auf so stammesmäßige Unterschiede im deutschsprachigen Raum hingewiesen wurde, und zwar ganz intensiv – durch Joseph Roth, den Habsburger Patrioten – wie hieß es? - »Radetzkymarsch« (Bahro sagt: »Rakoczimarsch«); also - was er dort machte, war: er charakterisierte negativ das Nibelungenlied.

Also, so ein Epos von Totschlag und Verrat – auf allen Ebenen – wie das deutsche Nationalepos – gegen Preußen sagte er das – erst mal – also, es macht was deutlich, insofern - es war kritisch, der Mann – und es muss auch noch durchgucken können, wo – also - das Ressentiment – die Polemik – weglassen – zeigt sich was – und es zeigt sich da wirklich was: Siegfrieds Dummheit, Siegfrieds Berserkerei, Kriemhilds Rache – also, diese - wie sich das dann spezifisch - bis dann also dieses Schlachtfest da passiert, an dem Hunnenhof - das hat der Joseph Roth da den Preußen gezeigt, also – lasst uns bei Österreich bleiben, irgendwie.

Woran ich aber erinnern will, also, mit diesem Schlachtfest dort, und mit dem Feuer – wie das endet: Also, in den Wagneropern, in »Walhall«, sprang dann am Ende – also, in der nordischen Psychologie da, in der nordischen Mythologie - also, es endet mit dem großen Weltenbrand.

Also, man kann sich mit verschiedenen Elementen um die Ecke - kann eine Stammesgeschichte scheitern: Sintflut, bei den Alten da, im Alten Testament – also, die Germanen haben die Atombombe erfunden – in Amerika, in Deutschland, und so – nicht?, also – Weltenbrand – und Wotan ist Luftgott; Feuer und Luft, durch die Wälder da - und die beiden weiblichen Elemente – Erde, Wasser: nicht so akzentuiert in der germanischen Kosmologie.

Weil das kriegerische, räuberische Völker waren, Wandervölker, die sich auf – man kann nur, also – es verliert sich ja - die indogermanische Vorgeschichte verliert sich in Asien irgendwo; man weiß nicht, wo die nun – wo wirklich die Quelle ist, weiß man nicht - man weiß also nicht, wo es sich formiert hat.

Man weiß nur, in Indien, wo sie hingezogen sind – und in Norwegen – hat man die Leichen verbrannt und aufs Meer fahren lassen – Feuer. So.

Und – also, da sieht man, was wir zu bearbeiten haben. Und wenn der Firnis reißt – es kann ja nicht anders sein, also – der Nationalcharakter ist die

Form, in der die menschlichen Lebenskräfte in Erscheinung treten. Und es kann gar nicht anders sein, dass die sich in jeder Konstellation äußern.

Und jetzt kommt erst der Punkt, wo – ach, ich will noch eins - noch mal unterstreichen, damit er einmal vollständig ist, der Gedanke – was Hübner da aber sagt, dass hier erst so richtig die Perversion beginnt – das hängt – also, das ist eine ganz komplizierte Angelegenheit:

Der Faschismus – ich sage es mal nur, um schnell und kurz heranzukommen – ist auch das gewesen: Aufstand gegen die Moderne. Obwohl die Bewegung nachher – also, sozusagen – über Harzburger Front – Hitler war dann Ober-Technokrat – um es noch voran zu treiben. Die Figur Heydrich ist da besonders interessant, also – da lohnt sich, mal eine Biografie zu lesen – jemand, der Mozart liebte und eigentlich – also, der wollte in Böhmen dort überhaupt nicht die Tschechen malträtieren, sondern er wollte so mit ihnen umgehen, dass sie ungehemmt für das Reich produzieren und diese technokratische Vision da verwirklichen.

Und diese – das heißt also, dass die Nazis also alles andere – de facto, nachher - als dieses grüne Motiv, das auch bei ihnen drin war – vom Anfang her, vom Jahrhundertanfang noch - also, das Nationalistische, das Fremdenniederwerfende und die Rachemotive haben das bisschen Grün da – also, die Blätter sind alle braun geworden.

Aber die Perversion durch das Nationale, die hat schon mit dem zu tun, was also dann auch in der russischen Geschichte hin und wieder mal als Kosmopolitismus angegriffen wurde – in dem Sinne, wo – sozusagen – da die Plattmacherei des großen Geldes, die alle Kultur überall und sonst niedermacht – und das gibt es, diese Übermacht – also, das, was jetzt als Einheitskultur über die Welt verbreitet ist und überhaupt nichts mit dem Kosmopolitismus zu tun hat, den Goethe liebte, der einfach – der wollte die nationale Beschränktheit überwinden, aber – das ist das Ding mit der EG jetzt, dass das in Wirklichkeit nicht im Sinne der Überwindung nationaler Beschränktheit – primär – funktioniert, sondern im Sinne der Autobahn – des Geldes – des industrialistischen Wahnsinns.

Und von da her wird also neu – eigentlich – also, es wird noch mehr verbogen an den nationalen Psychologien. Also, es wird neu Ressentiment geweckt, und es gibt - also, sozusagen – auf der Ebene dieser Diskussion dann – da hat Hübner völlig Recht: Wollen wir nun die EG, oder wollen wir – oder stimmen wir ab mit Dänemark – in Dänemark ist es nicht schlimm, das Ganze, weil – irgendwo hat sich da ein germanisches Volk – also, gut gedreht – voller …

Aber wenn sich Deutschland zurückzieht, sozusagen, wenn es nicht mitmacht in dem Verbund – schon gibt es da ein Problem – also, da ist auch ein Stück Kontrolle da, aber andererseits, eigentlich – was da jetzt passiert, wird in der falschen Richtung – noch schlimmer – so.

Also, deswegen mein Gedanke, dass die Frage, wie man da was lösen könnte – dass das anders gestellt werden müsste als in der – als, sozusagen, immer in den Diskussionen, die sich auf der jeweiligen Ebene hier bewegen.

Jetzt muss ich mal einen Augenblick nachdenken, weil – ich habe nicht alles, was ich sagen wollte –

- es ist, glaube ich, klar, besonders, wenn man die Realitäten, die unmittelbaren Realitäten des politischen Lebens sieht: Dass es nicht möglich ist – sozusagen – sich der Diskussion auf diesen verschiedenen Ebenen, die es hier gibt, zu entziehen. Das heißt, man kann nicht einfach sagen: Weil es von da her nicht lösbar ist – wir befassen uns – sozusagen – mit der Thematik, wo sie ausbricht, nicht? – deshalb, weil es wahrscheinlich so ist, dass gerade der Ausbruch der Symptome – also - irgendwie die stärkste Energie frei macht – jetzt auch nicht bloß bei denen, die da ausbrechen, sondern auch in der Wahrnehmung, im Erschrecken der Gesellschaft – um die Sache vom Grund aus anzugehen und zu bedenken.

Dass wir – sozusagen – an der Unmöglichkeit, die Sache mit ein bisschen Polizei – Verfassung – oder Antifa-Demonstrationen zu bewältigen, zu den richtigen Verzweiflungen kommen in dem Sinne, dass wir lernen, also – was alles nicht geht. Ich meine jetzt ganz konkret Verzweiflung – also, nicht die allgemeine Verzweiflung, dass wir uns überrollen lassen sollen, sondern die Verzweiflung, also – diese Methoden: Wieso eigentlich sollen in der jetzigen Situation, wo die Ökokrise noch umfassender einschlägt als die soziale der 20-er-Jahre – wieso soll da – also, sozusagen – die

Art der Abwehrkämpfe der – Ende der 20-er-Jahre: Wieso soll das ausreichen?

Das kann nicht ausreichen. Und da sind Wiederholungszwänge im Spiel, Rechts gegen Links, die der Sache halt nicht gerecht werden, und das fängt man an, mehr und mehr zu sehen. Und es bildet sich also eine andere Einstellung zum Umgang - eigentlich – mit der Thematik aus – auch im Zusammenhang damit, dass wir nicht mehr so viel verdrängen. Dass uns jetzt also bewusst ist, dass der Typ der Energie in der einen Demo und in der Gegendemo sich manchmal nicht so sehr unterscheidet. Und dass es da irgendwo auf beiden Seiten noch altgermanisch zugeht, jeweils – weil – wenn wir das sind – und dann also: je später, natürlich – deutsche National- und so fort – ohne dass uns das so richtig klar ist.

Und ich will jetzt – hier wäre sehr viel zu sagen; wir können dann in der Diskussion auch noch darauf eingehen – aber ich will jetzt einfach von einem Plan sprechen, der sich erst mal in mir festgesetzt hat - um mal experimentell an diese Sache ein bisschen mehr heranzukommen, und das hängt zusammen – also, mit einer der Methoden, die mir besonders liegt – der Durcharbeitung unserer Tiefenschichten.

Wir haben ja mehrmals – und auch dieses Jahr wieder, ist schon voll – diese Methode »Enlightenment intensive« angeboten. Und das ist eine Form, wo man sich fragt: Wer bin ich? Das sind – für die, die das noch nicht hier gehört haben, ich sage – ich erzähle es noch mal kurz – das ist so, das sind drei – bzw. vier – Tage – meine erste Übung war vier Tage – das ist an sich eine ganze Woche, aber – vier Tage, wo diese strenge Übung ist, wo sich gegen 20 Leute, irgend was – und jemand, der das anleitet - und dann: zwei jeweils setzen sich gegenüber, wählen sich – für 40 Minuten – man sitzt dann in zehn Paaren, etwa, wenn es 20 sind – und fragt sich gegenseitig: »Wer bist du?« – also, erst frage ich dich, zum Beispiel:– Wer bist du?, dann kommt eine Glocke – 10 Minuten – nein, 5 Minuten – und du fragst.

Und wir haben zu antworten – wir können auch schweigen, das ist nicht so, sondern – die Frage ist über das ganze Ding gesetzt, so – und die Erfahrung – wenn man das jetzt also zwölf mal am Tag macht, das heißt, 48 mal in vier Tagen - die ist, dass also die Oberflächenantworten –

Ich musste das erste Mal richtig lachen, bei der ersten Übung, als ich zum Besten gab: »Ich bin Diplom-Philosoph.« Also – das, was man so im Lebenslauf schreibt, für die Behörden – und selbst das, was man zuerst der Freundin erzählt – das ist erschöpft am Abend des ersten Tages, irgendwie – wenn man ganz hoch vorbereitet ist und erzählt einfach lustig seine Biografie, und sagt die Leiterin hier eventuell: Also, komm doch mal mehr zu dem verborgeneren Kern, und so – also, in drei, vier Tagen kommen da Sachen an die - steigen da Sachen aus einem an die Oberfläche aus der – ich sage jetzt einfach mal noch: Aus der persönlichen Biografie, die – sozusagen – jetzt, was die geschichtlichen Tiefenschichten betrifft – das reicht noch nicht so sehr tief.

Klar ist, dass in der Haltung – ich habe zum Beispiel bei dem ersten »Enlightenment intensive«, das ich mitgemacht habe – das war von großen Folgen für mich, weil ich was gesehen habe, mehr als das Moment: mir kam plötzlich – also – unvorbereitet in Erinnerung, dass ich an dem 22. August 1977 – das war der Montagabend, nachdem der SPIEGEL veröffentlicht hatte, jetzt, dieses Buch, »Die Alternative«, kommt – was für einen Triumphschrei ich allein in meiner Wohnung ausgestoßen habe: Der war weggepackt.

Also, wie viel Befriedigung, endlich im Lexikon zu stehen – wie viel Ruhmgier also offenbar da drin gesteckt hat – aber: Alles weg, war nicht – wusste ich nicht. Rudolf – mein Name hat was – Ruhmwolf ist das im Germanischen – also, rückverfolgt (Heiterkeit im Publikum). Und wenn das – also, so ein Aspekt – später kam ich dann auf Macht, und so, in dem Zusammenhang.

Und ich will – ich sage das, um das Verfahren, um den Weg zu kennzeichnen: Zunächst also steigt einfach erst mal ein Stück Wirklichkeit auf, das einem – ich sage mal: in der Regel – wenn man ertrinkt, und dieser berühmte Film, der da schnell abläuft – dann kommt das. Und hier gibt es Möglichkeiten, also – vorher darauf zu kommen (allgemeine Heiterkeit), aber – und das kann ja möglicherweise in das künftige Verhalten irgendwo eingehen: man ist nicht mehr so unbefangen siegreich – zum Beispiel, nicht? Oder – gierig auf - mit dem Lexikon - und so weiter, nicht?

Ich meine Folgendes: Die Sache, die da aufsteigt – also, das ist ja ein germanischer Name – es steckt wohl drin, aber das kommt natürlich – das ist da nicht mit durchgekommen, natürlich nicht, dieser Aspekt – sondern erst mal bloß – die einfach biografische Wahrnehmung: Wer ich da – vielleicht tiefer, als auf der Ebene der hehren Motive für das Buch – wer ich da war.

Also, man kann ja dann zurück gucken in die eigene Kindheit – und so, und dieses drei- bis viertägige Enlightenment – meine Erfahrung damit ist, dass ist wirklich gut, um – sozusagen – erst mal diesen Stoff – das steigt dann einfach auf, das wird nicht: ich analysiere mich jetzt psychoanalytisch, so – sondern: Das passiert, und zwar so, dass das die Energie in Bewegung setzt. Und mehr Kraft nachher da ist.

Und jetzt rief mich neulich Karl Scherer an. Das ist ein – so, wenn er erst mal vor uns steht: ein Macho, wie er im Buche steht – so eine etwas gewaltsame Männerfigur, so - auch im Umgang mit anderen Leuten – und zugleich jemand, der also von daher für – da ist was, dessen wird der nicht einfach Herr - in sich – also, das ist nicht so ein – auch da: Das Urteil kommt immer zu früh, nicht? – selbst die Bezeichnung, die ich jetzt gewählt habe, das lasst bitte wieder dann weg, nur – damit Ihr ein Bild habt: groß, schwarze Haare, allerdings hinten zum Knoten – ich kenne ihn jetzt eine ganze Weile. Der ist irgendwann von den Indianern – zwei Jahre hat er da verbracht – in intuitives Atmen eingeweiht worden, und wir haben eine Schülerin von ihm mal bei einem Seminar, das wir mit Hussein Abdul Fattah zehn Tage über dieses – Radmodelle da in Niederstadtfeld gemacht haben – da hatten wir also Atemsitzungen.

Und der bietet nun zwei Sorten »Enlightenment intensive« an – darin ist er nämlich auch mal von dem Erfinder dieser Methode – die kommt aus Asien, Indien; »Enlightenment intensive«, wo auch gleich intensive Erleuchtung wird versprochen – also, das ist natürlich – da steckt schon im Namen ein bisschen amerikanisches Marketing drin; das heißt, das ist ein amerikanisches Design für eine – das ist schon west-östlich, nicht?

Jedenfalls ist er von dem, der das ursprünglich designiert hatte, in Vittorios Buch eingeführt worden, und er macht nun – also, einmal leitet er an ein ganz massives, noch viel – also, mehr komprimiert – »Enlightenment« von drei Tagen, das dann abends, am Donnerstagabend, anfängt, und dann

Freitag, Sonnabend, Sonntag – also, engstens diese Sitzungen - und er ist also auf Folgendes gekommen:

Also, erstens, sagt er, das kann sich noch relativ bald wieder verlieren, der Effekt, der da eintritt – man hat mal was gesehen, man vergisst es nicht, auch das erste nicht, diese Form, von der ich gerade sprach, aber – er sagt, er hat jetzt mehrmals ein 14-tägiges »Enlightenment intensive« geleitet, und das kombiniert – also - damit es also noch erträglich ist, weil - das ist auch eine Askeseleistung, dabei zu bleiben – bei dieser idiotischen Konstellation, die man da – wie man das da manchmal erfährt, also – 12-mal am Tag 40 Minuten »Wer bist du?«, »Wer bin ich?«

Und er sagt also: Wenn wir das weiter machen – und er sagt, ich muss da – in seiner Art – ich muss da trommeln, dass wir auch zusammen bleiben, also, dass dann keiner – also, er sagt, nach dem – am vierten, fünften Tag kommt unweigerlich eine Depression – es geht irgendwie nicht weiter - und nachher – also, das, sagt er, das geht schwer verloren – und was er mir angedeutet hat: Wo man dann ankommt – das hat mich verdammt an Galtungs Tiefstrukturen erinnert.

Also, sozusagen – da ist man erschöpft, was persönliche Biografie ist, aber - das ist ja komisch: Das meiste, was man dann von dem anderen hört, kommt einem verdammt ähnlich vor – und ist wahrscheinlich – viel davon ist erst mal einfach westlich – oder nordwestlich – und noch gar nicht allgemein menschlich.

Wie gesagt, der Buddha hat nie aufgehört, trotzdem Inder zu sein.

Obwohl fast alles – sozusagen – hieß es, allgemein menschlich ist, nicht – aber - ist westlich – aber das wird nicht mehr bearbeitet – also, sozusagen, die tiefsten Antriebe dieser Schichten, die kommen – das ist immer noch nicht intensiv genug, das »Enlightenment intensive« von vier Tagen.

Und er hatte – was er mir da erzählt hat, wie das wirkt: es muss wohl so sein, dass also unsere tiefsten Verankerungen und Sicherungen in dem Bereich – dass die sich dort zur Disposition stellen. Und jetzt – also, ich möchte, dass wir das mal hier zustande kriegen – der Raum ist verdammt teuer; also, das ist verrückt, dieser Markt auch, nicht?, aber – es ist so wichtig, dass ich es - irgendwie darüber hinweg gehen möchte, wie das dann geschäftlich läuft; der Mann ist gut, er hat Kraft (Heiterkeit), und – um welchen Punkt geht es mir da?

Ich bin von einer Freundin vor längerer Zeit mal auf einen Artikel in der Zeitung – ich glaube, in der Frankfurter Allgemeinen – aufmerksam gemacht worden über die beiden Propheten Amos und Daniel. Und der Text – der Stoff – war irgendwie der, dass Daniel da in Ninive - der war schon in Außenverhandlungen mit den Juden, da ging es um irgendeine Regelung im Jetzt mit nicht mehr umso viel Verbindlichkeit dem eigenen Volk gegenüber, während der Prophet Amos, der – hier, Heinrich Fink hatte ja über den geredet – während der Prophet Amos – sozusagen – das Tiefste aus der eigenen israelischen Volksgeschichte mobilisierte, das Tiefste aus der eigenen Volksgeschichte – also, kurz gesagt – den Denkstoff des Alten Testaments. Und – sozusagen – zurück zur Bundeslade, zu dem Bund mit Gott, natürlich – zum – ja, aber. zum Stamm Gott. Und im Alten Testament steht einfach auch: »Der Herr wird sie zerschlagen wie Töpfe.« Das heißt, Israel ist uns versprochen da, das Kanaan primär, und – jetzt, also – so.

Also – das ist eine Stammesgeschichte, die anläuft, und das heißt: Keine nationale Prophetie geht an diese Sachen, die hier Heine als deutschen Nationalcharakter aufgemacht hat, sondern so eine Nationalprophetie kann nur hoffen, dass es diesmal gut geht.

Aber es ist ja nichts daran getan an den tiefsten Verankerungen, an der Psychologie des Homo conquistador – das ist ja, was Galtung heraus gekriegt hat über den nordwestlichen weißen Menschen: Da will das irgendwo immer noch nicht ran. Ich kann mir dann sagen, also – wie ich bei mir persönlich gesehen habe -: nicht mehr so machtgierig sein, und viele solche Dinge – und es mildert sich auch, man ist bewusster, aber – es ist immer noch darauf angewiesen, dass man sich kontrolliert; es ist nicht aus dem Schlaf geweckt – dass ich nicht zuschlagen würde – wenn das von so tief in der Stammesgeschichte drin steckt.

Und das ist nicht einfach Naturgeschichte, das ist Menschengeschichte. Also – es liegt hier ein Grund – sozusagen – in dieser Sache – ich habe es jetzt mal mit Amos gesagt, oder mit dem, was wir 1813 da dann gemacht haben – und Folgende dann – bis – 1830 – bis Hitler eigentlich, nicht?

Wir müssen – es ist richtig, das Nationale kommen zu lassen – also, ich sage: Alles aufsteigen lassen, und ich sage: um alles loslassen zu können.

Und das ist keine – das kann keine rein intellektuelle Angelegenheit sein: Dass wir es uns sagen, uns selbst diese Durcharbeitung der individuellen Sozialisation – Loslassen – ist immer noch nicht genug.

Sondern es muss in die Tiefen dieser Stammesgeschichte gehen, und ich möchte einfach sehen, ob diese Sache mit dem »Enlightenment intensive« 14-tägig – was für eine Erfahrung diejenigen, die dabei mitmachen werden, dabei machen können – ich weiß es nicht; oft verspricht man sich zu viel von einem bestimmten Zugang; in Wirklichkeit sind solche Sachen als geschichtlicher Durchgang dann sehr lang – sehr lang. Also – wenn man den – sozusagen –

30. November 1992

Wo spricht noch Wirklichkeit?

… sodass wir bei diesem letzten Mal etwas weiter – sozusagen – von der Grundlage entfernt gewesen sind.

Was ich bisher gemacht habe, das war – was diese Grundverhältnisse betrifft - dass ich halt in der ersten Vorlesung in diesem Rad – sozusagen – über das Thema »Tod« gesprochen habe – also, über die Frage, wie wir auf der Flucht vor dem Tode - eigentlich in den Tod fliehen. Und ich bin dabei vom Grunde her davon ausgegangen, dass wir ja Erfahrung damit haben, dass scheinbar vordergründig tod-orientierte Funktionen viel länger stabil gewesen sind. Also, etwa die ägyptische, oder - ich erinnere – wo also man weiß, dass bei den Festen zur Erinnerung das Skelett durch den Raum getragen wurde, und diese Erzählung, die ich hier vorlas - diese Geschichte vom »Gold von Caxamalca« - dort war ja eine der Höhepunktszenen, dass der Inka in seiner Sterbestunde – oder zu seiner Sterbestunde - die mumifizierten Ahnen hereintragen ließ. Und es waren Gesellschaften, die in der Lage waren, durch eine unbefangenere – eigentlich, und auch in bestimmter Weise geregelte und nicht verdrängende Einstellung zum Tode – also, jedenfalls – stabiler in der Welt und im Leben zu sein, offenbar: Das war die erste Vorlesung.

Bei der zweiten, an die ich heute – wenn auch indirekt – ganz besonders anknüpfen werde, habe ich hier mich über dieses Thema des Verhältnisses zu den Fremden, zu den anderen geäußert und zu zeigen versucht, dass wir letzten Endes nur aus den tiefsten Schichten unserer Existenz heraus diese Fremdheit – also, mit dieser Fremdheit – so werden umgehen können, dass es nicht via Angstgesetz passiert – In beiden Fällen übrigens war das Hintergrundmotiv das, dass also eine oberflächliche praktische Behandlung – ich meine jetzt nicht die theoretische! – eine oberflächliche praktische Behandlung – also, eine Nicht-Auseinandersetzung mit diesen Themen unserer Innerlichkeit – einfach gar keine Chance bringen wird, das zu bewältigen – und auf diese Richtung der ganzen Thematik wollte ich hinweisen.

Und genau so war das dann mit diesem Thema, eigentlich – Flucht in den Raum vor der eigenen inneren Problematik. Ich ging davon aus, dass wir alle Spanier sind, bei dieser Welteroberungspraxis, die mit dem modernen Kolonialismus verbunden ist - dass wir also eine Expansion, der es gar nicht um Raum in Wirklichkeit geht – wo es um Gold geht, und zwar um Gold als Machtverstärkungsinstrument des lieben Ichs – dass wir mit dieser Expansionstendenz wiederum auf der – also, es sind eigentlich lauter Fluchten vor uns selbst, auf die ich da die Fragestellung konzentriert habe, und bei dem Thema »Tierversuche« – oder überhaupt: Mensch und Tier – war ja wiederum kenntlich, dass also vor lauter humanistischer Todesflucht wir eine Urbeziehung stören, mit dem tragenden Grund - eigentlich - der Evolution, der uns in den Tieren gegenüber tritt, auf eine Weise umgehen, die einfach schon verrät: Das kann nicht gut ausgehen.

Und schließlich – wenn das Thema Mensch und Tier – das habe ich, als Jochen (Kirchhoff) neulich sprach, in der Einleitung gesagt – wenn das Thema Mensch und Tier – also, mit der Frage Tier-Mensch-Übergang, mit dieser Schicht der Evolution, zu tun hat - so waren wir dann beim letzten Mal mit Jochen Kirchhoff bei der Ebene, wo Soziosphäre als Problem existiert. Teilhard de Chardin - das erinnerte ich neulich – unterscheidet, was die Praxis des Menschen auf dieser Erde betrifft, also – nachdem Mineral – Pflanze – Tier gewesen sind: es kommt nicht einfach die Sphäre Mensch dann, die Soziosphäre, sondern – der unterscheidet zwischen Soziosphäre und Noosphäre. Und diese Unterscheidung ist mir für die kommenden Vorlesungen jetzt wichtig, denn da geht es um Noosphäre in dem Sinne, dass es um die Frage geht, wie denn auf der geistigen Ebene, die sich noch von der – also, einfach von der Gegebenheit sozialer Existenz unterscheidet – wie denn dort die elementare, die grundlegende Problematik, mit der wir uns auseinandersetzen müssten, wenn es eine Richtung auf gute Gesellschaft gibt – wie es dort entlang bestellt ist.

Ich kann noch daran erinnern, was diese Fluchten und diese Be- und Entfremdung – von den verschiedenen Ebenen bisher der Wirklichkeit, also, was die Frage des Todes, und was die Frage der primär kolonialen Expansion, die Tiere und so, betrifft – dass eine ganz wesentliche Veranstaltung, die wir im nächsten Jahr - Anfang des nächsten Jahres, aber noch im Rahmen dieses Semesters - vorhaben, sehr darauf Bezug nehmen wird, nämlich – wir haben dann hier Hans-Peter Padrutt zu Gast, der ein Seminar - ein Kolloquium - mit uns halten wird über das Thema »Zuvorkommende Zurückhaltung«.

Und hier im Audimax aber, am Freitag, dem 5. Februar, wird es eine Veranstaltung geben, »Blumen im Winter?« – wo mit Bildern, mit Musik, mit Worten - also – diese Fragestellung vergegenwärtigt werden wird, und »Blumen im Winter« – das bezieht sich auf Schuberts »Winterreise«, und das Thema, das da aus Schuberts »Winterreise« – also, Adam Müller (???; Anm. Sb.) und Wilhelm Müller und Schubert - aus der »Winterreise«, das da im Mittelpunkt steht, das ist diese Liedzeile »Fremd bin ich eingezogen – fremd zieh ich wieder aus«.

Also, das ist ja, was die amerikanischen Indianer am weißen Mann erkannt haben: Der kommt über Nacht, der nimmt sich irgend was, zieht am nächsten Tage weiter – das Land – also, der Bezug zur Erde, zu der umgebenden Natur - das wird gar nicht erst hergestellt: Wir sind einfach auf der Suche um Reichtümern, nach Gold, nach alledem. »Fremd bin ich eingezogen – fremd zieh ich wieder aus«.

Man kann beinahe sagen, dass das unter allen bisher zu diesen verschiedenen Gegenständen, zu denen wir neu Bezug gewinnen müssen - zu diesen Elementarproblemen – dass das der Generalnenner war. Also, diese ganze Frage, die mit dem Namen Kolumbus verbunden ist, oder mit Knut Hamsuns »August Weltumsegler« – wie ein solcher Romantitel über – ja, über die Wikingermentalität. Galtung hat hier mal darüber gesprochen, über »August Weltumsegler« – also, diese – ich würde mal sagen, einfach: Diese materielle Seite der Expansion - dass wir damit auch nur in der Fremdheit gelandet sind.

Also, das ist die Stelle, an der wir uns jetzt ungefähr befinden, und was nun diese drei Vorlesungen, auf die wir jetzt zugehen und die mit der heutigen beginnen, betrifft, so geht es nun schon um die Dinge, die mit - nicht einfach mit unserem naturwüchsigen Gegebensein, also, mit der Tatsache, dass Gesellschaft ist - Soziosphäre - um den Planeten, sondern die damit zusammenhängen, dass Noosphäre ist. Das heißt: Der Mensch – auch in seinen naturwüchsigsten Zuständen – und in gewisser Beziehung, manchmal und bei manchen Exemplaren der Gattung, übrigens bewusster – repräsentiert natürlich schon Geist – nur, dass thematisch er ganz zu dem Schluss gekommen war, das, was eigentlich durchdringen möchte, in dem ganzen soziologischen Prozess – und worauf uns die Widersprüche des elementaren gesellschaftlichen Lebens aufmerksam machen: Das ist die Frage – also, ich habe sie so formuliert: Warum zerstört der menschliche Geist Leben – Erde – sich selbst? Da geht es – der elementare Stoff, um den es jetzt gehen soll, das ist dieses Thema erneut, warum zerstört der menschliche Geist Leben und Erde, aber – mich interessiert jetzt nicht die Antwort auf diese Frage direkt, sondern ich will einfach die Elementarprobleme, die damit zusammenhängen, näher beleuchten.

Und zwar heute das Thema unserer Mitschöpferkraft, als etwas elementar Gegebenes, und beim nächsten Mal das Thema unserer Denkkraft – also, spezifisch das, was sich in Wissenschaft, in Theorie, in Rationalität im engeren Sinne ausdrückt - während klar ist, dass unsere Schöpferkraft – auch in der Kunst, natürlich – mit Denken zusammenhängt, weil – also, das ist uns von Anfang an mitgegeben. Und schließlich – was diese Machtfrage betrifft, die Machtproblematik betrifft – zu unserem Ich-Antrieb. Wir werden da sein nach unserem diesjährigen Enlightenment intensive, das also mit dieser Ich-Problematik ja ganz entscheidend zu tun hat, und ich bin selbst gespannt, wie ich das dann, an dem Montag gleich danach, über die Runden bringe.

Also das, damit wir noch mal eine kurze Vor-Übersicht haben, in welchem Zusammenhang wir uns bewegen: Das ist schon ein – wirklich, das ist die spezifisch menschliche Elementarproblematik: unsere Mitschöpferkraft, und - auf welche Weise wir dabei sind - unsere Denkkraft – und was eigentlich der Ich-Antrieb in dem Ganzen macht.

Da will ich jetzt, in der heutigen Vorlesung, folgende fünf Probleme mehr oder weniger ausführlich, mehr oder weniger kurz behandeln: Das erste von den Themen heute ist die Relation zwischen Denkkraft und der allgemeinen Schöpferkraft, von der ich heute rede, also – ich könnte auch sagen: Das Thema Wissenschaft, einerseits – und Kunst - Religion andererseits, weil ich denke, dass zwischen Kunst und Religion vom Grunde her –

da ist kein echter Unterschied, sondern es ist zunächst – also – Kunst und Religion – und übrigens, in dem Sinne auch erst mal Philosophie – das ist als eines gekommen, in den archaischen – magischen – mythischen Kulturen hing das alles noch zusammen, die Teilung ist später - sodass man es also beim Thema »Wissenschaft«, was das nächste Mal – und »Denkkraft« – auch mit etwas Spezifischem in diesem größeren Zusammenhang der Mitschöpferkraft zu tun hat, und dann für das heute angekündigte Thema von ganz zentraler Bedeutung: Was ist überhaupt Wirklichkeit?

Da komme ich auf etwas zurück, was Jochen Kirchhoff voriges Mal auch behandelt hat; ich werde es etwas anders behandeln, aber – nicht im Gegensatz, sondern nur – ich nehme einen anderen Zugang dazu, und dann das Thema »Kreativität« – also, die menschliche Schöpferkraft, wo die denn nun verortet ist. Weil es mir darum geht, welche Art Schöpferkraft – wir sehen ja, wie sie sich spreizt in der Praxis etwa des Kunstbetriebes, oder in dem vielfältigsten Angebot an spirituellen Sachen jetzt, die eigentlich vermarktet werden, nicht? Also, diese – wo wäre da ein Kriterium, um Kreativität richtig einzuordnen?

Und ich will dann kommen in der zweiten Hälfte der Vorlesung – ich weiß nicht, ob gleich nach der Pause oder ein bisschen später – ich habe es genannt, den Abschnitt – das ist der vierte von diesen Abschnitten dann hier -: »Wozu Dichter?« – aber in dem Sinne, dass ich den Dichter nur als Prototyp für diese spezifisch menschliche Mitschöpferkraft, für die Funktion, die das haben könnte, nehme, und davon ausgehe, also – obwohl ich von Hölderlin sprechen werde, also einem ganz äußersten Falle von poetischer Kreativität – doch vor allem im Hinterkopf habe, worauf Joseph Beuys so großen Wert gelegt hat in den ganzen 20 Jahren seiner – 25 Jahren – künstlerischen Praxis – nämlich zu sagen: Eigentlich ist jeder ein Künstler. Das heißt, dass von der Frage »Wozu Dichter?« – und was die Funktion des Dichters wäre – der Dichter in uns allen gemeint ist, und zwar jetzt nicht im Sinne des spezifischen Vermögens, Reime zu schmieden – das übrigens lernbar ist - sondern was die menschliche Verfassung betrifft, die damit gemeint ist. Und schließlich als letzter – fünfter – Punkt dann die Frage: Lässt sich vernünftig Offenbarung denken? – als Zusammenfassung nehmen.

Ich will bei dem in der Ankündigung negierten Thema beginnen, bei der –

sozusagen – negativen Fassung des Themas beginnen. Ich habe dort gegenüber gestellt als die Dinge, die nicht aufgehen – wozu man Alternativen braucht – »private Kreativität« und »dogmatische Wahrheitsverwaltung« – Wir entsinnen uns, was das hier betrifft, an Robert Havemanns »Hauptverwaltung Ewige Wahrheiten« – ich habe das hier genommen praktisch als eine - natürlich, nur - eine mögliche Beschreibung dafür, was überhaupt mit Weltanschauung, mit Religion in der Regel passiert. Ich gehe davon aus, dass sich sowohl in unsere allgemeine schöpferische Kraft als auch in – das hängt ja beides zusammen – als auch in unseren schöpferischen – in unseren Umgang mit dem Ganzen, mit dem universellen Zusammenhang – dass da natürlich zunächst Wirklichkeit einsteigt – über Wirklichkeit spreche ich noch.

Aber der Punkt ist eigentlich der, dass in der Praxis jeder beliebigen religiösen Bewegung – und erst recht, wenn es dann verkirchlicht – sich alsbald herausstellt, dass das, was einer erfahren hat – und das ist noch was anderes, als glauben – was einer erfahren hat – oder eine erfahren hat - dass das sich dann umsetzt in Glaubenssätze, die weiter gesprochen werden – und schließlich in ein Dogmensystem, das seine Zeit überlebt und sich der weiteren Entwicklung der Wirklichkeit entgegen stellt – und zwar, wenn ich sage: Der weiteren Entwicklung der Wirklichkeit, dann meine ich damit die menschliche Praxis, in erster Linie, denn was ausgesprochen wird – über den universellen Zusammenhang – ist nie einfach: Wie ist die Große Natur?, sondern es ist eigentlich immer gerichtet auf die Frage – vom Gegenstand her -: Wie funktioniert der Große Stamm?

Ich erinnere an Vorlesungen, die ich hier mal gehalten habe, über das Daudedsching – Wie funktioniert der Große Stamm, das heißt, derjenige Zusammenhang, in dem der Mensch mit seiner – der Umwelt, die seinen Sinnen gegeben ist, steht – also, wo, wie bei den Indianern, die Flüsse – die Quellen – die Haine - die Tiere – die Felsen - die Sterne - insofern sie sichtbar sind – also, dieses sichtbare Universum, das um den Menschen herum organisiert ist – da herum waren das immer Antworten. Und der Punkt ist: Wenn wir dann ein so dogmatisiertes System haben wie die christliche Theologie am Ausgang des Mittelalters, dann kann es zunächst natürlich gar nicht anders angehen, als dass der Mensch - ich setze das Private mal zunächst noch in Klammern – dass der Mensch versucht, also - neu Kontakt aufzunehmen. Und das Problem am Anfang bürgerlicher Gesellschaft in dem Zusammenhang – denn da stehen wir ja am Ende des Mittelalters – auch ist, dass dieses Individuum, das da dieses Bürgerliche – jetzt meine ich das mal ganz positiv - das sich aus dieser Wahrheitsverwaltung befreiende Individuum zunächst also rein auf sich selbst gestellt ist und praktisch also unmittelbar in eigener Verantwortung versuchen muss, also – Wirklichkeit neu zu begreifen. Und das Risiko in dem Zusammenhang ist erst mal ungeheuer.

Wenn man jetzt das Verhältnis zwischen den beiden – und damit auch die Grenze – oder die Begrenzung - ins Auge fassen will, die durch so eine Fragestellung gegeben ist – also, bei dogmatischer Wahrheitsverwaltung, das ist nicht die lebendige Erfahrung des Universums, sondern - das ist schon ihre Festschreibung – übrigens, unter Machtverhältnissen - und hier: Die Kreativität ist ja sozusagen auch reaktiv, ist ja eine Antwort darauf.

Da wird man feststellen, dass das dazwischen gestellte Problem – also, die Vermittlung zwischen den beiden – das Thema des Konformismus ist. Und daran ist schon sichtbar, auf welchem relativ begrenzten Umkreis der Sache wir uns bewegen. Also, von hier aus, von der dogmatischen Wahrheitsverwaltung – der Zwang zur Konformität – also, lieber Galilei, bitte, erlaube dir keine Aussage, die das christliche Weltbild, das wir so fein in jeder Hinsicht ausgearbeitet haben, stört – und hier fängt sozusagen das Individuum, das – manchmal natürlich auch subjektivistisch – den Zusammenhang sprengen will: Das wird natürlich dann – das fühlt sich zu dieser Konformität gerufen – und sagt: Also, hier ist gar keine Autorität, die mir sagen könnte, ich sollte irgendwie halblang machen.

Also, wenn man sich erinnert, dass – also, sozusagen – der Stoff, der dieser Sache entgegenstand, den hat am schärfsten Jacob Burckhardt beschrieben, in der »Cultur der Renaissance in Italien«, wo also praktisch das Menschenbild, das dem gegenüber tritt, dieser Condottiere ist - also, als Idealbild da Cesare Borgia, jetzt in seiner – also, in der Idealität – aber diese Renaissanceheroen, die also sich über alles hier Verordnete – worin natürlich auch gute alte Wahrheiten mit verdorben sind – immer, in solchen Sachen, nicht?

Dagegen – also, der große Aufstand des Individualismus, des mit allen Mitteln – eigentlich – der menschlichen Kreativität – also, vom Gedicht, vom Sonett, bis zur Waffe – ausgerüsteten – also, diese Renaissance-Figuren verstanden alle, ein Sonett zu drechseln und das Florett zu führen - oder was auch immer dann anstand.

Leonardo da Vinci zum Beispiel – Festungsbaumeister, großer Maler, und so fort. Und wenn das also damals noch der Durchbruch zu einer neuen Gesellschaftsverfassung war, die zumindest – also – in dem europäischen Kontext ihre Notwendigkeit hatte, so ist doch – hat sich eigentlich mit fortschreitenden Jahrhunderten der Moderne mehr und mehr heraus gestellt, dass - der von vornherein gegebene private Charakter dieser Alternativen.

Das heißt, wir bewegen uns mit dem Ganzen auf dem Boden einer Kultur, die schon zur Explosion in gewisser Weise bestimmt ist, sodass die Abwehr des Konformismus in der Regel verbunden ist hier – also, mit der Gefahr, jedenfalls, des Subjektivismus. Und zwar zunächst in einer noch verhältnismäßig hochkulturellen Form. Das heißt, das, was hier durchbruchsweise an neuem Weltbild kam, dieser ganze – allerdings eben bewaffnete – Humanismus der Renaissance, der enthielt – ja, also, ich meine, unsere große Musik, unsere große Dichtung – das ist alles aus den Kathedralen hervorgegangen.

Das heißt, da waren Errungenschaften – und zugleich war mit ihnen gegeben dieser private Charakter. Und »privat« – das heißt also, vom Ursprünglichen her, aus dem Griechischen schon ins Römische gesetzt – »privare« von »rauben« – da heißt, da hat sich das Individuum gewissermaßen aus diesem größeren Zusammenhang heraus-geraubt – und ist in der – jetzt nicht in dem Falle dieser Durchbruchs-Individualitäten, von denen ich gerade geredet habe - aber im Gegenpol dieser individualistischen Kreativität steht dann also der Privatismus in dem Sinne, wo die Griechen dann – die Griechen haben da »Idiotie« gesagt – und verstanden unter »Idiotie« nicht jemand, der in diesem heutigen psychiatrischen Sinne irre ist, sondern – ein »Idiot« war jemand, der sich für die Angelegenheiten des großen Ganzen, des großen Zusammenhanges, des Gemeinwesens – also, des Großen Stammes – nicht interessierte: Das war ein »Idiot«.

Und dieser – also, das ist mit in dieser Sache hier enthalten. Und wir haben es dann – also, von da her gesehen, haben wir es mit diesem Thema, das Jochen Kirchhoff neulich hier so postiert hatte, dass es dann in der Diskussion ganz wichtig war – das Thema »Verbindlichkeit« – wo kommt noch Verbindlichkeit her?: Hier ist also der Keim dafür gelegt, dass es in der Regel unverbindlich zugehen wird.

Also, ich glaube, dass – wo wir uns jetzt bewegen, speziell auch nach dem Zusammenbruch der jüngsten Art von Wahrheitsverwaltung hier – das ist natürlich, dass es erst mal so aussieht, also – das ist das neue Wahre – der kreative Subjektivismus.

Also – die schöpferische Kraft, die ja – das ist erst mal positiv noch, der Begriff »Kreativität« – Schöpferkraft - aber dass es auftritt in der Form des Subjektivismus – übrigens, auch Glaube - das ist ja was anderes, als spirituelles Wissen – also, der Glaube, und: Wer glaubt, wird selig – diese Art Glaube - die völlig auch hier um das Subjektive – das heißt, hier ist Glaube – das heißt dann: Religion. Oder ich schreibe mal – um es auf die Spitze zu treiben – bei Religion kann man ja immer noch sagen: Das Verdienst, auf so eine »Religio« – also: Rück-Bindung – ist Privatsache – Das gehört hier mit zu dieser Ausgangsposition. Und ich möchte versuchen, also – ein bisschen zu entwickeln, was dazu an Alternative eventuell zu haben wäre.

Ich will jetzt – damit der Zusammenhang auch in den Vorlesungen nicht verloren geht, damit einsteigen – ich glaube, ich kann das wegwischen jetzt hier.

Also, Religion ist Privatsache – das heißt nach diesem griechischen Gesichtspunkt: Religion ist ober-idiotisch – so. In dem Sinne dann. Das ist ein absoluter Widerspruch, von dieser ursprünglichen Überlegung her gesehen, Religion als Privatsache anzusehen.

Und ich meine – ich behandele jetzt diese Frage nicht ausführlich, aber ich denke, man wird konzedieren - ich gehe nicht davon aus, dass die Alternative dazu ist: Jetzt werden alle wieder verdonnert zu einer bestimmten Religion, sondern – worauf ich hinauswill, und wo ich glaube, Hölderlin – ich weiß noch nicht, wie weit ich dazu komme, konkret zu werden, weil die Zeit auch begrenzt ist – zeigt, auf welche Weise eine Lösung denkbar ist für die Frage: Wie könnte man – also – aus individueller Verantwortung zu etwas Gesamtverantwortlichem wieder finden, zu einer Einstellung aus Gesamtverantwortlichkeit?

So – das war der Vorbau, um einzuordnen, worum es mir nicht geht, erst mal – dass das klar ist – und damit ich den Platz frei habe für das, worum es mir geht: Was ist Wirklichkeit? Was ja – sozusagen – Wo spricht noch Wirklichkeit? – zuerst ist natürlich die Frage: Was ist da überhaupt Wirklichkeit?

Wir hatten neulich hier gehört – also, von Jochen Kirchhoff – etwa, wo es um Beziehungskorruption geht – also, wo wir aus korrupter Beziehung heraus Urteile über die Welt fällen: Da haben wir es bestimmt nicht mit der Wirklichkeit zu tun – außer vielleicht mit unserer, könnte man hinzufügen, sondern: Das ist unwirklich.

Was ist Wirklichkeit?

Ich erinnere an eine Skizze, die hier bei mir eine große Rolle gespielt hat, irgendwann, im ersten Studienjahr, als ich das gemacht habe – und zwar: Das war diese, wo ich es hier unten zu tun hatte mit dem Großen Stamm – und hier oben mit der Megamaschine – und wo diese Linie hier die des Bewusstseins war, des Aufstiegs im Bewusstsein – das es ja schöpferisch mit der Wirklichkeit zu tun hat, so viel erst mal gesagt – und dann hatte ich gesagt, also - wir haben es hier mit natürlichem Geist zu tun – deswegen schreibe ich hier mal: Natur - natürliche Intelligenz, ist gemeint - und ich schreibe hier »UB« – für Un- und Unterbewusstes, und hier – wissend, übrigens, dass das rückgespiegelte Begriffe sind; ich erinnere nur noch mal daran - und hier haben wir dann praktisch die – also, ich sag mal – ich glaube, ich habe geschrieben »Wirtschaft« – also, die ökonomische Struktur, Technik, und so weiter – und hier haben wir die Institutionen, also – den Staat.

Und was mein Gedanke war – das war damals eigentlich folgender: Dass das Bewusstsein hier – in diesem großen Zusammenhang – natürlich völlig abhängiger Funktionär dieser großen Maschine geworden ist, während es hier – sozusagen – ein dienstbarer Teil – ein Organ – dieses ganzen Zusammenhanges ist.

Und jetzt zu dem Thema »Was ist Wirklichkeit?«

Wenn man sich kurz mal irgendeinen Fall vergegenwärtigt, wo man des Unrealismus geziehen worden ist – also, praktisch eines Fehlverhältnisses zur Wirklichkeit - ich würde vermuten: In 99 % der Fälle handelt es sich da darum, dass einem gesagt wird: Man wird dem, was wir hier veranstaltet und gemacht haben, nicht gerecht. Das heißt: Was wir zuwege gebracht haben – und zwar als einen horrenden Schein – in Wirklich- - das hat mit Wahrheit nichts zu tun, das ist ein ungeheurer Schein, allerdings ein materialisierter, das ist, wie - George Thomson und Alfred Sohn-Rethel haben mal von Geld – das hier dazu gehört, zu dieser Art Wirklichkeit – als von Real-Abstraktion gesprochen; das heißt, es ist eine Abstraktion – aber verdammt real. Also, so, wie in dem Buch »Der Goldlack« – in Peru, dort – also, das beherrscht die Menschen, als Realität – nur: wie wirklich ist diese ganze Veranstaltung? – also, ich will nicht bestreiten, dass es auch zur Wirklichkeit gehört – man sagt ja: »Zweite Natur«. Klar!

Nur, also – wo es überwältigend tatsächlich so funktioniert, dass das Bewusstsein das alles geschaffen hat – also, ohne unseren Geist wäre ja Beton und das alles nicht da – wo das – also, sozusagen – der untergeordnete Funktionär dieser ganzen Geschichte ist – also, im Grunde genommen, ist das – vergleichsweise zu dem, was ich hier klein gezeichnet habe, was aber das wirkliche Universum ist – das ist wirklich; die Erde ist ein kleiner Planet, in dem Zusammenhang, und auf diesem kleinen Planeten haben wir – sozusagen – dieses Missverhältnis zustande gebracht zwischen »Wirklichkeit« und »Wirklichkeit«.

Also, der Punkt ist nur: unser Bewusstsein – wenn ich sage: Funktionär, das ist so – das klingt noch – also, da wird - jemand Bestimmter, eigentlich, wird da vermutet, Staatsfunktionär, oder so - sondern – was ich meine, ist einfach: Indem wir uns in nichts – oder in fast nichts - als dem von uns Geschaffenen bewegen – selbst die Wälder sind angepflanzt, und wenn wir dann die Waldsterbensprobleme haben – das sind Probleme von Nutzwäldern – also, die stehen schon – sozusagen - nicht mehr auf dem Boden der ursprünglichen Natur.

Und diese – und wir wollen – Kulturlandschaften will man erhalten; wenn in den Alpen jetzt also die Bauern funktioniert – äh, finanziert - werden, dass sie nicht davonlaufen – dass wir also - die werden wir schon als Landschaftspfleger bezahlen, nicht? Also, das hat – das ist alles auf diesem Untergrunde – und es ist nicht falsch, das sage ich nicht, Probleme, die wir uns auf dieser – in diesem Zusammenhang geschaffen haben, mit unter die Realitäten zu rechnen.

Aber: Entscheidend ist die Proportion.

Und die Proportion in diesem – die dieses Bild zeigt, die ist fundamental falsch. Und worum es eigentlich geht, ist Folgendes: Hier haben wir also das Bewusstsein – völlig, also – wenn man auf das hier bezieht, das ist ja praktisch – das ist sozusagen sein Platz hier – überall; es ist völlig verteilt – über die Sache, die wir gemacht haben, und wir sind auch völlig beschäftigt damit, das andauernd zu reproduzieren.

Also, so ein Stadthaushalt beliebiger Großstadt, der liegt einfach über 100 % fest - der Höchstzahlen – wenn die Stadt stehen soll, und damit sind wir beschäftigt, und auch mit Ökologie – wir rennen dem nach.

Und der Platz, um den es eigentlich gehen müsste, also hier in der Mitte – das ist die Mitte – sozusagen – des menschlichen Bewusstseins, und das heißt auch: des Wirklichkeitsbezuges.

Das spricht nicht dagegen, dass hier also Bewusstsein im engeren Sinne – also, gemeint ist hier schon: Begriffliches – aber es ist ja in diesem so genannten Un-Bewussten und Unter-Bewussten – da wissen die Leute – da erfahren die Leute doch – im Tabu, beispielsweise: ich verletze hier Gleichgewichte und muss, sozusagen, des Rückschlages gewiss sein – die Griechen sagten »Nemesis« dazu; da ist viel mehr Wirklichkeit im Tabu enthalten als hier, wo wir dann also – erst wenn es schon fast zu spät ist - erfahren, dass hier so eine Großveranstaltung das Ganze stört.

Also, Wirklichkeit – hier - und wenn ich jetzt die Frage stelle: Wo spricht noch Wirklichkeit? – das Noch, das hat nur damit zu tun, das Noch, dass wir also dem, was das hier sagt, was diese Art von Wirklichkeit sagt – dass wir dem also einen wahrlich unverhältnismäßigen Anteil an Stimme geben. Und dass es ganz aussichtslos – natürlich – ist, wenn wir hier hinein hören – außer über Sehertum – also, sagen wir es krumm: über das, was die Flammenschrift an der Wand ist – in dem Belsazar-Lied, nicht? – aber sonst – also, über das, was Wirklichkeit positiv ist, was wir daraus machen könnten, erfahren wir nichts – nur noch die Negativität aus dem.

Also, die Frage, um die es geht, ist die Rückkehr in diesen inneren Zusammenhang – ich erinnere noch an ein zweites Bild, was also gerade diesen Punkt noch mal besonders kenntlich macht: ich hatte hier – so hätte ich malen sollen, also, hier, diesen – ich hatte den Ausgangspunkt – Ursprung – und das Ziel des menschlichen Weges – also, die Suche nach der Wiedervereinigung mit dem universellen Zusammenhang – also, nach dem Zuhausesein hier, von dem wir uns bis zum gewissen Grade notwendigerweise auch hier schon entfernen; das Thema tauchte dann in dem Namen »Atman« und »Atman-Projekt« auf – wo Atman-Projekt das war, dass wir uns im Zusammenhang mit unserer praktischen Tätigkeit – die hier anfängt – nur dass es dann noch einen Umschlag gibt in das hinein, nicht?

Dass wir uns praktisch – statt uns auf die Mitte, um die das Ganze hier kreisen soll, zu beziehen – also, hier - uns irgendwie fest zu binden, wie Odysseus da am Mast auch, nicht? – dass wir uns praktisch durch den Erfolg, den wir auf dem Wege der Materialisierung haben – dass wir uns da also auf diese tangentiale Bewegung, auf die Fortbewegung vom Ursprung, vom Kern – denn es geht ja – es geht um die Rückkehr zum Ursprung.

Zum Ursprung jetzt nicht im Sinne des – das ist nicht der Wunderschoß – gemeint – Rückkehr zum Ursprung - sondern der spirituelle Schoß ist natürlich gemeint, sozusagen – der weibliche Aspekt des Universums, der der Ursprung ist – und der Pfeil, der sich davon entfernt, das ist eher – sozusagen – der männliche Aspekt.

Aber hier geht er mit uns durch, und wenn das – sozusagen – nicht die Produktion von Faustkeilen ist, die vielleicht so aussieht – was die Kraftentfaltung betrifft - sondern wenn das Projekt, mit dem wir zu tun haben, eben diese Gestalt annimmt – also, dann sind wir wirklich in einer hoffnungslosen Lage - wenn eine Praxis, die das ändern will – also, ein praktischer Umgang mit der Schöpferkraft des Menschen – darum geht es ja, um die Schöpferkraft heute, um die menschliche Schöpferkraft – wenn wir uns darauf orientieren, also – uns auf dieser Strecke, in dem Ausgebreiteten einzufangen - wenn wir das unter Ökologie verstehen.

Sondern das Thema der Ökologie kann da natürlich nur sein: Wie wird diese Schöpferkraft – die hierher zurückkommt - das heißt, wie erreicht man jeweils, dass wir dabei bleiben können, also – die menschliche Bahn zu verfolgen – die Bahn der Naturbestimmung des Menschen.

Jetzt ist die Frage – ich komme an der Stelle jetzt – also, wo es um die Alternative geht: Kümmern wir uns um die Rückkehr hierher – um die Versammlung nach hier – um unsere Versammlung nach hier? - da komme ich – im Zusammenhang mit dieser ökologischen Frage, diesem ökologischen Thema – komme ich auf dieses Schlagwort mit der Kreativität, mit der Schöpferkraft noch mal zurück, also – nach der Frage, wie wir unsere Kreativität und worauf hin wir sie ansetzen.

Also, was uns durch unsere Eigenschaft als Funktionäre der Megamaschine - durch unsere Ausbildung zu Ingenieuren, und so fort – was uns da nahe gelegt wird, das ist natürlich der Einsatz der Kreativität in diesem ausgebreiteten Zusammenhang – das heißt, die Beschäftigung damit: Wie könnten wir einzelne schwere Teile, die sich zu weit vom Zentrum hier – und der Schleuder, irgendwie – entfernt haben: Wie könnten wir die zurückholen und daran, sozusagen unseren – ich würde mal sagen: unseren individuellen Gewinn haben – unsere Bestätigung, dass wir Mitschöpfer sind?

Geschöpfe – Mitschöpfer – das ist diese Position der Kreativität, aber wir neigen dazu, praktisch zu werden in diesem total missverstandenen Sinne, eigentlich.

Ich erzähle eine kleine Erfahrung, die in dem Zusammenhang, glaube ich, charakteristisch ist, gerade in ihrer – wirklich: in ihrer Unschuld.

Wir haben ja diese Idee – verfolgen die ja weiter - dort, mit der sächsischen Regierung zusammen so ein Projekt zustande zu bringen. Und jetzt haben sich im Spätherbst in Baruth – also, im vollen Herbst, im tiefen Herbst, in Baruth bei Berlin, mal ein großer Teil der Leute getroffen, die da miteinander anfangen wollen. Und jetzt gab es in der - nach der – oder in – schon aus der Runde am Sonnabendvormittag heraus, wo ich zufällig dabei war – gab es dann folgende Alternativen, was man eigentlich in den Mittelpunkt stellen sollte jetzt des weiteren Treffens im Verlauf des Sonnabendnachmittags und auch des nächsten Sonntags: Es gab verschiedene Vorschläge.

Der eine war: Also, erst mal mit dem Herbst Kontakt aufnehmen.

Der andere war: Wir sollten uns viel mehr – also – darauf konzentrieren, uns gegenseitig kennenzulernen.

Und der dritte war: Da es ja um Ökologie geht – also, wir wollen – die Frage des Abwassers – des ökologischen Landbaus – mit welchen Materialien wird gebaut, Baubiologie - und so fort.

Jetzt sind natürlich für so ein kommunitäres Projekt tatsächlich alle diese Sachen wichtig. Aber spannend an diesem Wochenende war ja: bis dahin war es – aus Gründen, die ich jetzt nicht behandeln will – überhaupt noch nicht möglich gewesen, diesen Ort, an dem das stattfinden soll – das ist jetzt inzwischen anders, das wird im Dezember jetzt passieren - aber: Den Ort hatte noch keiner gesehen; wie es dort mit Abwasser und mit dem ökologischen Landbau und mit den Gebäuden und was da alles werden soll – wie das sich dort konkret verhält - das wusste überhaupt noch niemand.

Aber: man war Elektroingenieur, man verstand was vom Wasser, man verstand was vom Bau – also, die Spezialisten waren da. Und der nächst liegende Einfall ist jetzt – wenn es heißt: Wir wollen konkret werden – befassen wir uns doch – also - mit diesen Problemen.

Und es ist natürlich so: Wenn es in so einem kommunitären Projekt noch so gut gelänge – fürs Erste, zum Beispiel - eine wunderbare Regelung durchzusetzen, was Abwasser oder so betrifft - besonders, wenn Unterstützung da ist, materielle Mittel da sind – das kann ja vielleicht gehen.

Aber die Botschaft wird bestimmt minimal, wenn sie nicht vor allem zum Inhalt hat, dass es sich da schön und gut miteinander leben lässt – sodass also in der Hinsicht das Kennenlernen wichtiger wäre. Und wenn es uns nicht gelingt, den Kontakt zum Herbst wieder her zu stellen – das ist eigentlich, was hier die Selbstverständlichkeiten waren, jetzt, auf dieser Ebene – also, dann bleiben wir einfach in diesen Geschäften befangen, und es wird – sozusagen – irgendein Schorf mehr - Strittmatter hat das ja mal so beschrieben - auf der Erdoberfläche, was wir da veranstalten können.

Und nun – nicht im Sinne des abs- - also, man kann es dann ad absurdum führen, indem man sagt: Wir kümmern uns jetzt nur noch um die Herbste – und wofür das symbolisch steht, also um das Verhältnis zur Großen Natur, oder – und als Zweites kümmern wir uns nur um das Soziale. Es hat alles sein Recht – es ist nur die Frage, wie das von den Prioritäten her funktioniert.

Und da sich so eine neue Sache natürlich de facto am einem Ort wie hier befindet – an einem Ort – schreiben wir doch einfach erst mal »am Rande der großen Maschine und auf dem Karussell mit gedreht wird«. Da gibt es natürlich einen überwältigenden Druck, sich mit den sogenannten Realitäten zu befassen – in dem Zusammenhang - und abzukommen von der Richtung, um die es eigentlich geht.

Bei dem Thema, um das es mir hier - auf das ich mich hier konzentrieren will, bei der Frage also: Wo beziehen wir Platz mit unserer Schöpferkraft? Wo – ja, das ist – also, Lokalität jetzt nicht im geografischen Sinne – da scheint es mir, also - dass wir uns völlig darüber klar sind, dass die verschiedensten Einfälle für unsere Kreativität - die auf die Frage »Wie hätten wir es denn gerne?« hinauslaufen - dass die also, uns - sozusagen – noch ganz im Zufälligen befindlich lassen und die Wahrscheinlichkeit sehr groß ist, dass uns das wieder einfängt.

Also, was wir gerne hätten – darin steckt natürlich tatsächlich, womit wir aus der Natur gekommen sind, also, es meldet sich schon hin und wieder die wirkliche Existenz, und zugleich sind wir also durch den realen Zusammenhang und durch unser Beziehungsleben – das hatte ja der Jochen Kirchhoff mit zum Gegenstand, neulich – wir sind von Grund auf korrumpiert, und es ist also wirklich die Frage, wie wir es erreichen können, aus diesen Realitäts-Tunneln, in die wir da eingesperrt sind, als weiße Westmenschen mit unseren ganzen industriellen und wissenschaftlichen und so weiter Erfahrungen – wie wir uns da heraus machen können.

Und genau so ist es natürlich so, dass der größte Teil der therapeutischen und spirituellen Methoden, die jetzt im Gange sind, um die subjektive Seite zu pflegen, also, auch kulturell eingeordnet sind – hier noch. Und dass also – sozusagen – sehr viel Souveränität eigentlich erforderlich wäre, um hier auf etwas zu kommen, was nicht praktisch bloß noch eine neue Dependance, eine neue Außenstelle dieses bisherigen Zusammenhanges ist.

Ich lese jetzt mal, um damit dann auch in die Pause zu gehen und danach mit Hölderlin weiter machen zu können, eine Stelle vor aus Heideggers

Auseinandersetzung mit Hölderlin – 1934 - die noch mal – vielleicht ein bisschen abschließend, jetzt, für die erste Stunde – diese Problematik kenntlich macht: Er geht davon aus, erst mal, dass also, wo der religiöse Zusammenhang ausgefallen ist – der künstlerische Kreativität und technische Kreativität und Kreativität überhaupt noch bestimmt hat, im Mittelalter - und wir wissen – in dem konkreten Falle: Das ist aus guten Gründen ausgefallen ...

... bei Hölderlin, das heißt, bei der Dichtung sein, um mal zu exemplifizieren, wie positiv die Rolle - eigentlich – die ursprüngliche Rolle der Kunst, der Dichtung, in uns wieder erobert werden soll.

Also, die Griechen hatten keine Zeit für Kultur – das gibt es erst in der Spätantike - »nur kleine Zeiten, in denen das ganze Dasein zum Gemächte herab sinkt« – also, kleine Zeiten – damit ist gemeint: Also, die nicht mehr so diesen ursprünglichen Ansatz haben, »in denen das ganze Dasein zum Gemächte herab sinkt« – also, zu dem – abhängig ist von dem, was wir gemacht haben – »pflegen das Wahre, Gute und Schöne« – also, es ist schon abwesend: Dann muss es gepflegt werden, ist gemeint – und haben ihren Sta- (Tonstörung)

... in verschiedenen Zusammenhängen – und gerade auch in der Grundlegung dieser Vorlesungsreihe noch berufen hatte ... was mit der Technik ist, ist dann praktisch von hier – hier, im Zentrum – damit ist derselbe Ort gemeint, derselbe Ort gemeint, in der Mitte dieses Großen Stammes - ich erinnere daran, wenn hier in der Mitte dieses Rades dann – sozusagen – als höchste Instanz, und zwar im Sinne einer Welt aus lauter Wirklichkeiten, der Himmel steht: Dann ist damit nicht dieser abstrakte Himmelsbegriff gemeint, der der Erde entgegengesetzt ist, sondern da ist – wie im Daudedsching, dort heißt es: »Die Erde folgt dem Himmel« - als dem größeren universellen kosmischen Zusammenhang, das heißt, das ist der höchste Bereich in dem ganzen Denkzusammenhang – das heißt, es ist die Mitte, und wenn man jetzt der menschlichen Existenz – und wenn man jetzt noch mal unter einem erkenntnistheoretischen Gesichtspunkt die Frage nach der Wirklichkeit stellt, dann ist es einfach so:

Was wir normalerweise meinen – wo wir normalerweise meinen, Wirklichkeit zu erfassen – und wo es dann auch die ganze Erkenntniskritik gibt

– Kant, »Ding an sich«, von dem wir nichts wissen können – das ist, wenn – unter dem Stichwort »Erde« jetzt nur, als erkenntnistheoretischem - wenn die – da besteht die Welt aus lauter Wahrnehmungen; und wenn man lauter Wahrnehmungen nur hat, dann ist es natürlich – von daher ist es – deswegen steht hier »Unmöglichkeit« – von daher ist es auch unmöglich, den Gesamtzusammenhang zusammen zu kriegen – schon allein, weil man überhaupt nicht fertig wird.

Das ist also aus dem großen – aus so einem großen Kreis ist das immer hier ein bestimmter Anschnitt – hier - irgendein Segment, oder was auch immer – ein Sektor, ein Segment, also – oder ein Punkt in der Mitte, eine schmale Stelle, wo wir bei der Wahrnehmung sind - sei es jetzt außen, sei es auch innen, in uns – also, die Welt aus lauter Wahrnehmung – das ist zwar Zugang zur Wirklichkeit, aber es ist zunächst zugleich auch unmöglich, damit was zu erreichen.

Und an der zweiten Stelle: Wenn man eine Welt aus lauter Vorstellungen hat - das im Wesentlichen ist die der – ja, zumindest der vorherrschenden Wissenschaft, der - sagen wir mal, der Vor-Einstein'schen Physik etwa – hier steht »Ausschließlichkeit« deshalb, weil – also, entweder A – oder B.

Und wenn ich über A rede, ist alles andere ausgeschlossen, B kann nicht sein - also, diese Logik des ausgeschlossenen Dritten, also, praktisch, wo man im Grunde genommen die Welt rekonstruiert - aber mit in Experimenten gewonnenen Abstrakta.

Hier will ich gar nicht konkreter werden, weil wir beim Thema »Wissenschaft«, beim nächsten Mal kommen wir hier - beim Thema »Denkkraft« – kommen wir hier näher dazu zurück. Aber was hier kenntlich ist, das ist vor allem – oder kenntlich sein soll, in dem Bild – das ist also: Wir sind hier mit den Vorstellungen – vielleicht, weil sie verallgemeinert manchmal sind – dichter an der Wirklichkeit, aber: es ist ein Beschreibungssystem.

Es ist nicht die Wirklichkeit tatsächlich erfahren, sondern die Voraussetzung ist gerade: Um über die Wirklichkeit was zu wissen, muss ich aufschneiden – muss ich ein Experiment machen, muss ich mich aus ihr heraus ziehen – nicht Kontakt – das ist dieser Zusammenhang.

Eine Welt aus lauter Beziehungen – hier steht übrigens auch im Zusammenhang damit – hier war »Fegefeuer« – hier war »Hölle« - also, Beziehungshölle – wir haben eine Assoziation, was das bedeuten mag; aber ich will mich darauf jetzt nicht konzentrieren, weil – das ist ja auch ein Stichwort, das steht in Anführungszeichen – aber: »Welt aus lauter Beziehungen« – das heißt: hier ist dann kenntlich, dass wir uns beim Wahrnehmen und bei der Entwicklung der Vorstellungen viel mehr, als uns bewusst ist – sozusagen – von den Bezügen leiten lassen – und vor allem von unseren innergesellschaftlichen Bezügen.

Zum Beispiel haben die Chinesen nicht bloß einen anderen Gebrauch von der Wissenschaft gemacht, sondern hatten überhaupt eine andere Art Wissenschaft. Aber das ist der Unterschied, und die Tatsache dieser Differenz ist den Chinesen für sich – in ihren Zeiten, vor 200 Jahren, beispielsweise – ebenso wenig bewusst, wie es uns bewusst war, dass das ein ganz bestimmter Beziehungszusammenhang ist, eine ganz bestimmte Art und Weise, wie Menschen miteinander sind. Galtung hat hier gezeigt: »Mensch – Gott«, »Mensch – Mensch«, »Mensch – Natur« – wie spezifisch das in der europäischen Kosmologie ist.

Also, das ist dieser Bereich, und hier ist – noch mal auf Kreativität gekommen – hier ist auch ihr eigentlicher Platz, das große Reich der Möglichkeiten, aber – wo ich eigentlich willkürlich entscheide, ob es mir denn wichtig - und was will ich den wissen. Und erst auf dieser Ebene hier, der Ebene, wo es um die Logik geht - also, ich kann jetzt nur erinnern an dieses Modell, das ich Ihnen allen mal mit nach Hause gegeben habe – auf dieser Ebene erst, wo es um die Logik geht – beziehungsweise, sozusagen – um – ich würde sagen: Um die Blickrichtung, um die Perspektive auf das Zentrum – Perspektiven sind viele, und in der Perspektive sieht – da ist hier noch ein Problem, deswegen ist es nicht die höchste Position in dem Ganzen – das ist noch nicht die Ebene der Wirklichkeit, sondern hier sind es Tatsächlichkeiten.

Das heißt, die Welt besteht hier aus wesentlichen Eigenschaften und Logiken, die mit dem Kern zu tun haben sollen – ich hebe zum Beispiel eben den mathematischen Aspekt der Wirklichkeit hervor, so eine Eigenschaft, sich berechnen zu lassen – Zahl ist eine der Eigenschaften Gottes in einem bestimmten - bei Pythagoras, etwa – also, dieses Moment, das höher steht als die normale empiristische Wissenschaft, das ist also hier festgehalten, aber – immer noch: wenn ich Eigenschaften habe, Logiken: Das sind Abstraktionen, die schon einen Bezug aufs Zentrum haben, aber – es ist nicht im Zentrum selbst.

Also, wenn nicht, dann wird es von hier aus angebetet – und erst hier in der Mitte haben wir es mit der Wirklichkeit selbst zu tun; so eine Feststellung, wie die des Heraklit etwa: »Alles fließt«.

Als – solange – vielleicht, wenn man noch mal zurück blickt – solange das zum Beispiel nicht wirklich erfahren ist, dass alles fließt, dass alles in einem großen Zusammenhang steht – solange ich also nicht hier meine Grundposition bezogen habe in der inneren – in Übereinstimmung mit Wirklichkeit, in einer Verfassung - in einer subjektiven Verfassung, die das zulässt – da werde ich auf allen diesen anderen Ebenen – also - in verschiedenen Graden abgespalten sein und den Kontakt nicht haben – das ist der entscheidende Punkt: Wahrheit ist eigentlich eine Sache des Kontakts.

Und vor allem – bei Hegel auch, das hängt hier ganz damit zusammen – die Wahrheit ist das Ganze, nur von hier aus kann man das Ganze haben; das heißt – das ist dann praktisch so gemeint, dass die entscheidende Richtung in dem ganzen Spiel – und damit sind wir dann wieder bei der Mitte – ist diese; ich mache dann also die Pfeile hierher – also, empirisch scheinen wir ja über die Wahrnehmung und über die Abstraktion und so fort in die Mitte zu kommen – also, in der subjektiven Biografie ereignet es sich ja auch großenteils so – obwohl wir als Kinder von vielem mehr wissen, aus der Mitte heraus.

Aber der eigentliche – sozusagen – Welterkenntnisvorgang, von woher wir also Wirklichkeit sprechen lassen könnten – das ist eben gerade diese Richtung, wo also die Wahrnehmung und die Vorstellung, und – wir stehen in Beziehungen – und der Bezug zu den Eigenschaften, zu den Grundeigenschaften der Welt: Wo das gesteuert ist, gewissermaßen – kommt – die wissen darum, wie das Universum im Ganzen, in seinen Gleichgewichten und in seinem Inneren, in seinen inneren Verhältnissen funktioniert. Also, so was, wie »Alles fließt« und Sätze – sozusagen – ähnlichen Verallgemeinerungsgrades.

Es ist übrigens spannend – jetzt komme ich zu Hölderlin – wenn man jetzt vergleicht – also, es heißt ja, er habe bei Kant gelernt – bei Kant, also, der davon ausging, dass man von den Dingen an sich nichts wissen kann; das ist also auf der Grundlage ungefähr dieses Standards von Wissenschaft hier irgendwie klar, dass man erst mal – Kant ist sich darüber also selbst bewusst, dass wir es hier mit Konzepten zu tun haben, mit einer Welt von Beschreibungen der Wirklichkeit, die nicht die Wirklichkeit sind, wir sind nicht beim Ding an sich.

Aber die ganze Philosophie, die dann daraus abgeleitet hat, also – naiver Realismus ist Unfug, wir können über den eigentlichen Zusammenhang nichts wissen: Das ist eigentlich verrückt – und um die Brücke zu kriegen: bei Hölderlin sieht das so aus, dass selbst zu einem Zeitpunkt, wo er als irre gilt – seine späten Gedichte, die noch wunderbar gereimt sind, die handeln dann von einfachen Dingen: Der kosmischen Harmonie, von der Geburt eines Kindes, von so was, wie Freundschaft und Liebe, von solchen Themen – also, etwa eines der Gedichte fängt an – also, die Geliebte spricht – von der er sich – von der er längst getrennt ist -: »Wenn aus der Ferne – da wir geschieden sind – ich dir noch kennbar bin ...« – so eine – eine solche Ansprache – und – was ich jetzt hervorheben will in Bezug auf: Was ist Wirklichkeit? Was ist wichtig, und was ist es nicht?

In diesen letzten Gedichten Hölderlins – das sind so ungefähr, ich würde sagen: 40, die da überliefert sind – ich glaube, es gibt fünf über den Frühling - und vier über den Sommer – und drei über den Winter – und ich weiß nicht, wie viele über den Herbst   jedenfalls: immer wieder das Thema Frühling, Sommer, Herbst und Winter.

In einer Hinsicht also – es ist ihm nichts Neues eingefallen, kann man sagen, als Thema – weil, es hat schon was Repetierendes – aber zugleich ist das für meine Begriffe einer der Hinweise darauf, wie sehr er – vorher schon – wie sehr er in der Mitte gewesen ist, wenn dann also diese elementarsten Themen der menschlichen Existenz – und unseres Zuhause-Seins in der Welt - also, ich sagte vorhin: »Herbst« – wie sehr das also die Position gewesen ist, in der er stand. Und ich will jetzt versuchen, also – bis hin zu der Frage, wie das denkbar ist mit vernünftiger Offenbarung – an Hölderlin kenntlich zu machen, dass es eigentlich darum geht, nur aus Offenbarung - also, aus dem Direktkontakt unseres Geistes mit der Welt, zu der wir alle hier gehören – nur aus dieser Offenbarung heraus hat man Bezug zur Wirklichkeit, während also das, wo das Thema ist: Wahrheit ist – wie in der Logik des Aristoteles: Wahrheit ist die Übereinstimmung unseres Urteils mit der Wirklichkeit – also, etwas ist schwarz - und nicht weiß, oder: grün - und nicht braun, ein Blatt, zum Beispiel – also, bei gedrucktem Weiß und Schwarz geht es ja noch, aber beim Blatt – ist das grün oder braun? – als, in Wirklichkeit hat man es da nur mit der Wahrheit innerhalb von Beschreibungssystemen zu tun – und nicht mit dieser Kontaktwahrheit, die etwa uns irgendwie ermöglicht, passfähig mit der Wirklichkeit zu sein, also da im guten Sinne adaptiert.

Wenn ich jetzt Sachen vorlese, die sich auf Dichterberuf – oder Dichterberufgung – beziehen, dann erinnere ich noch mal daran - kurz kommentiere, dass ich denke, es geht um den Menschen dabei, und nicht um – sozusagen – die spezifische Kunstfertigkeit dabei; es geht darum, dass der Mensch – gerade in dieser Position hier – ursprünglich Dichter – Sänger – Tänzer des universellen Zusammenhanges gewesen ist.

So hat man ja auch in den Vorzeiten – also, in den archaischen, in den magischen Zeiten – das Leben getanzt. Und es gibt zwei – ich würde mal sagen: zentrale Sätze Hölderlins, die sich geradezu als Motto hier eignen würden, um kenntlich zu machen, worum es eigentlich geht:

Das ist – was sozusagen den Hintergrund dieser Frage: Was heißt dichten? – ist, und die beide also diesen Punkt hier betreffen und unsere – ich würde fast schon sagen: Verfügbarkeit für die Wirklichkeit hier.

Der eine Satz steht am Ende eines Gedichtes »Andenken«, das am Atlantik entstanden ist, Hölderlin war ja in Bordeaux – »Andenken« – und das bezieht sich auf die See, die gibt und nimmt – also, da ist Vergehen – Entstehen und Vergehen - die See, die gibt und nimmt – und dann kommt am Ende der Satz, der steht dann ohne Folge da – nur für sich: »Was bleibet aber, stiften die Dichter.« Was bleibet aber, stiften die Dichter. Ich sage gleich was dazu, noch.

Und der andere Satz ist – in einem anderen Gedicht, in einem Gedicht, das nicht mehr vollendet worden ist, einem ganz späten Entwurf über die Titanen – die Titanen sind da der Gegenstand: »Göttliches trifft Unteilnehmende nicht.« Göttliches trifft Unteilnehmende nicht.

Zuerst zu dem zweiten Satz, weil es der eigentlich einfachere ist: Also, göttlich ist der Zusammenhang hier im Ganzen – der Zusammenhang im Ganzen. Und wenn man will – von da aus gesehen - wenn das irgendwie – also, sozusagen - in seiner Übergewichtigkeit zurücknehmbar wäre – es könnte dazu gehören – also, es ist nicht zu verteufeln, dass wir Wirtschaft wagen und Institutionen, sondern nur, dass es hier nicht drin steht, untergeordnet – das ist der Punkt, Also, wenn es zurück – gehört es zum Wirklichen. Und nur, wer wirklich teil-nehmend ist, kann natürlich davon erreicht werden.

Wer kreativ mit irgendeiner Hurtigkeit hier – und sei sie noch so wichtig - völlig besetzt ist – besessen ist, in dieser Dimension hier – des Rades – auch ist die Besessenheit zu Hause – von – dass uns der Bezug hat, in dem wir uns gerade wichtig sind, nicht? – das ist im Wege »Göttliches trifft Unteilnehmende nicht« – sagt er.

Und – was heißt »Was bleibet aber, stiften die Dichter«? Was kann das heißen? – Der Zusammenhang ist: Wir haben es hier überhaupt mit Bewusstsein zu tun – Ich habe das mehrfach betont: Dass die ganze Geschichte – in dem Sinne – Psychodynamik ist - dass es von innen kommt, und Bewusstsein - konkret: menschliches Bewusstsein – heißt: Sprache. Heißt: Sprache.

Und das ist, was – eine der Sachen, die Heidegger wunderbar heraus gebracht hat - dass er sagt: »Sprache ist kein Werkzeug wie die anderen, sondern – in einem bestimmten Sinne – wir geradezu sind Werkzeug der Sprache, und wenn das so ist, dass aus Bewusstsein alles geschaffen ist, dann heißt das also: je konkreter die Kultur ist - aus Sprache ist es geschaffen.

»Was bleibet also, stiften die Dichter.« – ja »aber, stiften die Dichter« – das meint, dass also der Grundzusammenhang menschlicher Existenz ausgesagt wird in Sprache, die uns aber aus diesem großen Zusammenhang gegeben ist.

Das heißt, es wäre ja schon allein kunstvoll, unsere Fähigkeit – denn das ist ja der Unterschied zum Tier – Sprache, also Denken – Sprache – dieser Zusammenhang: Das ist uns natürlich aus dem universellen Zusammenhang heraus gegeben – und es kommt dann der Spruch bei Hölderlin auch irgendwo: Dass unsere Bestimmung in dem ganzen Zusammenhang ist,

Zeuge zu sein – ich komme darauf noch kurz zurück - Zeuge zu sein des großen Zusammenhanges - und aus dieser Zeugenschaft heraus nur Praxis zu entwickeln.

Zeuge – im Sinne auch – ich kann auch sagen - die Asiaten sagen dazu immer »Spiegel« – also, reiner Spiegel des Universums sollte der Mensch sein, dann wird er auch nicht so besonders viel stören. Und in diesem Sinne also – »Göttliches trifft Unteilnehmende nicht«, und »Was bleibet aber, stiften die Dichter« – jetzt, was Hölderlin über den Dichterberuf sagt, seinen - aber, wie ich überzeugt bin - den des Menschen.

Ich sehe gerade, dass ich noch eine kleine Bemerkung zuvor machen muss im Zusammenhang mit Sprache – dann ist der Einstieg klarer: Wenn Dichtung in diesem Sinne die ursprünglichste Sprache ist – und es spricht sehr viel dafür, auch empirisch, was man heraus gekriegt hat darüber, wie Sprache entsteht –: Dass die Worte zunächst, also – wo wir es am ehesten noch wissen, wo aber wahrscheinlich noch nicht das Letzte gefunden ist – dass sie magische Bedeutung hatten, dass sie künstlerisch bezeichnend waren – dass sie also überhöhend, von vornherein, die Sache ausgedrückt haben – und jetzt Kreise daran erinnern – ich komme – neulich war so ein Kolloquium, wo ich darauf aufmerksam machen konnte – sein Hölderlin-Buch – an der Stelle angesetzt, wo Hegel sagte, die Kunstperiode ist zu Ende, also, mit der Dichtung ist es aus – wir sind bei Prosa, erst mal – und zunächst heißt Prosa im guten Sinne: Wir sind vielleicht bei Schriftstellerei – im Sinne des Romans; Heidegger sagt, Schriftstellerei ist schon nicht mehr ganz so prägend wie Dichtung, aber - immerhin!

Aber dahinter kommt dann die zweite Art – also, ich sage mal: Prosa eins – dahinter kommt Prosa zwei – das ist die Prosa – sozusagen – des heute – heutzutage - also – mehr oder weniger wissenschaftlichen Gespräches über: Wie wir alles regeln - einschließlich des Terminkalenders der Verabredungen – und dahinter kommen dann Gerede oder Geschwätz (Heiterkeit).

Und die Frage – nicht wahr? - wie weit unser Wirklichkeitsverhältnis so lang bestimmt ist – und von Hölderlin ja also so lang bestimmt ist – und von da hängt nämlich ab, ob und inwieweit Wirklichkeit zu uns sprechen kann – weil sie wesentlich das ist und von der Mitte aus genommen wird.

Also, aus dem Gedicht »Dichterberuf« – leider ist sie zu kurz, die Zeit, und eigentlich müsste man die Gedichte immer ganz nehmen – ein Ausschnitt, hier eben:

Nicht, was wohl sonst des Menschen Geschick und Sorg‹
Im Haus und unter offenem Himmel ist,
Wenn edler denn das Wild der Mann sich wehrt und nährt.
Es gilt ein Anders zu Sorg‹ und Dienst den Dichtenden anvertraut –
Der Höchste – der ist's, dem wir geeignet sind,
Dass näher – immer neu besungen -
Ihn die befreundete Brust vernehme.
Und – oh! – ihr Himmlischen all – und all ihr Quellen –
Und ihr Ufer – und Haine – und Höhen.«

Also – er stellt hier dieser Art – also, einer Prosa, die halb noch die des Romans und halb diese Prosa zwei ist: »Nicht, was wohl sonst des Menschen Geschick und Sorg‹ / Im Haus und unter offenem Himmel ist / Wenn edler denn das Wild / Der Mann sich wehrt und nährt«.

»Edel« – also, das heißt, es wird gar nicht schlecht gemacht von Hölderlin, das – diese Prosa – an und für sich - die Frage ist nur: Ob sie alles beherrscht – denn es geht weiter: »Denn es gilt ein Anders / Zu Sorg‹ und Dienst den Dichtenden anvertraut / Der Höchste – der ist's, dem wir geeignet sind / Dass näher – immer neu besungen - / Ihn die befreundete Brust vernehme.« Und – der Höchste ist bei Hölderlin – ist oft – also, er spricht da nicht von »Gott«, sondern »der Gott« – und deshalb hier kann dieser Höchste – der kann dann zugleich sein »oh! Ihr Himmlischen alle« – und das sind dann »ihr ‹Quellen – ihr Ufer - Haine – und Höhen« – das heißt also auch: bis zurück zu den animistischen Gottheiten – das ist alles eingeschlossen, so, wie bei Gebser, also, der Gedanke: Ja, ist das hier – integral, dass wir alles sich versammeln lassen müssen - von den verschiedenen Bewusstseinsstufen.

Also, es ist hier nicht dieser abstrakte Gottesbegriff gemeint; es könnte genau so gut stehen: »Das Höchste«.

Und - im Gegensatz jetzt zu dem, was hier noch tragbar ist, zwei andere Strophen:

»Zu lang ist alles Göttliche dienstbar schon,
Und alle Himmelskräfte verscherzt – verbraucht, die Gütigen,
Zur Lust – danklos: ein schlaues Geschlecht.
Und zu kennen wähnt es – wenn ihnen der Erhabene den Acker baut –
Das Taglicht und den Donnerer, und es steht das Sehrohr wohl sie all
Und zählt und nennet mit Namen des Himmels Stern‹.«

Also – der Punkt ist, dass die Ebene der Dichtung, dass die Mitte - dass das – sozusagen – nur hier dienstbar gemacht worden ist und damit also nicht mehr seine authentische Mittelpunktstellung behält, sondern dass wir uns damit den Horizont verhangen haben.

»Zu lang« – noch mal – »ist alles Göttliche dienstbar schon / Und alle Himmelskräfte verscherzt – verbraucht, die Gütigen / Zur Lust – danklos: ein schlaues Geschlecht / Und zu kennen wähnt es, wenn ihnen der Erhabene den Acker baut / Das Taglicht und den Donnerer« – also, wer Regen und Gewitter bringt – »und es steht das Sehrohr wohl sie all / Und zählt und nennet mit Namen des Himmels Stern‹.«

Also, diese Unterordnung der Dichtung unter die Prosa ist das Problem, und wir haben dann also die große Wirklichkeit unserer kleinen - unseren Beziehungsthemen und unserer Wissenschaft, unserer Alltagsbewältigung – untergeordnet, und es geht damit in der Regel dann schlecht.

Jetzt kommt ein Gedicht, das sehr zusammenbringt, jetzt – das lese ich mal ein Stückchen länger, weil es atmosphärisch kenntlicher macht, wie diese dichterische Existenz im Menschen eigentlich arbeiten kann.

Das Gedicht heißt:

»Wie, wenn am Feiertage« – und es heißt gar nicht so, weil es auch eines der vielen Fragmente ist, die Hölderlin hinterlassen hat, sondern es beginnt nur so:

»wie, wenn am Feiertage, das Feld zu sehen ein Landmann geht des Morgens,
wenn aus heißer Nacht die kühlenden Blitze fielen, die ganze Zeit, und fern

noch tönet der Donner. In sein Gestade wieder tritt der Strom, und frisch der Boden grünt. Und von des Himmels erfreuendem Regen der Weinstock trauft und glänzet, in stiller Sonne stehen die Bäume des Haines. So stehen sie unter günstiger Witterung – sie, die kein Meister allein – die wunderbar allgegenwärtig erzieht im leichten Umfangen die mächtige, die göttlich schöne Natur. Drum, wenn zu schlafen sie scheint zu Zeiten des Jahrs – am Himmel oder unter den Pflanzen oder den Völkern – so trauert der Dichter Angesicht auch. Sie scheinen allein zu sein, doch ahnen sie immer – denn ahnend ruhet sie selbst auch« – das ist das Thema Winter – *»jetzt aber tags; ich harrt‹ und sah es kommen – und was ich sah: Das Heilige sei mein Wort! Denn sie – sie selbst – die älter denn die Zeiten – und über die Götter des Abends und Orients ist«* – also, des Westens wie des Ostens – *»die Natur ist jetzt mit wachem Klang erwacht. Und hoch vom Äther bis zum Abgrund nieder - nach festem Gesetze, wie einst aus heiligem Chaos gezeugt - fühlt neue Begeisterung sich die Allerschaffende wieder.«*

Das heißt, hier ist – was den Erkenntnisuntergrund betrifft, oder die Erkenntnisweise des Dichters – hier ist einfach gesagt, dass die dichterische Stimmung, die innere Grundstimmung – die geht mit den natürlichen Rhythmen und Jahreszeiten. Wenn Winter wird, dann zieht es sich selbst in ahnendes Grauen zurück – die dichterische Existenz – also, das ist ein Resonanzphänomen, und wenn es tagt, dann erwacht die Natur, und zwar – das ist dann gar nicht die Frage: Ist die außen, oder ist die Innen?

Sondern das ist der Zusammenhang, der mit Sprache auch ausgedrückt ist: Dass Sprache selbst dann Ausdruck von Natur ist.

Und dann kommt die große Stelle in demselben Gedicht – ich lasse ein bisschen was aus - wo Hölderlin die dichterische Existenz – also, den dichterischen Auftrag – ausdrückt, nämlich das Risiko, das der Mensch als Dichter auf sich zu nehmen gezwungen ist – eigentlich jeder als Dichter auf sich zu nehmen gezwungen wäre:

»So fiel, wie Dichter sagen, da sie sichtbar den Gott zu sehen begehrte, sein Blitz auf Semeles Haus, und die göttlich Getroffene gebar die Frucht des Gewitters – den heiligen Bacchus.«

Ich muss an dieser Stelle einsetzen, obwohl das hier sehr schwer ist; ich muss es kurz erklären, weil – sonst ist das andere dann nicht in seinem Text: Hier geht es darum, wie der Dionysos geboren worden ist, das heißt, der Gott, in dem – also, sozusagen – die naturhafte Elementarität – das Elementarische ist die Mitte auch hier – die naturhafte Elementarität, also – für Hölderlin da war.

Also, dieses – es geht darum, also – dass man diese Naturhaftigkeit, das Elementare, die Begegnung mit dem Elementaren, auch wagen soll – und da bezieht er sich auf diese Mythe, wie der Zeus also die Semele entbunden hat – also, das ist aus der griechischen Mythologie, ist schon patriarchal - aber das ist in dem Zusammenhang hier nicht interessant.

Und dann geht es weiter – also, nach der Sache mit der Geburt des heiligen Bacchus durch den Blitz – durch Feuer – des Zeus:

»Und daher trinken himmlisches Feuer jetzt die Erdensöhne ohne Gefahr« – weil:sie sind ja damit entbunden worden – »doch uns gebührt es, unter Gottesgewittern, ihr Dichter, mit entblößtem Haupte zu stehen. Des Vaters Strahl, ihn selbst mit eigner Hand zu fassen und dem Volk, ins Lied gehüllt, die himmlische Gabe zu reichen. Denn sind nur reinen Herzens wie Kinder wir, sind schuldlos unsere Hände – des Vaters Strahl, der reine, versengt es nicht. Und tief erschüttert, die Leiden des Stärkeren mitleidend, bleibt in den hochherstürzenden Stürmen des Gottes, wenn er naht, das Herz doch fest.«

Doch uns gebührt es, unter Gottesgewittern, ihr Dichter, mit entblößtem Haupte zu stehen, des Vaters Strahl, ihn selbst mit eigner Hand zu fassen und dem Volk, ins Lied gehüllt, die himmlische Gabe zu reichen.

Also, ich meine, wenn das so ist – wenn das die Funktion der Kunst ist, des Dichtens – und überhaupt die Funktion des menschlichen Geistes, der menschlichen Schöpferkraft – ich verallgemeinere das mal – also, dann ist natürlich der subjektivistischen Willkür, der Kreativität, die »alles ist möglich« sagt – dieser Postmodernen – alles ist erlaubt, alles ist möglich, es muss nur gehen, alles geht – also, der ist dann der Status genommen.

Das mag ja zur Garnierung – wenn das andere gesichert ist – mag es ja kein Problem sein, also – der Kunstgestalten Tausende zu schaffen, aber – in der Regel ist es zur Selbstdarstellung der Subjektivität – und nicht in diesem Dienstzusammenhang - und es wird dann bestimmt nicht herauskommen, was Hölderlin in einem späten Fragment dann mal so formuliert hat, indem er sich den anderen Dichtern empfahl:

»Ihr Blüten von Deutschland«, ist die Anrede – das ist nichts Endgültiges, sondern ein Fragment, »Ihr Blüten von Deutschland«, sagt er, aber dann kommt: »Mein Herz wird untrübbarer Kristall, an dem das Licht sich prüfet.« – Mein Herz wird untrübbarer Kristall, an dem das Licht sich prüfet.

Das Licht ist – das ist aus der Mitte – die Lichtposition - also, Licht ist ja das Moment des Schöpferischen, das Sonnenelement – »mein Herz wird untrübbarer Kristall, an dem das Licht sich prüfet.«

Und wie es dann bei ihm zusammen kommt, zum Schlusse – was Hölderlin betrifft, ich muss da noch fünf Minuten nehmen – da will ich auf eine kurze Stelle gehen – also, was die existenzielle Grundposition betrifft – ich hatte es ja zu tun mit reiner menschlicher Natur, mit dem Thema der Elementarität in diesem Zusammenhang, also – was ist das eigentlich Elementare, hier – die Mitte?

In der Rhein-Hymne gibt es einen ohne den Kontext – ohne diesen, den ich hier entfaltet habe – nicht ganz so verständlichen Zusammenhang, der Folgendes meint: Also, er spricht vom Rhein – also, von dem Strom - aber der Rhein ist ein Halbgott, und der Halbgott – das ist eigentlich – sozusagen – der Mensch in der Mitte, zwischen seiner Allzu-Menschlichkeit und den Göttern – also, das ist, wie der Mensch als Dichter in seiner dichterischen Qualität grundsätzlich sein sollte - und dann heißt es in puncto Licht und Kristall, in dem sich das Licht prüfet:
»Ein Rätsel ist Reinentsprungenes« - und hier ist es ›rein‹ nicht mit ›h‹, sondern: ›rein Entsprungenes‹ - Auch / Der Gesang kaum darf es enthüllen. Denn / Wie Du anfingst, wirst du bleiben, / Soviel auch wirket die Not, /

Und die Zucht, das meiste nämlich / Vermag die Geburt, / Und der Lichtstrahl, der / dem Neugebornen begegnet.

Das ist mir deshalb wichtig: hier sind es vier, ich schreibe sie mal – ich glaube, es ist da noch zu sehen: er spricht von Not – von Zucht – vom Lichtstrahl – und von der Geburt, von diesen Vieren, in Bezug auf das Entspringen – und auf das Entsprungensein, auf das – natürlich, auf das Geborenwerden, auf die Herkunft des Menschen – es war in den vorigen Versen schon die Rede davon, wie der Rhein entspringt und wie er sich also erst mal mit den Bergen anlegt, um überhaupt den Weg in die Ebene zu finden, und wie er sich diesen Weg sucht – wie er also den Weg nach Norden dann findet, jetzt, in dem Gedicht, mythisch gesehen, nicht? – weil – er wendet sich erst, glaube ich, nach Osten, in den Alpen dort – dann kommt also:

»Ein Rätsel ist rein Entsprungenes – auch der Gesang kaum darf es enthüllen« – also, man muss vorsichtig sein mit der Erklärung – »denn wie du anfingst, wirst du bleiben« – das ist der erste Bezug, natürlich, auf Geburt – »wie du anfingst, wirst du bleiben« – das ist das Ursprungsthema, und zwar – Geburt, das ist natürlich das weibliche Moment – weil wir jetzt beim Lichtstrahl waren, beim Vatermoment – bei Hölderlin voraus gesetzt ist immer – viel stärker als das in dem, was ich hier zitierte, heraus kommt – die Mutterdimension, die Ursprungsdimension als weibliche – wie im Daudedsching - also, »so viel auch« – also – »wie du anfingst, wirst du bleiben, so viel auch wirket die Not««- das ist der äußere Zwang - wie geht es weiter? – »und die Zucht« – das ist – sozusagen – die Erziehung von innen, also, was an Sozialisation, an Kultur, dazu kommt – noch mal: »wie du anfingst, wirst du bleiben, so viel auch wirket die Not und die Zucht. Das Meiste nämlich vermag die Geburt und der Lichtstrahl, der den Neugeborenen begegnet.«

Und das aber gedacht für die menschliche Existenz überhaupt, denn es geht dann weiter:
»Wo aber ist einer, um frei zu bleiben sein Leben?«

Also – praktisch sich dem Wirken der Geburt und des Lichtstrahls, dem Mitgegebenen, so anzuvertrauen, dass es schon wichtig ist, wie man mit der Not klar kommt, also, mit dem Aufgezwungenen, mit dem – womit man sich zumindest – also, für die Auseinandersetzung Aufgezwungenen: Den Bergen, die entgegen stehen - und mit der Zucht – was also die Disziplinierung der Kräfte betrifft, aber – die Geburt und der Lichtstrahl sind doch das, wovon es wesentlich abhängt, ob man treu bleibt dieser Dichterfunktion in der Mitte – und von dort her die Akzente zu setzen:

Was ist Wirklichkeit?, und: Wo spricht Wirklichkeit? Und: Was ist wichtig – und was ist weniger wichtig?, und: Wie ordnen sich diese Wichtigkeiten und Unwichtigkeiten dann einander zu?

Wenn ich jetzt – um abzuschließen – die Frage nach der vernünftigen Offenbarung stelle – ich glaube, ich habe gefragt: Lässt sich vernünftig Offenbarung denken? - da würde ich – vor dem Hintergrund dessen, was ich über Sprache sagte – also, es wäre geradezu irrsinnig und idiotisch, hier aus der Dichtung die Vernunft auszuklinken und sie bloß bei der Prosa zu Hause zu sehen.

Also, wenn von Sprache die Rede ist: Die ist ja grundlegender gegeben, als Verstand und Vernunft. Verstand und Vernunft sind späte Spezialisierungen der Sprache – zum Teil sogar als gesonderte Bereiche sind das Abspaltungen aus diesem großen Zusammenhang.

Und wenn man danach fragt, wie wir überhaupt Zugang zur Wirklichkeit haben, dann würde also Hölderlin antworten: »Der Zugang beruht auf Gleichursprünglichkeit« – auf Gleichursprünglichkeit - also, sozusagen – im Geschöpflichen – also, der Mensch ist doch nicht weniger ursprünglich als die Natur – in einem bestimmten Sinne kommt er auch aus ihr, aber – er ist Teil der Natur nicht nur, sondern – er hat diese Zeugenfähigkeit – und hat die Fähigkeit, also – diese ganze zweite Natur so – oder so – oder wie auch immer – zu schaffen.

Von daher ist erst mal die Frage – sozusagen: Lässt sich vernünftig Offenbarung denken? – einerseits ist es klar, dass es hier nur darum gehen kann, in vernünftiger Form – und, wenn man will, ist es dann sogar doppelt gemoppelt – »vernünftig denken« – also, insofern Offenbarung gedacht wird, hat es natürlich was mit Verstand und Vernunft zu tun – und übrigens, in Hölderlins Werk - es gibt also etwa zum Beispiel einen Aufsatz hier über die Verfahrensweise des poetischen Geistes, der so theoretisch ist, dass ich nicht alles verstehe.

Es handelt sich bei dieser Dichterexistenz nicht darum, den Verstandes- und Vernunftbereich auszuschließen, sondern das ist innerhalb der Offenbarung, die sich einfach dadurch ereignet, dass wir also dieses Organ besitzen – Zeuge zu sein - dass wir mit dieser psychischen Kapazität in der Welt sind – damit ist gesagt, dass erst mal – also – Offenbarung eigentlich das Grundlegende ist.

Es kommt uns da Wissen zu – und dann kommen wir dazu, uns dieses Wissens auch zu versichern. Und das große Problem ist eigentlich, dass Verstand und Vernunft – zumindest in dem exzessiven Grade, in dem wir sie seit der Renaissance entwickelt haben - mit der Abspaltung zu tun haben.

Wenn Descartes - an der Stelle, wo er dann sagt: »Ich denke, also bin ich« – das große Problem hat, ob Gott nicht täuscht – also das Problem kann Hölderlin nicht haben. Das hat er auch nicht.

In Hölderlins Dichtung gibt es das Problem »Dieu trompeur« – der täuschende Gott – nicht, sondern – die Frage ist, ob wir fähig sind, mit den Göttern also – und auch mit ihrem Gegangensein – irgendwie uns abzufinden - zurechtzufinden - damit umzugehen, aber nicht, dass es uns täuschen könnte, sondern das ist – also, insofern ist die Frage mit dem Ding an sich und wie wir überhaupt dazu kommen können – das ist ein negatives Kulturprodukt.
Also, es geht – wenn, dann um die vernünftige Form, in der das auch ausgedrückt werden kann, die Offenbarung - also, das Wissen über die Wirklichkeit – denn: Inhaltlich geht eben die Offenbarung – schon, indem wir die selber sind – voraus, also – wir sind eine Offenbarung des Universums.

Und dann, als Zweites, entbirgt es sich uns. Und je mehr wir – sozusagen – in einer Verfassung sind, die analog ist – die einfach Teil bleibt - umso klarer ist, wie wir in dem Zusammenhang stehen.

Wenn dann die Frage – wie ich sie gestellt hatte: »Wo spricht noch Wirklichkeit?« – also, sprechen – um das zusammenzufassen – kann die Wirklichkeit deshalb genau zu uns, weil wir sprechen. Also, das ist ein – das ist – eigentlich ein Gespräch.

Und wenn Hölderlin irgendwo sagt – in einer der Hymnen – »Seit ein Gespräch wir sind / Und hören können aufeinander« – das bezieht das Universum ein, das ist ein Gespräch im Großen Stamm – ist das.

Und wir sprechen – wie Hölderlin eben sah – als mediale Zeugen des Seins. Und Hölderlin geht davon aus, also – wenn wir lange genug in dieser bezeugenden dichterischen Haltung sind – »Lang ist die Zeit, es ereignet sich aber das Wahre« – steht irgendwo – also, dann – das Wahre, das heißt einfach: Wir könnten eine Welt aus lauter Wirklichkeiten – es könnte passieren – es ist nicht unmöglich, dass es geschieht: eine Welt aus lauter Wirklichkeiten – und von dort aus dann mag sich der ganze Reichtum der Kultur ereignen.

Sodass es also bei der ganzen Fragestellung mit der Wirklichkeit, mit diesem Elementarproblem »Wie verhalten wir uns zu unserer schöpferischen Kraft, und wie steht die zur Wirklichkeit?« – dass es da eigentlich um zwei Punkte geht – um oder zwei Aspekte - die engstens zusammen gehören: Das eine ist also der Kontakt zu unserer eigenen Ursächlichkeit – also, als sprachliche Wesen, die im Kontakt mit dem Universum sind – sowieso – mit der Ursächlichkeit des Ganzen - wie verhalten wir uns also – wie können wir im Kontakt bleiben zu unserer Fähigkeit, Ursache zu sein?

Bei den Chinesen ist das der Freiheitsbegriff – selbst Ursache zu sein. Aber aus welcher Verfassung heraus Ursache sein – diese Frage des Kontakts, und – Hölderlin sagt übrigens an einer anderen Stelle, die ich jetzt nicht vorgelesen habe – an dieser Theorie-Stelle, übrigens – sagt er etwas, das auf Folgendes hinaus läuft: Dass die Bedingung dafür, dass wir in diesem Kontakt sein können oder in diesem Kontakt auch verharren können – das ist heiliges alias – und das ist ganz wichtig! – das Heilige ist ein völlig irdischer Begriff damit – uneigennütziges Verhalten und Standhalten – sei das.

Uneigennützig in dem Sinne, dass wir Organ sind – dass wir dienstbar bleiben - und Kreativität, unsere schöpferische Kraft, nicht einsetzen, um für uns was zu gewinnen – um uns durchzusetzen oder wichtig zu machen in der Welt, sondern in dem Sinne: umfassend uneigennützig sein.

Und das heißt zum Beispiel in einem seiner Gedichte auch: »Wenn nun die Götter mal gegangen sind« - oder wenn wir in einem Zustand sind wie jetzt – er sagt dann: »Nichts leugnen, nichts erbitten«. Das heißt Uneigennützigkeit, also: An den Nutzen nicht denken.

Nicht: Ich muss überleben:

»Nichts leugnen, nichts erbitten« – als ein Ausdruck – sozusagen – der Haltung dieser Uneigennützigkeit, weil – nur dann wage ich überhaupt, die Wirklichkeit zu sehen, wie sie ist, auch – also - diese Verhängnisseite der Wirklichkeit.

Das ist der eine Punkt, und in dem Sinne, also – das existenzielle Risiko, das er halt auf sich genommen hat – also, dass eben – das war ja auch eine – dieser so genannte Wahnsinn war ja auch eine Frage:

Wie konnte er diesen ungeheuren Widerspruch zwischen moderner Welt und dem, was er gesehen hatte, aushalten? Und zog sich halt zurück auf die Frühlinge, und so – nicht?

Und das Zweite ist – also, ich würde sagen: Die Innigkeit und Inständigkeit, mit der er also an dieser Brücke …

11. Januar 1993

Warum Tränen des Eros?

Das Gesamtthema der Vorlesungsreihe ist »Neue Politeia«, das heißt, es geht um die Frage, wie Gesellschaft eigentlich neu begründet werden könnte. Und ich habe mich halt in dem ersten Semester dieses Jahres darauf konzentriert, wovon wir uns da befreien müssten. Und genauer gesagt: Ich habe mich konzentriert nicht einfach auf alle die vielen – manchmal ja auch oberflächlicheren – Phänomene, um die es da geht, wenn wir an die ökologische Krise herangehen wollen, sondern ich habe mich konzentriert auf die Elementarprobleme der menschlichen Existenz. Und ich habe in diesem Sinne – also, das Thema - als Gegenstand, erst einmal, als Stoff, um den das gegangen ist - über Tod gesprochen, über das Verhältnis zu Fremden und anderen, über Krieg, über Flucht in den Raum – also, über diesen abendländischen Expansionismus (das war über die Spanier), über Tierversklavung und –quälerei, über Gruppenkonformität in Beziehungen und Moral, über die menschliche Mitschöpferkraft und was wir daraus machen, über Denkkraft als eine engere Führung dieses selben Themas, und zuletzt – also, in der letzten Vorlesung vor Weihnachten – über das Machtproblem.

Wenn wir heute bei dem Thema »Sexus – Eros – Liebe« sind - also, was den Stoff betrifft, dann - man kann zwar das Wort »Elementarprobleme« kaum noch steigern - das wäre auch irgendwie sinnlos, aber - ich habe das Empfinden, dass es wirklich zum Elementarsten vom Elementaren gehört, dass da – also, mehr noch als in anderen Dingen der menschlichen Existenz Naturgeschichte mit darin steckt – weil ja die Geschlechterteilung nicht erst eine Frage der menschlichen Existenz ist.

Und ich will aus diesem Anlass noch ein eine kurze Bemerkung darüber machen, wie ich das mit den Elementarproblemen und –gegenständen in dem Sinne sehe – das heißt, weshalb ich die im Hinblick auf ökologische Krise in den Vordergrund stelle: Ich glaube, dass es sich auf dieser Ebene um die tiefsten und stärksten Ursachen handelt – und zwar ganz gemäß meiner Analyse, die ich ja immer wieder ins Spiel gebracht habe, in der »Logik der Rettung«: Dass nichts mehr hilft, als bis auf die Conditio humana zurückzugehen – also, darüber, wie der Mensch von Natur aus verfasst ist - man könnte auch sagen (nur dass ich den Begriff nicht – zumindest nicht biologistisch – meine): Wo Biologie mit darin steckt: Auf den Gattungsgenotyp – also, das ist natürlich ein biologisches Programm. Und ich glaube, gerade in diesen Elementarproblemen der menschlichen Existenz sind wir aber bereits dort – und zwar gerade dort - entscheidend am Kreuzungspunkt zwischen biologischer und sozialer Problematik.

Und ich denke, dass wir das Problem »Ökologische Krise« erst einmal geistig von hier aus angehen müssen. Manchmal wird der Eindruck entstanden sein, dass das nicht besonders praktisch wird, zunächst – ich hoffe, dass das etwas praktischer wird in der Vorlesung »Neue Polis II« (lt. Vorl.-Verz. eigtl. »Neue Politeia« II – Anm. Sb.), dann, beim nächsten Mal – also, im nächsten Semester - wo ich versuchen will – also, mehr über den Weg in eine andere Gesellschaftsverfassung da zu gehen.

Aber zunächst glaube ich, dass dieses Unpraktische - oder dieser unpraktische Einschlag - der Sache einen anderen Grund hat: Nämlich den - ich will es einmal an der Analogie schildern, weil es dann – also, an der individualpsychischen Analogie: Weil es dann deutlicher wird, wo die Schwierigkeit liegt.

In der Psychotherapie gibt es in den letzten Jahrzehnten eine wachsende Vorliebe – das hat schon mit Freud und Reich angefangen und geht dann jetzt weiter auf etwas, was Primärtherapie heißt, was Urschrei und solche Dinge betrifft. Und das hat – sozusagen – erst einmal einen guten Grund, der ähnlich gelagert ist wie der, aus dem ich über Elementarprobleme der menschlichen Existenz rede. Wenn man aber jetzt therapeutisch im Kurzschluss sich hauptsächlich damit befasst, direkt die – ich würde einmal sagen: Die Unschärfen in den tiefsten Gründen der individuellen Existenz erst einmal hervorzurufen und dann im Workshop tanzen zu lassen - und 24 Stunden später dürfen die Leute nach Hause gehen: Dann wird man im Allgemeinen nur eine Inflation der ungelösten Probleme erreichen – sodass es also einen guten Grund für den therapeutischen Vorschlag gibt, sich an diese Ebene auch heranzuarbeiten, das heißt - also, die späteren Schichten von Verzerrung – also, wenn zum Beispiel eine Psychose im Grunde irgendwo gleich geweckt werden kann: Dann ist es gut, sich mit dem leichteren Stoff, mit den Neurosen zuvor zu befassen – und überhaupt zu gucken: Wo liegen die Menschen fest?

Negativ – also, das ist sowieso so eine Sache, mit negativ und positiv - aber: Wo sind unglückliche Erfahrungen geronnen?, aber auch: Wo sind die starken Seiten? – dann hat man erst ein Bild, wie man mit den Sachen umgehen kann. Und vor allem hat man dann Folgendes erreicht: Dass der Mensch, der sich so einer Primärtherapie unterzieht, in Wirklichkeit nicht den guten oder bösen Geistern ausgeliefert ist, die da Therapie produzieren – weil er also verhältnismäßig viel darüber gelernt hat, inzwischen, und weil er bei dem Durchgang auch gelernt hat, wo die Erklärungen und Aushilfen auf den späteren Ebenen der Sozialisation und der Gesellschaft nicht mehr reichen - wo es also darum geht, sich auf das Wagnis - das es immer ist, diese tiefste Schicht heraufzurufen: das auch einzugehen.

Mit diesem Problem habe ich es natürlich auch - was diese Elementarprobleme der menschlichen Existenz betrifft - zu tun, nur dass es in einer Hinsicht, glaube ich, nicht so gefährlich ist, weil das Sprechen über diese Sphäre – also, es erst einmal in den Gedankengang aufnehmen: Das ist nicht dasselbe wie die Techniken, in denen das dann im Workshop heraufgerufen wird. Das heißt, ich habe jetzt in den letzten Jahren – das ist ja jetzt das dritte – immer mehr mich in diese Richtung begeben, ich bin auch durch andere Schichten hindurchgegangen, ich will auch nicht bei dem stehen bleiben. Ich habe voriges Mal bei der Machtproblematik viel von der gesellschaftlichen Ebene gesprochen, die zugänglicher ist der unmittelbaren Reaktion - und auch, zunächst einmal, zugänglicher – wie soll ich sagen? - den schnellen Vorschlägen. Allerdings: Wenn das so liegt, mit der Machtproblematik, dann weiß man gleich, wogegen man kämpfen muss, und so – also, es liegt zumindest näher – und es gibt ja da auch Hinweise – und es ist auch nicht so, dass die absolut sinnlos sind, sondern nur – ich spreche natürlich auch vor dem Hintergrund der Erfahrung, die ja wir mehr oder weniger alle in den letzten Jahrzehnten verstärkt gemacht haben: Dass wir den tieferen Grund der sozialen Verzerrungen meistens verfehlen – und dass also die Kritik an östlichen oder westlichen oder sonstigen politischen Verhältnissen meistens oberflächlich bleibt, wenn sie nicht diesen Durchgang auch macht.

Also, in dem Sinne »Elementarprobleme der menschlichen Existenz« - und in dem Sinne auch dieses: Dass wegen der persönlichen Betroffenheit, die in dem Punkt alle teilen – das ist ja so, dass wir in den allerengsten Beziehungen immer die größte Liebe und den größten Hass haben - also auch die größte Gefährdung und die – also, Sicherheit und Gefährdung, das hängt ja auf diesem Gebiet engstens zusammen. Wir berühren natürlich diese Sache – ich berühre sie auch, ich bin mir bewusst, über welche eigenen Untiefen hinweg man da redet – und es bringt auch nichts, natürlich, nun alles bei allem persönlichen Stoff hier zur Geltung zu bringen, aber – ich weiß zumindest, dass das ungelöste und unerlöste Sachen sind - auch bei mir - die ich dennoch zum Gegenstand zu machen wage.

Ich will bei der Gelegenheit noch erwähnen: es gibt Verfahren, natürlich - anders als die Primärtherapie - die irgendwie den glücklichen Umstand haben, dass man zugleich einen Stoff, der einem unmittelbar auf der Seele brennt, behandelt und eine umfassendere geistige oder spirituelle Dimension gegenwärtig ist - also, dieses »Enlightenment intensive«, über das ich hier gesprochen habe, ist so eine Sache; beim letzten Mal ist da auch viel hochgekommen, an Primärem, wenn man so will, aber – das funktioniert anders, in dem Zusammenhang.

Und wir haben an diesem Wochenende mit Amina Feder – das hatte ich hier ausgelegt – dieses Seminar gemacht, »Was ist – und was erscheint«, was dann mit einem Zikr – das ist so eine Sufi-Übung der Gotteserinnerung - und das ist dann – also, es ist nicht der Punkt des Islamischen, in meiner Wahrnehmung war es überhaupt nicht das Dominierende daran, sondern - einfach eine Möglichkeit, das Wahrnehmung-Üben, das Selbst-Wahrnehmung-Üben – das wir da also hauptsächlich praktiziert haben – zuletzt in so einen größeren Zusammenhang einzubinden.

Und ich weise auch deshalb darauf hin, weil diese Zikr-Übungen – die Amina Feder hat, glaube ich, ihre Papiere hier ausgelegt, die macht jeden Donnerstagabend, um 20 Uhr, bei sich – da, am Mehringdamm – das Papier liegt hier - macht sie solche Übungen; wer da einmal hineinsehen will, wer die Erfahrung machen will, ist von ihr eingeladen – meine Erfahrung war: einfach gut, dieses Wochenende.

So.

Ich will noch abschließen: Was diesen Zirkel betrifft - jetzt, unsere Veranstaltungsreihe betreffend - also, den Abschluss der Vorlesungsreihe, jetzt, im ersten Semester: Nach dem Thema, das ich und Dorothee Sölle nun nacheinander hier behandeln, kommen wir – also, nähern wir uns eigentlich, oder beginnen wir uns zu nähern dem Stoff des nächsten Semesters – aber noch unter dem Gesichtspunkt »Elementarprobleme der menschlichen Existenz«. Nämlich, das Thema ist - beim übernächsten Mal dann, da spricht Claudia von Werlhof über Ökonomie, über Arbeit, aber - im Lebenszusammenhang, auf Lebenswelt hin. Und das hängt damit zusammen, dass wir – ich nehme an, dass das aus dem Vorlesungsumriss, den wir hier am Anfang des Semesters ausgelegt haben, auch bekannt geworden ist – wir machen ja an dem Wochenende vom 22. bis 24. Januar – also, in 14 Tagen, eigentlich – dieses Subsistenzkolloquium, wo wir über die Frage einer neuen Lebensform – hier, speziell in Ostdeutschland, unter den Bedingungen der sozialen Krise, wo Arbeitslosigkeit unlösbar offenbar ist, auf der bisherigen Ebene – wo wir darüber reden wollen. Und die Vorlesung von Claudia von Werlhof am Montag danach, dann nach diesem Kolloquium, steht in diesem Zusammenhang.

Ich weiß jetzt nicht, ob die Einladung zu dem Subsistenzkolloquium hier ausliegt – liegt sie aus oder nicht, jetzt? – liegt aus -; sodass also auch der Ort – in Prenzlauer Berg machen wir das, im Kulturhaus »Erich Franz«- dass man sich da noch das in Erinnerung rufen kann. In dem Sinne »Ökonomik« als kritischer Punkt.

Und als letzten Punkt die technische Überbeweglichkeit, die Motorik dieser Zivilisation, das heißt - es spricht Hans-Peter Padrutt – es ist die Kulturbrauerei, wahrscheinlich ist »Erich Franz« nicht genau genug – also, die Kulturbrauerei in Prenzlauer Berg, da findet das statt. Und das letzte dieser Themen, die sich mit Elementarproblemen der menschlichen Existenz befassen: Das ist also Motorik, das heißt, diese Über-Aktivität, diese Hyper-Aktivität des megamaschinellen Prozesses, der Technologie, der Hochgeschwindigkeit – die Hochgeschwindigkeit praktisch der Gesamtgesellschaft; das heißt, in dem einen Falle – die Claudia von Werlhof befasst sich eigentlich mit – was die Perspektive betrifft – mit Ent-Ökonomisierung: nicht, dass wir nicht mehr daran denken: Wie verwenden wir unsere Zeit? Und so – sondern im Sinne, was die Beendigung der Herrschaft von Ökonomie über die Gesellschaft betrifft, wie das wieder eingegliedert werden könnte.

Und der Padrutt will sich mit De-Mobilisierung befassen. Er geht nämlich davon aus: Generalmobilmachung ist eigentlich das Prinzip, das hier läuft: 1 Weltkrieg – 2. Weltkrieg usf, Golfkrieg u. dergl, aber - die Technologie, die Struktur, mit der wir arbeiten, überhaupt – also, das sind die folgenden Vorlesungen noch. Und diese Padrutt-Vorlesung, die geht nun dem

Seminar, das wir mit ihm machen, voraus - das heißt, wir machen 14 Tage nach dem Subsistenzseminar noch eins mit Hans-Peter Padrutt über »Zuvorkommende Zurückhaltung als eine neue Psychologie« - als eine andere Psychologie, in der Welt zu sein – also, sozusagen – das Abdrehen der Motorik auszuhalten. Besonders der Mann ist natürlich ausgerichtet auf »Hinaus«- und so weiter - »ins feindliche Leben« – Kosmos, auch – also, diese ganze expansionistische Sache ist ja auch psychologisch verankert, und – wohin könnte sich das drehen? So – soviel zu der Übersicht und Einordnung des heutigen Themas.

Und jetzt zu dem Stoff: ich habe mir einfach nicht vorgenommen, den systematisch zu behandeln, im strengen Sinne – das ist einerseits sowieso nicht meine Stärke, sondern - es ist mehr das Umkreisen. Aber in diesem Falle liegt es einfach nahe, dass man zunächst vielleicht zum Teil auch wie die Katze um den heißen Brei – aber auch, wie man das Lagerfeuer umkreist: Dass man den Versuch macht, sich von außen nach innen irgendwie an die Sache anzunähern - und dann aus dem subjektiven Punkt noch einmal hinausgeht in den objektiveren Zusammenhang. Ich will das zunächst …

… und insbesondere ein ungeheuer produktiver Faktor – ich kann das nicht ausführen, was die Erkenntnis betrifft. Es ist dann kein Zufall, dass es im Alten Testament heißt, dass die Leute sich da erkennen, wenn sie miteinander ins Bett gehen und ein Kind zeugen, wie – so wie der Bericht - ja, Adam erkannte - und das heißt – also, hier handelt es sich wohl um eines der grundlegendsten Phänomene der Menschwerdung überhaupt. Es ist auf der anderen Seite auch so: Wenn man jetzt von der christlichen Tradition ausgeht, die hier so überliefert ist, von dem viktorianischen Geist - der ja wirklich nicht nur eine Spezialität der Engländer war – dann handelt es sich ja darum, dass insbesondere Sexualität – und Erotik ist vielleicht noch gefährlicher: Dass das Niedrige, das zu Überwindende, das Gefährliche, das Hinabziehende ist. Und zugleich – und paradoxerweise – und ich vermute, im Sinne einer umfassenderen Wahrheit – haben dieselben Leute, auf die ich mich da gerade berief, wieder und wieder festgestellt, dass für die meisten Leute, die die Chance für andere Entwicklung - denen die vorenthalten wird von der Gesellschaft - gerade an dieser Stelle hin und wieder einen Durchblick haben - also, dass da eine Erfahrung ist des größeren Zusammenhanges, eigentlich eine spirituelle Erfahrung – und dass auch deshalb dieser Stoff »Sexualität – Erotik – Liebe« mit so viel Sehnsucht, mit so viel Erwartung besetzt ist. Und dass es also im Grunde genommen gerade nicht wahr ist, was – zugespitzt gesagt – der Mönch aus diesem Thema gemacht hat – also, das heißt, dass diese Grundströmung abendländischer Psychologie, mit anderen Worten, fundamental patriarchalisch ist – also, die Verarbeitung von etwas – darauf will ich noch kommen – die Verarbeitung von etwas, aber - eine Fixierung im Negativen, auf das Problem, das da aufgeworfen ist – jedenfalls: Es gibt da Reflexe erlebter Transzendenz, einfach, in dieser Erfahrung - und zwar früh. Wenn das, was da im glücklichen Falle bei der ersten erotischen Begegnung oder bei der zweiten und dritten herüberkommt - wenn das nicht wieder zugeschüttet werden würde durch die Kulturlosigkeit dieser Massengesellschaft, die wir da haben, und die für dieses Feld überhaupt keine gültige Ordnung mehr hat - dann könnte schon allein das der Anknüpfungspunkt für eine andere Ordnung sein.

Was hier dahinter steckt, hinter diesem Sehnsuchtsthema: Das ist von den Alten – und zwar aus mutterrechtlicher Tradition – auf diesen Mythos des Androgyns gebracht gewesen, der sicherlich ein – tatsächlich ein Mythos ist – also, keine naturwissenschaftliche Wahrheit, sondern - was daran interessant ist, ist das Thema, von dem er handelt. In dem berühmten Symposion Platons erzählt Platon darüber, was ihm Diotima – eine Frau, die nicht anwesend ist - also, da sind lauter Männer unter sich, auf diesem Symposium, aber - was ihm Diotima über die ursprüngliche Situation zwischen den Geschlechtern erzählt, und zwar - ohne Rücksicht auf Naturgeschichte, wie lang das schon zurückgeht mit der Zweigeschlechtlichkeit im Tierreich – geht Diotima – nach Sokrates‹ Erzählung - davon aus: Ursprünglich waren die Menschen Kugel, und die war männlich und weiblich zugleich - das heißt, die Polarität fand innerhalb dieser Einheit statt; in dem Sinne »Androgyn«, und - warum die getrennt worden sind? Weil - dieses Wesen schien mächtiger zu sein als die Götter, und da haben die eingegriffen. Sagt - erzählt Diotima dort. Ich glaube, der Hinweis, der darin enthalten ist - also, sozusagen die menschliche Erfahrung und Erwartung, die darin ausgedrückt ist: Die ist natürlich, glaube ich, die, mit dem Problem, das Individuum auch als Einzelwesen - aber begabt mit der

Fähigkeit, eigentlich, das Universum zu spiegeln – aber beschränkt, begrenzt – und das Universum – also, das Thema »Ganzheit« kommt hier auf den Punkt »andere Hälfte«. Und wenn man also angesichts des Universums einen Mann und eine Frau als eigentlich das Ganze sehen kann, wie – übrigens, die alten Kosmologien berichten das ja alle, die gehen ja alle von der Weltschöpfung durch Männlich-Weiblich aus, und dass – also, Weltgeschichte, Kosmologie, Kosmogonie - also, Entstehung der Welt immer auch etwas mit der Trennung des Ur-Elternpaares zu tun hat. Und das ist hier von Diotima in dieser Platon'schen Erzählung auch auf – sozusagen – auf die realen Menschen übertragen worden, dieser Gedanke. Aber die psychologische Sehnsucht der Ganzwerdung, die ist offenbar auf dieses Thema übertragbar - weil es wohl keinen stärkeren Hinweis gibt auf die Einheit als die Beziehung zwischen Mann und Frau. Und der spirituelle Rahmen, in dem das steht, scheint mir der Hinweis zu sein, dass es also gerade auf diesem Gebiet auch – vielleicht besonders verhängnisvollerweise – erst »Halbzeit der Evolution« geschlagen hat, wie dieses Buch von Ken Wilber heißt.

Jedenfalls: Ganzheitssehnsucht, Polarität und die große Anziehung, die verspricht, dass da Einheit erlebbar werden könnte – also, sozusagen der kosmische Zusammenhang in der individuellen Erfahrung zugänglich werden könnte: Das steht hier - und, wie gesagt, in Wirklichkeit ist das auch heute der Zugang dazu, auch wenn es sich dann im Ausleben nicht realisiert; möglicherweise sind die Augenblicke wichtiger als die ganze Erfahrung, die dann zur Scheidung führt, und das, was eigentlich an Erfahrung zuerst festgehalten werden müsste – und das andere danach.

Jedenfalls scheint es aus diesem Grunde zu sein - dieses Ganzheitsproblem, diese Ganzheitssehnsucht, diese Polarität und Anziehung: Dass bei jeder menschlichen Begegnung dieser Art immer wieder das Ganze auf dem Spiel steht.

Wenn ich jetzt an die vorige Vorlesung zurückdenke, wo wir beim Thema »Macht« gewesen sind: Es ist ja natürlich die Frage, warum dieses nach den Mythen, nach diesen alten Kosmologien und auch nach unserer Erfahrung Angelegte sich dann gesellschaftlich so wenig realisiert.

Dann glaube ich, dass das Thema »Macht« in diesem Zusammenhang, bloß diesmal jetzt nicht in seiner gesellschaftlichen Dimension, irgendwie mit dem Schlüssel zu tun haben muss – wenn es nicht überhaupt der Schlüssel ist, der erklärt, weshalb wir da zugleich in der Lage sind, uns mit den Flügelschlägen, die sich da annähern wollen, zu entfernen. Es gibt dieses Bild von Klee - da, mit diesem Engel der Geschichte, der auf das Paradies zuflattert, flattern möchte - und durch die ganze Praxis, die er da veranstaltet, von ihm abgetrieben wird – also, ein Gegenwind hält ihn davon ab. Und ich denke, dass dieses Bild von Klee hier ganz unmittelbare Erfahrung eigentlich ist: Jedes Individuums, das wir irgendwie, wieder und wieder - solange das noch neu ist und anonym und solange wir einander nicht kennen – das ist schon bemerkenswert, da versuche ich gleich noch darauf zu kommen - solange wir den anderen nicht – ist alles versprochen. Und dann - je dichter wir herangehen, umso schwieriger wird die Geschichte, und - ich glaube, dass das mit dem Machtproblem zu tun hat. Und das heißt natürlich – ich habe das voriges Mal ja am gesellschaftlichen Bereich wieder und wieder – also, mich da angenähert: Damit, dass Macht etwas kompensiert: Schwäche – Minderwertigkeitskomplex – angst – Unsicherheit, dass das also der Versuch ist, sich über Verletzlichkeiten, in letzter Instanz - Verletzlichkeiten der menschlichen Existenz hinwegzusetzen.

Ich glaube, dass es sich eigentlich um Folgendes handelt, wenn wir die Relation zwischen dem Gesellschaftlichen und dem Persönlichen der Machtverhältnisse hier behandeln: Auf den ersten Blick sieht es ja so aus – und das ist, was auch unter dem Thema »Patriarchatskritik« – also, Geschlechterfrage – vordergründig behandelt wird und was auch erst einmal wahr ist, gerade auch im Sinne: Man muss erst einmal durch durch diese Schichten, bis man auf den Grund gehen - man muss sich dem Erscheinenden erst einmal stellen: Da sieht es so aus, als ob diese gesellschaftlichen Verzerrungen, diese gesellschaftlichen Machtkämpfe die Ursache sind für das, was auf allen möglichen anderen Gebieten schief geht.

Es ist in einer bestimmten Hinsicht wahrscheinlich auch so, dass das die eine Hälfte – ich sage einmal: vielleicht eher allerdings 49 % - der Wahrheit ist und dass das bis in die Elementarproblematik hinein auch durchschlägt. Das heißt, dass von früh an auch Machtverhältnisse, soziale Verhältnisse – die Menschen sind sowieso, von Anfang an, soziale Tiere, und wenn es darum geht, das Geschlechterverhältnis in der oder jener Weise zu regeln – und die Stämme machen das verschieden, aber immer geht es da auch bereits um Macht, die nicht mehr bloß die individuelle ist und nicht mehr bloß einfach sozusagen die Kraft – wir hatten das ja voriges Mal ein bisschen unterschieden – die Kraft, die im Eros einfach steckt – und wahrscheinlich im weiblichen größere, als im männlichen – aber: Ich möchte doch Wert darauf legen, erst mal auf eigentlich 51 % der Verursachung des Gesellschaftlichen – nicht aus dem Privaten: Das meine ich nicht - sonder aus diesem elementarischen Stoff; das heißt also, dass wahrscheinlich die Dynamik der Geschlechterverhältnisse, wie ich das auch versuchte zu zeigen für Tod, für Fremde und Eigene, für Krieg und für alle diese Themen – dass also diese Dynamik eigentlich das ist, was die gesellschaftlichen Formationen hervorbringt – und dann passiert natürlich Rückwirkung dieser akkumulierten Mächte und der gegebenen Institutionen, und zwar immer stärker verzerrende Rückwirkung darauf, wie sich diese Elementarverhältnisse gestalten.

Und es ist dann wenig Gelegenheit gegeben, dass die Menschen sich noch in der ursprünglichen Konstellation, die weniger gestört ist, weiter üben können. Und wenn jetzt also die abendländische Einheitskultur der ganzen Welt aufgedrückt wird, wenn jegliche andere Stammesentwicklung abgebrochen wird, dann heißt das natürlich, dass das Experimentierfeld ungeheuer schrumpft, zu unserem ungeheuren Nachteil, nicht wahr, dass also andere nicht zeigen können, wie das anders – wie das anders weitergehen würde.

Ich war diesen Sommer in Spanien und habe gesehen, in der Alhambra und in Córdoba – bei Córdoba - in einer Stadt, die einer der großen Kalifen für seine Liebste gebaut hat, auf welche – ich glaube: Mutigere Weise sich der Islam in seiner extrem patriarchalen Form dem Mann-Frau-Thema gestellt hat – also, eine Kulturleistung, die in dieser Hinsicht, soweit ich es wahrnehmen konnte, innerhalb des Antagonismus - das ist klar - christlich, jüdisch, islamisch (das sind drei große Patriarchate), aber - innerhalb dieses Antagonismus haben die eine – mein Eindruck war: stärkere Lösung gefunden.

Also, diese Paläste sind so gebaut: Die Außenhaut ist militärisch – das sind Militärpaläste, Festungspaläste. Aber es ist nicht so, dass die Privatgemächer, wo dann zum Beispiel die Liebe stattfindet, hinten irgendwo im Palast liegen und eigentlich nicht gezeigt werden müssen: Die sind nicht wichtig - hier finden die Staatsgeschäfte statt, sondern - es scheint vielmehr von innen nach außen gebaut zu sein. Und die Moschee und der Harem sind zusammen der innerste Kern der Veranstaltung - dieser Boden: Moschee und Harem. Und die sind auch verbunden, bei Mohammed war das schon so: Die sind verbunden. Das heißt, der Mann - in seiner Angst, eigentlich, vor dem Begehren der Frau (das ist wohl überhaupt charakteristisch für solche patriarchalen Kulturen) - hat dort sozusagen eine hochkulturelle Form gefunden, dem aber doch so viel Geltung zu lassen, dass - unser Troubadourwesen dann, die Anbetung der Dame als Göttin, als göttlich: Das kommt von denen. Die haben also die gröbste Unterdrückung der Frau in den Volksbereichen; wenn man da in manche Kulturen jetzt hinein guckt, Jemen etwa (habe ich neulich ein Buch gelesen: fürchterlich!) - und zugleich gibt es eine Dimension der Kultur – in den privilegierten Kreisen, allerdings, aber - in der Hauptstadt erreicht das dann aber auch das Volk, in Córdoba oder in Sevilla – in den privilegierten Kreisen haben die dort eine Zivilisation, die zugleich die Frau und Allah – also, die Frau und Gott – in derselben Terminologie bedichtet und anbetet, sodass also die Erlösung erwartet wird - und in der Begegnung ganz etwas anderes drin ist. Was man dem Mohammed immer vorgeworfen hat: Das war, dass er die Sexualverdrängung vermieden hat. Das ist, kurz gesagt, nur – ich meine – also, hier hat man – es ist also die Frage, wie weit wir uns überhaupt erst einmal von dem Stoff, um den es geht, schon entfernt haben, indem wir uns so gesichert haben, dass das elementare Problem selbst gar nicht mehr behandelt wird; die rabiate Form, in der der Islam das gelöst hat – also, wo die Unterdrückungsverhältnisse ganz offensichtlich sind – zugleich ist es nicht so verdrängt, und wir wissen noch gar nicht, woher der Durchbruch kommt.

Und ich habe das jetzt deshalb gesagt, im Zusammenhang - ich sprach über die Dominanz der weißen Kultur, überall um die Welt – weil: Das ist noch nicht tot. Der Islam ist noch nicht tot - während wir fast alles andere hingekriegt haben. China ist noch nicht tot, also – China, Japan, diese fernöstliche Kultur - und der Islam ist noch nicht tot. Und man kann nur hoffen, dass die ihre eigenen Wege finden, mit diesen Elementarproblemen umzugehen. Und ich wollte das an dieser Erfahrung einmal hervorheben.

Es ist jetzt die Frage, was für Gründe eigentlich – ich will das einmal verkürzt so zuspitzen – hinter dieser machtmäßigen patriarchalen Lösung zunächst dieses Problems stehen, denn es ist ja so, dass - alle diese sogenannten Hochkulturen – sodass deshalb der Begriff schon problematisch ist: mit »Hochkultur« – sind patriarchal. Und auch die Versuche, jetzt eine mehr oder weniger glückliche Lösung zu finden - bis in die Tantras hinein und die taoistischen Praktiken in Indien und in China, die noch mehr Verbindung zum Weiblichen, zum Mutterrechtlichen, haben und nicht so radikal patriarchal sind wie Islam, Christentum und Judentum, aber - immer ist die Struktur schon patriarchal. Man muss, glaube ich, sich die Frage stellen, wie das mit der – also, wie sich das anthropologisch begründet.

Denn es ist klar - die Heide Göttner-Abendroth hat sehr überzeugend gezeigt, wie diese Verwüstungsprozesse in Zentralasien und in der Sahara sowohl für den Nahen Osten als auch für das germanische Moment hier diese patriarchalen Kriegerkulturen getriggert haben, wie also dort Verhältnisse entstanden, in denen nicht mehr die Frau – wie es natürlich wäre, eigentlich – der Mittelpunkt des Lebens und des Reproduktionsprozesses war, sondern dass durch Eroberung – Engels nannte das dann »militärische Demokratie« und nannte das eine Produktionsweise des Raubes und des Krieges: Das waren also Tendenzen, die sich durchsetzen konnten in solchen Völkerschaften, die auf die Wanderung gezwungen wurden und bald schon auf besiedelte Gebiete stießen und sich dort breit machen mussten gegen Vorige. Diese Ebene der Analyse von Heide Göttner-Abendroth: Da bin ich völlig davor, aber - ich glaube, dass es natürlich der menschlichen Disposition bedurfte – also, des menschlichen Gattungsgenotyps, der Conditio humana bedurfte, dass solche Prozesse sich auf diese Weise auswirken - also, diese geosozialen Prozesse der Patriarchalisierung brauchen ihre Gelegenheit

Und außerdem hat es Patriarchalisierungsprozesse gegeben, die – zumindest vordergründig gesehen – nicht auf diese Weise zustande kamen. Also, wenn ich mir die ägyptische Zivilisation ansehe: Die haben sich einfach - indem sie sich in eine immer komplexere Beherrschung des ganzen Nilgebietes hineingearbeitet haben, haben sich da bestimmte Funktionen, die sich mehr und mehr vom Herd und vom Gebärprozess und vom Nahbereich entfernen – hat sich da also die männliche Komponente der Kultur mehr und mehr durchgesetzt, obwohl immer noch Bruder und Schwester – gar nicht Mann und Frau in dem heutigen Sinne, sondern Bruder und Schwester - das Paar da an der Spitze gewesen sind, in der ägyptischen

Kultur nie die mutterrechtliche Tradition weggefallen ist. Es ist – also, die Bevölkerungsverdichtung in solchen Kulturbereichen wie im Nahen Osten hat natürlich auch Krieg gefördert, nicht nur der Einbruch von außen. Und ich denke einfach: Alle diese Gelegenheiten zusammen konnten nicht ausbleiben. Und wenn sie zu dieser patriarchalen Struktur führen, dann ist es wahrscheinlich so, dass es doch auch eine anthropologische Disposition - also, eine Disposition in der Conditio humana für diese Sache gibt. Ich denke, dass das Grundsätzlichste, was uns in diesem Zusammenhang auffallen muss - das ist, glaube ich, die immer wieder - weil sie so selbstverständlich ist – vergessene Tatsache, dass der Mensch Bewusstsein hat und - jetzt kommt eigentlich der entscheidende Punkt: Dass dieses Bewusstsein seinem Wesen nach Ich-Bewusstsein ist. Wenn also die Psychologen von »Zentroversion« als dem Fortschritt sprechen – Zentroversion: Dass nicht die Information – also, jetzt wild verstreut ankommt, sondern auf einen Fokus hin - und von dort aus eine Praxis gemacht wird - dann ist das zunächst kein an und für sich jetzt kurzschlüssig positiver Faktor, in dem Sinne: Ach, wie herrlich! – sondern: Das ist eine ambivalente Geschichte. Die ist – einerseits ermöglicht die uns, Souveränität in dem Schöpfungsprozess zu finden, und andererseits ermöglicht sie uns, diese Struktur von vornherein im Sinne unserer Überlebensinteressen, im Sinne von Sicherheitsinteressen, von Selbstdurchsetzung, von Kompensation usw. einzusetzen. Das heißt: Wir haben es hier mit einer Selbstbezogenheit zu tun, die von vornherein, glaube ich, die Tendenz enthält – die sie allerdings bei dem - solange das weibliche Geschlecht den kulturellen Zusammenhang bestimmt, nicht in dem Grad durchsetzt und verselbstständigt, aber - Selbstbezogenheit versus Kosmosbezogenheit. Das heißt: Der Bereich, in dem wir also von uns aus über erkannten Ausschnitt aber Weltpolitik machen: Der wächst einfach von dieser Ich-Struktur her.

Und wenn man jetzt genauer hinsieht – und jetzt erwähne ich erst einmal das Thema - so, wie ich es dort angeschrieben habe, das Thema »Tränen des Eros«: Wenn man genauer hinsieht, wie sich das eigentlich erklärt, dann stellt sich heraus - das Thema »Sexus – Eros – Liebe«: Sexus ist in Wirklichkeit überhaupt nicht das Thema. Das gäbe keinen guten Grund, dass die Menschen mehr Probleme mit ihrer Geschlechtlichkeit und mit deren Begegnung hätten als irgendwelche anderen Tiere, sage ich erst einmal – wenn sie halt nur Tiere wären, wenn dieses Reflexionsmoment nicht da wäre. Also, »Tränen des Eros« hängen damit zusammen, dass hier ein Ich und ein anderes Ich aufeinander treffen. Und dann scheint noch eine Rolle zu spielen – ich habe zwei so ganz allgemeine Strukturen (ich komme gleich auf die zweite - ich schreibe bloß die erste noch einmal mit an: »Conditio humana«), - und ich denke halt, dass Patriarchat in erster Linie eine Folge ist – ich male es einmal ein bisschen so - und natürlich mit Rückwirkung, so – ist der eine Punkt. Und der andere Punkt ist, was also Mann und Frau jetzt in diesem Ich - was diese Ich-Qualitäten betrifft - wenn wir also die Sphären sozusagen der Geologie – ich sage einmal: Der Geologie – oder der Gaia, die Sphären der Gaia: Wenn wir uns die ver-gegenwärtigen: Wir haben also zuerst Mineral- - also, ganz am Anfang ist es überhaupt Feuer – also, dieser Sternzustand, aber - wenn man jetzt von Erde ausgeht, wo es dann schon geronnenes Mineral – und wir haben von daher »Pflanze«, und wir haben dann »Tier«, und jetzt kommt »Mensch«. Aber auf dieser Ebene hier macht Teilhard de Chardin, der sich also unter spirituellem Gesichtspunkt sehr mit der Frage »Wie ist Bewusstsein in der Welt?«, befasst hat – halt noch eine Unterscheidung, eigentlich - nämlich, was hier zustande kommt, ist zunächst rund um den Planeten Soziosphäre und das heißt - also, dass sich die besondere Qualität der menschlichen Existenz naturwüchsig um den Planeten legt. Und gerade an dieser natur-wüchsigen Ebene – also, Megamschine ist noch naturwüchsig - also, die Frage, die Marx gestellt hatte, war ja: Ob wir das mit unserem Bewusstsein machen können. Und das Problem ist, dass - diese ganze Vor- und Früh-geschichte des Menschen ja doch offenbar einigermaßen Schritt um Schritt, einschließlich - manche sagen dann - die Heide Göttner-Abendroth tendiert auch dazu, die sagt: bis einschließlich des Unfalls Patriarchat, aber – was ist das, Unfall und Zufall in der Geschichte – einschließlich dieses Unfalls hat zu dieser jetzigen Konstellation geführt.

Und das ist für mich der Grund, dass das Heil nicht einfach in der Wiederherstellung früherer Zustände liegen kann, sondern nur in der Wahrnehmung: Was ist dort passiert?

Und wenn man dann sieht, wie ursprünglichere Zustände in ihrer natürlichen Weiterentwicklung - die nämlich dahin tendiert, zuletzt diese Bewusstheit zu erreichen: Noosphäre (von »Nous« - so nannte der Ana-xagoras den Geist) - Noosphäre, aber - ich meine, bis hierher erst einmal ist Geschichte einfach – ich denke, einschließlich Matriarchat, matriarchale

Struktur – naturwüchsig verlaufen. Nur dass natürlich es gute Gründe gibt, über die patriarchale Struktur, jetzt, über diese spezifische Ausprägung der Noosphäre – die nicht gelungen ist bisher - wo praktisch reaktiv, erst einmal, Geist zur Naturbeherrschung eingesetzt worden ist – Naturbeherrschung fängt an bei Beherrschung von Frau und Nahbereich und so – also, das ist natürlich eine solche Katastrophe, dass erst einmal alle Gründe dafür sind, das Patriarchat auch als Unfall zu untersuchen. Nur - ich glaube, in einer letzten Instanz führt das dann weiter, wenn man das auch wieder einordnet und es in so einem Prozess sieht. Und es ist, soweit ich mir das irgendwie verständlich machen kann, so, dass das weibliche Ich durch die Umstände einfach der Existenz - also, was die Bindung an die natürliche Reproduktion der Gattung betrifft, was den Nahbereich oder den Kontakt mit dem Nahbereich, der keine Abstraktionen zunächst verlangt – es gehen welche vor sich, aber nicht abstraktes Denken – also, es ist die erste Herausforderung, sondern - die Erfahrungen werden viel unmittelbarer gemacht, und – übrigens, vollständiger; die Abstraktion verzerrt viel mehr und wird dadurch viel gefährlicher zugleich, aber – also, das weibliche Ich - naturwüchsig - wird wahrscheinlich eher hier festgehalten sein. Das heißt: Der Befreiungsprozess, der Aufstiegsprozess darüber hinaus, die Vergeistigung der menschlichen Existenz weiblicher Provenienz ist da – also, ein größeres Naturgewicht ist einfach da. Und wie eigentlich in allen diesen Bereichen – das Ganze ist gegenüber »Mineral« relativ schwächer – oder, anders gesagt: Wenn, dann ist ihre Vitalität anderer Natur – also, Vitalität ist natürlich ein Begriff von Leben, insofern stimmt es jetzt mit den Worten nicht, aber – »Pflanze« – andere sagen allerdings auch: »Mineral« ist in Wirklichkeit nicht tot – also, wenn man den kosmischen Prozess nimmt, da scheint es auch klar zu sein,, dass das Leben in allem angelegt ist, aber als eigentlich das schwächere Moment dennoch – also, es überzieht den ganzen Planeten. Und das Tier scheint schwächer und stärker als die Pflanze zu sein; es ist völlig abhängig - wenn die Pflanzenwelt ausfällt, ist es völlig hin. Und genauso: Der Mensch setzt das alles voraus - und die Noosphäre setzt das alles voraus. Und der Gedanke, den man also bei den Leuten, die sich gerade mit der Geschlechterfrage auch näher befasst haben, immer wieder findet, ist, dass eigentlich sozusagen das vital schwächere Wesen, der Mann, diese Machtposition erst einmal auf der geistigen Ebene zunächst versucht. Und - womit wir es jetzt zu tun hätten, das wäre: das Scheitern an dem Nicht-Rückgebundensein hier - und sozusagen der – theologisch jetzt gesagt: Der luziferische Missbrauch. Wir haben in diese Sphäre hineingerochen – dass diese Sache hier, diese Unterscheidung in den Vorbestimmungen sozusagen dieser Ich-Fakultät: Dass also zunächst einmal dieses männliche Ich da infolge seiner – ich sage einmal: Asozialität (ich will das einmal versuchen, das Wort wertfrei, relativ wertfrei, hier zu meinen) - also, es gibt ja im Feminismus auch Sätze, die darauf hinauslaufen: Der Mann wird eigentlich gar nicht gebraucht. Und ich meine jetzt hier gerade, dass etwas daran wahr ist, dass er, sozusagen, für die natürliche Reproduktion relativ weniger wichtig ist; zumindest sein dauerndes Kümmern, seine dauernde Anwesenheit darum ist nicht so – er ist nicht so unabkömmlich. Und das heißt, dass - es war möglich, an den Rändern des Daseins, wie man dann sah, und zwar – natürlich, an den Rändern nicht der Welt, des universalen Daseins, sondern - an den Rändern des sozialen Daseins auf die Jagd zu gehen – in verschiedenster Hinsicht. Und das hat natürlich die Benutzung des Hirns, das bei beiden Geschlechtern natürlich die gleiche Grundfähigkeit hat – die Benutzung des Hirns für Abstraktionsprozesse und für Machtgewinn über diese Wege hat das natürlich gefördert, sodass also diese unterschiedlichen Ich-Konstitutionen in den Machtkampf um das Thema »Sexualität und Erotik«, das an sich zunächst einmal in einem unmittelbaren Sinn nichts damit zu tun hat, mit dieser Entfaltung – obwohl, natürlich: Das gehört zu dem Naturhaften, aber - hier handelt es sich schon um – in gewissem Sinne – um Überbau, um Formen psychischer Bewältigung, und also denke ich, dass wir es hier mit einer ersten Weichenstellung, eigentlich - und zwar auf dem Kreuzungspunkt (sagte ich schon) von Naturgeschichte und Gesellschaft: Dem ersten Kreuzungspunkt - mit einer Weichenstellung zu tun haben, die diese wirklich menschliche Problematik »Tränen des Eros« bestimmt – jetzt machen wir erst einmal Pause.

(Pause)

Also, es ist natürlich völlig klar: Wenn man von heute aus guckt - dass man dann hier nicht einfach hinschreiben kann: Frau und Mann. Es ist überhaupt so – da hat mich Maik Hosang noch hingewiesen, während ich die Vorlesung vorbereitete - dass auf der einen Seite in der menschlichen Existenz in gewisser Weise die Geschlechter aufeinander zu rücken, dass also die Vergeistigung des Ganzen, diese Tendenz zur seelisch-geistigen Differenzierung darauf hinausläuft, dass - ich würde einmal sagen: Dass im Weiblichen mehr Männliches durchkommt und im Männlichen mehr Weibliches - und dass es sowieso ganz verschieden ist, wie jetzt Individuen gepolt sind hier – und wenn man überhaupt an eine Lösung denkt, an eine nicht-antagonistische: Dann sicherlich eine, die in beiden Richtungen eigentlich Durchdringung bis an den anderen Pol mit sich bringt. Die wird nicht auslöschen die Verschiedenheit – das ist nicht der Punkt; der Schwerpunkt wird verschieden bleiben, aber - es werden verschiedene Arten der Integration sein - und insbesondere, was also die jetzige Konstellation betrifft. Die Spezialisierung der patriarchalen Kultur scheint ja sozusagen aussichtslos – also - Punkt in dem Sinne gelangt zu sein, dass sie in sich selbst nicht mehr korrekturfähig ist. Das heißt, da ist das Weitermachen programmiert, sodass also eine andere Integration eigentlich viel eher von hier aus zu erwarten ist. Nur – das scheint mir völlig klar zu sein, und - der Feminismus – unter anderem gerade auch ein Indiz dafür, dass dieses Thema »Noosphäre« jetzt natürlich – ist Gegenstand der Frauenbewegung geworden. Das ist - also, weltgeschichtlich gesehen: sowieso; das sind 3 000 Jahre jetzt Patriarchat, oder 4 000 oder 5 000, maximal – also, das ist, wenn man die Gattungsgeschichte nimmt, ein verhältnismäßig kurzer Prozess.

Was hier vor sich gegangen ist, im Ganzen gesehen, ist, glaube ich, Folgendes: Maik Hosang hat auch in seiner Dissertation viel Wert darauf gelegt hat sich auf Eibl-Eibesfeldt dabei auch berufen - wie mit der menschlichen und geistigen Entwicklung eigentlich tendenziell von der Natur her Liebesfähigkeit, Resonanzfähigkeit, Austauschfähigkeit usw. wächst. Und diese Ich-Entwicklung ist irgendwie auch in der Hinsicht das Zweite, das heißt - also, das ist eine Gegenbewegung innerhalb dieses ganzen Prozesses, eine Überlagerung dieses ganzen Prozesses, die mit – ich würde einmal sagen: »In der Welt habt ihr Angst« zu tun hat und wo wahrscheinlich die männliche Angst eine größere Rolle gespielt hat. Darauf will ich jetzt in dem zweiten Teil noch etwas näher eingehen. Aber man kann es sich wahrscheinlich so vorstellen, dass – also, in der menschlichen Existenz das Potenzial – darauf weisen die Meister auch immer wieder hin – auf Entfaltung von Liebe riesengroß ist und dass zugleich – also, diese – und zwar das natürliche Potenzial – auch in dieser Richtung – dass da etwas hinzugekommen ist. Es gibt da eine ganze Menge Material, das ich jetzt nicht ausbreiten will – und auf der anderen Seite: Diese Gegenläufigkeit, vom Ich her.

Es ist noch eines, glaube ich, von Interesse, in dem Zusammenhang sich zu vergegenwärtigen: Dass das wahrscheinlich eine ganz ausschlaggebende Instanz für das Drama ist, einfach - also, für »Tränen des Eros«. Dieses Ich - und das ist ein Umstand, der auf den ersten Blick gesehen sogar bis zu der Frage führen könnte: Ob es denn überhaupt das Thema »Mann und Frau« ist, ob es nicht – also, ob es wirklich ein Thema ist, das auf dieser Ebene dann hier erst einmal liegt - oder ob es nicht wirklich hier unten liegt. Und zwar ist das die Erfahrung, dass jegliche Intimbeziehung eigentlich zu diesen Ich-Konfrontationen führt. Dass also gleichgeschlechtliche Paare dasselbe Drama miteinander spielen können, dass dort einer dann – oder eine - mehr die Rolle des Weiblichen, eine mehr die Rolle des männlichen Ichs nimmt, dass es immer dieses Dominanzthema gibt: Wer beherrscht wen, und so - als Durchgangsphase jedenfalls; es ist ja nicht unmöglich, das irgendwie zu kultivieren, zu bewältigen, aber - das ist da. Sodass wir eigentlich auf die Frage verwiesen sind, warum für das Ich Intimität so gefährlich ist.

Ich habe auch selber so eine Erfahrung jetzt gemacht, in den letzten vier Jahren, mit meiner kleinen Hannah – was ja nun also überhaupt nichts mit diesem – jedenfalls: es könnte auch ein Junge sein, erst einmal – was das Thema betrifft, jetzt: In der allerersten Zeit – ich war also so dicht wie die Mutter dran an dem Kind, das erste Jahr, und es war also eine Erfahrung, wie ich sie früher – vorher nie gemacht hatte - auch meine eigene Liebesfähigkeit war betroffen, meine Offenheit. Und ich sehe: Jetzt ist das Persönchen ganz kräftig da – seit sie drei ist, schon, im Grunde genommen – die Grundstruktur des Ichs, die Grundzielsetzung des Charakters der Person tritt voll hervor. Und es ist viel mehr Antagonismus schon in der Beziehung zwischen dem Kind und mir - auch jetzt - sodass ich glaube, dass es auf jeden Fall wahr ist – natürlich, das sind ja die größten gesellschaftlichen Gruppen, die man sich überhaupt nur vorstellen kann: Männer und Frauen - und es hat diese Geschichte wohl dahin geführt, dass ursprünglich alle enthnologisch konstatierbaren Anläufe - also, alle stammesmäßigen Entwicklungen: immer hat es eine klare, saubere Trennung gegeben zwischen dem, was die Frauenrolle ist und was die Männerrolle ist – das ist also keine späte Zuschreibung. Da muss etwas Naturhaftes im Spiel gewesen sein, das später eher - in der Moderne eher manchmal vielleicht fälschlich überrollt wird. Also, das ist nicht ausgestanden, als Thema, jetzt, das zu betrachten. Es ist schon so, dass das überwältigende Phänomen erst einmal ist: Männer und Frauen - dass es aber dennoch viel zu einfach wäre, das bloß darauf zu reduzieren, sondern – es ist offenbar das Ich-Phänomen im Eros, das diese Problematik in die Beziehung bringt und wo es sich also lohnt, dem noch ein wenig nachzudenken, was ich jetzt da machen will, und zwar – da wir uns das ja geteilt haben – also, Dorothee Sölle und ich - da ging es mir um zwei Dinge: einerseits – und hauptsächlich – darum, dass das gesamte Thema aus zwei verschiedenen Perspektiven behandelt wird – ich weiß auch nicht, was Dorothee Sölle im Einzelnen machen wird; vielleicht geht sie es völlig anders an, erst einmal, das ganze Thema - aber dann auch will ich schon versuchen, noch etwas aus der männlichen Perspektive, aus der männlichen Erfahrung, jetzt, von der männlichen Seite her auch zu diesem Stoff dort anzudeuten.

Ich will erst einmal – ausgehend von einer Wahrnehmung noch, die mir ganz wichtig erscheint, in der Frage des – ich würde auch sagen: Des gesellschaftlichen, des politischen Umgangs mit diesem Thema – und zwar denke ich, dass diese sozialen Gewaltverhältnisse, die wir unter dem Gesichtspunkt »Patriarchat« kritisieren und die natürlich sämtliche Verhältnisse – auch die erotischen – also, jetzt, machtmäßig überbestimmen: Dass das dennoch unterschieden werden muss von den – ich würde einmal sagen: von den Momenten von Grausamkeit; Gewalt – Kopplung von Grausamkeit und Lust in dem erotischen Bereich: Das ist nicht dasselbe.

Das ist nicht dasselbe und, glaube ich, verdient verschiedene Behandlung. Und ich sage jetzt nicht etwa, dass ich jetzt liefern will, wie das integrierbar - jetzt, geistig erst einmal, als Konzept integrierbar ist. Ich will zunächst einmal nur so viel sagen: Dass ich deutlich jedenfalls den Unterschied sehe, dass das ganz verschiedene Themen sind, die natürlich dann in der Realität gekoppelt sind durch die Überdetermination dieser sozialen Verhältnisse. Aber da ist ein Stoff, der seine - sozusagen, sein naturwüchsiges Gewicht hat und wo ich glaube, dass wir einem großen Irrtum verfallen wollten, wenn wir aus dem Naturbereich selber die Grausamkeit, die Gewalt, diese – die Momente des Kampfes zwischen den Geschlechtern:

Wenn wir das eliminieren wollten. Wir würden uns – wir würden es auch ärmer machen, wir würden viel Anreiz, glaube ich, dann nehmen – also, ich glaube, die Sexualität als solche, die reproduktive Sexualität, ist unproblematisch, aber - die erotische Komponente: Die steht von Anfang an in der Spannung zwischen Ekstase und Tragödie, irgendwo, und das – insofern ist das Thema »Tränen des Eros« eher naturgeschichtlich als geschlechtlich. Also, ich glaube nicht, dass diese Dramatik der Geschlechter sozusagen eine Ableitung vom Patriarchat ist, sondern eher – also, gewaltiger, glaube ich, ist der Strom, der von dieser gegebenen Problematik und von den Kämpfen, die auf diese Weise erst einmal naturwüchsig da sind – also, von der Konstellation erst, und auch von – also, die Bedürfnisse sind ja naturverschieden – auch.

Und es gibt da irgendwie eine – na, sagen wir einmal - nicht Notwendigkeit, im Sinne – weil das gleich damit verbunden ist: es sollte sein – das meine ich nicht, sondern: eine Unvermeidlichkeit, die kulturell bewältigt sein will – und zwar: mit »kulturell bewältigt« meine ich: Der Grundpunkt ist: kulturell akzeptiert, und zwar - akzeptiert, dass da etwas ist – erstens, und - das man nicht einfach wegdrücken kann - und zweitens: dass da etwas zu ordnen ist.

Das heißt, dass der Mensch aus diesen Gründen der – was Freud da genannt hat »polymorphe Perversion« – aus diesen Gründen auch eine Ordnung sich geben muss, weil sonst – also, sozusagen – seine Gesamtenergie in diesem Bereich erstens, ihm aus dem Ruder, aus der Ich-Fakultät – muss sein, erst einmal - und zweitens - auch, weil er eigentlich kulturellchaotisch nur funktioniert.

Und der Punkt ist nur, dass diese patriarchalen Kulturen – die christliche, die jüdische im ganz besonderen Extrem und die islamische auf andere Weise auch: Dass die den Versuch gemacht haben, das zu verbieten – schlicht, und - sodass natürlich die Ansammlung – was Reich dann gezeigt hat: Massenpsychologie des Faschismus – die Ansammlung von untergründiger Gewaltbereitschaft und Aggressivität nicht mehr natürlicher Art, sondern gesellschaftlich induzierter und auch viel – auf ganz andere Weise – verbogener Art – also, das ist die Folge des Versuchs, das auszuklammern und sich dem nicht zu stellen – also, praktisch – und das ist eigentlich der Punkt, den ich da erkennen kann - praktisch hat der Mann in diesem besonders von den drei Abrahams-Religionen da dominierten

Kulturbereich den Versuch gemacht, sich völlig gegen die Autonomie des weiblichen Begehrens zu sichern.

Ich habe einen Text hier gefunden, der auch bei unserem Subsistenz-kolloquium eine Rolle spielen wird - nämlich: Veronika Bennholdt-Thomsen hat hier sich über ein paar Erfahrungen geäußert. Die hat mit - diesen Subsistenz-Ansatz einmal geschaffen, ursprünglich, mit hervorgebracht – also, in der heutigen Lesart - und sie redet dann – ich glaube, über Veränderungen. Und die dritte – am Ende ihres Aufsatzes – und die dritte Veränderung, das hat sie so formuliert: »Über andere Lebensformen jenseits der knechtenden patriarchalen entmoralisierenden Familie mit ihrer Unterdrückung, ja panischen Angst vor der weiblichen Sexualität«: Hier geht es um die Wechselbeziehung von Frauenverachtung und Naturbeherrschung und die Zwangsläufigkeit der Technik- und Geldorientierung, die damit verbunden ist. Und sie sagt dann – das hat sie hier nicht näher behandelt, aber - sie wollte das nicht schließen, das Thema Subsistenz, das anscheinend gar nichts damit zu tun hat, ohne diesen Punkt zu erwähnen.

Und jetzt ist es natürlich – wenn man sozialstatistisch guckt: Kinsey-Report oder solche Sachen – da kann man dann feststellen, dass Frauen genau so verklemmt sein können wie Männer, nur - das ist nicht naturhaft, offenbar. Also, zumindest gibt es viele - gibt es gute Gründe anzunehmen, dass also der Druck sozusagen der erotischen Möglichkeiten in der Richtung von der Frau zum Mann läuft und dass es also in der männlichen Existenz eigentlich – also, ich habe das selbst auch biografisch immer wieder so wahrgenommen: Dass es eine Konkurrenz eigentlich gibt, die damit zu tun hat, dass – unsere Gesamtenergie hat diese beiden Pole, Logos und Eros. Und da der Mann ja – also, die Psychoanalyse sagt dann »Gebärneid« (das heißt: er muss etwas anderes schaffen) dazu. Also, ob das nun die geschickteste Formulierung: Vielleicht ein bisschen zu platt, aber dennoch: Es ist etwas daran, dass – also, die männliche Produktivität ja nicht die naturhafte ist, sondern - die männliche Produktivität ist kulturschaffend, genauer gesagt: ist zivilisationsschaffend.

Es ist also das Technische – sie sagt hier: Geld und Technik sind dann die unvermeidliche Folge, und – vor allem, wenn das Gleichgewicht dann völlig weg ist: Das ist – ja, das Patriarchat ist - dass das Gleichgewicht weg ist, dass diese beiden Verhältnisse – also, die beiden Ich-Strukturen, die sich sowieso – glaube ich – in der Perspektive eher annähern – aber: Dass die ins Ungleichgewicht geworfen sind - und das ist nicht bloß eine Frage der Ungerechtigkeit, sondern eine Frage des Entgleisens des Kulturprozesses. Und dieses Thema – also, dass der Mann um seiner Selbstverwirklichung willen, um seiner Selbstdarstellung, um seines Gewesen-Seins willen - wie es im »Faust« heißt: »dass die Spur von meinen Erdentagen nicht in Äonen untergeht« – da muss also der Mann sich Denkmäler setzen, und zwar: Ich glaube, dass das keine Frage rationaler Einsicht ist, die ihn dazu treibt, sondern dass darin sich eine – also, das natürliche Potenzial ist da, zu dieser Art von Kreativität; der andere Weg ist nicht seiner – nicht primär seiner. Natürlich kann er sich in den Dienst der Beziehungslüge usw. Schieben, er muss sich ja da nicht entziehen; das ist – also, wenn die Erde endlich ist, wie sich jetzt herausstellt, und die großen Projekte ausgespielt sind, die Sümpfe trockengelegt sind, Staudämme nicht mehr gebaut werden sollen: Dann wird es ja wohl so sein, dass das umgewertet, dass der Mann sich selbst also auch - und mithilfe - in der Auseinandersetzung mit den Frauen - das umwerten muss, nur - ich glaube, dass das Thema bleibt – dass das Thema bleibt. Und ich denke, es ist von niemandem schärfer auf den Punkt gebracht worden als von Nietzsche in dem Satz: »Trachte ich denn nach Glücke? Ich trachte nach meinem Werke«. So – als Formel.

Und ich bin mir allerdings darüber klar, dass dieses Trachten nach dem Werke – und ich glaube, dass das für Nietzsches Biografie auch gilt - andererseits wiederum ein allerdings oft recht langer und die Fähigkeit vermindernder Umweg zur Frau wiederum ist. Das heißt, dass - der Mann steht natürlich zugleich in der Konkurrenz um die Frau – also, in dem Ringen darum, sie zu gewinnen, und – es ist nur so, dass die Praxis, wer zu werden, auf diese Weise – und je nachdem, wie man dann in der Jugend je verschieden programmiert worden ist auf das – also, dass diese Praxis dann von der Verwirklichung nämlich ab führt: Das Ausschreiten im erotischen Bereich und die Entfaltung der Liebesfähigkeit wird dann zu einer Schwerarbeit, weil man sich so viele Jahre lang auf die Mittel statt auf die Sache selbst konzentriert hat. Also, ich habe das Empfinden, zumindest, dass das von der männlichen Seite her eigentlich das große Thema ist.

Und wenn man jetzt fragt, wieso die Verhältnisse zwischen Männern und Frauen so schwierig sind, dann glaube ich, dass das etwas mit angstvollem Verbergen der unterschiedlichen Bedürfnisse zu tun hat – mit angstvollem Verbergen der unterschiedlichen Bedürfnisse. Das heißt, dass wir uns um der Liebe willen, weil - die Geschlechter sind natürlich zugleich aufeinander angewiesen - und auch die Sache mit dem »Trachte ich denn nach Glücke? Ich trachte nach meinem Werke!« – ist dennoch relativ – ist dennoch relativ, im Menschlichen. Und so denke ich, dass – es dauert eine Ewigkeit, bis man überhaupt in die Lage kommt – also, den Mut fasst, heißt das in erster Linie, und natürlich auch ein Stück Einsicht, das überhaupt einzugestehen – und sie auch, umgekehrt (das ist jetzt mehr meine Wahrnehmung). Aber was mich betrifft – also, ich wollte nie so asozial sein, wie ich bin – in dem Punkt. Also, noch einmal den Begriff, wie ich ihn vorhin da gebraucht habe – also, während immer wieder Flucht und Weggehen usw. drin war – und ich bin mir allerdings nicht völlig darüber klar, da kann man sich schwer selbst einschätzen, aber - ich denke, dass auf der anderen Seite auch ein – ebenso wie hier – ein Fliehen über das Maß hinaus ist, ein Festhalten über das Maß hinaus ist. Das heißt, dass die beiden festhalten wollen und müssen – auch, wo gar keine Liebe mehr ist, manchmal, wo also irgendwie wahrscheinlich sehr ursprüngliche Notwendigkeiten, die man sich in Stammesverhältnissen – wer weiß, wie weit diese Programmierung also doch weitergegeben wird durch die Geschlechter, die eine Rolle spielen - also, dass der Mann, ich glaube, sich nicht nur verhaftet fühlt – so. Und dass – also, diese blöde Dialektik, eigentlich, zwischen dieser Fluchttendenz - um der Werke willen: Das mögen manchmal ja gar keine edlen sein, aber – so, in der männlichen Selbstdurchsetzung (…), weil – dort werden die Geschäfte organisiert, jedenfalls in den Gesellschaften vor unserer jetzt, wo sich das manchmal etwas auflöst - und umgekehrt - also, auf der weiblichen Seite auch.

Und ich glaube jetzt aber – das, worum es mir geht, ist gar nicht diese vielleicht auch triviale Feststellung – oder diese triviale Erfahrung, sondern: Dass das vielleicht sozusagen der allgemeinere Grund ist für dieses Versteckspiel – also, der Mann, nach seinen Emotionen gefragt, schweigt in der Regel untergründig-taktisch, weil er sich nicht – er will nicht festgenagelt werden können, und so, als Tendenz - als Tendenz. Und umgekehrt: ich glaube, dass die Frau eher ihre – also, dieses Thema, dass man seine Gesamtenergie ein Stück weit schützt, und dann diese – und ein Hinweis sind ja auch diese tantrischen Praktiken, die dann so weit gehen – also, die große Kunst, sie zu lernen, das ist die Vermeidung der Ejakulation beim Akt - um diese Energie zu bewahren. Also, man sieht, dass da ein Stoff ist -

ein Gegenstand, erst einmal, sozusagen - um den da eine Auseinandersetzung unterschwellig geht, auch wenn – also, vordergründig mag ja so ein Verhältnis beiderseits tot sein, auf der erotischen Ebene, aber - das, glaube ich, ist nicht das Wesentliche. Das ist sozusagen Folge von Zuständen, die nicht die eigentliche Ebene sind - ja, die schon die Verarbeitung dieser Problematik sind, eine kolossale Fehlverarbeitung dieser Problematik: »Unbehagen in der Kultur«, hat Freud das da einmal generalisierend genannt, das Thema. Aber dass hier – für mich ist da – also, der Schluss, eigentlich, den ich daraus ziehe: Das ist, dass die eigentliche Anstrengung, die wir da machen müssen, eine in puncto Wahrhaftigkeit ist. Damit meine ich jetzt nicht in erster Linie Analyse – das auch, Psychoanalyse; das ist ja alles gut, aber – Wahrhaftigkeit und Reflexion dieser Realitäten: Dass man sich in dieser Hinsicht auch zeigt, dass – also, die jeweiligen Ängste, die das untergründig steuern: dass die bewusst werden.

Ich glaube, dass das also eigentlich die Kulturfrage ist und dass das auch den Zugang schaffen würde, das erotische Potenzial ganz anders, kulturell zu – ich sage einmal: zu nutzen. Also, ich meine, das fängt auf einer Ebene an, wo der Ausdruck fehl am Platze ist: »nutzen«, wo es also einfach um die Kultur der Liebesbegegnung geht, wo mehr drin ist, als wir so zunächst - beim ersten Mal – praktizieren. Aber ich meine auch die Umsetzung wirklich in die – ich sage einmal jetzt: in die Architektur (und meine damit mehr als Bauwerke) - also, in die soziale Architektur, in den ganzen institutionellen Bereich. Das ist ja bei uns christlich derart gehemmt – und das ist nicht weg, natürlich, damit, dass das Christentum jetzt ein bisschen auf dem Rückzug ist, sondern das ist eine Grundprägung, die auch nicht nur aus dem Christentum sich erklärt, sondern – diese kriegerischen Nomadenstämme und das Christentum müssen sich ja erst einmal begegnen, damit das herauskommt, was wir hier veranstalten.

Also, diese Sache ist, glaube ich, nur geistig auflösbar - also, wenn - auf der emotionalen Ebene dominieren fast unvermeidlich die Ängste, erst einmal - und wenn die emotionale Sphäre sich aufhellt, dann – »aufhellt«, meine ich jetzt, mit »e« und Doppel-L: »aufhellt« – also, lichter wird, dann hängt das immer damit zusammen, dass etwas begriffen worden ist – also, verstanden worden ist, dass da eine lösende und erlösende Einsicht stattgefunden hat, sodass – also, die Ratschläge, wie man rituell miteinander kommunizieren könnte – die treffen wahrscheinlich den Punkt. Also, etwa bloß der Ratschlag: Hör dir doch einmal – also, macht euch einen Set, der so ist, dass - sie spricht 20 Minuten und du unterbrichst überhaupt nichts: über ihre Bedürfnisse oder über das, was ihr nicht gefällt an dir – oder was ihr an ihr nicht gefällt - und du sprichst 20 Minuten. Das muss nicht am selben Tage sein, aber die Methode – verschiedenste Methoden gibt es natürlich, die darauf hinauslaufen, dass man einen Weg findet, miteinander über die Sache selbst zu reden, aufrichtig - auch über die Differenz der Bedürfnisse. Und vor allem konkret, weil – die Schwierigkeit bei so einer Sache wie hier ist immer noch: es wird natürlich zu viel über das Individuelle hinweg verallgemeinert, leicht - in den Begriffen. Also, man wehrt sich in der öffentlichen Diskussion (und Frau auch) mit Recht gegen zu viele Zuschreibungen: Was ist Frau und was ist Mann und so, weil – bei jedem ist das anders. Und das müsste in den Gesprächen da herauskommen.

Ja – ich will zum Schluss noch den Versuch machen, das kurz in den gesellschaftlichen Zusammenhang noch ein wenig zurückzuführen und den Gesamtgedanken noch einmal zu umreißen im Hinblick darauf, wie man mit dieser Problematik jetzt gesellschaftlich am besten umgeht.

Ich denke also, dass aus dem – wenn das ungefähr stimmt, wenn die Richtung stimmt von dem, was ich hier dargelegt habe, dann handelt es sich letzten Endes da um Prozesse, die so viel Unvermeidlichkeit haben, dass zumindest vordergründige Verantwortungszuschreibung und sozusagen die entsprechende Kampfsituation, die sich dann daran anschließen lässt: Dass das es wahrscheinlich nicht ist. Wenn, dann ist es so, wie Solowjow gesagt hat – hier, das hat uns Klaus Staedtke vor einem Jahr einmal ungefähr hier vorgetragen – ein Satz: »Wir scheitern notwendig« – und jetzt einmal, auf dieses Thema auch bezogen – »aber wir sind dafür verantwortlich.« Dann ist es nämlich ein Hinweis - und jetzt auf jeden Fall - dann ist es ein Hinweis auf die ausgefallene – oder nicht ausgefallene - Kulturarbeit – also, Kultivierungsarbeit, Zivilisierungarbeit, die wir an uns selber leisten – ist es dann: Wir scheitern unvermeidlich, aber wir sind dennoch verantwortlich. Dann ist es richtig. Aber das - wenn man es dann auch in dem Sinne bearbeiten will, dann hilft natürlich der Austausch der Ressentiments an die Sache nicht heran. Und ich denke, das ist noch nicht geleistet, bis jetzt – also, ist in der Diskussion noch in keiner Weise geleistet: Wie dieser soziale Gegensatz – also, männlich/weiblich (der alte Engels hat das ja auch als den ursprünglichsten festgestellt) - wie der nun strukturiert ist und deshalb gesellschaftlich - wie das dann betrieben werden müsste, den zu überwinden und aufzulösen. Die erste nahe liegende Lesart war natürlich, das Verhältnis von Bourgeoisie und Proletariat – jetzt, strukturell gesehen - auf das Thema »Männer und Frauen« zu übertragen und einen Kampf aufzumachen – also, jetzt ergreift das weibliche Geschlecht die Macht - oder die Vormacht, oder so: Das war vielleicht auch gar nicht so formuliert, aber - die Kampfformen hatten Klassenkämpferisches. Und das ist zunächst verständlich und hat auch seine Rolle gespielt: einmal etwas aufzubrechen. Also, das ist – ich kritisiere das nicht rückwirkend, sondern - ich meine nur: Es muss ja nicht so sein, dass diese Formen, die aus den späteren gesellschaftlichen Kämpfen stammen, auf dieses elementarste Problem so richtig ansprechen - dass das das Geeignete ist, um das zu lösen; vor allem ermöglichen die diese Art verstehenden Gesprächs nicht, das ich – also, sozusagen – geradezu für die massenhafte Lösung und für die massenhaft auch eigentlich mögliche Lösung wäre: Wenn sich eine Gesellschaft wie unsere reiche ihre Privilegien dann auch einmal positiv ausnützen – ja, so ein bisschen Therapie leisten kann, wenn also eigentlich jedes Paar auch die Gelegenheit hätte – tendenziell zumindest - sich dann Hilfe zu suchen – Familienberatung, oder was auch immer - um einmal an diese Prozesse heranzugehen: Dann könnte das doch am Ende eine gesamtgesellschaftliche Bedeutung erlangen.

Und was ich weiter sehe, ist – gerade in diesem Zusammenhang - also, was ich da sagte über die verschiedenen – sozusagen – Modi des Mannes und der Frau, in der Welt zu sein: Man könnte ja sagen, dass – wenn man es dann auf die Produktion bezieht – also, auf den sozusagen realen Lebensprozess, wie es so schön heißt, dann wäre – der weibliche Modus wäre »kontraktiv«, tendenziell – also, auf den Platz bezogen, auf den Fokus bezogen, auf einen Brennpunkt bezogen, und die männliche wäre: »expansiv«, und das Patriarchat der westlichen Zivilisation: Also, die reine Expansion. Und nun – also, was ansteht: Ich sage – Subsistenzwirtschaft, das wäre - also, sozusagen – eine haushälterische Lebensform; Galtung sagt, es geht gar nicht anders, als die um den ganzen Planeten – denn nur mit der können alle Menschen einigermaßen noch mit dem, was da ist, auskommen. Diese Großstrukturen fressen ja 10-15-mal so viel, wie für das Elementare nötig ist.

Aber es kommt ein ganz entscheidender Punkt hinzu: Dass nämlich diese ursprüngliche Subsistenzsituation jetzt die Situation der Menschheit auf diesem Planeten ist. Wir brauchen Hauswirtschaft auf der Erde - also, die Grenzen sind ja erreicht, das heißt - also, diese expansive männliche Existenzform ist zumindest ihrer Form nach – also, im Türmchenbauen: Die ist unhaltbar geworden. Und das macht sich auch bereits bemerkbar - also, diese Bremsprozesse im Konjunkturprozess sind nicht nur sozusagen rein ökonomisch bedingt, sondern - da spielt die ökologische Krise jetzt auch schon eine Rolle. Dass gewisse Dinge – also, gewisse Bäume wachsen einfach nicht mehr in den Himmel - also, die Naturschranke, außerdem - auch im Bewusstsein, natürlich: Auch im Bewusstsein der Manager, der Agenten des Prozesses, wenn man das so – einmal diesen Begriff – ich meine, wenn man jetzt nicht die Kriminalversion des Begriffs »Agent« – die Agenten des Prozesses kriegen das ja mit. Also, dass der Gore da in Amerika gewählt werden konnte, ist schon ein Zeichen - nicht dafür, dass das jetzt in Amerika gleich wird, sondern - dass das überhaupt möglich ist, psychologisch möglich ist: jemanden, der erklärt hat, wir müssen das Ding zurückdrehen – er setzt immer noch auf Technologie, vielleicht immer noch zu sehr, aber - es ist wirklich ein Fortschritt in der amerikanischen Psychologie, der sich da abzeichnet.

Und wenn also die Welt insgesamt als Haushalt betrieben werden muss, dann natürlich auf einer neuen Ebene. Dann geht es natürlich nicht mehr hauptsächlich emotional gesteuert, auch von der weiblichen Seite her. Aber weiblicher Geist – gerade in seinem Unterschied zum männlichen Geist – könnte dann einfach natürlicherweise ein Prä- haben, in dem Zusammenhang – bekommen; das ist wahrscheinlich eine Frage kultureller Langzeitprozesse. Aber ich denke, dass die im Gange sind, dass also Eine Welt – die kleine Erde, inzwischen - dass das dazu zwingen, wirklich dazu zwingen wird, dieses Geschlechterverhältnis auf allen Ebenen des sozialen Prozesses – also, sämtliche Austauschprozesse, die da im Gange sind – und das betrifft dann nicht bloß die Betten, sondern auch den Produktionsprozess, den Reproduktionsprozess – also, die ganze Zivilisation: Dass das also ansteht und dass damit also auch es sicher kein Zufall ist, dass die Frauen, die jetzt also die feministische Denkbewegung so anführen, dass die gerade jetzt – also, ich habe neulich einen Aufsatz – gerade erst am Freitag – von Christina Thürmer-Rohr gelesen: Die geht aufs Ganze! Aufs Welt-

Ganze – und nicht bloß auf diese spezielle Unterdrückung der weißen Frau in der reichen Metropole - die sieht sie nach wie vor, aber - sie geht aufs Ganze. Und man kann nur gespannt sein, was dabei herauskommt, wenn diese Praxis der Zurücknahme männlicher Existenz, die sich aufzwingt – und die Praxis von der weiblichen Existenz - viel mehr die Institutionen und das alles zu bestimmen: Wenn das zusammenkommt - so.

Gut – zehn Minuten können wir noch eine -

3. Mai 1993

Wie auf der Erde wohnen?

… und ich habe mir nämlich das ausgebeten von Susanne Frost; die hat das für mich – für uns – auf diese Gruppe hin zunächst gemacht. Und dazu will ich eine – irgendwie eine Folie erzählen:

Ich war vor vielen Jahren – ich weiß nicht mehr genau, wann es war, vielleicht 1985 – einmal zu Gast bei einem französischen Alternativen, einem alten Mann namens Armand Petitjean, der in St. Hippolyte du Fort – das ist in den Cevennen, so eine alte Aufstandsgegend Frankreichs – sich ein Haus gekauft hatte - das hatte er irgendwie möglich machen können, er kam aus besitzenden Kreisen. Und in dem Haus gab es einen großen Raum mit einer Tafel, von der er die Hoffnung hatte, da könnten zwölf – oder zwölf mit dem dreizehnten, oder so – zusammensitzen, mit einem riesigen Fenster in die Landschaft. Aber in dem Augenblick, als ich dort war, hatte er einen Gast bei sich – ich weiß gar nicht, ob der geblieben ist - Jean-Claude war das, an den er gedacht hatte als den, der dort dann weiterleben – denn Armand war damals schon über 70. Und es war eine ganz schwierige Verständigung – also, es hat eine Weile gedauert, bis ich mitkriegte, um was es geht: Als mir Jean-Claude nämlich erklärte, womit der jetzt beschäftigt ist. Ich verstand nämlich, der ist damit beschäftigt, ein Wappen zu malen – das war also die Übersetzungsschwierigkeit – also, ein Symbol für sich selbst, aber – immerhin, ein Wappen - zu malen.

Wer war Jean-Claude? Jean-Claude war einer der Anführer in der 68er Auseinandersetzung in Paris – also, von demselben Kaliber, soweit ich das hören konnte, wie Cohn-Bendit (der bei uns halt besser dafür bekannt ist, weil er ja deutsch-französisch ist). Und Jean-Claude war nachher zehn Jahre in einer Kommune gewesen. Und - als sie angefangen haben, diese Kommune zu machen, waren sie sich natürlich – also, aus dem Aufbruch von 1968 heraus völlig einig: Das geht absolut nicht bloß demokratisch, sondern - das hieß natürlich: basisdemokratisch zu - und überhaupt: Was man so vorhatte, wie das zu gestalten sei, was man sich für Prinzipien und Regeln gegeben hatte, und - er sagte: es hat nicht lange gedauert (wenn auch ein paar Jahre), dann war nicht mehr übersehbar, dass ich der Guru da war. Unabsichtlich, aber - es hatte sich ergeben. Und es war – wir haben uns getrennt, vor relativ kurzer Zeit, erzählte er - weil ich behindert war - und die behindert waren - und wir uns geeinigt haben: es ist das Beste aufzuhören.

Und - der Sinn dessen, was er sagte, war: Also, wir sind doch lange nicht so weit, wie vielleicht um 530 oder 540 die christlichen Mönche waren, wo dann – Benedikt hatte sich drei Jahre in eine Höhle gesetzt und kam mit einer Regel heraus, die war so beschaffen, dass eigentlich alle dachten: Na ja, danach leben wir fast schon. Also, das war – in Wirklichkeit war das reif für diese damalige Alternativbewegung – die keine blieb, die später einmal herrschend wurde usf, aber - das war damals reif. Und Jean-Claude sagte: Also, was wir uns da als Regel gegeben haben, offenbar, das galt nicht recht: Es war zum Beispiel überhaupt nicht möglich in unserer Gruppe, zwischen persönlicher Autorität und funktioneller Autorität zu unterscheiden – das vermengte sich total. Und was er versuchte, war - sagt er -: Er versuchte, sich erst einmal mit einem Pinsel heranzutasten: Was ist eigentlich seine Vision, sein Bild, sein Zeichen? (Es ging in diese Richtung; deswegen verstand ich erst »Wappen«, aus Unkenntnis der französischen Sprache) - sein Zeichen, seine Symbolik für das – wie das nun eigentlich angeordnet werden sollte - also, er fand, dieser Versuch, die neue Gesellschaft da vorwegzunehmen, mit einer kleinen Neugründung, war – zumindest für ihn – verfrüht. Er war an der Stelle, wo - er sagt: für mich war das offenbar verfrüht, und für - die anderen in unserer Gruppe haben es ähnlich wahrgenommen: ein neuer Anlauf. Und irgendwie fällt das hier in den Zusammenhang.

Ich will jetzt erst einmal, ehe ich das genau mit dem Thema koppele, das für heute ausgegeben ist - ich will den Blick einmal noch mal ganz darauf freigeben: Also, es sind Morgen und Mittag und Abend und Nacht – und damit natürlich der Kreis von Licht und Dunkelheit - und es sind Frühling, Sommer, Herbst und Winter, und - das ist sozusagen die Erde, aber - in der Mitte ist Wasser (bei den Griechen »thalassa«, das Meer), und - man hat die anderen Elemente natürlich hier drin – also, Blau, die Bläue des Meeres, des Sees, des Wassers hat natürlich etwas mit dem Himmel zu tun, der sich darin spiegelt - also, auch mit dem Prinzip von Luft – also, Erde – Wasser – Luft. Und es ist klar, dass - der ganze Zauberkreis des Lebens hier und des Lichtes um die Erde: Dass das etwas mit dem vierten Prinzip – mit der Sonne, mit Feuer - zu tun hat. Die Sonne mag da stehen – das ist nicht so eindeutig, vielleicht, wie das, dass das da der Mond ist, aber – es sind die natürlichen Elemente, eigentlich, in die eingegliedert – ja, jetzt komme ich – berühre ich zum ersten Mal das Thema: Wie wir wohnen sollten. Die Überlegungen, die ich um das Wohnen anstelle, das wird wohl noch hervortreten, aber - ich sage es einmal vorweg: Das ist eine Kopplung zwischen Hölderlin und Heidegger, das Thema Wohnen, das haben – Hölderlin hat das dichterisch-philosophisch behandelt und Heidegger hat es ausgelegt – Übrigens, das will ich gleich an der Stelle einfügen: Heidegger ist 1935/36 mit Hölderlin-Vorlesungen zur inneren Distanzierung vom Nationalsozialismus übergegangen - das ist immanente Kritik am Nationalsozialismus gewesen, nach dem Desaster, das für ihn das Referat in Freiburg 1934 war – die Identifikation mit der Hitlerei - und es fing also 1935/36 mit den Hölderlin-Vorlesungen – da stehen Sachen drin, die spielen jetzt heute hier nicht direkt eine Rolle, aber – ich sage das nur, damit irgendwie der Kontext insoweit ein bisschen abgeklärt ist. Denn dass er doch eigentlich ähnlich mit dem Nationalsozialismus umgegangen ist – ich habe das in meiner ganz einleitenden Vorlesung hier schon einmal erwähnt – wie ich in meiner »Alternative« (und eigentlich bis nach dem Untergang) mit dem Kommunismus: ich habe ihn immer immanent vernichtend kritisiert; es gibt Zitate, die sehen so aus, als hätte ich überhaupt nichts mehr damit zu tun (was nicht wahr war,so) - dann ist der Kontext verloren gewesen, wenn man das so gesehen hat, sondern - es ging ja um – mir – also, bis über die letzte Stunde hinaus, eigentlich – ich bin ja deshalb zurückgekommen, weil ich noch dachte – also, hier bleibt etwas übrig von der Idee. Heidegger ist also kein Kritiker des Faschismus von außen geworden, in einer bestimmten Hinsicht, bis zuletzt nicht, aber - eine immanente Kritik, die überaus weit ging. Zum Beispiel – nur um das zu dem Exkurs abschließend anzudeuten - gibt es bei Hölderlin eine Stelle, die Heidegger dann umkreisend mehrfach hervorgehoben hat in seinen Vorlesungen: »dass ans Vaterländische zuallerletzt zu denken sei – zuallerletzt erst« – und dass alle diese vordergründigen Dinge barbarische Vorgriffe eigentlich sind, was sich mit Hölderlin leicht stützen lässt - also, das ist - auf diesem Wege, wenn Hölderlin und Heidegger so zusammenkommen.

Zunächst einmal – noch einmal, hier – also, Hölderlins berühmtestes Gedicht, »Die … «. Susanne Frost hat hier – das sind die Birnen, hier, im

Spätsommer, und auf den Herbst hin – »Hälfte des Lebens«, heißt das bei Hölderlin:

»Mit gelben Birnen hänget
Und voll mit wilden Rosen,
Das Land in den See,
Ihr holden Schwäne,
Und trunken von Küssen,
Tunkt ihr das Haupt
Ins heilignüchterne Wasser.

Weh mir, wo nehm ich, wenn
Es Winter ist, die Blumen, und wo
Den Sonnenschein
Und Schatten der Erde?
Die Mauern stehn
Sprachlos und kalt, im Winde
Klirren die Fahnen.«

Also: »Mit gelben Birnen hänget« – also, diese Einstiegszeile erscheint - und man hat hier eine Nacht und einen Mond, die beide weniger Entsetzen erregend sind, weniger kalt als in der Befürchtung Hölderlins, aber - er selbst: Da gibt es aus seinen letzten Jahrzehnten – das waren ja Jahrzehnte, in denen er, wahnsinnig genannt, da in dem Turm eingesperrt gewesen ist - da gibt es einen Text, der dann bei Heidegger eine ganz wichtige Rolle spielt – ein späterer Teil davon -; dieser Text beginnt so:

»In lieblicher Bläue blühet mit dem metallenen Dache
der Kirchturm. Den umschwebet Geschrei der Schwalben,
den umgiebt die rührendste Bläue. Die Sonne gehet
hoch darüber und färbet das Blech, im Winde aber oben
stille krähet die Fahne. Wenn einer unter der Glocke
dann herabgeht, jene Treppen, ein stilles Leben ist es,
weil, wenn abgesondert so sehr die Gestalt ist,
die Bildsamkeit herauskommet dann des Menschen.«

Da ist manches Wort – also, ist schon – ist tatsächlich schon hermetisch, da muss man sich einfach – das ist: er spricht für sich dort - also, das ist nicht mehr adressiert, diese Dichtung, aber – er hat bestimmt nicht vergessen: »Im Winde klirren die Fahnen« – also, winterkalt – und hier: »im Winde krähet die Fahne«: Das ist natürlich Sommer. Und doch, also - diese Verbindung – Hölderlin selbst hat in seiner ganzen letzten Dichtung - die sich dreht um die Frühlinge, die Sommer, die Herbste, die Winter - unendlich repetiert - also, da ist auch etwas kaputt, das ist wie eine Platte, die sich dreht, auch, aber - immer noch: Der Vers beherrscht – also, Frühling, Sommer, Herbst und Winter – also, die Tages- und Jahreszeiten – und Wasser, und so – also, das ist das Wichtigste, auf das er sich harmonisierend bezieht. Man kann dann sagen: flüchtig – weltflüchtig, aber - das trifft irgendwie die Sache nicht.Das ist, will ich einmal sagen, der Rahmen.

Nun habe ich voriges Mal ja versucht, über den Ort zu reden – ich rufe das noch einmal kurz in Erinnerung – an dem wir uns wieder einrichten müssten. Ich habe einmal hier angezeigt, wie wir – also, vom Natürlichen bis zum Gesellschaftlichen, bis zur Megamaschine, an irgendeiner Stelle - ich habe das in meiner »Logik der Rettung« ausführlicher – einen tiefen Riss haben, einen Spalt – eine Abspaltung, direkt, von der Natur, einschließlich von unserer eigenen – in gewisser Hinsicht von dem größten Teil der Fakultäten unseres eigenen Geistes – also, der rechnende, der instrumentelle Verstand sitzt auf der Seite – und ist der Geist, der große Geist, der Megamaschine. Und das andere: Nicht, dass wir es nicht mehr wären, aber - es ist in uns – selbst in uns – großenteils abgetötet.

Und ich hatte dann die Frage gestellt - also, wenn das der große Naturzusammenhang ist – und hier geht der Mensch mit dem Menschen um – dass es eigentlich darum ginge, die Verfassung – und ich meine damit in letzter Instanz den Gott – die Verfassung der menschlichen Existenz hier zu diskutieren, das heißt, an einer – sozusagen aus einer bloßen, aus einer starren Grenze, aus einer geöffneten Grenze – also, dass wir praktisch an der Grenze zwischen Mensch-Natur, an dem Grundverhältnis Mensch–Natur uns neu besinnen und einmischen müssten, dass wir – sagte ich – hier, in diesem Bereich, eigentlich das Ganze haben. Und ich zog einmal diese Stelle hier heraus und meinte – also, das Gesamtverhältnis

Mensch–Natur wäre eigentlich in diesem Bereich zu Hause - das andere sind Abstraktionen.

Also, die Wirklichkeit des Menschen der Megamaschine wird sich sehr schnell als unwirklich erweisen. Brecht sagt irgendwann, der frühe: »Von ihren Städten wird bleiben / Der durch sie hindurch ging / Der Wind.« - Und, was die Natur betrifft: Wir sprachen mehrmals in den letzten Veranstaltungen hier darüber, dass wir in den Begriffen, die uns die Naturwissenschaft davon gibt, die Natur überhaupt nicht haben, sondern Auszüge nutzenorientierter Art: Zins ist der Zweck der Angelegenheit – also, im weiten Sinne, jetzt - obwohl der reale Zins eine riesige Rolle dabei spielt, aber – im weitesten Sinne – also, Gewinn machen. Und das heißt – also, ich denke, es wäre gut, aus beiden Bereichen auszuziehen: Aus dem Bereich von Gesellschaft, wie ihn die Gesellschaftswissenschaft, erst einmal beschreibend, zu Recht konstatiert - ein Stück weit jedenfalls - und auch aus der Art Natur, die die Naturwissenschaft – also, so abstrakt verstanden hat. Das heißt ja nicht, dass alle Momente, die hier zustande gekommen sind und hier, auf einmal nicht mehr existieren, sondern – die Integration kann nur hier erfolgen, das heißt, das wäre eigentlich das Thema. Und das Thema hier, Mensch–Natur: Das ist bei Hölderlin – wie nachher bei Heidegger; Heidegger hat es näher ausgeführt – gefasst als das Thema des Wohnens.

»Und es wird des Wohnens auf der Erde
Unter dem Himmel«

Ich komme auf alles noch einmal, ich sage es noch – »Wohnen auf der Erde / Unter dem Himmel« - der sich hier spiegelt und im Bewusstsein: Das wird das schwierigste Thema, dann – weil es Heidegger auch etwas im Dunkeln lässt, bei Hölderlin ist es fast klarer:

»Wir Sterbliche, den Göttlichen gegenüber.«

Die Göttlichen - so viel will ich vorwegsagen, sonst irritiert es zu sehr - sind nicht Gott, sondern - die griechischen Götter waren in ihrer - wie sage ich das am besten, dass es nicht falsch wird? – also, wenn man es nur in der Struktur sieht, hat das etwas mit dem zu tun, was in der Christenheit dann

Engel sind, nur - der Natur entkleidet. Nämlich, die griechischen Götter hatten so ganz bestimmte hervorstechende Eigenschaften: Aphrodite halt stand für die Liebe, Ares stand für den Krieg - so. Und die Engel: Am stärksten ist das herausgearbeitet im Islam, ich habe das hier ein paar Mal erwähnt – die Engel, das sind sozusagen die höchsten Eigenschaften des Menschen, das sind – also, praktisch – man kann sagen, das sind Überhöhungen der menschlichen Existenz. Man kann aber auch davon ausgehen, dass – also, in dem großen Plane – also, ich sagte ja: im Keim muss der Mensch von jeher dagewesen sein, sonst wäre er nicht herausgekommen, dann wären noch diese großen Eigenschaften, wie das Kriegen, das Lieben, die Barmherzigkeit - wofür die Muttergottes steht - und alle diese Dinge: Die werden wahrscheinlich doch nicht nur einfach Projektionen von uns sein. Vielleicht sind das auch – also, vielleicht ist das tatsächlich ein Begegnungsphänomen.

Also, das ist der Rahmen des Themas »Wohnen« – also, das ist die – also, auf der Erde, unter dem Himmel, über den Sterblichen, den Göttlichen gegenüber. Dass wir den Tod nicht nur erleiden müssen, sondern vermögen: Das ist in dem Begriff der Sterblichen gemeint. Und man hat jetzt hier von dieser Perspektive des Wohnens her bei Hölderlin in demselben Text - in dem Gedicht »Brot und Wein«, in dem diese Zeilen stehen, auf die wir auch noch kommen: Da hat man dann einen Text, der den Gegenpunkt – also, der den Gegensatz zu dieser Vision vom Wohnen auf der Erde und dem, was stattfindet, wenn wir hier sind – bzw. hier eingesperrt; das korrespondiert natürlich miteinander - ich hatte ja gesagt: Gesellschaft als Megamaschine – ist mit Megamaschine gemeint. Also, nicht bloß das Metall, sondern - dieser ganze Zusammenhang.

Diese Gegenüberstellung in diesem selben Gedicht »Brot und Wein«, die klingt bei Hölderlin so:

»Aber droben das Licht« –

Also, das ist die Hoffnung –

»Aber droben das Licht, es spricht noch heute zu Menschen,
schöner Deutungen voll ...
und über den Bergen der Heimat ruht

und waltet und lebt allgegenwärtig der Äther,
Daß ein liebendes Volk, in des Vaters Armen gesammelt,
Menschlich freudig, wie sonst, und ein Geist allen gemein sei.«

Dieser Vater hier, das ist dann bei Hölderlin »Vater Äther« – also, das ist nicht dieser Himmelsgott à la »Big Brother is watching you«, dieser Gott des Alten Testaments, sondern - wenn, dann ist es der aus Goethes »Ganymed«-Gedicht, wo der Adler den Knaben holt und Goethe also sich wünscht, dem alle liebenden Vater ans Herz zu kommen. Also, diese Figur ist so männlich nicht festgelegt – des Vaters – bei Hölderlin.

Und wenn es hier heißt: »ein Geist allen gemein sei«, da gibt es – damit das – was ja beliebt ist - nicht gleich im ersten Anhieb missverstanden werden muss – »ein Geist allen gemein sei« - da gibt es eine andere Stelle in derselben Elegie »Brot und Wein« - da ruft er den Freund:

»So komm! daß wir das Offene schauen,
Daß ein Eigenes wir suchen, so weit es auch ist« –

Und dann kommt:

»Fest bleibt Eins; es sei um Mittag, oder es gehe
Bis in die Mitternacht, immer bestehet ein Maß,
Allen gemein, doch jeglichem auch ist eigenes beschieden.«

Also, dieses – wenn hier steht: »Ein Geist allen gemein sei«: Da ist von dem Maß, das allen gemein ist, die Rede - und zugleich: »jeglichem auch ist eigenes beschieden«.

Diese Konzeption hier unserer – also, des Höhepunktes, eigentlich - unserer Klassik und zugleich auch Frühromantik – also, Hegel, Schelling, Hölderlin, 1790 – 1791 – 1792 – 1793 – dort, in dieser Jenaer Gegend, wo sie sich des öfteren trafen – das war – das kann man nicht sagen, ob das Klassik oder Romantik war: Das war eigentlich diese frühromantische Zeit. Und – was ich hier zeigen will, wenn – »ein Geist, allen gemein«: Das ist von Kollektivismus genau so weit entfernt wie von diesem blödsinnigen Individualismus, sondern - da ist noch etwas zusammengedacht.

Und dann kommt – also, das ist die Vision, und dann kommt:

»Wo wir aber damals schon sind«

Also, solche Geister nehmen natürlich vorweg, nehmen vorweg – »wo wir damals schon sind« – in ihren Augen nämlich - also, irgendwie hier abgespalten:

»Wehe! wie im Orkus, lebt
ohne Götter das Menschengeschlecht«

Und dieses – für Hölderlin, und für Heidegger dann auch eigentlich: Dieses »Wehe! wie im Orkus, lebt ohne Götter das Menschengeschlecht« – das ist nicht Wohnen in dem dort gemeinten Sinne.

»Ans eigene Treiben sind sie geschmiedet,
Allein,
Und sich in der tosenden Werkstatt höret jeglicher nur,
Und viel arbeiten die Wilden, mit gewaltigem Arm,
Rastlos, doch immer und immer unfruchtbar
Wie die Furien, bleibt ihnen … »

(Eigtl.: » … an eigenes
Wissen allein, und die eigenen Triebe
geschmiedet, und in der tosenden
Werkstatt, höret jeder nur sich,
und Tag und Nacht arbeiten die Geister
Aber umsonst, und unfruchtbar, wie
die Furien, ist die Sorge und Mühe der
Armen.«)

Und noch einmal sozusagen die Vision, die Utopie:

»Aber länger nicht mehr!
schon hör‹ ich ferne des Festtags Chorgesang
auf grünem Gebirg und das Echo der Haine,
…
und auf dem Hügel der Stadt glänzt,

Menschlicher Wohnung gleich,
die himmlische Halle der Freude.
Denn voll göttlichen Sinns ist alles Leben geworden,
Und vollendend, wie sonst, erscheinst du
wieder den Kindern Überall, o Natur!«

Also, »voll göttlichen Sinns«: Das ist dieser lebens-göttliche Sinn, der – ich bin überzeugt, dass dieses Bild übereinstimmt mit dem, was da gemeint ist: »Auf dem Hügel der Stadt glänzt / Menschlicher Wohnung gleich, die himmlische Halle der Freude.«

Man wird sehen - bei Heidegger wie bei Hölderlin dann - dass im Grunde genommen das Fest gemeint ist, das so stattfinden sollte, die Feier der menschlichen Existenz und dass - wenn der Alltag nicht von solcher Feier getragen ist, dann werden wir nicht im – also, wir werden einfach keine andere Konstellation der menschlichen Existenz dann finden: Das ist, was da befürchtet ist- und gedacht ist.

Ich will das noch einmal unterstreichen, was diese Festlichkeit betrifft, die da gemeint ist. Der Hölderlin hat eine Friedensfeier geschrieben – ein Gedicht »Friedensfeier«, 1804 - also, ganz entfernt die Assoziation sicher zu diesem Frieden von Lunèville, wo man einen Augenblick vielleicht die Hoffnung haben konnte, die Napoleonischen Kriege sind zu Ende, aber – was dort zum Fest gerufen wird: Ich will das jetzt nicht hier im Einzelnen schildern - es geht da eigentlich darum, ob Christus und Dionysos zusammenkommen könnten, bei diesem Fest. Aber die Prinzipien – und das ist dann ein anderer Christus, natürlich – also, das ist dann weder das liebe Jesulein noch das, was der Paulus daraus gemacht hat - also, die Frau ist eigentlich des Teufels – und: Das Fleisch ist zu verdammen – und: Wer es halt nötig hat, der muss sich halt damit befassen, sondern - das ergibt eine ganz andere Perspektive. Das sage ich aber nur nebenbei.

Wo ich hinaus will, ist erst einmal: bei dem Ganzen geht es ja um die Kennzeichnung des Ortes, erst einmal, für das Wohnen. Wie das aufgefasst ist, der Festort, möchte ich einmal sagen, in der Großen Natur. Ich sagte ja viele Vorlesungen vorweg - und habe, glaube ich, auch in der vorigen noch einmal erinnert: Dass, wenn man eine Alternative suchen will, sich die Gesellschaft genau dort konstituieren müsste, wo das neue Wissen war – also, wo man die Rückverbindung zur Großen Natur wiederfinden könnte

– also, wo man so wohnte, natürlich, wo man einfach so wohnte, dass diese Abgerissenheit, diese Abgespaltenheit der instrumentellen Vernunft nicht mehr wäre, dass sie rückbindbar wäre an den Zusammenhang.

Also, bei Hölderlin - ich zitiere einfach aus – einmal noch aus »Brot und Wein« - und dann aus der »Friedensfeier« ein paar Sätze, die nur kennzeichnen, wie das gemeint ist:

»Seliges Griechenland! du Haus der Himmlischen alle,
Also ist wahr, was einst wir in der Jugend gehört?
Festlicher Saal!«

Nämlich: das Ganze, eigentlich der Archipelagos – also, das – diese Mittelmeerwelt:

»Festlicher Saal! der Boden ist Meer! und Tische die Berge
Wahrlich zu einzigem Brauche von Alters gebaut!«

- also, was ich neulich nannte: Das anthropische Prinzip, die Anlage auf den Menschen hin – der dem dann aber auch gerecht werden muss:

»Wahrlich zu einzigem Brauche von Alters gebaut!«

Und dann die Einleitung zu der »Friedensfeier«: Das ist – ein paar Jahre liegen dazwischen, aber – es ist ein Geist in dem Ganzen. Die Friedensfeier soll in einem Innenraum stattfinden; das ist – ja, wie soll ich das sagen? Vielleicht ist der Unterschied – vielleicht ist eine Architektur denkbar, in der der Unterschied zwischen draußen und drinnen nicht dieselbe Bedeutung hat wie bei einer romanischen Kirche; manche Kirchen – es gibt auch hellere Kirchen, aber dieses – was Faust noch beklagt - also, dieses »Selbst das liebe Himmelslicht / Trüb durch gemalte Scheiben bricht«: Das muss ja nicht sein – also:

»Der himmlischen, still wiederklingenden,
Der ruhig wandelnden Töne voll,
Und gelüftet ist der altgebaute,
Seliggewohnte Saal, um grüne Teppiche duftet

Die Freudenwolk!, und weithin glänzend stehn,
Gereiftester Früchte voll und goldbekränzter Kelche,
Wohlangeordnet, eine prächtige Reihe,
Zur Seite da und dort aufsteigend über dem
Geebneten Boden die Tische
Denn ferne kommend haben
Hierher, zur Abendstunde
Sich liebende Gäste beschieden.«

Und gemeint ist bei diesem Fest – ach, die Definition: ich komme noch einmal ein bisschen dann zurück; ich sage das erst einmal einfach so:

»Himmlische sind und Menschen auf Erden
Beieinander die ganze Zeit« -

Das ist – also, die Götter oder die Engel, die sind eigentlich da, nur – da wir das normalerweise nicht zu feiern pflegen, da wir das vergessen – also, man muss ein Fest veranstalten, aber - »Himmlische sind und Menschen auf Erden / Beieinander die ganze Zeit« – jetzt kommt das:

» … daß immergekettet alltag ganz ist
Die Welt.«

Und das ist hier mit – das Wort »alltags« - also, bei Hölderlin - das heißt auch »alle Tage«, das heißt nicht einfach »alltags« nur, sondern – »Dass immer gekettet, alltags / Ganz ist die Welt« – Das steht übrigens in einem anderen Gedicht, das ist überschrieben »Der Einzige« – und meint den Christus, aber - der Eine, der mit dem Dionysos irgendwie verfließt.

Und noch einmal: Der Gegensatz dazu, der rückt dann auch etwas, aber – leider, die Wirklichkeit: Damals schon beherrscht – also, die gesellschaftliche Wirklichkeit – auf die Megamaschine hin:

»Aber so vieles geschieht«

- also, so viel auch die Himmlischen da sind und vielleicht sogar hin und wieder sprechen, uns erinnern - oder wir sie erfahren:

»Aber so vieles geschieht,
Keines wirket, denn wir sind herzlos, Schatten, bis unser
Vater Äther erkannt jeden und allen gehört.«

Also, solange wir nicht erkannt sind – vom Äther, vom Himmel – und solange dadurch der Äther auch nicht allen gehört, der Himmel nicht allen gehört, da sind wir herzlos: Schatten, und – also, es wirkt nicht, wie viel auch geschieht, während – ja, es geht weiter:

»Nicht vermögen die Himmlischen alles« –

Also, es kann uns dann – in solcher Konstellation, wenn wir herzlos und Schatten in dem Sinne sind und nicht erreichbar - und es nicht einmal feiern: es kann uns nicht erreichen: »Aber nicht vermögen die Himmlischen alles« – nämlich:

» ... es reichen
Die Sterblichen eh an den Abgrund. Also wendet es sich, das Echo,
Mit diesen.«

Und zwar: Gerade, indem wir am Abgrund stehen, mehr noch als – also, ich meine, das ist vorhersehbar – und meint: Allgemeines, natürlich, Ewiges, immer Gegebenes: »Es reichen die Sterblichen eh an den Abgrund / Also wendet es sich mit diesen«. Uund Hölderlins Hoffnung - ein unglaublicher Satz, irgendwie, der da anschließt: »Also wendet es sich mit diesen« – also, mit uns, mit den Sterblichen:

»Lang ist die Zeit –
Es ereignet sich aber das Wahre.«

Und das Gedicht, allerdings, das heißt »Mnemosyne«, in dem das steht - das ist der Name der Erinnerung - also, das ist derselbe Name; bei den Sufis heißt das »Zikr« – wenn die das ... (???) anrufen »La illaha il allahu« – und das meint dort also: Gotteserinnerung. Und es ist diese Art Erinnerung – Mnemosyne – an – ja, an den Großen Zusammenhang. Aalso, islamisch ist das nun konkret hier nicht; ich sage nur: Die Völker bezeichnen Verschiedenes mit diesem Wort, »Erinnerung« - aber die Richtung, irgendwie, ist konvergent.

»Immer bedürfen ja
Wie Heroen den Kranz,
Die geweihten Elemente
Zum Ruhme
Das Herz der fühlenden Menschen.«

Also, das – es wäre ja nicht ... (???), wenn es den Menschen nicht gäbe – also, zum – »Immer bedürfen ja / Die Heroen den Kranz / Die geweihten Elemente / Zum Ruhme / Das Herz des fühlenden Menschen.« Und – übrigens, ich habe da auch noch einmal in einer anderen Vorlesung gesprochen, vom Hölderlin her gesehen: »Nur das ist Kunst / Was in solchem Zusammenhang steht.« - Und so, wie das meiste, was wir praktizieren, nicht Wohnen ist, so ist dieses ganze Lückenspringen – Wo ist der Markt noch, dass ich mich mit einer Pseudo-Originalität produzieren kann: Das ist nicht Kunst, von daher gesehen, sondern - nur, was der Rückverbindung in den Großen Zusammenhang dient.

Worum es also ginge, das wäre: Das Leben so einzurichten. Und da erinnere ich halt noch einmal an den Schluss meiner vorigen Vorlesung, wo ich darüber sprach, dass - jedenfalls, so, bei einem Projekt, wie in Pommritz da – also, das ja auch nur ein Vorschein davon ist - dass der Neuzusammenschluss von Menschen, die den ganzen Lebenszyklus zusammen bewältigen wollen – dass das eine völlig andere Chance bietet als unser Büro- und Fabrikleben oder Schule usw, um sich an so etwas wieder heranzuarbeiten. Die Heide Göttner-Abendroth zum Beispiel macht Feste auf diesem Jahreszyklus – mit Leuten, die da hinkommen. Das ist immer noch – also, die kommen dann einmal dafür hin, und - ist dann achtmal im Jahr ein Wochenende. Es ist noch eine ungeheuer viel schwerere Aufgabe - und ich nenne sie jetzt nicht, um diese Gruppe von jetzt 22 Leuten zu überfordern damit, aber - es ist eine noch schwerere Aufgabe, praktisch in einem tatsächlich alltäglichen Zusammenhang – und alle Tage – also, genug Fest zu haben dieser Art, genug Feier des Großen Zusammenhanges.

Das Schlüsselthema, wie wir dahin kommen können – ich mache keine Pause, es geht, glaube ich, besser ohne, jetzt weiterzumachen, dann eher - ich habe jetzt sowieso auch meine kleine Tochter mit und die will ich nicht gar zu spät ins Bett bringen – dass wir dann vielleicht sogar eine Viertelstunde eher Schluss machen als sonst und wir dann schneller zu einem kleineren Gespräch am Ende noch kommen. Wenn ich jetzt von Hölderlin übergehe zu Heidegger, aber - insofern sich der wieder auf Hölderlin bezieht – also, zu einer Reflexion von Heidegger, der das Thema »Wohnen« hier ausgebaut hat - dann war ich jetzt genau an der Stelle – mit Hölderlin - wo Heidegger da ansetzt, und ich will ein letztes Gedicht von Höldegger, der – von Hölderlin - das auch »Mnemosyne« überschrieben ist, nur deutsch: »Andenken«, heißt das - da will ich auf den Schlusspunkt hin kommen: Da sitzt - irgendwo bei Bordeaux, wo die Garonne und die Dordogne zusammenfließen, auf einem Berg, und - redet dann davon: Die Dordogne kommt, und zusammen mit der prächtigen Garonne:

» ... *meerbreit*
Ausgehet der Strom. Es nehmet aber
Und gibt Gedächtnis die See ... »

- also, dort ist das erst einmal die Erinnerung: Die See – das Meer – das Wasser -

»*Und die Lieb auch heftet fleißig die Augen*« –

und dann kommt der erstaunliche Satz:

»*Was bleibet aber, stiften die Dichter*«.

»Was bleibet aber, stiften die Dichter«, und - was da gemeint ist: ich nehme es jetzt einmal vorweg, aus dem weiteren Kontext geht es hervor – also, wo »die See Gedächtnis nehmet und gibt« – Erinnerung nimmt und gibt – da ist natürlich gemeint - also, dieses – die ewige Wiederkehr, der ewige Zyklus, wenn – aber: »was bleibt, die Dichter stiften«: Das ist eine Wende, die gemeint ist: hin zu den gesellschaftlichen Zusammenhängen, wo dann also hoffentlich – das ist Hölderlins Gedanke, eigentlich: hoffentlich nicht dieses Geschichtsprinzip, das also expansionistische Linie in eine Richtung ist, sondern - wo vielleicht der Zirkel der ewigen Wiederkehr und die Richtung: Wo das irgendwie gebunden ist.

Wir hatten immer das Symbol von Spirale vielleicht dazu, aber - rückgebunden an den Großen Zusammenhang, aber - auf der Spirale, sozusagen in die Kultur hinein: Was da bleibet - das heißt: Wie wir uns das Wohnen auf der Erde einrichten können: Das stiften die Dichter.

Und dazu – jetzt nehme ich auch hier den Gedanken zurück – vorweg - da wird dann die Orientierung - den Heidegger – gegen die ich drücken will, leichter – Heidegger zitiert aus einem ganz späten Text Hölderlins, nämlich aus demselben, von dem ich vorhin den Anfang zitiert habe:.«In lieblicher Bläue« - wo dann also die Fahnen da fröhlich – nicht im Winter, sondern in der Sommersonne – krähen. In diesem Gedicht, da steht: »Dichterisch wohnet der Mensch«, und - worauf es zuläuft, ist der Gedanke – da müssen wir natürlich wissen: Was meint das - dichterisch? – »Nur dichterisch wohnet der Mensch«, in diesem Sinne, zumindest: Ohne Dichtung – im weitesten Sinne jetzt - ohne Feier, ohne Fest des Großen Zusammenhanges – wofür natürlich in den keltischen und germanischen Traditionen diese Dichtersänger gestanden haben: Ohne das gibt es das Wohnen nicht.

Ich hatte schon einmal vor – ich habe es dann doch nicht mehr geschafft, weil es überfordert hätte – um die Zeit, als ich hier diese Geschichte von den Inkas vorgelesen habe – also, wie die Konquistadoren das Inkareich hingemacht haben, diesen Untergang Atahualpas da, das Gold von Caxamalca, hieß das - da hatte ich noch eine andere Geschichte in petto, eigentlich, die in den Kariben spielt und dasselbe Thema hat: Das ist der - »Tanz der goldenen Blume«, heißt die; die handelt von der Königin Ana Juana – aber das ist – spät Königin gemacht (???); das war keine Inkafürstin, sondern - das war noch eine Dichtersängerin, die ihr Volk führte; die war so eine große Dichterin wie Sängerin wie Tänzerin dieser karibischen Völker. Und was dort geschildert wird, ist der Letzte – und wie damals halt üblich – vergebene Aufstand – also, vergebens unternommene Aufstand gegen die Konquistadoren, in dem Stück.

Das ist derselbe Stoff – also, wo der Zusammenhang zwischen Mensch und Natur gesungen, getanzt und gedichtet wird und wo irgendeine besondere Begabung – und das ist, was wir – aus Sibirien stammt dann das

Wort »Schamanismus«, wo Frank Natale darüber reden wird, aber - das ist hier jedenfalls mit der Rolle des Dichters gemeint.

Und wenn Hölderlin also nachher im Turm gelandet ist und unter diese (…) Maske kam, weil er verrückt geworden ist, wie das normal genannt war – also, er hat Dionysos riskiert, den Schamanismus riskiert - und wenn man das sozusagen ohne Netz macht - und die moderne Gesellschaft bietet kein Netz - dann ist es sehr wahrscheinlich, dass das sozusagen kein heiliger Wahnsinn wird, wie bei den Stämmen damals, wo das also Teil einer Initiation war - und dann bewältigt – und eine größte Kapazität zur Kommunikation mit dem Allgemeinen – das ist Hölderlins Schicksal gewesen: Den Kreis nicht schließen zu können, aber – in seiner Dichtung steht – also, die ist zunehmend – und für uns dann - unzugänglicher in den letzten Werken, weil wir nicht mehr vertraut sind damit, die ist – also, der Wiedergewinn - auf höchster Stufe – dieser Sache - also, was sie 1790, als Hölderlin noch voll in Jugendblüte einfach stand (die Katastrophe war zwölf Jahre später, 1802): 1790 – 1791 – 1792, als die zusammensaßen, Hölderlin, Hegel und Schelling: Da gibt es dieses berühmte Systemfragment, das so der Embryo der klassischen deutschen Philosophie sein soll; man weiß nicht genau, von wem es ist, aber es beschreibt – also, von wem von den dreien, vielleicht ist es ein Gemeinschaftswerk – dort reden sie davon: Es brauchte eine neue Mythologie der Vernunft – eine Mythologie der Vernunft. Das heißt, sie sehen, dass die Vernunft sich zu sehr instrumentalisiert, dass diese Kant'sche und Cartesius'sche Abstraktion nicht alles sein kann – sie verwerfen Kant überhaupt nicht, Hölderlin schon gar nicht, Hölderlin ist über Fichte Kants gestrenger Schüler, eine ganze Weile, das geht gar nicht um solche abstrakten Dinge, Verwerfung oder so, sondern - es geht darum, dass es ohne Mythologie nicht vermittelbar ist. Und für ihn – anders als für Schiller; Schiller hat um die Zeit einen Aufsatz geschrieben, »Die Sendung Moses«, wo es darauf hinausläuft: Wenn Moses dann diesen monotheistischen Gott dem Volk verklickern will, dann muss er ein paar Kompromisse machen, damit sie es wieder verstehen - also, was sozusagen die katholische Kirche da übrig gelassen hat an schönem Brimborium – gut, schön – also, es ist noch Sinnlichkeit da, aber das ist ja Taktik, letzten Endes, und also Resultat von Kämpfen, auch – so. Aber das ist hier nicht gemeint, sondern - hier ist mit einer neuen Mythologie der Vernunft gemeint, dass das wieder sinnlich sein muss. Das heißt, dass – so, wie am Anfang Dichtung war - am Ende dieses Zyklus, der uns mit der Natur – wo wir mit der Natur wieder in Kontakt kommen müssten: Dort steht wieder Dichtung - und nicht, wie Hegel sagt, der späte, dann: Das Ende der Kunstperiode, sondern - wieder Dichtung. Das heißt, wir müssen uns wieder hineinfühlen, hineinerfahren, hineindichten in den Großen Zusammenhang.

»Dichterisch wohnet der Mensch auf dieser Erde.«

Und da will ich jetzt an die Auslegung gehen, die Heidegger gegeben hat. Und ich will da weiter nichts machen als einigen Wortlaut von Heidegger – haben wir das mit inzwischen - da, diesen einen Aufsatz, haben wir den hier? – einer von den Aufsätzen »Bauen - Wohnen – Denken«, ich beziehe mich auf zwei; der zweite heißt einfach »Dichterisch wohnet der Mensch« - haben wir einmal herausgezogen aus dieser Aufsatzsammlung hier: Heidegger, »Vorträge und Aufsätze«. Das ist – ich habe das schon einmal, glaube ich, erwähnt - das ist ein verhältnismäßig gedrängter Überblick über das gesamte Herangehen dieses Denkens. Und ich werde einfach, mit wenigen Worten dazwischen, Heidegger sprechen lassen, weil – gemischt, übrigens, mit Hölderlin, weil er sich ja auf Hölderlin dabei bezieht, zumindest in dem zweiten Aufsatz, »Dichterisch wohnet der Mensch« - damit uns dieser Gedanke konkreter wird - was das heißt: Dichterisch wohnen – in einem gewissen Sinne – allein dichterisch kann der Mensch da wohnen.

Eines will ich noch vorwegsagen, damit es nicht so als Denkführung erscheint: Hegel ging ja davon aus, dass Kunst, Philosophie und Religion – diese Trias, diese drei Dinge: Das ist der Zugang zum Allgemeinen, die höchste Ebene. Und wenn Hölderlin sagt: »Dichterisch wohnet der Mensch« - und er war Theologe, er hat das ja studiert - und Philosoph, so gut wie Hegel in seiner Jugend – dann heißt das nur, dass bei ihm - bei dem: »dichterisch« und: »Nur dichterisch kann der Mensch wohnen«, da ist – also, die Dominante zwischen Kunst, Religion und Philosophie ist hier Kunst – also, ist Dichtung. Also, das ist nicht – das ist - die Religion – also, jetzt ist da nicht die Kirche gemeint, sondern - das religiöse Moment, und - die Philosophie: nicht sein, sondern - es ist der Akzent. Also, von Heidegger her – das sage jetzt noch ich – ist Wohnen der Umfassungsbegriff für ein versöhntes Dasein auf der Erde, für ein Anwesen - das ist Heidegger, das Wort – für ein Anwesen des Menschen auf der Erde, das dauern könnte, für – ja, auch für Stabilität – nicht im Sinne, jetzt: ein für alle Mal diese Ordnung und keine neue mehr, aber - für Stabilität – als, – in dem Grundverhältnis Mensch–Natur, aus dem wir einfach ausgebrochen sind - aus dem Zusammenhang.

Für ihn - für Heidegger - in diesem Aufsatz da: »Bauen«, das geht dem Wohnen eigentlich nicht vorher, sondern - erst wohnt der Mensch. Das ist auch empirisch so: Er nimmt sich die Höhle - und fängt dann an zu bauen. Also, Bauen ist - auf Wohnen hin, sodass – also, Architektur und dergleichen ist eben das Zweite. Und insofern ist das auch nicht so wichtig, ob diese Feier draußen stattfindet oder, weil es gerade fürchterlich regnet, unter einem Dach: Es mag nass sein - ich weiß es nicht. Es kommt auf das vielleicht gar nicht so an. Und ein Zelt etwa, in dem wir –

… also, jedenfalls – erst der Bauindustrie geht es um Bauen als Bauen – und, genau gesagt, auch darum nicht, sondern - um die Rendite. Im Wohnen ist beides: Das Pflegen – also, den Acker bauen – und das Errichten - aber eben vom Wohnen her, vom Wohnen auf der Erde, vom Anwesen des Menschen auf der Erde her. Und was dieses Wohnen betrifft: Es müsste sich – es muss sich einfach – Demut ist so ein christlicher Begriff, deswegen ist es – dennoch, ja, will ich ihn benutzen: er muss sich demütig einfühlen in den Großen Zusammenhang – das ist ja etwas völlig anderes als Demut gegenüber irgendwelchen autoritären Mächten – in dem Sinne, wie es Rilkes 12. Sonett an Orpheus sagt:

»Selbst, wenn sich der Bauer sorgt und handelt,
Wo die Saat im Sommer sich verwandelt,
Reicht er niemals hin – die Erde schenkt.«

Also, in dem Sinne: sowohl den Acker bauen als auch Bauten errichten – die sind dann naturgegeben. Und die Bauten selbst, die Bauten, die wir machen, sind geschenkt – das, woraus wir bauen, der Ort, den wir nehmen, ist geschenkt - also, insofern, sagt er, wir als - die Wohnenden sind: insofern erst bauen wir. Und wenn wir gar nicht richtig wohnen, dann verdient das Bauen auch den Namen »Bauen« nicht. Und deshalb also ist das, was wir nach 1945 gebaut haben, meistens nun schon absolut hässlich.

Wohnen, das verbindet sich bei Heidegger über eine Etymologie, die ich nicht ganz nachvollziehen kann, weil ich mich nicht mit Linguistik befasst habe, mit Schonen. Schonen – also, nicht bloß, weil es so assoziiert klingt, sondern - er sagt, er habe - in der gotischen Sprache, in dem Hochgotischen, ist »Wohnen« ein Begriff, der ganz nahe liegt bei dem damaligen Freiheitsbegriff, der da einschloss - also, es ist Frieden, wir sind ungestört an unserem Platze – und sind also selbst geschont und verschont - so. Und dieser Zusammenhang, den stellt Heidegger her . Es macht aber sowieso Sinn, natürlich, den Zusammenhang zwischen Wohnen in dem Sinne und Schonen im Anwesendsein auf der Erde herzustellen. Das eigentliche Schonen, sagt Heidegger, ist etwas Positives – es geschieht dann, wenn wir etwas zum Voraus in seinem Wesen belassen – in seinem Wesen belassen: Das heißt, wenn wir nicht einfach herausreißen – wild – und an anderer Stelle uns ein Denkmal bauen, sondern – Wohnen, das schonend ist, heißt das natürlich auch - auch Bauen, das schonend wäre, geschieht, wenn wir etwas zum Voraus in seinem Wesen belassen, wenn wir es eilends in sein Wesen zurückbergen – das heißt: Wenn schon Gebäude – dass es der Landschaft zurückgegeben ist, sie nicht stört, nicht ausbricht, sondern - dort drin steht wie für eine Weile dazugehörig.

Der Grundzug des Wohnens – das diesen Namen verdient, ist immer gemeint – wäre dieses Schonen, unser Aufenthalt auf Erden: schonendes Wohnen. Und dann sagt er – jetzt kommt eine wichtige Stelle, die – sozusagen – diese Zeichnung auf - noch einmal hervorruft - er sagt dann: »Unser Aufenthalt auf der Erde, der findet eigentlich statt« – er spricht dann von »im Geviert« - und meint damit einfach, dass es vier Momente sind (die kann man jetzt im Folgenden dann hören), die da zusammenkommen, in dem schonenden Wohnen - das heißt, da wird es uns ein bisschen aufgeschlüsselt, was wir uns dabei denken können. Das findet ja zunächst statt im Wohnen auf der Erde – und »auf der Erde« heißt zugleich, ich habe das vorhin schon einmal angedeutet: unter dem Himmel, den wir hier sozusagen als sich spiegelnd, die Luft – das ist also das Prinzip, auch: Luft – Himmel – Erde, im – schon bei uns haben – im Wasser spiegelt es sich hier; beides meint mit, sagt er nun, Bleiben vor dem Göttlichen – also, der Botendienst zwischen dem Himmel und der Erde ist gedacht. Und es gehört schließlich – natürlich, dieses Wohnen ist gar nicht anders denkbar als im Miteinander der Menschen. Also, es ist ja nicht –

Prometheus, dieses Goethe-Gedicht, das ist ja nicht alles: »Hier sitz ich, forme« – alleine, Gott gegenüber, dem Himmel gegenüber, diesmal rebellisch - da, bei Prometheus, gerade: Das mag ja dazugehören können – wenn das nicht alles ist, sondern es ist - natürlich, wir sind dann die Sterblichen – die Sterblichen, die Göttlichen. Das hat auch damit zu tun, dass in dieser Vorstellung von den Göttlichen – also, auch dort eine Vielfalt ist - eben die Vielfalt dieser hervorragenden Eigenschaften, die von den verschiedenen Göttern – oder Geistern, oder Engeln, weiß ich – je vertreten werden.

Also: »Aus einer ursprünglichen Einheit«, sagt der Heidegger, »gehören die vier – nämlich: Erde und Himmel, die Göttlichen und die Sterblichen - in eins. Und die Sterblichen wohnen in der Weise, dass sie das Geviert in seinem Wesen schonen.« Also, dieses Ganze muss dann geschont sein in seinem Wesen – wenn man jetzt anfängt, etwas zu tun. Wenn man – man wohnt ja natürlich dann bei Dingen, man hat sich welche gebaut – zehntausend Dinge möglicherweise sogar, wie es in dem Tao-Te-King dann heißt, aber - alles Gegebene, dieses ganze Geviert, in dem die Dinge natürlich auch sind – also, Himmel und Erde und die Göttlichen und die Sterblichen: Das alles in seinem Wesen schonen. Das ist die Idee - sozusagen - friedlichen Wohnens um den Erdkreis. Also, wir hätten dann zu wohnen, die Menschen hätten zu wohnen, sagt er, indem sie die Erde retten - Retten bedeutet eigentlich nämlich: etwas in sein Wesen freilassen – die Erde nicht meistern, sich nicht untertan machen, sondern - die Erde in ihr Wesen frei lassen. Indem – also, indem wir das wirklich begreifen, was da vielleicht gemeint ist, in dem Testament: »Von Erde bist du genommen, zu Erde sollst du wieder werden«, aber - jetzt nicht nur in Bezug auf das Grab oder auf den Tod, sondern – dass wir da dazugehören.

Die Erde retten – das bedeutet: Die Erde in ihr Wesen freilassen, als erstes - sozusagen, von diesen Eigenschaften, und dann – also, mit dem Himmel: Den gilt es zu empfangen, die Göttlichen erwarten, die Sterblichen geleiten. Und in diesem Sinne ist dann Wohnen der Grundzug des Seins - dann. Die eigentliche Not des Wohnens, sagt er einmal an anderer Stelle, ist, dass wir nicht dichterisch wohnen – wie allein wir wahrhaft wohnen können – und er sagt: Das vierfältige Schonen – also, sozusagen – der Erde, des Himmels, der Göttlichen, der Sterblichen: Das wäre es eigentlich. Und selbst dann, sagt er ein andermal: Wenn die Sterblichen in sich gehen, verlassen sie die Zugehörigkeit zum Geviert nicht, weil – die Natur, das alles ist ja von innen, in uns, gegeben. »Das Wohnen schont das Geviert«, sagt er, »indem es dessen Wesen in die Dinge bringt.«

Also, alle - diese Vierheit: Erde, Himmel, Göttliche, Sterbliche – es müsste sozusagen – ich sage es einmal vielleicht übertrieben: es müsste eingearbeitet werden in alles, was wir tun, in jeden Gegenstand, in jede institutionelle Struktur – dieser Zusammenhang eingearbeitet – also, das ist – für das Institutionelle – das ist ja auch so eine Konkretisierung, eigentlich, des Verfassungsthemas. Und ich meine, heute steht natürlich im Vordergrund – also, das Hineinversetzen in eine subjektive, in eine Bewusstseinsverfassung, aus der sich natürlich so eine andere Verfassung ergäbe. Denn indem wir uns das also zusammendenken und dann hinsetzen und aufschreiben, ist es erstens wahrscheinlich sowieso schon nicht das, und zweitens kommt es natürlich nicht durch, sondern - es ist einfach die Frage: Wenn wir nicht anfangen werden, so zu leben, über solche Feste uns hineinleben in dieses Geviert – der Name kann auch wieder entfallen; ich meine, es geht einfach um die Anwesenheit alles dessen – und der Herd nicht mit gemalten Sterblichen - die Göttlichen sind natürlich auch nicht zu sehen, aber - der Himmel – so. Aber das ist hier dahinter gemeint: »das Wohnen« schont das Geviert, indem es dessen Wesen in die Dinge bringt«. Und das müsste Verfassung werden. Das heißt, in ihnen allen, in allen Existierenden die Zugehörigkeit zu allem respektieren. »Die Dinge bergen das Geviert«, sagt er noch, »nur dann, wenn sie selber als Dinge in ihrem Wesen gelassen werden.«

Also, ein Ding mit – positiv herum ausgedrückt – ein Ding, das wir in diesem Geist geschaffen haben, das nach Ilich dann – Ivan Ilich – konvivial wäre - das heißt, mit dem Leben sich vertrüge, mit unserem Leben und mit dem Ganzen: Das würde natürlich auch rückwirkend wieder schonend sein - während Dinge, die wir aus diesem – die wir gar nicht in diesem Sinne geschaffen haben, sondern abgespalten und aus Machtgründen, wo die Macht nicht zurück vermittelt ist, die natürlich – also, die Bombe kann uns dann nicht schonen – und das Auto, und so – also, diese ganze megamaschinelle Großtechnik kann uns nicht schonen, weil sie nicht aus diesem Geist heraus geschaffen ist.

Und jetzt kommt Heidegger zurück – oder seinerseits auf diese Pointe, mit der ich dann auch den Vortrag hier erst einmal heute schließen will – ich habe schon mein spezielles Interesse auch noch angesagt dazu, dass wir also eher dann in die Diskussion unten kommen können - Heidegger knüpft dann an diese Stelle aus dem Gedicht »In lieblicher Bläue« an: »Voll Verdienst, doch dichterisch wohnet der Mensch auf dieser Erde: Was das wohl bedeutet.« – Und da lese ich jetzt zunächst einmal den Hölderlin-Text, den er da auslegt, auf den er sich bezieht, noch einmal – also, das ist hier auf Rhythmen gebracht, dieses Gedicht, das hat – von Heidegger; ich weiß nicht, vielleicht gibt es eine andere Ausgabe als die, die ich habe - das ist eigentlich Prosa, in Hölderlins Nachlass, und stammt aus diesen letzten Zeiten, wo er als verrückt geführt wird. Er fragt:

> *»Darf, wenn lauter Mühe das Leben,*
> *Ein Mensch aufschauen und sagen:*
> *So will ich auch sein?« –*

Und das bezieht sich auf den Großen Zusammenhang:

> *»Darf, wenn lauter Mühe das Leben /*
> *Ein Mensch aufschauen und sagen: /*
> *So will ich auch sein?*
> *Ja – solange die Freundlichkeit noch am Herzen,*
> *Die Reine, dauert« –*

Die Reine ist groß geschrieben, im Text –

> *»solange die Freundlichkeit noch am Herzen / Die Reine, dauert,*
> *Misset nicht unglücklich sich der Mensch mit der Gottheit.*
> *Ist unbekannt Gott?*
> *Ist er offenbar wie der Himmel?*
> *Dieses glaub ich eher«: –*

also, nicht dieser Zweifel – so:

> *»Ist er offenbar wie der Himmel /*
> *Dieses glaub ich eher.*
> *Des Menschen Maß ist's« –*

Also, genau das, was ich da aus »Brot und Wein« vorhin zitiert habe - und dann kommt:

> *»Voll Verdienst, doch dichterisch*
> *Wohnet der Mensch auf dieser Erde.«*

»Voll Verdienst«: Das meint – das ist gekoppelt an ihn hier - also, an das Verdienst-liche bis – meinet- - also, seinetwegen auch bis ins Verdienen hinein; das ist ihm schon klar, dass es nicht bloß um die Verdienste geht, sondern auch ums Verdienen – also, Verdienst ist sozusagen das Kulturschaffen im weitesten Sinne, sei es produktiv, sei es sonstwas. »Voll Verdienst, doch dichterisch / Wohnet der Mensch auf dieser Erde.

> *Doch reiner ist nicht der Schatten der Nacht mit den Sternen,*
> *Wenn ich so sagen könnte,*
> *Als der Mensch, der heißet:*
> *Ein Bild der Gottheit.«*

Also, wenn der Mensch sich als Bild der Gottheit bewegt, wenn er diesen Kontakt hält, von dem da die Rede ist, er sei dichterisch: Dann ist das in Ordnung – dann ist das in Ordnung, dann zumindest – so ist es wahrscheinlich von Hölderlin gedacht – ist diese schöne Nacht hier nicht reiner als das menschliche Licht. Wir sind sicher nicht – also, wie das göttliche Sonnenlicht – also, der Faust hat ja die Erfahrung; der Weltgeist - das überfordert ihn überhaupt, da würde er erblinden, wenn er wagte, das anzusehen –

> *»Du, Geist der Erde, bist mir näher«* –

der weist ihn auch noch zurück. Und Faust beschwert sich:

> *»Ich – Ebenbild der Gottheit? Und nicht einmal dir?«* –

gleiche ich – so. Aber Hölderlin sagt:

> *»Doch reiner ist nicht der Schatten der Nacht mit den Sternen,*

Wenn ich so sagen könnte,
Als der Mensch, der heißet:
Ein Bild der Gottheit.«

Und dann kommt ein Abschnitt, eine Pause, von der man nicht weiß, ob dasselbe da weitergeht, oder etwas Neues beginnt, aber - dann kommt ein ganz anderer Satz, den ich jetzt ebenmal so betone, in diesem Kontext – Heidegger hat ihn auch hier zitiert, sodass er nicht anders gelesen werden kann:

»Gibt auf Erden ein Maß?
Es gibt keines.«

»Gibt es auf Erden ein Maß ?/ Es gibt keines.« – Das heißt, wenn in dem – kurz davor, im vorigen Absatz gewissermaßen, steht: »Ist unbekannt Gott? / Ist er offenbar wie der Himmel? / Dieses glaub ich eher: / Des Menschen Maß ist's« – also, das heißt: Da gibt es offenbar Maß, »Gibt es auf Erden ein Maß? / Es gibt keines«: Damit ist – also, einfach Folgendes gesagt, Heidegger hat es irgendwo dann auch hier zitiert – also, hier selbst ausgedrückt: Also, wenn man nicht in dem Geviert denkt, wenn man nicht in dem Zwischennetz denkt: Erde - Himmel, nur auf der Erde, die dann – und nur dann – platte Erde ist: Dann gibt es kein Maß.

Also, es bedarf der Senkrechten, die ja gewissermaßen hier zweimal da ist: Erde – Himmel, Sterbliche – Göttliche. Also, der Kosmos ist ja auch menschlich, ist ja nicht bloß einfach das Universum, sondern – der Mensch ist gesondert in dieser Senkrechten zu erwähnen.

Das also ist der Text, auf den er sich bezieht. Und was er nun sagt, ist: Gerade im Dichten ereigne sich das Nehmen des Maßes, das Maß-Nehmen - hier in dem Text geht es: »Ist unbekannt Gott? / Ist er offenbar wie der Himmel?« »Gott« – das ist ja etwas anderes als »die Götter« – also, ist schon der Name für: Das Ganze, wie auch immer das gedacht werden mag. Aber hier, das Dichten: Da ereignet sich das Nehmen dieses Maßes – das ist nicht Gott selbst, natürlich, sondern – hier wird versucht – also, den Kontakt herzustellen zu Er-Messen.

Und was er jetzt sagt, der Heidegger: Die Art dieses Maßnehmens im Dichten – jedenfalls in Hölderlins Dichten - das wäre: Kommen-Lassen des

Zugemessenen. Also, es hat schon Berührung mit »Veni, creator spiritus« – also, mit der christlichen Formel »Komm, Heiliger Geist«, aber - es ist in Hölderlins griechischem – mittelmeerischem – und andererseits auch germanischem Christentum, in diesem Zusammenhang ist es natürlich – also, es ist dieses Bild, das man dabei denken muss. Also: Kommen-Lassen des dem Menschen Zugemessenen.

»Dichten ist das eigentliche Wohnen-Lassen«, sagt er da – also, dann können wir uns wohnen lassen, wenn wir also uns dichtend diesen Bezug aneignen, und – »Dichten«, natürlich – gerade, weil es um Natur geht – also, um Leben, um die Fülle sozusagen des Fleisches … (???) und der Blätter und des alles und nicht um diese abstrakten Prinzipien allein - weil das mit drin sein muss: Deshalb »Dichten« - und nicht »Philosophie«, die es mit Abstraktion zu tun hat - und Theologie, auf ihre Weise, meistens auch – meistens auch.

Also – und Dichten ist deshalb dieses Wohnen-Lassen, weil es das Zwischen ermisst: Himmel – Erde. Ohne Dichten also kein Wohnen – das ist das Grundvermögen dazu. Wenn sich das Dichterische nicht ereignet, so wohnen wir eben nicht. Ohne Wohnen kein Bauen dann – das ist die Reihenfolge: Dichten – Wohnen – Bauen. Wohnen im aufschauenden Vermessen der Dimensionen Himmel – Erde, Göttliche – Sterbliche: Und die Boten, die himmlischen, spielen dabei eine Rolle - also, der Dichter hört natürlich auf die; das sind Boten des Großen Zusammenhanges – so ist es aufgefasst: »Der unbekannte Gott« – also, jetzt: nicht: »die Götter«, nicht: »die Boten«, - »der unbekannte Gott – als Unbekannter: Durch den Himmel wird er offenbar«, sagt Heidegger, indem er Hölderlin auslegt. Also, nicht er selbst erscheint da irgendwo, sondern – bei Hölderlin etwa: Das Gewitter macht ihn offenbar, der Sturm – also, die Elemente machen ihn offenbar, durch den Himmel wird er offenbar - sodass die Göttlichen, Himmlischen – also, eher – ja, Engel sind, herausragende Wesenseigenschaften des Menschen, aber, jetzt – »Engel« nicht in diesem abgehobenen Sinne, sondern – Mächte einfach, die da hin- und wiedergehen - weil das Bewusstseinsfeld durch alles geht.

Das Universum ist intelligent, ist Fühlen, ist Gefühl – sonst gäbe es keine fühlenden, intelligenten Wesen, sage ich wieder und wieder – also, dieses Vermessen des menschlichen Maßes da - in dieser Richtung, im Blick auf Erde hin: Das bringt das Wohnen in seinen Grundriss – Ich spreche ja in der ganzen Reihe hier von Gründungen für eine naturverträgliche Gesellschaft, und - dieses Gründen: um dieses Gründen, um die geistige Verfassung solchen Gründens geht es da und natürlich um die - in dieser Vorlesung jetzt, hier, dann – unlösbare Frage: Wie könnten wir – ich will sie noch in der Vorlesung, die das Maß zum Thema hat, dann, ausdrücklich – will ich auf das Thema »Initiation« dann kommen. Also, ich will einmal so sagen: Wie wesentliche Teile der Gesellschaft dahin kommen könnten, sich in die Verfassung zu bringen, so mit dem Ganzen umzugehen, wie das hier angedeutet ist.

Heidegger sagt noch: »Das Maß besteht in der Weise, wie der uns unbekannt bleibende Gott durch die Himmel offenbar ist.« Das ist das Maß: Wie er durch die Himmel offenbar ist: Das heißt, da gibt es – es ist nicht – also, Hölderlin bezieht sich nicht auf Texte – Heidegger auch nicht - also, wo dann geschrieben steht, sondern - er geht davon aus: Das muss durch die Boten, durch die Botschaften, die von den Elementen bis zu den Engeln reichen mögen, bis – also, die Götter – was auch – dass das – also, immer neu er- und vermittelt werden muss, ermittelt auch von uns aus, indem wir – das ist auch eine Aufgabe dann - zu prüfen: Was habe ich denn da wahrgenommen? – also, ist es bloß ein privater Trip, oder – also, es ist – es braucht natürlich Gemeinschaft, um auch nur die Existenz zu bewältigen, so eines Menschen wie Hölderlin – das sieht man ja an seiner Katastrophe auch. Also, dass ein gesellschaftlicher Zusammenhang geschaffen werden müsste, in dem so gelebt werden kann, dass das – also, sich ereignet. Und andererseits geht es darum, dass sich das nur, wenn es sich ereignet, so gelebt werden kann.

Ich will dann schließen mit ein paar letzten Zeilen von Hölderlin, die – sozusagen – die Beruhigung dann ausstrahlt, die sich ergeben könnte, wenn so das Leben eingerichtet ist.

Er sagt dann zu einer – zur Freundin sagt er: »Immer, Liebes, gehet die Erd‹« – also, dreht sich, heißt das auch – »gehet die Erd‹, und der Himmel hält.« – Und das schließt sich mit dieser Stelle, die ich schon vorgetragen habe: »So lang die Freundlichkeit noch am Herzen / Die Reine, dauert / Misset nicht unglücklich der Mensch sich / Mit der Gottheit.« - Also: Solange die Freundlichkeit dauert – das heißt: Hier hat man das zusammen – also, man hat die Beruhigung zusammen, wenn man es bewältigte, diesen Naturzusammenhang wiederzugewinnen – also, sich in den

Zustand zu versetzen des Wohnens, und – Freundlichkeit: Das kann natürlich nur sein – Hölderlin sagt das auch einmal: »wenn ein Gespräch wir sind«. Also, wenn da Gemeinschaft ist, in der das bestätigt wird, sonst – also, wer das jetzt einsam unternimmt, würde auch heute noch leicht als verrückt gelten - wieder.

Das ist – also, für meine Begriffe wirklich das große Thema: Wie kann man Gemeinschaft in diesem Sinne schaffen?

Darum – also, immer war mit solchen Sachen bei – damals, in der Zeit, bei Hölderlin, bei Goethe die Wahlverwandtschaften, bei dem gleichzeitigen Heinse dem Ardinghello - war so eine kommunitäre Vision damit verbunden. Und das muss nicht unbedingt heißen - also, jetzt, als Anfang, als erster Schritt – also, das Land oder die Stadt - oder wo geht man hin? Obwohl - »Komm ins Offene, Freund«: Das ist ja auch so eine Aufforderung bei Hölderlin – also, die Bäume im Park – wissen wir zu sehr, dass sie irgendwo zu menschenbeherrscht vielleicht sind – also, wo es nicht ganz so sichtbar ist, ist es vielleicht besser, diesen Kontakt zu gewinnen, aber - eigentlich geht es um die Gemeinschaftsbildung für das Feiern.

Und die Versuche, aus der jetzigen sozialen Krise hier in der DDR – in der Ex-DDR – also, einen Anstoß dafür zu gewinnen, dass mehr selbstbestimmte Selbstversorgung zustande kommt: Das mag einfach die Basis dafür verbreitern. Aber der letzte Sinn ist das: Wo sich das nicht ereignet, wo sich diese – diese Wiedervereinigung nicht vollzieht, da bleibt das Teil – irgendwie – des großen Reparaturbetriebes, es bleibt dann eingeordnet und hat nicht diese Transzendenz, auf die es eigentlich ankommt – also, ich bin ganz gewiss darin, dass man versuchen müsste, diesen Geist Hölderlins – und der steht auch nur – es ist ein Vorschlag, die Heide Göttner-Abendroth macht dasselbe etwas anders, und es – ich weiß, das ist – also, die »Arche« in Frankreich – mit Frauenritualen (???), die sich diesen Kontakt dort – christlicher, als hier bei Hölderlin, aber – wo diese kommunitären Prozesse leben, wirklich leben und in die Zukunft hinein gedeihen, da – also, weil sie dichterisch wohnen in dem Sinne, wie ich das hier versucht habe, an der Poesie von Hölderlin und an dem poetischen Denken auch von Heidegger einmal zu entfalten.

Dankeschön.

(Beifall)

17. Mai 1993

Gibt es denn kein Mensch und Erde verbindendes Maß?

So, guten Abend.

Ich will zunächst die nächste Veranstaltung ankündigen, und zwar lesen das nächste Mal Sabine Lichtenfels und Dieter Duhm über das Thema: »Auf dem Weg in eine neue Kultur – Gestaltungsform für Sexus-Eros-Liebe« und dazu will ich ein Wort sagen - aus gegebenen Anlass – also, ich werde immer wieder unterrichtet darüber, dass das eine Sekte ist, wo die her sind – also, die Bauhütte - und jetzt das »ZEGG«. Und der einzige Beweis dafür ist, dass irgend so eine Sektenbeauftragte beim Berliner Senat die als Sekte führt - und dieses Argument kommt von links: dass das ein Beweis für schlechte Sachen sei. Ich finde das überaus problematisch. Ich will darauf hinweisen, dass das - was diesen Punkt betrifft und damit das kenntlich ist: Dass ein so wesentlicher Mensch wie Robert Jungk zu Dieter Duhms jüngstem Buch, dass da heißt »Der unerlöste Eros«, das - was für den (…) geschrieben hat – also, ich stelle immer wieder fest, dass Leute über das ZEGG und über Duhm und über die ganze Bauhütte und über alles das sehr gut Bescheid wissen, die niemals dort gewesen sind. Ich kenne sie gut, ich habe drei Wochen ungefähr mit denen verbracht. Neulich war es sehr interessant auf so einer Veranstaltung, die die Antifas hier an der Uni gemacht haben. Da saß eine junge Frau, die warf ein - im Hinblick auf diese Veranstaltung - dass doch der Obermacker von denen im Knast sitzt. So gut ist da die Information. Es handelt sich darum, dass der Dieter Duhm vor 20 Jahren einmal bei dem Aktionskünstler Otto Mühl etwas gelernt hat, der dann ganz woanders - auf Gomera - eine Kommune hatte, während Dieter Duhm dann seinen eigenen Weg gegangen ist, allerdings in Achtung für seinen Lehrer Otto Mühl. Ich kenne die Zusammenhänge nicht, aus denen der Mühl nun sitzt. Was ich spannend finde, ist – also, die Schamlosigkeit, mit der ohne irgendwelche Kenntnisse, ohne irgendwelche Informationen sogar Verleumdungen verbreitet werden. Man muss das gar nicht wissen - man muss es nur irgendwo gehört haben, nur einmal gelesen.

(Zwischenruf)

Das weißt du doch, warum er gesessen hat.

Und das genügt dann schon.

Der hat - diese Kommune von Dieter Duhm jedenfalls ist in dieser Sache überhaupt nicht drin. Das ist ein Niveau, das passt zu den Leuten - oder zu dem Bild von den Leuten, die manche da zu bekämpfen vorgeben. Solche Taktiken gehören - ist offenbar rechts und links genau dieselben, solche verleumderischen.

Jetzt will ich zu dem heutigen Thema kommen. Die Frage, die ja irgendwie vorbereitet war in der letzten Vorlesung nach dem Maß - ich hatte Hölderlin zitiert: Gibt es auf Erden kein Maß? Es gibt keins, sagte Hölderlin. Nur war in dem Zusammenhang, in dem das bei Hölderlin steht, kenntlich, dass der Ton so sein muss, ob es auf Erden - wenn man damit meint: Auf der ebenen Erde - und die Dimension des Himmels und der Göttlichen und so nicht einbezog: Dann gibt es auf Erden kein Maß.

Aber die Frage, die über der heutigen Vorlesung steht, ist ja etwas anders formuliert, nämlich - das ist die Frage, ob es eigentlich ein Mensch und Erde verbindendes Maß gibt, weil es, wenn das auseinanderfällt, wenn Geist und Materie, Res extensa – also, die denkende Sache und die Res extensa, die ausgedehnte Sache, wenn die so auseinanderfallen, dann ist es eigentlich ziemlich unwahrscheinlich, dass da etwas zusammenkommen kann. Es muss so was wie ein gemeinsames Maß geben - und es ist ja nur zu wahrscheinlich, dass dieses Maß - das will ich einfach vorwegnehmen und dann des Näheren darüber reden, auch noch an die vorherige Vorlesung anknüpfend - dass dieses Maß etwas zu tun hat mit - ich würde sagen: mit der von Grund auf gegebenen, natürlich gegebenen Analogiequalität der menschlichen Natur zu aller übrigen. Ich denke, es ist nur uns in diesem Maße geschehen, nur uns in dieser westlichen Zivilisation - kaum jemand anderem – also, zwischen der äußeren Natur - schon der Begriff ist falsch - und unserer inneren Natur so einen Bruch zu konstituieren; ich habe in den letzten Malen auch angedeutet, dass dieser Bruch natürlich zementiert ist durch diese megamaschinelle Praxis. Also, dass wir Beton und Silizium und was der schönen Elemente alles sind, nicht mehr als unsere Werkzeuge gebrauchen, sondern dass wir ihnen die Macht gegeben haben, sich dazwischenzustehen, dass wir sie also unabhängig von uns haben werden lassen: Das, natürlich, ist das Problem. Und während also andere ältere Konzeptionen, und zwar nicht bloß die, mit der wir das letzte Mal zu tun hatten, sondern auch welche, die schon an der Schwelle der Hochkultur stehen – also, das von mir geliebte Tao-Te-King: Dort ist das ganz selbstverständlich, dass wir da das große Tao haben – also, Naturzusammenhang im Ganzen; man kann ihn göttlich nennen - das ist egal, darum geht es nicht - und dass der Weise sich wie das Tao verhält und dass die Katastrophe eigentlich darin besteht, dass wir uns die Selbstverständlichkeit des Analogseins abgewöhnt haben. Das ist - also, dass man eigentlich begreifen müsste, wie so entfernt sich der Mensch eigentlich davon. Das ist halt ein sehr großes Thema. Also, das ist das Thema, das Hegel und Marx wieder und wieder als »Entfremdung« behandelt haben - und es ist allerdings kein Zufall, dass dieses Thema der Entfremdung ja nirgends aktuell war in diesem Grade und in diesem Sinne als bei uns im Westen. Das es im 18.; 19. Jahrhundert sich darin zugespitzt hat, dass - so fassen zu müssen und natürlich sind dann auch Entfremdungsverhältnisse in den Blick gefallen, die sehr viel älter sind. Es ist dann klar geworden, dass eine ägyptische Pyramide auch eine Entfremdungsveranstaltung großen Stils ist - aber das haben die noch nicht so gesehen, weil das Ding noch nicht in diesem Maße mit ihnen durchgegangen war. Also, das Thema ist – also, der Untergrund des Themas und sozusagen die optimistische Konzeption, mit der ich da von vornherein herangehe, das ist die Überzeugung davon, dass die menschliche Natur irgendwie das Höchste an (…) bekommt - für das Funktionieren der Natur im Ganzen ist und dass es von dorther die Möglichkeit gibt – also, in den Grenzen der Natur uns - ich will nicht sagen: harmonisch im Sinne des Harmonismus - also, dass es überhaupt keine Probleme gibt, aber - so einzurichten, dass die Gratwanderung gelingt. Das scheint mir das Problem zu sein – also, die menschliche Natur in puncto Geist, das heißt in puncto selbstbewusster Informationszusammenhang, überschreitet das, was Natur sonst leistet. Die Qualifikation des informationellen Zusammenhangs geht über unsere - über das, was wir dann subjektiv bringen, sogar hinaus. Wir stören andauernd und werden dadurch auch aufmerksam, dass wir es nicht ganz bringen. Aber diese spezifische Qualifikation, es selbstbewusst überhaupt versuchen zu können – also, diese Unverschämtheit - ich meine das jetzt aber positiv - die sich

Marx herausnahm, indem er sagte: Wir könnten den historischen Prozess mit Bewusstheit machen – also, das ist etwas, was spezifisch menschlich ist. Und das ermöglicht, das Maß zu sprengen und das bestimmt uns dazu, dass wir das wohl über Gratwanderung da nicht hinausbringen werden. Und da bin bei der vorigen Vorlesung, da geht es nämlich um die Frage: Wie müsste man denn sein, um nicht abzustürzen.

Und jetzt will ich, um den Frank Natale einzuordnen – ich meine jetzt: in mein Ding – also, in die Konzeption dieser Vorlesung: um das kenntlich zu machen, an welcher Stelle ich den hier gesehen habe. Da will ich erinnern an Sachen, die ich vor – weiß nicht, vor anderthalb Jahren oder so – ausführlicher erzählt habe und über die ein ganzes Seminar bei uns gelaufen ist, nämlich über das Werk von Jean Gebser: »Ursprung und Gegenwart«. In diesem Buch, in dieser geistigen Intervention, die ihren Ursprung in den 30-er, 40er-Jahren hat - kurz nach dem Krieg hat Jean Gebser das - stammt aus Stettin irgendwo, ist aber in der Schweiz gewesen während der Kriegszeiten - fertiggemacht, das Buch. Das geht davon aus, dass in der menschlichen Existenz - und zwar in der heutigen und in der historischen - fünf Schichten – oder, genauer gesagt: fünf verschiedene Bewusstseinsverfassungen übereinander liegen. Die erste, die älteste, die tiefste nennt er »archaisch«, charakterisiert dadurch, dass sozusagen der Fluss zwischen uns und der Umwelt, der Umgebung, der Natur sozusagen noch gar nicht durch ein Ich, durch eine Ich-Grenze, durch eine Ich-Fakultät unterbrochen ist - dass die also sozusagen völlig da mitspielen.

Die zweite nennt er die »magische«; die will jetzt gar nicht weiter charakterisieren, weil - darüber hat der Frank Natale nun nicht gesprochen.

Die dritte ist die »mythische« - das ist die, über die ich in der vorigen Vorlesung gesprochen habe – also, die Reihenfolge stimmt da nicht, die - wo ich mit Hölderlin versucht habe zu zeigen, was das meinen würde: eine neue Mythologie der Vernunft. Und da bin ich schon bei - indem ich - es kommt danach diese »mentale« Phase, die uns jetzt beherrscht - aber wenn von einer Mythologie der Vernunft die Rede ist, dann sind wir schon bei dem höchsten dieser fünf Begriffe archaisch, magisch, mythisch, mental: Die höchste ist die »integrale« Ebene bei Gebser. Und diese integrale Ebene, die versteht er so, dass dort – also, nicht im Mentalen, beispielsweise – also, mit der Ebene der Vernunft, die - in der Mythos nicht gestorben sein muss und darf, sondern dass es eigentlich gerade darum ginge -

anstatt uns abzustoßen, wie wir das in den vergangenen 2000 Jahren hier mit unserer christlichen und nordischen Kultur, kombiniert mit dieser Eroberer-Kultur, gemacht haben - dass wir das Archaische mitnehmen, das Magische mitnehmen, das Mythische mitnehmen, und eine neue Mythologie der Vernunft - für »Integral«, sagt - bei Gebser, das ist dann eine Ebene darüber - nämlich dort kommen erst einmal alle diese Dinge nebeneinander zu ihrem Recht. Und nebeneinander: Das ist bei Gebser nicht einmal die Behauptung, die sind alle irgendwie gleichwertig - oder in Leugnung von Hierarchie innerhalb dieser Ebene - oder die Verleumdung, dass das eine historische Reihenfolge ist, sondern - das ist erst einmal die Einsicht des Denkers, dass wir wahrscheinlich viel zu schnell in unseren Urteilen sein werden. Also, wenn wir sagen, was höher und was niedriger ist: Das muss alles zur Geltung kommen. Und eine neue Mythologie der Vernunft eben, das würde heißen: Dass wir in Bildern und Symbolen uns über Dinge wieder verständigen, die - von denen Shakespeare gesagt hat: »Es gibt mehr Dinge zwischen Himmel und Erde, als unsere Schulweisheit sich träumen lässt« – also, das der Zusammenhang. Und jetzt: Frank Natale in Theorie und Praxis – also, der remobilisiert diese magische Sphäre und nun wäre es einfach verrückt, wenn man weiter nichts machen wollte, als in einer großen Regression alles zurückzustürzen in diesen magischen Bereich - wie gesagt, ich sprach über eine Mythologie der Vernunft. Also, das kann nicht die Forderung sein, sondern - worum es geht, das ist - ich würde sagen: zweierlei: Das ist im Grundsätzlichen – also, noch vom Individuum abgesehen, die Gesellschaft - wenn es denn so sein soll, dass wir alle diese Kräfte brauchen - die muss sich auch partiell - und ich sage: in partieller Regression und vor allem in temporärer, um es schön wissenschaftlich zu sagen – also, in teilweiser und für ganz bestimmte Zeiten - das war jetzt ein Wochenende, dieser Workshop, und ich jedenfalls bin da nicht verloren gegangen - ich hoffe, auch niemand anderes. Dass wir uns die Gelegenheit nehmen – also, uns diese Bewusstseinsverfassung wieder zu vergegenwärtigen - und das scheint mir – also, sozusagen - von grundsätzlicher Bedeutung zu sein. Und deshalb habe ich ihn hier auch aufgenommen in meiner Reihe, wo es geht um Gründungen für eine naturverträgliche Gesellschaft: Das geht nie ohne das – also, ohne dass wir uns da wieder einwurzeln. Und das zweite ist individuell für uns: Dass das eine kräftige - ich sage richtig bewusst: Kraftvoll - und machtvoll, das mag es auch sein, aber - das ist eine kraftvolle Praxis: unsere eigentlichen Energien zu erwecken - unsere eigentlichen Energien zu erwecken. Das ist im Grunde genommen eine inzwischen fast schon konventionelle bio-energetische Praxis, die da der Zugang ist – also, die Technik, um diese Erfahrung zu machen, ist das, was als erster hier im Westen Wilhelm Reich aufgebracht hat: Das ist Bio-Energetik, kombiniert mit Atemtechniken in den anderen Kulturen, in denen die indische die größeren Erfahrungen hat - und das Ergebnis ist sozusagen ein Erwachen unserer Gesamtkräfte – dessen, was die Inder da »die Lebensschlange« in uns nennen, die – also, von hier, vom Ende der Wirbelsäule bis hier oben – also, sozusagen - unser gesamtes psycho-physisches Potenzial bring. Und die Erfahrung, die man immer wieder machen kann, wenn man sich auf solche Übungen einlässt, die ist - ich sage es einmal etwas platt: Dass der Sozialismus wiederkehrt, dass sich die Melancholie etwas verliert, die der Normalzustand in so einer wissenschaftlich-technischen Dekandenz-Skulptur ist, die dann immer morgens in die U-Bahn steigt, ins Büro und die Fabrik – also, der Normalzustand ist: niedrige Energie, niedrige menschliche Energie - und deshalb: Verbissenheit und Unfreundlichkeit. Und alles ist gefährlich - alles ist gefährlich. Wenn bei Hölderlin steht:

»Wo Gefahr ist, wächst das Rettende auch«,

dann ist doch vorausgesetzt, dass wir die Gefahr riskieren - also, das ist etwas in uns: Wo Gefahr ist, wächst das Rettende auch - da müssen wir die Gefahr riskieren für uns selber, notfalls auch das Leben und auch das bisschen Vernunft vorübergehend und uns einmal fallen lassen in die Geschichten, aus denen der Mensch bis zu seiner heutigen Höhe - und problematischen Höhe, zu dieser Zivilisation - aufgestiegen ist. Von dort her können wir noch belehrt werden. Und die Inhalte, um die es dort ging: Das ist eigentlich das, was jede bisherige Kultur in ihrer Frühzeit - was also für jeden von uns hier im Saal irgendwann ein Ahne und eine Ahnin einmal gemacht haben: Das ist Initiation - und das ist etwas anderes als Jugendweihe oder Konformation. Initiation, das ist eigentlich Folgendes: Da weiß so ein Stamm, dass die Kinder in dem sozialen Zusammenhang, wenn er auch nur einigermaßen sozusagen funktionsfähig ist, schon viel zu aufgehoben sind, um sich im umliegenden Urwald noch zu behaupten. Die können das wirklich sehr viel besser als Kinder von uns. Und doch ist – also, sozusagen – also, das »gleich zu gleich« mit der Großen Natur, die

Fähigkeit, dem Herrscher zu begegnen - der Natale hat davon gesprochen, dass er einmal nicht zerrissen worden ist - zufällig, vielleicht, ich weiß es nicht. Aber diese - es ist irgendwie so, dass die mit 10; mit 11; mit 12 - das ist ja sehr früh, wenn man bedenkt, wie diese Pubertät dann in den frühen Zeiten - oder auch, je nachdem, dass die dann eine oft grausame Form des - auf die - ja, auf die Gefahr (…) eingerichteten Initiationen erfahren - das kann auch – also, manche, bei ihren Sonnentänzen - das machen auch Erwachsene immer einmal wieder, um sich zu erneuern – also, scheußlich, wir finden das fürchterlich, nur - wir haben das gar nicht zu beurteilen. Und wenn ich jetzt von Initiationen rede, dann wähle ich auch nicht diese Praktiken hier – wir müssen nur etwas finden, was uns – also, sozusagen - als Äquivalent irgendwie funktioniert und das wird wahrscheinlich anders dann, weil wir inzwischen also auf dieser mentalen und vielleicht sogar integralen Ebene sind. Also, es geht nicht darum, in diese archaische Kiste zurückzuspringen - nur im Magischen - sondern sie ernst zu nehmen und zu begreifen, was das bedeutet hat. Und dann ist das ja damit gekoppelt, dass - bei Mädchen weiß ich es jetzt nicht so genau - auch bei den Ethnologen wegen - ihr Wissen, weil - die Ethnologen waren immer Männer, das haben wir hier ja schon mehrmals behandelt - sodass sie den Frauen das in der Regel nicht erzählt haben, aber - die Jungs mussten hinaus in den Wald, mussten dort den Geistern begegnen - die manchmal auch dann das Gehirn, natürlich, produziert - und die konnten ihr Krafttier finden – also, wir haben diese Rückverbindung in die Tierwelt. Wir haben ja nicht nur - wenn die Evolutionstheorie irgendwie stimmt (manche bestreiten das auch), aber - dann weniger, nicht nur vor irgendwelchen 35 oder 40 Generationen Ahnen vor uns - in Wirklichkeit so lange, wie es Homo sapiens sapiens ist, sondern - dann geht es ja wohl weiter zurück und da könnte uns etwas helfen. Jedenfalls hat der Natale uns zeigen können, dass in den meisten von uns noch eine Erinnerung an so was wohnt. Und das andere ist, dass die dabei auch ihren Namen gefunden haben. Und oft war das ja so was wie der »Starke Bär«, zum Beispiel, und - das sind also keine bloßen Halluzinationen, das sind auch keine bloß imitierten Sachen, sondern das ist eine große Wirklichkeit - jedenfalls gewesen - und ich bin dankbar dafür, dass es jetzt wieder Leute gibt, die das sozusagen an der Grenze der Kulturen vermitteln können. Und dieser Frank Natale jedenfalls ist achtungsvoll und dankbar und Schüler dieser Indianer, die es da noch gibt, in Lateinamerika, zum Beispiel im Amazonas-Urwald – also, ich habe nicht gesehen, dass das ausbeuterisch ist, was er da bringt.

Der erste Punkt, was Initiationen betrifft – also, das ist die Frage: Wie stark stehen wir eigentlich in unserer eigenen Kraft? Wenn jemand da im Stamm der Große Bär ist, dann kann der Schnelle Hirsch kommen, dann wird der anerkannt, dann hat man keine Angst vor ihm, beides - und man kann kooperieren, man kann mit dem zusammen etwas machen. Und wenn die Zeit der Stammeskriege einmal zu Ende geht - ich denke, das wird doch irgendwann passieren - dann könnte es ja sein, dass wir also in dieser menschlichen inneren Sicherheit miteinander kommunizieren können. Und diese Sicherheit und Stärke gibt uns nicht allein, sozusagen: Wer hat den stärkeren Verstand? Oft ist der stärkere Verstand ja gerade die Kompensation dafür - ich war zum Beispiel schlecht auf dem Fußballfeld, ich wurde immer bloß gewählt, wenn gar keiner mehr übrig war, so – also, dann hier, so - und es wäre besser gewesen, ich wäre zeitig da anders mit hineingenommen worden – also, ich glaube, dass unsere Gesamtkultur nur gerettet werden kann, wenn wir in diesem Sinne wieder ganz und gesünder werden, als wir sind durch diese Einseitigkeit der Verstandesentwicklung. Der Verstand ist dann ein wunderbares Organ.

Und jetzt kommt die zweite Sache, die mir besonders also eindrucksvoll war an dem, was Frank Natale erzählt hat: Das war diese Geschichte, diese grausame Schamaneninitiation zu unterscheiden von der Initiation, die Kinder dann, wenn sie erst einmal aufgewachsen sind, kriegen - von der habe ich jetzt nicht gesprochen. Aber Frank Natale sprach von dieser vordergründig ganz grausamen Schamaneninitiation - nämlich davon, dass dort das auserwählte Kind - so, wie die in Tibet immer noch den Dalai–Lama - irgendwo wissen, welcher das ist, wer das wird - dass die das auserwählte Kind - hoch oben in Kolumbiens höchsten Bergen spielt das – also, das sind natürlich immer spezifische Kulturen - dass die das dort nehmen und acht Jahre lang – wenn ich richtig gehört habe, richtig in Erinnerung habe – jedenfalls lange Jahre nur bei Funzellicht da unten - damit das Auge natürlich sich überhaupt öffnen kann, aber - dass die das Kind da acht Jahre dort unten gefangen halten – also, Gesetz - denn das Kind weiß gar nichts anderes – also, das ist - wird sozusagen nicht einem Schock ausgesetzt in dem Sinne, wie das bei der Initiation ja direkt beabsichtigt ist: ein Bruch, noch einmal, in der Biografie, um neu zu sich zu kommen - eine Art zweiter Geburt. Hier ist es so, dass praktisch Leute von Anfang an - und das gilt für Schamaneninitiation überall - nur nicht dieser Extremfall dort, aber - überall gibt es solche Praktiken, die dieses Kind von vornherein zu einem Besonderen machen, im Dienst dieses großen Zusammenhangs. Und die ganze schamanische Kultur beruht auf so was. Und jetzt - was mir wichtig ist, ist - dass es uns heute - und so hat es der Frank auch nicht vorgetragen - überhaupt nicht darum gehen kann, das zu beurteilen: Ist das gut ist das schlecht? Das Wort »grausam« passt da gar nicht hin - das ist eine Projektion von uns. Viel wichtiger ist, dass wir sozusagen ein paar Gedanken daran verschwenden, in welchem Zusammenhang das dort gestanden hat - und darüber hat der Frank Natale ja beiläufig - ich weiß gar nicht, ob das seine Absicht war, so - jetzt, diese Kopplung, aber - eine ganz wichtige Information gegeben. Der ging nämlich davon aus - oder er sagte in demselben Zusammenhang - dass die Leute, die auf diese Weise ihren Schamanen initiieren dort: Dass die den Auftrag empfangen haben, das heißt, dass ihnen das vom Großen Geist - den die Indianer halt - gesagt ist, in Ordnung zu halten, sozusagen, den Wasserhaushalt der ganzen Erde, weil - von den Bergen geht das herunter. Nun weiß ich nicht für Kolumbien - weil ich diese Kultur nicht kenne - ich weiß es aber aus Peru, dass, wenn dort solche Leute angetroffen worden wären, ganz hoch in den Bergen, dann wären das Leute, die das Wasser schon gar nicht mehr so einfach fließen lassen, wie die Natur das hat fließen lassen, sondern - die dort schon ihre Nationenmacht haben, die da eine Hochkultur auf den Bergen angefangen haben. Und das wird ja nicht erst bei den Inkas passiert sein, als die große Dynastie dann da war, sondern das werden die Jahrhunderte - wenn nicht Jahrtausende - vorher gemacht haben. Das heißt, es wird schon ein Problem gegeben haben, das Wasser richtig den Berg hinunterfließen zu lassen - und das hatten die zu hüten. Und was er – also, der Stamm als ganzer - und natürlich der Schamane musste empfangen: Wo stören wir da etwas? Also, der war sensibler noch für – also, sensibler für das Thema Hybris – für, sozusagen, die Störung, die von unserer Eingriffstiefe ausgeht - ausgehen kann dort. Wenn das der Zusammenhang ist - er hat noch hinzugefügt – also, die haben neuerdings erklärt, sie sind jetzt nicht mehr dafür verantwortlich, weil - das ist nicht mehr zu halten, der Haushalt ist hinlänglich in Unordnung gebracht - nicht von ihnen hauptsächlich, aber - wenn es diesen Zusammenhang gibt zwischen so einer Schamaneninitiation, die - also, so was macht der Stamm nur, wenn er das wirklich braucht, in seinem Kontext, natürlich, der nicht absolut ist und nicht ins Unendliche verallgemeinerbar, konkret - aber wenn, dann ist das nötig. Und der Frank hat darauf hingewiesen: 35.000 Jahre - und 35.000 Jahre, beiläufig - das heißt, im Grunde genommen - das ist die Zeit des Homo sapiens sapiens; manche sagen, das ist 100.000 - aber gesichert ist: 40.000 Jahre sind wir das jetzt - und wenn das 35.000 Jahre so läuft, dann heißt das - dann kann man die anderen 5.000 Jahre auch noch dazu rechnen, dann werden die nicht gesondert davon archaisch gewesen sein, sondern dann wird es verschiedene Niveaus in ein und derselben Gesellschaft gegeben haben. Dann werden die Schamanen – also, die waren natürlich stärker in dieser Magie des Weltumgangs drin, diesem kraftvollen und auswählenden Umgang, schon, als vielleicht die übrigen Stammesmitglieder - und was man also sehen kann an einer solchen Praxis, die über Jahrtausende, Jahrzehntausende eine gewisse Stabilität dort gebracht hat, das ist eigentlich - also, das ist die menschliche Grunderfahrung, dass es gar nicht einfach ist, als Mensch - das heißt - und vieles ist gewaltig gelebt und nichts ist gewaltiger als der Mensch – da, dieses Sophokles-Wort: Dass es gar nicht so einfach ist, als Mensch auf der Welt zu sein und die Flüsse nicht zu stören - dass wir da etwas mit uns machen müssen, dass - also, das ist nicht - dass Sozialisation nicht genügt - was wir allein betreiben: Sozialisation. Diese Initiation heißt Naturalisation im Kern, im tiefsten Kern - und man braucht beides. Und es muss die Naturalisation tragen und die Sozialisation harmonisch darauf aufbauen. Und dass der Mensch noch etwas Besseres finden kann, etwas Geschickteres - das können wir natürlich hoffen - als diese 8-jährige irgendwie Tortur und Bestimmung, die ja für das Individuum auch fremd ist, nur – also, es gibt ja noch größere Zusammenhänge als das, was wir unter »Fremdbestimmung/Selbstbestimmung« sehen – also, ich glaube, es ist überhaupt falsch, da hinein rückwärts zu urteilen. Ich meine nur, dass - ich meine nur, das müsste neu gefunden werden - und ich glaube, dass das in konkreterer Weise das Problem des Maßes ist – also, des Findens des Maßes ist. Diese beiden Dinge, von denen ich jetzt gesprochen habe: Das eine ist, dass wir sozusagen überhaupt nur wagen werden, maßgebend zu sein, wenn wir beides so - wenn wir nicht schon vor unseren allernächsten Mittänzer Angst haben, der könnte uns be- und verurteilen, sondern wenn wir – also, wenn wir in uns selber aus dem Kontakt mit dem Ganzen dessen – sozusagen - wir sind ja - jeder Einzelne ist Ausfluss.

Ich zitiere noch einmal den Hölderlin, der sagte also:

Sehr vieles ist allgemein, aber jedem auch was Eigenes gegeben.

Und genau mit diesem Eigenen und der eigenen Kraft und der eigenen Urteilskraft – also, den vollen Mut: Das hineinzubringen – im Neuen Testament ist es dann die Frage der Gabe, der besonderen Gabe, die da einzubringen ist: Das ist das eine Thema: Die Kraft dafür. Und das zweite Thema ist das Prinzip dieser Initiation - dass wir nicht weiterkommen werden, wenn wir uns auf Konfirmation und Jugendweihe beschränken. Und es ist natürlich eigentlich eine dauerhafte Frage - und so ein Wochenende wie das, das wir jetzt gemacht haben und alle diese Veranstaltungen, die wir angeboten haben: So problematisch das ist - es ist immer nur möglich, für ein Wochenende zu machen - die sind erst einmal ein Herantasten an – das sind ja lauter kleine Initiationen, nachgeholte und vielleicht deshalb nicht so wirksame, weil wir das Fundament ja nicht gelegt haben, weil unsere Kultur nicht so aufgebaut ist. Aber sie muss so aufgebaut werden.

Und jetzt kommt das große Problem, das unvermeidlich mit der notwendigen Veranstaltung verbunden ist, die wir gestern und vorgestern gemacht haben, ein Gefahrenpunkt, der riskiert sein muss, denke ich - und das ist Folgendes:

Also, wenn jetzt jemand, der sich von den Indianern irgendwo hat etwas beibringen lassen und selber dann praktiziert hat und weiß jetzt, wie diese Kräfte zu wecken sind, wie die Tiere zu rufen sind, wie die verloren gegangenen Seelenteile wieder zu holen sind und so fort: Wenn diese ganzen Praktiken in einem Stamm passieren, der – ich erinnere an mein Bild hier – der also achtmal im Jahre, manchmal noch ein 9. Mal, achtmal ist so der Zyklus, und dann ist - fürs ganze Jahr noch in solchen Festen sich seinen Kosmos vergegenwärtigt und seine soziale Organisation - da ist dann natürlich einigermaßen gesichert, wie diese Kräfte, die da geweckt worden sind – wo waren wir jetzt? - welche Richtung die einschlagen werden. Es gibt dann immer das Problem, dass der sich noch einmal um jemand kümmern muss, der ausrastet. Aber das ist dann ein individuelles Problem, das ist keine soziale Problematik in diesem Zusammenhang –

also, jedenfalls nicht sozial. Wenn ich jetzt, meinetwegen, den großen gesellschaftlichen Zusammenhang - dagegen gehen wir natürlich, so verschieden wir jetzt hier alle sind - Ost und West und Leute aus anderen Ländern: Wir gehen natürlich als Leute in diesen Zusammenhang, die in dem oder jenem Grade jeden kulturellen Halt verloren haben. Ich meine jetzt: jede wirkliche Verbindlichkeit eines Wertsystems. So problematisch das in dem Mittelalter oder irgendwann gewesen ist: es gab eins - und selbst die Umbrüche zur Neuzeit – also, es gab da - es wurde auch etwas tahiert. Während – also, in dieser Postmoderne: Alles ist erlaubt – also, Dostojewski war der erste, der darauf hingewiesen hat: Alles ist erlaubt – Mentalität - also ich kann berichten, ich habe jetzt einen Konflikt – da, in Niederstadtfeld - da, an dem anderen Ort - weil jetzt meine Frau sich dort auch herauslöst – also, der Abschied geht schwierig vor sich.

So, ich - bei habe dem Trancetanz, den wir da gemacht eine Viertelstunde oder eine halbe Stunde - man weiß nämlich die Zeit da nicht - habe ich mit dieser Sache zu tun gehabt, mit diesem Feigling - und in dem Augenblick natürlich unkontrolliert. Ich sah – also, zugleich: man ist noch da – zugleich ein Zeuge auch da, der sieht - aber ich fechte da etwas aus, sozusagen jenseits jedes gesellschaftlichen Rahmens, erst einmal - und ich kann mir vorstellen, dass das vielen so geht: Dass – also, sozusagen - die unmittelbaren Konflikte, in denen sie stehen, dort auftauchen und dass sich aus der Art, wie man positiv programmiert oder negativ verdorben - das ist gar nicht vielleicht so wichtig, sondern - Goethe wusste - also, alles ist möglich - von sich, auch Mord – also, alles das ist da - und in so einer Veranstaltung ist die integrative Kraft - ist relativ. Was der Frank Natale da, soweit ich es erfahren konnte, durch seine eigene Integrität auch und seine Kraft - was der bringen konnte, war sozusagen – also, etwas - diese persönliche Integration – also, jetzt atme einmal wieder herunter und lass einmal alles, was gewesen ist, kommen - und dann bist du – natürlich, die Vernunft, der Verstand: Das ist alles wieder da - und du hast ein Urteil, vielleicht eins - oder hoffentlich sogar keins - das wieder zu schnell zuschlägt und das verbietet und das abspaltet, aber – sozusagen, es ist - im besten Falle ist es sogar dieses integrale Bewusstsein. Aber es ordnet ja nur die in dir vorhandenen Seelenteile - und da ist natürlich bei gesellschaftlicher Unordnung großen Stils viel individuellere Unordnung und Desorientiertheit - und ob das so gut zusammenkommt, das ist in so einer Veranstaltung

- das ist einfach nicht zu garantieren, sodass also das große Thema, eigentlich - das, wenn man solche Praktiken macht, aufgeworfen ist, das ist - ich habe darüber ja nun beim vorigen Mal ja auch immer wieder gesprochen – das ist die Frage, ob wir auch bereit sind, Gesellschaft neu zu begründen – also, gemeinschaftlich, von Grund auf gemeinschaftlich einen Rahmen zu schaffen, der auch wieder Normen setzen kann. Nicht, dass jemand hingeht, gleich am Anfang, und sagt – also, hier - Regel ein, zwei und drei – also, der Benedikt, der diese mittelalterliche Klosterregel aufgestellt hat, so um 530 ungefähr, nachdem er drei Jahre in der Höhle gesessen hat: Der hat in Wirklichkeit dort Sachen gesagt - deswegen wurden die nämlich so - für die damaligen Bedingungen - so rundum angenommen und so viele Klöster gegründet, weil da - mehrere Hundert Jahre war es eigentlich so geübt worden und jetzt – also, nun schon: Das muss - also, diese Regulation muss wachsen. Ich habe da voriges Mal auch schon darauf hingewiesen, mit meinen Erfahrungen mit Jean Claude da aus Paris - habe ich, glaube ich, erzählt – also, aber - es muss - auf diesen Weg muss man sich begeben und und muss es verflechten. Gemeindebildung urchristlicher Art, bloß nicht dieses Inhalts mehr - der mag mit sein, aber - mit aufgehoben werden, wenn es um Integral sein soll, aber - es muss die gesellschaftliche Form von innen her neu gefunden werden - neu gefunden werden. Und ich will bei der Gelegenheit nur noch einmal daran erinnern - wir haben das hier ja schon einmal mitgeteilt - dass wir so eine Gemeinschaft für Sozialökologie gegründet haben, die ganz – also, wirklich völlig am Anfang ist und wo jemand, der jetzt dazukommt, keinerlei Regel vorfindet außer der, dass man nicht nur (…) hat – also, wo man sich trifft und dass man dann einmal eine Viertelstunde still zusammensitzt oder bei Musik und beim Tee sitzt und dann wenig geredet wird, aber - dieser Verein für Sozialökologie, die Gemeinschaft für Sozialökologie, die macht am – also, jetzt, am Mittwoch dieser Woche, abends um 19:30 Uhr ihre - einmal so eine reguläre Versammlung, weil - irgendwann muss dann einmal ein neuer Vorstand gewählt werden, dass das formal seine Richtigkeit hat. Und wir wollen auch darüber reden, was alles für Aktivitäten unter diesem Dach laufen könnten und wir wollen – also, irgendwie - dieser Gedanke steckt natürlich dahinter: Wir haben wenig realisiert von dem, was ich eben gesagt habe, auch deshalb - ich zum Beispiel habe das überhaupt nicht zu forcieren, sondern nur – also, mir ist irgendwie klar, dass es in dieser Richtung wachsen muss und dass dem gegenüber – also, dieser Verbindung und Verbindlichkeit zwischen Menschen: Dass sozusagen 100 Hektar Land und die Gebäude immer noch die Außenseite sind und -es zu früh besetzen können, dass es - also, dass zu wenig passiert – also, jetzt sage ich noch den Ort von dieser Versammlung: Das ist das Haus unter dem Café »Märchenbrunnen« – also, hier unten – also, das Haus, wo das Café »Märchenbrunnen« drin ist, am Friedrichshain, und zwar - die Straße heißt Am Friedrichshain 33. Und wir wünschen uns da natürlich: Wer da hinkommen will, dass der oder die ein bisschen mehr als bloß neugierig ist, was das ist - sondern, dass man da – also, ich möchte so ein bisschen, dass sich da etwas sammelt. Das ist also die Sache, mit der ich anfangen wollte – also, praktisch auf mein heutiges Thema hin ein paar Gedanken machen über diese vorigen Freuden und über das Wochenende, das wir jetzt gehabt haben - und in der zweiten Dreiviertelstunde bin ich - vielleicht mache ich auch bloß eine halbe, weiß ich jetzt noch nicht - will ich dann über die gesellschaftliche Seite dieser Maßfrage etwas sagen, weil – also, ich glaube, dass diese Frage, ob der Mensch sich selbst maßgebend sein kann - das ist die zentrale Frage, daher fließt alles. Aber damit ist es nicht erschöpft, sondern dann ist es - ich will einmal sagen - das Thema ankündigen, bloß das Thema; ich will auch gar nicht versprechen, dass ich das gleich bewältige - aber dann handelt es sich analog zu der Frage, ob das Wasser richtig die Berge hinunterfließt, ob der Geist richtig herauf- und herunterfließt und horizontal und kreuz und quer durch das institutionelle System der Gesellschaft -

Sekten und Ökofaschismus

Worauf ich aufmerksam machen möchte: Auf die nächste Vorlesung hier - und zwar ist die, da wir jetzt auf Pfingsten zugehen, in 14 Tagen; es spricht Declan Kennedy, jemand aus Australien - stammt aus Australien - lebt jetzt im Lebensgarten Steierberg, das ist ein spirituelles Projekt in Westdeutschland, in der Nähe von Nienburg an der Weser. Und zwar ist der Gegenstand, mit dem sich Declan Kennedy seit mindestens zehn Jahren, wenn nicht länger, befasst - der ist auch Professor, irgendwo - ist Permakultur - oder Permaculture, weil es aus dem Englischen ursprünglich kommt. Und zwar geht es dabei, wie der Titel schon sagt, um die Produktion von Lebens-Mitteln - das heißt, es geht darum, wie man einen Gesamtumgang mit der Erde machen könnte, wo eben Lebens-Mittel (in diesem Bindestrich-Sinne) produziert werden statt – also, dieser Vermarktung und dieser Ferntransporte und des Designs für Früchte und so fort. Das heißt, dieses Thema, das ich hier einmal entrollt habe: Auf der Erde wohnen – das wird ja jetzt entfaltet - und das hier betrifft also diese Lebensmittelproduktion. Er versteht da seit langem viel davon, hat auch experimentiert - und weil es übereinstimmt, kann ich vielleicht sagen, dass das zusammengehört, auch, irgendwie, das - die Vorlesung danach, aber da gibt es dann wieder ein Extraplakat: Magrit Kennedy hält über »Geld für eine Begrenzungsordnung« – Geld für eine Begrenzungsordnung. Ich spreche an diesem Mittwochabend dann an einer anderen Stelle, aus Anlass des 100-jährigen Bestehens der Genossenschaft Eden bei Oranienburg - und in diesem Zusammenhang ist die Wirtschafts- und Geldtheorie, die Theorie von diesem natürlichen Wirtschaftsorden von Silvio Gesell, dessen Lebenszeit sich zum Teil noch mit der Vermarktung überschnitten hat, (…) hat dort Pate gestanden - das war 1993, wo das gegründet wurde - und Margrit Kennedy hat zusammen mit anderen Leuten, einem Wolf-Dieter Suhr – also, diesen gedanklichen Anstoß neu aufgelegt. Und es geht eigentlich darum: Das herrschende Geld ist natürlich eins, was auf Multiplikation angelegt ist - und wenn multipliziertes Geld, ins Unendliche multipliziertes Geld, das Steuerungssystem für den Menschen auf der Erde ist, kann das natürlich nur schiefgehen. Geld aber als Austauschmittel wird gebraucht –

also, wie könnte Geld für eine Begrenzungsordnung aussehen? - Das macht Margrit Kennedy – also, am 14. Juni dann; ich sprach jetzt vom 7. Juni.

Jetzt, für heute. Was ich jetzt hier abzugeben habe und was ich vorlesen werde - weil es mir jetzt zunächst um den Wortlaut geht - das ist eine Erklärung zu dem Auftrittsverbot der Universitätspräsidentin Prof. Dr. Marlis Dürkop für Dieter Duhm und Sabine Lichtenfels (Beifall) in meiner Vorlesungsreihe »Sozialökologie als Studium generale« im Auditorium maximum der Berliner Humboldt-Universität.

Ich hatte – das füge ich jetzt ein, das gehört nicht zu meiner Erklärung, ich sage das im Hinblick auf das Klatschen - im Gespräch mit Frau Dürkop auch festgestellt, dass es in diesem Saal, seit ich hier lehre, noch nie eine Klage gegeben hat. Sie sagte mir, es würde sich wahrscheinlich ändern. Ich nehme also an, dass Leute, um zu stören, hier auch mit der Zeit erscheinen werden - vielleicht sind ja auch heute schon da.

Jetzt kommt der Text dieser Erklärung:

In meiner Reihe »Gründungen für eine naturverträgliche Gesellschaft« sollten heute Dieter Duhm und Sabine Lichtenfels aus langjährigen reflektierten Erfahrungen über das Thema »Auf den Weg in eine neue Kultur: Gestaltungsformen für Sexus – Eros – Liebe« sprechen.

Nun verlese ich einen Brief unserer Universitätspräsidentin Prof. Dr. Marlis Dürkop, der sich auf die seit Ende vorigen Semesters und endgültig seit Beginn dieses Semesters für heute von mir angekündigten und wie immer geschätzten Gäste bezieht – auf Dieter Duhm und Sabine Lichtenfels. Er wurde mir am Mittwoch voriger Woche - es war nicht Zeit, vorher über die Sache mit mir zu reden - durch Boten mit Empfangsbestätigung übermittelt.

Der Wortlaut:

»Sehr geehrter Herr Professor Bahro,
nach mir vorliegenden Informationen beabsichtigen Sie, am 24. Mai 1993 zwei Vertreter der Sekte ZEGG als Gäste in Ihrer Ringvorlesung »Neue Politeia II« sprechen zu lassen. Das »Zentrum für experimentelle Gesellschaftsgestaltung« ist eine Sekte, deren Anliegen im Widerspruch zu den humanistischen Auffassungen der Humboldt-Universität steht.

Hiermit untersage ich Ihnen aufgrund des von mir ausgeübten Hausrechts, Sektenvertreter in der Humboldt-Universität sprechen zu lassen.
Für ein klärendes Gespräch stehe ich Ihnen selbstverständlich gern zur Verfügung.
Mit freundlichem Gruß
Prof. Dr. Marlis Dürkop«

Es kam zu diesem Gespräch, in dem wir allerdings nur klären konnten, dass unsere Auffassungen unvereinbar sind.

Herr Dr. Kreßler, der seitens der Universitätsleitung daran teilnahm, ergänzte die Frau Präsidentin noch dahingehend, die Auftrittsmöglichkeit stelle ja noch eine Unterstützung der vorgetragenen Position dar und eben dies könne die Universität nicht verantworten.

Ich habe mich entschlossen, diese Entscheidung, die sich ebenso sehr gegen mich wie gegen meine beiden Gäste richtet, formell zu respektieren, obwohl ich inhaltlich nicht den geringsten Respekt dafür habe.

Ich werde den Skandal, den ich in dem Verbot sehe, nicht gleich auch meinerseits eskalieren, zumal ich vermute, dass die Präsidentin einigermaßen unter Druck steht - von Kreisen innerhalb wie außerhalb der Universität. Die juristische oder gar polizeiliche Form der Konfrontation wäre vollends ungeeignet, sinnvoll mit dem Problem umzugehen, das hier berührt ist. Dieter Duhm und Sabine Lichtenfels bitte ich um Verständnis für diese meine Haltung. Sie ist kein Rückzug in der Sache.

Nach meiner eigenen einschlägigen Erfahrung aus der Vergangenheit kann ich ja auch davon ausgehen, dass das offenbar gefährliche Anliegen - in diesem Falle »Sexus – Eros - Liebe als Gestaltungsproblem bei der Neubegründung von naturverträglicher Gesellschaft« nur umso interessierter anderweitig rezipiert werden wird.

(Beifall)

Die letzte Schrift von Sabine Lichtenfels, die sich aus weiblicher Sicht mit dem Thema befasst, ist ein Buch unter dem Titel »Der Hunger über dem Schweigen«, Dieter Duhms letztes Buch heißt »Der unerlöste Eros« – Moment, ich habe es dabei - das ist es, hier: »Der unerlöste Eros« von

Dieter Duhm. Auf der Rückseite wird es von keinem Geringeren als von Robert Jungk empfohlen. Ich lese vor, was er aus einer offenbar anderen als der universitätseigenen Auffassung von Humanismus dazu geschrieben hat, Robert Jungk:

»Von all den Büchern über Partnerschaft, die in den letzten Jahren so erfolgreich waren, geht kein einziges den Fragen von Sexualität, Eros und Liebe so ehrlich und gedankenvoll auf den Grund wie das neue Buch von Dieter Duhm. Mir hat schon sein fast vor 20 Jahren erschienenes Werk über die Angst im Kapitalismus die Augen geöffnet. Nun habe ich abermals einen geistigen Anstoß erhalten, der in mir wie sicherlich auch in vielen anderen Lesern weit über den Tag hinaus weiterwirken wird.«

Marlis Dürkop hat mir in dem Gespräch empfohlen, künftig sorgfältiger auszuwählen, was ich hier präsentieren werde. Ich gehe davon aus, dass sie nicht aus eigenem Urteil über Dieter Duhm, Sabine Lichtenfels und das ZEGG - das Zentrum für experimentelle Gesellschaftsgestaltung - Bescheid weiß.

Wie einst Wilhelm Reich hier verleumdet wurde, weil er es wagte, die Sexualverdrängung zum Thema zu machen, mit der eigenen Sexualität, Erotik, Liebesfähigkeit und –Unfähigkeit zu experimentieren, werden auch an diesem neuen Experiment - das übrigens dem ganzen Themenspektrum der ökologischen Wende gewidmet ist - alle möglichen Projektionen ausprobiert.

Das meiste, was in der Öffentlichkeit über das ZEGG bekannt - ich sage besser: verbraten wird - stammt von Leuten, die die Arbeit nicht von innen kennen.

Ich muss gestehen, dass ich selbst noch nicht in Belzig gewesen bin - werde in diesem Sommer einmal einen Vortrag dort halten.

Aber das Experiment ist eben anders als - der neue Name, ZEGG, nicht von gestern oder von 1989, sondern leitet ans Ende der 70er-Jahre - was Duhm selbst betrifft, ins Jahr 1968 zurück.

Auch ich habe - wie Robert Jungk - seine »Angst im Kapitalismus« gelesen, dann kam »Der Mensch ist anders« - das kenne ich nicht, von Dieter Duhm. Gelesen habe ich – bald, nachdem ich damals hinüberkam - das nächste Werk, damals - war 1979 - das nächste Werk, seine »Synthese der Wissenschaften« – so heißt das: »Synthese der Wissenschaften« – nämlich: Auf eine biophile statt der nach wie vor herrschenden nekrophilen Perspektive - die »Synthese der Wissenschaften«. Gelesen habe ich seinen Aufbruch zur neuen Kultur: »Die kommunitäre Idee«. Seit 1983 gab es in Tegernau-Schwand, einem schönen Ort im Schwarzwald, das von ihm - wie anderen Männer und Frauen (darunter schon Sabine Lichtenfels) - inspirierte Projekt »Bauhütte« - bereits mit im Prinzip derselben Zielrichtung wie jetzt das ZEGG. Mit der Bauhütte bin ich vertraut, weil ich zu verschiedenen Zeiten insgesamt drei Wochen dort verbracht, mich auf die da vermittelbaren Erfahrungen mit eingelassen habe.

So leben im ZEGG persönliche Freunde von mir: Die Helenka Marha oder auch Marhová - das ist tschechisch: Marhová – nach 1968 durch den Einmarsch des Warschauer Pakts aus Prag vertrieben, die dann aus ihrer Liebe zu Michail Gorbatschow im Kontext des ZEGG eine Solidariatärsaktion »Perestroika« initiierte - sie sprach in der Frauen-Ringvorlesung, die ich im Sommer 1991 organisierte, über auch in etwa das heutige Thema hier – dort, in der Invalidenstraße. Es lebt dort der Physiker und Gospelsänger Rainer Ehrenpreis. Es lebt dort mein schwedischer Freund Sten Linnander, der den Weg des Geistes durch seine verschiedenen Leben verfolgt und mit kosmischer Energie experimentiert - wie auch Wilhelm Reich getan hat.

Dieter Duhm und das ZEGG werden auf die bildzeitungskonforme Weise mit der Kommune in Verbindung gebracht, die um den jetzt zu Gefängnis verurteilten Otto Mühl auf der Atlantikinsel Gomera existierte. Nach den Anwürfen gegen das ZEGG, die man diesbezüglich hören kann, sollte man annehmen, Mühl wäre nicht auf der Insel, sondern bis zu seiner Verhaftung im ZEGG gewesen - und er wäre dort der eigentliche Spiritus rector.

Dieter Duhm hat sich 1984 in meiner Anwesenheit dazu bekannt, etwas von dem Aktionskünstler Otto Mühl gelernt zu haben – während er zu dieser Zeit – also, vor zehn Jahren - längst auf eigenen Wegen war.

Es ist beschämend für gewisse sich selbst als links verstehende Leute, wie sie die biographische Verbindung zwischen den beiden Männern ohne den Schimmer wirklicher Kenntnis zur Diffamierung benutzen, um eine Arbeit madig machen zu können, die ihnen nicht gefällt.

Ich weiß jedenfalls sehr genau, wen ich mir da eingeladen habe - würde es wieder tun. Ich habe mich sowohl in meiner »Logik der Rettung« als auch in meiner Antrittsvorlesung hier im Oktober 1990 – übrigens kritisch, aber ich werde in einer Situation wie der jetzt herbeigeführten ganz gewiss nicht damit streiten – zu der Beziehung mit diesem Projekt bekannt. Ich bewundere den Ernst und die Kontinuität dieser Anstrengung, den elementarsten menschlichen Sozialverhältnissen - und darunter besonders der Beziehung zwischen Mann und Frau - experimentell auf den Grund zu gehen. Und was ich auch in Zukunft unterlassen werde, das wird sein: in solchem Falle vorher bei irgendeiner offiziellen oder inoffiziellen Sektenregistratur nachzufragen, wie eine Arbeit, die mich interessiert, dort indiziert ist.

(Beifall)

Ich halte die Existenz solcher in der Tradition von Zensur und Inquisition angesiedelten Stellen - seien sie kirchlich, seien sie staatlich, seien sie selbst ernannt - für eine Zumutung.

(Beifall)

Die vorhin zitierte Begründung der Frau Präsidentin für ihren Schritt ist ein Hammer noch über das Faktum des Verbots hinaus. Wer definiert immer noch oder schon wieder offiziell, was – ich zitiere – »humanistische Auffassungen der Humboldt-Universität« sind? Wer legt fest, was im Widerspruch dazu steht? Wie kommt eine Institution, ohne den Mechanismus von öffentlicher Diskussion zu bemühen, überhaupt zu einem derartigen Urteil? - Ich war Student dieser Universität, als meine damalige Partei, die SED, in analoger Mentalität gegen Robert Havemann vorzugehen begann und dabei natürlich auch die offiziellen Strukturen der Universität bemühte.

Der Mechanismus ist jetzt etwas anders. Aber der Vorgang ist nicht erklärbar ohne eine wie auch immer geartete Instanz im Hintergrund, die undurchsichtig über Rechtgläubigkeit entscheidet.

(Beifall)

Das war diese Erklärung. Ich habe ein Fax gekriegt, von Dieter Duhm - das lese ich einmal vor.

(Zwischenruf)

Hallo, es gibt gerade eine Kontroverse darüber, dass ich fotografieren darf - Disput zwischen den Zuhörern -

R. Bahro:

Ja, ich habe nichts dagegen - aber wenn andere etwas dagegen haben, wird nicht fotografiert. Dieter Duhm:

Sehr geehrte Damen und Herren

- es wird etwas schwer zu lesen, weil es eine schlechte Kopie ist –

Sehr geehrte Damen und Herren, liebe Studentinnen und Studenten der Humboldt-Universität,

ich danke dafür, dass Ihr trotz meines Hausverbots gekommen seid. Ich bekam diese Art von Verbot schon sehr oft in meinem Leben. Ich war eigentlich immer eine Sekte. Ich habe immer versucht, selber nachzudenken über all die Dinge, die man uns in Schule, Kirche und Staat so beigebracht hat. Ich war in den Sechziger-Jahren einer der Studentenführer in Westdeutschland (in Mannheim-Ludwigshafen). Ich habe dann gemerkt, dass auch diese marxistische Ideologie der Neuen Linken nicht der wirklichen Befreiung dient. War damit wieder ein Außenseiter, ein Andersdenkender -

Das könnte ja auch an Ihnen liegen.

(Gelächter und Beifall)

Ich will jetzt also über diese Sektenfrage zunächst reden, damit es -

Ich schrieb dann – im Jahre 1970 – das Buch »Angst im Kapitalismus«, das in der ganzen linken Szene ein bekannter Bestseller wurde. Ich habe darin ausführlich erklärt, warum ich keiner Partei angehöre, sondern ein Mensch bin, der lieben und geliebt werden möchte. Ich wusste nicht, dass ich damit bereits das heißeste Eisen unserer Gesellschaft berührt hatte. Man hat mir damals – 1972 in Mannheim – Morddrohungen ins Haus geschickt mit der Begründung, ich verfälsche die heilige marxistische Lehre.

Es ist, als hätten die Menschen geschworen, über alles nachzudenken, aber nicht über sich selbst. Liebe, Sexualität, Partnerschaft und Gemeinschaft - sind sie nicht wirklich die Achse, um die sich das Leben dreht? Es kann überhaupt keinen Sozialismus geben, solange dieser innerste Bereich so sehr verheimlicht, verschleiert, verleugnet und privatisiert wird.

(Zwischenrufe)

Diese großen Ideen von Marx über Kropotkin bis Alexandra Kollontai und Rosa Luxemburg müssen in den menschlichen Bereich hinein erweitert werden. Was heißt Sozialismus, wenn es um Liebe geht? Warum waren die historischen Anführer der kommunistischen Bewegung so grausam, warum konnten sie ihre revolutionären Gedanken nicht hineinbringen in ihr Liebesleben? Es war einfach noch nicht in ihren Köpfen,und es standen, durch die Geschichte bedingt, noch zu viele Außenkräfte dagegen. Man war überall umstellt von politischen Mächten, gegen die man sich schützen musste.

   - Da blieb keine Zeit mehr für die inneren Fragen des Menschen.

(Zwischenrufe)

   - hier wird das Presserecht missachtet, das geht ja wohl nicht -

R. Bahro:

   Das sind Leute, die sonst hier nicht im Saal sind.

(Zwischenruf)

   - jetzt ist aber langsam mal Schluss hier -

R. Bahro:

   Vielleicht ist es möglich, das noch zu Ende zu lesen.
   Wo wird hier Presserecht - ich verstehe es nicht –
   (Gelächter)
   Der Zwiespalt zwischen dem Thema Politik und dem Thema Liebe war so riesig geworden, dass er nicht mehr bemerkt wurde.

(Zwischenrufe)

R. Bahro:

   Die beiden sind nicht einmal hier - die beiden sind nicht einmal hier.

Ich grüße alle herzlich, die hier weiterdenken wollen. Und ich habe an alle noch eine dringende Bitte: Informiert Euch nicht bei der Presse, sondern prüft die Dinge selbst.

(Beifall)

R. Bahro:

So, jetzt geht meine heutige Vorlesung weiter. Ich gehe allerdings da unten hin, weil ich - den Platz hier oben hatte ich für jemand anderen vorgesehen.

Ich spreche jetzt über die beiden Themen - allerdings da unten - über die beiden Themen »Sekten« und »Ökofaschismus«.

(Beifall)

Die beiden Themen »Sekten« und »Ökofaschismus« scheinen mir im gegebenen Fall zusammenzuhängen, obwohl das nicht so sein müsste. Ich habe - sagen wir einmal: Anlass zu der Vermutung, dass der Druck, der da auf die Präsidentin ausgeübt wurde, aus einer bestimmten linken Ecke gekommen ist - aus derselben Ecke, aus der auch dieser Ökofaschismus-Anwurf kommt.

Ich habe mich lange dazu ganz ruhig verhalten, hin und wieder nur im Saal hier eine beiläufig abwehrende Bemerkung gemacht. Es scheint mir an der Zeit, das einmal umfassend zu behandeln, das Thema. Ich habe deshalb – also, was dies betrifft - für die, die das nun ganz genau wissen wollen, rein formal, eine Dokumentation mitgebracht, die den Zusammenhang einigermaßen vollständig belegt, um den es da geht. Die Papiere sind zum großen Teil auch unabhängig davon zu haben. Ich habe, was das Thema »Sekten« betrifft, auch einen Text aus dem Magazin mitgebracht, wo ich einmal ein Interview gegeben habe - das dann in Worte gebracht worden ist, sodass also das meiste vorliegt. Dieser Text, den ich eben vorgetragen habe, ist auch habhaft. Es ist auch habhaft der Teil des folgenden Textes, zumindest die Ausarbeitung dafür – sind ungefähr 10 Seiten – in der ich mich näher mit dem Anwurf - insbesondere mit Jutta Ditfurth - darüber auseinandersetze - die auch noch einladen werde, hier mit mir zu diskutieren – also, es ist für nachher dann - ihr könnt es da mitnehmen.

Ich will es wirklich zusammenhängend versuchen zu bewältigen, das Thema. Ich will zunächst sagen - gerade wegen dieses Zusammenhangs

»Sekten« und »Ökofaschismus«, beides für mich in Anführungszeichen: Ich bin froh, dass diese Veranstaltung in diesem Saal stattfindet.

Ich habe zweimal hier oben gesessen, als es um die Verteidigung von Heinrich Fink gegangen ist. Ich habe meinen damaligen Anwalt Gregor Gysi gegen die Anwürfe - auch von DDR-Oppositionellen – in Schutz genommen, weil sie einfach nicht zutrafen, die Angriffe: Dass er etwa an mir Mandatenverrat begangen hätte, indem er im Zentralkomitee der Partei und zur Stasi über Sachen gesprochen hat - wo ich ihn ja beauftragt hatte, für mich zu verhandeln - völlig klar: Gysi.

Ich habe hier ausgelegt, im Audimax - und damit offenbar wahrscheinlich doch auch irgendeine politische Position verstärkt, die nicht unbedingt die der Universität sein muss - mein Essay »Wenn Erich heimkommt« - mit der Unterzeile: »Über die Legitimität der Deutschen Demokratischen Republik«. Das heißt - es ist mir da darum gegangen, darauf hinzuweisen, dass ich kein westdeutsches Gericht befugt sehe, über den ersten Mann dieses Staates hier, der seine Arbeit im Rahmen einer welthistorischen Konfrontation gemacht hat – also, darüber zu befinden.

Ich nehme die heutige Gelegenheit zum Anlass, einen Brief vorzulesen, den ich aus der Haftanstalt da in Moabit bekommen habe:

Lieber Rudolf Bahro,
seit langem besteht bei mir der Wunsch, mich bei Ihnen für die Geste zu bedanken, mich in meinem Prozess, der nunmehr für den 12. November angesetzt ist, mit zu verteidigen.
Die verschiedensten Motive, die Sie zu diesem Schritt veranlassten, haben meine Wertschätzung, da sie von dem humanistischen Gehalt Ihres Denkens und Handelns sprechen. Im Grunde geht es bei allen Bestrebungen darum, die Erde lebenswert zu gestalten. Dies ist bis jetzt nicht gelungen, die DDR war aus objektiven Gründen nur ein Entwurf dazu. Wie es auch im Rückblick scheint, kein schlechter.
Die Umstände, in der sich gegenwärtig die Welt befindet, bezeugen dies.
Für Ihren guten Willen und Ihren mutigen Gedanken, dass es jetzt darauf ankommt, sich zu den Idealen der Menschheit zu bekennen, danke ich Ihnen herzlich.
Mit den besten Grüßen,
Erich Honecker

Er hat es unterlassen - das bedauere ich - in irgendeiner Weise darauf zurückzukommen, dass er mich zu acht Jahren hat verurteilen lassen und dass er aus Gründen - wie soll ich sagen? - aus symbolischen Gründen sogar für zehn gewesen war. Jemand muss ihm gesagt haben: »Häng ihn nicht zu hoch damit«. Er hätte hier auch schreiben können, in dem Brief: »Ich stehe noch dazu, das war notwendig, damals«. Es läge ja nur in seiner heutigen Position.

Was ich aus dem Brief entnehme und worüber ich froh bin, das ist: Dass er zuletzt versöhnt war mit mir, in gewisser Weise. Das war mir wichtig.

Ich will noch eines sagen. Es wird darauf hingewiesen, wie groß der Spielraum ist, den ich hier habe. Das trifft zu - und ich bin auch Marlis Dürkop – also, der jetzigen Präsidentin - dafür dankbar. Ich will aber - und zwar nur deshalb, weil ich denke, dass dieses Geschoss aus der Linken kommt, das über sie nur - meiner Meinung nach - weitergeleitet wurde - darauf hinweisen, dass diejenigen, die den größten Anteil daran haben, mich hier – also, dass ich das hier machen kann: Das war Dieter Klein und das war Heinrich Fink. Ich tue ihnen nichts an, wenn ich sage: Der eine ein Reformkommunist, der andere ein christlicher Sozialist – nur, damit etwas über den Kontext klar ist, in dem ich hier stehe, weil es einen Artikel gegeben hat, der damit begann, irgendwie - eine Entlarvung, von jemand, der Roger Niedenführ heißt - damit begann, ich hätte meine Professur hier für meinen Antikommunismus bekommen.

(Zuhörer)
Wenn Sie von Bestrafen reden, dann haben Sie den Kontext als Dar-/Klarstellung -

R. Bahro:
Die Sachen, mit denen wir das jetzt hier zu tun haben, kommen beide von ungefähr einen Kilometer weiter.

(Zwischenrufe)
Nicht so hoch, ich kann Ihnen nicht mehr folgen - ist mir zu hoch.

R. Bahro:

- vielleicht eine Möglichkeit gibt, besser zu verstehen, warum das so heiß ist.

Ich habe also nach der Sektenbeauftragten, so heißt - also, so wird das genannt, beim Senat - und habe Frau Schipmann gefragt, am Telefon - und hatte dann, wenn ich mich recht erinnere, ihre Mitarbeiterin Frau Kunze am Telefon – einfach, weil ich erfahren wollte, was heißt denn das: eine Sekte.

Wir bearbeiten gerade dort, wie man mir sagte, nicht Sekten - der Name sei zu undifferenziert, bedeute wörtlich »Abspaltungen« - und das ist sehr wichtig: in Wirklichkeit ist gerade das gemeint, sodass sich theoretisch – also, Abspaltungen von einem Mainstream - sodass ich theoretisch - politisch ist etwas anderes, weil Diffamierung in diesem Fall fast weg ist, aber - nichts gegen den Sprachgebrauch von Frau Dürkop habe – also, wenn sie sagt: eine Sekte - so. Jedenfalls bearbeiten sie dort nicht Sekten, sondern neo-religiöse und weltanschauliche Bewegungen sowie sogenannte Psychogruppen. Und dann hat sich die Frau, wie ich es immer sage: sehr gewunden - um den Eindruck zu vermeiden, dass da - bürokratisch-administrativ jedenfalls - willkürlich Druck gemacht wird mit der Klassifizierung und Indizierung. Das hat sie halt bestritten. Einerseits hieß es: Wenn da eine Gruppe drin steht, bedeutet das noch nicht, dass ihr irgendeine öffentliche Aktivität verboten werden muss - man müsse in jedem einzelnen Falle inhaltlich analysieren. Für ZEGG hat die Mitbeauftragte das momentan nicht parat – also, die Argumente, so was soll ja vorkommen. Andererseits wusste sie, dass die Aktivitäten und Vorschläge des ZEGG jedenfalls – und jetzt zitiere ich, was ich mir mitschrieb – nicht in der Richtung liegt, wie die Gesellschaft sich weiterentwickeln sollte.

(Lachen im Saal)

Da gibt es also eine Behörde, die über Derartiges zu befinden hat. Da gibt es sicher Experten - in der Annahme jetzt, man weiß ja - heute findet sich für jede Intension ein stützendes Gutachten - so ist halt die Wissenschaft: Experten, die nach selbstverständlich rein wissenschaftlichen Kriterien die eine religiöse Gemeinschaft ausgrenzen und sich von der konkurrierenden anderen - genauer gesagt: von den Abwehrchefs – Verzeihung, Sektenbeauftragten – der Großkirchen dabei beraten lassen. Wenn das keine

Sicherheitsbehörde gegen – wie hatten wir das hier genannt: »ideologische Diversion« ist!

Ich nehme allerdings an, dass die Humboldt-Universität nicht auf deren Expertisen angewiesen war. Man weiß auch so, was zu sehr abweicht, was sich – und da kommen wir zum Kern der Sache – aus dem Grundkonsens entfernt, durch den die Selbstverständlichkeiten geschützt sind, die die ideologische Tiefstruktur der eigenen beherrschenden Formation ausmachen. Das ist, glaube ich, der Punkt. Galtung hat hier ausführlich darüber gesprochen, dass es diese Tiefstrukturen, diese Selbstverständlichkeiten gibt. Und ich glaube, die Aufregung, die zunehmende Sektenhetze, die jetzt um sich greift: Die hat mit dieser Realität zu tun, dass – also, Fundamente, über die sich von rechts bis links alle einig sind, was den Lebensstil hier betrifft, dass die halt angegriffen sind durch Leute, die glauben, man müsse jetzt allmählich jenseits gehen.

(Zwischenrufe)

Interessant, dass ein großer Teil der Linken gerade in diesem Punkte fundamentalistisch ist.

(Zwischenruf)

Selbst für eine Jutta Ditfurth - die ich in diesem Zusammenhang nur erwähne, weil sie geistig mit dahinter steht, nicht weil ich dächte, dass sie hier etwas mitorganisiert hat - wird der Sektenbeauftragte einer Kirche zu einer zitierbaren Autorität, wenn es gegen, sage ich, »Esoterik« gehe. Gerade die extreme Linke geht entschieden konform mit dem Grundbestand unserer christlich-wissenschaftlichen Zivilisation, mit dem mörderischen Rationalismus und Abstraktionismus ihres Wissenschaftsapparates - während sie ihn doch in konkreten Punkten (Zwischenruf) wie Gentechnik usw. überzeugt bekämpft.

(Zwischenruf, Tumult)
Wer definiert (…) Linke?

Sie weiß gar nicht, wie gründlich sie dazugehört – hier definiert niemand als ich, hier spricht kein einziger Mensch, kein einziger Mensch - und keine Behörde

(Zwischenruf, Tumult)

Ich habe hier gezeigt, wie Argumente funktionieren, so - und jetzt (immer noch Tumult) will ich etwas sagen - jetzt will ich etwas darüber sagen, was es mit Sekten immer und immer wieder geschichtlich auf sich gehabt hat.

Der Begriff Sekten, der Begriff Sekten - der Begriff Sekten war grundsätzlich erstens ein Kampfinstrument immer - auch Sekten untereinander, natürlich, haben sich als Sekten beschimpft - das heißt, man ist, wenn von Sekten die Rede ist, im großen Maßstab immer schon auf einem Feld, um das gestritten wird und wo man vermuten kann, dass gesellschaftliche Umbrüche im Gange sind, wo in den Tiefenschichten der Ideologien etwas miteinander zugange kommt.
(Zwischenrufe, Gelächter)

R. Bahro:
Gut - wenn in den Tiefenschichten der Gesellschaft kosmische Energien vorhanden sein sollten, meinetwegen - schenke ich ihnen.
(Beifall)

Was charakteristisch, allerdings, für den massenhaften Gebrauch des Sektenbegriffs war - das war, dass das ein Instrument der Inquisition, der Großkirche war. Die katholische Kirche hat ihre ganze mörderische Politik gegen die Albigenser, gegen die Franziskaner-Spiritualen, gegen die Aufstände praktisch im ganzen späten Mittelalter, gegen die spirituellen Ketzerbewegungen, gegen die Frauen, die sich da erhoben haben - immer ging es darum, dass das Sekten waren. Und der Name »Sekten« war dazu da, Ketzerbewegungen zu diskriminieren und die Leute auf den Scheiterhaufen zu bringen - namens dessen, was die Kirche für richtig hielt. Und funktionieren konnte das deshalb, weil die Mehrheit der Gesellschaft natürlich noch befangen war in der alten bildlichen Ideologie und keine Möglichkeit hatte zu durchschauen, was da gespielt wird.
Jetzt gibt es eigentlich keine Zeitung - auch Zeitungen, die in anderen Sachen - das ist interessant: Die in anderen Sachen versuchen, objektiv und vernünftig zu sein - die in puncto Sekten nicht ganz genau wissen, dass das die allergrößte Gefahr ist nicht etwa diese Satanskirche Warenhaus - wenn

ich mir das einmal erlauben darf - wo also die Massen von Menschen – also, die Gesellschaft überhaupt darauf festgelegt wird, ihren Todeskurs fortzusetzen, in dem Zusammenhang - die wirkliche Ersatzkirche Warenhaus – Wissenschaft übrigens auch – (...) hervorgegangen, nein – also, Leute, die sich auf den Weg machen, an der Psychologie und Ideologie eine Idee zu finden, die jenseits des hier zu Tode sich reitenden Grundkonsens steht: Die werden als Sekten bezeichnet. Und wenn man dann sagt - und so genannte Psychogruppen – also, summa summarum - dann ist es wirklich jeder Instanz, die sich in dieser Gesellschaft irgendwie herausnimmt, da etwas entscheiden zu wollen, überlassen, welche ist gut, welche wird gefördert, welche wird initiiert, wird angegeben - also, wer diese Politik mitmacht, der - Sektenhass und der Ausgrenzung, eigentlich, von jeglicher Position, von der irgendwer findet: Die ist gefährlich - das genügt ja heute, »Sekte« zu sagen, das multipliziert sich durch - zu vielen. Niemand braucht näher danach hinzugucken, was es eigentlich ist – also, das ist in meinen Augen der Zusammenhang, in dem diese Sektenfrage jetzt diskutiert wird. Und um den Hintergrund »Volk« also zu beleuchten: Meiner Meinung nach ist das schon eine Art letztes Gefecht - ich meine, jetzt, auf der Ebene: Was ist die herrschende Ideologie in so einer spätindustriellen und spätkapitalistischen Zivilisation, wie wir die jetzt haben - ich meine, wenn wir jetzt an den Punkt gekommen sind, dass die Kirchen Konzile veranstalten müssen mit dem Thema: »Bewahrung der Schöpfung«. Als die Kirchen noch stark waren – wie problematisch ihre Macht auch immer, ich habe ja darüber gerade gesprochen – da musste natürlich nicht für die Bewahrung der Schöpfung gebetet werden, sondern - wenn hier jemand angesichts dieser Totalkatastrophe, in die wir hinein marschieren – also, wirklich überrollt worden ist und total verloren hat, dann sind das genau die katholische und die aus ihr hervorgegangene evangelische Kirche, die es nicht haben aufhalten können. Und jetzt steckt natürlich die christliche Konzeption - ich glaube, es steckt in der Wissenschaft natürlich drin: De ganze spätere Scholastik, von Thomas von Aquino angefangen - das war die Herausarbeitung, das waren im Vorfeld - die Herausarbeitung der wissenschaftlichen Methode. In diesem berühmten Buch von Eco, »Der Name der Rose«: Dieser Roger Bacon, der da eine Rolle spielt, dieser Franziskaner - das war natürlich einer der Väter dieser westlichen Wissenschaft.

(Zwischenruf)

Sie haben überhaupt keine Ahnung, glaube ich –

R. Bahro:

Na, da wissen Sie sicherlich besser Bescheid als ich.
(Tumult)

Ich weiß jedenfalls, ich weiß jedenfalls - ich kann zumindest darauf hinweisen, in dem Zusammenhang – lesen Sie Lewis Mumford, »Der Mythos der Maschine«, der hat im Einzelnen (…) wie die christliche Scholastik und die moderne Wissenschaft zusammengehören. Ich habe gezeigt in meiner »Logik der Rettung«, dass unsere Wissenschaftler in einem bestimmten Sinne entlaufene Mönche sind, dass es da gemeinsame Grundlagen in der Methodologie gibt. Und ich denke einfach, dass dieser ganze rationalistisch-industrielle Kanon, mit dem wir uns hinmachen in diesen industriellen Prozess, dem die Wissenschaft, dem die Ratio leider einfach dient statt dem Leben - das ist nämlich das Problem: Nicht die Ratio, sondern - dass sie der Technik dienen statt dem Leben - dem Beton dienen statt dem Leben. Und das ruft natürlich, wenn die hier (…) geistigen Mächte bisher (…) Mächte von dieser Sache hoffnungslos mitgerissen sind, dann braucht man sich nicht darüber zu wundern, dass die Menschen beginnen, sich anderswo umzusehen.

Wenn ich gerade denke - Dieter Duhm, der hat nun mit Asien, mit Osten, mit irgendso was überhaupt nichts am Hut, das ist jemand, der ist hier aus dem gesellschaftlichen Zusammenhang hervorgegangen - das ist einfach ein Durchschnittsbürger gewesen wie andere auch. Ein deutscher Kommunist, übrigens, und Sozialist, zu diesen Zeiten – ich weiß nicht: immer noch beruft er sich auf Rosa Luxemburg, so - also, was soll es bedeuten, wenn man versucht, die zahllosen Leute - es mögen in der Bundesrepublik jetzt zwischen einer und drei Millionen sein, die jetzt anderswo geistigen Rat suchen, die anderswo Erfahrung von Spiritualität suchen - wenn man einen Begriff zurechtkleistert - denn dafür ist er gemacht, der Sektenbegriff und der Begriff von religions- und weltanschaulichen Gemeinschafts- und Psychogruppen: Damit man ggf. zuschlagen kann mit der Macht der Medien – ja, selbst mit Verboten, so.

(Beifall)

Das zu der Sektenfrage - und jetzt mache ich 10 Minuten Pause und spreche dann zu diesem Ökofaschismus. Danach wie immer - das muss ich noch sagen für die, die hier neu sind: Danach, wie immer, ist die Diskussion.

- eigentlich klar, in diesem politischen Sinne – also, wie das jetzt also aufgemischt wird in Richtung Ökofaschismus oder dergleichen, hat das Buch damals nicht ausgelöst. Es ist nun überaus interessant - und deshalb habe ich das auch in der Dokumentation, die hier ausliegt mit behandelt - dass der erste Angriff auf mich, nachdem ich diese Vorlesung an der Ostberliner Humboldt-Universität angefangen habe und nachdem in der größeren Öffentlichkeit klar geworden ist, dass ich hier u. a. Auch noch für eine ganze Menge DDR stehe - da gab es einen großen Artikel aus dieser Gruppierung, die sich »Verein zur Förderung der Psychologischen Menschenkenntnis« nennt – der »Spiegel« nennt das eine rechte Psychosekte - aus der Schweiz - jedenfalls haben die mich dort als Linksfaschisten ausgemacht, und zwar war in deren Analysen von Stalin bis Gramsci, bis Antonio Gramsci kein Unterschied, weil - auch Gramsci hat über die Hegemonie gesprochen, das heißt, über die Vormacht kommunistischen Denkens in Machtkämpfen – also, das war klar, wer ich da war.

Und wenig später bekam ich einen Artikel von Roger Niedenführ in die Hand, aus dem Spektrum – ich nehme einmal an, »Anti-Impi«, ich weiß es nicht so genau - in dem also die spirituelle Rehabilitierung des Faschismus durch Bahro, Langhans und Kirchhoff, glaube ich, angemahnt wurde. Und ich finde einfach, man kann vergleichen, da, in der Dokumentation, die völlig äquivalent mit meinen - mit meinem Texte da gestrickt sind. In beiden Fällen nicht der geringste Versuch, meine Konzeption – das macht man normalerweise, wenn man jemand verreißen will - und vor - zu rekonstruieren: Nein, man weiß es vorher - entweder Linksfaschist oder Faschist – jetzt, von der Linken her gesehen - und dann braucht man eigentlich nur einzugeben bestimmte Stichworte und den Computer zu fragen: such mal heraus, wo steht was in den Büchern drin – und man kann eine Collage fertigen. Nur war das in beiden Fällen nicht genug. Ich werde für die linke Seite heute nur zeigen - weil ich das als das heutige Thema sehe: es war nicht genug so, sondern es musste auch noch heftig gefälscht werden, damit das dann auch stimmte.

Ich habe nach 1987 zu dieser ganzen Angelegenheit eigentlich nur eine einzige zusätzliche Bemerkung gemacht und diese zusätzliche Bemerkung war der Anlass dafür, dass jetzt der Eindruck erweckt wird, ich forderte einen »grünen Adolf«, sogar viele »grüne Adolfs« - und das sei meine politische Losung. Das ist eine Unverschämtheit erster Güte und die Leute, die das machen, die das angemacht haben, die das angestoßen haben, wissen, was sie da spielen.

Irgendwann - ich erzähle jetzt - irgendwann - ich fange damit also an, ich setze mich mit den Inhalten später auseinander; irgendwann im Jahre 1990 ist Frank Schumann bei mir gewesen, stellvertretender Chefredakteur der Ostberliner »Jungen Welt«. Wir sprachen miteinander an meinem Küchentisch für einen Sammelband innerlinker Diskussion, der dann offenbar unter dem Titel »Streitschrift« erschienen ist. Was wir beide diskutierten, erschien dort unter der Überschrift »Die deutschen Linken und die nationale Frage oder unsere Ölinteressen am Golf« – wobei »unsere Ölinteressen« in Anführungszeichen gehört hätten; ich setzte mich mit gewissen linken Tendenzen auseinander, Deutschland da an der Auseinandersetzung beteiligen zu wollen.

Diejenigen, die meine Vorlesungen hier von Anfang an verfolgen – weil: Dieser Punkt ist mir wichtig: unsere Ölinteressen – die werden sich erinnern, dass ich im Dezember 1990 und im Februar 1991 wieder hierbei auf das Entschiedenste gegen diese Golfkriegspolitik gesprochen habe. Ich habe in diesem Saal hier gesagt: Leider ist es politisch-psychologisch nicht möglich, für die Führer des Westens ein Nürnberger Tribunal einzurichten. Ich hatte hier Schriften ausgelegt von Johan Galtung, von Roger Garaudy und Alfred Mechtersheimer, die vor dieser verbrecherischen Politik, die Araber herauszufordern und gegen den Islam Krieg zu machen, gewarnt haben. Das war meine Position, was den Rahmen dieses Artikels betrifft.

Und dann war meine Grundposition seit der Wende - und ist es immer geblieben - eine in letzter Instanz optimistische Auffassung darüber, dass wir hier sowohl soziologisch als auch politisch eine Chance haben - dass das nicht unbedingt schief gehen muss, was hier gelaufen ist und was hier läuft. Und wir gerieten dann – Frank Schumann und ich – darüber sozusagen in einen freundschaftlich-kontroversen Dialog, an dem Tisch: Wie gefährlich – also, wie groß nun eigentlich diese faschistische Gefahr ist. Das war dort das Thema. Ich habe - soweit ich mich erinnern kann - die Aufzeichnung von unserem Gespräch dann nicht mehr autorisieren können. Ich weiß nicht, ob das Absicht war oder ob es Zeitnot war. Ich kann mich nicht mehr erinnern. Ich habe auch nie das Gefühl gehabt, der Frank Schumann will mir da etwas anhexen. Sonderbarerweise ist mir auch die gedruckte »Streitschrift« nie ins Haus gekommen, so. Aber solche Dinge können doch manchmal passieren. Also, nicht die Tendenz, will ich sagen, (...) Autorisierung betrifft, denn die deckt sich glatt - die hält sich ganz in dem Rahmen, der in der »Logik der Rettung« entwickelt ist, nämlich - begründet ist das dort, entwickelt - wie ich da Stellung genommen habe. Aber die etwas schlenkrige Ausdrucksweise eines Gesprächs, in dem man sich zunächst nicht missverstand, sodass man also einfach einmal etwas loslässt, nur - diese Ausdrucksweise hätte ich wahrscheinlich etwas regidiert. Jedenfalls war das Gespräch alles andere als darauf angelegt, eine Losung zu produzieren. Es war für eine (...) Streitschrift. Jetzt wird der Eindruck erweckt – also, eigentlich könnte man denken, ich reise immer auf rechten Versammlungen herum, um das dort zu verbraten. Komischerweise - die Rechte ist so blöd, was mich betrifft: es ist noch niemand bei mir gewesen, um mich aufzufordern, doch da einmal mitzuspielen.

(Zwischenruf)
Ist aber schade, was?

R. Bahro:
Ja, sehr, sehr - sehr, sicher.
Nicht ich bin es, will ich feststellen - nicht ich bin es, sondern es sind Leute wie Peter Kratz, die aus meiner Feststellung, dass es in den Volkstiefen nach einem »grünen Adolf« ruft. Das habe ich einfach wahrgenommen - und mein Ratschlag dazu, den Unterschied zwischen Grün und Braun zum Anlass für einen andern Umgang mit dieser Herausforderung zu nehmen: Das war und ist meine Konzeption. Die haben jedenfalls ein Schlagwort daraus gemacht, eine Forderung, um die man Leute sammeln könnte. Ich habe diese Sache niemals auch nur annähernd in der Form verbreitet, in der die mir da absichtlich angehängt wird. Ich habe nicht nur

nicht nach »grünen Adolfs« – Mehrzahl! Das schreibt er also völlig ungedeckt in seinem Artikel - ich habe überhaupt nicht gerufen.

Worauf ich, vom Gesprächsverlauf animiert, hinweisen wollte - und zwar linke Leute - war: Dass man vor lauter Furcht vor dem braunen Gespenst die Chance verpassen wird, angesichts der ökologischen Krise ganz anders als damals mit dem braunen Potenzial fertig zu werden. Ich war und bin der Meinung, dass nicht die Braunen nach Köpfen isoliert, sondern dass sie über ihre immer stärker auch vorhandenen grünen Bewusstseinsanteile integriert werden sollten, damit sie sich gar nicht erst extra sammeln.

Ich will hier etwas hinzufügen:

Ich habe mich wirklich auseinandergesetzt und das in der »Logik der Rettung« - das auch ausführlich getan: mit der Geschichte dieses Grün-Braun-Themas in Deutschland seit der Jahrhundertwende. Es hat auf diesem Berg, auf dem Hohen Meißner 1913 – also, kurz vor Weltkrieg 1 - ein Treffen gegeben, wo Lebensreform einerseits, als das grüne Thema, und Nationalismus im Hinblick auf den kommenden Weltkrieg - beides war natürlich drin in Deutschland und in der Jugend - wo das sozusagen völlig verflochten war und ich habe festgestellt, dass dann durch 1914 - durch 1918 - durch 1919 - das war 1923: Die Inflation - durch 1929: Weltwirtschaftskrise - durch vielleicht zum Teil auch Fehler linker Politik: Durch alles das zusammen die grünen Blätter verdammt braun geworden sind. Ich habe gesehen, dass die ökologische Konstellation in Bezug auf den Umgang mit diesem Ressentiment, das es im Volke gibt, völlig anders funktionieren kann, dass es zwei - insbesondere zwei große Vorteile in der jetzigen Situation gibt, die uns vielleicht versprechen - das ist der Punkt, dass sich Braun gar nicht selbstständig und groß formieren kann.

Der eine Punkt ist, dass Ökologie grundsätzlich die Projektionen verhindern - das ist im Gange, auf dass es das verhindert – also, vom Prinzip her jedenfalls; die Projektionsanderen sind schuld: Versailles, die Westmächte sind schuld, sondern - diese ökologische Katastrophe, an der wir basteln, ist hier - ist hausgemacht. Und weil wir es mit dem ökologischen Thema gar - dass Expansion, dass irgendwelche (…) ohne Raumgeschichten nichts mehr bringen, das heißt, dass der Aggression irgendwie also der Zahn gezogen ist - nicht dadurch, dass es da kein autoritäres Potenzial mehr gibt. Übrigens hat Michaela von (…), mit der ich gut bekannt bin, gezeigt: Es ist sehr reduziert in der Bundesrepublik gewesen - um 13 % reduziert, geht also um ein Gesamt von - ich glaube, von ungefähr 35 % waren 13 raus – also, ein Drittel von autoritärem Potenzial wurde psychologisch – also, sozial-psychologisch nicht mehr gemessen. Aber insgesamt glaube ich, dass es vor allem diese objektive Konstellation ist, die jetzt günstiger ist. Und der zweite Punkt in demselben Zusammenhang: Ich denke, dass diese Katastrophe, die sich die Deutschen da organisiert haben einschließlich des Niederschlags von 1945 trotz aller vordergründigen (...) keiten im Westen und trotz allen Wegschiebens des Problems durch - wir sind auf der Seite der Sieger (...) - bei diesen beiden Sachen da trotzdem - dass trotzdem - diese Niederlage war doch (...) als ideologisch. Da ist etwas angekommen - das heißt, es ist hier angekommen: Dass die Deutschen sich so ein Ding auf diese Weise nicht noch einmal leisten werden. Und es ist ein signifikanter Unterschied - deswegen finde ich das also ungeheuerlich, mich dort einzuordnen, jetzt. Es charakteristisch für die jetzige Situation, dass die deutsche Universität, dass die deutsche Intelligenz nicht so reagiert, jetzt - dass es mit SA kombinierbar wäre. Es war allein hier nie was als Faschismus, sondern - das Bündnis der Universität - ich sage es einmal verkürzt, jetzt: Der deutschen Intelligenzler - auch der literarischen – also, wegen der Stimmung in den so genannten deutschen Eliten, Garde der Intellektuellen und in dem SA-Potenzial: Das zusammen hat diese faschistische Bewegung in der Form möglich gemacht - und war halt auch die Katastrophe. Aber ich denke, nach 1945 und im Zusammenhang – also, mit dem ökologischen Punkt: Dass wir jetzt nicht in derselben Situation sind. Und das war mein Ausgangspunkt in der »Logik der Rettung«, das Thema so aufzuwerfen: Wäre es nicht möglich, davon auszugehen: Auch dort sind welche grün?. Die andere Seite - diese Linken, die mich jetzt anblaffen - die gehen davon aus, immer zu zeigen: Wo ist ein grüner Baum. Nicht die Hinweise sind unzutreffend - das sage ich überhaupt nicht, dass da der eine und der andere - wie Baldur Springmann, mit dem ich zusammen auf der Bühne stand, als die Grünen gegründet wurden: Das war halt ein Grün-Erbhofbauer, allerdings einer - ich habe sehr oft mit ihm geredet - der auch dieses gelernt hatte und der dieses Ding nicht noch einmal versucht hätte - und zwar nicht bloß, weil er (...) hatte, sondern weil er begriffen hat: Das war vom Grunde her falsch. Und: Was war das nun - hat er nicht gefragt - was mich da mitmachen ließ? Aber was ich gesehen habe, ist, dass es hier darum geht - das war meine Konzeption - mit diesen grünen Anteil im Bewusstsein von jedermann/-frau auch auf der Rechten jetzt so ins Gespräch zu kommen, dass man das, was da an Raum, an reaktionärem Ressentiment drin ist: Dass man das verhältnismäßig kurz halten kann und dass es also so gehen kann, jedenfalls, dass die nicht gerade durch Polemik und durch Ausgrenzung gezwungen werden, sich extra zu konstituieren. Konstituieren sie sich erst extra und läuft der soziale Topf in Deutschland vollends über, zusammen mit der Frage – also, wer will uns erstürmen, so - wenn sie ja im Volke da sind (…) - wenn das passiert, dann kommt natürlich der Auftrieb, wo wieder Massen sich aus deutschen Positionen - wenn sie erst einmal formiert sind, wenn (…) stehen können, sich sammeln - und ich war der Meinung: Das ist vermeidbar. Und ich glaube, dass es eine große Schwierigkeit insbesondere für die West(…) eigentlich ist – also, aus ihrer so berechtigten Konstellation von 1968 - wo sie erst einmal zeigen wollten: Unsere Alten alle zusammen haben nicht nur versagt, sondern sie haben sich nach 1945 davongeschlichen, haben sich mit der Sache nicht wirklich auseinandergesetzt. Aber - ich glaube also, dass es stehen geblieben ist - ein Teil, jedenfalls, bei dieser Linken, bei – also, beim Entlarven, bei der Abwehr von Tendenzen, bei einem Antifaschismus, der doch schon einmal nicht hinreichend war. Das ist eigentlich mein Argument: Der schon einmal nicht hinreichend war. Und nun fühlen sich gewisse Kreise in ihrer anachronistischen und niederlagengesättigten Art von Antifaschismus gestört und machen mich der Einfachheit halber gleich selbst zum Faschisten - weil es wohl nicht genügend richtige und geistig ernstzunehmende gibt - so.

Jetzt will ich mich mit Jutta Ditfurth in dieser Sache auseinandersetzen.

Ich will einigermaßen ausführlich darauf eingehen, wie die das mit mir macht. Ich will erst einmal etwas von ihr vorlesen, mit dem ich weitestgehend einverstanden bin - wenn ich auch denke, dass es nicht vollständig ist:

Was ist Faschismus, was Ökofaschismus

Das ist aus Juttas Buch, Seite 182:

Faschismus, wie zum Beispiel der deutsche von 1933 bis 1945, ist die extreme Herrschaftsform des Kapitalismus, in dem er als Möglichkeit, nicht als Zwangsläufigkeit angelegt ist. Faschismus ist die systematischste Form der Herrschaft von Menschen über Menschen. Er drängt danach, jeden Ansatz von Emanzipation einschließlich aller Organisationen der Arbeiterbewegung zu zerschlagen und die Produktion zu militarisieren mit dem Ziel der maximalen Ausplünderung und Unterwerfung der menschlichen Arbeitskraft für die Interessen des Kapitals. Faschismus beinhaltet die biologistisch begründete Definition von »unwertem« oder »minderwertigem« menschlichen Leben. Seine eugenische Definition von Leben führt zur Annahme von biologischen Eliten. Faschismus ist ohne Rassismus – und darin als besondere Erscheinung, der Antisemitismus – nicht denkbar, und er kommt ohne starken, repressiven Staat nicht aus.

Ich will einmal für die weitere Vorlesung - ich will einmal die Menschen, die hier im Saal sind, einfach fragen: Welches dieser Kriterien, die Jutta hier nennt, irgendwas mit dem, was ich hier seit zweieinhalb Jahren - zu tun haben könnte – denn: Ökofaschismus; Faschismus - so.
(Zwischenrufe)

Faschismus, Antisemitismus nicht denkbar und er kommt ohne starken, repressiven Staat nicht aus.
Dieser will die totale Kontrolle über alle, auch die privatesten Lebensäußerungen. Die Formen können sich historisch bis zur Unkenntlichkeit vermischen: vom sichtbaren Blockwart bis zur unsichtbaren, legalisierten, vernetzten Hightech-Überwachung.
Faschismus ist eine patriarchal-kapitalistische Herrschaftsform, die militant gegen Abweichungen von herrschenden Normen vorgeht. Opfer sind zum Beispiel Schwule, Lesben oder KünstlerInnen. Das faschistische Dogma vom unwerten Leben und der höherwertigen »arischen Rasse« oder europäischen Zivilisation verbindet sich mit der Kontrolle der privatesten Lebensäußerungen im Frauenbild des Faschismus. Faschistische Herrschaft verlangt die Steuerung der Bevölkerungsentwicklung, den Zugriff auf die menschliche Reproduktion, ob in Gestalt von Zwangssterilisierung, als »arische Menschenzucht« (»Lebensborn«) oder in der modernen Gen- und Reproduktionstechnologie.

Soweit Faschismus. Jetzt kommt: Was ist Ökofaschismus? – Das lese ich nicht im Einzelnen vor, sondern das ist - also, das Buch von Jutta Ditfurth ist auf dem Markt – wenn ich das hier vorgelesen habe, dann nur aus methodischen Gründen, darum geht es mir nämlich. Ich lese nur den Anfang vor, ich lese den Anfang vor – den methodischen Anfang von Jutta, mit dem ich auffällig übereinstimme:

Im Ökofaschismus, dem ökologisch modernisierten Faschismus, erkennen wir alle genannten Elemente faschistischer Herrschaftsform, zum Teil in ökologisierten Begründungszusammenhängen, wieder.

Wenn das so ist - und die Jutta hat hier Recht, glaube ich - dann müsste man doch davon ausgehen, dass, wenn jetzt irgendein Schlagwort auftaucht, das u. a. ökofaschistisch auch tatsächlich gemeint und benutzt werden kann – in meinem Fall, jedenfalls, wäre hier die Voraussetzung - von Juttas eigener Methode her - dass zuvor feststeht: Das ist Faschismus und jetzt wird er weiterentwickelt - und das Ökologische wird auf dieses faschistische Fundament noch draufgesetzt, um es zu verstärken.

Ich bin absolut sicher, dass es - sämtliche Grundlagen, von denen ich mit meiner »Logik der Rettung« ausgehe - und erst recht, was ich hier jetzt gemacht habe, weil ich für die politischen Konsequenzen bisher in diesem Saal noch gar nicht gesprochen habe, sondern - ich habe bisher hier Grundlagen ökologischer Politik entfaltet, dass da – also, vom Grunde her es überhaupt nicht denkbar ist - und dass selbst, wenn zum Beispiel jetzt Jutta Ditfurth - um nur eins zu erwähnen: Wenn jetzt Esoterik - was immer sie darunter versteht, darüber könnte man dann diskutieren - wenn Esoterik also auch für Faschistisches benutzt werden kann - das mag ja sein, aber - der Umstand, dass ich mich für Esoterik interessiere: Wenns dem so wäre, dann wird es sowieso problematisch, weil - Esoterik hat jedenfalls damit zu tun - da gibt es dann eine Linie, während ich hier immer alles offen ausgelegt habe, was wir je betrieben haben. Aber gut, Esoterik: Es kann nach dieser methodischen Konzeption hier, die Jutta verbreitet hat, nicht wahr sein, dass man deswegen, weil man jetzt esoterisch ist oder irgendwas anderes macht, was sie für gefährlich hält - mag ja sein, dass das mit dem Wort Faschismus kombiniert wird; sie macht das in ihrem Buch gegen die Methode, die sie hier am Anfang entfaltet hat - und ich bin einfach mit dieser Methode nicht einverstanden. So, Punkt - erst einmal das.

Jutta Ditfurth hat - obwohl wir uns lange kennen - überhaupt nicht wahrgenommen, dass ich im Unterschied zu ihr insbesondere Theoretiker bin. Ich meine jetzt hier, ich sage insbesondere Theoretiker - wenn jemand Theoretiker ist – wenn ich jetzt dieses dicke Buch »Logik der Rettung« geschrieben habe, dann - soll mich nicht aus zitierten Zitaten - das will damit sagen - und aus kleinen Artikeln hauptsächlich zitieren. Leider macht sie das. Das ist der Grund, weshalb (...) Theoretiker sind. Sie setzt sich auf Grund von Bruchstücken, die sie sich größtenteils - großenteils nicht einmal selbst aus meinen Sachen zusammengeklaubt hat, überaus vordergründig mit mir auseinander. Aus den Literaturangaben ihres Buches »Feuer in die Herzen« geht hervor, dass sie mein zweites Hauptwerk »Logik der Rettung«, an dessen Verfälschung die ganze Kampagne anknüpft - dass sie das nie auch nur aufgeschlagen hat. Das ist eindeutig aus dem Literaturverzeichnis. Wie ich sehe, kennt sie gar nicht das Anliegen – also, das ich in mir entwickelt habe, warum ich die Frage stelle, die Anregung meiner Auseinandersetzung mit der Grün-Braun-Problematik - sodass sie auf die systematischen Verfälschungen hereinfallen muss, deren sich bestimmte Leute extrem rechts wie extrem links – wie sich die Bilder gleichen – befleißigen, weil sie der Mut meiner Analyse erschreckt. Wie üblich wird der Seismograf für das Erdbeben verantwortlich gemacht.

Juttas Recherche ist - jedenfalls mich betreffend - ausgesprochen schludrig, unzuverlässig, oberflächlich. Sie verbreitet sich über die Lernwerkstatt Niederstadtfeld, ohne sie jemals betreten zu haben, schreibt mir, der ich dort erst 1988 zuzog, ihre in Wirklichkeit fünf Jahre frühere Gründung zu: 1983: ich habe sie gegründet, bestimmt zu Zwecken - zu bösen.

Über meine hiesigen Vorlesungen erlaubt sie sich aus der Ferne, auf bloßes Hörensagen hin, folgendermaßen zu urteilen:

StudentInnen von Bahro berichten – »StudentInnen«: Das ist das große Buch – also, (...) – berichten, dass seine Veranstaltungen zweisemestrig sind und dass er im ersten Semester ostdeutsche StudentInnen mit seiner scheinbar linken radikalen Industriekritik fasziniere, die dann in der zweiten Hälfte in abstoßend esoterische Positionen boomte.

(Beifall, Gelächter)

Und dann kommt:
   (Zwischenrufe)

Wir können das nachvollziehen, wenn wir Bahro lesen.

Dass ich nur scheinbar links und radikal bin, haben die Gewährsleute sicher schon in die Vorlesungen mitgenommen. Jedenfalls müssen, meine ich, jeden Montag, Hunderte HörerInnen hier entweder geschlafen haben oder sie waren zu dumm, sie zu bemerken oder sie hat ihnen gar gefallen, meine völkisch-esoterische - völkisch-esoterische Position, damals.

Sie können sich es aussuchen. Aber, wie gesagt - Jutta Ditfuhrt hat mich gar nicht gelesen und wo sie aus diesem - nicht von mir autorisierten - Text versteht, die Linke sei sich über die Notwendigkeit - so stellt sie das dar - völkisch-autoritärer Strukturen nicht bewusst. Also, Notwendigkeit heißt immer: sie musste sein - habe ich tatsächlich gemeint - Programme und Strukturen, mit denen noch etwas zu machen wäre, müssten auf diese Verfasstheit im Volke reagieren. Das heißt, ich halte es für notwendig, sich auf diese Sachen einzulassen, statt auszubremsen. Sonst ist es unmöglich, irgendwie damit fertig zu werden.

Zum Glück ist das erste Semester vollständig dokumentiert. Wenn mich nicht alles täuscht, steht schon da - und nicht erst im zweiten - viel für diese Leserin (ich meine, für Jutta) »Esoterisches« drin. unter anderem eine Vorlesung über Fichtes Satz »Gott allein ist, und außer ihm ist nichts«. Und von dem zweiten Semester haben wir leider nur die Tonbänder. Es war - konkreter als das erste - den Grundlagen ökologischer Politik gewidmet. Ich dokumentiere es mit der Liste der angekündigten und absolvierten Themen.

Am Ende des zweiten Semesters sprach Ministerpräsident Kurt Biedenkopf über eine Wirtschaftsordnung für die bewegte Erde. Also, dieses zweite Semester - »völkisch-esoterische Positionen«: Die Themen, die ich dort behandelt habe – Selbstausrottung und Emanzipation, der Krieg der westlichen Werte - das war über den Golfkrieg, das war das Thema der ersten Vorlesung in diesem Semester, in diesem Sommersemester – also, Februar - und dann: das Gespenst des Fundamentalismus. Da bin ich davon ausgegangen, dass der Fundamentalismus (…) islamischen Länder ist, dass das eine Konzeption ist, die erstens wir durchlöchert haben - das ist die Antwort auf etwas, was wir liefern - und zweitens wird es als Feindbild weit ausgebreitet. Das war das Thema meiner ersten Vorlesung im zweiten Semester. Die zweite Vorlesung, »Umkehr in den Metropolen. Bewusstseinsrevolution als Schlüssel und Medium, ihre Quelle und ihre Dimension« – Umkehr in den Metropolen – bis ins Materielle. Drittens: Wie ist ökologische Politik denkbar? Gibt es eine Vermittlung zwischen »anthropologischer Revolution« – also, zwischen den Tiefenkräften der menschlichen Existenz - und sozialer Neuinstitutionalisierung? Dann kam ein ganzer Abschnitt über »Herrschaft und ökologische Krise«, Grundstoff Patriarchat - da haben drei Frauen nacheinander hier gesprochen über diese Thematik. Dann kommt »Aspekte der Umkehr in den Metropolen«. Der erste war »Basisgemeinden der neuen Ordnung – der kommunitäre Ansatz«. Ich habe hier viel darüber gelesen - und ich setzte mich ja in der DDR auch dafür ein, der Ex- - dass kommunitäre Entwicklung zustande kommt. Dann hat Gerda Jun gesprochen über »Kindheit und ökologische Krise; Familie und Schule«. Dann hatte ich gesprochen über »Glauben in der ökologischen Krise – der Dialog der Kulturen« - darum ging es hier -; dann - über »Wissenschaft und Apokalypse« hat Jochen Kirchhoff gesprochen – und dann über »Bürgerbewegung und Staat in der ökologischen Krise. Der Fürst einer ökologischen Wende«. Was es mit dem Thema »Fürst« auf sich hat, darüber kommt noch etwas. Und dann habe ich praktisch zusammengefasst - und zum Schluss kam Kurt Biedenkopf.

Jutta Ditfurth hat sich also einfach einmal informiert. Sie hat dann Leute, die vielleicht zwei- dreimal da waren, die dann - in der zweiten Häfte abstoßend völkisch-esoterische Positionen vertreten - so. Ja – also, ich bin absolut – also, nein - ich wollte noch sagen: Biedenkopf, Kurt Biedenkopf hat über die Wirtschaftsform für die gelebte Erde gesprochen. Und seine Quintessenz hier, Biedenkopfs Quintessenz, war der Gedanke, dass die bislang im Westen praktizierte Ordnung und Lebenswandel nicht verallgemeinerbar ist – also, sowohl aus ökologischen als auch aus sozialen Gerechtigkeitsgründen auf Dauer unhaltbar ist.

Ich bin absolut sicher, dass diese Haltung repräsentativ für den Geist meiner ganzen Vorlesungsreihe war.

Jutta Ditfurth muss, damit sie auf »völkisch-esoterisch« kommen konnte, per »Stille Post«, irgendeinen Satzfetzen vernommen haben, auf den die starken Batterien ihrer Vorab-Urteile schon gewartet haben. Komischerweise habe ich im vorigen Semester, wahrscheinlich zu Tarnungszwecken - im Hinblick auf Horde, Stamm, Volk, Nation - das heißt, ich habe über diese völkische Problematik hier gesprochen - begründet, warum diese - allerdings tiefer als spätere Klassencharakteristika - sitzenden Identitäten - das heißt, das ist meine Überzeugung: Dass diese Sachen, die da drin sitzen im Menschen, diese Identifikation – also, die klassenmäßige - diese Identitäten letztlich durchbrochen und überwunden werden müssen – habe ich ganz ausführlich hier entwickelt. Aber eben darum, sagte ich, dürfen sie weder ignoriert noch diskriminiert werden, weil - dann geht es nicht, dann treibt man auseinander - und man kann dann nicht mehr heran. Es ist halt »esoterisch« (und daher verwerflich) anzunehmen - sage ich einmal jetzt - dass eher Reinigung als Verdrängung dieser gewichtigen Bewusstseinsanteile als Weg infrage kommt. Ich denke, dass Reinigung dieser Bewusstseinsanteile, wenn sie nun wirklich da sind, der Weg ist, um damit fertigzuwerden.

Zu mehr als einer platt polemischen Anmache, die sich der Substanz meiner Position nicht eine Sekunde stellt, reicht es nicht bei einem Stil der geistigen Arbeit, der exakt dasselbe Niveau wie bei diesem Schweizer Verein für Psychologische Menschenkenntnis hat. In meiner Dokumentation stelle ich dessen Entlarvung meiner Position als »linksfaschistisch« neben den Artikel von Jutta Ditfurths Gewährsmann Roger Niedenführ. Falls mein Schluss auf die psychologische Verwandtschaft der beiden Leistungen abgewiesen wird, bitte ich um andere Erklärungen für die Gleichartigkeit der ebenso armseligen wie bösartigen Methode. Die ganze »linke« Kampagne ist in ihrem Kulturniveau einerseits der SED-Presse und andererseits dem unteren Durchschnitt der Medienlandschaft verpflichtet und übertrifft die letztere an systematischer Hetze und Verleumdung gegen mich, einen in der Tat ein wenig anders Denkenden.

Jutta Ditfurth weiß aus eigener und passiver Erfahrung, was alles man mit Zitaten - und mit passiver Erfahrung meine ich als Leidtragender, als Verleumdeter: Was alles man mit Zitaten und überhaupt an Entstellung, Unterstellung, Diffamierung leisten kann. Und sie verlässt sich in der Auseinandersetzung mit mir auf nicht bloß tendenziöse, sondern positionsverfälschende Collagen - wie die von Niedenführ und Kratz. Um es einmal an Kratz zu zeigen - das ist mir jetzt wichtig - wie das gearbeitet ist, will ich dessen Artikel »Bahros ›grüne Adolfs‹«, der in der einschlägigen Szene unausgesetzt kolportiert wird, einmal vornehmen und zeigen, wie der arbeitet.

Ich nehme zwei Beispiele, wo er nicht nur durch Zuordnung und Auslegung jenseits meines Zusammenhangs, sondern explizit fälscht. Ich sage nicht, dass alles in diesem Artikel explizit gefälscht ist – also, (…) schon - der Zusammenhang ist immer falsch dargestellt, aber - ich will zeigen, wie der Mann wissentlich fälscht.

Ich habe mein Konzept vom »Fürsten der ökologischen Wende« mehrmals in der »Logik der Rettung« einzig auf den italienischen kommunistischen Führer und Denker Antonio Gramsci gestützt und dabei Marx und Lenin im Spiel gehabt. In Gramscis Schriften aus Mussolinis Gefängnis ist die Kommunistische Partei als »kollektiver Intellektueller« (…) dahinter - als kollektiver Intellektueller der moderne Fürst. Fürst, das geht zurück auf Macchiavellis Werk »Der Fürst« - und Macchiavelli hatte damals gefunden, Italien müsse sich jetzt (…) Krieg der Stadtstaaten herausfinden - also brauchte man einen Condottiere, einen Fürsten. Und Gramsci hatte gesagt - ich nehme einmal diesen Begriff, dieses Konzept -: »Aber ich suche nicht einen Condottiere, sondern ich suche die Lösung für dieses moderne Problem - und frage nach der Kommunistischen Partei unter dem Thema »Der Fürst« - so. Die Kommunistische Partei: Der moderne Fürst bei Gramsci – ohne auch nur den geringsten Anhaltspunkt schreibt der Kratz, ich hätte das Konzept »beim faschistischen Ideologen Julius Evola abgekupfert«. Es wäre ja interessant - es mag ja wirklich bei Evola auch so etwas Ähnliches stehen, aber - dann wäre das nur der Beweis – daran bin ich insgesamt eigentlich für den Diskurs interessiert – dass ein und dasselbe Moment im Diskurs in völlig verschiedenen Zusammenhängen Bedeutung haben kann. Ja, ich habe es riskiert, altmodische Begriffe zu benutzen. Auch das Kaiser-Thema habe ich angerührt, weil mir scheint, dass wir also bis in die tiefsten Tiefen mit dem historischen Stoff umgehen müssen. Aber es ist ein ungeheuerer Unterschied, die Konzeption von Evola - bin schon irgendwie damit bekannt, was der macht. Ich habe sein Buch über den »(…)« gelesen, aber - es ist schon klar (…) – Evola - die tatsächlich ganz extrem verletzend faschistisch ist, aber - ich habe dieses Konzept von Gramsci und es steht mit keinem Wort »Evola« - weder im Literaturverzeichnis noch im Text. Er weiß, ich hätte das Konzept bei Evola - das war das eine Beispiel -

das andere: Da gibt er vor, mich zu zitieren - und jetzt zitiere ich erst einmal seinen Satz: »Man müsse auch heute« - und jetzt kommt das Kunstzitatstückchen – also, in kleinen Anführungszeichen - »man müsse auch heute die braunen Anteile im deutschen Wesen« - das ist dann nicht mehr sein Wort – »freisetzen«.

Also man müsse die braunen Anteile im deutschen Wesen freisetzen, das soll ich sein. Man müsse die braunen Anteile im deutschen Wesen freisetzen (Seite 399). Nichts zitiert als die »braunen Anteile« und »freisetzen«. Ich bringe nun erst einmal den ganzen Satz, aus dem die Bruchstücke stammen. Er lautet folgendermaßen - und zwar, nachdem ich zuvor - sagte ich schon - um - das aktuelle Kräfteverhältnis von Grün und Braun in der sozialen Bewegung dieser letzten Zeit behandelt habe. Dort steht mein Satz:

Da diesmal Grün die insgesamt stärkere Instanz ist (jedenfalls, wenn wir kühn damit umgehen), können wir uns die Aufgabe stellen, unser Grün mit dem des Gegenpols zu assoziieren und – nun gebe ich zusätzlich in dem Zitat davor, mein - mein Zitat davor – auf dieser Grundlage die braunen Anteile herunterzuarbeiten bzw. ihre Energie freizusetzen und neu zu programmieren.

Das ist mein Satz.

(Unruhe im Saal)

Auf dieser Grundlage die braunen Anteile herunterzuarbeiten bzw. ihre Energie freizusetzen, neu zu programmieren.

(Zwischenruf)

Reden Sie nun über ZEGG oder über Jutta Ditfurth?

R. Bahro:

Ich rede heute über zwei Themen – über Sekten und über Ökofaschismus.

(Zwischenrufe – unverständlich)

Es ist wohl schon so aus diesem einen - allerdings ganzen - Satz sichtbar, dass er Teil einer Überlegung ist, wie man etwas leisten könnte, was sich ein den eigenen Schatten verdrängender bloßer Antifaschismus - der nichts weiter ist - gar nicht vornehmen kann - nämlich: Das braune Potenzial aufzulösen statt es wider Willen konfrontativ mit aufzurüsten. Auflösen des braunen Potenzials ist meine Konzeption.

(Beifall)

Das zum Ersten und zum Zweiten - was dieses Wort »Freisetzen der braunen Anteile« betrifft.

Wer auch nur die geringste Ahnung von den Elementargründen der Psychoanalyse hat - die heute zur Allgemeinbildung gehören - weiß, dass »Energie freisetzen« in dieser Konzeption meint, die Energie von ihrer bisherigen Fixierung zu befreien. Sonst könnte ich doch nicht vorschlagen, eben im über die grüne Schiene vermittelten Kontakt mit dem andersdenkenden Gegenüber »die braunen Anteile« herunterzuarbeiten bzw. ihre Energie freizusetzen.

Das sind für mich analoge Dinge – herunterarbeiten; freisetzen – im Sinne von: Auflösen; im Sinne: von der Fixierung befreien.

(Zwischenruf – unverständlich)

Und damit es nicht wirklich unabsichtlich missverstanden werden kann (Zwischenrufe), deshalb habe ich geschrieben, Energie freizusetzen und neu programmieren - und neu programmieren.

(Zwischenrufe)

Peter Kratz kann sich in seinem Entlarvungskampf gegen mich nicht gerade sicher sein, wenn er es nötig hat – und wäre es auch nur in diesem einen einzigen Falle – diese meine Position so wiederzugeben, wie ich sie nun noch einmal zitiere:

Bahro verlange, man müsse auch heute ›die braunen Anteile‹ im deutschen Wesen freisetzen.

- Das sind Methoden, sage ich euch.

Ich frage aus Anlass dieser Fälschung: Warum macht sich nie ein einziger Mann, eine einzige Frau aus diesem Spektrum die Mühe, vor der Kritik wenigstens einmal meinen konzeptionellen Zusammenhang zu rekonstruieren, den auseinanderzunehmen - das mag ja sein - anstatt mich nur in dieser blödsinnigen Art zu verdächtigen. Sie bringen es nicht einmal für diese Grün-Braun-Problematik, die ich in einem Exkurs meiner »Logik der Rettung« auf S. 388 ff. behandle. Das ist sowieso der einzige - das ist die Stelle, um die sich da alles dreht, S. 388 ff, weil - es ist, falls man gelten lässt, dass es um ein selbst konsistentes theoretisches Werk und nicht um Zeitungsinterviews geht, nur korrekt möglich, das nachzuvollziehen, wenn man zuvor die ganze Idee realisiert, die dem Buch zugrunde liegt. Aber wenn es die wenigen Ideologen, die es gelesen haben - Niedenführ, Kratz, Raimund Hethey - der übrigens vernünftiger damit umgegangen ist - gerade mich analysieren und trotzdem verreißen wollten, könnten ihrer Klientel natürlich keine Auseinandersetzung mit der Substanz empfehlen. Ich sage zu dieser Klientel, sie wird da schlecht behandelt. Und um zu ihr zurückzukehren - zu Jutta, meine ich: Besonders verantwortungslos von der auch in meinen Augen eigentlich sehr ehrenwerten Jutta Ditfurth ist das, dieses Lager könnte sein im Antifaschismus – (...) - den Anti- insgesamt unzulänglich und zu erneuten Niederlage verurteilt erscheint, immerhin qualifizieren, wenn sie sich mit dem auseinandersetzten, was ich zusammenhängend entwickelt habe.

Das empörte Weiterreichen von Satzfetzen und die ganze Feindbildmalerei würden dann entfallen - Meinungsverschiedenheiten würden sicher bleiben. Die sind schon wegen der unterschiedlichen geografischen Einstellung auf die nationale Konstellation - auf das ganze nationale Thema, auf das Thema Deutschtum, Deutschland und so - unvermeidlich. Wir waren in der DDR nie national-(...), hatten keine Schwierigkeiten, vom »deutschen Volk« zu sprechen und ihm auch noch etwas anderes zuzutrauen als braunes Ressentiment, und wenn - wenigstens auch durch die Umdeutung, die das »Deutschland, einig Vaterland« unserer Nationalhymne 1989/90 erlebt hat, nicht erledigt. Jedenfalls hat das Zentralorgan der SED nicht zum Spaß »Neues Deutschland« geheißen. Und was meine Voreinstellung auf den Umgang mit »Braun« betrifft: Ich habe meine Diplomarbeit an dieser Universität einzig über Johannes R. Bechers antifaschistische Deutschland-Dichtung geschrieben. Als der dann (...), von den Nazis vertrieben, in seinem Holzhaus bei Moskau saß und politische Sonette schrieb, hat er bedauert, dass wir – die deutschen Kommunisten – uns zu wenig und erst ab 1929 - zu spät auf Deutschland - wie er es nun aus weiter Ferne beschwor - eingelassen hatten. Mit wem alles haben ich nicht gesprochen, fragte er sich. Zu wenig haben wir den (...) -eine seiner

Zeilen - das war seine Quintessenz. Und der Zusammenschluss deutscher Soldaten in den sowjetischen Kriegsgefangenenlagern hieß nachher »Nationalkomitee Freies Deutschland« und selbst Brecht kämpfte seine (...) gegen Becher. Aber auch die Haydn-Melodie - berühmte Kinderhymne (singt den Text) - Beifall –: Das war die Idee der Deutschen Demokratischen Republik.

Von Jutta Ditfurth erwarte ich allen Ernstes noch eine wirkliche Auseinandersetzung mit meiner Position - und zwar nicht nur den thematischen Ausschnitt »Grün und Braun«, sondern den gesamten Horizont betreffend. Ich lade sie für das kommende Herbstsemester zu einer zweistündigen Vorlesung hierüber in dieses Auditorium maximum ein.

(Beifall)

Die wirkliche Differenz, die sie, wie ich es sehe, nicht aushalten, sondern mit dem Schlagwort »Esoterik« abtun will, betrifft einfach die spirituelle Dimension der menschlichen Existenz überhaupt - und von Politik, die diesen Namen verdient, insbesondere, betrifft die Frage nach dem Stellenwert - eigentlich nach der Wirklichkeit dieser Dimension - ob wir Wirklichkeit zu kommen und wenn ja: Ob es überhaupt denkbar ist, dass das dann hauptsächlich eine negative wäre. Wenn das wirklich so wäre, könnten wir aufhören.

Sie zitiert also locker ihre Abrechnung mit mir und dem wiederum verschieden denkenden Rainer Langhans; ein Hinweiszusatz auf die spirituelle Gründung des Nationalsozialismus und Hitler jedenfalls sieht das in seiner Aussage – meiner Meinung nach mit Recht – als eigentliche Stärke seiner Bewegung. Und dann geht sie davon aus - nicht etwa, dass man dem Faschismus auf diesem Feld auch etwas entgegenzusetzen haben sollte – nein: man muss sich selber auf Politik ohne den Diskurs zu solchen Tiefenkräften beschränken. Das denke ich.

Dann hat man wahrscheinlich größere Aussichten, »Das Reich der niedren Dämonen« - das ist ein Buchtitel von Niekisch - aufzuhalten.

Sie erklärt mir allen Ernstes – ich zitiere:

Die unpolitische New-Age-Szene - ihr Zitat – (...) zuschwebt - wieder ihr Zitat - politisch zuzuspitzen, dies geht nur nach rechts, Richtung Ökofaschismus.

Ja, wenn das so ist, dann ist natürlich klar: Wenn ich irgendwas mit Esoterik, mit Spiritualität am Hute habe, dann braucht man eigentlich nicht mehr weiter zurück – ist schon klar: Ökofaschismus.

Vermeidung also der ganzen Sphäre, der spirituellen Sphäre, weil - ich sage jetzt einmal: Ich bin ja sowieso nur Berliner in Köln – versteht ihr das richtig? – also,

Meister Eckhart etwa - in ihrem Text - Deutschlands größter Mystiker: Dem Nationalsozialisten Alfred Rosenberg gehörig - so geht sie damit um. Auf Eckhart (…) und den jüdischen Ränkesozialisten Gustav Landauer - der Eckhart seinerseits verdeutschte - macht Jutta Ditfurth gleich noch mit fertig. (…) - Ich bin freilich bereit, noch ganz andere Geister - Gustav Landauer steht uns sehr nah - den Martin Heidegger, Karl Schmidt oder Ernst Jünger erst einmal zu lesen, mich dem Stoff zu stellen, den sie aus ihrer Art kompakt mit der Wirklichkeit aufwerfen und mich mit dieser Position auseinanderzusetzen - anstatt sie in mehr als einer Hinsicht leichtfertig zu ignorieren, um sie an (…). Übrigens, wenn es da heißt, da unten spricht man nicht, übrigens wünscht ich ja meinerseits auch nicht, für meine langjährigen und bei aller Selbstkritik vom Grund des Engagements her und unbereuten Kommunismus verteufelt zu werden.

Diese ganze, offenbar unausrottbare Masche der detektivischen Adressbücher und schwarzen Listen – da steht immer drin, wer aus welchem finsteren Loche kommt - und wenn man dann korrespondiert oder irgendwas damit zu tun hat, ist man selber finster. Mit wem all man nicht umgehen würde ist, gelinde gesagt, hanebüchen.

Da gibt es Leute, die jeden Kontakt mit falschen, unerlaubten Partnerinnen, die jeden Kontakt mit solchen Partnerinnen aus diesem Lager registrieren wie ein ehrenamtlicher Geheimdienst.

Ich habe Freundschaften und sehr geschätzte (…) - ganz anders als ich selbst. Sogar nach der kaiserlichen politlosen (…)theorie. Wenn ein Mann wie mein Freund Alfred Mechtersheimer – ich habe dazu sein neues Buch »Friedensmacht Deutschland« – wirklich auf eine Weise nationalistisch sein sollte, die ich nicht teile, (…) - überein. Ich habe zum Beispiel viel zu gern –

- meine Konzeption -
(Zwischenruf)

Aber das ist kein Grund, das alles zu verteilen.

R. Bahro:

Manche halten das nicht für möglich. Natürlich helfe ich Alfred Mechtersheimer, seine interessanten Gedanken bekannt zu machen. Sicher wird ein Mensch wie ich, wie ich - ohne neurotische Schwierigkeiten mit meinem Deutschsein, mit dem Thema Heimat, mit dem Thema Spiritualität - da leichter Zugang finden für solche Gespräche, aber - es ist und bleibt eine Frage der politischen Einstellung. Wenn man bestimmte Kontakte als solche fürchtet wie der Teufel das Weihwasser, ist ja meist willkürliche Ausgrenzung des anderen ins Böse schon vorausgesetzt. Aber wahrscheinlich gilt die Furcht vor allem der Gefahr, von der eigenen Klientel gesehen und diffamiert zu werden. Dass es nicht ganz ungefährlich ist, lässt sich an der Kampagne ablesen, deren Gegenstand ich gerade bin - so.

Ich habe das, was ich heute herüberbringen wollte - meine Einstellung zu den Themen Sekten und zu den Themen Ökofaschismus - in der Art und Weise, dass man den Zusammenhang verstehen kann und nicht bloß an den einzelnen Geschossen sich orientieren muss: Das habe ich absolviert.

Jetzt sind hier 10 bis 15 Minuten Pause und anschließend können wir diskutieren.

(Beifall)

(Diskussion)

(Zuhörerin)

Ja - ich wollte einmal wissen, warum Sie ZEGG eingeladen haben, ob Sie irgendwas von den Inhalten wissen - und wenn Sie sich dazu jetzt äußern, würde ich - glaube ich - gern konkrete Fragen dazu stellen. Aber ich will jetzt zu dem ganz konkreten Programm, von den demagogischen Materialien hier – von ZEGG, etwas von Ihnen hören.

R. Bahro:

Ich habe hier ein neues Flugblatt vorgefunden zur heutigen Veranstaltung (...) der FU - der ganze Scheiß kommt aus dem Westen.

(Beifall)

Diese bestimmte Sorte Linke ist gründlich kolonialistisch.

(Beifall)

Und darüber, was ich vom ZEGG weiß, habe ich in meiner schriftlich hier vorliegenden Erklärung genug gesagt.

(Zuhörerin)

Was sagen Sie z. B. dazu, dass Kindesmisshandlungen geleugnet werden und dargestellt werden als Intrigen von Feministinnen, die sich nur ihren Job sichern wollen? Was sagen Sie dazu, wenn das Frauenbild von ZEGG so ist, dass Frauen immer nur »nein« sagen und doch »ja« meinen? Was sagen Sie dazu? Ich kann Ihnen ganz konkret, wenn Sie wollen, aus den ZEGG-Zeitungen etwas heraussuchen. Und ich bin auch nicht aus dem Westen und ich bin auch nicht Scheiße und ich möchte es jetzt ganz genau von Ihnen wissen.

R. Bahro:

Mit den Kindesmisshandlungen usw. vermute ich, dass das auch so eine Projektion der Sache von der Mühl-Kommune auf das ZEGG da ist. Ich kenne die Leute gut genug, um zu wissen, dass das dort nicht auf dem Programm steht. Und was das Übrige betrifft: Da wäre es einfach gut, den Zusammenhang, in dem die denken, einmal wirklich wahrzunehmen anstatt - ist ja wieder dieselbe Masche – also, irgendwelche einzelnen Aussagen, einzelne Sätze herauszunehmen und zu der Ideologie des ZEGG zu erklären.

(Zwischenruf)

Waren Sie schon einmal dort, im ZEGG, haben es schon einmal angeguckt?

R. Bahro:

Das habe ich doch vorgetragen, dass ich im ZEGG noch nicht war, aber die Bauhütte gut kenne - und das Buch von Dieter Duhm, das kann ich empfehlen, »Aufbruch zur neuen Kultur«. Das ist das Grundkonzept gewesen, das die Bauhütte und das ZEGG miteinander verbindet. Die machen da nichts anderes - da bin ich ganz sicher - als das, was ich dort drei Wochen lang kennengelernt habe, in der »Bauhütte« im Schwarzwald –

(Zwischenruf - unverständlich)

R. Bahro:

Sie jedenfalls wissen nichts - das ist mir ganz klar.

(Zuhörerin – unverständlich)

R. Bahro:

Ich denke, dass ihr hier kolonisiert.

(Zuhörer)

Also, zum Ersten - Kolonialismus: Was das ZEGG gemacht hat, ist auch Kolonialismus. Das ZEGG ist aus Westen in Belzig eingefallen - anders kann ich es nicht bezeichnen. Die haben dort gesagt, sie würden über 30 Arbeitsplätze für Leute schaffen: Sie haben sie tatsächlich geschaffen - aber an Leute aus dem Osten sind nur die drei Jobs im Heizkraftwerk gegangen, die anderen wurden mit Leuten aus dem Westen besetzt.

Zum Zweiten: Ich bin nicht direkt vom (…) FU, aber ich bin Mitarbeiter der Sekten-AG da. Wir kritisieren ZEGG - das ist richtig. Ich möchte allerdings auch sagen, dass das Hausverbot, das hier ausgesprochen worden ist, nicht unserer Meinung und unserer Linie entspricht. Damit schafft man vielleicht Märtyrer - aber es sind staatliche Repressionsmaßnahmen.

Was man in solchen Gruppen machen muss, ist ein offener, kritischer und möglichst - und das auch an (…) - nicht polemischer Dialog über die Inhalte.

(Beifall)

R. Bahro:

Können Sie mir vielleicht bestätigen, dass die ganze Konstellation, in der man sich polemisch verteidigen muss, nicht von mir gemacht worden ist?

(Zwischenruf)
Sie brauchen aber nicht darauf einzugehen.

R. Bahro:
Worauf brauche ich nicht einzugehen?

(Zuhörerin)
Auf die vielleicht von einigen Leuten vorgetragene Polemik.

R. Bahro:
Auf das Verbot von Veranstaltungen und auf lauter Verleumdungen. Das Flugblatt, das der (…) der TU oder FU - weiß ich nicht genau -

(Zwischenruf)
Es ist nicht vom -

R. Bahro:
Na gut, dann ist es von (…) gezeichnet, besteht aus lauter Verleumdungen.

(Zwischenruf)
Es ist nicht vom (…) - Darf ich bitte das Original vorlesen?
Ich lese jetzt das Original vor:
Missbrauch
Ein strategisches Konzept (…). Mit dem Thema »Sexueller Missbrauch von Kindern« ist nun endlich ein Slogan gefunden worden, unter dem man alle Frauen vereinigen konnte. Das war ein fortschrittliches strategisches Konzept. Es existiert also kein Missbrauch, es muss von Feministinnen geschaffen worden sein. Das ist der Original-Kontext auf diesem Scheiß-Papier.
(Beifall)

M. Hosang:

Gibt es noch Fragen zu dem heutigen Thema?

(Zuhörerin)

Ja, ich möchte etwas ganz Spezielles zum Thema Missbrauch sagen:

Das ZEGG wendet sich gegen jede Art von Kindesmissbrauch und hat dazu ein extra - ein pädagogisches Modell entwickelt, wo Kinder aufwachsen können, ohne von Erwachsenen missbraucht und misshandelt zu werden. Wir haben uns immer und jederzeit gegen jeden Missbrauch von Kindern eingesetzt und wir haben nie heruntergespielt, dass es die Tatsache des Kindesmissbrauches gibt und dass das sehr große Zahlen sind. Dass es aber zur Zeit eine Hysterisierung gibt, dass Menschen verdächtigt werden, ihre eigenen Kinder zu missbrauchen und dass es in diesem Sinne ausgeschlachtet wird von einer Frauenbewegung, der die Themen ausgegangen sind: Das haben wir geschrieben - nichts anderes.

(Beifall)

Das jetzt nicht zum ZEGG, sondern speziell zu dem Thema Missbrauch. Der Marcus Wende vom Sekten(...), der hat eben noch das von den Arbeitsplätzen erzählt. Ich weiß gar nicht, ob ich auf diese ganzen Dinge eingehen soll.

Wir haben – also, das ZEGG hat noch einen Ort gekauft in Belzig - das ist 80km von hier - wo wir für die ZEGG-Universität einen (...)betrieb aufbauen und wo wir ein ökologisches Modell aufbauen, ökologische Modelle in verschiedenen Bereichen – Energie, Wasser, Abwasser und auch im zwischenmenschlichen Bereich, sprich: von Sozialökologie, (...) Zusammenleben unter Menschen, zwischen Menschen und der Natur. Und für diese ganzen Bereiche gibt es da eine Forschung und Seminarbetrieb.

Von Arbeitsplätzen dazu will ich hier einfach nichts sagen.

Wir haben Arbeitsplätze geschaffen. Wir machen in dem Sinn keinen Rassismus, dass wir sagen: Wir nehmen nur Ossis – wir haben auch Wessis genommen. Es war u. a. ein Ergebnis der ganzen Sekten-Kampagne, dass wir nicht so schnell so viele Arbeitsplätze schaffen konnten, wie wir das vorhatten.

(Unverständliche Zwischenrufe)

(Zuhörer)

Ich hätte da einmal eine Frage zu dem Stasi-Zaun.

Ich lebe selbst nicht im ZEGG, aber ich bin dort sehr häufiger Besucher und auch als Fotograf dort tätig. Da ist mir aufgefallen - weil ich auch viel Zeitung lese - wie die Presselandschaft hier auf das ZEGG reagiert. Wir haben uns einen Stasi-Zaun - es war ein Gelände, was der »Gesellschaft für Sport und Technik« gehört hat, doppelt gesichert etc, in ziemlich mühevoller Arbeit, schätzungsweise 100 bis 200 m, (...) - 15 ha-Gelände. Es ist nicht leicht, so Zäune abzureißen. Es gibt ein bestimmtes Zaunstück, was vor einem Gebäude ist, das ist ungefähr 80 m lang – 100 m lang - und es gibt mindestens ein Dutzend Zeitungsberichte über das ZEGG, die als ZEGG-Ansicht gegen - dieses übrig gelassene Zaunstück zeigen mit einem Gebäude und suggerieren, das ZEGG würde sich einzäunen mit Stacheldraht. Das ist so absurd. Man kann dort hinkommen, wir sind ein offenes Haus. Die (...), die damit genährt wird - dass sie da irgendwie Sachen geheimhalten und schützen müssten mit Stacheldraht: Das ist einfach absurd - wie viele andere Dinge auch, die in dem Flugblatt stehen. Aber wir wollen einfach den einen Punkt herausgreifen.

(Zuhörerin)

Flugblatt (wird verlesen)

R. Bahro:

Ernst Bornemann ist vielleicht der wesentlichste Patriarchatsforscher aus der Zeit, bevor der Feminismus richtig gestartet ist. Ein vierbändiges Werk, »Das Patriarchat« – gegen diese patriarchale Gewaltkultur: Das ist Ernst Bornemann, der da interviewt wird.

(Zuhörerin – unverständlich)

R. Bahro:

Gut - mir ist überhaupt nicht daran gelegen, den Ernst Bornemann - den Feminismus irgendwie gegeneinanderzustellen, überhaupt nicht, sondern - mir ging es nur darum zu sagen, dass der sich zeitig - nicht nur einfach angestoßen durch die jüngste Welle des Feminismus, von sich – also, mit dem Thema befasst hat. Mehr wollte ich da überhaupt nicht sagen. Der

Rest sitzt eigentlich – also, unter den Feministen und Feministinnen gibt es natürlich wie in jedem anderen Lager auch Streit - das ist völlig normal. Hier allerdings scheint mir der Feminismus vorgeschoben von der Dame, die das eben gesagt hat.

(Zuhörer – unverständlich)

R. Bahro:

Gibt es noch Fragen zum Thema?

(ZuhörerIn)

Ich bin zum ersten Mal in dieser Vorlesung und habe diesen allgemeinen Usus nicht gewusst - oder sagen wir es auch so: Ich hatte Schwierigkeiten, den zu akzeptieren. Dass, wenn man eine konträre Auffassung hat - oder Themen, wenn sie gerade vorgetragen werden: man also darauf vertröstet wird, zwei Stunden zu warten - und jetzt: Sie sehen ja das Ergebnis - die Diskussionsthemen doch recht knapp sind, weil Herr Bahro zwei Stunden - natürlich, hier mit Hausrecht, ja - die Möglichkeit hatte, seinen Standpunkt klar und deutlich und langgezogen zu erklären - und dass Kritikpunkte, die ich in der Lage gewesen wäre, kurz und bündig zu formulieren als Diskussionsanregung, nicht gehört werden sollten.

Also, ich möchte mich dafür entschuldigen, dass ich Sie mit meinen Zwischenrufen vielleicht belästigt habe, aber mir ging es wirklich konkret um die Sache - um ganz konkrete Fragen zu ganz konkreten Punkten. Und von denen möchte ich jetzt eine stellen, und zwar: Wie gesagt beschäftige ich mich mit Psychologie und es wurde - oder Herr Bahro sagte – also, als er sein Buch »Logik der Rettung«, S. 388 ff, erwähnte, wo es darauf ging, die Auflösung des braunen Potenzials zu bewerkstelligen – sagten Sie, Sie wollten dieses Potenzial freisetzen und bezogen sich da auf die Psychoanalyse, wo Sie sagten, dass freigesetzte Energien - oder dass man diesen Begriff »freisetzen« für die - quasi - Auflösung psychischer Energien mit nimmt, um dadurch Fixierungen aufzuheben. Und jetzt meine konkrete Frage:

Möchten Sie, wenn Sie - ja - also, da ich glaube, dass Ihr Konzept das ist, dass Sie sämtliche linken Theoretiker oder irgendwelche Leute gerade zitieren oder heranziehen, um Ihren Standpunkt zu verwissenschaftlichen:

Möchten Sie jetzt jeden Einzelnen quasi dieser Skins - oder Leute, die zu einer rechten Bewegung gehören - möchten Sie die alle einzeln analysieren, sind Sie Psychoanalytiker? Oder wie stellen Sie sich das vor, jetzt - durch Ihr Werk: quasi analytisch oder freisetzend oder quasi reinigend – also, da Sie auch quasi kathartisch sich verstehen: Möchten Sie das bewerkstelligen?

R. Bahro:

Das ist jetzt in der Kürze schwierig, weil ich darüber also mich hier schon sehr ausführlich verbreitet habe.

Zuhörerin:

Das macht doch nichts, ich möchte das wissen.

R. Bahro:

Ja - ja, das ist eine interessante Frage. Also, wie ich die Sache sehe, ist das, was Siegmund Freud da angefangen hat - das ist nicht einfach eine wissenschaftliche Spezialdisziplin. Der ganze Weg der Psychoanalyse und der Psychologie - der humanistischen Psychologie, der transpersonalen Psychologie, jetzt - das ist in Wirklichkeit sozusagen der wissenschaftliche Strang einer kulturellen Religion, einer umfassenden kulturellen Bewegung. Und worin ich sicher bin, worüber ich hier oft gesprochen habe - das ist, dass eigentlich statt dieser Initiation in die Megamaschine, das heißt, in diese großen Technostrukturen, die unser ganzer Bildungsweg vom Kindergarten bis zur Universität jetzt hauptsächlich ist - ich sage nicht, dass das wegfallen muss, sondern - das Hauptsächliche ist, dass das Problem, dass die Priorität völlig verändert müsste, dass es nötig wäre, praktisch die ganze Gesellschaft, mit der jungen Generation angefangen - aber das geht natürlich nur, wenn auch möglichst viele aus den älteren Generationen (…) - dass da Initiationen in die alten Richtungen, in die Grundlagen der menschlichen Existenz neu erfolgen müssen. Es geht hier also nicht um therapeutische Prozesse auf dem Sofa oder dergleichen, sondern - die sind eigentlich nur deshalb so langwierig und ineffektiv, weil sie gegen das herrschende gesellschaftliche Klima sich durchsetzen müssen. Wenn das ein wirklich umfassender gesellschaftlicher Prozess wäre, dass wir versuchen, mit den Prägungen, die uns aus der gegebenen Zivilisation also einfach aufgelaufen sind, mit diesen Prägungen – also, erfahrungsmäßig auseinandersetzen, dann würde, glaube ich, die seelische Umkehr ein massenhafter Prozess werden. Und nur das, glaube ich, kann uns retten.

(Beifall)

Zuhörerin:

Also, ich möchte dazu sagen, dass das Problem für mich hier erscheint, dass es natürlich immer eine Definitionsfrage ist – also, dass das immer eine Definitionsfrage ist; das erwähnten Sie ja jetzt auch in Ihrem Vortrag - dass es immer die Frage ist, wer einen Begriff definiert und mit welchen Inhalten belegt. Und da haben Sie das ja am Beispiel »Sekten« sehr deutlich gemacht, dass Sie glauben, dass der Begriff »Sekten« schon immer - jetzt auch von der extrem Linken - dazu benutzt wird, Abspaltungen zu diffamieren.

R. Bahro:

Das ist erst neuerdings, dass die das machen.

Zuhörerin:

Ja gut, das ist Ihre Definition. Aber jetzt zum Punkt.

Ich würde empfehlen, für die Leute, die sich interessieren: Bitte lesen Sie Freud, »Das Unbehagen in der Kultur« und »Massenpsychologien der Ich-Analyse«. Und da können Sie sich diese Kurz - würde ich sagen - diese Verkürzung und diese - wie soll ich denn sagen? - das sind richtige Verfälschungen der Gedanken von Freud, die hier zu dem Zweck benutzt werden, eine Art Psychologisierung eines politischen Themas zu betreiben - und zwar des Themas »Wie kann ich Leuten nach diesem Zusammenbruch des - meiner Meinung: Des real existierenden Sozialismus eine Idee quasi - ich würde sagen: unterjubeln – also, um jetzt irgendwie in ein Vakuum von Orientierungslosigkeit eine Idee hineinzubringen, wohin man sich orientieren könnte - und so. Ich finde, in diese Marktlücke stößt für mich auch das ZEGG, weil das ZEGG, in der ZEGG-Universität – Sie müssen sich das erst durchlesen, jetzt auch die wissenschaftlichen Hintergründe prüfen – mit pseudowissenschaftlichen Angeboten, Vortragsangeboten und Seminarangeboten versucht, Leute zu rekrutieren, in diesem Zentrum zu leben. Die müssen dort Geld bezahlen zunächst, die können

Schnupperwochenende machen. Es wird eine Technik, eine Gruppentechnik - das ist das Forum - übernommen von der sehr entfernten Otto-Mühl-Sekte, dort hieß diese Gruppentechnik »Selbstdarstellung«. Da ist eine Person, die geht in die Mitte, schmust - oder erzählt von ihren Problemen - und der Leiter der Gruppe sagt: Ja, das ist richtig - das ist falsch. Es ist wirklich Psychotechnik - dieser Begriff stimmt dort 100-prozentig - die dazu diente, Leute in ein gewisses Abhängigkeitsverhältnis von der Gruppe zu bringen und späterhin dazu zu bewegen, in diesem Zentrum mitzumachen.

R. Bahro:
Darf ich dazu einmal etwas sagen.

(Zuhörerin)
Ja, bitte.

R. Bahro:
Also, meiner Kenntnis nach - die allerdings nur sozusagen auch angelesen ist - ist das, was Sie sagen - das ist in der Mühl-Kommune tatsächlich so praktiziert worden, soweit ich es miterlebt habe - und ich habe solche Selbstdarstellungssitzungen - das war 1984 - auch mitgemacht. Also, da müssen sie - wenn ich an meine Wahrnehmung denke - inzwischen die Konzeption geändert haben. Denn diese autoritäre Struktur - dass dann einer urteilt und sagt: Du bist richtig - du bist falsch, und so – genau das war überhaupt nicht mehr da. Es war eine Gelegenheit, sich zu zeigen: Ich habe mich selbst benutzt. Ich habe mich selbst wahrgenommen.

(Zuhörerin)
Es gibt Zeitungsartikel (Gelächter), nein – also, es gibt Zeitungsartikel von einem, der aus dem ZEGG ausgestiegen ist und der genau diese Forumstechnik beschreibt in einem Zeitungsartikel und dort genau beschreibt, wie er auf dem ersten Weg durch gruppendynamische Techniken psychisch abhängig gemacht wurde und wie (Zwischenrufe) – also, das kann doch nicht die Logik sein, dass man erst eine Sache immer selbst gemacht haben muss.

R. Bahro:

Was ich da sehe, ist einfach folgendes Problem.

Wir haben doch - wir haben doch – also, Süchtigkeit. Abhängigkeitspotenziale sind natürlich in so einer Zeit, wo die Werte alle zusammenkrachen, ungeheuer. Und ich kann mir lebhaft vorstellen, dass dieser biografische Fall - dass der so ist, wie Sie sagen. Natürlich kann es jemanden beim ZEGG passieren oder in irgendeiner anderen Gruppe, dass er sich völlig abhängig macht. Ich will eins sagen: Also, erstens würde ich Ihre Empfehlung weitergeben, diese beiden Sachen von Freud zu lesen. Ich würde noch hinzufügen Wilhelm Reichs »Massenpsychologie des Faschismus«, weil die das irgendwie doch noch abrundet. Aber der Rest ist, glaube ich - wissen Sie, es handelt sich eigentlich darum – also, ich - meine Unwahrheit mit der Kultur habe ich hier oft zitiert. Sie sagen, ich missbrauche das. In Wirklichkeit ist das nur ein Hinweis dahin, dass das ein Feld ist, auf dem jetzt gestritten wird.

(Zuhörerin)

Sie streiten nicht - das ist ja der Punkt.

R. Bahro:

Wieso ich streite nicht? Wenn das kein Streit war - ich spreche über meine Position!

(Diskussion - alles redet durcheinander)

R. Bahro.

Ich will noch sagen: Dieser Beitrag eben hat sich keineswegs darauf reduziert, aus der Unkenntnis zu reden. Das war ein Thema, was sie hatte – ein Thema.

(Zuhörerin)

Dafür bin ich jetzt sehr froh - dass ich hier einmal gelobt werde.

(Zwischenrufe)

R. Bahro:

Eine kleine Information: Ich habe Jutta Ditfurth ja jetzt eingeladen und sie hat also wirklich ausführlich mit mir polemisiert und ihre Zeitschrift ist verbreitet, wo das immer drinsteht.

Was Peter Kratz betrifft - der war der Herausgeber dieses Artikels von Niedenführ, der dort drinsteht: Da habe ich gedacht – also, ich war erst einmal wirklich erstaunt - da bin ich dort hin gegangen, wo ich dachte, ich finde einen vernünftigen Menschen, der diese Konstellation hier begreift - auch Ost / West - dass wir hier in einer etwas anderen Situation sind. Ich bin zu Klaus (…) gegangen und habe ihm gezeigt, was ich hier - das war noch, bevor der dann wegen Stasi (…) wurde - dann bin ich zu Klaus (…) gegangen und habe ihn gefragt – also, ob er nicht helfen kann, dass der Unfug abgestellt wird - so habe ich das damals noch gesehen . Und glaubte, was dann - habe ich wenigstens den – also, ich glaube, eigentlich, nahe bringen zu können den Gedanken, dass hier nicht alles richtig gesehen wird. Der hat mir jedenfalls auf Rückfrage - ich kam dann wieder zu ihm und dann hat er mir einfach erklärt: Du, ich konnte da nichts machen - der Peter Kratz will eher noch einen draufsetzen. Du hast im Saal, hier, im Audimax, irgendwas gesagt, was er demnächst wieder aufspießen wird – also, er hat sich nicht distanziert von Kratz, sondern er hat mich nur – vielleicht spreche ich das jetzt nicht ganz objektiv – er hat einfach berichtet mir, dass Kratz nicht einverstanden war und abgelehnt wurde eine gemeinsame Veranstaltung, die ich vorgeschlagen hatte. Abgelehnt – man spricht nicht mit Faschisten - mit Leuten, die man dazu erklärt hat.

(Zuhörer)

Herr Bahro, ich habe Ihrer Vorlesung gelauscht, mir sind einige Sachen aufgefallen. Als erstes ist mir aufgefallen (unverständlich) - und Sie haben sich bezogen auf Thomas von Aquin – bzw, wenn ich Sie richtig verstanden habe, haben Sie gesagt, dass sich das moderne Abendland auf Thomas von Aquin bezieht. Und da sage ich: Thomas von Aquin ist ein (…) Scholastiker. Ob man ihn für einen Philosophen hält oder nicht, überlasse ich dem Geschmack - ich mache das nicht.

Philosophie des Abendlandes bezieht sich meines Wissens auf antike Philosophie des (…) Griechen, und zwar Platon, Aristoteles, Dialektiker, Materialisten - und was heute, insbesondere in Deutschland, ungern gehört wird: sicherlich auch auf die jüdisch-rabbinische Schule, insbesondere dann später auch (...) - die haben Sie auch nicht erwähnt. Und das sind letztendlich die Fundamente – zumindest, wenn man herauskriegen will, was Gerechtigkeit ist und wie es ausschaut mit menschlicher Gemeinschaft, indem sich die Philosophie immer noch bezieht. Und ich hatte den Eindruck, dass Sie Rationalität und Vernunft auch zu verwechseln neigen. Und ich finde es eigentlich schade, dass Sie diesen philosophisch denkenden Menschen überhaupt nicht erwähnt haben.

Zweitens haben Sie sich auf Gramsci bezogen - und ich erwarte in der Vorlesung, dass Sie auch die Literatur benennen, auf die Sie sich beziehen. Bei Gramsci wären das die Hefte aus dem Gefängnis und ich würde jedem Menschen dringend empfehlen, diese zu lesen. Ich habe zumindest übers Lesen dieser Hefte herausgekriegt, dass Gramsci (...) - Konzept, wie Sie versucht haben, ihm das unterzuschieben, nie vertreten hat. Um das näher zu begründen, müsste ich jetzt sehr lange schwätzen - will ich nicht, sondern - da sage ich lieber: Gramsci lesen und selber herauskriegen, was er mit seinem »Konzept der menschlichen Gemeinschaft« und (...) - ist missverständlich und darum sage ich es nicht - gemeint haben kann. Also, da ist angebracht, wirklich die Hefte aus dem Gefängnis zu lesen.

So - jetzt zu dem Patriarchat- und Matriarchat-Gebabbel: Ernst Bornemann, »Das Patriarchat«, ist nun einmal nicht das erste Buch, das zu Frauenfragen hier erschienen war. Er war auch nicht die erste Feminist, sondern - vor der Gründung der BRD und der DDR, nach der Niederlage der Hitlerfaschisten im Kriege - leider nach dem Kriege, leider haben es die deutschen Linken ja nie geschafft, sich selber vom Faschismus zu befreien, sondern mussten befreit werden – hat es in diesen Zwanziger-Jahren eine Frauenbewegung gegeben, ich denke einmal an Anita Augspurg. Vorher, im 18. Jahrhundert, in der Wilhelminischen Epoche - die Universität hieß mal Friedrich-Wilhelms-Universität – gab es eine Hedwig Dohm - um nur eine der prominentesten intellektuellsten Vertreterinnen der Frauenbewegung vor Zeit der BRD zu benennen. Ich weiß von der BRD-Seite her, dass in den 50er; 60er-Jahren ein Klima tiefster Repression herrschte, dass es auch für Frauen vieles unmöglich machte, zu Zeiten der Adenauer-Ära, des kalten Krieges, der Wiederbewaffnung, alte Interessen zu artikulieren. Ab Mitte der 60er-Jahre - der Studentenbewegung - schaute das schon anders aus. Die Frauen damals mussten sich leider auf Diskussionen aus dem Ausland beziehen, meist bezogen sie sich auf (...) Geschlecht - das war auch vor Ernst Bornemann. Und auch diese zaghaften Debatten in Deutschland fanden tatsächlich vor Ernst Bornemann statt. Es war doch nicht zu glauben.

So - jetzt zu dieser Gewaltdebatte: Gewalt gegen Kinder hat immer etwas mit Strukturen innerhalb der Familie, des Umfeldes der menschlichen Gemeinschaft zu tun, die so etwas toleriert oder totschweigt. Und ich finde da eine Debatte - die Frauen, die versuchen, das öffentlich zu machen, als Frauen, die kein anderes gesellschaftlich-politisches Thema mehr haben, in eine bestimmte Ecke zu drängen und ihnen die Kompetenz abzusprechen, eigentlich nur kontraproduktiv. Den betroffenen Kindern nutzt es nichts, überhaupt nichts - und den Versuchen der menschlichen Gemeinschaft (…) auch nichts.

Zu ZEGG als Sekte sage ich nichts. Ich habe ein paar Sachen von ihnen gelesen, die haben mir nicht gefallen. Ich finde sie sehr irrational, denn es erinnert mich an New Age und - es würde zu lange dauern.

Ich finde es bedauerlich, Herr Bahro, dass Sie in Ihrer Vorlesung so viele Dinge miteinander vermischen. Und Sie könnten mir einen Gefallen tun: Beantworten Sie mir doch einmal, was Sie unter Irrationalität verstehen.

(Beifall)

R. Bahro:
Unter Irrationalität oder Rationalität?

(Zuhörerin)
Irrationalität.
R. Bahro:
Irrationalität. Also, wir fangen einmal damit an - ich muss - zu dem anderen - sagen wir einmal so: Ich fange doch nicht damit an. Ich sage zuerst – also, es mag ja sein - ich glaube Ihnen das auch - dass Sie über die Einordnung des Ernst Borneman besser Bescheid wissen. Ich meine, ich will Sie da überhaupt nicht - gar nicht versuchen, Sie zu korrigieren - ist eh Ihr Hinweis.

Was Thomas betrifft: Ich habe nicht nur (…) vergessen, sondern auch (…), der ebenso wichtig gewesen ist - nein, nein - das ist kein Spaß.

(…), das war der wichtigste Denker des Islam, der Einfluss hatte auf die (…)-Konzeption. Und ich will allerdings - und allerdings könnte ich hinzufügen, dass Thomas – also, er hat Aristoteles - und Platon als Pseudo-Aristoteles ausgegeben, eine Schrift von Platon (...) - weit ausgebeutet, das heißt, diese Renaissance fing etwas früher an, als wir im Allgemeinen wissen – also, diese Konzeption des Thomas von Aquin war halt Philosophie im Gewand der Religion - oder Theologie im Gewand der Philosophie. Was ich - worum es mir ging, war der Hinweis, dass dieser westliche Typ von Rationalität, dass der frühzeitig vorgeprägt worden ist. Und was nun Irrationalität, das Thema, betrifft – also, Irrationalismus, in der Regel wird mit Irrationalismus alles bezeichnet, was nicht rational im Sinne verstandesmäßig angewandter Begriffe ist - und das ist einfach eine viel zu kurze und auch, ich glaube, zu hoch empfindliche Fassung des Begriffes. Wenn man von Ratio oder Rationalismus insbesondere spricht und dann von Irrationalismus, dann gehe ich davon aus - habe ich hier auch oft entwickelt - dass - Rationalismus ist - das hat mit der seit Descartes besonders klaren Abspaltung des instrumentellen Verstandes zu tun und mit dessen Oberherrschaft über den ganzen Vernunftbereich, den wir haben. Also, das ist einseitige Verengung und das ist sozusagen der Weg in diese technokratische Geschichte. Und wenn man dagegensetzt: Alles, was das kritisiert und angreift, ist Irrationalismus, dann verwirrt man, glaube ich - dann würde diese Position (...) - ich benutze den Irrationalismus-Begriff nur dann, wenn jemand – also, ostentativ den Versuch macht, diese rationale Sphäre – überhaupt, die instrumentelle Vernunft und alles das, den Verstand: Das beiseite zu nehmen und überhaupt nicht mehr gelten zu lassen: Dann würde ich von Irrationalismus sprechen. Nicht, wenn man davon ausgeht, dass die Gesamtkräfte des Menschen von der Fußsohle bis hier oben - dass das alles Geist ist und dass die Vernunft - selbst die Vernunft nur eine Falkultät dieser psychischen Energie ist, mit der wir umgehen. Und eigentlich belehrt uns das Ganze unserer psychischen Wesenskräfte - auch noch, was die höchste Form der Vernunft betrifft. So sehe ich den Zusammenhang.

(Zuhörer)

Darf ich da einfügen?

R. Bahro.

Von mir aus, aber hier sitzen welche, die -

(Zuhörer)

Nur ganz kurz und auch ganz irrationell – irrational – also, erstens sehe ich hier eine tierische Geisel-Schwangerschaft, die hier so vorherrschend ist (…) - schützt eure Kinder, sage ich da nur.

Ich möchte einmal ganz kurz etwas fragen zu diesem ZEGG und wieso das so als Werbung ausliegt und du dafür Werbung machst - das würde mich einmal interessieren, weil - du hast früher andere Sachen gemacht (…) - der soll doch seine Lebensforschung woanders machen und so verdient er hier Geld mit Leuten, die irgendwie auf der Suche sind, so - deren Seelen eingefangen werden und die dann einen ganz komischen Blick bekommen. Ich habe mir hier so ein paar Leute angeschaut, die anscheinend an so einem Programm teilnehmen - und die haben für mich einen ganz, ganz kleinen -

R. Bahro:

Da ist nichts dazu zu sagen.

(Beifall)

(Zuhörer)

Nichts zu sagen hat er auch vorhin gehabt auf die Frage, was er mit den Skinheads machen möchte. Du hast in abstrakter und theoretischer Weise auf eine ganz praktische Frage geantwortet - sehr nichtssagend - und hast keine Antwort gegeben, das war wie bei Berti Vogts - die Spiele der Nationalmannschaft analysiert.

R. Bahro:

Ach, ich lass es - ich lass es mit dem, was das jetzt betrifft.

Was ich denke, ist, dass wir uns darüber klar sein sollten, dass diese immer mehr aus allen ihren Rudern laufende Gesellschaft und der Umstand, dass wir ein ungeheuerliches Staatsversagen angesichts der ökonomischen Widersprüche und der ökologischen Widersprüche haben, natürlich massenhaft ein Potenzial der Explosion produzieren - und dass diese Skinheads in erster Linie Opfer dieser umfassenden Zustände sind. Wenn man das nicht begreift, gibt es überhaupt keinen Weg, mit der Sache umzugehen - und mir scheint es, wenn man das nicht begreift, wenn man sie nicht einmal erst in dieser Situation sieht: Opfer - ich meine, ist nicht die ganze Seite; jeder ist auch für das, was er dann anrichtet, verantwortlich.

Das ist schon richtig, nur – also, der Umgang der Polizei, der sich dann ausbreitet gegen Rechts, ist, glaube ich - ich glaube einfach, das ist Zeigen der Katastrophe - mit.

Ich gebe überhaupt nicht vor zu wissen, was man unmittelbar in so einer Konfrontation machen soll - wenn da Skinheads ein Asylantenheim oder irgendwas angreifen und ich bin in der Nähe, dann bin ich verpflichtet, das mit zu schützen. So einfach ist das.

Ich habe eine Vorlesung gehalten über das Fremdenthema, zwei Stunden habe ich über das Thema: »Wie gehen wir damit um?« - und meine Konzeption war: »Herzen und Grenzen öffnen« und die Begegnung suchen. Und allerdings muss die dann auch - das muss allgemein gelten. Und wenn schon, dann müssen wir uns Gedanken machen: Wie könnte eine Ordnung wieder eingesetzt werden - wieder geschaffen werden, die diese Art von destruktiven Kräften reproduziert?

(Zuhörer)

Ich möchte hier etwas zu den Skinheads sagen und zu dem Eindruck, der in unseren Medien produziert wird: Dass sich Faschismus und Rechtsextremismus auf männliche, arbeitslose, glattrasierte Jugendliche bezieht, mit Springerstiefeln.

Ich behaupte nicht, dass Rudi das gerade gesagt hat - aber der Eindruck drängt sich einem auf, wenn man das hört. Und der Eindruck drängt sich vor allem durch die Medien auf: Dass Rassismus eine Sache von solchen Jugendlichen ist, die entwurzelt sind, arbeitslos und gewaltbereit – Faschismus fängt für mich viel früher an, Rassismus genauso. Das sind vor allem Theoretiker – jetzt, in der neuen Rechten in Frankreich - und hier, mit der neuen Rechten in Deutschland: Die faschistischen Theoretiker, die es überhaupt erst möglich machen, dass BILD-Zeitungsniveau in Bürgerpresse hineinkommt, die so eine gewaltbereite Stimmung in Deutschland überhaupt erst möglich machen: Das sind für mich die Leute, wo Faschismus anfängt. Zum Beispiel – hier hat es jemand angeschrieben – Sigrid Hunke oder Wolfgang Deppert von den Deutschen (…)religionen – dass der - ich weiß nicht, inwiefern der einmal mit dir gesprochen hat oder ob du ihn eingeladen hast.

R. Bahro:

Der Wolfgang Deppert hat hier ein ganzes Semester lang eine Vorlesung gehalten, über – also, deren Inhalt Wissenschaftskritik war. Und nicht ein einziges Wort, das er hier gesagt hat – also, hat irgendeine Art von rassistischer Propaganda beinhaltet. Ich habe Hübner eingeladen - das ist ein alter Philosoph - und der Hübner hat den Deppert empfohlen und ich habe Deppert einfach angenommen. Und was Sigrid Hunke betrifft – also, wer auch immer die war: Ich habe - ich kenne insbesondere ein wunderbares Buch von ihr, das heißt »Allahs Sonne über dem Abendland«, das - »Allahs Sonne über dem Abendland« - das schildert die arabische Hochkultur in Andalusien. Und in der jetzigen Situation, wo also Islam über Fundamentalismus und so fort ständig verteufelt wird – also, das ganze Abendland sollte solche Bücher lesen.

(Zuhörer)

O.k. wunderschön – ich möchte es nicht lesen. Etwas anderes dazu: Was ich jetzt einmal gesagt habe: Für mich sind die eigentlich gefährlichen Leute weniger die Skinheads - das sind Ausführende, das sind Knüppelleute, das sind Hunde, die aber erst einmal wild gemacht werden. Und die Frage ist: Wer macht solche Hunde wild? - und die Frage ist: Was sind die Leute?

Ziemlich viele Leute bezeichnen - oder angeblich – ich kenne eigentlich niemanden, der Rudolf Bahro als Ökofaschist bezeichnet, ich mache es zumindest nicht, aber - was ich machen möchte, das ist: eine Frage stellen:

Herr Bahro, sind Ihre Vorlesungen, sind Ihre Bücher, sind Ihre Interviews, die Sie in verschiedenen Zeitschriften geben und die sich in einigem von dem unterscheiden, was Sie hier am Montag herausgeben - sind die Theorien und das, was Sie hier verbreiten: Sind die dazu geeignet, Faschisten bürger-salonfähig zu machen? Denn, Herr Bahro - Sie waren am vorletzten Donnerstag bei uns im antifaschistischen Seminar; die Fortsetzung, wozu wir Sie eigentlich einladen wollten, nächsten Donnerstag – da haben Sie auf meine Frage ziemlich deutlich gesagt – ja, ich hoffe, ich zitiere Sie jetzt richtig:

Ja, es kommt darauf an, dass wieder charismatisch begabte Persönlichkeiten hier in Deutschland auftreten, die einerseits die Ökologie- und sonstige Bewegung, spirituelle Bewegung einigen. Ja, es kommt darauf an, dass wieder charismatische Führungspersonen auftreten, mehr Raum bekommen.

- So hatte ich Sie verstanden. Und was die neuen Rechten angeht - nicht die Skinheads auf der Straße, sondern die neuen Rechten in der Siemensgesellschaft, die unterstützt werden von Industrie und von mächtigen einflussreichen Leuten, die Leute - da sind charismatische Leute darunter. Und dass Hitler selbst eine charismatische Führungsperson war, das weiß wohl jeder. Und ich frage: Wo ist die Kritik bei solchen Leuten? Ist es wahr, wenn du darauf hinweist, dass die Katastrophe, die anliegt, nur durch eine zentral- oder hauptsächlich am besten durch eine zentralgesteuerte charismatische Führungspersönlichkeit wieder herausgeritten werden kann - dass das die beste Lösung ist? Du propagierst das - und auf der anderen Seite sind Faschisten, Vordenker der neuen Rechten, die nur darauf warten, dass jemand eine charismatische Führungsperson ruft.

R. Bahro:

Bis auf die letzte Zuspitzung – also, dass ich das für die beste usw. Struktur hielte, war das korrekt wiedergegeben, was ich da im Seminar gesagt habe.

Eros sozialer Ordnung

… Sigmund Freud benutzt - wo er ja davon ausgeht, dass unsere Gesamtenergie, dass die menschliche Gesamtenergie - und zwar gerade im Hinblick auf die Kraft, die Triebkraft – er hat das ja, da er aus dem 19. Jahrhundert stammte, etwas hydraulisch betrachtet, was die Energien in uns da machen - also, dass diese Gesamtenergie erotischen Charakters ist. Freud hatte dann – ein wenig reduziert, sozusagen, auf Eros im engeren Sinne – das heißt, er sah Libido in diesem engeren Sinne, im unmittelbar erotischen Sinne, dann in sämtlichen kulturellen Werken erscheinen, das war vielleicht eine – wiederum auch verständliche – Engführung des Themas; aber worum es mir hier geht, das ist schon also die gesamte psychische Kraft – oder psycho-physische Kraft – des Menschen als die eigentliche Quelle, aus der natürlich Kultur überhaupt gemacht ist, und wenn der Schwerpunkt bei dem heutigen Thema nicht einfach die Rolle dieser Kraft im gesellschaftlichen Leben immer und zu allen Zeiten ist, sondern für – also – Gemeinschaft – Gemeinde – Gesellschaft im Übergang, dann unterstreicht das natürlich, dass es hier gerade auf den Kraftaspekt ankommt:

Haben wir unsere Kräfte eigentlich zur Verfügung, und in welchem sozialen Kontext, jetzt, würden sie stehen, wenn es darum geht, eine neue Ordnung zu gründen? Ein Teilthema, wie gesagt, davon ist natürlich, wie die erotischen Beziehungen im engeren Sinne – bei solchen Gründungen, bei solchen Neuanläufen - sich gestalten; wir haben ein ganzes Seminar darüber jetzt beinahe hinter uns – natürlich, ohne zu endgültigen Lösungen gekommen zu sein, aber wichtig ist es erst mal, also, den ganzen Stoff anzusehen, und das – also, beim nächsten Mal - ist – also, noch mal, so wie es heute – nicht der Stoff, sondern heute geht es wirklich um diesen – also, um den erotischen, um den libidinösen – mit Freud gesprochen – Aspekt des Gesamtunternehmens Kultur – und gerade, wenn es also darum geht, den Übergang neu zu schaffen.

Wenn ich hier »Übergang« stehen habe, dann meine ich also nicht soziologische, politökonomische, oder so, Theorien über den Übergang im engeren Sinne – solche Themen wiederum haben wir behandelt, die liegen nicht vor uns, sondern hinter uns, also auch in einigen Anläufen - also, was die beiden Kennedys hier erzählt haben, über Permakultur und über Geld, und was Karl Birkhölzer hier erzählt hat über lokale Ökonomie – das sind natürlich Aspekte so einer Übergangsordnung.

Aber hier ist mit »Übergang« heute vor allem der Gesamtprozess gemeint, und vor allem unter dem Gesichtspunkt eigentlich des individuellen Umsturzes, der da vollzogen werden muss – und nicht zuletzt unter dem Gesichtspunkt des individuellen Umsturzes, der – wenn alles bloß spontan verläuft in der Katastrophe – sehr vielen Leuten einfach passieren wird, sodass es also – und das ist eigentlich heute mein Thema – viel besser wäre, sie ließen es selbst geschehen, anstatt dass es ihnen passieren müsste.

Und dann kommt natürlich sehr viel darauf an, wie wir bei solchen Gründungsprozessen mit der größeren Zahl der Gesellschaftsmitglieder umgehen, die vielleicht nicht zu sind dem Thema gegenüber, aber natürlich erst mal angstbesetzt solchen Veränderungen gegenüber – und angstbesetzt auch, weil beim ersten Schritt schon steht ja der Verdacht nahe, man ließe die Sicherungen hinter sich, die der Sozialstaat oder der Arbeitsplatz – wenn es denn ganz hochkommt – gerade noch bieten.

Also, dies ist der Kontext, in dem ich hier das Thema heute behandle.

Und weil also eine Sache, nämlich das ganze Thema »Beziehung zur Erde« als selbstständig ausgefallen ist, will ich es wenigstens einleitend zu dem anderen Stoff noch anreißen; insofern habe ich heute die Kopplung von zwei Gegenständen, nämlich einmal das eben Besprochene, und dann das Thema, natürlich, Bezugspunkt der Kraft – also, die Erde, im weiten Sinne jetzt Gaia, die lebendige Erde – das Thema, das ich damals Biedenkopf vorgegeben hatte, »Eine Wirtschaftsordnung für Gaia«, also für die lebendige Erde – die ist natürlich der Bezugspunkt, wenn wir von so einem Übergangsprozess reden, das heißt, insofern ich hier davon rede – weil ich ja nach Gründungen für eine naturverträgliche Gesellschaft rede; es wäre vielleicht besser gewesen, also - etwas enger ist auch das eigentlich gemeint: eine erdverträgliche Gesellschaft – denn den kosmischen Zusammenhang stören wir natürlich kraft unserer Wassersuppe bisher erst in Maßen.

Und es geht natürlich darum, wie der Mensch mit dieser Erde sich versöhnen könnte, sich wieder versöhnen könnte – und wie er sich dann darauf einrichten müsste. Darauf will ich was sagen, und zwar: Eigentlich bereits in dem Gesamtzusammenhang dieser ganzen Vorlesung - weil natürlich ein neues Verhältnis zur Erde und ein neues Verhältnis zum Menschen – das sind zwei Dinge ein und derselben Sache in so einem Übergangsprozess. Also, ist die Erde Objekt oder Subjekt, und ist der Mensch Objekt oder Subjekt – wenn man schon mal europäisch noch diese Unterscheidung überhaupt trifft? Und es geht darum, eigentlich, der Subjektivität der Erde und des Menschen gerecht zu werden, denn das ist – als belebte Erde ist das ein Subjekt.

Also, wie gesagt, um den Bezugspunkt geht es: Das ist die Erde, und um die Kraft: Das ist also dieses Thema »Libido« oder »Eros« sozialer Ordnung. Wenn wir eine Alternative auf die Erde bringen wollen, müssen wir selbst geerdet – ist meine These jetzt einfach, erst mal - und im Vollbesitz unserer – ich sag dann mal im Klammern: libidinösen Lebensenergie, unserer Lebensgeister halt, einfach sein: Diese beiden Dinge zusammen.

Und was diese Erdung betrifft - also, das ist, glaube ich, überhaupt nicht mit Übungen, seien es selbst Tantra-Workshops, oder – also, Charakter solcher Übungen, meine ich jetzt – allein zu machen, sondern das ist einfach die Frage, ob wir unsere Lebensweise wieder – ich sage mal: mit dem Land, mit dem Boden – verbinden werden.

Das ist überhaupt nicht dieselbe Frage, ob wir wieder Bauern werden wollen, also eine alte Gesellschaftsformation wiederherstellen würden – was bestimmt eine irrige Vorstellung wäre - sondern einfach, dass der Gesamtprozess der menschlichen Reproduktion ohne diese Rückkopplung unvermeidlich auf eine Weise in kosmische Dimensionen abhebt, die nur zerstörerisch sein können. Also, wir haben auf der Erde nichts gelöst – und sind dabei, Galaxien zu erobern. Das ist eine Wahnsinnspolitik erster Güte, und dem – also, sozusagen – entgegengesetzt gilt es eigentlich darauf, sich auf die Erde zu konzentrieren – und da, in diese Umorientierung übrigens, die Wissenschaft mitzunehmen.

Die Physik hat ihre Hausarbeiten auf der Erde nicht gemacht – und stürzt sich in kosmische Abenteuer. Nicht, dass wir das alles, was da astrophysikalisch erforscht wird, unter keinen Umständen wissen sollten – nur:

Wo sind die Proportionen, und wann befassen wir uns mit den Dingen, die zuerst wichtig sind? – Das also der Zusammenhang.

Ich will in dem einleitenden Text jetzt hier – also, wo ich auch diese Erdung und diese Frage nach der Kraft, nach der Libido stelle, noch an einen Zusammenhang erinnern, den der österreichische Historiker Friedrich Heer in einem Buch hergestellt hat, der die vorige Katastrophe in Deutschland betrifft, also die Nazi-Zeit betrifft, speziell – das Buch heißt »Der Glaube des Adolf Hitler«, das wird im nächsten Semester bei mir eine Rolle spielen – geht es in dem Buch um den Anteil des Katholizismus – denn Adolf war Katholik – an diesen Unternehmen – und er macht da einen Hinweis darauf, wie entscheidend für den Umgang mit der Erde und mit dem Menschen und mit allen Dingen eigentlich unsere Grundeinstellung zu der erotischen Problematik, das heißt, vor allem zu unseren eigenen erotischen Kräften, ist – und insbesondere bei denen, die die Absicht haben, irgendwas zu tun – das heißt also, Verhältnisse zu ändern, weil – so wie in der Entwicklungspolitik es gilt, dass man vom Ochsen nichts anderes als Rindfleisch verlangen kann – das heißt, dass draußen in der Dritten Welt normalerweise das ankommt, was die Metropole hier als ihr Modell zu bieten hat – so werden wir schwerlich eine andere Lebensordnung umsetzen als die, die wir halt repräsentieren.

Und deshalb hängt also das Thema der nächsten Vorlesung und dieses Seminars am Wochenende - hängt sehr mit der Frage zusammen: Welche Natur, welche Qualität eigentlich so ein Anlauf in Richtung Kommunität – Öko-Dorf – kleine Strukturen – überhaupt: Öko-Stadt, oder was auch immer – haben wird.

Der Heer berichtet einfach über eine Diskussion, die es am Anfang des Jahrhunderts in Österreich gegeben hat: Er sagt – er untersucht einfach, was passiert, wenn die Kultur von Leuten bestimmt wird, die das Erotische – angefangen bei sich selbst – eben unterdrücken, und er sagt: »Verdrängt man den Eros, dann kommen nur die ich-haften Triebe, die Macht, der Machttrieb« – also, kompensatorisch, nämlich, meint er, anstatt - »der Machttrieb, der Verschlingungstrieb, Sadismus und andere Triebe zum Vorschein; mehr als Reglementierung wird nicht regieren«, meint er; der Eros ließe das dann, wenn der stattdessen gerufen wird -.der wäre nicht in demselben Maße ich-beschränkt. Das heißt, das appelliert an die Erfahrung, dass wir uns da manchmal entgrenzt fühlen - und dass das eine Grundeinstellung wäre, die wir überhaupt der Erde gegenüber, dem Leben gegenüber brauchten. Er fragt: »Woher kommt der Sadismus, die Herrschaft, die Nicht-Rücksichtnahme auf den konkreten Menschen« – er, spezialisiert jetzt in der Kirche, weil das da sein spezifisches Thema ist, der Katholizismus, aber wir können das – der Duhm hatte das in seinem Brief an mich in dieser damaligen Veranstaltung ja gerade auf die Kommunisten bezogen – dass das bei denen genau so ist - das fehlt – und was wird hier praktiziert? »Askese«, sagt er, »tötet nicht den Sexus« – also, die Kraft selber - »sondern den Eros; den Sexus kann man nicht töten.« Also, diese Kräfte, das, was da raus will, was sich in irgendeiner Weise aggressiv – das Wort jetzt mal wertfrei, also, im Sinne des Herangehens – äußern will: Das äußert sich sowieso - aber die Kultur des Eros wird entscheiden, wie. Und insofern – also, er sagt: »Das ist ein Irrtum: nicht der Sexus wird unterdrückt, der sucht sich dann andere Bahnen, den Sexus kann die Askese nicht töten. Daher ist die Geschichte der Askese eine Geschichte sterbender Erotik – und zugleich ein Verzeichnis schwelender Begierden. Im Eros ist Gottes Liebe in die Sprache des Fleisches übersetzt« – positiv, jetzt, meint er das – »das gilt aber nur, solange er von anderen, wie Macht, Askese, Moral nicht verunreinigt wird, sondern in seiner ganzen Größe und Tiefe bejaht wird. Dagegen werden beim kirchlichen Neurotiker« – das ist, was Drewermann jetzt neu, ganz umfangreich, gezeigt hat, der Satz, den jetzt Heer noch schreibt – »dagegen werden beim kirchlichen Neurotiker ungeheure Energiemengen, die seiner Betätigung – nämlich der des Geschlechtstriebes - hätten dienen sollen, in primitivere Triebformen, wie Verschlingungs- und Zerstörungstrieb und Reglementierung investiert.«

So – also, dies der Zusammenhang, an dem mir gelegen ist und weshalb die beiden Themen auch in meinem Vorlesungsplan jetzt gekoppelt gewesen sind.«Wer«, schließt der Heer hier, »in seiner eigenen Brust keine Neuschöpfung erfährt und zulässt, kann sie auch in seiner Kirche und in der Menschheit nicht ertragen, nicht zulassen.« Wie gesagt, es geht um die Kirche, weil das eh das Thema dort ist – und ich glaube, dass das für die Gesellschaft, für Partei, für Politik, für jeden beliebigen Bereich gilt.

Also, so der Exkurs, um diesen Zusammenhang zu unterstreichen.

Und jetzt zurück noch mal zu den beiden Seiten des Themas - also, die noch mal getrennt abschließend jetzt für die Einleitung präsentiert: es ginge also darum, dass wir zum einen wie der gute alte Doktor Faust bei Goethe, aber doch wieder anders als dieser Faust - denn bei dem genügte »am Ende dann ein Geist für tausend Hände«, das war sein Programm dann, beim Sümpfetrockenlegen – also, in dem Falle wieder anders - aber dass wir dem Erdgeist begegnen, den Erdgeist rufen müssen, und zwar in dem Sinne, wie ich – ich habe das hier mal breit entfaltet, im Daudedsching: Die Erde ist nicht das Letzte. »Der Mensch folgt der Erde«, steht dort, »die Erde dem Himmel, der Himmel dem Dau.« Das heißt – nicht für sich, nicht losgelöst, aber – in dem Sinne: Den Erdgeist rufen. Faust hat das ja in diesem Zusammenhang auch versucht – bloß, dass der große Geist erst gar nicht geantwortet hat, damals – nicht?

Aber dieser Zusammenhang: Den Erdgeist rufen – und zum anderen hängt es wirklich davon ab - das ist die andere Seite dann eben – in welchem Geiste der Mensch als Ensemble gesellschaftlicher Verhältnisse auf der Erde wohnt. Ich benutze diesen Begriff von Marx, weil ich denke, dass der immer noch höchst geeignet ist, um den Unterschied festzuhalten, der zwischen dem Menschen als Individuum und dem Menschen als Sozietät da – eigen ist. Dieser Begriff »Ensemble gesellschaftlicher Verhältnisse« ist von Marx geprägt, aber das ist kein spezifisch marxistischer, sondern das ist das Produkt – eigentlich – europäischen Denkens seit den Griechen - also, dieser Polis-Gedanke, der Gedanke, dass die Gesellschaft ein Organismus ist und nicht bloß die Produktion, also – konkurrierend da, Monaden – also, einzelne, in sich eingeschlossene Individuen: Das ist hier gemeint - und »Ensemble« ist das wichtigste daran, also, weil es wirklich darum geht, das Spiel der gesellschaftlichen Kräfte – das kein Uhrwerk ist – diesem Spiel seinen Lauf zu lassen: Das genau würde dieser Entgrenzung, auch den gesellschaftlichen Verhältnissen, entsprechen – also, das würde gerichtet sein gegen – was Lenin dann allerdings gesagt hat: »Vertrauen ist gut, Kontrolle ist besser« – gegen dieses Prinzip wäre das gerichtet.

Also, dass man – dass die Hauptsache dann Kontrolle ist – nein, ich glaube, dass Vertrauen und An-Vertrauen, je schlimmer die Verhältnisse sind, eigentlich umso auswegloser die einzige Methode ist – sonst – der Kontrollgeist beschränkt genau die Kräfte, die uns retten könnten.

Also, die Frage ist dann, wie die menschliche Gemeinde, die Gemeinschaft, das Gemeinwesen, die Gesellschaft - wie das geordnet wäre. Das heißt – in meinem Falle, jetzt, hier – aus welchem Geiste. Also, ich will jetzt nicht diese – alle die konkreten Punkte, natürlich, jetzt in einer Vorlesung abhandeln, die wir in den letzten dreien hatten – da wäre mehr zu behandeln, und da wird noch was behandelt, nächstes Mal, sondern – ich will die Grundstellung der Sache beleuchten.

Und zwar will ich mich da jetzt noch mal auf ein schon viel zitiertes Modell beziehen, von Stefan Makowski, das aus einem Sufi-Zusammenhang, aus dem islamischen Denken des hohen Mittelalters, stammt, und das sehr geeignet ist, also - die Stellung, eigentlich, der verschiedenen Aspekte, die ich schon auf dem Plakat drauf habe - dort hatte ich wohl rauf geschrieben, ich glaube: Gemeinde – Gemeinschaft – Gesellschaft -; wir haben hier noch einen vierten Begriff gehört gehabt: Gemeinwesen – also, der von Karl Birkhölzer - er hat das, was wir hier normalerweise – ja, was wir »Gemeinde« nennen im Sinne von »Stadt« oder »Dorf« - oder wie die Gemeinde, die dann »Amtsbezirk« heißt, oder so – da hat er den Begriff »Gemeinwesen« darauf angewandt, den die Engländer da lieben – das wäre also »community«, in dem Falle - und »Gemeinde«, der Begriff bliebe dann frei für Glaubens- und Weggemeinschaften, also für das, was die christliche Gemeinde ist, oder Leute, die sich auf irgendeinen spezielleren Weg machen, und es ist gut, wenn wir da die Möglichkeit einer Unterscheidung haben – ob das mit den Begriffen nun das Günstigste ist im Deutschen: ich weiß es nicht, nur – dass wir sie für diese Stunde hier festhalten.

Und jetzt erinnere ich mal an dieses Modell, das die Sufi-Philosophie da benutzt: Die geht davon aus, dass der Mensch aus fünf Fakultäten besteht – und unter Fakultäten ist wie an der Universität verstanden, also – verschiedene Sparten ein und desselben Gemeinwesens Mensch, jetzt. Da ist gemeint der Aspekt von Körperlichkeit – hier unten - dann ist gemeint- hier oben - der Aspekt von Verstand – also, immer im Menschen unterschieden, als verschiedene Fakultäten des Menschen -; da ist an der dritten Stelle der Aspekt von Seele, an vierter Stelle – das ist so ein Rad - der Aspekt von Geist, und im Zentrum der Aspekt von Wesen – man könnte auch sagen: Das Ganze, in dem alles enthalten ist, wo alles zusammenhängt – ich wiederhole das jetzt nicht im Einzelnen, das steht sogar, glaube ich, in meinem Buch, das das erste Semester hier zusammenfasst – ist das Modell auch aufgezeichnet.

Ich will es jetzt nur im Hinblick auf diese gesellschaftliche Problematik behandeln; ich will es mal behandeln als »Rad der sozialen Gemeinsamkeiten«. Ich könnte auch sagen: Als Rad – weil ich das gerade gesagt habe, mit dem Ensemble - als »Rad der Ensemblecharaktere«. Dabei meint es hier, dass natürlich in jeder menschlichen Existenz, in jeder sozialen menschlichen Existenz alle diese fünf Aspekte dann zur Geltung kommen werden, und hier unten hat man dann den empirischen Gesellschaftskörper – so, wie Gesellschaft einfach da ist.

Das kann so eine verrückte Großgesellschaft wie unsere sein, das kann eine Gesellschaft des 19. Jahrhunderts sein – immer noch in unserer Formation – das kann ein Stamm an ganz anderer Stelle der Welt sein: erst mal, der Gesellschaftskörper als empirisch gegeben, unter dem Gesichtspunkt – ich würde mal sagen: seiner Materialität - also, seiner Stofflichkeit – die schließt dann alles ein, also – nicht, dass der Geist unstofflich gedacht werden müsste dabei, denn – wo ist da eine Unterscheidung, nicht? Sondern es ist einfach das, was da gegeben ist – und es ist übrigens bei dem ganzen Modell vorausgesetzt, dass gerade insbesondere diese erste Stufe – dass nichts da sein kann, was nicht aus ihr entfaltet ist.

Also, solche Unterscheidungen sind das, und übrigens – auch anderswo: es ist immer alles mit da – indirekt, und man hebt also nur bestimmter Aspekte aus diesem Ensemblecharakter hervor, und hier erst mal – sozusagen – den Gesellschaftskörper insgesamt, unter dem Gesichtspunkt, dass das sowohl das Maximum der Trägheitskräfte ist als auch das Maximum des Entfaltungspotenzials – also, alles kann hieraus entstehen, ist hieraus gekommen, und es ist natürlich insbesondere hier, wo – wenn man also die Sache mit dem »Eros sozialer Ordnung« ernst nimmt – wo die Kräfte stehen.

Also, der Geist, der dann also in Meditation entsteht - und wo wir allerlei körperliche Sachen und allerlei Verstandesdinge, und so mal beiseitelassen – abgehoben: Würde natürlich nie viel verändern können – also, nie auf das Ganze zurückwirken können. Es ist so eine Unterscheidung, die hier nur den Moment sowohl des Folgenpotenzials als auch der größten Trägheit, natürlich – also, ich meine, alles, was auf anderen Ebenen hier jetzt neu gedacht, was auf Veränderung, was auf Übergang hinauslaufen soll, das hat sich zu bewähren daran: Kommt es hier durch? Kommt es hier durch?

Nicht in einem Sinne des Perfektionismus – also, es ist in der Regel nicht so, dass von einer neuen geistigen Idee der Letzte in einem Einzelgespräch überzeugt werden muss, weil – wenn das erst mal eine große Zahl begriffen hat: Auf einmal geht das plötzlich, dass mehr Leute umdenken, weil – Gedanken sind ja schon angekommen, aber das Prinzip so eines Um-Denkens und Um-Fühlens, das – aus welcher Ebene hier auch immer kommt: hier muss es durch. Man kann auch sagen, weil man jetzt den Ordnungsaspekt – denn das ist ja der zweite Schwerpunkt im Thema – also, »Eros sozialer Ordnung« – wenn man den hier nimmt, da haben wir es zunächst mal mit – ich verbessere gerade; ich hatte geschrieben: »natürliche«; ich sag mal einfach: »mit naturhafter Ordnung zu tun« – mit dem, was mein erster großer Lehrer Marx halt »Naturwüchsigkeit« nannte – also, so, wie eine bestimmte Gesellschaft nun mal aus dem Bauch des historischen Prozesses hervorgegangen ist – verschieden von Ort zu Ort, und manchmal unter sehr spezifischen, dramatischen Verhältnissen in dem gesellschaftlichen Organismus – deshalb gibt es ja so viele Ethnien.

Also, »naturhafte Ordnung«, schreibe ich mal hier her – und meine damit diesen Gesichtspunkt der Naturwüchsigkeit. Das ist also diese erste Position. Und hier oben, diese Verstandesebene, das ist die – also, weshalb dort »Verstand« steht: Dann möge man sich als erstes erinnern an diese Gesellschaftsvertragstheorie. Die ist natürlich einseitig, weil – in erster Linie ist Gesellschaft doch gewachsen – dahin. Ich glaube, dass darin die Romantiker Recht hatten, dass sie diesen Gesichtspunkt zumindest hervorhoben – und dennoch: Natürlich ist das die Ebene des Staates, der Juristerei – also, des Gesellschaftsvertrages, der dann irgendwann ja doch gemacht werden muss - zumal es also nun in der Geschichte einfach nicht so vorgeht, dass ein und dieselbe kleine Horde dann eine größere Gruppe wird, und dann Stamm wird, und dann wird es Volk, und dann wird es Großgesellschaft, sondern da Wanderungen, Kriege, Verschmelzungen usw. dort eingreifen – also, unorganische Entwicklungen eine Rolle spielen - umso mehr Gesellschaftsvertrag, Juristerei, Repression usw. gibt es.

(Zwischenruf aus dem Publikum: Dann hat doch die Justiz überhaupt keine Berechtigung, wenn das eine unordentliche Entwicklung ist! Was hat denn die Justiz dann hier für eine Definition?)

(Bahro: Es geht jetzt nicht um die Legitimität von Justiz, sondern um die Realität – ich versuche – also, praktisch – hier, ein Modell von Realität anzumalen; es ist einfach so, dass – also, Justiz heißt doch nicht in erster Linie Gerechtigkeit – das ist die Ideologie, die Ideologisierung der Funktion - in erster Linie ist das ein Ausdruck von Machtverhältnissen – nur, dass es in der Regel - oder selten – einer Herrschaft gelingt, den Gesichtspunkt der Gerechtigkeit darin, die Forderung danach völlig tot zu machen.)

ich will nachher gerade an einen Fall erinnern, in der zweiten Stunde, wo wir hatten, was Bertolt Brecht im »Kreidekreis« nennt angesichts des Richters Azdak da »eine kurze Weile« – ich weiß nicht mehr, wie das da definiert ist, wie lang die Weile ist – »beinahe die Gerechtigkeit. Nachdem ich kraft meiner Herrschaft abdanken musste – aus Gründen des sozialen Kampfes – beinahe die Gerechtigkeit.« Also, so ist das gemeint, mit Justiz, an der Stelle.

Man hat es hier zu tun – jedenfalls – mit dem Gemeinwesen, einfach in dem Sinne, wie das - Karl Birkhölzer hier den »community«-Begriff genutzt hat. Aber Gemeinwesen kann sowohl die Gemeinde sein als auch ein Stadtbezirk als auch die Stadt – das geht bis zur Ebene der Nation, praktisch – also, alle diese verschiedenen Arten und Weisen, in denen die Menschen - entweder organisch oder unorganisch - gesellschaftlich vereinigt sind; das Gemeinwesen - man könnte auch sagen, das ist die soziale Ordnung, dann – wenn das hier unten die naturhafte war - aber: soziale Ordnung – im Sinne der Juristerei und der Konventionalität. Also, die konventionelle und die judifizierte gesellschaftliche Ordnung - die Dimension des Staates, eigentlich.

Als ein zweiter Aspekt – und ich meine, man hat in der Geschichte gesehen, dass es wirklich verschiedene – ich würde mal sagen: verschiedene Grade von Kultur, verschiedene Kulturzustände gibt, was diese Einrichtung betrifft.

Also, es hat Fälle gegeben – leider in früheren Zeiten mehr, als in den späteren - wo hier noch organisch was geblüht hat, wo also praktisch die Staatsfunktion, die Unterdrückungsfunktion – die mit im Spiele ist, wenn Gesetz im Spiele ist – also – nicht alle Blumen hat welken lassen. Und es ist – natürlich – ich male das hier als – erst mal als Beschreibung, als eine Struktur an – aber selbstverständlich behandle ich das ganze Thema in der Hoffnung, dass da wieder was möglich wäre. Das heißt, ich gehe unter anderem davon aus, dass wir natürlich in der Bewegung aus jetzigen Verhältnissen heraus – so oder so – mit Staat zu tun haben werden, und dass es unwahrscheinlich ist, dass auch innerhalb des Gemeinwesens das auszieht. Also, wenn Leute sich auf andere Wege machen – dass das dort ohne solche Funktionen, ohne eine soziale Ordnung, ohne Regeln des inneren Umgangs miteinander gehen wird - das ist meine Erfahrung auch: Dass man da nicht darum herumkommt.

Der nächste Gesichtspunkt, auf dieser Ebene hier, das ist der der Gemeinschaft, man könnte auch sagen: Der Gruppe; hier hat man es eigentlich mit der – ich könnte auch sagen: Gegenstand ist hier – wie soll man es sagen? – seelisch – aber das heißt: Seelisch habe ich schon stehen, brauche es also nicht – könnte sagen: Das ist die sozial-psychische Ordnung.

Das ist hier überhaupt nicht normativ, in dem Zusammenhang, jetzt, gemeint - sondern das ist einfach – das soll das Faktum der So-oder-so-Geordnetheit von Verhältnissen kennzeichnen. Also, das ist - unter anderem auch – der familiare Aspekt - ist hier beschlossen. Also, dort, wo – sozusagen – die Individuen auch den Spielraum haben, die Sachen psychologisch zu realisieren, während – hier zählt das ja oft nicht, und je rigider diese Ebene ist, umso mehr wird verhindert, dass überhaupt – dann kommt der Vorwurf der Psychologisierung, während eine verhältnismäßig offene, eine entgrenzte Verfassung, natürlich, der Menschen insofern sie hiermit befasst sind, viel offener wäre gegenüber dem Einstrom der psychischen Realitäten, weil – im Menschen gehört das natürlich alles zusammen.

Hier hat man es – unter dem Gesichtspunkt, jetzt, der Repression, das heißt, der Unentfaltetheit, der Begrenzung, hat man es hier mit Konfession und Konformität zu tun.

(Zwischenruf aus Publikum) - (Bahro: Ich – es ist schlecht zu verstehen. Wir können gern nachher – Diskussion.)

Auf der geistigen Ebene handelt es sich um Glaubens- bzw. Weggemeinschaften – insofern habe ich hier laut Papier – setze ich hier jetzt übrigens dieses Wort »Gemeinde« ein, aber nicht eben, indem ich damit die christliche Gemeinde spezifisch meine, sondern überhaupt: Gemeinde.

Und der Punkt, der diese Gemeindedimension von der unterscheidet: hier, auf dieser Ebene, konkurrieren die Individuen miteinander um Rang, um Einfluss, um Geliebtwerden, und so fort. Und es ist – also – praktisch das Drama des insofern – also – habe ich auch gesagt: »familiare« – oder »familiär«, könnte man sagen – ist das die Ebene; also, ich meine, Intimität – das ist eigentlich dieser Punkt – im sozialen Bereich, natürlich jetzt, also – soziale Intimität, könnte man auch sagen, wird hier behandelt, während es hier um objektivere Bezüge geht.

Das heißt, hier geht es darum, also – die Funktion, die gerade auf dieser Ebene eigentlich erforderlich wäre, das wäre Vernunft – allerdings im Unterschied zu »Verstand«.

Das heißt, das wäre diejenige Vernunft, die nicht uns dienstbar ist bei der Verfolgung unserer privaten, persönlichen Interessen hauptsächlich - natürlich, das eingeschlossen - sondern das wäre die Ebene, wo wir fähig sind – die indische Tradition würde dann sagen: »aus dem dritten Auge zu urteilen« – das heißt, mal davon abzusehen, es könnte uns der Rückschlag treffen – oder konkreter, wenn es dann darum geht, irgendwo in der Gemeindevertretung was zu entscheiden: Die Vernunft würde vergessen, wo das eigene Grundstück liegt – dabei.

Also, diese Dimension ist hier gemeint – also, praktisch diejenige Verfasstheit des menschlichen Geistes – und um den handelt es sich hier immer - wo wir davon absehen können, was unser unmittelbarstes Interesse ist, wo wir an unsere langfristigen, weiterreichenden, an die allgemeinen Interessen zu denken in der Lage sind, und Voraussetzung ist, die – gerade hier – Entgrenzung, nämlich die Fähigkeit, mehr wahrzunehmen, als: Was bedroht mich gerade? Worauf muss ich aufpassen? Was muss ich kontrollieren? – sondern: Die universelle Wirklichkeit - und spezifisch, natürlich, geht es hier, im Hinblick auf das, was wir heute behandeln, um die Wirklichkeit der Erde.

Unter den Ordnungsgesichtspunkten ist das eben die geistige Ordnung – gerade bei einer - als es hier um die Räder des Wissens ging, als ich das Thema behandelt habe, über – statt, wenn es hier – wenn hier »Konfession« die Fragestellung war – Konfession in dem Sinne: Wir sind uns ja hier alle über ein bestimmtes Glaubensverhältnis einig – wehe, es weicht einer ab, nicht? - also, als Moment – deswegen auch: Konformität.

Hier ginge es um Kognition; Kognition ist einfach – in dem Falle hier - immer ein Spezialwort, das am Erkennen die Objektivität hervorheben will. Also, hier würde der Geist sagen – man mag voraussetzen, es kann derselbe Mensch sein: hier würde er sagen, ich entscheide mich dazu, das, was ich als Wahrheit erkannt habe – dazu stehe ich erst mal, das wird jetzt festgehalten, und danach versuche ich mich zu richten – und, natürlich, übertragen auf den gesellschaftlichen Zusammenhang. Wie weit ist es möglich – gerade in Bezug auf die Naturfrage könnte das entscheidend werden – wie weit sind wir bereit, gemeinsam gelten zu lassen, was da – also – objektive Gesetzmäßigkeiten sind, die unübergehbar sind, nach denen man sich mit der gesellschaftlichen Ordnung in allem richten muss.

Und immer, bei allen diesen Stufen – zur letzten komme ich jetzt – geht es darum, sich zu fragen – für uns jetzt, in dem Kontext, den ich entwickeln will: haben wir die Kräfte dazu parat, sind unsere Lebensgeister freudig und wach genug, um sich auf all das einzulassen?
Denn es ist eines zu sagen: Es gibt diese Verhältnisse. Es ist was völlig anderes, ob wir die Fähigkeit haben, auf allen diesen Ebenen – also, mit voller Kraft aktiv, das heißt: gestaltend, zu sein - mitgestaltend zu sein. Denn wenn es um Umgestaltung, um Neugestaltung, um – ja, um Übergang zu einer anderen Ordnung geht, dann – genau dieser Überschuss ist interessant - das, was also nicht verbraucht wird in der Reproduktion des Alltagslebens.
Schließlich: In der Mitte haben wir es dann wieder mit der Gesellschaft zu tun, aber diesmal mit der Gesellschaft als ganzer, mit dem Gesichtspunkt »Menschheit« – aber als anwesend, natürlich, in dem Gemeinwesen,

in dem wir uns ja gerade bewegen. Denn wir gehören der Menschheit nun mal vermittelt über das konkrete Gemeinwesen an, aber – das ist eine Dimension, von der Montesquieu mal gesagt hat, er hofft – war der Sinn seiner Aussage - er hofft, dass, wenn irgendetwas zu tun sei zugunsten seiner selbst, aber zum Schaden seiner Familie: er würde es nicht tun – und er setzt den Gedanken fort: Zugunsten der Familie, aber zum Schaden der Stadt: er hofft, er wird es nicht tun – und geht bis zu dem Punkt: Zum Nutzen der eigenen Nation, aber zum Schaden der Menschheit: Hoffentlich wird es die Nation nicht tun.

Dieser Gesichtspunkt ist da gemeint – also, als Menschheitsgesichtspunkt - und man könnte sagen, wenn das also hier die geistige Ordnung wäre – das wäre hier die spirituelle Ordnung. Das wäre die spirituelle Ordnung – und wenn das hier der empirische Gesellschaftskörper wäre – hier unten, nicht? - dann wäre das hier oben – ich würde sagen: Der wesenhafte Gesellschaftskörper – der wesenhafte Gesellschaftskörper. Das heißt, wesenhaft – also, Marx liebte es, von der vollen Entfaltung der menschlichen Wesenskräfte zu reden; das ist eine gute – sozusagen – Seitendefinition dazu: ich erwähne das auch deshalb, weil für mich völlig klar ist, dass dieser spirituelle Gesichtspunkt keiner von Abgehobenheit und Okkultismus und Geistern, und so – also, kein spiritistischer ist, sondern spirituell - das ist diejenige Qualität des menschlichen Bewusstseins, bei der der Mensch möglichst voll bei sich als Mensch ist und begreift, dass alle die Unterteilungen darunter – Nation, Rassenzugehörigkeit, Ethnie – was ja manchmal von Nation sich auch unterscheidet, und so - dass das Relativitäten sind, die nicht das Regiment haben dürfen in der eigenen Seele. Das ist der höchste Gesichtspunkt an dieser Stelle hier, und insofern wir – ich ziehe das mal raus, weil da kein Platz mehr ist – Menschheit, natürlich, nie als ganze vor uns haben, ist hier der Gemeinschaftsgedanke – ist eigentlich hier der: es handelt sich um Gemeinschaft – oder Gemeinsamkeit, könnte man auch sagen, ist egal – gemeint: im Unsichtbaren.

Man kann auch sagen – um es auch da wieder auf die materielle Seite zu bringen: im Bewusstseinsfeld. Die Physiker sprechen von Bewusstseinsfeld inzwischen, also nicht bloß von Masse und Energie, sondern auch von Bewusstseinsfeld, das heißt, von dem Aspekt der Steuerung, von dem, was die Kybernetik behandelt – das ist thematisiert unter der Überschrift »Bewusstseinsfeld«. Ich habe in meiner »Logik der Rettung« den Ausdruck hier, was das Unsichtbare betrifft, von »unsichtbarer Kirche« gesprochen – aber Kirche, nur in demselben Sinne gemeint, wie hier das Wort »Gemeinde«, also – nicht spezifisch christlich, überhaupt nicht auf eine bestimmte Religion, sondern auf – eigentlich auf den gemeinsamen Bezug, auf diesen menschheitlichen Zusammenhang.

Was ich in der ersten Stunde jetzt herüberbringen wollte, das war – sozusagen – erst mal ein Modell, mit dem man sich darauf einstellen kann, wie viele verschiedene Aspekte oder was für grundlegende Aspekte das eigentlich sind, von denen her wir – oder auf die hin – wir unsere Gestaltungskraft voll entfalten müssen. Hier geht es erst mal darum, also – da zu sein in der Gesellschaft und Welt, wie sie nun mal ist – das heißt, die Trägheitskräfte, das, was entgegensteht – sei es außen, sei es in anderen Menschen, sei es materiell, sei es in anderen – also, jetzt, ich meine: Stofflich, von uns gemacht - sei es auch natürlich, und seien es andere Menschen – das muss durchgearbeitet werden, darüber habe ich mich schon näher verbreitet.

Es ist nötig, sozial zu ordnen und uns also auf Gestaltung gesellschaftlicher Verhältnisse einzulassen: es ist eine ganz andere Frage, die ich – wenn ich manchmal sage, wir sollten uns um Politik in dem konventionellen Sinne nicht so viel kümmern - weil es darum geht, erst mal Beispiele eines anderen Funktionierens von Politik im kleineren Maßstab zu schaffen – aber letztlich, hoffentlich, von beispielhafter Bedeutung. Nicht, dass man es schnell überzieht, dahin, aber – es muss eine neue Ordnung her, natürlich. Und dafür muss unsere Kraft eingesetzt werden, nicht bloß zum Aushalten eines Zustandes, und dann noch sehen: Wie geht es weiter – sondern: Auf dieser Ebene auch. Und gerade wenn man sich hineinstürzt, um gesellschaftliche Verhältnisse aus einem kleinen Kreis heraus, der intim miteinander ist, zu gestalten, dann sieht man, dass uns – sozusagen – kein Problem der ursprünglichen Menschenhorde erspart bleiben wird. Dass wir eine große Kraft des Aushaltens, des Durchhaltens einerseits und der Liebe und Akzeptanz auf der anderen Seite brauchen, um hier – also – nicht entmutigt die Flügel hängen zu lassen. Und wieder ist die ganze Kraft erforderlich.

Und hier, wo es dann darum geht zu unterscheiden zwischen dem, was mir gefällt, und dem, was notwendig ist – also, ich glaube, dass zwischen dieser Ebene, wo sich diese entwickelten westlichen Gesellschaften jetzt sehr einüben, also – wie komme ich zu mir selber, Selbstfindung und das alles - dass zwischen dieser Ebene, wo wir viel üben, und dieser Ebene, wo es darum geht: Was ist denn nun gesellschaftlich notwendig? – das hatten wir - in Deutschland zum Beispiel - zwischen Westdeutschland und Ostdeutschland heftig auseinanderfallen lassen. In Ostdeutschland war das unterentwickelt, während die Frage – also – dessen, was gesellschaftlich notwendig wäre – die war hier ernsthaft gestellt, und ich glaube auch, dass das sozialistische Motiv, das das angetrieben hat, unverändert seine Notwendigkeit hat. Ich meine, das Motiv als solches – nicht seine Formulierung, nicht seine Einordnung - aber dass das Thema steht.

Und das ist also – hier ist eigentlich zu bringen, vom – ich würde mal sagen: vom Allzumenschlichen abzusehen. Nicht, dass es damit unterdr- - dass es nicht mehr da wäre, dass es ausgetrieben werden soll: Absehen ist was anderes, absehen davon, und zwar in mir selbst – nicht bei anderen dafür sorgen, sondern: in mir selbst – und so viel Menschen von sich abgesehen – also, in der Lage gewesen sein werden, von sich abzusehen, so viel – sozusagen – objektive Notwendigkeit – also das, was an geistiger Ordnung sein soll, wird sich vermutlich umsetzen lassen.

Und schließlich, auf der letzten Ebene – also, das ist eigentlich die Ebene der Entgrenzung – des Entgrenztseins. Also, des Entgrenztseins in dem Sinne, dass wir die Mauern in uns für einen Augenblick nicht aufrechterhalten und dass daher – also, hier - solange also wir bloß beten, zum Beispiel, oder meditieren, oder irgendwas - und die Mauer – also - sitzt in uns, einfach, der Gefährdung, wo wir – ich würde sofort aufspringen, wenn mich jemand angreift; also, diese – das ist noch was anderes, als wenn wir also hin und wieder die Erfahrung haben – deswegen organisieren wir die auch manchmal in unseren zusätzlichen Veranstaltungen, im »Enlightenment intensive«, am Ende des Jahres; dort – also, da ist einfach Gelegenheit, mal zu erfahren, wie – wenn wir nicht bedroht wären – und deswegen uns völlig entgrenzt verhalten: Was würden wir dann erfahren? Das Tun ist eigentlich dann die natürliche Konsequenz des Energieflusses – der dann auch viel richtiger fließt, wenn er nicht die Antwort auf eine Bedrohung ist, die immer selektiv ist – so.

Also, das ist – sozusagen – einfach bloß ein Bild davon, wie unsere – in dem Sinne – erotischen, unsere libidinösen Kräfte – auf welche verschiedenen Weisen die im gesellschaftlichen Zusammenhang funktionieren - da sind, erst mal, und wahrgenommen werden – und dann kann man sich entscheiden: Was fange ich damit an?
    Jetzt sind 10 Minuten Pause.

(Pause)

Die beiden Gesichtspunkte, von denen ich einleitend gesprochen hatte, also – der Gesichtspunkt »Erde« und der Gesichtspunkt »soziale Ordnung - Gemeinwesen – Gesellschaft«, die sind natürlich einfach de facto ein Ganzes, so oder so, im Gelingen, und auch im Misslingen - wenn man tatsächlich irgendwo anfangen will, neue Verhältnisse zu schaffen.

Die meisten von Ihnen werden irgendwann mal Öko-Dorf- oder Öko-Stadt-Projekten begegnet sein – und das naheliegendste Problem, das man damit haben kann, ist zunächst mal, dass oft das Ökologische daran inzwischen völlig klar ist, also wie man mit dem Abwasser umgehen muss, und wie mit der Energie, vielleicht noch wichtiger, am Anfang – also, der Gesichtspunkte sind da ziemlich viele, so 12 bis 15 Kriterien, die – sozusagen - das Technisch-Ökologische betreffen - aber wenn man von Wieder- bzw. Neu-Einwohnen an einem bestimmten Platz jetzt redet, dann mag es sein, dass diese Kenntnisse technisch-ökologischer und ökonomischer Art nicht eigentlich der Engpass sind. Also, ich meine, wir sind ja intelligent genug, um solche Sachen, wie sie uns zum Beispiel Declan Kennedy hier vorgeführt hat, verhältnismäßig schnell aufzunehmen - und angenommen, man lebte - sagen wir mal - vier Wochen, oder sechs Wochen, mit so jemandem, der in dieser Weise arbeitet, und hätte irgendeine Ingenieurqualifikation, oder eine für Wasserwirtschaft, oder so: Das wäre schnell aufgenommen. Die wirkliche Schwierigkeit liegt - beim Neu-Einwohnen oder beim Wieder-Einwohnen an einem Platz - die liegt natürlich darin, mit der Erde, wie sie dort am Platze vorgefunden wird – und mit den Menschen, wie sie dort am Platze vorgefunden sind – klarzukommen.

Vielleicht ist es wichtig, noch darauf hinzuweisen, dass bis jetzt – in Deutschland, jedenfalls - die Verfügbarkeit über Boden, um darauf zu bauen und sich zu ernähren, ein rein gesellschaftliches Problem ist. Also, man hört manchmal – und das ist eben irrig – den Hinweis, wenn man das, was jetzt in den Großstädten wohnt, so auf 3.000-Seelen-Kommunen verteilen würde, dann würden wir die Zerstörung dessen, was von Deutschland noch übrig geblieben ist, vollenden. Das ist ein Irrtum; ich will es erwähnen, damit man sich darüber klar ist, wo einem das begegnet – das ist eine Ausrede in der Regel.

Wahr ist zunächst, dass – wenn weiter nichts läuft, als das, was jetzt passiert – dass wir dann die Verstädterung – im Sinne von: Zersiedelung, Verstädterung – des ganzen Landes erreichen, ohne irgendwas Ökologisches dabei im Sinn zu haben – das breitet sich aus – und zwar ziemlich unaufhaltsam. Wenn es gelänge, die Gesellschaft wirklich sozialökologisch umzukonstituieren – das wäre dann auch eine andere Formation - dann wäre es möglich, die jetzt vorhandenen Städte sogar stehenzulassen – und immer noch würde das Land ausreichen. Ich habe mal vor jetzt fast – es wird bald 10 Jahre her sein – in der Zeitschrift »Kommune« drüben eine Diskussion darüber geführt, mit jemand, der Vatter heißt, jemand aus Baden-Württemberg, und ich habe – wen das interessiert, das Papierchen hier, »Rechnen mit Rudi« - ich habe das dort mal ausgelegt: Das war der Kontext, dort in der Zeitschrift »Kommune«; dort kann man sehen, was dazu im Näheren, im Einzelnen zu sagen wäre.

Was sich jedenfalls damals herausstellte, war: Ohne Wald - ohne Wald gerechnet, der ungefähr ¼ der biologisch nutzbaren Fläche ist - also, die landwirtschaftliche Nutzfläche, gerechnet ohne Wald - dann fielen – das war vor 10 Jahren – in Westdeutschland ungefähr 2.300 m2 auf den Kopf, und zwar auf jeden Kopf, der da vorhanden war in der Bundesrepublik - in Ostdeutschland, in der DDR, waren das 3.600 m2, auch ohne die Waldfläche - und wenn man Deutschland jetzt zusammen nimmt, dann sind das immer noch 2.500 – also gut ein Morgen – landwirtschaftlicher Nutzfläche pro Kopf, die übrig bleibt, wenn man Wald – und auch, wenn man neue Siedlungsflächen – wenn man von dem Gesamtbedarf an Boden, wenn man das so neu konstituieren würde, noch 10 % abzieht, für das, was dann zu besiedeln wäre: Dann bliebe gut ein Morgen landwirtschaftlicher Nutzfläche pro Kopf übrig. Im Augenblick in Westdeutschland wird Geld dafür ausgegeben, dass auf ungefähr 30.000 km2 – das ist ein Fünftel der landwirtschaftlichen Nutzfläche – nichts wächst – und wie viel das im Moment in Ostdeutschland ist, weiß ich nicht, das aus – entweder subventioniert, oder einfach, weil es brachliegt – wo nichts wächst: und wir ernähren uns zu ungefähr 70 % aus Eigenem, der Rest sind Futtermittelimporte – eine der Unverschämtheiten, die sich der reiche Westen leistet, anderswo den Boden – wo viele hungern, halt, dafür zu benutzen - und es steckt darin, dass wir ungefähr zehnmal so viel Fleisch wie vor 150 Jahren essen, inzwischen, sodass wir das durch – im Schweine- und Rindermagen durch – im Durchschnitt etwa 10 teilen, Schweine wohl acht, und Rinder dreizehn, und so - was da an Kalorien wächst.

Das heißt, die Möglichkeit ist gegeben – ich sage das nur, um dieser Ausrede zu begegnen, weil - das wirkliche Problem liegt also gar nicht auf dieser Strecke, sondern liegt bei der Bereitschaft zum Umdenken im kleineren oder größeren Maßstab - erst mal, jedenfalls, habe ich damals gesagt, bedeuten die 30.000 km2, die nicht gebraucht werden, dass also niemand, der jetzt anfinge, irgendwem schaden würde – außer denen, die nicht selbst angebaute Lebensmittel vermarkten wollen, natürlich, nicht? Also, da gibt es eine gewisse Konkurrenz, aber das würde selbst die ökonomische Struktur wahrscheinlich noch einigermaßen gewaltfrei aushalten – nicht ohne Gewaltsamkeiten, was die Regelungsprozesse betrifft, da wäre zu kämpfen – deswegen wehrt sich das System gegen jede grundlegende Änderung, was Boden usw. betrifft - aber sonst wäre das zu machen.

Das heißt, es geht im Grunde genommen darum, dass im menschlichen Geist eine Neuentscheidung dazu fällt: Wie wollen wir mit der Erde und mit uns selbst gesellschaftlich umgehen? Und die Landnot, das ist also einfach ein gesellschaftliches Phänomen. Ich habe das in der »Alternative« schon mal in Erinnerung gerufen - Lew Tolstoi hat eine Legende geschrieben angesichts des Landhungers der russischen Bauern: Da war also einer in dieser Legende nach Sibirien aufgebrochen – Pachom mit Namen – und hatte einen Pakt mit dem Teufel abgeschlossen, dass er so viel Land bekommen wird, wie er von Sonnenaufgang bis Sonnenuntergang umlaufen kann. Und er stieg dann auf so einen Kurgan - das ist so ein Hügel dort, vermutlich einer, unter dem irgendwelche uralten Helden begraben sind – und geht bei Sonnenaufgang los – oder vielmehr: er rennt los, und es stellt sich heraus, dass er den Bogen zu groß geschlagen hat, und er erreicht den Hof mit Müh und Not – oder nicht den Hof, sondern den Gipfel dort, dieses Kurgans - beim allerletzten Sonnenstrahl und fällt in der Minute tot um. Und wie viel Erde er dort braucht – das war also so viel: Diese Arschin – das ist das russische Flächenmaß (eigtl. ein Längenmaß, Anm. Sb.), ich weiß jetzt nicht genau - wie viel das sind: Drei, oder so, für - den Ort, wo er da begraben wird. Und Tschechow hat nachher dazu gesagt, zu derselben Geschichte: Also, der Mensch braucht nicht drei Arschin und auch nicht tausend oder noch so viel, sondern – wenn: Insofern braucht er die ganze Erde, aber dann kann er die nicht individuell besitzen, und es ist Privateigentum am Boden Unfug, man kann es nur für Nießbrauch zur Verfügung haben; man kann es besitzen – aber: Besitzen nicht in diesem eigentümerischen Sinne, indem der Besitz dann den Zugang zu der natür- lichen Verwendung sperrt, also – das ist eine Frage, die gesamtgesellschaft- lich neu gelöst werden müsste – aber zugleich ist es möglich, unter den jetzigen rechtlichen Verhältnissen Land frei zu bekommen für solche Anfänge.

Da bin ich ganz sicher, dass das also auch ohne ein Gesamtdach, das die Bodenfrage neu regelt, unter den bestehenden Verhältnissen lösbar ist, gerade, weil die Not so drückt.

Was nun die Neu-Einwohnung des Platzes betrifft, was erst mal – also, sozusagen – den Geist betrifft, in dem man dort herangehen könnte: Da will ich darauf hinweisen, dass es ein wunderbares Buch gibt, von einer amerikanischen Lehrerin, die heißt Dolores La Chapelle – ich schreib das mal an, Dolores La Chapelle - das Buch heißt »Weisheit der Erde – eine spirituelle Ökologie« – aber das ist ein Buch, das – also – soweit ich jeden- falls sehen kann, überhaupt nicht New-Age-Charakter trägt. Die Frau ist sehr lange mit einem Gletscher-Forscher verheiratet gewesen, und die hat dadurch die – wenn sie nicht mit wissenschaftlichen Untersuchungen dieser Art von Physik beschäftigt war, hat sie die Gelegenheit gehabt, die Berge zu erleben, den Schnee zu erleben, also – diese weiße Welt zu erleben; ich habe selbst – ein einziges Mal, eigentlich nur, mir die Erfahrung geleistet, einen ziemlich hohen Berg allein zu besteigen – und der wurde auf einmal lebendig, gefährlich lebendig auch, für mich – das war auf einmal eine Wesenheit – so scheint die menschliche Psychologie naturwüchsig zu funktionieren.

Sie hat diese Erfahrungen systematisch gemacht und dabei aber die westliche Wissenschaft nicht vergessen – auch Heidegger, übrigens, kommt bei ihr vor, dieses Ein-Wohnen-Thema – also, dieses Neu-Einwohnen eines Platzes, von dem sie hier in einem ihrer Kapitel spricht: Das geht auf – also, im Sprachgebrauch - ein kleines Kapitel, hier, über diesen bestimmten Heidegger-Aspekt zurück, aber sie hat sich, wie man durch das ganze Buch sehen kann, durchaus zuvor in der westlichen Welt eingewohnt und ist nicht jetzt asiatisch geworden – auch wenn sie Shiatsu macht, unter anderem!

Aber im Ganzen gesehen, ist das ein Versuch, also – einfach aus dieser wissenschaftlichen Zivilisation, die zu zerstörerisch ist, wieder in die Mentalität zurückzufinden – ohne alles zu vergessen, übrigens! - aber: Diese Umpolung zu vollziehen, mit der man also so landen könnte, dass man mit einer Gegend wirklich lebt. Also, das ist ein Einwohnen eines Platzes hier, das nicht damit beginnt, dass man Linien auf der Karte zieht und guckt, was da schon eingetragen ist an Bodenwertzahlen, oder so - sondern das mit dem Ankommen in einer Landschaft beginnt. Sie zitiert einen Stamm, die Pawnee in Nordamerika, mit denen sie halt Kontakt gehabt haben, wo steht - also, wenn man jetzt wohnen will: Das Allererste ist, einen heiligen Platz zu erwählen, darauf zu wohnen.

Also, damit fängt – sozusagen – die gesellschaftliche Existenz an: »einen heiligen Platz zu erwählen, darauf zu wohnen« - und das Heilige an dem Platz: Das ist einfach, dass man verschiedene Dinge, die man zum Leben dort braucht, also – als da ist: Erde, als da ist: Wasser, als da ist: Dass die Sonne hinkann – im Schlagschatten einer Nordseite wird man nicht siedeln – also, dass diese Dinge zusammen zur Verfügung stehen, die man für die Entfaltung eines Gemeinwesens braucht – und das Heilige kommt da her, dass dieser natürliche Zusammenhang als heilig gilt, von vornherein. Es steht eigentlich nicht – sozusagen – den unheiligen Plätzen entgegen, eher steht es gefährlichen Plätzen – das gibt es dort noch: gefährlichen Plätzen, wo Dämonen hausen, in diesem Weltbild – entgegen; hier geht es darum – also, sie überträgt es natürlich in unsere Verhältnisse: Dass wir es bringen müssten, uns in diesem Sinne verantwortlich zu machen, und dass wir, wenn wir irgendwo hin kommen, nicht sehen: Da ist ein See – und der ist schon so und so weit vergiftet, sondern dass wir in erster Linie gucken würden: Wie laufen denn überhaupt die Gewässer in dieser Gegend, wo kommen die her, wo fängt das an, mit welchen anderen Leuten müsste man Kontakt aufnehmen, wenn man das wieder sauber haben will, zum Beispiel: Wie ist die Landschaft insgesamt gestaltet - und natürlich heißt das – also, das schließt einfach ein, dass man mit den anderen, die das bewohnen, in Beziehung tritt, dass man dort die – sei es auf moderne Weise – die Drähte benutzt, wenn sie nun mal gezogen sind; aber für das Ankommen in der Landschaft, sagt sie: es wäre gut – sie spricht von den Schneelandschaften - dann dort nicht mit dem Motorschlitten anzukommen, sondern auf Skiern – also, in dieser Weise geht sie im vierten Teil ihres Buches, der dann »Über die Neu-Einwohnung eines Platzes« beginnt, mit der Frage um, wie man sich dort auf die Erde einlässt; der Ausgangspunkt ist dann dort nicht die Leistungsfähigkeit – die ökonomische Leistungsfähigkeit, was können wir dort heraus holen? wie können wir das vernutzen? Das bedeutet überhaupt nicht, dass Produktivität nicht interessiert, nachher – also, wenn wir dann auf der Erde irgendwas anbauen und arbeiten, wie viel Zeit man damit verbringt - sondern: in welchem Zusammenhang diese Frage gestellt wird, ob sie gestellt wird im Hinblick auf Geldverdienen, oder ob sie darauf hin gestellt wird: Wie können wir hier auf der Erde wohnen - was: »von ihr ernährt werden« und »ihr was zurückgeben« allerdings auch einschließt.

Also, so ein Verhältnis, wo wir nicht bestimmen über einen Landstrich, sondern wo wir - unter diesen Landstrichen - ein Wesen unter anderen sind und wo es nur verhängnisvoll sein kann, wenn die gesellschaftlichen Verhältnisse, die wir untereinander schaffen, das Kommando übernehmen gegenüber den Notwendigkeiten unseres Außenverhältnisses der Natur gegenüber.

Sie – mal gucken, ob ich die Stelle jetzt finde – sie spricht hier davon - und ich glaube, dass das ein ganz wichtiger Gesichtspunkt ist, im Zusammenhang mit diesen Diskussionen über Öko-Diktatur, beispielsweise - sie spricht davon, dass es – mit Selbstverständlichkeit, einfach - unsinnig ist, die – wenn man denn schon will – Diktate der Natur so direkt in die gesellschaftlichen Verhältnisse zu übersetzen, dass wir unseren Ärger darüber, was der Mensch dem Menschen antut, rückspiegeln darauf: Wir dürfen uns nicht danach richten, was die Natur von uns verlangt. Das ist ein Kopfstand, das ist eine Rückspiegelung gesellschaftlicher Missstände in Naturverhältnisse - und sie sagt: Das Modell, das wir da auf die Natur – und auf die Art, wie sie ihr Verlangen äußert – übertragen, stimmt schon überhaupt nicht damit, wie die Natur sich äußert.

Und sie beschreibt das an ihrer eigenen Erfahrung mit dem Ski, mit einer Ski-Abfahrt, im Neuschnee, allerdings - im Pulverschnee, im Neuschnee – in einer Gruppe, wo, sagt sie, der Untergrund schon allein nach den Gewichten und Bewegungen der verschiedenen Leute jeden ein wenig anders wirft - und richtig - nach unten. Sie sagt: »Sich dem Naturgesetz anpassen ist etwas anderes, als sich einem willkürlichen, von Menschen gemachten Gesetze zu unterwerfen.« Von daher ist es einfach schlimm, wenn wir uns Gesetze machen müssen, die Natur nicht zu schädigen – das heißt nur, dass wir mit unserer Gesamtordnung abgewichen sind.

Also, »es ist unsinnig, das als einem willkürlichen, von Menschen gemachten Gesetz zu vergleichen, das die Freiheit einschränkt: »Handle so, weil es dir gesagt worden ist«. Stattdessen ist es eher wie bei einer Gruppe geübter Skiläufer, die einen Abhang in vollkommener Freiheit abfahren. Durch die wechselseitige Interaktion des Menschenwesens, der Schwerkraft, des Schnees und der Neigung des Abhanges gibt es für jeden nur eine Ideallinie, den Berg hinunterzufahren. Und – wer würde so bescheuert sein, sich dann darüber zu beschweren, dass es gerade diese gewesen ist – ist hier in Klammern gemeint. Es gibt nur eine Ideallinie, den Berg hinunterzufahren. Wenn sich also alle der wechselseitigen Interaktion anpassen, gibt es für alle die vollkommene Freiheit – es ist nicht möglich, dass sie zusammenstoßen. Dennoch bewegen sich alle in vollkommener Freiheit. In diesem Sinne kann man sagen: je größer das Wissen ist, die Gewahrung aller Faktoren, die einbezogen sind – natürlich auch von unserem Handeln her einbezogen sind - umso größer ist die Freiheit. Wissen wird eine Sache des Herausfindens, wie Organismen und Naturkräfte eines auf das andere bezogen sind, auch – und wie die Menschenwesen sich in diese Bezogenheit einpassen können – sodass alles Geschehen mit der größtmöglichen Freiheit verlaufen kann.«

(Permanent störendes Zwischengebrabbel – Stichwort: »Harmonisieren«)

Das also ist ihr Ausgangspunkt – und was hieraus hervorgeht, das ist meiner Ansicht nach eindeutig, und das ist ganz richtig, dass das Problem, wie wir das gesellschaftlich betreiben sollen und ob wir dort von den Kämpfen wegkommen können, und ob es möglich ist, da zur Harmonisierung zu kommen: Das ist an uns als gesellschaftliche Wesen zurückverwiesen. Und es wäre verrückt, allerdings, sagt sie, die Frage, wie weit wir uns nach der Natur richten wollen, zum Gegenstand von Beschlüssen zu machen – die wären nämlich willkürlich – wie weit wir uns nach der Natur richten wollen. Es ist natürlich dann die Frage, wie dieses Naturverhältnis – wie das optimal ausgehandelt werden kann.

Und ich will gerade über diese Frage mal jetzt im Zusammenhang mit – so - Gründungsabsichten, die sich ja jetzt aufdrängen, natürlich, wenn es um Neubegründung von Gesellschaft geht – was es da eigentlich in Bezug auf den Umgang mit Natur auf sich hat.

Wenn wir – insbesondere jetzt in Ostdeutschland, wo die Leute sowieso schon einmal überfahren worden sind – können wir jetzt mit einem schönen, im Westen, zum Beispiel, auch vorbereiteten Öko-Dorf- oder Öko-Stadt-Projekt eintreffen und praktisch ein zweites Mal so eine Gegend fremdüberziehen – und wenn das auf diese Weise läuft, dann wird es einfach schon genügend gesellschaftlichen Konfliktstoff geben, der es gar nicht mehr erlaubt, sich da mit der Erde auf diese Weise, wie hier eben angedeutet wurde von der Dolores La Chapelle, einzulassen, und es werden ein Haufen schlechter, fauler – also, auf dem Hintergrund des Kampfes nötiger Kompromisse dann gemacht werden, die auch das Ökologische schon wieder erneut betreffen – das heißt, man wird, wenn das Naturproblem gegen diese gesellschaftliche Konstellation gefahren wird – was schon mit Ökologie, das eine Gesamtangelegenheit ist, überhaupt nichts zu tun hat - dann wird es wahrscheinlich – also, es wird dann schon allein – auch, was die Verbindung mit der Erde, mit dem Land, betrifft – die gute Lösung nicht geben.

Das heißt, es ist völlig klar, dass ökologische Projekte – seien es Öko-Dörfer, seien es Öko-Städte, seien es verschiedenste Einzelmaßnahmen, um die Landschaft zu regenerieren – primär gar keine technischen sind. Als technische Projekte sind sie mit ziemlicher Wahrscheinlichkeit die Fortsetzung des bisherigen Gesamtprojektes »Westliche Zivilisation« mit Mitteln, die sich dann jetzt anbieten. Das heißt, es ist durchaus möglich, dass diese Ausbruchsgeschwindigkeit aus der Systemstruktur mit Öko-Dorf und ökologischem Landbau, und so an und für sich noch gar nicht erreicht wird.

Wir wissen, dass also das, was jetzt zwischen biologischem Landbau und den Bio-Läden in der Stadt läuft – das ist einfach Teil der kapitalistischen Struktur – bisher – und hat mit Ökologie vielleicht ein bisschen mehr zu tun als das, was ich neulich hörte: Dass man es pries, auf 100 ha auch mit einer Arbeitskraft ökologischen Landbau machen zu können – das heißt nämlich in Wirklichkeit nichts weiter, als Produkte, die nachher im Bio-Laden verkauft werden können, egal, mit welcher technischen Traktorleistung, mit wie viel Benzin, das dann betrieben worden ist – also, das hat – hätte mit Ökologie nichts zu tun, sondern es ginge einfach darum, also – Öko-Dorf, oder auch Öko-Stadt: Das könnte nur ein Gemeinwesen sein, das als Ganzes so kultiviert, von innen her gestaltet ist – was diese Zusammenhänge hier betrifft - dass es sich von dort her auch vernünftig auf der Erde bewegt.

Und da wir im Augenblick natürlich - sowohl was den Umgang mit der Erde betrifft, als auch was die sozialen Verhältnisse betrifft - ungefähr gleich weit davon entfernt sind, das bewusst gut zu betreiben, kann es nur heißen, dass es wohl nötig sein wird, das Problem von beiden Enden zugleich – so, vernünftig im hohen Sinne - also, auf dieser Ebene hier – das heißt, unter Absehung von den Sachen, die wir nur gerne möchten, zu betreiben.

Also, der Einstieg in so eine Zukunftswerkstatt, die Art, wie sie Robert Jungk zum Beispiel veranstaltet: Wie hätten wir es denn gern? – ist als Einstieg gut, ist aber nicht hinlänglich, wir können dabei nicht bleiben, also – die Natur richtet sich in letzter Instanz nicht danach: Wie hätten wir es denn gerne – zumal wir da meistens zuerst betrachten: Wie möchten wir es – wie würden wir es gerne inner-

(zu dem Zwischenrufer: Das ist unsinnige Störung, bloß dazwischenrufen, jetzt – wir haben nachher Diskussion! – Störer: / Ha Ha Ha / Sie kommen auch offenbar nicht, weil Sie der Zusammenhang interessiert – sonst hätten Sie die Zeit nicht für das Quatschen.)
(Beifallskundgebung)

Also, es geht einfach darum, dass so eine soziale Neuordnung im Übergang nur eingeleitet werden kann, wenn man den Versuch macht, die Menschen, die man an dem jeweiligen Ort schon antrifft, voll als Subjekte ernst zu nehmen. Das heißt, die ersten Wahrnehmungen, die man machen wird, wenn man irgendwo so etwas Neues landen will – jetzt, irgendwo um Berlin herum, oder auch in Sachsen, oder irgendwo in Ostdeutschland – in Westdeutschland ist das dasselbe, bloß hier ist das noch verstärkt - das wird natürlich sein, dass die Gemeindevertreter dort auf die ungeheure Arbeitslosigkeit und die Perspektivlosigkeit der Leute hinweisen, samt dem unsinnigen Warten auf die Investoren, von denen Karl Birkhölzer neulich hier gesprochen hat – also, dass die wahrscheinlich nicht kommen werden (das trauen die sich noch nicht ihnen zu sagen) - aber das wird Sorge Nr. 1 sein, und daher - die Frage: Wo schaffen wir Arbeitsplätze – hat erst mal Vorrang gegenüber: Wie gehen wir ökologisch mit der Erde um? – aber: es ist verständlich – und das muss man zur Kenntnis nehmen.

Dann die relative Wohnungsnot - also, jetzt weiß man den Standard, der erforderlich ist – und das Geld ist ausgegeben worden für den ersten Gebrauchtwagen, und jetzt ist die Arbeit ausgefallen – wo soll das Baumaterial herkommen? – also, der Mangel an Mitteln zur Rekonstruktion; dann auf kommunaler Ebene natürlich das ganze Elend der hinterlassenen Infrastruktur – was Verkehr betrifft, was Erholung betrifft, was die Entsorgung betrifft – bei absoluter Ebbe in der Gemeindekasse – eben wegen der Deindustrialisierung - und schließlich, rund um Berlin herum – ich habe ja neulich hier von Eberswalde erzählt, also, in der Diskussion das kurz erwähnt: Die Sanierung und – irgendwie – Wiedergewinnung der GUS-Flächen (GUS: Gemeinschaft Unabhängiger Staaten – bis auf die baltischen die

Staaten der vormaligen Sowjetunion – Anm. Sb.): Also, hier um Berlin haben auf jeden Fall Hunderttausende Sowjetsoldaten gelegen – also, allein in Eberswalde müssen es mehr als 20.000 sein – große Gebiete dort, die die jetzt verlassen, wo zum Teil Munitions… liegen bleibt und wo jetzt die Frage ist: Wer übernimmt dafür die Verantwortung?

Und das ist jetzt einer der allerersten Punkte.

Normalerweise geht das jetzt so aus, dass die Gemeinde sagt: Wir armen Würstchen – und deswegen: Wir können nicht - und der Kreis sagt: Wir sind auch arm, das Land soll – und das Land verweist auf den Bund. Und was das bedeuten würde, wäre natürlich Zentralisierung der Verfügungsgewalt – der Bund will das Land haben, im Moment, nicht? – die sträuben sich auch, keiner möchte die Verantwortung haben, weil das zunächst mal verdammt teuer aussieht. Ich bin sicher, dass das Wichtigste erst mal wäre ein genügend selbstbewusstes Gemeinwesen vor Ort, das sagt: Wir machen uns dafür verantwortlich – und was wir durchsetzen müssen, also – alle Gemeinwesen zusammen: Das ist, dass der Kreis und das Land und dass der Bund aus der Verantwortung für die Sanierung deswegen nicht entlassen werden.

Aber die Verfügungsgewalt muss vor Ort bleiben; das ist ein ganz wichtiger Gesichtspunkt.

Und das heißt natürlich – wenn man das auf dieser Ebene will - dann kann man mit der Öko-Dorf-Idee und mit der Öko-Stadt-Idee die Leute auch nicht von außen fremdüberziehen. Das ist in der DDR zunächst auf einem normalen Dorf, in einem normalen ländlichen Zusammenhang so nicht gewachsen – ich sehe zum Beispiel in dem – wie dieses Biosphären-Reservat Schorfheide-Chorin – also, an sich eine notwendige und ganz richtige und wichtige Einrichtung - wie die Bevölkerung zum Teil im Protest dagegen lebt, weil jetzt der und jener Waldweg, oder so, gesperrt ist, und man wegen – vermutlich, heißt es manchmal auch nur – mit dem oder jenem Bauantrag eine zusätzliche Schwierigkeit hätte: Darf man dort was hinstellen, oder so?

Also, worauf ich aufmerksam machen will, ist nicht: jeder Gesichtspunkt, der dort jetzt im Vordergrund geschoben hat, hat per se dann auch gleich Recht, sondern nur: er hat das Recht, sozusagen, der gesellschaftlichen Vertretung, also – das sind die Leute, die dort leben, die haben diese Probleme. Und auf der anderen Seite sitzt bei den Leuten inzwischen natürlich auch die Einsicht, dass das so wie bisher wohl offensichtlich nicht weitergehen kann, dass auch gar keine Nachfrage ist nach dem mit so viel Dünger produzierten Getreide und dass das Fleisch sich wahrscheinlich in Zukunft nicht mehr so gut verkaufen wird, wenn es auf diese hirnrissige Weise hergestellt worden ist, wie bisher –

(Zwischenrufer: Was ist ein Ding?, oder so; Bahro an die Adresse des Zwischenrufers: Nun hört doch mal auf zu quatschen! Das ist für – niemandem bringt das was!)

Man hat also damit zu tun, dass jegliche Neugründung dieser Art so ein selbstbewusstes Gemeinwesen erst mal geradezu sich als Gegenüber wünschen muss - das heißt, dass man etwas unternehmen muss

(Stimme des Krakeelers: Was seid denn ihr – ihr seid nüchtern, ja? – Gegenrufe aus dem Publikum: »Ruhe!« – »der ist betrunken« – Bahro: Wenn da jemand tatsächlich besoffen ist, dann wäre es doch gut, nach Hause zu gehen – weiter Genöle »akademischen – arroganten«– Bahro: Das ist hier das Auditorium maximum der Humboldt-Universität – da gehört das Akademische hin – ich bin nicht besonders akademisch, beiläufig.)

Also, ich komme zu dem Stoff zurück:
Der Punkt ist eigentlich der, dass man sich, wenn man dort keine zersplitterte Gemeinde vorfindet, die als solche - eigentlich kein Gemeinwesen, das eigentlich überhaupt nicht existiert, das bloß scheu auf Investoren wartet - dann könnte es ja sein, dass man es vordergründig einfacher hat. Ich kenne dann Argumentationen, die der Gemeinde das schmackhaft machen, dass wir jetzt unbedingt anders – Öko-Dorf, und Öko-Stadt, oder so – irgendwie dort landen müssen - also, anstatt der ausgefallenen Investoren – das heißt: macht uns (müsste heißen: euch – Anm. Sb.) lieber von uns abhängig – als unterschwellige Empfehlung, die dann in dem Projekt mitschwimmt, also – als Köder für die Gemeindevertretung.

Ich denke, dass das nicht der Weisheit letzter Schluss ist, so vorzugehen, sondern dass man eigentlich erreichen muss, dass die auch ihre Abwehr erst artikulieren, auch wenn die Landung dadurch etwas länger dauert – und es ist, glaube ich, nötig – also, praktisch die Frage, die Parzival-Frage: Woran leidet ihr denn am Ort? – auch, wenn man das schon weiß – die Punkte weiß man, die ich da genannt habe, was da alles am Ort sein wird – dass man die eigentlich in einen Großversuch jeweils stellen müsste, das heißt, dass die Leute, die dort landen wollen, an dem Ort, an den sie sich begeben, eigentlich einen Haufen – es ist keine Frage der großen Zahl, jetzt – aber: einen Haufen Einzelgespräche führen müssten, was die Leute dort jetzt eigentlich sich vom Leben erwarten.

Eigentlich insgesamt gesehen: Da spielt die Öko-Frage heute unbedingt eine Rolle, was also praktisch die – dass man sich die Gesamtsituation vor Ort nicht bloß auf diese Weise menschlicher verständlich macht -; zugleich ist das auch die Möglichkeit, also – in Kontakt darüber zu kommen, was eigentlich jetzt dort geschehen könnte.

Dann geht es nicht mehr darum, einfach bloß am Rande so eines Dorfes irgendeine neue Einheit hinzusetzen – es mag sein, dass es damit beginnt, dass eine Gemeinschaft sich dort gründet; selbst ein Öko-Stadt-Projekt, von dem ich weiß – das ist natürlich vernünftig, wenn die irgendwo zum Beispiel so ein von den Sowjets hinterlassenes Gebiet jetzt mit Beschlag belegen und dort was anderes anfangen. Nur - die Chance ist groß, dass das in der Gegend ein Fremdkörper wird und bleibt. Die ist – es gibt übrigens keine Garantie, das absolut zu vermeiden, die gibt es nicht - man muss es machen, man muss es versuchen – aber: es würde einen ungeheuren Unterschied machen, ob man tatsächlich erwartet – das heißt: für möglich hält - dass sich diese Gemeinde als Ganzes auf neue Wege begibt.

Der Paul Schlüter hat, ehe er uns anbot, also - dieses Objekt bei Bautzen, dort, für ein Projekt »Neue Lebensformen« zur Verfügung zu stellen, auf dem Hof dort bei Meißen gesagt: »Eigentlich geht es nicht um drei – vier – fünf – sechs Prozent ökologischen Landbau für die Bio-Läden, sondern wir müssen die Landwirtschaft insgesamt wieder in Ordnung bringen.« Und das ist völlig richtig.

Und wenn das so ist, dann müsste – wenn man jetzt mal annimmt, eine Öko-Stadt würde also in Eberswalde dort landen wollen – ich sage das bloß, weil ich dort gerade mal gewesen bin - zwischen diesen GUS-Flächen - dann müsste man natürlich für das ganze Amt, in dem dort vielleicht sechs- oder siebentausend Menschen irgendwo leben – dann, bei der Stadt Eberswalde, nicht – für das ganze Amt müsste natürlich die Entwicklung betrachtet werden – und die kann da nicht so eine Gruppe, die von außen hinkommt, dort, betrachten, sondern dann geht es eigentlich darum, ob in dieser Richtung - hier - ein Durchgang mit dem ganzen Gemeinwesen möglich ist – zumindest mit allen Leuten, die dort irgendwie aktive Energie im Spiel haben: Dass die nicht überfahren werden, dass die nicht gezwungen sind, ihr Ressentiment zu mobilisieren: Dort kommen Leute, die ganz was anderes wollen.

Es fallen dann natürlich zunächst mal die Abweichungen im Grunde auf, an den Leuten – also das, was alternativ – sei es nun wirklich, oder bloß in Anführungsstrichen – ist, fällt auf und wird zum Feindbild hochstilisiert - so läuft das erst mal leicht, wenn da erst mal Fremdheit im Spiele ist.

Also, wenn man das nicht will, dann ist es einfach nötig, dort eine Gesamtkonzeption schon vorab im Kopf zu haben, die das Thema so umreißt – aber dann muss man eigentlich erwarten, dass der Ort, wo man landen will, dafür gewonnen werden kann, mit denen, die was Neues machen wollen, zusammen – also – die gesamte Entwicklung der Gegend neu zu planen und das auch einzuordnen in die Raumordnung im Kreis und die Raumordnung nach Potsdam, denn nichts liegt näher, als diese Einordnungsversuche, wenn man jetzt irgendwo landen will, mit der Kreisebene, mit der Landesebene, auf bürokratische Weise vorzuziehen – dort findet man jetzt nämlich Verbündete dafür - das ist auch gut so, das ist nicht das Falsche daran! – sondern nur, dass man die Leute vor Ort wieder übergeht und dass eine erneute Erfahrung von Subalternität zustande kommt.

Das heißt, dass die neu bestätigt wird, dass auch dieses Neue – also, diese ökologische Umorientierung – als etwas, das von außen hereingetragen und mit der Ordnungsmacht gestützt, dort dann realisiert wird.

Ich bin nicht der Meinung, dass das perfekt lösbar ist – das heißt, dass man dann, wenn so was mal gelaufen ist, in so ein Städtchen kommt oder in so ein Dorf, und alle Leute werden hocherfreut sein, dass da mal ganz was anderes passiert – das ist nicht gemeint, also – so bereinigt verlaufen gesellschaftliche Prozesse nicht. Aber wenn die Bewusstseinsmobilisierung vor Ort – und zwar die geduldige, nicht? – wer das heute Abend nicht begreift – also, nicht die Methode, mit der wir die Vollgenossenschaftlichkeit in Ostdeutschland durchgesetzt haben, in der DDR, sondern – also, dieses freiwillige Muss, dieser freiwillige Zwang, wo dann die Bauern gesagt haben: »Dann macht doch wenigstens ein Gesetz – dann muss ich es nicht gewesen sein, der den Hof aufgegeben hat« – nicht? - also, dass der Zwang auch realisiert ist.

Nein, ich denke, dass die Zeit auch dafür reif ist, dass es möglich ist, ganze Bevölkerungsteile für so einen Weg zu gewinnen – und dass die Zeit wiederum, die das nun dennoch dauert, das mit den Leuten zu projektieren, dass die da sein muss. Diese andere Eile wäre falsch.

Also, da ist die katastrophale ökologische Situation eine Falle, in der Hinsicht, ein schlechtes Argument. Eilelose Eile, wäre die Formel – eilelose Eile - die man da braucht. Also, eilig machen, in gewissem Sinne, im Geiste, also – wir müssen uns jetzt, heißt das, schon mit der Frage befassen. Und außerdem hilft zu diesem Aspekt der Eile natürlich die ökonomische Situation, jetzt, auch, da kommt noch was entgegen – aber zugleich eilelos ist in dem Sinne, dass man den Leuten die Zeit lassen muss.

Ich denke, dass es sich eigentlich darum handelt, dass die Formel, die Marx mal gefunden hat für die menschliche, eben für die allgemeine Emanzipation des Menschen: nämlich, dass da Verhältnisse gefunden werden müssen, in denen die freie Entwicklung eines jeden die Bedingung für die freie Entwicklung aller ist – dass das der richtige Zugang zur ökologischen Krise ist. Die freie Entwicklung eines jeden die Bedingung für die freie Entwicklung aller - wie gesagt, nicht im Sinne der Perfektion – dass das sozusagen rein durchsetzbar ist - aber dass das die Grundorientierung sein muss; die schließt nämlich ein – also, dass diese Notwendigkeit der ökologischen Umkehr eine Entwicklungschance für die Individuen sein muss – und nicht etwas, was sich über den Kopf hinweg notstandsmäßig durchsetzt – was nämlich die wahrscheinlichste Variante ist. Das ist die wahrscheinlichste Variante: Dass sich die Notstände Geltung verschaffen, und dass es dann angeordnet und angewiesen wird. Und jeder, der die Möglichkeit ergreift, also – selbst solche neuen Wege zu gehen, hat eine andere Möglichkeit.

Ich will in den letzten fünf Minuten noch eine Geschichte erzählen, die hierher gehört – obwohl sie überhaupt nicht von hier ist – weil sie noch mal beleuchtet, an welcher Angelegenheit eigentlich die Frage hängt, ob sich Leute engagieren, oder ob ihnen was verordnet wird – und sei es das schönste Öko-Projekt.

Ich hatte gerade eine Dissertation zu betreuen, von einem Freund, die betrifft Burkina Faso - das ist ehemals Obervolta; das ist in Westafrika – und zwar ist das Land eingeklemmt zwischen die westafrikanischen Küstenstaaten Togo, Elfenbeinküste – wer das weiß, also – Afrika, von euch aus gesehen, hat ja da diese große Ausbuchtung in den Atlantik, und wo die dann zurückkehrt zu der – wo es dann wieder nach senkrecht geht, nach Südafrika zu: Dort, auf dieser Waagerechten, dort liegen Togo und Elfenbeinküste, und darüber liegt Obervolta – oder: Das frühere Obervolta - und dann kommt die Sahel. Dann kommt die Sahelzone, und Obervolta selber – Burkina Faso heißt »Land der Aufrechten« – das ist ein neuer Name, den sie sich gegeben hatten, ich glaube, 1983, ich weiß es nicht mehr ganz genau - aber es geht um die Geschichte, nicht um die Frage, genau in welchem Jahr das gelaufen ist.

Burkina Faso, Land der Aufrechten: Was steckte da dahinter?

Erst mal: hinter der Arbeit, von der ich erzähle, steckte – die hatte irgendwie die deutsche Entwicklungspolitik in Auftrag gegeben; irgendjemand muss ja das finanzieren - und der Hintergrund war ein Gedanke, den ich bei Günter Kunert, unserem ostdeutschen Dichter hier, vor 15 Jahren mal gelesen hatte: Der sagte, wir steuern auf eine Lage zu, in der es zu viel sein wird, dass sich jeder ein Süppchen wärmen will.

Und genau diese Situation ist der Hintergrund für die Arbeit, die da entstanden ist. Nämlich: in diesem Land Burkina Faso, da leben auf 274.000, glaube ich, km2 – das ist mehr, als die alte Bundesrepublik – 6,5 Millionen, aber wie die dort leben: zum Teil noch mit Brandrodungsbau – und wie die ihr Essen kochen: Das ist für das Land, insbesondere für das, was an Wald noch übrig ist, zu viel.

Die nehmen nämlich konventionell drei Steine - und die drei Steine allerdings, das ist auch wichtig jetzt, die sind aber auch heilig, das heißt, man kann da nicht einfach kommen und die diskussionslos umstoßen. Da steht der Topf drauf, und das meiste an Energie, was bei dem Holz dort, dem verbrannten Holz erzeugt wird, geht natürlich – also - nicht zum Schornstein raus, sondern geht zu allen Seiten davon, und es wird also zu viel Holz gebraucht für die Versorgung da, für das Mittagessenkochen.

Und nun war also Gegenstand dieser Arbeit eine Untersuchung über den Bau von energiesparenden Herden. Das sind einfach solche, technisch gesehen - wichtig war: Die müssen vor Ort aus Lehm gebaut werden können, und die sind so beschaffen, dass die einfach - die werden einfach auf das Feuer – wo die Feuerfläche sein soll, werden die draufgestellt - und sind rundum ein Mantel aus Lehm - und haben an einer Stelle ein Zugloch – und oben steht der Topf drauf, da ist auch Zugloch – und es geht natürlich sehr viel weniger Energie beiseite weg. Und nun hatte schon die Regierung, die an der Stelle, von der ich jetzt erzählen will, gestürzt wurde, versucht, dieses Projekt durchzubringen – und es ist nicht viel passiert.

Und dann kam einer der vielen Militärputsche in Afrika – und diesmal aber ein anderer Putsch. Nämlich: es erhoben sich ganz junge Offiziere, die noch Rückverbindung zum Dorf hatten und sich die Frage stellten, ob hier nicht endlich mal statt Entwicklung aus der Hauptstadt – nämlich, von den schwarzen Franzosen, die nennen die ... (???) – das heißt, Leute, die das französische Prinzip von Entwicklung aus der Hauptstadt praktizieren und dann möglichst viel nehmen müssen von der ländlichen Bevölkerung, um sich einen Mercedes zu kaufen – nicht? – ob man nicht diese Entwicklung beenden könnte.

Und der Führer dieses Aufstandes, ein junger Offizier namens Thomas Sankara, hatte charismatische Kraft – und hatte die Überzeugung: Wir müssen hier eine volksorientierte Entwicklung durchführen, und das Volk – das sind die Frauen und die Bauern auf den Dörfern. Und er hat eine politische Struktur geschaffen – ich will jetzt nicht erzählen, wie im Einzelnen – die erinnerte so ein bisschen an das, was Machno in der Ukraine versucht hat, als er so anarchistische Organisationsversuche mit Revolutionsräten von unten – mit dem, was Sowjets mal sein hatten sollen in der russischen Revolution, übrigens – nicht? - Räte von unten; und wo natürlich die junge Generation – also – eine stärkere Rolle gespielt hat als die Eingeborenen-Stammesmentalität, die dort noch zugange war – übrigens auch ein Kriegervolk, das da mal gewonnen hat, spielt eine Rolle in dem Spiel – aber was gelang, war: Dass zwischen dieser revolutionären Kraft und dem Dorf ein wirklicher Kontakt zustande kam, weil die Hoffnung auf eine insgesamt am Menschen, an Investitionen in Leute statt in irgendwelche Technik – also, an so eine Entwicklung glaubten.

Und in den vier-Jahren, in denen dieses Sankara-Regime dort existiert hat, gab es eine Kurve, stark nach oben, im Bau solcher Herde – und man war praktisch dabei, dieses ökologische Problem – sagen wir mal – also, jedenfalls so weit zu lösen, dass der Holzverbrauch für die Feuerung mächtig zurückging. Und das hat er nun im Einzelnen untersucht, wie diese Technologie mit der politischen Struktur zusammenging.

Und die Geschichte ist einfach - da kann man nicht die eine oder andere Einzelmaßnahme ergreifen, sondern: entweder man macht eine Politik mit dem Volk – oder man macht in der Hauptstadt irgendwelche bürokratischen Beschlüsse, um das mit der oder jener Spritze zu unterstützen. Und dann passiert auch was – aber nicht das, worum es eigentlich geht, das bleibt – solche Sachen bleiben immer stecken – also: Eine Volkspolitik sollte das sein. Und dann hat sich nach vier Jahren dann herausgestellt – der hatte ja nicht allein die Revolution gemacht - und innerhalb dieser neuen herrschenden Gruppe, und mit den Leuten in der Stadt zusammen, hat es dann einen Putsch gegeben gegen die Selbstherrlichkeit dieses Thomas Sankara.

Und was jetzt in dieser Arbeit, die ich da betreut habe, zu berichten war, war einfach: Die Kurve ging sehr schräg nach unten – in der Anwendung dieser Herde. Und – was war passiert? Diese neue Regierung seines bisherigen Stellvertreters – der jetzt noch an der Macht ist, Compaoré heißt er – hat erklärt: Die Revolution geht weiter – ja, wir wollen sie erst richtig fortsetzen. Aber wir brauchen Geld aus dem Ausland wieder, und die Entwicklungspolitik muss weitergehen – und es muss vor allem – also – basisdemokratisch in der Führung vorgehen. Und basisdemokratisch in der Führung heißt de facto, in solchen Fällen in Afrika, jedenfalls, immer: jeder guckt nach seiner Pfründe – und, bitte, beschneide mir die nicht! Jeder hat – also, braucht – in seinem Machtapparat wieder die Kontrolle, statt dass – also, so unkontrolliert - dieser Thomas Sankara mit dem Volk kommuniziert – und manches nicht seinen richtigen bürokratischen Gang geht.

Und – also, diese Geschichte: Ich glaube, dass die von allgemeiner Bedeutung ist – und gar kein afrikanisches Paradigma. Die ist – natürlich ist das gescheitert, nach kurzer Zeit – also, weil die Machtverhältnisse dagegen stehen, weil die Stadt, die Hauptstadt Ouagadougou macht wieder die Politik – und nicht das Land, das Dorf, die Frauen, die Bauern – die Mehrheit der Bevölkerung. Aber was in diesen vom Kapitalismus her unterentwickelten Ländern – hat sie ja auch unterent- - und setzt das jetzt wieder fort - die Leute wissen einfach, also – die Verelendung nimmt wieder zu. Und da haben sie dann auch keine Lust, an einer bestimmten Stelle gefällig zu sein: Was soll das, nicht? - so – ist die Wahrnehmung.

Und diese – ich denke, dass das also von außen, mit einem gewissen Abstand, mit einer gewissen Distanz, noch mal dasselbe Problem beleuchtet – denn das Dorf in der ehemaligen Deutschen Demokratischen Republik ist prinzipiell – obwohl materiell die Unterschiede riesengroß sind – prinzipiell politisch in einer ziemlich ähnlichen Lage, wie das Dorf in diesem afrikanischen Lande.

In zehn Minuten können wir dann diskutieren.

(Beifallsklopfen)

12. Juli 1993

Ecksteine für ein neues Gemeinwesen

… schon allein durch diese englische Connection der indischen Geschichte und durch die amerikanischen Verhältnisse, also - den amerikanischen Kontakt da, mit viel Wissen um die westliche Entwicklung und eine weise Distanz dazu zugleich – aber bei Aurobindo ist ganz besonders Deutschland auch im Blickfeld, und zwar so die großen Linien deutscher Geschichte, insbesondere deutscher Geistesgeschichte, und deshalb mag es besonders interessant sein.

Das ist im Hinblick auf das nächste Semester –

Die beiden Bücher, die ich erwähnte, stehen natürlich auch im Literaturverzeichnis, und dass ich sie hervorgehoben habe, bedeutet nicht, dass die anderen nicht dazu gehören oder interessant sind, sondern nur: Das sind zwei, die irgendwie – sozusagen – den Grundton angeben, unter dem ich versuchen will, dann diese ganze, eigentlich politische Problematik abzuhandeln.

Das will ich noch mal sagen: Wenn hier steht: »Einrichtungen für eine Politik der ökologischen Umkehr« – ich habe das Fremdwort »Institutionen« gemieden, auch, weil es ein bisschen zu eng ist. Ich meine natürlich nicht bloß die Institutionen, sondern auch die Bewegung darauf hin, aber das ist – das soll irgendwie eine neue Lesung dessen sein, was ich im Schlussteil meiner »Logik der Rettung« behandelt habe, da unter der Überschrift »Fürst der ökologischen Wende«, aber hier, in den bisherigen sechs Semestern, nicht ausgefüllt habe.

Mein Seminar soll dann im nächsten Jahr dem Thema auch in etwa gewidmet sein »Staat und ökologische Krise« – ich bin mir jetzt noch nicht ganz darüber klar, wie wir das im Seminar machen wollen, weil es mir nicht sinnvoll scheint, also – einfach zu begleiten, sondern ich denke, wir werden vielleicht ein oder zwei Werke uns dann mal näher vornehmen, um diese Denkstruktur zu bedenken.

Heute will ich unter einem ganz bestimmten Gesichtspunkt – oder auf einen ganz bestimmten Gesichtspunkt hin – versuchen, diese Reihe über Gründungen für eine naturverträgliche Gesellschaft zusammenzubringen, und auch noch mal ein – also, zurückholen, was wir über Elementarprobleme der menschlichen Existenz behandelt haben – genauer gesagt: dass wir darüber gehandelt haben.

Ich habe das heute genannt: »Ecksteine für ein neues Gemeinwesen« und will von daher dann über Gründungen, Strukturen, Prinzipien, Regeln usw. reden; aber worum es mir dabei geht, ist also eigentlich Folgendes: Dass es vielleicht gelingen könnte, die Betrachtung dieses Stoffes – also, was sind da – also - Gründe, und was sind die Koordinaten, eigentlich, in denen man darüber denken kann: Ob man das nicht sozusagen aufnehmen könnte unter dem Gesichtspunkt: Also, machen wir doch mal mit uns das Experiment heute, wir dächten ernstlich an Gründungen, jetzt, in einem unmittelbareren Sinne, an Projekte anderen Zusammenlebens – und zunächst mal zumindest an einen Entwurf dafür – das heißt, dass man es unter dem Gesichtspunkt aufnähme und mitreflektierte: Man wäre selbst hauptverantwortlich für das, was da entstehen soll – weil das ja immer das Fruchtbarste ist – also, für so ein neues Zusammenleben und natürlich dann für den ganzen – wenn man es ernst meint - für den ganzen Reproduktionsprozess.

Ich meine, das ist ja ein Unterschied, ob zum Beispiel drei Künstlerfamilien beschließen, irgendwo einen Hof zu nehmen, um dann dort zu töpfern, zu malen und Freunde zu empfangen – oder ob ein neuer Gesamtzusammenhang entstehen soll, in dem auch getöpfert und gemalt und Freunde empfangen werden, aber wo – sozusagen – man sich dafür verantwortlich macht, seine Reproduktion nicht nur über den Kunstmarkt, und so weiter – überhaupt, über die Marktverhältnisse – zu organisieren, weil das sich als – summa summarum – doch als verhängnisvoll erweist.

Vielleicht noch eines dazu, von der Außenseite her gesagt – obwohl das vielleicht auch vorübergehend nur ist: Aber was ich jedenfalls wahrnehme, ist, dass sich die Lage in Deutschland – und speziell von Ostdeutschland her – zuspitzt. Also, diese Geschichte dort in Bischofferode, in dem Schacht,

die ist – sozusagen – nicht von schlechten Eltern – wenn ich das richtig mitgekriegt habe.

Also, ich habe eine Wahrnehmung von Bernhard Vogel, dem Minister-
präsidenten von Rheinland-Pfalz, weil ich da, als der Ministerpräsident
war, in Worms gelebt habe: Das ist ein jovialer, landesväterlicher Mann,
der von sich aus – sozusagen – nicht zum Provozieren neigt, sodass das
also – dieser Zusammenstoß da, unter Tage – sich wahrscheinlich nicht aus
seiner Persönlichkeit erklärt, höchstens daraus, dass er halt freundlich
gelacht hat – und das konnten die nicht mehr aushalten, allmählich, nicht?
– bei dieser Lage, die da eingetreten ist. Jedenfalls, soweit ich las, hat nachher der rationale Werkleiter dort, der also die guten Argumente zusammen
hatte, am Schluss, während da die Frauen waren, die den Schacht besetzt
halten - einigermaßen hysterisch, wenn ich dem Bericht folge – gerufen:
»Ihr Vollidioten, macht, dass ihr wegkommt – in den Westen! Ihr bringt das
hier sowieso nicht« – dem Sinne nach – also, ein mittelgroßer Eklat, ein
volles Versagen, irgendwie da, in der Wahrnehmung.

Und was vielleicht noch gravierender ist - ich habe es in der WELT
gelesen – das war der Hinweis auf Thomas Müntzer, nach dem der Schacht
da heißt. Also, die WELT stellt nun natürlich fest, dass das ein schlimmer
Mensch gewesen ist, der die Bauern da in ein Cannae geführt hat – also,
diese Vernichtungsschlacht der Römer, die ihnen Hannibal bereitet hat - in
Frankenhausen; aber nicht dieser Thomas Müntzer wäre da jetzt – also –
aktuell unter den Leuten, sondern die Berufung auf den Widerstand gegen
das Unrecht, auf den Revolutionär, auf den Kämpfer – also, auf den
Thomas Müntzer, den wir in der DDR immer gefeiert haben - ich gebe zu:
Ohne – sozusagen – das Problematische seines Agierens mit zu diskutieren.

Aber da spitzt sich jedenfalls was zu, und die sind auch nicht ohne
Angst. Und was ich auf der anderen Seite sehe, ist – und zwar nicht allein
unter dem Gesichtspunkt der Angst – also, sozusagen – der politischen
Absicht: Dass die Bereitschaft, Initiativen zu solchen Gründungen, wenn es
irgend geht, entgegenzukommen – die wächst.

Also, ich habe heute erst einen Brief von Minister Platzek gekriegt – der ist
vielleicht nicht besonders typisch, weil er von den Grünen ist; ich hatte ihm
vor Monaten geschrieben: man müsste in Potsdam mal über die Bedin-

gungen für so was beraten, für so ein zweites Bein, für so einen anderen Weg – und siehe da: Wir wollen es tatsächlich machen, schreibt er.

Aber ich habe über diese Biedenkopf-Geschichte da, also über das Gut in Pommritz, von dem ich hier schon erzählt habe, auch den Bürgermeister Diepgen informiert, weil Berlin Stadtgüter draußen hat, in Brandenburg - zum Teil auf devastierten Flächen, allerdings – also, da sind bestimmt nicht wenige von den achtzig Quadratkilometern Rieselfelder mit da drin, nicht? – sodass das auch da – also – Rekultivierungsarbeiten gibt.

Aber jedenfalls hat mir der Eberhard Diepgen verhältnismäßig kurzfristig, so binnen zwei, drei Wochen, geschrieben: Das wäre gut, wenn da was für die Arbeitslosen passieren würde – so hat er es halt aufgenommen - und ich benenne Ihnen den Leiter der Betriebsgesellschaft Berliner Stadtgüter Dr. Zavlaris, dem habe ich die Sachen schon weiter geschickt, treffen Sie sich mit ihm, gucken, was da werden könnte.

Also, es ist im Zusammenhang mit der ganzen Situation auch ein – die Stimmung geht in die Richtung, und andererseits kriege ich ganz private Nachfragen, kriegen wir auch immer wieder Nachfragen, also – wo könnte man denn landen, wie könnte man denn raus gehen?

Der eigentliche Engpass ist wirklich – so, wie Biedenkopf den Akzent schon, glaube ich, zutreffend gesetzt hat, als er hier sprach – der lag gar nicht in der Frage: Geben wir Starthilfe? – obwohl das manchmal bürokratisch schwierig ist, weil - es ist bis jetzt immer nicht im Rahmen der Struktur, nur zu helfen, und – also – eine neue Grundeinstellung zu der Sache, die bedeuten würde, massenhaft in Menschen zu investieren statt in Gewerbegebiete – das ist noch nicht drin, dazu muss es noch wachsen.

So weit aber erst mal ist die Bereitschaft da – das war ja hier schon vor zwei Jahren, mit Biedenkopf, der Fall, aber – seine zweite, und seine Hauptfrage war – also – einfach: Werden sich die Gruppen finden, die Initiativgruppen, die so was in Angriff nehmen?

Und mir ist jetzt bei der Herausforderung, das mal so anzuhören, völlig klar, dass jede Lebensuhr verschieden geht, also – dass es - also – nicht der Druck damit gemeint ist: ihr müsst dann jetzt ein schlechtes Gewissen haben, wer das im Herbst nicht anfängt, sondern – ich glaube nur, wenn man sich in diese Lage, in diese Fragestellung hineinversetzt, dann – also - wird die Möglichkeit einerseits wahrscheinlich innerlich konkreter, und andererseits nimmt man es auch – also – mit mehr Engagement an, das heißt, es bleibt mehr die Fragestellung, die Problemstellung hängen.

Ich sage es mal so: Das »Ecksteine für ein neues Gemeinwesen« gilt unter dem Gesichtspunkt: Wer beginnen wollte zu entwerfen, wer beginnen wollte, Menschen um sich zu sammeln, wer – erst mal in die Intention zu springen – also, aus dieser Perspektive.

… (???) Brandenburg unterschieden habe im Untertext zwischen Gründungen, Strukturen, Prinzipien, Regeln – dann meine ich einfach, also – Gründungen, das ist – sozusagen – das Elementarste; da meine ich auch die Elementarprobleme der menschlichen Existenz selbst, nicht bloß das Naturproblem, sondern die Kopplung zwischen menschlicher Natur und Natur überhaupt, und wenn ich sage: Strukturen - dann meine ich natürlich schon viel mehr, also - wie dann das in soziale Verhältnisse umgesetzt wird, in die verschiedenen – ich würde mal sagen: Reproduktionsfunktionen, könnte man auch sagen - das ist zwar schon etwas verkürzt, aber - die Reproduktionsfunktionen, die Austauschverhältnisse dann geregelt werden. Austauschverhältnisse sind auch solche geistiger Art – auch erotischer Art, also – nicht einfach jetzt das Materielle gedacht, sondern – also, das ist die Frage der Strukturen.

Wenn ich von Prinzipien rede, dann meine ich eigentlich schon Schwerpunkte innerhalb der Strukturen – so weit ist es vielleicht noch etwas, was aus der Sache selbst wächst – also, ich glaube, keine der Grundfunktionen menschlicher Existenz kann ausfallen, wenn so was zustande kommt.

Aber dann gibt es halt – ich sage jetzt mal verkürzt - Klöster, in denen hauptsächlich gebetet wird, dann gab es aber auch Klöster, in denen hauptsächlich studiert wurde, dann gab es auch Klöster, die – also – vornehmlich geschuftet haben - und wenn man ins New Age guckt: Da gibt es dann halt Therapiekommunen, dann gibt es welche, wo freie Liebe das Hauptthemas ist – also, ganz verschiedene Gesichtspunkte.

Und wo von Prinzipien die Rede ist, kann es natürlich auch schon sein, dass – also – eine subjektive Verengung im Spiel ist, und Regeln müssen – da ist das Schwierigste, eigentlich, sich das für eine bestimmte Zeit verbindlich zu machen – weil: es geht nicht gut – Zusammenleben, wenn jeden Tag alles umgestoßen wird – und doch zu wissen, also – dass man auch eine Entschließung fassen kann, was Bestimmtes wieder mal zu ändern –

wenn auch es wahrscheinlich ein Fehler ist, manchmal: zu schnell, also – ehe man einer der Erfahrungen mit einer bestimmten Regel auf den Grund gegangen ist. Aber diese – nur, damit die Überschrift irgendwie zugänglich ist.

Was Ecksteine betrifft, für ein neues Gemeinwesen – da ist mir erst hinterher noch eingefallen, dass es ja im Alten Testament so einen Spruch gibt: Der Stein, den die Bauleute verworfen haben, ist ein Eckstein geworden – und zwar ist das in Davids Psalmen über Israel – also, über das Volk Israel. Im Neuen Testament ist es dann für Christus zitiert, aber – der Stein, den die Bauleute verworfen haben, ist zum Eckstein geworden, des ganzen Gebäudes, so gemeint – nicht? – also, aus Ägypten vertrieben, ist da gedacht – und ich hatte Israel ja mit Begin – und Verbannung – und Diaspora, und so was alles – und fand sich auserwählt; man muss es ja nicht auf die Spitze treiben und Auserwähltheit proklamieren – das sind Sachen, die vielleicht inzwischen Geschichte werden.

Aber ich meine diesen Punkt, den hier Adolf Holl mal akzentuiert hat, indem er von seinen Geschichten und Geschichtchen her darauf hinwies, dass wir hier Minderbrüder und Minderschwestern sind – also, wie diese Minoriten, diese Franziskaner - und dass es also in der Debatte dann darum ging, im Gespräch darüber – dass man das ja auch annehmen kann und daraus was machen.

Und mir scheint das – also – die Lage in der Ex-DDR auch zu sein, dass es durch alles, was da jetzt zusammen kommt – nicht nur durch diese soziale Katastrophe - wirklich eine besonders günstige Möglichkeit gibt, hier was Neues zu versuchen. Also, die – das Einsickern in die Verhältnisse – und zwar im gewissen Sinne sogar das kampflose – also, ich meine jetzt das politisch kampflose – Einsickern für umso mehr Politik, weil – nichts ist politischer in seiner Auswirkung als eine neue Kultur, die das Ihre fordert.

Das ist für mich der Gedankenzusammenhang, der mich bei dem geleitet hat. Also, ich gehe in dem Sinne davon aus, es wäre Zeit, hier neu was zu gründen – und zwar eigentlich neu die – also, die gesellschaftlichen Verhältnisse im Ganzen. Das heißt, runde Strukturen – nicht Therapie, oder Kunst, oder etwas, für sich genommen, oder Subsistenzarbeit – worauf ich ja großen Wert gelegt habe, also die selbstversorgerische Seite: nicht das für sich, sondern dass der Mensch in seiner Gesamtheit – individuell, und dann als Ensemble seiner Verhältnisse - zur Geltung kommt.

Zunächst also mal etwas zu dem Was der Gründungen.

Also, ich habe schon in meiner Vorlesung – ehe Advaita da war - dieses Buch von Dolores La Chapelle erwähnt; ich habe in den Mittelpunkt da gestellt, als den ersten Gesichtspunkt, eigentlich, das Wieder-Einwohnen an einem Platz. Also, wenn man etwas gründen möchte, das auf naturverträgliche Gesellschaft hinausläuft: ich denke, naturverträgliche Gesellschaft ist in den gegebenen städtischen Strukturen nicht möglich. Das heißt, das Individuum ist auch außerstande, das dort – im Ganzen gesehen – zu realisieren. Nicht bloß subjektiv – das ist schon schwer genug - sondern auch objektiv. Wenn sich manche, die das vielleicht gelesen haben, an das Lebenswerk von Günther Anders zum Beispiel erinnern: Der hat wieder und wieder gezeigt, dass nicht nur der Wissenschaftler, sondern eigentlich kein Bürger dieser Industriegesellschaft das wirklich verantworten kann, was er täglich macht. Weil – also – unüberschaubar ist, wozu dieses bestimmte Metallteil da gerade hergestellt wird.

In dem kleinen Warmpresswerk, das dort in Niederstadtfeld läuft, da, wo ich also in der Eifel gerade noch zu Hause bin, jetzt – ich ziehe ja jetzt hierher - dort werden also neben irgendwelchen Kleinteilen für die Autoindustrie mit Selbstverständlichkeit welche für Panzer gemacht - die laufen durch ein und dieselben Hände: Das ist bekannt, aber nicht erkannt, was das bedeutet – und es ist ja auf allen Wegen eigentlich dasselbe: sei mal ein Lehrer, zum Beispiel – also, worauf dann also das Gelehrte in dieser bestimmten Biografie, in diesem Leben hinauslaufen wird, weiß man im Einzelnen nicht - aber normalerweise ist Schule dazu da, Funktionäre für die Megamaschine auszubilden – es wird weitergehen. So – also, sozusagen – dass in dem Sinne Lehrerarbeit – was, von andersher gesehen, letztlich nicht mehr verantwortbar ist. Das heißt, einfach, weil die – es ist ja ein Strukturproblem – es ist kein moralisches mehr.

Also, dieses ganze Gerede, das ich auch mit reproduziert habe – ich war ja mal hier bei der Gewerkschaft Wissenschaft, drei Jahre, Mitarbeiter, beim Zentralvorstand – also, dass es darum geht, Physik mit Joliot-Curie zu betreiben – statt mit Edward Tell (???), weil – also, das ist die gute Physik – und das andere die schlechte.

Gut –

Es gibt dann noch die Frage, ob jemand direkt für die Kriegsproduktion tätig ist – also, für den Bau von Atombomben - aber die Grundlagenforschung ist einfach durch die Strukturen unserer Welt nicht dagegen geschützt, dass das dort dann verbraucht wird, und das ist dann – also, Moral, das Moralische, die Intention, macht in der Wirklichkeit diesen großen Unterschied, nicht? – und das einfach wollte ich noch mal in Erinnerung rufen; ich glaube nicht, dass man in den Städten - indem man deren Strukturen einfach mit-lebt und reproduziert - dass das also irgendwie dazu führt, uns herauszuführen aus den bestehenden Zuständen. Natürlich gibt es viele geistige Entwicklungen und Randständigkeiten – das ist alles möglich – aber ich meine einfach, worauf es objektiv ankommt, egal, welche Stunde gerade die eigene Uhr dafür anzeigt, scheint mir tatsächlich zu sein: Dass man neu gründet, dass man Gesellschaft neu gründet, dass man eine Art – ja, ich meine, es sind ja jetzt nicht Fernwanderungen angesagt, weil – ich finde, das geht überhaupt nicht, sondern: ein Auszug im Inneren, eigentlich, und die Schaffung – sozusagen - einer zweiten, anderen Gesellschaft, und dann ist also – Wieder-Einwohnen an einem Platz: Das ist eigentlich – sozusagen: Die Aneignung der neuen Selbstverständlichkeit - ist damit gemeint.

Also, das Gründen beginnt einfach damit, dass man sich für irgendein Stück Erde verantwortlich macht und dann von unten aus – also, von diesem Punkt aus – und von den anderen aus, mit denen man zusammen ist - erneut das Ganze ins Auge fasst.

Nehmen wir mal an, man landet jetzt hier irgendwo um Berlin herum und hat es dann mit diesen durch den Kalten Krieg zerstörten Gebieten zu tun, aus denen jetzt die Freunde abziehen: Wir sind, verdammt noch mal, natürlich dafür verantwortlich – ich zumindest bin dafür verantwortlich, ich war dafür, dass die Russen da sind – lange, so - und wenn da also hier, in Greifswald oder in Rheinsberg, Ruinen von Atomkraftwerken herumstehen - also, zu der Zeit, von der ich gerade sprach, glaubte ich auch, es gibt friedliche Kernenergie – da sind die aber produziert worden; also, wir sind ja irgendwie für alles das verantwortlich – und man muss es dann von der Basis aus – also - natürlich erreichen, dass der Kreis, das Land, der Bund und so - dass die nicht entlassen sind, die eigentlich die Struktur gepflegt haben, wegen der das Atomkraftwerke und Panzerdivisionen hier gab und gibt.

In dem Sinne ist das Ein Wohnen wirklich – also – die Übernahme der Verantwortung für so eine Gegend, und ich erinnere noch mal daran, dass so ein indianischer Medizinmann dann halt sagt: Das allererste ist, einen heiligen Platz zu wählen – und irgendwo in dem Umkreis steht dann auch, dass zum Beispiel alle Wässer sowieso heilig sind, die sind – sozusagen – das Lymphsystem der Erde, den Wässern in uns vergleichbar – also, es geht darum, das mit Heilen der Erde, eigentlich, zu verbinden – und es ist natürlich völlig klar, dass das nicht darin besteht, dass man mit der Wünschelrute geht, in erster Linie – da gibt es Informationen - sondern das heißt natürlich, dass die Gesellschaft heil ist, eigentlich, dass sie sich der Aufgabe annehmen und anmessen muss, die da gestellt ist.

… (???) unter dem Gesichtspunkt dann wirklich an Gründungen denkt, an einem Platz, den man sich dafür ausgewählt hat.

Und ich will noch eines dazu sagen - was ich sage, richtet sich nicht gegen das allmähliche Hineinwachsen in diese Aufgabe, sondern nur: Dass man den Horizont des Problems wirklich erfasst hat und sich nicht - sozusagen – der Aufgabe gegenüber gleich subaltern setzt und nur sagt: »Mal sehen, was hier wird« – sondern: Wir sind in der Situation einer äußersten Verantwortung - und das heißt nicht, wir müssen uns davon bedrücken lassen, sondern nur – also, die Sinne und den Geist für diese Gesamtsituation öffnen.

Und dann ist natürlich - also - das eigentliche Problem, an das man herangehen muss, auf das man trifft, wenn man gründen - in dem Sinne – will und den Ort gewählt hat, also, den Ort - das Problem, erst mal, das Lokale - ernst genommen hat, ist dann natürlich doch – also, wie geht der Mensch da mit dem Menschen um, wie kann man das machen, dass man nicht völlig allein ist dabei, nicht? - dass diese Zersplitterung, die aus der unbewältigten Individualisierung hervorgeht, der Kultur, nicht? - also, das ist ja zunächst die Frage, das ist ja das westliche Phänomen: Diese Atomisierung, wo man vorsichtig und misstrauisch dem Nächsten gegenüber ist -

auch dort, wo nicht der große Knüppel zu vermuten ist, sondern wo das Ich sich vor dem anderen Ich fürchtet. Also, ich habe selbst die Erfahrung gemacht, dass der Durchgang, ein neuer Durchgang, ein gemeinschaftlicher Durchgang – möglichst gemeinschaftlicher Durchgang – durch das, was ich die Elementarprobleme der menschlichen Existenz genannt habe - dass das eigentlich der Weg ist, um einander wieder besser auszuhalten.

Es ist schon so viel kenntlich, auch aus der Praxis der letzten zwei Jahrzehnte hier im Westen, dass also die - wie soll ich sagen? – die sinnlichere Art von Spiritualität - dass die eigentlich verbindender gewirkt hat als dieser strenge asketische Typ von Yoga – zumindest als Herantasten, erst mal, an diese Sachen, sodass also eigentlich der Kern der Vergegenwärtigung unserer Verhältnisse – etwa zum Tod, zu Sexualität und Eros, zu unserer Schöpferkraft und Arbeitskraft, zu unserem Ich-Antrieb, zu der Frage »Fremde« und »andere« und zu der Raumfrage, die ja damit immer verbunden ist: Wer will mir was wegnehmen? – und zu unseren Mit-Lebewesen - alle diese Dinge: Dass es also sehr viel davon abhängt, in welchem Energiezustand wir sind, und dieser Energiezustand ist ja – sagen wir mal: Die materiellere, die stofflichere Seite unserer menschlichen Existenz, die aber geist-orientiert ist – also, wir sind ja Geist- und Seelenwesen, haupt- - ich meine, im Unterscheidenden – natürlich sind wir auch Tiere, aber wir sind spezifisch Geist- und Seelenwesen, und gerade – aber wenn wir an diese unsere eigentliche Existenz vom Körper aus herangehen, also, vom Tierhaften herangehen – das aber in uns halt ja – es ist ja die – der ganze Körper ist ja seelisch und geistig angelegt, sonst würde das ja auch nicht heraus kommen – also, dann – das ist auch meine Erfahrung – erfolgt eigentlich auch die tiefste Auseinandersetzung mit diesen Elementarproblemen der menschlichen Existenz – ich könnte vielleicht auch sagen: Dann wagt man sie: Das ist wahrscheinlich der Punkt.

Wenn zu wenig Energie zur Verfügung steht, dann hat die Angst das erste Wort – also, lieber nicht herangehen daran rühren - wenn die aber geweckt ist, dann kann sich da in der Auseinandersetzung mit diesen Problemen was ereignen.

Und das heißt eigentlich, dass vielleicht sogar das Allerwichtigste, wenn man zu starten versucht, wäre, dass man sich in der Gruppe, die das anfängt – und die muss ja da nicht gleich abgezirkelt sein: Wer gehört dazu

– wer gehört nicht dazu?, sondern das kann ja ein weiteres Feld sein, das also so in diese Richtung geht – dass man sich dort eigentlich zunächst diese – ich würde sagen: Diese Selbstbefreiungspraxis, diese Selbstbegegnungspraxis, Selbsterfahrungspraxis so intensiv wie möglich organisiert – das Spirituelle kommt von selbst, dadurch.

Heute ist es auch bei den meisten Leuten, die irgendwas Bioenergetisches machen - – also, erst mal: Die Kräfte wecken – ist das schon verbunden, nicht? Wir sind ja nicht mehr am Anfang des Jahrhunderts, wo das noch physiologisch für sich gestellt werden konnte; aber Wilhelm Reich selbst, der das ja zunächst so angefangen hat: - naturwissenschaftlich, in dem Sinne - ist ja zu einer spirituellen Perspektive gekommen. Das ist heute bei den meisten Leuten, die so was betreiben, verkoppelt – also, zum Beispiel, wir haben hier Advaita gesehen – ganz klar. Auf andere Weise wieder bei Frank Natale ist das klar. Und bei Ayya Khema, die nun nicht den bioenergetischen Weg unmittelbar geht – den Gesichtspunkt des Körpers gewahr zu sein: genau so.

Und vielleicht ist der Unterschied zwischen den strengeren asiatischen Traditionen und dem, was wir jetzt hier im Westen versuchen, auch der, dass also die Panzerung durch die technokratische Gesellschaft bei diesen so genannten Unterentwickelten, die es nicht zu dieser Megamaschine gebracht haben, nicht so stark ist - dass also dort die Kräfte – also - durch weniger energetisierende Methoden, durch weniger »energizing«, wie der Natale das nennt, gerufen werden können, während bei uns: Den Panzer abzuschütteln - also, das ist eigentlich sozusagen die Zugangstechnik. Ich habe die also immer wieder getroffen, und ich habe die Erfahrung gemacht, dass das gut ist, und die Erfahrung, dass das – also, nicht notwendigerweise, jedenfalls – ich habe meistens bei guten Leuten das halt versucht, dass das nicht notwendigerweise zur Inflation – sozusagen – der Triebhaftigkeit führt, sondern dass das durchaus im Ausgleich gehalten werden kann – bei viel Befreiung, allerdings, der Triebe – die ja Natur sind – von den kulturellen Restriktionen, die nur Unbehagen und Melancholie verbreiten und Mutlosigkeit und Subalternität nähren: ich kann nicht – ich darf nicht – ich will nicht – Vorsicht, es könnte was passieren, und so – also, das ist, glaube ich, der Zugang, eigentlich, wenn man Aussicht haben will, also – die Kraft und auch die Gruppe zusammenzuhalten für solche Gründungen.

Ein Punkt, den übrigens in unserem Tantra-Seminar die Advaita sehr hervorgehoben hat, in diesem Zusammenhang, war, dass es wichtig wäre, sich mit dem zu befassen, was die Psychotherapie »primär« nennt - oder »primal« auch, in Englisch – und zwar sind das eigentlich unsere Kindheitsgeschichten. Das heißt, das ist der Versuch, die jeweiligen – jeweils verschiedenen, sozusagen, Verbiegungen - Kanalisierungen – Fehlkanalisierungen – oder Beschränkungen, auch – unseres Energiepotenzials – und auch hier oben, im Kopf; die schlagen sich – die spiegeln sich ja wieder, auch die Reaktionen darauf dann – also, wie gehen wir dann, wen wir irgendwo eine Schwäche wissen, instinktiv – womit kompensieren wir das im Verstand und schieben das dann vor, wenn was droht - und der ganze Diskurs ist verbogen, weil – es geht eigentlich um ganz andere Sachen, aber ehe etwas richtig heraus kommt, brauchen die Leute schon wieder vier Wochen oder länger, je nachdem, nicht? Also, das zu dieser spirituellen Arbeit; das – ich sage das jetzt mal so: Das therapeutische Moment – also, die Freilegung, eigentlich, dessen, was wir da erfahren – und manchmal, in mancher Hinsicht auch erlitten haben –: Dass das auch was Wichtiges dabei ist.

Und ich will noch sagen: Die beiden Sachen, das sind nun die beiden Momente - also, das mehr Spirituelle, das mehr Therapeutische – das ist natürlich nichts, was irgendwem aufgezwungen werden soll: Das Kollektiv beschließt, oder dergleichen. Es genügt, wenn also die, die das irgendwie spüren, dass es für sie selbst dran ist, den Weg gehen – und das wirkt sich auf das Klima sowieso aus.

Und wenn man dann auf jemand trifft, der sich standhaft verweigert: Das will dann ausgehalten sein, nicht? – weil – man hat dann höchstens – also, kann man vermuten, dort ist eine Angst, sich Dingen zu stellen – oder es ist aus irgendeinem anderen Grunde nicht dran.

Es gibt natürlich auch eine Verlagerung der Machtspiele auf diese Ebene dann – was sich mit lohnt, bewusst gehalten zu werden. Aber – ich habe jedenfalls das Gefühl, dass die Hauptsache genau diese bipolare Angelegenheit ist: ein Ort, auf den hin – dass es auch was Verbindliches kriegt, und dass Menschen – also – irgendwie zusammen rücken - der muss noch nicht mal gefunden sein, am Anfang – obwohl das auch immer gut ist -; das Wichtigste ist eigentlich der andere Pol, also – dass man auf das Ver-Orten erst mal hin, auf die Frage: Will ich eigentlich raus, wie lange will ich noch das mit machen, finde ich vielleicht Ideen - von daher dann auch einen Weg, mich da ökonomisch auszufädeln – also, meine Brötchen über die – also, diese ganzen Fragen.

Es ist ja nicht unabhängig davon, welche Entschlüsse man gefasst hat, wie lang das geht, oder ob man – also – in zehn Jahren auch dieselbe Angst hat davor, arbeitslos werden zu müssen.

Ich denke, dass auf diesen elementaren Ebenen – Land, könnte man ja auch sagen, oder – Land, jetzt im allgemeinsten Sinne - es kann auch ein Städtchen drauf stehen, Dörfer – und menschliche Natur – also, was ich immer die Richtung auf reine menschliche Natur - dass dort die Probleme liegen - und erst sekundär im Ökonomischen.

Wenn man also so weit sich konzentriert hat auf diese zweipolige Dimension, von der ich da gerade gesprochen habe, dann ist das nächste wohl, dass es also eine ganz bestimmte Praxis ist, um die herum sich dann die Verhältnisse neu ordnen.

Also, indem – ich will das mal, ehe ich noch versuche, ein bisschen konkreter dazu zu werden – mal daran erinnern:

Ich habe ja hier dieses Bild mal mitgehabt, das irgendwie was mit Hölderlin und Heidegger zu tun hatte – also, mit dem Verhältnis des Menschen in dem Geviert von Himmel und Erde und Göttlichem und Sterblichem – in diesem Zusammenhang.

Und ich habe damals nicht so hervorgehoben: für Heidegger ist eigentlich das, wodurch es zusammenkommt, das Ding - das Ding ist irgendetwas von uns Unternommenes, Gemachtes – wenn ich zum Beispiel als Jäger zwischen Himmel und Erde und Göttlichem und Sterblichem bin, also – der Große Geist ist ja, wie bei den Indianern, mit ihnen – also, das Göttliche ist dabei – dann – dann wird er dennoch anders in diesem Zusammenhang sein, und es wird anders zusammen kommen, wenn er da mit Pfeil und Bogen unterwegs ist – wieder anders, wenn er für nichts auf Visionssuche ist – also, für keinen konkreten Zweck.

Und wir, natürlich - wenn wir jetzt mit der Idee, allmählich zu einem Gemeinwesen zu kommen, zunächst ein Haus zu suchen und dann Kontakte zu den Nachbarn - da ist also in diesem Sinne viel Ding, das uns das ermöglicht - also, das - es als – es auf eine konkrete Weise wieder zusammenzubringen - also das, woran es eigentlich hängt: Dass der Mensch mit Erde und Himmel in einer guten Beziehung ist und dass der allgemeine Zusammenhang dabei ist, der universelle, so wie es im Daudedsching heißt - dieses selbe Geviert heißt ja dort, also – der Mensch folgt der Erde, richtet sich danach, die Erde folgt dem Himmel, der Himmel dem Dau, und das Dau folgt sich selbst.

Das ist – zunächst klingt das ja ganz abstrakt, nicht? – also, man kann ja still für sich allein sitzen – die Dolores La Chapelle spricht dann davon, man kann dann im reinen Pulverschnee allein eine Skispur ziehen – selbstverständlich, da ist der Ski das Ding, dann – aber das ist ja nur ein kleines Symbol für unser ganzes Problem der Praxis auf dieser Erde, und – also, das Ein-Wohnen selbst, in diesem Zusammenhang: Wenn wir da unsere eigenen Kräfte dabei auch pflegen und es mit dem Ort in Zusammenhang bringen – das ist es eigentlich, was dann die Landung im Konkreten auch ergibt – dass man dann von daher die gesellschaftlichen Formen, eigentlich, entwickelt. Das heißt, man muss das vom Platz – man kann es dann vom Platz – also, aus diesem ursprünglicheren Zusammenhang heraus – neu lernen.

Der Punkt, um den mir es da geht, ist: Normalerweise, wenn – die mitgebrachten Dinge sind nicht mehr mit Himmel und Erde vermittelt, vielleicht – also, wenn man dann ganz in der Geschichte zurückgeht, natürlich - also, ich meine, es ist der eigentliche Zusammenhang nie völlig verschwunden, aber er tritt nicht mehr hervor. Und nichts liegt näher bei – wenn man ans Gründen geht – als, sozusagen, nur eine Gegengesellschaft im Sinn zu haben: Wir wollen anders, selbstbestimmt, und so weiter, leben – das ist gut, nur – das allein muss noch nicht bedeuten, dass es also auf eine Neubegründung im eigentlichen Sinne hinausläuft, denn – da ist der Kern das Naturverhältnis.

Und das heißt also, dass wir diese Dinge, die wir da machen wollen, die konkreten Dinge - was die Werkzeuge betrifft, was unsere Institutionen betrifft, unsere Kontakte zur Nachbarschaft, unsere Art, Häuser zu bauen, oder auch alte zu bewohnen: Dass das jeweils zugleich Sonden sind, mit denen wir neu an den Großen Zusammenhang herangehen – und die wir auf uns selbst auch richten, gerade: dass wir uns – dass wir da das Mittel der Selbstprüfung haben.

Das erste Erfordernis beim Gründen, wenn es dann also konkret werden soll, ist wirklich dieses Ein-Wohnen mit den Dingen, die wir da nun mit uns führen, natürlich   mit Dingen im weitesten Sinne – in die Lokalität, in den überschaubaren kleinen Lebenskreis.

Wenn man dann dort – ortsbezogen – gelandet ist: man muss versuchen, sich wie einst im Großen Stamm zu verhalten und zu konstituieren – das heißt, man muss dann die Tiere, die Pflanzen, die Götter und das alles versuchen, zum Stamm dazuzurechnen, also – zu uns dazuzurechnen – und umgekehrt: uns dazuzurechnen. Also, in dem Buch von La Chapelle steht irgendwo geradezu der Satz: »Man kann die Erde gar nicht besitzen, sondern nur zu einem Stück dazugehören« - und zwar ein Stück Land, nicht das ganze, den Planeten überschaut niemand.

Das wäre das erste, und in dieser konkreten Praxis – also, dann mit dem, was wir an Zivilisation halt mitbringen und was eben neu überprüft werden muss – nicht jetzt engherzig: Wo habe ich schon wieder einen Fehler, ökologisch - das ist gar nicht der Punkt, sondern – es im Wahrnehmen überprüfen – da sehe ich vier Punkte, die – sozusagen so das Wichtigste sind im Wahrnehmen und Prüfen:

Das ist einmal die Ermittlung der Grenzen, dort, konkret, am Ort, deren allgemeine Bewusstmachung; die sind gar nicht – die sind nicht mathematisch errechenbar, sondern das ist eine Frage auch des Gespürs: Wo wird es hier mit den Straßen zu viel, zum Beispiel, wo müssten Feldraine hin, wo müsste die agrarische Wüste unterbrochen werden – und das halt ausstrahlend auf die ganze Gegend. Es geht ja nicht um Propaganda und Agitation da, sozusagen, mit dem – manchmal auch das, sicherlich – also, man sagt das ja weiter - sondern um die Ausbreitung dieses Gedankens, der vielleicht von sich aus dann auch andere erfasst.

Und dann ist das zweite, wenn man diese - den Rahmen, die Grenzen, den Raum, sozusagen, aufgenommen hat: Die Analyse der lokalen Ressourcen und Bedürfnisse - das ist ein Punkt, auf den Karl Birkhölzer großen Wert legt in seinem Konzept, das er ja hier vorgetragen hat - dass man sich darüber klar wird: Was gibt es eigentlich dort, und was braucht man dort? Das heißt, was müsste man dort untereinander auch bewerkstelligen, erzeugen – nicht nur materielle Bedürfnisse, sondern auch die kulturellen, den zwischenmenschlichen Austausch, und so fort – also, die lokalen Ressourcen auch sind nicht nur die, die man ausbeuten kann.

Also, wenn ich denke, man kann jetzt in eine beliebige Stadt hier in Ostdeutschland fahren - und wird jedes Mal feststellen: Es ist Ebbe in der Kasse, und monetaristisch gesehen: Absolut arm. Und die Fülle wird dabei völlig übersehen, dass also – die Seen sind da, die Böden sind da, die Menschen sind da – also, die Kräfte – und noch nicht mal verhungert, wie in der übrigen Welt - in vielem: es ist alles da – es ist eigentlich eine Frage der Betrachtung, und die wichtigste Ressource, natürlich – wenn es um eine Wende im kulturellen Sinne – sind natürlich die Menschen selbst, und es ist die Frage, ob man sie in ihrem Pessimismus anspricht – und der Monetarismus ist die beste – also, die Geldfrage und die Arbeitsfrage, wenn Arbeit knapp ist und Geld knapp ist - das ist die beste Frage, um das Pferd vom Schwanze aufzuzäumen – aber die übliche, und auch die Kritik geht von dieser Seite aus, da sind sich also Herrschende und Betroffene irgendwie darin einig: Das ist der Punkt. Und das ist er in Wirklichkeit nicht, wenn man – um Grenzen und Ressourcen geht: Da geht es um die monetären zuletzt - und das heißt nicht, dass Geld unwichtig ist, dass es – wenn es in der Stadtkasse klingelt, ist es schon besser, nicht? - um diese oder jene Arbeit auch planen zu können - aber so.

Und Bedürfnisse. Und die Bedürfnisse sind eben auch nicht nur die der Menschen, nicht nur die materiellen der Menschen - sondern, wenn hier – eben durch die Jahre seit 1945, nach dem 2. Weltkrieg - noch zusätzlich Land militarisiert worden ist: Das müsste ja wiedergewonnen werden. Und wo das durch die Industrie kontaminiert ist: es muss ja wiedergewonnen, es muss auch abgebaut werden, man muss sich dafür verantwortlich machen.

Diese Analyse: Was ist denn eigentlich am Ort gegeben – vom Menschlichen her, vom Materiellen, vom Natürlichen her? Und was braucht man – also, was wäre an dem Ort auszutauschen, was braucht man zum Bauen, was braucht man zum Essen, was braucht man zum Kleiden, zum Heizen – wie viel davon ist da? Und zwar – auch das ist nicht in erster Linie eine

Rechenaufgabe, um wieder fünf Jahre damit zu verbringen, sondern das ist eine Frage der intuitiven, der Gesamtwahrnehmung; wenn dann noch jemand dabei ist, ein guter Ökonom, der das auch aufschreibt und es – sozusagen – auf wenige Ziffern bringt, wo was übersichtlich wird, für viele – das ist wunderbar und sollte auch geschehen - aber das ist nicht die Hauptsache - sondern die Hauptsache ist – also, einfach mit dem natürlichen Geflecht zu rechnen. Fünf- sechs- sieben- achttausend Leute können sich natürlich gegenseitig versorgen, wenn sie es wirklich anfangen – also, praktisch ihre Fähigkeiten und ihre Leistungen auszutauschen und das Netz dafür aufzubauen, und ich – denn ich rechne eben damit, dass das juristisch möglich werden würde.

Dass sie es nicht wagen werden, das, was sich in der Hinsicht aufbaut, nur deshalb zu zerstören, weil es dann auch noch den anderen Marktmechanismus gibt, wo ja jede Produktion Konkurrenz stört, nicht? – da könnte ich ja verkaufen, nicht? - also, Schwarzarbeit – wenn jemand sein eigenes Dach deckt: Hoffentlich ist er es selber; wenn das sein Kumpel ist, und der ist Dachdecker – dann müsste man ja die Berufsgenossenschaft eigentlich anrufen - es ist also schwarz, nicht?

Und – natürlich, es geht eigentlich darum, dort Legalität zu erreichen mit der Zeit – aber: zu erreichen - und durch die sich da heranzupraktizieren an diese Sache - und wir haben ja, was diese Austauschverhältnisse betrifft, in den innergenossenschaftlichen Verhältnissen auf dem Lande vielleicht auch gewisse Erfahrungen auch – also, mit den Arbeitseinheiten, und so, und mit manchem – da gab es ja noch vom Gut übernommene Deputatleistungen, und so, nicht? – also, Naturales; es dürfte eigentlich gar nicht so schwierig sein, das Know-how für diese Sache liegt auf der Straße, und wer es nicht aus der DDR haben will – weil es nun wieder psychologisch belastet ist, von der LPG (Landwirtschaftliche Produktionsgenossenschaft – in der DDR) her: Die Margrit Kennedy hat ja hier Sachen zitiert, die aus Schweden und aus der Schweiz und weiß ich von wo her sind – also, es ist nicht eine DDR-Tradition als solche, der Gedanke – ich sage nur, dass hier bestimmte – also - menschliche Erfahrungen auch noch da sind.

Das wäre das zweite; das erste war überhaupt: Wahrnehmen – und was - die Grenzen? Wo müssen wir uns einüben? Das zweite: Was ist da – an Ressourcen und an Erfordernissen?

Das dritte ist die Richtung des Blickes auf so viel Autarkie wie möglich. Also, nicht auf Autarkie in irgendeinem absoluten oder absolutistischen Sinne: Wir kaufen nichts – oder: Wir vertreiben nichts – nichts Materielles: Kommunikation, das ist keine Frage, jetzt, der Begrenzung, sondern es geht einfach darum, dass – es ist wirklich notwendig, die Transportwege zu minimieren und diesem Prinzip, alles durch die ganze Welt spazieren zu fahren, ein Ende zu setzen, und es ist vor allem – ich würde sagen – ich will es mal so formulieren: Antikolonialistisch notwendig zu gucken: Was gibt eigentlich das Eigene her? Also, die Volkswirtschaft der Bundes-

… es geht eigentlich nur … (???).

Und es wäre also einer ganz ernsthaften Prüfung wert, ob die – und zwar geht die aber nur lokal – also, global - man kann - also, für die Bundesrepublik könnte man eine Rechnung anstellen, die wahrscheinlich ergeben würde: Wenn wir uns einigermaßen beschränken – es wäre noch zu machen, sich aus der eigenen Erde zu ernähren und mit allem, was der Mensch so braucht, zu versorgen.

Aber in Wirklichkeit ist das – das ist nur lokal zu sichern, und auch dort nur – wird es kein Problem des politischen Druckes, in erster Linie, sondern eine Frage des Sich-Einübens in den Umgang mit den eigenen Ressourcen.

Es geht also nicht – bei Autarkie – um die Abtrennung von den anderen, sondern – positiv – darum: zu gucken – was ist eigentlich am Ort? Was übrigens auch sehr angstmindernd ist.

Also, wenn die städtischen Strukturen hier zusammenbrechen – das hat die Doris Lessing ja in ihren »Memoiren einer Überlebenden« schön gezeigt - dann müssen die Mütter Angst haben: Wo kommt denn die Milch her - noch? Und – also, fundamentalste – also, die elementarsten Bedürfnisse – sozusagen - das heißt: Materielle Bedürfnisse - das wäre, wenn man das entflicht, wenn man die großen Städte verließe und anderswo anfinge – das wäre denkbar.

Übrigens will ich sagen: Nur jetzt ist das so – dass also die Entflechtung der großen Städte auf Verstädterung des ganzen Landes hinausläuft. Weil – es kommt einfach nur die Stadt da draußen an, es ist keine eigene, keine eigenständige, selbst hohe kulturelle Struktur da – und wenn die geschaffen wird, dann wird das nicht Zerstörung der Rest der Landschaft, sondern dann wird das Ganze eine Kulturlandschaft anderer Art - und eine Weile können die großen Städte sogar stehen bleiben, das heißt, man muss die nicht künstlich minimieren: Das machen die dann von sich selber.

Also, der dritte Punkt ist diese Orientierung auf Autarkie Im Blick auf die ganze Ressourcen- und Bedürfnisproblematik – das ist nicht gegen den Austausch gerichtet – wenn man dann feststellt – also, da hört es auf hier, wir haben keine Hochöfen hier, und wir wollen auch keine bauen – na, dann heißt das, dass da Stahl gekauft werden muss – und dass das auch in die Rechnung hinein muss.

Aber – erst mal den Gesichtspunkt geltend machen: es liegt viel Schrott in der Gegend, zum Beispiel.

Und der letzte dieser grundlegenden Gesichtspunkte, die da im Zusammenhang stehen: Wir brauchen mit der Natur und mit den anderen einen Ausgleich in In- und Outputs – also, in dem, was hereinkommt, und in dem, was hinausgeht – der Natur gegenüber, und auch den anderen gegenüber. Das ist eigentlich die eine Bedingung, die Nicht–(Bindestrich)–Ausbeutung bedeuten würde - also, dass auch der Natur was im Zyklus zurück gegeben wird. Das ist auch ein – das ist eigentlich ein – ja, das ist, glaube ich, ein spirituell-ethisches Problem, die Sache – da geht es auch nicht um Rechnungen; letzten Endes, also - Rohstoffe werden der Natur nicht voll zurückgegeben – da gibt es Entropien, aber das Prinzip der Versöhnung, von dem die Indianer immer mit ihrer Erde ausgegangen sind – das muss wieder Platz finden.

Und was die Menschen betrifft - also, was die übrige Menschheit betrifft: Dann ist es geradezu die Bedingung des Friedens, dass da Input-Output – dass das einigermaßen ausgeglichen ist.

Es ist nicht gut, eine günstige Handelsbilanz zu haben, weil es – also, zu eigenen Gunsten, zuungunsten anderer – weil es Krieg und Unfrieden bringt - und weil das Unglück zurückschlagen wird, also – man kann nur daran interessiert sein, Gleichgewichtsverhältnisse zu kriegen.

Und das zweite, grundlegende Erfordernis dann – ich habe jetzt gesprochen darüber, was mit dem Ein-Wohnen alles erst mal – also, sozusagen – zusammenhängt: Den Platz nehmen, und dann die Grenzen, die Ressourcen, das Autarkie-Thema: Nicht-Ausbeutung – so. Wenn man also diese Rahmenbedingungen – das sind alles eigentlich nur Rahmenbedingungen, erst mal ein Konzept – die Realisierung ist dann eine lange Arbeit, die gelassen und fröhlich angegangen sein will.

Der nächste Punkt ist dann – also, das zweite Grunderfordernis nach dem Ein-Wohnen - das ist, dass wir uns klar sind über die – ich will mal sagen: über die energetische Basis des ganzen Unternehmens; wenn es nämlich dauerhaft werden soll, dann steckt ein verhältnismäßig einfaches Geheimnis dahinter, das bisher – also, das eigentlich alle Kulturen, bis auf unsere – respektiert haben; unsere ist ja auf diese – erst unsere ist im 18. Jahrhundert mit der Dampfmaschine zur Ausbeutung der Mineralsphäre übergegangen, bis dahin hat alles auf Sonnenenergie beruht.

Es ist in puncto Kohle und Erdöl auch noch immer Sonnenenergie – aber das sind nicht erneuerbare Ressourcen, das ist nicht das, was jetzt hier ankommt – das ist also Leben vom Kapital, nicht von den Zinsen. Und jetzt – das große Erfordernis ist eigentlich das, es gilt zu erkennen, erst mal für uns selber schon, dass Kultur ein Phänomen des Überschusses von menschlichen Wesenskräften ist – grundsätzlich, sonst gäbe es die Kultur nicht - und von Bewusstseinskräften – Überschuss: Also - dass diese Knappheitsphänomene, die für so vieles gelten: von Liebe bis zu den verschiedensten Versorgungsgütern, dass das – sozusagen – eine Dysfunktion der Kultur ist, ein Zweites, was Sekundäres – nichts, was von Grund auf eigentlich gegeben ist - und hinter dieser Sache, dass – hinter dem ganzen Überschussphänomen, hinter der Tatsache, dass der Mensch überhaupt selbst ein Überschuss ist – Biosphäre schon, und dann erst recht Soziosphäre und Noosphäre - also gesellschaftlich, und dann: Noosphäre – wird er ja praktisch dann Geist - also, dass alles Überschussphänomene - und der Hintergrund ist, dass wir – dass die Erde tatsächlich ein bezuschusstes System ist.

Das ist das Thema Sonnenenergie. Das heißt, die zukünftige Energieversorgung kann überhaupt nur – also, das kann nur eine dauerhaft tragfähige Veranstaltung werden, falls wir uns – also – nicht noch tiefer in den atomaren Wahnsinn stürzen wollen, mit Kernfusion und solchen Dingen – wir wissen jetzt, was, drei Stufen vor uns, die Stufe da bedeuten kann.

Dann geht es um Sonnenenergie – nicht, indem wir das auf der Erde noch mal machen – experimentell, die Sonnenkraft - also dann – wie gerade ausgeschlossen ist - auf der Erde noch mal veranstalten, sondern dann geht es darum, das, was hier zuströmt und was an einem Tage – auch jetzt, an einem Tage – mehr ist als der ganze Energieverbrauch der Welt – obwohl wir eine Energieverschwendungsgesellschaft erster Güte sind – das also einzufangen.

Und ich denke, es ist uns klar, dass die technologische Entwicklung – weil das nicht profitabel erschien lange Zeit, und unsere Entgegnung ist nicht darauf gerichtet worden bisher – das heißt, es ist nur zu wahrscheinlich, dass wir auf dieser Strecke sehr weit von der Ökonomie entfernt sind - dass man also für – vom Haus angefangen, von dem Heizungswahnsinn - das, was hier Declan Kennedy entrollt hat, dieses Permakultur-Thema – das ist, in seinem Untergrund insbesondere, das Thema der Befreiung von diesem technischen Energieverbrauch.

Mit den Kräften der Natur arbeiten heißt natürlich: Mit der Sonne arbeiten - also, Pflanzen, Bioenergetik, Pflanzenenergie, jetzt – Wasserkraft – Windkraft - das sind ja alles Derivate – Abkömmlinge - von Sonnenenergie.

Und wir haben uns also dieser Energiequelle bisher nicht gestellt; die Frage ist insofern neu, als wir uns jetzt durch diese technische Energieausbeute der vergangenen zwei Jahrhunderte, besonders im Westen, an ein Energieverbrauchsniveau gewöhnt haben, das frühere Zivilisationen einfach nicht praktizierten. Bis an die Grenze des 18 – bis an das Jahr 1700 – also, bis an das 18. Jahrhundert heran waren die Zivilisationen im Großen und Ganzen noch selbsterhaltend, dauerhaft angelegt, was diese fundamentale Energiefrage betrifft - und natürlich geht es dann darum, in diesem Sinne auch mit – also, in demselben Sinn wie mit Energie mit allen nicht regenerierbaren Ressourcen umzugehen - das heißt, dass das letzte dieser Ausgangsprinzipien, was die Gründungen betrifft, das ist, dass man sich auf regenerierbare Ressourcen stützen muss.

Das deckt sich eigentlich weitgehend mit der Sonnenfrage – jetzt nur nicht unter energetischen, sondern auch unter Rohstoffgesichtspunkten. Also, es mag sein, dass der Franz Alt in seinem Schiffbruch-Buch da überzogen hat, also – was nun diese eine Quelle betrifft, aber der Gedanke ist wichtig: Wie viel man also tatsächlich mit biologischer Energie machen könnte – immer auch unter der Voraussetzung, das der jetzige Energieverbrauch nicht versorgungsnotwendig ist, sondern nur notwendig, wenn wir uns auf diese Weise, in diesen verrückten Techno-Strukturen, megamaschinell versorgen, und die Kriegsmaschinen dazu aufrecht erhalten, und so weiter, und die Kerntransporte, und alles das – sonst hätten wir einen viel niedrigeren Level von Energieverbrauch.

Übrigens hat die Erfahrung seit der Ölkrise gezeigt, dass - alle Abschätzungen über diesen Anstieg der Energieverbrauchskurven haben sich ja gar nicht bestätigt, sondern es läuft irgendwie so – also, es läuft abgeflacht, sodass also die großen Profitversprechungen, die sich die Energiewirtschaft selbst gemacht hat, ohnehin hinfällig sind. Wir brauchen hier keine neuen Fernleitungen für Elektroenergie und dergleichen - zumal die Industrie ja zugemacht hat - und diese Lebensweise, die kommen wird, braucht einfach nicht solche – so große energetische Potenziale wie bisher.

Also, das zu der Frage der Gründungen.

Ich mache mal weiter bis zum … (???) – ich habe die Zeit nun verpasst, wo ich hätte unterbrechen sollen –

Was ist nun mit den Strukturen? Da knüpfe ich noch mal an die eingangs behandelte Problematik mit unserer internen – also, mit unserer inneren, mit unserer eigenen Entwicklung an.

Ich glaube, dass es einfach nötig wäre, die Strukturen des Zusammenlebens, also, wie sich jetzt der Reproduktionsprozess so einer anderen Gesellschaft entfaltet – und mit Reproduktion meine ich jetzt wirklich alles und nicht bloß das Materielle -: Das hängt natürlich sehr davon ab, ob das was anderes wird, ob eine Umprogrammierung unserer inneren Wesenskräfte wirklich stattfindet, das heißt, ob wir uns von allzu vielen Fixierungen auf Selbstverständlichkeiten – das, was Galtung sagte - und auch auf Neurose - ob wir uns davon befreien können?

Befreien nicht in diesem – in so einem perfektionistischen Sinne, sondern: es ist eigentlich die Frage, ob wir das dahinstellen können. Also, in der Konfrontation – wenn man dann merkt, wo einen wieder das Gewohnte einholt – die Reaktionen, die man schon immer gezeigt hat - als Kind, und dann als Mann und Frau wieder - wenn da Bewusstheit da ist, und wenn da andererseits Solidarität da ist, Bereitschaft also, sich nicht auf den ersten Blick an allem zu stoßen, was der Liebste zu bieten hat, dann ist es da eigentlich denkbar, die ganze Einrichtung des sozialen Alltags – ich würde sagen: erst mal auch noch mal zu erfinden – also, nicht für selbstverständlich zu halten, wie diese Strukturen laufen sollen und funktionieren müssen.

Ich will noch was über die Elemente sagen, mit denen wir es da bei diesen Strukturen zu tun haben, damit es dann klarer ist, vor was für Entscheidungen wir da stehen.

Also, ich bin ja davon ausgegangen, dass das Ganze wachsen wird eher von unseren inneren Kräften, von dem, was Marx die menschlichen Wesenskräfte genannt hat, und wo ich denke, dass sein Satz nach wie vor gültig ist: Dass es eigentlich darum geht, die freie Entwicklung eines jeden als Bedingung für die freie Entwicklung aller zu begreifen – und umgekehrt - also, dass, wo Unterentwicklung von Individuen immer die Freiheit aller Gesellschaftsglieder beschränkt, natürlich, dann, wo Polizei erforderlich ist: Der sie einsetzt, steht keineswegs jenseits der Repression– um das mal nur zuzuspitzen an einer Stelle. Aber es ist also so, dass diese innere Verfasstheit so eines Kerns, so eines Aktivs, oder so einer Gruppe, die auf so was zugeht, dass die – also, das Wichtigste, eigentlich, wenn es dann in der Struktur konkret wird, ist: Ob vor lauter Arbeit, die dann einsetzt, wenn man an dem Wort dann anfängt, mit den Dingen – also, in die Breite zu gehen - ob man vor lauter Arbeit dann diese Mittel nicht austrocknen lässt?

Das scheint mir die entscheidende Frage zu sein: Das heißt, alttestamentarisch gesprochen, ob der Raum für den Sabbat bleibt, und der Raum für das spirituelle Moment, und auch dieser Raum für das, was ich da »therapeutisch« nenne, wo ich nicht meine, wir sind alle krank und brauchen Therapie, sondern wo also diese Methoden der Selbsterfahrung, der Selbstheilung – wo die immer wieder aktuell sein müssten.

Also, nicht: Wenn man gründet, und wenn so was wie ursprüngliche Akkumulation wieder erforderlich ist – etwas der Art ist natürlich erforderlich, also erst mal: Das Land überhaupt dann finden – das ist ja entzogen, nicht? – und das Baumaterial, wenn man irgendwas anfängt, kostet Geld, und so – also, es ist die Versuchung groß, dass – also, dass Arbeit erneut das wird, worum sich alles dreht.

Das ist ein notwendiges Strukturelement – und, beiläufig, ein wichtiger Punkt ist: man kann die Arbeit, die nun notwendig ist, minimieren, indem man sie diszipliniert vornimmt – also, wenn alle alternativ arbeiten, wie das so schön heißt, nach der Wohngemeinschaftskonstellation, wo immer nicht abgewaschen wird: Dann hat man mehr damit zu tun. Je geordneter das, was an notwendigem Prozess da ist – umso richtiger und umso besser; also - es richtet sich nicht dagegen, sondern es richtet sich darum, dass man für alles, was es sonst an wichtigen Strukturelementen des Prozesses gibt, dass man da – dass die Mitte gewahrt bleiben muss. Also, dass die Selbstentfaltung des Individuums die Bedingung dafür ist, dass das für alle einigermaßen erträglich oder sogar erfreulich – darum geht es ja eigentlich – wird und dass dort auch die Reserve ist, um die mehr äußerlichen Lebensverhältnisse effizient und schön zu gestalten – um beides geht es ja – und das ethische Moment - also, die Fragen, die mit den Machtverhältnissen – eigentlich – zwischen Individuen zu tun haben - genau so –: Also, wie das gehandhabt wird, hängt ja auch vom Kulturniveau ab – dass das also eine Frage der Subjektivität ist.

Was ich sehe, ist, dass so die Funktionen, um die es am Außenrande geht – also, ich sage mal, das sind die Folgenden: Das eine Moment ist das der Leitung – das ist auch dann, wo man sich schon auf Prinzipien geeinigt haben muss, im Konsens, und das geht natürlich – das ist schon wieder ein Bezug auf die Mitte, natürlich, nicht? – also, sonst ist Leitung von außen und nimmt sofort despotischen Charakter an, wenn - die Prinzipien, nach denen geleitet wird, müssen vereinbart sein.

Und genau so dann die Regeln, über - die man untereinander wachen muss, denn ungeregelt werden es schnell – also – sehr schwer erträgliche Verhältnisse - schon allein, weil man sich – also, weil es stresserzeugend ist, aber auch: Dort ist der Raum für die meisten undurchsichtigen Herrschaftsverhältnisse und Ungerechtigkeiten – gerade, wo nichts geregelt ist, setzt sich – sozusagen – die elementare Qualität des stärksten Affen und der stärksten Kuh, und so fort – also, diese Dinge, die setzen sich dann – was ja ein Moment von uns einfach ist – das setzt sich dann durch.

Und hier geht es also wirklich um die Sicherung der Reflexion, auch, für diese Funktionen.

Dann gibt es das Thema, das ich nenne »Pädagogische Provinz« – was im idealen Sinnfall als freie Schule gelöst ist - als eine Schule, die nicht dazu da ist – also, die Leute wieder für die Megamaschine auszubilden, sondern wo der Sozialisationsprozess entlang der entstehenden anderen Kultur funktioniert.

Wie gesagt, das sind Zielfunktionen, in all den Fällen – nur dass man sie als Richtung im Auge haben kann.

Jetzt das große Feld der juristischen Verhältnisse – also, der Rechtsverhältnisse - in so einer Gruppe, das mit den Leitungs- und den Regelfragen zwar verbunden ist, das aber nicht dasselbe ist – also, hier geht es eigentlich um die Sicherung der Chancengleichheit in dem ganzen Prozess, um die Frage des Wechsels der Arbeit, dass also nicht - ich meine, Spezialisierung wird natürlich erhalten bleiben, Arbeitsteilung, in einem gewissen Grade – aber es gibt Arbeiten, die die Entwicklung fördern, und Arbeiten, die die Entwicklung schädigen - oder, zumindest also – die nicht entwicklungsgünstig sind. Das ist manchmal nicht auf den ersten Blick erkennbar. Jedenfalls muss mit diesen Dingen umgegangen sein, dass die Frage der Gleichheit wird mehr, als man sich darüber klar ist, in den Arbeitsprozessen und in der – überhaupt, in allen Austauschverhältnissen - entschieden; oft ist das, was dann als materielle Ausbeutung ankommt, nur eine Folge.

Das wird man also gerade in neu entstehenden kleineren Strukturen viel stärker noch sehen; das ist ein Zusammenhang, der mit den Regeln und mit der vollen Entfaltung der Individualität – dafür steht freie Schule mal jetzt hier – engstens zusammenhängt, also – die Gerechtigkeit, das Gleichheitsthema, ist eigentlich die Frage der – wirklich, der – mehr noch, als der Chancengleichheit, der Chancengleichheit - sondern der optimalen Förderung jeder Gabe, jedes Talentes – was im Nahbereich eigentlich leicht möglich ist, wenn Lehrerschaft wieder persönlich wird, was in solchen Zusammenhängen denkbar ist.

Dann gibt es natürlich das große Feld der Arbeit für Subsistenz, das große Feld der technischen Verhältnisse, es gibt das große Feld der – und das, beides zusammen, natürlich, alles durch die ökologische Frage gebrochen, jetzt – also, hindurch gedacht – die vom Grunde her, natürlich, in dem ganzen Konzept drin steckte – und schließlich geht es natürlich um den ganzen Bereich, der sich mit Schule noch nicht ohne Weiteres deckt – also, der theoretischen Durchdringung dieser ganzen Praxis. Also, wir sind ja keine Urgesellschaft, in dem Sinne, mehr, wir werden mit entwickeltem Wissen, mit viel Rationalität, auch arbeiten – also, es geht ja nur darum, diese instrumentelle Vernunft in ihrem Selbstlauf zu bremsen, aber nicht abzuschaffen, und da ist also – glaube ich - die Notwendigkeit, den eigenen Lebensprozess auch zu erforschen – auch mit rationalen Mitteln zu erforschen – das bleibt, das muss einfach Teil - die Selbstbeobachtung, in diesem Sinne - Teil des Prozesses sein.

Und wenn man jetzt von allen diesen Funktionen noch mal in die Mitte guckt, dann, denke ich, dass wir es dort also bei dem jetzt noch Ausgelassenen – dort haben wir es dann eigentlich mit der Gerechten zu tun, die mit dem Menschen selbst gegeben ist – nämlich mit dem Verhältnis, würde ich sagen, von Leben – das uns ja auch trägt – Eros und Geist.

Das heißt also, die Mitte des Ganzen, wenn man sie von den verschiedenen Unterfunktionen, die ich jetzt behandelt habe, in der Struktur – wenn man da noch mal dazu zurückkommt: Das könnten tatsächlich solche tantrischen Verhältnisse sein, wie sie die Advaita hier angedeutet hat. Und der Punkt dabei ist der - also, der Begriff des Tantra in der buddhistischen Tradition, der meint nicht nur das Sexuelle, den erotischen Bereich, sondern der meint eigentlich den wahrhaftigen und auch wahrgebenden – wie der Gebser das nennt – Umgang mit unserer Gesamtenergie, die auch nicht in uns endet, sondern – also, wenn es uns gelingt, wieder mehr in dem kosmischen Zusammenhang zu sein, wenn also der Mensch mit Erde und Himmel und dem Göttlichen - dem Großen Geist, oder wie immer man das nennt – wirklich kommuniziert: Dann ist das ja mit im Spiele.

Und dann ist genau der erotische Pol unserer psychischen Gesamtenergie – der ist gerade die Mitte dieser Sache, der ist die Vermittlung, eigentlich, zwischen Natur und Geist, zwischen Leben – also, was den Repräsentanten dann der Natur, auf uns hin - und Geist - sodass man es hier mit etwas zu tun hat, was ich das erste Mal wirklich perplex in einer völlig patriarchalisierten – ich habe es schon mal erwähnt – und insofern also absolut verqueren Form im Islam wahrgenommen habe: Dort habe ich gesehen, dass die Moschee und der Harem – gerade in dem Medina Mohammeds, wo er das - also, wo er die Struktur begründet hat: Das war das Innerste – also, die spirituelle Entwicklung, und das Erotische - und es war zwischen der Moschee, also zwischen dem Gebet und den Frauengemächern war nichts als die Stelle, wo man sich wäscht – und die Stelle, wo man sich wäscht: Das war nicht – also – spezifisch, irgendwie, gegen das Erotische gerichtet, sondern grundsätzlich: in dieser Konzeption wäscht man sich ja, bevor man sich in irgendeiner Weise Allah – also, dem großen Zusammenhang – zuweist; Reinigung – also, nach: Das ist in jedem Falle angesagt, aber – die sind zusammen, eigentlich, das Zentrum dieser Struktur.

Nur dass sie – ich habe da gerade einen sehr aufschlussreichen Artikel von der Fatima Mernissi gelesen, von der ich auch dieses Buch über Mohammed ursprünglich las; sie sagt, er habe – das ist natürlich eine Männerangst - bestimmte Struktur, für sich genommen.

Wenn man jetzt aber guckt, was die im ZEGG da, in dem Laufe der letzten – ich habe das in der »Bauhütte« vor zehn Jahren halt zum ersten Mal erlebt - was die dort über die Jahre so andeutungsweise hingekriegt haben - dann ist das eigentlich dort Folgendes: Dass sich dieses Harem-Prinzip – also, das wäre ja erst mal ein Mann-Bezug, und zwar in verschiedener Intensität - und es ist dann immer noch eine Frage der Kultur der Partner – wird wohl dort mit zwei, drei, vier, oder wenn man so in die Geschichte geht, wenn man das Vergangene nicht einfach ausklammert - wir machen ja dieses Serien-Prinzip, warum eigentlich? Ich meine, die gehören natürlich zu uns, die Menschen, die je in der Liebe mit uns verbunden waren - also, das ist die eine Struktur, und genau so - und in solchen neueren Versuchen meist noch stärker - ist es so, dass die Frau gleichzeitig Mittelpunkt eines Kreises ist, dass sich also Männer auf sie beziehen - und das ist ja immer noch vereinfacht, weil es außerdem noch das Problem der Verhältnisse von Mann zu Mann und von Frau zu Frau gibt, das will ich jetzt nicht ausschließen; ich will nur sagen, dass es da im Kern, eigentlich, des Projektes - und bei vielen Projekten ist das weniger bewusst auch verborgen - also, dass dort ein Netzwerk - in diesem umfassenden Sinne - erotischer Beziehungen ist.

Man macht ja einen Fehler, wenn man das unter Promiskuität verbucht - zumal da manchmal gar nicht das Bett der Ort des Treffens ist, sondern es ist also einfach: Wenn die menschliche Gesamtenergie - die also von hier aus aufsteigt - wenn die wirklich mobil ist, wenn wir also das machen, worüber ich einleitend gesprochen habe, dann wird es da einfach einen ganz anderen als den kleinfamiliären Reichtum geben.

Das ist allerdings wahr - dass kaum eine Kleinfamilie – also - in der Form übersteht, wenn man da hin zieht – nicht? Es passiert das Allerverschiedenste, es passiert auch Wiederfinden – auf einem anderen Niveau, aber es wird – wie soll man denn sagen? – also, wenn wirklich die Menschen völlig bei sich sind, angstlos bei sich sind, dann gibt es natürlich mehr als eine Korrespondenz.

Es gibt das, was allen Menschen gemeinsam ist: Die spirituelle Kapazität, und die intellektuelle Kapazität dann auch, in einer Kultur; das gleicht sich natürlich sehr an – zumal also Leute, die jetzt so was unternehmen, meistens erst mal das Handwerk wieder lernen müssen - also, intellektuell genug sind, um alles zu reflektieren, aber – es kommt ja dann doch, dass jeder seine spezifische Bedürftigkeit hat – und guckt er genau hin: seine Bedürftigkeiten.

Eine der Formen, die ich neulich las, war – und zwar für beide Geschlechter, jetzt, und es war überhaupt nicht gekoppelt mit dem Thema, was ich eben da hatte, ZEGG – aber das war das Thema »Innerer Harem«, und zwar für die Frau dann auch gedacht, umgekehrt: Also, wie viele Partner sind eigentlich in uns eingeschrieben - vielleicht dann auch wieder ineinander übergehend.

Aber jedenfalls ist unsere geistige Verfassung – Goethe hat sich auch für eine ganze Familie gehalten, übrigens, für viele Menschen – also, wir sind ja nicht begrenzt, in diesem Sinne, auf nur eine bestimmte Bedürftigkeit – ich nehme es jetzt mal unter diesem Gesichtspunkt, der nicht der höchste ist - aber das sind natürlich auch Bedürftigkeiten, Ergänzungsbedürftigkeiten, und Bedürfnisse, die uns da regieren. Und es wäre also eine – wenn man das nicht zum Gegenstand einer – ich sage mal jetzt ein blödes Wortbeispiel, mir fällt kein besseres ein: Kulturarbeit macht, dann wird es auf dieser Ebene – werden die Dämonen alles sprengen, natürlich.

Die spirituelle und therapeutische Arbeit an dieser Mitte und um diese Mitte herum – das, was eigentlich das Thema von Advaita ist, was das Thema von Duhm ist, was auf andere Weise auch das Thema von Natale ist – die Sachen, die Praktiken berühren sich da sehr, weil – immer geht es darum, die Kräfte zu wecken und ihre Richtung wahrzunehmen und zu überprüfen.

Und – sozusagen – mehr innere Souveränität zu erlangen, sodass auch also – die Triebkraft hinter der Eifersucht sind ja Angst und Minderwertigkeitskomplexe, die größten Triebkräfte – also, dass man an sich, an seine eigene Vollständigkeit gar nicht bis zu dem Grade glaubt, wie sie eigentlich gegeben sind, und – also, ich glaube, dass hier große Entlastungen und Befreiungen möglich sind dann, wenn es wirklich gehalten werden kann, dass alles umso eine Mitte herum funktioniert, um eine spirituelle und therapeutische Praxis des Kräfteweckens und der Reinigung, eigentlich, der Befreiung von Hemmungen.

Und das ist in meinen Augen die beste Möglichkeit, eine Struktur zu finden, die lebensfähig bleibt – also, es ist schon erstaunlich: Die machen das jetzt 20 Jahre ungefähr, da, in diesem, was jetzt da ZEGG ist - und was auch immer daran zu – also, Sektiererisches - Abschluss nach innen droht jedem solchen Projekt, das ist schon mal – also, nur wenn man sich immer wieder neu öffnet – und die tun das, gerade, indem sie auch hier gelandet sind, jetzt wieder verstärkt – dann kann da was weiter gehen.

Aber was das Bewundernswerte ist, ist, dass also so etwas dort wirklich über 20 Jahre lang gewachsen ist und dass da eine – ein anderer Typ von sozialer Sicherheit auch herausgekommen ist, nämlich von sozialer Sicherheit in dem Sinne: man wird nicht verlassen sein. Da ist ein Netz – auch von Intimpartnern - das einen hält. Das mögen ganz verschiedene Momente sein, und das schließt übrigens – das ist bei unserem Seminar, das ja dieses Thema hatte, jetzt, in diesem Semester, Subsistenz - aber unter dem Gesichtspunkt »Sexus – Eros – Liebe«, von diesem Kern her - da ist auch herausgekommen – ziemlich eindrucksvoll, durch die Dolores Richter: Das schließt also die eine Beziehung – dass mal zwei alle ihre Kräfte alle nur aufeinander richten – keineswegs aus, es gibt dann kein Verbot, etwa gegen das Prinzip »Bis dass der Tod euch scheidet« - wenn zwei das wählen, dann wählen die das, nicht? Aber – es ist - ja oft, oder in der Regel, bisher - hat es als Gefängnis funktioniert.

Und diese Öffnung zu unseren Wesenskräften und die Ermutigung unserer spirituellen und erotischen Kräfte – die ja in ein und demselben Kanal liegen – das scheint mir - also, das sage ich … (???) noch mal - das scheint mir der Kern der Sozialstrukturen zu sein, die sich jetzt da bilden.

Wenn man sagt: Bisher ist es so gewesen, dass spirituelle Kommunen viel besser überlebt haben als nicht-spirituelle – also, welche, die ein überpersönliches Ziel gehabt haben – das ist ganz klar: Wenn es bloß um die Versorgung geht – das zerfällt früher oder später wieder. Was bisher - also - meistens die Tendenz war: Die waren in die Richtung des Klosters als unerotische Veranstaltung – und daher unbefriedigend, unglücklich, und immer mit einem Rückschlag. Also, ich meine, die Hexenverfolgung gehört dann irgendwo dazu – als ein Pendant, wo an anderer Stelle das Verdrängte heraus kommt. Und das ist also – glaube ich – eine völlig neue Aufgabe, an der die Leute, die so was üben, da sind: Das Spirituelle und das Erotische zusammenzubringen.

Wir haben als Letztes in dem Seminar ein Buch von Schubert behandelt, ein deutsches, im Baltikum verschollenes, zwischen Russland und Deutschland, zwischen Faschismus und Kommunismus, Anfang der 40er-Jahre, wo in diesem Sinne die Heimkehr des Eros zu den Göttern – also – die Bibel (???) gewesen ist. »Eros und Religion«, heißt das Ganze – also, gerade diese beiden, Eros und Spiritualität, zusammengenommen - das war, als es dort – seine Vision noch ohne diese energetische Ausrichtung, die hier bei Advaita etwa drin ist, mit den Übungen – aber: Als Perspektive, und ich kann nur sagen, dass der Versuch der Wiederbelebung unserer Kräfte – also – dem Ganzen noch den entscheidenden Drall irgendwie verleihen kann, dass von daher wirklich was möglich wäre, wenn man es so baute; wenn Advaita hier sagte, sie denkt auch daran, vielleicht – eine Kommune könnte entstehen - in drei, vier Jahren, hat sie hier in einer Diskussion gesagt – also, das könnte in diese Richtung gehen - das könnte in diese Richtung gehen. Ich weiß nicht genau, was sie vorhat, aber – so, in diesem Sinne.

Das Letzte, was ich dazu sagen will - also, zu diesem Weg in Gründungen hinein - das ist etwas, das ich als das am allerschwersten zu Bewältigende erlebt habe. Das ist die Frage des – jetzt, vom Individuum her gesehen – oder des Zusammenfindens der richtigen Leute. Also, ich will es mal so sagen: Wenn wir alle heilig sind, dann dürfte es theoretisch natürlich keinen Unterschied machen, alle können mit allen. Aber das ist immer ein Grenzwert – also, das ist etwas - das ist Asymptote; das ist völlig klar, dass das nie erreicht wird. Und auch die Zuspitzungen - konflikthafte Zuspitzungen - sind unvermeidlich – und decken dann immer auf, dass unsere Intentionen viel reifer und heiliger sind als unsere Wirklichkeit.

Ich will damit nur sagen: Das Problem des Ein- und Ausschlusses besteht – aber nicht das Problem des Ein- und Ausschlusses von so einer Bewegung im Ganzen, sondern: man muss gucken, ob sich die Gruppen, die sich auf die Suche machen, dass die sich einigermaßen kompatibel finden – das eigentlich ist das Problem. Und irgendeine Art von Novizenschaft – wenn sich dann mal welche gefunden haben, die sind ja immer erst mal eine kleine Gruppe, die diese bestimmte Vision haben – die ist mit den Menschen meist gegeben, der Schwerpunkt, denn – ich sprach ja davon, es gibt die Struktur allgemein – und dann das Prinzip.

Also, ich meine, diese Gruppe dort im ZEGG hat nun explizit das Prinzip der freien Liebe in den Mittelpunkt gestellt, und das – trotz dem, was ich gesagt habe – das muss man keineswegs tun. Es kann genau so gut sein, dass man sagt, wir stellen hier – also – eine bestimmte spirituelle Entwicklung anderer Art in den Mittelpunkt – so. Und dann werden sich natürlich diejenigen Leute zusammen finden müssen, die den gleichen Weg haben.

Und die Schwierigkeit ist, dass es auch immer Menschen gibt, die gerade mal – im Mittelalter hieß das: ins Kloster zu flüchten haben. Und dort fanden sie aber dann damals eine ungeheuer starke Regel vor – also, es stand gar nicht zur Debatte, wenn man dann drei Wochen da war zu sagen: Also, ich bin aber hierher gekommen, um das und das befriedigt zu kriegen – sondern: Die Struktur stand fest.

Wenn man das jetzt genau so handhabt, dass jeder in jede Gruppe laufen kann, dann kriegt man - menschlich gesehen - Entropie. Das heißt, dann kommt also das Spezifische, die Vision, nicht mehr durch, diejenigen, die was Bestimmtes vorgehabt haben, sind dann - denkt man: Ach, das geht sowieso nicht, und man lässt eigentlich die - es ist immer ein Mehr an Energie, das der Sache die Perspektive, die wirkliche Perspektive, gibt - und gerade das stirbt, wenn man da nicht, irgendwie, gut gesucht hat. Auch wenn - die andere Hälfte davon ist, Druck zu machen, natürlich; das ist dann ganz blöde, also - du musst jetzt, schließ dich an, es ist Zeit, nicht? Das ergibt auch nur zusätzliche Schwierigkeiten, also - dass man die

Schwierigkeiten mit der Intimität – das Wort jetzt im weitesten Sinne –: Denen entgeht man sowieso nicht, wenn man auf solche Wege sich begibt.

Aber eine Wahrnehmung in puncto Zusammenpassen – das gehört eigentlich zu dem, was ich da ganz am Anfang sagte, zum Ein-Wohnen in die Natur, das ist irgendwie die andere Hälfte. Das ist das So-Weit-Miteinander-Vertraut-Machen, dass sich das richtig verflicht – und richtig löst. Also – Binden und Lösen, beide Momente zusammen ergeben eigentlich so das Verfahren - es ist nur: Das ist sozial sehr schwer zu machen, weil – also, Ausschließen und Einschließen, das ist eines, das gibt es einfach; aber wer sich herausnimmt, Ausschließender zu sein – oder Einschließender – und sagt also: Du gehörst dazu!, einmal ausgesprochen – andere mögen vielleicht noch Fragen haben. Also, das ist wirklich subtil, das muss irgendwie richtig - dass diejenigen wirklich zum Zuge kommen, auch in der Gruppe, die am empfindsamsten für die Wahrnehmung anderer Schwingungen sind. Das richtige Zusammenfinden ist die ganz schwierige Frage dabei.

Und für Pionierunternehmen, wie die das nun mal sind, jetzt, wäre es natürlich auch gut, wenn die Mehrzahl derer, die sich auf so eine bestimmte Sache einlassen, irgendwie noch Kräfte über haben. Es ist – manchmal ist es ja direkt eine Entscheidung, ob ich mich als Patient betrachte oder als gesund, nicht? Dass wir irgendwas mitschleppen, diese und jene Belastung, Neurose, und so, das kann man ja als – versteht sich – voraussetzen - aber wenn man sich als krank auffasst, als pflegebedürftig – bei ein und derselben von außen ablesbaren Verfassung kann man krank sein oder gesund. So.

Und ich denke, dass diejenigen, die sich auf solche Wege machen, hauptsächlich davon ausgehen könnten, eigentlich, dass sie was zu geben haben – also, dass sie was einzugeben haben, dass da ein gewisser Überschuss – wie er überhaupt in der Sache drin liegt, im Menschen drin liegt – bis hin zu dem Sonnenprinzip - dass der auch verfügbar ist. Und dass man sich - also das, was im »Eulenspiegel« immer die Passivisten waren – mit den zwei »s«, also »passiv«, nicht »Pazif«, sondern »Passivisten« – dass wir dieses Moment in uns kürzer halten, bei der Begegnung. Also: Was bringen wir ein? Das ist eigentlich mit der – vielleicht ist das in Wirklichkeit ein Teil der Frage: Wie passt das zusammen? Wie passt das zusammen – also, wenn positive Energie eingegeben wird, wenn jeder mit seinen Gaben – in erster Linie – kommt, statt mit seinen Bedürftigkeiten – wenn das der Akzent ist, dann ist die Chance einfach größer, dass es auch was wird.

… alle diese Sachen jetzt nicht als – natürlich, durch die bloße Darstellung - auch, weil man sprachlich nicht völlig da heraus ist, kriegt es was Direktives. Es ist auch nicht so gemeint, sondern es ist einfach aus der Erfahrung gesprochen, die ich auf diesem Gebiet nach so 15-jähriger Beschäftigung ungefähr habe, und es kann dann nur aus der dir eigenen Konstellation – individuell, und auch, was die Gruppe betrifft – also, mehr oder weniger angenommen und in der Praxis dann bestätigt werden – oder auch nicht bestätigt werden. Nur dachte ich, dass es vielleicht gut ist, wenn man also ein paar solcher Koordinaten, so ein paar Punkte, die auf diesem Weg, irgendwie, sowieso Beachtung sich erzwingen – wenn man die schon mal irgendwie wahrgenommen hat und im sozialen Raum installiert.

Am 12 – nein, am 11, glaube ich – nein, am 10. geht es dann hier weiter – und jetzt ist in 10 Minuten noch Diskussion …

(Beifall)

Literaturhinweise

Maik Hosang (Hrsg.): Rudolf Bahro: Apokalypse oder Geist einer neuen Zeit, edition ost, Berlin 1995, ISBN 3-929161-53-2

Jürgen G. H. Hoppmann: Melanchthons Astrologie. Der Weg der Sternenwissenschaft zur Zeit von Humanismus und Reformation. Drei Eichen Verlag, 1997, ISBN 3-9804492-8-9

Jürgen G. H. Hoppmann: The Lichtenberger Prophecy and Melanchthon's Horoscope for Luther. In: Culture and Cosmos, Vol. 1 No. 2, Bristol 1997, ISSN 1368-6534

Jürgen G. H. Hoppmann: Astrologie der Reformationszeit. Faust, Luther, Melanchthon und die Sternendeuterei, Clemens Zerling Verlag, 1998, ISBN 3-88468-069-2

Maik Hosang: Der integrale Mensch, Hinder & Deelmann, Gladenbach 2000, ISBN 3-87348-168-5

Maik Hosang und Reinhardt St. Tomek: Ethik-Kodex 2000, D. Fischer Verlag, Frankfurt/M. 2000, ISBN 3-923135-46-7

Bernd Markert/Stefan Fränzle/Maik Hosang: Vorzeichenwechsel. Wie Gesellschaft sich verändern kann, Peter Lang Verlag, Berlin und Wien 2005, ISBN 3-631-54201-1

Maik Hosang/Stefan Fränzle/Bernd Markert: Die emotionale Matrix. Grundlagen für gesellschaftlichen Wandel und nachhaltige Innovation, ökom-Verlag, München 2005, ISBN 3-86581-007-1

Bernd Markert/Helmut Lieth/Peter Menke-Glückert/Maik Hosang/Stefan Fränzle: Zur Existenz eines ganz starken anthropischen Prinzips, Bod-Verlag, Norderstedt 2006, ISBN 978-3-8334-5269-7

Maik Hosang und Kurt Seifert (Hg.): Integration. Natur – Kultur – Mensch, ökom-Verlag, München 2006, ISBN 3-86581-051-9

Maik Hosang: Jacob Böhme – Der erste deutsche Philosoph. Das Wunder von Görlitz, Senfkorn-Verlag, Görlitz 2007, ISBN 3-935330-24-3

Kurt Biedenkopf, Ralf Dahrendorf, Erich Fromm, Maik Hosang (Hg.), Petra Kelly u. a.: Klimawandel und Grundeinkommen. Die nicht zufällige

Gleichzeitigkeit beider Themen und ein sozialökologisches Experiment, Andreas Mascha Verlag, München 2008, ISBN 978-3-924404-73-4

Maik Hosang: Eves Welt. Liebe in Zeiten des Klimawandels, Phänomen Verlag, 2008, ISBN 978-3-933321-72-5

Maik Hosang und Wilken Wehrt: Seufzer und Freiheit. Philosophische Reflexionen, Novum Verlag, 2009, ISBN 978-3-85251-928-9

Gerald Hüther und Maik Hosang: Die Liebe ist ein Kind der Freiheit – Die Freiheit ist ein Kind der Liebe, Kreuz Verlag, 2012, ISBN 978-3-451-61144-5

Gerald Hüther, Maik Hosang, Anselm Grün: Liebe ist die einzige Revolution. Drei Impulse für KoKreativität und Potenzialentfaltung, Herder Verlag, 2017, ISBN 978-3-451-32862-6

Maik Hosang, Bernd Markert, Stefan Fraenzle: Die emotionale Matrix. Grundlagen für gesellschaftlichen Wandel und nachhaltige Innovation. Pikok Verlag, 2017, ISBN 978-1521521830

Maik Hosang und Natascha Reith: Kreativität und Ko-Kreativität - Wie Menschen einander kreativ inspirieren und dabei die Welt verändern können. Pikok-Verlag, 2019, ISBN 978-1-0917-9107-7

Maik Hosang und Bodo Janssen: Die Kunst des Liebens im Tun. Warum und wie Unternehmer die Welt verändern, Pikok Verlag, 2019, ISBN 978-1-0896-1494-4

Maik Hosang und Yve Stöbel-Richter: Die Kunst des wirklichen Lebens. 33 Zeichen und Wege für Dein Höheres Selbst und was die Wissenschaft dazu sagt, Pikok Verlag, 2019, ISBN 978-1-7108-0912-1

Maik Hosang: Meine schönsten Momente. Ein Buch zum kreativen Ausfüllen, Erinnern und Glücklichsein. Pikok Verlag, 2019, ISBN 978-1700467300

Maik Hosang / Philipp Wohlwill: Trixi entdeckt ihre Seele und die Welt. Pikok Verlag, 2019, ISBN 978-1707771806

Maik Hosang, Joana Breidenbach, Gerald Hüther, Janssen, Katarzyna Mol-Wolf, Veit Lindau: Die Kunst des Liebens im Tun. Warum und wie Unternehmer*innen die Welt verändern. Pikok Verlag, 2019, ISBN 978-1089614944

Maik Hosang, Phyllis Lofaso: All that I love about me. Enchanting declarations of love for yourself to fill in, spark inner awareness, and make you smile. Pikok Verlag, 2019, ISBN 978-1700999290

Maik Hosang und Gerald Hüther (Hrsg.): Bewusstsein, Liebe & Kreativität: Human- und Kulturpotenziale im Anthropozän, Pikok Verlag, 2020, ISBN 979-8-5594-1123-1

Jürgen G. H. Hoppmann: Der Astrologe – eine gänzlich unwahre Geschichte. Tredition, 2021, ISBN 978-3-347-50123-2

Jürgen G. H. Hoppmann: Astrolog - całkowicie nieprawdziwa historia. Ridero 2022, ISBN 978-8-382-73971-8

Jürgen G. H. Hoppmann: Die Herzheilerin - und andere Grausamkeiten. ArsAstrologica Verlag, 2023, ISBN 978-3-347-89928-5

Michael Prochnow (Hrsg.) und Jürgen G. H. Hoppmann: Rückblick. Die Görlitzer Kirche und das MfS. Die evangelische Kirche des Görlitzer Kirchengebietes, die Einflussnahme des MfS und der DDR-Staat 1970-1994. Viadukt Verlag, 2023, ISBN 978-9-40370651-1

Jürgen G. H. Hoppmann (Hrsg.): Neues Forum 1989/90 in Görlitz. Tatsachen, Erinnerungen, Meinungen. Ehemaliger Sprecherrat des Neuen Forums Görlitz, ArsAstrologica Verlag, 2023, ISBN 978-9-40370651-1

Maik Hosang, Jürgen G. H. Hoppmann und Spielgruppe: Sophia - Lernwerkstatt für Philosophie und Ethik. Hörspielsammlung. ArsAstrologica Verlag, 2023, ISBN 978-3-989-11400-5

Jürgen G H. Hoppmann (Hrsg.), Maik Hosang und Spielgruppe: Das Wunder von Görlitz. Jacob Böhme - Der erste deutsche Philosoph. Hörspiel. ISBN 978-3935330244, ArsAstrologica Verlag, Neuauflage 2023

Jürgen G H. Hoppmann (Hrsg.) und Maik Hosang: Der integrale Mensch. Hörbuchfassung ArsAstrologica Verlag, 2023, ISBN 978-3-989-11403-6

Maik Hosang und Jürgen G. H. Hoppmann (Hrsg.): Rudolf Bahro. Vorlesungen 1990 – 1993 Humboldt-Universität Berlin. ArsAstrologica Verlag, 2023, ISBN 978-3-384-04899-8, E-Book ISBN 978-3-384-04900-1

Maik Hosang und Jürgen G. H. Hoppmann (Hrsg.): Rudolf Bahro. Vorlesungen 1994 – 1997 Humboldt-Universität Berlin. ArsAstrologica Verlag, 2023, 978-3-384-04901-8, E-Book ISBN 978-3-384-04902-5